全唐文

六

〔清〕董　誥等編

中華書局

欽定全唐文卷五百十

陸長源

長源字泳之吳人歷汝州刺史貞元十二年檢校禮部尚書爲宣武軍行軍司馬以峻法繩下節度使董晉卒長源知留後爲兵士所殺贈尚書左僕射

僧常滿智眞等於倡家飲酒烹宰雞鵝判

且口說如來之教在處貪財身著無垢之衣終朝食肉苦行未同迦葉自謂頭陀神通何有淨名入諸淫舍犯爾嚴戒黷我明刑

斷金華觀道士盛若虛判

本是樵童牧豎偶然戴幘依師不游元牝之門莫鑿丹田之義早聞僭犯苟乃包容作孽既多爲弊斯久常住錢穀惟貯私家三盞香燈不修數夕至於婢僕遍結親情良賤不分兒女盈室行齊犬馬義悖清廉恣伊非類之徒負我無爲之教貧其死狀尚任生全量決二十便勒出院別召精潔玉守務在焚修

上宰相書

月日太中大夫守汝州刺史兼御史中丞本州防禦使陸長源謹奉書相國閤下相公以命世之畧應佐時之器發文苑之鴻猷繼台庭之盛業聖上傾心以待相公之啟沃天下側耳以待相公之政理豈得與房杜異日而不與蘇宋同年哉某比在朝廷接君子之步武聽哲人之語言區區之誠願盡於此今上聰明英武自漢魏以來賢君哲后未有如今上者自臨極以來宰相未有如房杜蘇宋者何偶聖之有期而得賢之無路蓋有以也夫誠人之失亦由端其躬而後求影之直故宰相者導生人之本稽政化之源正辭以固之平氣以待之物有其官官得其人則提綱

而網目張振領而毛裘舉至如移制度平軍國事關社稷者斯在宸衷猶望宰相自古況今獻可替否其餘朝廷之常典羣司之闕務弛張由於下筆指顧在於一言使政歸常典理革前弊和氣浹於下清風穆於上自然宰輔之事行弼諧之義暢何必捨其易而攻其難犯龍鱗之不測蹈虎尾而莫顧哉其宰相之寄也在於用賢賢不濫而人自理次於秉政政不撓而國自安用賢者除改是也秉政者賞罰是也其用賢也絕黨與捨憎嫌使韋弦各施輪轅適用頃者之用人也聲利以撓其心愛惡而昏其識以枉爲

直破觚爲圜除改出於門庭賞罰隨其情欲求道行事舉其可得乎且尚書六司天下之理本兵部無戎帳戶部無版圖虞水不管山川金倉不司錢穀光祿不供酒衞尉不供幕祕書不校勘著作不修撰官曹虛設祿俸枉請計考者假而爲資養聲者籍而爲地一隅如是諸司悉然欲求綱目張裘毛舉其可得乎此宰相之職也且棟傾者正之則屋無壓焉之懼疾甚者攻之則人無祲沴之患正傾在於良匠攻疾在於良醫故政化失諫臣得抗疏以論之敗累興憲官得持法而繩之諫臣須謇謇匪躬之士憲官須

孜孜嫉惡之人今悉求温潤美秀沈默宏寬者爲之蓋北轅適楚圓鑿方枘欲求扶傾愈疾其可得乎貞元初兵戈初解蝗旱爲災邑多逃亡人士殍餧至使官廚有闕國用增艱王制曰國無九年之蓄曰不足無六年之蓄曰急無三年之蓄曰國非其國也三年耕必有一年之食九年耕必有三年之食以三十年之通雖有凶旱水溢民無菜色然後天子之食日舉以樂今歲豐年稔穀賤傷農誠宜出價以斂糴實太倉之儲豈可慢易於豐賤之日危急於凶荒之際比年國家和糴殆不得人文帳空存倉廩不實是由賞罰之典曠姦濫之吏生此亦宰相擇人之過也某之州戶口減一萬兵數無二千夏率供秋秋率供夏儻四氣或爽一歲無年實恐投姦有處爲累非淺況率土州縣其事略同古人云旱則資舟雖在豐稔之時須爲凶險之備此亦宰相之職也蝗旱之時聖上憂畿縣凋瘵親擇臺省十人出爲畿令其後京畿稍理皆擢以大郡則聖上旌賢賞功之意也頃來度支敕符皆云刺史縣令以戶口減殿一人賦斂增最一人與者騫騰於廊廟嫌者沈淪於草莽欲求其爲惡者懼爲善者勸其可得乎此宰相之職也況

今北虜和親縻費轉甚西戎作梗邊鄙未安所望求方召之才選甘傅之將聯營朔裔復河外之城振旅湟中收隴右之地且田單匹夫也敗樂毅乘勝之師謝艾書生也破麻秋勁鋭之卒豈有其時而無其人哉在用與不用耳此亦宰相之職也太宗得房杜貞觀之政成元宗得蘇宋開元之業泰今相公居廟堂之上當台衮之任與房杜蘇宋列於青史寧肯昵親愛行肺腑踵覆車之轍哉某齒髮向衰志力猶在遇賢相逢明時亦願一豁平生少展微分不然者老於泉石亦求仁而得仁某再拜

嵩山會善寺戒壇記

嵩高得天下之中也所謂名山福地異人靈跡往往而有漢晉間高僧植貝多子於西峯一年三花因爲浮圖遂爲寰中之眞境又有兩阜中斷豁爲石門飛流縈回以噴薄喬木森竦以布護先是有高僧元同律師一行禪師鏟林崖之欹傾塡乳竇之窞窱甃玉立殿結瓊搆廊旃檀爲香林琉璃爲寶地遂置五佛正思惟戒壇思惟者以佛在貝多樹下思惟因名貝多爲思惟卽三花之義在此自河洛煙塵塔廟崩褫上都安國寺臨壇大德乘如修慈業廣乘

律道尊志度有緣法庇羣動慨茲壇墜遂爲聞徹尋有詔申命安國寺上座藏用聖善寺大德行嚴會善寺大德靈珍惠海等住持每年建方等道場四時講律藏用上人逸躅徧尋高情獨邁美殿塔之嚴麗賞泉石之勝絕其跡不朽其教益宏於是鐘梵相聞幡蓋交蔭豈獨鎭峯名嶽空記遠公之行沃洲精舍重述道林之跡時貞元十一祀龍集乙亥大火西流之月也

唐東陽令戴公去思頌

建中元祀皇上新景命將致天下於仁壽之域以兵革盜闕一字閭閻闕二字前闕一字之闕一字猶軫闕三字延度求俾乂夏五月壬辰詔書以監察御史裏行戴叔倫爲東陽令闕三字也闕六字之閒城畫壄嫠女以東陽爲劇先是山寇闕二字邑人闕二字田闕二字萊人闕十一字路闕一字聲闕一字之以信緩其賦使其人舒平其役使其人勸由是田闕十三字使有闕一字農人或惰業闕一字廬廢樹障公關防徼綃斂縞無以供闕七字以闕三字公闕一字之以勤闕二字使澤有浸由是桑柘茂隄塘修平林接陰大壑含潤室有闕一字而闕二字人無闕一字而有闕七字者困於秉秆完聚者苦於剽掠公董之以瀼容之以闕四字

使之如闕十一字然人懷日出之謠犬闕一字夜吠之警政化之闕九字貨賄闕一字聚公闕八字庭無事留物不易肆鞠茂草於囹圄闕二字財於闕一字問公字幼公本譙國人也闕九字仕之日履官之秋唯闕一字問闕十一字之闕十六字莫不負弩先驅包茅爭入闕二字專百里之命化一邑之人闕二字割雞闕四字夫闕七字以親也權豪除盜賊屛教之以讓也鬬訟止商旅至教之以和也闕三字帑藏之闕八字之事傳於郡國謳誦之聲聞於里巷且藉闕三字人不偷闕十五字阜於下副明主闕一字勞之求成蒼生已安之業闕四字伏闕八字州之闕六字輔之才必

資於卓茂豈惟執憲殿內闕三字中而已闕六字等闕十字盧清等一邑之彥也里正王承闕一字厲曰家等十室之賢也及百姓徐文闕三字等皆闕六字逾忠良宰范陽盧公曰信以才望蹈公之遐躅以政事闕一字公之令猷與丞闕一字樂闕八字太尉河南豆盧岫尉隴西李惟清闕一字古立則闕二十一字之遺愛其辭曰

惟聖作乂其運克昌化闕五字賢良申命於闕一字令乎東陽闕六字斂重人散闕二字公既賢舉亦以名揚簡以闕一字下信以任闕十字樹闕六字路絕豺狼折獄止訟聚貨通商其俗則泰其人則闕十九字洋洋挹而彌廣久而愈芳巖巖貞石休有烈光

唐故靈泉寺元林禪師神道碑并序

法本無生之謂眞心因不染之謂寂執有求眞之謂著體眞歸寂之謂如非夫善發惠源深窮定窟何足以大明觀行獨秉禪宗使定惠兼修空有俱遣道流東夏聖齊北山哉禪師諱元林堯城人也俗姓路氏黃帝之後封於路國因而爲氏捕虜將軍端見僞後燕錄豫州刺史永出晉中興書邁種於人嗣有明德禪師襟靈爽岸神氣儁遠生而克岐弱不好弄初遊神書府精意儒術覩百氏之奧窮九流之源平叔之疑義兩存康成之未詳多闕莫不窮賾至妙剖析元理渙若冰釋朗然雲開並如枝拒蹶張步騎彈射人則曠劫藝皆絕倫後讀阿毗曇藏遂發心入道依龍興寺解律師學業依年受具隸居靈泉佛寺摳衣之歲惠遠卽風雅書生落髮之年道融乃聰明釋子以戒爲行本經是佛緣雅閑持犯克傳祕密學者號爲律虎時人目爲義龍推步渾儀昭明歷象天竺跋陁之妙沙門法願之能道契生知理符神授既習空觀遂得眞如身常出塵心則離念將在此以超彼不自利以利他不來相而來不見相而見焚天香以崇發宏願鳴法鼓以召集有緣聲振兩河教被千里樹林水鳥竹葦稻麻願結道緣爭味禪悅雖先生槐市夫子杏壇攝齊之徒未足爲喻於是廣度羣有大庇庶情應悟攝心隨分獲益大雲含潤草木無幽而不芳明鏡懸空妍蚩有形而各兆嘗至城邑因過巷肆屠說停刀酒趙釋爵擁路作禮望塵瞻顏師必款曲以情悅可其意捨資財以攝其利言力役以勤其生漸去客塵令入佛智有苛吏敗俗蠹政虐人伏以剛强示之簡易見方便力

去貢高心破其重昏歸以實相夫學偏者量褊道廣者業
宏禪師智括有情德通無礙體含虛韻性有異能妙窮音
律雅好圖畫季長公瑾別有新聲凱之僧繇皆得眞跡以
是好事君子翕然向風檀爲施心居無長物有流離道路
羈旅風霜鄉隔山川親無强近饑者推之以食寒者解之
以衣人中之急難法中之慈濟也景龍三年敕追與僧元
散同爲翻譯大德累表懇請詔許還山禪師自居此寺凡
六十年或宴坐林中累日忘返或經行巖下踰月不還跡
異人聞行標物表每遊峯選勝建塔崇功驚若飛來鴈如

踊出官窯杖標之所得自神人破塢移燈之處傳諸耆老
令山上數十處有窣堵波者卽其事也自金人入夢白馬
負來譯音議於天竺布文字於震旦是爲教本實曰道因
禪師遍寫藏經以導學者德實無量行非有涯不惟總持
辯才禪定智惠而已故騰聲洛下獨步鄴中齊達觀之大
名繼稠融之遐躅噫日月大地咸歸有盡之源河海高山
不出無常之境天寶五載十二月十日因閱僧務詣至德
里回首西方端坐如定不疾而化春秋九十餘僧臘七十
一日黑震驚車徒奔集雷慟雨泣谿谷塡山粵以其月十
七日遷靈坐於本寺禪師眞身忽然流汗是知因生有滅
乃現眞空示聖出凡獨標靈相以八載二月十五日卽身
塔於寺之西北隅以安神也其夜霜霰霑凝山川草木皓
然如素東帶雲門西連硔谷一佛二佛前身後身接林嶺
之風煙成鄴衛之松柏禪師洞合神契妙通法源義則解
空智能藏往先是寺中新植衆果弱未成林悉令沙彌扶
之以杖其夜大雪折樹摧枯唯時小枝不動如故師之冥
感多此類也門人等味道通經連州跨境歸宗雖倍入法
益稀三千門徒皆傳經於闕里四百弟子空問道於襄陽

弟子大通親奉音塵常陪庭院承宮之歲初執勞以求師
智稱之年載棄俗而從道調九候以除五疾明六度以伏
四魔感自舊恩錄憑故事龕塔山古霜露歲深虎溪爲陵
高蹤不亡於別傳龍山若礪盛德長存乎此詞其銘曰
執有非有覩相非相日離諸妄得法捨法悟空非空是出
羣蒙日景常朗雲藏其耀無雲自照佛性常在欲生其塵
無欲爲眞無相捨有出空離法大師宏業覩日除雲無欲
歸佛大師祕密茫茫羣有溺於中流濟之以舟冉冉八苦
沒於五濁導之以覺因心發惠惠契於定道澄其性憑緣

有生生歸於無理不存軀恒沙一劫藏舟閱水眞身去矣連崗萬古雲門靈泉飛塔巋然

華陽三洞景昭大法師碑

夫載宇宙懸日月提萬象而首出者其惟道乎夫通聖神該品彙冠百靈而獨立者其惟人乎道所以包渾元經始萬象者也人所以稟淳粹司會百靈者也故人因道而集祉道因人而垂休不宰之功兆乎造物無言之德洽乎生民然後蕭散乎汗漫之閒沖融乎希夷之表與天籟而吹萬並谷神而長存者矣紫陽眞人大法師諱景昭字懷寶

本丹陽延陵人也其先系自顓頊大彭之後在虞爲陶唐氏在夏爲御龍氏在商爲豕韋氏因國命氏芬馥蔓延以至於裔孫孟孟爲楚太傅賢爲漢丞相昭入吳爲侍中昭兄愼爲司空法師卽吳司空之十六代孫也司空薨葬於延陵子孫因而家焉祖道會父思藏皆邱園養素道高跡隱載於列仙之籍法師方娠稟異自幼表奇孕元和之粹靈體太元之妙質初以素書發跡配度於延陵之壽仙觀後以丹臺著稱隸居於長安之肅明觀屬元宗廣成問道姑射頤神放心於凝寂之場垂拱於穆清之上法師因得羽儀金籙頡頏玉繩藉藉京師垂二十載爰辭上國思還故鄉重隸茅山之太平觀天寶中與元靜先生奉詔修功德造紫陽觀因而居焉遂於鍊丹院傳黃素之方修齋醮之法祥雲瑞鶴飛舞於壇場甘露神芝降生於庭院初法師師事大法師包士榮榮師事崇元觀道士包法整整師事上士包方廣廣師事華陽觀道士王軌軌師事昇元先生王遠知知師事華陽隱居陶宏景自道源錫派元教傳宗玉堂銀闕之人羽蓋毛旌之客府無虛籍代有其徒法師至行稽乎元化通識合於靈造與其有也萬物不得而

不有與其無也萬物不得而不無得喪以春秋爲死生盈虛以天地爲旦暮雲外虎頭之佩雪中鶴氅之裘孩季通而撫子元師仇公而祖黃太教戒示乎傳授服餌見乎延長侍杖屨者跡徧於江湖傳經籙者事同乎洙泗一居山觀三紀於茲還神契乎時來寂魄同乎物故以貞元元年十一月癸卯委蛻於紫陽之道場顏色怡悅屈伸如常春秋九十有二以其月己酉遷神於雷平山之西原元靜先生壽官之左傳授蘇州龍興觀道士皋洞虛得沖虛之妙用躡上眞之元蹤梁市之客員來華陽之人閒出矣道士

韋崇珣主修齋醮祭俯仰節度道士朱惠明掌法籙經書修眞祕訣法師上編仙籙旁契道樞神含混元德與淳粹誘進羣動感通衆靈邈然非寰宇之間超然在風雲之表至如身纓世故跡混俗塵發忠孝以飾躬演信義而旌行蓋隨時而不器豈常道之可師與浙江東西節度支度判官檢校尚書兵部郎中兼侍御史扶風竇公曰梟布武區中棲心象外與法師聲同道韻理契德源追往想琴高之祠傳神著務光之傳見徵副墨用琢他山其詞曰

惟道之大提功混茫惟人殆庶與道迴翔素韻凝寂元功

靈長肇形無迹啟迪逾光矯矯法師錫羡華陽本族命世在虞系唐御龍事夏豕韋居商嶷然靈表自幼而彰理冠容成質侔夏黃尋仙發跡肅明始揚宵禮金殿晨朝玉皇丹臺道侶白雲帝鄉楚山萬里故國丹陽醮宮鳴磬齋室焚香芝生庭院鶴舞壇場茅君祕洞葛氏眞方來時去順齊彭泊殤化鱗風翥委蛻雲驟峯巒邐迤松桂蒼蒼塵生杖屨苔染巾箱龍銜彩旄虎綴槃囊閶風元圃瑶軒玉堂追存如在頌德不亡孤石巋然萬古連岡（太平觀道士徐元沼道士許長久徐則內行克修外通儒學許則宿推公幹虔奉眞宗）

戴叔倫

叔倫字幼公潤州金壇人釋褐祕書省正字累官祠部郎中拜撫州刺史封譙縣男遷容管經畧使貞元五年卒年五十八

賀平賊赦表

臣某言伏奉某月日制書大赦天下雪滌痕累發生枯朽榮光被於草木和氣貫於華夷含生之徒罔不胥悅臣聞氛沴爲妖蒙蔽二曜而祥風埽蕩無損日月之光狂逆亂常震驚四海而元功勘定不虧天地之大伏惟皇帝陛下

文武繼聖聰明在躬協堯舜之心崇禹湯之德清廟禮展圜丘敬申猶顧已以求瑕布恩澤以原過康哉沛乎虞夏之盛典也臣忝職藩條實慙尸曠徒積歲星莫聞化理望九重而稱慶齒百辟以霑恩瞻戀闕庭慶快之至

意林序

三聖相師大易光著天地之功立矣經傳之功生焉輔成一德謂之六學漢收秦業其道方興置講習訓授之官明君臣父子之體雖禮樂文闕亦足以新忠孝仁義之大綱至如曾孔荀孟之述其（闕一字）蓋數百千家皆發揮隱微羽

翼風教。祖儒尊道。持法正名。縱橫立權變通。其要崇儉而有別。卽農而有序。旁行而不流。小說去泥而篇簡。繁夥罕備於士大夫之家。有梁潁川庾仲容畧其要會。爲子書抄三十卷。將以廣搜採異。而立言之本。或不求全大理。評事扶風馬總元會。家有子史。幼而集錄。探其旨趣。意必有歸。遂增損庾書。詳擇前體。裁成三軸。目曰意林。上以防守敎之失。中以補比事之闕。下以佐屬文之緒。有疏通廣博。潔淨符信之要。無僻放拘刻。激蔽邪濫之患。君子曰。以少爲貴者。其是之謂乎。余元會之執友。故序而記之。貞元二年

五月二十一日也

李方郁

方郁建中時官洛陽令。

修中嶽廟記

上四年。用大司計侍郎爲丞相。其明年。以我相秉樞機。我公掌綸誥。宜爲避嫌。遂自閣下拜河南尹。將辭。上悄然謂公曰。前時洛水爲災。洛民大潰。四走無逃。至有沒死者。豈勝其寃耶。而公今去。我無東顧之患矣。公旣至。理事先以恤民爲寄。活生瘞死。大開廩庾。賑貧乏。飽饑腸。暖寒體。極於繈匃。靡不周悉。而又蠲逋租。省傜賦。俾安穩其起居。勸强其事業。故遠邇之民。相賀而歌曰。天災流行兮代有。下民昏墊兮時數。命無以逃兮諒自嗟。豈將天怒我尹之慰恤兮實解予之愁苦。夫得耕兮婦得織。日出得作兮日入得息。此固我君之憂民兮俾我尹之來。卽又歌曰。明明在上兮天子聖。四方取則兮我公令。疲民蘇息兮公之政。一日將去兮誰活我之性命。其都之南。嵩嶽橫亘。其嶽有廟。距都百里。每歲季夏日直土。用御置祝文。用犧牲粢盛醴齊庶品。詔我公有事於王禮。旣公周視廟宇。堂殿廊廡。見

其崩陊圮毀。剝癬頹墮。垣墉漫靡。榱棟失次。梁柱差欹。顧謂其邑令李方郁曰。吾聞大地列岳五。嵩山居其一。其嶽峙中天。羣峯蒼翠。異色。其岡巒重疊。異狀。其出雲靉靆。異氣。其草木森聳。異岵。其葩卉薈翳。異香。其禽鳥閒關。異聽。其溪澗瀺灂。異流。若此之狀。觸目周匝。四時迭觀。吞吐氣象。環一山之上。道宮佛寺。高閣危樓。盡萃其中。我國家以神之靈。塑神之形。俾神之明。福我蒼生。峩峩其冠。整整其衣。兵仗駢列。羽衞參差。天子以時視三公禮而祀之。要神之德旣厚矣。報神之功亦重矣。所宜威壯形容。華煥宫宇

奈何以危毀至是俾爾民之進拜禱祝將何瞻仰乎我今出府庫十萬資以功用爾宜專其事俾爾心與吾心不可以異方郁謹再拜受命退而自言曰方郁爲吏稟指使上不敢罔公中不可欺神下不能苦民豈可不成耶遂鳩工庀林四旬而就見若赤白之交映矣見若金碧之分輝矣見若榱桷之粉繪矣見若斗栱之光赫矣見若簷溜之矗截矣見若溝壟之端隆矣見若戶牖之照燭矣見若垣墉之齊削矣旭日明媚夾壇殿之飛翬朝霞卷舒助峯巒之起秀則知公之措制可以邁古冠今使海內神廟修潔崇

盛無適於中嶽公天發晶朗嶽鍾秀粹羣妙符識萬頃澄襟瓊樹冰壺涵澈於神宇黃鍾朱瑟鏗奏於文章况公尹正之能撫民之美愚知其不日而將與吾相連枝於台座之中致美於廟堂之內將吾君岌立於堯舜之上措吾民登壽於邃古之際必矣方郁忝官在縣行及秩滿特蒙公錄以微績上表量留付之修飾輒敢敘德紀事刻石以記

欽定全唐文卷五百十一

鄭絪

絪字文明由進士宏詞高第累擢翰林學士轉司勳員外郎知制誥憲宗監國遷中書舍人即位拜中書侍郎同中書門下平章事罷爲太子賓客出爲嶺南節度使歷兵部尚書河中節度使大和二年以太子太傅致仕三年卒年七十八贈司空謚曰宣

初日照露盤賦 以雲表清露光發金景爲韻

日初出兮露成文盤既潔兮光乍分凝素彩而泛灩鮮顥

氣之絪縕忽炯爾以流景乍揭然而拂雲若乃勢倚金莖色映霞表倒初景以搖颺澹輕煙之縹緲承露華以逾明焜霽色而共曉煥然孤秀赫奕奕於長川爛爾生光照翻翻之高鳥盤以貞兮露以盈日既明兮天以清焜以相鮮若曙月之臨朝鏡粲然交映類瓊華之雜玉英金景發色玉壺奪明斂皓質以流耀含太陽之至精伊昔漢帝初營求仙是務我皇復立承天有裕乍髣髴於帝臺宛昭彰乎天路首出庶物表一人之大明光發四施照萬方而退布豈有屑瓊蕊泫珠露冀靈物之來遊望神人之自遇懿夫

合以成象麗然增光于浮雲以杲耀激旭日而悠揚仙掌斜分若蓮峯之曙景宸心迴想如崑岫之晴霜豈比周穆西遊覲王母於崑岳重華南狩怨帝子於瀟湘獨能覩雲闕而歆靈漿者乎徒觀夫素色上升清光下發分迴彩以照耀焜長空而超越日華映兮先復臨露彩揚兮色彌深旣炫晃以如玉乍晶明而散金且孤高者可擬之以抗志潔朗者亦仰之而爲心況地表煙息天維氣整日之麗矣與星明而共融盤實堅然齊聖祚之悠永昔之頌靈液歌浪井曾不如賦露盤之瑞景

冊皇太子赦詔

惟先哲王光有天下必正邦本以立人極建儲貳以承宗祧所以啟迪大猷安固洪業斯前代之令典也皇太子純體仁秉哲恭敬溫文德叶元良禮當上嗣朕奉若丕訓憲章古式永惟社稷之重載考春秋之義授之匕鬯以奉粢盛爰以令辰俾膺茂典今冊禮云畢慶感交懷思與萬方同其惠澤自貞元二十一年二月二十四日已後至四月九日昧爽已前天下應犯死罪者特降從流流罪已下各減一等文武官常參官及諸州府長官子爲父後者賜勳兩轉古之所以教太子必茂選師友以輔翼之俾法於訓詞而行其典禮左右前後罔非正人是以教諭而成德也給事中陸質中書舍人崔樞積學懿文守經據古以參講習庶叶於中可充皇太子侍讀天下孝子順孫先旌表門閭者委所管州縣各加存恤五嶽四瀆名山大川委所在長吏量加祭禮

立廣陵郡王爲皇太子詔

萬國之本屬在元良主器之重歸於長子所以固社稷正邦統古之制也廣陵郡王淳孝友莊敬慈仁忠恕博厚以

容物寬明而愛人祗服訓辭文皆合雅講求典禮學必承師居有令聞動無違德朕獲纘丕緒祗若大猷惟懷永圖用建儲貳以承宗廟以奉粢盛爰舉舊章俾膺茂典宜冊爲皇太子改名純仍令有司擇日備禮冊命

順宗傳位皇太子改元誥

門下有天下者傳歸於子前王之制也欽若大典斯爲至公式揚耿光用體文德朕獲奉宗廟臨御萬方降疾不瘳庶政多闕乃命元子代予守邦爰以令辰光膺冊禮宜以今月元日冊皇帝於宣政殿仍令檢校司徒平章事杜佑

充冊使門下侍郎平章事杜黃裳充副使國有大命恩俾惟新宜因紀元之慶用覃在宥之澤宜改貞元二十一年爲永貞元年自永貞元年八月五日昧爽已前天下應犯死罪特降從流流罪已下各減一等布告中外咸使聞知

太微宮神主祔太廟奏

臣謹詳三代典禮上稽高祖太宗之制度未嘗有並建兩廟並饗二主之禮天授之際祀典變革中宗初復舊物未暇詳考典章遂於洛陽創立宗廟是行遷都之制實非建國之儀及西歸上都因循未廢德宗嗣統隆典克修東都

九廟不復告饗謹按禮記仲尼荅曾子問曰天無二日土無二王嘗禘郊社尊無二上所以明二主之非禮也陛下接千載之大統揚累聖之耿光憲章先王垂法後嗣兄宗廟之禮至尊至重違經黷祀時謂不欽特望擇三代令典守高祖太宗之憲度鑒神龍權宜之制遵建中矯正之禮依經復古允屬聖明伏以太微宮元皇帝三代睿宗文武孝皇帝神主參考經義不合祔饗至於遷置神主之禮三代以降經無明文伏望委中書門下與公卿禮官質正詳定敕付所司

謝賜神刀食金等狀

右今日中使某至奉某月日墨詔賜臣前件神刀及食金五挺并合子鎖等臣遠赴藩鎮上軫聖憂俯降王人特頒寵賜暢威懷於遠服佩以神刀矜微劣之庸軀賜之靈藥捧受戰越以忭以驚臣即以今日發藍田縣闕庭漸遠道里猶長瞻望天顏感涕交集無任戴荷結戀之極

謝借飛龍馬二匹狀

右中使某至奉敕旨借臣前件馬至京兆府界者王人在門天驥臨路寵光荐及行色增輝上感恩私何階荅效自

臣叨承戎寄累軫皇慈念輸力於外藩降逸才於內廏分憂未酬於聖主代勞已及於微臣雖駑鈍莫施而疲羸頓解再馳猶勤於遠道三接已及於帝畿即以某日至京兆府界迴瞻魏闕目斷白雲祇事王程指期丹徼無任感戀之至

爲易定張令公進鷹鶻狀

右件鷹臣去秋來頻令入草一一揀擇皆有所能試其搏擊下韛必中伏以上園五方固多殊異之選下土一物實表臣子之誠敢望備羽獵於長楊從蒐狩於天仗輕瀆旒

扆無任屛營之至。

臘日謝賜口脂歷日狀

伏以王人戾止，天書遠降於閩川；星躔既回，蓂歷猥頒於遐服。推步允符於聖祚，先天克合於歲功。三百六旬，斯須而咸覩；二十四氣，瞬息而可知。又賜以蘭膏，錫之絳雪，衆香流澤，芳潤忽光於悴容；五藥蠲痾，瘴癘潛銷於腠理。仰榮知忝，承寵益驚。閶闔九門，歲時結戀於雙闕；方隅萬里，展效期激於丹誠。敷惠未洽於遠人，拜賜濫同於重鎮。觀風察俗，志有立於涓塵；比物省躬，恩何酬於覆載。臣某不

勝歡躍屛營之至。

朝覲遇節進奉狀

右臣伏以古者諸侯入覲，必奉贄幣，或以車馬，或以珪璋，用展誠敬，著於典禮。臣繆領藩鎮，獲覲闕庭，幸遇昌辰，又當佳節，用增聖壽，以表微誠。前件馬及器物，謹差嶺南節度押衙某隨狀奉進。至微至薄，無任慙惶。伏願如日之升，如天之福，垂莫大之慶，保無疆之休，於萬億年，永康四海。臣不勝懇款之至。

郭雄

雄官尚書比部郎中，從德宗幸梁州，遇害，贈同州刺史。

忠孝寺碑銘

忠孝，行之本也；儒釋，教之宗也。信順勤於行本，修證立其教宗，精一也。故太子賓客贈太子太保范陽盧公正已，頃節制此道，陳情奏置佛寺。乾元元年三月十三日，詔下而錫其名。稽諸前人，崇定非一，求有徵名，顧實若斯之美。君子曰：本教爲孝，資孝爲忠。太保對揚殊休，傴俯無讓。積於善者，蘩祉必應；先於天者，虔誠是歸。道超三界之謂先，德垂後裔之謂積。太保先君河南府士曹參軍贈太子詹事

履冰，任蒲江縣尉，太保生於蒲江。太保自省郎守通川，由通川累劒南節度。屬賊臣猾夏，鑾輅巡方，內輯黎甿，外興軍旅，日月迴燭，氛沴銷清。故可以彰厥誠，祈厥名，申願力而闡皇明。寺居縣東二十里，南去主簿化十里，西去靈泉寺五里，緇黃高士，契來遊寺。前三十步名龍潭，水流入江；寺後三十步有古放生池，幽遠平川，草樹終古無絕，乘時遞新。初拍當州大德僧二十一人，在上座戒曄，餘或歿或歸，碑陰具述。又一十二人，精選新人，亦同勤名，眞儀粹容，長廊廣殿，龍象相屬，緝緝增輝。昔文翁以經籍興儒，張天

師以階籙興道太保以忠孝與佛備茲三教語無異源如仰冥鴻誰爲甲乙儒之濟理旁兼老釋孝之飾躬動循愛敬太保守端跡俾進多門拜刑部侍郎奏讞平簡留司分守凋瘵昭蘇官歷三朝望高二府顔子之行宣尼說之矣詩曰媚茲一人應侯順德永言孝思孝思惟則於太保見之矣太保嗣子幹今吏部侍郎雄早趨風教邛州刺史博陵崔作詞場之舊錄事參軍紞干著文吏之能與上座暉公寺主遺維都維那道義及蒲江縣侍老王璿等皆景善貞實期雄直敍銘曰

道筌眾妙儒敍彝倫各專一教釋廣三身此生不住彼劫憑因勳功定力上願能仁生食無報身心未泯覺路求通慈舟俟引天書降鑒君子顯允兩致不差四維而准日宮月殿化宇靈廟精識緇黃高情華皓瞻山仰峴坐樹思棠薪傳燈續實茂聲長

周存

存德宗時人

觀太學射堂賦 以事變儀存猶以識禮爲韻

觀射堂之攸設知射侯之有以非取善於主皮蓋繹心而正已故王用制之而諸侯是務擇以習焉而射宮觀美莫不比乎禮樂和其容止將申明於德行必審固夫弓矢皇家之闡化也稽古議酌前修茲宇既啟茲道惟休職備乎司射事集乎司裘采蘋采蘩乃施有度以熊以豹實命不猶是用外直諸體內正乎志循聲而發彼有的得祭而益乎爾地苟斯義罔取或承之羞既於德可觀則無不利豈徒稱善者五舉正者四誠有國之恒規而擇賢之盛事曩者天下無虞羯胡生變動搖我區域辛螫我方面救弊者權必反常以合道靖難者武故訓人以知戰於是大閱禮

行大射義息司馬無祭侯之事梓人罷棲鵠之職蓋弛張之道因時而沿革之宜可識方今寰海謐如以無事射堂巋然而獨存紲侯不張而遠國來屬貢士不習而盛德必敦故夫五帝殊儀三王異禮咸登太和與至理莫不雍雍而濟濟是知崇樂非鐘鼓之器立德爲正鵠之體也鄙生乎堯日還乎璧池達弓矢之妙旨偉棟宇之宏規儻斯道而可復庶當見擇之刑儀

瑞龜游宮沼賦 以題爲韻幷序

王者嘉瑞曰四靈龜其一也皇帝握圖御寓十有一年秋

七月旬有一日龜雄雌各一游於內池甲耀金毛文滋綠彩帝乃出示百官以議其瑞僉曰至德之應也少司成命文士賦以美焉敢布下才同夫體物賦曰

介蟲之長實曰靈龜明陰陽以應化察利害以俟時於穆我皇德無不被睿澤洋溢神物來萃雖四靈其必臻懿雙龜以時瑞陋衆水而不處選天池以自寄金甲炫晃帶璧日以流光綠毛丰茸度薰風而含吹不唼喋於蘋藻恣東西於荷芰爾其有金者剛有毛者柔示剛柔之合體表刑德之具修昭品類之得性備雌雄以共游信皇德之上達

俾靈物之告休觀乎巡金塘樂翠沼晦跡無競凝神不擾引修頸而鳥伸動圓目而珠皎映紅蕖而灼爍吸清露之縹緲天資獨智笑漁者而縈羅人謀既臧鄙太卜之問兆若夫百莖蓍下九派江中順衆流而五色斯易邁千齡而片雲在空豈比夫承天眷感宸衷盼青瑣兮鄰紫宮顧毛生之可寶瑞皇室兮無窮

太常新復樂懸冬至日薦之圜丘賦 以題中字爲韻

聖人之作樂也將以同和於天地崇祭也將以合莫於鬼神祭有倫而六宗不忒樂具象而萬國以親皇家握乾符以御寓廣樂教以同人雖功成而有作亦襲古而彌新皦如繹如風俗咸和而自化擊石拊石鳥獸率舞以來馴頃以賊臣不順悖於典常震驚我師旅竊犯我紀綱禮樂之儀雖可久而可大文武之道亦一弛而一張是以七德興而有輯六樂缺而未彰今五典丕用百度載光海外懷仁以有截天下好樂而無荒帝乃誕敷文教式奏薰絃命太常以修樂將享帝而配天於是繩五元以氣應考八能而術全侈弇不興鳧氏之規惟妙上下合度磬師之法可傳爰設業以設簴備宮懸與宿懸爾其金石具陳鞉鼓閒出

和其戛擊節以徐疾五色不亂以成文八風不姦而從律大章彰之已合陶唐之代韶盡美矣不惟有虞之日既而樂復音和仲冬日至屆殷薦之祭典將孔明於祀事用享乎上帝乃奏夫圜丘撞黃鍾而角動扣太簇而徵流大不踰宮而清濁迭和細不過羽而終始相酬是以六變而天神可禮九成而帝德惟休大禮畢雅音收居清穆以合理思宥密而爲猷雖化洽時和惟善政所致而風移俗易將復樂之由

授衣賦 以霜風轉厲遊子未歸爲韻

二儀斡化兮四運環周大火中而退暑白露沍而成秋元鳥去巢望雲海以幽蟄旅雁違漠指煙江而遨遊農事云就婦功聿修感蟲鳴之促織念客恨之衣裘慮之云誰彼姝者子弄機杼以成績秉刀尺以循理揣其修短運纖手以俱營善乃規模敏惠心而獨揆爾其上下有序度量有常咸循故以取制豈崇異而違方隨貴賤以合則處元素而有章伊四人之所授必九月之降霜彼美衣工獻華服之楚楚彼都人士被狐裘之黃黃清霜既降商飇亦厲襄草萎庭隆葉流砌氣蕭瑟以增冷天泬寥而澄霽雖人將

入室知所以戒寒而時或無衣則何以卒歲是乃背豳風者無備遵月令者有繼也若乃白日向昏愁雲四展歸鳥時聚斷蓬孤轉風生虛室之寒服念輕裘之善則晏平仲悔累年之未易桓將軍授新衣而不遺也爰有別江山之墨客遊他鄉而未歸驚歲序之云暮恨籌謀之尚違矧夫搖落秋聲淒切霜氣巡階除而不樂撫心曲而誰謂且士有知已而我獨無人皆授衣而我獨未因感時而增歎聊作歌以自慰歌曰秋霜落兮歲已終秋雁吟兮悲遠空短褐不完兮憂思充庭樹蕭蕭兮冷暮風

裴晃

晃德宗朝官劒南西川節度使

舉杭州刺史韋臯自代狀

右臣在福建與韋臯鄰近諳其爲政甚得人心逃亡悉歸遠近皆悅頃在京兆以公造出官今領餘杭以理行高第馮異漢之名將初爲赤眉所敗俄又大勝光武降璽書勞曰昔雖垂翅回谿今乃奮翼澠池可謂失之東隅收之桑榆矣臣以爲韋臯之功亦馮異之比往雖小失今亦大理陛下既捨其過而使之則必激勵其氣百倍匹夫一言相

爲而死況君臣之義誰不感恩

欽定全唐文卷五百十二

李吉甫

吉甫字宏憲趙郡人御史大夫栖筠子憲宗朝爲翰林學士轉中書舍人知制誥元和二年擢中書侍郎同中書門下平章事封贊皇縣侯徙趙國公出爲淮南節度使六年復入秉政九年卒年五十七贈司空謚曰敬憲改謚忠懿

睿聖文武皇帝册文

維元和三年歲次壬子正月癸未朔十一日癸巳攝太尉銀青光祿大夫守兵部尚書兼御史大夫上柱國趙郡開國公臣李巽及文武官五千七百九十四人等言臣聞自天元而升地黄而凝皇王之道堯舜首出故典謨述焉自堯及唐歷紀三千致理之君不過十數升平之運不至五百天人之交際不其難歟我唐運之興昌期是膺四海一統十聖丕承以至於皇帝則君十一而年二百矣歷考前代丁於斯時皆王澤已竭君明寖替未若我后之維新厥命我唐之中興厥祚顧視周漢不其茂歟伏惟皇帝陛下紹太宗之英武稟德宗順宗之寅畏乾乾翼翼若不滿志故愛於文母順色之孝也睦於兄弟因心之友也崇讜議

察邇言去疑謀杜讒說俾王道正直砥爲夷塗發前聖之韞匵拔人文之光耀而氣有沴者反時爲妖若黎崇之不恪苗人之逆命或誕敷文誥或震疊武功聖造不疚而速非陛下疇能之然後奉四表之歡心總百神之受職蠲祀於清廟嚴禋於上元天地察而神祇著矣臣聞之君人者謙遜靜愨則天應之以福故休祥出焉慈仁愛育則人應之以誠故鼓舞從焉王者因人心稽天意天下俱應而徽號加焉至公之道不可辭也臣等所以勤勤懇懇至於再至於三願奉鴻徽以彰休德陛下猶三揖而五讓之久而罔已始降俞詔於是百辟卿士洎四方侯衞之臣上言曰陛下誕睿聖之姿應會昌之期經天地之謂文禁暴亂之謂武臣等不勝大願謹奉玉册玉寶上尊號曰睿聖文武皇帝惟陛下懋一德勤萬邦千祿百福垂唐之無疆

賀赦表

臣某言伏奉某月日制大赦天下至德純茂鴻私溥洽中賀臣聞聖人紹統必建元良王者郊天是崇嚴配伏惟寶應元聖文武皇帝陛下嗣守鴻業光膺駿命奉先思孝誠已達於幽明立嫡以長義仍深於燕翼皇猷允塞隆禮咸

甄俯宏作解之恩式布惟新之令若乃滌瑕蕩穢雷雨之施也茂時育物天地之仁也薄征弛力政理之源也錄功念舊敦勸之方也加以躬儉節用捐珠棄玉執喪者俾從達禮繫獄者咸釋明刑啟進善之門開直言之路德殷虞夏義掩義軒凡在宥刑孰不欣悅

賀赦表

臣某言伏奉二月二十四日制書大赦天下德洋恩溥遠洽邇安億兆欣欣罔不幸甚臣某誠歡誠喜頓首頓首伏惟陛下體元聖之姿膺出符之運統理萬事建中於人躬

大禹之菲薄奉元元之慈儉損已以益下約身而愛人捐珠玉而不玩斥綺麗而不御事有妨於農業物有害於女工人力所疲上心攸蕩自此罷黜歸於典常若乃投荒禦魅之倫觸網嬰羅之類或炎裔淪屈骨肉相從或囹圄幽囚饘餉不至皆陽和所未煦雨露所罕霑靡不沐浴天波昭覩白日然後表捐軀之烈所以勸忠廣累葉之仁所以敦孝虔奉寢廟輟玉輿之資惠綏市估發金錢之積異類均懷土之志高年加挾纊之恩斟酌泉貨之源變通惠利之弊通債咸已讜直必容如天之湛恩廣矣稽古之能事備矣彼鶉衣之徒鮐背之叟孰不擊中衢之壤共樂於堯年詠泰階之符同躋於壽域況臣謬當共理職在撫循欣抃之誠倍萬恒品不任踊悚之至謹遣當州軍事衙前虞候王國清奉表陳賀以聞臣某誠歡誠喜頓首頓首謹言

賀赦表

臣某言伏見制書大赦天下以今年正月一日改爲元和元年者臣聞行慶布和允光於獻歲履端居始實屬於元正將大有以惠人乃順時而布令法五始之要流恩而降澤統三微之歷觀象而建元正朔所加遐邇忻戴中賀伏

惟皇帝陛下大孝嗣業鴻猷啟圖順天地而發生均日月而齊照馴洽飛走煦育生靈既承太宗文武皇帝之耿光稟保壽天皇之嚴訓百神享德萬國宅心敷作解之澤布維新之典將致和平蠲京畿之逋債言念水旱薄江淮之征賦開羅網以宥過崇勲秩以賞勞宏褒酬之典澤被幽明旌忠烈之臣賞延於代闡庠序以勸學愍耆艾而加禮恩覃有截化洽無垠超溢虞夏掩映軒頊首出千古遐冠百王億萬斯年永荷天祿臣謬當任用分鎮藩維不獲奔赴闕庭親覩盛禮

賀赦表

臣某言伏奉某月日恩制大赦天下一人有慶百度惟新戴天履土罔不欣忭中賀臣聞天地元功施雨露以育物帝王繼統昇日月以垂曜羣品資始萬方文明伏惟皇帝陛下嗣守鴻業光膺駿命淳化均於四序大德合於二儀保寧社稷光宅區宇宏孝慈以御下崇恭儉以垂休恩覃浹旬事冠今古況乃順時布政乘春導和敷作解之恩宣在宥之典九族既睦四門廣闢而又洗滌幽繫雷雨之施也歸還流竄羅網之釋也移敘貶黜覆載之仁也蠲除逋

債政理之源也褒寵勳賢激勸之方也廢金寶之貢有以彰儉德也搜遺逸之士有以表至公也元勳宿將賞延子孫庶尹卿士榮周存沒廣直言之路啟進善之門德超虞夏道掩軒頊必將平一殊俗發揮大猷億萬斯年永荷天緒臣謬當任用述職藩維不獲奔赴闕庭臣無任云云

賀赦表

臣某言伏奉今月日赦詔自上下下由東尊尊參天地之大名貴聖文之崇號休氣宛秀彌漫雲天煙景昭華光融草樹臣誠歡誠踊再舞再蹈者有以副萬國之歡情增九廟之炳靈矣臣聞孝子事父誠奉其色忠臣事君將順其美皆殊外弊情實內殷超邁盈耳之言適會因心之義所以然也伏惟陛下道宏一德功蓋四時辰象曷以煥其文雷霆無以雄其武固以業振今昔事溢名言雖僉臣子之謀莫究圓方之廣所謂塞元命起兆人羣岳騰聲長河變色宜其雷震於地慶蟄户之出幽日飛於天賀霄漢之開朗是以神魚載舞祥鳳載鳴况於人靈况於榮位乎徒張三寸之舌不足以談聖猷空捐七尺之軀不足以報明主無任大慶欣忭倍百之至謹遣所部宣德郎某奉表陳賀

以聞臣某誠惶誠恐頓首頓首

賀赦表

臣某言伏奉七月三日冊皇太子詔書大赦天下臣聞元良者宗祀之本枝赦宥者含育之全德伏惟陛下赫然光大日昇於天巍然崇高岳鎮於地萬齡爲壽庶物咸春東海注百川之朝北辰列眾星之拱笑龜鶴之將老嘲鸞鳳之未伸但以禮備儲宮德刑廣物挺黄沙之罪再荷生成洗白玉之瑕俱成渙汗中外一命錫無戰之勳壽考百年賜不耕之粟莫不忭舞帝渥頌歌聖慈萬歲之聲夷夏合

聽九成之樂天地同歡臣久沐鴻恩竟無上荅悅豫之至倍百恒情謹因進藥使某陳賀表以聞

讓平章事表

臣某言臣久處繁機切思退免伏奉詔旨未允深衷仰戴天慈如寘冰谷臣某中謝臣竊惟至敬豈敢煩文再以懇誠上陳睿覽伏以陛下初臨寶圖獲侍丹扆一心捧日見四海之大明八稔代天覩羣生之茂育恭承睿筭實罄愚衷雖微寸功豈敢纖負倘陛下存簪履之舊念葵藿之誠終全深恩退蒙厚禮則是陛下既假之以位又寵之以名

至德深仁光照千古況臣年齒雖長筋力幸全猶得申獲戰之功展死綏之分倘蒙纛使足可酬恩至於左右便繁朝夕機務則心憂智竭力所不任以此至誠期於允遂然以時不再得感王道之方平福不重來念君恩之已極進退惶戀罔知所安謹奉表陳乞云云

第二表

臣某言臣昨八日再表自陳九日於延英奏對公事既畢輒言私情陛下語臣以兢懼之由諭臣以進退之義今奉批荅今斷表章無涯恩渥木石知感況陛下俯鑒誠懇知非飾詞鑒以止足之心特申分列之外敢不上遵明令退抑微衷恪居官次更飫仁恩顧伯玉之未果徒慙聖私秉安石之偷安猶期他日銜恩之分萬殞猶輕不任感戴惶悚之至謹再奉表以聞

忠州刺史謝上表

臣某言伏奉恩命擢授臣持節忠州諸軍事守忠州刺史越自東海牧於巴中秩優專城任切謠俗臣某誠歡誠喜頓首頓首頃以進取乖方譴累斯及遠投海裔分棄朱崖陛下精意饗天覃恩率土故臣得濯身霈澤剖竹藩方恩

出九重謗銷眾口受命之日心魂載馳屬楚越途遙奔馳道阻泝流七千涉險非一虐暑嬰癘羸骸僅存以今月七日舁曳到所部上訖臣任歲曲臺掌禮已蒙訪對之榮南宮起草猶兼奉蒞之任陛下展事宮廟臣實職導乘輿接星仗於鈎陳趨日馭於黃道奉璋薦鬯左右天威增秩進階霑濡慶渥臣業以儒進才匪時須書生之幸亦已過分中貽謗缺咎則自招今荷寵光恩由天造期勵精於緝理庶有效於涓塵巴山萬重峽水千仞微分何寄長瞻北辰臣無任感戴屏營之至謹遣衙官朝散大夫試兗州長史

賜紫金魚袋宇文僎奉表陳謝以聞臣某誠惶誠恐頓首頓首謹言

柳州刺史謝上表

臣某言伏奉詔書授任柳州刺史以今月二十五日至所部上訖臣某誠惶誠恐頓首頓首臣前歲以疾停官去年蒙恩除替便欲裂裳裹足趨赴京師以舊疾所嬰彌年未愈逮及今夏始就歸途襄州節度使于頔與臣早歲同官見臣當暑在道懇留就館尋假職名意欲厚臣非臣本願伏惟陛下光被之德道已洽於區中憂濟之勤心每徧於

天下常以萬邦共理必藉於循良一物不遺尚延於愚藐假臣寵渥重領方州駑駘復效於馳驅枯朽更同於華秀臣某誠歡誠喜頓首頓首臣聞潢汙易竭徒有朝宗之願犬馬無識猶知戀主之誠揣分則然惟天所鑒況臣昔因左官一紀於外子牟馳心於魏闕汲黯注意於漢庭豈伊非夫獨無斯戀去就者榮辱之主朝廷者仕進之源臣子之宜忠貞所志臣雖心同犬馬而分比潢汙幸躡康衢意悲往蹇臣之此誠口不能諭意欲自達文非盡言此臣所以自咎自傷恨乖志願猶冀苦心勵節上奉詔條惠寡安貧下除人瘼恭宣皇化少荅鴻私不勝感戴歡欣之極謹遣衙前軍事虞候王國清奉表陳謝以聞

饒州刺史謝上表

臣某言今月五日中使劉元晏奉宣聖旨擢授臣饒州刺史兼賜官告仍至當州送上者臣與元晏以某月二十三日至州上訖臣伏以郡守分符朝有常典王人賜告榮並貴臣事出非常恩超往例拜舞之際悲歡失容臣某誠歡誠喜頓首頓首臣聞千年一聖生聖時者爲遭逢萬朝一昌遇昌期者爲嘉會臣頃者每念生聖時逢聖運而職在

遐外莫能自通何嘗不顧影獨悲捫心屢泣晝望白日夜瞻北辰豈謂分寸之績未施丹懇之誠若感微藿傾心蓋草木之常分太陽迴燭及幽遠而不遺今陛下降不次之恩授分憂之地拜章承旨皆自中人聖渥霑濡天威咫尺從此萬里不爲孤臣臣某誠歡誠喜頓首頓首臣又聞臣子之道犬馬代勞義不辭難分當竭命臣竊以飽食厚祿肥生澤膚猶願荷戈於逐虜之疆免冑於捐軀之所至於理財均賦惠寡安貧勸農桑敦學校儒吏之常節駑駘顧何以堪當此殊榮少荅元造高秩以忝鴻私未酬慺慺此

誠沒齒無怠不任感涕屏營之至。

諫畋獵表

陛下軫念黎元親問禾黍察閭里之疾苦知稼穡之艱難此則聖主憂勤天下幸甚但以弧矢前驅鷹犬在後田野縱觀見車從之盛以爲萬乘校獵傳說必多諫諍之臣義當守職旣有聞見理合上陳拱默則懷尸素之慙獻言又懼觸鱗之禍果決以諫實謂守官正當嘉尚非足致詰夫蒐狩之制古今不廢必在三驅有節無馳騁之危戒銜橛之變旣不殄物又不數行則禮經所高固非有害然逐兎

呼鷹指顧之樂忘危履險易以溺人故老氏譬以發狂昔賢以爲至誡陛下每與臣等討論古昔追蹤堯舜固當棄常俗之末務詠聖祖之格言願以徇物爲心克己爲慮則昇平可致聖祚無疆羣臣異議不禁自息

請錄用令狐通奏

臣伏見代宗朝滑州節度使令狐彰臨終上表悉以土地兵甲籍上朝廷遣諸子隨表歸闕代宗以彰遺表宣示百寮當時在位者聞之無不感歎今有次子通在臣每感彰同時河朔諸鎭付子傳孫無不燻灼數代唯彰忠義感激奉國忘家遣子入朝以土地歸於先帝貞元中長子建坐事死於施州幼子運亦無罪流於歸州欲使忠義之人何所激勸今通幸存得遇明聖伏乞陛下召之與語如堪用望垂獎錄

請汰冗吏疏

方今置吏不精流品龐雜存無事之官食至重之稅故生人日困冗食日滋又國家自天寶以來宿兵常八十餘萬其去爲商販度爲佛老雜入科役者率十五以上天下常以勞苦之人三奉坐待衣食之人七而內外官仰俸廩者

無慮萬員有職局重出名異事離者甚衆故財日寡而受祿多官有限而調無數九流安得不雜萬務安得不煩漢初制郡不過六十而文景化幾三王則郡少不必政紊郡多不必事治今列州三百縣千四百以邑設州以鄉分縣費廣制輕非致化之本願詔有司博議州縣有可倂倂之歲時入仕有可停停之則吏寡易求官少易治國家之制官一品俸三千職田祿米大抵不過千石大歷時權臣月俸至九千緡者州刺史無大小皆千緡宰相常袞始爲裁限至李泌量閒劇稍增之使相通濟然有名在職廢俸存

額去閒劇之閒厚薄異類亦請一切商定

請罷永昌公主祠堂疏

伏以永昌公主稚年夭枉舉代同悲況於聖情固所鍾念然陛下猶減制造之半示折中之規昭儉訓人實越今古臣以祠堂之設禮典無文蓋德宗皇帝恩出一時事因習俗當時人間不無竊議昔漢章帝時欲爲光武原陵明帝顯節陵各起邑屋東平王蒼上疏言其不可東平王即光武之愛子明帝之愛弟賢王之心豈惜費於父兄哉誠以非禮之事人君所當慎也今者依義陽公主欲起祠堂臣

恐不如量置墓户以充守奉

對素服救日蝕儀疏

日月運行遲速不齊日凡周天三百六十五度有餘日行一度月行十三度有餘率二十九日半而與日會又月行有南北九道之異或進或退若晦朔之交又南北同道即日爲月之所掩故名薄蝕雖自然常數可以推步然日爲陽精人君之象若君行有緩有急即日爲之遲速稍踰常爲月所掩即陰侵於陽亦猶人君行或失中應感所致故禮云男教不修陽事不得謫見於天日爲之蝕古者日蝕則天子素服而修六官之職月蝕則后素服而修六宮之職皆所以懼天戒而自省惕也人君在名物之上易爲驕盈故聖人制禮務乾恭夕惕以奉若天道苟德大備天人合應百福斯臻陛下恭己向明日慎一日又顧憂天譴則聖德益固升平何遠伏望長保睿志以永無疆之休

右龍武統軍張伯儀謚議

或以伯儀嘗以推轂之任挫師安州於謚法得無貶乎愚以爲不然自中興三十年而來兵未戰者患在將帥以養寇自重縱敵藩身若進而亡師貶以爲義誠總干戈者必

托於萬全之名而忘一戰之效矣然則保其利者亦君子所嫌也錄其忠而勸善者非陽秋之志歟矧平居進退之節不敢二色稱爲忠臣議名之際褒勸所在請謚曰恭以旌厥美

上元和郡縣圖志序

臣聞王者建州域物土疆觀次於星躔察法於地理考中國山河之象求二儀險阻之情天漢萌而兩界分南宮正而五均敘自黃帝之方制萬國夏禹之分別九州辨方經野因人緯俗其揆一矣及秦皇幷六國則罷侯而置守漢

武討百蠻則窮兵而黷武雖裂爲郡縣者遠過於殷周而教令之所行威懷之所服亦不越於三代失天地作限之意非皇王尚德之仁誇志役心久而後悔由此觀之則聖人疆理之制固不在荒遠矣吾國家肇自貞觀至於開元兼夏商之職貢掩秦漢之文軌梯航累乎九譯郵置通乎萬里然後分疆以辨之置吏以康之任所有而差貢賦因所宜而制名物守其要害險其走集經理之道冠乎百王巍巍乎無得而稱矣易曰天險不可升地險山川邱陵王公設險以守其國險之時用大矣哉然則聖人雖設險而

未嘗恃險施於有備之內措於立德之中其用常存其機不顯弛張開闔因變制權所以財成二儀統理萬物故漢祖入關諸將爭走金帛之府惟蕭何收秦圖書高祖所以知山川阨塞戶口虛實厥後受命汜水定都洛陽留侯演委輅之謀田肎賀入關之策事關興替理切安危舉斯而言斷可識矣伏惟睿聖文武皇帝陛下握樞秉聖承祧立極祖堯舜之道憲文武之程皇王之遐蹤行之必至祖宗之耿光寢而復耀天寶之季王塗暫艱由是墜綱解而不紐強侯傲而未肅逮至興運盡爲驅除故蜀有阻隘之夫吳有憑江之卒雖完保聚繕甲兵莫不手足裂而異處封疆一乎四海故鄘衛風偃朔塞砥平東西南北無思不服臣吉甫當元聖撫運之初從內庭視草之列尋備衮職久塵台階每自循省赧然收汗謏明窮諳誠淺智之不及簿書期會亦散材之不工久而伏思方得所效以爲成當今之務樹將來之勢則莫若版圖地理之爲切也所以前上元和國計簿審戶口之豐耗續撰元和郡縣圖志辨州域之疆理時獲省閱或裨聰明豈欲希鄭侯之規模庶乎盡朱贛之條奏況古今言地理者凡數千家尚古遠者或搜

古而略今採謠俗者多傳疑而失實飾州邦而敘人物因邱墓而徵鬼神流於異端莫切根要至於邱壤山川攻守利害本於地理者皆略而不書將何以佐明王扼天下之吭制羣生之命收地保勢勝之利示形束壤制之端此微臣之所以精研聖后之所宜周覽也謹上元和郡縣圖志起京兆府盡隴右道凡四十七鎮成四十卷每鎮皆圖在篇首冠於敘事之前并目錄兩卷總四十二卷臣學非博聞識愧經遠馳騖雖久漏略猶多輕瀆宸嚴退增戰越謹上

編次鄭欽悅辨大同古銘論

夫一卯之土無情也遇雨而圮偶然也窮象數者已懸定於十八萬六千四百日之前矧於理亂之運窮達之命聖賢不逢君臣偶合則姜牙得璜而尚父仲尼無鳳而旅人傳說夢達於巖野子房神授於圮上亦必定之符也然而孔不暇暖其席墨不俟黔其突何經營如彼孟去齊而接淅賈造湘而投弔又眷戀如此豈大聖大賢猶惑於性命之理歟將浼身存教示人道之不可廢歟余不可得而知也欽悅尋自右補闕歷殿中侍御史爲時宰李林甫所惡

斥擯於外不顯其身故余敘其所聞係於二篇之後以著蓍筮之神明聰哲之懸解奇偶之有數貽諸好事爲後學之奇翫焉

杭州徑山寺大覺禪師碑銘 并序

如來自滅度之後以心印相付囑凡二十八祖至菩提達摩紹興大教指授後學後之學者始以南北爲二宗又自達摩三世傳法於信禪師信傳牛頭融禪師融傳鶴林馬素禪師素傳於徑山山傳國一禪師二宗之外又別門也於戲法不外來本同一性惟佛與佛轉相證知其傳也無文字語言以爲說其入也無門階經術以爲漸語如夢覺得本自心誰其語之國一大師其人矣大師諱法欽俗姓朱氏吳都崑山人也身長六尺色像第一修眸蓮敷方口如丹凝焉若峻山清孤泊焉若大風海上故揖道德之器者識天人之師焉春秋二十有八將就賓貢途經丹陽雅聞鶴林馬素之名往申款謁還得超然自詣如來密印一念盡傳王子妙力他人莫識卽日剃落是眞出家因問以所從素公曰逢徑則止隨汝心也他日遊方至餘杭西山問於樵人曰此天目山之上徑大師感鶴林逢徑之言知

雪山成道之所於是蔭松藉草不立茅茨無非道場於是宴坐之久邦人有搆室者大師亦因而安處心不住於三界名自聞於十方華陰學徒來者成市矣天寶二祀受具戒於龍泉法崙和尚雖不現身意亦不捨外儀於我性中無非自在大歷初代宗睿武皇帝高其名而徵之授以肩輿迎於內殿既而幡幢設列龍象圍繞萬乘有順風之請兆民渴灑露之仁問我所行終無少法尋制於章敬寺安置自王公逮於士庶其詣者日有千人司徒楊公綰情遊道樞行出人表大師一見於衆二三目之過此默然吾無

示說楊公亦退而歎曰此方外高士也固當順之不宜羈致尋求歸山詔允其請因賜策曰國一大師仍以所居爲徑山寺焉初大師宴居山林人罕接禮及召赴京邑途經郡國譬若優曇一現師子聲聞晞光赴響者轂擊肩摩投衣布金者邱累陵聚大師隨而檀施皆散之建中初自徑山徙居於龍興寺餘杭者爲吳東藩濱越西境馳軺軒者數道通濱驛者萬里故中朝銜命之士於是往覆外國占風之侶盡此奔走不踐門閫恥如瘖聾而大師意絕將迎禮無差別我心既等法亦同如貞元八年歲在壬申十二

月二十八夜無疾順化報齡七十九僧臘五十先是一日誡門人令設六齋其徒有未悟者以日暮恐不克集事大師曰若過明日則無所及既而善緣普會珍供豐盈大師意若辭訣體無患苦逮中宵跏趺示滅本郡太守王公顏卽時表聞上爲歔欷以大師元慈默照負荷衆生賜謚曰大覺禪師海內服膺於道者靡不承問叩心悵惘號慕明年二月八日奉全身於院庭之內遵遺命也建塔安神中門人之意也嗚呼爲人尊師凡將五紀居惟一牀衣止一衲冬無纊氎夏不絺綌遠近檀施或一日累千金悉命歸於常住爲十方之奉未嘗受施亦不施人雖物外去來而我心常寂自象教之興數百年矣人之信道者方悕畏於罪垢愛見於莊嚴其餘小慧則以生滅爲心垢淨爲別捨道由徑傷肌自瘡至人應化醫其病故大師貞立迷妄除其惷冥破一切相歸無餘道乳毒既去正味常存衆生妄除法亦如故嘗有設問於大師曰今傳舍有二使郵吏爲刲一羊二使既聞一人救一人不救罪福異之乎大師曰救者慈悲不救者解脫惟大師性和言簡罕所論說問者百千對無一二時證了義心依善根未度者道豈遠人應

度者吾無雜味日行空界盡欲昏癡珠現鏡中自然明了或居多靈異或事符先覺至若飲毒不害遇疾不醫元鶴代闇植柳爲蓋此昭昭於視聽者不可備紀於我法門皆爲妄見今不書尊上乘也弟子實相門人上首傳受秘藏導揚眞宗甚乎有若似夫子之言庚桑得老聃之道以吉甫連蹇當代歸依釋流俾筌難名强著無蹟其詞曰

水無動性風止動滅鏡非塵體塵去鏡澈衆生自性本同諸佛求法妄纏坐禪心汲如來滅後誰證無生大士密授眞源湛明道離言說法潤根莖師心是法無法修行我體

本空空非實性既除我相亦遣空病譬如乳毒毒去味正大師得之斯爲究竟何有涅槃適去他方教無生滅道有行藏不見舟筏空流大江蒼蒼遥山成道之所至人應化萬物皆覩報盡形滅人亡地古刻頌豐碑永存澗戶

欽定全唐文卷五百十三

冷朝陽

朝陽金陵人大歷中進士爲潞州節度使薛嵩從事興元時官將仕郎守太子正字

林表吳岫微賦

楚江之陰巖巒重深參差遠岫掩映遥林帶殘霞之隱隱含暮景之沈沈聳孤峯之萬仞擢喬木於千尋仰之彌高倚青冥而直上瞻之彌遠凝黛色而旁臨𢡖微明而可見雲出沒而無心微雨新晴陽烏乍曉芊芊芳樹歷歷飛鳥森羅廣澤之閒半出重林之表天高地遠混煙靄而難微虎踞龍盤等衡巫而不小形標迴漢勢混全吳衆鳥所託羣仙所趨林隔岫而相映岫依林以相扶幽蘭所生知其芳矣仁者所樂不亦悅乎春思感於春林遠情馳於遠岫心悠悠以遐想色遥遥而層構度材任土挺翹楚而數榮蘊玉藏珍分巘崿而增秀信乾坤之覆載承雨露之繁茂當峻極於長空豈蔽虧於側陋蘭青青兮雨霏霏望鄉路兮吳山微折芳懷遠兮送將歸桂枝片玉兮生光輝

張元度

元度爲鳳翔隴右節度使張鎰判官營將李楚琳作亂死其難

對樂請置判懸判

有州申百姓皆好操縵都不識雅章以不能易俗請置判懸供釋菜賓社之用使人觀習省以爲非所宜言不爲聞欲科罪訴云州將鹵簿見著令文且方古軒縣爲降已甚置之何過

明則有禮樂幽則有鬼神並繫國移風助天成物我堯舜其德清明在躬詠南風之時光宅天下斬東萊之樂政事

惟醇瞻彼有周誠爲率土百姓樂業羣黎向方而先彼藝能後其節目操茲雜弄存彼安絃承弊訓於鹿鳴冀成功於蟻垤州司以事乖易俗不識樂章既慙師乙之言有類文侯之問爰申禮闕欲置判懸供釋菜於賓社庶甿黎以觀習且是請也非所宜言昔子路居蒲文翁處蜀自有無聲之樂豈聞操縵爲辭欲寘爰書若何文過軒懸鹵簿徒飾詞於如簧郵罰麗事豈逃刑於聽棘

吳與

與貞元時人

漳州圖經序

謹按本州在禹貢爲揚州之南境周爲七閩之地秦漢爲東南二粵之地漢武平粵爲東會稽治縣并南海揭陽之地晉宋以來爲晉安義安二郡之地皇唐垂拱二年十二月九日左玉鈐衞翊府左郎將陳元光平潮州寇奏置州縣敕割福州西南地置漳州初在漳浦水北因水爲名尋以地多瘴癘吏民苦之耆壽余恭訥等乞遷他所開元四年敕移就李澳州置郡故廢綏安縣地也自初置州隸福州都督府開元二十二年四月二十二日敕割隸廣州二

十八年敕復隸福州州本二縣一曰漳浦即州治也一曰懷恩二十九年十一月二十二日敕以戶口逃亡廢之併入漳浦又割泉州龍溪縣隸本州大歷十一年福建觀察使皇甫政奏割汀州龍巖縣來屬十二年五月二十七日敕從之天寶元年改爲漳浦郡乾元元年復爲漳州興元二年刺史柳少安請徙治龍溪福建觀察使盧惎錄奏貞元元年十一月十六日敕從之遂以龍溪城爲州定管龍溪漳浦龍巖三縣山川清秀原野坦平良山記董奉之遊九侯傳夏后之祀趙佗故壘越王古城營頭之雉堞依然

嶺下之遺基可識陳將軍忠貞冠代王使君勳烈標時周先輩之奇才潘侍郎之重德大同有九虬之瑞開元出祥雲之符靈跡應祈筋山屏溢遺芳未泯勝概可尋蔚爲江外之名邦不特閩中之要地凡諸可紀悉具於後

李演

演貞元時人。謹按李演見唐書者凡四一爲江安元王祥九世孫一爲讓皇帝十世孫一爲憲宗孫封臨川郡王一從李晟收京攻朱泚於光泰門率騎士先登者東林寺碑作於貞元十一年惟江王孫及從李晟立功者時代相合

東林寺遠法師影堂碑并序

吳興　李演

天之高也日星垂其耀地之厚也山嶽鎮其維人資三才之靈挺五行之秀粵有邁德宏域融神惠境焯迦羅之絕照挹甘露之元津配名岳而永崇晞扶桑而不息則慧遠法師其人也法師鴈門樓煩賈氏釋道安之門人其英姿朗韻清行素節詳諸舊碑及張氏傳固以杳映前秀鏞鑠今聞灰心土骸而神機天發金口木舌而法音雷震無取無捨而律儀冰澈不生不滅而禪性暉如抱德陽和而浩類洗心潛靈淵泓而遠方翹首修不共法而常軫大悲薰般若智而富諸梵行故能誘納衆善沙汰羣疑萬流仰海而同歸一雨施物而咸潤可謂阿摩勒果實從中生分陀利花性非外染矣自晉氏太元年法師始飛錫南嶺宅勝東林世更七代年垂四百流芳遺潤金鏘玉振當一時之美虎溪爲釋氏龍門挹千載之風匡阜擬搢紳闕里皇唐貞元十有一祀江州刺史馮翊嚴公士良秉明德以分符宣中和以述職上贊緝熙之化下臨擊壤之人以無爲政克用其民巡稽外野指途中林斂衽禪關式瞻遺像喟然歎曰斯名也寒暑不能易其芳斯德也江海無以臻其極彼瑣行纖節尚崇植楹廡正位居室噫尊美若茲而隅形

在壁俾珍儀掩翳清光不曜豈惇德允元之旨乎乃與寺之上首熙怡律師圖之將構勝宇且示實相律師久儲於懷果協其素旌美樹善二謀同心悅徒勸工成之匪日繡甍翼其雲聳睟容儼以景彰覿至道者存妙像於鏡中味微言者得元珠於意表豈止惠議攝英姿而雨汗仲堪仰素風而心醉哉故非夫遠公之志德不能譯聖文服秀民非夫嚴公之澈識不能立清祀揚妙軌篆芳金石敬贊二美銘曰

粹靈純綸是爲至人含德攜曜升陽發春道光海域幽遯

嶽濱六髦秉蕆八士辭中緣徂物謝跡留事任百億神遊恒沙化廣昭昭遐軌泠泠末響慧日凝暉白雲翹想曠哉明牧遠味芳風思覿遺像求之列墉爰搆棟宇式是道宗旌休垂洪地久山崇

于公異

公異吳人建中二年進士爲李晟招討府掌書記官朝散大夫殿中侍御史與陸贄有隙貞元中贄爲宰相奏公異無素行黜之繇是轗軻以卒

代崔冀公賀登極表

臣某言今月五日寅時大理少卿馬炫至未時監軍使判官奚官局丞程仙望至累承恩命宣慰臣及軍府將吏僧道百姓等半日之間二使連至六辰之內五奉詔書恩旨便繁顧問稠疊感懼交集兢隕失圖中賀臣聞元穹降災吉凶常數儲后繼立周漢舊儀伏惟陛下纂八葉之重熙叶千齡之廣運以爲四海務重不可以一日而無君九廟禮崇不可以一朝而乏饗是以順先皇三日之詔允羣臣五表之請克遵古訓虔奉國經俯抑聖情以臨寶位大頒新命再造寰區海內悲歡天下幸甚臣謬司節制職守方隅不得與萬討連行同參盛禮千官並列稱慶闕庭無任抃躍哀榮之至

賀聖躬痊復表

臣某言今月十七日衙官史萬頃奏事迴伏奉手詔伏審聖躬頃暫乖理今悉康平凡在臣子不勝忭躍中賀伏惟皇帝陛下自天生德紹聖垂衣運啟握符已慶無疆之壽疾稱勿藥果從有喜之辭歡初洽於朝廷慶旋周於海內臣伏以天心恭慎庶政殷繁既當痊愈之初宜加頤攝之道然猶日旰對奏未明求衣理或至於憂勤事終干於思

慮恐乖將候竊未遑寧伏乞朝廷之宜付之宰相討伐之任仗彼戎臣從容聖心消息元化爲宗社自愛委諸有司幸甚幸甚臣蒙國寵榮輒露誠懇伏惟察納表臣愚衷

賀聖躬痊復表

臣某言今月七日中使至進伏奉敕書手詔慰諭臣者伏以聖躬頃乖頤攝少有不安景福無疆旋亦康泰屏營捧詔且喜且驚臣聞子之事親出告反面臣之事主移孝爲忠君親之間其體無異自宜問安內豎增憂寢門平居之時猶無闕禮乖理之後豈合遑寧又臣聞勤則近憂憂則

生疾豈陛下以萬方黎庶尚未和平三輔甲兵猶從征討此皆臣下之過遂煩君上之懷臣特荷國恩超踰儕輩死生不係於己命休戚實同於國家況聖壽日躋皇符永固雖禎祥合慶祚必壽於南山臣子馳誠心豈離於北闕伏以聖謀思振邊徼正安輕騎無信宿之程郵館無兼金之費臣欲旬日之內輕行入朝陪列庶官恭承睿旨審聖質之安否布微臣之款誠伏乞矜允遂臣愚懇

為崔冀公請赴山陵表

臣某言臣聞臣之事君盡於追遠子之事父禮在送終忠

至苟全死且無悔臣某中謝臣本山東布衣耕於淇澳弓裘陵替無以庇身屬天寶中元宗聖明河海清晏臣始忝宿衞入侍丹墀合門歡榮長幼同慶洎祿山叛命慶緒西侵元宗以玉輅南巡肅宗以金輿北幸諸侯避狄天子蒙塵臣當此時有死無貳於是執殳荷戟漸拜偏裨逮肅宗克復兩京再安九廟臣遂東征西伐式遏蕃蠻荷寵承榮稍遷將帥先皇以臣頗經統領久鎮方隅天渙曲臨遐方授節一辭雲陛十載守邊空懸魏闕之心未展子牟之戀徒慙保障有愧繭絲肇自一官累登三事兢惶罔措悲駭失圖荷戴恩榮不勝號絕且諸侯五月同盟至天子七月同軌至今先皇厭代已歷四旬臣妾攀號哀纏六合況臣一身授任九族霑榮華轂朱輪貂蟬滿路永惟恩寵荅荷何階豈謂先皇升遐臣不得執紼陵隧陛下登極臣不得稱慶闕庭吉凶二途禮制皆闕伏乞皇慈曲被天澤俯臨許臣匍匐元堂稽首黃壤攀穹永訣踴地長號獲申罔極之哀用畢終天之願無任隕絕崩迷之至

代李令公謝手詔為製東渭橋碑文表

臣某言某月日某至伏奉詔命以臣收復聖旨褒揚特為

製東渭橋碑文皇太子書手詔賜臣及將士者驚拜捧荷魂神飛越臣聞霍光戴漢輔昭立宣鄧禹佐王寧人除暴或道扶衰運或功格皇天纔聞麟閣之圖適及雲臺之紀未有事徵賞厚用淺報崇迴辰象之天文降明離之筆札跪捧尋繹慙惶失圖事出古今感深臣子雖百身殞越曾未賈於片言九族隳離實難酬於一顧臣某中謝伏惟皇帝陛下邁軒皇之武德續唐帝之文思六義不足以財成五聲徒表於宣暢躬親庶政而睿藻日新化洽萬方而宸章間作頃屬凶徒扇結都邑震驚陛下克讓斯在推功勿

居迴天漢之文章賜光輝於臣下英聲茂實演奧窮微昭宣造化之情黼黻義文之制顧乃上援彥範次述子儀此皆功贊中興道化來裔纂循前緒陛下實紹於耿光瞻慕勳庸徵臣固無其影響此皆陛下特標文字曲降恩私激揚雅頌之風儆厲人臣之節自家刑國垂範作程恩誠借於微臣道將周於天下足使懷忠服義爭死節以駿奔反側危疑望皇風而徼革史籍之所未有自此而書人臣之所未聞自臣而始雖年踰知命筋力尚全國家西有未賓之戎東有乘邊之寇每煩宸慮尚集王師顧此生涯未知

死所庶損微瑣之質少益覆載之仁限以戎鎮不獲奔赴闕庭輕陳懇悃無任荷戴惶灼之極

代李令公乞朝覲南郊表

國家以來年正月五日告謁宗廟柴燎南郊率土同歡室家相慶臣已陳乞願奉大儀監使王敬親至陛下以西門式遏未蒙矜遂夙夜惶戀心如焚灼目覩漢儀猶傳故老況臣累塵清貫謬處台司侍奉翠華未爲失任亟承顧問亦近守官既違捧日之誠益慕告天之慶伏惟皇帝纂戎聖運光啟帝圖澤流亭毒之源化溢舟車之外今者以天地交泰華夷大同明發以展神宗陶匏而郊上帝紹前王之闕典納殊俗之始賓九域駿奔傾皇都而壯觀庶官少肅邑清蹕而徐驅臣於此時獨守藩鎮伏惟陛下以鳳翔密邇或多戎梗未可輕離臣酌事宜必無所慮何者吐蕃所有兵甲悉不在邊流沙已西纔有烽戍況其畏威讋伏向化協和自安戎貊之邊敢犯漢家之塞吳說之居隴上李觀之處涇州既承聖謀各有成算以此制敵何憂撫封臣於鳳翔亦擇留後庶令軍務皆叶權宜又以州縣雖存黔黎未復徒御既衆供承則難臣當倍道兼行速於入侍

謝車捐騎才取成容則岐路有載馳之章郵亭絕告勞之費以此利往未爲擾人今者設壇場告天地尊嚴執禮陛下當元首之名贊拜陳儀臣子漏股肱之用臣且自愧人何以觀乞陛下特降洪私容臣朝聘俾汪洋皇澤亦霑戎屏之臣肅穆旌門粗識昇平之禮既均情於故老庶無愧於子牟退入泉臺不爲恨矣

皇帝違和請朝覲表

臣某言伏奉手詔聖躬頃暫違和旋亦康復鼓舞歡抃倍百常情然且爾來未有人到惶戀之至寢興無寧何者臣

義忝寵榮恩當弼亮聖躬乖理股肱何安是以瑣瑣寸誠款款微志思陪朝列一解宜容之憂或從良醫待獻十全之藥頃以陳乞願得輕行未蒙還旨猶增戀慕且睿謀宏遠邊鄙方安春候轉深戎馬難動以此揣度固無憂慮伏乞聖慈許臣朝謁輟旬時於藩鎮候安否於宸顏臣之微願於斯畢矣

代人行在起居表

臣某言自中使至伏奉手詔後行在所未有人至伏以巴梁既遠信使全希路有豺狼時當否塞東征西怨彼雖幸於南巡捧日望雲臣獨瞻於北極伏惟陛下以重慎爲意

以社稷爲心每於寢膳必盡頤攝況朱明啟夏小暑屆時曾觀蜀漢之風小異函秦之氣尚衣侍膳之分莫敢侵官資父事君之誠空思入面違奉既久涕戀無從不任之至

奏投降吐蕃表

臣某言臣聞夏禹興師西戎卽敍漢宣嗣位北狄稱藩則知自古帝王未有不先文德而後甲兵撫諸華而柔荒服然後列在墳籍號爲昇平伏覩今月某日吐蕃東道節度南奔息下吐蕃浪斯（一作尚奔息下吐蕃浪斯）多斯獵人并馬十五匹投降者此皆聖澤昭宣太和廣被夷狄左衽邊徼無虞臣某中賀伏惟皇帝陛下以至聖統業以大明乘時休戰伐於阪泉布風教於宣室化無不洽俗無不賓獨西蕃累犯邊疆自爲倔強多從戰敗少有生降今者之來實異於昔蓋以違天已久負約頗深竊盜河湟震驚邊鄙神既惡稔時將可誅漸開離析之端是叶恢張之運臣獲受榮遇方總藩維當臨斬戎王將置槀街之下提封漢境願窮葱嶺之西萌兆在茲不敢不賀無任喜抃之極

爲王尚書奏洛州事宜并進翻城副將李澄表

臣某言自元誼亂常已經寒暑王師討逆久未凱旋臣待

罪轅門若臨泉谷渠魁未滅寢食不寧臣某中謝臣自春初以來便爲持久之計控引洺水環繞賊城築室反耕示其安堵冀憑廟畧克翦凶徒臣所設隄防頗爲堅厚秋來軍用又勝常年隴畝之間不知賊在臣與第五守進商量且務撫綏蕞爾一城偷安晷刻今水勢滋漲營壘安閑惟務訓師未嘗徼擊賊城之內是物皆竭狡計已窮頻有降人審知實事臣若四面豁水一向取城量力校功計日當勉算其日數以待地乾須至冬中水凍然後可事集或慮

亡命之賊伺隙奔馳兼恐猖狂之儔爲之聲援若但以水力爲灌澍不停旬月之閒賊城必壞中則促其急變外則伐其異謀不假梯衝不費戈甲竊思上策實爲萬全況秋風漸高寒氣已至城中士徒懸望冬裝其元誼等無可支持惟行誑惑既以迫其凍餒仍更苦其勤勞據此事情卽當變潰昨者將軍劉南華等溺死臣已奏聞訖臣緣得城中款疏皆願歸降前後尅期非止一度臣若不使人接應有似拒其輸誠若不激其義心卽何以勸其效命所以事須赴約有此差池伏惟聖鑒俯賜詳覽其城所與計會前

後帛書謹錄白并元本同封進所謀翻城人四面知敵副將李澄臣已補充衙前十將伏恐皇情憂軫要親問事宜臣謹令隨崔烈入奏云云

代李令公進歲節口味一十事狀

右伏以獻歲首春元辰備饗內饔具品則有常珍野食擊鮮恐資兼味臣昨以軍中無事畋獵出城既臨戎虜之邊且試偏裨之藝縱橫必中豈謝麗龜俯仰無遺寧憂卽鹿或堪上獻輒露衷誠前件物等謹狀奉進庶裨仙餼用愧野芹無任惶懼之至

端午進馬狀

右伏以律應蕤賓節臨端午徵彼風俗盛陳續壽之儀爰念人臣敢闕致誠之禮況朝廷敘位海內來王咸因贄幣之資用表肅恭之節臣叨承恩顧獲守邊陲朝不及於良辰禮竊憑於外物輒以前件馬并鞍等進奉殊慙駿驥微露衷誠願承端午之祥長居得一之位不勝區區之極

進貢扶風縣平地穿得金盞二枚并甕子一枚狀

右臣得所由狀送前件物至臣所者輒令瑩拭非是常珍宜在昇聞輒敢上獻陰陽造化神妙潛功羣生既偶於昌

期靈貺豈私於聖德伏惟皇帝陛下化通元默躬贊昇平神功所以服不庭大孝所以尊清廟故天惟儲慶雲物表瑞於非烟地不韜珍寶玉騰光於內府陛下方宏至道爰紀殊祥仰聖德而彌高在天心而難讓至如此寶安敢無言觀其形製標奇非一時之物精輝旁射逾百鍊之珍臣輒比擬他金光芒獨映求之故事未或前聞表孝通誠美已彰於盈缶徵神錄異慶常集於化鈞況其賦質堅剛肖形盞斝膺大雅獻酬之用告太平歡樂之符時佇休明潛躍久同於瓦礫道合交泰成器堪佐於罇罍況因封管而

生似表微衷而獲儻從殊貨是更褒揚必取類於金璧至遂成於家寶期於銘刻傳在子孫長承聖主之恩使效微臣之節

李晟收復西京露布

神策軍京畿渭北商華鄜坊丹延等州兵馬副元帥李晟於苑牆內神麚倉東南連白苑破逆賊朱泚兵馬收復上都露布事尚書兵部臣聞春司生榮秋主殺伐若終始煦嫗則不能成歲功仁則順成暴則殘滅若一貫邪正則不能建大中是以春秋序行則通天和而充氣毋德刑具舉

則協王道而經彝倫亂由是除兵不可去堯舜禹湯之德統元立極之君或制五兵或張九伐蓋欲攘削姦寇乂安生靈補雍熙之未洽佐聲教之不暨有以然者抑實為何伏惟皇帝陛下溥博法於乾坤貞明侔於日月陶埏六合表正萬邦揚高祖太宗之耿光奉肅宗代宗之丕烈自纂承前緒高居穆清率土承有截之風懷生無不遂之性頃者邊鄙或聳干戈爰設有征無戰許蔡僕首領之誅陸梁背誕涇原生肘腋之變逆賊朱泚所以委身凶德假翩姦徒熒惑我生人僭賊我神器聚為起穢之物腥彼宮闈散作旬始之妖孛於躔次先皇帝懷柔河朔敷佑下人錄其率化之績優以登賢之禮恩澤汪濊集凡庶之風名器爓灼加闒茸之質冀革桀跖將馴大和殊不知惡木生樸枅之蘖猰狗吠豢牢之主頃屬鑾輿順動郊畿駐蹕而泚乃嘯凶命醜阻兵安忍長戟指闕流矢射天穿高墉以鼠牙毒王師以蠆尾罪浮羿浞惡貫梟獍是以萬方憤怒九服囂騰思齒劍者投袂而興爭剸刃者不期而會屬賊臣伺釁陰貸凶謀既緩雷霆之誅遂延頃刻之命臣是用祇承睿算恭行天罰攝衣登壇明君親之大義禡牙饗社假神

祇之幽贊以今月二十五日總領師徒直趨都邑畧灞滻以揚旆瞰苑囿而下營土濠雲舒木柵林植養威蓄銳直殄元凶臥鼓偃旂猶輕小利賊初陵犯畧以芟夷謂其氣竭而來歸尚敢尸居而作固敵若可縱師多奚為至二十七日會諸將於中權占勝風於大旆未鼓而人心粗勵先庚而軍令凝嚴各懷報主之誠盡淬復讐之刃臣知其可用遂此疾驅五月二十八日寅時華州鎮國軍節度使駱元光神策行營商州節度使兼御史大夫尚可孤本軍副使都知兵馬使御史大夫吳詵都虞候兼御史大夫邢君

牙京西行營都知兵馬使檢校刑部尚書孟涉右廂兵馬使御史大夫康英俊隴州節度右廂兵馬使郭審金權文成神策行營商州節度都虞候彭元俊等承命於牙旗之下分麾於轅門之外將士等超乘賈勇免胄啟行夾川陸而左旋右抽抵邸陵而浸淫布濩聲塞宇宙氣雄鉦鼓陳兵於光泰門外悉銳於神麕倉東繚垣坌以成塵滋水涸而爲地左廣未歸於舊壘前偏已交於賊鋒若降於天若出於地賊將姚令言張廷芝等志懷慓狡心尚憑陵作忠盡謀力則不及怙亂賊義氣則有餘勢如飈馳衆若蜂集

橫列堅陣勢連高岡猶張蹭蹬之鱗更舉螳蜋之臂衙前兵馬使兼御史大夫王佖知牙官兼刀斧將兼御史中丞史萬頃等自相誓約又合軍聲指麾而貔兕作威感激而風雲動色遂先登進擊深入合攻七擒連發而星馳兩翼旁張而雲合霜刃吐光而揮霍鼉鼓騰聲而隱轔賊方土崩我乃霆擊乘其蹈藉遂至於上蘭取彼鯨鯢直通乎中禁段誠諫賊之心膂既就生擒沈厚運賊之羽毛終制死命顧其係頸求活投戈乞降崩騰於榛莽之閒震懾於旌麾之下臣以其令染汙俗昔實平人推赤心以如初敷王化而咸一姚令言等力扞王師退而復合惡鳥將墜尚顧危巢妖狐就擒猶守舊穴自卯及申拒而復攻讙譟之聲山傾而河泄鼓鼙之氣霆鬭而電奔屛翳發向敵之風回祿扇燎原之焰馬逸不止人怒未舒既自北而徂南竟輿屍而折首又使決勝軍節度使工部尚書唐良臣右廂兵馬使御史大夫趙光銑義武軍兵馬使楊萬榮左步軍使御史大夫孟日華馬軍將田子奇霍去懺郝覲華州節度使左廂先軍兵馬使馬英華右先鋒兵馬使董泚神策行營商州節度兵馬使賈値金右廂左都虞候張望都等領

馬步爲副勢均破浪攻甚決河雖其恃武庫之五兵憑宮垣之萬雉及茲翦滅纔欲乘陵曾無鏌刃之鋒已失藩籬之固遂生擒僞署侍中董泰中書侍郎平章事蔣鎭左僕射同平章事張光晟兵馬使李希倩敬釘等逆賊朱泚與同惡姚令言張廷芝等輕騎走出臣已遣兵馬使田子奇等追躡討卽梟夷臣竊以此賊包藏逆謀參會凶德祲沴其氣豺武其心背先皇亭育之恩傷陛下元默之化漢之莽卓未足等夷晉有敦元自當超軼子暴其父陰侵於陽自古未有如泚之大者也或者上天之意申儆於巨唐中

興之期光啟於陛下然則王師奮伐勢無駐於建瓴醜類
搶攘功有輕於折箠猶逃密網尚反隻輪誠當盡敵之時
更發追亡之騎且稽分體未即燃臍快億兆之歡心蕩宗
社之深恥即當梟戮用申刑典今已肅清宮禁祇謁寢園
鍾簴不移廟貌如故蓋爲宸極之所垂祐列聖之所雄都
神扶業業之傾天降穰穰之福不然豈免於毀圯之患崩
剝之虞者哉此皆上天降鑒睿慮潛施制兵要於事先規
雄武於轂內再造可封之俗因櫜不戰之功左武右文銷
鋒鑄鏑澹乎華胥之代冥然葛天之風臣謬寄台司幸當

統帥乏吉甫之文武鈌卻縠之詩書此皆諸衆叶心羣帥
宣力非臣庸瑣敢自矜大臣不勝慶快之極謹差監軍使
王敬親牙官御史大夫符羣王邵張少引謹奉露布以聞

吳嶽祠堂記

唐興元元年十月十一日國之元輔鳳翔隴右涇原四鎮
北庭兼管內副元帥司徒兼中書令西平郡王李公晟有
事於吳山之祠虎暢前驅鳥隼之旗昇降林嶺不囂不呼
縈雲拊嵐以屆於祠下公遂以神之所感告於座客公異
忝備賓佐管文記之任操觚染翰恭而書之初相國涼公
鎮鳳翔也常以中軍委公偉才雄名橫軼倫伍大歷四年
屬天降災沴不雨踰時土山方焦大水成陸封內山鎮分
官禳祈命公禱於吳山公於是氣肅體虔桂酒瓊筵公告
神以災沴神享公之吉蠲明能通幽實在俄頃雲油雨霈
霢霂優渥沃瘠膏枯公私必濡既阜且房歲穀大熟遽申
報禮人咸異之由是公心有所奉動符冥應招神户三十
人拱灑埽之事其後仗王命提偏師救亂於蜀陲翦戎於
卬僰曾不踰時招弓返旆繼以叛將擁衆兩河繹騷公鼓
行而東且討且援洹水盡敵魏橋制勝兵未及而趙北圍

解氣有餘而清苑凱旋壁渭川則殷若長城復皇都則劃
如破竹冥符幽贊於是乎在無何優詔拜公上公極人臣
之寵且以西門之務委焉公本之禮經山在封內者得崇
祀典况吳山德於我乎具以上聞特請褒異詔使中使孟
希价持傘賜神錦袍金帶夫人花冠等焜燿祠宇發揚幽
昧山鎮之秩次於方岳矣徵諸故事當開元二十八年詔
使正議大夫內常侍竇元禮賜食致祭至天寶八年哥舒
翰拔石堡破番蠻封神爲成德公至德乾元之間累有襃
賜加爲天嶽王則神之宣力有自來矣人或以公曩之感

神駭於視聽。公異以爲吳嶽者含蓄雲雨。蟠厚地而柱蒼昊。天地之山也。李公持顛定傾。蘇蟄生而戴天子社稷之山也。與夫喬嶽巨鎮。均功並用。肸蠁氣合。何其怪哉。鐘鼓樂之。苾芬薦之。人神忻忻。旣晝斯夕。宜矣山之廣袤。載於方志。畧而不述。所述者。公之感通與其年月。敢學舊史實而無華。掌書記朝散大夫殿中侍御史內供奉于公異奉命爲記

欽定全唐文卷五百十四

崔從

從字子乂。贈衞州刺史融曾孫。第進士。憲宗朝累官尚書右丞。寶歷初檢校尚書左僕射淮南節度副大使。大和六年卒。年七十二。贈司空。諡曰貞。

請定舉放官私錢事宜狀

京城百司諸軍諸使及諸道應差所由幷召人捉本錢。前件捉錢人等比緣皆以私錢添雜官本。所防耗所裨補官利。近日訪聞商販富人。投身要司。依託官本。廣求私利。可徵索者。自充家產。或逋欠者。證是官錢。非理逼迫。爲弊非一。今請許捉錢戶添放私本。不得過官本錢。勘責有剩。並請設官。仍量輕重科處。其所放官本幷許添私本。每舉放數足。仰錢戶具所舉人姓名錢數狀報本司。仰本司收連入案。三官同押。排科印記。仍各隨錢人牒知。如他時因有論競勘案。歷不同。不在與徵理之限。庶官利不失。私家獲安。

顧少連

少連字夷仲。蘇州吳人。大歷五年進士。官監察御史。德宗

朝授翰林學士累遷吏部尚書封本縣男徙兵部爲東都留守卒年六十二贈尚書右僕射謚曰敬

嵩嶽少林寺新造廚庫記

啟迪眞乘無相之門寂發揮象教有爲之功大非無不可以臻極非有不可以化凡亦由瞻影求形見煙知火通如來誘善之路爲羣瞶嚮明之階沿淺詣深其實一也自漢明帝夢金人履殿訊之於庭釆傅毅的然之詞得竺乾惟肖之像精廬始構塔廟繼興大抵三教之行各有其屬尊嚴所奉齊壹厥心若遊息不殊則其道閒雜若散漫無守

則其風寂寥是以從其先師皆致室處故孔徒有庠序道士有樓居而釋流謂之寺此聖人所以崇其教也少林寺者蓋權輿於太和中廢於永光更名於大象錫田於開皇若乃應天順人擒盜助信摧魔軍於充斥保淨土於昏墊此又昭彰於我唐也其神異之尤若跋陀之經始靈塔劫火不焚指盼泉流使之西注稠公揮杖而二獸解鬬惠可割臂而三業息塵荃蘭蔆植於緇林鸞鶴連翔於法界則有惠光曇隱播芳烈於前元素明導嗣嶶音於後戾止者皆同一姓來儀者無復二乘蓋釋氏之淹中西方之別館也况其上圭表正風雨所均嵩高峻極山嶽之秀交艮兌之清氣積靈仙之祕蹤故其志道之人好奇之士繫塵籠者屢至求宴坐者永棲菩薩色身未能忘食苾芻老病斯用依仁而庫舍不營坊廚偪陋每王城信士供施所備柏谷上田穫斂所入雖眞如之性不假多藏而大道之行惡其棄地釋法眞聿來從學雅尚住持永言創立志在宏濟乃誓於僧衆陳於上官顧因農隙以果營建河南尹杜公黃裳多歷勝因素崇淨業聆風響應如契夙心於是躬主辦之勤假清白之俸復次都人白仙鶴李秀孫光杜珍等

共殖嘉苗用滋景福脫鄙吝之韁鎖成智惠之舟航錢刀無翼而自飛寒暑不期而繼至單貧展效富有貫財神龍施珠香象均力加以寺半崖巘路躡凌兢伐松柏於山巔治瓴甓於巖下佛教善誘人忘其勞爰始爰謀是啟是辟平其坎窞相其廣輪梓人作程郢匠施巧積榦如阜運斤成風眞公杖錫指麾語言溪缺一字先饑以班食伺渴而饋漿酬以壯傭任以老事期不揆日工無廢時爲欂爲櫨爲桴爲桷洪纖合度尋尺中規鑿枘靡乖樸斲惟稱板榦既具牆垣以興支撑得其宜絺搆取諸壯以周饍爨用固扃

鐍風雨攸除塵泥莫侵若乃曲突以舒煙疏竇以流惡陳其鼐鬲鬲其釜鬵釋之蒸之惟精惟潔俾其湆汁有所注氣焰有所通香風時來蕩滌煩燠斯乃廚之制也深中以虛受闔扉以制出陳其椽杙施其緘縢取之用之不費不約必使公供無所耗歲計惟其明元闕載施成我密固此又庫之宜也乃崇佛宇欄楯孔嚴乃飾僧堂屋壁增煥新亭宏敞閱香積之飯危樓聳擢俯書闍之山每至華鐘大鳴旭日三舍緇徒總集就食於堂莫不永歎表誠肅容膜拜先推尊像次及有情洎蒲牢之吼餘海潮之音畢五鹽

七菜重秬香秔來自中廚列於廣榭咸造匆藝已事而竣勤求者無次第之勞暮齒者有終焉之託不僭於素克壯其猶檢校上座僧淨業寺主靈湊都維那智寰典座道悟維清老宿圓濟僧如空惟陟等虔奉矢謀式昭畢務故得莊嚴寶地豐潔中飧纂紹前規招延後學以是功德俟其禕而夫敎不自宏因人而大有以法從中得默契真空有以事假外緣用扶正諦總是二者其惟真公真公俗姓張杭州鹽官人也歷劫勤道髫年出家雖冥心於此山蓋授記於前滐不然者安得宏誓既發羣心悅隨興立招提如此其盛大曆之季少連嘗吏登封暇日之遊竹園伊邇次宗之依惠遠鑿齒之慕道安塵俗之人幸不遐棄一行入仕二紀於茲前年典選洛師邂逅相遇名山在目道友依然願言從之王事拘我於是得其軌躅作廚庫記云時貞元戊寅歲皇帝纘服之廿載也

請以口問經義錄於紙上以便依經疏對奏

伏以取士之科以明經爲首教人之本則義理爲先至於帖書及以對策皆形文字並易考尋試義之時獨令口問對答之失覆視無憑黜退之中流議遂起伏請准建中二

年十二月敕以所問錄於紙上各令直書其義不假文言仍請依經疏對奏

趙昌

昌字洪祚天水人累官國子祭酒拜安南都護憲宗朝遷工部尚書兼大理卿拜太子少保元和九年卒年八十五贈揚州大都督謚曰成

蒙異牟尋請降奏狀

蠻王蒙異牟尋積代唐臣徧霑皇化天寶年中其祖閣羅鳳被邊將張乾陁讒搆部落驚懼遂違聖化北向歸投吐

蕃贊普以贊普年少信任讒佞欲併其國蒙尋遠懷聖化北向請命故遣和使乞釋前罪願與部落竭誠歸附緣道遐阻伏恐和使不達故三道遣一道出石山從戎州路入一道出牂牁從黔府路入一道出夷獠從安南路入其楊傳盛等今年四月十九日從蠻王蒙異牟尋所理大和城發六月十八日到安南府其和使楊傳盛年老染瘴癘未得進發臣見醫療候稍損即差專使領赴闕庭其使云異牟尋自祖父久背國恩今者願棄豺狼之患歸聖人之德此皆陛下雨露之澤及外夷故蠻徼遐荒願為內屬臣

忝領蕃鎮目覩昇平踴躍欣歡倍常萬幸有蠻王與臣書及金鏤合子等謹差十將李茂等隨表奉進謹奏

李約

約字存博司徒汧國公勉子官兵部郎中

道德眞經新注序

自然之道靜故天地萬物生於其中人為萬物之主故與天地為三才焉老君在西周之日故秉道德以救時俗道者清淨自然之道也德者以法久而失修而得之謂之德也故曰道大天大地大王亦大是謂域中四大焉蓋王者法地法天法道之三自然妙理而理天下也天下得之而安故謂之德凡言人屬者耳故曰人法地地法天天法道道法自然言法上三大之自然理也其義云法地地如地之無私載法天天如天之無私覆法道道如道之無私生成而已矣如君君臣臣父父子子之例也後之學者不得聖人之旨謬妄相傳凡二十家注義皆云人法地地法天天法道道法自然即域中五大矣與經文乖謬而失教之意也豈王者只得法地而不得法天法道乎又況地法天天法道道法自然義理疎遠矣源流既撓支派遂昏或宗

之為神仙書或語之以虛無學論者非云先黃老而後六經乃淺俗之談也殊不知六經乃黃老之枝葉爾余少得旨要故辯而釋之蓋清心養氣安家保國之術也

壁書飛白蕭字贊

梁侍中蕭子雲書祖述鍾王備該眾體始變蔡張二王飛白古法妙絕冠時雖名存傳記而迹絕簡素惟建鄴古壁餘此蕭字焉韓晉公鑒古擅書聞之嗟異遷之於南徐置於海榴堂座右之壁余後獲之載以入洛書之故實事之本末中書舍人張公崔監察備撰記詳焉余少好圖書耽

嗜奇古雖志業不工而性莫能遷非不干求爵祿心憒時事自與名疏非欲乖異時尚養痾守獨所見遂僻僻則僻矣與夫酣湎聲色奔走權利者俱亡羊也亡則孰多余每閱翫古迹而圖書之光如逢古人似得良友加以琴酒靜暢書齋晝閒榮富賤貧是日何在至若尋翰墨輕濃之勢窮點畫分布之能與日彌深隨見愈妙嗟夫昔賢垂不朽之書如傳寶於後世後人覩絕妙之迹見得意於當時名齊日月情契古今傳曰遊於藝藝可已乎知者相賀比獲蘭亭之書世情觀之未若野人之塊不闕於世在世爲無

用之物苟適於意於余則有用已多乃作贊曰

昔創飛白蔡氏所得起於堊帚播於翰墨張王繼作子雲精極壁昏蚤素墨古池色翻飛露白乍輕乍濃翠篠映雪羅衣從風崩雲委地遊霧縈空鰺刺勢動蟉蟠氣雄昆池駭鯨禹門鬭龍攢毫疊札或橫或縱層層陣雲森森古松君子況德高人比蹤抱素自潔含章內融逸擬方外縱在矩中密而不雜疏而有容藝通造化比象無窮子雲臣梁蕭字愈貴點畫均豐姿形端異巧絕璽素名空傳記明徵褒貶惟此一字

殷亮

亮永寧尉寅子歷給事中終杭州刺史

顏魯公行狀

公姓顏名眞卿字清臣小名羨門子別號應方京兆長安人也顏氏乃春秋小邾子之苗裔昔帝軒氏生昌意昌意生顓帝顓帝生老童老童生吳回吳回生陸終陸終生六子一曰昆吾其國衞也二曰參胡其國韓也三曰彭祖其國徐也四曰會人其國鄭也五曰曹姓其國邾也六曰季連其國楚也曹姓國於邾春秋邾武公爲魯之附庸國武

公名儀甫字顏公故公羊傳云顏公有功於齊齊威公命爲小邾子子孫以王父字爲姓氏以其附庸於魯故代代事魯爲卿大夫故先賢傳孔子弟子達者七十二人顏氏有其八則顏氏之儒學可知也若顏無繇字路顏回字子淵顏辛字子柳顏高字子驕顏祖字襄顏噲字子聲顏之僕字叔拚顏何字冉是也至公之十六代祖魏青徐二州刺史諱盛字魯國居瑯琊葬臨沂縣西七里十二代祖晉侍中諱含自瑯琊居丹陽五代祖北齊黃門侍郎諱之推自丹陽居京兆長安高祖秦王府記室參軍諱思魯曾祖

蔣王文學著作郎諱勤禮祖曹王侍讀諱昭甫父薛王友贈太子少保諱惟貞卽祕書監師古之曾姪孫也公以家本清貧少好儒學恭孝自立貧乏紙筆以黃土埽牆習學書字攻楷書絕妙詞翰超倫年弱冠開元二十二年進士及第登甲科二十四年吏部擢判入高等授朝散郎祕書省著作局校書郎天寶元年秋扶風郡太守崔琇舉博學文詞秀逸元宗御勤政樓策試上第以其年授京兆府醴泉縣尉黜陟使戶部侍郎王珙以清白名聞授通直郎長安尉六載遷監察御史制云文學擅於登科器幹彰於適

用宜先汗簡之職俾佇埋輪之效尋充河東朔方軍試覆屯交兵使凡閱舉紏士伍舒慘之情事理無不必當七載又充河西隴右軍試覆屯交兵使五原郡有寃獄不決公理之時方久旱而甘澤立應郡人呼爲御史雨八載又充河東朔方軍試覆屯交兵使有滎陽鄭氏兄弟三人或居令長或尉京畿劇任往年毋亡殯於太原佛寺空園之內經二十九載未葬公乃劾奏之敕三人放歸田里終身勿齒左金吾將軍李延業素承恩渥曾召蕃客內宴引駕仗不報臺公責之延業憑恃權勢於朝堂喧憤公奏之出爲濟南太守朝廷憚焉不敢不肅八月遷殿中侍御史時中丞宋渾以私怨爲御史吉溫崔珪所誣告謫賀州公謂珪溫曰奈何以一時之忿而欲危宋璟裔乎由是與二人不平宰相楊國忠初黨於溫亦怒公之不附已令吉溫諷中丞蔣洌奏公爲東京畿採訪判官九載十二月轉侍御史百餘日轉武部員外郎判南曹提綱目鋤苛細武調者多感而懷之十二載國忠以前事銜之謬稱精擇乃遂出公爲平原太守其實去之也公至郡訪孝義名節之士皆旌其門閭或蠲其戶役安陵處士張鎬多才博識隱居公詣

其居與之抗禮因廉使巡察乃薦焉其後鎬官至中書侍郎同平章事安祿山鎮幽州十餘載末年反跡頗著人不敢言公亦陰備之因歲終式修城乃浚濠增堞壞環垣立植木內爲禦敵之計外託勝遊之資及兵興果賴其固而城得全十四載祿山禍謀將發公遣子至范陽啟祿山以今年冬合當入計祿山猜之不許公旣不得離郡乃遣親客前漢中長史蹇昂奏其狀狀留禁中不報十一月祿山反於范陽衆號十五萬長驅自趙定而南趨洛陽散牓諸郡莫敢枝梧祿山乃牓公令以平原博平兵七千人防河

以博平太守張獻直爲副公登時使平原司兵參軍李平乘駟奏之平至東京見封常清云吾得上旨凡四方奏事者許開函而再封之平聽焉常清遂倚帳操筆寄書於公論國家之事詞意甚切並附募捕逆賊牒數十封至平原令堅相待公從之使親表及門客密送於諸郡因此多有而常清乃尋自敗績焉有敕賜死於陝州竟不接聲平之未至京師也元宗歎曰河北二十四郡無一人向國乎及聞平至遣中使五六輩迎之兼敕平奔馬直至寢殿門然後令下奏事畢元宗大喜顧謂左右曰顏眞卿何如人朕

兼未曾識而所爲乃爾祿山之發范陽也時平原郡有靜塞屯平盧鎭兵三千五百人並已發赴鎭在路未達公悉追迴更追諸縣武舉及獵射人兼召募精勇旬日至萬餘人遣宗子平原郡錄事李擇交統之驍勇之士刁萬歲和琳徐浩馬相如高抗等分押營伍皆千夫之長樂以義舉腹心無阻而爲其將帥焉聚兵後數十日公大饗將士於子城四門之外辦吏四人主酒食所約五十萬斯役之流無不飽飫公躬自撫巡舉酒下淚言國家之恩戮力死節無以上報衆皆激憤勇思致命焉時饒陽太守盧全誠與

司馬李正舉兵據其城河閒司法參軍李奐殺祿山所置長史王忠於濟南月餘日清河義兵復歸本郡濟南太守李隨下遊奕將訾嗣賢渡河得博平僞太守馬冀據其郡各有衆數千或至萬人相次於平原共推公爲盟主公三辭後聽焉諸郡諮稟指揮告敗剋日數十至信都郡武邑縣尉李銑來投本縣令龐宣遠拘劉銑母公以私錢十萬募人劫迎之故士衆歎感無不願效者果遂晝意兼斬龐宣遠首而擕迴十二月祿山陷東京害留守尚書李憕御史中丞盧奕判官鞏縣尉蔣清等因使以三人之首來徇

河北且以脅降諸郡逆使者段子光至初拽入門子光大呼曰僕射十三日入東京遠近盡降閒河北諸郡不從故令我告之公若損我悔有日在遂歷指三首各言其人公識其是恐搖人心乃謬謂諸將曰我審此三人皆非也遂命腰斬子光潛令收藏三首誌其處數日稍定取憕奕等首澡潔仍縛蒲爲身棺殮發哀致祭城外殯之哭三日舉聲下淚受文武弔慰左右無不出泣涕者自此義合歸者益多矣斬段子光之日滄州清河縣步五千攻常山太原節度使王承業擁兵最近不時出救常山遂陷諸郡頗有

貳者元宗乃以公爲户部侍郎依前平原太守充本郡防禦使仍與節度使李光弼計會招討公以景城長史李暐爲副李銑賈載前侍御史沈震爲判官是月又詔公爲河北採訪處置使公又以前咸陽尉王延昌爲判官張澹爲支使時清河郡寄客李華（後因獻封事睿宗有敕改名）爲郡人來乞師於公曰竊聞公高義首唱河朔歸順之人皆依倚以爲聲氣洪贍人心可用若不倦於聽則僕請言之公曰何如華曰國家舊制江淮郡租布貯於清河以備北軍費用爲日久矣相傳爲天下北庫今所貯者有江東布三百餘萬疋

河北租調絹七十餘萬當郡綵綾十餘萬累年稅錢三十餘萬倉糧三十萬時討默啜甲仗藏於庫内五十餘萬編户七十萬見丁十餘萬計其實足以三平原之富料其卒足以二平原之彊若因撫而有之以兩郡爲腹心脣齒其餘乃四支耳安敢有不從者哉彼要僕爲行人以造公之壘僕明見其可同心也取命於屏戟之外惟公圖之公曰所合之衆未曾知戰自死且急安有恤鄰之暇哉雖然諾足下之請則可爲乎華對曰清河遣僕致命於公者蓋欲稟義（闕一字）大賢以濟謀非力不足而借公之師以當彊寇也瞻仰高意未有決詞定色與濟清河也安敢言爲哉時華纔年二十餘皆沮云必動衆無成惟公奇之迫於衆情未（闕一字）許耳華乃就館操書以達其意意者畧言清河去逆就順以全實之資上公之軍而承公之命時不納而疑之卽僕迴轅之後清河必有所託系與他人與公爲西面之難無什日之期耳公及噬臍乎公覽而驚之遂排羣議獨仗其決借兵六千人兵既出平原次於竟上華將把公手而歸公曰兵既行矣可以言吾子之意否華曰近聞朝廷遣程千里統精兵十萬自太行東下擬詣崞口助河北

諸軍討滅叛逆而崞口爲賊所守千里兵不得東出須先伐魏郡袁知泰（泰祿山所署僞太守）納舊太守司馬垂使爲西南主分開崞口出千里之軍因令討鄴郡以北直至幽府已來未順城邑平原清河率同盟諸將以十萬人直指河陽分效兵巡河而悉制其奔衝之路計王師東討洛邑必不減二十萬河南諸郡義師西向臨之亦不減十萬公當表請堅壁勿戰不旬月而賊有潰敗相圖之勢矣公然之遂移牒清河等諸郡並遣大將宗子李擇交副將平原縣令范馥偏裨和琳徐浩等十餘人促兵清河合勢以便宜從事

華復命於清河因兵合之際修永濟渠引水遶州城上大修守戰之具旬日而畢又以清河四千兵與平原連蹤而西時博平亦義兵千人來合於是三郡之師屯於博平郡堂邑縣西南十里袁知泰遣其麾下將白嗣深乙舒蒙等率二萬人來拒戰三郡之兵盡日苦鬬遂大敗之斬首萬餘級生擒一千餘人馬一千四軍資器械不可勝數其日魏郡城東南面女牆一百五十步無故而崩（去郡邑百里戰日而崩所以爲異）知泰走投汲郡於是自魏郡以東至堂邑百餘里莫不攜壺漿於道側以候官軍公聲益震境內稍安初平原

之師既西合清河時賊將史思明圍饒陽恐平原救之仍遣遊弈兵來拒前鋒去舊縣十里公懼不敵乃遣驍將刁萬歲以三千兵逆之堅壁不戰又以書過河招北海太守賀蘭進明統馬步兵五千來助公陳兵而迎之相揖哭於馬上悽慟三軍宴犒甚厚進明遂屯平原城南息養士馬公每事咨謀之自是兵威之重稍移於進明矣而公不以爲嫌進明未有所之李擇交兵入清河尋又破於堂邑而因公以有功禮遜於進明加河北招討使擇交顏各徵進官級其清河博平有功不錄一人時論進明必有後敗未期果失律於信都城下有詔抵罪公縱之使赴行在進明以全乃公護之也君子曰竊人之財猶爲之賊況竊人之功乎進明之不死幸也然公亦過於寬厚矣三月河北節度使李光弼以朔方馬軍三千步軍五千初出土門將討定河朔公乃抽兵歸幷放博平清河等軍各歸本郡斂戢以待光弼之命俄而光弼拔平山郡（敕改常山爲平山）續有詔遣郭子儀以萬軍助之兩進兵又拔趙郡史思明方守博陵以自固仍將兵來拒於是兩軍與思明三萬人對陣於嘉山大戰思明敗績徒跣走入博陵城兩軍斬首萬餘虜獲

不可勝計時平山趙郡已拔劉正臣（本名客奴）歸順於平原平盧等十七郡公先據之於是橫截賊路人往來幽府皆以精騎偷路又多被官軍殺之其賊將士父母妻子及曳落河種族並質在范陽絕懷震恐時方盛暑公知光弼子儀禁斷侵掠將士少衣服乃送十五萬帛爲三萬人裝以遺人至饒陽屬潼關不守兩軍却入土門遂留不行然河北諸郡公始復指麾征討之事肅宗之在靈武也公前後遣判官李銑及馬步軍張雲子以蠟爲彈丸以帛書表實於彈丸之內潛至靈武奏事有詔以公爲工部尚書兼御史

大夫依前河北招討採訪處置使又於丸内奉敕書及卽位改年赦書至平原散下諸郡宣奉焉又令前監察御史鄭昱奉赦書宣布河南江淮所在郡邑風從不疑而王命遂通則公之力也而河北諸郡稟公之命粗爲安肅公以兵興半年軍用已竭思所以贍濟之未得其畧先是清河行人李華自堂邑戰勝後又覩公辭權而不有之遂藏於人閒不及見公再三盟約號令諸郡及以文牒求之曰清河郡屬崔審交應賊之後吏不安行人李華乃崇墉浚隍鍛甲矯兵乞師破敵和衆以安人靜言其功須有甄賞仍牒之於路以求焉華於是復詣平原與公相見公因問以足用之計華遂與公數日參議定以錢收景城郡鹽沿河置場令諸郡畧定一價節級相輸而軍用遂贍時北海郡錄事參軍第五琦隨刺史賀蘭進明招討於河北覩其事遂竊其法乃奏肅宗於鳳翔至今用之不絕然猶未得公本策之妙旨焉是年秋祿山遣其將史思明尹子奇等並力攻河北諸郡前後百餘日饒陽河閒景城樂安相次而陷所存平原博平清河三郡而已然人心潰叛不可復制公乃將麾下騎數百棄平原渡河由淮南山南取路朝肅

宗於鳳翔行在初公之將過河也乃謂判官穆寧張澹曰賊勢死爾若委命待擒必爲其快心辱國之命也今將徑赴行在公以爲何如若朝廷必誅敗軍之罪以勵天下則王綱可振死亦何恨如復從事以責後效則業不朽矣寧澹與諸將皆贊之策馬發至朝廷除公爲憲部尚書初劉客奴以漁陽歸順時史思明與光弼子儀相持於趙定之閒客奴遣使越海與公計會公使判官賈載將男頗爲質信泛海以軍糧及戰士衣服遺之時頗始年十歲餘公更無子息三軍懇請留之不從及載等迴公乃與漁陽聲勢相連尋又使人迎其軍比至公已棄平原歸於行在竟不及事然自肅宗已來河南及諸道立功大將如王元忠田神功董泰侯希逸李正已許杲卿等初皆是公自北海迎致之者終無私謁焉至二年正月又除御史大夫未幾因忤聖旨貶馮翊太守乾元元年三月又改蒲州刺史本郡防禦使封丹陽縣開國子食邑一千户是年爲酷吏唐旻所誣貶饒州刺史二年六月拜昇州刺史充浙江西道節度使兼宋亳都防禦使劉展反狀已露公慮其侵軼江南乃選將訓卒緝器械爲水陸戰備都統使李峘以公爲太

早許因密奏之肅宗詔追未至京拜刑部侍郎及劉展舉兵渡淮峘敗績奔江西淮南遂陷於展議者皆多公而怨峘焉上元元年秋時御史中丞敬羽狙詐險慘班列皆避之公曾與之語及政事遂遭誣貶蓬州長史公樂道自怡不以介懷寶應元年八月代宗有詔除利州刺史十二月拜戶部侍郎加銀青光祿大夫上柱國廣德元年又加金紫光祿大夫充荆南節度使觀察處置使遲留未行爲密近所誣遂罷前命代宗幸陜公扈從至行在除尚書右丞宰相元載與公不叶公亦面數之不爲之屈及鑾駕還宮

公曾建議先謁廟然後即安宮闕事竟不行時載方在於立班更顧公曰所見雖美其如不合事宜公怒而進曰用捨在相公耳言者何罪乎然朝廷紀綱豈堪相公再破除也載自此銜之而不忘二年正月除檢校刑部尚書兼御史大夫朔方行營汾晉等六州宣慰使載又疑公因使奏對必言短尋罷前命惟知刑部尚書事三月晉封魯郡開國公食邑三千戶載自與公有隙常俟公闕公亦獻書直奏其奸狀代宗俱容不罪之也永泰二年春差公攝職謁太廟公以祭器不修言之於朝載譖公以爲訕謗時政貶峽州別駕代宗爲罰過其罪尋換吉州別駕公與往來詞客詩酒講論爲樂甚有所著編爲廬陵集十卷於大歷三年遷撫州刺史在州四年以約身減事爲政然而接遇才人耽嗜文卷未曾暫廢焉因命在州秀才左輔元編次所賦爲臨川集十卷七年九月拜湖州刺史公以時相未忘舊怨乃加勤於政而以杭州富陽丞李蕚爲本州防禦副使蘇州寓客校書郎權器遊客前大理司直楊昱爲判官委墾草闢田之務於蕚委閱簿檢吏接詞政之務於器昱等而境內宴然公初在平原未有兵革之日著韻海鏡源

成一家之作始創條目遂遇祿山之亂寢而不修者二十餘年及至湖州以俸錢爲紙筆之費延江東文士蕭存陸士修裴澄陸漸顏祭朱弁李萉清河寺僧智海兼善小篆書吳士湯涉等十餘人筆削舊章該搜羣籍撰定爲三百六十卷大凡據法言切韻次其字按經史及諸子語據音韻次字成句者刊成文裁以類編又按倉雅及說文玉篇等其義各注其下謂之字腳韻海者以牢籠經史之語依韻次之其多如海鏡源者八體之本究形聲之義故曰鏡源綿亘數載其功乃畢表奏上之有詔付所司藏之於書

府大抵求經史撰集篇賦利於後學焉此外餞别之文及詞客唱和之作又爲吳興集十卷今檢校國子祭酒楊昱自御史中丞京畿採訪使除爲漢州刺史轉湖州刺史以舊府之恩乘州人之請紀公遺事刊石立去思碑於州門之外卽今都官郎中陸長源之詞也十二載元載伏誅召公爲刑部尚書經年公以前後頻典刑憲密啟辭焉乃上選舉利害事宜數十條代宗善之人莫知也遂改吏部尚書令上諒闇之際詔公爲禮儀使先自元宗以來此禮儀注廢闕臨事徐創實資博古練達古今之旨所以朝廷篤

於訕疾者不乏於班列多是非公之爲公不介情惟捜禮經執直道而行已今上察而委之山陵畢授光祿大夫遷太子少師依前爲禮儀使前後所制儀注令門生左輔元編爲禮儀十卷今存焉三年八月遷太子太師四年淮寧節度使李希烈以十四州叛襲陷汝州執刺史李元平歸蔡州朝廷詔公爲淮寧軍宣慰使公乘驛馹至東京河南尹鄭叔則勸公曰反狀已然去必陷禍且須後命不亦善乎公曰君命也焉避之至許州與希烈相見宣傳詔意未畢逆賊使其大將軍王玢周曾詬公以醜詞劫公以白刃

又令鄰境同惡所遣使者四人於希烈之前拜舞伏稱誣訴國家之事勃慢凶豪詞所不忍聽也又令親兵五千人號爲希烈養子人各持一刃逼脅於公如欲剸食之勢公位不移定色不撓懼希烈覩公辭色不變謬爲驚駭以身蔽公兵人既退方揖公就館前後詐爲公表奏自說其强盛以請汴州者數十今上知而寢之希烈雖窮凶極惡然亦感公文義大陳設燕會將欲送公於朝廷先爲賊所擒汝州刺史李元平時在座公指引叱責之元平羞慙而起書其奸意坐上潛通希烈意變罷宴後遂拘公於官舍令

甲卒十人守之仍穿一阬於廳之前以脅公公乃直言指希烈云死生有定何足多端相侮哉但以一劒見與公卽必覩快事無多爲也希烈慚謝焉自後不敢無禮於公也居數月賊於安州城下破官軍得獲將士以頭連誇示於公公大聲叫呼自牀投地憤絕良久乃蘇從此更不復與人言語及哥舒曜收復汝州擒檢校刺史周晃已下百人希烈乃遣周曾康秀林等領二萬人來襲哥舒於汝州曾秀林行至襄城乃謀翻兵殺希烈奉公爲節度使以歸順希烈押衙姚澹亦爲内應先期一日事洩希烈乃遣騾子

軍三千奄至襄城殺周曾等收其期兵而回因送公於蔡州龍興寺居焉公度不得全自撰墓誌以見其心又就希烈請數人之餼希烈不知而給之自陳設之因爲文祭周曾已下爲賊所害者無不歔欷其十二月希烈陷汴州僭逆稱號爲慘酷之具以逼公意欲其屈禮公憤然而無求生之意賊以止焉貞元元年河南王師復振賊慮蔡州有變乃使其將辛景臻於龍興寺積薪以油灌既縱火乃傳希烈之命若不能屈節自卽裁之公應聲投地臻等驚慚扶公而退希烈審不爲已用其年八月二十四日又使景

臻等害於龍興寺幽辱之所凡享年七十七明年三月希烈爲麾下將陳仙奇所殺淮西平仙奇遣軍將營送公神櫬於京師嗣子櫟陽縣尉覿次子祕書省正字碩迎喪至汝州襄城縣乃葬焉攀號屢絕毀裂過不自勝以其年十一月三日祔葬萬年縣鳳棲原之先塋有詔贈司徒謚曰文忠賻錢五十萬粟二百碩中使弔祭儀仗送於墓所朝野莫不哀傷公蹈忠節之苦古今無類焉公平居之日自卑有井介之操而能容衆有潔已之方不以疵物與道合歲寒者終始無渝變況君臣大義名教大節而得造次焉

可奪求生而害仁者於戲淮寧之難豈止天不憖遺蓋亦有無良之人以怨報德投之於無存之地也悲夫初遭難後江西節度嗣曹王皐上表曰臣見蔡州歸順脚力張希璨王仕禺等說去年八月二十四日蔡州城中見封有鄰兒不得名字云希烈令僞皇城使辛景臻右軍安華於龍興寺殺顔眞卿埋於羅城西道南里幷立碑臣聽之未畢涕泗交流三軍對臣亦苦嗚咽且臣死王事子復父讐人倫常經不足褒異所悲去古日遠澆風蕩浮多苟偷生曾不顧節使忠孝寂寞人倫憔悴昨段秀實奮身擊泚首今

顔眞卿伏縊烈庭皆啟明君臣發揮教訓近冠青史遠紹前賢夫日月麗天幽明向燭忠烈曜世回邪革心伏請陛下降議百寮遐布九有刻石頌德告廟圖形使元壤感恩皇風澤物公之密親懿友動相規用以成其務者卽今給事中殷公亮吏部員外郎柳公冕採其謀猷分以休戚者今吉州刺史李公甹重其器悅其能者今檢校國子祭酒楊公昱故户部員外郎權公器其餘顧盼曾假吹噓成名布於詞場及内外之列者不可勝紀李公甹吉州以小子久趨於欄戟定以使言將存刊刻用防逸墜尚實去飾庶

無愧焉其故同事之人先後存亡錄之於左謹狀

欽定全唐文卷五百十五

陳京

京字慶復大歷元年第進士德宗朝歷官考功員外郎再遷給事中兼集賢殿學士罷爲祕書少監

請爲獻祖懿祖立別廟疏 建中二年九月

今年十月祫享太廟幷合享遷廟獻祖懿祖二神主春秋之義毀廟之主陳於太祖未毀廟之主皆升合食於太祖太祖之位在西而東嚮其下子孫昭穆相對南北爲別無毀廟遷主不享之文徵是禮也自於周室而國朝祀典當與周異周以后稷配天廟爲始封之祖而下乃立六廟廟毀主遷皆在太祖之後禘祫之時無先於太祖者故太祖東嚮之位全其尊而不疑然今年十月祫饗太廟伏請據魏晉舊制爲比則構築別廟東晉以征西等四府君爲別廟至禘祫之時則於太廟正太祖之位以申其尊別廟登高皇太皇征西等四府君以序其親伏以國家若用此義則宜別爲獻祖懿祖立廟禘祫祭之以重其親則太祖於太廟遂居東向以全其尊伏以德明興聖二皇帝曩既立廟至禘祫之時當用享禮今則別廟之制便就興聖廟藏

祔爲宜

祧獻懿二祖議 貞元八年正月二十三日

臣前爲太常博士已於建中二年九月四日奏議祫享獻懿二祖所安之位請下百寮博採所議其時禮儀使顏眞卿因是上狀與京議異京議未行伏見去年十一月二十八日詔下太常卿裴郁所奏大旨與京議相合伏以興聖皇帝則獻祖之曾祖懿祖之高祖夫以曾孫元孫祔列於曾高之廟豈禮之不可哉實人情之大順也

請定禘祭廟位奏 貞元十九年三月

今年夏禘饗於太廟須定太祖景皇帝東向之位幷遷廟之位伏以禘祫是審禘大合祖宗次序之祭必遵太祖之位以正昭穆今年遇禘大祭恐須定比來所議之禮饗日旣近臣職忝刊緝經籍謹遂奏聞伏以建中二年及貞元七年十一年特令都省詳議者三竟未正太祖東向之位至十二年禘十七年祫猶未得中其於至正之饗不可重難依違又以過此也

大唐同州澄城縣令鄭公德政碑 幷序

在昔兩漢之政咸勤東京之事最明共理邦邑必難守宰不獨孝宣二千石之選也我國家宏啟至化稽對前謨領縣掄林自邇數遠實先三輔載首屬城恒寧厥人多及於理不有卓異曷颺頌歌未通神明詎鏤金石由是貞元十一年秋閏八月十七日辛巳詔諭銘紀左馮翊澄城令鄭楚相功德於其理所之南門也澄人謂余方從郎謬跡書殿飽循吏之事業聆采詩之風謠求成其文寘美公焉公字叔敖鄭州滎陽人高祖元冑皇朝散大夫祠部郎中曾祖慈力皇朝議大夫蔡州刺史祖敬賓梓州通泉丞烈考琨冀州南宮尉累葉盛德咸稱能賢慶遺後人蔚變才子

旣冠試吏逢時屢遷及壯佐州遇守方缺拾紫大綬假御兩轄名盈利權道厭曠貴念代游之不吐去巨卿之舊儀遂以幅巾諸生修刺先進醇粹流藻馨香立言德成敢雄籍奏用申擢秀才第東觀校書郎勞謁者於遺編勉訓士以主簿愛仙家於早歲安緱氏以彌年秩滿從調判及殊績授長安尉而至於宰是邑也致理大端本人和氣孝崇悌順心通性革當同財而離居驟撤屋而周處用簡成賦由平頒役諭閱廢精淪蕩俠愛俾懸衡以自占偶踐更而省役斂樹柔桑阜蕃多稼讓鄰終畝幷力從化順析報以

登入洽禮節而息宴井冽河闊浴汲投艱寒燠異宜男女半道戒鑿深厚商利遠邇會廬之義肇周八家不窮之養旁行四序藝蔬屢豐恒字闕四諸圃者放於園公三畝俱存百本咸毓生生之禮備赫赫之名成鴻細必爲夙暮載考厚藏不散之竁盡秩有益之祠枯泉由靈而正出蟄蟲抱義而大去此又感會元眛之可紀者也念歲孤之穤餘散俸廪於里舍訪善良之疾苦降服馬於鄉亭此又願懷隱微之可稱者也統齊多方宗詣元念臻於大稔登於洽平人閒歲安風清雲明雞犬攸聞煙火闔境表率王甸圖像

廷城匪君子理道之至歟是皆根於研心持權端操軼倫先時劇懺中歲充賦疾如影響利用卷舒摛詞則宣章練政則居最俄函詔除褒者遂冠惠文行之其猶子康太傅伯師尚書之徽於馮翊崔君慎寵乃寮聞言於獻狀詢績以作掾於是百姓孫士良等報德誠明請命朝省而斯頌作焉詞曰

澄有賢令兮爲鄭父文雅揚班兮學齊魯執業操刀兮造新部更宅闢户兮調舊宇家多令井兮漫畦圃野播膏苗兮斂鍾畝泉異貳師兮亦我樹獸同安成兮不吾樂西海少婦兮慎莫渡潁川四君兮敢爲伍螭龜爰伐兮題廣路崔巍靡沕兮偉終古

王虔休

虔休字君佐汝州梁人本名延貴大歷中累擢步軍都虞候兼御史中丞封同昌郡王賜今名遷潞州長史昭義軍節度使檢校工部尚書貞元十五年卒年六十二贈左僕射謚曰敬

修進繼天誕聖樂表貞元十二年

臣某言臣聞於師夫君子爲能知樂是故審音以知樂審

樂以知政則理道備矣故清明廣大終始周旋與天地同其和與四時合其序豈止於鐘鼓管磬云乎哉伏惟皇帝陛下繼明御極理定功成則星辰之度以授人時酌昊穹之心以爲政本五行隨其用捨九有荷其陶鈞鳥獸魚鼈無不咸若伏見開元中天長節著於甲令每於是日海縣歡娛稱萬壽之無疆樂一人之有慶故能追堯接舜邁禹踰湯自周以後不復議矣臣竊以陛下降誕之辰未有維新之典雖太和已布於六氣而大樂未宣於八音毋乃臣子之分或有所闕愚臣不揆頑昧思所祖述每私歌竊忭

忘寢與食久矣適遇有知音者與臣論及樂章探微賾奧窮理盡性臣乃遣造繼天誕聖樂一曲大抵以宮爲調表五音之奉君也以土爲德知五運之居中也凡二十五遍法二十四氣而足成一歲也每遍十六拍象八元八凱登庸於朝也所冀與雲門咸池永傳於律呂空桑孤竹同薦於宮懸不聞惉懘之聲長作中和之樂可使九域之人頓忘於肉味四夷之俗皆播於薰風與唐惟休終古盡善臣不勝懇款屛營之至謹昧死陳獻以聞其所造譜謹同封進

進嶺南王館市舶使院圖表

臣某言臣聞無翼而飛者聲也無根而固者情也無方而富者生也聖恩以臣謹聲教固物情嚴爲防禁以尊其生由是梯山航海歲來中國鎮安殊俗皆稟睿圖伏以承前雖有命使之名而無責成之實但拱手監臨大畧而已素無簿書不恒其所自臣親承聖旨革剗前弊御府珍貢歸臣有司則郡國之外職臣所理敢回天造出臣匪躬近得海陽舊館前臨廣江大檻飛軒高明式敘崇其棟宇辨其名物陸海珍藏徇公忘私俾其戴天捧日見聖人一家之爲貴窮祥極瑞知天子萬方之司存今年波斯古邏本國二舶順風而至亦云諸蕃君長遠慕望風寶舶薦臻倍於恒數臣奉宣皇化臨而存之除供進備物之外並任蕃商列肆而市交通夷夏富庶於人公私之間一無所闕車徒相望城府洞開於是人人自爲家給戶足而不知其然況北戶之甿顏南冥之睢盱國異俗泰而安宅生振忘歸而樂業百寶叢貨罔黷於人心羣瑞效靈願懷於天憲臣謬專任重敢處不遑供國之誠庶有恒制海門之外隱若敵國海門之內宣知變風後述職於此者但資忠履信守而勿失不刊之典貽厥將來聖恩以軍府交代之際委臣在鎮不獲捧圖陳薦拜舞天庭無任感戀慚惶之至

韋彤

彤京兆人德宗時官太常博士

諫張茂宗借吉尚主疏

伏見駙馬都尉張茂宗猶在母喪聖恩念其亡母遺表所請許公主出降仍令茂宗借吉就婚者伏以夫婦之義人倫大端所以關雎冠詩之首者王化之先也天屬之親孝行爲本所以齊斬居服之重者人道之厚也聖人以二端

爲訓人之本不可變也故制婚禮曰納采問名納吉納徵皆主人几筵聽命於廟稱事立禮謂之嘉所以上承宗廟下繼後嗣也又制喪禮曰創巨者其日久痛甚者其愈遲三年之喪二十五月而畢稱情立文通謂之凶所以送死有已復生有節也然後夫義婦順父慈子孝馴致不失臻於太和歷代寶之以爲致敬昔者魯侯攺服晉襄墨縗事至重於奪情義亦許其權變又兵法鑿門而出以凶禮處之以情相因體或爲類若茂宗釋縗服而衣冕裳去堊室而行親迎雖云輟哀借吉是亦以凶瀆嘉豈惟失先王之

重典抑亦爲國家之爽法儻茂宗留俟免喪則日月非遠令公主指期下嫁又儀注有嫌固不可廢重而就輕捨大而取小伏惟皇帝陛下體天撫運統人立法何常不守先王之至德聖哲之明謨下盡羣言上留元鑒彝倫式敘懿範昭明所以八表肅清四夷歸化方宏禮義之日大敦名敎之時於無爲之朝有異議之事衆情未達疑懼交深伏願抑茂宗亡母之誠顧典章不易之義待其終制然後賜婚收天情於至難察有司之懇守垂之史冊聖德彌光則天下幸甚臣謬備禮官懼於失職不勝致君愛禮之至

太廟朔望進食議

臣等謹按禮經前代故事在廟無朔望祭食之儀於陵寢有朔望上食之禮國家自貞觀至開元修定禮令皆遵舊典天寶十一年閏三月初別令尚食朔望進食於太廟自太祖以下每室奠享其進奠之儀在臣禮司並無著令當時禮官王璵不本禮意妄推緣生之義請用宴私之饌此則可薦於寢宮而不可黷於太廟一時之制久未變更至今論禮者貶王璵之議伏請今月八日進止令宗正與太常計會辨集者伏以陛下虔奉宗廟齋心自中事歸有司各合盡敬然後詳議故實臣得竭誠謹按禮祭統云夫祭

者非物自外至者也自中出生於心也心怵而奉之以禮由是牲牢有定制籩豆有常數磬天生地長之物極昆蟲草木之異茍可薦者莫不咸在先王以此饗宗廟交神明全孝敬也若王之食飲膳羞八珍百品可嗜之饌隨好所遷美脆旨甘皆爲褻味此先王以此宴賓客接人情示慈惠也則知薦饗宴食於文已殊聖人別之以異爲敬今若以熟食薦太廟恐違禮本又祭義曰祭不欲數數則煩煩則不敬祭不欲疏疏則怠怠則忘是故礿祠蒸嘗感時致

饗此聖人俯就之中制也今陵寢每月二祭不爲疏也太廟每歲五饗不爲數也則人臣執事在疏數之閒得盡忠也若今牲牢俎豆之司更備膳羞盤盂之饌月朔月半將以爲常環四時之中雜五饗之禮爲數既甚黷亦隨之雖曰不然臣不信也夫聖主之制必師於古訓不敢以孝思之極而過於禮不敢以肴膳之多而褻於味伏願陛下遵開元萬代之則省天寶權宜之制陵寢之上得極珍羞宗廟之中請依正禮臣等忝司禮職敢罄愚衷

仲子陵

子陵蜀人大歷十三年進士貞元十年舉賢良方正擢太常博士轉主客司門二員外郎十八年卒年五十九

斷織賦

儒有學而未殖敏而多識庶幾立言無忝進德當年以倦中道而息余雖不知請喻斷織伊昔孟子受學輟然如疲日忘其所志月忘其所知母也賢只教之勤斯拔銛刃以一割應鳴梭而中隳且自賢亦自滿泥鈞成器玉琢成瓚鄰於墓爾則有踴躍築埋之非近於鄽爾則有嬉游賈御之短是用居爾於學宮之舍納爾於經籍之館期子衿之青青致履道之坦坦胡爲乎不勤以學惟事於散苟爾學之可停猶吾織之斯斷其貌既舒其言又徐投杼惘爾操刀介如絲之傷一緯飄其無緒帛之裂千經蕩其無餘前工後拙始密今疎韋梃爲之中止杼軸猶其一虛且以絲喻人以織喻學若金受礪如木斯斲夫絲可以眾而不可以寡織可以勤而不可以舍一絲所累以倍乎尋常一織所工而衣乎天下因茲細故以及大者彼婦道之信然況君子之事也故形於織女思其功移於學士念其終業暢於外美歸於中則以顧綃之理宏素王之風我友我生無落無廢學若山積心無蓬襪當求斷織之義若之何以自

艾

清簟賦

創物者必正其名以清命簟惟簟斯清雙入巧作連心織成始葱蘢而席卷終絢練而砥平本其初則王爾運心班匠寓目吳谿赤剛楚澤寒竹皓簳冰截素膚縞裂斷此枝開畧其溝節然後爾軼手匠妙意文理橫生波瀾洊至雕龍綺錯切玉鱗次澹冰泮而泉開分霜勁而雪墜信通才之云欲非吾人之所爲於是時授炎暑天旋太陽山成爛

石泉若探湯有美一人兮明時節求暑備兮珍簟長知薜荔之空靡意荃蘭之虛芳若乃買以兼金緣以純錦思因人之共敝庶君子之安寢出此入彼俱處芳蘭之室上據下承必兼芬若之枕宂乃虛館方晝華堂且空高梧闕景密篠生風撤文茵與綺席虛翠幕及朱櫳惟珍簟之在御望美人之來同美人遲兮隔修路對珍簟兮日已暮矚筵幌之虛深臥層雲之空度帶餘霞而斂綺映片月而舒素昭列宿之清光披青天之薄霧於時輕箑屏用微綃罷服霜簡自凄冰壺增肅涼風忽至獲五福之康寧炎氣四除

忘庶徵之時燠且物有小而喻大事有淺而用深道之將行我則開而當暑道之將廢我則卷而在陰是謂清簟之理願爲君子之心

轆轤賦 以利用汲引爲韻

智者創物以見意立成轆轤以爲天下利木德標象金行效事與桔槔之用則同比筍簴之形不異井之勿幕瓶亦汔至當於要路之津存乎兼濟之地忠也陳力而就列孝也致養而不匱圓轉則智士之心通流乃仁者之志故轆轤之體一有君子之道四觀其得位攸處居中特立從繩以寸工假器以尺汲自上自下者念茲以有成虛往實來者釋此而何執利物不言利急人之所急舍之則其道可卷而懷用之則其功可俯而拾及夫挈瓶所施懸綆所統崇朝以聞乎三捷永日何啻乎七縱爲萬人仰與天下共其靜也則無機之機其動也則有用之用德必不孤賢亦有準泉蒙者道爲之廢井渫者心爲之軫無忘乎牽攣蓋存乎汲引斯亦惠而不費乎賢人之業於是乎盡也

珊瑚樹賦

珊瑚生矣於彼滄溟稟精於天地之氣擢秀於魚龍之庭

含九泉之滋液冠百寶之神靈在涅不緇既同象玉之潔有枝無葉亦如見樹之形當其萌芽欲成根柢初結同堅冰之有漸類陰火之潛爇瓊枝碩茂鐵網森列貫織目而玲瓏映重泉而昭晰海人於是方舟以進拭目而觀牽夫密網出彼清瀾潤奪白虹之氣光連赤玉之盤厥價伊何有逾於琥珀其色則爾取類於雞冠及夫漢帝思仙神君降質堂帷大小帳有甲乙植以珊瑚之樹綴以明珠之實何幽茂以凌秋獨青蔥而照日亦有王家貴戚石氏財雄爭豪世上使氣胸中視珊瑚之若芥運如意以成風彼植

之以爲貴此碎之又何謂諒無補於經綸徒見稱於祥瑞今也聖人御天所寶惟賢斂雲物之容不書於策蔪珠玉之脛而沈於泉車有龍首鸞衡不以珊瑚爲柱馬有乘黃兹白不以珊瑚爲鞭故雖古人之所貴獨吾君能舍旃

洞庭獻新橘賦（以湖海清和遠人修貢爲韻）

皇帝垂衣裳而治萬國舞干戚而來九區包之橘柚至自江湖歲以爲常知方物之咸有時而後獻表庭實之何無本其來則風秋洞庭霜落寰海元侯布教下吏旁採碧林冬生大小異名已去霜蔕初辭綠莖然後盛以瀟湘之竹

東以江淮之菁背楚塞以西走望秦雲而北征上方端想元默深居穆清扇鴻鈞而不宰張大樂而無聲閱彼要荒之貢得斯華實之英乃明四目乃停九歌朱紱方來以彰其道泰碩果可食以表其時和時和在乎務本道泰在乎柔遠一果熟知百果之不荒一方來知萬方之未晚橘之名也則珍橘之熟也惟新越彼千里獻於一人丹其實體南方之正酸其味含木德之純足以附荔枝於末葉遺檳榔於後塵然以出自荒陬升聞莫由煙波無已歲月空流豈知夫湮沈可達職貢可修辭草澤以孤往入金門而見

收物之因人也其則以衆人之象物也豈不或中儻草木之可儔希成名以入貢

幽蘭賦（以遠芳襲人終古無絕爲韻）

蘭爲國香生彼幽荒貞正內積芬芳外揚和氣所資不擇地而長精英自得不因人而芳況乃崖斷坂折谿分石裂山有木而轉深逕無人而自絕柔條獨秀芳心潛結翡翠戲而相鮮蘼蕪生而共悅然後衆草之中迥爲一叢卑以自牧和而不同揚翹布葉錯翠舒紅宵承皓露曉汎光風傾於陽希所照無隱託其地知其道有終且求之昔人徵

以邃古宛成章於楚客爰命操於尼父佩之衆匪蘭不紉曲之多匪蘭奚鼓夫以薰蕕之喻臭味斯殊同之則十年猶有異之則一日而無乃清以爲露滋而爲畹比德者以之守貞贈離者以之傷遠宜其出幽谷之濱爲階除之珍羅堂未晚被逕知春依瑤池而自庇與玉樹之爲鄰杜若芳芷香辛白蘋俱受生於大塊獨取象於同人是故蘭也之采伊人所急篇章間起比興俱入道之廢可鋤而去道之興可俯而拾爲君灑微芳於素衿希見寶於重襲

五色琴絃賦（以宮商角徵羽文武爲韻）

絃有五色而播蓋出乎舜官方理之而登於壽域故制此而歌夫薰風黑與青閒青與赤通或以白而受采或以黃而居中本乎朱襄以至陶唐因加而自七至八以少乎惟宮與商事匪因於蠶餌或不由於蠏筐園客以登夫鈞軫墨子徒歎於蒼黃及其瓠巴所彈師文所學流連昭曠縹緲緜邈莫不因其靜好生此和樂張伯牙之號鐘含師曠之清角八音克諧兮自此五色相宣兮有以雖因聲以致用終假色而爲美清音從內而發和氣由中而起奏激楚則引以絃風歌陽春則雜以流徵或向虛壑或臨積水影

歷歷而分形聲泠泠而過耳直其躬而能屈鮮其色而受汙惡以紫而奪朱常恐新而代故大白若辱有以見至道之源小扣必鳴有以昭儒者之度召姑洗則草木潛發歌黃鐘而川池異沍泉魚瀺灂以躍鱗雲鶴婆娑而拂羽至如心有所感聲成於文既爲事而爲物亦有臣而有君哀而不慘樂而不分著萬物之情性和二氣之絪縕別有鳴琴在筵寶篚無覩木繩則直色然後取儻同聲之不遙願聞乎亂之以武

五絲續寶命賦

半夏生木槿榮時五月鵙始鳴楝葉結綵絲纈祭彼三閭蛟龍不竊祭之水曰汨羅祭之日曰端午情既本乎楚俗奉又告乎壽縷壽縷其娜色絲五紕色絲何始金閨之子畫嘉嚬於青蛾發宜笑之皓齒國風既哀其窈窕家事詎忘乎絲枲則有恩從天上飛入宮中二八春日十五玉童誰其尸之奉蘋藻於清廟何彼穠矣司衣裳於聖躬洎天子御絺之日后妃獻繭之時顏似渥丹對回鸞之十字手如振素盤續命之五絲其五絲也蕙絲輕重蘭紅淺深皎皎而有鶯其領采采而亦翠其衿既比方而一色又條暢

乎數尋觀其髮齊萬計花柔四葩宛委虬盤張皇虹直植其鷺羽雜之而奪其鮮對彼鳳毛久之而寡其色別有金華別殿鈎弋靚粧褰開筐筥貢奉君王懿壽絲之禮大續寶命之天長袞冕紱珽縈壽絲以成錦游纓錫美比壽絲以無疆錯以五采準日以符節也綜以萬緒盈數以尊壽也龍爛蛇伸光氣騰騰以禦邪也瑞等乾坤拜啟獻也汪濊霑上其兵辟也不待萬歲蟾蜍其理疾也豈藉單衣龍子四海銷夭札之癘百姓登仁壽之祉微臣敢問天寶之建元則曰甘露黃龍之年紀

獻懿二祖遷祔於德明興聖廟議

今儒者乃援子雖齊聖不先父食之語。欲令已祧獻祖。權居東嚮配天太祖。屈居昭穆。此不通之甚也。凡在左氏不先食之言。且以正僖公之逆祀。儒者安知非夏后廟數未足之時而言禹不先鯀乎。且漢之禘祫。蓋不足徵。魏晉以還太祖皆近。是太祖之上。皆有遷主。歷代所疑。或引閟宮之詩而永閟。或因虞主之義而瘞園。或緣遠廟爲祧以築宮。或言太祖實卑而虛位。惟東晉蔡謨憑左氏不先食以爲說。欲令征西東嚮。均之數者。此最不安。且蔡謨此議。非

晉所行。前有司不本謨改築之言。取征西東嚮之一句。爲萬代法。此不可甚也。臣又思之。永閟瘞園。則臣子之心有所不安。權居正位。則太祖之尊。無時而定。則別築一室。義差可安。且興聖之於獻祖。乃曾祖也。昭穆有序。饗祀以時。伏請奉獻懿二祖遷祔於德明興聖廟。此其大順也。或以祫者合也。今二祖別廟。是分食也。何合之爲。臣以爲德明興聖二廟。每禘祫之年。亦皆饗薦。是亦分食。奚疑於二祖乎。

欽定全唐文卷五百十六

李巘

巘德宗朝太子左庶子

獻懿二祖宜藏夾室議

王制。天子七廟。三昭三穆。與太祖而七。周制也。七者。太祖及文王武王之祧。與親廟四也。太祖后稷也。殷則六廟。契及湯與二昭二穆也。夏則五廟。無太祖。禹與二昭二穆而已。晉朝博士孫欽議云。王者受命太祖及諸侯始封之君。其以前神主。據以上數過五代。即毀其廟。禘祫不復及也。

禘祫所及者。謂受命太祖之後。迭毀上升。藏於二祧者也。雖百代禘祫及之。伏以獻懿二祖。則太祖以前親盡之主也。據三代以降之制。則禘祫不及矣。代祖神主。則太祖以下毀廟之主也。則公羊傳所謂已毀廟之主。陳於太祖者是也。謹按漢元帝下詔議罷郡國廟及親盡之祖。丞相韋元成議太上孝惠廟皆親盡宜毀。太上廟主宜瘞北園。孝惠神主遷於太祖廟。奏可。太上則太祖以前之主。瘞北園。禘祫不及故也。則今獻懿二祖之比也。孝惠遷於太祖廟。明太祖以下子孫。則禘祫所及。則今代祖元皇帝神主之

比也自魏晉及宋齊陳隋相承始受命之君皆立六廟虛太祖之位自太祖之後至七代君則太祖當東向位乃成七廟太祖以前之主魏明帝則遷處士主置於園邑歲時使令丞奉薦代數猶近故也至東晉明帝崩以征西等三祖遷入西除名之曰祧以準遠廟至康帝崩穆帝立於是京兆遷入西除同謂之祧如前之禮并禘祫所不及國朝始饗四廟宣光并太祖代祖神主祔於廟至貞觀九年將祔高祖於太廟朱子奢請準禮立七廟其三昭三穆各置神主太祖依晉宋以來故事虛其位待遞遷方處之東嚮

位於是始祔宏農府君及高祖爲六室虛太祖之位而行禘祫至二十三年太宗祔廟宏農府君乃藏於西夾室文明元年高宗祔廟始遷宣皇帝於西夾室開元十年元宗特立九廟於是追尊宣皇帝爲獻祖復列於正室先皇帝爲懿祖以備九室禘祫猶虛太祖之位祝文於三祖不稱臣明全廟數而已至德二載剋復後新作九廟神主遂不造宏農府君神主明禘祫不及故也至寶應二年祔元宗肅宗於廟遷獻懿二祖於西夾室始以太祖當東向位以獻懿二祖爲是太祖以前親盡神主準禮禘祫不及凡十八年至建中二年十月將祫饗禮儀使顏眞卿狀奏合出獻懿二祖神主行事其布位次第及東面尊位請準東晉蔡謨等議爲定遂以獻祖當東嚮以懿祖於昭位南嚮以太祖於穆位北嚮以次左昭右穆陳列行事且蔡謨當時雖有其議事竟不行而我唐廟祧豈可爲準臣嶸伏以嘗禘郊社尊無二上瘞毀遷藏禮有義斷獻懿以爲親盡之主太祖以當東嚮之尊一朝改移實非典故請宜效先朝故事獻懿二祖藏於西夾室以類祭法所謂遠廟爲祧去祧爲壇去壇爲墠壇墠有禱則祭無禱則止太祖旣昭配

天地位當東向之尊庶上守貞觀之定制中奉開元之成規下遵寶應之嚴式符合經義不失舊章

王權

權貞元時官鴻臚卿

請以獻懿二主祔興聖廟議

案祭法曰周人祖文王而宗武王故毛詩清廟章云清廟祀文王也不言太王王季也又案雍禘章疏云太王王季已上皆云祔於后稷之虛廟蓋以太祖東向之位至尊也太王王季之尊私禮也后稷之廟天下爲公不敢以私奪

公也又案鄭元注祭法曰古者先王遷廟之主以昭穆合藏於始祖今獻祖懿祖之主愚臣竊以爲宜祔於興聖廟不當祭於太廟也如此太宗東向之位得其尊獻祖懿祖之位得其所也

暢當

當河東人户部尚書璀子第進士貞元初爲太常博士終果州刺史

喪服議

子爲母齊衰三年蓋通喪也太子爲皇后服古無文晉元

皇后崩亦疑太子服杜預議古天子三年喪既葬除服魏亦以既葬爲節皇太子與國爲體若不變除則東宮臣僕亦以衰麻出入殿省太子遂以卒哭除服貞觀十年六月文德皇后崩十一月而葬太子喪服之節國史不書至明年正月以晉王爲并州都督既命官當已除矣今皇太子宜如魏晉制既葬而虞虞而卒哭卒哭而除心喪三年

除服議

禮有公門脱齊衰開元禮皇后父母服十三月從朝旨則十三日而除皇太子外祖父母服五月從朝旨則五日而除恐喪服入侍傷至尊之意非特以金革奪也太子公除以墨慘奉朝歸官衰麻酌變爲制可也

暢諸

諸果州刺史當弟

對祭社不奏商均判

大社奏樂不奏商均有司將爲失禮

五土爲社二時宗祀諒殷薦而無差將報功而有序在國彝典主司常儀方今百工惟時六樂非濫故當明祀之禮從防暗室之欺官懸備庭克奏降神之變豐幣在席以表

至誠之款必仍舊貫當憑故實豈吹竽而混音何握蘭而妄舉内省不疚其詞未孚謬指商均之曲頗動周郎之顧

對歷生失度判

歷生失杪忽之度

瞻乎歷生跡編太史按黃鍾之妙算玉管非工察緹幕之微灰銅儀罕究今者三元奥術尚懵履端之明六律幽源未達歸餘之數失之黍忽糾以簡孚誠櫝龜之見毁豈書馬而致誤不堪敬授將亂甲乙頗異太初之差宜正義和之罪

張彧

彧西平王李晟壻德宗朝官劒州刺史檢校户部郎中假京兆少尹入爲刑部侍郎

趙郡南石橋銘 幷序

閼茂歲我御史大夫李公晟奉詔總禁戎三萬北定河朔冬十月師次趙郡郡南石橋者天下之雄勝乃揆厥蹟度厥功皆合於自然包我造化僕散客也狀而銘曰

洨水伊何諸川互湊秋霖夏潦奔突延袤杼材蔵制樸斲紛糅斡地泉開盤根玉甃虹舒電拖虎步雲構截險横包

乘流迴透坱圠匠造琳琅簇篷敞作洞門呀爲石竇窮琛莫算盈紀方就力將崖爭勢與空鬬吞齊跨趙警夜防晝月挂虛蟾星羅伏獸謂之鈐鍵撮我宇宙謂之關梁扼我戎寇郡國襟帶河山領袖經途者安逸軌者覆東南一尉西北一候萬里書傳三邊檄奏郵亭控引事物殷富夕發薊壖朝趨禁霤質含冰碧文輝藻繡花影全芳苔痕半舊天啟大壯神功罕究勒銘巨橋敢告豪右

漢史贊桑宏羊評

班固稱宏羊擢於賈豎方以版築飯牛且謂漢之得人於茲爲盛又與仲舒石建汲黯日磾等二十餘人並論而談殆不然矣夫君人者務於得賢故不隔卑鄙將慮賢者之處賤不謂賤者之必賢古者乃欲以伊尹負鼎取類於庖人太公坐釣求備於漁叟不亦遠哉且上之所欲人必有成之者故曹伯好田則公孫彊出陳侯好色則儀行父至殷辛淫酗則惡來革進周厲貪虐則榮夷公起漢武殘剝四海則桑宏羊擢其所由來者久矣書曰遜於汝志必求諸非道抑爲此也季孫用田賦孔子書而過之以其踰周公之制也而況攘臂抵掌力爲天下聚斂之人乎義也者

君子所死生而小人之所不及利也者小人之所赴蹈而君子之所不忍爲漢武必欲行先王之道守高祖之法則焉用宏羊欲奪萬姓之利閉生人之資則天下市籍小人皆能之矣亦何獨宏羊乎善爲盜者藝愈精而罪愈重盜愈利而主愈害宏羊善心計榦鹽鐵析秋毫令吏坐販不顧王者之體府庫盈而王澤竭一身幸而四海窮於宏羊之計則得矣漢亦何負於宏羊哉卜式潔已自守不及時政知宏羊罪欲烹以致雨孟堅躬修國史垂法來代奈何以錐刀異類齒得人之論一言不智其若是乎

聖朝無憂王寺大聖眞身寶塔碑銘 并序

夫萬物混成。天地恒其數。一眞妙用。龍象演其教。教也者。因言以見性。數也者。任氣而為名。我釋迦闢兩儀。應三世。步蓮臺而清風自扇。攀桂樹而白月（闕二字）故能（闕二字）根牙（闕一字）宏頓漸高懸佛日。遠照昏衢。了緣扣寂。合大空而泯相。從有入無。破羣迷以登覺。眇矣邈矣。旨哉實哉。有若此寺大聖眞身寶塔者。（闕一字）摩伽王之系孫阿育王之首建也。噫。如來滅後。報應斯在。究乎其容。則三十二相形焉。（闕一字）乎其變。則八萬四千所明焉。或曰。華夏之中有五印。扶風得其一也。雖靈奇可覩。而載紀莫標。日者漢（闕三字）齊梁鼎（闕一字）遭時毀歇。晦迹邱墟。菅蒯不（闕三字）無（闕二字）祥異氣。往往閒出。故風俗謂之聖塚焉。空傳西域之草。獨享中人之薦。厥有太白二三沙門。攝心住持。得堅清淨。其始遠也。望而（闕一字）之。其少近也。（闕一字）而信之。周流一方。磅礴（闕一字）里。（闕三字）邑（闕二字）瑞光通宵。更雄達曙。不散者久之矣。咸請奉以身命。碎於微塵。精誠克孚。指掌斯獲。驗其銘曰。育王所造。因以名焉。大魏二年。岐州牧小冢宰拓拔育以為（闕三字）古名同於今。（闕一字）削舊規。翔新意。廣以臺殿。高其閈閎。

度僧以資之。刻石以紀之。隋開皇中。改為誠實道場。仁壽末。右內史李敏復修之。賡其銘矣。煬皇帝嗣位。省天下伽藍。烈火潛燒。禪（闕三字）廢其（闕一字）遂（闕二字）以州（闕一字）寶（闕一字）而配焉。我聖唐太宗文武皇帝鳳鳴中天。龍躍北朔。弔薛舉以問罪。次漳川而犒師。欽承靈蹤。宿布虔懇。一戎遂定。載路（闕二字）武德八年。改為法門寺。（闕一字）京城八十四大德（闕二字）沙彌（闕二字）十（闕一字）舊大德以輔之。贊有功也。僧徒濟濟。盈百其衆。梵宇巘巘。數千其多。貞觀五年二月十五日。岳伯張德亮目覩神光。咸（闕一字）及物。（闕一字）上章奏。精感動天。有（闕一字）以望雲宮寢殿（闕一字）施焉。古所謂三十年一開。則歲穀稔而兵戈息。自育至顯慶五年。蓋三十霜矣。八部瞻仰。再祈開發。卽以其年二月八（闕九字）奉迎護舍利。觀其氤氳玉潤。皎潔冰淨。盡不可掩。堅不可磨。寸餘法身。等虛空而無盡。一分功德。比恒沙而莫量。示不思議之致也。二聖親造九重寶函。襯以兜（闕十字）絹（闕二字）五百疋（闕三字）復益令增修。有禪師惠恭意方等。遵睿旨。購宏材。徵寓縣之工。寫蓬壺之妙。谷（闕一字）匠而藏製。獻全摹以運斤。不日不月。載營載葺。且舒散（闕一字）谷隈（闕六字）襟帶八川（闕一字）長山之

字闕二武隱闕二字面太白之羣峯。陽烏矯其翅。由是危檻對
植曲房分起。欒櫨疊拱。枕坤軸以盤鬱。梁棟攢羅。拓乾罔
而抱闕。適將闕一字會闕六字宗師闕四字佛之記闕一字域中之
戀闕一字最上之因豈闕二字乃瓌琦蓄。乃豐麗穹崇。岳立拔
一柱以戴天。蜿蜒霞舒。揭萬楹而捧日。則天聖后長安四
年。敕大周闕六字鸞臺闕六字公暐同往開之。闕二字作闕一字七
日行道。踊躍荷擔於東都明堂。而陳其供焉。萬乘焚香。千
官拜慶。雲五色而張蓋。近結城樓。日重光以建輪。遠浮郊
樹闕二十四字岐陽施絹三千匹。景龍四年二月十一日。中宗

孝和皇帝旌爲聖朝無憂王寺。題舍利塔爲大聖眞身寶
塔。度僧四十九闕十六字一闕二字鎭闕五字夫變化闕二字之謂聖。
陰陽不測之謂神。況每欲開臨。皆呈異相。或風烟歕欲。蕩
覆河山。或雷雨震驚。杌動天地。倏往而香花戾止闕七字我
肅宗文明大聖大宣孝皇帝纘承丕緒。恢復盛業。德包有
截。化總無垠。以澤及四海爲勳華。以功闕十四字上元初五月
十闕一字日。敕僧法澄。中使宋合禮。府尹崔光遠啟發迎赴
内道場。聖躬臨筵。晝夜苦行。從正性之路。入甚闕一字之門。
以其年七月一日。展如初闕四字本闕四字詔闕三字像一鋪闕一

字事金銀之具闕一字百闕三字爪髮玉簡及瑟瑟數珠一索。
金襴袈裟一副。沈檀等香三百兩以贖之。道俗瞻戀攀緣。
號訴哀聲。振乎林薄。痛闕一字達乎海裔。故得闕一字源嗚咽
闕七字光闕三字我漢室人闕四字之頃。寺之門樓及鐘經等閣。
及東西行廊。星霜殆改。罔克厥構。有元炎上人者。禪林之
秀也。壞衣味道。却粒知眞。起大慈悲。聿宏製之實。多喜捨
闕四字有輪奐闕五字有塈茨而未盡闕二字沙門法筠者。法將
之雄也。上座唐興寺主法昭。泉都維那澄演等。蓮華之粹
也。同力致用。誓相爲謀。闕二字埴以營之。又結括以成之。層

簷闕七字以雲闕四字崇崇焉極樂之所也。嗟夫八音希聲。大
覺無形。或芬芬馨馨。或杳杳冥冥。如髣髴兮有靈。有靈有
道。有道則壽考。凡人莫闕二字萬物於自然。故達士樂全眞
而闕九字相交闕一字王李公闕一字忠闕一字心居其泊。志處其
約。或謇謇諤諤。或汪汪綽綽。若昂藏之野鶴。野鶴得性。得
性則常靜。凡人莫不繫百寶於闕二字故闕一字公秉廉讓以
成政闕八字剋已復禮。人焉而勸闕二字懲惡。人焉而懼。任闕二
字善。人焉而悅。務農省稅。人焉而康。君子曰。不肅而威。不
嚴而教。龍門講德。載揚元禮之風。馬首行春。更墮里嵩之

雨良足奇也（闕二字）備（闕三字）衛（闕二字）縱（闕一字）畧月（闕三字）孤懸隴（闕二字）稜劒鋒長倚天外而已在少尹時則有若檢校刑部員外郎兼侍御史張公增少尹檢校司勳員外郎兼侍御史邱公鴻漸並（闕九字）幕（闕三字）有若侍御史內供奉梁公傑侍御史內供奉姜公邑高監察御史裹行嚴公霆祕書省校書郎掌書記韓公訏皆人倫之傑也或閒氣逸發或含章挺生騰（闕三字）駕鳳爭飛（闕三字）則（闕三字）睽本（闕一字）兵馬使開府儀同三司侍中監李奉忠文武呈材風雲合變英威獨斷問望孤高監軍使左監門衛大將軍焦奉超武畧

濟時忠（闕九字）寵冠兩朝（闕五字）量宏深清標卓絕聿膺宰命尤著吏能共參元戎之佐喜聞微妙之偈以為命者身之質身者命之資法本皆如性應無著筏喻（闕十字）樹（闕二字）福相與授簡俾予頌（闕一字）詞曰

我佛在兮世獨尊我佛化兮道長存流正法兮不二門赫惠日兮破重昏摩伽國兮（闕十字）仰大（闕一字）兮遍（闕三字）金（闕一字）兮（闕三字）度衆僧兮施百衲（闕六字）朧心清淨兮眼不雜伏騰猿兮救怖鴿混邱墟兮將如何絕榛棘兮與菅蕘觀變現兮信轉多（闕九字）白兮來經過呼洞穴兮見釋伽邦伯奏兮發睿旨屢開迎兮歸帝里捨珍玩兮具法喜駢星宮兮勢崔起會天人兮浴定水偉嘉祥兮爭效祉（闕三字）兮（闕一字）克明我尹忠兮（闕一字）克清踐福地兮（闕二字）生對眞容兮忘（闕一字）情琢巨石兮讚休禎歷曠刼兮揚善聲

李沛

沛興元元年為汴宋節度使劉元佐判官相州司户參軍

大岯山銘

巨唐興元末下詔徵天下兵將大有事於淮西遲速等衰於是焉在我魏博節度使工部尚書御史大夫駙馬都尉

田公選百金之士馬步五千悉甲而遣委銀青光祿大夫試殿中監兼御史中丞苻公總之洎貞元元年春一月畢會於大梁久之未進以其年冬十有一月都統檢校司空同中書門下平章事懷德郡王汴宋節度劉公申令諸軍曰元凶李希烈竭日為惡罔克若天流毒淮右以逆亂干神器以暴殄錯天命罪浮於瀦宮禍延於覆宗上以德柔之以仁綏之如豺如狼無革迺心蓋不得已而至於用兵猶尚盤桓伺其閒釁然後肅將天威昜爾有衆爾所不昜其於爾躬有罪公由是夙夜祗懼恭行明命長轂雷野高

旗簻雲先次於許之扶溝壓境而守示之以雄戰勁弩堅之以深溝高壘俾窮號蹙乏追悔靡及負芒刺於背生戰慄於股常聳外虞不遑内事二年夏四月因蹙生變霜刃竊發身分蔡下首懸藁街浹辰之閒天下如鏡同文共規華夷一貫雖虞格有苗軒庭涿鹿王者之師有征無戰不是過也五月有詔會大梁洪班爵賞勞以還師餚酒淮海金帛山邱既醉而凱歌者動以萬計享畢旼乘轅北之信宿而濟洪河屯大坯洗兵刷馬示以無事卷旗虹藏臥鼓雷伏公喟然歎曰昔馬援南征建標於桐柱竇憲北伐勒

石於燕然安敢厠於昔賢倍多輕於茂實顧謂沛曰此皇上之威德八座之丕績無述可乎沛從軍三年備覩戎事敢不如命刊石立銘

如彼梟獍蠢爾包藏謂順無益謂逆無傷據山裂壤竊號猖狂地所不載天其必亡皇赫斯怒詔下萬方徵兵諸侯出師勤王殫我中司翼爾鷹揚朝渡孟津夕次大梁深溝淮右高壘潁陽有征無戰神誅鬼殛向化者人覆宗者賊宇宙混一車書同則振旅闐闐全軍而還昔我往矣焚舟濟河今我來思策勳銘山山形磅礴河流洶涌垂聲無窮山河不動

梁肅一

肅字敬之一字寬中世居陸渾建中初中文辭清麗科擢太子校書郎累轉右補闕翰林學士皇太子諸王侍讀卒年四十一贈禮部郎中

過舊園賦（并序）

余行年十八歲當上元辛丑盜入洛陽三河間大塗炭因竄身東下旅於吳越轉徙阨難之中者垂二十年上嗣位歲應詔詣京師其年夏除東宮校書郎遂請告歸覲於江南八月過崤澠次於新安東南十數里舊居在焉時歲滋遠荆榛蕪翳喬木蒼然三徑莫辨訪鄰老而已盡眄庭柯以霑衣情之所鍾可勝歎耶夫懷舊之志在昔所不免聖如尼父達若莊叟且有歸與之歎悵然之思予蓬艾存乎胸中喜懼形於膝下寓江海之遐阻念歸來而不得思潘園板輿之樂陶野巾車之遊願言莫展一食三歎至是當秋日蕭索征途浩渺棟宇摧落曾不得乎少留心之憂傷又加於他日一等遂作賦紀事以過舊園命篇其辭曰

白露既戒夫清秋爰駕言而東邁漫征路之悠悠且予發

乎新安歷函關之舊邱灌叢林以相屬披一徑而可求閒里巷之罕人辨原田而莫由堂除既缺衡宇亦折樹蔽戶而稍稍水衝隄而活活駭獸羣起頹墉四達識舊井於庭隅弔重蘺於木末既循省而顧慕愈辛酸而慘怛何纏迫而求所安激予哀而不可遏也昔予生之三歲值勍虜之衝奔徙穹廬於華縣蒙郊廟於氛昏皇遊蜀川帝出朔原尸逐纔血烏丸又屯俄四逆之薦凶扇爍炭而爇黎元予既幼捨此居棄處性命之所存始竄跡於許都又逃刃於夷門沿汴水之湯湯棹淮波之翻翻荷聞詩之前訓迫馳役而不敢言截渦河以徑度趣諸越而休止在長洲與蘭陵亦一閏而三徙嫋嫋兮秋風湛湛兮春江傷吾心其何已皇八葉之御極亦既安此寰中浮寇續其來歸眞獨鬱猶未通洎大歷之二七六龍忽其上升赫元聖之統天敷太和於黎蒸建皇極以成化啟公車以選能予筮遇觀之六四聿投迹於雲羅謬試言於內殿俾典校乎承華聆聖賢之休風仰墳籍之長圃與世道而遊息實人倫之憲矩史正直以終始蘧卷舒於嘿語展甘黜而不去莊頤神以遐舉諒修己之異宜各宏道而得所矧微生之庸拙胡可

嫂夫出處眇江湖之漂蕩廢田里於草莽茍將愜乎予思孰辨夫懷安之與懷土伊吾土之所安迺陋狹而在斯實舊德之師儉庶後昆以易持高祖父趙王府記室宜春公洎曾王父侍御史府君已降三世居陸渾有田不過百畝開元中爲大水所壞始徙於函關其始也桑柘接連蔬果芳滋彼茅軒與甕牖亦寒燠之攸宜羌百歲而員居曾未幾而亂離二十載而一來紛蕪穢而莫治駐周覽而未已又旋指於江滑曾是追感於平生孰不悲傷而涕洟抑聞夫仲長之園面流水而覽平原遭世緒之溷濁竟初懷之罕存又聞夫郭泰之德不違親貞不絕俗當尉羅之周布竟淳白而不辱何天宇之交泰蹇予生之孱獨退無庇跡之所進靡代耕之祿慨捨此而不留徒仰高於前躅日晼晚而命駕恨盤桓以出谷慮將歸之或迷吾斯志夫喬木亂曰所居而安易之序兮歷聘懷歸孔之慮兮粵予庸昧道莫著兮曩離舊邦紛世故兮林井殘泥禽亦去兮墜廢居業恤而懼兮遲歸有時葆吾素兮

指佞草賦以靈草無心有佞必指爲韻

聖澤濡煦兮動植斯形相彼瑞草兮逢時效靈體嘉生於浩氣秉直道於形庭昔在堯帝至化惟馨伊屈軼之芳貞協王猷與國經有皇睿后德動杳冥二氣暢而羣生遂百祥來而萬宇寧矧夫佞者小人之道直者爲國之寶雖糾正於邦憲實發明於瑞草象恭言僞於是焉去而勿疑葉布莖分何患乎辨之不早若乃一人當宁超黃越虞百辟來朝日臨雲趨風力論道伊咎陳謨瑞草在前疇敢以諛故曰物生於有有生於無感此變化發爲禎符不然彼植物之何知乃同功於帝俞天道不言聖人無心寓形闡教其用則深禾穎降於周王芝房發於漢后信呈豐兮告慶幷垂美於不朽彼直指以去邪諒於功乎何有我明主所以超三英之躅彼靈草所以爲百瑞之首有由然也史魚守直宣父惡佞佞直不分邦家靡定惟草所指惟皇所聽指歸乎一聽戒乎失茍君道之不宏徒倚瑞以自必重曰煌彼草兮直而指聖之瑞兮時之理頌皇休兮無極已

述初賦幷序

予幼而漂流遂寓於江海之上與鳧雁爲伍有年矣或祿仕以代樵牧其暇則以羣籍自娛又嘗染重膇疾每求長桑氏之術以爲療其他未之思也方俟閒則追尚平五嶽之遊無幾何會明詔以監察御史徵俄轉右補闕羈守職

次未遑自免江湖之思漫如也閒一歲加翰林學士領東宮侍讀之事既微且陋載荷天聰上不能宣令德通古今當論思之任次不足宏三善備教諭充端士之列每省名位腼章綬中心愬然不欲寢食無一日而安者三年於茲其愧畏乃如此時步自中禁休於里巷病攻其外神倦於中囂焉忘形思及道本然後知一動一靜萬化殊塗寂然同歸未始有物且不知夫曩歲之浮遊與今之局束彼乎此乎是歟非歟杳不得其倪矣於是作述初賦以紀懷且貽諸同志焉爾

我洪系兮肇昭耿乎伊唐始贊禹以陳謨末開國而為梁遭暴羸以滅周兮涉天漢而方彰社郃陽而守九江（系祖漢廷尉郃陽侯諱放見漢書武威九江太守高山侯諱統見後漢書）逮七序而見光（後漢侍中褒親愍侯諱竦作七序有傳）維涼牧之豐融（後漢黃門侍郎涼州刺史侍中關內侯諱寬見魏書）咨散騎之殉節（晉散騎常侍馮翊太守扶風鄉侯諱廙死愍帝之難贈吏部尚書益州刺史見晉書）遺匡攘以遷逝遵河右以蟬蛻（晉蜀郡太守寧州刺史扶風鄉侯諱迪生酒泉太守關內侯諱秋避亂居張掖）綿侯服以守業傳龜組而罔替（自酒泉以下六世郡守關內侯）煒司空之藩魏宏茂德為表綴（魏大將軍洛州刺史贈侍中司空郃陽公諱越見後魏書）翼翼尚書允明且哲（司空之孫隋御史大夫刑部尚書郇鄆敬公諱毗隋書有傳）納言執法乃遂乃達播五葉而逮予垂慎身之芳烈伊孤藐之薄祐撫生植之多艱豈前修之將墜藐才菲而體孱奉徙宅之善教得帶經之殘編諒不師而不訓烏識立德與立言洎章甫之在首始礪志以就賢思琢璞以解蔽終扞格而難前升九顥之宏軌探乾坤之大紀求專直與翕闢問性命之終始曰君子之不用實未成之所擬苟體健以立誠何剛柔之不履慨尋繹以內省觀萬動之攸歸若捫天而罔階知集木之匪危何大道之汗漫悼吾人之崎巇仰前哲之休風屢惆悵以忸怩且自擊以自考亦三復而九

思庶初筮以發蒙敢舍龜而觀頤美海嶽之靜深援幽人以為期聿投迹於林中就拙者之所宜屬夫上有聖帝旁求俊乂載馳車乘搜及瑣細彼執持憲簡與匡補闕載宜乎學該紀律識洞經制故小人之備官幸不招損而速戾斯時也天光鏡乎宇內洪稜憺乎荒外上躬祀於泰壇先假廟以告配百神受職以咸秩萬國駿奔而來祭肆覲創五月之吉朝宗盛三朝之會月窟日際風行雨霈謬參侍從之臣獲睹人神之泰又感夫翰苑崇祕人文是經樂正司業元良以貞講藝承華視草承明莫不才侔相如道博

桓榮何皇鑒之偏屬降湛恩於鰥生若側足以登塗方飭躬以效誠雙書紳之猶怠慮數馬之非精書兢兢以徊徨夕默默以屏營豈不以命重才輕惕墜而不敢寧也我寓我居於彼南里匪容車騎實遠朝市羌歸沐以斯憩聊優游以休止旁枕大道其平如水南望南山橫空黛起君子所履小人所視乍埽室以自安殊塞門而不仕於是有竹有梧清風穆如放懷端居元宇自虛遺原憲之貧病忘甯武之智愚喪我南郭之几盡心西域之書悟幻有之遷斡得環中之妙樞合乃一指流爲萬塗審物我之同域又遑

遑其焉如何睿后之渥飾宜克恭以忘劬惟少海之洪瀾豈勺水之云輸伊志慮之久曠矧疲痾之集予徒端直以勿貳又焉能以爲乎有無冥冥飛鴻其虛其徐英英白雲亦卷亦舒吾企夫物之未及故浩然而述初

受命寶賦 幷序

受命寶在昔曰傳國璽自秦始皇有焉蓋取夫一世二世傳於無窮故有傳國之號歷兩漢至於陳隋隋煬帝之遇禍也宇文化及盜之而西竇建德滅化及取焉易稱物不可以終否武德中太宗一戎衣而天下大定是器也與璽同歸國家用之以受命所承更名大寶而多歷年所自前代觀之受天明命則不求而得僭賊刼遷則得之而失蓋神物之所在非徒然也抑又聞之鼎之輕重與璽之去留莫不視德之上下位之安危若恃寶命在已而惛心墮耳漸乎危殆以負扆之尊被竊鈇之言當此時也此片玉耳復何爲哉竊讀史氏感興亡之器忿覬覦之類於是作受命寶賦若形制之小大厚薄則未始詳也故不備焉其辭曰

物之貴兮惟玉之英翕二氣以成形涵百寶之純精卞氏

得之三獻而後明當秦趙之抗衡挺高價於連城伊玩好之所貧微神器之鴻名及夫秦始稱皇削平六王爲龍爲光追琢成章其文曰受命於天既壽永昌其始也謂世有哲王傳國寶之無疆何逆天以暴物不及期而降殃惟陰陽之運行終授受而不常隨素車與白馬歸赤精於路旁逮夫漢業中微后族專命祿去公室世移威柄寶沙麓之遺孽成巨君之篡害雖擲地以慷慨終莫救夫顛沛俄漸臺之頹覆歷更始與赤眉咸庸懦而不居卒亂長而禍滋洎四七之龍驤爲火主以得之遂祀漢以配天延二百之

炎煇苟非其人寶命不歸悼桓靈之不嗣置天下於阽危旣而赤伏道喪黃星兆發雲雷遘迍朝社播越去乘輿而漂蕩入晉井以蕪沒披草萊以拯之實功存乎武烈何典午之傾潰劉石盜以自尊旣江表之卜年遂歸明以去昏五世推移或亡或存失得由道隋之幷吞始負險以爭雄俄銜璧而來奔惟大業之離阻由君昏而黷武豺狼呀以當路郊廟毀而失主望夷之釁旣發斯器淪於醜虜昊天有命眷我高祖鷟飛汾晉震疊關輔雲行雨施雷動飈舉聖人旣作萬物斯覩於斯時也充德扇結東周虒䶵帝謂

文皇陳師徂伐如火烈烈如風發發牛口先撥虎牢則達致四海於清平混車書以同轍惟神器之有在終告歸於魏闕考乎先王之統世也以文經天以武緯地觀象備物從宜制器播而用之爲天下利故曰大德曰生大寶曰位位之升降唯道所至先王審其所以故爲大於細爲難於易然後本不搖而末不墜安危之體鑑此而已若夫符命之所加曆數之所歸莫不天人合發區宇樂推休祥煥然靈命顯思是以有守有失動而悅隨苟貪功而僭禮莫不速禍而召危此玉也公路執持衆叛而親離趙高引佩殿壞而身糜惟前軌之昭昭孰可幸捷以取之若曰吾有天命如天有日傳寶在我昏庸自佚則陸渾無問鼎之事歷代無奉璽之術苟思慮於廢興故不旣得而患失於戲天發禍機聖人定之天生神物聖人用之唐哉皇哉大人造之子孫百代永言保之

代太常答蘇端駁楊綰謚議

議曰有國之典存以位敘其德沒以謚易其名名之小大視德之美惡蓋書其著而畧其微要其終而明其義故曰謚以尊名節以一惠恥名之浮於行也楊文貞體淳素之

質協時中之德爰自下列至於宰司秉心不渝動必由道與夫立功立事開物濟衆不同日語矣而清儉厲俗明哲保身曰文與貞在我惟允秉公議者其誰曰不然今奉符謂公與元載交游嘗爲載薦引載之咎惡悉歸於公斯乃昧於觀行定謚之義且非君子成人之美也請區而評之昔荀爽爲董卓所舉致位三公及卓數亂漢政可謂甚矣而漢史曾不以卓之過累於慈明晏子陳氏俱事齊侯陳志邪而晏志正春秋亦不以陳之惡延於平仲是知道不必合事不必同則載之於公其事可見況當載秉鈞而公

不參大政載以時望慕我我則靜而守中因疎爲簡適見清節又有發載之惡皆泄漏致辭患自掇也庸可救乎及夫載覆其餗公膺大任任職日淺屢以疾辭位且不安安可以寂寥啟悟而責之乎昔季文子相三君無食粟之馬衣帛之妾君子以爲忠楊公以大名厚位出入三朝無宅一區無馬一駟志於清白交不諂瀆可不謂貞乎掌訓誥秉銓衡處成均貳宗伯潤色王度無替厥美加以敏而好學見善如不及可不謂文乎謹按謚法稱貞之例有三清白守節曰貞大慮克就曰貞憂國忘死曰貞文之義有六

經天緯地曰文道德博厚曰文愍人惠禮曰文不恥下問曰文慈惠愛人曰文修德來遠曰文名既不備事亦殊貫又安可以二王三恪私廟家祭之闕併責於一名哉若具美果在一名則士文伯孔文子且無經緯天地之文孟武伯甯武子又非克定禍亂之武若以廢禮不稱其名則臧孫辰縱逆祀不得謚文管夷吾臺門反坫不得謚敬是知議名之道錄其所長則捨其所短志其大行則遺其小節使善惡決於一字褒貶垂於將來蓋先王制謚之方也若綜覈名實形於公論宜取坦然明白彰於遐邇者今或乘人之意肆誣謗之辭所謂抉瑕刺骨之說非正議也且聖無全能才不必備以鄭公徵立言正色恥君不如堯舜其節大矣而昧於知人許公瓌固執遺一作條詔廷沮邪計其志明矣終不能守故春秋爲賢者諱過傳稱不以一眚掩大德語曰無求備於一人蓋二公所以爲文貞也若曰百行所歸九德咸事如周公之文宣父之宣然後擬議則千古莫嗣而謚典絕矣安在一二蘇魏足爲定制乎謹上參典禮近考故事楊公之名請如前議云爾

西伯受命稱王議

太史公曰詩人道西伯以受命之年稱王而斷虞芮之訟遂追王太王王季改正朔易服色十年而崩或謂大雅序文王受命作周泰誓序十有一年武王伐殷妄徵二經以實其說予以爲反經非聖不可以訓莫此甚焉嘗試言之夫聖人無作作則爲萬代法蓋仲尼美文王之德曰三分天下有其二以服事殷又曰內文明而外柔順以蒙大難文王以之未有南面稱王而謂之服事易姓創制而謂之柔順仲尼稱武王之烈曰湯武革命又曰武王末受命未有父受之而子復革命父爲天子子云末受當武王之會

盟津也告諸侯曰汝未知天命未可以誓師也曰惟我文考大統未集予小子其承厥志孰有王者出征復侯天命天統既改而復云未集禮大傳稱牧之野既事而退柴於上帝追王太王王季文王改正朔殊徽號若虞芮之歲稱王則不應復云追王王制既行則不應復云改物是皆反經者也夫大者天地其次君臣聖人知定位之不可易也故制爲上下之禮財成天地之道使各當其分而不相閒若億兆之去留天命之與奪則存乎其時聖人順而行之故謳歌有所歸而舜禹揖讓桀紂惡盈則湯武放伐所謂

後天而奉天時不得已而爲之者也若殷道未絕紂惡未極而遂稱王以令天下則不可謂至德也此其非聖者也予以爲大雅作周之義蓋取夫積德累仁爲海內所歸在武王因之遂成大業非所謂革命易姓爲作周也泰誓紀年蓋武王周公追考前文陳王業之盛自虞芮始故斷爲受命之歲仲尼憲章文武故因而敘之曰十有一年武王伐殷非所謂自稱王而爲之數也文王既沒經義斯在如曰不然以俟君子

天台法門議

論曰修釋氏之訓者務三而已曰戒定慧斯道也始於發心成於妙覺經緯於三乘導達於萬行而能事備焉昔法王出世由一道清淨用一音演說機感不同所聞益異故五時五味半滿權實偏圓小大之義播於諸部粲然殊流要其所歸無越一實故經曰雖說種種道其實爲佛乘又曰開方便門示眞實相喻之以眾流入海標之以不二法門自他兩得同詣祕密此教之所由作也洎鶴林滅而法網散神足隱而宗途異各權所據矛盾更作其中或三昧示生四依出現應機不等持論亦別故攝論地持成實惟

識之類分路並作非有非空之談莫能一貫既而去聖滋遠其風益扇說法者桎梏於文字莫知自解習禪者虛無其性相不可韋復是此者非彼未得者謂證慧解之道流以忘返身口之事蕩而無章於是法門之大統或幾乎息矣既而教不終否至人利見慧聞慧思或躍相繼法雷之振未普故木鐸重授於天台大師大師像身子善現之超悟備帝堯大舜之體相贊龍樹之遺論從南岳之妙解然後用三種止觀成一事因緣括萬法於一心開十乘於八教戒定慧之說空假中之觀坦然明白可舉而行是故教

無遺法法無棄人人無廢心心無擇行行有所證證有其宗大師教門所以爲盛故其在世也光昭天下爲帝王師範其去世也徃來上界爲慈氏輔佐卷舒於普門示現降德爲如來所使階位境智蓋無得而稱焉於戲應跡雖徃微言不墜習之者猶足以抗折百家昭示三藏又况聞而能思思而能修修而能進進而不已者歟斯人也雖曰未證吾必謂之近矣今之人正信者鮮啟禪關者或以無佛無法何罪何善之化化之中人以下馳騁愛欲之徒出入衣冠之類以爲斯言至矣且不逆耳私欲不廢故從其門

者若飛蛾之赴明燭破塊之落空谷殊不知坐致焦爛而莫能自出雖欲益之而實損之與夫衆魔外道爲害一揆由是觀之此宗之大訓此教之旁濟其於天下爲不侔矣自智者傳法五世至今天台湛然大師中興其道爲予言之如此故錄之以繫於篇

止觀統例議

夫止觀何爲也導萬法之理而復於實際者也實際者何也性之本也物之所以不能復者昏與動使之然也照昏者謂之明駐動者謂之靜明與靜止觀之體也在因謂之止觀在果謂之智定因謂之行果謂之成行者行此者也成者證此者也原夫聖人有以見惑足以喪志動足以失方於是乎止而觀之靜而明之使其動而能靜靜而能明因相待以成法卽絕待以照本立大車以御正乘大事而總權消息乎不二之場鼓舞於說三之域至微以盡性至賾以體神語其近則一毫之善可通也語其遠則重元之門可闚也用至圓以圓之物無偏也用至實以實之物無妄也聖人舉其言所以示也廣其用所以告也優而柔之使自求之擬而議之使自至之此止觀所由作也夫三諦

者何也一之謂也空假中者何也一之目也空假者相對之義中道者得一之名此思議之說非至一之旨也至一卽三至三卽一非相含而然也非相生而然也非數義也非强名也自然之理也言而傳之者迹也理謂之本迹謂之末本也者聖人所至之地也末也者聖人所示之教也由本以垂迹則爲小爲大爲通爲別爲頓爲漸爲顯爲祕爲權爲實爲定爲不定循迹以返本則爲一爲大爲圓爲實爲無住爲中爲妙爲第一義是三一之藴也所謂空也者通萬法而爲言者也假也者立萬法而爲言者也中也

者妙萬法而爲言者也破一切惑莫盛乎空建一切法莫盛乎假究竟一切性莫大乎中舉中則無法非中舉假則何法非假舉空則無法不空成之謂之三德修之謂之三觀舉其要則聖人極深研幾窮理盡性之說乎昧者使明塞者使通通則悟悟則至至則常常則盡矣明則照照則化化則成成則一矣聖人有以彌綸萬法而不差磅礴萬劫而不遺燾載恒沙而不有復歸無物而不無寓名之曰佛經號之曰覺究其旨其解脫自在莫大極妙之德乎夫三觀成功者如此所謂圓頓者非漸次非不定指論十章

之義也十章者恢演始末通道之關也五畧者舉其宏綱截流之津也十境者發動之機立觀之諦也十乘者妙用所修發行之門也止於正觀而終於見境者義備故也闕其餘者非所修之要故也乘者何也載物而運者也十者何也成載之事者也知其境之妙不行而至者德之上也乘一而已矣豈藉夫九哉九者非他相生之說未至者之所踐也故發心者發無所發安心者安無所安偏破者偏無所偏爰至餘乘皆不得已而說也至於別其義例判爲章目推而廣之不爲繁統而簡之不爲少如連環不可解

也如貫珠不可雜也如懸鏡不可揜也如通川不可遏也議家多門非諍論也按經證義非虛說也辨四教淺深事有源也成一事因緣理無遺也噫止觀其救世明道之書乎非夫聖智超絕卓爾獨立其孰能爲乎非夫聰明深達得意忘象其孰能知乎今之人乃專用章句文字從而釋之又何疎漏耶或稱不思議境與不思議事皆極聖之域等覺至人猶所未盡若凡夫生滅心行三惑浩然於言說之中推上妙之理是猶醯雞而說大鵬夏蟲之議層冰其不可見明矣今止觀之說文字萬數廣論果地無益初學

豈如暗然自修功至自至何必以早計爲事乎是大不然凡所爲上聖之域豈隔闊遼夐與凡境杳絕歟是惟一性而已得之爲悟失之爲迷一理而已迷而爲凡悟而爲聖迷者自隔理不隔也失者自失性不失也止觀之作所以辨異同而究聖神使羣生正性而順理者也正性順理所以行覺路而至妙境也不知此教者則學何所入功何所施智何所發譬如無目眛於日月之光行於重險之處顚踣墮落可勝既乎噫去聖久遠賢人不出庸昬之徒含識而已至使魔邪詭惑諸黨並熾空有云云爲坑爲穽有膠

於文句不敢動者有流於漭浪不能住者有太遠而甘心不至者有太近而我身即是者有枯木而稱定者有竊號而稱慧者有奔走非道而言權者有假於鬼而言通者有放心而言廣者有罕言而爲密者有齒舌潛傳爲口訣者凡此之類自立爲祖繼祖爲家反經非聖昧者不覺仲尼有言道之不明也我知之矣由物累也悲夫隋開皇十七年智者大師去世至皇朝建中垂二百載以斯文相傳凡五家師其始曰灌頂其次曰縉雲威又其次曰東陽小威又其次曰左谿朗公其五曰荆溪然公頂於同門中慧解

第一能奉師訓集成此書蓋不以文詞爲本故也或失則煩或失則野當二威之際緘受而已其道不行天寶中左谿始宏解說而知者蓋寡荆溪廣以傳記數十萬言綱羅遺法勤矣備矣荆溪滅後知其說者適三四人古人云生而知之者上也學而知之者次也困而學之又其次也夫生而知之者蓋性德者也學而知之者天機深者也若嗜慾深耳目塞雖學而不能知斯爲下矣今夫學者內病於蔽外役於煩沒世不能通其文數年不能得其益是則業文爲之屨校梏足也務句爲之皺糠眯目也以不能喻之師教不領之弟子止觀所以未光大於時也予常慼慼於是整其宏綱撮其機要其理之所存教之所急或易置之或引伸之其義之迂其辭之鄙或薙除之或潤色之大凡浮疎之患十愈其九廣畧之宜三存其一於是袪鄙滯導蒙童貽諸他人則吾豈敢若同見同行且不以止觀罪我亦無隱乎爾建中上元甲子首事筆削三歲歲在析木之津功畢云爾

欽定全唐文卷五百十八

梁肅二

丞相鄴侯李泌文集序

唐興九世天子以人文化成天下王澤洽頌聲作洋洋焉與三代同風其輔相之臣曰鄴侯李公泌字長源用比興之文行易簡之道贊事盛聖辨章品物疏通以盡理閎麗而合雅舒卷之道必形於辭其偉矣夫予嘗論古者聰明睿智之君忠肅恭懿之臣敘六府三事同八風七律莫不言之成文歌之成聲然後浹於人心人心安以樂播於風俗風俗厚以順其有不由此者爲理則龐在音則煩龐之弊也悖（一作朴）煩之甚也亂用其道行其位者歷選百千不得十數噫才難不其然乎開元中公七歲見丞相始興張公九齡張駭其聰異授以屬辭之要許以輔相之業洎始興歿不六十載公果至宰相封侯有文集二十卷其習嘉遯則有滄浪紫府之詩其在王庭則有君臣賡載之歌或依隱以玩世或主文以譎諫步驟六義發揚時風觀其詞者有以見上之任人始與之知人者已初太上當陽公以處士延登內殿實敷黃老之訓至德初宣皇以元良受禪

公則獻泰階頌昭纂堯之道睿文以廣平伐罪公則握中權之柄參復夏之功大德不官既追五嶽之隱大用不器終踐代天之職方將熙庶工以成邦教載直筆以修唐書命之不融凡百興歎既薨之來載皇上負扆之暇思索時文徵公遺編藏之御府於是公之文辭光大一門近歲肅以監察御史徵詣京師始得集錄於公子繁且以序述見託公之執友諫議大夫北平陽城亦謂予曰鄴侯經邦緯俗之謨立言垂世之譽獨善兼濟之畧藏在冊牘載於碑表唯斯言不可以不傳於後嘗謂肅曰吾子辭直盍存乎篇序既詠歎之不足因著其所以然貽諸好事者凡詩三百篇表誌碑贊序議述又百有二十其五十篇缺獨著其目云

祕書監包府君集序

文章之道與政通矣世教之汚崇人風之薄厚與立言立事者邪正臧否皆在焉故登高能賦可以觀者可與圖事誦詩三百可以將命可與專對若子產入陳以文辭爲功仲尼弟子用文學命科文學者或不備德行德行者或不兼政事於戲才全其難乎有唐故祕書監丹陽公包氏諱

佶字幼正烈考集賢院學士大理司直贈祕書監諱融實以文藻盛名揚於開元中洎公與兄起居何又世其業競爽於天寶之後一動一靜必形於文辭由是議者稱爲二包孝友之美聞於天下擬諸孔門則何居德行公居政事而偕以文爲主不其偉歟諷諭其從政則執度行志率誠會理不苟簡晦昧以撓其守故其言體要而動有事功易稱君子之先傳美忠文之實公之謂也

常州刺史獨孤及集後序

大歷丁巳歲夏四月有唐文宗常州刺史獨孤公薨於位

秋九月既葬門下士安定梁肅咨謀先達稽覽故志以公茂德映乎當世美化加乎百姓若發揚秀氣磅礴古訓則在乎斯文斯文之盛不可以莫之紀也於是綴其遺草三百篇爲二十卷以示後嗣乃繫其辭曰夫大者天道其次人文在昔聖王以之經緯百度臣下以之弼成五教德又下衰則怨刺形於歌詠諷議彰乎史冊故道德仁義非文不明禮樂刑政非文不立文之興廢視世之治亂文之高下視才之厚薄唐興接前代澆醨之後承文章顛墜之運王風下扇舊俗稍革（一作作者迭起）不及百年文體反正其後時寖和溢而文亦隨之天寶中作者數人頗節之以禮洎公爲之於是操道德爲根本總禮樂爲冠帶以易之精義詩之雅興春秋之褒貶屬之於辭故其文寬而簡直而婉辯而不華博厚而高明論人無虛美比事爲實錄天下凜然復覩兩漢之遺風善乎中書舍人崔公祐甫之言也曰常州之文以立憲誡世褒賢遏惡爲用故議論最長其或列於碑頌流於詠歌峻如嵩華浩如江河若贊堯舜禹湯之命爲誥爲典爲謨爲訓人皆許之而不吾試論道之位宜而不陟誠哉公諱及字至之祕書監府君之中（一作第四）子道

與之粹天授之德聰明博達剛毅正直中行獨復動靜可則孝弟（一作仁厚）積爲行本文藝成乎餘力凡立言必忠孝大倫王霸大畧權正大義古今大體其中雖波騰雷動起伏萬變而殊流會歸同志於道故於賦遠遊頌嘯臺見公放懷大觀超邁流俗於仙掌函谷二銘延陵論八陣圖記見公識探神化智合權道於議郊祀配天之禮呂諲盧弈之謚見公闡明典訓綜覈名實若夫述聖道以揚儒風則陳留郡文宣王廟碑福州新學碑美成功以旌善人則張平原頌李常侍姚尚書嚴庶子韋給事韋穎叔墓銘鄭氏孝

行記李睢陽楊懷州碑纂世德以貽後昆則先祕書監靈表陳黃老之義於是有對策文演釋氏之奧於是有鏡智禪師碑論文變之損益於是有李遐叔集序稱物狀以怡情性（一作稱物狀之美而暢其情性）於是有瑯琊溪述盧氏竹亭記抒久要於存歿之閒則祭賈尚書相里侍郎元郎中（一作員外）李叔子文其餘紀物敘事一篇一詠皆足以追蹤往烈裁正狂簡噫天其以述作之柄授夫子乎不然則吾黨安得遭遇乎斯文也初公視肅以友肅仰公猶師每申之話言必先道德（一作德禮）而後文學且曰後世雖有作者六籍其不可及

已荀孟樸而少文屈宋華而無根有以取正其賈生史遷班孟堅云爾唯子可與共學當視斯文庶乎成名肅承其言大發蒙惑今則已矣知我者其誰哉遂銜涕爲敘俾來者於是觀夫子之志若立身行道始終出處皆載易名之狀故不備之此篇

補闕李君前集序

文之作上所以發揚道德正性命之紀次所以財成典禮厚人倫之義又其次所以昭顯義類立天下之中三代之後其流派別炎漢制度以霸王道雜之故其文亦二賈生馬遷劉向班固其文博厚出於王風者也枚叔相如揚雄張衡其文雄富出於霸塗者也其後作者理勝則文薄文勝則理消理消則言愈繁繁則亂矣文薄則意愈巧巧則弱矣故文本於道失道則博（一作傳）之以氣氣不足則飾之以辭蓋道能兼氣氣能兼辭辭不當則文斯敗矣唐有天下幾二百載而文章三變初則廣漢陳子昂以風雅革浮侈次則燕國張公說以宏茂廣波瀾天寶已還則李員外蕭功曹賈常侍獨孤常州比肩而出故其道益熾若乃其氣全其辭辨（一作其辭源辨博）馳騖古今之際高步天地之閒則

有左補闕李君君名翰趙郡贊皇人也天姿朗秀率性聰達博涉經籍其文尤工故其作敘治亂則明白坦蕩紆徐（一作餘）條暢端如貫珠之可觀也陳道義則游泳性情探微豁冥渙乎春冰之將泮也廣勸戒則得失相維吉凶相追焯乎元龜之在前也頌功美則溫直顯融協於大中穆如清風之中人也議者又謂君之才若崇山出雲神禹導河觸石而彌六合隨山而注巨壑蓋無物足以遏其氣而閡其行者也世所謂文章之雄舍君其誰歟弱冠進士登科解褐衛縣尉其後以書記再參淮南節度軍謀累遷大理

司直天子聞其才召拜左補闕俄加翰林學士夫士之處世用捨繫乎才進退牽乎時始君筮仕值蔽善者當路故屈於下位（天寶末房公琯韋公陟薦公充史官諫司之任當國者不聽乃已）中歲多難時方用武故委於外藩及夫入宣室而揮宸翰也方用人文以飾王度則因疾罷免嚱昔之君子賢人運與事幷得信其志者寡矣其餘屬雅道喪缺黃鐘毀棄若孟子轗軻士安多病亦何可勝論惟斯文足以振當世餘烈足以遺後嗣此之謂不朽君既退歸居於河南之陽翟家愈貧而祿不及志愈邁而文益壯暇日以嘗所述作三十卷目爲前

集命予序之君與予實有伯喈仲宣之義故書於篇

中和節奉陪杜尚書宴集序

沛乎聖人在穆清之中合四序茂萬物謂二月之吉殷天人之和肇以是日爲中和節原夫中以立天下之本和以通天下之志明君所以總萬邦也奉時以協氣播氣以授人元侯所以承王命也於時上元甲子之六歲地平天成河清海晏君臣高會由內及外粵我主公牧揚州領東諸侯既承湛露之澤且修式燕之禮乃邀中貴人及我上介部從事列將羣吏大官重客我星弁執象笏脫劒曳綬列於賓席者百有餘人火旗在門雷鼓在庭合樂既成大庖既盈左右無聲旨酒斯行酒陳獻酬之事乃酣無算之飲於是羣戲坌入絲竹雜遝毬蹈槃舞橦懸索走之捷飛丸拔距扛鼎騎刃之奇迭作於庭內急管參差長袖嫋娜之美陽春白雪流徵清角之妙更奏於堂上風和景遲既樂且儀自朝及暮惟節有度君子謂福祿之所洊在是命矣既醉小子輒起而言曰大君有命令節茲始我公宴喜于以受祉歌以發德詩以頌美于胥樂兮胡可廢已公曰善迺俾坐客偕以六韻成章授簡爲序上以志王澤所及次

以紀方鎭之歡末以示將來盛事云爾

晚春崔中丞林亭會集詩序

德充則體和道勝則境靜抑常理也前左馮翊崔公意遺富貴跡叶幽曠與浩氣爲徒故不導引而壽以善閉爲事故無江湖而閒春池始平芳草如織乃啟虛館延羣賢鳴琴漉酒以侑談笑摹英翫華以賞景物修竹滿座以環合紫籐垂旒以縈結地有滄洲之趣鳥無城郭之音信上智之高居人閒之方外者也於時衆君子飽公之和惜日不足顧相謂曰夫養正在我敘位在時今朝廷虛老更之席

以待圜綺公實舊德行將論道不暇焉可晦而息乎蓋詩可以興可以羣盍歌詠之以志斯會且用祝公以君子萬年受茲介福焉爾

賀蘇常二孫使君鄰郡詩序

古之厚風俗美教化必播於歌詠垂於無窮故風有二南之什傳稱兄弟之政其事尚矣二孫鄰郡詩者前道州刺史李萼賀晉陵吳郡伯仲二守之作也二公修懿文之烈成變魯之政地無夾河之阻人有同舟（一作風）之樂抑近古未之有也故道州詩而美之屬而和之者凡三十有七章

溢於道路蓋云盛矣初伯氏用雅度碩畫掌柱下史（一作方書）出擁麾幢四領江郡仲氏以茂學達才由尚書郎貳京兆守上饒與元貞元閒偕以治行聞天子器之於是仲有吳苑之寄伯受晉陵之命自廋亭以東禦兒以北面五湖負大江列城十二縣環地二千里政教同和風雨同節禮讓同俗熙熙然有太平之風每歲土膏將起場功向畢二公各約車輿將命者十數人循行邑里勞之斯耕喻之斯藏民樂其教且飽其和然後用籩豆觴斝展友愛於交壤之次綽綽怡怡有裕有歡二邦之人於斯觀德可謂之榮矣本夫詩人之志有四焉美其德美其位美其政美其鄰信可以編諸唐雅昭示後學豈止於塗歌里誦遐邇悅慕而已肅嘗辱二公之眷謹序篇首庶采詩者得之陳於太師以知吳風

周公瑾墓下詩序

昔趙文子觀九原有歸歟之歎謝靈運適朱方興墓下之作或懷德異世或感舊一時而清詞雅義終古不歇十三年春予與友人歐陽仲山旅游於吳里巷之閒有墳巋然問於人則曰吳將軍周公瑾之墓也予嘗覽前志壯公瑾

之業歷於遺墟想公瑾之神息駕而弔徘徊不能去昔漢綱既解當塗方熾利兵南浮江漢失險公瑾嘗用寡制衆挫強爲弱燎火一舉樓船灰飛遂乃張吳之臂壯蜀之趾以魏祖之雄武拔攘躑躅救死不暇袁彥伯贊是功曰三光三分宇宙暫隔富哉言乎於是時彌遠而氣（一作名）益振世逾往而聲不滅有由然矣詩人之作感於物動於中（一作感於物象）發於詠歌形於事業事之博者其辭盛志之大者其感深故仲山有過墓之什廓然其慮粲乎其文可以窺盤桓居貞之道梁父閒吟之意凡有和者當繫於斯文

游雲門寺詩序

上德與汗漫為友無江海而閒其次則仁智相從有山水為樂故合志同方賢者有柴桑之隱游道同趣吾徒為雲門之會其造適一也先會一日沙門釋去諠命我友相與探玉笥上會稽然後泝若耶過鳳林而南意欲脫人世之羈鞅窮林泉之退奧於是捨舟清瀨反策閒原遞杳靄而歷嶇嶔入深翠以泛迴環遂至於雲門觀其羣山疊翠秦望拔起五峯巉巉列塹沈沈上摩碧落旁湧金界其下則百泉會流蓄為澄潭涵虛鏡徹激瀨玉漱泠泠之聲與地

籟唱和不待笙磬而五音迭作眺聽不足則凝思宴息悅焉疑諸天樓觀列在咫尺庭衢之中別有日月既而動步眞境靜聆法音合漆園一指之喻（一作論）詣淨名無住之本萬累（一作慮）如洗百骸坐空視松喬為弱喪輕世界於東葉蓋道由境深理自外獎故也昔之遠公紀廬山謝客題石門道流勝賞今古一貫曷可不賦貽雲山羞乃各為詩以誌斯會同乎道者有隴西李公受高陽齊霞舉約會未至亦請同賦此篇用廣夫游行之致云

送謝舍人赴朝廷序

初公以文似相如得盛名於天下大歷再居獻納俄典書命時人謂公視三事大夫猶寸步耳爾來六七年同登掖垣者已迭操國柄而公方自盧陵守入副九卿器大舉遲不其然歟前史稱漢文帝對賈生語至夜半且有不早見之歎矧公才為國華識與道幷當欽明文思之日繼宣室前席之事必將敷陳至論超履右職使賢能者勸彼棘寺竹刑豈君子淹心之地乎亦既撰吉晉陵主人於夫子有中朝班列之舊是日惜歡會不足乃用觴豆宴酬以將其厚意意又不足則陳詩贈之屬而和者凡十有一人小子適受東觀之命從公後塵行有日矣存乎辭者祗以道詩人之意而已至於瞻望不及之思不敢自序云

奉送泉州席使君赴任序

使君至德初以一命領太原尉俄歷御史參丞相軍事所從之主則李侍中王黃門其人當時議者謂翰音上騰非決起所及展轉祿仕三十餘年乃以宰邑功次除晉安守其恬於名利如是體命者歟後時然乎傳稱士任重而道遠惟先尚書文公茂德盛名光乎前朝吾子淑慎其身荷伯父覆露銀章皂蓋秩二千石方將布王澤以牧閩人得

不謂重且遠乎行當變未善之俗使至齊魯然後祗承優命超處蕃閫迺其盛也七月之吉火雲在天征車徂東瞻望不及所當慎者殘暑而已豈以遠道爲戒哉摻袂如之何序以道意

送李補闕歸少室養疾序

昔司馬相如當漢六葉爲言語侍從之臣今天子用人文化成亦以君有相如之才擢居諫職且掌宸翰賦頌書奏粲然同風夫君子之道與命與時三者并則不期達而達不然則或鼓或罷或塞或通是以長卿屢去其官而君亦

以疾退息各其時也君曩時祭夏圭一作主頌比於騶龍射虎其詞最盛如夏雲秋濤變化騰湧蔚乎當代學者誦之及夫朝夕論思上尤所器異故乞身之表七上而後賜告有以見聖王之愛才也夫賢者境不靜則神不怡身不安則疾不去故夫子暫游江湖樂其靜也復還少室就其安也易傳稱養正則吉矧夫氣甚和志甚邁輿愈瞻而才未竭是行也方憩於雲林之中陶然自養以餌浩氣然後階浮雲翼疾風登紫垣步清漢當此時無妄之疾抑自去不暇安肯住於肌膚閒哉始君未爲近臣時論有積薪之歎及其造退朝廷厚優賢之禮今也于歸君子賦考槃之詩此數者足以觀子之義不可以不序焉爾

送耿拾遺歸朝廷序

國家方偃武事行文道命有司修圖籍且慮有闕文遺編逸詩墜禮分命史臣求之天下若汲冢墓陵山穴之徒必從而搜焉拾遺耿君於是乎擁輕軒奉明詔有江湖之役黽勉已事將復命闕下七月乙未攺轅而西將朝夕論思左右帝扆用廣夫天祿石渠之籍託諷於吟詠情性之作當堯舜之聰明魏丙之謨猷以拾遺之才之美其翰飛遠

邇不可度已衆君子蓋將賀不暇彼吳秦離別於我何有作者之志小子承命而序之

送朱拾遺赴朝廷序

上將以道莅天下先命大臣舉有道以備司諫故朱君長通有拾遺之拜時議以爲明天子在上百僚奉職於下化既成矣而猶廣獻納以通諷諭聖人之心其至矣初長通以比興之文名震翰林又以元遠之致升聞天朝其靜也眄滄海以遂志其動也披白雲以受詔吳中賢士大夫相賀不暇長通方移疾餌藥不出東山者三年或曰以君之

才之識宜行而止宜語而默且君命召其可以久乎由是不俟駕亦不敢言病獻歲之吉涉江而西夫宴息以宏道由道以致遠位在乎忠道在乎辭蓋拾遺之志如此彼離別之難秦吳之遠前期之不易皆付之樽中可也又曷足置於心胸閒羣賢於是乎酒酣歌詩以代雜珮之贈

送竇拾遺赴朝廷序

至哉聖人在穆清之中注意左右獻納之臣於是扶風竇易直由華陰令擢拜左拾遺詔下之日士大夫相見而喜曰易直舉矣直道其行乎頃之會國家舉風力以變元氣

闡文明以張四維上曰五諫寂寥七臣安在由是獻可弼違者悚以奉職而君亦朝服賁然時然後行七月初吉整車祀軷安定梁肅舉觴以祝曰夫有其道而不得其位得其位而不得其時昔人所以爲歎也君以懿文當百寮師師之盛屨王臣謇謇之位行見夫束帶彤墀之下高議明堂之側宣上德抒下情唯夫子是望彼吟咏風騷優游乎勅之事又曷足爲長者言耶非歌詩無以見惜別之志不可以不賦

送韋拾遺歸嵩陽舊居序

高人出於華族冠冕處乎山林於士儀見之矣在魏周際逍遙韋公語默之閒全清淨之道閒餘二百載之子以純懿貞粹追烈祖之蹤一門清風光映今古可謂全美也已初士儀與孔君述睿同隱於嵩邱上嗣位舉逸民孔以諫議大夫徵且調護太子乘輿還自漢中吾子方徜徉於松桂之下鶴板入谷拜左拾遺固辭獻納之任遂有江湖之適議者稱孔之兼善吾子之自得出處一轍消息同符然後知刻意而高待時而動者俱失其道理矣揚州刺史杜公蘊伊邵之望悅禽息之風士儀依仁游道幾歷寒暑既

浩然有歸思乃忽乎以將行予嘗同召諫官同被儒服所不同者執李公之御與蹈穎陽之塵而已會脫韁鎖隨烟霞訪吾子於嵁巖之側豈或碌碌久爲躁靜之異乎先言寄懷且以序衆君子考槃之什

奉送劉侍御赴上都序

才全者必幾於道志正者必安於時初劉君以文章游翰林深於文者以公幹越石爲比中歲有邁世志脫屣纓弁任江湖閒論者又比之阮始平陶元亮未幾詔掌柱下方書出參蜀漢軍事俄復自適其適道岷江浮湘潭歷歎漢

原而東君子謂君涉履所至擬司馬子長遂留滯吳南以道自居其名益振其致愈遠向非才全志正又曷由光茂如是乎今軒堯在上伊傅作輔方舉賢能以熙衆職故劉君朝服賁然將如京師御史延陵包公祖而觴之且曰易傳不云立誠以居業論語不云邦有道則智吾子居可大之業當則智之時是往也將賀不暇豈愴別乎二三子尚未醉盍各賦詩以代疏麻瑤華之贈中丞既歌首章命和者用古意皆以一百字成之凡七篇

送周司直赴太原序

今年春上以副丞相鮑公領太原尹假節主河東諸侯北門宴閑夷夏是賴秋七月其部從事大理司直周頌自廣陵赴焉是宜復命禮也初朝廷謂晉陽國家之豐沛天下勁兵所處故以推轂之任付鮑公公謂三軍經用仰淮湖之饋非仁智不足任也故以汎舟之役咨司直司直器畧宏遠文敏忠信夫文則經遠敏則有功忠信則厚事三務既成單車而還議者謂司直道將光大乎不然時之與才何其參會也夫躡搏風之便者其翼必大搆大厦之重者其材必廣頃鮑公由尚書郎爲韓侯之佐三四年開董戎於藩穆如清風文武爲憲以司直之懿文碩畫翔集翰林之上陵厲之勢不可度已非光大而何士有不佞嘗辱盛府之召之子於役我心載馳因賦思鴈門一章蓋取夫欲往從之路遠莫致云爾

送前長水一作安裴少府歸海陵序

秋風木落臨水一望遠客之思多矣而裴侯復告予將歸故國傷懷贈別之詩於是乎作也夫道勝則遇物而適文勝則緣情而美裴侯温粹在中英華發外既乘興而至亦虛舟而還與夫泣窮途詠式微者不同日矣若悲秋送遠之際宋玉之所以流歎也況吾儕乎

送皇甫七赴廣州序

予同郡皇甫生膚清氣和敏學而文嘗纂家範數千言自遠祖漢太尉晉元晏先生以還門風世德焕耀篇錄生聿修之志可觀矣予聞璵璠在璞與碔砆等耳及夫琢而成器則價重當世以吾子之質且琢之不已名者公器其可避乎鎮南杜公負佐世之才有盛名於天下門闌之賓唯吾子屬斯往也亦以赴知己而沽善價吾儕贈之以詩蓋勉行而已豈以遠道爲戒乎唯酒可以破別愁衆君子不

可以不醉焉爾。

送張三十昆季西上序

恒衛大陸之閒。土厚風淳。世生偉人。其大名大節之後。著於天下。唯張氏爲盛。曩子得其叔季曰芃曰莒。始冠章甫。游翰林。蓋相知矣。而未深也。閒八九年。又相遇於江淮閒。則叔也秀才登科。已知名於代。季也立誠居業。爲後進之表。加以簡直强毅。恭寬信敏。文史足用。弛張不窮。向吾所稱土風偉人。蓋此也。今年上求士於四方。揚州牧扶風公嘗得叔爲門閭之賓。因以充選。議者謂扶風舉賢不避親。

叔得舉不以私。則其才可知也。季屬文以氣爲主。以經爲師。慕宗伯之賢。從州黨之賦。則其志可知也。始大歷末。子應詔至京師。時子伯氏以文德都絲綸之任。博約之道。於子最深。絕絃之悲。仰前修而未遠。斷金之契。於吾子而益厚。別者人所不免。况予情乎。凡道不合則信不深。言不盡則意不見。序所以盡言而信道焉爾。無金玉爾音焉。

送鄭子華之東陽序

鄭侯身甚否而意甚泰。家愈貧而學愈富。言政必及王言。性必及道。言文必及經。而動不踰閑。貞不絕俗。年出三十。其志未光。抑有由哉。夫風之行也。則萬竅怒號。時之止也。不能動纖毫。士不用則塊爾而已。遇則雲蒸雨隨。是牽於時而不由於已。鄭侯雖有洛下之才。淹中之學。其如時止何。傳曰。美惡周必復。吾子困於匏瓜星幾周矣。或者其將復乎。予材薄體弱。曩遇晉陵守獨孤公方執文柄。爲當時律度。見視有終日不違之歎。公既問服。予將絕絃。寢門銜悲。適覯吾子。子卽晉陵之出也。一見而觀其禮。再見而同其志。志同而忘其言。悲歎兩集。而不知其止。邇來蓋一紀矣。詩人賦繁霜之月。予滯於吳。子遊東陽。當逆旅之次。送

乘桴之士。命旨酒。登高樓。酣歌氣振。人莫知者。夫物不可以終聚。必受之以散。離會不紀。何用文爲。旣而敍行。且以見志。

送靈沼上人遊壽陽序

上人形就而心和。行獨而志潔。辱與僕游。殆三十年矣。初用文合。晚以道交。淡而文。文而敬。他人未之知也。今年春。予有幽憂之疾。謁長桑氏於東南。上人以無住爲樂。將邁乎壽陽。相待形骸之外。相忘江湖之上。比夫世閒重事者不同日矣。彼都人士高陽許生孟容。開封鄭侯通誠。皆於

上人有忘言之契想與夫二君道舊之暇必荷錫而遊問小山叢桂何在濠上鯈魚樂否子至東越亦訪支許故事歸而於虎邱之精廬先出後期以志少別云爾

送沙門鑒虛上人歸越序

至人不在方實相無所住此沙門鑒虛所以順理而隨世也適遊皇都談天於重雲之殿今也于歸將休於沃洲之山泛然無事獨與道俱遇物成不還之論閒吟有定後之作可謂遠也矣曩予師來越業天台之道追石門之遊爾來已十數年長松飛泉寢寐吟想送子於往情如之何東南高僧有普門元浩予甚深之友也相遇之際幸說鄙夫擾擾俗狀且當澡灌心垢再期於無何之鄉

送皇甫尊師歸吳興卞山序

尊師以齊物爲師抱神爲事有年數矣外則質貌蒼古遺是非於耳目內則沖氣浩然卷虛無於橐籥常誦道德上下篇往來吳中諸山如浮雲獨鶴自適其適吾陋且遁跡不暇又焉識其所以戊辰仲夏覿於山陰精舍於時方牧追右軍許邁之期下走作壺邱禦寇之遇亦既合契於焉飽和百骸自理滓濁如洗先是師藏道書於卞山之下留止未幾忽乎將行不受一毫之施且輕千里之別有以見無待之情矣予欲脫形神於鞅絆蹈方外之逸軌有志未就心馬火馳命養空而游相從於赤水之上師乎師乎斯言不苟也夫

送韋十六進士及第後東歸序

益都有司馬揚王遺風生嘗薄游西南覽其江山頗奮文辭歎蜀解嘲四子講德之式及夫秀士升貢有司處之以上第時輩歸之以高名飄飄然有排大風摩青天之勢今歲後四月謝諸朋游輕騎東出且以五綵之服拜慶於庭闈榮哉孝乎是往也予嘗與生爲五湖之游矣今則繫在柱下不能奮飛送歸如何爲媿爲羨大雅云敬慎威儀以近有德蓋雖有離瘝不如此詩輟而爲好以志少別

送元錫赴舉序

自三閭大夫作九歌於是有激楚之詞流於後世其音清越其氣淒厲吾友君貺者實能誦遺編吟逸韻所作詩歌楚風在焉初元之明年予與君貺兄洪俱參淮南軍事屬河外塵起羽書狎至每沈迷簿領之際一見夫人清揚則煩襟洗如也又常愛其人也澹然其靜也曠然其適也泛

然其無不與也且從賓薦之禮以赴揚名之期又見其志也秋氣云暮蕪城草衰亭皋一望烽戍滿目邊馬數聲心驚不已感離別於茲辰限鄉關於遠道孰曰有情而不歎息傷時臨歧者得無詩乎

維摩經畧疏序

聖非道不生道非教不明教非人不行是三者相依而住道有大小權實故淨名以在家成化人有聖賢淺深故智者以初依啟法然後因言遣言即象忘象俾後學有以得正真之終始遊道義之門戶祖而述之存乎其人天台上

人比邱然公纂智者之法裔探毗耶之妙賾一貫文字之學會歸解脫之淵以爲昔智者大師之演是經也備偏圓頓漸之義盡方等生蘇之體其旨遠其道微微言在茲茲用不惑故常外闡其訓內澄其照凡百學者望崖而歸嘗謂門弟子曰祖師所述其道甚著而嗜簡者或病其繁習精者則遺其麤吾欲因而就之以伸其教刪而裁之以存其要何如弟子比邱衆作禮以請公於是削其浮辭合爲十軸不失舊則其義惟明與前部偕行號爲淨名畧疏原夫聖人有以見生生根器之不齊也故用四教五味經而緯之有以見萬法弛張之不殊也故用一道一乘會而成之然則聖人隨感以利物故其數不得不差賢哲因感以立誠故其業不得不傳觀其所感則毗耶之與天台杜口之與立言雖階位不同廣畧異宜至於赴機施化其揆一也肅嘗受經於公門遊道於義學雖鑽仰莫能而嗟歎不足故序其述作之所以然著乎辭疏成之歲歲在甲辰吾師自晉陵歸於佛龕之夏也

陪獨孤常州觀講論語序

晉陵守河南獨孤公以德行文學爲政一年儒術大行與

洙泗同風公以爲使民悅以從教莫先乎講習括五經英華使夫子微言不絕莫備乎論語於是俾儒者陳生以魯論二十篇於郡學之中率先講授乃季冬月朔公既視政與二三賓客躬往觀焉已而公遂言曰昔文翁用儒變蜀蜀至於魯當大歷初元新被兵饉之苦今御史大夫贊皇李公爲是邦愍學道圮闕開此庠序自後孝秀並興與計偕者歲數十人子衿之詩起而復廢鄉飲酒之禮廢而復興至於今風俗遂歎美矣哉仁人之化也摳衣之徒承其波流得不勉歟既誨而厲之又悅以動之朱輪遲遲逮暮

而歸士有獲在左右覩公之施教退謂人曰夫四時繼氣而成物仁賢繼功而成化是學校也非贊皇不啟非我公不大鼓之以經書潤之以仁義君子得之以修詞立誠小人仰之以遷善遠罪決決乎不知所以然以致夫政和而人泰舊史記前召後杜而南陽移風民到於今稱之矧贊皇植學之本與我公道之以德德則有成而未播於敘述後人謂之何哉鄙不佞謹紀公之雅訓或傳諸好事者云爾

導引圖序

氣之貫萬物也盛矣本乎天者資之以生本乎地者資之以成古之善爲道者知氣之在人不利則鬱鬱則傷性伐其命而不可援也於是乎張而翕之導而引之熊經鳥伸吐故納新使流於六藏暢於四支浹於肌膚之會固其筋骸之束然後百病不生耳目聰明可以保神可以盡年和之至也故岐伯得之爲軒轅師廣成子得之千二百歲而身不衰彭祖得之上及有虞下及五霸後學得之隱名山而遊人間壽考者不可詳而紀矣原其所出皆以岐伯爲祖有浮山隱居朱少陽者得其術於黃帝外書又加以元化五禽之說乃志其善者演而圖之被以章目凡三篇究其所由蓋久視之門戶樞之善喻者也少陽年涉期頤神氣轉壯每至虛空之中自試此法或屈或伸或盤或旋或迴互翕闢終日不倦每振寂郵肯綮之際必砉然嚮然用力甚微而合於桑林之舞此又技之甚尤異者也暇日以所述示予予喜而序之以寘篇首俾博覽者以知還年之一路道者之雅戲云

觀石山人彈琴序

天寶中言雅樂者稱馬氏琴石侯嘗得其門而入矣故其

曲高其聲全余嘗觀其操縵味夫節奏和而不流淡而不厭稟其感人而忘夫佚志已而謂余曰鄙夫徒能彈之而至和樂獨善其身足使情反乎性吾聞其語矣未辨其方也敢問何爲而臻哉古之聰明睿智其能爲乎余愀然曰善乎夫子之問是道也吾嘗聞諸師矣夫人生無其節則亂故聖人道之天和作樂以救之於是乎有五絃之琴以暢五音以協五行以宣五常以紀五事後世聖人以爲五絃備其本而未行其變變而裁之莫先乎文武之用於是究夫剛柔復益其絃者非他也文武之道也亦猶八卦既

列復因而重之然後既可以動天地而鼓萬物盡變化而感鬼神極聖人之能事反百慮於一致此琴之以爲貴也故虞帝以之乃歌南風禹湯以之而作夏護周文武以之萬邦協和卜代三十成康以之刑措不用仲尼以之見文王之象而樂正雅頌各得其所若琴道不行則君子之道消而王澤不下故殷紂失之而棄河海幽厲失之而周道中絕晉悼失之師曠一彈而國大旱琴之興廢與理亂相並夫備殷薦以配祖考肅相庶幾神降則不可廢於郊廟矣若夫和平其志氣暢達於動用使邪物不接則不可廢

於律度矣故自有國有家下逮於庶人莫不尤重焉君子所居於是有左琴右書士無故不徹蓋謂是也周穆載雲和空桑龍門之琴禹貢嶧陽之桐以爲之歷代善琴之士與幽蘭白雪之號則吾子其自知已夫何言哉問曰若如所云則今之爲琴者多矣君子之風何其未扇歟對曰琴樂之雅者也雅者正也正者謂能宣正其聲而行正道今夫鄭衛之移人久矣其人或正則其位未大其位未大故正聲未被君子風薄不其然乎夫雅樂之所貴者豈取清商流徵不失度曲而已彼各有所起也言畢石君善之俾予紀其辭遂號爲序云

欽定全唐文卷五百十九

梁肅三

河南府倉曹參軍廳壁記

倉曹掾祿秩位次載於甲令在漢魏閒與參軍事其職各異五府州及郡皆有其官北齊天保中又授參軍以繫官曹之號蓋取夫以文吏而參武事隋由之國家亦因之河南府領二十六縣爲主東郡環地千里邦畿之內征賦之入凡蓄聚之物皆於其司一郡之移用郡吏之稍食又出焉故其務殷其事積常爲他曹劇居之者不勤則廢不廉

則敗不明則耗斁干沒之患生其職或擢登南宮及御史府故有司常綜其名實考其功績然後授之伊陽張君閱鄉李君令並爲其官李以貞固稱張用文敏著予謂命官之職事與二掾之才美不可以不紀遂直筆書之其兩曹位次與前政名氏端如貫珠列於記之左右

吳縣令廳壁記

在春秋時列國各有屬邑其主者魯謂之宰楚謂之尹晉謂之大夫秦時天下始置令長宅一同之內操賞罰之柄有民人焉有社稷焉風俗成敗本乎身黎元安否繫乎政其體大矣自京口南被於淛河望縣十數而吳爲大國家當上元之際中夏多難衣冠南避寓於茲土參編戶之一由是人俗舛雜號爲難治加以州將有握兵按部之重邑居當水陸交馳之會承上撫下之勤征賦郵傳之繁百倍他縣夥乎其中不可勝紀大歷十一年天官精選可以長民者於是范陽盧公由太原府祁縣令爲之公外寬內明敬事而信政本於仁飾身以文下車三年闔境之人安土樂義而不知安樂之所從來蓋平之以和也士君子立身論道之通塞不論位之升降吳縣下畿服一等公俯而爲

之抑選部爲官擇人而公履道從政所由然也予知公者敢錄其實書於東序以播其令聞時十四年二月甲子翰林學士梁肅記

鄭縣尉廳壁記

自華而東東距洛師抗雄都臨大道其縣有七若壤接天府號因舊國鄭爲之首又斜瞻其六焉天官每銓士補吏常屬意於此三科之選其人尤精比畿服之偏者難易相隔不啻數等其地望可知也元年春先正之後賢侯才子曰蘭陵蕭侹以貞敏恪愼再命爲尉掌倉曹出納與工德

修飾之事事舉職修而令名隨之暇日謂予曰是邑之作非舊也初在於州東北隅廣德中以賊臣周智光以河潼叛放暴兵爇官寺且脇誘將吏生立巳祠而棟宇斯崇及王師致誅牧民者從便宜而重改作乃刷滅凶慝之遺塵徙而治焉是廳蓋祠之餘也嘻曩者憑而爲妖今乃卽而爲政合於大順用鑒將來是宜書之以告昧者予於是著之屋壁且以紀夫人之美若風俗疆土與置邑之年代分於尉今監察御史黎逢嘗編爲鄭志藏在州府中可覆視也故不書時御史中丞董公爲邦之三載秋九月安定梁

肅記

通愛敬陂水門記

歲在戊辰揚州牧杜公命新作西門所以通水庸致人利也冬十有二月土木之工告畢從事徵其始請刻石以爲記云書載濬畎澮距川傳稱爲川者決之使導然道與政損益政舉則道舉政汙則道汙汙則革革則久賢哲之治也當開元以前京江岸於揚子海潮內於邗溝過茱萸灣北至邵伯堰湯湯渙渙無隘滯之患其後江派南徙波不及遠河流浸惡日淤月塡若歲不雨則鞠爲泥塗舟檝陸沈困於牛車積臭含敗人中其氣爲疾爲瘵長民者時與人徒以事開鑿旣費累鉅萬或妨奪農功殫財竭力隨導隨塞人不寬息物不滋殖百有餘年矣貞元初公由秋官之貳出鎭茲土旣下車乃驗圖考地謀新革故相川原度水勢自江都而西循蜀岡之右得其浸曰句城湖又得其浸曰愛敬陂方圓百里支輔四集盈而不流決而可注圖以上聞帝用嘉允乃召工徒修利舊防節以斗門釃爲長源直截城隅以灌河渠水無羨溢道不回遠於是變濁爲清激淺爲深潔淸瀠澄可灌可鑒然後漕輓以興商旅以

通自北自南泰然歡康其夾隄之田旱暵得其溉霖潦得其歸化磽薄爲膏腴者不知幾千萬畝野人誦曰膴膴原田自今以始歲其豐年都人誦曰沔彼流水我邦是紀鍾美不知嚮非我公有先物之知移俗之才則曷能運可大之謀蠲累世之弊繇旬朔之勞致無疆之逸宜乎人之永歎也如此按陂塘本魏廣陵守陳登所設時人愛其功而敬其事故以名之謝文靜成堰又以召公之德爲稱有魏以還五百餘載不朽之績及公而三皆在斯邦不其盛歟水門之作將以重成功示長利非登臨游宴之爲噫後之

人抑可以知

崑山縣學記

學之制與政損益政舉則道舉道汙則政汙崑山吳東鄙之縣先是縣有文宣王廟廟堂之後有學室中年兵饑薦臻堂宇大壞方郡縣多故未遑繕完其後長民者或因而葺之以民尚未泰故講習之事設而不備大歷九年太原王綱以大理司直兼縣令既而釋奠於廟退而歎曰夫化民成俗以學爲本是而不崇何政之爲乃諭三老主吏整序民飾班事大啟宇於廟垣之右聚五經於其間以邑人

沈嗣宗躬履經學俾爲博士於是遐邇學徒或童或冠不召而至如歸市焉公聽治之暇則往數大猷以聳之博考明德以翼之優而柔之使自求之揭而厲之使自趨之故民見德而興行行於鄉黨洽於四境父篤其子兄勉其弟其不被儒服而行莫不恥焉僉曰公之設教繑其末不墮其本易其俗不失其宜也傳曰本立而道生昔崔瑗有南陽文學志王粲有荆州文學志皆表儒訓以著不朽遂繼其流爲縣學記俾來者知我邑經藝文教之所以興是歲龍集乙卯公爲縣之明年也

常州建安寺止觀院記

沙門釋法禺啟精舍於建安寺西北隅與比邱衆勸請天台湛然大師轉法輪於其間尊天台之道以導後學故署其堂曰止觀初南嶽祖師受於惠文禪師以授智者大師於是乎有止觀法門大旨止謂之定觀謂之慧演是二德攝持萬行自凡夫妄想訖諸佛智地以羿經微言括其源流正其所歸圓解然後能圓修圓修然後能圓證此其略也自智者五葉傳至今大師當像法之中誕敷其教使在家之徒撥邪反正如大雲降雨無草木不潤升其堂者甚

衆其後進入室不十數人法禺與居一焉予以爲法門有三觀遂徵之此堂蓋非緣不成空也有之以爲利假也不廣不狹不奢不陋中也又以淨名之喻宮室謂於虛空然後不能成隨其心淨則一切境淨作一物而觀者獲數善焉又況我大師居之爲斯人之庇乎小子忝游師門故不敢不志時大歷九年冬十一月日記

李晉陵茅亭記

趙郡李充一作政仲山大歷中由祕書郎爲晉陵令思所以退食修政思所以端己崇儉乃作茅亭於正寢之北偏功

甚易制甚朴大足以布函丈之席稅履而躋賓位者適容數人則仲山約身臨人顓固簡一之道可知矣解龜後繼其任凡六七人每居於斯必稱作者之美而仲山安貧養性寓於舊邑者十有二年方牧知之又徵而攝焉仲山清德之嗣孝於家勤於官其攝也念前之非久政之未成也乃必躬必親必誠必信慎思不懈而眾務咸敘未有及者必訪問咨度擇善而從之則其治足徵也君子謂仲山居處恭執事敬出入一紀再臨斯人有以見位不茍進仕不茍行大來必俟時於是乎始矣予曩睹亭之起今又觀進

德之美輒直筆志之謂之晉陵茅亭記時貞元元年夏五月記

京兆府司錄西廳盧氏世官記

御史中執法范陽盧公用直清之德掌中邦憲恭睦之道用宏家法嘗謂其屬監察御史梁肅曰我王父廣陽公以明德懿識嚮用休福羽儀於中朝我伯父嗣公以文學政事載揚茂烈光績於前人皆肇久史職發於京兆紀綱之任洎予之季曰佖亦能恪慎不懈踐脩其官繼處於廨之右堂惟二代徽在茲佖也允迪在茲吾子嘗號史臣宜存於篇以示後裔肅辭不得命以為在昔司馬氏世序天地鄭武莊世為卿士宋魚氏之左師晉籍父之司典下洎乎樂之制氏歷之疇人俱以傳業彰乎舊史故傳稱善守先代雅詠維其有之雖大細不倫職事或異其纂修一也惟京之大惟兆之眾天子之都四方之極糾而轄之是稱司錄其地劇其選精常與殿中蘭臺南宮郎位旋相出入初廣陽公諱齊卿由司倉掾為之驟登郎官吏貳本府布澤於彭滑幽徐之人端護春宮崇贈少保開元初嗣公諱成務罷錄岐下軍事實居其任其後作牧於壽於杭於濮於

洺於魏繼受元社以處太原咸有嘉績藏在冊府今戶部郎佖始遠哲昆聯事之嫌詔解桂後惠文以就斯職中丞之拜也又有臺府臨察之避在官之屬其為人簡而廉文而不害在選部辨論三登試言第考茲任也詳敏稱一時之最薦紳先生評天下之事謂如廣陽之家風施於子孫中丞之仁德至於兄弟斯盡美矣若三世居一官同一署遞以全德揚於當時又難能也噫古人所稱方斯其類乎爾小子拜命著紀書於本廳之東序用闡夫廣陽之宗且為名臣世官之表時貞元庚午閏四月梁肅記

鹽池記

黃河自崑崙山東會溟漲九折迴互鹽泉各一儒者書以爲海目則郇瑕氏之地瀆流其長覩乎北浴陵阜南瀕山麓湛湛烟碧浩無春冬蒸騰雲霓出入日月亦云廣矣雖吞驗垌隧代增淳鹵而利倍農穡有殷家邦貿惟從山湧不加海交兩都之軌逵延萬賈之資貨是人不厭也當武后聖政務述省方鳴鑾載臨流潦旋敗洎皇明道發澤漸殊垠天之既欲鹽乃旋復非夫蟠蚪神應坤次靈孕亦曷能雄昬明籌負勝矣帝所宜念貴然來思分天牧以莅擇藩佐而貳賢能鮮墜於事則其允字通開闔扼拓磯之左隅鄰大邑之東部崇府庫歲望乎儲蓄樞管鍵夕候乎閉藏茲乃慮終於始也邦貴康食戒之克勤人非忘勞道在悅使大命日下巡功歲移廣岸砥平而可礪修畦綺分以如織是時也春先奪炎氣興洪溝浚白波騰或濇或汩以泙以瀰狀雲洩而雨駭或花明而雪凝京坻蘊崇豆區嘉量隸户徵算鹽人揭書民無不供先薄稅以從賦君孰與足遠黎庶而必分固非擅權利貴貨易土登陸而雷轉流日驟水而雲艫擊星律有變給用無絕傳曰山澤林鹽國之寶也茲其是焉若周物揆情易人推類施之求報大道之元德也明則啟祚聖人之知變也降人納汙明君之藏垢也羹餗調膳賢人之入用也包四美而世濟資百工而國貞將以樹善永年非石無以紀垂裕裔胄非文無以揚則我晉寶達於萬方也

神仙傳論

予嘗覽葛洪所記以爲神仙之道昭昭焉足徵已試論之曰夫人之生與萬物同彼由妄而生由生而死生死相沿未始有極聖人知其本虛也其體無也示以大道俾性其

情無妄而反諸本焉反本則不生不生則不死然後能周游太虛出入萬變朝爲羲農暮爲堯舜或存而亡或亡而存天地莫能覆而載也陰陽莫能陶而蒸也寂然不見其眹曭乎不識其門是之謂至神至神也者視天地四海若毫末而已萬古之前億載之後若一息而已列禦寇謂不生者能生不化者能化蓋謂彼也不性其情者則不然其用有際其動有待存亡相制倚伏相繫其道有數數窮則壞故列禦寇謂生者不能不死死者不能不化蓋謂此也彼仙人之徒方竊竊然化金以爲丹鍊氣以存身覬千百

年居於六合之內是類龜鶴大椿愈長且久不足尚也噫後之人迭為所惑不思老氏損之之義顏子不遠之復乃馳其智用以符籙藥術為務而妄於靈臺之中有所念慮其末也謂齒髮不變疾病不作以之為功而交戰於夭壽之域號為道流不亦大哀乎按神仙傳凡一百九十人予所尚者唯柱史廣成二人而已餘皆生死之徒也因而論之以自警云

涅槃經疏釋文

予聞先覺云大寶流輝之不變曰常在宥布和之盛典曰

教率土知化之歸宗曰行交感人心之至極曰證然則以道行御其時以法性合其運當應物之際與顯晦同其光恢揚至化自他昭著者實播厥鴻名欽恭文思協和至極四德克彰者實存乎妙體格變羣家歷觀諸行至典克修庶績有成者實賴乎本宗信以授人大明宗極厥旨厥幾有補於將來者實存乎妙用綜博羣元以立成訓風行十方率用歸順者實存乎妙教矣

三如來畫像讚 并序

法王之身有三曰法曰報曰應報身從無邊功德生應身從無邊眾生生法身從如如無有生分別說三其極一貫原夫大道之體離一切相是其本也積大德施大慧合大道成大身是其報也出入十界隨所利見如水月鏡像是其應也自因至果故不得不有其報療一切病故不得不行其應應亦名也報亦名也名乎哉其實相之實乎經云觀身實相觀佛亦然嘗試思之以為眾生蓋反佛者也是三相在佛為三德在凡為三障一者生死生死即空寂空寂即法身也二者煩惱煩惱即智慧智慧即報身也三者結業結業即解脫解脫即應身也三德成於悟三障成於

迷迷而不復也遂自絕於佛乘哀哉予嘗齋心命工裂素作繪聖德之形容可舉目而見見而後思思而後知至知至之路蓋由是矣瞻仰之不足遂為之讚庶觀者有以知三如來不在心外不可以有無心取讚曰

大哉法體體如虛空不始不終不垢不淨不邊不中是謂涅槃是謂法身諸佛性海是無上正真 右讚毘盧遮那佛

妙哉報體體法而大由清淨功得色無礙得色無礙成實智慧範圍法界盡未來際 右讚盧舍那佛

神哉化功其化無方休有烈光以百億色身播百億國土

啓權顯實或默或語示我寂滅雙林之下右讚釋迦牟尼佛

三聖一身本無有異恒沙諸佛其道一致衆生唯妄覺妄斯至懸象著明用鑒心地右總讚

金剛般若波羅密經石幢讚幷序

二十五有之內根塵相磨生滅相蕩斡流旋轉往復無際如來憫之於是開智慧門示諸法如義俾夫卽動而寂卽寂而照假文字以筌意一色空而觀妙然離一切相得無住心二乘遠而不見十住見而不辨如是信解乎難哉隴西李氏先夫人常州刺史獨孤公之伯姊也聖善之德自

天而植不捨母訓受持是經內涵道機外順化物十一年八月卽世於晉陵郡舍公茹尚右之痛追無作之福纘微言於金石庶幽贊乎妙報噫傾沙界以施而施有窮等山王之大而大有終唯金剛空印永不壞滅蓋夫人福慧之所以臻也於是乎讚

脫三解軛入一相地資惠力兮追琢道妙爲佑與道實懿德兮石可轉而字有磷福不極兮

藥師琉璃光如來畫像讚幷序

聖之道無形無名形以感著名以功立蓋物有病於妄我則喻其醫物有滯於闇我則照其光其形無方有感必應神哉仁哉惟唐代宗孝武皇帝之甥某邑長公主之子曰蘭陵蕭位稟靈天潢承訓家範其性孝其氣醇大歷中丁先人銀青光祿大夫光祿卿贈汝州刺史府君之憂自反哭至於大祥哀敬之禮動無違者長公主戒之曰欲報之德豈止於斯乎歸誠上仁可以徼福爾其志之位於是泣遵德命爰用作繪八十之物十二之願赫然如見其全身肅然如聞其音聲自外入者或疑亂怖投體膜拜而不知其粉繪也噫昔人有一至之性或通於神祇以致福慶矧

夫孝子之哀思大聖之元運幽讚之力可思量哉安定梁肅悅聞其風乃爲讚曰

披聖籍兮覽元功赫神光兮被無窮勿用藥兮醫之王感斯應兮萬福彰系於梁兮出於唐藹純孝兮思不忘紳大象兮景焜煌洞冥冥兮福穰穰

繡觀世音菩薩像讚幷序

蓮華經普門品載菩薩盛德大業詳矣蓋變動不測之謂神窮理盡性之謂聖慈悲廣運之謂力三者一貫是爲妙覺功不並化尊無二上故佛爲法王我爲素臣或擬諸形

容稱其名號資不匱之力報罔極之恩誰其爲之有齊孝女初尚書吏部郎趙郡李公第六女歸於博陵崔綽大歷初居公憂泣血無聲至於大祥既而思求冥祐徼福上聖鍼縷之閒成就莊嚴其用心也至矣乎公之立行立言天下所推焉存爲人範沒無鬼責前際之勝因不可度已此功德也蓋以展蓼莪者蒸蒸之心崔氏之子以肅嘗獲升公堂以讚述見託痛梁木之壞慟懷思之烈故像設之所敢著乎辭讚曰

菩薩之德相炳而慈憑身以儀之女也孝思不可方思冀冥福於斯欲報之德斯焉取斯

地藏菩薩讚 幷序

菩薩以大慈運大願宏大道濟大苦俾三界之閒利見大人如大地之無不持載故號曰地藏有祕書少監兼侍御史李公之甥太原王氏之第某女頃遭先夫人棄敬養拊擗以蹔於小祥或曰此孝也匪報也以報爲功則惟地藏乎乃手鍼縷之事黼而黻之則而像之煥乎有成毫相畢觀者然後知聖善之內訓淑女之孝思至矣哉是可以錫爾類也祕書向子道之且命讚曰

皇矣上仁乃聖乃神厥功備兮有女伊棘孝思罔極厥成至兮聖儀彰之景福將之無有既兮

藥師琉璃光如來繡像讚 幷序

得妙道者聖之大感罔極者孝之至孝有欲報之志聖有善應之功神其願運其力故悲智行焉發乎心彰乎事故像設作焉誰其爲之有齊孝婦孝婦姓某氏前新城令柳誠之室也先是居皇姑豆盧氏夫人憂自卒哭及期呼天之聲不絕自期至於大祥追福之功不息乃誦金偈乃瞻粹容爰用五綵以成大像莊嚴相好昭焯煥爛凜乎若拔

毫光而演善願啟清眞而屏濁亂至矣夫乃爲讚曰

光彼千界赫琉璃兮勿藥之師號大醫兮不形之形妙相具兮窈冥希夷元功著兮孝婦之烈心不渝兮章施五彩福皇姑兮

壁畫三像讚 幷序

貞元元年冬十月會稽龍興寺釋法忍與門弟子道俗衣冠之衆以五綵色寫釋迦如來像於所居之宇吉祥天女像在左多聞天王像在右德容威神煥赫熙怡爲佛股肱作人依歸至矣哉聖人無形以萬利見爲形形生功功生

名是像元德存乎前經二上人以予嘗探微言之所緣起資爲之讚以示昧者云

上聖有作體神立德天人遵兮我示妙法清我濁劫示存存兮日月歸依是威是儀破羣昏兮巍乎北王休有烈光護下土兮俾爾含識躋彼樂域萬物睹兮金甲雄姿示威宣慈我何恕兮唯聖所起吉祥止止天德至兮粤惟首出佐佑於佛成大事兮高明婉柔願與道游滋景福兮息達本二沙門有則知此聖言圖此妙相示後昆兮實以善利與元元兮

千手千眼觀世音菩薩像讚

不形之形無形神人之形也當法王御世有元聖曰觀音以感通之妙用運溥博之宏應協讚無上弼成元功神行無方形亦不變傳此像設施於羣生此其至矣夫彼聾盲者方駭其手目之多以致恢詭之誚隨諸毀墮無升濟期可不爲大哀乎故壽王府士曹參軍韋侯修身以仁處順而化夫人京兆杜氏既孀始虞哀且顧禮追惟冥祐爲素爲繢相近而理遠誠著而感深易稱神而明之詩云聿懷多福盡在是矣讚曰

良人下世杳冥冥兮配德追遠心不寧兮裂素表聖爲丹青兮昭赫絲繪光儀形兮祐彼君子歸福庭兮

大羅天尊畫像讚并序

維唐肅宗文明武德大聖大宣孝皇帝以大功平大難以大孝纂大業少康匡復下武繼文丕丕崇崇千古同德亦既厭代去而上僊衣冠留於喬岳曜魄歸乎太極惟夏四月十有八日實遺弓之辰皇上追聖祖之烈光申孝孫之永慕載揚至道之蹟用宏上清之福爰詔國工以是日畫大羅天尊像一軀混成眞精揮倬神化包裹六極覆露九

皇巍乎道主之德相既明至哉聖人之孝思可見小臣肅拜手受詔爲之讚云

至陽之原無窮之門大羅之界象帝之尊文明武德有赫孝宣道光乾元人畏軒轅翼翼睿宗嗣武統天或圖尊容追孝前文肅拜稽首臣敢颺言惟此功德載煥載元既祐聖神介福無邊亦祐我后壽考萬年

藥師琉璃光如來畫像讚并序

於戲孚人不可得而見之矣所可見者像設而已藥師者大醫之號琉璃者大明之道所以洗蕩八苦振燭六幽巍

乎其有功復歸於無物蓋其賾也皇帝德女唐安公主委化歸眞之辰先是命國工繢佛像爰設妙色載揚耿光以追福祥以迪幽贊祐我貴主達於眞乘至哉聖人之慈也小臣某拜手稽首而作偈言

藥師妙法王光被於十方惟皇大聖主文命敷下土二聖合元德廣運慈悲力莊嚴成儀形延福於女英女英受茲福亦以流萬族

繡西方像讚并序

道無方所以法不垢不淨聖人有以見羣生大迷也乃方

以聚之淨以極之應形主之列聖輔之俾夫感而通通而應應而不窮其慈善之功乎皇朝故中書舍人贈華州刺史吳郡朱君夫人扶風馬氏以淑行爲宗姻之表明識通出世之道洎居華州之喪晝哭哀慕動爲律度既而曰予聞妙覺之用無幽不燭宜憑上善以福吾夫迺用五采章施五色發揮德容及二聖輔煥乎有見聖人之妙相與夫人之至誠希夷之中協用休福於是乎在矣肅嘗以文墨從華州之游爰美成功或感斯慟讚曰

兌方有國兮至聖居之乃示淨妙兮振此羣疑美蓮月兮煥金色色相永思兮不可得夫人洞此幽贊力佑我往哲福無極人既往道斯存掌王綸汲州尊體有美德貽後昆誕躋妙域參聖神誰謂至道默昏昏

釋迦牟尼如來像讚

讚曰法王崩於竺乾露寢二千歲矣有像設糟粕留示後世上士得之超詣實際其次奉之爲祐爲道爲津爲梁應之遲速視感之深淺觀其所感聖人之情可見矣杜陵韋鮑君游信道之士也建中興元際君游丁先夫人憂孝純誠至哀感亦至矣謂至道杳冥在擬議之外聖人形容居

瞻仰之內有慈力可以追孝有宏願可以祐神我儀圖之或讚休福於是合用綵繡煥焉發輝天光照臨睟容肅穆有二元聖爲翼（謂左右二菩薩）以夫人母德昭闡君游孝思不怠雖欲無利功德能仁其肯捨諸噫夫孝子之志聞一毫之福可以及親者則竭力而奉之矧夫教行於夷夏理貫於幽明而無良之徒坐生異論以蕞爾愚管之所不及擬然世籍之所不書乃尤其先人謂作福無益抑犬豕之類爾何人倫足稱予既美君游之孝因而志之俾不肖者企及云爾

四皓贊

道可佐皇而隘於帝治是以崆峒箕山之長揖於軒堯也德宜輔王而偶生霸世則四皓之所以晦明於漢氏也噫周道絕而王澤涸秦短世而漢雜興六合披攘兵不暇戢則四公軒軒然鴻飛於冥時也天下大寶一人攸繫苟茂嫡崇庶則亂是用長而公儴然俯定儲后權也處則以時出則以權時以全己之道權以安天下之器得非知幾者歟易謂知幾其神乎四公體之故曰時合道合時塞道塞生非其時與道消息四公之謂歟贊曰

秦失其鹿豪傑並逐鸞鳳何依白雲深谷英英南山采采紫芝漢以劒起吾誰與歸棲心化元澹泊無爲禮物雖至先生默而惟彼貞石確不可轉儲皇不安我德用顯大君是驚惠位是寧四公屈身天下和平弋者何思鴻飛冥冥

梁肅四

兵箴

皇道無名帝始有征故效天殺作爲五兵曰王及霸功濟天下威實助德伐乃除禍逐鹿於原戰龍在野大寶斃魔非兵孰可動如決河靜踰滅火蒼蒼萬姓懸命在我所行者師所統者德功本乎義不本乎力順之曰聖逆之曰賊成敗存亡鮮不是則衆不足恃勝不足保武王一戎奄有九有紂之百克其卒無後故長民者無曰我強莫予敢亢

壽邑百萬覆乎昆陽無曰我大莫予敢制陳吳攘袂嬴氏大潰武不可黷黷則必窮兵不可廢廢則終凶故曰天下雖平忘戰則危不教民戰是謂棄之齊桓矜衆九國以離徐偃仁義本邦亦隳傳美止戈易稱以律古之睿智神武不殺治亂之機繫於杪忽壯直且順孰云我遏旅臣司箴敢告執鉞

心印銘

浩浩羣生或動或靜或幽或明旁魄六合運用五行莫不因心而寓其形波流火馳出入如機如環無端莫知其歸

或細不可視或大不可圍日月至明或以爲昏秋毫至微或以爲繁或囊包天地或渴飲四海舒卷變化惟心所在天壽得喪惟心所宰心遷境遷心曠境曠物無定心心無定象明則有天人幽則有鬼神苦樂相紛如絲之棼有無云云不可勝言抑末也已本則不然惟本之爲體寂兮浩兮不可道兮顯矣默矣不可測矣統萬有於纖芥視億載於屈指外而不入內而不出不闔不闢不虛不實無感不應無應不神在天而天在人而人常存而未始或存常昏而未嘗或昏豈惟我然蓋無物不然豈惟我得蓋無物不

得混而爲一莫覩其極故曰心生法生心滅法滅離一切相則名諸佛

磻溪銘 幷序

陰陽和而萬物生聖賢合而天下平和者時也合者運也在昔堯舜合禹抑洪水而天下平者四百年湯合伊尹革桀驁而天下平者六百年文武合太公一戎衣而天下平者八百年與夫風雨寒暑五行四時佐天生物一也天之數不可以不變時則有懷山襄陵浩浩滔天之災君之運不可以不極時則有作威殺戮毒痛四海之變變則通時則有四載之庸極則反時則有放伐之功於戲惟尚父鍾其運而遇其主躡其機而作其合者歟於後伯陽不顯仲尼旅人其不合者歟故曰君子得其時則大行不得其時則龍蟠也嘉尚父之動靜不失其時作磻溪銘曰

至人無心與道出處處則土木出則雷雨惟殷道絕粤有尚父爰宅於幽盤桓草莽天地闔闢陰陽運行明極而昏昏極而明遇主水濱謨泰八紘牧野桓桓一麾而平惟彼日月得天而光惟彼聖賢得時而彰獨夫昏迷我乃豹藏文武作周我乃鷹揚故曰大道無體大人無方運用變通

至虛而常作銘磻溪今古茫茫

圯橋石表銘 幷序

臨淮之下邳有古圯橋蓋漢少傅留文成侯張良受神人黃石公兵書之地初留侯醜秦高帝在豐龍虎不起風雲未會黃石公知天衢欲平否極必傾秦之亡而漢之昌故先以興亡之符而授留侯且曰孺子可教後得濟北黃石其我也故以號云夫受命之君與佐命之臣將欲敘天道定人倫則必幽贊明神協成大勳在黃帝氏方平蚩尤時乃元女啟符風后行誅然後迎日推筴天下大治在帝堯

方被水害時乃洛出九疇禹成九功然後萬國底寧黎民時雍在漢祖方征秦項時乃黃石授兵留侯演成然後紲嬰軹道斬羽垓下自昔元圖元命著在篆籀皆片言隱辭無益帝載惟此三后感及神書文章昭明大業用興易稱人謀鬼謀百姓與能又曰神道設敎而天下服蓋謂是矣凡志不定則事不成謀不從則業不廣留侯不遭黃石無以定其志高祖不獲留侯無以廣其業人神參并漢道乃行不然何通降聖賢君臣遇合上得天統中爲帝師如此其盛也大歷七年予旅遊次墮履之地於是鑽石勒銘揚

於邳圻庶恃力違天徼功妄作之輩於以敬戒之爾銘曰陰陽之精不測曰神厥有黃石假形爲人告謨留侯夷項滅秦跡寄穀城精還氤氳惟帝軒后肇興兵謀元女降符實平蚩尤爰洎陶唐洪水橫流天乃錫禹洪範九疇亂秦紛如帝在草茅赫矣黃石亦命留侯丕顯有唐紹漢絕風革暴承天與軒比崇亦有反常貪亂圖功人神莫從動罔弗凶有開必先惟德乃同宜究玆道順於家邦作爲紀銘永鑒無窮

祇園寺淨土院志

祇園精舍淨土院者沙門常輝觀佛三昧之所也按契經西方極樂界曰有佛無量壽如來誕敷本願爰宅彼土垂拱東向以提羣生如想念者利有攸往往而至者住不退地至矣哉蓋出世之康衢三乘之舟楫也原夫眞俗同體聖凡一貫隨心升降見境差別於是深靜相形依正相成離爲百界合成一念如來以其然也故因其所習視其所安隨所感化示所依處無量壽國蓋所示之一數有若觀心佛不二者不來不往誰縛誰解如是觀者生之上也如是信解觀念漸純生之次也繫緣從事厭染懷淨又其次

也或近或遠或眞或假値佛聞法同歸一地此西方敎所以爲至也或者以爲法有相空不可得生彼界者與斯土何以異是不知佛意遠矣輝既修此道場懼昧者不知所以然因命我紀之

漢高士嚴君釣臺碑

先生諱光字子陵會稽餘姚人也名闡於漢光武之世東觀書實載其事當哀平之後天地既閉先生韜其光隱而不見建武反正雲雷既定先生全其道而不屈消息治亂之際卷舒夷曠之域如雲出於山游於天復歸於無聞不

可得而累也則激清風聳高節以遺後世先生之道可見於是矣或曰人倫大統莫大乎君臣崇德致用莫盛乎富貴而子陵以賤爲貴以臣傲君二者其失於教歟君子曰不然夫賢哲之道一動一靜動而用者功濟乎當世靜而不用者化光於無窮故許由於堯先生於漢皆不易乎世游方之外俾後之人聞清風而嚮慕焉蓋運有會事有行伊呂遇湯武而立大功子陵遇世祖而立大名去就不同同歸乎道焉歲在大梁予涉江自富春而南訪先生遺塵則釣臺尚存仰聆德風刻頌於石其文曰

季葉浩浩澆風蕩淳先生括囊鳥獸同羣四海既平故人爲君富貴於我有如浮雲召至禁中告歸江濆下視天子上動星文接輿肆狂孤竹求仁介推山死龔勝蘭焚猗歟先生異乎斯人俯仰世道從容屈伸清溪悠悠白石磷磷遺風是仰終古不泯

梁高士碣

有漢高士梁君諱鴻字伯鸞扶風人君得天元純誕其生知囊括道妙而游於世遭漢微闕澆風偃物君以爲道不可徇時故安節以高蹈高蹈不可以激俗故登邙以作歌作歌不可以遺患故適越以遐遯遐遯不可以不粒故寄食於杵臼是以孟氏悅其道而妻之伯通尚其風而禮之安夫大而遺其細忽夫語而順乎默樂則行之憂則違之斯可謂高世之遺民矣原夫天之運也曰明與晦人之道也曰否與泰達人知否與晦之不可爲也故耦而耕狂而歌鑿坯以逃荷蓧以游而晦德避難不成乎名於戲伯鸞非斯人之徒則誰與哉唐大歷六年小子旅於吳得君之舊游焉孟子稱聞柳下惠之風者鄙夫寬薄夫敦然則聞之風聲亦將舍爾朶頤以觀我靈龜乎乃刊貞石以識遺

烈銘曰

山隱器車河祕馬圖伯鸞不行獨與道俱太虛無際浮雲無繫伯鸞伊何冥跡人世直道辱身三黜魯邦扣馬而諫餓於首陽邈矣伯鸞靜而含光作銘皐橋萬古是望

台州隋故智者大師修禪道場碑銘 并序

天台山西南隅一峯曰佛隴蓋智者大師現身得道之所前佛大教重光之地陳朝崇之置寺曰修禪及隋建國清廢修禪之號號爲道場自大師沒一百九十餘載長老大比邱然公光照大師之遺訓以啟後學門人比邱法智灑

埽大師之字闕一居以護寶所門人安定梁肅聞上易名銘勒大師之遺烈以示後世云大師諱智顗字德安時號智者其先頴川陳氏世居荆州之華容感應緣迹載在別傳夫治世之經非仲尼則三王四代之訓寢而不章出世之道非大師則三乘四教之旨晦而不明昔如來乘一大因緣善薩以普門示現自華嚴肇開至雙林高會無小無大同歸佛界及大雄示滅學路派別世既下衰教亦陵遲故龍樹大士病之乃用權略制諸外道乃詮智度發明宗極微言東流我惠文禪師得之由文字中入不二法門以授

南嶽思大師當時教尚簡密不能廣被而空有諸宗扇惑方夏及大師受之於是開止觀法門其教大畧即身心而指定慧即言說而詮解脫演善權以鹿菀爲初明一實用法花爲宗合十如十界之妙趣三觀三智之極自發心至於上聖行位昭明無相奪倫然後誕敷契經而會同之渙然冰釋心路不惑窺其教者藏焉修焉蓋無入而不自得焉大師之設教也如此若夫弛張體用開闔語默高步海内爲兩朝宗師大明在天光被四表大雲注雨旁施萬物繇是言佛法者以天台爲司南殊塗異論往往退息緣離

化滅涅槃兹山是歲隋開皇十七年也夫名者實之賓教者道之門大師涸其實闢其門自言地位示有證入故感而應之應之之事可得而知也若安住法界現爲比邱等覺歟妙覺歟不可得而知也當是時也得大師之門者千數得深心者三十有二人纂其言行於後世者曰章安大師諱灌頂灌頂傳縉雲威禪師禪師傳東陽東陽與縉雲同號時謂小威小威傳左谿朗禪師自縉雲至左谿以元珠相付向晦宴息而已左谿門人之上首今湛然大師道高識遠超悟辯達凡祖師所施之教形於章句者必引而

伸之後來資之以崇德辯惑者不可悉數蓋嘗謂肅曰是山之佛隴亦鄒魯之洙泗妙法之耿光先師之遺塵爰集於兹自上元寶應之世邦寇擾攘緇錫駭散而比邱法智實嘗守塔廟莊嚴佛土迴向之徒有所依歸緊斯人是賴汝吾徒也盍紀於文言刻諸金石俾千載之下知吾道之所以然小子稽首受命故大師之本迹教門之繼明後裔之住持皆見乎辭其文曰

諸佛出世惟一大事天台教源與佛同意赫赫大師開示奥祕載宏要道安住圓位白日麗天天下文明大師出現

國土化城無生而生生化兩冥薪盡火滅山空道行五世之後開生上德微言在茲德音允塞明明我后易名淨域此山有壞此教不極

越州開元寺律和尚塔碑銘 并序

釋氏先律師諱曇一字曇允報年八十僧夏六十一以大歷六年十二月七日滅度於越州開元寺遷座起塔於秦望山之陽制緦會葬者以千百數大師本南陽張氏曾祖隋太常恒始家會稽之山陰大師誕鍾粹氣聰悟夙發幼學五經因探禹穴至雲門寺遂依沙門諒公出家景龍中

剃度尋受具戒天縱辯慧益之以軌儀翕然已爲人望矣開元初西遊長安觀音亮律師見而奇之授以毘尼之學又依崇聖寺檀子法師學俱舍惟識從印度沙門善無畏受菩薩戒探道觀奧出類拔萃期月之閒名動京師大師崖岸峻峙機神坦邁體識詳雅應用虛明得三藏之隱賾究諸宗之源底加以素解元儒旁總歷緯長老聞風而悅服公卿下榻以賓禮由是與少保兗國陸公象先賀賓客知章李北海邕徐中書安貞褚諫議庭誨及涇縣令萬齊融爲儒釋之遊莫逆之友其導世皆先之以文行宏之以戒定入蘭室而馨香自發臨水鏡而毫髮必鑒不知其所由然矣開元二十六年復歸會稽謂人曰三世佛法戒爲根本本之不修道遠乎哉故設教以尸羅爲主取鄴郡律疏合終南事鈔括其異同詳發正義學徒賴焉大凡北際河朔南越荆閩四分之宗自我而盛烈炬之破昏黑羣流之赴淵澤適來之時化行也如彼不爲而生乘化而息草木潛潤慈雲無心適去之時處順也如此人世遷轉道存運在瞻望不見寂寥空山哀哉銘曰

越水漫漫崇山迴合大師化滅式建靈塔緬慕上士誕修

淨法有威有儀不穿不雜德溥化洽雲從海納勒碑垂後千萬億劫

睦王墓誌銘

王諱述有唐代宗睿文孝武皇帝之第幾子今皇帝之愛弟也某年封睦王春秋若干以貞元七年某月日薨於京師皇上震悼命有司筮宅兆選吉日以明年二月某辰葬王某縣某鄉之原禮也惟天祐序於皇家惟王承慶於祖宗方之有周康叔實文王之子擬諸炎漢河閒稱武帝之弟天鍾秀氣幼挺全德清明在中淳耀發外稟先聖之嚴

訓則樂善不倦奉吾王之深愛則敬順日躋至乃因心之孝率性之道溫良惠和敏肅端懿學無不探藝無不至固以邈焉殊倫焯於生知者已洎夫備物典策啟土建封桓珪之重盤石之宗守以清淨行以謙沖不然者何名之茂何寵之豐方將朋三壽以用五福胡乃天不憖而命不融此聖人所以深津門之慟凡伯所以惜東平之終臣肅奉詔銘石寘元壤之中所以紀兹墳之永固以表王德於無窮者也銘曰

聖帝介弟於維睦王令聞令望於邦有光惟王之賢懿德日宣受福於天胡不永年東門之路西靡之樹萬有千古賢王之墓

侍御史攝御史中丞贈尚書戶部侍郎李公墓誌銘

公諱史魚字某趙郡平棘人也隋下邑令大經元孫皇朝襄州錄事參軍元暉曾孫漣水丞藻之孫青州司法參軍贈和州刺史萬總之子其先干木藩魏武安霸趙司隸盛於東京持書別爲西祖載在紀牒於家有光自下邑至於和州四世無違克生俊德公天姿俊邁少負英氣清明博厚虛受特達行本於孝友業成於文章開元中以多才應詔解褐授祕書省正字時海內和平士有不由文學而進談者所恥公以盛名冠甲科羣輩仰之如鴻鵠軒在霄際矣秩滿調補河南參軍長安尉監察御史時宰相李林甫當國怙權稍鋤去異己者公外不附離內不懾懼竟爲所陰中貶萊陽丞累移王朝邑令下車周月而頌聲作上方銳意武功寵厚邊將拜公殿中侍御史參安祿山范陽軍事河北首亂公脇在圍中危冠正詞誚讓元惡勢迫難奪望重見容朝廷雅知公忠遷侍御史充封常清幽州行軍

司馬隔於凶盜詔不下達公與張休獨孤問俗密結壯俠志圖博浪之舉間遣表章請固河潼之守帝用深歎吾謀未行會虜將能人性元浩擁師河上公詭請勞撫因以大義諭之能亦知復翻然向順裂賊左臂繫公之力是歲至德一年也相國張平原鎬以狀聞復授侍御史攝御史中丞充河南節度參謀河北招諭使中朝方倚公以重任戎鎮又咨公以成務公謂委身蹈難非節違亂歸政非公叨恩受祿非義僶俛從政吾何以安假公事東至江淮以上元二年七月二十六日遇疾終於揚州官舍春秋五十六

藁葬於禪智佛寺之側。貞元元年，嗣子竦以谷口扈從之勳，朝廷推恩，追贈公尚書户部侍郎。五年，歲次丁巳，某月日，始歸窆於某鄉某原上，距捐館凡二十有九年，不得吉卜且難，是以緩。夫人河東郡君裴氏，河州刺史某之女，吏部尚書寬之姪，以禮佐君子，降年不永，春秋若干，天寶二載終於洛陽，至是祔焉。傳稱有明德若不當世，其後必有達人。惟公含章挺生，好是正直，蹈難全德，終焉允臧，蓋道與其仁，神輔其志，宜乎其有後也。竦以文藝吏事，歷中書舍人、户部侍郎，天子以爲才任方鎮，加左散騎常侍，知鄂

州軍州事，領都團練觀察使，長才厚位而壽不至，士友痛之。竦弟竑，長安尉，亦早卒。最少曰竢，純懿而文，克奉家業，咨於從祖父殿中侍御史皐魚，爰卜兆域，以寧神宅。皐魚於天倫之閒，有知己之道，泣叙美行，俾予誌之。其文曰：

時之晏，卿雲爛，鸞鳳於飛上清漢，吾道行。年路方半，時之昏，沴氣繁，鯨鯢蕩海橫中原，側身西望不敢言。忠莫渝兮計獨存，奮辭感激牧東藩。雷雨作解，草木蕃，一隨逝水空遊魂。播清徽，與茂烈，永延輝兮垂後昆。

給事中劉公墓誌銘

公姓劉氏，諱迥，彭城人，楚元王交之後也。當漢興，諸侯王子孫唯楚爲盛，世爲儒宗，光耀史牒。以至公大父皇朝尚書比部郎中、贈徐州刺史府君，諱藏器。徐州生烈考右散騎常侍、贈工部尚書居巢文公，諱子元。初，文公儒爲天下表，有才子六人：曰貺、曰餗，繼文公典司國史，時議比子長、孟堅；曰秩、曰迅，以述作之盛、德行之美，追蹤孔門；曰彙與公，用剛直明毅，焯於當時。故言卿族者，舉盛業以名其家。公好學，善屬文，天寶中進士登科，解褐拜江都尉，轉左金吾兵曹，介江南西道採訪使，歷大理評事、監察御史，入爲

殿中侍御史，出爲永州刺史，未行，改户部員外郎，尋佐江淮轉運使，授著作郎，加檢校户部郎中、國子司業，三領侍御史。當是時，中夏初定，而兵未戢，故公所受任，以餽運財賦爲先，而公亦飭躬莅職，所到無不均不安之患。大歷初，詔擇二千石，遂授公吉州刺史，三載績成，徵拜諫議大夫，遷給事中，移疾請告，就醫於洛陽，享年若干，以建中元年七月某日終於某里私第。嗣子某泣血孺慕，以某月日奉公之喪，權窆於某原。惟公貞方端肅，居敬行簡，和而不同，直而不倨，博聞強識，樂善下人，在諫司，陳古今以通諷諭

言發而王度潛潤事行而天下莫聞及夫給事黃門釐舉典要壺遂之才未展士安之病已深吾道豈窮大運斯止嗚呼始公兄祭酒秩功曹迅並與故相國房公琯厚善其終也趙郡李公華志焉洎公在廬陵治行尤異則故相國崔公祐甫頌焉蓋伯仲德美煥乎金石試爲斯文銘曰

惟堯之緒在漢開楚導長源兮比部藴仁文公允文闢儒門兮重世掌史遷固懸美立斯言兮惟公才明剛中志行直道發兮累佐使臣一麾牧人遺愛結兮給事於中遭命不融神理忽兮邱有夷淵有實舟斯失劔斯沒石不滅兮

房正字墓誌銘

河南房君諱稟字敬叔者唐長安令思晦之孫殷城令齊金之子相國贈太尉清河公琯之族子也與元元年十月終於鹽官縣之旅次旋窆於楚州寶應之某原孟子云雖有鎡基不如待時揚雄亦稱李仲元不詘其志不累其身時無仲尼惡乎聞若敬叔以五常爲師六學爲友行年五十八而動不一合艱屯臲卼沒於道路噫孟軻揚雄其知言者歟始敬叔十歲好學十五能屬文二十餘值陸渾爲戎遯於東南劉僕射以賢良薦授秘書省正字常黃門崔中書繼持國柄方待以儒者之職屬二相薨免其他當路君又不能附離乃卷道退歸每言五經之旨其道大備而去聖寖遠義類繁滋博而寡要學者罕究乃撮其異同各以彙聚凡三百餘篇草藁未就遘疾而歿冉耕廢疾申公胥靡世道下衰仁人躓之然歟通人趙郡李遐叔常云我思古之人房行古之道房哉房哉哀哉哀哉嗣子某泣序遺烈請予爲誌文曰

儒爲德本德實教源不有達學孰纂羣言恂恂房君行直而溫一匡六藝獨立顓門宜登師席啟迪蒙昏今也則亡

來者何云荆棘滋茂芝蘭燒焚命不可問吁嗟房君

明州刺史李公墓誌銘

大歷七年冬十月甲子前明州刺史李公寢疾終於晉陵之無錫私館嗚呼公諱長字某隴西狄道人其先自涼武昭王元盛七葉至皇朝工部侍郎岐州刺史義琛生吏部郎中縮縮生蔡州長史贈宋州刺史某某生公公生而聰明治左氏春秋舉孝廉初任貝州參軍三遷至國子主簿御史中丞盧弈司察甸服辟爲從事天寶十五載大盜覆東周弈死節公遁脫而南會永王璘都督江左諸軍雅知

公才將署於幕以畫公告不能無何辭果敗君子以公爲知幾時肅宗在岐朝廷擢良吏以慰郡縣不限官次多卽授印綬丞相韋見素表公可用牧民詔攝安州刺史考績旣成眞拜均州治中遷鄧州康允之叛南土大擾公會諸將以王命討不臣尺兵不喪凶黨大壞宛鄧之間民到於今受其賜上方勤恤下民重二千石之任不暇登公於朝由是歷隨曹婺三州三州輯寧徵傅韓王王德旣宣出爲梓州又換明州時越初靜瘡痍未復公務穡勸分人安懷之及其去也如奪乳育嗚呼公凡歷官一十有四其剖符

分憂者八享年七十其爲人也剛毅寬明惠和而清所至之邦先以禮後以刑使人遷善遠罪而不知其止君子曰古之良吏也初公無允子命兄子某爲後八年冬十月某奉公之喪反葬於河南萬安山之陽夫人博陵崔氏秦州掾孝之女旣笄而歸於我以宣慈恭順聞享年五十先公而歿公爲明州之二年以夫人之喪反葬萬安至是祔焉禮也夫惟天地之道可久若陵谷則無不遷也遂銘曰

於惟公先實曰庭堅作舜五臣爲唐八元周道不行伯陽西遷晉失其政涼興勃焉武昭之孫宋州之子如珪如璧如松如梓爰在下位令聞亹亹帝曰休哉命牧南鄙在鄧有亂惟我行師寇戎旣夷剖符於隨曹無罷人婺有去思或傅或藩受命咸宜爰自東南薄言旋歸謂天聰明胡不憖遺餙彼萬安松柏丸丸猗歟齊姜同穴其閒橫峙惟松旁流洛川銘勒金石永昭億年

梁肅五

處州刺史李公墓誌銘

公姓李氏諱某隴西成紀人也字曰公受其先在晉霸西涼在魏侯姑臧長發有光乃熾而昌五代生秦王府户曹贈太子舍人某以恭德垂裕實公之大父水部郎中眉州刺史某以宏材廣化實公之烈考禮部尚書襄陽席豫以大名謚文實公之外祖公生而聰邁十六以黄老學一舉登第十八典校宏文二十餘以金吾掾假法冠爲孟侯皡

湖南從事給事中賀若察宣慰南方請公爲寮佐其後宰東陽宣城二縣辟宣歙浙東二府府主崔侯昭咨以小大之政由監察轉殿中侍御史建中初朝廷釐飭百度高選尚書諸曹郎拜公金部員外郎遷吏部張鎬節制大梁請公爲介授檢校吏部郎中兼侍御史使轘遂退耕瀍洛之閒起家除陝州刺史换處州刺史累升至朝請大夫爵隴西縣男既授代家於鄱陽享年四十有八以某年月日遘疾捐館夫人武城縣君清河崔氏生一女未齔公母弟曰丹有季方之賢茹哀問卜以某年月日奉輤車歸葬於洛陽某鄉原禮也嗚呼當漢道之盛賈誼董生桓譚馮衍皆以高才鉅名或位淪下國或廢落田里夫豈不遭明時不識明主哉蓋運有通躓事有離合不可以一理言也惟公有孝友仁謙之德文學政事之美卓立不羈之才竟委遲半塗僻典荒服且乏鄧攸之嗣而終管輅之年時歟命歟可爲慟哭者已始公之孤喪過乎哀丁内艱也東陽之人歛公惠憫公荼毒行泣賵祭既除而止奉歸宗之姑惟敬與愛下闕

越州長史李公墓誌銘

大歷己未八月癸丑故尚書比部郎中渤海李公卒享年六十十月某日權窆於某鄉原嗚呼公諱鋒字公穎蓨人也其先自後魏幽州刺史高城公雄四世至皇朝太常博士善信善信之孫曰文素以文章知名舉秀才歷伊闕尉文素生勝尉於馮翊之白水蓋公之父也鳳閣侍郎平章事武功公蘇味道其外祖也公器宇魁異英風明邁中立不回旁通多可初不以祿仕爲意用朋酒自娛遊江湖閒交必一時之選言必可大之業相國張平原鎬之鎮江西也聞而器之表爲協律郎兼上饒令公用仁愛恤惸獨剛

明肅豪右不及一年上饒之人如熱遇濯亦既報政彭城公劉尚書晏以狀聞詔遷晉陵令爲治加上饒一等郡守李公栖筠尤重之待以賓禮時公以發硎之器連宰二邑征鎮者聆其休風方招佇不暇陳宣州少遊表言其能授監察御史參宣歙軍事事無苛慝遷殿中侍御史換工部郎中從事部無闕政因條奏至京師當國者偉公之材將寘於朝公辭未復命遂以侍御史旋介本使東遷於會稽與公俱東永泰末妖賊殺郡將以叛其帥敗亡賊黨詐服公以單騎往安其民一旦收隱慝三十人殺之以徇三衢

之人道路相慶人到於今稱之無何有比部之拜乃兼越州長史既罷歸休於無錫私第道有所不通公淡然自居其志愈厲加以率性孝悌睦親接士財必分人衣無常主和樂扇於閨門信讓達於家邦其進也致身以從政其退也卷懷以自牧其亡也知與不知皆爲歎息嚮非懿識全才其風可懷則曷以臻此予忝從公遊也久故錄其實以紀之因用表墓誌銘曰

才宜處貴德宜受福允矣比部曷其不淑融融和風綽綽曠度疎通且仁柔惠有裕登車持斧厥績方茂力命暫乖陰陽已寇閔川不駐廣厦摧構夜臺陰陰何日復晝

冠軍大將軍檢校左衞將軍開國男安定梁公墓誌銘并序

公姓梁氏諱愼初字智周其先安定烏氏人高祖宜春郡公諱某當隋末喪亂豪傑並興其宗人師都雄據朔方自號梁王置百官以宜春爲宗正有唐貞觀初梁亡宜春首謀率其黨來降拜金紫光祿大夫右金吾衞大將軍贈梁州牧梁州生左千牛衞諱叔裕千牛生太子司議郎諱穆之議郎生頓邱令名犯肅宗廟諱頓邱生公少孤家貧落

魄不得就經學既冠有勇力以弧矢爲事性嚴簡直方不苟合於時博物涉史書覽歷代成就山川地形攻守奇正之術已而天寶末函夏寇亂西平王哥舒翰之守潼關也公上書論兵勢且勸深壁不戰以挫賊鋒西平異之命居戲下表授左武衞冑曹四遷至左衞郎將時賊臣當國而與幕府不協公曰難將至矣遂閒行而南無何西平潰敗公嘗善岐國公魯炅炅方守襄鄧乃往從之表遷右羽林中郞將屢以果銳爲軍前鋒而搴旗陷堅者四五歎奏岐下帝甚嘉之錄前後功超拜左衞軍加號冠軍封鶉觚縣

開國公旣拜命而告人曰徒以蠢爾材力遭亂乘勢以獲爵位傳曰無德而祿殃也吾懼及焉遂稱疾請告解印綬退耕於野春秋若干以寶應二年秋八月寢疾於河內薨於私館臨歿顧命允子賁曰始愛太行山之陽將營而老焉又常懼蹈白刃不獲墓墳今幸以天年終宜從吾志薄葬於此縱汝不忍爲元晏故事當斂以時服有棺而無槨可也是歲卜筮不吉至大歷九年冬十二月賁始奉先公之裳帷以安宅焉夫陳力就列之謂忠見幾不仕之謂智名遂身退之謂達全而歸之之謂孝夫如是宜刊貞石遺

於後嗣是吾宗也實能言之銘曰

肅肅鶢鶋敬義直方履柔履剛出處行藏與時弛張弧矢之利以從王事乃行其志允焯厥位帝命將軍受茲蒲璧鞗革金軛乃蔚乃赫人鮮克終公獨守沖繒繳不及冥冥高鴻吁嗟鶢鶋生也有涯令聞無窮

舒州望江縣丞盧公墓誌銘

范陽盧君諱同字某漢侍中尚書植之裔孫北齊民部侍郎范陽伯士嬰之元孫上蔡令彝倫之孫泌陽令某之季子其令德甲族尚矣君孝發於內不懈於外禮極於上不遺乎下得太和之正性蘊明哲之茂器學以聚之問以辨之百行行之一以貫之干祿代耕非近榮也安卑從政非離羣也弱冠舉孝廉授舒州望江縣丞夫道德繫乎巳窮達繫乎時惟天生德於君而不畀之年不與之位噫造物者不其惑歟享年四十有四天寶元年月日終於尉氏私館是歲權窆於潁川之許昌里大歷七年月日允子太常寺協律郎東美初奉嚴訓以公之喪後祔先大夫於陽翟之某原禮也夫默而成之存乎德紀德音者存乎詞銘曰

顯允君子克廣德心邈乎其高淵乎其深雲藏於山風隱

於林時雨下降不聞其音性含元化形隨逝水天何言哉命也已矣山川有變兮令聞不已

鄭州新鄭縣尉安定皇甫君墓誌銘

君諱某字某皇朝監察御史某之曾孫贈兵部侍郎某之孫唐州長史某之第三子尚書左丞佺之愛弟歷葉聚祉左丞又嗣以淳德德義之門宜有仁人君生而沖茂聰悟孝敬弱冠以明經登科始長安丞又轉新鄭尉性恬曠不甚以祿仕爲意避亂至江南以墳籍自娛謂論語二十篇有夫子微言故嘗詆其章句以導情性非至德要道未嘗

經懷老氏不居其華孟軻言必仁義君之志也晚節多病享年七十七以興元元年正月三日啟手足於嘉興縣私第夫人博陵崔氏生一子曰攸號慕哀敬禮無違者左丞嗣子兵部郎中政實營護喪事以前月三日權厝於某鄉原不克及葬難故也郎中於予有鄉黨之舊泣書美行見命誌之銘曰

溫良恭儉德之柄兮居常待終天之命兮卜葬從權變之正兮

恒州眞定縣尉獨孤君墓誌銘

君諱正河南洛陽人皇朝光祿大夫洛南公諱義順之元孫故殿中侍御史潁川郡長史贈祕書監府君諱某之少子故常州刺史府君諱某之愛弟春秋四十六大歷十一年某月日卒於晉陵郡明年某月日歸葬於洛陽南先塋元兄水部員外郎兼侍御史汜銜天倫之痛且懼陵谷之不可常也於是昭銘景行誌其墓曰君之先出自劉氏漢世祖之裔有進伯者北征以師敗績降匈奴因部易姓其後有永公羅辰臨川王永業魏齊二代開國承家臨川王開府儀同三司武安公子佳洛南之禰也歷代之崇業茂勳鍾其餘祉於是有祕書之遺直常州之厚德德美休裕叢滋於君君溫恭淑和孝友慈仁居處進退非禮不動嘗謂學者義之府文者質之薄故娛心典墳簡棄詞藝又謂干祿者躁之幾藏密者靜之奧故反情樂道居易修業少時解褐授眞定尉非其所好棄官不之晚節尚黃老慕禪味囊籥心懷夢幻生死端居一室澹如也逮疾病或勸之藥君曰命之不可奈何雖有藥石將焉所施言未絕口嗒焉順化未婚無子知者痛之嗚呼予嘗窺天人而考性命夭壽之數福極之源蓋昬默而不可究已以獨孤君蘊純

粹之質蹈淵騫之行而生不躋艾服慶不植後嗣彼造物者以三壽百福與何人哉先是君李氏之姊捐館其明年四月常州府君蘢反葬之日三喪俱引故親舊惋痛爲善者相弔水部之哀又其可旣乎肅嘗辱常州之眷且與眞定游故備其實錄刊於貞石銘曰

顯允君子德心廣兮與道爲徒以蒙養兮桑扈反眞泊然往兮刻石九原畢天壤兮

鄭處士墓誌

歲在戊午六月戊子處士滎陽鄭君卒於常州福業寺庚

窆於某鄉原。嗚呼。處士之爲人也。入則孝。出則悌。直而不犯。柔而不懾。好讀周易及太史公書。嘗遊於南巢。作弔夏桀文。其辭甚典。足見其質。嚮使天假之壽。與之祿。則其道可熾。坎壈世故。行年三十三而夭。哀哉。處士諱稷。故酸棗令某之孫。今黃巖令季江之子。故吏部侍郎贈左僕射齊公澣之外孫也。合內外之休德。成中和之茂行。使夫生不得其辰。沒不見其親。託遺骸於他土。顧稚子而未識。痛矣夫。斯命也。於是書石以誌卒葬。且懼年祀超忽。故月而日之。

隴西李君墓誌

君諱修。姓李氏。隴西成紀人。涼武昭王元盛之後。曾祖如順。皇朝太子洗馬。生大父元恭。開元中以文學政事歷大理卿。判尚書吏部侍郎。侍郎生烈考訥。官至太府寺丞。君承家休緒。少有令聞。孝敬仁順。宏毅貞亮。非禮不言。見善必行。行有餘力。則覃思六經。揭厲百氏。是故淳秀之氣。播爲文章。發於事業。難於進。易於退。道不苟行。位不虛受。常州刺史獨孤公及之臨舒城。聞而悅之。辟爲從事。府遷於常州。君亦至焉。獨孤公文德爲天下望。君入則從容討論。出則勤慮政事。議者以君建大名致厚位。必自此始。不幸短命。享年若干。以大曆十二年春三月甲子寢疾而沒焉。嗚呼。天與之才。天與之器。不與之壽。不與之位。天何言哉。君娶范陽盧韶女。一子越在襁褓。哭泣無主。其仲兄武進尉迅。銜天倫之哀。謀及卜筮。以是月既望。抱其孤送君之喪。權窆於正勤佛寺之北原。時不利。不克反葬故也。友人安定梁肅紀其終始德善。著於石。俾來者有以知君子之墓云。

著作郎贈祕書少監權公夫人李氏墓誌銘

成紀李氏。自涼武昭王以後。後裔熾大。在元魏有若司空文穆公沖。沖生司徒高陽公休。纘諸父兄。各登三司。崇勳盛烈。載在前史。夫人司空之後也。曾祖允義。皇朝慶州刺史。大父仲進。宣州司士參軍。考備。冀州司倉。夫懸圃崑山。是生璵璠。德門懿族。宜有賢淑。二掾葆儒行。不躋貴仕。故儲慶發和。鍾於夫人。夫人幼而孝恭。長而柔明。歸於他室。克協休德。所奉之主。則著作郎天水權公。其人。公大節大名。達於家邦。人倫仰爲師表。夫人明識茂行。光於閨門。姻族資其訓式。有子德輿。七歲而孤。夫人茹未亡之哀。躬從宅之教故德輿也十五文章知名二十典祕書貞元二年以廷尉評攝監察御史爲江西從事夫人從子南征寓於鍾陵其樂以道其養以祿一慈一孝宜壽宜福天實不弔享年若干以四年秋七月某辰寢疾而終德輿窮慕崩迫忍哀問卜號奉輤裧至於丹徒以來歲某月日權合祔於先君假葬之域嗚呼有行可尊有禮可法始輔君子終垂母儀而不登上壽不介丕祉斯命也已篆石紀德謂爲墓誌近古之禮也胡可闕諸其銘曰

武昭之胄立德立功且侯且公文穆之後昭明有融繼別

爲宗抑抑夫人餘慶是藂温良在躬歸我祕書體仁協衷盛德攸同乃訓孟子擇乎中庸休有先風豈命有極豈天不傭降此鞠凶假窆何所惟柏惟桐於江之東棘人充充式號且恫哀思無窮

監察御史李君夫人蘭陵蕭氏墓誌銘

夫人諱某字某南蘭陵人梁世宗明皇帝生南海王珣自南海三葉至有唐太子太師某太師生中書侍郎某以文武之勳左右帝室世祚徐國疊耀台階蓋夫人之大伯父也父中書之弟駙馬都尉太僕卿諱衡踐修舊德尚某邑公主實生夫人元宗其外大父也宣皇其舅也天漢派流地靈騰茂蘊爲和氣鍾我淑德既笄歸乎公族李氏曰鉷鉷官至監察御史以茂行聞於時上奉繼親旁羅羣族夫人內貞明而外柔順至於色養義充於輔佐仁見於周睦至乃冠婚賓祭之式組紃黼黻之事莫不能儀刑邦教律度姻戚洎御史捐館夫人罷執笲之事訓道三女以禮自居二十年間母儀愈光內則愈彰知我者方紀美行貽諸彤史天不與善享年四十八而終時建中元年九月三日也初夫人無子晝哭之後歸於其宗仲弟御史中丞復孝

愛之德聞於天下出守三州皆從而居焉是歲中丞由潭州遷左馮翊會夫人幼女從夫有江華之貶亦將欲沿三湘展母子之歡途次於晉陵遘疾而歿俄兵興不克反葬馮翊次子某以來歲某月日奉其姑之喪權窆於某鄉原嗚呼仁宜有壽善宜有後以夫人之賢且先代之允與王室之出而其事並戾豈命也歟予忝遊馮翊之門也久見命爲誌其銘曰

昔在帝祖承天命紀維皇歸妹光耀載起太師之孫魯元之子誕受休氣實爲女士共伯既沒敬姜道存訓成內則

耀動高門。積德所因。其禮宜蕃。碩人無子。天道寧論。將涉三湘。奄歸九原。生惟共盡。有恨何言。

鄭州原武縣丞崔君夫人源氏墓誌銘

夫人諱某。字某。河南洛陽人也。昔涼武王烏孤。景王傉檀繼爲傑霸。據河右。景王生魏太尉隴西宣王賀。賀生司徒惠王恭。或以文武藩翰王室。以拓拔同源。因錫姓焉。夫人其後也。曾祖翁。皇朝尚書比部郎中。祖修業。涇州刺史。父光時。濟陰太守。夫人濟陰第幾女。既笄。歸於原武丞博陵崔君某。以德敏貞儉。宣慈惠和。輔佐君子。而成家風。原武

之伯父沖。嘗爲刑部郎中。每謂夫人淑哲之美。可師表姻族。洎原武疾病。顧視諸子尚藐。慮歸祔不獲。以屬夫人。夫人默而省焉。晝哭之後。躬履草莽。成反葬之禮。禮無違者。聞者難之。既免喪。始遊息道門。受心法於大照禪師。請益之際。朗然懸解。大照沒。又事宏正禪師。入定性。離天機。獨得喜怒哀樂無自入焉。宴坐之外。以敬姜之風操。班氏之詩禮。貽訓親族。閨門之內。葳烈流美。禪林高妙。受用不極。委和歸眞。享年若干。大歷甲辰歲十一月十三日。寢疾捐館。嗣子某乙等泣血襄事。以來歲某月日。權窆於某原。仲子左車。純孝而文。懼聖善之德不著後嗣。遂假我爲誌銘曰。

烈烈雄閥。降茲淑哲。惟夫人兮。郁郁母儀。中外肅祗。耀閨門兮。以道自光。我性則常。奄歸眞兮。考乎維嗣。其哀也至。刻斯文兮。

衢州司士參軍李君夫人河南獨孤氏墓誌銘

夫人姓獨孤氏。六世祖永業。北齊司徒臨川郡王。自臨川五葉至贈祕書監府君諱某。門風世德。家牒詳矣。夫人祕書之第某女。生而純孝。容範淑茂。成於德門。歸於公族。李

氏曰濤。故楚州刺史仲康之子。今御史大夫涵之從兄也。少有敏才。故祕書府君以夫人歸之。恪勤婦禮。以正家節。門內之治。緊柔明是賴。乾元初。李君參掾信安。遂終於位。夫人罷助祭之事。專以禮詩之學訓成諸孤。議者以魯敬姜辛憲英爲比。晚歲以禪自適。謂般若之經。空惠之筌。恃而爲師。去諸結縛。猶違土也。享年五十三。大歷十一年某月日。寢疾終於常州。遂權窆於建安精舍之側。明年某月日。卜筮襲於吉。始遷兆合祔於洛陽某之先塋。嗣子前越州士曹參軍居介。南陵尉居佐。譙縣尉居敬。孝廉居易等。

痛聖善之德不可追也俾肅爲誌其銘曰
温温夫人貞順而慈始爲婦儀終爲母師仰成法寶頼脫
塵機身世兩遺乘化而歸合祔伊何周原舊域哀哀令嗣
孝思罔極作銘片石以誌窀穸

杭州臨安縣令裴君夫人常山閻氏墓誌銘

夫人姓閻氏皇朝考功郎懿道之孫銀靑光祿大夫尚書
刑部侍郎伯璵之女河東薛氏之出前廷尉評領臨安令
裴深之室也春秋若干以大歷乙卯歲五月寢疾卒於晉
陵之私第來年月日窆於某原不獲吉卜未祔於皇姑禮

從宜也先期臨安以夫人之德善俾予銘其墓故得而譔
云夫人貞順惠和恭明孝慈自天受也樂善睦親儉而好
禮承家訓也循采蘋之度以助祭祀得婦道也四教行九
族和秉內則也夫人有是淳懿故自致禮至於捐館小大
無間言中外無異望郁郁詵詵一家輿仁倏絕之際請辭
其太夫人又辭其娣姒已而顧所生之四女曰母子之愛
今也永絕夫中饋不可以無主吾已請而父娶繼室矣其
來也汝謹事之無貽我神羞辭氣不慼言畢遂歿夫號毋
慟諸女孺慕聞哀者行路出涕存歿之事其感人深矣哀
哉乃爲銘曰
穠兮蕣華茂蘊質兮配此良士如琴瑟兮嚴霜隕零曷其
疾兮吁嗟碩人歸此室兮

德州安德縣丞李君夫人梁氏墓誌銘

夫人安定梁氏族高祖華陽襄公諱彥光生周隋際歷上
大將軍開府儀同三司使持節靑冀華相等九州刺史貞
惠文敏爲兩朝名臣生曾祖永安成公文讚在隋爲司隸
刺史司隸生皇朝隆興令冀州長史晏晏生朝散大夫堯
山令澄夫人堯山之第二女惠和孝慈幼有令儀長而温

良成而柔明年若干嫁趙郡李兼金生四子而兼金卒夫
人內持正性外示德禮且以文行忠信貽訓諸子家道以
和每言曰敬姜大家吾師也旣晚歲修釋氏法以禪誦爲
事視身世榮枯與夢幻同因命第四子爲沙門勵以清淨
行旣而壽量極享年七十二歲在乙卯十月乙未終於常
州建安佛寺後五日窆於某原孝子詠等銜痛泣血哀過
乎禮懼先夫人德善不聞將誌幽穸以肅外族之屬也俾
爲斯文銘曰
伊夫人煥母德道可尊禮不忒訓令子就儒釋沒而藏焉

永無隙人欲我知視此石

欽定全唐文卷五百二十二

梁肅六

外王父贈祕書少監東平呂公神道表銘

公之先出自姜姓太公之允也唐虞之際佐治洪水有功以能爲禹股肱心膂命曰呂氏洎太公誓蒼兕平商牧桓公責包茅匡周道傳國七百列於春秋漢興以勳戚在侯服者二十人臨泗侯之孫通封於東平其後國除爲郡著族元魏末有汝陽公思禮者扶翼周文開霸關右歷行臺右丞兵部尚書時魏分爲東西中夏擁隔遂居於河東今

爲蒲人也從尚書四葉生璡皇朝晉陽令贈郴州刺史郴州之嗣曰仁誨以文學稱以從父兄太一俱用射策科太一歷御史尚書郎中書舍人戶部侍郎右庶子仁誨由成王文學轉岐王府屬累遷右庶子金吾中郎將資州刺史除許州未拜而薨以孝行聞仕至太僕丞加朝散大夫太僕生公公諱某字某少淳茂有志行居太僕府君憂泣血三年鄉黨稱之制終治古文尚書左氏春秋二十舉孝廉補博昌主簿歷任管邱文安二丞宣勞使以清白薦試守洺水令公爲政務仁恕去苛察密化旁流邑中移風再歲

正除加朝散大夫公性簡退不以善自名且不樂為吏秩未滿移疾罷去居於濟源王屋山之陽常言君子之道不從俗不離羣幼安抗跡而傲世慈明濡足以救民曷若中行以全吾真由是逍遙樂道以漆園鶡冠之言為師時閱歷代史究興敗治亂之端參以立身行道之義著書十餘卷號續呂氏春秋草藁未就屬寢疾捐館享年若干時開元二十五年也永泰中嗣子某位朝散大夫右贊善兼陳州刺史尋遷檢校祕書少監兼徐州別駕因詣闕拜章乞迴所授賜命於先人詔追贈公太子中允謝恩之際又以

公所著書上聞遂改贈祕書少監後十有三載歲在某辰某月日龜蓍襲吉始安宅於某鄉里之原江夏郡夫人黃氏祔焉夫人漢太尉琬之裔孫皇朝大將軍懷州都督號國公君漢之孫沂王府長史號國公承源之女洪州刺史京兆韋同之甥有溫仁孝愛之德勸義垂訓之美後公七歲而終公之追命於是有江夏之贈嗣子祕書痛先君先夫人厭世寖遠音徽將昧常欲立貞石傳德風蓄誠未申先是徂謝小子再拜受命於太夫人且成伯舅之志恭論外祖之烈以示後嗣楊惲傳太史之書久慙庸陋韓康感中軍之愛空想生平道在茲乎以表墓文曰

赫赫有呂肇發於姜既協大禹亦亮武王營邱門地東平傳嗣書之勳冊有焯名位中郎伯仲允迪斯貴實生祕書含道蘊粹仁為己任孝亦天至論經八覽文參六義三邑之佐清恭廉貞鳴絃作宰休有清聲退謀於道爰晦其明體順保和遺榮入冥春闈中允蓬山二職運往時來退榮隱德振彼江夏光敷內則不及象服空垂燕翼太行之右清濟之北外孫紀辭以志兆域

朝散大夫使持節常州諸軍事守常州刺史賜紫金魚袋獨孤公行狀

仲尼述易道於坤曰君子敬以直內義以方外詩三百一言以蔽之曰思無邪公天生懿德外方內直氣茂才全發為詩文得大易之中詩人之正邈乎其不可及已七歲誦孝經先祕書異其聰敏問曰汝志於何尚公曰立身行道揚名於後是所尚也後博究五經舉其大略而不為章句學確然有可大之業知者益器之十五祕書捐館公茹血在疚踰時而後杖由是鄉黨稱孝二十餘以文章遊梁宋閒通人潁川陳兼長樂賈至渤海高適見公皆色授心服

約子孫之契天寶十三載應詔至京師時元宗以道莅天下故黄老教列於學官公以洞曉元經對策高第解褐拜華陰尉故相國房琯方貳憲部請公相見公因論三代之質文問六經之指歸王政之根源憲部大駭曰非常之才也趙郡李華扶風蘇源明並稱公爲詞宗由是翰林風動名振天下及函洛寇擾公違難於江南上元初授左金吾兵曹掌都統江淮節度書記非其好也未幾徵拜右拾遺因上疏陳便宜及方鎮有冒於貨賄舉直錯枉大者十餘事不行皆焚其藁時大盜之後百度草創而太常典故尤

所壞缺公爲博士祗考古道酌沿革之中凡有損益莫不悉當新平公主之子裴倣尚永清公主公實相禮初以裴僕射遵慶主婚中詔長主後夫姜慶代焉公奏曰婚姻人道之大使異姓主之非禮也且無以示天下臣不敢奉詔上從之又議定謚法公以爲謚者蓋跡其事業邪正而褒貶之舉一字可使賢不肖皆勸故其議呂諲盧弈郭知運等謚皆參用典禮約夫子之旨其事覈其文高學者傳示以爲式時有上議謂景皇帝未升尊位不宜爲太祖詔下百寮公按禮經以爲王者禘其祖之所自出而以其祖配之故三代皆以受命始封之君配昊天上帝唯漢氏崛起豐沛豐公太公皆無位無功德不可爲祖宗故以高帝爲太祖若景帝肇啟王業建封於唐高祖因之遂以有天下之號天所命也宜百代不遷因具故事條奏從之於是郊廟之禮遂定踰月拜公尚書禮部員外郎遷吏部每歲以書判試多士而朝列有以文學稱者必參校辨論定其甲乙丙科至是公分其任求爲郡守以行其道除濠州刺史公下車以淮士輕剽承兵革之後率多不法長吏不能制遂先董之以威格之以政然後用愷悌寬厚漸漬其俗三

年而闔境大化優詔褒美移拜舒州刺史又以理行聞璽書就加朝散大夫檢校司封郎中賜金印紫綬其明年吳楚大旱餓夫聚於萑蒲者十七八唯舒安阜近者悅遠者來犬牙之境草竊不入上聞之詔曰斷獄歲減流庸日歸以人俗之豐給當淮湖之災旱爾守之力也擢拜常州刺史本州都團練使常州爲江左大郡兵食之所資財賦之所出公家之所給歲以萬計公削其煩苛均其衆寡物有制事有倫刑罰罕用頑類自息公又謂安人之道清而靜之則定爲而察之則擾故寬以居之仁以行之一變而百

姓不知其理又一變知其理而不知理之所由比及三年吏不忍欺路不舉遺年穀屢熟災害不作甲辰歲冬十月二十日甘露降於庭樹二十七夕乃止嗚呼公庇斯人人方仰公彼天不惠降此大厲爲郡之四載大歷十二年四月壬寅晦暴疾薨於位行路慟哭罷市者相弔踰月又吁嗟之聲相聞自寮屬相吏下逮鄉老里尹皆率以備齋祭及葬之日緦衰送葬者數千人唯公體黃老之清淨包大雅之明哲尊賢容衆而交不諂瀆本仁祖義而文以禮樂乃至溫良能斷應用不滯達識足以表微厚德足以載物

善而不伐光而不耀內不機巧外無緇磷隤然中立豁若虛受其長人也先教愛而後法禁不遷怒以臨下故威而不猛不私已以欺人故易而無備其茂學博文不讀非聖之書非法之言不出諸口非設教垂訓之事不行於文字而達言發辭若山嶽之峻極江海之波瀾故天下謂之文伯有集二十卷行於代若藝文之士遺公發揚盛名比肩於朝廷則有故中書舍人吳郡朱巨川中書舍人渤海高參今尚書左丞天水趙璟職方員外郎知制誥博陵崔元翰考功員外郎潁川陳京禮部員外郎北海唐次蘇州刺史高陽齊抗其章章者也其睦親與善自內姻及朋友所知之家振窮分災恤孤哀喪須祿歸賵必加於常人一等故啟手足之日室無餘財惟待賜然後乃斂議者於是謂公有文子之清子產之仁史魚之直平仲之與人賈生之行義文翁之政事叔子之遺愛而不躋巖廊不享期頤闕致君論道之美以遺史冊故凡百以爲痛在昔孔文子以敏而好學爲文公叔發以恤衛國凶饑爲惠矧公功存於人言垂於代有文有質不忝前烈者與易名之禮請從令典謹狀尚書考功伏以褒德尚賢設教之崇軌加謚易名

飾終之令典謹按故朝散大夫使持節常州諸軍事守常州刺史賜紫金魚袋獨孤某蘊黃裳之服協中庸之德正詞復禮施化爲邦清風存乎省寺遺愛結於黎庶具美之道何以尚茲窀穸既安音徽日遠請追公叔之謚式播臧孫之烈謹上

爲常州獨孤使君祭李員外文

維大歷元年五月日朝散大夫守常州刺史賜紫金魚袋獨孤某謹以清酌之奠祭於故尚書吏部郎趙郡李遐叔三兄之靈嗚呼疇昔之年接兄討論倚伏之數或尋其源

嘗謂仁人百祿滋蕃如何於兄斯道莫存嗚呼哀哉惟兄孝友仁恕高明寬裕何德之茂何才之富粹氣積中暢於四肢發爲斯文郁郁耀輝自五百年風雅陵夷假手於兄鬱爲宗師乃登憲闈直以舉之乃列諫臣闕則補之元宗季年戎狄內侮兄方就養拘在豺虎氛霧濛濛薄汙我躬雷雨作解遠身於東帝曰孝哉可移於忠名彰右掖跡踐南宮郎明有恥元晏方病清漳閑臥樂道推命哀於大賢不饗大年人之不幸天亦何言在昔賈生見惡絳灌王佐之用不展於漢我之方行遭世紛亂時塞道塞古今一貫

嗚呼哀哉某以蒙蔽夙承眷惠義均伯仲合若符契博約乎文章之間優游乎性命之際謂得攜手相期卒歲天其喪予兄則先逝嗚呼哀哉曩自朝列出持使節十年離別一旦存沒吳楚迢遞江山阻越不及歸賵仍乖執紼寢門一哀魂斷心絕恭承嘉命來牧於常繐帳所在哀何可忘鞠然二孤訴彼穹蒼孰謂遐叔與天茫茫魂兮歸來臨此一觴嗚呼哀哉尚饗

爲獨孤常州祭福建李大夫文

年月日具官某謹以清酌之奠敬祭於故福建都團練使李公之靈嗚呼宗祐儲祉元純降氣炳靈於公才全德充寬仁愿恭高朗昭融文學政事儀刑王風帝謂叔父閩實下國出作侯伯導之以德內撫罷人外攘劇賊文武爲憲柔嘉是則我敎用宣我民既安佇登巖廊爲國羽翰彼高者天胡莫祐賢人之云亡曾不永年嗚呼哀哉某往忝諫臣在公下列周旋獻納以日繼月海運方遠摶風未歇不慮不圖音徽已沫暮律嚴苦降霜肅殺臨歧一觴以抒慘怛嗚呼哀哉尚饗

爲獨孤郎中祭皇甫大夫文

年月日具官某謹以清酌之奠敬祭於故浙西東觀察使皇甫公之靈古人有言智仁及勇是謂達德大夫蹈之以衛王國乃昔天步未夷六師徂征嘗扞牧圉戡彼醜虜勇也及夫宦豎擁兵窺伺樞密公沈謀內斷輔德不殲智也分陝牧越統戎鎮俗承其風者莫不寧息仁也議者謂公方爲國翰垣爲人父母宜錫難老荷茲介福命之倚伏曾是不淑豈夫天所奪人所欲大旆長轂東征不復如彼魯侯在歌來哭嗚呼哀哉某頃與公相遇於斯今也言歸投弔於斯泛泛方舟旋載裳帷晏晏言笑今成涕洟道路遼

而音塵絕而旨酒一觴惟靈享思嗚呼哀哉

祭獨孤常州文

大歷十二年歲次丁巳五月朔日門生安定梁肅謹以清酌庶羞之奠敬祭於故常州刺史河南獨孤公之靈嗚呼間氣炳靈降生哲人何辜今人而喪斯文豈上天不仁道之將廢奚盛德之淳懿忽中年而下世蹈得仁之機顏子不幸負王佐之才賈生屏外其明尚晦其用未大藏舟遽移梁木斯壞嗚呼哀哉追惟哲人應運而生行在五常志在六經博厚溫良直方而明天縱多才蔚為時英孔門四

科洪範三德總於公躬率履不忒頌聲既微鄭衛橫塞或游或僻時萬時億公當其時載振其維憲章典謨為學者元龜文哉郁乎文實在茲伊昔策名東堂作尉西華銘仙掌與函谷馳休聲於天下逮乎拾遺君前考禮太常獻可之詞直而含章建言削槀故海內莫揚旋議廟祧乃正諡法享帝之禮終焉允洽名正言順事深體合垂後可大賢人之業起草剖符出臨濠舒二邦之民傒我而蘇愷悌之化風行露濡蘭陵之郊人散政弛清淨之德下車則治比迹召父視人如子闔境熙怡有禮知恥朝思黃霸人仰安石霄漢在目巖廊咫尺不留不處坐而退舉不慮不圖忽焉傾徂遐邇震駭士民號呼罷市輟舂相弔路隅嗚呼哀哉顧惟小子慕學文史公初來思拜遇梅里如舊相識綢繆慰止更居恤貧四稔於此嘗謂肅曰為學在勤為文在經勤則能深經則可行吾斯願言勉子有成又曰文章可以假道道德可以長保華而不實君子所醜敬服斯言敢忘永久若乃室中函丈之席林下清觴之醼陪李膺之泛洛從叔子之登峴亟承國士之遇又忝公車之薦奉明誠以周旋盡深衷於眷盼惟吉凶之倚伏若糾紛之相纏追

弔鵩之占日應康成之夢年不云坐奠不暇撤懸秦醫匪救孔禱徒然瞬息之間音容莫傳痛心驚骨不可問天嗚呼哀哉平居所好修竹芳草暇日之娛左琴右書微言雅典斷而不續高齋已空蘭蕙猶馥門人行慟稚子抱哭語言在耳悽慘滿目嗚呼哀哉覽遺編以流涕痛明德以無還撫諸孤之尚藐庶盛烈之斯存鄉路千里歸期九原寄觴豆以寫心見平生之厚恩嗚呼哀哉

祭李祭酒文

年月日守右補闕安定梁肅謹以清酌嘉蔬之奠敬祭於

故國子監祭酒贈户部尚書李公之靈惟公之德柔嘉維則敬義且直惟公之才文武是該不矯不回剖符七郡風行雨潤有禮有訓連撫二藩如江如漢之屏之翰敷聞帝庭爰用陟明乃拜司成是勤是行時則不幸遘玆大病薨於道路孰識天命嗚呼哀哉追想曩昔大歷之中獲見君子吳江之東靡適不隨無會不同於山於水於野於寺提攜宴喜荏苒半紀公鎮南方奄征江黃乖離兩鄉道阻且長惠而好我簡牘相望於囊於箱厚意是將淑人君子懷允不忘繆繫纓組列於朝序望公之來寤寐斯佇方期款

遇爰笑爰語豈意長往終焉莫睹寢門一慟意折神沮誰云少別便是今古嗚呼哀哉古人所稱曰仁與誼君子之道在功與事邦憲之雄元侯之貴存有盛美歿有遺懿所恨伊何壽猶未至所悲伊何人失其庇嗚呼哀哉九原連連乃在三原日月有時兆宅攸安某近職是拘執紼無緣寄陳薄酹有慟何言嗚呼哀哉尚饗

爲雷使君祭孟尚書文

年月日具官某謹以清酌之奠敬祭於故福建觀察使兵部尚書贈右僕射孟公之靈嗚呼上天不仁公薨於位岳鎮傾圮士林殄瘁追論茂德忠敏恭懿仰惟盛才文學政事昔在天寶濫觴登朝爰自中興鴻飛乃高入覲京師出司藩條便蕃中外聞望光昭我后統天式張百揆公居右轄實總聯事推轂西郊兵符攸寄俄被蟬冕爲王近侍無諸舊城人窳地僻詔曰爾諧出作侯伯敷求民瘼宣布王澤嶺表海壖夷風載革天下謂公耆德盛名宜登巖廊爲國老更方朋三壽忽夢兩楹天實不遺人誰仰成爰自七閩歸於九京當時大旆今也明旌嗚呼哀哉某自宦學則趨明哲邦憲府庭再參下列周旋惠好以日繫月不慮不

圖有存有歿皇恩軫悼寵贈昭晰邦人怨思祖奠悽噎談笑如昨音徽永昧臨歧一觴以抒慘怛嗚呼哀哉尚饗

爲杜尚書祭侍御史文

惟公天挺貞淳肅恭溫仁以禮立志以道藩身惟靜惟動克儉克勤正直自立邦家必聞久侍禁闈嘉名益振上曰爾才監戎於閩身許九重禮達三軍軍中協睦罔或不親朱紱煌煌映於銀章方期奏報歸侍天王外迫炎瘴內纏膏肓不永斯年今也則亡浮江涉淮遠窆舊疆丹旐翩翩言過維揚某早接公遊乃弔公喪追懷宿昔感涕沾裳秋

日淒淒浮雲無光敬陳薄奠悲塞中腸嗚呼哀哉伏惟尚饗

祭李處州文

年月日淮南節度掌書記殿中侍御史內供奉梁肅謹以清酌庶羞之奠敬祭於故處州刺史隴西李公之靈和氣訢合乃生靈芝乃流醴泉降於人倫是爲俊賢猗歟李公有德有言煌煌九葩澹澹一源弱歲含章典教宏文聞喜太邱遺愛斯存於越於宣先在西藩名高蘭臺風動輶軒濯纓歸朝再踐郎官鴻鵠入冥白雲在天或謂盛才宜管

絲綸潤色謨訓以垂後昆官無中人吾道不興留滯周南退守恭陵剖符於處美化斯宏雲油露濡山靜江澄解印歸來考槃是卜龍沙遊衍餘干耕鑿與道爲徒以農代祿河洛讖緯桓譚不學草元法言揚雄有作志一窮通身安淡薄遇酒便醉工文且博脫遺形骸奄就冥漠士友殄瘁翰林凋落嚶鳴既合久要乃申四海兄弟如公幾人公去南州角巾衡門予集艱棘哀慟苦辛眷恤何深弔問慇懃江湖眇然書札相因方期歲暮以德爲鄰今也則亡吾誰與親鄧攸無嗣桑扈反眞天道茫昧誰云與仁嗚呼哀哉我圖其室得公之出相維茂族于以納吉眷彼三星成之不日魂而不亡知此親昵嗚呼哀哉季奉裳帷九原是歸葬於洛表路出淮夷平生歡愛一慟申悲已矣夫子忽乎何之旨酒盈樽幽明此辭尚饗

爲杜東都祭竇廬州文

年月日具官某謹以清酌之奠祭於故廬州刺史扶風竇公之靈嗚呼惟天難諶惟命罕言倚伏同域吉凶一門公之茂行廉直而溫公之達才卓爾不羣保身以正爲政以仁宜錫難老以庇斯民如何降凶奄忽反眞伊昔登朝厥

猷則茂柱下執法南宮草奏赤縣浩穰四方輻輳惟公下車善政俄報廬江曠守人或未康惠君既來美化洋洋治而有禮俾人知方予忝廉問實知循良將以上聞冀殊寵章命之不淑曾是隕喪嗚呼哀哉追想曩昔接公周旋惠好斯存如蘭如荃閒者睽闊東西累年會遇於茲談笑依然別未數旬遽歸九原孰爲福善殲此仁賢官守所羈祖奠無緣寄誠薄酹有恨何言嗚呼哀哉尚饗

爲人祭柳侍御史文

年月日具官某謹以清酌庶羞之奠敬祭於故侍御史柳

公之靈惟公以孝友承家以直方從政以溫厚行已以敬讓與人作掾大邦有親信之稱典司通邑著循吏之名冠惠文佐廉問輶軒所指吏肅風變列郡攸攝斯人以寧方將荷餘慶而介景福播令名而延大耋天不與善命也有終士林怛駭親友欷歔嗚呼哀哉某等獲與公游聯職戎司適云少別俄見凶歸于以設奠出乎郊歧魂也何之幽明此辭嗚呼哀哉尚饗

爲杜尚書祭歿將文

年月日某使某謹以清酌之奠敬祭於壽州鎮遏十將何

鄭江某官三士之靈嗚呼勤身奉主之謂忠臨敵致果之謂勇以死成名之謂節惟此三士具茲三美昨者封境不靜寇竊斯興各領軍行以當扞守山谷積阻矢石相陵謀無所用志必有死遂使勇氣挫於小醜雄心屈於短兵人之云亡斯害也已嗚呼哀哉我居藩鎮不能守在四鄰爾有忠勳遂乃歿於一戰且憤且歎激於中腸知以今辰旋歸壽陽爰遣奠醊用申悲涼加爾贈賻卹爾孤孀魂而有知知予不忘人誰不終所貴名揚已矣三士俱爲國殤嗚呼哀哉尚饗

欽定全唐文卷五百二十三

劉怦

怦幽州昌平人累遷涿州刺史朱滔稱大冀王僞署怦范陽留守貞元二年滔死軍中推怦總軍事詔授幽州大都督府長史兼御史大夫幽州盧龍節度副大使知節度事彭城郡公死年五十九贈兵部尚書謚曰恭

與朱滔書

司徒位崇太尉尊居宰相恩寵冠藩臣之右榮遇極矣今昌平故里朝廷改爲尉卿司徒里此亦大夫不朽之名也

但以忠順自持則事無不濟竊思近日務大樂戰不顧成敗而家滅身屠者安史是也暴亂易亡今復何有怦忝密親世荷恩遇默而無告是負重知惟司徒圖之無貽後悔也

楊於陵

於陵字達夫宏農人舉進士穆宗朝户部尚書拜太常卿東都留守寶歷二年授太子少傅封宏農郡公以左僕射致仕大和四年卒年七十八贈司空謚貞孝

賀冊皇太后表

臣某言伏奉月日制書奉太上皇后尊號曰皇太后坤儀鎮定孝德昭升大義冠於人倫盛德光於史冊凡在臣子不任抃躍中賀臣聞周室興王文母同其經理漢皇嗣聖明德贊其徽猷伏惟陛下宏闡睿圖誕膺昌歷皇太后宣明懿範超邁前修家國慶靈慈孝交感堯門薦祉延寶祚於無疆長信頤神播歡心於率土由我愛敬致茲雍熙何幸萬邦之人親逢千載之運臣叨承獎任職守藩條阻拜彤庭雖違於常典載馳丹懇倍過於恒情

爲崔冀公賀登極赦表

臣某言送赦書使某人至伏奉月日恩制大赦天下臣聞獻歲之初也惟天所以布和將以發生萬類故降之春雨俾澤及羣品也明后始立也惟君所以施令將以昭蘇萬國故降之以大赦蓋與人更始也伏惟陛下道叶千齡克膺聖嗣光乘八葉式纂鴻休則高天以布和法文明以施令故大赦天下殊澤霈然德及羣生宥加殊死薄賦棄債恤孤養老不須瑞物所以戒驕也節省其用所以防侈也卑宮菲食所以昭儉也黜邪去佞所以懲惡也任才用能所以勸善也賞勞錄効所以報功也睦親敦族所以明孝也招諫納言所以聞過也尊賢容衆所以興化也三事用殷六府孔修九功既備無得而稱四海乂安斯爲盛矣矧夫省不急之務損太官之膳外廢五坊內減六宮釋鷙鳥於長林縱猛獸於深谷俾鳥獸咸若黔黎用康舉五常之闕遺行三皇之聖化自三皇兩漢以來無可比也臣權叨連帥職守藩隅備位明朝幸逢昌運不獲與千官接武稱慶闕庭無任

賀梟賊叛將楊惠琳表

臣某言臣得當道進奏官高振報夏州叛將楊惠琳庸賊匹夫凶頑習性憑依壁壘竊弄干戈陷我邊鄙之人將流蜂蠆之毒伏惟陛下道包覆育威貫風雷乃命戎人恭行討罰文告纔布已見其攜離天誅未加倏從於梟戮革車不頓餽餉靡勞宸算不遺於指蹤王師蓋本於無戰雖巴庸醜類樂禍一隅顧其巢幕之危因同破竹之勢妖氛坐埽仁壽可期臣職忝藩條任分師旅遠承慶捷倍萬恒情無任踴躍之至

賀收劍門表

臣某言伏見正月二十九日制書以劉闢擢於非次授任

節旄不立朝章擅有侵軼詔命左右神策行營節度使高崇文領馬步將士嚴礪李庸等討會討伐臣又得上都進奏院官高振報嚴礪下告捷官嚴公貺奏正月二十二日復收劒門破賊五千斬僞授劒州刺史武德昭訖又夏州叛將楊惠琳援絕城孤勢窮力屈王師進襲計已克平凡在遠邇不勝慶幸臣某中賀伏惟皇帝陛下誕敷元德廣被文明寰海乂寧戎夷款附蕞爾狂狡敢縱姦凶藉方伯任用之資乘軍城變故之際阻兵拒命肆虐讎鄰陛下志在安人尚爲含垢頃令申諭許以自新誠以改過感恩迷

而知復而乃恣情干紀長惡不悛既慝稔而禍盈俾人怨而神怒今戎臣授律睿畧遐宣迫脅者知有所歸忠義者得以自效因利乘勢犄角攻驅固無遺鏃之勞佇見輿尸之變臣職忝藩服授任偏師憤激之誠倍百常品無任踴躍之至

謝潘侍郎到宣慰表

臣伏奉八月二十四日敕陛下以江淮旱歎軫念蒸黎命度支鹽鐵轉運使戶部侍郎兼御史中丞潘孟陽宣諭慰安蠲除疾苦以今月二十九日到臣本州須賜詔書以示恩化臣及官吏百姓等咸蒙聖慈特加存問爰自城邑達於里閭喜氣浮川歡聲被野臣忝守藩服恭承德音荷載寵光跼蹐無地中謝臣聞天覆無私雖幽必燭人心有係惟聖能通伏惟皇帝陛下德冠君臨澤均子愛一物失所如軫於納隍一人不獲載懷於馭朽數求至理懋建大和明命施行率土欣戴臣實庸瑣叨領方隅奉陛下亭育之仁當海濱旱歎之後人多遷徙賦亦逋懸夙夜憂兢冰炭交戰忽承慈旨特降使臣優貸俯及於藩條勤恤徧加於凋瘵以制國用思致於均平以勗庶官俾甄其課效發號

而生靈交暢先春而和氣導迎宇雖廣而煦嫗必周天雖高而感通寧遠臣幸逢昌運薦沐殊私誓將罄竭駑駘上裨萬一無任激勵踴躍感恩之至謹遣討擊副使曹序奉表陳謝以聞

謝恩宣慰并賜手詔表

臣某言押領日本國朝貢使迴伏奉宣聖旨并賜臣手詔寵私累降荷載難勝臣某中謝伏惟皇帝陛下重光嗣聖元德升聞九有來王萬方率職以日本國使遠獻琛贄畢事旋歸言念梯航之勞厚其行李之費恭承詔旨伏見天

慈臣當道發遣素有舊例今則稍加豐備上副懷柔已具別狀分析聞奏

謝手詔許受吐蕃信物表

臣某言奏事官戴誠迴伏奉墨敕慰問臣並以臣所進助山陵材木收納訖及吐蕃東道都元帥尚乞悉羅與臣及邵崇政等信物並蒙聖慈許令收領者殊私累降感抃難勝臣某中謝臣以庸鈍叨膺任寄憑奉聖畧藩守疆陲而亭障無虞戎夷獻款每示綏懷之德願輸臣妾之心昆夷喜附於漢疆禮物遠通於邊將陛下以覆載之廣延納是

宏假其專受之名外示不疑之禮仰承宏貸俯積兢懃今臣及邵崇政所與迴答信物並準詔據舊例量事發遣訖其敬國清巳牒本鎮令勘待報到續具文奏又蒙宸慈特賜答蕃書本宣威示信體遠懷人俾無飾詐之虞實感曲成之道誓當戮力以俟一時永絕虛名乃臣職分無任感荷屏營之至

謝敕書宣慰表

臣某言中使馮仙鶴至伏奉手詔兼宣口敕慰撫臣及將士等聖恩曲被戴荷無階臣某中謝臣謬承驅策盪滅凶殘役未踰時恩無曠日九天之上詔下斯須千里而遙威如咫尺示臣攻守之勢曷臣進取之期斷敵用奇皆憑睿畧指蹤制勝盡出宸衷但當戮力悉心捐軀致命冀申微効仰答鴻私

爲判官郭彥郎中謝手詔表

臣某言監軍使判官馬某至伏奉敕書奉宣口敕慰撫臣及將士等恩彌殊常寵驚無地臣某中謝臣幸承朝命叨佐戎旃無借箸之謀詎申微効有挈瓶之智備守成規戮力彼軍悉心留務雖事皆關白旌旆非遙而職在防虞城

池是切豈謂常憂罪戾忽降綸言每驚寵辱特荷恩私聖澤載覃不遺於細物天書忽降曲賜於賤臣手捧紫泥心馳丹闕以欣以抃戴荷無階上答殊恩百生多幸俯懃微命萬死難酬

請修寫銓選簿書奏

臣伏以銓選之司國家重務根本所繫在於簿書承前諸色甲敕等緣歲月滋深文字凋缺假冒踰濫難於辨明因循廢闕爲弊恐甚若據見在卷數一時修寫計其功直煩費甚多竊以大歷以前歲序稍遠選人甲歷磨勘漸稀其

貞元二十一年以後敕旨尚新未至訛謬縱須論理請待他時臣今商量從大歷十年至貞元二十年都三十年其間出身及仕官之人要檢覆者多在此限之內且據數修寫冀得精詳今冬選曹便獲深益其大歷十年向前甲敕請待此一件修畢續條貫補緝臣內省庸薄叨忝選司庶効涓埃以裨朝典謹具量補年月及應須差選官吏幷所給用紙筆雜功費用分析如前

行宮置寢議

園寢非三代制自秦漢以來附陵置寢或遠或邇則無聞

焉韋元成等議園陵於興廢初無適語且寢宮所占在柏城中距陵不遠使諸陵之寢皆有區限故不可徙若止柏城則故寢已燔行宮已久因以治飾亦復何嫌或曰太宗創業寢宮不輒易是不然夫陵域宅神神本靜今大興荒廢鬻役密邇非幽穸所安改之便

祭權相公文

維元和十四年歲次已亥七月丁丑朔六日壬午尚書戶部侍郎兼御史大夫上柱國宏農郡開國公楊於陵謹以旨酒庶羞之奠敬祭於故相國贈尚書左僕射權公之靈伏以世濟明德天資上才默識中照襟靈洞開言成典誥筆落風雷扣寂窮妙神交思來百代遐騖九流兼該傾詞人之藪澤爲作者之杓魁粤自童年飛聲天下論交請益莫非賢者荏苒藩服發揮文雅遽徹明庭難留諸夏騏驥之步騁於康莊鸞鳳之舞暢於朝野望九霄於瞬息指千里於尋常遵曲臺之講肄修諫省之封章帝曰絲綸代予言語詞之頗僻政亦乖阻爾其專掌爾必師古亟換官榮屢移星序春泉涌溢彩翰飛舞不變澆訛裁成訓誥六官之貳我踐其五朗鏡高懸時髦盡取陶鈞之柄義利求分

詭情異態抑有前聞公之雅素迥拔羣倫知以藏用忠惟愛君將所以懲止誇競儀刑搢紳豈獨辨是非於毫髮較輕重於逡巡而已哉日居月諸或處或出分陝東之憂寄統漢上之師律懋官之典雖荷於朝章福善之徵尚期於陰隲如何不淑大禍俄鍾方佇朝天之慶翻成夢奠之凶歎人倫之殄瘁哀令子之疚窮幸斯文之不泯將千載之爲宗於陵爰自壯年獲承嘉惠以蕭蘭之菲質荷松柏之深契鍾陵攜手禁掖連袂講德談元依仁遊藝平生之恨常嗟離別之多零落之悲何堪衰暮之際嗚呼謀及龜策

言旋洛師風淒晚籟霧偃靈輀收淚舉酒升階致詞儻交情之不昧實神鑒之來思尚饗

韋貞伯

貞伯貞元中官御史中丞

劾吏部銓選不實奏

貞元七年冬以京兆府踰濫解選已授官總六十六人或有不到京銓試懸受官告又按選格銓狀選人自書試日書跡不同即駮放殿選違格文者不復驗及降資不盡或與注官伏以承前選曹乖謬未有如此遂使衣冠以貧乏

待闕奸濫以賄賂成名非陛下求才審官之意

崔元翰

元翰名鵬以字行博陵人舉進士應博學宏詞賢良方正直言極諫科三舉皆甲第累遷禮部員外郎知制誥終比部郎中

爲河東副元帥馬司徒請罷節度表

臣燧言臣聞享其名者必有其實受其賞者必有其功臣以往年奉詔東征田悅尋又伏奉恩命加臣魏博節度使方將收其土地撫彼黎人致天誅以伸威布王澤而施惠不得不居其任何事而辭其後摧敗雖多翦滅則未其賊偷延數刻獨保孤城田悅以潰亂殞身田緒以窘迫歸款聖恩復加宏貸悉復舊封以臣有擒制之所係綏懷之所降附人徒之衆將吏之多特敕別置保寧軍節度仍以臣兼充其使臣又方以勞來爲事實且慰安其心尋屬西討河中内清關輔事殷任重勞力焦神正在憂虞未遑辭讓今臣舉軍還鎮解甲息師況當歉歲未康疲人方困若復虛兼二使別創兩軍職任既繁祿廩逾倍且臣非有收郡邑壁壘之實不宜復加名位非有保城池封畧之才不

宜別開軍府而乃妄爲繁費謬積恩榮在私心懷苟得之羞於國典爲虛受之失伏乞罷保寧節度停臣此使以保寧軍兵馬隸屬河東節度則聖朝有省約之利愚臣減盈滿之憂且臣尊爵大官窮榮極寵何待加茲一職乃爲被以鴻私今保寧河東軍兵馬久同征行以相和協有同一體不必異名頗亦便安伏希裁擇無任悃款之至

第二表

臣某言爲臣之道臣實聞之有難則授命而不敢辭事君無苟安之責已安則避位而不敢處量已無昧進之譏况

福過忌於滿盈任重憂於顛覆臣之所懼孰以爲宜臣少
無材能進非經術因逢屯難遂効驅馳陛下每錄微功累
加高秩皆緣恩澤備盡寵光名列台司位兼宰輔總戎巨
鎭居守舊都比又以東討魏州招降頗重伏奉恩命別以
爲保寧軍節度又以臣兼充其使重以四征羣寇總師諸
軍加臣河東保寧奉誠等軍節度幷管内諸道兵馬副元
帥臣亦欲懷來款附統一攜離以此因循不卽辭避今者
寇戎翦埽區宇混同方將撫綏無事征伐則臣不宜復居
副元帥之任保寧軍將士與河東將士久同居處並以和

寧不必別爲節度伏請停此二使許臣但以河東節度使
鎭守北藩猶有尊官又兼寵祿已爲厚甚不可復加雖尚
偷榮近於量力豈將飾讓於外實爲陳請於中伏乞聖慈
俯垂照鑒臣無任懇款屏營之至

爲河東副元帥馬司徒謝實封表

臣燧言某月日中使某乙至伏奉手詔復以收河中功賜
臣實封五百户通前爲七百户功微賞重恩積生輕報効
何階祇懼惟甚臣某誠惶誠恐稽首頓首臣頃奉詔與諸
道同討逆賊上稟謨算克致誅夷越升官榮眞食户邑且
有後命再荷殊私伏以聖德結於人心皇威加於物表將
帥克宣其力凶逆盡伏其辜此皆國之福也至若分閫作
藩秉旄仗節扞禦患難翦埽寇讎此固臣之職也幸無獲
戾何以爲功爵秩既崇封賞又重絲髮未効涓塵莫施雖
復捐軀豈能上答無任感荷恐懼之至

爲文武百官請復尊號第一表

臣等言臣竊觀前代之盛列辟之英咸保鴻名而崇明號
或配其德或昭其功蓋所以揚耿光彰淳懿而示遠也其
有闇然不耀後嗣何觀蔽而不揚羣臣之罪伏惟皇帝陛

下由正統而臨祚承聖緒而受圖稟高明之姿於天侔博
厚之德於地端教化之本制刑禮之中聲震八區威加六
合運造化之柄靡有不通成陰騭之功衆莫能測是用光
膺聖神文武之號其後雖逢阨運尋睹昌期誠我武之埽
清猶自咎而抑損同罪己之義明愛人之仁羣臣等上順
聖心以成恭德而退懷大懼謂掩全功五年於茲若墜冰
谷方今百職皆理庶績其凝人用咸和俗惟丕變陳師鞠
旅無犯塞之虞封疆畫界無專地之患四海寧謐萬類蕃
滋薄刑溢不寃之辭通賦蒙勿收之惠西成有穰歲之報

南極見壽星之祥靈貺屢加天恩允答豈宜固爲菲薄以掩盛明尊號之崇願復如舊況臣等親奉平明之理久蒙覆露之恩恥德美之不彰憂罪戾之將及伏惟陛下復循舊典俯徇羣心誠天地神祇内外臣庶之所望也臣等無任屏營悃款之至謹詣朝堂奉表陳請以聞臣某等誠勸誠懇頓首頓首謹言

第二表

臣某等言臣等前詣朝堂上表伏願復加尊號奉被還旨未遂懇誠拳拳禺禺不勝大願臣等伏以崇明號昭盛德

爰自中古實爲上儀以至於我祖宗莫不膺茲典禮伏惟皇帝陛下有廣運之德宏覆載之仁燭幽以明威遠以武惠澤之被誠浹洽於八方英聲之揚宜越軼於千古而乃久爲抑損以守謙恭事有曠而不遵禮有缺而未備臣等又以爲不私與已是謂至德有美之而莫敢辭有非之而莫敢隱必推於物而順於人既以徇於羣心又思叶於古帝此皆聖王之事也且夫虛而失實則夸耀而誣質而不華則朴略而固而王度資於潤飾帝者務於恢崇蓋將以法日月之昭明配天地之廣大聳遠人之觀聽兼前代之軌模然後表其全功謂之盡善不可以方當陛下臨位羣臣在庭而使鴻名不彰盛典猶闕既無以光昭衆美又無以丕承舊儀則臣等蒙恥於今獲罪於後實爲大懼敢忘盡規尊號之崇願從羣議伏惟陛下俯回宸睠察納愚誠不惟臣等受恩天下幸甚無任區區懇迫之至謹昧死重詣朝堂奉表固請以聞臣等誠懇誠勸頓首頓首謹言

第三表

臣某等言臣等前再上表請加尊號實以功德俱茂典禮宜崇然而不能鋪陳無以動寤愚誠雖竭天鑒未回臣某

等誠懼誠恐頓首頓首臣某等謹按白武通曰號者功之表也神農有教田事之勤燧人有興火食之利伏羲正五始祝融續三皇人爲之名以美其事其後帝王之盛洎我祖宗之明咸因人心而愼古道雖損益或異其於表功明德一也臣等所以遵有國之令典采上古之遺文察人志於謳謠觀天意於符瑞敢以爲請累表陳誠曩者運丁艱難時或順動陛下思成湯之罪已念周宣之側身去徽號而不稱垂炯戒而自儆應天以德示人以恭聞於蠻貊戎夷告於天地宗廟是故咸知陛下之志慕義而歸仁潛感

陛下之誠垂靈而助順今者君臣和德上下叶心百職畢修庶官以序法令明具教化流行方内歡康天下寧壹四人遵業萬類樂生嘉應休徵神物靈貺形於草木著於星辰而辭之以仁壽未臻至化猶鬱遂使德誠可紀名號未崇不告於明神不示於殊俗將何以知陛下之戡難將何以表陛下之致平下無以威於四方上無以報於九廟其不可一也淳古之至化邈而不追烈祖之威儀廢而不續其不可二也庶正羣官宗室支屬西土耆老太學諸生黃冠之倫緇衣之侶萬衆伏闕彌旬織路而乃不從人心以

違公議其不可三也守謙恭卑讓之志忽光大宏遠之圖臣等誠雖至愚以為大謬伏以恒久之德貞夫一也元始之義善之長也幷包覆露天之大也清淨元默道之妙也睿智之周物不可以不稱夫聖也妙算之無方不可以不稱夫神也行仁義修典法歌詩頌考文章不可以不稱夫文也攘却戎夷戡翦暴逆邊兵以整禁衛以嚴不可以不稱夫武也而合於唐堯乃聖乃神乃武乃文之德臣某等謹稽之乾符叶於古帝侔德澤之廣配功業之崇昧冒萬死伏請上尊號曰貞元大道聖神文武皇帝臣等竭其精誠發於交感庶以回日其能動天無任屏營懇悃之至謹詣朝堂奉表固請以聞臣某等誠惶誠恐頓首頓首謹言

及大會議戶部尚書班宏又請加奉道字故又改其文博施不息而萬物以生推功不宰而萬化以成又合於書之奉若天道之義伏請上尊號曰聖神文武奉道皇帝

第四表

臣某等言臣等去年九月三度詣闕上表請復上尊號懇悃雖竭精誠未通又懼於累塵聖聽是用中輟大願未畢羣心靡寧臣某等誠勤誠懇頓首頓首臣等生逢昌運早列清朝獲睹文明繼迹賢俊亦嘗考前載於史氏訪遺儀

於禮官至於保鴻名尊號之榮昭茂功盛德之美皆烈祖之垂法為累代之成規子孫之所宜丕承臣下之所宜崇奉陛下纂聖緒而臨下遵令典而制中則亦俯從公卿大夫之請允膺聖神文武之號間者陛下以禍亂之故特貶損而自儆以從一時之宜信為恭也今乃欲遂變更而不復以廢先祖之典則若專焉豈陛下或未之思然臣等實以為懼雖欲行陛下之志奈先祖之典法何伏惟陛下因於憂勞深自咎責命祝史告於天地陳圭幣祠於祖宗布於羣臣聞於兆庶固能降開祐之福致感悅之誠咸和以

叶心盡瘁而畢力弼成神造康濟艱難寇逆埽除暴强擾順侯衞奉守屏之職夷狄爲來庭之賓兵戎不興邊鄙不聳文軌同於四海貢賦修於九州至若時候將愆必惟思而内省皇情徵軫遂交感而潛通陰陽和而風雨時年穀熟而財用足休祥數見福應屢臻此皆天地祖宗垂靈錫祉以成陛下之志明無不荅不享之咎也陛下宜承天意以悅神心增修盛儀再加明號崇昭報之禮表恢復之功而辭以仁壽未臻至化猶鬱則若尚懷不足以要天地祖宗雖有固讓之勤而非重請之義且夫號者其來尚矣燧

人神農各旌其事湯以甚武而曰武王迨我祖宗亦崇高古道垂著新法陛下獨爲辭讓以守謙沖則皇王將有媿於前祖宗將不悅於後而帝德是非之辨固有所歸國典異同之文後難以守且陛下本爲炯誡以示敬恭誠謙德也今以先王之道而不敢不法烈祖之訓而不敢不承又謙德之大也若乃守獨善而遺公議執小讓而忽宏規違臣庶之心廢祖宗之典乃所以失陛下之恭德又徒以掩陛下之全功臣等雖誠至愚竊所不取輒敢徵之國典酌於經義取貞者事之幹元者善之長以配聖謨神化之盛文德武功之崇叶紀年之嘉名遵舊號之美稱以如開元故事謹昧冒萬死請上尊號曰貞元聖神文武皇帝伏惟皇帝陛下沛然回慮俯徇羣情然後聖德之光昭元功之茂著後代得揚盛美而鏡至清是羣臣之願也不勝懇迫之至謹復奉表詣闕固請以聞臣某等誠勤誠懇頓首頓首謹言

第五表 爲文武百僚太子少保于頎以下作

臣頎等言臣等伏以尊號未復累表陳情伏奉詔旨固守謙恭臣頎等上擬天地神靈次奉祖宗典法列經義而順

古因人心以從時詞繁而不能陳明誠竭而未蒙察納德美盛而猶蔽憲度缺而莫修罪戾是憂冰炭交集臣頎等誠惶誠恐頓首頓首臣頎等伏以先王之道由大中而可久近古之化以彌文而益彰則守謙而爲恭不如立中而垂法表樸而禮畧不如文明而化光况於文質異時而國家自有制度豈直爲一王之法固以過三代之文其於規模信爲宏遠陛下嗣訓先祖貽謀後聖當踐修以纂承奚變更而廢墜臣等又伏讀詔書曰遐想哲王則自燧人神農殷湯之時有其事也又曰欽若典訓則自代宗肅宗元

宗而上有其儀也又曰所誠者滿所尚者謙守之以誠期於終始臣等以爲去鴻名而貶損謙之始也遵舊典而奉承謙之終也造次而未嘗違於禮守之以誠也敬恭而無或蹈於專所誠者滿也又曰虛美崇飾所不敢當伏惟皇帝陛下恤人之心動天之德致理之文戡難之武功著於頌聲光於史氏上有其實無虛美之謙下盡其誠非崇飾之僞又曰勉一乃心共康庶政曩者公卿大夫侍御攜僕或從扞牧圉或備持戈矛蓋有同力之誠而無離德之閒今者四嶽羣后九土庶邦外自藩維內及宗室黃髮耆

老青衿諸儒或僉以同辭或遠而抗疏一心之効也羣材序進百職交修烽燧不驚兵戎以息鑽鑿不用獄訟以衰六氣和而風雨時五穀昌而倉廩實庶政之康也誠由敎化以致雍熙自當冠於皇王寧復謝於堯禹宜加明號以表成功陛下雖以爲辭臣等未知其說又伏奉詔旨令臣等斷表伏以君親一致臣子一例而春秋之義以王父命辭父命不以父命辭王父命則臣頎等得遵先帝之典以違陛下之詔謹冒昧萬死伏請復上尊號如前不勝惶懼懇迫之至謹復詣朝堂奉表固請以聞臣頎等誠惶誠恐誠勤誠懇頓首頓首謹言

第六表

臣頎等言臣等今月七日所上表昨十五日下詔旨如初辭讓愈固臣等感謙沖於盛德而私有舊典曠廢之憂懼煩瀆於聖聽而內懷微誠懇迫之切進退兢惕不知所措臣頎等誠惶誠恐頓首頓首臣頎等伏以爲事貴舉其中立名惡浮於實得其中不宜變之而失正有其實不必避之以爲恭況以祖宗之矩儀國家之典制陛下道尊敎備德博化光奚取於貶損而自卑朴畧而太簡者也昔漢宣

帝謂元帝曰我漢家自有制度諸葛孔明誡其主曰不宜妄自菲薄前史載之詳矣幸陛下思之臣等又爲執小讓之賢不足以方得禮合度之善去鴻名之敬不足以補變法改作之專陛下行之將何所守伏以高祖受茲明命歷代承以聖德至陛下又有下武繼文重熙累盛之美不可謂德之不嗣也躬上聖之資合至神之化戡禍亂制夷狄之武修禮樂垂憲度之文不可謂實之不孚也比年以來俗化斯厚人少犯法吏無舞文獄犴將空桎梏不用可謂人皆遷善豈曰俗未勝殘若固辭之所未悟也況於尊號

之美陛下已受於初去之既由於艱虞復之宜因於康靖若示其罰不旌其功何以知區宇之削平何以知宗廟之紹復似非陛下之本意但自欲改先祖之遺儀耳內外臣庶跋履山川思報主恩誓雪讎恥亦欲攄其宿憤表其成勞陛下猶掩鴻名不彰其事則此等有如未盡不以爲歡倘陛下以自咎責之心尚或未弭則羣臣不能匡輔之罪是亦未除將何以蒙陛下之恩私將何以受陛下之爵賞君猶含垢臣以偷榮羣下之情必深反側又無以示於萬古無以威於四夷皆非遠圖且乖大體臣等懷此數者恨

恨而不能自安謹冒昧萬死重違詔旨伏請復上尊號以如前表伏惟皇帝陛下思聿修無念之言顧屈已從人之義再膺大典俯徇羣心因來月謁太清宮太廟郊祀上帝遂以告祠實臣等之至誠實臣等之厚幸不甚惶懼懇迫之至謹復詣朝堂奉表固請以聞臣等誠惶誠恐誠勸誠懇頓首頓首謹言及大會議國子祭酒韓洄請歷數近日徵應祥瑞故又改其文如後表又伏見陛下以今年四月以來方當雩祭之修而有旱備之請纔愆期而未害於物深軫念而將恤其人氣潛通而交感以和澤旋流而滂霈思遠由是風雨時而霜雹不降稼穡茂而蝗螟不生農功以成年穀大熟休祥數見福應屢臻仁木連理而垂陰嘉禾同穎而挺秀壽星舒景炎之盛芝草布葩英之重白麞凝彩而雪暐蒼烏取象於天色將徧於郡國相繼於歲時右具如表

爲百官賀舒州甘露表

臣某等言伏見舒州奏懷寧縣界天柱山東南谷寺降甘露今月五日下尚書省者臣等謹按皇王以來圖牒所載皆以爲天地之合神靈之精感中和之茂育彰太清之至理故鶡冠子曰聖人之德上及太清下及太寧中及萬靈則甘露下禮曰天不愛其道地不愛其寶則甘露降伏惟皇帝陛下元化醇茂沐澤汪洋合覆幬持載之功配高明博厚之德恩加羣物禮及百神可謂同符實如前載又據

舒州刺史宇文適所奏云天柱山者柱石之象也表山岳之靈懷寧縣者寧謐之義也表懷柔之理伏以遠夷懷恩輔臣納忠觀其所言信而有理臣等親聞聖政獲覩殊祥無任

與常州獨孤使君書

月日崔元翰再拜上書郎中使君閣下天之文以日月星辰地之文以百穀草木生於天地而肖天地聖賢又得其靈和粹美故皆含章垂文用能裁成庶物化成天下而治平之主必以文德致時雍其承輔之臣亦以文事助王政

而唐堯虞舜禹湯文武之代則憲章法度禮樂存焉皐陶伯益伊傅周召之倫則誥命謨訓歌頌傳焉其後衞武召穆吉甫仍叔咸作之詩並列於雅孔聖無大位由修春秋述詩易反諸正而寄之治而素臣邱明游夏之徒又述而贊之推是而言為天子大臣明王道斷國論不通乎文學者則陋矣士君子立於世升於朝而不繇乎文行者則僻矣然患後世之文放蕩於浮虛舛馳於怪迂其道遂隱謂宜得明哲之師長表正其根源然後教化淳矣閣下紹三代之文章播六學之典訓微言高論正詞雅音温純深潤

溥博宏麗道德仁義粲然昭昭可得而本學者風馳雲委日就月將庶幾於正若元翰者徒以先人之緒業不敢有二事不遷於他物而其顓蒙樸騃難以為工抗精勞力未有可採獨喜閣下雖處貴位而有仲尼誨人不倦之美亦欲以素所論撰貢之閣下然而未有暇也不意流於朋友露其蚩鄙而乃盛見稱歎俯加招納顧惟狂簡何以克堪今謹別貢五篇庶垂觀察儻復褒其一字有踰拱璧之利假以一言若垂華袞之榮不宣元翰再拜

判曹食堂壁記

古之上賢必有祿秩之給有烹飪之養所以優之也漢時尚書諸曹郎太官供膳春秋時齊大夫公膳日雙雞然則天子諸侯於其公卿大夫蓋皆日有饔餼有唐太宗文皇帝克定天下方勤於治命庶官日出而視事日中而退朝既而晏歸則宜朝食於是朝者食之廊廡下遂命其餘官司洎諸郡邑咸因材賦而興利事取其奇羨之積以具庖廚謂為本錢雖有遺法列曹掾史之於郡上丞諸曹郎推本其位又諸侯大夫之比其有食也於古義最為近之凡聯事者因於會食遂以議政比其同異齊其疾徐會斯有

堂矣則堂之作不專在飲食亦有政教之大端焉越州號為中府連帥治所監六郡督諸軍視其館轂之衝廣輪之度則彌地竟海重山阻江銅鹽材竹之貨殖舟車包篚之委輸固已被四方而盈二都矣其人處險而怙富易擾而難理事之紛錯差於他州而亞於荆揚幽益諸府舊矣故其設官之制劇曹皆二人而紀綱之職亦分為兩以統其事以其府署之內建旆設旄之盛飛纓薦紳之衆堂皇閈閎之壯而食堂之制陋而不稱期年故太子少師皇甫公來臨是邦始更而廣之居麗譙之西偏背崇墉以南嚮而

其棟梁梠桷則皆松柏梗楠縱施五筵衡容八几洞以二門挾以四牕有爽塏之美無濕燠之患頤神寧體君子攸處後二歲而御史大夫崔公爲之備食器增食物虞人之獻禽者必分焉故其鼎俎有芻豢之羊豕田獲之麋鹿鱉蚤鮐魮之異橘柚筍蒲之新庶物豐矣由飲食以觀禮由禮以觀禍福由議事以觀政由政以觀黜陟則書其善惡而記其事宜在此堂乃列其名氏繫以年月敘之於後各以其職相從云

右補闕翰林學士梁君墓誌

唐右補闕翰林學士皇太子諸王侍讀史館修撰梁君諱肅字寬中其先安定人繇漢魏已降至於隋氏世有爵位家貴門盛刑部尚書邯鄲公曰毗君之五代祖以至於唐朝散大夫右臺侍御史趙王行臺記室宜春公曰敬實公之高祖朝散大夫右臺侍御史曰愕君之曾祖祖昱終於莫州任邱令父逵止於司禦率府兵曹參軍事安卑於燕薊避亂於吳越故其世少衰焉君嘗爲司禦府君靈表以表其墓自敘其世系甚備公建中初以文詞清麗應制授太子校書請告還吳相國蘭陵蕭公薦之擢授右拾遺修史以太夫人羸老有沉痼之疾辭不應召其後淮南節度使吏部尚書京兆杜公表爲殿中侍御史内供奉管書記之任非其所好貞元五年以監察御史徵還臺於是備諫諍而侍於大君傳經術而授於儲后典文章於近署垂勸戒於東觀授赤紱銀印之錫聞者榮之九年冬十有一月旬有六日寢疾於萬年之永康里享年四十有一詔贈禮部郎中賻以布帛十年春正月二十八日葬於京師之南小趙村之原子徽之宏之俱未冠嘗學文矣幼子未名小字振振夫人京兆韋氏抱之以繈從其輤車哀感行旅嗚

呼君之寓於江南年十六而先府君歿事祖母以至孝聞在羈旅之中當離亂之際貞固而未嘗忘於道廉讓而未嘗虧於義年十八趙郡李遐叔河南獨孤至之始見其文稱其美由是大名彰於海内四方之諸侯洎使者之至郡吏遣招辟而賓禮之其升於朝無激訐以直己無逶迤以曲從不爭遂以務進不比周以爲黨退則澹然而居於一室傲遺乎萬物貫極乎六籍旁羅乎百氏考太史公之實錄又考老莊道家之言皆覩其奥而觀其妙立德玩詞以爲文其所論載諷詠法於春秋協於謨訓大雅之疏達而

信須之寬靜形焉博約而深厚優游而廣大其三占之遺
有文集三十卷爲學者之師式嘗著釋氏止觀統例幾乎
易之繫辭矣前後五歲職必更於清顯擢必首於俊造歿
之日位未及於褒贈之典然而天子憯怛悼痛恩有加焉
假之以壽則將有器使之寄柄用之重是直屈於短天而
無命非不遇也執友博陵崔元翰哀之乃爲銘於墓門識
其邱隴銘曰
懿文德垂典則以藻身又華國命之短哀何極

欽定全唐文卷五百二十四

雍維良

維良信都蓨彊人貞元初官殿中侍御史內供奉遷主客
員外郎倉部郎中

對文可以經邦策

問三雄鼎立四海瓜分魏氏獨跨於中原孫劉割據於南
土五勝更襲唯受命以當塗四大居尊咸仗義而稱帝二
十八宿指躔次於何方三十六郡列封疆於何所醇化懿
綱非無寬猛之規愛國治人自有弛張之度皇祖考並

建鴻名眇眇子孫俱聞失德爲功業之厚薄而存亡之後
先至如獻納忠規縱橫武節既自方於樂毅或見比於張
良各有其人詳諸史傳所行事迹咸請纏陳
對天命靡常地變其宗三雄鼎據分割乾坤或利近江海
銀銅之湊或邑居河洛桑梓之餘用能仗風雲釆松竹開
物成務廣運靖人至如仰緯星躔傍分列郡成都應乎井
絡建業開於斗牛若乃發跡譙墟圖光畢昴竟能一紫宙
之意兆黃精之符然而物運弛張得失成敗此關諸天意
也諒非人事也豈功業之厚薄何存亡之先後長想前修

載述古跡且爲人臣者善指事之要專切直之言然則荀氏之比張良沈機已迅葛侯之方樂毅希古自高俱能明允克誠興光大化代收其器人獻其謀覿國以取肅軍容退惡以力扶王室其理甚博厥美惟先畫爲九州時更七代徒勤短思有媿縷陳謹對

穆質

質懷州河内人舉賢良方正累擢給事中改太子左庶子出爲開州刺史

論喪服疏

臣聞三年之喪自天子達於庶人漢文帝以宗廟社稷之重自貶乃以日易月後世所不能革太子人臣也不得如人君之制母喪宜無厭降惟晉既葬公除議者詭辭以甘時主不足師法今有司之議虧化敗俗常情所鬱夫政以德爲本德以孝爲大後世記禮之失自今而始顧不重哉父在爲母期古禮也國朝服之三年臣謂太重唯行古謂得禮

論服墨衰疏

太子於陛下子道也臣道也君臣以義則撫軍監國有權奪父子問安視膳固無服衰之嫌古未有服衰而廢者舒王以下服三年將不得問安視膳耶太子舒王皆臣子也不宜甚異且皇后天下之母其父母士庶也以天下之母爲士庶降服可也太子臣子也以臣子爲母降可乎公除非古也入公門變服今期喪以下慘制是也太子晨昏侍非公除比墨衰奪情事緣金革今不監國撫軍何抑奪耶子之於父母禮異而情均太子奉君父之日遠報母之日少忍使失令名哉

對賢良方正能直言極諫策 問陸贄作

問皇帝若曰蓋聞上古有道之君垂拱無爲以臨四海不理而人化不勞而事成星辰軌道風雨時若邈乎其不可繼何施而臻此歟三代以來制作滋廣異文質之變明利害之鄉威之以刑道之以禮敦其俗而彌薄防其人而益婾豈澆淳必繫於時耶何聖賢間生而莫之振也朕祗膺累聖之業猥居兆人之上虔恭刻勵如恐墜失憂濟庶務夕惕晨興永惟前王之典謨是憲是則師大禹以崇儉法高宗以求賢興夏啟之征作周文之伐旌孝悌舉直言養高年敦本業平均徭賦黜陟幽明勵精孜孜勤亦至矣然

而浮靡不革理化不行暴亂不懲奸犯不息五教猶鬱七臣未臻卿黨廢尚齒之儀烝黎無安土之志賦入日減而私室愈貧廉察日增而吏道愈濫意者朕不明歟勢不可歟何古今之事同而得失之效異也思欲刻革前弊創立新規施之於事而易從考之於文而有據備陳本末將舉而行無或憚煩畧於條對自頃陰陽舛候祲沴薦興仍歲旱蝗稼穡不稔上天作孽必有由然屢爲凶災其咎安在傳曰時之不乂厥罰恒暘又曰堯湯水旱數之常也二者相反其誰云從今人靡蓋藏國無廪積朕屢延卿士詢訪讜猷至乃減冗食之徒罷不急之務既聞嘉話亦已遵行而停廢之餘所費尚廣欲轉輸於江徼則遠不及期將糗粟於關中則擾而無獲節軍食則功臣懷怨省吏員則多士靡歸中心浩然罔知攸濟子大夫藴蓄才器通明古今副我虛求森然就列匡朕之寡昧拯時之艱災畢志直書無有所隱

對臣聞帝王之理殊塗而諫諍之道一致五諫之要同歸而直諫之用爲急今朝廷之不聞直聲久矣伏惟陛下採唐堯師錫之義降禹湯罪己之詞詳延直臣博求失政自

近古以來憂勞思理未有如此其至者且何患乎不得爲堯舜而已若欲陛下之德與天比崇欲陛下之名與天無極斯乃天之意也臣之志也不然者臣當退從作者七人之八耳孰爲來哉制策曰上古有道之君垂拱無爲以臨四海不理而人化不勞而事成星辰軌道風雨時若邈乎其不可繼何施而臻此歟三代以來制作滋廣異文質之辨明利害之鄉威之以刑道之以禮敦其俗而彌薄防其人而益媮豈澆淳必繫於時耶將聖賢閒生而莫之振也臣聞三皇以道化五帝以德化故曰修己以安百姓垂衣而化天下天何言哉帝何力哉無爲而已遂性而已至道既往至德寖衰而三代之主先之以禮義故有法度之制質文之變高其隄防崇其刑辟不臻大化迄可小康上古之君三代之主教道既異勞逸自殊則知理之盛衰皆德所致效在德有優劣非時有澆淳繼三代者其降殺可知矣制策曰朕祗膺累聖之業猥居兆人之上虔恭刻厲如恐墜失憂濟庶務夕惕晨興臣聞舜禹日兢湯武日業皆前代帝王之所以爲理憂勤之至也臣竊聞陛下憂勞大道勤績庶務無大無小必躬必親靡不關心靡不經手勤

亦至矣憂亦至矣然神太用則竭形太勞則弊古人云人生處代如白駒過隙耳何忽自苦如此又陛下一則罪己二則罪己若然者復何用宰相乎何用有司乎制策曰永惟前王之典謨是憲是則師大禹以崇儉法高宗以求賢興夏啟之征作周文之伐旌孝弟舉直言養高年敦本業均平徭賦黜陟幽明厲精孜孜勤亦至矣然而浮靡不革理化不行暴亂不懲姦犯不息五教猶鬱七臣未臻鄉黨廢尚齒之儀蒸黎無安土之志賦入日減而私室愈貧廉察日增而吏道愈濫意者朕不明歟勢不可歟何古今之

事同而得失之效異也思欲刻革前弊創立新規施之於事而易從考之於文而有據備陳本末將舉而行臣聞事不師古以克永世匪說攸聞陛下追惟前王之典謨是稽古之道也然陛下師古爲理也欲何爲乎爲皇乎爲帝乎爲王乎驅天下之人欲令歸忠耶歸敬耶歸文耶漢文帝以清淨爲宗近稱刑措漢宣帝以刑名律下亦謂中興自古以來未有不舉綱而目正不澄源而流清者矣此亦陛下熟聞之矣是憲是則之宜更申明之使在下者有所趨也臣聞大禹稱三王首者以其卑宮室菲飲食裕人克己儉之至也其道堙沒不嗣久矣惟陛下獨能師而行之苟綸言之可復則天下之可化所謂其身正不令而行其身不正雖令不從者也臣聞自古求賢各以類至三皇師其臣五帝友其臣三王臣其臣取其師之禮黜位而朝之取其友之禮以身先焉取大臣之禮以皮幣先焉陛下欲爲皇則行事師之禮欲爲帝則行取友之禮欲爲王則行取臣之禮自昔哲王則有感夢而行傅巖惟肖則有協卜而出渭濱親載則有卑辭以厚禮湯命五返於處士則有可就不可屈備獨三顧於草廬此皆陛下備聞之矣臣竊見

國家取賢之道其禮部吏部失之遠矣則制策之舉最爲高科以臣言之不得無弊且陛下弓旌不出元纁深藏無聘問之先有投刺自媒者無軟輪之禮有躡蹻而來者支離於京闕會計於有司又廣張節文妄設條格禁禦約束鄰諸盜賊防賢之意甚於防姦崎嶇困辱曠日永久然則一覩天顏一承聖問臣恐皇王佐畧不可由此而致也今之所得者乃臣輩瑣瑣者耳彊名曰賢賢者固如是耶厚顏包羞臣竊自笑則高宗求賢之意似或不然此乃國家最弊之務伏惟陛下加恩重而慎之陛下文可經天地武

可定禍亂我武載張則河壖亡命之寇旣以指朝自滅我文載修則淮瀕逋逃之醜可以不日自來道冠古今功格上下夏啟周發曾何足云陛下旌孝弟而孝弟未能化人旌之未得其實也舉直言而直言未得上達舉之不得其人也養高年則廢禮已久未有聞焉敦本業則失農者多鮮有勸者平均徭稅而怨嗟日生姦贓之吏未去也黜陟幽明而善惡同貫考課之法未精也陛下師從儉之遺訓則浮靡何患不革前王之典謨必用則理化何患不行行則暴亂懲姦犯息然後禮義可浹而五教自宣矣七臣者

豈非孝經所謂天子有諍臣七人乎今朝廷列官致位有以諫爲名者左右前後拾遺補闕其數甚衆不止七人使陛下有未臻之歎其過將有所歸矣以陛下養高年之禮著於上則鄉黨不廢尚齒之儀均徭之法行於吏則蒸黎有安土之志安土則樂業樂業則務本務本則興農興農則家給家給則賦不減而人不貧矣吏道愈濫者吏不精也臣竊見吏部課最者遺其實以資歷爲優試材者失其本以書判爲上加以檢驗滋章簡牘繁揉瞶眊淹滯吏緣爲姦事壅於上權移於下胥徒末品得擅官府所以財賄

公行不殊市道量職求直價若平準然古則爲官擇人今則爲財擇官反古害今其弊如是又有通經之目試文之科不同歸於吏部選之至於此雖廉察日增固不及也若刬革前弊明詔固當洊行創立新規微臣以爲不可且烈祖之憲章未改前王之法度粲然德輶如毛在克已而已何必改作然後成功因人之欲順天之時則易從行古之道得理之中則有據制策曰自頃陰陽舛候祲沴洊興仍歲旱蝗稼穡不稔上天作孽必有由然屢爲凶災其咎安在傳曰時之不乂厥罰恒暘又曰堯湯水旱歲之常也二

者相反其誰云從人靡蓋藏國無廪積朕屢延卿士詢訪謀猷至乃減冗食之徒罷不急之務旣聞嘉話亦已遵行而停廢之餘所費猶廣欲轉輸於江徼則遠不及期將搜粟於關中則擾而無獲節軍食則功臣懷怨省吏員則多士靡歸中心浩然罔知攸濟臣聞旱蝗者稽諸洪範爲言不乂之罰也言之不乂令之不信也言者西方金也金失其性爲木所傷木東方少陽古云陽騰所以爲旱陽旣亢極氣又鬱蒸是則介蟲爲孽螽斯爲害臣見比年旱魃爲害已甚矣則洪範之徵亦明矣無乃陛下詔令不信乎抑

又聞軍旅之後必有凶年其握兵者不本乎仁義貪於殘戮人用愁苦怨氣積下以傷陰陽之和也則國家兵先於河北河北旱蝗隨之次及河南河南旱蝗亦隨之次及關中關中又蝗旱旱既仍歲蝗亦比年無乃陛下用兵者不詳其道也臣謹稽古典參於歷代禳除異術祈禱多門至若貶食省用稼穡圭璧求邪於幻術覬福於釋流土龍矯首於通衢羣巫分袖而鼓舞此又從人之欲也至若兩漢舊儀三公當免卜式著議宏羊可烹此又一時之事也然俱非救旱之本去災之道則有一郡一邑一宰一牧勤恤

人隱精達神明或以身禳或以心禱蝗且出境旱不爲災牧宰之微尚或臻此況陛下尊爲天子德爲聖人神動而天從氣使而時變至誠所感何往不通臣伏見陛下去年八月二日所下德音避正殿而不居損常膳而不御議獄緩死掩骼埋胔詔文始書害氣將究詔書始下和氣自生故不旬朝之間凶渠殲殄兵革偃息甘雨薦降氛災自銷天之監人也明矣速矣然則陛下之德有以動天天且不違況於鬼神乎若堯湯之災陰陽之數此則先儒之言略矣小臣不敢傳疑惟洪範之徵信也謹而言之陛下鑒之

可也臣聞堯之水湯之旱而國無捐瘠者蓄積多而備先具也今國家或時不雨一歲不登堯湯比之懸矣人至困竭國爲空虛者備之不早頃所以賦斂無極怨讟日盈權須詭求朝令夕具豈不以兵食乎今蒲同勞師既還關輔生人纔息不急軍食不煩軍須則搜粟關中重擾未可轉輸江徼雖遠可期關兵食以廩儲雖節食猶慮費用者多則功臣何因而懷怨擇賢才以實官雖省員猶慮曠職者衆則多士何憂而靡歸臣聞方内之理亂由君上之所執上有所執則下有所守臣竊觀國理似或不然無可久之

圖無常備之制用無本末舉無條綱任運而行應急而化若虛舟之觸用濟江河如亂絲之棼望成綸綍所以遇運則福至遇厄則禍生遇歲惡則勞遇歲豐則逸坐迎天命不關人謀聖心浩然罔知攸濟者乃彝倫不敘之故制策曰子大夫蘊蓄才器通明古今副我虛求森然就列匡朕之寡昧拯時之艱災畢志直書無有所隱此乃陛下厚禮衆君子之意微臣曷足以當之若臣者生爲唐人馬牛之齒甫以壯矣道不得行身不得遂陋矣賤矣與螻蟻何異然詩書天人之際皇王經緯之道三墳六經九流百氏前

人沿革之要歷代興亡所由旣嘗經之於心頗亦備之於學雖未之究可畧而言至若時政之損益任賢之得失刑辟之有輕有重生人之或利或病臣又耳或有所妄聞身遠與寡莫爲之先且無因至陛下言之爾皇天后土宗廟社稷實宜知臣之心每用憤發悃款隱憂惕聽激於肝血藏於骨髓思有以一陳之久矣蒙陛下開天地之德降雷雨之施深詔執事旁延郡國俾有賢良方正直言極諫之舉臣也幸苟有志人乃舉之此亦上天降祐皇唐使陛下錫臣此便得有路盡言之於上也若賢與良則臣豈敢惟

諫與直或有可觀言不直諫不極是微臣不忠之罪孤陛下虛聽之德也至如忌諱挾誅誹謗附律脯醢淫戮鼎鑊濫刑此乃昏主暴君亡國之具亦陛下之所明知故臣不復有虞於聖朝耳是故竭慮極愚指陳其切是耶納而行之非也容而宥之所謂言之無罪聞之者足以戒也謹對

對雙耦射判

庚爲士雙耦射御於大夫或非之越次辭云非害禮文

將欲觀德式崇講義所以大射有諸侯之禮五善標六義之首惟庚是時謬（疑）其盛禮疾徐得中應采蘩之節揖讓而進忝大夫之耦旣而心平體正儀備樂和雖不爭而爲仁亦發彼而有的且尊卑異等在法典而則然德義同歸豈班列而爲聞庚爲稽古或乃謏聞

與僧彥範書

某偶忝名宦皆因善誘自居班列終日塵屝却思昔歲臨清灘蔭長松接侍座下獲聞微言未知何時復遂此事遥瞻水中月嶺上雲但馳攀想而已和尚薄於滋味深於酒德所食僅同嬰兒所飲或如少壯常恐尊體有所不安中

夜思之實懷憂戀

韋執中

執中京兆人河南縣令歷泉州刺史

海人獻冰紈賦 以四夷卽敘海不藏珍爲韻

憬彼員嶠兮阻夫窮海厥貢冰紈兮備諸渥彩產非中夏故致用之所資來自殊方表懷人之斯在然則蠶雖土育紈實人力稟鱗角以成質則或屈或伸因冰雪以爽容而匪雕匪飾作九服之上貢應五方之正色雖寒暑鱗次必藉至陰之時而風土所宜則異中和之域旣生旣育是準

是則諒因時之所致實希代之莫識所美夫得之斯難所貴夫遠而能卽亦由我后洪化浹洽淳風遐被方五帝而可六比三王之可四是使貢獻遠物德格異類爰發跡於僻界肆涉遐而執贄獻土地之所生攜筐篚之云洎亦旣覩止俟其孔臧不灼不濡將火鼠以比義或朱或綠豈槿花之足方旣同練雲繚繞而交映又似仙花曄煜而含芳閒袞龍以發色集黼黻以成章昔包茅不貢昭周室之壞法今冰紈入獻覩邦家之耿光非夫混一車軌茂育華夷何則不遠其遠獻茲在茲旣有勞於跋涉亦多歷於歲時

標爲貢首雖一時之可不獻於君所知四方之咸熙是則其求匪易其用何珍儻見加於翦拂庶暉光之日新

白雲無心賦 以山川出雲天實爲之爲韻

英英白雲合莫爲質義則難究覽之不一觀其發雖有類於知機稽其理乃無心而自出蓋元造之潛運而神功之陰騭時止時行或徐或疾結自元氣生乎羣山將離兮孰制而合旣往兮孰召而還非欲恢宏自覆乎大荒之際焉知酌損不逾於膚寸之閒徒見其紆餘上漢繚繞飛天形不常而屢易居靡定而頻遷謂變通之不倦將有至於必然斯乃生有於無假虛爲實勢乍分於逐火色暫渝於帶日油油裔裔雖在空而可觀杳杳冥冥考攸往而無必觸石蒼野揚埃白泉不恒厥所有開必先搖颺縈空滅烟光於遠嶠輪囷委地雜波景於遙川氤氳氛氛或聚或分其散也氣其興也雲忽羡溢以洪舒若練之曳乍縈紆而交錯如絲之棼所謂化於無象著於無爲匪知咎於進退惟契道而推移夕隨重陰則黯以霮䨴晝混陽景則煥然赫曦歘上騰而蓊蔚俄疊影以參差旣有遇而必變則無心兮可知然則陰陽不測天實爲之不然者雷何憑而隱隱

雨何施而祁祁雖思慮而不假何卷舒以應時儻帝鄉之可陟何自致兮在茲

欽定全唐文卷五百二十五

羅讓

讓字景宣舉進士對策高等累官散騎常侍除江西都團練觀察使兼御史大夫卒年七十一贈禮部尚書

樂德教胄子賦 以育材訓人之本爲韻依次用

至樂之極兮德教所畜德者體中和而定剛柔教者正情性而端耳目既垂法於國胄亦布政於方族四術允正三明祇肅所以明俊選之標表所以致才賢之蘊育比師嚴而道尊信仁行而禮復樂正初協司成理該被其風而道

其志滌其濫而釋其回持筋骸以固束刷性靈而洞開德義可依異射宮之取士程準斯在同梓人之理林樂且致之行之廣運內無聲以是託表中庸以垂訓在敬遜以務時資端慤而待問斯乃成性所臻斆學相因既廣博而克已抑直易以藩身不待考擊兮教備無假拊搏兮行醇以道應物以樂和人事且符於米廩義且暢於成均將俟乎綺紈之子率變何患乎膏粱之性難馴苟以我於木鐸爾宜必誠必信苟以我於藻鏡爾寧不智不仁庶居之也洩洩諒誨之乎諄諄在聲音之道兮以律度是維諧和是司在德教之術兮以友敬爲儀忠孝爲師固舍彼而取此念鑽之而仰之足使放心精正體道希夷罷鏗鏘於師氏識明命於后夔寧鼓篋而徒至必摳衣以慎茲俾行乎鄉黨尊尊長長俾立乎黌塾庸庸祗祗夫然則寬愿者日益簡傲者日損習語舞而殊源敦詩書而異壼斯教也教之至誠天下之本

耿恭拜井賦 以感通厚地神欲甘井爲韻

昔耿恭躬受斧鉞志清煙塵奮長策以討虜由至誠而感神於是堅疏勒之壁依澗水之濱據以爲備期乎來賓既

而匈奴奔敗而伺隙澗泉壅絕而不至雖礪乃戈矛而渴我將吏遂乃處孤城而穿井窺重泉而闕地深餘十丈曾無一勺之多職長千夫幾敗三軍之事困不見其成績憤將達於精意俄而外整衣服中懷果敢推赤心於神祇禱素液於坎窞拜未及起叫天以無辜言未及終觸地而有感閟其質若俟仁人發其蒙俄成澹淡灌濯執熱祛除積慘明矣大漢士卒所以歸心惕爾羣胡君長於焉破膽乃知以精誠激物何物不覃以忠烈靖難何難不戡自我而來且見不虛其請由中而出孰云先竭其甘是日也飲人

如醴帝教勃焉而光啟蕩寇之功將畧忽爾而元通如惔如焚既洌清而可食一拜一起遂奮沸而無窮斯乃道靡不宏虛無不有諒歸之於感激豈閒之於博厚所以貳師至境決泉脈於喬嶺校尉臨邊發水源於督井疲羸因之盡濟狂孽由之遠屏則知在物無必至誠有孚如聲之響如形之影

井渫不食賦

有浚其井當時未知功已成於岸甃道尚失於缾羸潤氣寧發潛源且卑此遇鑒明而足用彼將心惻以何為蓄利

惟多含清信久幸可溉於鼎鑊惜無施於綆缶塗泥既去方應用以虛心汲引攸難希有成於假手况復桐色無點桃陰不生思輒輸其涓滴望無廢於澄泓同美玉於斯將沽有待比嘉肴不食其味焉呈蓋由混衆雖分處幽多棄盥漱無及空知洌彼下泉顧盼可期猶謂居之善地淵然日久望是光臨懼以名徵想貪泉尚酌登諸薦品豈行潦獨任屬時非於踈勒惜地異於漢陰願先竭以當仁期分甘苦俟一窺而見愛焉測淺深噫夫穿鑿多勤鑒臨斯及佇將成於匆幕恐致變於改邑因以繼綆可施一勺可挹實有備於烹飪之日惟夫深知而用汲

對才識兼茂明於體用策 元和元年四月二十八日

問皇帝若曰朕觀古之王者受命君人兢兢業業承天順地靡不思賢能以濟其理求讜直以聞其過故禹拜昌言而嘉猷罔伏漢徵極諫而文學稍進匡時濟俗罔不率繇厥後相循有名無實而又設以科條增求茂異捨斥已之至論進無用之虛文指切著明罕稱於代茲朕所以歎息鬱悼思索其眞是用發懇惻之誠咨體用之要庶乎言之可行行之不倦上獲其益下輸其情君臣之閒驩然相與

子大夫得不勉思朕言而茂明之我國家光宅四海年將二百十聖宏化萬方懷仁三王之禮靡不講六代之樂罔不舉漏澤於下升中於天周漢已還莫斯為盛自禍階漏壞兵宿中原生人困竭耗其大半農戰非古衣食罕儲念茲疲甿未遂富庶督耕殖之業而人無戀本之心峻榷酤之科而下有重斂之困舉何方而可以復其盛用何道而可以濟其艱既往之失何者宜懲將來之虞何者當戒昔主父懲患於晁錯而用推恩夷吾致霸於齊桓而行寓令精求古人之意啟迪來哲之懷眷茲洽聞固所詳究又執

契之道垂衣不言悉之於下則人用其私專之於上則下無其功漢元優游於儒術盛業竟衰光武責課於公卿峻政非美二途取捨未獲所從余心浩然益所疑惑子大夫熟究其言旨屬之於篇興自朕躬毋悼後害

對臣聞千變萬化聖帝哲王聲烈遐戴者無他中心無爲以守至正而已矣以謀大化而已矣伏惟皇帝陛下垂拱六極始初清明丕揚累休渙發于詔啟天宇而遡古薰至和以拯令咸懷浸沉罔不濡澤誠至正也誠大化也猶復乃遠乃近乃左乃右旁求下問舉薦奔走履眾美而不顯

儲神明其如遺銓邦政之肥瘠鏡人事之善敗優游紬繹以循始終外其牽制常其忌諱恢恢乎轢轥百王之獨致也臣愚智能淺薄不明大體時用之宜術業暗昧不充才識兼茂之稱徒冒萬一觸罪以聞臣伏讀聖策首陳禹拜漢徵之旨求索真之要臣聞上古之君薰能同和不敢自是必求讜諫以諭缺敗用心之過則薄弊其人言之失中則寬容無虞使人上得其情下得流通也後代帝王雖有作者道或外是已實內非言之或臧寥寥無聞言之或違隄防斯至雖科條增設適足張其亂目矣叩擊切害適足寵其直聲矣聞之失得君之効歟今陛下躬神聖之資痛源流之塞較量至當加迪來今黜退姦邪資謀體要誠猜雄者之所共遠亦狹隘者之所共難凡曰智臆是皆聳實詳近語直之幸也伏見聖策咨問兵戰商農之道臣請指事而言之臣聞兵者以謀全以氣勝以謀全制度爲神耳得其數則威令格物少能成功失其數則黷武無別多益爲弊寖用不制刑于寓內今國家自兵興以來僅數十年生物以之暴殄人情以之盩達殆握兵者建置失其道歟何者天下之甲兵其數則不廣屯置散地且或至半而兵

柄之臣率好生事不思戢伏貴弄威名則有崇廣卒徒之員聚攡尪闒之羣厚斂殘下媮取一切要君養敵張軍自衞望容攻守之至復有懷弱軟以內顧務備蓄以託私倚行伍之數訖資廩之具外實內虛守以藉之固者及殷而成之熊(一作態)而戰之其中未必有也朝廷又影響誅罰索其効死其可得乎此兵之所以煩而益病也而人之所以困而不解也大抵不賢者得掌其兵百則思兵千尋掌其兵千又思兵萬尋掌其兵萬又思兵數萬以因其力以贍其欲長疑一日之廢代謀萬里之策勳徒仰費於縣官高

疑病於悠久誠何謂矣陛下盍亦慮之乎伏望躬親視其將帥之爲苟非任盡易之不令其凝留而後圖也嚴備其要地之屯苟不切盡罷之不令其廣置而出入也其所閱揀非實不用其所樹置兵精不在多使名弓者必用沓發之巧名劒者必有刺擊之妙名騎者必有超乘之捷名步者必有卒奮之奇自外徂中歸乎一體自然無冗軍無惰人以守則固以戰則勝軍無大半之耗人懷反業之志此減兵之術也富庶之教於是乎生亦何必遠取於古法也然而思繼本之心蠲重賦之困又在於賦稅之道矣臣請

得而具之臣聞古者因地以料人今則稅人而捨地古者任土而作貢今則溢貢而棄土古者均田而抑富今則與富而奪貧是以人口翦耗而不息田畝汙萊而甚曠者非人懷苟且之志樂懈惰之方迫不可忍勢有由耳王者在上量入以出祿食賜與歲養經費必厚下以爲用助而不稅廛而不征亦非無其事也用菽粟藁秸有常稅人不愛也絲枲布帛有常賦人不艱也雖雜以凶荒接以喪死閒以興廢子弟父兄猶復勉勵卒徒不更其業何者制度專也以臣觀之則今之賦稅仍舊貫籍斂不加重而畝畝流

離窮困無告殆執事有殊陛下之意乎必有急令暴賦發取無厭徭山役海詭求無狀奇貢珍獻希冀無怠託公寄私崇聚無極於是一水一土一草一木圭要殫利俯榷仰算莅之官焉專守之刃兵焉商不得回睨農不得舉手既奪其利又劫其人此而不困孰以爲困榷酤之道如是乎人顧其上猶仇讎安能思戀骨肉乎人視其居猶鳥獸安肯繫著桑井乎人慳其取猶寇盜安望輕重元本乎所以遁走苟免死亡不顧財日窮而事日削地益蕪而人益煩猶前事也伏惟陛下審念之其有不經不度之人不常不

正之調必禁其所萌必罰其所自則奸官濫守慎不敢生事生生之理阜繁矣陛下又以禮節其情以樂樂其志又何患乎不復其盛不濟其難臣伏見聖策顧問既往將來之事臣謹以江淮凶旱之事明之臣聞凡有災傷水旱之處歷代所說多聞詭隨之詞媚時主必曰帝堯乎有懷山襄陵之運也成湯乎有流金鑠石之運也是皆曲骫非愚則誣臣嘗私怪之何不曰大舜乎無雷風霜雹之運也神禹乎無飛流彗孛之運也不直其詞因循若是天運之時集變易水旱歲時未爲災也理或失中感動陰陽頃刻爲

災也故精舒謹乎則七年不足罹其咎簡誣輕忽則一日二日亦未成其災修政著誠端心復德既往之事陛下宜以此爲懲矣然臣之所慮江淮又急者禦災之術將來之戒復憂於斯願悉數於陛下矣今國家内王畿外諸夏水陸綿地四面而遠而輸明該之大貴根本實在於江淮矣何者隴右黔中山南已還境瘠嗇薄貨殖所入力不多也嶺南閩蠻之中風俗越異珍好繼至無大贍也河南河北河東已降甲兵長積農厚自任又不及也在最急者江淮之表裏天下耳陛下得不念之乎屬頃者連郡五十蒙被

災旱長老聞見未之曾有涯脉川澤坌爲埃塵草木發爲烟火斗粟之價重於兼金餓莩之家十有七八聞乞僕於男女者何暇保其家室乎聞立死於道路者何暇思其糠粃乎嗷嗷蒸徒展轉無所灰爐狼顧至今未寧且今日狼顧明日狼顧力大勢詘禍欲何圖此臣所爲陛下惜也長吏者又閒或非良善厚其毒忍瘵痛而簡問威剝而自虞則陛下雖有賑發不輕得及雖有蠲放不輕得獲雖有詔諭不輕得聞此臣所爲陛下疑也然欲安存緝理斯終何由以臣計之視長吏之悖理者選其重臣代之不待其爲虵爲虺也察郡縣之受災者擇其實以勞之不使其寃而無告也如此則朝令夕悦江淮保全則四嚮賦稅轉輸肩摩轂擊關中坐固而根本不搖猶無凶旱矣臣故曰將來之由在此而已矣臣伏見聖策次問推恩寓令之計夫漢晁錯陳諸侯削地之制謀之至者主父偃獻子弟推恩之令計之術者削地之制行則轉弛爲急七國之難結推恩之令下則强榦弱枝一王之理定猶見之熟與不熟法之漸與不漸在於漸也則寒暑得其相成以暴則天地不能速化求之昔意庶取於今又齊桓之霸國管仲之寓令晝

戰足以目相識夜戰足以耳相聞將取威於鄰敵俾逞志於天下五霸之事仲尼之門五尺童子猶羞言之若此者則小國權臣之細術耳臣固不能爲陛下述伏讀聖策次問專委儒術者臣聞聖王在上賢臣在下道德兼濟材智樂備專於上則聰明倍資安有無其效耶委於下則公器相率安有用其私耶然今以陛下之資材清光羣臣其敢及若集事者在陛下必躬必親之謂乎躬之無偏親之有制則垂衣執契亦不爽矣孝元則制自左右非用儒之失也光武則弊及羣下非用課之得也儒近於得而所用者

宜一變其弊若臣所見今之大者政或貴此可得而言國朝自武德已來典章甚明職員甚列官吏甚該備而道不宏政要或未臻者其官非人歟理非道歟畧其大歟錄其小歟臣所謂小者則天官卿釆之調閱致驗選書至於一簿一尉一掾之末銓次升降勞而後罷是詳於覈小也及其揣量親人撫字之官又未喻也臣所謂大者天子之庭日相日受軼越倫輩乃有名邦閭邑羣居之柄不階課最是非未聞踪跡賢不肖款言喧嘩隨其所來轉化容易似不留聽是鹵莽於天下也詳覈及小鹵莽及大輕重反殊

使盜名死官之徒波走飇馳惟恐居後狂扇誘掖寵賂爲事以相終始夫復何望夫持尺寸之祿懷輕握微齟齬施爲尚猶不堪況明權不制貲藉殺生之柄兼兵馬之衆連數十城之地庸雜橫恣偷居其上何以堪之設曰不堪耳目陰附事亦無由得而聞悔之何益耶陛下得不愼其所授乎臣以爲今之郡縣長帥之官最關生人性命用在百里之父母莫如縣宰君乎千里之父母莫如刺史列城之父母莫如郡統使一得之必小康二得之必中康三得之必大康矣陛下雖不在畋天下之人洽於理乎終亦無由誠不在多惟愼此三官而已矣臣又聞書曰爵罔及惡德春秋傳曰官之失德在所納邪惟君無邪則不納邪矣夫偏聽獨任羣於左右所自邪也小臣大祿制度失中所自邪也錦文珠玉淫佚充斥所自邪也教令繁視壅遏不宣所自邪也掊克聚斂億度於上所自邪也依阿求同徑而不道所自邪也煩察繳縛弊歸於下所自邪也坐蹐仁壽陛下又何疑乎不得浩然其心此微臣之志也伏惟審察之伏惟審念之臣伏見聖策終有究旨屬篇之說者臣固無以道師之說僅能勿墜耳俯仰睿問偃薄無所震其心

孰知不免寧不自勝攀戀之至謹對

可頻瑜

瑜建中時官藍田尉

德星聚賦 以賢人下會德星上聚爲韻

惟德星兮聚于中天伊賢人兮集于潁川人以文而會也星不言而信焉彼星惟德彼人惟賢不然安得萃于中夜格于上元猗歟陳氏德必有鄰展矣乾象應亦如神緊伊人之所感諒皇天之無親蓋以彰矣星辰旌乎逸人人也維何賢之衆也星也維何靈之大者人之有感故昭昭而

應上星之不詔亦煌煌而臨下于是太史既奏潁川斯會賢之生兮五百年中賢之聚兮五千里內星見而粲粲爛爛人集而無小無大至若雲開天碧迥然可覿接青漢之皎皎含白榆之歷歷參差其貌炳煥其色九霄列而再揚光芒萬里視而不違咫尺既含曜而應物亦昭賢而表德觀夫天經彗彼德星稟物高遠垂象青冥五緯不能亂其色七紀不能雜其形明麗乎天則高而可仰光燦于夜亦爛而有靈且其賢者人之所重星者人之所仰伊賢之契星猶影之與響者也是故星垂天際應彼潁上克明克信

不忒不爽拂皓月而火微點晴空而珠朗借如三星現而在戶五緯聚而表祚氣沖斗而劍出客犯斗而槎度少微興處士之憂熒惑感景公之懼曷若乎名實可久古今是慕也則那抑賢人之聚

查客至斗牛賦

客有遠人寰家海涘聲銷迹卷兒塞巧絕浩然太素之和氣勁然喬松之全節當彭島以閑安就靈濤以怡悅喜仙查之千里每秋風之八月知必至之不欺乃乘流以長發爾乃制蓑俶裝春菰裹糧以晝以夜若行若藏沈浮于渤澥之中央蕩搖乎鼇軋之大方豈靈怪之歷詩實險阻之備嘗獨出於有聞之世轉入於無何之鄉聽不聞其聲類馮異之依大樹久乃有所遇若伊尹之在空桑乘悠遠兮不知其行道渺瀰兮無遺其跡人與木兮俱浮天與海兮同碧次黃道之的的穿白榆之歷歷反不記其所從又焉知其所適飲牛於津者誰子弄杼於室者何人軋軋有聲纜綺縞兮如雪盈盈不語粲明眸兮若神忽瞬眙以相顧雖婉孌而不親既持石以貽予兮致問於嚴遵當是時也星則知客犯爾位客不知星則吾身何碧空之無涯乃飄

然而獨往非智力之所及實風波而是仰昔未乘查也則在地而成形今之乘查也則在天而成象若不資巨浪之潛運安得拂青冥而直上倬彼星漢自天而垂瀉橫河之清淺皎列宿以參差客無查徒勞勤而事何可濟查非客雖往來而世莫之知信其致人於霄漢者不必輕舟迅楫之力忘情於夷險者亦無波臣川后之欺吾既異此事乃斯焉而賦斯

畋獲非熊賦 以有開必先是膺明盛爲韻

畋者所以講武賢者所以輔弼能順時以宏闡逢名世之

閒出得賢於蒐狩之場效獲乎霸王之術且以展時巡之明義昭至化之陰騭將入林之有期寧即鹿而無必哉是以賦車攻練吉日駕駟牡之既閑儼七騶以齊蹕於是列卒滿路張罘竟天傾藪刮野搜林蕩川小殷湯之教祝同周文之獵賢治國之規必聞獻可從禽之樂寧假獻豜如斯則沃心之期乎說啟乃入夢之知夫兆先觀夫獵車未貫大綏將弭得賢之繇既符非熊之姿宛是馬足不極皮軒遽迴解雲羅之周布廣天仗以全開用割鮮之能我則曾事於屠釣誇染輪之味我則將和於鹽梅且夫博采爲

聖旁求斯彧寧知校獵之遊更展弓旌之命白駒皎皎無煩空谷之維束帛戔戔不待中園之聘薄狩有隙畋遊有恆陳虞箴以炯戒得呂望以光膺馳騖乎道德之囿故逸飛之遺走將賢能之是擇在麋鹿而何有十旬失位悲夫洛汭之歌三品充庖詎比渭濱之叟此威容兮我武既成彼非熊兮惟時之英來儀則邁種靡怨佐理則日月宣明盛哉三驅之致用也永代垂聲

開三面網賦 以仁聖之道開三面爲韻

湯既有殷聖德日新敬畋遊必因於無事取禽獸不爲乎資身於是設無私之網當去殺之辰加一目而雖期於用開三面而蓋取諸仁乃言曰遂爾之性啟予有聖悲羅者之所重傷詔虞人悉除其令恢恢雖設不爲四校之防蕩蕩無疑必遂三驅之命是用施諸大麓祝以嘉辭舉數隅而罔煩曲取當直道而豈假周維故得獸安狂顧鳥釋危疑弗慮弗圖自樂已生者足矣若亡若存不用吾命者縶之當夫蒐狩有常稼苗是寶將遂乎驅逐豈煩乎窮詰所以釋從禽之利以絕一源解竟野之罟欲窮諸道遂得行無所阻物不懷猜念羣生而東西必遂嘉眾路而遠近咸

開弱羽飛空未見觸絲之患微行走地曾無縶足之哀故曰聖道克美深仁及此雖有畋獵而無荒雖有罝罘而必弛所以冠百王而不怍歷萬祀而無慙正其德而惟守一用其網而必去三芳隨事遠化與恩覃則里革斷罟之心庶修遺美西巴放麛之感足繼清談今天子意在蒐田志清郊甸庖羲之網屢設成湯之心未變已焉哉誰能述三代之所興庶可垂永於南面

洞庭獻新橘賦 以湖海清和遠人修貢爲韻

洞庭之遠兮亘全楚而連巨吳路悠悠以窮塞波淼淼而

平湖遠國之輿壤中華之外區風土所宜兮四方各異珍果斯出兮諸夏或無至於白商謝元律改風落瑤林寒生窮海枇杷落而將盡荔枝摘而不待然後浮香外散美味中成照斜暉而金色帶晚潤而霜清圓甚垂珠琪樹方而孰可味能適口玉果比而全輕在禹貢非他於周制則那充厥包於林下發使者於江沱襄橙不得而雜楚柚不得而和所獻者皆歎其美所貴者不以其多歲崢嶸而已晚路崎嶇而自遠齊萬物以坌入離本枝而不返其價可重其味可珍因縧蒂而未變施素錦而猶新若夕發於南國

已朝奉於北辰匪雕飾以自媚實羽翼以因人獻芹者既非其匹獻桃者何足以等倫豈比夫江北則枳江陵則洲隨樝棃而莫遂備職貢而無由同碩果而已矣望君門兮阻修美哉植物斯多結實者衆斯橘也栽則隔乎淮浦生則主乎雲夢獨專美於當今及歲時而入貢

欽定全唐文卷五百二十六

嚴涗

涗貞元二年官尚書右司郎中

武成王祀典議

謹按李紓所奏援引訓典比較禮度祝文輕重之殺獻官尊卑之節誠至當矣推而廣之抑未盡也夫大名徽號先聖所以褒前哲令德之人謂其言可以範圍其行可以施百世其業可以振千古苟未至也則不虛美其於太公兵權奇計之人耳當殷辛失德八百諸侯皆歸於周時惟鷹

揚以爲佐命在周有大功矣於殷謂之何哉祀典不云乎法施於民則祀之如仲尼之祖述堯舜憲章文武刪詩書定禮樂使君君臣臣父父子子後王及學者皆宗師之可謂法施於民矣貞觀中以其兵家者流始令磻溪立廟開元中漸著上戊釋奠之禮其於進寵不爲薄矣上元之際執事者苟以兵戎之急遂尊武成封王之號擬議於文宣王優劣萬殊不可以訓禮不云乎儗人必於其倫太公之於聖人非倫太史公以韓非與老子同傳民到於今非之高祖封韓信爲侯自恥與絳灌等列況聖朝褒美之稱其

可雷同乎愚以爲宜去武成及王字依舊令爲齊太公廟人無閒言矣享獻之事餘依李紓所奏

李巽

巽字令叔趙州贊皇人以明經調補華州參軍登拔萃科順宗朝官兵部侍郎領鹽鐵轉運使遷兵部尚書徙吏部元和四年卒年六十三贈尚書右僕射

請於郴州鑄錢奏

得湖南院申郴州平陽高亭兩縣界有平陽冶及馬跡曲木等古銅坑約二百八十餘井差官校覆實有銅錫今請

於郴州舊桂陽監置鑪兩所採銅鑄錢每日約二十貫計一年鑄成七千貫有益於人

駮尚書右僕射鄭珣瑜謚議

夫謚所以昭德也德既昭矣則文無以加焉故相國鄭公端操特立寡言慎行及居台司有蹈道恤人之美有知難不汙之節雖無文若之進拔無孟子之是非無賑施之仁無蹇諤之義然足以稱賢相也夫文者大則經緯天地次則潤色王猷周文以至德爲西伯季孫以道事其主咸謚曰文爲美無以尚也亦焉用兩字然後爲備哉竊觀兩字之謚或有兼德一字不足以盡盛德之形容故有兩字生焉然亦興於近古非三代兩漢之事也夫舉典之遵信其正不信其邪春秋之大旨也則兩字之謚非春秋之正也故相國鄭公之謚爲文足矣焉用獻哉爲獻可矣焉用文哉兩字兼謚竊所未諭請下太常重定謚議

又議

議曰鄭珣瑜兩字之謚今太常請依前謚曰文獻者夫謚者春秋襃貶之旨也仲尼書法隨類推廣雖一字襃貶其文猶博蓋欲指明事業以昭示後代俾後之人懲其惡勸

其善故不可苟夫謚一字正也堯舜禹湯周公召公是也兩字非正也故謚法不載或人臣不守彝章苟逞異端咸熙慎靚是也或時主之權以功德加厚於臣也蕭何霍光房元齡魏徵是也不當加而加僭也孔光劉寬薛元超李元紘是也三字過也貞惠文子是也亦謚法所不載也古今無有也公叔文子謚衛君之過也衛之亂制也不然即記之失也以一善加一字即堯舜禹湯當累數十字以爲謚也夫禮記者非盡聖賢之意也非盡宣尼之所述也當時雜記也昔后蒼爲曲臺記其弟子戴聖增損刊定爲小

戴禮今禮記是也若盡宣尼之所述即戴聖豈得而增也昔宣尼修春秋游夏不能措一詞以知禮記非盡宣尼所述故戴聖得以增損也則貞惠文子之謚衛君亂制也古今無有也非宣尼所述又何足法哉鄭珣瑜和茂修整始終無闕可爲美矣至於議行考功而度越等輩比於鄭文成梁文昭魏文貞則不侔而謚號無差輕用國典失春秋之旨矣向者鄭梁數公皆經綸草昧輔翼興王以道輔君致於化洽彰灼千古言之者凜然生敬而以珣瑜齒之豈無愧於心哉夫數公者皆時主感風雲之會懷謨明之美

故加於常典以明其德亦所以篤君臣之義也然非正也權制也若後之人非數賢之比則當循常以避數賢地也其劉仁軌薛元超李元紘加字之謚皆黷國典而昧彝倫言之可爲寒心豈當舉之以爲訓也其餘姚元崇宋璟劉幽求或輔相一代致理平之化或忘身狥難成中興之業又豈珣瑜之以典選爲進善以辭疾爲嫉惡耶皆尚口僞辯非守典確論也夫以典選者皆爲進善耶若然者則國家有天下二百年何裴行儉馬戴盧從愿等數賢獨見稱於時也循資署置謂爲進善異乎余所聞也又珣瑜之病數月而終豈僞疾耶借使僞疾尤可怪也昔子路之冗食家臣有殺身狥難而珣瑜履台輔之重當危難之際平居則饗其高爵厚祿見危則奉身自保以此爲是非之明即董狐之書趙盾爲妄作也珣瑜之辭疾可責於太常舉以爲德信君臣之義非常人所知也珣瑜之下詰李實誠中其疾可謂美矣然則珣瑜自始筮仕至於啟手足垂四十年歷諫職持風憲其忠規激發恐有過此者今太常舉其下詰李實未爲多也謂爲謇諤者衆矣豈能使汲黯魏徵有慙色哉前巽議云三代兩漢無二字之謚此末學之過

也無荀文若之進善無孟軻之是非無文子之賑施無周舍之謇諤以珣瑜之行清而無闕可爲掩之不足辯也今所議兩字之謚亦又不當其譏固不足斥也前巽之言過矣但兩字之謚加等之美以蕭何房元齡言不在珣瑜也巽雖不敏至於言謚美以感人聽此嘗所激切而不平也終不欲有僭齒於蕭何房元齡之宗又不欲有造次擬於魏文貞姚元崇宋璟劉幽求之讜言悟主茂績殊勳也夫前車之覆後車所以易轍也前有司之失後有司當有以矯之也不矯之則逶迤遂達以至亂制此有國之誠也咸

烈慎靚孔光劉寬薛元超李元紘之同於禹湯文武蕭何霍光房元齡魏徵前有司之過後之專筆削者宜有以矯之也不矯之典禮寖亂矣有司不可以尤而效之也不可以黨所見而遂僭典也鄭珣瑜兩字之謚請下太常重議若一字不足盡珣瑜之盛德必須兩字則敢俟再告謹議

請符載書

數月不面延企爲勞夏首漸熱惟動履安勝巽弊屑推遣疑昨者不揆薄劣輒上薦賢之書恩命拜足下太常寺奉禮郎充南昌軍副使官告已到惟增感慶巽不任忻愜足

下義高德茂文藻特秀棲遲衡茅之下藉甚寰海之內信儒者之徽猷聖朝之公器而元纁束帛偶未至者蓋匡阜則邇符君甚遠巽謬臨此地開接清風激揚多矣向非章疏上達則麟足無由絆然奉常之拜亦吾子他日九層之資也但以倅吾軍爲執事者之累幸當猥降允副夙誠冀即傾展差浣勤矣謹差押衙任進朝奉侍官人馬馳狀進迎

再請書

使至奉覽來疏何乃華其詞潔其志未酬所獻壹至於是區區之意竊有所未然足下之所然也夫洪鐘遇扣大小必應良劒赴剸泥玉一切知己許與有類於斯細詳足下之旨徒仰矯榮命俯稽誠禮其所難者但慮側猿鳥之目咽澗泉之溜何嘗以阻鄙夫之誠爲念辱衆君子之望爲意乎且足下之守儒行也亦嘗聞尼父以司寇爲汙己俾升堂者細百里而不宰乎然丈夫立身之本正在執德義樹功業而已今足下德義已著而功業未樹其在忽歲月而負疎曠時至而不行也以足下才德之美僕素高山仰之豈不能薦足下於朝立可觀之地矯翼霄漢躍鱗清流以成雅志哉意之所趣輒有所在方今聖主聰明春秋鼎

盛百王術內六合掌中而近郊跋扈尚或乖化夫主憂臣辱抑所忿憤故僕私心期足下於遠圖大計耳謹當虛心假寐灑埽庭館奉候而已且今之惠然猶往之見辱無屑意也屬簡書有畏不果躬詣所居幸垂見悉

第三書

再馳狀皆損還答承抗跡未降虛懷猶鬱足下有器業可以資時松筠之質有異蒲柳然白駒驟過良時易晚昔夫子從政亦不待韋編三絕况僕虛薄忝承朝寄懼於覆壓

寤寐良賢。實冀推明道德。俾助薄劣。故延佇之誠。有加常旨。敢更誠情所望。虛副幸甚。諸已再具。故不煩云。謹差散將葉公著敬候。并官告衣服僕馬等。延首北睎。以得爲榮。惟垂昭省。不宣。李巽重簡。

衛次公

次公字從周。河中河東人。第進士。累遷殿中侍御史。憲宗朝進尚書左丞。以檢校工部尚書爲淮南節度使。元和十三年卒。年六十六。贈太子少傅。謚曰敬。

渭水貫都賦 以帝王建都取諸上象爲韻

清渭天鑿。名都王制。貫金城千里之域。寫銀河九霄之勢。同穴發源。衆川潛泄。分黑水以渺漫。遶黃山而迢遞。水能濟物。用導於中州。君德配天。故法於上帝。都之會也皇皇。渭之流也湯湯。異東西之瀍澗。非汲引之沮漳。夏后濬川。分流非肇於伯禹。秦德王水。貫都必因於始皇。照雙鳳之丹闕。架長虹之飛梁。褰裳者不勞於揭厲。濯纓者何必於滄浪。泛彼樓船。掩橫汾於武帝。濱之釣叟。感入兆於文王。且夫前王酌憲。惟皇都之所建。度地有孚。因貫渭之上腴。曲抱乎周原秦野。旁臨乎八達九衢。既流衍以紅粟。誠輝煥乎黃圖。則知八水皆流。豈清於渭水。五都並制。莫大於西都。原夫渭者雍之巨浸。都者人之所聚。天垂法。君必取。曳雲間之清滑。何殊雲漢。移天上之紫宮。洞開天府。及乎縈流一帶。中派紆餘。蕩元氣。澄太虛。稽前典而備矣。於名川而舍諸。豈惟積潤於庶物。固亦近壯於皇居。至乃春景澄廓。晴霞朗暢。涵萬象於影中。渡牽牛於波上。客有觀光者。於茲而寫望。美夫取法可仰。因天垂象。疏紫陌而逶迤。流丹霞而蕩漾。周公卜洛。雖云風雨所交。秦后貫都。實謂膏腴之壤。惟洪業之永固。與渭流而彌廣。

劉元佐

元佐滑州匡城人。少從永平軍爲牙將。建中初充宋亳潁節度使。檢校尚書左僕射同中書門下平章事。加汴宋節度使陳州諸軍行營都統。本名洽。至是賜名以尊寵之。貞元三年爲養子樂士朝酖死。年五十八。贈太傅。謚曰壯武。

勞高彥昭書

宣武者。天下咽喉。國家之襟帶。元凶傑逆。竊弄神器。洽與五軍大戰。幾落姦便。走馬奔馳。分爲擒虜。昔燕昭王收燕之餘人。欲報强齊。雪先人之恥。折節下士。卒招賢俊。築壇拜節郭隗爲師於是樂毅自魏而至燕國旣安人民樂爲用也以樂毅爲上將軍糾合諸侯共伐齊下其七十城今洽爲國除殘去害天借賊機官軍不振賴中丞異代閒生夷凶翦暴心貫白日功高一時請迴洽官爵並與中丞

竇泰

泰貞元二年官御史中丞

泥雨停朝參奏

准儀制令泥雨合停朝參伏以軍國事殷恐有廢闕請令每司長官一人入朝有兩員并副貳亦許分日其夜甚雨至明不止許令仗下後到外廊食訖入中書其餘官及王

府長官並請停朝任於本司勾當公事泥雨經旬亦望准此

趙元一

元一德宗時人著有奉天錄四卷

奉天錄序

緬尋太古之初眞源一味自然朴略不同浮華雖垂不載至軒轅氏征蚩尤而廓清四海帝舜黜有苗而定萬邦逮乎三王則弔人伐罪暴秦則幷吞天下漢高祖夷凶靜難光武討叛懲姦魏武破袁紹晉武滅苻堅宇文氏破高歡普六茹氏平陳國太宗擒王竇肅宗定安史故曰亂者理之源失者得之府法令施而逆子誅春秋書而賊臣懼建中四祀朱泚作亂居我鳳巢忠臣義士身死王事可得而言者哉咸悉載之使後來英傑貴風義而企慕承危伺隟與時浮沈者其徒非一正史備書故闕而不錄志懷問鼎者不敢漏網夫簡書直筆直言無矯無妄欲使朱藍各色清濁分流質而不文焉敢潤色恐史筆遺漏故備闕也李忠臣三朝名將忽爲叛主之臣洪經綸累代通儒乃作趨時之士其餘源休蔣鎭之輩故忠日月之徒蓋屑屑者何

足道哉每思南史之筆班馬之作莫不廢食仰歎且洪流壞隄猶可塞也烈火燎原尚可撲也逆臣賊子難可遏也睹此妖孼搖動中原莫不痛心疾首是用書之簡素使好我者慕惡我者懼元一代居關右世業三秦親覩欃槍孅姸必記雖形闕奉覲而內懷其孝身乖事主而心荷聖恩每覽嵇紹紀信之高義感千載而仰慕尋淖齒王敦之遺跡思奮劒而快心疾惡之志不忘寤寐起自建中四祀孟冬月上旬三日涇原叛命終興元元年孟秋月中旬有八

日皇帝再復神都於中可否總紀其事也夫史館之筆才識學也苟無三端難以措其手足元一不敏敢竊鳳凰之一毛以效麒麟之千里獨學而無知孤陋而寡聞跡不踐於孔門文有慙於先哲輕塵罕增於巨岳墜露無益於廣川輒申螢燭之光將助太陽之照述而不作有媿老彭冀革前非用警來祀云爾

尚華

華德宗時人高彥昭爲寧陵西城都知鎮遏使辟爲判官

上高中丞狀

城於西北壘道更高左擊右攻平視城內日夜交戰以棚爲牆鋒刃相持不踰咫尺伏惟僕射去食存信救此孤城遊魂之年返骸之日謹錄狀上伏聽處分

朱泚

泚幽州昌平人以蔭籍爲李懷仙部將大歷七年拜盧龍節度使封懷寧郡王入朝進同中書門下平章事出屯奉天遷檢校司空隴右節度副大使仍知河西澤潞行營兵馬事德宗立改鎮鳳翔加中書令進拜太尉涇原節度使姚令言督兵討李懷光過闕下兵叛迎泚入宣政殿僭位改號旣爲李晟所破走保彭原西城斬之年四十三

遺弟滔書

昔文王囚於羑里終王八百之基殷湯繫於夏臺後有解網之頌吾頃典郡四鎭蕃夷戰慴唐主不察信諂諛之說吾懼姦臣之禍便奪兵權雖位列上公詔書繼至情懷恍忽百慮攢心何期天道盈虛五運更代物極則返憂極歡來歷數在躬以登寶位涇原四鎭士馬爭驅隴右鳳翔獻書繼至三秦之地指日剋平吳蜀之閒已令宣示河北一路用卿殄除布新令以示之推利害以誘之懸爵賞而招之張皇威而逼之驅鐵騎以臨之橫行洛陽與卿大會於

定鼎

朱滔

滔幽州昌平人兄泚盧龍節度使滔勸泚入朝遂權知留後兼御史大夫進檢校司徒領節度賜德棣二州封通義郡王田悅叛滔及王武俊李納同謀滔自號冀王旣而與武俊有隙武俊擊滔敗走還幽州上書待罪詔免之貞元元年死年四十二贈司徒

移諸道牒文

今月八日大秦皇帝已登寶位關西四鎭應款附請爲臣妾惟奉天孤城危同累卵不有廢也將何以興今披讖應圖則鼎新之兆先也同夫夏俗待我后以來蘇今發突騎元戎四十萬奮劒與夕火爭光揮戈與秋月競色長驅北至洛陽與皇帝會蹕於上陽宮牒魏博恒冀等州將士卽宜擁節歸朝達於先覺必使勳流奕葉榮及子孫如或固守窮城不識天命必使覆巢破卵易子析骸請看今日之長安竟是誰家之宮闕太山如礪可知非石之言秋日麗天不易勤王之意

劉闢

闢字太初貞元中擢進士宏詞科佐韋皋幕府累遷御史中丞度支副使永貞元年皋卒闢主留後諷諸將上表徼旄節授檢校工部尚書充劒南西川節度使又求都統三川遂舉兵圍梓州宰相杜黃裳薦高崇文李元奕等討之元和元年九月闢遁走擒送京師誅之

如石投水賦 以仁義忠信公平能諫爲韻

聖之求賢也詳明水之受物也柔順石遇柔而不阻臣侯明而必進漢祖興兮昌言納留侯輔兮皇威振喻石水以興詞配鹽梅而稱雋堅脆性異應廣納而來投尊卑禮殊致精誠而取信伊水爲體旣淸而平猶君爲德旣貞而明石豈自投假海納之宏量臣非苟進由天聽而察誠用率於有類將感於無情虛而受者其理遠含而容者其道行何幽邃之能閞奚淼瀰之足驚夫國之勃興必多賢智繼九臣之跡膺三傑之義煥發英藻呈龍章與鳳姿敬宣嘉猷謂嶽生而天賜豈不由山有巨石水有通津忽擊流以澎湃俄荅響於潺湲雖源深流長乃入無不至而體柔處潤則托有所因移他山之貞質依上善之全仁夫水石之

奧旨與君臣之等倫今天子端居穆清時和海晏念投石之契爰求秉鈞思箴闕之規載徵驟諫由是如石之義啟投水之情通彼以誠應我亦符同懸天爵之榮獲斯人瑞尊五嶽之禮視乎上公恒敬沃以爲志方淸明而在躬比石固業欽賢纘功儻或水不周容石乃無由寓質君不虛已臣則曷能推忠可以垂誡訓可以流德風則知聖旣作兮政惟恒石旣投兮賢必登敢獻良哉之詠願揚美於賡能

古之奇

之奇實應中進士馬燧辟置幕府後汙朱泚僞命爲兵部員外郎

縣令箴

洛爾多士各司厥官政不欲猛刑不欲寬寬則人慢猛則人殘寬則不濟猛則不安小惡無爲涓流成池片言可用毫末將拱禍旣有胎福豈無種鏡不自照祇能鑒物人不自知從諫勿咈慾不可縱貨不可黷黷貨生災慾縱禍速勿輕小人蜂蠆有毒勿輕小道大車可覆勿謂剛可長長剛者亡無謂柔可履履柔者恥剛强有時柔弱有宜時宜克念願在深思不恕而明不如不明不通而清不如不清無爲惡行無逆善名保此中道無成不成過客箴士冀申同聲如山之重如水之清如石之堅如松之貞如劒之利如鏡之明如弦之直如秤之平

爲朱泚署坊市榜

奉天殘黨蟻聚京畿重傑等仍敢執迷拒我天命朕使偏師小將果復敗亡觀此孤城不日當破雲羅布網無路鳥飛鐵釜盤魚未過瞬息宣布遐邇各使聞知

洪經綸

經綸建中初爲黜陟使朱泚反僞授太常少卿

大岯山銘

登於大岯命所經過頂凸坤儀根壓洪河天生忠良濟物宏多山靈河神俾環海戢戈

趙贊

贊建中時爲吏部郎中黜陟使貶播州司馬貞元中位户部侍郎

請以箴表等代詩賦奏

箴論表贊代詩賦仍各試策三道應口問大義明經人明經之目義以爲先比來相承惟務習帖至於義理少有能通經術寖衰莫不繇此今若頓取大義恐全少其人欲且因循又無以勸學請酌舉司舊例稍示考義之難承前問義不形文字落第之後喧競者多臣今請以所問錄於紙上各令直書其義不假文言旣與策有殊又事堪徵證憑此取舍庶歸至公如有義策全通者五經舉人請准廣德元年七月勅超與處分明經請減兩選伏請每歲甄奬不過數人庶使經術漸興人知教本

常平倉議

伏以舊制置倉儲粟名曰常平軍興以來此事闕廢因循
未舉垂三十年其間或因凶荒流散餓死相食者不可勝
紀古者平準之法使萬室之邑必有萬鍾之藏千室之邑
必有千鍾之藏春以奉耕夏以奉耘雖有大賈富家不得
豪奪吾人者蓋謂能行輕重之法也自陛下登極以來許
京城兩市置常平官糴鹽米雖經頻年少雨米價不復騰
貴此乃卽日明驗實要推而廣之當軍興之時與承平或
異事須兼儲布帛以備時須臣今商量請於兩郡幷江陵
成都揚汴蘇洪等州府各置常平輕重本錢上至百萬貫

下至數十萬貫隨其所宜量定多少惟置斛斗疋段絲麻
等候物貴則下價出賣物賤則加價收糴權其輕重以利
疲人並請諸道津要都會之所皆置吏閱商人財貨計錢
每貫稅二十文天下所出竹木茶漆皆十一稅之以充常
平本

唐故贈太保張公神道碑

貞元三年秋七月壬申丞相張公薨於位冬十月乙酉闕二
字於闕直其北一里嗚呼徃而不作哀可極也歿而不朽
德之盛也公諱延賞字延賞河東猗氏人漢闕部尚書中
書令贈闕二字都督謚曰恭肅光輔闕二字成開元之理公三
闕臣器公而薦闕二字本名寶符元宗召見奇之且思恭肅
之德故錫玆嘉名解褐闕太師苗韓闕三字碩德深於知人
見闕一字歎異申以姻好及闕一字山作難公闕城邑公有闕五
字鎮北都公闕二字倅兼副尹守入拜給事中襲封河闕三
節度兼闕七字書建中闕二字起輦轂駐蹕近郊以公闕一字力
竭闕時都邑闕七字倚重於蜀故闕二字仍領遙闕二字計闕三字
乘闕寇戎闕十字危羣心尤切闕聽遠邇相闕三字之化時情
所屬闕弔賻有加闕二字護喪事闕聞闕一字震闕四字泫云爾

太闕黍繁闕一字躬爲律度闕二字知禁德禮闕康之闕三字如
東周之禮其在荆楚也闕遺愛成頌皆因俗施政而同歸
於中其闕奪其闕五字昔方叔山甫成中興之業而闕二字因
時闕若星辰闕一字穹若山岳斯可謂歿而不朽者夫詩云
惠此中國以闕備盡無違之孝遺令薄葬布衣瓦器以終
予志祁國夫人太師之闕二字德輔闕目所及皆爲實錄其
詳則制詔璽書歷鎮碑記及家傳備矣今闕
太保受氏滔滔其流本系軒轅冑分留侯闕皇天太保嗣
烈克光前人勤勞王家宏濟艱難外危我將内闕種厥德

閭閻懷思周愛甘棠荆淚空碑況乃松檟闕四字崇山闕一字石終卜闕

薛珏

珏字温如河中寶鼎人累遷楚州刺史建中初拜司農卿改太子賓客出爲嶺南觀察使卒年七十四贈工部尚書

請禁淹留館驛奏

當府館驛準永泰元年三月京兆尹兼御史大夫第五琦奏使人緣路無故不得於館驛淹留縱然有事經三日已上即於主人安置館存其供限如有家口相隨及自須於

村店安置不得令館驛將什物飯食草料等就彼供給擬者伏以承前格敕非不丁寧歲月滋深因循久弊今往來使客多是武官踰越條流廣求供給府縣少缺悔吝坐至屬當凋殘實難濟辦况都城大路耗費倍深伏乞重降殊恩申明前勅絶其僥濫俾懼章程庶郵驛獲全職司是守

柳峴

峴貞元三年試太常寺奉禮郎

故莫州長豐縣令李君墓誌銘

唐貞元三祀五月故長豐宰李君丕卒於幽州潞縣嗚呼逝水古今悲夫公隴西人也世襲軒裳地清才幹曾祖知禮宣州司功參軍祖懷瑩汴州陳留縣丞考某許州鄢陵縣令公灑然深心抱義育德士林咸器重之乃昌言薦於元戎遂徵辟爲潞縣丞佐理高標令名遠著後墨綬長豐化百里之風樂四人之業俄改任莫州司法參軍蘇息萌隷鈐鍵奸譎凡登仕踐位時議茂宰良掾也每處其厚不居其華果行温良發言砥礪豈期餘慶罔祐而禍兮有階故鵩鳥作孽二豎爲祟沈疾於故林私第即代之日春秋六十有三無嗣夫人元氏晝哭靈帳恨無三從傷肝膈之

痿憒痛終身之悼獨長女適河東柳氏名峴試太常寺奉禮郎感深仁之厚恩盡半子之禮節力窆棺櫬手植松槐扶塗車封馬鬣粤三年建子月葬於縣之南三里潞州之右託一片之琬玉紀平生之徽猷俾山壑之變風烈有遺而爲銘曰

屹然孤墳長城之東死生永隔天地不同于嗟英靈窮泉之中悄悄原野旦暮悲風

劉濟

濟字濟幽州盧龍軍節度副大使怦子第進士嗣節度貞

元中累遷左僕射同中書門下平章事順宗立檢校司徒元和初加侍中兼中書令濟疾亟子總酖殺濟年五十四贈太師謚莊武

涿鹿山石經堂記

我大唐十有一葉皇帝繼明照宣闕二字光被四海神人以和逮今已丑歲凡五祀矣方隅守臣樂其休明天地大德罔知攸報濟封內山川有涿鹿山石經者始自北齊至隋沙門靜琬睹層封雲跡因發願造十二部石經至國朝貞觀五年涅槃經成其夜山吼三聲生香樹三十餘本其年六月瀑水浮大木數千株於山下遂構成雲居寺焉既而元宗開元聖文神武皇帝第八妹金仙長公主特加崇飾遐邇之人增之如蟻術焉有爲之功莫此而大濟遂以奉錢爲聖上刻造大般若經以今年四月功就覩與道俗齊會石經峰下飯等香積而法雲藹空會同華嚴而花雨滿地金篆玉板爍如龍宮神光曜日宇宙金色於是一口作念萬人齊力巖巒動鸞鳳翔或推之或挽之以躋於上方緘於石室必使劫火燒而彌固桑田變而不易或資聖壽壽願比於崇山緘於石經經願延於沙界鴻祚景福聖壽

無疆幕府衆君子同稱讚之時元和四年四月八日記

胡堅

堅貞元九年左神策鹽州行營節度使

得鹽井水土表

初城鹽州鹵中獲懷土又置烽堡水路迴遠即時有兩廢鹽井悉生鹽事符聖德可謂天贊請付史館

欽定全唐文卷五百二十七

柳冕

冕字敬叔集賢學士芳子貞元中官御史中丞福州刺史充福建觀察使卒贈工部尚書

青帥乞朝覲表

臣某言臣備位方面守鎮海隅顧無理平之績猥受增秩之榮而不自媿者顏之厚也竊感江漢朝宗之義鹿鳴君臣之燕頌聲之作王道之始也國家自兵興之後不遑議禮方岳未朝讌樂久缺臣限以一切之制例無朝集之期

目不覩朝廷之禮耳不聞宗廟之樂足不踐軒墀之地十有三年於茲矣犬馬齒衰益深戀主葵藿將暮空仰太陽古人云日雖不爲葵藿迴光然向之者誠也臣職在戎馬身辭日月願因朝謁一見漢儀亦臣之誠也傳曰朝以正班爵之義會以訓上下之則朝會者禮之本也臣安敢忘之故羣后四朝以明黜陟唐虞制也五歲一見以考制度殷周制也三載上計以會課最兩漢制也其或不朝則以禮讓之故孟子曰諸侯之朝天子曰述職一不朝則黜其爵再不朝則削其地三不朝以六師移之然則諸侯朝會尊王室也可以廢會不可以廢朝洎秦滅古制罷侯置郡漢立王侯並建守相聖唐稽古兼而用之故天下朝集三考一見皆以十月上計至於京師十一月禮見會於尚書省其朝覲也應考績之事至元日也陳筐篚之貢集於朝堂唱其考第進賢以興善簡不肖以黜惡穆穆濟濟靡然成風太宗之遺政也自安史亂常始有專地者矣四方多故始有不朝者矣戎臣恃險未有悔過者矣臣忝閫外之寄竊憤不朝之臣故每忘寢與食思一入覲庶因微臣率先天下則君臣之義親而不疎朝覲之禮廢而復舉臣之

幸也常恐負薪之疾溘先朝露覲禮不展歿於下泉臣之憂也又臣四年以來頻乞骸骨聖恩哀憫許爲擇替無德而祿殃實荐臻臣雖上恃天慈不殞瘴癘而下悲骨肉繼以死喪及聞諸將帥亡歿亦衆臣自悼何德以堪久長昔公子牟身在江海之上心馳魏闕之下則鄉國者人情不忘也闕廷者臣子之戀也朝覲者國家之大禮也是三者人之大願伏乞陛下憫臣丹懇許臣入朝再謁聖顏萬舞稱賀斯願畢矣無任懇款屏營之至

皇太子服紀議

準開元禮子爲母齊縗三年此王公以下服紀皇太子爲皇后喪服國禮無聞昔晉武帝元皇后崩其時亦疑太子所服杜元凱奏議曰古者天子三年之喪既葬除服魏氏革命亦以既葬爲節故天子諸侯之禮嘗已具矣惡其害已而削去其籍今其存者唯士喪禮一篇戴勝之紀錯雜其內亦難以取正皇太子配二尊與國爲體固宜卒哭而除服於是山濤魏舒並同其議晉朝從之歷代遵行垂之不朽臣謹按實錄文德皇后以貞觀十年九月崩十一月葬至十一年正月除晉王治爲幷州都督晉王卽高宗在

藩所封文德皇后幼子據其命官當已除之義也今請皇太子依魏晉故事爲大行皇后喪服葬而虞虞而卒哭卒哭而除心喪終制庶存厭降之禮

請築別廟居獻懿二祖議

天子受命之君諸侯始封之祖皆爲太祖故雖天子必有尊也是以尊太祖焉故雖諸侯必有先也亦以尊太祖焉故太祖以下親盡而毀洎秦滅學漢不及禮不列昭穆不建迭毀晉既失之宋又因之於是有連五廟之制於是有虛太祖之位夫不列昭穆非所以示人有序也不建迭毀非所以示人有殺也連五廟之制非所以示人有別也虛太祖之位非所以示人有尊也此禮之所由廢也謹按禮父爲士子爲天子祭以天子葬以士今獻祖祧也懿祖亦祧也唐未受命猶士禮也是故高祖太宗以天子之禮祭之不敢以太祖之位易之今而易之無乃亂先王之序乎昔周有天下追王太王王季以天子之禮及其祭也親盡而毀之漢有天下尊太上皇以天子之禮及其祭也親盡而毀之唐有天下追王獻懿二祖以天子之禮及其祭也親盡而毀之則不可代太祖之位明矣又按周禮有先公

之祧有先王之祧先公之遷主藏乎后稷之廟其周未受命之祧乎先王之遷主藏乎文王之廟其周已受命之祧乎故有二祧所以異廟也今獻祖以下之祧猶先公也太祖以下之祧猶先王也請築別廟以居二祖則行周之禮復古之道故漢之禮因於周也魏之禮因於漢也隋之禮因於魏也皆立三廟有二祧又立私廟四於南陽亦後漢制也爲人之子事大宗降其私親故私廟所以尊本宗也太廟所以尊正統也雖古今異時文質異禮而知禮之情與問禮之本者莫不通其變酌而行之故上致其崇則太

祖屬尊乎上矣下盡其殺則祧主親盡於下矣中處其中則王者主祧於中矣

請定公主母稱號狀

伏尋漢制諸王母稱王國太后晉宋以降則曰王國太妃國朝酌前代典故從晉宋之儀王母命爲太妃著在程式謹按封爵及大唐六典王母爲太妃高祖宇文昭儀生韓王元嘉後爲韓國太妃太宗燕妃生越王貞後爲越國太妃位號所崇存於簡冊其長公主之母歷代故事並無稱案六典内命婦有六儀位次三妃秩正三品公主母既因

女貴伏請降王母一等命爲太儀各以公主本封加太儀之上其品位同儀者取母儀之盛太者請因子而尊庶辨等威以宏敦睦

與權侍郎書

冕白昔仲弓問爲政子曰先有司有司之政在於舉士是以三代尚德尊其教化故其人賢西漢尚儒明其理亂故其人智後漢尚章句師其傳習故其人守名節魏晉尚姓美其氏族故其人矜伐隋氏尚吏道貴其官位故其人寡廉恥唐承隋法不改其理此天所以待聖主正之何者進士以詩賦取人不先理道明經以墨義考試不本儒意選人以書判殿最不尊人物故吏道之理天下天下奔競而無廉恥者以教之者末也閣下豈不謂然乎自頃有司試明經奏請每經問義十道五道全寫疏五道全寫注其有明聖人之道盡六經之義而不能誦疏與注一切棄之恐清識之士無由而進腐儒之生比肩登第不亦失乎閣下因從容啟明主稍革其弊奏爲二等其有明六經之義合先王之道者以爲第一等其有精於誦注者與精於誦疏者以爲次等不登此二科者以爲下等不亦善乎且明六

經之義合先王之道君子之儒教之本也明六經之注與六經之疏小人之儒教之末也今者先章句之儒後君子之儒以求清識之士不亦難乎是以天下至大任人之衆而人物殄瘁廉恥不興者亦在取士之道未盡其術也誠能革其弊尊其本舉君子之儒先於理行者俾之入仕即清識君子也俾之立朝即王公大人也一年得一二十人十年得一二百人三十年得五六百人即海内人物不以盛乎昔唐虞之盛也十六族而已周之興也十亂而已漢之王也三傑而已太宗之聖也十八學士而已豈多乎哉

今海內人物喁然思理推而廣之以風天下卽天下之士靡然而至矣是則由於有司以化天下天下之士得無廉恥乎冕頓首

謝杜相公論房杜二相書

冕再拜上書相公閣下昨得蔣起居書伏承相公以冕論房杜二相書并答江西刑政論共四本以付史館冕惕然自失懼辱相公之厚意遂取舊本刪改數處愧無運斤之妙徒有傷手之責謹隨狀獻上退而自慚去年又續奉相公手疏以國家承文弊之後房杜爲相不能反之於質誠如高論又以文章承徐庾之弊不能反之於古愚以爲不

然故追而論之以獻左右且今之文章與古之文章立意異矣何則古之作者因治亂而感哀樂因哀樂而爲詠歌因詠歌而成比興故大雅作則王道盛矣小雅作則王道缺矣雅變風則王道衰矣詩不作則王澤竭矣至於屈宋哀而以思流而不反皆亡國之音也至於西漢揚馬以降置其盛明之代而習亡國之音所失豈不大哉然而武帝聞子虛之賦歎曰嗟乎朕不得與此人同時故武帝好神仙相如爲大人賦以諷之讀之飄飄然反有凌雲之志子雲非之曰諷則諷矣吾恐不免於勸也子雲知之不能行之於是風雅之文變爲形似比興之體變爲飛動禮義之情變爲物色詩之六義盡矣何則屈宋唱之兩漢扇之魏晉江左隨波而不反矣故蕭曹雖賢不能變淫麗之體二荀雖盛不能變聲色之詞房杜雖明不能變齊梁之弊是則風俗好尚繫在時王不在人臣明矣故文章之道不根敎化別是一枝耳當時君子恥爲文人語曰德成而上藝成而下文章技藝之流也故夫子末之是以四楊荀陳以德行經術名震海內門生受業皆一時英俊而文章之士不得行束修之禮非夫兩漢近古由有三代之風乎惜乎

繫王風而不本於王化至若荀孟賈生明先王之道盡天人之際意不在文而文自隨之此眞君子之文也然荀孟之學困於儒墨賈生之才廢於絳灌道可以濟天下而莫能行之文可以變風雅而不能振之是天下皆惑不可以一人正之今風俗移人久矣文雅不振甚矣苟以此罪之卽蕭曹輩皆罪人也豈獨房杜乎相公如變其文卽先變其俗文章風俗其弊一也變之之術在敎其心使人日用而不自知也伏維尊經術卑文士經術尊則敎化美敎化

美則文章盛文章盛則王道興此二者在聖君行之而已冕再拜

答孟判官論宇文生評史官書

昨暮辱問兼示所寄宇文生書憂深思遠推仲尼之道見天地之心甚善來書之意遠者大者斯盡善矣其愚之所諭者輒備聞見以獻左右宇文生云仲尼因舊史修春秋所記不過二百四十二年今子長乃軼孔氏而修數千年荒絶之書助以黃老寓託之說仲尼之所二子長之所一仲尼之所難子長之所易美則美矣愚以爲未盡昔大雅

喪然後頌聲寢王澤竭然後詩不作諸侯放恣處士橫議孔子懼作春秋以一王法於是記言事以爲褒貶盡聞見以爲實辭舉凡例以爲異同此夫子之所見也故書之所聞異同此夫子之所聞也故書之所傳聞異同此夫子之所傳聞也故書之非此三者夫子不書此聖人之志也非當十二公之事聖人以爲易過十二公之事聖人以爲難明矣六經之作聖人所以明天道正人倫助治亂苟非大者君子不學苟非遠者君子不言學大則君子之德崇言遠則君子之業廣故仲尼歎曰大哉堯之爲君也惟天爲大惟堯則之巍巍乎其有成功也煥乎其有文章也又曰周監於二代郁郁乎文哉吾從周於是敘書卽起堯典稱樂則美韶武論詩卽始周南修春秋則繩以文武之道然後樂正雅頌各得其所至於幽厲桓莊逶迤陵頹斯不足徵也故曰夏禮吾能言之杞不足徵也殷禮吾能言之宋不足徵也足則吾能徵之矣是以三千之徒無道桓文之事者豈不致尊而後道高師聖而後功倍者也曾子曰尊其所聞則高明矣行其所知則光大矣又來書罪子長自序云夫子沒五百年而史記作非聖人而修聖人之名者

素王之篡臣也美則美矣愚以爲未盡昔周公制禮五百年而夫子修春秋夫子沒五百年而子長修史記遷雖不得聖人之道而繼聖人之志不得聖人之才而得聖人之旨自以爲命世而生亦信然也且遷之沒已千載矣遷之史未有繼之者謂之命世不亦宜乎噫遷承滅學之後修廢起滯以論天下之際以通古今之變而徵遷敘事廣其所聞是軒轅之道幾滅矣推而廣之亦非罪也且遷之過在不本於儒教以一王法使楊朱墨子得非聖人此遷之罪也不在於敘遠古示將來也足下豈不謂然乎夫聖人

之於春秋所以教人善惡也修經以志之書法以勸之立例以明之恐人之不至也恐人之不學也苟不以其道示人則聖人不復修春秋矣不以其法教人則後世不復師聖人矣故夫求聖人之道在求聖人之心求聖人之心在書聖人之法法者凡例褒貶是也而遷捨之春秋尚古而遷變古由不本於經也以遷之雄才奮史筆不虛美不隱惡守凡例而書之則與左氏並驅爭先矣苟知聖人之法則知春秋之可興知春秋之可興則君子乎哉宇文生近之矣昔者仲尼門人得其門者然後見宗廟之美升其堂者然後見雅頌之聲入其室者然後見道德之奧雖道有汚隆性有深淺然當其所得莫不有聖人之道故言而爲經動而爲教者學也不學而至者無焉故曰不登高山不知天之大也不臨深谿不知地之廣也不游聖人之門不知道德之富也今大雅既隱賢人隨之苟非君子孰能知道宇文生居於今之世行於古之道君子以爲難前志之所遺此子之所得君子以爲難爲僕謝之夫言大道者不可以小說應黃鐘者不可以末音師聖人者不可以無法三者知之斯爲難文之爲難斯又難之僕智不足而彊言

之頓首

與滑州盧大夫論文書

頓首別後九年年已老大平生好文老亦與盡日爲外事所撓有筆語兩大卷或不得已而爲之或有爲而爲之既爲頗近教化謹錄呈上望覽訖一笑夫文生於情情生於哀樂哀樂生於治亂故君子感哀樂而爲文章以知治亂之本屈宋以降則感哀樂而亡雅正魏晉以還則感聲色而亡風教宋齊以下則感物色而亡興致教化興亡則君子之風盡故淫麗形似之文皆亡國哀思之音也自夫子至梁陳三變以至衰弱嗟乎關雎興而周道盛王澤竭而詩不作作則王道興矣天其或者肇往時之亂爲聖唐之治興三代之文者乎老夫雖知之不能文之縱文之不能至之況已衰矣安能鼓作者之氣盡先王之教在吾子復而行者鼓而生之冕頓首

與徐給事論文書

文章本於教化形於治亂繫於國風故在君子之心爲志形君子之言爲文論君子之道爲教易云觀乎人文以化成天下此君子之文也自屈宋以降爲文者本於哀豔務

於恢誕亡於比興失古義矣雖揚馬形似曹劉骨氣潘陸藻麗文多用寡則是一技君子不爲也昔武帝好神仙而相如爲大人賦以諷帝覽之飄然有凌雲之氣故揚雄病之曰諷則諷矣吾恐不免於勸也蓋文有餘而質不足則流才有餘而雅不足則蕩流蕩不返使人有淫麗之心此文之病也雄雖知之不能行之行之者惟荀孟賈生董仲舒而已僕自下車爲外事所感感而應之爲文不覺成卷意雖復古而不逮古則不足以議古人之文噫古人之文不可及之矣得見古人之心在於文乎苟無文又不得見

古人之心故未能亡言亦志之所之也

答荊南裴尚書論文書

猥辱來問曠然獨見以爲齒髮漸衰人情所惜也親愛遠道人情不忘也大哉君子之言有以見天地之心夫天生人人生情聖與賢在有情之內久矣苟忘情於仁義是殆於學也忘情於骨肉是殆於恩也忘情於朋友是殆於義也此聖人盡知於斯立教於斯今之儒者苟持異論以爲聖人無情誤也故無情者聖人見天地之心知性命之本守窮達之分故得以忘情明仁義之道斯須忘之斯爲過矣骨肉之恩斯須忘之斯爲亂矣朋友之義斯須忘之斯爲薄矣此三者發於情而爲禮由於禮而爲教故夫禮者教人之情而已丈人志於道故來書盡於道是合於情盡於禮至矣昔顏回死夫子曰天喪予子路死夫子曰天喪予是聖人不忘情也久矣丈人豈不謂然乎如冕者雖不得與君子同道實與君子同心相顧老大重以離別況在萬里邈無前期斯得忘情乎古人云一日不見如三秋兮況十年乎前所寄拙文不爲文以言之蓋有謂而爲之者堯舜殁雅頌作雅頌寢夫子作未有不因於教化爲文章

以成國風是以君子之儒學而爲道言而爲經行而爲教聲而爲律和而爲音如日月麗乎天無不照也如草木麗乎地無不章也如聖人麗乎文無不明也故在心爲志發言爲詩謂之文兼三才而名之曰儒儒之用文之謂也言而不能文君子恥之及王澤竭而詩不作騷人起而淫麗興文與教分而爲二以揚馬之才則不知教化以荀陳之道則不知文章以孔門之教評之非君子之儒也夫君子之儒必有其道有其道必有其文道不及文則德勝文不知道則氣衰文多道寡斯爲藝矣語曰文質彬彬然後君

予兼之者斯爲美矣昔游夏之文章與夫子之道通流列於四科之末此藝成而下也苟言無文斯不足徵小子志雖復古力不足也言雖近道辭則不文雖欲拯其將墜末由也已丈人儒之君子曲垂見褒反以自愧冕再拜

答徐州張尚書論文武書

辱前月十二日書問文章之道將帥之事朋友之義有君子之道三甚善甚善夫文章者本於教化發於情性本於教化堯舜之道也發於情性聖人之言也自成康歿頌聲寢騷人作淫麗興文與教分爲二不足者彊而爲文則不

知君子之道知君子之道者則恥爲文文而知道二者兼難兼之者大君子之事上之堯舜周孔也次之游夏荀孟也下之賈生董仲舒也夫日月之麗仰之愈明金石之音聽之彌清故聖人感之而文章生焉教化成焉哀樂形焉逮德下衰文章教化埽地盡矣噫聖人之道猶聖人之文也學其道不知其文君子恥之學其文不知其教君子亦恥之老夫從君子久矣雖欲學之未能文之不足以當君子之褒然詠乎堯舜之道舞乎沂泗之風庶乎與同也將帥三軍之師萬人之命子實爲之矣今國家之患患在師老足下之患患在勢分且天下大勢也善爲將者乘天下之勢苟變化在人則用之如神彼勢合者驅而盟之使其擾從桓文是也勢分者力以傾之使其削弱申商是也則遇非常之時不可以尋常之事邀萬代之勲明矣今足下據億丈之城仗大順之衆有桓文之志苟不修其軍政合其大勢制其死命則不足以輟東顧之憂故老夫前書開陳古義以激壯心而猥辱遠示以爲聽道路之說甚不然也傳曰諸侯有相滅亡者桓公不能救則桓公恥之今子爲大將實制東夏爲不義而彊力不能制者春秋亦恥之

國不富而言兵不教而强敵不謀而亡是管仲無功於齊商君無能於秦子房無謀於漢矣蓋求天下之智盡天下之才成天下之務此將帥之本也較短長定曲直乃匹夫之爲爾古者自天子至於庶人未有不須友以相成者僕雖老矣辱君子之游同君子之道見君子之榮三十年矣子之善猶僕之善也得不相成乎且百年之壽人誰及之歲月有窮天地有終惟立德立言立功斯爲不朽彼聖賢救世死而後已氣有所感也故天下有樂賢人樂之天下有憂賢人憂之樂毅所以徇弱燕之急復强齊之讎韓信

所以感推食之恩申戰勝之感意氣所感天地相合況於人乎天方授子子實爲將得不憂之乎噫德與言僕無望矣立功立事在吾子爲之璧可求也時不可再也是以古人惜時之過巳昔者仲尼以大聖之德不免爲旅人之身斯無時也賈生以希世之才而無佐命之勳斯無位也今足下遇非常之主統桓文之師時與位泰矣苟功成於身則義動天下使天下之人受其賜不亦休哉既書慨然心馳旗鼓之下某頓首

答楊中丞論文書

來書論文盡養才之道增作者之氣推而行之可以復聖人之教見天地之心甚善嗟乎天地養才而萬物生焉聖人養才而文章生焉風俗養才而志氣生焉故才多而養之可以鼓天下之氣天下之氣生則君子之風盛古者陳詩以觀人風君子之風仁義是也小人之風邪佞是也風生於文文生於質天地之性也止於經聖人之道也感於心哀樂之音也故觀乎志而知國風逮德下衰風雅不作形似豔麗之文興而雅頌比興之義廢豔麗而工君子恥之此文之病也嗟乎天下之才少久矣文章之氣衰甚矣風俗之不養才病矣才少而氣衰使然也故當世君子學其道習其弊不知其病也所以其才日盡其氣益衰其教不興故其人日野如病者之氣從壯得衰從衰得老從老得死沈綿而去終身不悟非良醫孰能知之夫君子學文所以行道足下兄弟今之才子官雖不薄道則未行亦有才者之病君子患不知之既知之則病不能無病故無病則氣生氣生則才勇才勇則文壯文壯然後可以鼓天下之動此養才之道也在足下他日行之如老夫之文不近於道老夫之氣巳至於衰老夫之心不復能勇三者無矣又安得見古人之文論君子之道近先王之教斯不能必矣冕白

答衢州鄭使君論文書

專使至辱書并歸拙文如見君子所褒過當無德以當之幸甚門人云夫子之文章可得而聞也夫子之言性與天道不可得而聞也卽聖人道可企而及之者文也不可企而及之者性也蓋言教化發乎性情繫乎國風者謂之道故君子之文必有其道道有深淺故文有崇替時有好尚故俗有雅鄭雅之與鄭出乎心而成風昔游夏之文日月

之麗也然而列於四科之末藝成而下也苟文不足則人無取焉故言而不能文非君子之儒也文而不知道亦非君子之儒也逮德下衰其文漸替惜乎王公大人之言而溺於淫麗怪誕之說非文之罪也爲文者之過也夫善爲文者發而爲聲鼓而爲氣真則氣雄精則氣生使五彩並用而氣行於其中故虎豹之文蔚而騰光氣也日月之文麗而成章精也精與氣天地感而變化生焉聖人感而仁義生焉不善爲文者反此故變風變雅作矣六義之不興教化之不明此文之弊也噫文之無窮而人之才有限苟

力不足者彊而爲文則蹷彊而爲氣則竭彊而成智則拙故言之彌多而去之彌遠遠之便已道則中廢又君子所恥也則不足見君子之道與君子之心心有所感文不可已理有至精詞不可逮則不足當君子之褒敬叔頓首

再答張僕射書

辱還答知朝廷之事事無大小難易一切言之言之輒從從乃中變故吾子言有進退之心誤矣夫言之不入諫而怒之國之患也言之輒從從而中變是可諫也又何患乎故下之說上患其志不固不患無時謀合於天即天爲之時謀合於人即人爲之時天且不違況於人乎伊尹負鼎俎五說於湯其道乃行天爲之時也商鞅以彊國三說孝公其功乃立人爲之時也譬如爲山累土過於九仞然後功就苟待天時功不成矣愚公者志欲移山必能移山故天地之心與人不遠人能感天在於心耳昔犬戎滅周申甫復之無知亂齊管仲霸之晉室中絕王導興之太平干紀姚宋撥之彼謀之如神即用之如神故賢人君子匡救時運有其才必有其志有其言必有其事事至而退君子不爲今一言未行其志乃衰是無志也故君子白刃可蹈

也鼎鑊可赴也其志不可奪也今有其位有其時一不動再言之再不動三四言之即天地可動況於人乎天地氣合即君臣氣合又何患乎冕白

王叔邕

叔邕德宗朝東川觀察使

彈崔位狀

得遂州刺史韋昉狀別駕崔位緣自憲官除此郡佐心懷怨望意不徇公潛搆軍人欲爲背叛雖姦謀未成今惡跡已彰伏請聞奏者臣伏以崔位官居別乘恩獎不輕而乃

長惡不悛肆其姦忒州牧舉覺事跡昭然伏望特誡羣僚庶彰明典

潘孟陽

孟陽禮部侍郎炎子登博學宏詞科元和初爲大理卿終左散騎常侍贈兵部尚書謚曰康

天道運行成歲賦 以題爲韻

本清陽而左旋浩浩其天播二氣而仁均亭育分四序而德溥陶甄不見爲元乃悠也久也不言而化遂行焉生焉萬物得以資始五材稟以功全美利有常則寒暑之候節

著明莫大則日月之象懸仰居諸之罔息知變化之不惑昏明不差於晝夜次舍互循於軌躔大無不包可定於握規投矩遠無不至可則於持衡執權於是律中夾鍾辰次太皥羽毛振於萬族勾萌達於百草布交泰於發生降氤氳於元造俾其動植之庶彙罔不和同於至道若乃景丁統日祝融撫運扇風氣而何物不溫在朽木而何榮不奮盛既極明時卽還行當蓐收之整轡乃夷則之司聲消埃鬱於九野降肅殺於八紘候可藏冰隸人歡瞻於北陸時將納稼農人乃望於西成蓋藏冰之節斯近嚴凝之氣方盈命之暢月是曰元英夫寒暑順序則陰陽不爭稽諸天道雖謂之通正感於帝德實彰乎太平至矣哉聖人體元於是乎立制大儀斡運於是乎成歲惟王者之則哲諒公士之贊睿在陽和之陶蒸庶不遺於淹滯

欽定全唐文卷五百二十八

顧況一

況字逋翁蘇州人至德二年進士以校書郎徵遷著作郎貶饒州司户參軍

高祖受命造唐賦并序

隋文帝滅陳蕩定海内煬昬多罪墜失先業身滅國替幼恭以神人非聖莫可乃命太保蕭造奉皇帝璽綬歸我高祖高祖固讓謠歌獄訟已歸唐矣而薛舉王充竇建德等陳勝倡禍爲漢祚階夫鹿臺之積非無財也閭左之戍非

無卒也湯以七十里文王以百里而臣諸侯非有土也隋地徧天下二帝之業一朝埽盡可不謂大悲乎吳公子札古之達天命者其歌唐思深哉其有陶唐氏之遺風乎氣蒸芒碭龍躍太原天命也昔司馬相如賦子虛諸侯之事非天子之事漢武聞之猶曰朕獨不得與此人同時班固張衡左太冲所賦兩京三都各務誇大而王者受命則闕而不書蓋賦者古詩之流古者採詩言之無罪今王澤不竭斯文未喪翰墨閒作其誰曰不然先王建國始以文經上行下效終以武定强本弱枝四方翕然無凶人矣故明德慎罰文王所以造周也應天順人武王所以克商也書云帝堯聰明文思帝舜濬哲文明斷自唐虞洎乎周漢帝王美稱以文爲首我唐文德宜在三代之上微臣賦頌恥居數子之下初論隋氏顛覆次論皇家開統末論告厥成功簡於上帝鋪乎下土播乎無窮固非常才淺慮之所能及意者實以祖宗光靈引耀鼓動之所致也其辭曰

在桓靈之道曀兮本小而末大下陵而上替君臣相失南北歷帝天醜隋而命唐纂周漢之鴻裔大哉文王王季其父武王其子父作子述叶天命以應期煬爲不道庶官攜

貳魚爛土崩荒沈所致雖曰匹夫之勇有盜中原之意凶貫既盈果不保於神器江都之禍酷甚望夷之事亡國之君雖緜古而必類王者父天母地非所以苟其身而貪厥位豈有男女疾痛而父母不爲之歔欷乎此眞主所以乘時而建義也曾不一戰而得行其志湯武應天也其實誓師高祖受禪也其實揖讓猶感思以慟哭乃立代而尊煬伏順而升蓋前經之所曠承土德以播業兮與炎靈而更王維李其根降居眞源洎武昭之隴冑揚太祖之周勳典則明融是將貽乎子孫高皇生而豁達大度徇齊弱而能

言神光佳氣兮爛以氤氳兆白雀兮戴紫雲隱隱曈曈兮
始乎太原君子得時有如追奔岷峨導江兮河出崑崙雷
砰電掣浩浩渾渾厥波雖雄爲海所吞乾健而坤順兮利
配乾而法坤有何姦豪恃險偷存乃建皇極鍾乎歷數革
舊鼎新兮式閭封墓百神以咸秩兮包五嶽而作固過蒲
津而川后增流兮次霍邑而山靈告路彼上碭下蹟兮我
寬刑以薄賦陋茅屋兮土階遵朱干與大輅乃有嚴更之
署環衞鉤陳文昌武庫玉冊韜府兮內八景之眞文金盤
粲霞兮承九天之清露元聖有作恢法度也厥祖草昧諸

夏宗臣蠻夷酋長從德如歸若王固讓而天下可違乎有
社稷焉不可闕祀有烝人焉不可無主是以木曰威仰火
曰熛怒辰戌丑未王我唐土天實若曰四海橫波虔劉札
瘥若王盤桓奈天下何義寧二年五月甲子高祖即位木
宮曰甲水宮曰子干支相生成字爲李雖子卯不舉而以
是爲戒此臣子所以服泰階也神祇叶從龜筮攸同乃更
正朔以刀文爲開通告於上下予昧乃德嘉乃丕績若將
殞於厥躬草艾渠魁兮罔駕英雄拔萬姓於湯火兮散三
光於昊穹此皇王所以職教化也非天不應非聖不作造

我鉅唐在夏之興弼成九服經啟九道荒厥迹之茫茫在
周之興西至流沙東至樂浪重九譯乎越裳在漢之盛大
夏身毒月支夜郎辰韓之國畫革傍行未若我唐歌其聲
舞其容十有二部鏡立乎中央唐既有土德樂亦有臣妾
易曰殷薦上帝又曰行地無疆提封所經聲教所被窮天
下之琛怪截海外之梯航逾蟠桃而跨弱水兮蓋四十萬
里鳥飛驥騄兮鱗萃乎艅艎不以三代爲境土七雄爲富
彊乎何則漢高提劍學校興於文景周武載戈頌聲作於
成康卜代三十延祚四百亦謂之享國久長與夫青牛紺

纛白馬朱鬣報千祀於元君兮呼萬年於太行林邑貢能
言之鳥大宛奉汗血之馬孰與四白鹿四白狼乎擒建德
於武庫兮格魏公於敖倉耕有三十年之蓄以備凶荒戰
有百萬衆之師以讋戎羌胡驕則馬銜塞草寇虐則龍決
天潢又孰與周漢之廣建康莊在歲九天之下九地之上
兮合二九爲一方凝碧樹於洞房送白雲於帝鄉舞破陣
於清廟兮準文始於西廂迎氣於東郊兮養老於上庠禘
祫之禮秬鬯圭瓚兮辟雍明堂襲蛟鑪之馥馥疊鼉鼓之
鏜鏜羽林孤兒青矜胄子森琳瑯以鏘鏘河山巨防百二

盤岡渭水貫都兮來天漢之湯湯淈龍宮而捎鬼國延施囿而峻墉隍驅駞駒駼犀象乘黄附翼之馬骨騰肉飛滅沒陸梁鸑鷟出女牀鸑鷟白鷳孔翠翺翔縮沙磧與江湘休徵四塞兮花萼連芳大容揮絃兮子晉吹簧飛廉馳道兮河鼓服箱雍門韓娥流徵叩商徵歌鐘於未央校羽獵於長楊升平既久兵設不防虜自燕垂陷乎洛陽雲雷蹇難金火耀芒上帝之哀下人兮生魂魄而起膏肓肅宗龍飛日出鳳翔兮肆誅犬羊代宗赫怒兮草被嚴霜復九廟之郊禋三辰忽乎煌煌扶已撓之厚棟維既絕之頹綱然一

胡作亂四海奔亡父習乎勇母抱其子乘城看戰雹埽八荒天下大定朝廷無事帝端拱於穆清呀溟渤以爲池兮拓宇宙以爲城務子來之經營乃有棟宇之盛碔砆礵砆刻桷雕楹甲乙於方中兮勢夭矯而上征東西兩京岳立雲峙宮室相望八百餘里雖千數萬名猶未盡也翼翼峨峨重關四塞抵昆明而瞰太液象蓬壺之廣大跋太華而節終南抱周秦之襟帶於是偃師偶人郢匠圬墁之輩工發藻繪情生眄睞式瞻魄駭爰處體怵乃有輿服之飾纓轂錯衡霓旌羽蓋紋幰繡户窗玲瓏以相對明月夜光煥合影乎其內青琴素女閒木難之首飾響結綠之腰佩嗟神人之叶和感雨露之霶霈職貢隘入舟車溢載馮夷陽侯既降於英靈木魅山鬼不勞乎祈賽於時太府太倉粟腐緡敗荔枝橘柚魚鹽惟錯之蓊隘幽明黜陟輕重約法之殿最垂二百年天下九百餘萬户六千三百萬口徭輕斂寡國富家肥砢硪巀嵳硍硍磕磕兮沸渭駁沓訇訇噦噦兮亘地磐天來朝會兮天子於是乎班瑞等威卑其君長降爲牧守宸衿恢張以天地之無外一萬二千年爲一紀三萬六千年爲一代古者登泰山七十二君兩漢踵武

亭亭云云八百餘年寂寥無聞我唐傳祚以來革隋一封岱二克復三除凶四五將發三門備南正司天北正司地勾測影於北至建相風於南寺太微太一金版玉筒逮夫淹中闕里之類蓋三十萬卷傾古今之文字振古以來未之有也其事始於武德成於貞觀興乎開元天寶之間唐虞夏殷之世不足多也然則天子四海爲家六合爲都方明參乘昌寓爲御三代考績五載一巡狩觀萬國之有無禹會會稽舜遊蒼梧曰徯予后后來其蘇天子於是命有司興農圃廢土木放女謁斥讒夫臣拜手稽首載陳厥謨

康哉良哉恥其君不及唐虞

茶賦

稽天地之不平兮蘭何爲兮早秀菊何爲兮遲榮皇天既孕此靈物兮厚地復糅之而萌惜下國之偏多嗟上林之不生至如羅玳筵展瑤席凝藻思開靈液賜名臣留上客谷鶯囀宮女嚬泛濃華漱芳津出恒品先衆珍君門九重聖壽萬春此茶上達於天子也滋飯蔬之精素攻肉食之羶膩發當暑之清吟滌通宵之昏寐杏樹桃花之深洞竹林草堂之古寺乘槎海上來飛錫雲中至此茶下被於幽

人也雅曰不知我者謂我何求可憐翠澗陰中有碧泉流舒鐵如金之鼎越泥似玉之甌輕煙細沫靄然浮爽氣淡煙風雨秋夢裏還錢懷中贈橘雖神秘而焉求

莽墟賦

大歷迷者至莽然之墟也前山極高猶在其下聚首峨峨去天無多中有靈草洞泉澆沙倒壁掛松靈蔣接波乳竇滴瀝芝房駢羅野火不鑽枯木戛摩陰岑膠加流響滅華陽岡豁寥上景澄霞何意萬里之荒谷兮有此數百家此家何代圖記不載爲當去殷爲當避秦商山老人不爲漢臣豈知人情之險巇征稅之愁辛迷叟歸到家持辭不可陳兒征防丁女事東漚神龍吟兮鳳舞莽墟之所超逍遙以容與

上高祖受命造唐賦表

臣況言臣聞上古滅跡以恢至道其次立名以扶大化臣山谷之人頃爲韓滉參謀滉性嫉惡臣性孤直滉先朝竊臣復故山陛下拔臣臣況口噤汗出不敢論天下事然自開元天寶以來耳目所接精經茂德畧有百人不霑一命非不欲出無益所以不出豈大國無人而黨與之徒未詳

菽麥驟居清貴此由權臣上負明主下負蒼生中遏賢路耳是非邪正勢不兩立唐有天下賦斂甚薄刑罰甚寬神人保和鳥獸咸若然而時有反側逋逃之誅得無因乎惟天啟聖無有一物不得其所書曰遠人不服來以文德德猶土也廣厚載物文猶火也光明麗天尅金之象生土之義蓋聞朝出羣龍多士如海出夜光明月所以別好惡而扇華夷未有影不從表聲不從聽聖德惟新頌聲不作臣下之闕也謹進高祖受命造唐賦一篇論皇家大慶歷祚延久恍若光靈促臣上獻伏惟陛下赫赫巍巍與天同功

鳳凰巢於阿閣。麒麟乳於郊藪。臣之願也。無任冰谷之怖。謹奉表以聞。臣況誠惶頓首頓首謹言

太尉晉國公韓滉謚議 代太常博士李谿暢當作

議曰。韓滉天然風操。自建名實。馭下威重。允凝績用。頃天下兵興。務給財食。月計億費。王府一空。中歲滉領小司徒。實專出納。平準齒革之林。貿遷虞衡之賦。邸無斂貨。市均靡物。加以嗇用。殆復充盈。洎擁旄吳楚。封畧數千里。威名大烈。望而斯畏。嚴令山鎭。不可輕沮。諭意維揚。則張瑗之謀戢矣。飛書斬將。則沈清之亂平矣。采衛邦伯。文武陪寮

怙勢之徒。負阻之族。莫不軋軋如也。且天寶以來。江左無事。物產資贍。文法浸寬。貪夫徇財。小人趨利。求茲官者十恒八九。滉杌能制。動絲克理棼。過之所至。刑必糾之。非簡能之。不知方矯時而爲理。興元初姦宄偷變。震驚我師。滉首獻方物。奔貢漢中。慶賜遂行。邦用由濟。貞元初歲不有秋。秦將歉食。上憂乏用。人心大搖。滉發廩救災。不俟終日。萬鍾繼至。三輔斯給。昔蕭何轉漕關中。寇恂賫用河内。皆以勤王。幹蠱推功第一。若敵而言。則滉之功非細也。爰命作相。咨以財計。用統邦賦。漢粟誠多。超古之才。高謝主臣而已。會登用日淺。其道未光。然累行疇庸。可得而擬。謚法曰。慮國忘家曰忠。安君不念已危曰忠。滉安國荒饉。濟君艱難。屬時多虞。立權修賦。危已從怨。忘家在公。得非忠乎。謚法曰。剛德克就曰肅。執心決斷曰肅。滉剛而得位。師克以貞。令出惟行。刑其必犯。得非肅乎。臣聞舉善不必求備。易名是其大者。昔謝炎定謚。特以忠肅褒榮。何曾議謚。詔以忠肅追美。稽滉勳勞。無忝前烈。伏請謚曰忠肅。謹議

禮部員外郎陶氏集序

樂般上帝。上帝臨下。俾夫文星。驚動民心。二南六義。在乎

章句。安樂哀思。在乎音響。君子入其國。觀其樂。知其教。制氏徒備乎鏗鏘。此立言之大。傳稱不朽。易曰尚詞。唐詞臣姓陶氏。諱翰。冀方思深之裔。前漢青。後漢謙。東晉侃。至靖節貞白二先生。生人表秀。閒朝育才。方守省署。慶鍾於君。開元十八年進士上第。天寶文明。載登宏詞。拔萃兩科。累陟太常博士禮部員外郎。喉舌密勿。壇場破的。無發不中。行在六經。志在五言。尤精賦序。朝出暮徧。殷如奮鐸。聲塞海隅。化諸溺音。蔚公之容。風山籟靜。然華實先於苑圃。綦毋著作潛。王龍標昌齡。則其勍敵。登公之門。李膺之門也

鮑馬二京兆中書謝舍人良弼良輔侍御史李封殿中劉全誠名自公出名著公器神人所怪寧貴不名詳矣大抵文體十年一更有體病而才贍有言紆而事直有文勝而理乖雅豔殊致雲和之源杳以無窮折爲萬派嗣子問儒爲法官捧先人之集霜露之疾將恐於吾綦毋通問之世友撫事編次咨於彝訓稽於故實是有冠篇之述乎哉

信州刺史劉府君集序

上天文明以配我朝光照四海麗於百穀主文之臣如太皞之於勾芒先甲之士也公姓劉氏名太眞天寶中與兄

太冲登秀才之科蘭陵蕭茂挺目以孔門游夏官踐御史左史尚書紫微郎祕書監工刑部二侍郎時謂得人翕然慕義恐在其後君旣聳善心親人色與人行加人言勝人在位者見君之如此物惡其上自然不容君旣施政春煦物雨濡物風動物惠歸物在位者又聞君之如此主恩人望斯未之替竟免其官亮彼褊人不徵細故必獲他咎竊名之黨自此而堅然則於是清響不奮哮嘵有聲或以其言黷朝典賤子西嚮泣拜曰不然日月有蝕五星有孛故能成天之紀唐堯之時亦有讒豎故能成堯之大夫國有蠹如樹之有蝎不敢篾焉役文之士懼禍之不暇朝夕虔惕苟無深疵不敢言瑕春秋暮矣溫溫生疾竟終餘水之上君門深而不得覲舊山邇而不得歸明主方覺而君已沒有文集三十卷遊名山而窺洞壑者畧舉奇峯紀勝境至於鬼怪不可紀焉臨終賦詩意不忘本凡古人所詠山水遊仙田家之什脫羇羅走思以自適其可得乎奄忽之辰以況從表兄弟平生相愛手運遺札心存顧託冢子諷構厥德不忘前好得而敍之

右拾遺吳郡朱君集序

因都國出麟角鳳喙爲續斷之膠與本無異朱君能以煙霞風景補綴藻繡符於自然山深月清中有猿嘯復如新安江水文魚彩石歷歷可數其杳夐倏颯若有人衣薜荔而隱女蘿立意皆新可創離聲樂友之什情思最切雖有諫職心遊江湖謝病而來慕出塵之侶精好涅槃維摩經愛人爲善有志未就終於廣陵舟中識與不識聆風嚮義相與興歎我主人延陵包君兵部李侍郎禮部劉侍郎皆有託孤之舊子郁襲其先行敬事父友泣捧遺文祈余冠序

監察御史儲公集序

聖人賢人皆鍾運而生述聖賢之意亦鍾運盛衰矣開元十四年嚴黃門知考功以魯國儲公進士高第與崔國輔員外綦毋潛著作同時其明年擢第常建少府王龍標昌齡此數人皆當時之秀而侍御聲價隱隱轔轔諸子其文篇賦論凡七十卷雖無雲雷之會意氣相感而扶危拯病綽有賢達之風拔身虜庭竟蹈危邦士生不融可以言命然窺其鴻黃窈窕之學金石管磬之聲如登瑤臺而進玉府靈扃邃宇景物寥映綠流翠草佳木好鳥不足稱珍嗣

息曰溶亦鳳毛駿骨恐墜先志泝洄千里泣拜告余曰我先人與王右丞伯仲之歡也相國縉雲曹以序冠編次會縉雲之謫亡焉後輩據文之士風流不接故小子獲忝操簡伏恐魂遊無方嗤責造次茫茫古道不見來者豈以龍戰害乎鹿鳴齊竽競吹燕石爭寶嗚呼薄遊之士未躋一峯已伐其峻登閬風者乃知其迤邐昏明掩豁將盡復通之者其若是乎

戴氏廣異記序

予欲觀天人之際察變化之兆吉凶之源聖有不知神有不測其有干元氣汩五行聖人所以示怪力亂神禮樂行政著明聖道以糾之故許氏之說天文垂象蓋以示人也古文示字如今文不字儒者不本其意云子不語此大破格言非觀象設教之本也大鈞播氣不滯一方檮杌爲黃熊彭生爲大豕萇宏爲碧舒女爲泉牛哀爲虎黃母爲黿君子爲猿鶴小人爲蟲沙武都女子化爲男成都男子化爲女周娥殉墓十載却活嬴諜暴市六日而蘇蜀帝之魂曰杜鵑炎帝之女曰精衞洪荒窈窕莫可紀極古者青烏之相冢墓白澤之窮神姦舜之命夔以和神湯之問革以

語怪音聞魯壁形鏤夏鼎玉諜石記五圖九籥說者紛然故漢文帝召賈誼問鬼神之事夜半前席志怪之士劉子政之列仙葛稚川之神仙王子年之拾遺東方朔之神異張茂先之博物郭子潢之洞冥顏黃門之稽聖侯君素之旌異其中神輿陶君之眞誥周氏之冥通而異苑搜神山海之經幽冥之錄襄陽之耆舊楚國之先賢風俗所通歲時所記吳興陽羨南越西京注引古今辭標淮海裴松之盛宏之陸道瞻等諸家之說蔓延無窮國朝燕公梁四公傳唐臨冥報記王度古鏡記孔愼言神怪志趙自勤定命

錄至如李庾成張孝舉之徒互相傳說譙郡戴君孚幽賾最深安道之允若思之後邈爲晉僕射逵爲吳隱士世濟文雅不隕其名至德初天下肇亂況始與同登一科君自校書終饒州錄事參軍時年五十七有文集二十卷此書二十卷用紙一千幅蓋十餘萬言雖景命不融而鏗鏘之韻固可以輔於神明矣二子釴䧥陳其先志泣諸父友況得而敘之

欽定全唐文卷五百二十九

顧況二

江西觀察宴度支張侍郎南亭花林序

右洞庭左彭蠡公所臨也先庚式武後甲徵文公所總也夫以清淨和平之德下施於民猶之不理既當其樂不觀其華不在吐曜騰光自開自落而已欣感之氣實棲其閒繡衣使者詞客張君相闇之賢從事于公疆理一曰均賦二曰省徭三曰主文能中質茲亭之樂其可節乎蓋取之明離麗君子健應之象

宴韋庶子宅序

昔洛下鄴中蘭亭峴首文雅之盛風流之事蓋一方耳今席有芳樽庭有嘉木飲酒賦詩皆大國聖朝羣龍振鷺握蘭佩玉者也在古其有陋乎在今其有榮乎終宴一夕寄懷千載是時也暮春駘蕩孟夏恢台之交耳

送朱拾遺序

楚天暮秋衰草多霜我送朱兄置酒寒塘他方有遺名之人語出世之事昔我大師居毗耶離方丈之室以虛空量納諸羣有爲法而來難於酬對兄辯才者精於語默雪山

有草可生醍醐上賢不自豐故貧也上智不任數故樂也言出以機在心爲咎故慎也和平發中金玉鏗鏘如秋水之溢塘殊不知長松倚空遠鶴孤唳如兄也將刀畫水水中不斷以道親人人何有別何山不可以爲家何水不可以泛舟我送朱兄浮於亂流主明不在諫故諫臣在瀾漫之遊

陪江西李大夫東湖賦詩送宣武軍趙判官還使序

相國大司徒統戎於汴汴之介者有長鬣廣額乘遽四方

交驩諸侯以利軍實我大夫待以加等問其所欲蓋相國於其君義疎而後有誠誠存而後有別此敬相國而及子其告復乃賦平字之什以寵之春秋之義凡君子之嘉一善接一士皆欲有所用必相其宜而比之昔代之阿鄄燕侵河上晏相之薦穰苴文能附衆武能威敵果却燕晉之師

送韋處士適東陽序

珠玉在淵蘭在深林士不定方而處東陽佳地樓上隱侯之八詠溪中康樂之贈答韋生翺翔若復故都會子放逐相逢姑蔑之山所栽新詩婉而有意凡遊山水苦無卷軸復無幽人攜手一何異飛鳥一翼行車隻輪眼界孤矣放言自遣以貺處士乎哉

送張鳴謙適越序

晉司空十四代梁尚書左僕射纘五代孫曰鳴謙問行於我我對曰迺祖蹈道隱黃鵠山乃先敦德隱朝陽山今子洽聞繼修先好是一門而三隱矣臺仲之處也雲翔冥廓亦復何礙又將嫁於四方余常適越東至剡南登天姥天姥而西卽東陽太末姑蔑之地盤桓乎弋陽其山霞錦其

水紺碧其鳥好音其草芳葩奪人眼睛猶未麗也仙人城在其上可以汰神可以建文可以棲（闕一字）子獨不見錯誅而回樂乎感隙駟之末光事塗龜之修齡觀萬化之始終道訓曰處其厚不處其薄丈夫之事乎亦從此逝矣適人之適孰與自適其適乎

送宣歙李衙推八郎使東都序

傳稱公侯子孫必大也天寶末安祿山反天子去蜀多士奔吳爲人海帝命乃祖掌乎春官介珪建侯統江表四十餘郡雷行蟄動時況搖筆獲登龍門斷乎禮部訖乎吏部

陳謀沃論五十載感恩懷故今復得予蓋天贊予不奪前好鋪耀光列慶鍾於後相如植文文以澡行行以宣業業盛而罔有不安身安而後坦處坦處而後造適臻其平我恢拓尋度不在職之小大祿之厚薄在蠱乃事也十連之方九層之霄也使乎東洛盡族而來之謂何夫宣洞邑險而棲谿古不偃兵今則不然革其土樂其民安其俗阜其業客有乘堅策肥緩步闊視者張厥羽翰待風而振予見子之達也雅之暑曰有華皇皇公所以寵大夫也

仙遊記

溫州人李庭等大歷六年入山斫樹迷不知路逢見漈水漈水者東越方言以挂泉為漈中有人煙雞犬之候尋聲渡水忽到一處約在甌閩之間云古莽然之墟有好田泉竹果藥連棟架險三百餘家四面高山迴還深映有象耕雁耘人甚知禮野鳥名鴝飛行似鶴人舍中唯祭得殺無故不得殺之殺則地震有一老人為衆所伏容貌甚和歲收數百匹布以備寒暑乍見外人亦甚驚異問所從來袁晁賊平未時政何若具以實告因曰願來就居得否云此閒地窄不足以容為致飲食申以主敬既而辭行斫樹記道還家及復前蹤羣山萬首不可尋省

宋州刺史廳壁記

商邱之地辰火之宿孟諸之澠閼伯所遷微子所封之國也厥貢絺紵厥篚纖縞有蒙盧二門有睢渙二水炊骨易子隕星退鷁仲尼之伐樹子罕之棄甲皆此地焉梁孝王時四方遊士鄒生枚叟相如之徒朝夕晏處更唱迭和天寒水凍酒作詩滿是有文雅之臺清泠之地鳳鷟之所棲集園苑三百餘里制度法於長安漢末始置為睢陽郡皇家大臣房梁公嘗牧此州今相國彭城劉公勛德有光亦

典此郡前破李靈曜後破李希烈為梁開路而東方諸侯井賦鹽泉所入歲約三千萬緡商在其外明年西朝天子天子嘉之俾平水土乃拜司空俾敷五教乃拜司徒入參大政出曜威武范陽君以智略佐之由御史中丞行軍司馬節度留後而領於是邦幕府得人於斯為盛下車之日無土不殖桑麥翳野舟艫織川城高以堅士選以飽詩所謂誰謂宋遠誰謂河廣者矣自貞觀以來列名氏者以房梁公為首存乎東壁大歷之後繼聲躅者宜司徒公為首遂刊於座右貞元五年四月十九日記

湖州刺史廳壁記

江表大郡吳興爲一夏屬揚州秦屬會稽漢屬吳郡吳爲吳興郡其野星紀其藪具區其貢橘柚纖縞茶紵其英靈所誕山澤所通舟車所會物土所產雄於楚越雖臨淄之富不若也其冠簪之盛漢晉以來敵天下三分之一其刺史沿革不同或稱太守或稱內史或稱都督他州或否如魯史晉乘侯牧一也其鴻名大德在晉則顧府君祕祕子衆陸玩陸納謝安謝萬王羲之坦之獻之在宋則謝莊張永褚彥回在齊則王僧虔在梁則柳惲張譔在陳則吳明

徹在隋則李德林國朝則周擇從令聞也顏魯公忠烈也袁給事高讜正也劉員外全白文翰也洎于頔大夫作塘貯水溉田三千頃今使君詞唐景皇帝七代之孫先公尚書先公大夫奕葉之勛有功於民公實嗣之孔悝銘鼎天下重器天王褒拔于公陟襄陽節度李公陟當道觀察統諸道鹽鐵轉運二牧既陟唯公盤桓鴻鵠不飛飛即摩漢其逋者復其危者安其憂者泰所謂善緝於是拓郛櫌萊就便除害政之餘力作消暑樓於南端復亭署於白蘋洲聿興廢土光明敞豁湧出溪谷其舊記吏部李侍郎紓撰其圖經竟陵陸鴻漸撰使君命況總兩家之說似落晉宋訖於我唐凡一百九十七人及歷代良二千石儀形畧也鋪張屋壁設作存勸竦神告人春秋不朽之義也貞元十有五年十二月哉生魄華陽山人顧況述

嘉興監記

正德利用阜財足食國之本也天寶末天下兵起乾元初上司奏議宜以鹽鐵之職總以社稷之臣斡乎山海之利以富人也淮海閩駱其監十焉嘉興爲首朝廷以是蠲貸恒賦實乎大內大臣奉法爲事選人拔其賢幹昇於憲署

以宣原隰光華之寵趨其署者如好鳥之棲茂林相國劉公嘗以大監小州不相若也故其職員不忝乎爵秩其刀布必倍於租入渤海高君日倫世以勛烈緩步闊視貿襟洞開中有方畧不循進級故一廷評於茲二紀傾酒定交擲金市義不餌不仁之粟前使張侍郎滂王尚書緯總其卜式宏羊之計遂有採山煮海之役十年六監興課特優至是未期從百萬至三百萬鹽一作監人賈人各得其所故端介之節風彩自高繼夫漕運波委陸溢此天下之利器也可示人乎夫以步光莫耶切玉如泥制鐘無聲不以一

割均其銛鈍君子以知人則哲無德不酬鴻飛九霄驥騁千里前祕書省著作佐郎顧況美使臣之得人貞元十七年歲在辛巳正月朔記

華亭縣令延陵包公壁記

陶氏之隱誥云張李二君勤行仁義異代同德慶鍾包君鮑靚通靈之士秦有包丘漢有包咸世爲學官隨晉南渡今爲延陵人也隋書儒林傳包愷包愉兄弟皆治漢書從子弟千餘人樹碑紀德惟皇六葉鴻臚宣力於王室著作垂名於當代起居祭酒聲隱都野與翰林供奉晁析其流

派君辟秀才以文字自附嘗夢入冥府浹時而蘇根於修短有開之兆言地下之法峻於人閒頗符干寶搜神之事隨難奉天重圍暗解上撫其背而春官亦以賓禮待之及爲華亭有闢田增户均賦愛人之政語曰千室之邑百乘之家由也可使治其賦而君實有之舊章壁記記其官敘野史之流也平原之谷水崑山鱸魚蓴菜海錯陸產彼何人而不知今記其異庶有補於化耳

宛陵公署記

博陵崔公端憲臺出九江涉吳換號三牧作乂仁聲上騰上褒之以宣歙等州團練觀察採石軍使內樓茂行外傳純德德鋪生人生人受賜所部無事緝乎井屋高棟大廡樓傳高亭署以崇牙虔君命也署五千架坊壇赭堊燭乎一川竹釘木屑皆適所用前鎮未之有也其辟一士未嘗不當其任其裁一簡未嘗不以憂人爲心兵馬使南陽張伯陽承公指揮應接不暇廣而不費華而中儉堡有嚴柝封有巨防巢洞之寇化爲平民銅官戰馬牛渚姑熟之隘籠波絡谷莫不帖焉夫宣户五十萬一户二丁不待募於旁郡而宣男之半已五十萬矣蹠勁弩耀雄戟吞敵如餔

戎心不敢其或有敢戎心備銳而襲之淮海之援過賓之寵亦所以補凡例也庚辰年正月下旬日前祕書著作郎顧況記

王氏廣陵散記

眾樂琴之臣妾也廣陵散曲之師長也琅邪王淹兄女未筭忽彈此曲不從地出不從天降如有宗師存焉曲有日宮散月宮散歸雲引華嶽引意者虛寂之中有宰察之神司其妙有以授王女於戲天地鄙悋而絕神明倜儻而授中散沒而王女生（一作傳）其閒寂寥五六百年先王作樂殷

薦上帝有不得而聞者鼓鐘時動敢告於太師

陰陽不測之謂神論

皇帝建立甲子考定星歷於是有天地神人之官少昊既衰神人雜擾顓命羲和以司天地三苗九黎不復亂逆周室既壞君不告朔漢道隆興方定餘閏世時昭昧君平季主張衡索紞陳訓韓友卜珝京房管輅郭璞干寶樂房班固云陰陽多拘忌以爲無益嗟乎古論陰陽以和神人以順風雨以播稼穡以除災害後之學者但張恢譎不自戒慎不固親疏之道不精逆順之理不達性命之分而裁衣

拜官沐浴翦爪徵於歷日豈不悖哉左道亂政先王無赦往見術者序卜筮之書及諸家祕訣七曜九宮六壬三五復返十精飛鳥天目地耳計神漢歷以天赦母倉爲吉朔歷以雲漢密莫爲吉各生異氣天竺律法復與大衍有差吾誰歸矣又以姓配音以音配墓以墓配殺此莊惠以荒唐舛駮之論且黃帝二十五子得其姓者十三人或以地爲姓或以官爲姓或以諡爲姓或以王父字爲姓士會在虞爲陶唐氏在夏爲御龍氏在商爲豕韋氏在周爲唐杜在晉爲范宣子在隨爲隨武子在秦爲劉氏女嫁欒黶爲祁氏焉此一人之身改姓三改氏五范蠡在陶爲朱公在齊爲鴟夷子范雎稱張祿先生第五倫王伯齊鮑永本姓包京房本姓李張良之後爲留氏田橫之後爲王氏姓有兩字三字四字五字孰先孰後孰是孰非長平同坑南陽同封時日或同吉凶或異行年本命其事安在周時玉尺漢代黃鐘河汾鼎氣沈埋自久不可仰則其道多門行則無盡不如也是故文字非上學上學神聽原其性也集解非宗師宗師授受扶於理也端心靜一神明將至黃帝遺元珠象罔得之漢主心動獲貫高襄子心動得豫讓披髮

祭野野人之遺魂非有陰陽算術之功涉津無涯安濟所屆釋氏五蔭輪爲四生或居人中以爲鬼神唯代有佛法獨能究竟白雲依山出入自得飛鳥以滅虛空不礙清明在躬志氣如神陰陽不測唯佛而已

文論

周語之畧曰孝敬忠信仁義智勇敎惠讓皆文也天有六氣地有五行此十一者經緯天地叶和神人名之爲文其實行也文顧行行顧文文行相顧謂之君子之文爲龍爲光上古云言之無文行之不遠堯之爲君聰明文思文王

既沒文不在茲乎文王之代草木鳥獸皆樂文王之沼曰靈沼文王之臺曰靈臺虞芮不識文王入文王里所見耕者讓畔行者讓路班白不提挈自相謂曰吾黨之小子不可治於君子之庭詩人美之云文王斷虞芮之訟晉文與楚子戰而霸謚曰文公夫以伏羲之文造書契黃帝之文垂衣裳重華之文除四凶舉八元周公之文布法於象魏夫子之文木鐸徇路此其所以理文也伊尹之文放太甲霍光之文廢昌邑呂尚之文殺華士穰苴之文斬莊賈毛遂之文定楚從藺相如之文奪趙璧西門豹之文引漳水

沈女巫建安正始洛下鄴中吟詠風月此其所以亂文也夫以文求士十致八九理亂由之君臣則之舜堯禹湯有文桀紂幽厲無文太顛閎夭有文飛廉惡來無文昔霍去病辭第曰匈奴未滅無以家爲於國如此不得謂之無文范蔚宗著後漢書其妻不勝珠翠其母唯薪樵一廚於家如此不得謂之有文且夫日月麗乎天草木麗乎地風雅亦麗於人是故不可廢廢文則廢天莫可法也廢天則廢地莫可理也廢地則廢人莫可象也郁郁乎文哉法天理地象人者也周易贊乾曰大哉乾元萬物資始贊坤曰至哉坤元萬物資生唯大者配乾至者配坤幽者贖鬼神明者贖禮樂不失於正謂之爲文

如意輪畫讚 幷序

金剛記寶頂記花三昧頂輪三昧等經云蘇迷盧南有俱露州州西南面夷羅國俱尸那城南去八千由旬至於雪山茲山純白厥草肥膩高六十由旬周二千二百拔提河在左長仙園在右清熱惱海在南跋陀海在北善法堂在上瞢龍洞在下日月迴泊在俱物羅奢半空脇是龍居此洞地堅牢恒沙諸佛成道諸所如意輪於此山閒佛言毗

勤那鉢奢無忘無心是離那奢多性本空是祇彌物都思觀身實相是悉那鉢多彌觀佛亦然是又問何者是陀羅尼相貌佛言空觀心無爲心廣大心常住心不變異心無無心無無心是恒沙諸佛諸佛摩頂密語也言在身中恐人輕教諸佛不許內外雙立非賢不轉如意輪本名少足少法也其法滿足謂之少足與夫圓滿滿願廣大大悲等慈慈觀智網寶手千手眼得無畏清淨光除業道破諸暗無障礙無等等與夫普明慈明千光王佛十億之號猶爲至碧淨華宿王智佛時所立名記普門願行此應見聞隨

方說法法同而名異固云賢劫中千佛助化此爲一佛二尊不並願爲侍者寶德佛時名庶命仙人定光佛時名安忍童子請願之後名如意輪大悲菩薩是愚於蔭界畫彼眞形法華經云一華獻畫像漸見無量佛讚曰

同體如來所說總持法內外雙建爲普門大悲廣運無邊際已渡塵沙生滅海圓滿滿足各如意破除業暗發光彩

玉笥山書堂石傘峯銘

亭亭石傘有物有名如蓋若傾如芝一莖又如搖袂拂著上清俯踏不平仰捫雲行石傘山東山銜日宮石傘山西

山銜月宮南巒北阜首出屹雄千里在掌五更見日我來豫疾毛豎汗出齊侯責趾以隱爲榮往往洞穴聞金奏聲橡栗裹險猨猴相爭喬木千尋凡人幾生芳樹洌泉懵夫惶惚螺旋錦沓鶴鳴山空杳兮神乎不宰其功

釋祀篇

龍在甲寅永嘉大水損鹽田溫人曰雨潦不止請陳牲豆備嘉樂祀海龍揀辰告廟拜如常度況曰不可夫天雨若其冥數也天苟不已龍曷能已先王經物祀典有常今海爲川長龍爲介長不應祀而祀之非禮也動不合禮祀猶不典瀆典毀教辠之大者也夫溫夷越雜居役斂煩多皆有遠志宜昭賞刑謹吏則勤而不懈猶恐罔從而淫神貪福海盜亦將亂溫人其不免乎昔三王祭川先河後海而諸侯祭其疆季氏旅於梁甫孔子譏之今海廟在溫溫人其可祭乎神禍慢祉虔醜回嘉直者也驅迫窮垠索罄南邑罔其神以縱毋乃不可乎三代之祈甘雨也則納稷契其除水害也則流共工其愛人勝祀翼日雨止鹽人復本泉貨充府

欽定全唐文卷五百三十

顧況三

衢州開元觀碑

王太上也謂之三清淵神靈也謂之三洞洞之法金璫玉佩之書玉馬之券迴車畢道天誥也負石塡河師誓也得之者上騰九天失之者下繫十祖故曰萬劫祕而五千文行蕭武好佛法道士挑攬釋藏徒聊順帝旨强說爲大教佛經故論者短之多稱道家唯有老子兩卷井蛙不知尾閭也大哉玉皇上極金闕青童紫微扶桑之君仲侯左靈

東華之君人雖位在上清而猶臣妾玉皇太上已下如陪臣焉凡三十六天三十六洞地道下通華陽林屋傍通龍邱九巖其土神秀厥生道奥徐先生名含眞中書侍郎安貞之族子也傳八景之眞文握九光之靈符隸乎此觀初棟宇壇墠惟彼瓦礫鬱爲草莽先生之功林堂象設始吐光彩蕭寥同映養屯茹氣蹈火吞刀之士不可呼而來夫道可不遇文復何昌銘曰

天地未生聖人未作陰陽坱圠日月磅礴道隱乎先氣流形博乃播羣法靈神沃若奔景無天迴元豁落其一帝作玉府以般靈居四輔之目三清之書不得其人曠劫祕諸臣拜稽顙以度寶魄之明浩輿其二

書衢州開元觀碑後

況往嘗盜開靈書罰露天誥免冠自懲慮不塞咎戾矢其文以自贖蓋欲鋪簡神明非爲道士所發自貞元辛未歲九月哉生明余窮愁幽憤思以自適吟咏道篇以攄煩襟時長安尉杜陵史鎬在焉爲余搦管揮灑後漢神仙之士王次仲者善爲此書余今日見史侯如漢世矣

虎邱西寺經藏碑

闔閭之葬海浦也水銀爲溟渤黃金爲鳧雁精氣爲白虎是名虎邱東晉王珣王珉捨山造寺生公忍死待西國經來之所也山中塔廟叔父有功叔諱七覺字惟舊容相端靜神龍初八歲剃度萬言一覽學際天人嘗以唵嚩禪林萬法之母法從數起乃讀外書小餘大餘以爲證據維摩所謂通達善道法華所謂通達大智況受經於叔父根鈍智短曾不得乎少分至德三年示終本山付囑門人澹交曰此山法事莫不圓對而經藏猶闕澹交僧瑤俗姓何廬江次宗其冑奉佛不敢廢師之命自至德貞元龍在戊寅

紹建方畢瞿曇教迹不捨有表不住無表般若用中壇攝其六頂攝其四譬如無根安得有華故覺華長者得定光如來授記鹿仙長者得釋迦如來授記寶手菩薩得空王如來授記皆因造藏而得作佛從虛空藏流出一切藏一切藏流出四大藏四大藏一億大藏四億小藏圍繞湧出狀如蓮花灌於四藏流出十二藏從十二藏分爲三藏一聲聞藏二菩薩藏三眞如性海藏海水可量虛空不可量虛空可量菩薩摩訶薩成就衆生變化隨感不可量菩薩摩訶薩修行地位有分劑故可量諸佛眞如性海無分劑故故不可量灌於三藏流出八萬四千藏修多羅藏摩訶藏爲上首於是有法藏寶藏甚深微密藏妙花光雲等藏藏無盡在色究竟天衆生福薄不得瞻覩謨呼羅摩海醯首羅大自在神天樹雲音日輪速疾執金剛神淨光光香雲最上光嚴身衆神清淨華髻栴檀樹光足行神雷音幢相雨花妙眼道場神淨花普照無等光燄主空神永斷迷惑普遊淨空主方神示現宮殿樂勝莊嚴主晝神普得淨光諸根嘗喜平等護音寂靜海音主夜神其摩竭提國有金剛藏中有摩尼瑤玉變現自在雨無盡瑤嚴好花是

諸菩薩演說如來廣大境界慈目瑤髻發生喜樂可愛樂正念天王十方海中一切瑤玉吐雲彌覆流出教綱其佛號法水覺空如來嚴持器仗夜叉王力壞高山夜叉王毘樓博叉燄口海光龍王等甚可怖畏鳩槃茶王美目端嚴鳩槃茶王日光天子月光天子星宿王天子威德光明天子各各恒沙恒沙眷屬相與掌護其南海楞伽山下娑竭羅龍宮其光明藏大地劫盡諸方等諸經納於龍宮其贍部洲大藏六萬卷中藏六千卷小藏四千卷大悉地有空有不空廣畧平等譬如萬法出一塵中千論百疏又如一塵流出如帝釋宮殿因陀羅網一珠映八千億珠法界義中法身法性百佛世界細一毛端析一毛端成微塵數世界一一世界法身演無量百千萬億諸佛法藏是身爲陀羅尼藏湧法海藏衆法瑤藏舍乘數藏花頂衆藏密耶護藏言頓顯也此皆奢摩他毘鉢舍那定惠之力觀見如來等藏藏依識攝有舍藏理發於心而形於藏內外俱朗不其然乎斯文淳一非敢戲論光佛相好贊佛功德從佛知見中來頌曰

雪山紺宮等虛空耶叔父付囑澹交續耶妙華光雲香普

熏耶娑竭所指摩醯護耶喝剌呼嚧歸命護耶

蘇州乾元寺碑

五蘊十二入十八界此上三科能包萬法因緣生爲有無自性爲空空有融一卽中道義雖石船渡海蚊背負山不爲希有事僧法珣與和合衆法藏等造乾元寺者晉高士戴逵子禺之宅也乾元初節度使鄭昊之奏立觀察李涵李道昌皆有力大臣求無上道以心無所願無邊受者實得施者實與雖空不敗有爲有滅無爲無滅無爲有爲之體有爲無爲之用無生無滅無相無名無相法無言語說

法以無言語說故有相大乘有觀法門無相大乘無觀法門於法有所得有相大乘義於法無所得無相大乘義所得無所得俱眞一乘之義事也爲妙因果譬如種子依地而生又如大地能荷羣有虛空之體大於天地天地有盡虛空無盡如來之體大於虛空光明虛覺圓寂萬億故於無住本建乎諸法不動眞際恒沙煩惱莫不斷除魚吞鉤虎落穽蛾拂火此衆生自取其毒道本平坦樹本清涼佛在摩竭提國城等正覺諸弟子棲乎茂林藉彼祥草厥後因時設敎猶著弊衣行次乞食及往忉利省摩耶夫人優塡王鑄金刻木始用膠漆泥布佛有像自此始也與佛在時功德無異於是給孤長者造祇園精舍未由底迦造龍宮精舍竺乾法蘭造洛陽白馬寺佛圖澄造鄴中九百七十三寺釋道安造襄陽一十五寺遠法師造廬山東林西林寺度法師造攝山棲霞寺杯渡法師造南陵隱靜寺傅大士造東陽雙林寺思大師造衡陽南嶽寺智者大師造天台國清玉泉寺三十五寺畧也涅槃無前無後般若無新無舊法珣上人重舊德不輕新學門人清瑛請況於經藏中抄佛心說永示無極文曰

倬哉迷盧宏亘大千百億日月藕絲貫穿蚊背負之飛登梵天塵勞爲海般若爲船截生死流是曰希有大哉乾元實則不朽和衆雲臻珣爲稱首佛告善來寶坊崇哉法雨灑埃慈雲徘徊

廣陵白沙大雲寺碑

地輪依水水輪依火火輪依風風輪依虛空虛空無所依佛體也變佛體爲金色界地輪是也金色界中有香水海水輪是也香水海中有光明藏火輪是也復有寶林香花瀰漫周徧佛土風輪是也上至香積下至金色一光明藏

依報正報之因歟有智爲情界無智爲器界佛土爲性界法身報身應變之身一也天親以應化非眞佛亦非說法者其華嚴則不然諸佛同身流入毘盧遮邪智藏之海人有血脈地有溪關滄島之脊有白沙之墟焉天塹在南蜀岡在北敦彼廣斥勾攘五林擂刺元精猛虎蹲路騰蛇跛水氣毋毒形火爐胚物之意惚持相土曰牛欄河灘畔堪造漫吒羅非人乃秩天寶末長安僧絢避虜東土畫爲像宮以配梵帝皇猷允塞景福爰集善來若干商主若干與其眷屬爭欲奮迅爰雲構版插定中丕赫徽絢之功人其

捨諸於戲古稅甚薄人猶告困夫絢不柄刑賞不驅其人蓋以天子孝理昭明並受其佑霜露怵惕蓼莪罔極申以上報謏儒經之闕聞此名教君子肝腦而塗地者也不然其孰能與於此乎所作既成推山斡坎金翅吞龍之勢徹乎上王磅礴乎夜摩智開掌坦綦布箭直廓乎其崇之哉洎夫檝師陶師車匿乾陟方等百一嚴身之具華儉適中滿而不缺三草二木俱霑一雨昔北山之翁天帝命操蛇之神以遂其志是知慈善根力軍吒智索口唵火皆瞥電春雷張曜威恒保寧刹土見易底迦一時生晦魔軍法將不可以較乎勝負吹螺擊鼓歌唄讚歎旋和之衆莫不圓通信乎罽膩停酸修羅竄迹菩薩鏡生死海爲大涅槃大法現前了無塵噎凡有作有證名有相大乘無作無證名無相大乘體相既融一眞味也涉入無閡因中說果果中說因此文殊道引之智羖羊有角能破金剛不破如如之相我於觀照權實皆如如從心上變起離心無物離物無心心因物因迷盧不動有若靈辨禪師者大照大師之上照足如優曇花綱首良制利見如薝蔔花絢上人者根器清淨如拘物頭花芬多利花聿來求我分別三諦不有歐

和之志悉地之德焉難乎決擇然則嗢陁喃散施有情之義磁石攝鐵不攝鴻毛相應故作針則沈作鉢則浮隨緣故獸齕堅骨魚食碎砂砂骨游鋪託胎佛也明佛性故與夫有不染塵空不斷相非空有故若有去來若無去來無去來故若有方所若無方所故佛與衆生數無增減無增減故補特迦羅由來則佛前佛後同名同號乃至不同一一微塵之數微塵數佛各坐蓮臺展臂指塵皆當此說且修多羅藏八萬在娑竭羅龍王宮中以龍樹之聰利受持不盡海惠盡焉智不得失夫少分或以其言河漢詎知我

生一一生陰陽也不測之外更有神速之如此乎是以聖人神道設教大哉神乎若在其上若在其下羣玉藏書之府比夫現量春秋敘二百餘年方彼曠劫百千萬億那因他其數畧也法從數起從一剎那至一洛剎從一洛剎至一俱祇從一俱祇至一僧祇從一僧祇至一高出從一高出至不可轉無邊無碍無央無極重重成住壞空空不相凌滅其相去也不亦遼乎假使生肇融睿伊皐稷契共佐唐虞我知不相若也老聃曰竺乾國有古先生西過流沙尋師之旨孔子對商太宰曰三五非聖西方之人蕩蕩焉

無得而稱又曰聖人吾不得而見之矣日月無燭無不燭聖人無見無不見般若無知而無不知周紀有之昭王二十四年甲寅天地震動江河泛溢王問太史蘇由此何祥也對曰聖人生於西方穆王三十三年壬申天地震動江河泛溢王問太史扈多此何祥也對曰聖人滅於西方示有生滅實無生滅向使無生之法格乎戰國戰國得之秦不坑儒趙不坑卒小國事大國大國不征小國含哺鼓腹無爲之法化也雖有大夢然後大覺塵勞性空空有常寂分改遷易無非法身而大雄法寶五迦葉不得當乎付囑必也當乎不論前後此瞿曇所以贊佛法也文曰

佛日之曙兮照乎東方大雄說法兮海印發光獨立三界兮橫吞八荒江沙漫漫兮寺壓其陽摵谷斡波兮氣盤中央

饒州刺史趙郡李府君墓誌銘

粵攷春秋敘事之實趙郡東祖源流甚長衞州刺史嘉祚曾孫滎州刺史璿孫贈尚書郎銛子諱端字公表官由臺省與元少尹少府監出泉饒二州刺史參佐不書畧也貞元八年秋七月終於郡署年六十一明年八月庚申窆於

鳳山之東原嗚呼神明無質君子能通其意以爲敎本仲尼闡敎微言七十子揚大義去聖雖遠其七十子之季孟乎至於饒禮將驅俗經以道俗饒之人始有講睦之聲上員不弔殲我渠喆昔桐鄉嗇夫猶葬桐鄉桐鄉之人皆祠之今饒之葬如此嗚呼列章載云精神天之久骸骨地之久此言骸骨滅其精神不滅者何從心上變起而生展促常讀眾聖之書上於釋典如川及海之無翻流蓬廬久處奮迅泥滓宜諸精爽黜陟幽明亦由是也夫人贊皇郡清河崔氏從其子拭盡力哀敬記石陵谷永質天壤銘曰

蘭桂有叢以薰其風邯鄲舊氏厥祖惟東吁嗟府君其命不融精神本天不在乎地舊國飛魂新塋掩隧逝不可止哀何不旣

檢校尚書左僕射同中書門下平章事上柱國晉國公贈太傅韓公行狀

曾祖符皇朝潭陽郡太守祖大智皇朝河南府士曹參軍贈吏部郎中父休皇朝銀青光祿大夫太子少保贈司空諡文忠公京兆府萬年縣洪固鄉冑貴里韓滉年六十五公繼代生賢左右王室鄭武之賢韋平之美開元中解褐

授右威衛騎曹參軍丁文忠憂服闋授京兆府同官縣主簿又丁內憂孝貫神明服除授太子通事舍人肅宗在靈武授監察御史兼北海郡司馬充北海節度判官道阻未行除通州刺史尋充山南西道採訪使判官時宰醜正除彭王府諮議詔除殿中侍御史累遷祠部考功吏部三員外郎判南曹尋遷吏部郎中給事中兵部選事有盜殺富平令倚爲禁兵特詔釋之密疏聞狀遂伏其罪遷尚書左丞知吏部選事有擁馬陳詞造階抗議曾不再煩主吏重閱簿書片言遣之莫不心服拜戶部侍郎判度支管諸道

青苗稅戶屬國計空耗上難其人服勤九年出利百倍左藏之錢至七百萬貫大倉之粟至數百萬斛其邊儲或五六萬或十餘萬有附大臣聞於先帝者引劉向羊頭山黍云權量久差公曰山之南北地之肥瘠禾黍不同會內藏有隋朝銅㪷果不差異安邑解二縣鹽池比歲水漲甚於往年有漫生紅鹽之瑞詔諫議大夫檢覆犇致祭祠宇號寶應靈慶池宣付史館拜太常卿出爲晉州刺史拜蘇州刺史充浙江東西都團練觀察處置使尋加銀青光祿大夫改檢校禮部尚書兼御史大夫潤州刺史鎭海軍節度

使依前充浙江東西觀察使令行風動無敢犯者自信安洪光東陽捍狼山僧惟曉等結連數郡熒惑愚眦破其巢窟伏戎自殪山越一清管郡十五戶百萬里尹亭長書佐小史令丞牧守通數萬人自公區處不朽之作乘輿播越畿甸路斷公日遣一使間道齎帛表詣行在諸道未知行在管將士無不引還唯公所遣兵鎭河南衝要堅守不退兵馬使董晏將三千人鎭徐州部將沈清等頗違軍禁公遣一介齎牒轅門笞晏二十沈清等六十八人悉按軍令徐方旣定轉檢校吏部尚書加金紫光祿大夫封昌黎公

改封南陽天子幸梁川巴山道命判官何士幹領健步七百負綾練十萬疋上獻天子六軍從官扈蹕千里時屬維夏未頒春衣表至行在衆情大悅公又命從事裴樞李倫徼巡內兵甲麾下將士合三萬人請翊衞鑾輿收復京邑上深嘉歎特加檢校尚書右僕射李希烈衆軍東下志吞淮濟公卽日遣兵馬使王栖曜李長榮柏良器以勁卒萬人泝流千里倍程救援纔及睢陽賊已陷襄邑攻寧陵栖曜等突圍乘城矢中元惡凶徒懾遁不敢東顧淮南初喪節度使大將王佋帶甲數千夜犯城府或出權計者云江

南兵至佋兵遂散殺戮甚多士卒驕矜爭邀厚賞率居人商旅五十萬緡符牒已行人情恟恟公卽日遣都虞候李栖華謂兵馬使張瑗等曰收復上都六軍未賞節度薨歿豈名爲功賦斂擅興何人造意諸將引過橫調立停及大駕還都進封郡公時希烈盡銳攻陳州公命諸將與宣武軍合勢破賊數萬人關中初復公以爲國無年儲何禦荒儉陳圍已解汴路卽通抗表請獻軍糧二十萬斛從本道直至渭橋公命判官元友直草創運務部勒趨程時河中阻兵堅城未拔關河蝗旱軍食不足船至垣曲王師大振拜檢校尚書左僕射同中書門下平章事加本道度支營田充江淮轉運等使連歲蝗災仰在轉運公自晨及暮立於江皋發四十七萬斛舳艫所至近遠慰安貞元元年十一月十一日制曰江淮轉運使某官某勵精勤職夙夜在公厥有成績可進封國公初封鄭改封晉前後河南用兵解寧陵睢陽之圍全彭城要害之地朝廷議勳特賜一子六品正員官又其軍鎭營宇舟船鞍馬甲仗旗鼓羽革丹漆牛羊六畜難乎校算應緣兩稅唯有一牓人爭及限吏不到門今江南縑帛勝於譙宋二年冬十一月朝覲上深

禮重委以大計加度支諸道鹽鐵轉運等使待空巖穴方歸田里主恩彌深初願遂違顧謂其族爲當瀝肝膽身塗草莽上答乾坤時屬西北用兵倉庫空竭公和糴五十萬斛無敢奪期米價遂賤防秋士馬儲糗更無闕自公當漕運初年四十七萬二年七十萬末年一百萬尚結贊普使六蕃抗言逆順之理夷虜感動肝膽楚越張權者不敢惕息盜位者退而思過貞元三年二月二十五日薨於昌化里私第春秋六十有五皇帝震悼輟朝三日制曰故某官某應運而生弼諧於我道符兩曜德冠八元以武綏邊以

文經國方期難老式作宗臣孰謂不融盡瘁而沒雖鄭亡子產衞失柳莊懵悼之懷豈過於此過時謂三字疑撫牀增慟當宸興嗟厚申往遂之恩載榮優贈之禮可贈太傅前後賻贈布一千疋米粟五百石錢四百萬喪事供官公踐歷四朝歲逾五紀炎不執扇書不伏枕疾無杖屨居必矜莊自同官主簿制一裘褐直爲宰相古人無食粟之馬衣帛之妾更爽之居不足多矣以沙門一行得聖人之道特寫形影仰如宗師癖在春秋精於繫象賦春秋七章著通例六卷幷章奏詞畧十餘萬言豁如恒星敦故舊重然諾

好古博雅能書善畫夫議大勲者則不書小善舉大德者則畧其細事故不殫論矣公有子弟聞斯行諸不敢墜失況以賓客從事日久泣慕清塵謹狀貞元三年閏五月十八日故金紫光祿大夫檢校尚書左僕射同中書門下平章事晉國公韓公故吏將仕郎前大理寺司直顧況謹上

尚書考功伏以柱石元臣勲績光茂孝則先意承志忠則知無不爲武能禁暴文以經國翊贊聖明懋建和平沃心造膝簡乎上長策宏規振乎外奄從流運恩軫睿慈今月日若馳松楸將樹易名之典請舉舊章謹上

祭裴尚書文

嗚呼天禍甌邦尚書告薨哀哀甌民罷市輟舂何時復覩盛德形容伏惟尊靈惠和溫恭識洞元龜文掩雕龍天生大賢叶贊時雍至人厭世寥廓爲友精神不留天地長久谷神不死是曰長生伏料尚書上賓天庭悲號者何在物之情惟公據道夙負重名爰自成才歷拜通榮五十餘年侍奉承明隨難西蜀拔身定傾有唐中興累踐銓衡朝廷擬公三老五更上憂方隅出典百城淺學自私掩善揚鄙巍巍尚書近仁不已昔在春宮先我大國鬱興多士周易

有云黃中通理其斯謂乎自我江潭於今多秋處順保終洗然自逸上官命況羈鹽蛟室奄居黃泉不見白日顧惟陋賤時承周密感德懷仁何時終畢神儀超忽靈駕徘徊敢申薄禮以表深哀伏惟尚饗

祭李員外文

古之哲人銅鞮介山柳下臧文先生企之密邇四鄰逢時不昌與世遭迍先生淵然金碧無塵通識殊倫精義造神退居江潭節貫松筠皎皎先生蘭言玉聲詞林搖落天地空春宜與太一上爲帝賓若商傅說例列星辰天將以公

經濟生人生人不幸天喪斯文斯文既喪嗚呼郢匠先生逝矣何人知況知況何人升堂誘進造次無爲樞機必慎跡暢高節心融密印詞不能豁其胷襟故春容於絕韻而京口歸魂毘陵旅櫬可勝悲哉心喪何自身役炎洲先生大歸赴哭無由古之達者以生爲浮先生徂征與化同遊四節不留物無長在寂寂賓階人遷事改陶潛自祭管輅知終本師瞿曇了達虛空初命少子晷冠先禮兆發深衷聖朝悼歎儻遂追崇忝友季茂休戚畧同北望丹徒山險萬重文非尺牘鬱塞盈胷想公形容昭況肅恭尚饗

祭陸端公文

維大歷八年正月朔同鄉顧況於永嘉發使具箪蔬野酌敬祭陸三十二兄端公之靈嗚呼接席之歡俄成奠酒殊鄉少別杳忽於今牽拘南役遠哭如淚兄秉德居厚植靈超茂天和發外虛白自內特挺孤操與物去害惟昔二京羣盜縱橫出入十年天下交兵越盜寇吳殺人燒城國危如此公乃請行我之行焉無往不平擁陣陵陽迴戈歙右江南山洞畧盡遺醜巨敵先摧羣降獨受兄之令弟況之良友感激風雲留連詩酒昔魏有人子方段干兄之所在人心獲安賢者讓平惟患是急兄之忠勇人莫能及燕將泣書齊師復邑迹爲功著名因義立爲帝念功君門遂通臺閣生風乃憶江東高臨山中有書滿屋與人共讀有栗如雲與人共分破富爲貧好事日聞靄靄牛潭峩峩囊嶺開流架迴倒寫烟景今日淒涼林空夜永人或有言吉凶無門我命由我以兄之才何適不可寧知一旦忽鍾茲禍鴻翔千仞自茲而墮嗚呼哀哉伏惟尚饗

欽定全唐文卷五百三十一

楊系

系大歷中進士

通天臺賦（以洪臺獨出浮景在下爲韻）

伊昔炎漢功高化洪樂率土之暨阜築通天而且崇初一簣以發地終百尋以隱空構之以楩梓飾之以丹紅浮彩外爍流光内融赫兮烜兮獨出煙雲之表壯矣麗矣迥標天地之中柏梁不同井榦非匹勢岌嶷以山峙體曈曨而景軼中窱窅窕入之者當晝而居昏上跂崚嶒登之者先曙而覩日偓佺於是乎晏處安期於是乎暇逸月上壁而旁飛雲緣桷而下出粲粲彩彩靈仙兮所在若瑤臺之雲棲冠鼇山於溟海炳炳彪彪天子兮共游若瓊樓之霞蔚照龍燭於崑邱光玉樹而葱翠影甘泉以沈浮於是孝武皇帝紹祚卹允登眺遠騁高揖八極俯窺萬井拂軒楯之宛虹步檐楹之倒影乃言曰可以臨萬國可以游九垓凡厥層構莫先斯臺窺地底以谿險狃天門以崔巍謂四夷不遐將拓跡以開統見百神咸在則祈禠而禳災既玉女之下視復金烏之上迴既而裒雲獻賦文質彬郁且曰陛下承天啟聖聿膺多福排玉户於玉堂颺金鋪於金屋亦可以上憂宗社下恤惸獨何峻極於臺榭恣歡娛於耳目將乘奔而獨懼猶長途而中宿至矣哉斯言也我皇德循楷式帝錫純嘏儻茅茨而是陋堯何事乎光宅天下

鄭叔齊

叔齊德宗時人

新開石巖記

城之西北維有山曰獨秀宋顔延之嘗守兹郡賦詩云未若獨秀者峨峨郛邑間嘉名之得蓋肇於此不籍不倚不騫不崩臨百雉而特立扶重霄而直上仙挹石髓結而爲膏神鑿嵌竇呀而爲室囂滓可遠幽偏自新勝概岑寂人無知者大歷中御史中丞隴西公保障南服三年政成乃考宣尼廟於山下設東西庠以居胄子備俎豆儀以親釋菜雖峻止可尋而叢薄未翦公乃目常從以上每指荒榛而授事爲力無幾得兹穴焉闢而外廉隘以傍達立則艮其背行則躓其腓於是申謀左右朋進畚鍤壤之可跳者布以增徑石之可轉者積而就階景未移表則致虛生白矣豈非天賦其質智詳其用乎何暑往寒襲前人之畧也

譬猶士君子韜迹獨居懿文游藝不遇知已發明則蓬蒿向晦畢命淪恨鹽車無所伸其駿和氏不得成其寶矣篆刻非寵庶貽後賢建中元年八月廿八日記

武元衡

元衡字伯蒼河南緱氏人舉進士德宗朝遷御史中丞元和二年由户部侍郎拜門下侍郎同中書門下平章事檢校吏部尚書充劍南節度使封臨淮郡公八年復知政事王承宗上疏請赦吳元濟使人白事中書元衡叱其悖慢承宗怒使盜害之贈司徒謚忠愍

賀甘露表

臣某言伏奉今月九日聖恩以元和殿前所降甘露宣示百寮者伏聞聖德至而和風應元氣滋而靈液降不有上瑞曷彰盛時況甘惟旨味露則仁澤豈無外野故呈祥於禁中不於別殿特表慶於元和光凝棲鳳之林氣浥傳香之樹將使五靈集祉奕葉流芳伏惟陛下先天奉時王道立極不言而風雨咸若無爲而正祥荐至故得蒸雲降液覩陽不晞如脂如飴珠連星綴可以彰聖感可以保豐年漢致金盤魏稱瓊爵方茲冥貺固有慚德臣遇斯鴻造幸偶昌期希代稱符微生畢覩載欣載賀徒竭犬馬之誠舞之詠之共樂華胥之俗無任

賀連理棠樹合歡瓜白兔表

臣某言臣聞至德有感嘉瑞必呈非汪洋霶霈不能動神靈非葳蕤合遝無以彰明盛伏惟陛下登建皇極二紀於茲情無忘於一日德彌新於萬載懷徠反側優容直諒至仁所漸潛銷於毒螫大賚所及無閒於忽荒故得正祥荐臻策簡塡委迨於今日不可勝書此實上天所以丁寧俟登封告成也今又見許州長社縣劉斌地內連理棠樹圖

徐州彭城縣陽守志園中合歡瓜圖又進白兔幷圖等伏以甘棠符於國號連理表於邑中瓜瓞頌於詩人合歡守於園內兔居卯位白順金色金者取象於武臣白者明資於義邑足表巍巍宗社長慶於大同赫赫天枝永崇於皇度俾秉旄節必効精誠縣象告人焯乎明著竊覽前志歷考休徵積彼千載之祥無茲一歲之盛臣忝私恩覩所未聞抃舞之誠倍百恒品無任

寒食謝賜新火及春衣表

臣某言中使至奉宣進止賜臣新火及春衣等熒煌自天

纖麗同降束帶斂衽盡飾之道已加捧炬迴光照臨之榮荐及臣某中謝臣以薄才濫居臺憲曠官尸祿驟涉歲年陛下未責前過尚容舊職忝陪班列兢惕每多載冒簪纓慙惶益甚今時惟清明律中姑洗當改燧火旣荷惟新之恩未去緼袍更沐衣輕之賜猥霑鄙陋曲被幽微臣雖至愚豈不知愧伏以先皇之德未報陛下之澤又深揣分循涯過叨獎遇將仰申裨補俯効涓埃惟當以火燭心焚灼不忘於盡瘁以衣勵己曳婁常誓於糜軀嫉惡觸邪進賢推善有死莫貳知無不爲伏冀聖慈鑒臣丹懇無任踴躍屏營之至

謝賜新火及新茶表

臣某言中使至奉宣聖旨賜臣新茶二斤者慈澤曲臨恩波下浹光燭閭里榮加賤微驚歎失圖荷戴無力臣某中謝臣庸瑣無堪謬參風憲曠官尸祿已涉歲年竊位妨賢心知不可陛下宏上天之私覆迴白日之餘光錫貢頒榮布芳新於令節鑽燧改火燭幽昧於蓬門旣荷惟新之恩更沐時珍之賜將何以仰申裨補俯効涓埃惟當焚灼丹誠激勵愚魯況先朝之恩未報陛下之澤又深省分循涯伏增隕越無任感戴屏營之至

議朝參官班序奏

貞元二年御史中丞竇參所奏凡諸使兼憲官者除元帥都統節度觀察都團練防禦等使餘並在本官之位其後蘇弁于頔以度支郎中兼御史中丞鄧泳以易州刺史兼御史大夫皆奉進旨令在同類之上伏以前後異同遵守不一臣謹議伏請自今常參官兼御史大夫中丞者準簡省官立在本品同類之下

請選舉限內仍朝參奏

前件等司近起十月至來年三月稱在選舉限內不奉朝參令式無文禮敬斯闕一年之內半歲不朝準貞元十二年中丞王顏奏勅釐革載在明文尋又因循輒自更改若以兵部禮部選舉限內事繁即中書門下御史臺度支京兆府公事至重朝請如常而況旬節已賜歸休常參又許分日一月之內纔奉十日朝參其閒甚熱甚寒皆蒙頒放臣以爲王顏舉奏甚詳當時勅文處分甚備請準貞元十一年四月勅旨自今以後永爲常式他年妄改前條請委臺司彈奏庶使班行式序典法無虧

請停忌日告陵并薦瓜果等使奏

伏以先王制禮皆有著定之文後聖沿情或徇一時之敬過猶不及遂至於煩詢於有司兼酌禮意若無釐改有黷舊章其太廟諸陵日遣使臣等商量每歲除太廟時饗及太廟朔望上食諸陵朔望奠親陵朝晡奠外餘饗食及忌日告陵等並請停其果實甘橘蒲萄菱藕等皆遠方進奉陵邑所無並請遣使於諸陵薦獻果實之中甘瓜特異亦謂至時上薦其餘瓜果及四時雜物並望委陵令與奉陵縣計會及時供薦其專遣使亦請停庶宏聖敬之心不虧

嚴潔之祀

請待制官於延英候對疏

本置前件官以備顧問比來多不奏事有問虛設又貞元七年更有次對官雖議兩置去歲已停今惟以六品已下清官前例恐非盡善伏請自今已後兼以中書門下省御史臺拾遺監察御史及尚書省六品諸司四品已上職事官東宮師傅賓客詹事及王府諸傅等每坐日兩人待制正衙退後令於延英候對以為常式

劉商郎中集序

天運地轉剛柔生焉禮辯樂形文章出焉天之文莫麗乎日月地之文莫秀乎山川聖人觀象立言用稽述作發乎情性形於詠歌大則明天下政途彌綸王化小則舒一時幽憤刺見國風故子夏云在心為志發言為詩聲成文謂之音也固可動天地感鬼神則正始之道存焉有唐文士彭城劉公諱商字子夏眷予一先後之輩睦子兩中外之親緣情所鍾愛亦加等顧惟遭幸秉國樞重燮贊台衡之務統臨井絡之人其孤乃緘鏑遺文提捧萬里猥期序引將佐詞林予感悼故知惻覽華藻珠玉綴錯清泠自飄皆

素所狎聞也泫然涕下不能自收矧公遐情浩然酷尚山水著文之外妙極丹青好事君子或持冰素越淮湖求一松一石片雲孤鶴獲者寶之雖楚璧南金不之過也晚歲擺落塵滓割棄親愛夢寐靈仙之境逍遙元牝之門又安知不攀附雲霓蛻迹巖壑超然懸解與漫汗游乎無間邪著歌行等篇皆思入窅冥勢含飛動滋液瓊瑰之朗潤濬發綺繡之濃華觸境成文隨文變象是謂折繁音於孤韻貫清濟於洪流者也今所編錄凡二百七十七篇及早歲著胡笳詞十八拍出入沙塞之勤崎嶇驚畏之慮亦云至

矣有若太原王緒河東裴茂茂弟薦河南豆盧峯馮翊嚴紳紳弟綬及余伯舅洎於子夏咸以儒業相資冠冑羣族雄詞麗句遍在人聞予與司空嚴公親結義深相與編葺恨不得繼釆詩之末播於樂章且傳諸名士庶幾不朽忝以宿姻舊好撫事追書故言之不讓也

祭李吉甫文

維元和九年月日某官謹遣某以清酌之奠敬祭於故中書侍郎同中書門下平章事贈司空趙國公李公之靈元精之和變乎絪緼升爲星辰播爲賢哲當四序迭運克成

歲功九德咸宜用彰聖道惟公鍾茂閒氣誕靈中和圭璧鎮於巖廊宮商備於韶濩經文緯武覩奧知微究理亂之源流極天人之涯際洎濯纓清漢鳴珮天墀出入三朝徘徊二紀論思禁掖潤色王猷屬元聖御極之初昊天降休之日公內參密命外正戎機竭心膂以振皇綱勵精誠以輔元化故得三光離朗九有澄清南定句吳西殲卭僰黷運宏謩宏宣大猷及公亮釆登庸予忝台階接武翊戴元首弼諧神人論道罔違恩波共浹及公推轂淮海予亦仗鉞坤維俱荷寵驚各從藩翰陰騭庶彙惠洽顓蒙化峕窾之人變澆漓之俗聲應義激契重情申信誓之言期於沒齒隋宮井絡相去萬里山水澄鮮煙縣錯峙風傳麗句緘開素鯉金石相投鏗然在耳再徵黃霸繼入丹墀啟沃同心歲寒共期運屬休明道濟無爲星霜八變交態不移或乘春賞花或對酒吟詩音容不閒讌語忘疲宜保太和克享期頤報功於岱岳侍宴於瑤池庭菊有芳朝露尚溢交臂遽失膂如飈馳惜乎時方泰而壽不與噫道行而數奇復淮夷之成算雖人亡而事遺軫悼皇情哀纏冊誄瞻彼洛土青烏爰止千里申奠九原同寄撫嵇紹而不孤銘太

邱而無愧嗚呼哀哉尚饗

韋貫之

貫之名純避憲宗諱以字行舉進士貞元初登賢良科授校書郎永貞時累遷尚書右丞以本官同中書門下平章事遷中書侍郎罷爲吏部侍郎穆宗朝爲工部尚書卒年六十二贈右僕射謚曰貞後更謚曰文

南平郡王高崇文神道碑

唯聖奉天刑奮神武振起隆平之運者非得臣無以成其業唯賢抱英謩任艱難垂鴻不朽之績者非偶聖無以展

其林故欲理之主興則佐命之臣出天人之際厥有明祇
應期感發若合符契皇唐十一葉明天子受位將戡禍於
四方天錫以忠武之臣登翊鈞衡贊揚威烈此聖賢相遇
者以其天人合發之運歟侯誰膺之則南平王其人也公
諱崇文其先齊太公之胄自敬仲得姓而望於渤海及容
止奔燕或家於范陽今則爲幽潞人也奕世以禮義傳家
法至公七葉無分居異財化行於鄉黨開元降制使存慰
及旌表門閭者咸至於再曾祖藝朝散大夫試汴州長史
祖夔試梁州司馬贈梁州都督考行暉正議大夫試懷州

別駕贈户部尚書咸晦名垂裕慶不在其身公鍾天之靈
發地之秀膺時之傑起聖之期幼觀儒書不屑章句雅尚
義節志存功名遂學兵鈐習騎射術窮祕要藝擅國能天
寶末胡夷之難因投筆硯事平盧軍偏裨隨鎮淮右寶應
中代宗避狄陝服公從戎師又赴難行營扈蹕還京策勳
居最其後智光之稱亂陰晉靈曜之假擾大梁崇義之負
固襄漢常率別部爲前鋒功冠諸軍累官執金吾太常貞
元初始授陳許節度都候及領所部隨韓全義鎮長武城
神策淮南陳許浙右四軍同戍公總其侯奄之任臨下簡

肅士衆悅而歸之尋加開府儀同三司始受蒲璧啟封渤
海五年敗犬戎於寧州軍師書勳授節制之號公亦遷職
而進封爲王及全義還朝委以留務四遷至御史中丞十
四年遂爲長武城大使卒伍貫於素隸紀律明於先令劃
壞爲寨風塵不驚徹田爲糧榛荒盡闢訖五六載昆夷不
敢東顧邊城晏閉二十一年就遷御史大夫自至德已還
天下多壘擁旄守土者至五十餘鎮每主帥就世將吏有
得其柄者多假衆怙力以求代襲朝廷每不得已因而命
之是歲也西蜀戎帥相國韋公其佐劉闢將踵武前事乃

拒詔命逼脅使臣圍逼梓潼爭據劒門之險今上深惟宿
弊將一戎衣以正四方謀於廟堂宰臣杜公黃裳贊定其
策因薦公可任大事元年正月拜工部尚書右神策行營
節度總護諸將便道南征公之在鎮繕甲兵勵士卒常如
待敵及奉詔而至即日進路三革五刃無不完具前軍剋
劒閣遂解重圍危城載邑失地全復即授東川節制轉兵
部尚書左丞奮師敗衄之餘當芟夷焚爇之後拊巡創痍
懷輯逋離敷愷悌之仁起常傷之氣義勇爭奮羸餓者來
蘇賊衆退保鹿頭我師進至羅江縣相距半舍自五月至

於仲秋小戰則小利大戰則大利奪其險要挫其銳氣賊
乃堅壁不敢爭鋒然而憑高阻深緜亘十里我攻彼守衆
寡相懸候便宜曠歲月則傷財留費稽我靈誅乃表請濟
師以圖大舉及軍繼至則分命勇銳入其心腹絶其餽糧
介於連壘之中而軍焉且俾申輸前詔開約降之路其大
將仇良輔等執送闢子方叔及壻蘇强衆四萬餘人束手
候命公乃俘二孽以獻釋將卒之縛復授以兵俾還龍壘
無彼我之虞軍吏咸有獻疑謂非受降之道公曰彼逆以
廹兇威父母妻子爲其刼質今既窮歸貰死夫何懼哉遂

使降衆先驅連營旅進闢率餘黨奔於西山公遣大將高
霞寓酈定進以輕騎追捕及位疑 於陽灌田闢棄馬投江
二將倒戟而出之遂擒以至檻送闕下行獻告之禮而戮
焉公入成都申嚴禁令無敢侵掠市不改肆農不易畝百
姓感悅如霽重陰而煦愛日也又以天子恩澤布於一方
脅從詿誤者咸宥其罪斬賊將邢泚以徇曰莫如此僞効
誠款陰持兩端三軍接龢如振塵埃而濯江漢也粵以十
月還檢校司空領全蜀十有三州外達諸蠻戎泉安武賜
實封三百户封南平王侍從之臣紀功篆石建碑於鹿頭

之下蓋今相國裴公之詞斯爲不朽矣是役也師人貲費
皆仰給有司量佑儩直歸於幕府凡計緡百四十餘萬其
用未半而寇難平主者請私贏公曰有土實可以奉軍國
財非所宜隱盡命列上歸之縣官時蜀之府藏竭無以賞
功佐吏請重稅編户公曰恩未及而遽徵斂人將不堪但
命閱簿書籍逋責得以備用毗不益賦吏無敢欺公常欲
斥西戎復涼隴自居益部亟以急病爲請願守邊陲天子
壯其忠且將付以一面之寄乃授相印仗鉞於邠京西諸
軍都受統制邊城動洽威惠故以不約而信不令而嚴居

三歲戎政允理將朝於京既而有疾猶扶强首路則以展
軨効駕而大病至焉以元和四年九月二十有五日薨於
官享齡六十有四軍府哀慟如喪親戚皇情震悼不聽朝
者三冊贈司徒賵以米粟布帛有加常等禮官考行謚曰
威武明年正月二十日葬我司徒南平王於萬年縣設奠
於國門之外百官成位弔哭以送君臣之義厚矣哀榮之
禮備矣夫人董姓汝州長史同珍之女正位中闈佐佑仁
賢翟茀未榮鵲巢空在春秋三十有一以大歷十有四年
五月一日終元和三年追封郇國洎茲啟殯淮右從公於

居嗣子金紫光祿大夫行思王傅上柱國上谷郡開國公食邑二千戶士政次子檢校祕書監兼御史中丞士榮季子左衛率府胄曹參軍士明漸漬義方事由忠孝保持門戶克纘家聲君子知南平之業爲不忘矣惟公氣勇烈行易直內器劒距外不矯飾其治戎也持重有節制信賞以勸之明罰以齊之嚴不近苛奇必合正每臨敵制變勵如猛鷙迅如風雨啟行助雷霆之威斷後保河山之阻故攻無不剋守無不固其牧人也使之蠶而衣稼而食不奪其時不竭其力戴其清淨一與休息故不能親譽而潛飲其

德蜀川隆富首冠藩服我以功而居有之是宜保尊榮安暇豫矣然而不屑寵利徇國捐軀振高風激時弊子文逃祿去病辭第言之於我彼何瑣細四紀事軍旅百戰成勳庸遭逢盛明升受鼎鉞有賢人可大之業張盛后神武之威獨立一時我無慙德自迴旆南藩作扞西鄙朝廷以之倚仗四國以之瞻仰貪亂稔禍者竊視惕息徹其邪謀嗚呼天不憖遺奪我何速公之冢嫡以貫之常學斯文謬掌書命授以不刊俾傳信詞採遺烈於世家無慙實錄奉孝思之誠託有愧當仁式表新阡永昭神道銘曰

幽朔之都浸遼鎮碣氣象盤鬱英靈峻發克生南平挺爲人傑幼秉忠壯蹈玆武節韜畧懸解藝能冠絕天寶季歲胡夷猖獗爰執干櫓遂從征伐屢償豺牙頻探虎穴勳名克樹爵祿有列惟天因人惟人奉天惟賢僕聖惟聖資賢靈命陰騭有開必先自昔多難方隅擅權操兵襲位四紀之年光爍我后雄斷精堅將致武訓俾夫頑遷蠢爾庸蜀負險專地帝謂南平總戎爲帥式遏亂畧輔成吾志南平秉鉞如火烈烈取彼凶孽獻於天闕式其怙亂必寘夷滅萬邦震驚九截荒札樂土全蜀任雄一方南平涖止匪居

匪康我懷急病整守西疆帝庸嘉信於郊斯鎮受委戎統登榮相印鼎餗方飪干戈未衅任重道遠時行運窮舟移巨壑日下高舂摧藏壯氣惻愴遺忠縟禮歸厚明思有融哀哀令嗣克孝惟終篆記樂石昭明世功奮乎千載式是英風

趙需

需德宗朝爲兵部郎中

諫復用盧杞爲饒州刺史疏

伏以吉州長史盧杞外矯儉簡內藏奸邪三年擅權百揆

失序惡直醜正亂國殄人天地神祇所知蠻夷華夏同棄伏惟故事皆得上聞自杞爲相要官大臣動踰月不敢奏聞百寮惴惴常懼顛危及京邑傾淪皇輿播越陛下炳然覺悟出棄遐荒制曰忠讜壅於上聞朝野爲之側目由是忠良激勸內外歡忻今復用爲饒州刺史衆情失望皆謂非宜臣聞君之所以臨萬姓者政也萬姓之所以戴君者心也儻加巨奸之寵必失萬姓之心乞迴聖慈遽輟新命

重論復用盧杞疏

盧杞蒙蔽天聽隳紊朝典致亂危國職杞之由可謂公私

巨蠹中外棄物自聞再加擢用忠良痛骨士庶寒心臣昨者瀝肝上聞冒死不恐冀迴宸聰用快羣情至今拳拳未奉聖旨物議騰沸行路驚嗟人之無良一至於此伏乞俯從衆望永棄奸臣幸免誅夷足明恩貸特加榮寵恐造禍階臣等忝列諫司今陳狂瞽

常仲儒

仲儒代德間人與韋執誼相善

河中府新修文宣王廟碑

立於水成於氣以位天地勇於震奮於乙是生萬物天地之大萬物之多若無聖人誰與準繩故能範而不過類而不遺者也然則乘時設教必生大聖以首之庖羲氏甄才煥文君人子天神農以之首於皇而體至道也軒轅氏推筴命官度方順紀顓頊奉之首於帝而法元德也夏后氏奠山通川因地制賦殷湯繼之首於王而明大化也理亂相資質文代變洎有周而衰焉平桓以還鴻流蕩然非聖人之述易羲農之道消矣非聖人之辯問軒轅之帝衰矣非聖人之刪書夏殷之王微矣非聖人之作春秋周室卑而諸侯僭矣故夫子彰皇繫帝敘王尊周首於儒而開大

敎也是知前聖之遺風將絕夫子不得不生中古之彝訓將興夫子不得不作故禮云百代以俟聖人而不惑也有天下者遵其易簡邇其元命可以致於淸靜遵其廣大宏其覆載可以致於雍熙遵其禮讓蹈其夷曠可以致於和平苟或失常滔滔淫源德滋非而霸功作矣代易於上敎尊於下運否於既往位崇於將來形於國而達於家萬樂和而百禮成郁郁洋洋與日月而終矣巨唐敎本六經德懷三古拯大道於既溺復醇源於已醨追謚文宣顯用王禮太學之制形於四方貞元五年秋仲上丁元帥司空侍

中咸寧王渾公有獻於先師退而言曰斯廟也左廛右署前軍後府晨暮之閒諠閬四起非肅雍致敬之地爰命畧址於城得南端安焉出退食之中財任閑人之餘力屬役如素十旬而成祠庭有閑薦設有嚴衅落之禮行饗獻之儀具是則賈之嚚薄師之閱習吏之譏訶寂寥於茲矣噫我公以身柱國竭力戴君齊心孔門稟奉如在易曰化而裁之默而成之公氣和陰陽德會幾義又曰其靜也專其動也直公志尚純一行必中正語曰文武之道未墜於地公有全社稷之勲合經緯之用又曰學之無倦行之以忠

公有遵理化之勤及人民之信古訓是式新廟奕奕尊異顯赫舉集其門也至哉小子明朝退飛幕府獲祐歎息徘徊敢揚頌聲其辭曰

昭昭五星元文之經浩浩五行元氣之形維上紀下災昏祥明聖人居中百化適成五星九元醇朴不曜降及堯舜存乎典誥文王既沒孔子乃紹質文異時日月代照肇自開闢澒洞無跡考於六籍窮古盡昔微禹之功水土共融微儒之風華夷濛濛大聖同德垂訓作則山川九州禮樂萬國義軒之道夫子明之百王纘焉仰而營之夫子之教巨唐興之皇帝奉焉式而宏之皇帝之化藩翰揚之司空行焉敬而將之肅肅新祠煌煌盛儀祀享不失弦誦以時儒風載揚天地同期

王仲周

仲周京兆人徙居汲郡中進士甲科以大理評事攝監察御史

代杜司徒謝妻封邑表

臣佑言伏奉恩制封臣小男母李氏密國夫人臣某中謝伏以禮經明文婦人本無爵命秦漢以降優賢以寵閨門

固無謬及有紊彝典臣小男母李氏本非主饋若貴云因子臣男尚自賤微禮有從夫臣妻又早逝歿豈伊末品忽被殊私此蓋陛下念臣齒髮漸衰賓祭無主俾立家而有裕遂開國以疏封詩美鵲巢懼無德而自處禮榮翟茀恐負乘以貽災瞻上天而以懼以慙顧中闈而載榮載躍不任荷懼屏營之至

代王尚書謝一子官狀

右臣素乏器能謬司方鎮敗公之責夙夜惟憂延世之榮雨露覃及顧老臣以增懼念童子以何知恩私忽臨負荷

無力不勝感恩惶恐屏營之至

第二狀

臣某言伏見某月日制除臣男憑御史中丞捧讀綸音驚慙無據臣頃戰伐河北男亦隨身救援李忠頓軍易定屬陛下還幸聞及河南臣留與論婚娶然得引軍關右堅保渭橋承算畧於皇明摧凶醜於都邑事關聖運功匪眾人陛下特以微功錄其小子年未登於弱冠官已及於中司若以忠孝而升且無往例若由臣闕二字授是忝國章臣初沐殊私卽將陳讓但緣李忠在外方遏寇戎已行之恩難

可追止柔遠之體或要順從勉承不次之榮益荷無窮之惠君親垂施並居踰等之官父子同心各獲捐軀之地不勝感荷屏營之至

端午進銀器衣服狀

右伏以楚俗遺風素傳角黍野人之志每願獻芹上件衣服裁製實昧於上國鍼縷多慙於天造懇誠所至庶備祝堯謹遣某官隨狀奉進

第二狀

右伏以垂衣聖代角黍良辰述職之誠願有所獻器用非實寧備下陳之儀縑帛至微庶同長命之縷前件銀器花紗等謹遣某官隨狀奉進

第三狀

右臣伏以千年昌運屬在聖朝五日佳辰方臨仲月臣謬司垣翰不獲稱慶闕庭對東海竊慕於朝宗望南山輒思於上壽前件銀器花紗等謹遣某官隨狀奉進

第四狀

右伏以聖壽千年不假封人之祝嘉辰五日用申臣子之誠前件器物紗絹等不敢法外徵科皆積軍中餘羨遠塵

旒扆伏用兢惶謹差某官隨狀奉進

降誕日進器物狀

右伏以淑氣牧人運歸聖德天臨日照慶集嘉辰瞻太極之肇分仰濛汜之初浴歡忻感戴踴躍屏營臣限守方隅不獲稱賀上件銀器等隨狀奉進

第二狀

右伏以紫氣充庭黃河變色用符昌運式表誕彌雖聖壽齊天不假封人之祝而獻芹爲禮空馳野老之誠上件銀器緜錦綾綺等謹遣某官隨狀奉進

第三狀

右伏以厥日誕祥惟天降聖歡連率土慶集玆辰前件器物雖竭愚誠欲申上獻顧惟觕薄難備下陳伏以陛下勤恤爲心慈儉成德是用恭行聖旨爲禮不寶遠物爲珍臣限以蹈守遐藩不獲申慶天闕竊同纖草長傾向日之誠願比封人遠獻如山之壽無任戀慕歡躍之至

第四狀

右伏以四月孟夏千年聖期社鳴表祥河清叶慶臣於是日限守列藩不獲望南山以獻觴聞擊石以率舞屛營戀

慕不知所裁上件器物等謹遣某官隨狀奉獻

奏度女道士無名尼等狀

右伏以代理宏道三教同歸聖誕佳辰萬靈叶慶上件女道士無名尼或早授畢法已聞具戒願編僧道之籙永遂修持之心今因降誕日伏乞賜其正度

奏姚季立妻充女道士狀

右件驍將自貞元年身亡其妻行服三年情禮畢備去歲秋首已及祥除素習眞經志願入道伏以草野之人能修柏舟之誓義足以勸志不可移今因聖誕之辰願崇景福請度充女道士法名眞元仍請就潤州道林觀

張賈

賈蒲州人憲宗朝官兵部尚書

衡誠懸賦（以無敢欺以輕重爲韻）

衡稱物以致用誠至精以作孚惟衡也表正直之有則惟誠也俾輕重之不踰是將默運乎規矩顯徵乎錙銖齊日月於七政協天地於三無且衡之德也權以相扶正之道也禮以爲樞權得其誠而物無不應禮歸於正而奸不可誣是知大德所感小人是懾舉輕爲重彼於信而自虧犯

正以邪將畏禮而罔敢衡之用也可大衡之設也無欺既有別於高下固非差於毫釐懿夫設爾而倚坦然而夷其大不讓其細不遺始執謙而益矣終忌滿而損之必盈縮而得度乃中正而自持宏於道深可均於五則遵乎信宜作配於四時原夫衡爲器之軌禮爲邦之紀宰物者必察其所持爲政者必視其所以均則無怨是將施德於人審乃不欺故曰爲仁由己彼天下之至精實至人之用情衡持平而固本權應變而定傾俾廉者之中節抑貪夫而不爭虛而受鈞石不能以爲重進而就圭撮不足以爲輕惟

合德之爲美故進退而有程我有司以守職操持羣才所奉秉正直之權衡察善敗之輕重此所以振千古之貞範副大君之垂拱者也

天道運行成歲賦 以題爲韻

稽元氣之成歲察時運於上元其始也黃鍾之律中其終也招摇之星旋不見而彰斯强名以稱道無爲而化故易知以成乾陰陽推以在位日月貞其所躔運之而五行不息成之而四序罔忒萬物被仁咸遂性以生植聖人取則將設教以昭宣於以體和而配德於以奉時而後天厥惟

至化實資元造天以默運其時后以財成其道形於變化知否極而受通著以始終見物壯而終老故天道之不忒必惟命之有分俾陰陽以周環同聖神而廣運原夫爲功不宰爲道永貞成之以肅殺煦之以發生節乃歲經在一寒而一暑氣爲物母自無名而有名且居高而濟下諒無跡而能行天地以和於焉運泰德刑既備然後功成豈止配五緯而定數叶三辰而爲正是知天有常規道有彝制諧一德以佐主通四時而輔歲至仁所感思歌造化之功測管以窺寧究天人之際

欽定全唐文卷五百三十二

李觀一

觀字元賓檢校吏部員外郎華從子貞元中舉博學宏詞授太子校書郎卒年二十九

高宗夢得說賦 以恭默思道帝賚良弼爲韻

殷之哲王唯政是恤夜分而寢夢獲良弼雖神悸而若驚冀形求而勿失爰徵營匠刻乎獨見之眞乃俾庶僚訪其唯似之質當厥夢也神馳無方未訖永夕如躋彼蒼恍其神兮以浮偃其體兮若亡形接乃夢斯人甚良側身徘徊

於已之傍將舉趾以趨附又伸眉而抑揚言霏霏而無瑕目瞭瞭而有光觀其儀可用爲列辟之式察其志不獨稱百夫之防升降咸若周旋允臧寂乎昭昭既寢不忘斯后克明承天之賚謂濟川之器而投足不濡履大覺之端而遊夢無閡其中蕩蕩其表曖曖雖助用理於一人實候清平於千載於是武丁夢於宮而上與天通傅說築於外而中合神契持縉向老諒殊渭水之涯負畚將疲久困傅巖之際說匪丁而空山長往丁匪說而大位斯替如魚水之相因保君臣之雙麗惟說也策名歸主惟丁也受命於帝

帝何言哉邈以元造陰推吉士以佐有道說之居兮山之幽雲峩峩兮水浩浩彼人兮何斯欲中心兮夢之如渴兮在茲如饑兮在茲想遺耆兮索隱撫空懷而歎思思之未得端扆沈默其夢也則誠其寤也則惑其收之於野而寄之以國有唐時雍上明下恭君與之同日臣與之比蹤事不惟舊今之斯從斐而成章有愧雕龍

鈞天樂賦 以上天無聲昭錫有道爲韻

異哉天地之樂其可聞乎美矣盛矣神夫至夫謂其有不見其有謂其無不見其無是惟德感者能感匪詞工者足

愉故昔秦穆之寐也去乎人間卽乎天上豁如有遇杳若無妄大音嘈兮交作上帝儼以延望百神紛紜而齊赴萬變合沓而殊狀日月正其東西星辰分其背向乃有地祇上謁天仙下朝奕奕翩翩霓裳羽蓋之游集砰砰磕磕撞鐘擊鼓之相囂舞之者僛僛而中節歌之者洩洩而匪驕其疾武足畏其徐文足昭遇之以神殊季札之觀魯樂而忘味類宣尼之聽韶是知窮深極厚於何不有罕究其眞莫尋其首德聲及於無外協氣積於虛受駭矣乎樂以和和之至而天用作天之神而樂克宣其動也與元氣迭運其靜也與太虛相全噫乎哉不可階升者天道但見夫乘虛躡浩乍如周文之夢實異季路之禱獲覩天樂之和羅神工之擊考是天之所合道不虛行九奏未終初疑八佾三歎旣退方異六英徒觀夫鏗鏘之內響優柔之正聲六幽爲之震虩七曜爲之垂精而莫識其曲達其情旣覺旣悟如喜如慼天樂之遺音在耳天神之仿像猶覿顧何德而承之受祉於天錫者也

東還賦

我思西來兮猶前日之未睽歲迴復兮倏歷五稔如一息

歟咄嗟我道甚直兮志甚迂若陟景之無所涉川之無涯今雖非乎乘車而輭除道亦庶乎執笏而還家我之家兮逼江湄而臨海澨其地則古有吳王之夫差十代之風兮但傳乎稽古數畝之宅兮不樹乎桑麻親之慈兮兄之友與子之弟悌常澣衣而菲食吾安得以夫役役此還之爲華乃命僕以詰朝而必上道問何有則曰始來之寶刀經笥其外則毫末而無加於是乃出國門而東騖乃賦其言曰東還兮直書吾意而罔差風蒼茫兮候入八月灞上之日西南斜城中之人或持酒肉以送我覩夫車馳馬顚兮

無非別者之爲邪繇是酒不飲兮肉不御感回回兮一泣而歌苟天下之人兮離合之若此矧吾高堂爲念之謂何乃三肅而行順彼長道忘自東西之相遏

授衣賦

窮秋之月寒露既降陽精既衰陰氣初壯川流清迴天宇寥曠觸物易悲幽懷難狀於時元鳥已逝白駒迅奔枯木盡落愁雲正昏於是輕裘公子長纓王孫隕如雨之涕驚離憂之魂絕朱炎之盛夏想冰紈之微溫匪一腋之克成償千金而靡論則有征人之戍遊客遠道蕭條萬里葉下

如埽展轉百年志何能保纖絺未攜華髮先老責積先之不駐歎涼吹之云早繫帛書於勁翮秣戰馬於征草蘭閨少婦瑤琴徐擊散涼風於幽幔流皓月於遙夕生不工於機杼意頗妙於刀尺忘其圍帶忖以疇昔青泥密封紅箋淚滴庶因夢寐遂達行役則有如賢非賢烈心恨然茹菜郊墟被褐不全方觀飛礫振野遊氛翳天海上斷鴈林閒獨蟬使我躑躅不進捫心自憐忽遇翰林大夫揚眉奮鬚叱僕問曰幾年業儒衣不完縷體無肌膚豈不爲連蹇雌伏邅迴守株今欲邀之以同袍策之以並驅審將焉如僕謂曰道之未行節曷可渝請俟天命汝無我虞

苦雨賦

帝何爲乎何謫歲何爲乎何祥水何爲乎競火陰何爲乎乘陽易曰大人者與天地合其德日月合其明今則反矣所謂合德者變化合其序所謂合明者進退合其常今則反矣夫君德行乎下天德行乎上行乎上者下合行乎下者上讓今世則反矣謂之合德則非應謂之合明則迷嚮豈大人之德有時而不合天地之德有時而用罔堯之代九州淪胥湯之代天下焚如彼二后者帝矣王矣其有所

不合者乎蓋所以天道遠人道邇不可以知約不可以知窮已乎客曰非也夫堯之德合天以仁天合亦以仁夫湯之德合天以時而天合亦以時故堯曰惟天爲大惟堯則之湯曰伊尹相湯伐桀升自陑堯所以爲帝湯所以爲王其與天地合其德與日月合其明矣子誣聖人吾不取矣由是堯之水堯民不悲湯之旱湯民不饑故誌曰聖人在上雹不爲災其是之謂乎子何陋矣曰噫吾聞之存不忘亡安不忘危人君之知也又聞一夫不獲其所則曰時予之辜人君之仁也今霪雨彌月莫覩天符雨陰氣也陰疑

於陽必戰其水乎其兵乎下民有不獲者乎予豈若商之患利農之憂苗而已乎誠有已念也夫堯之水而人不悲者舜禹稷契之在朝也夫湯之旱而民不饑者伊尹仲虺之為臣也是雖八年之水賢乎三季七年之旱賢乎二世所謂有德者災非其眚無德者吾見其無災而為害也故神降於莘號之災也熒惑守心宋之祥也二國者厥猶然也堯湯之德孰曰不動天地乎

郊天頌

郊祭古先之重禮復古之令主惟郊非我無以暢明祀惟

我非郊無以踵三五於是睿言下詔曰爾庸我謀謀協不違官乃交修居天之陽掘起虛丘於斯時也歲在子月在子日短之宵漏未盡而皇帝翼翼告祀於丘之上先一日法駕致齋於丘之下天地之神會於無閒陰陽之祇立於寂寞以觀我之儀以歆我之饗八方之靈各以位焉祥光促明和氣解嚴石無觸雲木無緒風獻羞飫神烘燎歷天神下於蓋高樂作於無聲昂昂巍巍大繇之英洋溢乎帝心肸蠁乎萬靈是用報盛德於上申洪緒乎後為茂世之續紹允之程也羣公常伯相揖而言曰我元后父戴天所以象為子子不私其能天視我元后所以象為父父不有其仁子不私其能莫大於郊天之義父不有其仁莫富於生物之遂元哉二者之為德與變化而終始溥湛恩於崇朝焯懿式於永年茂堯於華封小舜於泰山遠斯懷邇斯安兆人從龍一人下觀其文昭昭其武桓桓實歌者可歌實言者可言斯文也有以見聖理願書之不刊

請修太學書

草莽賤臣某再拜上言臣伏思太學之為道也厥惟大哉實所以德宇於國家教源於萬方辨齊於人倫親親而尊

尊誠宜歲勑崇嚴日致肅祇工度木不俟乎榱桷崩朝命官取稱乎師氏當然後乃可以陳四代之禮興無窮之風開素王之堂削青衿之篇人懋廉隅俗捐爭端天下之仁人相則焉是以德由此澤教由此流若水之潤下浡涌植物利不浩哉今觀斯壞甚不然乎嗚呼在昔學有六館居類其業生有三千盛侔於古近年禍難寖用耗息洎陛下君臨宿弊尚在執事之臣顧不為急升學之徒罔敢上達積微成慝超歲歷紀賤臣極言誠合要道具六館之目其曰國子太學四門書律算等今存者三亡者三亡者職由

厥司存者恐不逮修輿人有棄本之譏羣生有將壓之虞至有博士助教鋤犂其中播五稼於三時視辟雍如農郊堂宇頹廢磊砢屬聯終朝之雨流潦下渟既夕之天列宿上羅羣生寂寥攸處貿遷而陛下不以問學官不以聞執政之臣不以思所謂德宇將摧教源將乾先聖之道將不堪猶火之炎上燄燄至焚其為不利也豈不畏哉日者聖朝以武夷時屯有風牧建帝庸今者聖朝以文象天經有皐衡宣皇猷實四三六五之君子閒無足以閒之然事不為加理人不為加安歲貢之夫不能應請問晏罷之勤無

以悟元機天下有倒懸之悲諸侯有安忍之懷執柄之臣深惟無從但勞心於無益全身於因循是了不知長國之術在乎養士養士之方在乎隆學夫學廢則士亡士亡則國虛國虛則上下危上下危則禮義銷禮義銷則狂可姦聖賊可淩德聖德逶迤不知其終今觀執事之臣之心必以修太學為害時而他害者千之養士者為費財而他費者萬之殊不知此費無費而他費為費也此害無害而他害為害也諺所謂溜之細穿石綆之細斷榦斯言損益有漸非聰喆靡察也今乃不明徵於儒書欽若於權輿繼統於易俗恢業於純風而望海內俊傑靡然踵武於雲龍之庭不知其可也禮稱虞夏殷周天下之盛王也蓋以其有庇民之德祚國之仁且太學之興本於有虞達於三王踰至於漢魏以降特盛於我太宗文皇帝重聖遵之無以增洊興於先皇而延於聖朝此乃古帝王懲醇醨亂崩故用教於人百代奉之以宏長國家廣之以存濟元元陛下不宜忽之而已今四君德以相高八聖幽而不炤風聲隤而凋落焉夫四君之民古猶易制陛下之民猾且難矣易制之民古猶或遺之難制之民得不重慎乎昔春秋書太室

壞傳曰書不恭也臣今懼聖朝之史書太學廢使萬代之嗣無法矣今聖朝聚國中之兵守塞下之壘殫織婦之機悉農夫之儲豈其惡民而賤物誠為社稷之謀也假一旦農夫死織婦病兵壘充郊粟帛不輸陛下此時其暇勸學乎則禮義之心不素蓄於人亦難以致天下之和矣且四方之學太學之枝葉也天子之教諸侯之本也未有本之顛而枝葉之存天子之亡而諸侯之興夫為國者亦猶治一身京師人之心四方人之體諸侯體之四支心平則體之患易除體平則四支之患不除而愈今不嗇神於心體

而竭貧於四支時變於外氣虛於中則爲不起之人矣伏惟陛下察弛張之會觀損益之圖減無用之府崇有裕之源廢闕修而百度明庠序昌而教化行經邦於悠久熙載於登閎顧夫周營靈臺魯修泮宮於陛下萬分之一焉伏惟遽令職司不至於不可持天下幸甚

上宰相安邊書

維初乾之精坤之靈播五行爲五常而中華之人得之離四氣爲四方而蠻夷胡貊得之五行合而成至和故宅中四氣偏而爲匪人故在邊是亦太極造物之智元黃冥成

之心者乎故聖人乘五行而允釐作九圍而外之五帝三皇禹湯已來不聞深入之征不紀薄伐之師殆繇鴻龐之風未甚流沖漠之澤未甚醨周秦之閒天下始勞前有涇陽之侵踵有長城之徭周人逐之而已不常爲心秦人罔知天命連兵警警至於逆三靈掊生人元元蜩螗魁傑駿奔始圖備胡之術卒覆守邦之人秦之事萬祀鏡哉漢孝武承業之盛負才之雄隘函夏鮮黎蒸將郛窮荒而寓不鄰揚威四臨霆發電溢歷載五六而功患相儔誓詘慮殫兵老釁仍於時乃交和親之問還奔命之勤然已天下懸磬君臣與謀遂有鹽鐵車船榷酤六畜之租興危矣哉不居之地不牧之人何苦如是哉矧乃乘秋之虜常存討虜之賦不除漢之事亦萬祀鏡哉噫惟皇唐操璇璣馭民而統天將二百齡朝更九聖運開中興縱橫六合上下天淵蜚馳之倫莫不被仁獨犬戎跳梁猾我右陲儒之策曰和親武之議曰宿兵和親則易攜宿兵則厚亡九聖之君前後病之然屬三方乂安悉力一隅則右臂可斷六蠃可俘太宗元宗之時也厥後内寇數動國家一罷虜滋新謀土失舊封伊頃迄今有加無瘳豈負鼎虧折衝之資推轂無

封疆之忠志士仁人是以累息而長歎且周曰玁狁秦曰胡漢曰匈奴然實非二蓋隨國而名之於今則曰吐蕃則正居庚方涉河而北履海而西宇宙絶徼羌戎全區亦不可得而制可斥而遠之觀今不能制也信矣斥之則何宜橫戎所向不廣千里扼盜之衝不越十處擇一虎臣練萁虎賁使制得自專權得自繼夫兵有專制則畢力將無分權則成功是則陰山可復泣虜陽關可復隔戎何邊之不安焉今聖人朝在明堂晚在法宮左右進退焉得知安邊之要哉雍熙大臣苟以小者近者爲懷遑復思崇九廟之

原哉且國家思復三方之民得以養之區區然如懼不周而忿生然寒卒饑徒終自有之愚竊恐戎無卻年矣邊無安期矣財有盡朝矣何者今國家一垂控戎累所暴兵兵不問堪將不擇良當守者爭險易當攻者避後先寇之來則棄民而相保寇之去則冒賞而稱庸此所謂戎無卻年矣夫戰陣多將則勢離攻守多將則不支以其勝不得盡有敗不得獨受故也至今聞有築城於虜蹊遷民於虜濱城適罷而寇窬民未居而囚拘彎弓者卻行蒙甲者退趨此所謂邊無安期矣且虜不可以無兵而威兵不可以不

戰而歸故明主得下征蒼蒼之產將軍得外娛悠悠之師此所謂財有盡朝矣然三患始萌一言尚平欲戎之可卻也不願多分節與人願擇一人敢以近言之則開元朝哥舒翰之將是也欲邊之可安也不願歲更四方之兵願因其兵敢以古言之則漢晁錯之策是也欲財之不盡也不願衣食供給山東願開邊田敢以古言之則趙充國之奏是也此則兵不得娛無功虜不得候相膠國不得殫下民胡不得用周漢之策範孫子之謀哉又竊觀與北狄和親帝女下嫁實國家思往年之績垂不臣之姻然聞烝報且數貪惏無厭而主上年必遣使使必備珍得無費乎得無勤乎不知將尋鄭人伐胡之詭復採賈生五餌之言邪愚竊以為無知之俗不可以歲辱大命天子之使不可以日臨穹廬是手足倒懸夷夏相侔復何以南面而聽天下穆穆然而觀諸侯愚敢以棄同即異而言且定西之危有若前之說申北之恩有羈縻之文不願國家曠兵於茲汙命於茲斯者皆巖廊之亟宸旒之慮而肩肩狂夫亮違孔父不謀之經庶陪公車敢諫之儔俾委輅輸貲求試屬國之官而後觀焉某再拜

與處州李使君書

觀在朝無近屬當路無至親藉父兄之餘慶爲篤信義以立志雲雨未泰其節彌固才命非厚欲彊不能哀鳴吳坂之側翹思魏闕之下自絕紘知音遂稀今之王公大人朱其門肅其衞見貴要子弟則前席見貧約等輩則不容曳裾何嘗覺非相效爲善且士有才與藝而不北入洛西入秦終棄之矣觀嘗言向同道勉而速行昨日遂有白衣少年掉臂而往連牆數子祖離於吳閶門外忽見巨舫齊軸危旌卷旒橫於古河周以翠幕因詢路人曰處州使君移

病居此曾歷京尹瑯琊大夫觀曩固聞矣乃屏息而走退還陋居寫誠於紙持以上謁伏惟十叔使君覽之十叔典縉雲之日美聲溢海内嘉話滿人口開閤延士如水赴壑財無積實賓至如歸時觀寓於浙右即欲馳造反覆而念薄言介懷何者十叔之門芝蘭競茂後臭味恐不蒙植是一也又以十叔之客諛媚而進觀爲性愚訐慮有詭勝之禍是二也又慮十叔所重以權勢所受以論囑脫若轗軻祈益得損是三也又畏十叔重扉羅戟而不獲俯仰取人以貌而不遭遘遇是四也故躊躇而止却入圭竇尋聞表

以辭疾詔以養閑觀慙失其計慷慨内責初謂駑足既劣龍步難追若何岐路之隅霄漢觸目深冀榮及於弱植渥流於本根則照乘之末輝九重之浸潤十叔巖廊英幹府藏珍器孤秀不雜增瀾無涯常披腹心不隱胷臆道之偶矣人咸附之觀名雖未彰日用捧慰願備灑埽不知曷如闕見天下弊事尤要刪革以十叔令望方宜擅之豈可遂巡也世聞嗤彼曠職不知是行也將何所之詣朝廷乎游山水乎朝廷正納諫山水不足樂十叔早覲皇上無滋淹滯執政渴賢不亦勤久觀久負百丈氣表五車筆鋒而困於艱窶不克奮發坐被愁役動爲病侵勞生未安壯歲能幾每饘食不飽窮居若酲不知蒼蒼天可階而問十叔異日得用鴻恩庇之斐然成章以代木訥庶降憐惠許無戰惶觀再拜

貽睦州糾曹王仲連書

觀羇旅之人也運會未合汲汲不暇無由謁王公令望瞻仰已久公之政理自以何如枉直之閒孰可苟且觀非在位敢有所論議至是非仰由執事願傾耳目少尋鄙議夫朝廷憲章懸之柱史一郡綱目非君而誰錄事參軍者所

以兼弱攻昧奉上肅下衆司之重器外劇之利權揣量得失操舉凝滯使閭閻息其訟封畧播其美一曹一局淒然凉風無小無大煦若春景事均勞逸人緘怨讟則醫肥乘駿不有靦揣作誠此作者之展用也孰可俯同散吏屈比庸林上官之政不能佐下僚之事不能達令願言者吞舌欲視者俛眉立貽伊戚坐受流議竊所惡之且公之明幹少與爲侔威亦震矣要且奇迹尚隱芳聲未聞不度疎頑遥託機牘萬一相統終無恨焉前此邑貳朱利見多年遠客非累削官公豈不悉微祿未畢沈疴殆絶公豈不知此

生眞木人石心得及今日側聞州將撫之甚厚言與津致事猶陵阻觀與朱生胡越之閒耳但念同類非私用字猶祁奚爲言朱博代訟以彼方此今猶昔也且朱生有三寸之喙近百中之手交必盡節義能捐軀才名之人多與爲友嘗見此生見說區區慕公之尺書編次盈握動息寤寐著之襟懷仍謂觀曰王公奇士豈不憐我因覽公翰墨測公淺深公眷朱生豈不親密未審執事竟將如何嗚呼嘘唏此生抱屈心破積憂頭白泣盡垂血慟餘失聲意不可盡之於文言不可窮之於筆如觀之拙何能具陳且公任

當其要刃有餘地不察舉寃塞周贍困窮使移理就人植德歸已此亦公之所職誰曰不然嗟乎忍遺一人龍鍾無托濩落至死而素餐之輩怡怡自安觀輒爲拊髀長歎且於執事其能快乎嘗聞刺史委公利害納公可否朱生漸弊願公早圖之觀兼有拙書致於專城論朱生之事便投公狂簡驚遽啟言不畢志志亦可見何能盡言言雖不嘉愼勿貽辱觀再拜

與吏部奚員外書

觀天授之器而不受之辨是以每拜於前若不能言及還旅居嘗懷所恨亦欲默已懼未之知故申其愚淺望加省覽觀之心與天下之人心異其所務亦異觀小子方讀書學古受嚴師心訓屬文厲志立可久之譽年二十六七之側始合遊人閒求隨武子郭林宗之儔以爲行媒豈畏鳴不驚人舉不戾天者乎今天下之人則不然哉學止膚受或文得泛濫有崔盧之親戚有酒肉之費給往還依倚而得之罷便已是與人之異也又言所務亦異者如觀之務非爲已也有親而貧旨養不充僑處江介無素基業所以冀願速遂薄名寸祿以給晨夕之膳也而今之人所慕未

必爲貧若孝行但欲身上有片光耳是所務亦異也十丈試凝意察之其事豈不然也觀之舅與十丈日與相善古人之分也始命觀曰吾有故人某光大威重人之傑者必能倜儻成爾況爾我之甥觀虔拜舅之言比伏下風知非不深也禮非不厚也倜儻之分未之有得不以觀形甚么麽文不穎脫恐言之爲有累耶近者竊審高意愈見其志也何者十丈賞常人文與觀之文同所賞常人之情與觀之情同而觀獨務刻鵠之末希有因驥之力亦何異弋者守空罝行路喜遺契哉噫吁哉是命也歟時也歟文也歟

如三者必有一未泰不爾豈知者不言言者不知乎今甚痛者莫若羇旅曷有帝城之下薪如桂米如瓊僕人不長三四尺而儠瘦驢以求食有時不食人畜問日矄黑未還則令憂駭一日不爲則便失飧第五倫靈臺中靈輒翳桑下不甚於此觀寄國子監時又聞舉子其艱苦憔悴者雖有鏗鏘其才不如豁肥躍駿足黨與者雖無所長得之必駛觀是以益憂之加復如此月夏草盡綠朔風之情起白華之戀切無衣之累歎偏在遙夕倚廬之永念頻入愁夢乃既明發氣淚嗚咽十丈得不惕然視之而忍高觀於營

營之子夫營營之子者觸目千萬待觀其開將何望焉昨者有放歌行一篇擬動李令公徼數金之恩不知宰相貴盛出處有節埽門之事不可復跡俛仰吟惋未知見由邂逅不動亦虛棄也今去舉已促甚自激發其有未知已者大可畏也俾未知之有聞非十丈誰哉鵬飛九萬一日未易料耳觀長跪聽命

欽定全唐文卷五百三十三

李觀二

與右司趙員外書

羊舌大夫謂鬷明曰子不言吾幾失子矣仲尼又云言而無文行之不遠則知士不得不言言不得不文然言之不失行之能遠在員外也不在不佞至於心與時事固不可不奉達員外亦當一一詳悉無脫略也觀東人之後十歲讀書十六能文不止能文亦有壯心及茲弱冠頗覽古今輒不自量謂以可取天下之名遂以去歲三月賓來咸陽

一之日舍逆旅主人仰見帝居雙闕入天顧身彷徉若遊塵止於五岳之高二之日持無似之文干有名者數公望其刮目以鑒眞作致身之椎輪客去門掩然以寂寥無言三之日飛廉始春春官解褐試士於司存觀亦捧手蹀足而涵其不羣於伍四之日灼有明文曰我采不渝爾則懷珉既如是矣則有故舊者置酒一榼而歡飲之以得失相安然常人有情亦不免悵焉由是天球減價而喪色鏌鋣不實而奪銳減價者卻委以櫝中不實者未倚於天外側聞員外好人有奇者故緘二物以代謁斯二物者非好奇

君子則不足以爲託然猶慮其未甚悅故復重述耳今之人學文一變訛俗始於宋員外而下及嚴祕書皇甫拾遺世人不以爲經呀呷盛稱可歎乎然世人之庸而擬議於數公其猶人與牛馬也以觀視數公則皆師延之餘音況能愛世人之蠅蚊乎夫能以觀之文言於世人得非會羣聾而鼓五音曷知其由來哉方今座主五百年之間出者觀三千里之賤士耳座主有至公而觀無聞焉非觀獨恥之而員外恥之何者使誠無可聞而至有聞欲速之過也使有可聞蔽賢之過也員外必澄神洗機而鏡其是非無

黨欲速與蔽賢二者之理謹留短書於宅并詩三十首尋拜高風以聆員外之玉音觀幸甚

與房武支使書

支使職佐方面公才絕倫其分所部來督屬郡必以舊二千石將去新股肱守未至而應慮編黎失業欺吏得伺便是以中司據案輟食貫支使餘勇俾威之德之支使下車人以之安奸心欲萌者若烈風卷危葉懍獨無告者譬枯轍沃膏雨闔境不擾殆將晏如問公之秩則屈於馮郎觀公之政則優於杜毋然儻翼一舉誰能料其高下哉觀靜居養晦束髮初冠累受郡薦不隨計偕直以無親於權右寡譽於鄉曲陸行闕徒御長邁匱資用每西顧而笑知難入身徘徊斂歌罔自酸念嘗聞古聖欲濟先濟物欲達先達人卞和再刖足而不去欲濟物也禽息一碎首而不懼思達人也側見昨者此州舉人陳昌言朱公薦戴察並以才獲送而不果往或以親老而惜養或以家貧而莫進相會而議不知所安羣吟動風聚泣成沼況秋節轉厲羈心益雄恨天下丈夫不可投刺碌碌之類雖投奚爲惟公秉干將之利挺荊楚之秀方釣名之日亢得路之地觀輒欲

遂君子之美張小人之謀其陳昌言等執事誠肯徹重味於膳夫抽月俸於公府實數子之囊備二京之糧則公之德聲日播千里魯衛之客爭趨其門亦可謂委能於聖朝豈止殺身而已矣言用與不用公其度之不然則言之於有司取我王稅量其豐省贍其所須亦足明非常人有非常之事將白於連帥固亦惟命相時而制變亦惟命昔漢武帝詔郡國貢士縣次給食此明天子也仲灌夫好禮敬賤士推拔下輩此賢大夫也公能收納任懇則善不可加問之數子乃釋鹽車之患也公若輕財惜施輕士不卹使

觀之言如水投石則行垂涕唯唯而退言公輕財惜施者若公府之積粟腐貫朽曾不振窮貸乏而多爲曲贖小吏狗鼠薦蠹鮮不千百豈不輕財惜施歟又言輕士不卹者則陳朱戴者鋭力詞翰腹歉翅拆不能達颺而執事高視蔑有敎心豈非輕士不卹歟且公波瀾在東深淺未卜先設以與奪願筌否臧嗟夫當春正植以桃李卒歲然後驗松柏公留意而圖之觀攝衽而長跪

上杭州房使君書

觀白衣之王臣也育於天人間二十年矣膽薄不敢以干

大人頭方不足以扇知己以此而食誠愧之哉而聞使君德閼列郡名載區宇翕歸人望轟動朝聽灌注我元造昭蘇我蒼生實宜居中作舟匡上調鼎千乘之任未周其用君子之議以爲屈焉觀稟踈狷之性執廓大之志而不能與羣俗爭狎獨兀爾憔悴固事亦無可譚然渠所論不過物之貴賤利之豐省相斥工拙相旌是非乃令慷慨之人有霸王之略而不得語反見疵瑕耳嘗以天下如使君者未乏如觀者不少聊且收涕於衽束臂置胸庶幾於鵾鵬不遽歌龍蛇也使君令問熙洽穆如淸風家鍾其祚天契之秩人莫得而涯之竊窺使君善美雙著其善也在乎制事中度立政有要吏不慢局獄無撓刑斬前守之苛弊若嗇夫之去草能於是民誦之曰雖有饑饉必遇豐年大盜既去我公來臻斯使君之善也其美也在乎雅量汪洋神機貞明蓄山之靈洞人之情鑒有所臨細無遁形麗藻之振其音鏗鏘斯使君之美也使君頃在幕府及統留後事禦卒競勸疲民惠和斂見洽聞高謝朋伍不然者何得奮於戎佐而一舉趾跨上二千石歟吁海內同軌四方萬餘里出使君之境誰獲小康非使君之民罕霑大賚郊邑騷

屑人胡疇依豈不爲歲時薦之以水旱官長墜之於塗炭觀甚不佞猶知痛之雄飛丈夫豈止太息傳曰自非聖人內寧必有外憂今主上非不聖但輔相有闕也以觀庸意儻擬使君於廊廟則中人以上不爲非中人以下遠惡矣今特遣處民之上利身而不利國在朝之右諛媚不直緣邊之寇蜂起爲蝥賊觀誠守貧窶無卜式裨國之利身復多病無終軍繫虜之力但怒發撫髀氣如騰雲苟未獲謀何命之劇終固當曳履諫天子借劒趨相門盡養民治國之計逐倚法尸祿之吏使衛青重揖客孔子畏後生使君

展轉覽此書觀非寓言也觀將適於越途經貴州無何遇疾不獲俯謁迫以月盡於紀道賒其程衣衾素單糧糗傒罄惟有塵鏡委匣韋編在囊滄洲目前風水相駭默默長顧便堪酸心艱勤於下邑悽斷於易水使君知否知否念茲在茲蒼惶寫言兢懼待命有觸忌諱願開含宏月日觀再拜

與睦州獨孤使君論朱利見書

觀絜身復古立行師古臨事不惑見危必進秉此數節時人罕知伏惟良寶匿瑕明鑑含垢暫留頃刻少納芻蕘遂

厥愚懇死而無悔竊見前此邑丞朱利見一室窮病十年非辜形神沮弱容鬢衰颯若遺憂能傷性此人殆不久生孤禽孺子相向嗚唈皆井壞竈共之淒涼觀雖非比齒稍與同道往往目覩感之酸然常恨莫能爲訃無所施力使有穀帛當能賑之此生亦人倫之落落士林之楚楚代習禮樂宿傳衣纓乃祖乃父亦有拾青拖紫三徵五辟者也生家亡早孤年壯方仕所共交結亦皆名流微班不達直道來累人不哀者諒誰有心觀與此生非有半面故素一夕優狎非有斗筲之惠杯酌之好但私心助痛借口爲言昔荆軻銜燕丹之急聶政答嚴遂之字闕一故載籍不朽以爲美談且數子者良有由緣今之所論有異於此況觀輒以翩翩賤質曾爲使君翦拂璅璅薄伎復忝使君盼睞寄家樂土日聞盛事竊見信有所未洽恩有所未周安敢坐同碌碌不以陳述伏惟使君大其量深其懷使儒衣之士復罄心腹幸甚幸甚觀早窺典墳見古賢良居五等之位設六條之政所以察刑獄詢諍訟褒善懲惡恤勞勸分是以名彰王府勳潤史筆豈可備員已矣尸祿悠哉故漢文帝云與我共理者其惟良二千石且自使君下車數載田疇始闢桑柘初拱人識廉恥邑無逋亡當朝談其美列岳

讓其最雖文翁化蜀伯道理吳二侯既殁惡爲絕倒獨有南冠朱利見氣衝牛斗間使君嚴如雷電慈如太陽何不修慎終之德解懸絕之命使仲由之諾不墜長孺之灰更燃則流芳一時垂範千載且此人窮窶於原憲汙辱於韓范恓惶於蔡澤憔悴於屈平整冠而綫斷斂衽而肘露猶矻矻耽學依依固窮常戴使君殊造對孤枕流涕日者有故壽昌沈尉周行之末識量非常知事有廢興人有迍泰承使君咳唾拯此人溝壑朱生不幸沈子云亡顧茲塵昧

可爲悲想夫處大官者威貴能斷權尚從宜綸釣淹滯簺埽譏懸卽言者得盡意疑者獲自明使君垂彤襜佩朱紱丈夫之雄也凡所措捨豈不易哉朱利見餘負亦可以爲力敢望周旋不棄特達庇之是所望也頃聞歙州長史羅士詹亦朱利見同類當時刺史劉公獨降大惠羅士詹不盈一稔旋踵西歸利見當時幽縶曾不側息莫非羅生與倜儻之士會朱生受肅殺之氣偏嗟夫三尺之童子爲之悢悢且宇內所汪渝濫官其中有附跡權門處陰勢路則官遺得雪祿都免收有損朋黨之私挾貞介之操則繫銅

至弊名器被誣豈不爲至主上無及溜之臣羣小得鼓刀自割也觀土梗微物竊所不幸英雄之人曷以爲意曩聞孔璋薦表代李北海死曠古之後先王所嘉觀誠駑怯恒羨高躅執事之議欲將何如使君不疾爾臧否則朱生索於枯魚之肆矣嘗見古人持危救傾率克有益使君豈不知此子不爲食駿之士盜裘之夫人不易知知人則哲伏惟審念之然此人年五十鬱有詞藻義必致命性頗輕財乃俠少之流也居官直而簡與友信而敬乃百古人之次也蕭蕭健筆喋喋利觜環坐之先也凡今之人惡直醜正入門自媚邪道苟容故有貝錦首章青蠅獨弔觀雖輒舒紙染翰輕陳肺肝無任情激不敢訣羈屑之士進趣益難書發之日出柴扉東面再拜傾耳聽音倍深兢戰

與張宇侍御書

觀受性不敏言事務直侍御幕府俊選屬城具瞻不腆之書深冀開覽觀年十有八再忝鄉薦身未入洛家猶寄吳心惟使氣性不偶合仗前輩奇節攜窮居清操天下之事能傾腹心不但以董生下帷蘇子刺股而已觀於還淳遁跡向歷數歲蓬戶郤埽侍親之側其志未果屈躬增修竊

見有被汪渝濫官朱利見前任此邑丞腐儒孤官纔受三命無賴令史前削除名銜裂其冠冕奪其祿利亡家既久求食無所危於累卵急於倒懸如何聖朝有厥濫罰每一念此悲涕交汪觀比有一書上此州獨孤使君先論朱利見續以古今事爾時獨孤公尺書見招知已相遇緩躡珠履偕升蘭堂飽之以嘉殽醉之以芳醑特賞才調且憐義聲仍謂觀曰見足下高作奇之又奇良深靦容敢不承命其所上獨孤公書兼錄呈上惟少披覩明不虛耳頃者韓相國臨十數州殺人不問罪自用若無上晝聚冤氣夜啼

枉魂人人畏威莫敢諷議今尚書領藩翰之任抱澄清之志視民如子冀上若父寄公耳目固宜竭誠伏見太陽炎赫砂礫焦鑠旱魃作厲農夫憂饑直爲囚繫無辜之所致也雖欲禱桑林焚巫尫亦將奚及不如疎決滯獄速宥疑罪則歲稔國富不期而至觀所說是方伯政本非豎儒之譚執事之人用收采否如理以爲當言之可行請馳一介之使問三逕之客卽荷衣蕙帶以趨下風必謂狂簡終不惠顧則退卧岩藪俟有知己翹足仰望以聽指南

代彝上蘇州韋使君書　李觀

月日於法司上書郎中閤下彝不耽書嗜酒已至於老東西南北無立錐之地以免餒凍者賴王公大人相養耳竊以閤下有經濟之器因敷小人直戇之性非敢失色於左右僥求於去就不圖行絓時禁坐貽伊慼惶怖無暇縶維不安仰天椎心收血續淚所言駭鹿觸網飛蛾蹈火顛覆靡掛彝何以堪彝知過矣彝舉家十口兒女幼弱皆小寺中僑寄目下絶粒閤下錮彝在此令吏推責反覆憂難辭理俱屈衰髮一夕如經十秋素來無業只慣飲博罔曾負累以至訊問事過奇喘無禍不有且彝於天下何異株塊比於閤下細微若螻蟻如國家之事肉食者謀雖鞭之長胡及馬腹況中籌之子如何敢及早聞閤下清節玉立洪量海納軍謀在握文藻盈帙中外騰口聲歸其高彝是用私達微誠庶被知己不測閤下以言罪之嘗聞不以言廢人閤下何必取威於懦夫而後行令自明王設誹謗之木諸侯有鄉校之議且今主上何愧於唐堯閤下何短於鄭卿伏惟念彝之失寛彝之責使得擢髮便當鉗口匍匐鈐下以收前非則伏諸忠信越境不敢留也彝死罪死罪

代李圖南上蘇州韋使君論戴察書　李觀

月日窮居布衣李圖南有腹心事上書郎中閤下圖南聞書者舒也舒所憤蓄於人之心禍福之萌繫乎一言郎中止水之鑒不私秋毫如川注東不讓細流圖南殺身之誠去此誰告是用端蓍龜考吉日進牘於執事所尚拙實不張游詞郎中爲三復焉圖南同學之生戴察字彥夷年二十二蘇州人也而有蘇州之税司籍者目之以爲僑戶異哉書劒之子而與農賈同貫豈非當日闕明吏以至於是乎其人固窮自立家業無一老父垂白處妹未字湫底之巷蓬茨蔽身弊衣糲食丐貸取給累年徭賦非出諸己卽

日數口憂擠溝壑重以官迫不聊有生郎中侯服玉膳信有如是事者否郎中之始至也謀以息民布令曰矜老疾活艱困凡在庶物令趣其本於是鄉計之而白於縣縣審之而上於郡執事視之而疾首曰罔有不允乃條其年稅差與蠲放禺禺延頸情有所向爾時彥東乃借人冠屨佩人劍帶時步麾下敢區區心書訟其戶祈與降殺若何執事以爲不切之務棄而莫顧及再投狀狀無所投矣彥東亦謂圖南曰我他年不言而今言者以韋公負天下人望當有解左驂之分也豈同絳灌之列哉不圖如羝羊觸藩

進卻斯咎乃高歎曰清源無增灝安得運吞舟歎聲未已淚亦隨注侍者改色浮雲爲陰因成沈痾月有餘日老親在側竟夕不寐一飲一食皆求諸鄰爨無東楚室若懸磬圖南昨就相省杖而能起神緒淒黯絕無話言立未俄頃見有衣黃衣者排闥直入口稱里胥罵彥東曰兩稅方斂何獨不納刺史縣令公知是誰俾予肌膚代爾擔責嘆嘆叫怒不容少安彥東回惶若狂計靡從所其父諭之曰取爾常讀之書常撫之琴質於東西家南北家以其所資將以奉之無令來客貽我之戚彥東唯唯乃獲上繒而與之及將去也仍誡之曰後所欠者必搤公喉唾雪而取辦於時蠶妾牧豎知爲之辱況圖南六尺之士乎圖南聞龜玉毀於櫝中守者之過也而彥東不獲其所郎中何以爲理人哉彥東乾乾之子章句精意此土儒輩無居其先每秋鄉送皆爲賓首溫良敬簡殊有可紀郎中命世之傑合天縱才明眸燭微剛畧定猜刑賞之下萬無一乖寧令一彥東肝腦布地不知所階悲哉圖南聞士爲知己死且不忌是用感激於左右假手於執事免彥東之役螻蟻之望則決之矣昔魏絳薄言晉侯爲之稱過李斯肆辨秦帝爲之

復客鄭僑致誚范匄爲之輕幣江淹投箋建平爲之側席斯皆咫尺之素也以相宿也今圖南此書亦望郎中有成績也不顧郎中空寒暄也使圖南書事無實言挾於妄則立伏匕首甘棠之間以塞深責彥東亦獲無咎郎中慎勿恥葑菲之旨克動瞻聽而損其言不爲之行也謹遣隸人捧書跪獻圖南伏俟咳唾不宣圖南再拜

貽先輩孟簡書

僕聞孔宣父云如有周公之才之美使驕且吝其餘不足觀也矣足下德非古人何遽相淺如一及第僕保之久矣

但與足下論其先後耳僕長於江表今未弱冠自謂來者
晚遭知音比見吳中人談足下美不容口僕外氏河南行
軍司馬舊與足下遊揚善聲僕每懷殊節不履常跡立名
委運求友勝己是以昨晝徒步奉尋所居將拜足下先丈
人之靈問足下不滅之戚如何稱倦哭泣輒安牀褥辭以
有疾坐而誣我人子喪禮豈其然乎僕躊躇愀然頃乃能
去敬料足下雅度必以所報之人云僕貌不瓌傑衣不鮮
麗前無高車後無蒼頭量僕爲區區進次之人而默相遣
若使有一俗士煌煌輕肥足下必投袂而起何疾之稱爾

大丈夫當立天下何取辱於足下之門嗟乎李生斯過也
矣且僕相造重足下足下非禮見辱予以深貧交數公哈
僕不已足下知無所曰疑乖攝夜來計減請垂加食罔至
毀性雖未執手惜虧前意謹封名紙以抒末分書用直敘
拙而不文月日某再拜

報弟兄書

六年春我不利小宗伯以初誓心不徒還乃於京師窮居
讀書著文無闕日時是年冬復不利見小宗伯嗚呼天難
諶命難言聖人且猶盤桓我安得如料而決志哉但堅節
不去躁機不來兢兢而強勉勉而爲耳於時顧逆旅而無
聊圖侯時而尚遐發能遷之慮緘莫知之嗟乃以其明年
司分之月乘罷驢出長安西遊一二諸侯求實於囊往復
千里投身甚難殊不知西陲數州界在虜關土塞門民獷
榮戰陋儒我見其將遺我縵胡我見其士賦我從軍向之
之謀曁感激心卒無所開祇忽一念我家如在長安或遇
適戍而宿隨登陴而望有東方之人老在塞下者爲我言
用兵之勤及五十年每歲孟秋邊風便寒達於堅冰武夫
操戈僵不得煦胡兵頻戮寇罔於常方言會候人舉烽我

茫然謂戎來遂夜馳歸長安窮處蕭條猶初乃開而居乃
出而書上不敢偶下不敢專鄙苟得之名謝姑息之交愚
與介弁直與諂違是用人不合余余不合人故身有負俗
之議文多自我之非然斯者畧不損明其猶荆民不譽宋
玉臧倉之疑孟軻及我而三奚足屑哉然特苦旦暮之供
出處之虞也而幸有一僕傭之童純義而誠服事祇勤備
蓄以給余爲隸以奉余久而不求直殆而不施勞盤飧之
廉汗馬之庸不能過焉古者孔子門人皆曰上賢及在阨
窮有愠見者吾老君亦有從者徐甲老君去官甲亦求去

夫孔老之道於我也則小大較然其門人從者之操則何達斯童哉吁我嘗獨歌而悲客有造曰子之窮達在時與人我曰不在時乃在人不在人乃在斯童何者仲尼適周魯君乃與一乘車兩馬一豎子自周而還其道益明則聖人經爲亦用其資獨作恒人乎今我所以能於京師保窮居讀書著文無廢日時者乃斯童之力也非我之能也非親交骨肉之力也成我洪名階我青雲有日矣汝知之乎汝我季也我空言哉吾違養以來不忘歸歸而無名爲親之羞困而行之窮苦日尋俛而自安窮則可也流親之羞

歸不可也念二途日夜腐心渾元循環三歲一朝油然而思衆恨長短居人遊人相屬之憂寧同時哉行至八月天地淒涼葉下西郊我在空房晨起吟咏聞乎無人夜卧不寐寒漏自長意可覆也難可縷陳我書不稀汝書亦新異日兩至同慰一身豈不旨哉年不甚幼近學何書擬舉明經爲復有文明經世傳不可墮也文貴天成不可彊高也二事並良苟一可立汝擇處焉無乃不修繫書黃耳依依有遺千萬孝弟其兄云云

帖經日上侍郎書

月日鄉貢進士李觀長跪薦書侍郎座右侍郎知小子也侍郎方揚清上流觀方委照下風夫上流之清有源下風之行無還借之於人事也有察之者昭昭有昧之者元元乃古人曰離婁視千里盲不見咫尺得非然哉用是越羣子之行薦數字之書排得喪之懷登萬一之途侍郎其或不見耶其或悅也得不言之而後退言之而後進安可空空而爲乎昨者奉試明水賦新柳詩平生也實非甚尚是日也頗亦極思侍郎果不以嫫奪妍不以瑕廢瑜獲邀福於一時小子不虛也而以帖經爲本求以過差去留觀去

冬十首之文不謀於侍郎矣豈一賦一詩足云乎哉十首之文去冬之所獻也有安邊書漢祖斬白蛇劒贊報弟書邠寧慶三州饗軍記謁文宣王廟文大夫種碑項籍碑請修太學書弔韓弁沒胡中文等作上不罔古下不附今直以意到爲辭辭訖成章中最逐情者有報弟書一篇不知侍郎嘗覽之耶未嘗覽之耶觀嘗竊覽侍郎頃年詩一篇言才者許以不一端文者許以所長則雖班固司馬遷相如未聞若話言是侍郎雅評掩於三賢矣故觀今日以所到之文謀於侍郎不以帖經疑侍郎也且昔聖人曰後世

罪我者以春秋知我者亦以春秋夫聖人祖述堯舜憲章文武然猶以春秋爲言者何也蓋以誼有所不加道有所不拘夫文人讀春秋求旨歸觀實忝爲文不敢越及來應舉知有此事意希知音遇以特知而有司多守文相沿今遇侍郎其特知乎且侍郎曰帖經爲本本實在才才不由經文自謬矣由經之才文自見矣本於是在不在帖是或亦所司以是寘人不然其恥耳今觀也實在洛日擊指揮占往來以侍郎爲文犀以侍郎作靈龜中之通者不聞遺訓兆之靈者不聞宿夜顧不復帖聞洛乞今先意知微則

兩至之慮一意是恤幸甚幸甚觀再拜

與膳部陳員外書

文之難言也久矣是使爲文者紛綸無人察其否臧焉雷同相從隨聲是非遂令怨咨之音作苟且之道開荆璆無價珷玞有輝仰惟執事坐而相之得不然乎當今朝廷洪雅尚文以文化人四方翕然聽命於有司有司於是乎以詞賦瑣能而軌度之聲稱叢聞而搴擷之謬矣哉失在兹乎原夫先作之立軌度者懼常才之不及也非罪其過也抑亦有良材茂器或所不識也博聲稱者有司之至公也亦至私也且聲稱之始十九黨與巳乃惑之識不自勝襲私載公是至私也設有一人乘語未終而難觀曰軌度以考其能違之者子何病聲稱所以尋其實也無之者子何病則曰俞哉非願去軌度塞聲稱二者誠仕進之嚮也蓋欲有司之留視於軌度之外者綏聽於聲稱之遺者勿以人之好惡奪巳之精理也何者盧良治之巧無消冰之術鏌鋣之銳無補履之用而因投棄爲代所笑耳是說也得不近之哉實所未言於人常用叩之執事耳觀長於江湖之鄉學於仁義之書微有志義仍近直方不苟與人亟於

自求從學兩年屑屑焉人未之聞名未之成進取無嘉謨環向多窮愁視形如陋視文如愚憤之用勞罔之攸安欲如之何執事文章之儲文詞之師扶微削訛可以厚名彈鑒垂哀可以辨文觀也於焉捧卷如歸言莫卒徽不知悚兢觀再拜

上陸相公書

觀小人也伏思不肖之身出自大賢門下其爲幸也不敢忘也今者東還拜親卽不得以起居執事者將何以申大賢小人邈矣之間乃致其懽懽戀戀之心也於是乃屏窮

處之中集常念之言修辭謁之書其一所以發揚狂愚昭
宣緝熙其二所以遇知託分原始要終胡敢空言濫說以
讟左右哉傳曰言身之文也在乎身非言不見也言爲善
召應蔑有遠近也伏惟內之觀於相國門人也相國於觀
師道也門人得請於師道師道得訓於門人古之典也是
仲尼門人七十子之徒皎皎如也申申如也觀誠至愚不
能庸敏然頗常思古今治亂邦家大體生民之難君臣之
際以爲意也豈徒焦氣力勞形神潤飾言辭以自賢且相
國昔以章句知之耳今固亦章句待之耳縲是越石父不

言齊相曷縲加命韓信不言滕公曷縲奇之哉伏惟念之
也伏惟內之也觀幼養於親長敬於家非良朋善友寖明
寖昌之道也然天之與識蓋忝文翰先王之書其見有圖
功植節周旋忠毅信誼死生患難之閒或翺翔倜儻瑰名
烈行不變者則甘心願之其餘深旨微文則萬未知一家
貧無以自成性顓不樂他能灼如也不得已乃拜親而來
無一金之資五尺之童莫與合者飄無處所鬱乎而懷浩
乎而思是亦多爲風聞所訕不聞雷同所稱時之來也而
獲遇相公之權衡文場博哉其度堅哉其口不以譽就不
以毀搖既事之時亦盡一時之良矣而觀特爲推擇起離
矇昧居置昭晰翕乎下流以干時而思也無異起白骨出
黃泉之惠不純大也此所以言其幸也不敢忘也及其罷
也卽思歸還供養庭闈俯仰淹留復以逾時乃應選科不
自計量幸去衣褐爲吏於公益用感遇之無窮也而貴益
重賤益輕故無易由言也莫開說也比者數與其得造左
右溫顏而愉匪及論議意者以其駑庸不足言也是日以
念之月以思之時以疑之不自已也當其進時既不以言
而以言者所謂干議也當其退時既不以問而以問者所

謂犯貴也不懼二者之爲尤上無一言之可談如此則下
之思慮塞矣上之聞見褊矣觀於左右悠矣古者有詢於
芻蕘有不恥下問經垂厥文不亦懿乎今者將有所陳幾
贊謀猷先陳爲容儻蒙降鑒觀惶怖幸甚幸甚觀聞惟深
也故能通天下之志惟幾也故能成天下之務惟神也故
不疾而速不行而至人本是故能若天之時迪地之利輯
人之和以平天下以育羣生以禋祀天地宗廟之神夫言
通天下之志者卽生民庶物哀樂零茂無非知也夫言成
天下之務者功作云爲開利除害無非務也夫言不疾而

速者君之號令也夫言不行而至者君之德澤也苟德澤加號令信利開而害除民悅而物遂則天下有幾欲至矣安得不曰神乎不曰幾乎不曰深乎然是者曷由臻也誠在理運遭明主明主遭賢臣賢臣舉善人而官之乃能今相國既遭明時既輔睿主持政廟堂當仁天下則用何而相聖人之道用何而成天下之務伏欲聞其言而頌其實也噫夫惟宰相之官陰陽之鑪冶天下之樞轄賢人作者之器用也非守常人之所宜坐也故不可序進而久升也董仲舒雖未久不害為輔佐繇是相國立身以來不二十

年踐乎諸生興乎三公鼓動天化鈞深含靈茂實葳蕤榮聲洋溢烝民之詩曰天監有周昭假於下保茲天子生仲山甫天子有命仲山甫將之猗歟實謂相國之謂歟相國何以承之哉切惟三年於茲天下亦無大不治民亦無大不安陰陽亦無大不和而議者竊不能云曾不討其本而思其中斯皆好言鄙夫且人君內設公卿士大夫理內也外建方岳侯伯理外也內外之官各得其理今議者則不然覩職之乖則曰宰相聞一郡之災則曰宰相聽一民之咨則曰宰相苟如此而求仲虺巫咸不能無過也然議雖

非不可不察也天下之人理難求也執事但求人之要而不求天下之理則非也夫天下之人不可盡勝執事者耳目之至也當在用人而理也用人而亂也故昔漢用張敞召信臣文翁則理也用東廣川則亂也然則有刺史案其治亂隨而陟降三代已還有考績之典今則闕然無取州郡者或連歲而來逾紀而去惡不加勸害民者滋深利民者不立和氣為仁沴氣為災人傷憂苦則和氣不興沴氣升至虧損陰陽結積水旱牧守非人之故所生也一人不修一境罹災十人不修十境罹災修者寡不修者眾則沴

氣多和氣寡凡天下幾十境而不渾耶近者天下往往水災是其徵也今或不能率復三代與漢舊典何不選舉公良分郡按察邦伯牧長責其親臨及其風俗以勸以懲又漢朝每策舉髦俊賢良之士吏事咸通儒書問以治亂求以災祥處之民上試之臧否國家曠之殆殊急賢吁黔首之上必有欺吏白屋之間必有純人不用務奚以成天下之人必共而安之天下之務必共而成之任有怍職是謂不朗忌而不求是謂害賢宰相職也在明二端昨者盧賈二公同升台鼎天下謂賢相公薦賢莫不欣欣偉乎稷契

暨乎十臣且出自門下忝懷謹謠惶怖幸甚幸甚竊惟前後相府多相繼踵咸遺要道罔思經綸前化蕭何後法曹參何多誤也天下之敗則緣是乎又漢有何武薛宣爲相時譏其煩碎無大體不稱賢公又申屠嘉傳曰嘉死後皆以列侯繼踵齪齪廉謹爲丞相備員而不能明發功名宣帝時上日親萬機考覈名實而魏邴之徒總衆職以稱上心陳平對高祖曰宰相者上佐天子燮理陰陽外鎮撫四夷內親附百姓使公卿大夫各任其職前史載之必謂是相國常所留意邪視今人君循理有類漢宣而相公亦宜

舉魏邴之長班固曰高祖開基蕭曹爲冠孝宣中興魏邴有聲是時黜陟有序公卿稱位禮讓樂行觀樂覽漢宣之代二賢之制故以言於執事者竊惟朝廷用人大若未盡之艱虞以來百司不綱事或流末官備職虛多不厲已有能倍於官有用寡於職有亟見於除有久不得遷夫用不及職則職廢官減於能則能怨亟除長躁競久不遷者傷偏頗則陳侯使卿大夫各任其職或不然也或聞天后故事百官去位展轉相舉稽伏用人莫有苟知逮開元際多有賢良皆曩之遺舉今雖無老成人尚有典刑庶可法也可期理安或有謂相國曰時之無人也此甚不可聽也誠用之未當令驥捕鼠則何由得也以劍補履則無由剋也責燕雀以六翮之用則何由致也用之當用物且靡遺況天下之士行道甚難也逢時不易也行道甚難也而天下之士不以此時遇相國而相國不以此時得天下之士則千秋不可復期嘉會不可再來盛德不可久持故昔人曰未遇伯樂則千載無一驥明其士無時而特達也猶馬無時無千里者也甚可思也伏惟勿忽之也雖然大略在官人其次偃兵語曰天下安注意於相今四海八方注意於

相國之時故不敢復以兵問大君子也小生伏辭無加拜跪今則無端陳利說害相國之明曷不至也天下之能曷不畢也以爲狂愚厥惟關也以爲庶幾厥惟詳也有以容德乃斯之謂也感戀於門出涕屏營觀惶越再拜

欽定全唐文卷五百三十四

李觀三

上賈僕射書

觀江東一布衣耳客遊長安五年以文藝求容而無特達之操籍甚之名固不當以干王侯大人言天下之事也然竊聞閤下光大含宏博采兼覽憤然淵乎焯爍今古言仁義則天下莫不宗之道權謀則天下莫不先之若禮智忠信温良易簡之德天下莫不稱焉誠哉閤下生人之傑者也若閤下憂國忘家安人君宏道遺物與時不爭則天下

一人而已誠哉閤下戴盛名負盛德者也然閤下于藩之事則既聞之矣來朝之事則如何哉陳何利宜以補天下進何計謀以光朝廷閤下此來其有意乎不然何人望之不淺也今天下不爲不安矣朝廷不爲不盛矣君臣不爲不和矣運命不爲不樂矣是知將諫者難其說將討者難其詞自非方伯元侯及三公純仁碩德之臣從容對敭終朝移時則何能發其深慮規其長圖於人君哉今天下所務所勞所費者在邊在兵在食也爲憂也爲患也弗可弗慮思之於危則無所及已知謀始固終斯爲時也且夫守邊要在乎兵所以養兵要在乎財所以生財要在乎民所以養民要在乎政然則政爲民之命民爲財之資則財爲兵之府兵爲邊之宗其相籍如此之大也其可忽耶閤下之至以來亦常與人君語及此乎不可不思也何者以閤下方鎮大臣入覲於王上下勤望思有所助也今則因閒即以已乎伏惟閤下慮之且今軍食重務安危至道君臣計謀天下性命惟居大官享大祿之臣所得共之也閤下豈不謀哉夫貧賤固陋之士尚日夜齊咨思有所計則閤下去就豈容易哉今厎寧東方屬在閤下朝廷去就則已

明矣伏惟閤下必有所計而後已也孰敢不幸觀方欲進謁旌麾申露心款厥路無由日懼未察輙先以短書藉以爲便若有可嘉庶垂引遇企踵窮居伏竢還命

上梁補闕薦孟郊崔宏禮書

觀辭違盛德曠阻拜跪自始及今三改其時方寸之心戴慕何窮但以久寓之身無所取資故或丐於北或游於南秋夏逍遙途極還東業不增舊文不加新將往拜見愧無所容終乃因循懼日至疎執事方擅名於時出入兩宮上悅對問外內公卿無疑議無間言斯乃前漢賈誼王褒之

徒弗及也豈復能思觀之在天下竊竊哉然觀嘗以未成名前高見揄揚達邇之人以觀爲執事門生然作公門生當人此言豈曰易乎豈曰蕩乎誠敢望耶誠不敢望耶然每思念士有勝已者而上薦之執事以恃知德之深也常用爲心今有孟郊者有崔宏禮者俱在舉場靜而無徒各以累舉可嗟甚焉孟之詩五言高處在古無二其有平處下顧兩謝崔之文鴻健宏深度中文質言之他時必得老成言之今日粲然出倫執事導之輩流於觀日深矣故得言今輒以二子之文布之下風執事豈以爲黨乎蓋良匠

之明有所無由而見者二子之美有所無從而求者蓋以慕舉爾所知遺其友之言慕之多以至不量力也其孟子之文奇其行貞其崔子爲文如適所陳爲行則磊落不常俱非苟取是之人也特惟哲匠執而匠之引而塗之未若觀之愚也嘗望處分維摩詰贊初若不安應命乃遲方今勵精上或可觀

八駿圖序

予嘗聞周穆王八駿之說乃今獲覽厥圖雄凌趫騰彪虎文螭之流與今馬高絕懸異矣其名盜驪蜚黃騕褭白義之屬也視矯首則若排雲視舉足則若乘風有待馭之狀有矜群之姿若日月之所不足至若天地之所不足周軒軒然嶷嶷然言其真也實星降之精思其發也猶神扶其魄軾者如仙御者如夢將變化何別哉世說周穆王駕八駿日會王母於瑤池從群仙而遊按山海經云崑崙山去中國三萬里乃非虛說也而不知其所從得之厥神是生爲之用歟何古無其匹歟圖之首有褚公遂良題云秦漢傳之降於梁隋至於皇唐不泯厥跡卓爾昭然奇哉信乎苟今考之於古則人大笑矣求之於時則曠世矣由是知物有同者不必良有異者不必否或慮觀之者昧故爲序

以表焉

浙西觀察判官廳壁記

觀聞國朝置觀察判官故事於今之老成人則曰邇乎哉乃本而言之厥自兵興上憂天下列郡無綱紀文章是用命忠臣登車爲觀察使而鎮撫其民人今來亦三紀於茲古者所謂出連城守今則大者或十數城或七八城小者或四五城觀其所以察其所由使亂不得長使理不得渝猶川之有防猶戶之有樞其繫厚矣其臨高矣其下賓佐

實有常任其大者曰觀察判官一人謀以濟美佐以成能必求賢者禮而居之無則闕如不苟其人允矣乎浙右之疆包流山川控帶六州天下之盛府也國之盈虛於是乎在太原王公廉察之七年署監察御史李公士舉爲觀察判官公從事浙右十有餘年能事備乎游章光烈灼乎簡書始從韓公多辨疑獄多釋冤囚疑似得昭糾紛得寧四方翕然籍甚於公後從王公盛德日新六州人殷姦宄易容民不淳良吏不廉清無日無之公乘軺車日往月還剖斷善惡明白可觀六州之士爲頌作歌天下名賢罕不咨

嗟九年冬蘇州刺史有丁憂去官連城命公來撫吳德化愉人如春之和吳人樂康嗟乎夫有其任無其事十有八九豈虛耳哉非其任有其事如公之作者百無一二焉議者以爲視公之爲佐可謂忠於佐矣視公之斷獄可謂敏於獄矣視公之理人可謂達於理矣諒哉有以頌連城之表賢有以見吳人之多幸有以見李公之攸宜矣從姪觀拜命而書愧爲公蓋九年十一月十四日記

常州軍事判官廳壁記

常州列郡也天下有緊我居其一焉軍事亟務也天下有三我備其屬焉於是求厥人任厥事觀厥能不亦難乎則汝南袁德師今在選焉夫三軍稱帥萬夫之望誠不若也其於輯睦亦何貳焉夫大臣開幕多士委質誠不若也其於裨補亦何貳焉袁生恢恢然晳晳然寬而有紀明而無鄰行飾以貞言飾以溫始韋公以給事匪躬之故出鎮是邦生方尉於義興褒然見嘉乃殊常寮軍事之機議之堂上軍事之宜開之府中誠舊制也韋公答其人以禮盛其居以華揚其智以文美焉哉韋公遇生以善生報韋公以誠某嘗聞生南陽公之孫也夫維嵩之於天下非常之山

也黃河之於地中非常之川也南陽之於時非常之人也嵩以喬天蓋之河以流地載之南陽大忠以子孫嗣之六年冬皇帝郊昊天理百神修廢繼絕求舊惟新生以尋南陽之孫一命玆官九年冬復命襲爵南陽公某以爲古人曰賞延於世又曰善人雖十世猶將宥之其是之謂也是年十一月某赴京師自蘇州至常州會袁生引廳前軒如翬斯飛植竹新欄如鳳斯食乃白府公留爲記韋公驩然不見逆且自天下稱兵三四十年間擁旄曰使持節曰州使曰節度曰團練有副使判官大歷中宰臣常公以爲費

不能去其大而去其細乃罷團練今之軍判官猶是也命某記書其事實始於今請以生之官氏冠乎將來非以媚生也願以光乎非常之人之後也記之年月在乎記中

道士劉宏山院壁記

新定劉法師大漢之遐裔也老氏間氣性識冲厚體貌魁岸弱齡味道雄節邁古淮海勝景無不綿歷內蘊研精茹朮歷載三紀雖形存方內而神泊太素天機不淺積學所運也可與董奉抵掌葛洪拍肩先生以至德三載束身制度配任茲觀巋然端居煙霞排空松桂滿目抗出塵之想

秉超世之操無何大歷之初綠林狂寇作禍斯邑居人萬戶冰裂瓦解暴骸骨於郊野汪膏血於邱壑桃源化為戰地羽客倏以蓬轉先生乃披霓裳字闕一丹訣將適南岳途經鄱陽先相國第五琦時左遷鄱陽守其人廊廟之柱石帝王之股肱波澄萬頃壁立千仞先生於是植杖以請謁一見而斂衽再見而倒屣忘言相契志意偶合於時先生法播南楚聲動人羣故江西連帥路嗣恭其人寥廓之勁翮銛鋼之利器忠信亞前史文武表前代雖受年不永可與三傑並驁復雅重黃老尊崇虛無始聞先生望風委質先詢以簡禮後聘以車乘服門人之禮約方外之遊如是未幾路公歸朝先生汎若不繫之舟亦厭凡境大歷十三年旋此舊跡未盈數歲陵谷殊狀親戚耆宿淪喪略盡所止堂宇荆棘生焉閒其儀像埃塵磨滅寒葉墜於灌木山鬼聚於叢薄先生頓足而四顧攬涕而興歎惜馳光於過隙念往事於餘燼乃假村閭丁壯戮力芟薙板築頹址掃除崩榛構長廡以梓漆飾危殿以赬素激引元旨招攜道流先生乃於其觀西南隅獨立高堂智者與議良工操斤憑山建基鑿石開戶壘磽确以植靈苗撥崢嶸以樹修竹

苔駁竹徑風吟步虛巖生夏雲林散秋色先生方據梧長嘯煮茗留客且我所貴者隱隱所貴者道道以隱而含耀隱以道而無悶斯是幽處得非仙府不必瀛洲方丈乃為絕境先生自然以得真依真以養生瀟灑無事機恬淡無戚容高談能離堅放意能了空噫嘰老莊之微言先生決之如叩鐘人間榮位與多財先生視之如浮雲是以天子不得臣諸侯不得友或所與遇者其唯縱古之士遁俗之人在乎昔元宗之有天下得道之統垂五十載億庶輯睦四夷亦寧自後國家多故皇帝旰食二教稍弭兵符競趨

深慮是法不可振茲二教者三界之根柢羣生之雨露使匹夫取捨亦有損益用之於上其可廢乎竊悲大塊勞我以聲色要我以名利未果握先生之手登先生之堂然不死之術願與共有臨壁抽思以旌善人某年月日記

邠寧慶三州節度饗軍記

朗寧郡王張公擁七尺之節臨三州之師牧我邠荒藩我雍疆德邁乎龔黃聲稱乎四鄰戎無南侵國無西憂師嚴民釐封守晏如聖上聞之曷嘗不負扆而咨之因乃寵以彤弓嘉以墨書乃慰乃止曷日而無哉於是仗鉞總戎之

臣咸望公而懽懽無能稱於維朗寧之卒已仗誠而言曰獲拜錫之光聖上之寵崇朗寧足以勵不戮力之臣然斯事也君臣之殊尤敢不述之而已焉哉越春王二月河澌未流東風始湊優柔委蛇被公軍容公曩奉詔覲率師備胡乘虛君命未復不自議還雖閫外得專亦大有所不專也於是軍吏之職事者進復於戲下曰舊以是月賞功息勤惠老及疾哀死及孤厥死無怨厥生而愉所以數軍實賚師徒實舊典也違之不孚公從之乃練令辰豁連城鼓於四門旆於四墉日既登壓不騰窮陰閉淑氣升軍聲歡康儲輿厲破翕乎萬民湊乎氐羌空山之木春近塞之草芳朗寧乃鳩文武之吏列而爲行東面向闕而再拜如蒙上之命命之然後申號而惠周升堂而澤溥賁育之倫列於軍之宇校師之士次於軍之堂進如風行坐如雲屯旌旗蔽日刀戟交光公於是衆食而食衆安而安士盡感之優用醉飽而御酒餚是日饗軍無滛樂無亂音右金鼓左羽旄所以奮武之烈壯軍之容其餘管磬之歡絃匏之繁罔不合奏節諧雅音俾三軍之士毅其氣和其心羣羌之長釋我俘歸我侵少壯重銳老疾謳吟祲化爲祥虜趨爲

掄洪矣偉矣朗寧之理明德遐被者乎乃知夫致饗者不止乎味張樂者不止乎聲仁可以碩其膚和可以齊其情故朗寧之饗士兼以仁和被之豈以擅腥犄之哉武有七德朗寧其由二三焉於時歲紀協洽國家郊祀之明年觀布衣來遊賓公之筵宗盟兄侍御史益有文行忠信而從朗寧之軍惡羣小之日取媚也故不自書命觀書之曰子之文直長於記事益知之乃題曰邠寧節度饗軍記

晁錯論

觀讀漢史見景帝殺御史大夫晁錯以姑息吳王濞痛非

其罪也故直筆以議按錯穎川人起於諸生事文帝爲太常掌故以英詞射策累擢爲中大夫及景帝卽位極言獻替未嘗不忠於心乃命副丞相錯所以推心不顧思永漢室而患諸侯侈大上書請削其土是用翦其葉而固其本也度錯之志豈有負漢哉原吳濞之反誠有由然間人骨肉而塞小忿自非上達能不生怨怨端既立臣節安附欲無爲遂終不可得已蓋以南方富殖而諸夏初乂狂夫爲計料勝一舉遂搖長舌交搆七國借誅錯爲名景帝無非常之見而聽亂臣一說乃斬錯不問莫在紓難而七國之

兵曾不少減足以察其來不爲錯明矣且袁盎與錯宿不相善況景帝豈不知二臣之不叶而聽偏議是爲臣報隙也若宗社何及鄧公吳還乃歔欷長悲益爲天子之羞爾始高帝封濞於吳以識東南之必亂於時豈有錯削地之議蓋天之曆數有理亂也脫使無梁國以絕其道無條侯以耀其武則秦之鹿復駭盎之肉可食初錯介然孤立指畫高議大臣疾小臣怖人人束約各欲傳刃其父知其必戮也而深病之錯曰所以尊君上安宗廟父曰劉氏安鼂氏危矣吾不忍見禍及先禍死矣噫史臣責錯之父不逮

趙括母何其鄙也夫趙括持必敗之勢而母言於趙王不可使將及括失律母以先見獲宥鼂錯用至忠之畧與必敗之勢異也其父雖懼禍至奈其子所籌國之大事也且使括母言之足稱明婦人也使錯父言之是沮其子爲忠也孰可擬議或人有復言錯忠則有矣而智不足愚則不爾夫忠所以補君智所以濟身苟圖濟身則忠有不遂忠有不遂是臣不臣亦何生爲賊由袁盎昧在景帝非智之短時不與也古云直木先伐愚智何足道哉

辨曾參不爲孔門十哲論

論曰客有言曰仲尼聖人也曾參孝子也十哲皆仲尼門人也察其能孝於家能忠於君能友於兄弟能信於友朋可以臨事可以成章故加其美目也而曾參雖不聞兼此數者乃其近者小者而仲尼區別四科前後十哲曾參不與者何也主人對之曰噫非仲尼於此異也四科十哲之名乃一時之言也非燕居之時門人盡在而言也於時仲尼圍於陳畏於匡曾參不在從行之中故仲尼言在左右者揚其德行言語政事文學皆可邀時之遇行已之材不得者是以美而類之傷而歎之非曾參不當此數子也使

曾子於時得與數子從行則仲尼之聖不遺參之孝不後冉伯牛仲弓之目也必矣客於是稱謝而退或者止之曰客之問知其一未知其二主人對得其細未得其大且仲尼抱至聖之德值多難之代周遊棲遲不遇天下仕魯不終聘過宋伐樹之衞不用適楚逢患而四科之徒未嘗離其起居闕其絃誦不以師道窮而曰妨已之進不以身之私而越去終日溫溫孜孜提攜負荷從其行止如手足羽翼時仲尼有仁思德慮未言者顏回輒發之故謂之德行矣仲尼言有所陳未達而端木賜輒達之故謂之言語矣

子路勇毅果正之士也侍仲尼而不善之道不得入焉故謂之政事矣子游子夏之文春秋之外得與仲尼論之故謂之文學矣故數子居則講仲尼之道行役則任仲尼之事而曾參安則在焉患難則未嘗有用焉且夫孝者人性常然也不至者非人也參苟至之乃得爲人矣夫何異也且十哲之徒孰有非孝乎而曾參獨以有孝之名加其數子之長故不得與之同目也何謂不在從行之中而遺之也夫孝者不止於家也事君愼其事忠其命乃孝也事師聘其道敬其事乃孝也不去危卽安不冒利背誼乃孝也而參不敬其事矣不能冒義背利矣乃孝其孝矣非孝也子從儒守學宜識所言何言之介也主人拊几而起曰爾之辨則辨矣如何斯可謂攻乎異端斯害也已

謁夫子廟文

世載儒訓者隴西李氏子觀正詞爲潔執潔爲奠恪以上薦桓撥之十有三祀孟秋之月朔修冕帶問廟而入再拜兩楹之下乃退伏而稱曰於皇夫子之道之德與天地同施與日月並明乃聖乃神炳乎典謨惟王者得之以事神使民庶人得之以不失其死生諸侯得之以事天子卿大夫得之以保祿位怨災不及其身四時得之而序行天下

得之而大同然則天地神人之事昭乎夫子之道之德也至矣何小子之所竊歎焉斯嘆也其惟來學乎其惟乞靈乎曰某不敢然也且夫禮樂浹於明夫子之善道也斯可謂以學矣鬼神瞰於幽夫子之明靈也斯可謂以敬矣孰敢捨道而來學黷敬而乞靈者乎於是再拜而起徊翔而觀章施足徵像設無諠我廟俎豆我王衣冠夫子得之亦無愧言七十之徒亦公亦侯外如君臣內實討論烝烝小子思得其門夫子聖人天錫元精其未生也若超然神遊

與兩氣俱存其既生也遇三季之會飄飄湮淪絃歌之音拊而不和仁義之圖卷而靡陳及相魯而有喜色去宋而曰桓魋其如予何聖人之窮乃有如是也耶噫俾夫子生於堯之代堯必後舜而先夫子生於舜之代舜必先夫子而後禹聖人得時化可知也如舜禹生於夫子之年則不過守於畎畝之中安有夫子之教垂於無窮若今日之澶漫者乎惟夫子生實陪臣歿乃王爵有聖德也惟紂生實殷辟死曰獨夫有逆德也惟爵謚在德惟德有聖有逆惟聖逆在人不在於尊嗚呼夫子聖人之極歟鳳鳥不至無

其時也秦人燒書文之衰也唐帝爵王德之興也惟夫子之德洎唐之德永而能安古而更新降康下民負有烈光訖無間然小子忡忡慄慄拜奠而出匪作匪述

涇州王將軍文

有涇人告我曰虜侵涇州去城六十里涇軍陷圍固無藩籬脫有走飛有王將軍雖實涇師別戍而來奮少擊衆提急赴危身先其兵兵後其私張旗爲風伐鼓爲雷風雷之威壯哉鼓旗全涇軍如雲迴破虜陣如山開然後創痛還奔戎醜殘摧將軍猶殺敵不窮駭怒疾馳遂沒於沙埃吁少卿生降蘇武老歸竇憲出師曷如將軍之亡哉主上聞之贈官汾州賞則厚矣我竊悲焉悲賞出死後用失生前天下之有用不得聞故多敗歿上之執賞死而加之利爲空名繇是將軍之倫何嘗勸焉涇州之師何嘗保焉茍聖人用人一如將軍斧鉞之雄征鎮之類則將軍無僨屍涇州無陷圍亦可知矣惜昔兵微用卑以至於是焉於戲傷哉

斬白蛇劍贊

吁審厥劍在昔天地之靈器也而莫我敢知漢皇得之初

其天成乎其神造乎其人爲乎何乃出而逢經綸用而會大人斬白帝於澤升赤龍於雲然後安繹騷乎荒屯作之臣作之君豐雄倜儻若斯之不測耶亮惟天地革而大人用靈器化成肆能前人而謀先鬼而靈託三尺之質扶堪輿之傾非楚金工之能名天討聖作也亶乎哉夫周之衰也天子孤外臣强而不有用之者時不可匡也周之末也天下哀恫磔爲七雄而不有獲之者人不足與也秦皇帝鯨鯢羣豪噬嗑六合而不得寶之者德不足終也逮秦上瀆於神下毒於民人神興妖上下軋秦是劍將翼大人而

運天下也宜其如虎貔如蛟螭或嘯在谷或飛在淮故漢皇卒然攘袂而得之於是仗之而行嚮之而威日月照臨星辰發揮楚之以負秦之以危是日月天地之靈器所以羸項授之倒持哉後代寶之歷中興魏晉已還無德於民靈器不能久安張茂先見飛而去或以爲龍於是絕矣有知言者非之曰夫人事有窮神物無方曷知非得於此失於彼漢皇所以昌齊宋梁魏所以亡也然數國者享年不長其劍亟去卻猶三代之鼎九州之險不可以昏亂而守況窮化極靈而隱見計之乎然苟以至神推之則未嘗遺於聖人矣繇是黃帝得之誅蚩尤周武得之戮殷辛漢得之而斬白蛇唐得之而革隋亂則是器也神而應用用靡王非刑刑之謂也其惟聖人而已

妄動箴

動出乎妄靜以制之靜不可終終違其時顧道非遠妄動則遠道以處我我孰能反利往則施無庸則卷合於一致何妄能損天一地二三光飄飄無恒流行萬物則妖大化孕人人有成性動牽於妄妄亦斯競惟天之大而世作鏡下頤人心如環無端食其遊詞共叔自殘劉聵英韓楚滅子千五者實妄不妄必完妄由動生動以妄姦能以義勝動歸乎安晉文教戰一戰民悅勾踐泣讐再戰讐雪知幾不殆妄動斯折二國尚然況一夫節

李觀四

交難說

交之難兮久矣且苟合兮爲恥昔人病於無友嗟友不可以已矣絕壑萬丈巖巖龍吟元雲遂與六合爲陰碧山嵌空虎嘯其中百獸悍慄歘然長風夫物以類感何感不致交以心契何契不祕然執可久之契先古稱科言求於斯不可易易二氣陶甄曰人是先足矩地首規天大樸摧頹六情入焉一與一奪失其自然積有億年人增險艱使我

行無所之居無所安末流濺濺潰我素源源無清流棄沈逐浮詐色自伐僞心相求睢盱竭歡未竟成讐一日銷落速如凜秋朝榮無遺俗態豈留獨見神岳寒柏千尋無儔直天而生高於斗牛下睨羣植匪堪與侔可者爲交窮達不偷樂亦同樂憂亦同憂生死循環其道率由破產作惠不相爲酬如斯之謂也昔夷吾九合之策知者不孤巨卿千里之哭今也則無石父解縛於齊相智鑒負慙於賈夫賈夫信微其可及乎知我則友何微之居古人奉交多不獲全耳餘之初刎頸慨然隱憫就辱激昂自堅及其據兵而坐勢必相危白刃可吹赤心乃攜憑怒相殺氣干虹蜺嗚呼噫戲交之難兮以利苟合忿深咆哮余常誠之不妄語交矧今之人兮實蒙虺蜥是故獨處兮而悲蠨蛸若叕者可振予願言與鄭騶吾祖之駕捧仲尼之輪義者友其義仁者師其仁不其善歟何滯於斯憂辛

通儒道說

古今儒家多棄黃老豈必乎天德未必者道上聖存於中而外施訓凡仁信禮義四者流於道道外而流於道以四化外俱復於天下爲羲農不道而上德則堯舜並知至德

則不列於聖教決無四數矣凡駢行之爲仁爲信爲禮爲義弁行之爲德愈德臻靜爲道故二爲儒之臂四爲德之指若忘源而決派薙莖而掩其本樹難矣則冲虛利害於本末然老氏標本孔氏回末不能尤過者自中而息豈前無路哉及列氏莊氏展而針之空清泊中非典經與家風鄙而窺外俱達誼也

說新雨

雨不戾止距冬迄春下土嗷嗷怨歸青旻天視能審哀民之甚民號上訴憂穀不稔天初不言民益凜凜歲四月中

旱炎爞爞飛土奪日游氛溢空或車或徒心務不同爲害痛者不惟在農居無幾何天乃憑怒繁民無慝下洗其訴陰祇告露陽曜當措騰龍汩浪其深初窖排六合而上飛倒百川而下注懸流浩浩靈怪相刺迅雷竊發兮狂電交爇聲騞輷軸兮氣懾日月惠於魯而巫尪止焚溢於河而夸父不覺雨始未作大人貶食乃雨既垂謂君何力君茲事帝帝報之德雨既油油兆民不識大田芸芸漑渠脉分關中之人負鍤成雲伊農趨時如項伐秦天澤汪濊與人不仁穆穆天子綴旒高視旱天方霽王國如綺南山峩峩

橫碧千里八元挺立相與而議昔湯之旱堯之水一則九年一則七祀力何不勠禱何不至浮天赤地罔不畏死今純陽微升膏澤洪被於我后之德與堯湯百倍斷可知矣時有不肖泣玉於象魏之下而竊聞之敢不誌爾

述行

噫聖人之所能而賢人所難曰德德不愧則修立之事著矣觀每究聖人旨顯而微隱而著義讓以表其外德行以明其內恩信以昭其賢寬惠以廣其物剛毅以將其志溫柔以制其勇去義讓則父子之道乖捨德行則君臣之志缺廢恩信則朋友之道墜亡寬惠則刑法之政弊用剛毅則勇果之心遂斥溫柔則和弱之旨怠六者聖人之尊賢人之難也所以堯舜而治丹病而廢禹湯得堯舜之道桀紂蕪禹湯之化是則德行義讓恩信剛柔偕隨時而晦明也吁以偶爲已任以利爲已友夫如是雖冠帶儼然事虛美於寰宇下具年足之一氣爾烏異沐猴而冠者耶德行可置乎哉

漢受降城銘 并序

古之帝天下者七德震曜四夷威懷有漢孝武焉祖作之

父述之而已因其資皇哉鑠乎猶可以頌其餘昔孔子云無憂者其惟文王乎然孝武亦庶而儔之始乎高皇勤功功階乎天累聖重光光燭乎泉解殷之羅要民以輕刑沃秦之焚以起民於焦原故國無困民民無異心孝武卽既安之朝而得安其安馭無爲之民而得爲其爲遊心大中而陋八區旁目不庭而叱九軍詔大司馬曰王師有征其禮若何大司馬歷級而言王師無校謂莫敵也征乃可服柔服以德所謂善政不戰善戰不陳聖人不易之道也帝曰吁周之衰秦之亡皆不由之故龜鼎用遷乃出元宮登

皇車鶩六龍建九旒人馬騈駟戎車擊轊非六月之師異瑤池之遊雲撓雷厲風行川浮震震耀耀而入於苦寒之陬胡有高臺登臺而觀兵兵不血鋒築城而受降闔絕垠而爲墉徑空磧而作防然後回鳴鑾飾中權飲至廟庭勒功於鼎銘以遺子孫以恢紀經壯乎哉而難斷之嘗聞天子有道守在四夷知守者非殫師遠征窮徼成城害元元之生黷明明之靈蓋在義以討仁以擾虞舜以之歸有苗姬發以之合孟津秦乃反之民共愁辛孝武何哉復踵是焉重難蓄之民城無用之夷脫內不勤而外安足保之不

其危歟夫四極之裔日月所薄獲其土不可以豐財俘其人不可以化遷而王者必綏之欲其知所尊而不思亂華何必征而降之降而城之若然者三方之夷皆可降而城何獨一陲此所謂反無外傷無私不可爲後王之規愚忝學古敢陳銘云

天長匪民蒼蒼有北窮兵之弊播德之克武皇以兵而不以德聚師萬甲懸磬四國男悲遠征女泣夜織死生其苦木石其力古無降城顧乃重傷城不可轉夷居無常前有濁河濁河自流後有黑山黑山自高堙塹屍委崩榛鳥號居者匪居勞者薦勞我思古人疾首用搔

東渭橋銘 并序

七年冬十一月觀自京師適高陵經東渭橋闞渭之清駭橋之雄故作東渭橋銘因以識之曰

天地不有大孰見其小聖人不有作孰見其妙惟渭之廣洪流浩渺惟橋之永赤龍夭矯車者如戶舟者如徼石成五色天可補闕木從繩直地可梁絕天地之險舟梁之說乃曰因人輿不因人輟鞭石旣勞架黿更危去危背勞人莫之知塗擁近郊棟準絕涯功成不爭道合其離我去京

矣六府四維不見鈞璜不遭墜履牽牛獨在飛鶴雙起表其千年塗歸一指故物有時行功有時止瑑珉川上日月終始

大夫種銘 并序

於戲種知吳之可以取知越之可以強而不知身之進退存亡沈吟躊躕以至於非辜哀哉斯繇淳德離披衰世難維故獨正者不足以鎭邪獨信者不足以塞疑夫周公孔子聖人也尚有彼婦之歌鴟鴞之詩矧乎其下人乎然齊桓公終任管夷吾晉文公不疑五臣數子者竟能挈五霸

之器加二君之身臣無所反側君無所短長下冠列國上尊時王惟齊晉之區區行何道而臻斯偉歟殆非二君能推心於數子俾數子得不失進退存亡者乎使非句踐既舉全吳乃授伯國建國之雄付種之能必將南略海垠而率百蠻北合諸侯而朝中原提控吳越之邦接踵桓文之勳則句踐爲伯君種爲伯臣必矣何尚乎浮洞庭去故國爲天下之旅人哉嘗用種之謀若有之思越人之力尚剋之苟天不永越年越亦不愛種賢越不能恤其死種是以誅其身噫范生之書未釋於手越王之劍已承其咽哀哉

且會稽之羞非越復惟大夫之復大夫之死誠長頸背義亦大夫之非智哀哉詢種之名不登於三仁求種之墳不在於九原勒石以備脫簡終古以慰枉魂銘曰

姑蘇之讐敵國既亡大夫何哉不知其去只知其來子胥至忠不信於吳鴟夷知幾浩然乘桴君胡役役謀國遺軀或曰不然吉凶相賓不有覆車孰懲爲臣不有泛舟孰爲濟人道無全功用有屈伸冥然陳力得於開卷神能感我髣髴如面往者之悔來者之憲志於元石將懋將啓

項籍碑銘 并序

鋪周秦之顛亡粲乎簡冊吁可駭也惟秦失在暴惟周失在弱上慢下黷政無紀綱若然者神靈不得不哀世教不得不張且天地不可以無主故帝必誕膺命不可以坐得故有心者經綸於是漢祖起於豐沛公起於會稽陳吳之徒自稱乎假王其餘揭竿而呼爭先刺秦者如林如藪於時亂浩浩兵幢幢風從虎雲從龍三靈昏而四海空公乃仗撥亂之劍希當世之功浮江而西有壯士八千枹鼓於舟中吁嗟乎無人誰禦乎羣兇所以謀大業拯萬靈而爭雌雄者獨漢祖與公遂號百勝之師趣累卵之危活趙歇

擒王離十壁愕眙一麾靡餘然後飄銳氣聳利鋒扼秦關怒漢公因語曰損約則違人固信則自違惡取乎乃軍鴻門屠咸陽鼎峙於神州幅裂於四方始退與漢祖東西而王天下是知量不足謀不長矣然雖兵衆於漢戰捷於漢其後則有靈壁之敗太公虜滎陽之圍紀信焚廣武之守傷其胸固陵之役撓其師與漢祖龍虎相逐干戈合離五年之後勝敗乃知是知兵之不可窮物之不可終天地否而開雲雷屯而通故有三將潰圍孤軍曷歸良馬在御美人在帷楚歌夜聞哀泣垂綏遂飲帳中申令麾下鏡分美

人飈舉良馬曉漫漫雲茫茫失道於陰陵問津於烏江其猶魚遭網而遊鳥嬰羅而翔終不免矣尚能合從亡之人禦追逃之兵旗鼓指掌鵝鸛邱陵足罔不蹷首胡不橫然始解馬於舟予結纓於死地痛矣夫何自慊慨斯焉之甚邪而曰天實亡我非戰之罪何執而不寤哉公實勇而無謀剛而無親忌而信讒暴而殘人是以人得蹈其資兵得害其身眞自亡也豈天亡乎使公勇而能謀關中可據矣剛而能親諸將不攜矣明以察讒奇計得施矣恕而愛人百姓樂推矣若然則舉天下如轉圜何漢氏與二臣能計

之哉至如謀於漢者昔其臣也公實棄之兵於漢者亦其將也公不庸之故曰得人者昌失人者亡噫從始而言之蓋天理有素乎故生項以靜難生漢以牧人靜難者授勇牧人者授仁不然何鴻門阽而復持成臯跳而復振入關而緩來王楚而驟歸者哉釋名曰碑悲也觀嘗尋楚漢春秋見公帳中之歌取而詠之輒泫然而悲爰刻石爲文多不究其終始銘曰

姬孱而絕嬴虐而滅九陽鬱結九州殗骳必生聖哲以起滅絕維漢自豐維楚自東偕伐冠戎反相戰攻戰攻不罷洎乎垓下彼衆我寡龍死於野

周苛碑 并序

昔天喪水德未有受命者而劉項之戰方苦殘毒軋於生民御史大夫周苛世籍於沛始漢祖起而隨焉時漢祖以新阨濉水之圍而遽保滎陽楚人四面攻之內無完備憂難持久用將軍紀信計而漢祖免命周苛守後事以禦外敵敵知其危併力蕩搖哀哀遺軍創痛如積雖授之以利兵束之以堅甲而莫能起非愛死也力不堪也故城覆於項氏項氏毅然鷹瞵大鼎於宇下謂苛曰請封三萬戶

爲上將軍軍之政自不穀而下及卒乘皆聽其所爲不從則烹決無疑焉公怒甚色作視羽而咳之曰吾聞不善者善人之資今天將錫漢故泯天下以亂救亂者師是用汝資之不即倒戈請命兵絕若傾汝死無日矣且秦政反道殲滅六國天人含怒噍類不留今汝之業不足侔秦而罪侈於秦曾不知天以陰騭與喪與奪而猶與漢爭鋒且若戰數勝攻數剋非若能也天厚其惡惡厚將崩何得長哉項氏恚公之不屈而恥其詭已怒聲如乳虎指左右捽公於沸鼎公奮身不顧蹈鼎而卒嗚呼糜軀糞於不朽不朽

者在乎立節立節者在乎處死處死者在乎顯主主顯節立獨苟有之與夫由余授戈宏演內肝不殊也初苟殺魏豹可謂無人薄我及拒項氏豈非臨難不苟免邪觀感公之雄果而史無傳記敢鏤幽石以承闕文其辭曰

龍戰未分崩雷洩雲雷崩雲洩其下流血滎陽攻急介士涕泣赤帝徘徊惟公在哉秉心慷慨處死不攺沈沈積冤千古奚言紀公光烈条史之闕

趙壹碑 幷序

漢陽趙壹字元叔出漢靈帝之世慨然卓異士之傑者負

才不檢細行爲州里所擯陷刑將寘其死幸友爲脫遂作窮鳥賦以方已欲傷哉元叔之志與世齟齬蓋天厚其善不厚其命然天不有曰常與善人元叔之善其與安在天之不惠自回憲及壹三矣當日頹風凋理道盛德殞哀俗始振二祖之業未偕三代之季雖藎臣瀝泣億庶呻痛而貪宦詭進拏攫王度殆非天欲眷先亂之兆也元叔以故數有哀刺之作酌其所趣亦猶詩人有采芣甫田之作也憂心不偶而沒無所讐乃衣褐應郡計上書闕下見司徒袁逢長揖而言音形琅琅袁深器之操袪延升指謂座人曰漢陽趙元叔由是名聞於時有羊涉者尹河南能擬四方之英元叔乃去袁司徒訪涉以爲主人將出所懷以動之會涉猶寢於堂內元叔直言而伏曰僕高君之義故遊君之門將藏窮達之誠君豈當然涉乃眷而禮之特奇其賢明日盛騎造元叔坐涉於柴車高譚極曛因曰良寶不剖必泣血以相予於是羊與袁唱聲薦元叔於王庭雖名烜於京師而祿竟不登尋復漢陽道經宏農太守皇甫規時之大賢元叔候之閽不卽通乃怒不留規追謝責已長逝不顧深居篤靜累辟不赴沈亦快疾乃終吁有不世之

器有三公之遇不能奮振寥廓騰陵清浮元叔之命不易問也觀飲元叔之德聲而怨其運不幷乃序而銘曰

吁嗟元叔兮出處轗軻鄉人無良兮惡我賤我我不辰兮棄置罹禍天何授我兮於我獨頗嫉時之敗兮憂道不可褰衣恨恨兮以遊大人秀而不實兮空勞此身覆覽前載兮恨君遺塵乃銘於石兮希名不泯

故人墓誌 幷序

觀有倍年之交朱巨源以某時疾終於舊鄉之居昨得鄉之書云君子亡言於茲息焉高風陵夷弱子童昏有殯在

作無子及門去矣不還惟君之思其子產乎其神農乎昔子產友子皮子皮死子產慟哭曰吾無爲善矣神農初少也學於老龍吉龍吉死神農擁袊而前無哀於懷曰夫生之處形形必極必生而傾未若反其極而全其眞而生不形而形不生其眞隱以彰其道運而行令若是夫衆何疚焉吁余嘗異之古人有言上聖忘情下不及情而中得之聖人動與天回靜與地寧不死不生死生者蹈道之紀率性之始不及者止禮文其外檠質其理大欲節而中庸立小人反而君子至若子也下則過之中則庶幾乎乃用情

爲噓嘻巨源之先七吳之遺民十餘代而臻其身其節貞其行敦始未患時仁人器之復無良謀得謗在縲予嘗衣其寒食其飢及明其非巨源由是相得而予未敢尸之終謂足食者晚進志薄者後合頹頹不相五十當貴若何倏忽而與物皆化出處之失安溫濕之搆愚巫不斬醫不痊不爾者巨源何然是幽無神高無天故前壽莊跖而後殲巨源按禮經哭友於寢門外予旅西土不知所哭素軒助紼時慮弗及遂託東人之歸者以誌銘一篇令寘於棺右詞曰

君加我以義我求子以心學不愧古人不倅今周旋二人久用欽欽素書東來告君之亡不屨而步不言而傷琴不破劒不懸非不能之顧無贖焉松爲薪壟爲田而此數字不更於淵

哀吾邱子文

古之道窮者接輿則歌吾邱子則哭哭者年志俱謝怨不容於世歌者聲跡可晦不欲趨當世之機也然吾邱子古之窮人也哀莫至焉仲尼方適於營邱遇於途衣無裾冠無緌不言於人人亦不自言吐梗茹酸號於莽蒼之間涕

交於頤墮而成泉聲薄於巍巍一斷一連鳥爲之相鳴雲爲之不飛負者息游者感仲尼亦停蓋爲之心惻顧門人之辨者往訊而唁之吾邱子擊涕而言曰太古之先又有宰者聚五行之秀氣以爲人鏤五常之大端以爲心人者所謂靈於萬物者也其生必有依心者所謂履於百行者也其立必有從生必有依者親立必有從者君君親之間必有交遊非其親孝無所宣非其君忠無所稱非有交遊不能成其身三者人皆遂之則魯曾參衛史魚齊管夷吾皆其遂者也予獨負之天年復衰是故哭而哀然哭之中

有三殺焉始者志於四方希有一朝之榮以爲父母昆弟之歡遊罷乃還而父母之墳巳乾令思而哭之與不養之子同中仕諸侯之朝君無德而兵侵令思而哭之與亡國之臣同後忠孝之間天下不聞其臣子子恥而後交令思而哭之與言無所信同夫忠本孝而生信載義而行三者既虧而生非生行何行也汨然自沈與波而東東流不竆至今淒風言於黔婁柳下惠必爲之感激言於伯陽翳鈌必謂之不通觀所以作哀吾邱子之文務勗人之中庸

弔韓弇沒胡中文

維唐貞元元年匈奴上款乞盟天子以其言誠乃命上將往壇於陰山而聽其誓言監察御史韓君載筆而隨焉我上將仗九廟之信而首盟其間以戎人心爲心戎乘我不虞而有詭謀我計無素成而姦以宿萌故勇者死奔者追而韓君爲之擒矣嗚呼有備無患軍志也戎人安所暴其詐千慮一失聖人也韓君是以爲之虜天其或者將用警我非福戎也韓君之爲擒其繫命歟五年於茲生死不尋謂之生豈復還期謂之死永永湮沈或曰死矣切傷我心絕國浩浩竆西極濱强胡居之犬視狺狺流沙無波陰山無春邊草不綠塞鴻不賓秦有長城漢有遺人死者虜鬼生者虜臣哀哀韓君生死竆辛鬼能靈人能語君生其所君死其所今兩寂然必由中阯君初奉使意氣西遒白珪之貺唾掌可保激曾陽之勇歎典屬之老乃卽於事不能畫奇從軍之籌君固職之可疑不疑固用阽危羌戎髣髴坐刃我師擒卒揕胷血殷朔陲實死者痛非擒者悲夾谷之會不聞仲尼秦中九月黃葉始下長風西來烈烈飄野望君申弔亦懱來者巳乎一魂時也命也

弔漢武帝文 幷序

閱太史氏書見漢武之御極雖非求仁蹈道之主亦英雄之君也然觀其內傳有學神仙與築三山焉飲露飡霞希升汗漫激流延石用擬林泉嗚呼履其位而不知所以守好其事而不知所以從夫一物各異道萬彙不同致帝王之與神仙林泉之與朝市猶鱗羣毛族川陸分之日居月諸晝夜常之麒麟不可又處泉蛟龍不可更居藪玉兔莫延於旦金烏莫瞻於宵附其翼者兩其足與其角者一其齒不兼之兼又理昭然帝者宜本於觀人仙者宜先於遠世以林泉爲意者可居於藪澤以天下爲念者可謹於朝

廷是以唐堯虞舜無野心子晉許由辭實祚誠以帝王於神仙有隔林泉將朝市難弁也今據唐堯虞舜之地而求子晉許由之志不亦迂而可痛哉況君子所以勸心屈體爲僕御元元所以刲膏割血爲飽暖又非圖林泉而學仙也傷心久之戊辰歲秋八月周覽秦原次茂陵之下既覩永歸之地彌懷所行之事且夫承天統物豈無足稱之德歟蓋觀日月高明有時虧昃珠玉貞潔不免瑕疵徘徊路隅興言而弔曰

赫赫兮炎靈降神造漢秦楚四葉重茂翹英騰新首出羣

龍卓爲世祖秋風揚文夏日昭武柔不化之人闢未名之土雖殊仁聖之后是異凡庸之主伊何才有不周事非所事求非所求惟此帝謨相夫仙道魚處重淵獸居茂草辨乎朝市別以林泉日由且陸月麗宵天跡既兩分理難齊尅若死將生猶南與北貪臣王公鞅掌者可以勤萬幾欲丮汗漫逍遙者可以爲匹夫愛深宮祕殿者可以垂旒纊好青山綠水者可以棲江湖飲露乘景激流貫都苟從同致實曰殊途堯舜曰聖巢由匪愚確乎守一亦以難俱況夫小人唯唯罔圖山水君子乾乾孰爲神仙嗚呼哀哉前鑒孔彰高臺深池夫差以伐尋山越海嬴政其亡有一於此未或無殃胡爲乃長於窮厥方舟全虎臂車出羊腸已臨燧炭幾絕苞桑反覆前聞痛心疾首藥石無人瑾瑜有垢暑來寒往時移代久吉蘢將穨惡聲不朽日臨宇宙有時而虧目覩毫釐或不見眦將爲而不知復知而故爲嗚呼噫嘻

祭伏波神文

嗚呼伏波之生好兵自喜幼有壯節騰聲出仕定冊歸漢謨兪帝旨算無失畫功伐可紀破斬徵側實平交趾來征

蠻溪未卒而死小人赤口曷本於理薏苡南還明珠謗起乃收侯印爵不及子唯德不忘愛留社里築廟以祭人敬其鬼久而若新千載不毀詁詁嗤嗤易白成緇孔子義失勛華不慈曾氏殺人母投於機居竊厥嫂陳平不疑申生寘毒晉有驪姬是以無極巧舌伍奢族夷孟子傷讒淒兮作詩公失其所梁松實爲何獨將軍自昔如斯故士有歷百代而不滅者嘗被訕於當時苟窺心而不怍雖棄置其奚悲赫赫聖帝嘉賢命祠酒牟既列神乎降思尚享

欽定全唐文卷五百三十六

崔殷

殷尚書左丞倫弟官明州刺史

對毀壞壓死判

乙有所毀壞而誤死人科其備慮不謹訴合所由爲罪

九州旣滌是資築蘐庶役斯起於以僝工俾湍悍不生而安居作乂彼巳之乙謂爲何人率作而毀豈增修而蔵事壞乃致害仍推過於所由言則飾文慮實無備然壓溺不弔酌戴禮而何傷而殺人者死在蕭章而難忘論以故傷闕則是減稱其誤殺科其不應爾徒有詞吾從丕弊

純德眞君廟碣銘

後漢至行董君諱黯字叔達句章人也依乎中庸率性純白少孤獨立事親不匱歡菽以盡其歡柔色以温其省高堂登壽慈顔衮如以和肥家安不擇地其徙居也庭出寒泉其執喪也林集祥鳥明誠必感厥德惟懋施及千載横於四海其大孝也歟夫大道未隱不獨親親遠德下衰乃有慈孝行以名蕩情以禮飾季武矯而服縗子春强而過禮此離道以善非天性之孝也子云無違參則直養素冠有諷和琴不成此禮經之孝也文舉棄子士游出妻動非先意何以觀式雖曰可紀或近沽名此非敎之孝也夫子一與之質道與之和生於東溟介居夷島俗遠詩禮性復著存無貽一日之憂終報共天之怨負土成壟枕干不言卒斬東鄰祭於中野所謂生知而上成心以隨欲蓋而彰强名曰孝加於古之君子數等矣和帝聞其異行特舍專殺之罪名拜郎中不起竟以壽終夫受命於時惟松柏也冬夏青青稟靈於天惟夫子也能全正性六代祖仲舒漢

中大夫嗣孫子春領盧江太守世爲郡中名族故以董孝名鄕慈溪署縣留江之族薰然遺風皇唐大歷八載余分竹玆郡訊古欽賢環堵巳蕪遺記將落徘徊故邑尚想餘範則夫子之行可以德類於人葺宇崇祠昭銘垂代豈不務矣銘曰

白刃可蹈仁鮮能存黃金可鑠德無間言道喪於季賢生復古知禮近夷變風於魯豈曰無衣寒燠以寧豈曰無魚泉流在庭黃鳥哀音下感棘心器無常聲洒血盈襟江水蕩蕩東注窮越夫子德音與之不絕

韋武

武安息道行軍大總管待價曾孫從德宗幸梁州除殿中侍御史轉刑部員外郎出爲絳州刺史憲宗時拜京兆尹卒贈吏部尚書

祧獻懿二祖議

凡三年一祫五年一禘祫則羣廟大合禘則各序其祧謂主遷彌遠祧室既修當祫之歲當以獻祖居於東嚮而懿祖序其昭穆以極所親若行禘禮則太祖復延於西以眾主列其左右是則於太祖不爲降屈於獻祖無所厭卑考

禮酌情謂當行此爲勝

王栩

栩貞元九年官福建觀察使福州刺史

請停執刀資糧奏

諸州並設軍額防虞役使更置執刀甚爲煩費既乖簡要又給資糧況臣本道頻遇水旱百姓艱乏職貢或闕臣自到官已訖乞停其管諸州並請停罷其資糧等望借臣充當管軍資所要待年豐人户歸復即收送度支以裨國用

張友正

友正貞元時人

八使出巡賦 以彰善貶惡黜陟幽明爲韻

明明漢皇文物昭彰順帝以化俾人從康將欲敷聖政舉皇綱乃分國之八使而宣命於四方八使伊何朝中之善將假其權尤難其選稱直指而獨立歌皇華而分遣繡衣既盛於新儀四牡載光於古典當官而行受命無忝善微毫而必舉惡纖芥而必貶舉善兮必尋其清流之源貶惡兮必去其阿諛之諂或負宫闕之厚援不顧城社之微托無懼薰燒不驚矰繳肆豺狼之毒懷梟獍之惡徑持斧而

前進歟下韝而直搏誓將去大族而拔盤根安問狐狸之與烏雀其有鋭志公私勸力王室知賢才而能進察奸佞而能黜必將上聞於天子寧俟於終日道之不僭人亦焉廋操利劒而剸其固懸明鏡而燭其幽使乎使乎萬方觀德天下之治也賢者當其權天下之亂也不肖居其職求詭僞之訟採妖豔之色方直者於以退藏阿諛者由是登陟若謂之治也歟適足以亂其國我國家統紀有經超古作程采虞典之考績法漢家之分行舉八元而普天輯睦按十道而攬轡澄清泰階既平君聖臣明豈待久於其道

而後天下化成

請長纓賦（以謀果氣雄繫東强虜爲韻）

昔漢武志闢中原謀綏遠裔選使者之招撫得終軍之雄厲握瑞節將彼俗斯懷請長纓必其王是繫惟越之王南方之强擁百城而竊位扼五嶺而爲防隔上國之正朔弄先王之憲章于雲乃奉辭象魏銜命要荒因壯志以中憤遂雄謀而外揚蕞爾小國又非内屬絺交火鼠之鄉連結雕題之俗地遠人曠山重暑濤不可以師旅加不可以威刑東請令流聖澤以旁浸引皇明而遐燭雖百越難羈而

長纓可足何者欲以請長纓之容欲以革斷髮之風使有執珪以展敬庶無鳴鏑以稱雄既而化被越裳威行南土解椎髻而襲冠冕舍卉服而垂纓組其合浦之明珠與炎州之翠羽咸奔走於外域共充盈於内府緩頰來九譯之朝一言敵兩階之舞是知纓以長爲美士以才爲主當其時也爰陳敢請之辭於以繫焉果致未羈之虜觀其興言無愧適足無畏有以見四方之氣功諧所籌事愜所求有以見千金之謀士之處代貴乎排難解紛扞災攘禍重立信於金石急成仁於水火儻見授於長纓願輕生而致果

射己之鵠賦（以審諸己而後能中爲韻）

習射之妙惟精惟審其審也在無偏無頗其精也在不食不寢是則動之不虛由己求諸三侯張而六鈞始彀一鵠中而百發如初月滿指掌星飛庭除己因鵠修其德惟積鵠爲己任其射寧疎志氣中敘威儀外舒正其身而有則有準合其奏而匪疾匪徐原夫彼鵠父射爲父子射爲子並列其名各承其美假以成績修之在己射不應而有善誰觀藝不臻而有時奚俟專功繹志每歎於流年時中成人敢忘其寸晷以此懷之常憂殆而日月既往弧矢既持

心超超兮有歲魂悦悦兮無時非不愼乎規矩逮恐失於毫釐周旋可托進退維茲鏃破的兮流光散出弦應手兮飛羽相追實此鵠之是念惟彼侯之敢思立則惟心成因在手且一控而一發亦何先而何後舍意雖脫和容已久喜滿勢而暫維媿直弦之屢受若乃旌竿並舉侯狀皆升曉露中滴晴光上凝觀武於茲可明七德之要取才於彼亦彰一藝之能以其獨弄旁觀者衆豈比夫啼猿散繞飛鴈雙中儻射己鵠之可稱冀鳴弦而再控

釣鼇賦（以一舉而連六鼇爲韻）

東海有三山山有六巨鼇鼇則偃蹇以戴山下橫乎大壑山則穹崇以壓海迥出乎洪濤哂鯨鯢兮瑣細視嵩華兮秋毫此則鼇之所以為大山之所以為高乃有龍伯之國巨人攸處謂天生之神物可以充乎鼎俎壯圖方啟高足云舉曾移十步之餘已淹五山之所於是載揭長竿別綸巨緡俯滄溟其流如帶垂芳餌有肉如坻既投之以潛下果食之而不疑其肉未入於口而鉤已貫於頤爭心既憤勇氣相持崩騰渤澥磅礴嵎夷蹩天柱裂地維地雖廣兮振矣天雖高而殆而欲出不出騰躍非一萬川倒流八氣

旁溢血呑瓊田之草波陷鮫人之室輕共工之觸山小夸父之逐日豈長蛇趨閬風之足數大鵬徙天池而可匹爾其駭百神奔萬族波臣蕩而失水海若迸而登陸以鼇之靈憑帝之福謂優遊以無窮何瞬息而連六猶將灼其骨豈惟離其肉於以洎之幾竭東海之水於以燔之足盡南山之木羣仙於焉以墊溺三山由是而淪覆且山之嶻然若與天連鼇以首戴之里數不知其幾千彼大人兮併之於背負之而顛斯其為大也胡可得言而稱天恃其人人有所不及恃於力力有所不全若使以陰陽為綱以道德為筌以信智為機於其上以仁義為餌於其前則所為獲物者其為鼇也大焉

黃鍾管賦 以一陽既生三元克序為韻

黃帝稽六氣正三光頒命於伶倫之職伐竹於嶰谷之鄉創管籥於方寸審制度於毫芒為十二之首律導初九之潛陽伺青陸之功微而可紀察黃鍾之氣闇然而彰所以位定於初道生於一將啟四分之歷潛運三重之室取厚竅而均者當分至而藏密統緹幔以依辰布葭灰以候律經天順地察晷度而有常陰伏陽迴知萌芽而溥出超土

圭之至理得銅渾之妙術在沍涸之窮冬引發生之遲日既而推萬物之道統三正之元清濁既分於上下躔次不愆於晝昏是日也百辟稱賀萬邦以則垂元化於本始體高明於柔克一氣潛應定立均於數源七曜旋行酌至神於物極變化之道周流可測人事尚晦於先春天統已彰於陽德由是平之以六紀之惟三仰經綸之祕奧終視聽之所覃單穆不獨稱其美周景抑亦懷其慙故以鳳為名也於盡善而稱未以律為候也實用之而不既振潛伏以蟄泉贊元微以通氣靜室無聲微風不驚吹灰於中八音

由是乎卒獲動轂於口五聲以是乎相生國家上法黃軒推衡律呂覘一律之動靜俾四時而式序彼唐堯敬授羲和欽若未曰窮於寒暑者哉

律移寒谷賦（以至人感音能變生植爲韻）

惟北有谷純陰之位無温煦以生成失膏腴之美利是吹孤竹之管將變不毛之地聲能叶候期四序以平分氣乃應時見三陽之總至伊彼鄒衍仰師伶倫窮雅韻於條暢得和聲於厚均爾乃循竅窱傍嶙峋有薰風以舒物數順氣以和人一奏而層冰以解再揚而槁木驚春是知道契

至精事符元覽谷居陰靜宜陰慘之莫舒律屬陽方因陽和而相感且陳夾鍾之管召清角之音聲之所涵者博志之所達者深律氣旁通於陽氣人心上導於天心夫乾德無隔土宜有恒南無嚴凝北無鬱蒸若變寒爲燠昊穹所未必能以荒爲穩后稷所不足徵將祁寒之恒若諒大化之何稱爾乃天下盛陽此谷飛霰日中方晝此谷見晛豈無三光曾照臨之不徧雖有四氣曾沍寒而莫變寧知至人爰來陽律斯扇清音未發猶萬壑之荒凉和風方流忽千林之蔥蒨故谷得陽以盈陽因律以生田疇以之沃衍節氣以之和平我墟既耕我黍既成耦十千而南東其畝廛三百而庾廩如京實無窮之嘉績與造化而爭衡別有處幽谷而思遷待暄風而撫翼空勞苦寒之詠獨厲後凋之色儻一借於吹嘘願均榮於動植

歙州披雲亭記

處高明所以蕩陰滯臨顯敞所以窮遠瞻故有岳峙九層雲栽百里極元功以壯址殫山林於崇構者人力也今則排層空架重峯高出星漢之上坐馳寰區之表者天造也州之陽漸乎水木之陰攢乎山山有佛寺而迴廊翼旋飛

閣雲褰萬家井邑在我宇下實一方之勝槩也柱史魏公將命駕遊焉公徘徊賞味情有餘致每美其峯（闕一字）聳絶靈氣紛郁乃竦勁策躍輕屐縋蔓梯崖逕造夫巔焉高哉曠乎果天下之絶境也乃命剷巉品夷薉薈心匠密構亭形虛無而實從莫之窺也然後跨峻谷掖修木疊石爲趺無尋常之地其崇卑廣袤與斲樸杇塗之節稱焉峩峩絶頂一上千仞未幾營之屹而冠焉屬東風斆和春物爛山公乃敞層軒披晴空憑九霄以高視周八極而遐觀塊如衆山盂分百川籠吳楚之封境領江湖之氣象有足廓虛

懷而攄曠抱矣。眺覽未旣，壺觴云畢。瞽史陳藝，笙簧合奏。仁風洋洋，下俚同歡。而吳哇裹空，楚舞嬌春，隨天籟以遠去，映花林而半出。仰之者有若子喬、方平、弄玉、飛瓊，相與樂羣仙於上淸。自公之暇，理於茲。撫傷夷，懷流離。流離旋矣，傷夷痊矣，而猶阜俗康民之志慊如也。今市囂在耳，村煙在目，可以廉風俗之趨尚，省農桑之豐耗，況又暢四肢，攄七情，神完氣全，宣爲太和，自當渟源普洽，上下交澤，況有襦袴謠乎。公問俗之來，四序分矣。蓮府將復，星軒莫留，人之情也。步武所及，有一物契於素懷者，雖細必錄，況目經心攝，獲千古之遺勝者，愛而不書，得無寤寐思之乎。然歛人被公之仁化也深，思異日攀公之轅不及，瞻此亭也。友正家在此山之下，獲遊此亭之上，思刊懋績，輒課庸詞。若莛扣鐘而蠡挹海，蓬渤之音，溟茫之波，可得而希也。又茲峯之高，棲天宇，上簉雲族，朝薈蔚而暮氤氳，亭無處所。晴景一照，覽焉標空。今建名披雲，義在此也。其潤色寺宇，輝華郡郭，增東南之巨麗者，無終極乎。貞元壬午夏四月，大火南次之七日記。

朱灣

灣字巨川，西蜀人，自號滄洲子。貞元、元和間，李勉帥永平，辟爲從事。

別湖州崔使君書

灣聞蓬萊之山，藏杳冥之中，行可到，貴人之門，無媒而通不可到。驪龍之珠，潛於瀇滉之中，或可識，貴人之顏，無因而前不可識。某自假道路，問津主人，一身孤雲，兩度圓月，凡載請執事，三趨戟門。門人謂某曰：子私來耶？公來耶？若言公，小子實非公；若言私，公庭無私，不得入。以茲交戰，彷徨於今。信知庭之與堂，不啻千里。況寄食漂母，夜眠漁舟，門如龍而難登，食如玉而難得。食如玉之粟，登如龍之門，如龍之門轉深，如玉之粟轉貴。實無機心，翻成機事。漢陰丈人聞之，豈不大笑。屬谿上風便，囊中金貧，望甘棠而歎，自引分而退。灣白。

唐仲

仲舉寶歷元年賢良方正直言極諫科第三等。

灃州藥山故惟儼大師碑銘 并序

上嗣位明年，灃陽郡藥山釋氏大師以十二月六日終於修心之所。後八歲，門人持先師之行，西來京師，告於崇敬寺大德求所以發揮先師之耿光垂於不朽崇敬寺大德於余爲從母兄也嘗叅徑山得其心要自興善寛敬示滅之後四方從道之人將質疑傳妙罔不詣崇敬者嘗謂伸曰吾道之明於藥山猶爾教之闡於洙泗智炬雖滅法雷猶響豈可使明德不照至行湮沒哉惟大師生南康信豐縣自爲兒童時未嘗處羣子戲弄之中往往獨坐如思如念年十七即南度大庾抵潮之西山得惠照禪師乃落髮服緇執禮以事大歷八年受具於衡嶽希琛律師釋禮矩儀動如宿習一朝乃言曰大丈夫當離法自靜焉能屑屑

事細行於衣巾耶是時南嶽有遷江西有寂中嶽有洪皆悟心契乃知大圭之質豈俟磨礱照乘之珍難晦符彩自是寂以大乘法聞四方學徒至於指心傳要衆所不能達者師必默識懸解不違如愚居寂之室垂二十年寂曰爾之所得可謂浹於心術布於四體欲益而無所益欲知而無所知渾然天和合於大無吾無有以教矣佛法以開示羣盲爲大功度滅衆惡爲大德爾當以功德普濟迷途宜作梯航無久滯此由是陟羅浮涉清涼歷三峽游九江貞元初因憩藥山喟然嘆曰吾生寄世若萍蓬耳又何效其

飄轉耶既披榛結菴纔庇趺坐鄉人知者因齎攜飲饌奔走而往師曰吾無德於人吾何以勞人乎哉並謝而不受鄉人跪曰願聞日費之具曰米一升足矣自是常以山蔬數本佐食一食訖就座轉法華華嚴涅槃經晝夜若一始終如是殆三十年矣遊方求益之徒知教之在此後數歲而僧徒葺居禪室接棟鱗差其衆不可勝數至於沃煩正覆導源成流有以見寂公先知之明矣忽一旦謂其徒曰乘郵而行及暮而息未有久行而不息者我至所詣矣吾將有以息矣靈源自清混之者相能滅諸相是無二色窮

本絕外爾其悉之語畢隱几而化春秋八十四僧臘六十夏後二十日入室弟子沖虛等遷座建塔於禪居之東遵本教也始師嘗以大練布爲衣以竹器爲蹻自薙其髮自具其食雖門人百數童侍甚廣未嘗易其力珍羞百品鮮果駢羅未嘗易其食冬裘重燠暑服輕疎未嘗易其衣華室淨深香榻嚴潔未嘗易其處麋鹿環繞猛獸伏前未嘗易其觀貴賤迭來頂謁牀下未嘗易其禮非夫罄萬有契真空離攀援之病本性清淨乎物表焉能遺形骸忘嗜慾久而如一者耶其他碩臣重官歸依修禮於師之道未有

及其門閭者故不列之於篇銘曰

一物在中觸境而搖我示其元不境不跳西方聖人實言道要道要既得何言惟妙我源自濟我眞自靈大包萬有細出無形曹溪所傳徒藏於密身世俱空曾何有物自見曰明是謂至精出沒在我誰曰死生刻之琬玉立此巖岫作碑者伸期於不朽

李奕

奕隴西姑臧人姑臧穆侯承十世孫秘書少監益之子

登科記序

選士命官有國之大典察言考行先王之舊規古者命於鄉而升諸學俾大樂正論造士之秀者而升諸司馬曰進士進士者謂可進而授之爵祿也然則前（一作歷）代選士其科不一洎聖（一作暨有）唐高祖以神武而靜天下用文教而鎭萬姓武德五年帝詔有司特以進士爲選士之目仍古道也自鄉升縣縣升州州升府皆歷試行藝秋會貢於文昌咸達（一作造）帝庭以先王國然後會羣后謁先師備牲牢奏金石尊儒教也若明試其業主張其文覈（一作覆）能否於聽覽之間定取捨於筆削之下職在考功郎後至元宗開元二十五年重難其事更命春官小宗伯主之而業文志學之士勸矣於是獻藝輸能擅場中的者牓第揭出萬人觀之未浹旬而名達四方矣近者佐使外藩司言中禁彈（一作峩）冠憲府起草粉闈由此與能十恒七八至於能登台階參密命者亦繁有徒所謂選才授爵之高科求仕濫觴之捷徑也不其然歟粤自武德逮乎貞元闕崔氏本記前後嗣續者在吾宗爲多焉顧惟寡昧獲與斯文因濡翰而爲之序貞元七年春三月丁亥序

李翟

翟趙州別駕李惟岳叛翟與刺史康日知盟挈州歸朝廷

廣達樓賦（以珠簾無隔露爲韻）

聖人定天保據皇圖法乾坤之正位當河洛而建都闕宸居於斗極立象魏於天衢明堂擬雲可以恭祖考之配土圭測景可以驗盈縮之符蓋將以同光日月比德唐虞以爲損之又損不可取則觀象不壯不麗安可威戎耀胡乃蔵匠石命班輸審曲之官必萃明中之士載驅建崇樓於闕下聳飛閣於城隅諒維新以樸斵蓋仍舊之規模因子來而悅使豈殫力以爲娛材露桐柏階騈碔砆應龍蛇蟺

以驟宇猛獸贔屭以乘桴明璫藻耀於懸井朱鳥騫翻於薄櫨璇題景曜銀牓霞鋪及麗譙而崛起疊井榦以相扶月透榱璧星懸網珠莫不功侔造化妙盡洪纖雉堞相望而闥連宮闕門闈廣達而俯接閶闔德陽傍倚少室前瞻散春光於玉户擁佳氣於珠簾桂棟連雲巢儀彩鳳蓂枝擢秀影伴初蟾若乃皇輿戾止羽衛龍趨召西園之花萼奏北里之笙竽湛堯樽而百辟和暢皦舜樂而四海歡愉窮歡浹日宴樂成需下金屋之仙伎出瓊樓之豔姝飛曼唱則衆類斯洽激清聲則煩憂自無皇情穆然聖慮夕惕

數路必達四門廣闢撤懸損膳捐金抵璧懼侈心之有萌恐澆俗之未華乃延直史引詞客正八音稽六籍以爲深居內視不足以觀政化是用發號施令將欲以省力役慮一物之乖所念九重而斯隔故坐衢室以觀謗登總章而側席乃命遒人以勸農宣木鐸以徇路求大隗之至道示赫胥之太素樂俗安居者皤皤而鼓腹啜粟飲水者熙熙而含哺撫薰風歌湛露開罪洛陽之獄望氣大庭之庫象乎帝先廓我鼎祚巍巍乎應天地之變通蕩蕩乎作皇王之軌度

內人馬伎賦 以文彩節奏發揚蹈厲爲韻

皇帝順時觀武乘暇會羣百蠻在庭如蟻慕於羶附千官翊聖類星拱之垂文於是時也嚴霜翦木晴空滅雲都人士女雜沓繽紛或側肩以馳見或奔躍以樂聞衆觀迭改羣心如待於是渥洼神驥齊逸足以翩翩宮禁名姝耀雜妝之彩彩莫不游纓寶校玉珂金玦挾刃明霜衣金被鐵搴旗命伍抽戈按節侔三邊之挑戰壯六軍之校閱翹趾金鞍之上電去而都閑委身玉鐙之傍風驚而詭譎人矜綽約之貌馬走流離之血始爭鋒於校場遽寫鞚於金埒

若乃楊葉既指琱弓斯彀百步應的七札皆透天顏微怡雷鼓旬奏由羿忸於手拙幽并慚於伎陋於是羌髳戎羯氊裘辮髮心目愕眙形神隕越屈膝天庭稽首魏闕荷臣子之欣戴咨譯人以啟發曰天臨有唐撫綏萬方文德廣洽武義大揚且柔婦之克妙矧驍夫之可量於是王公卿士手舞足蹈歌湛露之既浹詠天保之攸報乃言曰斯伎也義同七德名冠六藝惟便習之至精在教理之發厲是知物無不學學無不濟我皇豈不曰非婦人之職任蓋欲以激君子之磨鈍

李君房

君房貞元時人。

獻繭賦（以將以給宗廟之服爲韻）

冠六宮六職者公桑而已矣既卒蠶於世婦乃奠繭於天子稽諸祭典實可重考諸女工斯爲美信率土而在茲亦奉先而是以當其令布明堂時更青陽蠶事既卒女工式臧然後衣禮服出棘牆奉茲珍繭盈彼懿筐纍纍乎如將薦卵皎皎乎有類凝霜既依於后亦獻於王所以伸課績之勞止展威儀之孔將遂繅三盆修六服或黼或黻或朱

或綠期有事於王公庶無勞於杼柚俟其禕而實足尚之享廟之容克備展敬之禮允臻斯蓋夫人之畏慎王者之肅祗不然者賦有織紝之筐貢有畎岱之絲海人奉冰蠶至止園客將絲緒來茲冠冕之服可成祭祀之儀可韙可以重其珍美可以揚其裼襲何必桑壇而世婦斯復繭館而夫人乃入俾來者既殫恒日不暇給蓋欲輸於勤苦表我敬恭厚禮奉於先祖躬勤勸乃農功使三宮之有序斯百代之攸崇是以獻繭之道治國之要將取媲於三推明至誠於九廟

清濟貫濁河賦（以與濁同流清源自別爲韻）

濟有瀾兮清泠不窮以清激濁兮洪河之中迤靈長而委注忽荐至而爭雄懼溷乎泥我則貫而愈淨將合於道我則和而不同徒觀其虛明皎潔秀色澄澈漾清泚以遐分界飛濤而劃絕始騁迅以中寫載流謙而東洩德惟靜自澄之於本源體雖柔豈混之於派別懿夫貞不受汙清非可混噴中流而激射劈巨浪之崩奔狀浮雲決開晴天之灑空碧若輕埃乍斂明鏡之洗蒙昏遠而望之孤煙橫於曲渚迫而察也霜練引於靈源是知夫道惡比周物莫相

與彼流濕之爲類尚沿源而異處非泥沙之可雜豈湍洑之能阻越洪濤之浮浮駛清浪之悠悠不學淄澠之難辨且殊涇渭之同流於以用之甘見和之醴就其深矣欣可泛乎舟狀盤渦之瀺灂不染乎濁瀾跳沫之飛驚不傷夫清均上善以清美含至虛而體平度龍堂而愈灑洗貝闕而增明何必溱洧之陽然後濯其髮寧俟滄浪之畔然後澡其纓截河而流所以爲異導沔而注明乎所自醒濁波而迴逗沛驚湍以自致庶彌久而不渝鑑妍媸兮無媿

白獸樽賦（以言必有章酌而飲焉爲韻）

酒以養德則威於樽樽之用獸可得而言若乃王春會朝初正元吉穆穆嚴宸濟濟良弼元化凝以垂衣讜詞進於造膝則從繩之義斯正投水之言自必是以白獸在司樽彝舉酒攫地空象夫髮鬛揚睛欲聞乎哮吼信履尾而不咥雖編鬚而何有俾夫嘉話允臧睟容有光樽則雲飛而山峙獸乃白質而黑章物盛其容若耽耽而視君能納諫遂謇謇而昌嘉言既藥用舉夫爵所以展其威儀匪空留乎斟酌獸之爲樽用舍有時獸之喻人猛毅在茲懼威則君之設謬矣忘諫則臣之節殆而酌之伊何惟器所稟禮

殊百拜味珍千品皇恩既錫且同夫湛湛露斯君德不回寧比夫厭厭夜飲彼美觩然泰階之前與諫鼓而齊設比撲滿而能全斯期箴闕用以旌賢將同衢樽之道幸注焉而酌焉

海人獻文錦賦 以珍物時來以應君德爲韻

彼潛織兮泉室之人曳文綃兮結氷縷灼錦彩兮照花新背窮海以入貢望君門而效珍於以獻之爰彰至德非同幌氏之湅更異仙家之織臨風始啟全含琪樹之芳向闕爰闢遥寫蜃樓之色固奇工之所就豈常情之可識當其彩縷方織鳴梭靜聞絢霞光於陰火綴縟藻於卿雲舞鳳翔鸞乍徘徊而撫翼重葩疊葉紛宛轉以成文疑映地之花拆似飲渚之虹分弄杼斯成既呈妍於泉客垂衣可仰欣有奉於明君啟瑶緘而駭視方霧縠而難擬離披耀彩臨玉砌以蓮舒爍爛生姿映金門而霞起固將保其所異孰能識其所以投熾焰而靡燎爲灰濯清流而不濡於水原夫獻琛方至捧篋員來臨虛庭而暐倚俯洞户以屏開蝶翩翻而誤起鳥聃睞以驚迴物無情而自感化有孚而斯應以文爲貢寧同巷伯之詩表德方來且異美人之贈

非同禹貢不謝堯時對天庭而照燭向麗景而葳蕤皎潔凝光爰識氷蠶之緒霏微發色不惟園客之絲既而煥彼文章作爲黼黻方可重於遠人寧有譏於翫物

獨繭綸賦 以心專慮寧方盡鈞道爲韻

維絲伊繙體道之要繭之緒可以爲垂鈞之綸綸之微可以精用鈞之妙綿聯輕竿之上荏弱深泉之徼裊長風而若絶度晴空而引爍剖粒爲餌寧取乎五十之牛懸縷爲綸奚期夫三百之鈞觀夫其鈞不鈞元之又元在河之涘期道爲筌且夫綸細如忽魚潛在泉振而不絶則其動也

直深而能致是其靜也專隨驚波而乍緊逐潛流而曳引時髣髴而如見忽漂搖而將盡其細雖爾其用彌深三尋豈勞於人手百丈自發於泉心神之凝不覺魚之得綸之細亦隨釣而沈美茲綸之裊裊浮長川之浩浩疑空外之游絲胥波中之弱藻斯綸也異圓客之功斯釣也得詹何之道釣術既臧惟道能方其竿不撓其餌非芳中之者功多於金鏃引之者道叶於玉璜信可以投於濮水信可以泛彼滄浪必釣乎深先定乎慮得象以契於忘筌得魚斯謂之冥助魚既得兮心亦冥收纖縷兮旋迴汀將大釣於方國冀滄流之大寧

天子劍賦 以天生神物聖君用之爲韻

物之利者稱乎劍人之尊者稱乎天固一人之所執諒四海之攸先必當曜武德靜氛煙舉之無上揮之莫前獨立而光連日月橫行而氣壓山川請詳其功夫莫之威偉夫至寶克符元聖東溟之大不足淬其鋒北斗之高乍若迴其柄信元功之不宰曷凶德之能競足令六合靜三光正佩服而寰中康指撝而天下定夫然則鄙歐冶掩平津賤鏌鋣棄純鈎彼勇不過於匹士我威方御於兆人偶聖斯呈天地感通之謂道逢昏是去陰陽不測之謂神豈比高祖提之而起沛始皇按之而王秦爲斯劍之等倫哉原其始也吹氣毋鍊元精爲爐而九土開闢鼓槖而八風克生應以六律制以五行帶之以恒山渤海鋒之以燕谿石城故能所向無敵莫之與京既而徽三度亦以正三統劃宇宙以元通宰乾坤而利用彼蓮花發色玉貝騰文揮大野之中疾如雷電倚長天之外上決浮雲爭能擊刺較勢繽紛所謂一夫之勇非爲四海之君如是則犀不足剸鍾不足剸緊以聖功配茲神物我皇應昌期恢盛時不耀兵鋒

設道德以爲固不先武力抗仁義以爲師人神協贊遐邇清夷眞所謂天子之劍也敢繼莊生而賦之

欽定全唐文卷五百三十七

裴度一

度字中立河東聞喜人貞元五年進士舉宏詞科累拜中書舍人改御史中丞元和十年拜中書侍郎同中書門下平章事擢彰義軍節度淮西宣慰招討處置等使討吳元濟還朝策勳進金紫光祿大夫宏文館大學士上柱國封晉國公復知政事出爲河東節度使穆宗敬宗朝凡三知政事文宗立加門下侍郎集賢殿大學士太清宮使進侍中拜中書令薨年七十五冊贈太傅諡文忠會昌元年加

贈太師

漢宣帝冠帶單于賦 以威懷禮加北戎遂定爲韻

昔漢宣帝休明允塞烜中葉之英聲示遠人以文德既而幸甘泉以居正朝呼韓於有北錫之紱冕俾之藩翊位居侯王之上侍在軒墀之側服之孔備垂懸綬之腰章髮則有餘映切雲之首飾且會朝之次昭明孔融雖加之以禮實誘之以衷厥錫既殊荷榮華之寵命其儀未習懵衣服之在躬此實可以閱帝聰播皇風亦何必睨玉帛之資空成耗國錫金石之樂用表和戎夫爵以賞功服以旌禮懿爾容之中順故我命之光祓矧乃來茲鳳闕踰彼龍沙知漢德之全盛厭胡俗之幽遐齊縞帶於周行獨明向化異元冕於醜類豈曰亂華錫之不聞於屢褫崇之豈俟夫三加想夫解辮懷恩動容思媚乍重譯而獻欵或稽顙而奉贄使羣方之闓樂由一人之錫遂鏘之玉佩顧韋韝而多慙賴以金貂與尨服而自異是使孔熾之類率服而莫違悍戾之屬束帶而共歸知子之來贈同雜珮彰君之化德乃垂衣殊沐猴而可作方戴鶡而有威今我后散皇明而馳聖聽致戎夏之克定勤厲理而明弼諧故蠻夷之允懷尚冠帶於萬里舞干羽於兩階彼長纓之與五餌何斯道之孔乖

鑄劒戟爲農器賦 以天下無事務農息兵爲韻

皇帝嗣位之十三載寰海鏡清方隅砥平驅域中盡歸力穡示天下不復用兵於是銷鋒鏑而俶載南畝庤錢鎛而平秩西成所以殄凶器降嘉生收禍亂之根本致兆庶之豐盈者也既而清天步虛武庫劒鍔銷戟鋋露當時出匣揮獷俗以來賓今日在鎔唯良工之所鑄長鎩倏爾而從革單鋋忽焉而中度廢六月之遄征與三時之盛務觀乎

聚而改煎歘飛燄而涌煙從而再造將分地而用天宜人之歌允符於假樂多稼之頌式合於大田若夫弓戈櫜戢於寧歲牛馬放歸於豐年徒虛語耳胡可比焉則知先利其器欲善其事俾汙萊之盡闢由兵革之不試洪鑪既鍛失似雪之鋒鋩綠野載耕佇如雲之苗穟昔用之而有所雖弭之而不棄矧國家以教令爲車徒故器械可得而無以道義爲封域故戰爭可得而息由是執帝堯之允恭復后稷之訓農理化資於地力福祥致於天宗此乃慶自一人風行九野建中於上返本於下下臣系而稱曰秦金狄

兮未仁周無射兮非雅豈若我后之重穀盡濟羣生於良治

黃目樽賦 以清廟之器所以禮神爲韻

聖人之制祭也因物達情比象配類盡內心之享禮定黃目之彝器居樽之上察神之至黃其色保純固於中央目以名洞清明於幽邃將以贊禘祫報天地成形而百代猶傳徧祭而萬靈具醉懿夫周禮盡在殷薦孔明鬱鬯馨而外達湛醪華而內清濩落爲用昭彰表誠自可配於龍勺焉取儔於兕觥當其霜露盛時金石奏廟告虔之始在物居要動明酌而曼酴騰光澄舊汙而圜規納照且禮經所紀象設有以首瑚璉之序助宗廟之美體含宏足擎踞從祝之獻而如鼎之峙精氣皎於外飾黃潤豔於通理嚴敬而挹且見夫爵盈明德之歆詎聞乎罍恥若乃籩豆並置陶匏共陳亦可以備觀光之祭法攄素懷於蜡賓酌其中諒明明之取義華其睆將屬屬以交神至於夜燎之時宿設之所含霜若麗夫金質導氣更宜夫桂醑自合禮於宗彝匪齊名於杜舉是知純嘏將降明禋在茲達臭陰於勿勿駐靈駕之偲偲尚禮然也明王用之方今樂和同禮無

體粢盛式務鬱器光啟客有習於聲詩願奉樽而觀禮

神龜負圖出河賦 以作瑞前王始啟文教爲韻

茫茫積流祚聖有作動上天之密命假靈龜以潛躍蓋欲以慶遙源敷景鑠寫物象之精秘化人文之朴畧豈不以河之德兮靈長龜之壽兮會昌載徵符先呈於古帝稱大寶後遺於寧王故將出也感天地動陰陽浮九折之澄碧散五色之縈光然後蹈箭流而泳花浪露元甲而明繡裳初若沉圓璧而未沒稍似泛孤鳧而欲翔既而降芳蓮蹈清沚五老游而共覩列聖過而每喜出朝日如耀其寶圖

伏靈壇狀陳其鏤篋布文象之紀紛縕天地之終始負謀謨之畫將化洪荒當授受之時豈思綠水非臆對之可述諒鈎深而有致所以出河宗作天瑞馮夷倚浪以相送神魚鼓舞而旋避於戲宾數窅然自我而傳外骨明眞中心善臬將後天而思永豈爲贊而居前至如魚託素以達情鳳銜詔而展禮未若祥開八卦兆動四體闡文教寧木鐸之足儔贊貞明與日月而同啟洎乎形貌既著品物類分榮萬化之茫昧合一氣之絪縕識用光於夏葉繇每煥於義文此乃天理用彰神道設教故躍波而委質殊以文而

飾貌觸綸誠怪於文繇隱霧徒嗟乎元豹此悠久也可是則而是效

白烏呈瑞賦

翩彼靈烏賁然效質披圖牒而罔二叶邦家而得一備體有光至眞無匹宗廟薦敬帝王之孝克乎天地感仁潔朗之容可述恥受彩以相混故莫黑而獨出上瓊樹而若無下瑤階而乍失懷恩反哺方去去以凌雲蓁蓁來儀且翻翩而就日觀夫載飛載止厥狀粲然不染而成因心之孝以立匪召而至感物之道遐宣向皇風而自舞與麗景而相鮮人具爾瞻既含章而效祉我無爾詐乃見素以守全乃知王澤竭而退飛帝道通而無過彼明心兮不妄至知大節兮不可奪象潔白而攸歸知愛敬之旁達懿夫不污其色罔違斯道秀質安倚凝光淨好美仁慈之及物故易色於昭昭惡赤黑之眩人乃成形於皓皓且夫應圖咸若鄙皐澤之鳴鶴瑞聖不還陋江湖之白鷗諒飲啄於仁義豈逃潛於阻艱所以其出無常其來有素雲凝標於羽族玉潤合於王度常從碧海隨杲日而悠揚今在華林遇盛時而瞻顧實由我后敬之昭假皇矣光宅垂拱而燭幽以

明禽鳥乃化元爲白逗祥光而聿至望休氣以來格時哉時哉奮翹英於紫陌

三驅賦（以蒐畋以時綱去三面爲韻）

古之畋獵自天子達諸侯秋則獮春則蒐非有情於殺戮固無取於盤遊蓋以除時稼之所害示軍容之克修故王者有三驅之禮也職此之由夫生殺之柄主之於天生誠有之殺亦宜然是乃張我武出於畋植靈旗以準的應晉鼓以周旋兵作於後獸馳於前背主而去者以其逆而必殺委質而來者以其順而必全是知從禽之中有古義焉

何哉三驅之義我則有以且以驅爲名至三而止驅者以無合圍之道三者以有知足之理蓋以明上帝之心見聖人之旨初其擇吉日戒師期既逐獸以禮亦使人以時不如追軍詎設左右之翼有異捕鹿寧分犄角之師夫堯舜而來殷周以往皆順時而行令非害物以示養無違者不殺知有異於焚林犯德者取之固無間於漏網故知樹德務滋除惡務去所以欲萬國之畏威使四方之郎叙柔者來服則必解其罻羅挺而背走則必烹於鼎俎若然者必沮其彊梁而銷其旅拒也逮乎大漢遊盤是恣馳騁是躭

崇苑囿而大開里寧止百取庖廚之饗飫畋豈惟三不然者何以子雲有長楊之諷相如有亡是之談我國家修古典斥遊宴狩不奪於三時網惟留於一面大田多稼聊會獵以長畝四海無虞徒因蒐而教戰美矣哉三驅之禮因茲而又見

鈞天樂賦以上天無聲昭錫有道爲韻

嘉大樂之同和惟上帝之申錫豈功成之可致必神遇而來覿吉夢足徵奇音無斁爰昇天表備聽乎皦如繹如方悟人間徒聞乎擊石拊石想夫秦穆趙簡遊魂太清下連霄而無覺上和奏而有聲感之深殊九變之曲神而化異三代之名則知昭假於下潛通在上俾晝作夜既尚寐而冥濛好樂無荒乃克諧而瀏亮翕然並作隱爾盡暢所以娛其精誠所以滌夫昏妄既而受天錫降天衢空恍惚於沖漠猶髣髴於虛無餘響愔愔而在聽撫躬眇眇而異途原夫育萬靈騰九有縱未央之娛樂表不息之悠久永爲二主觀樂鈞天假夢中之高會豈邦內之驩然未若我皇沖一氣而獨運協六律而相宣發善令爲鐘鼓播仁聲於管弦將興慶於乾坤之內非取樂於耳目之前不識不知

順天之道旁流喜氣寧候於鏗鏘盡得歡心詎資於擊考斯乃常聞於率土不闕於重霄致中和而廣被誠教化之孔昭是曰鈞天之樂也又何萬舞之與九韶

二氣合景星賦以其狀無常出有道之國爲韻

景麗天中君居人上觀星文之高朗見君德之洪暢烱乎景以爲名氣之可望徒亘其二方之色靡知其千變之狀故隱不可思見無與期必潛拱而元感乃粲然而著之諒精誠之盡達若影響而相追且夫浩浩陰騭昭昭元吉匪乘運而生將俟時而出方今統三才而不爽叶一德而無

失所以列其數而惟三等其色而如一既參差而比象亦錯落而爲質非煙非霧相冪歷以氤氳散彩耀芒遠精明而成實懿其燭彼天衢同日月之列於三無瑞我元首旌號令之敷於九有不然何以渾青赤之悠揚掩斗牛之熒煌或助月於晦朔或偶聖而昭彰昔在周公之攝贊幼主周武之肆伐大商皆立功而本政亦效祉而垂光未若明庭而治國無事而降康斯時也豈虛其應斯瑞也則惟其常是以瑩霏微之中形璀璨之色仰嘉氣之來輝煥喻他方之歸道德陋虞舜之近加於房小唐堯之纔出於翼瞻

之踴躍如北面之事一人照之清明若南向之觀萬國豈同乎嘒彼躔次行諸歲時昏在昴中示春物之將蠢爾申爲斗建兆秋風之欲淒其雖窮運數於晷刻未甄邦國之清夷曾緜邈兮元造在休徵兮載考何煒煜於重霄信恢宏於治道手抃目駭兮載賡歌於大寶

歲寒知松柏後彫賦（以貞心勁節翠貫四時爲韻）

窮陰忽至品物盡瘁惟良木之堅貞映衰林而蔥翠桃蹊李徑聞別葉之互飛松碉柏陵見修條之自異諒本性以無易託斯時而不類雖殺菽之霜再三斷篷之風數四徒凜凜以終日竟青青而在地懿夫春夏榮滋我不競於芳時秋冬淒冽我不改其素節遙分郁郁之煙遠映霏霏之雪故其桑榆種其前後杞梓植其行列或蕭瑟以柯空或離披而條折何在昔而相混迄今而旌別觀夫陽曜以芳菲爲事陰凝而肅殺爲名徒運彼以寒暑豈齊我於枯榮斯乃時累不能累其質天損不能損其貞亦被霜氣亦含風聲挺喬枝而易識在灌木而難并故蒼然以殊致豈蠢爾以叢生異其鬱鬱秀色亭亭高榦産二儀之內我獨後彫處羣木之中孰云共貫當其黃隕方可瞻覩庭有槐

兮落際山有榛兮彫陰見枯槁之無色識茂悅之有心愛日照而逾靜嚴飈吹而轉勁或出衆而標奇或處幽而表正雖結根山嶺移植軒屏如全眞而率性客有擇木務材感衰歎盛悟標勁無永申蚍蜉之歌愛堅貞不渝發風雨之咏松兮柏兮猶君子之志行

律中黃鍾賦（以聖人有以見天地之賾爲韻）

古者推歷生律懸法示人在寒暑之未兆已斟酌於至神故能推一陽之生爲三正之始察黃鍾之氣煦然以升辨青帝之功微而可紀外去涸沍之節內見發生之理具無

形而有聲徒明目而聽耳得於心而不眛藏諸身而有以人事尚昧於先春天統已彰於建子若夫衆象高懸可伺察於穹天羣形多類可區别於厚地雖紛綸而靡極終視聽之攸記未若竹管之用前知歲時葭灰之動罔失毫釐物之先見應必在兹取籔厚而均者當微眇而候之是則陰陽之運變化之期易以形隱難以氣欺懿其十一月之節十二辰之首因積小以成大得出無而入有遂能以吹灰於中動穀於口亦猶道之生一宛在陽之初九觀乎窮天地之性興邦國之政泊純陰之始凝導太陽之將盛何

制器之精微可驗物於邃覽故曰述之者明作之者聖所以觀一管之動靜效五音之邪正斯乃造物於又元考時於至賾就兩儀之茫昧先萬物而探索六律六吕由是以相生八風八音由兹而卒獲矧夫國家仰合天法俯迴天眷既用晦而必明亦處蒙而可見敦氣數之元本去聲色於寓縣彼唐堯敬授羲和欽若未曰窮微而知變

古君子佩玉賦（以思古君子行必鏘玉爲韻）

伊君子兮何師邈淳古而繹思儼然有章相威儀於樂只温其如玉故切磋而佩之縝密是比貞明所資追琢斯成既殊張氏之印清美可羡寧匹孔侯之龜是用濯自丹水取諸元圃君求美質我則表温潤於光容臣聽好音我則動淒清於步武結以紳帶綴以環組使感之者在約而思純服之者居今而行古豈比夫詩人無文贈雜佩兮夫君騷人著美紉幽蘭兮之子是以嘉其抱素貴以合貞想見白虹之氣思聞清越之聲發凝輝兮既昭我述鏘雅韻兮必俟君行是以敬慎侯度獨高人情至若斲以爲壺徒玩其質執而爲璧徒旌其秩豈若用之有方垂之無必威儀棣棣居則粲然之光進退瑲瑲動則泠然之律是以古之

君子物有其章温恭可象環珮其鏘既覩容而生敬諒播往以傳芳然則貞玉之質非賢無以服用昔賢之珮非玉無以表彰故佩斯敬覩斯莊方今野無遺賢山不藏玉彼華佩兮同昔時以入用彼君子兮思古人以自勗故能振休風播淳俗則今日之佩玉昔賢之高躅者也

簫韶九成賦（以曲終九成百獸皆舞爲韻）

聖人順天道防人欲布和以調其性宣樂以察其俗氣將導志五聲發以成文化盡歡心百獸率而叶曲茫茫大空樂生其中聲隨化感律與天通交四氣之溥暢貫三光乎

昭融將君子以審樂故先王以省風致同和於天地諒難究其始終惟樂之廣於何不有包陰陽兮不集不散降神靈兮或六或九故季札聆音而感深宣尼忘味於甘否昭覆燾兮煦嫗召游泳以飛走演自窅冥發於性情將不動而爲動自無聲而有聲王者通三我則貫三才而作陽數有九我則至九變而成不然者何以調大中何以繼光宅作終樂於數四歷君子之凡百其聲轉融其道彌赫大哉至樂於以洪覆收之而合乎希夷張之而散乎宇宙感天神與地祇格靈禽與仁獸扇風化而以攢則雍熙之可就

大韶命曲大章同儕既和且樂亦孔之皆且簫爲器之所細鳳爲王之所懷若澔灎之音感清淨之化乖則歌已而於狂客孰來儀於克諧恭惟我君配天作主命工典樂考法師古浹聲教之汪濊合堯禹之規矩士有聞韶嘉於蘊道擊壤希乎可取同鳥獸之歸仁承德音而率舞

讓平章事表

臣某言臣聞知足不辱知止不殆若險危而久處駑劣而又病則顛隮之期斯須可待況臣本性褊狹久塵樞近衆所謂否心有可焉衆所謂可心有否焉則皆盡言莫敢畏避所以居多忤物動不適時聖恩雖爲曲全人理終難自咎臣某中謝伏惟尊號皇帝陛下紹開洪業再受景命盪諸夏之妖孽致羣生於仁壽臣之厚幸遇此昌期徒荷聖功莫効分寸乞避賢路少安疲病臣不敢廣引前事崇飾虛辭直以折足爲憂冀有保身之望若任在（闕二字）可以匡輔朝廷則臣以生前豈敢愛惜性命但以去之無損留則可哀儻受始終之恩是全進退之道無任悃款之至

代李大夫請朝覲表

臣聞天道君也高而下濟地道臣也卑而上行上下交感

然後萬物生焉庶政成焉其或翁鬱不通則爲災沴之氣必在宣達使之光明太平之風實繫於此伏惟文武大聖廣孝皇帝洪覆品彙光宅寰區翾飛跂行皆得其所況臣器識庸陋遭遇便蕃始事憲宗過蒙驅策復事先帝猥加爵命大恩無報終懼且慙以至今日又承寵寄涓毫未効齒髮將衰起在山南不遠甸服宴安厚利拜受軒階此則爲君之道下濟有餘爲臣之道上行不足尸祿彌久心魂若驚日往月來寖成憂塞伏希降鑒特許入覲莫得少謝萬一使無壅情然後退歸里閭降避賢路雖則萬殞無恨

可謂百生之幸况李光顔薛苹皆武臣也淮海以爲要重然猶邅迍而至迹職明庭臣儒臣也梁漢無事道途孔邇若泰然自安貪冒榮顯任爲公相衆所指名又何以表率四方儀刑多士臣不勝傾心延首瞻系天衢之至

懇辭冊禮表

臣蒙恩授前件官准制取今月二十八日冊命者伏以公台崇禮典冊盛儀庸臣當之實謂忝越况累承寵命亦爲便蕃前後三度已行此禮令臣猶忝參樞近竊懼無以對揚重此勞煩有靦面目伏乞天恩且課臣官効責臣事實

冊命之儀特賜停罷則素餐高位空負恥於中心弁冕輅車免譏誚於衆口不勝慚惶懇迫之至

卻賜玉帶表

内府之珍先朝所賜既不敢將歸地下又不合留向人間謹卻封進

論元稹魏宏簡姦狀疏

臣聞主聖臣直今既遇聖主輒爲直臣上荅殊私下塞羣謗誓除國蠹無以家爲苟獻替之可行何性命之足惜伏惟文武孝德皇帝陛下恭承丕業光啟雄圖方殄頑人之風以立太平之事而逆豎搆亂震驚山東奸臣作朋撓亂國政陛下欲掃蕩幽鎮先宜肅清朝廷何者爲患有大小議事有先後河朔逆賊祇亂山東禁闈奸臣必亂天下是則河朔患小禁闈患大小者臣等與諸道戎臣必能翦滅大者非陛下制斷非陛下覺悟無計驅除今文武百寮中外萬品有心者無不憤怨有口者無不咨嗟直以威權方重獎用方深有所畏避不敢抵觸恐事未行而禍已及不爲國計且爲身計耳臣比者猶思隱忍不願發明一則以罪惡如山怨謗如雷伏料聖明自必誅殛一則以四方無

事萬樞且過雖紀綱潛壞賄賂公行待其貫盈必自顛覆今屬凶徒擾攘宸衷憂軫凡有制命繫於安危痛此奸邪恣其欺罔于亂聖謨非止一途又與翰苑近臣結爲朋黨陛下聽其所說則必訪於近臣不知近臣已先私相計會更唱迭和蔽惑聰明所以臣自兵興以來所陳章疏事皆切要所奉書詔多有參差蒙陛下委寄之意不輕被奸臣抑損之事不少臣與佞倖亦無讐嫌祇是昨者臣請乘傳詣闕面陳戎事奸臣之黨最所畏懼知臣若到御座之前必能悉數其罪以此百計止臣此行臣又請領兵齊進逐

便討賊奸臣之黨曲加阻礙恐臣統率諸道或有成功進退皆受羈牽意見悉遭蔽塞復與一二憸狡同辭合力或令兩道招撫逗留旬時或遣他州行營拖曳日月但欲令臣失所使臣無成則天下理亂山東勝負悉不顧矣爲臣事君一至於此且陛下前後左右忠良至多亦有熟會典章亦有飽諳師旅足以任使何獨斯人以臣愚見若朝中奸臣盡去則河朔逆賊不討而自平若朝中奸臣尚在則河朔逆賊雖平無益臣伏讀國史見代宗之朝蕃戎侵軼直犯都城代宗不知蓋被程元振壅蔽幾危社稷當時柳

伉乃太常一博士耳猶能抗表歸罪爲國除害今臣所任兼總將相豈可坐觀凶邪有曀日月臣不勝感憤嫉惡之至謹附中使趙奉國奉表以聞倘陛下未甚信臣猶惑奸黨伏乞出臣此表令三事大夫與百寮集議彼不受責臣合伏辜天鑒孔明照臣肝血但得天下之人知臣不負陛下則臣雖死之日猶生之年

第二疏

臣其言臣聞木有蠹蟲其木必壞國有奸臣其國必亂伏以前件人爲蠹爲奸欺下罔上百辟卿士莫敢指名若不竄逐必爲患難陛下他時追悔亦恐無及臣所以奮不顧身舉明罪惡其第一表第二狀伏恐聖意含宏留中不行臣謹再寫重進伏乞聖恩宣出令文武百官於朝堂集議必以臣表狀虛謬牴牾權倖伏望更加譴責以謝宏簡元稹如宏簡元稹等實爲朋黨實蔽聖聰實是奸邪實作威福伏望議事定刑以謝天下臣今將赴行營誓除凶寇而憂在心腹不在四支憂在朝堂不在河朔伏感諸葛亮出師之時上表言事猶以宮中府中不宜異同科犯爲善爲惡請申刑賞臣才雖不逮諸葛亮心有慕於古人昧死聞

天伏紙流汗

論田宏正討李師道疏

魏博一軍不同諸道過河之後却退不得便須進擊方見成功若取黎陽渡河既纔離本界便至滑州徒有供餉之勞又生顧望之勢況宏正光顏並少威斷更相疑惑必恐遷延然兵士不從中制一定處分或慮不可若欲於河南持重則不如河北養威不然則且秣馬厲兵候霜降水落於楊劉渡河直抵鄆州但得至陽穀已來下營則兵勢自威賊形自撓

請罷知政事疏

臣昨於延英陳乞伏奉聖旨未遂愚衷切以上古明王聖帝致理興化雖繇元首亦在股肱所以述堯舜之道則言稷契皋夔紀太宗元宗之德則言房杜姚宋自古至今未有不任輔弼而能獨理天下者況今天下異於十年以前方馭駕文武廓清寇亂建昇平之業十已得八九然華夏安否係於朝廷朝廷輕重在於宰相如臣駑鈍夙夜戰兢常以爲上有聖君下無賢臣不能增日月之明廣天地之德遂使每事皆勞聖心所以平賊安人費力如此實繇臣

輩不稱所職方期陛下博採物議旁求人望致之於輔弼責之以化成而乃忽取微人列於重地始則殿庭班列相與驚駭旋則街衢市肆相與笑呼伏計遠近流聞與京師無異何者天子如堂宰臣如陛陛高則堂高陛卑則堂不得高矣宰臣失人則天子不得尊矣伏以陛下叡哲文明惟天所授凡所閱視洞達無遺所以比來選任宰相縱道不周物才不濟時公望所歸皆有可取況皇甫鎛自掌財賦以苛爲察以刻爲明自京北京西城鎮及百司并遠近州府應是仰給支度之處無不苦口切齒願食其肉猶賴臣等每加勸誡或爲奏論庶事之中抑令通濟比者淮西諸軍糧料所破五成錢其實祇與一成兩成士卒怨怒皆欲離叛臣到行營方且慰諭慮其遷延不進供軍漸難但能前行必有優賞以此約定然後切勒供軍官且支九月一日兩成已上錢俱各努力方將小安不然必有潰散今舊兵悉向淄青討伐忽聞此人入相則必相與驚憂以爲更有前時之事則無告訴之處雖侵刻不少然漏落亦多所以罷兵之後經費錢一千三十萬貫此事猶可直以性惟狡詐言不誠實朝三暮四天下共知唯能上惑聖聽足

見奸邪之極程异雖人品凡俗然心事和平處之煩劇或亦得力但昇之相位使在公卿之上實亦非宜如皇甫鎛天下之人怨入骨髓陛下今日收爲股肱列在台鼎切恐不可伏惟圖之儻陛下納臣懇款速賜移易以副天下之望則天下幸甚伏聞李修疾病亦求入來如浙西觀察使且與亦得臣知言一出口必犯天威但使言行甘心獲戾今者臣若不退天下之人謂臣不識廉恥臣若不言天下之人謂臣有負恩寵今退既未許言又不聽如火燒心若箭攢體臣自無惜惜陛下今日事勢何者淮西盪定河北

底寧承宗斂手削地程權束身赴闕韓宏輿疾討賊此豈京師氣力能制其命秖是朝廷處置能服其心今既纘開中興再造區夏陛下何忍却自破除使億萬之衆離心四方諸侯解體凡百君子皆欲慟哭況陛下任臣之意豈比常人臣事陛下之心敢同衆士所以昧死重封以聞如不足覩臣當引領受責陛下引一市肆商徒與臣同列在臣亦有何損陛下實有所傷不勝憤懣惶恐之至

諫晏朝疏

伏以頤養聖躬在於順適時候若飲食有節寢興有常四

體惟和萬壽可保謹按道書春夏早起取雞鳴時秋冬晏起取日出時蓋在陽則欲及陰涼在陰則欲及陽煖今陛下憂勤庶政親覽萬幾每御延英召臣等奏對方屬盛夏宜在清晨如至巳午之閒則當炎赫之際雖日昃忘食不憚其勞仰瞻旒扆亦似煩熱臣等已曾陳論竊望聽納不勝懇迫之至

諫坐朝稀少疏

比者陛下每月約六七度坐朝天下人心無不知陛下躬親庶政直至河北賊臣遠聞亦皆悁懼今自兩月以來入閤及開延英稍稀或恐大段公事須咨稟睿謀者有所壅滯伏冀陛下稍示憂勤乘涼數坐廣加延問使得盡誠

欽定全唐文卷五百三十八

裴度二

請釋王賞狀

前懷州武德縣令王賞以失縣庫子賞乃盡償所欠緡錢庫子莫可得獄固難竟河陽節度使溫造嚴刻禁賞三年母老不得侍疾母亡不得服喪大理寺執文斷疏疑似之間究滯深久下缺

不置冢宰議

冢宰是殷周六官之首既掌邦理實統百司故王者諒闇

百官有權聽之制後代設官既無此號不可虛設且國朝故事或置或否古今異制不必因循其諸司公事望請中書門下處分

寄李翺書

前者唐生至自滑猥辱致書札兼獲所覬新作二十篇度俗流也不盡窺見若愍女碑烈婦傳可以激清教義煥於史氏鐘銘謂以功伐名於器爲銘與弟正辭書謂文非一藝斯皆可謂救文之失廣文之用之文也甚善甚善然僕之知弟也未知其他直以弟敏於學而好於文也就六經而正焉故每遇名輩稱弟不容於口自謂彌久益無愧詞竊料弟亦以直諒見待不以悅媚相容故不惟嗟悒亦欲商度其萬一耳若弟擯落今古脫遺經籍斯則如獻白豕何足採取若猶有祖述則願陳其梗槩以相參會耳愚謂三五之代上垂拱而無爲下不知其帝力其道漸被於天地萬物不可得而傳也夏殷之際聖賢相遇其文在於盛德大業又鮮可得而傳也厥後周公遭變仲尼不當世其文遺於冊府故可得而傳也於是作周孔之文荀孟之文左右周孔之文也理身理家理國理天下一日失之敗亂

至矣騷人之文發憤之文也雅多自賢頗有狂態相如子雲之文譎諫之文也別爲一家不是正氣賈誼之文化成之文也鋪陳帝王之道昭昭在目司馬遷之文財成之文也馳騁數千載若有餘力董仲舒劉向之文通儒之文也發明經術究極天人其實擅美一時流譽千載者多矣不足爲弟道焉然皆不詭其詞而詞自麗不異其理而理自新若夫典謨訓誥文言繫辭國風雅頌經聖人之筆削者則又至易也至直也雖大彌天地細入無間而奇言怪語未之或有意隨文而可見事隨意而可行此所謂文可文

非常文也其可文而文之何常之有俾後之作者有所裁準而請問於弟謂之何哉謂之不可非僕敢言謂之可也則大學之道在明明德在止至善矣能止於止乎若遂過之猶不及也觀弟近日製作大旨常以時世之文多偶對儷句屬綴風雲羈束聲韻爲文之病甚矣故以雄詞遠志一以矯之則是以文字爲意也且文者聖人假之以達其心達則已理窮則已非故高之下之詳之畧之也愚欲去彼取此則安步而不可及平居而不可踰又何必遠關經術然後騁其材力哉昔人有見小人之違道者恥與之同

形貌共衣服遂思倒置眉目反易冠帶以異也不知其倒之反之之非也雖非於小人亦異於君子矣故文人之異在氣格之高下思致之淺深不在其磔裂章句隳廢聲韻也人之異在風神之清濁心志之通塞不在於倒置眉目反易冠帶也試用高明少納庸妄若以爲未幸不以苦言見革其惑唯僕心癒荒散百事罷息然意之所在敢隱於故人耶昌黎韓愈僕識之舊矣中心愛之不覺驚賞然其人信美材也近或聞諸儕類云恃其絕足往往奔放不以文立制而以文爲戲可矣乎可矣乎今之作者不及則已及之者當大爲防焉耳弟素居多年勞想深至窮陰凝冱動息如何入奉晨昏之歡出參帷幄之畫固多適耳昨弟來字欲度及時干進度昔歲取名不敢自高今孤煢若此遊宦謂何是不復能從故人之所勗耳但寘力田園省過朝夕而已然待春氣微和農事未動或當策蹇謁賢大夫兼與弟道舊未爾間猶希尺牘珍重珍重力書無餘從表兄裴度奉簡

三藏無畏不空法師塔記

大唐開元二十三年三藏無畏卒春秋九十有九詔鴻臚

丞李現監護喪事塔於龍門之西山廣化寺藏其全身畏本釋種甘露飯王之後以讓國出家道德名稱爲天竺之冠所至講法必有異相初在烏荼國演遮那經須臾衆會咸見空中有毘盧遮那四金字各尋丈排列久之而沒又嘗過龍河一托駝負經沒水畏懼失經遽隨之入水於是龍王邀之入宮講法不許彼請堅至爲留三宿而出所載梵夾不濕一字其神異多類此

自題寫眞贊

爾才不長爾貌不揚胡爲將胡爲相一點靈臺丹青莫狀

送毛仙翁述

爰自荊州鼎成黄金道息封固眞粹教不流傳代歷秦漢言者怪譎先儒以爲繫風捕影誰抵其實瑯琊論衡詳之矣予嘗以爲斯言之未盡其臧否也及見仙翁勃違前聞且喬神胎元抱和含眞穆然道風煦然如春追駐穉色將數百歲光陰自駛寒暑不易鑪鎚閒之物無不化養之在我得之自然加以熊經鳥伸元藏城府閉合黙識孰窺崇墉當今勢位壓山河器業橫覆載北面嚮傾就誠居乎辟度不知先儒誰談其無得食馬肝者豈爲知味耶圖鬼神

者易爲工耶不復知緫緫化胎而已仙翁將去追遺雲蹤苟非造物者不能以識

蜀丞相諸葛武侯祠堂碑銘 并序

度嘗讀舊史詳求往哲或秉事君之節無開國之才得立身之道無治人之術四者備矣兼而行之則蜀丞相諸葛公其人也公本系在簡策大名蓋天地不復以云當漢祚衰陵人心競逐取威定霸者求賢如不及藏器在身者擇主而後動公是時也躬耕南陽自比管樂我未從虎時稱卧龍詩曰潛雖伏矣亦孔之炤故州平心與元直神交洎乎三顧而許以驅馳一言而定其機勢繇是翼扶劉氏纘承舊服結吳抗魏擁蜀稱漢刑政達於荒外道化行乎域中誰謂阻深殷爲強國誰謂逵脆勵爲勁兵則知地無常形人無常性自我而作若金在鎔故九州之地魏有其七我無其一由僻陋而啟雄圖出封疆以延大敵財用足而不曰浚我以生干戈動而不曰殘人以逞其底定南方也不以力制而取其心服震疊諸夏也不敢角其勝負而止候其存亡法加於人也雖死徙而無怨德及於人也雖奕葉而見思此所謂精義入神自誠而明者矣若其人存其

政舉則四海可平五服可傾而陳壽之評未極其能事崔浩之說又詰其成功此皆以變詐之略論節制之師以進取之方語化成之道不其謬歟夫委棄荊州不能遂有三郡此乃務增德以呑宇宙不黷武以爭尋常及出斜谷據武功分兵屯田爲久駐之計與敵對壘待可勝之期雜乎居人如適慮邑彼則喪氣我方養威若天假之年則繼大漢之祀成先主之志不難矣且權傾一國聲震八紘而上下無異詞始終無愧色苟非運膺五百道冠生知曷以臻於此乎故元德知人之明者倚杖曰魚之有水仲達姦人

之雄者嗟稱曰天下奇才度每迹其行事度其遠心願奮短札以排羣議而文字蚩鄙志願未果元和二年冬十月聖上以西南奥區寇亂餘孽罷吒未息汙俗未清輟我股肱爲之父母乃詔相國臨淮公由秉鈞之重乘推轂之寄戎軒乃降藩服乃理將明帝道敭落綏懷溥暢仁風閭閻滋殖府中無留事宇下無棄才人知嚮方我有餘地則諸葛公在昔之治與相國當今之政異代而同塵矣度謬以庸薄獲參管記隨旌旄而爰止望祠宇而修謁有儀可象以赫厥靈雖徽烈不忘而碑表未立古者或拳拳一善或

師長一城尚流斯文以示來裔況如仁之歎終古不絕其可闕乎乃刻貞石庶此都之人存必拜之感云爾銘曰

昔在先主思啟疆宇擾攘靡依英雄無輔爰得武侯先定蜀土道德城池禮義干櫓煦物如春化人如神勞而不怨用之有倫柔服蠻落鋪敦渭濱攝跡畏威雜居懷仁中原旰食不測不克以待可勝允臻其極天未悔禍公命不果漢祚其亡將星中墮反旗鳴鼓猶走司馬死而可作當小天下尚父作周阿衡佐商兼齊管晏總漢蕭張易代而生易地而理遭遇豐約亦皆然矣嗚呼奇謀奮發美志夭遏吁嗟嚴立咸受譴罰聞之痛之或泣或絕甘棠勿翦騈邑斯奪繇是而言殊途共轍本於忠恕孰不感悅苟非誠慤徒云固結古栢森森遺廟沈沈不殄禋祀以迄於今靡不駿奔若有照臨蜀國之風蜀人之心錦江清波玉壘峻岑入海際天如公德音

唐故太尉兼中書令西平郡王贈太師李公神道碑銘 并序

惟天錫成命於我唐保茲國祚生此人傑則西平王李公其是乎不然何覆暴如風振槁葉戴君若鼇冠靈山橫流

之中一匡而定公諱晟字良器其先隴西人也後徙京兆曾祖嵩皇岷州刺史贈洮州刺史祖思恭皇洮州刺史贈幽州大都督考欽皇左金吾衞大將軍隴右節度經畧副使贈太子太保代有名跡雄於西土公幼好學學不爲人及讀呂張孫吳之書慨然有經邦濟物之志未弱冠遊秦涼間元侯宿將見者咸器異之乾元初嘗客武都值酋豪以缺守遘亂殺掠平人公與所從十數騎馳而射之殪其爲魁者餘黨遂遁寇所虜獲積如邱山公一無所取惟椎牛釃酒享士而去邦人感服具以狀聞特拜左清道率飾

以金紫將朝京師自獻方畧屬裔夷紛擾有土急賢河隴將帥相繼表用歷二府右職所至常以才謀爲其委重累遷至光祿太常卿階爵在第一品涇原四鎮北庭節度都知兵馬使四面都遊奕使懸識虜態周知地形應變不窮有奪有待驥驟庭而莫展雲出岫而斯飛代宗徵之以左金吾衞將軍爲神策軍兵馬使屬羌蠻犯蜀朝廷濟師命公督禁旅絕棧道而往救焉公銜枚過險出賊不意連下堅壁遂誅首惡還授檢校太子賓客且復舊職建中二年田悅以魏叛德宗極意致討悉起徂征以公爲神策先鋒

都知兵馬使加御史中丞與河東河南等道諸軍合擊公濟河而行能以衆正及破洹水陣解臨洺圍轢魏屬城抵燕通邑其摧鋒衂銳皆先羣帥而寘力焉遷拜左散騎常侍兼御史大夫厥功未成聞賊泚肆逆皇居失守丙嚮慟哭載馳載驅行及代北授檢校工部尚書充神策行營節度公提孤軍募散卒拊循訓勵以達行在値懷光中叛大駕再遷加檢校右僕射餘如故尋轉左僕射同平章事兼京兆尹神策軍京畿鄜坊節度觀察等使管內及商華等州副元帥公固守渭城決平秦壘調食制用先發我私捐甘攻苦皆自我始每一言一誓聲淚俱發勇夫義士感而使之蔑不濟矣時自雍而東延於汝洛震於河汴所在征鎭亂畧相從公介巨盜之間使聲援斷絕立成師之法致號令嚴肅蒐捕十旬指揮一舉乘墉蹙以通軌道磔梟獍以清宮禁俾九市三條無轂肆之驚無秋毫之犯羽書速告鑾輅爰歸廓氛祲爲祥光攄憂憤爲喜氣詩曰允矣君子展也大成斯之謂歟考古視今論功稱忠者多矣若至危而安至難而易卓犖跨邁如公莫儔拜司徒兼中書令俄以凶孽南寧邊防猶警岐下任重乃以本官兼鳳翔尹

鳳翔隴右節度觀察等使及四鎭北庭涇原等州副元帥改封西平郡王加食邑實封至一千五百户公名懾戎王政和藩部始至而生植少安而訓齊逮四載賦輿十倍其初會課入輔拜太尉中樞如故人或謂公勳望已高寵渥已極宜從容頤養稍稍遜避公曰不然人臣外則盡力內則盡心若止偷榮孰爲且哲故每承帷幄之問則言咈無隱理奪不回大指以東夏可平西陲可復或已行而事終不顯或未用而身遽不遺以貞元九年八月四日薨於位春秋六十有七德宗撫几哭於别次自都邑達關畿無士

庶無老幼皆發哀相弔則曩時戢兵安人之德可謂浹於元元之骨髓矣冊贈太師賻賵加等以其年十二月十六日葬於高陵縣奉正原鄭國夫人杜氏祔焉自捐寢至安宅皆所司辦護中貴反覆萬情所奉如不及焉嗚呼以公之靜難扶傾不言所利雖存歿極位始終殊禮而天意若曰其福享未至故迤延於後有子曰愿故檢校司空河中節度等使贈司徒五列雄鎮三爲上公曰聰故光祿寺主簿曰總故太子中允贈兵部郎中曰愻左神武軍大將軍兼御史大夫曰憑故右威衛大將軍兼御史中丞贈洪州

都督曰恕故光祿卿贈右散騎常侍曰憲檢校左散騎常侍嶺南節度觀察等使兼御史大夫進因貴胄達以善政曰愬故檢校左僕射同中書門下平章事贈太尉克廣前修仍執醜虜曰懿故渭南縣尉曰聽檢校司徒義成軍節度觀察等使統戎按俗是以似之曰惎右羽林軍將軍曰愍嵐州刺史並地勢吏用兼而有焉粵太和元年秋七月聽拜疏上言以公之徽烈則御製碑文於渭川矣以公之風度則詔命圖形於雲臺矣唯大其邱隴鬱彼松檟望有祁山之象拜無峴首之碑將刋貞石式表幽隧乃命臣度稱伐言詩其詞曰

建中季年大盜忽焉皇輿避狄狩於梁川顧謂太師汝才汝畧將威致討必殄寇虐太師泣奉捐軀誓衆度其成城可以利用赫矣鋪敦傅於墻垣手搏足蹈如衝如援一鼓而破一麾而奔掃清宮闈刷盪妖昏我師莅止我令行矣都人不知已事方喜飛章告慶飭駕言旋鴻烈耀古讙聲動天車服之錫河山之誓九命而俯一心若厲俾侯於岐阜安邊陲藩政既成袞職攸宜嶽降帝賚矢言詭詞我后嘉猷我躬何爲道直氣和勞謙終吉福履所綏未享萬一

上天不惠厚穸遄歸垂裕流光用延恩暉翼子肥家將壇台席繼立奇功代傳休績聽與伯仲永懷高蹤請於朝廷表是邱封帝曰孝哉胡可不從宣我祖之丕業繫爾父之嘉庸乃詔作銘以覲億齡

劉府君神道碑銘 并序

公諱太眞字仲適族彭城晉永嘉末衣冠南渡遂爲金陵人一代祖悱隋伏波將軍桂陽太守高祖關皇襄州別駕曾祖軫皇沂州刺史祖際皇洪州錄事參軍考若筠皇贈諫議大夫蹈道輕世爲儒潔身慶流後昆追榮幽壤公十

有五而志於學弱冠以行義修潔詞藻瑰異名聲藉甚於諸公間當時文士蘭陵蕭茂挺才高意廣誘接甚寡一見公便延之座右以孔門高第不在茲乎天寶中與伯氏太沖迭昇太常第議者榮之屬被虐虜包禍中原俶擾潛心墳素退跡村廬樂以忘貧安乎終養至廣德二年江淮宣慰使御史大夫李公季卿薦授左衞兵曹永泰二年河內副元帥太尉李公豴聞風加禮致望參贊除大理評事辟書詔命疊至里門初感招弓之遇猶懷捧檄之惠及泝淮而北稍遠家庭以干戈未弭亂離斯瘼倘貽憂於一夕又

焉用乎三牲迺飛咫尺之書布方寸之心而理歸棹李公初甚遲之迄用嗟悼諫議府君嘗被熱疾而爲痁醫者之言手不可觸公迺自吮至於良巳則劉瓛之藥漬指傷胡可比也後因與元兄營甘鮮之膳自城邑而歸未至所舍而遇驃黑則有偷者引弓遮道公遽告之名居且曰身惟所取無害吾兄盜者迺愕然自失曰不謂是劉家兄弟迺慚而退則趙孝之爭死讓生不是過也故宗族稱孝焉鄉黨稱悌焉浙西觀察使御史大夫李公栖筠聞之表爲常熟令公以爲入則安親出則養人斯可矣既到官不逾歲而一邑自化未幾再罹家禍烏鳥之歎若此齊斬之哀何極除服浙東觀察使陳少遊虛右職而勤請焉公以陳之鎭宣城也實厚於諫議府君歲時禮遺不絕於道迺從之奏授監察御史及陳之移鎭揚州又爲節度判官再遷至侍御史正違理煩不負知者德宗皇帝卽位徵拜起居郎載筆丹陛休風藹然改尚書司勳員外郎尋轉吏部員外郎綜覈流品練達程式藏奸立見析滯如流名著南宮望歸西掖遷駕部郎中知制誥煥發人文昭宣帝命典謨載暉於紫闥諷議獨立於清朝以稱職賜緋魚袋建中四年

夏正授中書舍人是冬狂寇竊發乘輿薄狩奔走陪扈追恤其家與元反正拜工部侍郎屬兩河兵旱徭費騷然慎選名臣往勞來之迺召入內殿親承中旨德宗嘉之遂賜金紫充河東澤潞恒冀易定等道賑給宣慰使是行也將之明之陰雨膏之與山甫召伯同具歌詩矣貞元元年轉刑部侍郎詳刑議獄無復煩累改祕書監遺編脫簡有以刋正三年拜禮部侍郎天下賓王之士尚實遠名者竊相賀矣秉公心而排羣議履正道而杜私門以爲獎善興能試言考藝若求虛譽護小嫌是全身之計非取士之方也

適貶柳浮僞仍歲不回適值時棟變更朝柄奪移怒不在公而及於公矣遂因囂囂之口成是貝錦出爲信州刺史求仁得仁不以屑意則下惠焉往而不黜子文三已而無愠者於是信焉亦既按部風行化洽勞罷者息離散者來易簡政成剽輕俗革官刑不用闔境熙熙嗚呼黃霸未徵於頴川賈誼不聞於宣室移疾去郡以貞元八年三月八日薨於餘干縣之旅館春秋六十八朝廷遂亡其宿重士子俄失於津涂故哭於寢喪於心者寄聲相弔其慟也極嗣子諷祇服嚴訓可謂成人銜哀致毀幾於越禮以言歸

兆域未叶蓍龜權窆於丹陽縣之別墅至貞元十八年十月十九日方從理命克葬於宣城郡溧水縣方墟之古原夫人趙郡郡君李氏皇許州刺史崇儉之孫皇申州羅山縣令遐之女昔之嬪則今也母儀以諷從事於浙東連帥府授試金吾衛倉曹參軍學由斷織祿可供贍不幸又夭謂之何哉孤孫曰祐僅毀齒矣夫人撫視而哭無時非不知短長之命也其所哭者公之譖愬已消於晛見公之徽烈將示於來裔而高碑未刻良允繼沒於是門生之在朝廷者諫議大夫杜羔中書舍人裴度起居舍人盧士玫殿中侍御史李修光祿少卿盧長卿右司郎中韋乾度工部員外郎李君何在藩牧者浙東觀察都團練使御史中丞李遜黔中觀察經畧使御史中丞李道古澤州刺史御史中丞盧頊嘉州刺史王良士復州刺史鄭羣沔州刺史嚴公弼慈州刺史劉元鼎其在幕府者侍御史田伯殿中侍御史盧璠馬逢監察御史馮魯楊巨源其在畿者櫟陽令麻仲容藍田丞崔立之盩厔尉魏澹等咸懷賞鑒自悼遺闕以爲沂川表德魯字闕一生徒峴首銘字闕一荆州僚吏況公忘家體國正心誠意歷位崇顯而惟欲下人應事該明

而未嘗矜己虛和善守廉儉好施至於開誘後學旌別羣才時皆見其獎之之過也而莫知其辨之之精也故始異論終共稱其爲實乎觀於今可知矣其爲名乎傳於後可必矣若不昇台座不及期頤將時邪命邪豈道至人不至邪如羔輩被蒙簡拔附麗墻宇樹之貞石貴此元扃匪報也永以爲泣拜之所焉爾銘曰

行高世兮才經國學以聚兮文以飾奉絲綸兮詒楷則宰賓貢兮宏鑒識人醜正兮我好直時風謬兮天聽側隼爲旟兮鵬對臆不俾屏兮長太息門下諸生憤何極惟有修

業爲報德德之聲兮間讒慝石之貞兮垂萬億

欽定全唐文卷五百三十九

令狐楚一

楚字殼士燉煌人自言十八學士德棻之裔貞元七年進士元和十四年累遷中書侍郎同平章事穆宗朝罷爲宣歙觀察使敬宗文宗朝歷宣武天平河東節度使大和七年入爲吏部尚書轉太常卿進左僕射封彭陽郡公開成元年拜山南西道節度使卒年七十二贈司空謚曰文子綯貴累贈至太尉

珠還合浦賦以不貪爲寶神物自還爲韻一作還珠亭賦

物之多兮珠爲珍通其貨而濟乎人纔披沙以晶耀俄錯彩以璘玢避無厭之心去之他境歸克儉之政還乎舊津由是觀德孰云無神相彼南州昔無廉吏富期潤屋貪以敗類孤漢主析圭之恩奪蒼梧易米之利濫源既啟眞質斯閟從子舊而不瑕諒天賜兮有自孟君來止惠政潛施欲不欲之欲爲無爲之爲不召其珠珠無脛而至不移其俗俗如影之隨爾其狀也上掩星彩遥迷月規粲粲離離與波逶迤乍入潭心時依浦口驚泉客之初泣疑馮夷之始剖依於仁里天亦何言富彼貪夫神之所不沙下兮泥

閒韜光而自閟映石華之皎皎雜魚目之鰥鰥豈比黃帝之使罔象元珠乃得藺生之詭秦圭荆玉斯還由是發潤洲蘋增輝岸草水容益媚澤氣彌妍川實效珍地寧愛寶隱見諒符乎龍躍虧全非係乎蚌老豈惟彰太守之深仁所以表天子之至道觀夫杲耀外澈英華內含飾君之履兮豈不可照君之車兮豈不堪猶未遭於采拾尚見滯於江潭雖舊史之錄與前賢之談終思入掬以騰價願得書紳而勵貪於惟明時不貴異物徒飾表者招累而握珍者難屈是珍也居下流而委棄歷終歲而湮鬱望高鑒兮闇

投幸餘波之洗拂

漢皇竹宮望拜神光賦（以上辛之日有事於圜丘爲韻）

大事在祀吉日惟辛偉漢皇之光宅禮太乙之威神就陽位敘彝倫青旌既載蒼璧斯陳帝德惟馨虔精誠而上感天道不昧發神光而下臻斯所以昭乎望拜之地肅爾侍祠之人懿茲珍神實曰靈覡奪月之魂韜雲之狀集於祠側照此壇上神實臨下以無私君亦當仁而不讓是時也神光未動遠靄初收天宇清而羣動和肅帝座正而萬靈懷柔倏爾電烻熠若星流謂珠蚌之初剖疑燭龍而暫游武皇於是委王佩俛翠旒自竹宮望圜丘拜上帝之賜擁明神之休遐徵所聞以此爲異歌童不吳以奏曲從臣勿褻而在位奉其道永肩一心答其祥敢有二事光之降也帶爟火兮侵燎烟臨仙仗以增煥映靈丘而作圜帝之望也爇香蕭兮奠元酒布清意而不倦儼威儀而方久善行無轍跡摶之乃無盛德有形容視之而有神既格思人皆見之助遠暗之祭彰燭幽之時詎比夫望於觀臺而爲備坐彼宣室而受釐故能飛扇英聲騰乎茂實笑魯郊鼷鼠之告僭鄙秦祀野雞而獲吉來或從東似合序於春令至

常以夜若避明於朝日令國家成功巍乎明德依於鋪鴻猷而前王所羨崇嚴祀而左史宜書備禮告天帝既踰於孝武觀光獻賦愚竊慕夫相如

授裴度彰義軍節度使制

門下輔弼之臣軍國是賴興化致理則秉鈞以居取威成功則分閫而出所以同君臣之體而一中外之任焉屬者問罪汝南致誅淮右蓋欲刷其汙俗弔彼頑人雖棄地求生者實繁有徒而嬰城執迷者未翦其類何獸困而猶鬬豈鳥窮之無歸歟由是遙聽鼓鼙更張琴瑟煩我台席董

茲戎旃。朝議大夫守中書侍郎同中書門下平章事飛騎尉賜紫金魚袋裴度爲時降生。協朕夢卜。精辨宣力。堅明納忠。當軸而才謀老成。運籌而智畧前定。司其樞務。備知四方之事。付以兵要。必得萬人之心。是用禱於上元。擇此吉日。帶丞相之印綬。所以尊其名。賜諸侯之斧鉞。所以重其命。爾宜大布清問。恢壯徽猷。感勵連營。蕩平多壘。召懷孫疾。字育夷傷。況淮西一軍。素效忠節。過海赴難。史策上勳。建中初攻破襄陽。擒滅崇義。比者脅於兇逆。歸命無由。每念前勞。常思安撫。所以內輟佐輔。爲之師帥。實欲保全慰喻。使各得其宜。爾往欽哉。無越我丕訓。可守門下侍郎同中書門下平章事使持節蔡州諸軍事兼蔡州刺史。充彰義軍節度管內度支營田使申光蔡等州觀察處置等使。仍充淮西宣慰處置使。散官勳如故。

授狄兼謨拾遺制

朕聽政餘暇。躬覽國書。知奸臣擅權之由。見母后竊位之事。我國家神器大寶。將遂傳於他人。洪惟昊穹。降鑒儲祉。誕生仁傑。保佑中宗。使絕維更張。明辟乃復。宜福胄嗣。與國無窮。

代鄭尚書賀登極表

臣某言。伏承皇帝光膺冊命。踐登寶位。率土臣子。抃慶滋深。中賀。臣聞天子之孝。以纂承爲重。聖人之寶。以傳授爲公。伏惟皇帝陛下德合乾符。道光天宇。廓寰區以御歷。灑渥澤而飛龍。上以代太上之憂勤。下以副羣生之欣戴。溥傳天旨。大洽人心。喜氣騰輝。晴雲動色。黎元率舞。將校傳呼。卽日而萬姓歡康。累旬而四海清謐。臣職當統帥。寄重方隅。慶賀之誠。倍萬常品。限以所守。不獲奔赴闕庭。

賀南郊表

臣某言。伏奉聖旨。以來年正月五日朝獻太清宮。饗太廟。七日有事於南郊。宜令所司準式者。敬莫大於朝宗廟。嚴莫大於饗郊丘。此二帝三王與聖祖神宗之所以總百靈而臨萬國。巍乎盛烈也。伏惟皇帝陛下光膺大寶。茂對上元。盡誠信以奉先。極婉愉而致養。孝光夷貊。悌達神明。方將告成功。敷顯號。惟天爲大。俾眾庶咸新。如日之升。與品物相見。六幽傾耳。四海翹首。凡在臣下。不勝慶幸。而臣謬貞師律。叨守戎藩。不得捧豆籩於清廟之中。執玉帛於泰壇之下。仰觀盛禮。伏賀鴻休。聳踊轅門。無任戀結屏營之

至謹遣某官某奉表陳賀以聞

爲桂府王拱中丞賀南郊表

臣某言伏奉十一月十日制書南郊大禮畢大赦天下者湛恩厖鴻大號渙汗際天接地孰不慶幸中賀臣聞禘嘗之禮所以仁祖禰也郊祀之儀所以尊天地也五帝之前蕢桴土鼓致其敬敬有餘矣而禮不足三王以降金罍玉斝備其禮禮有餘矣而敬不聞秦之增封也覬望神仙漢之郊丘也禳除災害雖無文而咸秩終有廢而莫舉猶可以編在方策垂其鴻名豈若國家參文質於六經之中陛

下酌損益於百代之後順昊天之成命得黎人之歡心九穀有年四方無事然後因吉土迎長日咸池屢舞太簇登歌萬靈識周旋之位百神知饗獻之節雲散而柴燎高達風清而蕭薌遠聞信大報之無私亦元鑒之不昧臣當時集軍將官吏僧道百姓等丁寧宣示詔惟天之意莫遺於細微如日之輝不隔於幽遠頑鈍知感鬼神懷柔何則刑莫大於成獄陛下捨之罪無輕重恩莫深於延賞陛下推之澤及存歿行道求志敢於直言者既許以親覽觸綸罣網屏於遠方者又移之近郊減來歲之新稅昭其儉也棄比年之逋債宏諸仁也念勲臣而樹勲者益勸尊有德而不德者知慙賜羸老有粟帛之優禮神祇無牲幣之愛此所謂幽室盡曉枯條徧春雷雨作而蟄蟲昭蘇風雲行而龜鳥飛舞率土臣妾不勝大慶況臣蒙被恩澤獲齒生類會守遠郡阻窺盛禮徘徊天外目與心斷無任抃躍之心謹遣宊將王清朝等奉表陳賀以聞

鄭尚書賀冊皇太后表

臣某言臣伏奉五月二十八日敕旨尊太上皇后恩覃日下歡動天中臣伏以皇太后坤德合符陰靈表慶化光宮

職道贊國風伏惟皇帝仁聖宅心文明恭已遵承孝理嚴奉慈顏獻寶綬於內朝宣玉冊於中禁彰明順德知陛下就養之勤表正母儀見陛下歸安之盛萬國所繫四方是刑人臣之懇願既申品物之歡心斯洽臣叨承寄任限守藩隅不及陪位闕庭抃舞稱賀無任聳慶踊悅之至

賀皇太子知軍國表

臣得上都進奏官狀報伏承七月二十八日詔旨軍國政事權令皇太子勾當者中賀伏惟皇帝陛下大明御寓至孝自天霜露既濡想園陵之漸近雲霞是仰悲弓劍之方

遏內感深衷外勉庶政由是推赤心於俊乂委寶歷於元良宣明兩曜之光崇重萬國之本與夫游神姑射義豈同風養道大庭禮誠異日天下臣子不勝慶幸臣限以所守不獲拜候闕庭無任屏營之至

賀赦表

臣某言臣伏奉今月十一日制書元德融明聲聞於宗廟鴻名光大充塞於乾坤與物皆春大赦天下臣當時宣流渥澤騰布耿光恩均而萬物昭蘇慶洽而三軍鼓舞中賀臣聞覆載無私天地所以爲大德照臨不已日月所以爲

大明六位因時以成功一代觀象而設教肇自古昔垂爲憲章伏惟睿聖文武皇帝陛下並日而明配天爲大冠三皇之道宏十聖之風保合太和緝熙帝載是以廓清氛霧曾不累旬虔奉郊禋未嘗虛歲百蠻梯航以內面萬國歌舞而宅心所謂巍乎其有成功煥乎其有文章也尚復勞謙仄席勤恤納隍釋纍縶之幽囚無分輕重歸遐遠之放逐不問存亡棄逋債於窮人戒多求於貪吏憫朔邊之介士厚其寒衣恢武功也褒闕里之胄嗣賁以布帛振文教也推恩而九族既睦行慶而六師用張忠貞必表於門閭耆耋徧差其牢醴百神咸秩一物不遺安人之所未安理人之所未理天波渙汗綸旨丁寧有以知天地覆載之仁有以見日月照臨之德天下臣妾不勝慶幸臣限守藩鎮不獲稱慶闕庭無任抃躍欣賀之至謹遣某官奉表陳賀以聞

爲鄭尚書賀登極赦表

臣某言伏奉二月二十四日制書大赦天下者霈澤自天鴻恩匝地三軍萬姓不勝慶躍臣聞天地至大或有所不容日月至明猶有所不照伏惟皇帝陛下體元繼統垂象

立極齊軒昊之元化冠唐虞之至仁敷大號於天中揭明譽於日下臣以爲覆載之德大於天地矣照臨之光明於日月矣何則用刀鋸而伏斧鑕者無重無輕陛下捨之投豺虎而禦魑魅者無遠無近陛下移之免逋逃獻畝之稅罷雕華任土之貢出後宮之伎樂還外國之俘囚褒崇首先於二王敦敘旁周於九族明徵義烈各錄其裔胄悉數忠勞遍增其爵級宣股肱之力者賞延於上効爪牙之任者賜出於中搜淪滯之才遷久次之秩聘士既尊於經術問年必本於期頤在幽隱而不遺雖細微而皆及歡聲雷

動。喜氣雲騰。百姓知聖人之仁。萬物覩聖人之作。普天率土。無不慶幸。臣叨居藩服。累沐恩榮。抃舞欣歡。倍百恒品。所守有限。不獲稱慶闕庭。臣及將士官吏百姓等無任踴躍屏營之至。

賀冊太子赦表

臣某言。伏奉今月九日制書。皇太子冊禮云畢。恩與萬方同其惠澤者。國慶遐宣。天波曲被。懷生之類。咸共欣榮。中賀。臣聞德教所加。一人有慶。元良既立。萬國以貞。伏惟皇帝陛下至化旁流。神功廣運。以爲義莫重於主鬯。禮無大

於承祧。考古揚前星之光。順人宏少海之澤。誕敷明詔。宣告庶方。雷初動於地中。風已行於天下。由是哀矜罪戾。甄獎功勳。表順孫孝子之門。秩名山大川之祀。仁無不覆。惠無不均。草木惟緐。鳥獸咸若。率土臣子。不勝慶抃。臣限守藩鎮。不獲陪位闕庭。踴躍稱慶。無任屏營之至。

爲監軍賀赦表

臣某言。今月四日。節度使伏奉制書。大赦天下者。渙汗大號。滂沱鴻恩。降自九天。被於四海。懷生之類。無不慶躍。中賀。臣聞天地之大德。本於生成。聖人之全功。在乎化育。伏惟皇帝陛下至明立極。大聖統天。法貞觀之宏規。纂建中之盛業。降哀矜於罪戾。一物不遺。須寵贈於忠勤。萬方皆及。事遵儉約。道在寬宏。散作仁風。灑爲膏澤。率土臣下。不勝歡喜。臣限以監守。未獲奔走稱慶闕庭。不勝戀結欣戴之至。謹遣某官某奉表陳賀以聞。

中書門下賀赦表

臣某言。伏見今日制書。御丹鳳門。大赦天下者。明照六幽。澤流九有。臣等誠歡誠喜。頓首頓首。臣聞覆幬生成。乾坤之盛德。釐理化育。帝王之極功。伏惟睿聖文武皇帝陛下

受天元符。纂聖光宅。躬夏禹之勤儉。體帝堯之聰明。除惡必絕其根。耀武威而四凶既殛。制政皆循其本。振文教而百度惟貞。今者東風發春。元日獻歲。凝旒視朝於正殿。步輦臨御於應門。開罷鴻之湛恩。孚渙汗之大號。萬物瞻睹。兆人允懷。至若移其放逐。解網之仁也。弔彼傷殘。納隍之義也。罷關市之征稅。足以宏聖人厚下之風。褒卿士之祖先。足以廣聖人追遠之孝。潛蟄一振。槁枯盡榮。普天率土。不勝慶幸。臣某等謬司樞務。虔奉德音。喜抃之誠。倍百恒品。無任慶躍屏營之至。

賀德音表

臣某等言伏見今月二十八日制書普安羣生憂濟庶士每念下農艱苦賑紅粟而流衍知貪賈滯貽禁青蚨之飛走千官聳聽萬國欽聞中賀臣聞損有餘補不足太上之教也歛以輕散其重哲王之制也肇自古昔垂爲憲章其或法因情遷事與時異則物力甚屈人心用咨是故書載行之惟艱史稱守而勿失伏惟睿聖文武皇帝陛下紹興丕圖光啟鴻業勤恤人隱精知化源以爲麥禾雖登農食猶歉布帛大賤女工必傷因發生之時下慈惠之詔清問

疾苦昭宣令宜嚴除暴征令已逋責首自京國達於淮湖三方雖遙如視以宸鑒萬幾誠眾皆經於睿心自然事耕桑者忘四體之勤游市井者樂一朝之便慶共雲布恩隨風翔率土之內不勝慶幸臣等叨逢聖運預列班榮攀日月之光無能獻替遇雲雷之澤空荷霑濡捧戴德音不勝抃躍屏營之至

代鄭尚書賀冊太后禮畢赦表

臣某言伏奉五月二十八日制書皇太后光膺茂典誕受鴻猷恩榮慶錫覃被率土中賀臣聞天子以德教而光人慶賴明王以孝理而百神和平伏以皇太后秉德陰凝體仁坤厚宏是內則順於先朝道配軒皇之尊功參文母之盛伏惟皇帝陛下孝承丕緒仁嗣寶圖則天之明事地以察昭彰慈訓光啟尊名發德音於上元流惠澤於下土陷疎網者許其減等養高堂者錫以加封粟帛遍霑於耆年門閭必表於仁里悉使懷生庶類行道羣心非獨各親其所親無不長人之所長湛恩布濩盛禮豐融信可通神明而光四海天下臣子不勝慶幸臣限於鎮守遠在方隅不獲躬詣闕庭抃舞稱慶無任聳踊慶幸之至

賀老人星見表

臣某言當道進奏院狀報司天臺奏八月十五日乙亥夜老人星見於東井色黃明潤敕旨宣付所司者率土咸覩際天同慶中賀臣聞上天不言而星垂象次舍隱見其指甚明伏惟陛下道冠帝先恩覃物表太和之氣上達萬壽之瑞下呈既在東井又當秦分色侔蒸栗光掩連珠彰爾寶圖類堯年之河出延長聖歷齊漢代之山呼凡百臣下歡心如一況臣幸霑皇屬叨守國藩瞻望闕庭不勝慶抃之至

賀白鹿表

臣某言臣得進奏院狀報中書門下奏賀於醴泉縣建陵柏城獲白鹿一　聖敬日躋休祥薦至臣某謹按孝經援神契曰王者德至禽獸則白鹿見伏惟陛下盛德配天深仁育物和氣交感出爲休徵懿此異獸挺茲奇表在嶠山之側宛是隨仙來魏闕之前如將率舞天下稱述兆人歡慶昔者周因征伐而獲漢自祭祀而臻比今無爲宜有慙德臣某幸逢昭代獲睹元功欣抃之誠倍百恒品所守有限不獲隨例稱慶闕庭無任昇營踴躍之至

中書門下賀白野雞表

臣某言內常侍吳承倩至宣示臣淮南節度使陳少遊所進白野雞者臣聞聖法天以調氣天表聖以呈祥皆啟迪皇猷發揮至理事均影響必在感通伏惟寶應元聖文武皇帝陛下德合太和化高前古休徵異瑞以月繫年方啟率舞以來儀豈俟重譯而作貢臣謹按瑞應圖云王者仁聖旁流四海則見又云祭祀不相踰宴會衣服有節則見耿介之性自能馴狎綷雜之姿翻然純素玉立丹檻雪映雕籠時和自叶於休祥天意實彰於變化豈越裳之獻獨美於前王而岱宗之精用呈於今日必然之應幽贊如斯載表大平之符克明柔遠之德臣謬參樞近獲覩鴻休慶躍之情倍萬恒品

爲百官賀白烏表

臣某等言臣昨二十三日中書宣武軍節度使臣劉彥佐進白烏并以烏及所獻圖示百官臣某伏以殊祥絕瑞有應斯歸絪緼感通難識其朕惟聖德動於皇天天意勤於聖后則必昭彰肸蠁靈物薦臻流行葦之仁樹太平之業毛羽遂性禽鳥呈祥臣等中賀臣謹按孫氏圖云王者宗

廟敬則白烏至又漢成帝時白烏集於文武廟黑烏皆從頒類此圖去年冬十一月履端之始陛下擁萬國驅百靈祀圜丘封天老前一日巳孝享於宗廟盡敬致美竭力精誠悲感之音動於列辟孝敬之極通於神明白烏之來允答醇至書之史冊萬代有詞觀其素彩皓潔丹觜朱躍冰霜奪色龜龍讓輝參五雲之嘉祥掩百王之能事臣等叨逢昌運累沐殊私親覩太陽之精克叶大君之祉歡躍抃舞手足無從不勝犬馬欣慶之至

進張祜詩冊表

凡製五言苞含六義近多放誕靡有宗師前件人久在江湖早工篇什研幾甚苦搜象頗深輩流所推風格罕及

賀劍南奏破吐蕃表

臣某言當道進奏院狀報六月某日劍南節度使韋皋狀奏破吐蕃五千餘衆生擒大首官七人陣上殺一百五十餘人收獲牛馬四百餘頭疋器械一千五百餘事者吉語遠及歡聲相接中賀臣聞順實臣道伏順者至柔而全禮爲大經無禮者雖衆必敗陛下君臨萬國天覆兆人恩覃於幽微澤及乎荒遠蠢茲蕃醜假息西陲惟天地含宏之

心未能翦滅以豺狼貪戾之性輒肆陸梁爰整其師不攻而取此皆降睿畧於天上須明謀於閫外制士之死命得人之歡心所以殪戎如羊破虜若蟊毆彼牛馬獲其俟玉威加於殊域武暢於羣動自然赤山之壤可蹈青海之波可涉必當封土刻石以垂天聲戎臣司武獲睹其慶不勝歡抃之至

賀靈武破吐蕃表

臣某言臣得朔方節度使李欒牒稱十一月二十日大破吐蕃者千里喧傳三軍快抃臣某誠歡誠喜頓首頓首臣聞天生四夷用別荒服國有二柄誰能去兵伏惟陛下臣妾兆人庭衢六合溟波靜息車軌混同萬里清平三分底定而吐蕃擅臊醜類狂狡陰計乘陵凍草妄窺邊疆相鼠無牙安能穿屋羝羊羸角徒欲觸藩是以神聖啟其將心忠勇成於士力兵既落於天上虜果陷於彀中簎口之馬僨車而縶者千蹄辮髮之人爲俘輿屍者萬指降旗載路棄甲滿野遙知水赤坐想風腥此皆宗社儲靈朝廷決策破碎戎膽振騰天威凡百人臣不勝踴躍臣某未申絲髮謬總旗旌欣歡憤激倍萬恒品所守有限不獲稱慶

賀修八陵畢表

臣某言得進奏院狀報八月十五日百寮於宣政殿賀修八陵畢伏惟陛下行通神明孝彰天地深懷遠慕嚴奉諸陵台階元臣展敬以祗命甸服蒸庶忘勞而陳力雖青蕪以疏徼道掃紅腐而淨藩園崇固護於岡陵增肅清於松柏漢朝充奉徒見其遷人魏時向望空聞夫作樂方今大禮彼實缺然天下臣妾不勝幸甚況臣名編竹籍屬忝葭莩感慶之誠倍百恒品

奉慰過山陵表

伏承順宗至德大聖大安孝皇帝奄過山陵率土臣庶不勝號慕伏惟陛下孝思天至祇事薦誠精貫昊穹禮備園寢攀號罔極聖情難居臣謬列藩條限於守職不獲奔走陪慰內庭無任感惕兢越之至

欽定全唐文卷五百四十

令狐楚　二

爲福建閻常侍奉慰德宗山陵表

臣某言伏見制書大行皇帝靈駕剋以某月日還座崇陵先太后梓宮自靖陵啓發同時合祔萬邦永慕悲纏於弓劒七月有期痛延於蠻貊伏惟皇帝陛下孝思罔極至性自天攀奉山園聖情難處中慰先朝臨御悠長威靈遐被儲祉傳聖以福四方今祇祔禮終清廟如在率土臣庶實謂哀榮臣職忝方隅分憂地遠不獲仰陪下列奉慰外朝無任瞻戀哀惶之至

代太原李僕射慰義章公主薨表

臣某言得進奏院狀報義章公主今月九日薨輟朝七日者臣伏聞公主分輝帝籍擢秀皇闈麗有掩於舜華纔成下嫁慶初傳於螽羽奄有上仙伏惟陛下仁愛方深思慈所屬始其凋謝軫以悲傷臣限守邊陲忝聯枝葉不獲陪位奉慰無任哀塞悽愴戀結之至

賀順宗謚議表

臣某言伏奉六月十四日勅旨太常奏大行太皇尊謚曰

至德大聖安孝皇帝廟號曰順宗臣某誠感誠憂頓首頓首臣聞入廟觀德載在前言聞謚知行傳於故志伏惟順宗大聖安孝皇帝統承九聖保乂萬邦繼耀大明合符眞宰方同天以下覆俄厭代以上仙伏惟皇帝陛下哀慕未忘孝思罔極痛衣冠之永閟攀弓劒而無階殷薦鴻名光昭懿德廟號非徵於漢魏帝圖自掩於羲軒百代見聖人之功四方知君子之孝率土臣子以欣以感臣限於鎭守遠在方隅不獲奔赴闕庭陪位稱賀無任踴躍之至

讓中書侍郎表

臣某言臣聞斗筲之器不可持盈腹背之毛安能翔遠是以知進忘退易象之深戒在寵若驚道家之切誡此微臣所以遑遑然久積肝血銜恩陳露而未得者也中謝臣代業儒素心游文史雖自勵已豈敢發身始望之官止於中臺郎吏外郡牧守而已幸而因緣昌運遭遇盛時振拔羣倫驟登台袞伏惟皇帝陛下欽明御歷睿哲配天華夏宅心俊賢翹首方當選衆固合退身豈意遷於黃閣之崇參以紫微之重特出睿旨不因人言九重所知萬殞何答誠宜建用皇極保合太和宏聖功於堯舜之時追恪德於夔龍之列而和羹乏用覆餗爲憂空有仰於清光實無裨於元化一自叨竊遽經炎涼蹐影兢魂痛心疾首伏乞鑒其悃欵察其疾羸賜以冗員置於散地溥求俊傑委屬鈞衡則大君知人之明永光於典策微臣妨賢之責將息於廟謀天下幸甚微臣幸甚不勝感恩屏營之至

爲鄭儋尚書謝河東節度使表

臣某言衙官寶及迴伏奉十月二十九日詔書授臣朝散大夫檢校工部尚書兼御史大夫太原尹北都留守充河東節度支營田觀察處置等使勳賜如故者寵章明命

忽降自天捧受兢惶不知所措臣某中謝某性本愚懦才惟薄劣居常勵已進匪因人心無所營宦不期達伏蒙陛下旁羅俊乂登用賢良擢臣於博士之中授臣以良史之任其後驟昇郎署猥在朝行塵忝日深光耀隆極徒思報効未有因緣旋屬邊上選能軍中乏使特蒙宸眷遣佐兵符空知徇公無以稱職望帝城而積戀倏已四年處戎幕而懷憂若臨千仞本使李說暫嬰疾苦奄從薨逝伏以天威遠被廟略克成將士等盡忠義之心竭恭敬之力保完府庫鎭定城池奸宄不生三軍如一監使李輔光器能周

敏智識通明與臣同心祗奉王事豈意殊常渥澤忽出於宸衷不次榮名併加於朽質仰承雨露使在雲霄跼影兢魂心驚股戰進非所據懼不自勝臣伏以太原守在北門地方千里豐沛故壤陶唐遺人合求勳賢膺此委任如臣山東弱植海內散林非郤縠禮樂之資無翁歸文武之用將何以佩六官之印綬平三府之憲章節御萬人典司百事天庭高邈陳讓無由感恩而泣下霑襟忍愧而汗流浹背謹以三日上訖敷陳天意叶暢軍情綸言一宣列校相慶臣誓當恭承睿算虔奉聖慈以安人和眾爲心用報國

忘家爲志冀伸分寸上答聖明所守有限不獲陳謝臣無任感戴屏營之至

河陽節度使謝上表

臣某言伏奉前月二十七日詔旨授臣朝議郎使持節懷州諸軍事守懷州刺史御史大夫充河陽三城懷州節度使寵任非常怔營失次已再奉表陳謝訖臣某中謝臣器質庸懦材能駑下文詞小技不足飾身軍旅大權未嘗措意頃者叨居近密親事聖明選擢皆出於宸衷遭逢偶協於昌運進每憂國退常樂天曾不知操舟者忌臣及津執轡者畏臣先路雖皎皎下燭鑒一心之無瑕而營營謗興扇十手以相指去秋方半已出嚴扃今夏正中又離禁掖伏惟睿聖文武皇帝陛下恩深君父德厚乾坤憫棄席之恩軫遺簪之念微臣自臨關輔恭守章程非官辦而政成幸人安而事集既無罪悔亦望歸還豈意便昇疆場超授鈇鉞再麾飄飄而出守十乘隱轔以啟行荷委寄而誠深苦離違之稍遠就日積戀瞻天靡遑拂儒冠以自驚對朝服而增歎以今月十四日到本鎮上訖伏以郡稱河內山倚太行古爲雄藩今號要地但緣瘡痍未復杼軸已空力

欲輯綏曷由振舉謹當拊循羸卒字育疲甿橫征擅賦誓不爲峻法嚴科議不用與之休息使得便安以此執心期於報德前臨河瀆羨朝宗而指期仰觀眾星俟拱辰而何日所守有限不獲詣闕辭讓無任感激攀戀涕咽之至

謝除宣歙觀察使表

臣某言伏奉今月日制書授臣宣州刺史兼御史大夫充宣歙池等州觀察處置等使者命自九重恩加一介兢惶感惕無地自容臣某中謝臣本以凡林從來孤立謬居要地常積憂危頃者陛下嚴奉園陵孝思弓劍微臣職當營

護理合勵精而昧於隄防誤有任使既招牒訴合抵憲章豈意陛下恩過生成念深簪履寬朝廷之典制委藩鎮之賦輿飛魂再還戰汗交集誓當飲冰食蘖鏤骨銘肌冀申絲髮之効上報乾坤之德不勝感恩惶恐屏營之至

為昭義王大夫謝知節度觀察等留後表

臣某言中使第五守進至奉宣勅旨擢臣知節度觀察等留後臣即以今月十八日上訖非常之命降自宸衷不次之恩猥加賤質奉戴兢惕罔知所圖臣某中謝臣內顧孱庸素無器業量力揣分委質戎行身居將列朝絕親援不

識公卿之第粗聞宰輔之名雖學孫吳未知七德之要嘗師顏閔不究六經之旨愚惟守直訥未近仁顧瞻等夷每愧劣薄苟求寡過之地竊慕事君之道束髮筮仕逢盛時以自怡執心許國遇暗室而增懼臣之愚素敢忘恩榮頃以陪臣獲隨覲見比辭瑤陛瞻覩天顏遂因須慶竊膺寵錫自謂生足榮矣死無恨矣豈意聖慈煥發睿獎曲成拔自轅門寄之藩閫洎天心特達因屈朝章而人望乖疎必速官謗內念惶灼浩無津涯且上黨重鎮赤狄遺人師旅薦興風俗難理猛則生怨寬不知恩鄰接強暴地當關塞加之以仍歲灾沴不足以兩稅徵科軍政稍乖壓覆是懼臣雖竭股肱之力瀝肝膽之誠不知何以上答乾坤少裨塵露云云

為道州許使君謝上表

臣某言伏奉某月日勅旨授臣道州刺史恭承榮命拜伏寵光如出井谷而見日月臣某中謝臣聞周室建侯每先親舊漢朝置守必選循良臣公才蔑聞利用無取自幼及壯終艱且拙然而竭誠以許國必盡力而在公一辭朝右累守郡佐不寒自慄無水而沈伏惟陛下須帝堯分命之

典敷孝宣共理之詔方須俊乂以輯惸嫠若臣之倫何敢望此不圖恩從上降命自中出付以金印委之竹符立有光耀坐生羽翼荷天地之德戴山為輕感雨露之仁測海猶淺謹以某月日便道到州上訖誓當佩韋以勵志置水而清心酌遠俗之便宜節下人之好惡使豪舊斂手疲羸息肩雖不足稱陛下慎擇睿求之意其於乾乾憂濟庶分萬一臣官守所限不勝蹈舞天庭無任

衡州刺史謝上表

臣某言去年九月十五日於宣州伏奉某月日勅旨貶授

臣使持節衡州諸軍事守衡州刺史散官勳賜如故仍馳驛發遣者嚴威成命忽降自天戰灼飛魂如臨於谷臣某中謝臣素以凡品謬登高位雖滿盈是戒每刻肺腑而怨讟所歸難防頰舌屬奉陵無狀選吏不精多偷見繩連斃枯木擢臣之髮豈可贖罪粉臣之骨不足勝刑伏惟皇帝陛下德厚於乾坤明齊於日月斷自深慮遽置寬科降受郡符錫留命服九重殊渥再荷生成萬殞殘骸何由報効以今月十二日到所部上訖伏以君親同致臣子一例情有思於闔達理合具而奏陳今臣官忝須條職非奉使謝

上之外拜章無因欲隱默而不言懼中傷而未已何者微臣頃蒙朝獎謬列宰司誠不曾壅隔賢才怨臣者至寡辭京之後毀臣者則多今却望朝廷更無庇援曲全孤賤唯託聖明特乞眷慈俯鑒哀懇庶使窮鱗懷躍波之望幽蟄有聞雷之期仰天垂涕伏地流汗不勝感恩懼罪戰慄屏營之至臣無任

爲石州刺史謝上表

臣某言伏奉某月日恩制授臣石州刺史持節石州諸軍事謹以某月日到所部上訖祗奉明命伏深戰越臣某中謝臣本瑣材素無明略雖被堅執銳曾立絲髮之功而化人成俗未知韋弦之政豈意陛下錄其微効委此無能付臣以六條之法委臣以千里之地况離石古郡洪河巨防官惟其人位不虛授內顧庸劣將焉克堪誓當宣陛下之風達其壅鬱布陛下之澤潤其枯槁少助神化微分聖憂然後退居農畝以避賢路臣不勝悃款屏營之至

爲桂府王中丞謝加朝議大夫表

臣某言伏奉某月日恩旨南郊禮畢進加臣朝議大夫拜受嚴命感惕交集臣某中謝臣泗濱諸生塞上從事被蒙

恩澤齒列才俊戴高履厚實有忝焉乃建子月伏惟皇帝陛下殷薦祖宗嚴禋天地而限從外役不侍中禁有望雲就日之戀無給薪除地之勞今者爵賞遠加寵榮俯及拾級以上早忝諸侯之秩歷階而升又廁大夫之品峩峩象笏爍爍銀章自揆何人敢安非據伏以神休既擁王澤已流難申牢讓之心空秉益恭之禮無任慶幸屏營之至

爲太原鄭尚書謝賜旌節等表

臣某言今月七日中使尹偕至伏奉勅書手詔慰喻臣及將士參佐等并賜臣官誥旌節寵命併臨榮光疊至欽承

捧受感惕難勝臣某中謝臣昔爲諸生所冀微祿揣摩鉛鈍際會清平伏惟皇帝陛下至德配天大明并日朝有多士國無幸人若臣庸虛何足比數階緣所職被服殊私居郎吏之中已爲饕竊立戎旃之下安所堪任前奉詔書除臣節度託肺腸而三省覺魂魄之九飛懇欵未申恩光荐及使從天上拜迎而萬姓歡呼王在日中照臨而一方安泰綸綍言於寶軸揮宸翰於綵牋既賜諸侯之旌又降將軍之節委之刑賞許以便宜臣實何人忽蒙斯寵重如山壓薰若火炎無以爲容不知自處謹以今日准勅拜受訖

臣伏以旌惟進善節以詰姦昔常傳聞今即祗受度才非將雖天下所知稟令於君豈風塵敢犯誓當保安四境和叶三軍灑帝澤於州閭振皇威於邊徼難酬天造庶竭臣心所守有限不獲陳謝無任感戴抃躍之至

爲太原李少尹謝上表

臣某言伏奉恩旨授臣太原少尹兼御史中丞充河東節度使行軍司馬祗承榮命以感以懼臣某中謝臣器質凡下行能無取父母生之陛下知之頃陷官謗會從吏議伏賴陛下聖明乃得全活旣而肩隨多士掌領孤兒警夜巡晝庶將終老跼天蹐地誓不違遠豈意陛下不量臣之能否拔自近侍貳於大藩且御史丞執憲之任府少尹理民之官也軍司馬握兵之職也皆須率其屬以贊其長必國之良猶懼不稱況於疲病安所堪任此臣所以行思坐念常恐失墜以某月日到府上訖伏以太原建國興王大都嘵囂五氏合沓萬室動見指視甚難爲理唯稟謨猷於廊廟同心力於幕府勤以臨事清而處身至若上分乃眷之憂下塞具瞻之望雖欲自勵終非所能離去殿階已彌旬月攀望不及腸迴目斷無任云云

代李僕射謝男賜緋魚袋表

臣某言臣得進奏院狀報今月七日聖慈召臣男公敏令對見其日中使馬承倩奉宣進止賜緋魚袋欽承失圖啟處無地臣某中謝臣才非動衆勇不兼人仰緣枝葉獲展筋力荷天百祿幸據於周詩遺子一經誠慙於漢史男公敏義方未教容止無儀伏蒙陛下召入清禁之中立於丹墀之下遠憂顛沛伏用兢惶豈意明命曲臨榮光下燭小觿猶佩忽帶金章褐衣纔解便綰朱紱生成之功不次浸潤之澤無涯重若戴山輝如衣錦匈奴未滅方忍恥於愚

臣童子何知復蒙恩於聖主六姻交賀百衆同歡空竭節於邊陲豈酬仁於覆載銘膚鏤骨不敢殞墜所守有限不獲陳謝臣無任感激屏營之至

謝敕書賜春衣幷尺表

臣某言去二月日中使某至伏奉敕書手詔幷賜臣春衣一副牙尺一條宸翰葳蕤寵錫稠疊捧受榮抃如將不勝臣聞衣裳在笥興必有道刀尺爲器用惟其人臣魯國小儒漢庭下士因緣霈澤汙染官牒顏嘗忍愧心不容憂陛下仁發於中惠周於外矜臣以濕暑之患賜之葛衣念臣無忖度之能降其寶尺輕新有楚廣狹不踰被服而炎蒸坐銷秉持而長短立辨揆才量力將何補於分寸運肘延頸實有塵於領袖當期畢命無以酬恩臣無任

謝春衣幷端午衣物表

臣某言今月日中使周某至奉宣口敕賜臣春衣一副幷端午衣一副銀盌一口百索一軸累受寵光載懷兢懼自揣涯分若臨冰淵臣某中謝臣以昧於知人交通元載合從牽累伏待刑章豈謂俯迴宸翰特有殊賜罪當褫帶忽頒御府之衣憂可傷生重延長命之縷更加珍器曲被深

恩徒懷推食之仁立遣素餐之責施均雷雨荷重邱山雖畢命以自期終粉身而無恨臣無任

謝春衣表

臣某言中使某至伏奉敕書手詔兼賜臣及大將軍等春衣一副金縷牙尺一條拜奉天書光生萬里卽受殊賜喜溢三軍臣某中謝臣素以庸虛特承聖獎寄深分閫恩重邱山祗奉朝章布宣皇澤藩夷卽敘懸道廓清將士無戰伐之勞四時沾衣服之賜況榮須尺度禮叶典經敢懷寸進之心空積違顏之戀臣無任云云

謝賜衣甲及藥物等表

臣某言中使某至伏奉敕書手詔兼賜臣衣甲器械刀斧銀器及藥物等幷賜臣下軍將者賜因寄重報覺身輕蹈舞若驚載欣載躍中謝臣力懃致果迹忝理戎六月之師纔申國討九天之詔先布皇慈將以忠勤恤其暴露側身拜命覩物知恩念臣或抱羸病是加藥物矜臣必摧凶醜載錫戎裝弓倍六鈞刀逾百鍊衣分元甲戰則保全器有白金食唯豪貴寵連諸將榮冠一時漢主賜人空聞寶劒宋朝須藥但理金瘡豈如兼備五兵盡蠲萬病榮茲陋質

感戴奚殫無任感恩捐軀之至

謝賜冬衣表

臣某言某月日中使至伏奉勑書手詔等捧戴拜賜榮感兢惕軍城歡抃海曲光輝臣某中謝伏惟尊號皇帝陛下至仁育物元德統乾恩被生靈惠周遐邇臣猥蒙寄任謬領方隅寒暑驟移庶績罔紀王人忽降慈旨曲臨涉遐遠之道途敷殊常之渥澤詔書既啟仰覩垂露之華珍服俯臨實懼維鵜之刺慶同戎府榮及閨門況節戒元冬戀深丹闕授衣感自天之錫盡力堅粉骨之誠屬垂溥天和布

代化萬方昭泰四海無虞空知報効之勞願同犬馬未展涓埃之績何答卬山寢興靡遑慙懼交集無任受恩惘懇之至

謝勑書賜臘日口脂等表

臣某言去年十二月中使至奉宣勑書手詔兼賜臣口脂紅雪各一合十年歷日一通捧緘跪發以喜以駭臣某中謝臣聞平分四時堯有歷象聚蓄百藥周之憲章至若雪散耀紅紫之名香膏蘊蘭薰之氣合自金鼎貯以雕奩是宜寵錫大臣榮加有德用灑非常之澤式彰不次之恩而臣遠守嶺隅賤同凡器曾無薄技上答殊私陛下惠與露行德如天覆發於中禁及此下藩諭以綸綍之言須其啟閉之節脂膏一潤覺面目之有光藥石載攻知肺腑之去疾誓當延年聖代戮力清朝戴昊天而不勝瞻魏闕而增戀無任

代李僕射謝賜男絹等物幷贈亡妻晉國夫人表

臣某言臣得進奏院狀報三月二十五日本道監軍李輔光奉宣進止賜臣男公敏絹五十匹衣一副着蓋椀一幷合發遣往東都辦護喪事至二十六日伏奉勑賜臣妻博

陵郡夫人崔氏晉國夫人欽承明命以悲以歡臣某中謝臣某帝枝末屬天壤微生幸偶升平叨居要劇生成之德無以奉於君親封賞之榮豈望及於妻子今者一門之內二日之中王澤浹於幽明天光蟠於高下受恩過厚忍愧逾深且翦葉爲珪晉封所以稱其大纖縑如雪班女由是咏其妍既耀溢於親疎實感纏於存歿未知所答難以自陳空知想泉路以傷心仰天衢而稽首所守有限未獲陳謝無任

爲樓煩監楊大夫請朝覲表

臣某言臣聞君猶父也臣猶子也子事父有冬溫夏凊之禮臣事君有大聘小聘之義臣雖庸鄙嘗感斯言況乃地離京師千里而近身去王室十年有餘心旣傾而陽光未迴目已極而雲路猶阻此臣所以形留神往淚盡血繼者也況監司之寄甚重馬乘之務非細或物有因襲革之而無妨或事無典據爲之而有利咸非翰墨所可升聞貯於中心期以上達伏惟陛下迴天地之鑒垂日月之明俯借恩光暫令朝奏儻得飛纓於赤墀之下委佩於彤庭之前目見龍顏足履丹地則犬馬大幸與天無窮無任悃欵之

至

第二表

臣某言臣自罷侍龍樓出班馬政星霜驟變十有三年伏惟陛下光宅寰瀛惟新景命奏簫韶之九變獨臣未聞舞于羽於兩階唯臣未見累歲有違離之苦終朝懷戀慕之誠是以屢獻封章懇求朝覲愚衷不達聖眷未迴邊山之中躑躅愁結比者臣雖庸鄙兼領嵐州職在治人固難離局今旣專知監務特有使名伏櫪多暇望雲增切且臣所部濱河近塞兵家利病時事便宜難於遠陳願一敷奏而況道途非遠僕御不多次舍之費誠未擾於郡縣往來之期當不踰於旬月伏望俯迴天鑒曲遂臣心使得稱慶於中朝然後代勞於外廄至願斯畢死無所恨無任懇迫戀結之至

第三表

臣某言臣聞心孤者觸緒而悲意切者發言皆懇揣情循理今古同塵嘗謂無之今乃信有臣某中謝臣雖頑鄙無取亦嘗側聞長者之論上自古昔迄至於今才能事業百十於臣而不升名宦之級不知祿廩之數者何可一二其

紀臣某無耿介之節開濟之能且有極愚至陋之累而微生際會事陛下於藩邸之中周旋出處雖無擁戴神聖之績便蕃左右曾有侍從言語之樂竊自欣賀若升雲天伏惟陛下握圖御極凝旒垂象惠均於動植信及於細微擢臣於方岳之中委臣以監牧之務仰憑殊造俯竭愚衷封人粗安國馬稍息今者秩視賓客位爲大夫耳煩絲竹之音饗口厭粱肉之滋味馳驅駿足偃息華榱蒙陛下覆育之恩已爲太過顧微臣止足之分實所甚榮豈敢更冒寵光別求獎用伏以狗馬之齒衰暮相追螻蟻之命危殘不

常日往月來懼貽敗覆天長地久不勝瞻戀每至木葉下邊馬嘶切思指畫君前以畢平生之力常恐先霜露塡溝壑不見丹闕長恨黃泉伏惟陛下仁愛惻隱及於萬類察臣之至願表臣之赤心使一入帝城死無所恨無任哀迫懇苦之至

代河南裴尹請拜埽表

臣某言臣聞天地之大曲成於品物臣子之心無隱於君父下情上達至化旁流伏惟開元天寶聖文神武應道皇帝陛下睿謀作聖孝理奉天蒼生之願不違皇極之慈廣

運不以臣微劣無取累擢大官位高尹京職重居守犬馬陳力未酬明主之恩霜露感懷遽有私家之請臣某中謝先臣墳墓俯在近郊頃歲以來闕伸拜埽每至寒節展臣情禮晨往暮還所職無闕又臣於墳塋立碑恐其向就建樹之際獲遂躬親重泉承日月之光舉家蒙雨露之澤不勝罔極之至

爲羽林李景略將軍進射雁歌表

臣某言伏惟皇帝陛下某月日臨御某殿射飛雁一隻應弦而落歡動宮闈武暢環衞中謝臣家世爲將揚聲朔野弧矢之事少嘗習焉每張侯爲鵠注鏃而釋期於必中十不一二今則禽飛於青冥之際箭發於倏忽之閒一聲劈雲雙翼墜地此皆神授審固靈扶端直以成陛下神武之威也臣才質無取蒙恩深厚脫劍免冑之餘輒思撰射雁歌一章隨此上獻誠不敢繼抗墜列風雅姑以抒下情宣上德附於大武之末而登歌焉無任歡抃怔營之至

進異馬駒表

臣某言得當道征馬使穆林狀稱忻州定襄縣王進封村界去五月十二日夜孳化馬羣內異駒一匹白騧文馬畫

圖送到者臣謹差虞候辛峻專往考驗并母取到太原府而毛色變換與青騮色駁頭趺額紅鼻肉駿尾上茸毛額帶星及旋肋骨左右各十八枝四蹄青兩眼黑續得穆林狀稱當生之夜羣馬皆嘶靈質炳然休徵備矣中謝臣聞馬之精也自天而降馬之功也行地無疆是以武藉其威文榮其德謹按馬經云肋數十六者行千里伏惟陛下握負圖之瑞總服皁之靈異物殊祥蔚然叢集臣觀前件駒靈表挺特雄姿逸異頸昂昂而鳳顧尾宛宛以虬蟠信坤元之利貞誠太乙之元貺自將到府便麗於宮每飲以清

池牧於芳草則彌日翹立驅之不前及長風時來微雨新霽輒驤首奔騁追之莫及臣某恒親省視專遣柔馴倘駿骨峯生奇毛日就獲登華廐既備屬車遠齊飛兎之名上奉應龍之駁天下大慶微臣至願見令養飼至秋中卽專進獻伏惟陛下兼愛好奇想其風彩令謹圖畫隨表上進伏乞聖恩宣付史館俾此丕烈垂於無窮臣無任戰越之至

欽定全唐文卷五百四十一

令狐楚三

請罷榷茶使奏

伏以江淮間數年已來水旱疾疫凋傷頗甚愁歎未平今夏及秋稍較豐稔方須惠卹各使安存昨者忽奏榷茶實爲蠹政蓋是王涯破滅將至怨怒合歸豈有令百姓移茶樹就官場中栽植摘茶葉於官場中造作有同兒戲不近人情方在恩權孰敢沮議朝班相顧而失色道路仄目而吞聲今宗社降靈奸凶盡戮聖明垂祐黎庶合安微臣伏

蒙天恩兼領使務官銜之内猶帶此名俯仰若驚夙宵知愧伏乞特迴聖聽下鑒愚誠速委宰臣除此使額緣軍國之用或闕山澤之利有遺許臣條疏續具聞奏採造將及妨廢爲虞前月二十一日内殿奏對之次鄭覃與臣同陳論訖伏望聖慈早賜處分一依舊法不用新條唯納榷之時須節級加價商人轉賣必較稍貴卽是錢出萬國利歸有司既無害茶商又不擾茶户上以彰陛下愛人之德下以竭微臣憂國之心遠近傳聞必當感悅

遺疏

臣永惟際會受國深恩以祖以父皆蒙褒贈有弟有子並列班行全要領以從先人委體魄而事先帝此不自達誠爲甚愚但以永去泉扃長辭雲陛更陳尸諫猶進瞽言雖號叫而不能豈誠明之敢忘今陛下春秋鼎盛寰海鏡清是修教化之初當復理平之始然自前年夏秋已來貶譴者至多誅戮者不少伏望普加鴻造稍霽皇威歿者昭洗以雲雷存者霑濡以雨露使五穀嘉熟兆人安康納臣將盡之苦言慰臣永蟄之幽魄

代李僕射謝子恩賜狀

右臣得進奏院狀報中和日伏蒙天恩賜臣男公敏內宴幷賜前件綾羅三十疋銀椀一者臣伏以桃花始開蓂莢初吐陛下式崇佳節以慶仲春舞八卦於廣庭陳四詩於別殿道光在鎬義冠濟汾蓋所以勞徠勳賢昭明慈惠男公敏年方童幼智乏老成何殊一芥之微忽宴九天之上乳口而餐嘗鼎食青衿而陪列朝班越次之恩已深踰涯之賜仍及色絲成疋爛盈其箱篋白金爲器皎映於杯盤澤流而九族皆榮信至而萬夫相慶生子如父無功則同知臣者君報德何日徘徊官次喜懼交幷戎守有限不獲陳謝無任感恩結戀屛營之至

第二狀

右臣得男公敏狀今月十八日中使王希朝到院奉宣聖旨緣臣男患耳賜絹一百疋以充藥直幷遣醫人劉江診療者臣自受國恩已更歲序其於功績絲髮未伸夙夜憂兢不知所處男公敏昨緣耳疾今赴上都素乏義方未能典謁豈意陛下惻隱之德俯加於纖芥敦睦之慈旁流於枝葉殊恩猥及渥澤曲臨特降醫工厚沾藥直雖犢之疾料即痊除君親之恩何可報效榮光燭於府舍喜氣溢乎閨門恩深命輕繼以感泣戎役有限未獲躬詣闕庭陳謝

不勝感戴

第三狀

右臣得進奏官趙履溫狀報中使姚文嵩到院奉宣進旨賜臣男公敏冬至節料羊酒麵等伏以愚臣在邊賤等螻蟻弱子兼疾微如塵埃豈意陛下施惠必均推恩皆及屬登臺以望之日降其出如綸之言錫香醪而滿壺頒肥羜以盈几伏自惟念不勝所蒙一門驚莫大之榮百衆賀非常之慶未知報効空積慙惶日月高明照臣忠懇所守有

限未獲躬詣闕庭陳謝不勝感戴戀結之至

第四狀

右臣得進奏院狀報前月二十九日中使某至奉宣進旨賜臣男公敏歲料羊酒麵等臣自領北藩於今五稔曾無明略以奉大猷孤直愚忠未足報陛下萬分之一男公敏伏緣醫療勒赴京都尚未平除爰逢歲節豈意翩蜎微物飛舞於東風霏靡輕生霑濡於春雨降少牢而頒賜迄中使以宣傳麵起玉塵酒含瓊液鼴鼠飲河之腹聞以滿盈老牛舐犢之心喜無終極深恩似海宏覆如天寧惟感激

一門實亦光明九族何階報答終日慙惶空將許國之身誓竭在邊之力所守有限不獲陳謝無任感恩抃躍之至

第五狀

右臣得進奏院狀報二月二十九日中使某至奉宣進旨賜臣男公敏寒食節料羊酒麵等至二十一日中使某又宣賜麥粥餅餤者臣伏以天地之恩所加斯厚君臣之義有感則深臣自守近藩曾無薄効緣恩據義以月繫年男公敏未識憲章獲參班序每因令節又沐殊私須首之羊委其全體擢芒之麥散以輕塵粥既擬於瓊膏餤有同於萍實出爲寵錫皆申上帝之心食以充盈莫非小人之腹涓毫未展饕餮已頻常懷覆餗之憂有忝分甘之施苟仁之逮下微物敢讓於生成如澤或因臣瑣質何堪於負荷官守有限不獲陳謝無任感恩抃躍之至

第六狀

右臣得進奏院狀報今月九日中使李朝誠到院奉宣進旨賜前件節料麵肉等次十日中使徐智嚴奉宣聖旨又賜麥粥餅餤者寵榮便繁錫賚稠疊或陳於廊廡或貯在樽壺酒可駕車麵疑經市而況屑杏實以爲粥味甜於蜜

卷牢肉以成餤規大於拳皆出御廚無非仙饌面牆之目未嘗窺見含糗之口忽此捧嘗恩逾涯分榮冠倫列在微臣而過幸日益憂兢念小子之何知無由答效身輕施重負荷難勝所守有限不獲陳謝無任抃躍之至

爲人作謝防秋迴賜將士等物狀

右件將士中使朱孝誠監領某月日平安到太原其賞物并勑給付訖臣伏以受命以行人臣之節斯著及期而代君父之仁已深陛下愛育武夫綏懷猛士采薇遣戍既霑挾纊之恩出車勞旋又有分緜之澤纔識家而競入俄拜

賜以嵩呼盡忘征役之勞固感生成之德况臣叨居將帥獲沐恩波所守有限不獲陳謝

爲人作謝賜行營將士疋段幷設料等物狀

右臣得行營兵馬使李黯狀報伏蒙聖恩賜前件疋段設料者伏以懷生之類莫非王臣有事之時惟聽君命今者天誅小醜恩施羣雄豈謂偏裨皆蒙賜賚需以飲食比肩而膚革充盈貴於束帛連袂而衣裳華楚空知飽德何以勝恩競堅摩壘之心爭竭拘原之力臣叨居將帥誓埽寇仇感戴屛營倍萬恒品

爲人謝賜行營將士襖子及弓弩狀

右臣得兵馬使李黯狀伏蒙聖恩賜前件物等者伏以狂賊未平偏師在遠臣並全支器械厚給衣裝陛下念以戰爭矜其寒苦特頒星使猥降天波衣絮八蠶之緜暖如狐腋弓纏九牛之角勁若烏號須及連營來從內府遙知被服皆不憚於兵鋒緬想操張悉將穿於虜骨歡聲感動勇氣蒸騰信山嶽之可移豈妖氛之足滅臣名叨將帥志埽寇讎沐恩澤而空深效勤勞而尚淺誓將忠懇以勵驍雄所守有限不獲陳謝

爲人謝賜天德防秋將士絁絹狀

右臣今月七日中使朱孝誠至伏奉詔書兼宣恩旨賜前件絁絹等臣伏以武夫之用職在防虞壯士之心樂從征役陛下仁慈廣被渥澤旁流諭以功名賜之緜帛荷殊私而東拜悉有兼衣賈餘勇而西行若無遠道同將日力共振天聲臣猥守藩隅叨居將帥欣榮感戴實百恒情

爲人謝賜將軍官告狀

右臣中使朱孝誠至伏奉詔命慰問臣幷宣慰旨允臣所奏當使諸將官賜前件告身者寵命從天榮光溢路謹呼

感戴皆不自勝臣素質懦愚叨居上將徼誠空竭薄效未伸伏蒙陛下曲降天波俯加王澤華資清秩周及於百夫喜氣讙聲喧傳於一道家藏寶軸人受綸言三軍驚非次之榮萬井賀殊情之慶誓將苦節上答明恩謹准勅捧受分給訖臣與諸將等限以所守不獲詣闕陳謝無任抃躍之至

爲人謝宣慰狀

右監軍李輔光迴伏奉勅書手詔宣慰臣及參佐將校官吏等者臣竊位大藩連榮近屬戴山之力雖竭橫草之功

未聞寢興以思憂愧若厲伏惟陛下日明於上子育其人降玉節之天書遺銀璫之星使宸心照育下浹於將校慈旨丁寧旁霑於掾吏讙呼之聲雷動舞抃之袖雲飜榮光併臨愁疾如失不勝欣喜感戴之至

謝勅書手詔慰問狀

右監軍使李輔光迴伏奉勅書手詔慰問臣及將士等者臣自守大藩未伸微效每承渥澤實所慙惶今者伏蒙陛下宏覆幬之仁與天爲大廣照臨之意如日斯升特遣王人復還使府捧絲綸之明詔光寵賤微吐汗漫之温言霑

濡羣萃浮空而喜氣成霧動地而讙聲若雷空知受恩何以勝德所守有限不獲陳謝無任感戴之至

謝口勅慰問狀

右中使孟昇進至伏奉口勅慰問臣及將士等臣素非公才叨總戎律清平無事績用未彰伏惟陛下子惠兆人天成萬物降星分之使宣綸出之言問以炎涼勉其勞役恩踰素望榮冠常倫跪聽讙呼衆心如一臣等不勝感戴之至

謝宣慰狀

右監軍使某迴伏奉勅書手詔兼宣恩旨慰問臣及將士等伏以天地大鈞固無私於覆載豚魚微類皆有荷於生成臣實庸虛叨膺奬用至於師人輯睦封畧乂安皆稟廟謀無非宸算豈意天慈廣被聖眷旁流歸復監臨昭宣慰撫爲膏之雨泛洒於編人如綍之言傳聞於列校讙生衆口感結羣心同守節以戴天各輸忠而報國臣與將士等不勝感恩抃躍之至

謝勅書手詔慰問狀

右某月日中使某至伏奉勅書手詔慰問臣及將士參佐等并賜臣官告旌節兼宣口勅授臣節制者臣伏以聖澤

汪洋高卑盡滿皇明照耀微細不遺內愧瑣材上煩慈旨朝聞夕惕豈復遑寧夜思晝行不敢失墜今者三軍輯睦萬井歡康皆憑天威盡出宸算慙將孱劣虛受恩榮某月日已差衙官某奉表陳謝訖無任感戴之至

謝宣慰諸州軍鎮等狀

右中使至伏奉某月日詔書令中使宣慰諸州刺史外鎮將士等令臣亦使人安撫者臣准詔差虞候張浚隨中使某所在存問以某月日却到太原伏以設官分職邦國之

恒規秉義納忠人臣之素分伏惟皇帝陛下嘉其奉上念以守邊降驛騎於九重諭天心於萬里法南風之長養豈擇卑微並白日之照臨不遺遐遠邊城將校井里黎人競鼓舞於皇明盡霑濡於聖澤室家相慶關塞無虞臣忝守戎旗無任忻抃之至

爲崔仲孫弟謝手詔狀

右中使尹偕至伏奉手詔慰問臣等伏以聖澤均霑天光下燭欣榮感戴不勝自任臣生代未諳遺家不造嬰孩之日長養於外家童冠之年因依於伯姊容身寄食以至於

今李說念臣以密親署臣以散職誓將裨補義不依違誠意莫申大期俄迫今者獲成安泰仰荷聖明豈期特降恩波深蒙慰撫昆蟲賤命不可以戴天葵藿微心空知其向日親疎共感存歿同榮無任感恩抃躍之至

爲人謝問疾兼賜醫藥等狀

右今月十八日本道監軍使李某至奉宣口勅問臣所疾十九日中使張良祐至伏奉詔書賜臣烏藥蔘子各一合藥方兩紙并借供奉醫官兩人醫臣疾者臣素是凡庸猥當朝寄暫乖將息特軫聖慈綸出王言朝昏不絕星馳驛騎道路相望須仙藥於雲中降神醫於天上仰承榮寵冀即痊平兢惶失圖感戴無地蒲柳之心猶壯誓竭丹誠狗馬之齒更長敢忘元造臣見准詔書與醫人商量服餌未及塗藥將息腫氣已退煩熱未定所守有限不獲陳謝無任感恩結戀之至

爲人謝詔書問疾兼賜藥方等狀

右臣奏事官高榮朝迴伏奉墨詔問臣所疾并奉宣口勅賜臣藥方者臣疲駑之質寒熱所侵仰憑天慈今日已損豈意猶煩睿想尚軫聖衷特降千金之方兼飛五色之詔

榮光一燭愁疾如遺誓畢微生以酬殊造無任感戴之至

爲人謝問疾狀

右監軍使李輔光迴奉宣口勅問所疾者臣頃因時旱疾以憂生仰蒙覆育尋就痊除伏以君恩過厚天聽至卑纔形於詞如撫以手顧慙微細特繫於宸衷內省疲羸尚關於睿想榮深益懼喜極而悲當望雙闕以注心守一隅而盡力不勝感結抃躍之至

爲人謝端午賜物等狀

右中使王進卿至伏奉詔書慰問臣兼宣恩旨賜臣及諸

將衣幷百索銀器等者臣伏以夏之爲仁實由乎長養王者所寶莫重於賢能故事將錫長年皆於今月因頒珍玩遐及庶方誠上帝之殊私信天朝之盛典臣才無所取政不足稱獲守司存已爲尸忝豈意九天之慶賜每歲必來五日之祺祥無年不受衣裳霧疊詔旨雲繁篋中盈綵絲之索案上滿眞金之器方圓通用紅紫交光命輕而服拜難勝身賤而鋪塵不稱以榮爲懼當喜而憂終無補於成功空有慙於僭賞幷准勑捧受兼分給諸將訖所守有限不獲陳謝

爲人謝賜口脂等幷歷日狀

右中使吳千金至伏奉勑書慰問臣幷賜前件口脂臘脂紅雪紫雪各一合幷歷日一卷等者伏以歲將更始節及嘉平陛下凝香爲膏聚藥成散頒日月於歷上奮龍鸞於筆端星分九天之使雲布一日之澤此誠無私之殊造均養之深仁而臣空抱愚忠曾無方畧一居藩鎭三度受恩朱奩忽開鮮膩與芳馨相雜素編旣列閏餘將分至不差披尋而齒算延長塗傅而口容芳潤油雲之覆逾廣無以勝任緜地之封粗安未爲報効捧受賞翫形神渙然無任感戴之至

謝賜臘日口脂紅雪紫雪歷日等狀

右中使董文蕚至伏奉詔書慰問臣幷宣恩旨賜臣前件物等者臣伏以天書垂露御歷頒年靈膏有瓊液之容仙散擬雪花之狀司天推步定分至於四時尚藥煎和辨君臣於百品無不關於睿想發自宸衷下錫勳烈之臣猶無過分幸霑庸微之質實所難勝况乏潤身之資欣蒙苦口之利謹當奉揚節候下告於萬人宣播光輝旁誇於九族殊私未答渥澤逾深夙夜寢興無任感戴

爲人謝賜男歲節料幷口脂臘脂等狀

右臣得男公敏狀稱伏奉恩旨賜歲節料麪兩石羊一腔酒五㪷口脂臘脂紅雪各一合者臣謬以庸虛叨塵任使陛下前因蜡日已降使臣旣霑澤口之膏又賜雪煩之散一從捧受實未遑寧豈疲病小男復蒙寵錫酒漿口腹充溢於杯盤藥餌脂膏馨香於懷袖雖君父用賞延之義微細不遺而臣子非立功之人光輝斯極豈德澤之私於一物俾恩波之重若三山夙夜寢興以榮爲懼戎守有限不獲陳謝無任感慶屏營之至

謝賜春衣牙尺狀

右中使某至伏奉詔書宣賜前件物臣伏以衣服者身之文章尺寸者王之律度被於四體不衷則災考以二分無差爲貴伏惟皇帝陛下陶蒸萬類軌物兆人每及新春皆頒上賞其或才堪國用智代天工福至而驚名成猶懼循省涯分比數藝能臣實無任累承斯寵曳紫光於腰下秉佩黃金操素質於掌中如持白璧窺看耀日舉止生風誠聖主全覆育之仁顧微臣無秉持之力蒙恩過厚忍愧逾深終申一寸之功用答九重之賜欣榮感惕不勝自任

第二狀

右中使駱元榮至伏奉敕書手詔慰問臣等并賜臣春衣二副牙尺一枝軍將衣二十副者臣伏以行慶於下惟德所廣受賞於上無功則難臣實何人叨居重任履冰非懼食蘖爲甘今者伏蒙陛下推漢后解衣之恩寵錫春服稽有虞審度之典榮頒象尺樂官考正無累黍之差女御裁縫有奪朱之麗而況端平皎潔無慙七寶輕盈綷縩不謝六銖此臣所以捧觀而似覩鈞衡服拜而如生羽翼謹便分散諸將傳示衆人感戴欣抃歡與臣同所守有限不獲拜謝無任欣躍之至

謝賜冬衣狀

右中使宋文璨至伏奉敕書手詔慰問臣及將士等并宣恩旨賜臣等前件冬衣者臣伏以爪牙之寄才實甚難衣裳之賜恩爲至厚臣之器質無所任用誠不足以膺重寄而蒙厚恩今陛下陶以太和蓋其多闕及戒寒之月屬授衣之時喻比賢能須宣慈惠跪聽清問欽承寵章宛是蠶絲爛如獸錦長皆被土貴實兼金分列校不辨鮮華在微臣最爲重疊自承天澤不憚風威仰戴恩先有千鈞之重

俯循功績無一縷之微空知竭誠難以勝德謹并捧受分給訖所守有限不獲陳謝無任感慶屏營之至

第二狀

右中使某至伏奉敕書手詔慰問臣及將士兼宣恩旨賜臣等前件冬衣者伏以綸綍之言出於天澤衣裳之受必以王功臣職在總戎任當平寇効無絲髮非聖主而豈容施若邱山在愚臣而將壓今者司寒肇至命服載新降自九霄來經千里錯鳥章於襟帶奮龍文於素牋兼並縟麗備極瓌奇木石之姿過蒙鮮飾冰霜之氣頓減嚴凝曳婁

而賊質生光憤悱而懦心增勇終期薄効用答深恩謹准勅受兼分給諸將訖所守有限不獲陳謝無任感戴之至

第三狀

右中使吳千金至伏奉勅書手詔慰問臣及將士等幷宣恩旨賜臣冬衣兩副及諸將衣二十副者臣守國之藩荷天之寵名聲績用未有可稱伏惟皇帝陛下仁育四方澤均羣動當元律開冬之候念祁寒用事之初書詔交飛衣裘疊至墨畫龍蛇之妙綾兼龜鶴之奇服翫而衰殘有光拊循而孱懦增氣自臣而下萬口一聲臣並准勅分配訖

不勝歡抃愧戀之至

謝賜毯價絹狀

右監軍使李輔光迴奉宣恩旨賜臣前件絹者臣當道比年未豐經費不足懼乏供億慙無智能陛下散燭幽之光垂逮下之德絲綸既出縑帛貫來數至累千價盈巨萬廣狹中量鮮明如冰足以贍三軍之賜予充百工之餼廩捧受欣抃不知所裁無任

謝宣行哀冊文狀

右臣先准勅撰成封進訖奉某月日勅旨敬依典禮無任號慕者伏以範天地之大者難爲狀鐫金石之堅者難爲工況先皇之武烈文明迥超前古而微臣之瞽言懵學不及中人顧惟庸虛謬獲紀述叨蒙恩獎特賜宣行竊文士之名誠有慙色彰聖人之德實荷經綸

謝賜僧尼告身幷華嚴院額狀

右中使王進卿至奉宣恩旨賜臣前件僧尼告身幷院額等臣伏以有爲功德莫大於化人無上菩提亦先於奉國臣以前因慶誕輒貢數陳期降福於上天庶効祥於今古伏蒙陛下用至眞之印轉不退之輪寵錫僧名榮須院額

仰窺金榜跪捧瑶緘龍翥四維鸞迴三點憑大悲之力便至道場承上聖之仁必成菩薩先生十地歡動一方荷天眼之昭明顧法身之清淨所守有限不獲陳謝無任欣戴之至

爲五臺山僧謝賜袈裟等狀

右中使蘇明俊至奉宣聖旨賜臣巾襪香茶念珠袈裟等伏以推恩之義法雨露而必均受施之心戴邱山而不墜伏惟皇帝陛下爲人心印得佛髻珠垂衣於空寂之門倒屣於清涼之境每因令月常降信臣齎珍寶於九天散芳

馨於十地巾裁吳紵靡不輕盈帔衲齊紈無非麗密臣某等名非長者跡在凡夫既結襪以經行又焚香而宴坐啜楚山之新茗煩惱頓除持越海之名珠聖賢可數而煎和百品周遍萬僧觀奕葉以重光知分畦而疊慶豈大雄慈悲之力盡上帝福德之田誓當潔已禱天虔誠報國以無疆爲聖壽以常樂爲昌期長承覆護之仁永助清平之理限以修習不獲匍匐陳謝無任感戴之至

第二狀

右中使蘇明俊至奉宣聖旨賜前件袈裟蓮子念珠等物

均散五臺山諸寺伏以稻畦可製降自九天蓮菂靚規生於八水或光浮眼界或香滿鼻根豈意凡夫今蒙寵錫山積於樓臺之下無不莊嚴雲散於林嶺之中悉皆週遍感承覆露孰不欣榮誓將傳印之功以助垂衣之慶謹幷准勑分散訖無任感戴之至

欽定全唐文卷五百四十二

令狐楚四

爲鄭尚書賀冊皇太子狀

臣聞於宣政殿冊皇太子訖伏以建崇儲位光啓春闈萬方以貞九服同慶伏惟皇帝陛下誕敷聖訓光啟天慈咸元貞於國經鍾福慶於邦本皇太子溫恭表德仁孝因心方毓質於龍樓肇增輝於望苑臣戎守有限不及蹈舞稱賀

賀韓僕射充招討使狀

右中使臣希倩至伏奉詔書吳少誠比令招討都不悛心令以韓全義充蔡州行營招討處置等使臣當軍兵馬令取全義指揮上官說充招討副使令臣使人詣行營所撫慰將士仍令激勵臣伏見逆賊吳少誠殘喘微生驟飛賊品敢違帝命來即靈誅陛下天覆爲心雲行其德念日月所照九州攸同哀陷穽之中一夫不獲懸申詔旨開賜生全而長惡未悛執迷不復凶逾亟繫聲極吠堯今既愼選武臣盡驅猛士威聲先路實勵於震霆翦滅剋期必同於沃雪欣歡奮激倍百恒情當道應行營將士等悉懷感怒

畜力俟奮指蹤示處既以得人致命捐軀必應無敵臣即準詔差人專往慰諭仍切加激勵冀申微効用答深恩不任悃款之至

賀破賊兼優卹將士狀

右中使臣希倩至伏奉詔書得全義總率諸軍已入賊界四月二十七日大破賊徒幷擒斬生級如有身死王事者已委全義並給棺櫬送歸本道令臣五年莫停衣糧者吳少誠眛滄下流不朝於海根荄弱質自絕於天狴牢之中嗚吠未已今霜鋒雲集月羽風馳既壓賊軍纔聞鼙鼓將

摩寇壘已見靡旗實廟堂知先勝之形校隊陳爭登之力誅鋤有次芟殺無難凡在方隅不勝欣抃臣伏以雖忠不烈戰士所羞視死如歸武夫之志伏惟陛下宏天覆幬爲日照臨載激怒所爰收膚骨漢世徒須其櫬櫝義闕送終周詩縱裹其餱糧賞延非嗣以今觀古奮一當千臣獲守邊陲叨居將帥無任感激之至

賀行營破賊狀

右臣得當道行營兵馬使李黯狀報諸軍兵馬四月十七日從臨潁縣三道齊進二十七日過溵水縣張村下營問探知桑林中有賊遂與接戰大破賊軍擒生斬級不知其數者臣伏以天道無親助其効順人生有欲患在不安今逆賊吳少誠深入禍門自沈罝罟執迷不復謂暴無傷去至安而即甚危棄大順而爲巨逆避日月之照干雷霆之誅尚假息於寸陰敢偷生於數刻今者將從天落兵若山行濟溵水而不濡隔偃城而欲斷長蛇之首尾如截應接自難狡兔之窟穴已焚死亡無所方當破竹猶繫苞桑剩銳氣以長驅抗威稜而直指困雖猶鬬亂不能軍既摧衆惡之鋒必喪元兇之膽以愚籌度不日埽清臣忝守戎旃

無任抃躍憤激之至

賀行營破賊狀

右臣得當道行營兵馬使李黯狀報今月十三日於故信州城下破賊三千人斬首七百餘級者臣伏以舉趾或高則無所措退藏多密罔或不亡逆賊吳少誠用已之愚劫人爲惡唯日不足謂天可逃自韓全義稟受廟謀總齊力士橫行於境深入其郛兵才交鋒寇已亂轍以羸師之骸罣罥䅉草而腥林疲馬之命委離裝壕而咽塹實由奪其信幟拔彼懸門遂使戰野者不知所歸守陴者無從而出

凶徒風散叛卒星分亦足以快帝怒於高天宣皇威於下土況臣任當旄鉞誓埽氛祲慶抃之情實萬恒品所守有限不獲稱賀闕庭無任屏營之至

爲人作薦昭州刺史張愻狀

右臣伏準貞元六年十一月八日勑旨自今以後諸州刺史縣令以肆考如理術尤異實效可稱考滿日委觀察使錄事跡以聞特加奬擢者前件官守文惟謹持法甚精清廉有餘貞固無比臣伏見嶺南風俗惰懶苟避征徭易成逋竄張愻憂人若已理郡如家勸課農桑置立保社移風

爲敦厚之境徵賦無慘急之名周旋六年其道一致臣猥司廉察忝守方隅以所見聞懇須甄錄

爲人作薦劉孟修狀

右前件業傳忠厚雅尚文儒貞白居心公勤守職累曾試用皆著清廉頃崔漢衡在晉州日奏授殿中侍御史充都防禦判官直道不回正詞無隱賓僚之內裨益甚多知是公才豈爲參佐屢詳疑獄心盡哀矜嘗判劇曹事無留滯臣是以錄其勞效奏請改官伏蒙聖恩特授前件官令赴闕下奉詔旨不敢乞留臣伏以孟修自有幹能誠堪任使所知微分輒敢薦聞干冒宸嚴伏增戰越

爲人作奏薛芳充支使狀

右件官蘊蓄公才精勤吏道文章史傳無不該通大歷末則與臣及徐泗節度使張建封同事故馬燧作判官建中三年曾以公事直言不合其意遂被奏授交城縣令及有政績褒然瘵羸悉安征賦皆辦臣以其四居畿令兩任法官有學有才堪爲賓佐委令推斷無不詳平與之籌畫多所裨益相諳相識二十餘年滯屈最深實希榮奬伏望天恩特賜改官充臣觀察支使

元日進馬并鞍轡狀

右臣伏以元日開歲東風發春人神大和天地交泰伏惟皇帝陛下鴻猷更始寶祚惟新協三朝之會同受萬國之歸慶臣某職當分閫屬忝維城未聳翼於丹霄空馳心於皇極前件馬并鞍轡等馳驅有慶雕鏤初成願將行地之功以奉如山之壽干煩宸嚴伏增戰汗

第二狀

右臣伏以五始混成歲爲元吉四時分理春實發生伏以陛下嗣帝鴻名受天成命百神降福願等於山河萬國歸

仁恩陳其玉帛臣限從戎役闕奉朝行又及新年皆承覆露每瞻初日如奉聖明前件鞍馬等稍似馴良並非淫巧冀充庭實用達邊情干冒陳獻伏增戰越

端午進鞍馬等狀

右臣伏以五者天之成數夏者天之仁時伏以陛下用仁時而長養羣生舉成數而陶甄品物是以百蠻委瑞萬國歸誠同瞻日月之光共奉乾坤之壽臣方從邊役未在周行謬宣力於清朝竊馳心於令節前件馬等柔馴既久雕飾初成敢因五日之良以續千年之慶干冒陳獻伏用兢

惶

第二狀

右伏以月旅蕤賓節惟端午天人効祉朝野交歡伏惟陛下宸極尊嚴大明光耀擁純陽之元吉保眉壽之康寧風俗既和人倫以厚前件鞍馬器物等雕鐫始就服習初成輒因五日之良以續千秋之慶干冒宸扆伏增戰越

第三狀

右伏以月維仲夏時屬純陽當五日之良辰慶千年之聖壽華夷修貢走玉帛於寰中朝野飛歡均金石於天上臣方從戎役夙奉皇慈願竭微誠慙無遠物前件鞍馬等久令馴致稱以柔良干冒宸嚴伏增戰越

又進銀器物幷行鞋等狀

右伏以月維正陽日次南午千官拜稱觴之慶萬國陳執珪之禮將以嗣續聖壽延洪昌期蓋朝廷之舊儀乃臣子之常事前件銀器等或便於用正當其時慙經萬里之遥願獻九天之上塵黷宸鑒無任戰懼

賀冬至進鞍馬弓劒香囊等狀

右臣伏以建子實三微之宗黃鍾爲六律之本冬氣方至

壁星正中伏惟皇帝陛下統馭天正發生陽數壽等南山之固萬姓具瞻恩均東海之波百川皆赴臣某限（一作猥）從外役叨奉殊私秉戎律以輸誠望宸居而積戀前件鞍馬等非追風照地之駿麗無切玉穿札之堅強用愧含香名慙承露輒備祝堯之禮願申朝禹之心干冒宸嚴無任戰越

第二狀

右伏以四海無外三冬正中伏以陛下大明燭幽鴻化御極居元堂而布政登觀臺以視朔受萬國之慶擁百神之

休臣守在邊陲職司戎旅朝天之路由限於山川向日之心增勤於草木前件物等皆生其地並考於工願奉如山之壽敢修任土之貢干冒陳獻伏增戰越

又進鞍馬器械等狀

右伏以迎日良辰書雲令節始生一陽之數首出三統之正華裔交歡天人同慶臣某名班將帥守在封疆阻羅拜於彤墀空注誠於紫闕前件鞍馬器械等雖無犀利稍似馴良恭陳遠路之心願備廣庭之實干冒宸扆伏增戰越

謹遣某官隨狀奉進

又進銀器唾盂等狀

右件銀物等非有可觀甚無所直以其方圓不礙斟挹酒漿潔白自持宜承咳唾敢因長日願獻上天干冒宸嚴無任戰越

降誕日進銀器物及零陵香等狀

右伏以千年元命之符四月正陽之氣出震吉日繼乾良辰黃河再清冠中古之表德恒星不見掩西方之誕聖前件器物或堅白無玷或馨香有聞敢同率土之心以續如天之壽干冒宸扆伏增戰越

降誕日進鞍馬等狀

右臣伏以繞樞之電曾委瑞於軒皇照室之光昔呈祥於漢后伏惟皇帝陛下貴從天下明在日中當四月之正陽值千秋之聖運人神叶慶朝野同歡臣任重戎旃路遙北闕歡呼萬歲如聞山嶽之聲傾竭一心庶均葵藿之志前件馬等誠非珍異頗似柔馴干冒宸嚴伏增戰越

第二狀

右伏以月維首夏氣叶正陽一人慶誕之辰萬國樂康之日臣某屬連枝葉守在邊陲覩河水之既清知冬松之益

茂前件馬并鞍轡等安其馴教考以精誠敢緣九族之恩願續萬年之壽干冒宸扆無任戰越

第三狀

右臣伏以大電繞樞之辰普天咸慶神光照室之夜匝地同歡臣限守邊陲未朝雲闕尚想河清之色如聞里社之聲前件馬鞍等久似柔馴皆經考教任土作貢虔述職於微臣如日之昇願并明於聖主干冒陳獻伏增戰越

第四狀

右臣伏以里社既鳴斗樞爰電誕生元聖允叶純陽實萬

國同歡之時而千齡兆慶之日臣某限從邊役違奉天慈飲河每抱於清瀾向闕遥瞻於紫氣前件鞍馬等駿非金骨麗乏錦韉慙無照地之光願獻呼嵩之壽干冒陳獻伏增戰越

降誕日爲楊大夫奏修功德并進馬狀

右臣伏以居至道之尊其唯元命助無疆之祚亦在勝因是以千年爲慶誕之期百福有莊嚴之義伏惟皇帝陛下以文武道爲天人師降生於純陽之月纘承於大寶之位効祉而四夷奔走流歡而萬國謳歌臣某職在監司土無

珍異恨無以拜上元之慶酬厚載之仁敢伏普通轉修經戒仰申誠懇以就有爲之功上爲聖神庶資無量之壽其馬久令教習頗似柔馴願承内廄之恩以備屬車之駕干冒塵瀆不任戰汗之至

進憲宗哀册文狀

右奉勅令臣撰者臣今撰了謹連如後竊以揚先帝無疆之德薦陛下罔極之恩宜擇能者永垂不朽聖意以臣備位相府策名文場忘其庸虚賜以撰述頃自哀迷重疊心緒摧落雖磨鉛雕朽已竭其精誠捧日窺天難窮其高遠干冒封進無任悲躍屏營之至

進金花銀櫻桃籠等狀

右伏以首夏清和含桃香熟每聞採擷須有提攜以其鮮紅宜此潔白前件銀籠並煎茶具慶等羡餘舊物銷鍊新成願承薦寢之羞敢效梯山之獻其通犀瑇瑁上藥等買並依價採皆及時誠非珍奇恐要聚蓄勤奉丹款不敢不進

進白蕉狀

右伏以半夏欲生正陽初王將勝時熱在新其衣前件白

蕉先時織成依價市得光雖讓雪疎不礙風願充當暑之服爰申任土之貢干冒宸聰無任戰汗

進異馬駒狀

右臣得征馬使穆材狀謹具毛色如前者臣伏以行地之用莫神於馬擅華名者則衆効奇質者甚稀伏惟陛下廣大際天高明配日殊祥競發休祉荐臻前件馬稟天駟之精體坤元之德毛拳惟細鬣赤而高尾掉肉而蜿蟺額帶星而倜儻臣謹差虞候辛峻專往覆視俱如前列峻云雙瞳有耀四蹄如削宛然天產定是龍媒允協建午之辰光

昭太乙之旣臣見今就太原府養調旬月稍任行步卽專
陳獻謹差某官聞奏

爲太原李說尚書進白兔狀

右臣得嵐州刺史趙挺六月二十九日狀稱嵐州合河縣太平鄉大慶村收獲前件白兔差行官李希林送到者臣謹按瑞應圖曰白兔壽千年滿五百則色白又曰王者恩加耆老則白兔見臣伏以白惟正色兔實仁獸來皆有爲出必以時伏惟陛下聖壽無疆神功不宰是故太陰精魄降以爲瑞皓質玉立素毛霜垂清明不讓於殷狼皎潔可

齊於周鹿況村爲大慶鄉號太平無爲而成不索而獲協元符之一氣彰皇德於千齡雖標中瑞之科實應太廟之曲（一作典）臣忝守藩（一作方）鎭覩茲休祥無任抃躍歡慶之至

第二狀

右貞元十二年六月嵐州刺史於州界太平鄉獲白兔一隻臣已并圖進獻斃於中路惜其誕生靈質不達明庭誠意所求禎祥荐至今又得狀宜芳縣孝義鄉百姓王貞收得前件白兔送到者臣謹按瑞應圖云王者仁及鳥獸則白兔見臣伏以兔之爲獸毚狡者多獸之有毛麗雜者衆臣觀前件兔皓然養素恬爾守柔處羣萃以自殊抱貞明而不汚皎如疊雪爍若凝霜克生孝義之鄉實表中和之化伏惟皇帝陛下恩覃動物澤及毛羣方宏三面之仁果應千齡之瑞若非上天慈惠下土清平則安得四年之中再見其地信可以摛皇上之懿德薦臣子之明誠昭彰可徵肹蠁如答臣覩茲潔朗宛在封疆踴躍欣歡實倍恒品謹遣某官某并圖隨狀奉進

進異鷹狀

右臣所管採捕得前件鷹兩翅齊肩雙翎對聳雖非神俊

稍似瑰奇以臣微誠輒敢陳獻風霜之後儻或得用於三驅鳥雀之中曾冀成名於一擲干冒宸扆無任戰越

奏太原府資望及官吏選數狀

右臣得司錄參軍李亘等狀稱前件府名三都望同兩府吏曹近日稍易舊規格限之中增加選數特乞奏聞者謹檢開元十一年正月二十八日勑置北都府縣資望並準京兆府河南府中間吏曹暫有降下前使王縉薛兼訓馬燧李說并有舉奏尋蒙復舊今準三月十五日勑停減諸州府雙曹司錄判司及甲曹參軍特蒙勑旨京兆河南太

原三府不在減限伏以太原府龍興盛業天啟雄藩有義旗起建之堂爲仙駕留遊之地官標留守驛署都亭典章甚明制度咸在數年來吏部選格不同京兆河南兩府官資稍下選數則深掾吏諸臣懇有披訴儻徇從權之義恐乖仍舊之規伏乞聖慈特勅吏部準元勅與京兆河南一例處分

奏教習長鎗及弓弩狀

右淮泗寇猶或未除天下人臣皆思奮擊臣伏以射渠魁之目勁弩爲先舂大憝之心長鎗是切比雖兼習多不專精臣今選定前件官健取八月四日於城東起教不敢不奏

奏排比第二般差撥兵馬狀

右臣伏以逆賊吳少誠孤負聖明作爲奸亂尚延晷刻之命未即雷霆之誅天下人臣皆同憤激況臣任當旄鉞誓埽煙塵割肌肉以資軍亦無所苦執干戈而衛國惟恐不堪況將士等忠義居心堅剛挺質勇於戰陣樂此征行臣謹差前件兵馬如前其資裝器械一事已上並無所闕續具發日聞奏仗其忠順兵氣自雄諭以功名衆心皆勵矧茲窮寇非足勞師伏望天恩不至憂軫

奏教當道兵馬狀

右臣伏以不教視戎爲國之蠹政有備無患前王之格言今吳少誠叛渙汝南憑陵淮右雖烏鳶嘯聚見彈已驚而枳棘萌生須鋤其本昨臣所陳章奏願往討平及奉詔書但令排比在軍中之百事誠有舊規以麾下之萬人要知新令謹取今月二十五日於東城準勅教習至二十九日大設後各勒歸本鎮不敢不奏

奏差兵馬赴許州救援幷謝宣慰狀

右中使臣希倩至伏奉詔書兼宣恩旨慰問臣今差前件兵馬者臣伏以吳少誠內懷奸詐上負聖明因幸鄰喪遂虧臣節提攜逆黨逼迫孤城凡在忠良不勝憤切況臣謬居方鎮便合討平伏蒙陛下委曲照臨丁寧誨諭感槩而毛髮盡豎憤啟而肺腸皆激諸軍會合計日翦除當道兵馬差定訖已具列狀奏聞

奏百姓王士昊割股狀

右臣得太原府牒前件人爲母阿張患病割股奉母其母所得疾漸損者臣伏以登於大孝在禮爲難忍其甚痛於

人不易王士昊長於市井利在錐刀誓以誠明之心療其羸老之疾割肉於股饋羹於堂信可以感通神明風變人俗某猥司廉察獲守方隅以此至性恐須旌表

奏榆次縣馮秀誠割股奉母狀

右臣得太原府牒前件人爲母久患割股奉母所疾漸損者臣差當縣主簿劉戡檢驗得狀具如前申者臣伏以縱蟄及膚口猶難忍援刀刺骨心豈易安前件人出於畎畝之中長在草茅之下天生仁孝日用元和忘甚痛於已軀期有瘳於親疾人倫共感名教所宗斯實陛下仁奄周王

孝逾虞帝陶蒸動物之性啟迪仁人之心兄臣守在方隅職司廉察據其至行恐合褒稱

爲人作奏貶晉陽縣主簿姜鉥狀

右臣劉氏堂外生卽故硤州刺史伯華嫡孫左補闕某第三女是臣亡叔庶子絳州刺史勛外孫父身早亡臣妹多病遺孤寡婦無所依投及臣總戎來相依止臣見其長成須有從歸其姜鉥久在太原曾任主簿誠非匹敵誤與婚姻豈料如獸之心同人之面縱橫凶悖舉止顛狂旬月之閒豪橫備極惡言醜語所不忍聞有忝祖宗難施面目臣以爲夫婦之道無義則離因遣作書遂令告絕矜其愚下擬許生全而將校等二十三人播進於庭確論其事具如前列請以上聞雖忍孤兒可欺其如衆怒難息特希寬譴以雪寃疑干冒宸扆伏增戰越之至

爲人作請行軍司馬及少尹狀

右臣適蒙恩獎獲守方隅力小任大常憂敗累伏以行軍司馬相副之職知府少尹共理之官未得其人久空此位每平均征賦繕理邊陲實藉通材以分重寄伏惟陛下察臣心之懇款知軍務之殷繁選於中外爲此副貳陛下所

用卽臣所知苟獲同心庶無闕事謹遣某官奉狀奏請

奏節度使等帶器仗就尚書省參辭狀

諸道新授方鎮節度使等具鍪抹帶器仗就尚書省兵部參辭伏以軍國異容古今定制若不繇舊斯爲改常未聞省閣之門忽入弓刀之器鄭注外蒙恩寵內蓄凶狂首創奸謀將興亂兆遂致王璠郭行餘之輩敢驅將吏直詣闕庭震驚乘輿騷動京國血濺朝路屍僵禁街史冊未書人神共憤既往不咎其源尚開前件事宜伏乞聖恩速令停罷如須參謝卽具公服

欽定全唐文卷五百四十三

令狐楚五

薦齊孝若書

某官至辱垂下問令公舉一人可管記之任者愚以爲軍中之書記節度之喉舌指事立言而上達思中天心發號出令以下行期悅人意諒非容易而可專據竊見前進士高陽齊孝若字考叔年二十四學必專授文皆雅正詞賦甚精章表殊健疎眉目美風姿外若坦蕩中甚畏愼執事儻引在幕下列於賓佐使其馳一檄飛一書必能應馬上

之急求言腹中之所欲夫掇芳刈楚不棄幽遠况孝若相門子弟射策甲科家居君侯之化下且數年矣不勞重幣而獲至寶甚善甚善雄都大府多士如林最所知者實斯人也請爲閣下記其若此惟用與捨高明裁之

賀皇太子知軍國牋

臣某牋伏見七月二十八日皇帝宣詔軍國政事並權委皇太子殿下勾當者伏以皇帝陛下躬勤黼扆志奉山陵恭慕積中殷憂發外瞻九廟之重須有纘承以萬幾爲煩期在宴息伏惟皇太子殿下日躋睿哲天縱欽明繼丕業而堯曆重昌嗣鴻名而文功累盛事有光於往古慶實被於殊方率土臣心無任欣戴臣限以鎭守遠在方隅不獲陪慶官庭抃舞稱賀瞻戀踴躍之至謹奉牋以聞

盤鑑圖銘記

元和十三載二月八日予爲中書舍人翰林學士夜直禁中奏進旨檢事因開前庫東閣於架上閱古今撰集凡數百家偶於王勃集中卷末獲此鑑圖幷序愛玩久之翌日遂自摹寫貯於箱篋實歷二年乃命隨軍潘元敏繪於縑素傳諸好事者太原令狐楚記

送周先生住山記

先生姓周氏名隱遥字息元宗其道者相號爲太元先生汝南人也抱天和冲澹之氣含至精潔朗之質玉冷泉潤松高鶴閑韜精守道冥得眞契谷神既存而長守元關無鍵而不開貞元初遊蘇州吳縣之包山林屋洞秋八月始於洞西得神景觀訊其居者曰距此數里世傳毛公塢毛公道成羅浮居山三百餘歲有弟子七十二人聚石爲壇遺趾猶存爾能勤求吾請以導既行而蘿篠迷密不知所往先生冥目久之逢一物焉雙眸盡碧毛色紫而本白高

數尺餘隨而行之視乃鹿也須臾乃跪止若有所告先生默記之而還至十九年冬判木翦茅奠厥攸居得異石一方上有蟲篆驗之即毛公鎮地符也既而鑿户牖以爲竇有鶴銜弄冠裳戲舞於庭砌後得一井香白滑甘溢爲白泉其旁得古池焉深廣袤丈陽驗陰伏湛如也初先生嘗息於洞之南門中神化恍惚往往失其所在遇好風日亦來人間將至必先之以雲鶴其弟子灑埽香室俄而至矣嗟乎先生之體同乎無體矣不以晝夜更動息不以寒暑易纖厚不食而甚力走及奔馬全乎氣者也雖飲而無漏

止如靈龜外乎形者也鹿以導步神柔異物也符以存視道契先蹤也井泉去厲昭乎仁也池水不枯齊其慮也仙雲靈鶴之驗去來彷彿之狀其必神行而智知乎予叔服膺先生之門二紀於茲錄先生本起見命爲記凝神遐想直而不遺元和十三年八月華州刺史兼御史中丞令狐楚記

刻蘇公太守二文記

大和五年春三月兖海節度副使李員外虞致本府書幣修好於我卒事返命且以故太守蘇源明集中小洞庭讌籍及序二首見寄請余立一貞石識其故處云余爲之考尋圖牒詢訪耆老自五六日至於旬時茫然曾不得回源亭渦泊依稀彷彿者從天寶十二載而下及茲八十年源明有盛名於朝遺愛在鄆嘗與五太守會集讌遊之所形於文字冏若金玉若良二千石好事君子接武而來縱不恢張增飾之必當思人愛樹存爲此州故事悲夫恩澤之外四紀有餘自蕩平而還三政相繼不銛鋒摩刃以戰鬬爲務則長臂利爪而攫拾是謀視嘉山水好風月如越人之髭髻者之鑑非惟無用又從而仇之余以爲不可使中

行子之文無傳於此地乃於溪亭作金石刻引而記之亦李志也秋七月二十七日天平軍節度等使檢校尚書右僕射鄆州刺史兼御史大夫彭城縣公令狐楚記

沁源縣琴高靈泉碑記

仙人琴高生於周而遊於冀嘗入碭水沈而不濡時乘赤鯉周旋自若河東冀州之城也前此嘗命有司廟於沁水之東有冽寒泉在堂之下廣圜累步澄湛盈尺嘻靈蹤汗漫雖羽化於何鄉而眞理希夷或鱗潛於此地不然則何以旱暵而不耗霖霪而不盈居人乞靈以赴愬遊子翫奇

而濯弄澹乎不知其幾百年也貞元十五祀郡守之子弟敢以葷血餧於傍腥羶既漫清泚遂涸似有扃閉孰知根源迨玆七稔無復一勺永貞之元年觀察使尚書右僕射馮翊嚴公以清靜字闕一其心以中和樂其職申命前清源令范陽盧憚假符於州逾月而吏知恥逾時而人知敬一年而生物盡康衆績其凝由是抗懷仙風注意靈泉且曰刻山而飛者傳於故志聞綺而赴者載在前言吾其禱焉儻可復也秋九月一日率其屬有攝長史程義光攝司馬周利用軍從事王儔州主簿趙鄠王青溪楊果雲連道冲

幷軍吏羣從數十人致齋陳信肹蠁如答初以神視厭浥而未融徐以氣聽湔準而始達奠未徹而可以鑑晷不移而可以汲其明日濔然有響澂然無波舊痕皆平故味不爽州閭喜駭瞻觀奔走乞以其狀獻於府朝而盧君善無近名嫌不語怪將使感通神速之事寂寥無聲越十月楚聞風異之伐石爲記嗚呼聖人之所以觀象設教神而化之者無他其要在於禍淫福謙懲惡勸善苟或淫昧將焉訓齋吾知盧君之洗心飡和勤力抱素前領遼山也未及周歲獲白鹿以歸聿來泌源齋沐於赤松觀有四白鶴自天翔集是故精意專感急於置郵靈鈞而元關洞開神驅而幽鍵迎解有以知神明之與仁助信蓋章乎州民於是潔其涯隒新其廟貌入於門者不俟約束自然齋莊如承水仙若覿龍鯉上可以列瑞典下可以編幽經目爲靈泉蓋傳信也時永貞元年孟冬月十有八日記

白楊神新廟碑

道太原而北列郡數十雁門爲大在周秦時與山戎林胡犬牙其疆國家以文德柔惠而驅去之北跡距塞口猶千里而遠若内地控於通都秩二千石者非休勳懿德則名

王旄士乙亥歲今尚書隴西李公廉刺幷部選第郡政之尤異者得昌化守南康郡王河南元韶首表其名遠聞於天璽書勞勉移理於代惟南康以壯事老謀逮事先侍中平王則尚書朗寧王勤於君惠於人而敬恭於神由是神降之福人懷其德是歲夏五月赤車彤幨至自石州初一日會計於官次察掾吏之勤惰次二日存問於里閭求人民之利病既三日徧祭於山川神祇蓋無停陰鑾不輟聲於郡東凡四十里白楊有祀實代之主也嘑水旁注雁門山前峙礚礴相抵爲堆爲阜驕薈柯條如虬如龍廣僅百

畝厥高又倍信可以回薄日月而避逃風雨豈朔漠之氣凝結於此乎坤元之精決泄於此乎不然其何以巍巍蒼蒼將欲夏若木稍扶桑卑大椿於漆園小蟠桃於東方與夫古墓多悲蕪城早落者不同品矣按諸經記且曰昔元魏高祖孝文帝由一成而宅九有起雲中而馭天下損益三代憲章百王厥初經營由此途出繫馬其下歇鞍於枝威靈所憑別白而在既偃頓以附土又跳騰而架空如有高掌蹠爲鳥勢形洎今朝中書令燕公說摹詠其事張公白楊篇之卒章云欲識前王塔鞍處正北苗抽一小枝戶部侍郎吉公中孚申而明之

建中初吉公以萬年尉爲黜陟判官至此爲之歌序具載其事焉故迹彌顯高名益大爲屛爲圖播於海嵎代人神之是以祠也而舊規相襲未甚宏麗簷牖東嚮椽欒內奧有祅蠱之氣無尊嚴之威式車馬者以避禍非以致敬奠蘋蘩者惟邀福不惟饗德猶此祀也不亦湊孝文於代乎南康其孫也大懼夫祖德之墜於地因愀然而言曰於古有召公奭以區區陜服爲周二伯行野聽訟憩於甘棠後思其人猶愛其樹其在詩曰勿翦勿伐召伯所茇矧我烈祖有開國之武麗天之文撫正萬方照臨四海而又儲祉降德於後子孫俾不佞起家而

王專城爲守愧不能顯揚先美使若黃帝幸君之使使理此土敢黷於祭祀是褻於功烈而速其罪戾也一年因農之隙而易其地二年乘歲之豐而改其製不三四年得請於上而新廟成南面袞服所以稱尊也兩楹阼階所以定位也築墉於外所以禦侮也設屛於前所以修容也耽耽沈沈顯敞靚深不風而清無雲而陰前王戾止之儀於是乎在裔孫聿追之孝於是乎舉不惟禁淫祀廢非禮抑亦開明德摛耿光欲使異日觀者不俟請書問俗而知樹之所由植廟之所由崇諗於有知僉曰非頌聲不可初南康

之典化顧嘗客焉追今剖符則又備位於隴西公之府相得最舊見繩爲文故敢徵成之功與作之義篆刻貞石立於前楹庶擬衛悝彝鼎之銘敢同魯僖閟宮之什銘曰

蔚彼白楊叢生雁門蒙暑翳寒晴天色昏巨抵交柯龍翔虎眠從古强名莫知其原惟昔魏帝於枝息鞍懸垂低昂厥迹猶存大畏其力小懷其恩爰有靈祠號爲神明二扉不扃四簋不陳樵蘇所往雉兔爲鄰於鑠良牧時維孝孫下車之初致敬而言蔽芾甘棠猶思其人緜緜葛藟下庇於根乃正名居式崇藩垣山立當宁翼張重軒有赫斯皇

既嚴且尊。允矣君子。孰如其仁。大椿之年。細柳之軍。吾與元也人誰間然。欲載其功。莫先於文。編詞琢石。終古不遷。

大唐故朔方靈鹽等軍州節度副大使知節度事管內支度營田觀察處置押蕃落等使銀青光祿大夫檢校刑部尚書兼靈州大都督府長史御史大夫安定郡王贈尚書左僕射李公神道碑銘并序

闕一字安定郡王諱光進。字耀卿。節制靈武之三年。歲在乙未季夏六月。寢疾於理所。監軍使者驛馬以聞。皇帝遣中

貴人賚尺一書與御府醫藥馳往臨視。旬有八日。奄棄厥命。享年五十七矣。制詔丞相御史罷朝會。加賵賻。然後以左揆之密印畫綬告於第焉。其年。嗣子季元河東衙前兵馬使檢校太子賓客兼監察御史。次曰燧元。陳許節度押衙檢校太子賓客兼監察御史。次曰毅元。次曰綬元。宣義郎行太原府太原縣尉。次曰宗元。次曰吉元。血泣柴立。護裳帷南歸太原。越十一年二月己酉。葬我尚書左僕射安定王於太原府東四十里孝敬原。禮也。公之先本阿跌氏。出於南單于左廂十二姓。代有才傑。繼爲酋師。嘗統數千

廬落。號別部大人。貞觀初。大父賀之率其屬來歸。太宗制受雞田州都督。仍充靈武豐州定塞兵馬使。大父襲之。無祿早世。先父良臣。開府儀同三司雞田州刺史充朔方先鋒左助兵馬使。夫以三葉之忠。厚一門之信。謹宜錫祚。允降生畯賢。公形清而視明。神全而氣和。猿臂虬鬚。山立玉色。贈工部尚書李奉國。聟公之伯姊。器公於稠人。教之騎射。付以韜略。由是發迹雲中。策名太原。始以勇敢從北平王燧戰於蒲穴。以愿恭事朗寧王。自艮鉄於并。或典領先

偏。或訓齊部伍。公家之事。無細大。戎府之務。無重輕。緣手風生。過目冰泮。禮部尚書隴西公說待以心膂。奏兼殿中侍御史。工部尚書滎陽公儋仗爲爪牙。表兼御史中丞。大司空嚴公綬擇戲下之才。奏兼御史大夫。司徒范公希朝求軍中之舊。遷爲檢校左散騎常侍。古人云。一心可以事百君。於公見之。自時而後。氣概昭宣。風聲流聞。人望歸厚。天心委重。由代州刺史石嶺鎮北兵馬使。代北軍使。超遷工部尚書單于大都護振武節度支度營田觀察押蕃落等使。朝家思所以優寵尊異於公者無所愛焉。八年秋。遷爲秋官。改拜靈州。進階至銀青。封闕一字於安定。賜姓李氏

列宗籍追命先君儀同爲工部尚書先夫人史氏爲代國
太夫人君臣交感家國儲慶焜燿充塞有如是耶十三年
春介弟忠武軍節度等使銀青光祿大夫檢校司空同中
書門下平章事武威郡開國公光顏旣平淮夷秉圭來朝
疏公官伐德善涕洟見請以表邱壟又會故吏御史任夷
則條二府政事上於考功故得鋪陳馨香追琢琬琰云惟
公闕一字毅直清潔矩莊明不爲物遷能以貞勝忠信之敎
自形於心術孝悌之行每合於天經昔國太夫人嘗有霜
露之疾公與令司徒左右就養不脫冠帶者累月其到鴈

門也先惠訓而後武斷淸靜之政成愷悌之化流鰥孤遂
安奸盜訖息貞元中孝文之心在宥天下無何李鄭二帥
相繼物故大司空嚴公亦用寬和統三軍轅門武人驕蹇
自便及公之都紀綱也言詞約而必信號令明而必行堂
皇之上聽無譁大旆之前立無跛范司徒之東討常山也
軍旅之事闕一字以咨之或壍水以絕其歸居或斷橋以防
其走進繄君有命皆我之爲開網竟從於朝旨改轅無失
於戎律其在振武也徼邊候之不修黠虜挺災我人離落
於是選騎戒期揚威積於沙磧寇皆愕眙深潛而遠遁矣
病公田之不闢豪家射利我庾空竭於是置吏立程懸信
賞於表綴農皆鼓舞寒耕而熱耘矣罕羌之豪曰懷榮曰
黑闕一字戕賊擾欲橫於二垂前後握兵者率不能禁公乃
飛語以速其卸開恩而息其意密聲殄力如取懷中而殺
之風清河湟威動朔漠遷之至於靈武亦猶是也而加之
以勤儉因之以廉平夫家之徭有恒經井地之征有定制
生物滋殖齊人樂康利澤四布淑聲一口時縣官加兵蔡
人且三年矣楚方奏薄技於內庭雅知將欲徵闕一字於朔
方濟師於許闕一字謂肺肝之可見俾手足以相衞公亦義

形於色情發於中或攘臂而言或投袂而起豈天綏狡童
之戮於終歲也翌日而公疾浹旬而公病不月而公薨悲
夫信之結於人也深惠之被於物也久聞喪而哭於野者
雷動會葬而登於壟者星奔豈止剺面刺心輟舂罷市而
已嗚呼黑山雖順赤嶺猶虞而耀卿宰木已高壽宮永閉
懷忠憤者得不太息而掩涕乎蔡邕撰有道之碑自知無
愧范文觀武子之墓可以與歸銘曰
天有風霆是爲威刑國之斧鉞用以征伐明明我后耀武
數文蟜蟜我王砥節邀勳昔在偏裨其道則直洎司綱紀

其儀不忒一麾出守十乘啟行藩籬單于襦袴朔方心與世同政由己出塞上師壯軍中廩實既宣大忠宜奏膚公西戡畎夷北伐山戎慶方來兮任方崇身已滅兮名已空罕山之南汾水東白楊黑柏多悲風

唐憲宗章武皇帝哀冊文

維元和十五年歲次庚子正月甲戌朔二十七日庚子移殯於大內太極殿之西階粵五月十五日庚申遷座於景陵禮也玉衡南指金波西落皓雪集其旒衣素雲褰其綃幕柳宮龍動竹池魚躍兆庶雨泣於浩穰萬靈風號於寥

廓哀子嗣皇帝仰攀雕輦殷奠瓊筵哀無容以觸地痛不返而終天仙仗徐進宸儀永隔降睿旨於鸞臺揚聖功於鳳冊其詞曰

配天維唐伊祁同光應道爲帝元元之系聖人有作孝子善繼顯赫十朝總齊四裔執其大象司彼左契武烈誕敷文明下濟出潛離隱或躍未融親則盤石封殊翦桐承祧黃屋主鬯青宮禮樂盡在謳歌薦至軒皇勸勤傳付神器太母侍養親臨寶位怡聲下色先意承志家令敢言天子屏貴明明出震業業承乾其仁如山其智如泉理析堅白學探幽元揮毫霧動披藻霞鮮所持者儉所寶者賢刑靡不省賞無不延冕旒迎日珪璧祈年涕謁宗廟臣朝昊天天縱神聖日躋孝敬鴻名再加寶歷一定窮人屢賑名士交聘獸愛觸邪草憐指佞梯航修貢鱗羽遂性河色呈符山聲告慶編書辯謗創殿思政甘節必稱苦言終聽稜威之遠德政之盛霜雪憲章風雷號令夏臺齒劍上黨納穽趙際宅心鄴中聽命誰能去兵王者有征玉壘霧廓金陵鏡清狐鳴上蔡蟻聚東平伏鑕就戮迴戈受烹始以止殺歸於好生恢恢不失蕩蕩難名信及隱微道存溥博走馬

斯郤昆蟲咸若調其玉燭徇以木鐸混同車書遠頒正朔範金合土大興太學清蹕鳴鑾將登高嶽四維既張五刃已藏蠻夷戎羌敢不來王天下清淨朝廷樂康會冠劒以高宴戲魚龍於廣場有嚴有翼無怠無荒俗皆臻於壽域人自爲於羲皇日出入兮安窮極雲飛揚兮無處所瑞方瞻乎鳳來災忽聞於鵩語謂百年之可卜嗟九齡之不與當凝旒而下臨奄脫屣以輕舉萬姓哀其考喪千官懷其后撫封人猶祝於南山帝子已號於北渚嗚呼哀哉披靈衣兮如在委仙佩兮若休建環海以靜寐謝鼎湖而遠遊

桂華朗兮高殿寂梧葉暗兮深宮愁鸞同軌之遽至咽長川而不流嗚呼哀哉威儀肅設文物前列酌玉斝以奠駕金根而曉發出朱雀之正門背青鸞之迴闕逶迤原野蒼茫日月去復去兮降堯階悲莫悲矣臨禹穴嗚呼哀哉地開蒼谷天作豐山江海自流於泉下城郭取象乎人間高封馬鬣永祕龍顏鱗有逆兮曾觸髯欲升兮高攀朝百靈以肅肅遺八駿以閑閑陵植柏兮未拱闈生苔兮已斑嚴日宮而深閉藹雲幄以空還興眾感於萬井結宸悲於九關嗚呼哀哉神行無方乾健不息物皆被於聖澤人自

迷於帝力巍乎高代之行至矣動天之德後元壤以長存冠蒼穹而罔極嗚呼哀哉

祭豐州李大夫十八丈文

嗚呼齠齔之年獲見大夫目以成器異於羣倫自降而還垂三十春服義懷德遠而逾親靈州不協坐謫三楚遐服徂征高館晤語謂天之道正直是與捧手欲辭以心相許羣后抗疏訟公無辜羽林森森天授兵符適值南還顯耀神都風天雪夜買酒相呼帝命弁土喜公爲副令尹是毗賢王是輔嗟我小子此焉婚娶贄幣既求酒牢亦具河外西城振胡鎖戎詔遷大夫開府其中平生相知招我以弓竟遁方寸不能從公自此違奉無由請謁絡繹篇章綢繆書札不聞嬰疾不得留訣倉卒一辭寂寞長別嗚呼哀哉惟先將軍有庸有勳及公嗣興武不害文義分如霜志氣干雲頭蓬面垢報國事君土田未封旌鉞未受天實福善神明爲咎埋沒黃沙摧殘白首雖以瞑目豈能鉗口孤旐翩翩反葬秦川經過故府悵望新阡魂兮何之音容悄然攀轅薦奠苦淚潺湲

祭姪女行軍夫人文

年月日某官某致祭於故十三姪女行軍夫人之靈嗚呼婦德尚柔以宜其家人之不幸生也有涯側聞夫人明懿穠華輝奪夜光鮮侔晨葩行軍之妻尚書之女動而中禮欲不踰矩婉彼宋子歸於鄭武主吏之昌副軍大鹵雲霄兹始琴瑟方調孰云大年曾莫崇朝煌煌蕣華不思風飄瀼瀼薤露先旦而消嗚呼哀哉昔也北來繡帷虧蔽今兹南去丹旐容曳逝矣冥漠宛然慈惠嫡女墜心良人迸涕嗚呼哀哉本支百世如水一源況是鰥夫彌憐小孫千齡共盡萬化如存申奠致詞悲何可言尚饗

欽定全唐文卷五百四十四

李貽孫

貽孫貞元時官夔州刺史累擢至諫議大夫充宏文館學士出爲福建都團練觀察處置使兼御史中丞

故四門助教歐陽詹文集序

歐陽君生於閩之里幼爲兒孩時卽不與衆童親狎行止多自處年十許歲里中無愛者每見河濱山畔有片景可採心獨娛之常執卷一編忘歸於其間遠風月清暉或暮而尚留宿不能釋不自知所由蓋其性所多也未甚識文

字隨人而問章句忽有一言契於心移日自得長吟高嘯不知其所止也父母不識其志每謂里人曰此男子未知其指何如要恐不爲汩沒之鐖氓也未知其爲吉耶凶耶鄉人有覽事多而熟於聞見者皆賀之曰此若家之寶也柰何慮之過歟自此遂日知書服聖人之教慕愷悌之化達君臣父子之節忠孝之際惟恐不及操筆屬詞其言秀而多思率人所未言者君道之甚易由是振發於鄉里之閒建中貞元時文詞崛興遂大振耀甌閩之鄉不知有他人也會故相常袞來爲福之觀察使有文章高名又性頗嗜誘進後生推拔於寒素中惟恐不及至之日比君爲芝英每有一作屢加賞進遊娛燕饗必召同席君加以謙德動不踰節常公之知日又加深矣君之聲漸騰於江淮且達於京師矣時人謂常公能識眞尋而陸相贄知貢舉搜羅天下文章得士之盛前無倫比故君名在榜中常與君同道而相上下者有韓侍郎愈李校書觀洎君並數百歲傑出人到於今伏之君之文新無所襲才未嘗困精於理故言多周詳切於情故敘事重復宜其司當代文柄以變風雅一命而卒天其絕耶君於貽孫言故舊之分於外

氏爲一家故其屬文之內多爲予伯舅所著者有南陽孝子傳有韓城縣尉廳壁記有與鄭居方書皆可徵於集故予沖幼之歲卽拜君於外家之門大和中予爲福建團練副使日其子價自南安抵福州進君之舊文共十編首尾凡若干首泣拜請序已諾其命矣而詞竟未就價徵有文又早死大中六年予又爲觀察使令訪其裔因獲其孫曰澥不可使歐陽氏之文遂絕其所傳也爲題其序亦以卒後嗣之願云

夔州都督府記

峽中之郡夔爲大當春秋爲楚之國在秦曰魚復在漢稱古陵在蜀號巴東皆郡也梁爲信州逮我武德復夔之號州始都督黔巫上下之地十九城是後或總七城或爲雲安郡或統峽中五郡尋復爲夔州都督之號或加或去今稱夔州都督府州初在瀼西之平上宇文氏建德中王述徙白帝城今衙是也東南斗上二百七十步得白帝廟白帝公孫述自名也後人因其廟時享焉饞宇飾偶煥如神功怪樹峯筭疎羅後前鎛山險濤望者驚眙又有越公堂在廟南而少西隋越公素所爲也奇構隆敞内無楟柱負

視中脊邈不可度五逾甲子無土木之隙靜而思之以見其人之瓌傑也直南城一里得巨石爲灩澦地載之險此其淵奧獨峯兀頂萬仞舉拔高濤坳洑獄躍坑轉獰龍護堆沸泳澌浪窮年縋綆不究其次瞿塘暗導勢列根屬水魅施怪陰來潛徃城之左五里得鹽泉十四居民煮而利焉又西而稍南三四里得八陣圖在沙州之壖此諸葛所以示人於行兵者也分其列陣隱在石壘春而潦大則沒秋而波減則露造化之力不能推移所以見作者之能瞿塘驛西有蜀先主宮瀼西有諸葛武侯廟皆占顯勝城東北約三百步有孔子廟赤甲山之半廟本源乾曜解常爲郡參軍著圖經焉其後爲宰相今其地又爲孔子廟傳者稱爲盛事矣東水行一百七里得縣曰巫山神女之廟楚王之祠高唐陽臺之觀朝雲暮雨之府形勢在焉西水行二百里得縣曰雲安商賈之種魚鹽之利蜀都之奇貨南國之金錫而雜聚焉其人豪其俗信鬼神其稅易征卽知其民不偷長吏得其道者涖之猶反掌云會昌五年十一月十三日建

盧坦

坦字保衡河南洛陽人宣宗朝累官刑部侍郎鹽鐵轉運使改户部出爲東川節度使十二年卒年六十九贈禮部尚書

請放河中鹽入興元府等州奏

河中兩池課鹽勅文只許於京圻鳳翔陝虢河中澤潞河南許汝等二十五州界内糶貨比來因循兼越入興元府及洋興鳳文成等六州臣移牒勘責得山南西道觀察使報其果閬兩川鹽本土户人及邑南諸郡市入又供當軍士馬尚有懸欠若兼數州自然闕絕又得興元諸府耆老

狀申訴臣今商量河中鹽請放入六州界糴貨

請和糴奏

今年冬諸州和糴貯備粟澤潞四十萬石鄭滑易定一十五萬石河陽一十萬石太原二十萬石靈武七萬石夏州八萬石振武豐州鹽州各五萬石凡一百六十萬石以今秋豐稔必資蓄備其澤潞易定鄭滑河陽委本道差判官和糴各於時價每斗加十文所冀人知勸農國有常備

請不毀李錡祖父廟墓奏

淮安王神通有功於草昧且古之父子兄弟罪不相及以錡叛可累五代祖乎

與李渤拾遺書

八月三日坦頓首奉書拾遺公足下抱濟世之資抗出塵之跡德全道備雲臥谷飲遺名而聲飛晦耀而光發天子所以聞風下詔命作諫臣朝野聳瞻煙蘿動色足下懷寶樂山竟未爲蒼生起實一代之孤風千年之曠躅不可得而累也坦器凡材薄猥踐班榮鎭守宣池路出瀍洛眺嵩峯之峻極仰景行之彌高吟想徽猷寤寐饑渴幸甚幸甚坦雖未獲拜面而舍弟嘗師習於左右矣飽聞足下之高義竊承足下詠堯舜之言志周孔之道以致君惠人爲意非特熊經鳥伸長往而不返者也甚善甚善然則孔氏之道不隘小官不榮大位於是宰中都而魯國化作相而天下服世衰運微其道中阻猶且歷國應聘窮塞而後止今天下歡康異衰周之代也萬方一統非列國之時也而足下猶獨超然高舉不答天子之命豈孔氏之徒歟愚竊惑焉大凡今之人奔分寸之祿走絲毫之利如羣蟻之附腥羶聚蛾之投爝火取不爲醜貪不避死得以爲榮失以爲辱不由道以進退不量能以授受如此者多有識知病足

下豈不欲矯棄流俗獨爲君子哉誠志士之端操賢人之大業也敢不愛慕之乎或聞足下又以蒲輪元纁郡府之禮不到遂徘徊山門未果輕去難進之道三揖爲宜在足下俟駕而行斯可矣餘復何可道哉少許茶果謹具別紙公程迫速不獲拜詣馳誠而已不具盧坦白

柳公綽

公綽字寬小字起之京兆華原人舉賢良方正直言極諫再登賢良方正科累拜御史中丞元和中遷兵部侍郎兼御史大夫長慶三年改尚書左丞檢校戶部尚書山南東

道節度使敬宗朝歷刑部尚書大和四年爲河東節度使徵爲兵部尚書卒年六十八贈太子太保謚曰成

請禁姦人得牒免差奏

請諸司諸使應有捉利錢户其本司本使給户人牒身稱準放免雜差遣夫役等如有過犯請牒送本司本使科責府縣不得擅有決罰仍永爲常式者臣昨因奉進止追勘閑廄使下利錢户割耳進狀劉嘉和訴被所繇分外科配等事由因勘責劉嘉和所執牒身所引勅文節勅不獲牒閑廄使勘勅下年月日又稱遠年文案失落今據閑廄使

利錢案一使之下已有利錢户八百餘人訪聞諸使並同此例户免失役者通計數千家兇犯罪之人又常僥倖所稱捉利錢户亦不得本錢百姓利其牒身情願虛立保契文牒一定子孫相承至如劉嘉和情願充利錢户事繇緣與人毆鬬打人頭破時便於閑廄使情願納利錢得牒身免府縣科決實亦不得本錢已具推問奏聞訖伏奉進止令臣具條流奏聞者今請諸司諸使所管官錢户並依臺省舉本納利人例諸司諸使更不得妄有準勅給牒身免差遣夫役及有過犯詐作府縣處分如官典有違請必科處使及長官奏聽進止其先給牒者並仰本司使收毀入後在人户處收毀不盡其官典必有科責其捉錢户元不得本錢者亦任便不納利庶得州府不失丁夫姦人免有僥倖

定吏人犯罪坐長官等奏

當使監院場官及專知納給并吏人等有負犯合結罪者比依推問聞奏只罪本犯所由其監臨主守都無科處伏請從今舉名例律每有官吏犯贓監臨主守同罪及不能覺察者並請準條科處所冀刑章具舉貪吏革心

請定勅使驛馬限約

自幽鎭用兵使命繁併館遞匱乏鞍馬多闕又勅使行李人數都無限約其衣緋紫乘馬者二十三十匹衣黃綠者不下十四五匹驛吏不得視券牒隨口即供驛馬既盡遂奪路人鞍馬衣冠士庶驚擾怨嗟遠近喧騰行李將絕伏望聖慈聊爲定限

太醫箴

惟天布寒暑不私於人品類既一高卑以均惟人謹好愛能保其身清淨無瑕輝光以新寒暑滿天地之間浹肌膚

於外好愛溢耳目之前誘心知於内清潔爲隄奔射猶敗氣行無間隙不在大睿聖之姿清明絕俗心正無邪志高寡欲謂天高矣氣蒙晦之謂地厚矣橫流潰之聖德超邁萬方賴之飲食所以資身也過則生患衣服所以稱德也侈則生慢惟過與侈心必隨之氣與心流疾亦伺之聖心不惑孰能移之畋遊恣樂流情蕩志馳騁勞形叱吒傷氣惟天之重從禽爲累不養其外前修所忌聖心非之孰敢違之人乘氣生嗜慾以萌氣離有患氣凝則成巧必喪眞智必誘情去彼煩慮在此誠明醫之上者理於未然患居

慮後防處事先心靜樂行體和道全然後能德施萬物以享億年聖人在上各有攸處庶政有官羣藝有署臣司太醫敢告諸御

張宏靖

宏靖字元理宰相延賞子以蔭補河南參軍累遷河中節度使元和中拜刑部尚書同中書門下平章事封高平縣侯罷政歷河東宣武盧龍三節度使檢校司空貶太子賓客分司東都再貶吉州刺史改撫州稍遷太子少師卒年六十五贈太子太保

應乾聖壽太上皇册文

維永貞二年歲次庚戌正月庚寅朔皇帝臣某稽首再拜奉册言臣聞上聖元邈超乎希夷强名之極猶存乎言象豈足以表無爲之化光不宰之功然稱謂所施簡册攸著涵泳德澤感於精誠願奉鴻徽有以自竭伏惟太上皇陛下道侔元元業纂皇極膺千載之休歷承九聖之耿光宣昭化元發揚大號政有敦本示儉慶有格天漏泉恩翔春風仁育羣品而成功不處褰裳去之付神器於沖人想汾陽之高蹤體堯之德與神同符其動也天其靜也地巍巍

事表無德而言焉顧茲寡昧屬歷大寶懼忝傳歸之業莫申繼述之志夙夜兢畏惟懷永圖今天下幸安皆睿訓所被而未極徽號孰報君親是以台臣庶官文武之列抗疏於內方伯藩守億兆之衆同詞於外請因壽曆以播鴻名臣不勝大願謹上尊號曰應乾聖壽太上皇當三朝獻壽之辰應五紀啟元之始光膺徽稱允叶神休斯天下之慶也臣稽首再拜

張正元

正元貞元五年進士

南風之薰賦（以悅人阜財生物咸遂爲韻）

昔者南風和醇明德維新創五法而配夏感萬物之如春不然者夔何以得爲典樂舜何以尊爲聖人者哉其風乃周流遐裔蕩滌庶物廓宇宙以澄清屏腐餘之伊鬱故表太平之至理俾寰宇之無咈也且順而隨時曰巽氣之相感曰咸合之寧閑於幽林曠野散之何啻乎萬壑千巖當其南正司辰朱明應節我風在德何以驗乎枯桑我風在仁何必候於空穴物既斯悅薰不在乎器人奚以欽物莫能同葉不在乎蘭人何以結知執德不回嘉祥有開始斯

人之解慍絛儀鳳以員來有孚客若至德休哉足以成天下之務畜天下之財令國家以義爲利知風之自實皇猷之穆穆因王道之易易竹帛之功斯在絲桐之音不墜夫如是未有靈瑞之不臻生成之不遂者也寧與夫蓬振塵驚飈飀淒清或敗物者有隆或中人而喪精未若我皇內協正德外和厚生在乎野而草自偃入乎林而條不鳴是則良哉元首克洽九有仰南薰兮何翕爾而純和幸得詠時康與俗阜

于頔

頔字允元河南人德宗朝累拜襄州刺史充山南東道節度使奏升襄州爲大都督府累遷左僕射同中書門下平章事封燕國公憲宗立入朝拜司空因事貶恩王傅改太子賓客卒贈太保謚曰厲其子季友訴於穆宗賜謚曰思

讓授子方太常丞表

劉元佐倪士榮以佐之功先朝爲太常丞時臣與士榮同登朝列見其凡劣實鄙之今臣功名不如元佐某之凡劣不若士榮若授此爵更爲叨忝

釋皎然杼山集序

詩自風雅道息二百餘年而騷人作其旨愁思其文婉麗亡楚之變風歟至西漢李陵蘇武始全爲五言詩體源於風流於騷故多憂傷離遠之情梁昭明所撰文選錄古詩十九首亡其名氏觀其辭蓋東漢之世亦蘇李之流也自建安中王仲宣曹子建鼓其風晉世陸士衡潘安仁揚其波王曹以氣勝潘陸以文尚氣勝者魏祖興武功於二京已覆文尚者晉武圖帝業於五胡肇亂觀其人文興亡之蹟人焉廋哉人焉廋哉宋高祖平桓元定江表文帝繼業五十年間江左寧謐魏晉文章鬱然復興康樂侯謝靈運

獨步江南俯視潘陸其文炳而麗其氣逸而暢驅風雷於江山變晴昏於洲渚煙雲以之慘淡景氣爲其澄霽信江表之文英五言之麗則者也迨於齊世宣城守謝元暉亦得其詞調涵於氣格不侔康樂矣梁陳已降雖作者不絕而五言之道不勝其情矣有唐吳興開士釋皎然字清晝卽康樂之十世孫得詩人之奧旨傳乃祖之菁華江南詞人莫不楷範極於緣情綺靡故辭多芳澤師古興制故律尚清壯其或發明元理則深契眞如又不可得而思議也貞元壬申歲余分刺吳興之明年集賢殿御書院有命徵

其文集余遂採而編之得詩五百四十六首分爲十卷納於延閣書府上人以余嘗著詩述論前代之詩遂託余以集序辭不獲已畧志其變上人之植性清和稟質端懿中祕空寂外開方便妙言說於文字了心境於定惠又釋門之慈航智炬也余游方之內者何足以叩元關謝氏世爲詩人豈佛書所爲習氣云爾

潭州法華院記

長沙郡之安國寺寺之北偏法華院結構始畢光明宏敞依之者其有旨乎卽我湖南伯御史中丞楊公竭孝思追大福報罔極於所恃也於戲萬法性離也言說非法也然捨言說無以辯了義詮實相繇是經教生焉佛說九部法華爲最其逗機也韜靈珠於髻上指眾實於藏內藥草沐莖葉之雨諸子悅羊鹿之車其會眞也以開示誤入誘羣迷令得佛知見以會三歸一爲上乘令知法眞際至於如是性如是相了緣起叩寂滅億劫諸佛乃能知之其餘聲聞辟支如稻麻竹葦不得其微密也若有受持讀誦勇猛堅固我爲勝因果亦隨之卽揚州龍興寺阿闍梨靈祐鑽研歲久深解義趣常爲寶函以授信心仍大署其背曰功

滿三千其道乃圓百福萬善充塞沙界中丞先太夫人滎陽鄭氏以閨門尊重之德奉西方清淨之教歸命道士且業是經時有明晦我無間斷居無幾實盈其數焉常願極精慮罄泉貝大依佛事共揚光烈嗚呼風樹之感霜露之悲入肺肝者可勝道哉今位登方伯輕千乘之貴捐萬鍾之祿聚心裂膽虔紹前志此所謂不敢一日而忘其親也先是此地松竹葱蒨含絕世之異觀者百輩曾無須聲公乘時多暇高步廊廡密獲勝勢其心快然因心計手指付於匠吏經時而成之堂殿崔嵬以切雲軒廊窗櫳而疏風

皎嚴淨而無塵若釋梵之天宮大德僧懷遠秀掩珪璧操陵霜雪是故敢請爲其主張加之以田產因之以臧獲受用具足無遺乏相嘗聞於經曰造塔廟建形像旃檀沈水彩畫裝鉸如是功德福不唐捐伏知必有以資窈冥關往路揮斥萬有騰陵三界巍巍尊識補賢聖處信決定矣其或否者我教其誣乎恭惟先太夫人誠敬齋莊高明惠和道可以裨補陰教禮可以綢繆婦則早居穆伯之器有賢子三人始在童孺則自敎誨非雅言正味不道不食使中和淳粹之氣飽飫其腑臟焉故中司洎令弟兵部郎中凝

大理評事凌皆擢進士高第以清風累德文學政事振休聲於宇內議者謂玉昆金友如三山峙立三川橫流焉後之君子非但實地覩此誌可以知上有聖謨之美下有大孝之嗣矣公永懷慟絕不忍握管濡墨以文字自導其意見託序述乃惕然而書之

崔備

備建中二年進士辟四川節度使判官終工部郎中

駁太常擬贈工部尚書馬暢謚議

謹案謚法敬字之義與馬暢始終名迹不同考行之義尚乖易名之典未正事須再牒禮院請重議者且以暢墳土猶濕物議尚存皆可徵言盡堪覆視在春秋隱惡之義可也加史冊虛美之命難乎况尚書責實當究是非易名宜存褒貶夫國之禮法懸在不刊而文士多病於愧詞史臣或許其使傳舊章既失後代何觀雖以禮之愛久無而亂名之責豈絕幸稽前士用示後人其馬暢所謚爲敬請更參議

壁書飛白蕭字記

壁書蕭字者梁侍中蕭子雲之書也韓晉公領浙西之歲

得於建業佛寺置之南徐官舍函以屋壁俯瞰座隅及晉公入贊廟謩啟於私第朱方官吏候其代者完葺舊府圬墁故堂吏人以壁字昏蒙方以堊帚塗上時故殿中李侍御士舉爲部從事以晉公翰墨代無等儔自獲壁書施榻於下躭翫研味晷無已時士舉重焉給而方得及士舉府除職停寓壁字於小吏之舍至甲申歲士舉爲江西從事通好江淮時李評事約鐵閱圖書以示寮友士舉方以壁字言於座中李君因而求之士舉云得鄭皇象羊欣蕭綸眞草各一帖大鄭畫屏一扇即輟與之不爾當自持去李

君富於圖書酷好遐異遂以所求三帖并法士畫屏一扇易焉後十餘日壁書自吳負來士舉於道病卒向若李君不閱雅跡士舉不言此書即壁字爲朽壞於小吏之家邁品絕前賢之迹固知與亡繼絕後不乏人工極藝精中必有物加以子雲與國同姓所書蕭字圖卷側掠體法備焉信曩賢之妙門實後代之茂範其飛白書起於蔡中郎（蔡邕待詔門下見役者以堊帚成字心有悅焉歸而爲飛白書漢末魏初皆以題署宮闕）其後張敬禮王逸少子敬並稱妙絕子雲曲盡其法歐陽率更云蕭侍中飛白輕濃得中如蟬翼掩素其爲前賢所重如此嗟乎景

喬此書今訪天下絕矣惟此蕭字在乎舊都三百年間竟無頹圮俾後人傳授似陰有保持余與李君寓家南徐鄰而友善獲覩妙迹感其將壞晉公出之方絕之迹李君維之用徵其事故以蕭字志之

欽定全唐文卷五百四十五

蕭俛

俛字思謙吏部尚書恒子貞元七年進士元和初復登賢良方正制科累拜御史中丞襲徐國公穆宗立拜中書侍郎同中書門下平章事轉門下侍郎罷爲吏部尚書徙兵部授太子少保爲同州刺史寶歷三年復以少保分司東都文宗朝以左僕射致仕

請放免當司諸色本利錢奏

應諸司諸軍諸使公廨諸色本利錢等伏緣臣當司及秘

書省等三十二司利錢伏準今年七月十三日赦文至十倍者本利並放展轉攤保至五倍者本利並放緣前件諸司諸使諸軍利錢節文並不該及其中有納利百姓見臣稱訴納利已至十倍者未蒙一例處分求臣上達天聽臣已面陳奏訖伏以南北諸司事體無異納利百姓皆陛下赤子若恩澤均及則雨露無偏伏望聖慈特賜放免如允臣所奏伏乞特降敕旨並進今年七月十三日赦文處分仍永爲定制

辭撰王承宗先銘奏

臣器褊狹此不能强王承宗先朝阻命事無可觀如臣秉筆不能溢美或撰進之後例行貶遺臣若公然阻絶則違陛下撫納之宜僶俛受之則非微臣平生之志臣不願爲之秉筆

對穆宗問兵法有必勝疏

兵者凶器戰者危事聖主不得已而用之以仁討不仁以義討不義先務招懷不爲掩襲古之用兵不斬祀不殺厲不禽二毛不犯田稼安人禁暴師之上也如救之甚於水火故王者之師有征無戰此必勝之道也如或縱肆小忿

輕動干戈使敵人怨結師出無名非惟不勝乃自危之道也固宜深愼

崔位

位貞元中佐陜虢觀察使姚南仲幕府貶遂州别駕東川觀察使王叔邕希旨殺之

爲李尚書讓兼左僕射表

臣某言中使某至伏奉某月日制書除臣檢校某官者伏惟皇帝陛下以仲春之月居青陽太廟順發生之令垂溥洽之恩建萬國而覲諸侯闢四門而延多士雖成周析壤唐虞命官穆穆皇皇何以加此天子幸甚臣謬列藩鎭極兹寵榮捧戴絲綸形神駭越中謝臣聞謙以立衆明於害闕三字爲言在不知退臣敢瀝懇固讓披心自陳何也臣闕二字天枝遂階名級立身終始竊慕古人履官途惟直道而行居聖代而孤立寡援自陛下纂承王業致理雍熙臣以瑣微累蒙任遇入司宗籍出按節旄報恩百用未申一割悚惕惟厲中夜以興臣伏以爵本酬庸秩由崇德無功庸而冒爵秩乖寒燠而怒鬼神詩有不稱之譏易垂折足之誡仰惟古訓歷選先賢未有不澤潤生人功在王室而可

驟升重位安處大名况今同軌絶垠韜弦息甲守戎内地甘食美衣舉勞無汗馬之勳論兵乏出人之略方將尸素刻責豈意恩光荐加在亭育而則然當覥冒而奚若且桓撥之職而布於典策優游二品師長百僚自漢魏尤難此選非夫李固忠讜黄瓊奏議羊祜以荆州兼領謝安由戎政特拜以臣方之遠有所愧臣高祖淮安郡王神通翼贊神堯竭誠締構勳彰國史方任此官在臣何堪謬繼前哲循涯省分憂悸失圖垂之簡書不可以訓是願罄露丹懇冀迴聖鑒察臣辭避之至恕臣量己之誠乞停今授以俟

後効君猶天也焉敢飾詞臣限以所守不獲奔赴闕下拜舞丹墀無任慙惶懇迫之至

第二表

臣某言某月日奏事官迴伏奉勑旨以臣讓官郎宜斷表者微臣材劣不足動天再蒙中詔曲賜獎飾捧授之際襟靈若飛中謝臣伏以運屬昌期干戈久戢人懷聖澤閭里乂安臣總戎無分寸之勞爲政乏循良之異是以内思陳力難處百揆之崇外愧妨賢願効九官之讓而宸私荐及寵命莫迴敢煩君父之聰用申犬馬之志惟當誓心許國

盡瘁在公廉問黎烝訓輯師旅庶立毫髮以副憂勤臣所守有限不獲奔走闕庭拜舞丹墀無任感恩殞越屏營之至

代李僕射謝加營田使表

臣某言伏奉某月日勑以臣兼充當道營田使者捧受絲綸載驚載躍臣某中謝幸忝宗室沐浴恩波性惟直方官絕依倚凡忝任用皆自宸衷常思殺身以答鴻造所至之職勵精苦節苟可利人利國誠願悉力悉心況西戎狡謀有備無患東都要害居安慮危俱屯偃革之師豈可不耕而食臣是以諭臨邊將士首建屯田董所屬軍人力開荒壤近爲水旱之蓄遠減飛輓之勞臣之用心素切於此又軍營衣賜久費度支百方圓融三分全給在臣守土固合分憂此皆塵露至微豈如山海云益陛下曲垂天獎正以使名榮光荐加荷懼惟厲但當撫字鰥寡訓練貔貅克宣皇風底靖藩鎮庶申萬一少報生成臣所守有限不獲奔赴闕庭拜舞丹墀無任感恩殞越之至

爲李僕射賀聖製政刑箴表

臣某言伏見聖製政刑箴天文昭回八表皆燭睿藻稽古

六經不刊臣某中謝伏惟皇帝陛下致理和平躋人壽域猶懷兢業重設箴規酌裁成立制之中求司牧措刑之本信成康之能事蓋堯禹之用心可以萬邦作孚千載垂範金石不朽日月俱懸爰自繩契已還歷選列辟憲章代有詞義罕攻湯製局促於盤銘虞歌淡泊於琴曲橫汾乃縱賞之事黃竹匪勸誠之文其餘流薄國風漂淪樂府典謨雅誥寂蔑無聞曷若光啟格言昭融至道勤萬幾於一日二日立盛德於先天後天長垂四目之明詎假百官之獻臣職惟方鎮宗忝葭莩成誦已在於丹心述宣願播於青

史臣限以所守不獲奔走闕下拜舞天階無任捧讀跪戴抃躍之至

袁司直

司直大歷十四年舉進士第五人

寅賓出日賦 以大明在天恒以時授爲韻

日爲天經春爲歲始貞三農而允協於度調四時而不僭於理敬其所出導其所以升黃道而萬化融出青方而百工起所以放勳欽明羲仲是司協和天意敬授人時厥其職則厚生斯廢行其典乃庶績咸熙且曉色曈曨清光杳

靄垂大明於有截察幽深於無外守晦明之度數順躔次之交會合一德而無私位三光而稱大煦育無偏陰陽氣宣應律管而初變暖林花而未鮮興農功於燠室發耒耜於原田旣陶陶以受歲亦欣欣而樂天則知日以陽爲德君以政爲恒陽虧則物無仰照政失則年用不登覩寅賓之有則知平秩之方輿瞻彼漲海日之所在出扶桑而吐暉泛暘谷而浴彩貞明宇宙協順時候將虔敬而專其所職豈出納而輕其所授我國家獻歲發生舒勾達萌警大田於東作紀斯箱於西成君德與日德俱遠道光與日光齊明將授官而守職俾萬化而爲程

王仲舒

仲舒字宏中太原人貞元十年策試賢良方正能直言極諫等科登乙第超拜右拾遺累轉尚書郎元和中自職方郎中知制誥貶硤州刺史遷蘇州穆宗立召爲中書舍人出爲江西道觀察使長慶三年卒

湖南觀察使謝上表

臣某言臣以某月日到本部上訖榮如夢中不敢自信臣某誠懽誠懼頓首頓首臣頃備位省官孤特無與自堅內

志不近權門逞憾者以陰計中臣伺其顛沛而臣位從懼進身自危安陛下之保臣也陛下開張至道以福羣生長人之吏必以歲久課其能否定爲差等使無倖人獨臣領常州一年超居近地陛下之私臣也臣當此時不能稱揚隱晦以納聖聰論列奇詐以靖封略使下有勝臣而未用者邊有戰聚而偷生者是臣負陛下之知也況今方隅之任得其人則聖慮安失其才則衆情苦斯位不細惟賢者宜之臣前官已曠後恩逾重公議難逭殞越是憂謹當日用皇慈下求利病鎭浮惰之俗杜奸邪之萌冀其小康上

關天府臣之心也敢有二事不勝感恩戀闕之至

為荊南節度使謝恩表

臣某言中使某至伏奉三月二十五日勅除臣江陵尹兼御史大夫荊南節度觀察處置等使者如綸炳然中天而下伏讀惶駭不知所裁臣某誠懽誠恐頓首頓首臣既無老謀又無壯事塵玷重位前後六年將陛下覆幬之仁煦嫗羣物所至之土方獲小安如日照臨人共知見臣敢竊盜以為已功況文昌六星將帥為首非全才碩德未嘗茍居陛下睿慮神行雄威電斷將付斯任尤精其人過量之

榮臣獨虛授若在夢寐不敢自期卽以今日祗命上道臣團練判官太子舍人兼侍御史楊洽久更吏塗兼練戎事謹差專領留務待李衡交割不勝感恩忻躍之至謹奉表陳謝以聞

昭陵寢宮議

右奉進止寢宮在山上置來多年曾經野火燒爇摧毀略盡其宮尋移在瑤臺寺左側今屬連年欲議修置緣舊宮本山上元無井泉每緣供水稍遠百姓非常勞弊今欲於見在行宮處修造所冀久遠便人又為改移舊制恐所見未周宜令中書門下及百寮同商量可否聞奏者守右補闕王仲舒議曰

伏詳勅旨以太宗陵廟衣冠所游嚴上之誠重於改作實聖人之孝也但以既經焚毀舊制將來仙馭所經恐違虔奉之意其本地素無泉源日羞饋祀出於人力登降難為褻味又仲尼有言易墓非古臣庶兆域尚重芟夷園寢之間豈宜振擾不可再興版築理足明徵陛下聰明聖神德叶文祖寢宮廢墜歲序滋深獨留其功以候聖旨伏惟精選信任大臣嚴重其禮昭告陵廟以通明靈令於柏城之

中卜其近地畧雕琢之費因耕稼之休務錄愛人節用之心副文皇還朴之志天下幸甚謹議

崔處士集序

帝唐綏珮之士年未壯其文老成者曰博陵崔秀文峻亮而堅剛貞而和止立而毅其行也不邇聲利其文也文質相制才氣相發於古人立意中往往振起風雅知君者謂君得詩禮之際自然之機故也方將逞詞縱翰為邦國之聞人遭命否厄若干年而夭嗚呼惜哉嘗曰文之難為久矣世有執異端為公是驅法政為利物或雕刻雪月以趣

佻巧或侈衒奇詭以新聞見或拘實而忘雄或飾辭而契本使曲直亂次褒貶錯行作者以墜溺處之未嘗弔也深而通簡而茂華而不流純而不樸仁義物體之序屬辭與事之端於大化也粲而不殊作者之教吾其奉哉由是洽帝王之制度以敵箴諫則漢宣中興頌作焉諷前史之闕以貞黜陟則翟義贊形焉較英雄之功伐以傳後世則三傑頌存焉其餘暢賢人之德評一時之事不附於彼而立於才纍然貫珠於遺體不可備舉與君游者猶是文揆人人在於餘地則君妙識深行又足徵矣噫夫彼化工醇其

器堅其志而不使之遂豈將惑於從善者之心乎余於君從母之昆弟也嘗爲碣銘志君之文篇目遺逸乃綜而次之敘而引之

祭權少監文

維年月日從姨弟使持節蘇州諸軍事守蘇州刺史賜紫金魚袋王仲舒謹遣某人以清酌之奠敬祭於故山南道節度使贈尚書左僕射權三兄相公之靈惟靈天受全氣早挺文學用道以直閑邪存誠心常坦夷而不離法度操本堅峻而盡歸忠厚自拂衣登朝周歷清重靜專一節造次於是內翊皇極外擁麾旄賢哲極致天下榮觀豐祿足以肥家雄文可以潤屋而奉己彌約素風逾鮮禺卬山立以鎮浮俗嗚呼公之德也公之器也壽享期頤猶謂之夭況相遠乎論道上庠猶謂之薄況不至乎哀哉仲舒及冠之年情契深至非求道之要不爲辭端非爲文之蹟不著心本雲路盡相致之誠閒宴譜道舊之適音容如覿書札尚新靈儀宛然驟隔今古局守遠郡臨慟無因敬薦酒殽用申平昔尚饗

王顏

顏太原人第進士貞元中累官大理少卿拜御史中丞出

爲虢州刺史

京兆府獻三足烏賦

夫何赫赫之太陽忽降精於烏烏乃呈瑞於皇王足應乾之三數目耀日之九芒降天邑而於我李浴咸池而自扶桑嘗空聞於前牒今實觀於殊祥天既無私祥何能隱昭聖代之有應垂休徵之無盡瑞於帝室表大孝於天衷獻自尹京驗長安之日近始至也衆羽駭集伊人驚萃邁麟鳳之時見何鷹隼之能畏如深就日之誠不效搏風之志

顯委質而入貢。終依仁以馴致。入銅籠而戢翼。向金殿而矯翅。將告於休。似對以意。由是憐楚人之迷鳳。陋越裳之獻翟。小哉棲棘之鸞。蔑矣應風之鷁。未如我陪日馭之出入。遊天居之岑寂。曩有赤而呈美。白以效靈。俱非應乎殊貺。亦或載於祥經。終未如符孝理之永錫。昭寶運之康寧。則如堯舜登極。夔龍夾輔。布政無偏。惟賢是取。故得感陽精於上帝。贊陰德於下土。光昭萬葉。輝映千古。良史當載美而記時。謏才顧賡歌而蹈舞。

白雀賦

彼白雀兮降靈朱方。羽皎皎而冰淨。毛紛紛而雪光。既無日浴。不假雲翔。馴階除兮玉彩相照。向庭際而花影飄揚。皓然自居。貴以爲飾。與物無競。隨時遊息。知有文而貫害。則純素葆光。知惡紫之奪朱。則大白呈色。叶我皇之金運。旌我皇之道極。又何貴乎黃以爲名。赤以爲翼。然後銜丹書以告祉。執玉環以述職。所以異其類不能同塵。所以隨其俗將以順人。不假倉以耗國。不穿屋以賊鄰。刺穆公之將死。以人爲殉。雪冶長之無罪。示人有親。無以爲凡鳥也。不摭其實。無以爲珍禽也。不利於物。庶考言以察用。時有得而無失。若以酒成禮。我則能近取諸身。若以農命官。我則能將委其質。百揆有序。萬物咸秩。豈不知鴻鵠之志。與斥鷃而爲匹。悲夫未處大厦。閑於雕籠。心眷戀兮猶期拂日。羽摧落兮半已從風。望銅臺而路遠。忿瑤池而宴終。倘吾君兮爲開一面。呈瑞兮還飛紫宮。

進黃帝玉佩表

臣顏言。國家虔奉道源。天下久安。聖化伏見。能事必舉。善跡必旌。臣所部湖城縣界有鑄鼎原。是軒轅黃帝鼎成上仙之所。（闕一字）詳史冊。縣右昇仙宮寺具見圖經。獨此（闕一字）原曾無表記。微臣愚見。是千古所遺。歷代因循。以至（闕一字）日只有鑄鼎原名。莫知陳迹所在。臣今（闕一字）於原最高處刻石表之。當石直下。更須穿地（闕一字）實。去月二十八日本縣令房朝靜縣鎮遏將常憲專知官軍將杜晏等同於原上選地對龕。穿深四尺。得玉石（闕二字）是一片。穿時爲土工所折。今作四段。有懸佩孔子二。其日縣令所由等狀送到州。臣送觀察使。使牒卻令州司自進。臣以此處合有碑記。千古所無。臣輒云爲自疑妄動。今幸得此佩。伏喜不妄。微臣測度。恐是黃帝上昇之時。小臣遺墜之物。臣檢算歷帝記黃帝去今六千四百三十年伏以天下有道地不藏珍今千尺荒原一穿得寶且是軒轅鑒物應見聖明之代微臣不勝驚喜慶抃之至其玉佩謹以函盛差朝請郎行司兵參軍暢賞隨表奉進伏望頒示朝廷宣付史館臣顏無任誠惶誠恐頓首頓首謹言

請釐肅朝班狀

吏部兵部侍郎郎中員外共一十三員起去年十一月一日至今年三月三十日並不入朝臣此謂選限内不朝實憑格勅去三月二十一日奉勅轉朝前件官並闕奉慰臣

中書門下省幷兵部吏部簡格勅並無文狀國朝故事開元以前旬假節日百官盡入朝至天寶五載始有勅放旬節假日不入比及近來又賜常參分日伏緣前後優待之厚致有慢易違失之愆臣忝職司合當舉正庶使朝行自肅典禮克行伏請釐革

軒轅黃帝鑄鼎原碑銘 幷序

惟天爲大惟帝堯則之惟道爲大惟黃帝得之南華經曰道神鬼神帝生天生地黃帝守一氣衍三墳以治人之性命迺鑄鼎茲原鼎成上昇得神帝之道原有爲谷之變銘紀鑄鼎之神銘曰

道闕一字神帝帝在子人大哉上古軒轅爲君化人以道鑄鼎自神漢武秦皇仙蕈徒勤去道日遠失德及仁恭惟我唐元德爲鄰方始昌運皇天所親唐與茲原名常鼎新

追樹十八代祖晉司空太原王公神道碑銘

始祖無名道之出也曾孫有國周之宗也夫國有開必先粤若后稷播種蒸人乃粒周之先也積仁成德積德成聖以至文王周公與天地合德乃繼爲家聖焉周禮周易與日月俱懸允著爲家法焉開國德澤之源流爲國制度之

本末俾百世不易萬方日用豈止三十代中八百年内而已厥後子孫因王顯姓始自四十一代祖周平王孫赤其父泄未立而卒平王崩赤當嗣爲叔父桓王林廢而自立用赤爲大夫及莊王不明赤遂奔晉晉用爲幷州牧自赤至龜八代代牧幷州龜生喬至文釗十六代通前八代代襲封晉陽侯文釗生叔儁叔儁生伯明伯明生乇乇河東太守征西大將軍乇生卓卓字世盛歷魏晉爲河東太守遷司空封猗氏侯夫人河東裴氏父仲賢任雍州牧卓翁年七十九薨於河東時屬劉聰石勒亂太原晉陽不遂歸

葬葬河東猗氏縣焉隋併猗氏爲桑泉縣今司空冢墓在
縣東南解古城西二里至今子孫族焉自古太原鄉也亦
猶潤州上元縣有瑯琊鄉後魏定氏族僉以太原王爲天
下首姓故古今時諺有鼎蓋之名蓋謂蓋海内甲族著姓
也我卓翁葬河東子孫成族閒生將相而太原之望獨不
鼎蓋河東著姓乎兄本支奕葉金輝玉映洪源長派碧注
清漣襲官婚者戚屬兼之澄而爲止水絶資蔭者徭稅不
暇漫而爲眾流隸軍府而耳順方免負終身之恥戍積石
而萬里交鎮有次死之苦更接二京之庭驅出九流之外

蓋魏地狹隘迫而使之然也開元中左丞相張公説越認
范陽封燕國公大歷初左相縉叔越認瑯琊封齊國公且
河東王承太原顯望久矣一旦爲縉叔齊公沒之而望平
沈也如燕齊兩公皆名世大賢社稷重器尚爾爲也況中
智以下薄俗者乎又見近代太原房譜稱顯姓之祖始自
周靈王太子晉瑯琊房譜亦云太子晉後且晉平公聞周
太子生而異使師曠朝周見太子太子年方十五曠謂太
子色赤太子謂曠曰吾後三年上賓於帝果十八而仙得
不謂元精下降全眞上賓則知年未十五已是神仙矣豈

於三年之中而始同凡有嗣息耶是各爲修譜者務神奇
祖先競稱太子晉後不其妄歟凡稱太原王者無非周平
王之孫赤之後前已詳之明矣桑泉房隋奉朝請善翁善
之子冊子翁官至開府儀同三司車騎將軍河北道大總
管見隋書墓今有碑僧曇延有奇表身長八尺見高僧傳
蒲州桑泉人也或有延公贊曰德與天全身居佛半桑泉
房幽州都督元珪翁廣州都督方平翁皆盛德光時左補
闕智明伯户部員外郎岳靈叔猗氏房右丞維叔左相縉
叔俱偉文耀世或有上縉叔詩曰朝廷左相筆天下右丞

詩人謂戲言時稱定論虞卿房安西北庭二節度正見叔
武德冠時如入仕朝廷百舍或一出宦州邑十室二三通
文武舉選僅不比屋有以見我卓翁積德積仁垂不已之
慶流於無窮也然因官婚或棄鄉族迷失宗望亦往往而
在晉司徒祖翁誡宗人曰若結婚姻如暴貴無識猥富不
仁愼勿爲也又誡曰勿三代不仕不學不看客失婚無譜
不葬無墳墓不修仁若是惡事三代皆淪小人也戒之愼
之孱孫顏由進士官歷臺省除洛陽令移典杭州入大理
少卿拜御史中丞出虢州刺史嘗歎大道久隱澆漓時極

今於正經揭道字爲志於子史揭道字爲翼成五十卷行於代建軒轅黃帝鑄鼎原碑銘聞於朝卓翁冢墓古有碑廟直下宗子四縣離居每年用正月七日一合來祭干戈動來廢至今日時方開泰冀得復行嗚呼魏之風俗儉不中禮周之子孫日失其序顏實永痛力建豐碑有四義焉一歸流遁者之心二正迷宗者之望三伏雄垂慶之德四永銘儲祉之仁銘曰

太原一宗晉代三公蘉時世故葬此河東孫謀克著祖慶所鍾顯魂凜凜遺冢崇崇 謹案蒲州府志以此碑非唐人所作云文中謂周平王孫赤其父泄未立而卒平王崩赤當嗣爲叔父桓王林廢之而自立及莊王不明赤遂奔晉求之傳記事皆無有且晉於是時獻公未強幷州太原尚在狄地况州牧之官始自漢世安得晉於此時即用以爲牧而先立此號又謂自赤至龜八代代牧幷州自龜至文釗十六代通前八代代襲封晉陽侯語尤無稽且太原鄉牒其狀乃顏所上狀稱冀州刺史碑乃云河東太守狀稱卓在晉爲司空河東太守碑乃云歷魏晉爲河東太守遷司空安有一人自述其先世而牴牾不合若此又謂開元中左相張說越認范陽封燕國公大歷初左相縉叔越認瑯琊封齊國公夫說與縉自以功名官位得封初未聞越認之事且公侯之爵亦非因越認門望可邀得者云云其辨甚詳今登載原文仍錄辨語存證

欽定全唐文卷五百四十六

裴肅

肅貞元時官國子司業出爲浙東觀察使

請進士兼習爾雅老子奏

爾雅爲六經文字之楷模老子是聖人元微之奧旨請勅天下明經進士五經及明一經進士五經及諸科舉人依前習道德經者宜準天寶元年勅處分應合習爾雅者並準舊式

王履貞

履貞貞元七年進士

辟雍賦 以王者風教之本爲韻

辟雍之裁教化之方辟者象旋圓而不極雍者以流轉而有常行於歷代創自前王崇此乃理廢之斯亡革斁刓澆何莫由之而克著化人成俗靡不因茲而允臧公宮之南靈臺之下赫巍巍以層構規制度於眾寡區別遠采於虞庠經始不差於周雅闡揚學校旁求儒者溫良恭敬之士資於父以事師俊造茂異之倫必自朝而逮野尊卑有秩禮教是崇取乎年均式序不以地高爲雄隨其局貴賤之

義自別尚乎齒少長之儀有融然可以闡皇化彰國風允叶扣鐘之教克成琢玉之功寧止夫聞天者比於鳴鶴居陸者喻夫漸鴻而已爾其學習以時詩書興教惟司成是典惟古則是效詔夏弦春誦俾民不倦養三老五更俾民知孝惟胄也太子齒矣惟學也元后視之合語於此釋菜有時以崇其道以尊其師俾百工允理庶績咸熙抑前古之是賴伊茲禮之是持德貞行芳達其名以取譬泉流波注立其義而在茲由是金革可偃淳樸斯返所謂深其流者濬其源茂其末者固其本至矣哉辟雍之旨也大辟雍

之教也遠可同乎不騫不崩豈俾夫損之又損

冰池照寒月賦 以寒淨光潔瑩心目爲韻

至矣哉元冬之季茲池可觀臨方塘而霜容既肅照圓月而素色兼寒凝爲水碧潔若琅玕迫而窺乍驚飛於繞鵲俯而察寧失顧於迴鸞若乃日暮雲晴蒼然色正冰彩旁射蟾輝下映的皪兮地布明璫瞳矓兮天垂朗鏡則雖隨侯之珠皎而潔和氏之璧光且淨曷比夫動貧文士之興載悅吾人之性觀夫寒空若晝清漏且長透珠簾而庭戶增媚浮玉樹而園林借芳攬之則無誠偶形於顧兔視之若有徒積素於飛霜故能潔通宵之寒氣凝徹底之清光既而空色相鮮餘華昭晰嚴風吹而不散沍陰生而轉潔偏使閨婦增思征人愴別望隴上之嬋娟怨池中之凜冽又能使空門禪客除昏滌瞑對之而虛白生襟觀之而神形自瑩嗟乎時之革物物感人心俾開放者取而適性勤苦者對以愁吟則知冰月之宜靡極沿變之趣彌深原夫幽院添池晴華繞竹幾處堪賞千般寓目加之以清冰素魄復何媿深山窮谷佇月令之必賦冀同出乎西陸

國子丞廳連理樹賦

靈臺崇崇兮洞轇轕以緜延中有珍木兮鬱森森以芊芊始殊形以分聳終共理而連華始信德以被物初應聖而效焉且學爲教原丞爲糾局生於學者表王化之大同植於廳者知官政而無曲亦所以據於德而遠於俗也樂我皇道彰我聖年謂爲交柯乃尋本而無末謂爲別幹能已離而復連依君仁義之圖對君翰墨之筵俾爲我師者如斯木之一德爲我曹者如斯木之相全故瑞不虛然從化而止化不在遠行之由已有善必應詎云草木之無知惟德是親奚問陰陽之至理可以載美青史可以表慶皇家

人各有心我則合而爲一物曲有利我則不避其邪夫如是則造化之理易尋天地之情可測順之則生瑞逆之則成慝故曰禍淫福正直諒物情之效祥由人君之布德故得托根講肆之宇垂陰夫子之牆雜庭槐以爲列偶仙杏而成行逢聖而生匪由乎日月以翼取端爲實孰尚夫金玉其相所謂光乎泰階允臻靈貺不然者則徒聞其說孰究其狀至矣哉觀一樹之攸同知四夷之內向

太學剏置石經賦

我國家學校崇崇剏石經於其中用啟千年之聖將遺萬古之風元化式敷厥德既彰於有截聲詩再闡斯文庶表於無窮既而招學苑之徒命他山之役陳滿筒之文雅結峻天之遠碧且曰道自人宏教由時易若不考深旨勤貞石布落落於廣庭陳巖巖於千尺則何以表吾道之不騫見伊唐之有赫者哉由是雕搜之功備矣文質之義昭然鑿寒光而嶄嶄迸映駢古色而字字相宣儼彼貞規韞玉之姿益壯窮諸墨妙崩雲之勢彌堅事既叶於造微理乃符於摭實削成豈勞於執簡壁立更逾於散帙旁分鳥跡且非精衞之銜來遠映天光有若媧皇之補出可謂洙泗之風不墜而教化之道益敷鑽仰苟同於深奧咫尺可見於微言五色參差夫子之文章盡在丹楹俯瞰聖人之閫閾斯存豈非吾君秉茲一德修文臨極堅貞爲庶士之規考禮作百王之式既而辯舛錯而定魯魚然後二三子是效是則

太學壁經賦 以六經典法刊正文字爲韻

國家誕敷文命建學崇政置六經於屋壁作羣儒之龜鏡翦遺文以辨謬俾雅誥以詳正是以儒業益敷皇風載戢斆學既闢廓宇斯分飾素壁而照月構丹欒而結雲於是集青衿之侶延鴻儒之羣貞八索起三墳採典謨之淪翳次編簡之繽紛稽古至今從百家之正義歸眞背僞俾四海之同文於是博考羣臣宣明舊典既科斗之互缺亦魚魯之相舛依鳥跡而難從訪蛇形而莫辨定茲金簡規程邈之隸書遵彼古文參史籀之大篆然後命鍾張之藝詔文學之官界四壁以繩直揮五色之毫端粲爾其彩昭然可觀雖一勞之克定乃千載之不刊錯綜既備班列有次欲昭明於六書先褒貶於一字俾去顚訛之惑用全述作之意苟不絕於韋編將永齊於石記至於止戈爲武反正

爲乇將爲後生之式必憲先王之法爰及垂露懸鍼鶴頭蚊足酌前修之楷模爲後來之軌躅瞻彼垣牆代茲篇牘篇章煥炳文雅照燭正以先王之修則曲禮三千習以孔門之徒則冠者五六所謂一人作則萬國儀刑先我廊廟異彼丹青示人範於古訓正國常於典經既文明乎天下宜遠域而來庭

目無全牛賦 以虛心通明暗與理會爲韻

著絕藝者積功而成窮物理者因心而明觀彼庖丁之游刃合夫天道之至情運心術於妙用得元技於惟精相彼

牛兮雖完體斯在於我目也而折俎已呈豈不以因功之深爲志所使揮無厚以合度投有閒之中軌積就之妙既由乎月將操割之微亦依乎天理若動不導窾任非由已則必授夫力劬孰能免夫目視始吾於牛也膚革未充筋骸靡窮心無所措其利手無所施其功感臂臑之原本迷脈腠之要終動既多悔勤而未通逮三載以積用乃一朝而發蒙今吾於牛也察其博碩考其小大不俟刃解自將神會定貴賤之骨若委地而在前視血脊之膏雖表革而無外信功著而理貫乃道成而情泰遂得不導蓮鍔不合

桑林騞騞之軀折如應手膱膱之角劃若愜心此乃變化斯探視聽靡濫美候明而咸見雖處幽而無暗夫人之修業頗亦象諸能元通而理達則疑釋而誤虛別有技業目牛得同碩鼠取勢行止喻義庠序竊學見賢思齊敢望惟仁是與儻王庖之可待願發硎而延佇

六街鼓賦 以動心駭耳防非之道爲韻

惟道路兮此有其紀綱在昏曉兮用警於行藏設彼鼓節以爲人防俾守度而知禁咸順時而嚮方觀其四門洞達九逵攸長不有司扃則政或以荒不有式遏則人或以數

粵惟聖唐作法茲始岐路分職里閈對峙萬井如棊三條若砥樹鼉鼓也罔不式遵命武賁焉各慎所履日入於酉俾於行者止斗回於天警夫居者起惟其度數自合銅龍之漏節其晝夜不失金烏之晷豈比夫繫於手盈於耳而悅彼姝者子乎每司晨而不僭必候時而後動聲坎坎而旁殷遐邇氣雄雄而中過煩惚通塗廣陌萬户千扉晨應雞鳴夕催人歸牛羊下時迎暮煙而斯發河漢云沒伴曉色而漸微此乃守常有則守矩不違一厥人兮人懷其信齊厥政兮政絕其非不然者則是或見訛下無所楷使六

歷時謬萬夫聽駭是知街之設也所以通達幽深鼓之懸也所以發揚聲音豈獨警其當路亦用革其非心職是司者爾罔不欽無先天兮以欲敗度無後天兮則人匪忱別有養蒙以居惜陰爲寶遊藝鄒魯觀光咸鎬每聽喤喤之聲實樂平平之道敢課虛而進牘聊體物而摛藻

林藻

藻字緯乾莆田人貞元七年進士官嶺南節度副使

冰池照寒月賦 以寒淨光潔瑩心目爲韻

瑤池洞澈兮堅冰始攢元天皎皛兮皓月初圓冰含虛以

淒冷月委照而光寒既合體以凝質故清輝而可觀爾其氣肅而勁色虛而淨俯視則湛若玉壺仰觀則爛如金鏡履之者可以愼其矩步翫之者可以滌其情性嘉乎清熒旁達曈曨交映閒樓臺則素色彌分出河漢則清光寥夐良吏覩我以思欽墨客覽我以興詠懿夫鑒照無隱盈積有方纖埃翳而必見眾象照而難藏晃兮爽爽耀兮彰彰奪銀河之曉色掩水鏡之秋光於時羣動已息寒夜未央微雲度月以澹蕩細柳拂池而悠揚晶耀兮環林之際朗練兮孤亭之旁月周天兮有虧池擁冰兮難決月在則光瑩月沈則光滅彼冰也非無自然之色我取映月而增潔此月也非無自然之光我取籠冰而加澈斯乃以淨臨淨不瑩自瑩精氣交而上浮光彩融而入暝夫如是至人遇之而暢襟貪夫對之以勵心豈徒皎皎然罔象炯炯爾照臨而已哉向若月隱西峯冰藏深谷焉得解吾人之昏滯悅志士之心目

喬彞

彞京兆府副解

立走馬賦

元戎帳外兮何者雄躡絕電踏追風於是干旗已合萬馬既匝槍壘環迴轅門洞開紛熒熒以照雪殷嶪嶪以隨雷嚴鼓齊蒼山破一夫唱萬人和寒笳既鳴攢騎無聲左右交入奔騰迸集鴻洞戢舂陰森疑岌揮鐵騎以突空上金鞍而屹立輪寶刀以直視拔長劍而端揖奔鯨絕海旋巨浪以尚遲餓鶻翻身寫長風而未急於是神仙惝怳鬼怪呼吸擺金甲而乍寒噴玉花而半濕膂力既剛雄風莫當擲紅旗以顛倒按白刃以熒煌霍爍滅沒離披頡頏引山河之奔走隨波蕩以低昂訏夫鶻飢累跡從容自適互辟

易沸霹靂豁千重以萬重迺左射而右射餘疑掉青絲繫練影叫天閽揮落景雲旗一簇翻古塞而半飛畫戟雙盤寫長風而自冷況復騰勇氣耀紅塵倚精誠而張膽仗忠信以扶身妙能傑出其大絕倫感平生之顧遇睹性命之逡巡既見知於挺特寧有力於依因得逢堯舜之代以備爪牙之臣恨武場之尚狹踴高步而難伸皆曰若更渡交河絕大漠藏鐵羽銷金錯橫穿馬邑雷鼓出於地中直上龍城將軍忽如天落引皇風之披靡蕩殺氣以澄廓不離旗旆長隨衛霍鞭八方之戎羯豁萬里而開拓騁輕趫之

俊藝突沙塞以取樂壯觀呈肅然清揚大旆入舊營

幽蘭賦以遠芳襲人終古無絕爲韻

蘭之生兮不以無人而不芳被廣澤森回塘和寡調高未儷郢中之曲神符夢叶終傳鄭國之香贈靈修於南浦襲嘉慶於北堂於是芊眠茂苑靡迤秋坂紉而爲佩騷人之意已深聞以在衿楚客之情何遠薄秋風而香盈十步汎皓露則花飛九畹豈衆草之敢陵幸移根之未晚若乃吳山清兮天氣新湘水碧兮楓岸春煙轉綠蕙波搖白蘋榮曲沼之初蓮遺天涯之美人離別經時歎孤芳於秀質艷陽可惜悵獨立於良辰復有映金砌羅玉戶脩竹宮疏蕙圃因風而起不隨彼茁之蓬擇地以生能殊育秋之杜宜其比同心於先哲冠美名於前古蘭在幽兮其芳滿叢士守業兮其道未通入提攜固在於高賞播酷烈當跋於下風寧使凋急景於散地迫嚴凝於歲終況復先陰慘烈冰霰淒切靜而處順不得近於階墀長未當門獨遺冒於霜雪豔歇紅曙莖萎紫折懼鷤鴂之先鳴掩氛氳而頓絕於戲蘭與艾兮異味薰與蕕兮殊途一室之人雖當執我之契十年之臭尚可攘公之揄翳然此道何有何無嗟乎蘭

無薰兮搴擷之所不及士無文兮聲華之所不立儻一借於部光庶餘香之可襲

渥洼馬賦

域中之寶生乎天涯天子之馬產乎渥洼澤出騰黃獨降精於太乙神開滇壑固不涉於流沙目散電兮彪駮喙含丹而虎呀躡紅雲而噴玉露赤汗以攢花望兮以久來何晚耶應圖合牒光我帝業星通兩瞳月貼雙頰四蹄曳練飄瀚海之霜華一噴生風下胡山之木葉然後絡以金羈拂於鱗鬐晴射紫鞍梢垂綠絲凝驕欲嘶嚼淒鏘之玉勒

曡影不顧紛偃蹇之朱旗皇矣帝徹漢綱斯闢憑百萬之精勁倚四夷之磔裂屠蒲梢而亘大漠指貳師而求汗血謂滅沒之未來竟羈縻而不絕有生必感有感必通通也不極環之無窮彼潢汙之斗水乃幽贊於神功然後歷沙卷浪於馮夷之宮疊足側身於龠淪之中星精降兮河嶽動天駟入兮駑駘空嗟武皇之英特而牽其慾欲能敗度侈多涼德夏后九代越天地之紀穆皇八駿荒帝王之則而况金通月支價及疎勒悉復馳去終無所得此余吾之降生解倒懸於中國祈招愔愔式昭德音感激萬古淒涼

至今願以求馬之人爲求賢之使待馬之意爲待賢之心

李遜

遜字友道趙郡人客居荊州第進士元和中累除京兆尹改國子祭酒檢校禮部尚書爲忠武軍節度使長慶元年進檢校吏部尚書徙鳳翔入爲刑部尚書三年卒年六十三贈尚書右僕射謚曰貞

遊妙喜寺記

越州好山水峯嶺重疊邐迤皆見鑑湖平淺微風有波山轉遠轉高水轉深轉清故謝安與許詢支道林王羲之常爲越中山水遊侶以安之清機詢道林之高逸羲之之知止雖生知者思過已半烏知其又不因外獎積成精絜邪妙喜寺去郭二十里而近通舟而到積水四滿樓臺在中觀其林叟漁者小艇短楫求贏而來得志而返濯足擊汰聲滿山谷又有丹素佳禽弄吭清流劈波投空一一遠去時從事四五人天氣清爽同登共覽因思羊叔子在襄陽好風景出鈴閤罷漁獵登峴山今古在懷獨立無對存有令德歿有令名君子哉遜賴聖時欽明寰海無波進無若人之才退獲若人之逸登山望水思泯幽寂雲霞草樹橫

在一目非敢追蹤羊公亦復長揖王謝矣時有從事李翺僧靈徹請紀故琢於片石云時元和八月十五日記

陳羽

羽江東人貞元八年進士第二人歷官樂宮尉佐

明水賦 以元化無宰至精感通爲韻

彼美明水含精自天孤影流輝乃凝空作潤萬靈來享故爲酒稱元所以貴新滌慮殷薦告虔水本涵清表至深之心著明以比德惟馨香之義全想夫含氣遙空成形永夜出陰鑒則凝清自美對明燭則搖光相借至誠所感同就

濕而流大饗是資若待神而化斯可謂至精無眹明誠有孚泛清月而乍融乍結洗輕煙而若有若無潤而鮮見湛露之濡金鏡晶兮潔類清冰之在玉壺至若高天委秋皎月分彩氤氳旣合精粹斯在方昭德以降神異趨下而歸海是知嚴而敬者其德大潔而祀者其福倍繫景命之不渝豈成功之不宰原夫明水之初化也天子齋心司烜藏事望靈月霧陰燧皎晶浮光清泠在器自無而有知靈化之不測應感而來知神物之斯至其或崇國祀設方明備禮樂潔粢盛用陶匏之器薦繭栗之牲秩神祇而配坐望天地之合精匪明水而神不降無明水則祀不誠是以明處作離水居爲坎諒明水之潛化本陰陽之所感其名也合五行之德其用也冠三酒之功泊爾味淡凝然色融至馨無臭至潔含空則是水也與靈物幽通

張嗣初

嗣初貞元八年進士

鄉老獻賢能書賦 以行藝昭洽可升王庭爲韻

皇上尊敎本旌藝能徵鄉舉里選之人則哲俾含光抱素之用必稱故講信修睦之徒坦然宏大謙光素履之士赫爾昭升時乃正月初吉鄉老旁戾奉簡牘之詞詣闕傾葵藿之心獻歲且曰君不可以獨理必數求以兼濟賢不可以失時故修巳而獻藝惟古訓之是式叶周官之舊制自家刑國率是道而克明選賢與能誠致遠之不泥遡覽虞舜稽古唐堯明揚側陋惠訪庶僚由是金鏡朗玉燭調禮崇儉約樂奏咸韶致王道之易易啟賢路之昭昭豈不以道不遠人宏之在我察言行之枝葉執禮義爲轡鎖惟仁是與諒俾善以交修在邦必聞非據德而孰可斯實義光前古道冠百王德政者介爾以昭進學殖者闇然而日彰

賤不遐遺邦敎以順乎九有下無洸抑聖謨猶洎於萬方矧乎職有司存令申先甲能自上而下下誠德優而化洽是以敦育德禮窮經激浮惰以食力耨甫田於拾青片善罔遺君子何辭於在野芻言式眾多士必見其盈庭吾君於是納遠謀守至正欽若前典申錫時命曰酌爾之素德竭爾之文行俾敷奏沃余一人而聲敎加乎萬姓是亦尊賢以崇德致君而齊聖丕休哉揭揚之道成君人之大柄

陸復禮

復禮貞元八年宏詞第一人

珠還合浦賦 以不貪爲寶神物自還爲韻

珠行藏兮與道爲鄰政善惡兮感物生神私以務貪必去
土而匿耀光之崇儉則還浦而歸淳我政無累匪求而至
宛若中流昭然明媚對三光而分色契一德而潛致盈虛
無朕不隨月魄以哉生往返有孚殊異奔星之出使徒見
其表跡罔知其奚自覩映水之新規謂沈泉之初棄爲人
利也且一貫以稱珍與衆共之雖十斛而不匱然知此珠
之感惟政是隨當政至而則至偶俗離而則離人而無道
兮不去何以人而有德兮不復何爲止舊浦而可採同暗

投而在斯質若纍纍疑點綴於霄漢色仍皎皎終炫燿乎
漣漪且夫彼邦政悖我則爲不居之物彼邦政閑我則能
應道而還豈專巨蚌是剖實惟無脛而走將不貪以共存
非甚愛之能守浦之不吝任變化以往還珠之員來辯政
理之姦不誠可以孚明可以久處沙泥而有光知進退而
不苟利用溥博何必取之於龍頷報德宏多奚由得之於
蛇口其來也所以輔正其去也所以戒貪警循良之夕惕
俾傲很以知慙勿以珠爲蘊蓄勿以珠爲珍好且還浦而
難期且離邦而難寶將守之而勿失在閑邪以存道

鈞天樂賦 以上天無聲昭錫有道爲韻

何上天之默默有鈞天之可名蓋德至而則至從無聲而
有聲和樂發音與夢寐而潛契精誠自感何耳目之能營
懿乎元德升聞天降靈貺匪同乎搏拊之和豈在乎雲霄
之上感夫心志達乎肌膚卻萬物而有喜聞九奏而可娛
其靜也寂寂其動也于于異霜天之鐘應同漢日之山呼
肸蠁兮乍有杳冥兮若無表穆公之休烈爲簡子之祥符
以遨以遊實我心之獨得不考不擊豈他人之是愉惟茲
至樂信夫元造非天私於二君惟天饗於有道不然何融

融洩洩發於自然萬籟不雜八音相宣且降歡以入夢知
惟德之動天實深乎骨髓之內豈專於視聽之前惟寤語
之有說何言辭之能全至哉無金石之迭代無宮商之先
後忽變化於合漠韻鏗鏘於妙有既登不死之福庭自諧
保生之仁壽則知夫天可通兮道可守自感應之無差知
影響之不苟降鑒匪遙德音孔昭鄙未善之周武甚盡美
之虞韶豈獨聆之兮四肢酣暢感之兮心神洗滌將使道
德之不昧必受如斯之殊錫者也

崔敎

敎貞元中官陜虢都防禦判官監察御史裏行

邵伯祠碑記

有周氏歷數既歸誕革商政皇皇后帝授元老於新邦惟邵康公欽若昊天弼成周道疑而無象用而無方輝動於幽陰明光於上下總三才之懿德弔萬姓之毒痡在昔鳳鳥鳴山鱗蟲躍舟大人經綸賢智爲之請命是故朝文王於酆邑翊武王於孟津與公旦夾輔成王紹綏祖業二后陟配而修太平當其嗣君幼立羣弟稱亂冢宰遘流言之謗太保形不悅之辭賦鴟鴞而未歸感狼跋而旋悟稽神

謀而不私蔡叔聽天命而不惑姬公嗚呼稟稷之道方盛烈文之孫迪哲貽豈慶以寧亂徽徽艱於後土誰爲不臣我實有主故書曰二公寅亮分正邦國王在鎬所以毀茲陜西自桃林抵流沙盡神州之右地六服羣辟會於京師華戎稽首咸聽其訓不玩遠物而賓鬼方允王保之肆於時夏萬邦倚相九命作伯載以龍旂執以桓圭泱泱景風自北而南皇化有本生人定性貫以一德革其二心由是播爲國經聚作家道施於夫妻夫妻不敢不順行於父子父子不敢不親睦於諸侯諸侯述職柔於百姓百姓康乂時無害氣律無競風蒙以慶雲潤以膏雨然後相洛邑考清廟翹有容以助祭闡先王之大孝故得周公受其龜食仲尼稱其麟趾堯舜既沒淳源下衰湯也不能止鳴條之師武也不能無甲子之陣生二代之末而恥夏殷之事出五兵之後而懷揖讓之風則尚父阿衡宜有慙色故金縢以定變歸嘉禾於東征惟周公執德不回平其叛國惟召伯誠明其道克正孝孫邦之延長必有其自向非布以愷悌臻乎中庸則不能期逾七百祚邁三十元命無紀上天無功權而代之我制其數王乃班寶玉以授瑞冊子孫而

就封爲燕太伯奄有遼碣元牡秬鬯與周始終聖唐纘禹舊服丕應天統皇帝睿文韜武光宅海隅思二南而永懷故壤禮十亂而修及廢祀貞元九年龍集癸酉連率姚公南仲宣風於陜戒豐宮而新乎茇舍愼聽訟而樹彼甘棠齊爨既位門階有數被以華蟲之服差以陸海之薦其或吹豳雅擊土鼓歌鵲巢舞行露羶香徹達悉窣煙雨合樂六變神可得而接矣神實姬姓卜其族以爲尸典有秩宗設其官以爲主陜縣令李晉肅虔奉新政恭惟昔賢請刻石書以慰餘俗徵士家於太史採爽命於古文敖雖不敏

敢作頌曰

相維宗周王業旣成天命文王召公乃生遂佐文王濬翊夷明事紂得禮伐崇有名虐不得縱禍不得萌西土率順東鄰圮傾武王翦商克集丕祚惟公秉文亦贊其武乃放牛馬乃橐干櫓戎功告成變化下土三監淮夷不率不循叔旦徂征王家遘屯幼主蠱惑王疑不信王謂太保誨予沖人遂歸周公反風乃振王謂二公董正圻封疆理天下至於海邦自陝而西自陝而東乃左乃右一其庸功惟德牧人在周其召武亂皆坐君臣同道惟棠有陰惟梅有摽

悠悠蒼生各稟其敎陝野莓莓燕郊浩浩二千餘載管磬在廟草靡德風山呼頌聲我思康公勒石祠庭

烏重允

重允字保君少爲潞州牙將累遷河陽節度使封張掖郡公以討吳元濟功加檢校尚書右僕射轉司空進邠國公長慶末同中書門下平章事文宗初自天平軍節度移鎭兗海加太子太師兼領滄景卒年六十七贈太尉謚曰懿

請德棣景三州歸刺史收管奏

臣以河朔能抗拒朝命者其大略可見蓋刺史失其職反使鎭將領兵事若刺史各得職分又有鎭兵則節將雖有祿山思明之姦豈能一州爲叛哉據所以河朔六十年能拒朝命者祇以奪刺史縣令之職自作威福故也臣所管德棣景三州已舉公牒各還刺史職事訖應在州兵並令刺史收管又景州本是弓高縣請却廢爲縣歸化縣本是草市請廢縣依舊屬德州

崔鄯

鄯憲宗朝官戶部員外郎與韋貫之善貫之罷相坐貶州刺史

重定贈工部尚書馬暢謚議

馬暢承藉故業歷居通顯家富於財以奢縱自處不能撫安嫂姪使之離析其干進也赴利如轉圜其居家也操下如束濕故時論鄙之謹按國史宇文士及居家侈縱謚爲縱暢之行已同於士及請以縱爲謚

欽定全唐文卷五百四十七

韓愈一

愈字退之鄧州南陽人貞元八年進士憲宗朝累官刑部侍郎貶潮州刺史移袁州徵爲國子祭酒遷京兆尹兼御史大夫拜吏部侍郎長慶四年卒年五十七贈禮部尚書謚曰文

感二鳥賦并序

貞元十一年五月戊辰愈東歸癸酉自潼關出息於河之陰時始去京師有不遇時之歎見行有籠白烏白鸜鵒而西者號於道曰某土之守某官使使者進於天子東西行者皆避路莫敢正目焉因竊自悲幸生天下無事時承先人之遺業不識干戈耒耜攻守耕穫之勤讀書著文自七歲至今凡二十二年其行已不敢有愧於道其閒居思念前古當今之故亦僅志其一二大者焉選舉於有司與百十人偕進退曾不得名薦書齒下士於朝以仰望天子之光明今是烏也惟以羽毛之異非有道德智謀承顧問贊教化者乃反得蒙採擢薦進光耀如此故爲賦以自悼且明夫遭時者雖小善必達不遭時者累善無所容焉其辭曰

吾何歸乎吾將既行而後思誠不足以自存苟有食其從之出國門而東騖觸白日之隆景時返顧以流涕念西路之羌永過潼關而坐息窺黄流之奔猛感二鳥之無知方蒙恩而入幸惟進退之殊異增余懷之耿耿彼中心之何嘉徒外飾焉是逞余生命之湮阨曾二鳥之不如汩東西與南北恒十年而不居辱飽食其有數况策名於薦書時所好之爲賢庸有謂余之非愚昔殷之高宗得良弼於宵寐孰左右者爲之先信天同而神比及時運之未來或兩求而莫致雖家到而户說祇以招尤而速累蓋上天之生余亦有期於下地盍求配於古人獨怊悵於無位惟得之而不能乃鬼神之所戲幸年歲之未暮庶無羨於斯類

復志賦并序

愈既從隴西公平汴州其明年七月有負薪之疾退休於居作復志賦其辭曰

居悒悒之無解兮獨長思而永歎豈朝食之不飽兮寧冬裘之不完昔余之既有知兮誠坎軻而艱難當歲行之未復兮從伯氏以南遷凌大江之驚波兮過洞庭之漫漫至

曲江而乃息兮逾南紀之連山嗟日月其幾何兮攜孤嫠而北旋值中原之有事兮將就食於江之南始專專於講習兮非古訓爲無所用其心窺前靈之逸迹兮超孤舉而幽尋既識路又疾驅兮孰知余力之不任考古人之所佩兮閱時俗之所服忽忘身之不肖兮謂青紫其可拾自知者爲明兮故吾之所以爲惑擇吉日余西征兮亦既造夫京師君之門不可逕而入兮遂從試於有司惟名利之都府兮羌衆人之所馳競乘時而附勢兮紛變化其難推全純愚以靖處兮將與彼而異宜欲奔走以及事兮顧初心

而自非朝騁騖乎書林兮夕翺翔乎藝苑諒却步以圖前兮不浸近而逾遠哀白日之不與吾謀兮至今十年其猶初豈不登名於一科兮曾不補其遺餘進既不獲其志願兮退將遁而窮居排國門而東出兮慨余行之舒舒時憑高以迴顧兮涕泣下之交如戾洛師而悵望兮聊浮游以躊躅假大龜以視兆兮求幽貞之所廬甘潛伏以老死兮不顯著其名譽非夫子之洵美兮吾何爲乎浚之都小人之懷惠兮猶知獻其至愚固余異於牛馬兮寧止乎飲水而求芻伏門下而默默兮竟歲年以康娛時乘閒以獲進兮顏垂歡而愉愉仰盛德以安窮兮又何忠之能輸昔余之約吾心兮誰無施而有獲疾貪佞之洿濁兮曰吾其既勞而後食懲此志之不修兮愛此言之不可忘情怊悵以自失兮心無歸之茫茫苟不内得其如斯兮孰與不食而高翔抱關之阨陋兮有肆志之揚揚伊尹之樂於畎畝兮焉富貴之能當恐誓言之不固兮斯自訟以成章往者不可復兮冀來今之可望

閔己賦

余悲不及古之人兮伊時勢而則然獨閔閔其曷已兮憑

文章以自宣昔顏氏之庶幾兮在隱約而平寬固哲人之細事兮夫子乃嗟歎其賢惡飲食乎陋巷兮亦足以頤神而保年有至聖而爲之依歸兮又何不自得於艱難曰余昏昏其無類兮望夫人其已遠行舟檝而不識四方兮涉大水之漫漫勤祖先之所貽兮勉汲汲於前修之言雖舉足以蹈道兮哀與我者爲誰衆皆捨而已用兮忽自惑其是非下土茫茫其廣大兮余壹不知其可懷就水草以休息兮恒未安而既危久拳拳其何故兮亦天命之本宜惟否泰之相極兮咸一得而一違君子有失其所兮小人有

得其時聊固守以靜俟兮誠不及古之人兮其焉悲

別知賦 送楊儀之

余取友於天下將歲行之兩周下何深之不即上何高之不求紛擾擾其既多咸喜能而好修寧安顯而獨裕顧阨窮而共愁惟知心之難得斯百一而爲收歲癸未而遷逐侶蟲蛇於海陬遇夫人之來使闢公館而羅羞索微言於亂志發孤笑於羣憂物何深而不鏡理何隱而不抽始參差以異序卒爛漫而同流何此歡之不可恃遂駕馬而迴輈山磝磝其相軋樹蓊蓊其相摎雨浪浪其不止雲浩浩

其常浮知來者之不可以數哀去此而無由倚郭郛而掩涕空盡日以遲留

明水賦 以元化無宰至精感通爲韻

古者聖人之制祭祀也必主忠敬崇吉蠲不貴其豐乃或薦之以水不可以黷斯用致之於天其事信美其義惟元月實水精故求其本也明爲君德因取以名焉於是命烜氏候清夜或將祀圜丘於元冬或將祭方澤於朱夏持鑑而精氣旁射照月而陰靈潛下視而不見謂合道於希夷挹之則盈方同功於造化應於有生於無形象未分徒騁離婁之目光華暗至如還合浦之珠既齊芳於酒醴詎比賤於潢汙明德惟馨元功不宰於以表誠潔於以戒荒怠苟失其道殺牛之祭何爲如得其宜明水之薦斯在不引而自致不行而善至雖辭蘋蘩之名實處罇罍之器降於圓魄殊匪金莖之露出自方諸乍似鮫人之淚將以贊於陰德配夫陽燧夜寂天清煙消氣明桂華吐耀兔影騰精聊設監以取水伊不注而能盈霏然而象的爾而呈始漠漠而霜積漸微微而浪生豈不以德協於坎同類則感形藏在空氣應則通鶴鳴在陰之理不謬武嘯於谷之義可

崇足以驗聖賢之無黨知天地之至公竊比太羹之遺味幸希薦於廟中

伯夷頌

士之特立獨行適於義而已不顧人之是非皆豪傑之士信道篤而自知明者也一家非之力行而不惑者寡矣至於一國一州非之力行而不惑者蓋天下一人而已矣若至於舉世非之力行而不惑者則千百年乃一人而已耳若伯夷者窮天地亙萬世而不顧者也昭乎日月不足爲明萃乎泰山不足爲高巍乎天地不足爲容也當殷之亡

周之興微子賢也抱祭器而去之武王周公聖也從天下之賢士與天下之諸侯而往攻之未嘗聞有非之者也彼伯夷叔齊者乃獨以爲不可殷既滅矣天下宗周彼二子乃獨恥食其粟餓死而不顧繇是而言夫豈有求而爲哉信道篤而自知明也今世之所謂士者一凡人譽之則自以爲有餘一凡人沮之則自以爲不足彼獨非聖人而自是如此夫聖人乃萬世之標準也余故曰若伯夷者特立獨行窮天地亘萬世而不顧者也雖然微二子亂臣賊子接跡於後世矣

子產不毀鄉校頌

我思古人伊鄭之僑以禮相國人未安其教游於鄉之校衆口囂囂或謂子產毀鄉校則止曰何患焉可以成美夫豈多言亦各其志善也吾行不善吾避維善維否我於此視川不可防言不可弭下塞上聾邦其傾矣既鄉校不毀而鄭國以理在周之興養老乞言及其已衰謗者使監成敗之迹昭哉可觀維是子產執政之式維其不遇化止一國誠率是道相天下君交暢旁達施及無垠於虖四海所以不理有君無臣誰其嗣之我思古人

河中府連理木頌

司空咸寧王尹蒲之七年木連理生於河之東邑野夫來告且曰吾不知古殆氣之交暢也維吾王之德交暢者有五是其應乎訓戎奮威蕩戮凶回舉政宣和人則寧嘉入踐台階庶尹克司來帥熊羆四方作儀閔仁鰥寡不寧燕息人樂王德祝年萬億府有羣吏王有從事異體同心歸民於理天子是嘉俾錫勞王王拜稽首天子之光庶德昭融神斯降祥殊本連理之柯同榮異壟之秀吾儕之產茲土也久矣今欲明於大君紀於策書王抑余也治金伐石

垂耀無極王余抑也奮肆姁婾不知所如願托頌詞長言之於康衢頌曰

木何爲兮此祥洵厥美兮在吾王願封植兮永固俾斯人兮不忘

除崔羣戶部侍郎制

勅地官之職邦教是先必選國華以從人望具官崔羣體道履仁外和內敏清而容物善不近名從容禮樂之開特達珪璋之表比參密命宏益既多及貳儀曹升擢惟允邁茲令德藹然休聲選賢與能於今雖重擇才均賦自古尤

難任慎乃司以服嘉命

進士策問十三首

問書稱汝則有大疑謀及乃心謀及卿士以至於庶人龜筮考其從違以審吉凶則是聖人之舉事興爲無不與人共之者也於易則又曰君不密則失臣臣不密則失身幾事不密則害成而春秋亦有譏漏言之詞如是則又似不與人共之而獨運者書與易春秋經也聖人於是乎盡其心焉耳矣今其文相戾悖如此欲人之無疑不可得已是二說者其信有是非乎抑所指各殊而學者不之能察也

諒非深考古訓讀聖人之書者其何能辨之此固吾子之所宜無讓者願承教焉

問古之人有云夏之政尚忠殷之政尚敬而周之政尚文是三者相循環終始若五行之與四時焉原其所以爲心皆非故立殊而求異也各適於時救其弊而已矣夏殷之書存者可見矣至周之典籍咸在考其文章其所尚若不相遠然焉所謂三者之異云乎抑其道深微不可究歟將其詞隱而難知也不然則是說爲謬矣周之後秦漢蜀吳魏晉之興與霸亦有尚乎無也觀其所爲其亦有意云爾循環之說安在吾子其無所隱焉

問夫子之序帝王之書而繫以秦魯及次列國之風而宋魯獨稱頌焉秦穆之德不踰於二霸宋魯之君不賢乎齊晉其位等其德同升黜取舍如是之相遠亦將有由乎願聞所以辨之之說

問夫子既沒聖人之道不明蓋有楊墨者始侵而亂之其時天下咸化而從焉孟子辭而闢之則既廓如也今其書尚有存者其道可推而知不可乎其所守者何事其不合於道者幾何孟子之所以辭而闢之者何說今之學者有

學於彼者乎有近於彼者乎其已無傳乎其無乃化而不自知乎其無傳也則善矣如其尚在將何以救之乎諸生學聖人之道必有能言是者其無所爲讓

問所貴乎道者不以其便於人而得於己乎當周之衰管夷吾以其君霸九合諸侯一匡天下戎狄以微京師以尊四海之內無不受其賜者天下諸侯奔走其政令之不暇而誰與爲敵此豈非便於人而得於己乎秦用商君之法人以富國以强諸侯不敢抗及七君而天下爲秦使天下爲秦者商君也而後代之稱道者咸羞言管商氏何哉庸

非求其名而不責其實歟願與諸生論之無惑於舊說

問夫子之言盍各言爾志又曰居則曰不吾知也如或知爾則何以哉今之舉者不本於鄉不序於庠一朝而羣至乎有司有司之不之知也宜矣今將自州縣始請各誦所懷聊以觀諸生之志死者可作其誰與歸事其大夫之賢者友其士之仁者敢問諸生之所事而友者爲誰乎所謂賢而仁者其事如何哉言及之而不言亦君子之所不爲也

問春秋之時百有餘國皆有大夫士詳於傳者無國無賢

人焉其餘皆足以充其位不聞有無其人而闕其官者春秋之後其書尤詳以至於吳蜀魏下及晉氏之亂國分如錙銖讀其書亦皆有人焉今天下九州四海其爲土地大矣國家之舉士內有明經進士外有方維大臣之薦其餘以門地勳力進者又有倍於是其爲門戶多矣而自御史臺尚書省以至於中書門下省咸不足其官豈今之人不及於古之人邪何求而不得也夫子之言曰十室之邑必有忠信如某者焉誠得忠信如聖人者而委之以大臣宰相之事有不可乎况於百執事之微者哉古之十室必有任宰相大臣者今之天下而不足士大夫於朝其亦有說乎

問夫子曰潔淨精微易教也今習其書不識四者之所謂盍舉其義而陳其數焉

問易之說曰乾健也今考乾之爻在初者曰潛龍勿用在三者曰夕惕若厲无咎在四者亦曰无咎在上曰有悔卦六位一勿用二苟得无咎一有悔安在其爲健乎又曰乾以易知坤以簡能乾之四位既不爲易矣坤之爻又曰龍戰於野戰之於事其足爲簡乎易六經也學者之所宜用心願施其詞陳其義焉

問人之仰而生者穀帛穀帛豐無饑寒之患然後可以行之於仁義之途措之於安平之地此愚智所同識也今天下穀愈多而帛愈賤人愈困者何也耕者不多而穀有餘蠶者不多而帛有餘宜足而反不足此其故又何也將以救之其說如何

問夫子言堯舜垂衣裳而天下理又曰無爲而理者其舜也歟書之說堯曰親九族又曰平章百姓又曰協和萬邦又曰歷象日月星辰敬授人時又曰洪水懷山襄陵下人

其咎夫親九族平百姓和萬邦則天道授人時愁水禍非無事也而其言曰垂衣裳而天下理者何也於舜則曰愼五典又曰敘百揆又曰賓四門又曰齊七政又曰類上帝禋六宗望山川徧羣神又曰協時月正日同律度量衡五載一巡狩又曰分十二州封山濬川恤五刑典三禮彰施五色出納五言於虞其何勤且煩如是而其言曰無爲而理者何也將亦有深辭隱義不可曉邪抑其年代已遠失其傳邪二三子其辯焉

問古之學者必有師所以通其業成就其道德者也由漢

氏已來師道日微然猶時有授經傳業者及於今則無聞矣德行若顏回言語若子貢政事若子路文學若子游猶且有師非獨如此雖孔子亦有師問禮於老聃問樂於萇宏是也今之人不及孔子顏回遠矣而且無師然其不聞有業不通而道德不成者何也

問食粟衣帛服仁行義以俟死者二帝三王之所守聖人未之有改焉者也今之說者有神仙不死之道不食粟不衣帛薄仁義以爲不足爲是誠何道邪聖人之於人猶父母之於子有其道而不以敎之不仁其道雖有而未之知不智仁與智且不能又烏足爲聖人乎不然則說神仙者妄矣

爲韋相公讓官表

臣某言伏奉今日制命以臣爲尚書右丞同中書門下平章事非常之寵忽降於上天不次之恩遽屬於庸品承命震駭心神靡寧顧已慚靦手足失措臣某誠惶誠恐頓首頓首臣本非長才又乏敏識學不能通達經訓文不足緣飾吏事徒知立志廉謹絕朋勢之交處官恪恭免請託之累因緣資序驟歷臺閣蒙生成於天地無裨補於涓塵忝

冒以居涯分遂極常以盈滿自誡方思退處里閭何意恩澤益深猥令超參鼎鉉竊自惟度實不堪任臣某誠惶誠恐頓首頓首臣聞宰相者上熙陛下覆幬之恩下遂羣生性命之理以正百度以和四時澄其源而清其流統於一而應於萬毫釐之差或致弊於寰海晷刻之誤或遺患於歷年固宜旁求隱士必得能者然後授之不可輕以付臣使人失望上累聖主知人之哲下乖微臣量已之義無補於理有妨於賢況今俊乂至多耆碩咸在苟以登用皆踰於臣伏乞特迴所授以示至公之道天下幸甚

爲宰相賀雪表

臣某言：臣伏以去歲冬闕雨雪頗少，今年春首宿麥未滋。陛下深念黎甿，屢形詞旨，神監昭達，皇情感通，春雲始繁，時雪遂降，實豐穰之嘉瑞，銷癘疫於新年。東作可期，南畝有望。此皆陛下與天合德，視人如傷，每發聖言，則獲靈貺。見天人之相應，知朝野之同歡。臣等職在燮和，慚無效用，覩斯慶澤，實荷鴻休。

進順宗皇帝實錄表狀二首

臣愈言：今之所以知古，後之所以知今，不可口傳，必憑諸

史。自雖二帝三王之盛，若不存紀錄，則名氏年代不聞於茲，功德事業無可稱道焉。順宗皇帝以上聖之姿，早處儲副，晨昏進見，必有所陳。二十餘年，未嘗懈倦，陰功隱德，利及四海。及嗣守大位，行其所聞，順天從人，傳授聖嗣。陛下欽承先志，紹致太平，原大推功，實資撰次。去八年十一月，臣在史職，監修李吉甫授臣以前史官韋處厚所撰先帝實錄三卷，云未周悉，令臣重修。臣與修撰左拾遺沈傳師、直館京兆府咸陽縣尉宇文籍等，共加採訪，并尋檢詔勅，修成順宗皇帝實錄五卷。削去常事，著其繫於政者，比之舊錄，十益六七。忠良姦佞，莫不備書，苟關於時，無所不錄。吉甫慎重其事，欲更研討，比及身歿，尚未加功。臣於吉甫宅取得舊本，自冬及夏，刊正方畢。文字鄙陋，實懼塵玷。謹隨表獻上。臣愈誠惶誠恐，頓首頓首，謹言。

右臣去月二十九日進前件實錄，今月四日宰臣宣進止，其閒有錯誤，令臣改畢却進舊本者。臣當修撰之時，史官沈傳師等採事得於傳聞，詮次不精，致有差誤。聖明所鑒，毫髮無遺，恕臣不逮，重令刊正。今並添改訖。其奉天功烈，更加尋訪，已據所聞，載於首卷。儻所論著尚未周詳，臣所

未知，乞賜宣示，庶獲編錄，永傳無窮。謹錄奏聞。謹奏。

欽定全唐文卷五百四十八

韓愈二

爲裴相公讓官表

臣某言伏奉今日制書以臣爲朝議大夫守中書侍郎同中書門下平章事承命驚惶魂爽飛越俯仰天地若無所容臣某誠惶誠恐頓首頓首臣少涉經史粗知古今天與朴忠性惟愚直知事君以道無憚殺身慕當官而行不求利己人以爲拙臣行不疑元和之初始拜御史旋以論事過切爲宰臣所非移官府廷因佐戎幕陛下恕臣之罪憐

臣之心拔居侍從之中遂掌絲綸之重受恩益大顧己益輕苟耳目所聞知心力所追及少關政理輒以陳聞於裨補無涓埃之微而譏謗有邱山之積陛下知其孤立賞其微誠獨斷不謀獎待踰量臣誠見陛下具文武之德有神聖之姿啟中興之宏圖當太平之昌運勤身以儉與物無私威怒如雷霆容覆如天地實羣臣盡節之日才智效能之時聖君難逢重德宜報苦心焦思以日繼夜苟利於國知無不爲徒欲竭愚未免妄作陛下不加罪責更極寵光既領臺綱又毗邦憲聖君所厚凶逆所讐闕於防虞幾至斃踣恩私曲被性命獲全忝累祖先玷塵班列未知所措祇自內慚豈意陛下擢臣於傷殘之餘委臣以燮和之任忘其陋汚使佐聖明此雖成湯舉伊尹於庖廚高宗登傅說於版築周文用呂望於屠釣齊桓起甯戚於飯牛雪恥蒙先去辱居貴以今準古擬議非倫陛下有四君之明行四君之事微臣無四子之美獲四子之榮豈可叨居以彰非據方今干戈未盡戢夷狄未盡賓麟鳳龜龍未盡游郊藪草木魚鼈未盡被雍熙當大有爲之時得非常人之佐然後能上宣聖德以代天工如臣等類實不克堪伏願博

選周行旁及巖穴天生聖主必有賢臣得而授之乃可致理乞迴所授以叶羣情無任懇款之至

進撰平淮西碑文表

臣某言伏奉正月十四日勅牒以收復淮西羣臣請刻石紀功明示天下爲將來法式陛下推勞臣下允其志願使臣撰平淮西碑文者聞命震駭心識顛倒非其所任爲愧爲恐經涉旬月不敢措手竊惟自古神聖之君既立殊功異德卓絕之跡必有奇能博辯之士爲時而生持簡操筆從而寫之各有品章條貫然後帝王之美巍巍煌煌充滿

天地其載於書則堯舜二典夏之禹貢殷之盤庚周之五誥於詩則元鳥長發歸美殷宗清廟臣工小大二雅周王是歌辭事相稱善幷美具號以爲經列之學官置師弟子讀而講之從始至今莫敢指斥嚮使撰次不得其人文字曖昧雖有美實其誰觀之辭跡俱亡善惡惟一然則茲事至大不可輕以屬人伏惟唐至陛下再登太平剗刮羣姦埽灑疆土天之所覆莫不賓順然而淮西之功尤爲俊偉碑石所刻動流億年必得作者然後可盡能事今詞學之英所在森列儒宗文師磊落相望外之則宰相公卿郎官

博士內之則翰林禁密游談侍從之臣不可一二遽數召而使之無有不可至於臣者自知最爲淺陋顧貪恩待趨以就事叢雜乖戾律呂失次乾坤之容日月之光知其不可繪畫强顏爲之以塞詔旨罪當誅死其碑文今已撰成謹錄封進無任慚羞戰怖之至

論捕賊行賞表

臣愈言臣伏見六月八日勅以狂賊傷害宰臣擒捕未獲陛下悲傷震悼形於寢食特降詔書明立條格云有能捉獲賊者賜錢萬貫仍加超授今下手賊等四分之內已得其三其餘兩人蓋不足計根尋蹤跡知自承宗再降明詔絕其朝請又與王士則士平等官八日之制無不行者獨有賞錢尚未賜給羣情疑惑未測聖心聞初載錢置市之日市中觀者日數萬人巡繞瞻視咨嗟歎息既去復來以至日暮百姓小人重財輕義不能深達事體但見不給其賞便以爲朝廷愛惜此錢不守言信自近傳遠無由辯明且出賞所以求賊今賊已誅斬若無人捉獲國家何因得此賊而正刑法也承宗何故而賜誅絕也士則士平何故與美官也三事既因獲賊獲賊必有其人不給賞錢實亦

難曉假如聖心獨有所見審知不合加賞其如天下百姓及後代久遠之人哉况今元濟承宗尚未擒滅兩河之地大半未收隴右河西皆沒戎狄所宜大明約束使信在言前號令指麾以圖功利况自陛下卽位以來繼有丕績斬楊惠琳收夏州斬劉闢收劒南東西川斬李錡收江東縛盧從史收澤潞等五州威德所加兵不汚刃收魏博等六州致張茂昭張愔收易定徐泗濠等五州創業已來列聖功德未有能高於陛下者可謂赫赫巍巍光照前後矣此由天授陛下神聖英武之德爲巨唐中興之君宗廟神靈

所共祐助勉强不已守之以信則敵地不足收而太平不難致如乘快馬行平路遲速進退自由其心有所欲往無不可者於此之時特宜示人以信孔子欲存信去食人非食不生尚欲捨生以存信況可無故而輕棄也昔秦孝公用商鞅爲相欲富國强兵行令於國恐人不信立三丈之木於市南門募人有能徙置北門者與五十金有一人徙之輒與五十金秦人以君言爲必信法令大行國富兵强無敵天下三丈之木非難徙也徙之非有功也孝公輒與之金者所以示其言之必信也昔周成王尚小與其弟叔

虞爲戲削桐葉爲珪曰以晉封汝其臣史佚因請擇日立叔虞爲侯成王曰吾與之戲耳史佚曰天子無戲言言之則史書之禮成之樂歌之於是遂封叔虞於晉昔漢高祖出黃金四萬斤與陳平恣其所爲不問出入令謀項羽平用金閒楚數年之閒漢得天下論者皆言漢高祖深達於利能以金四萬斤致得天下以此觀之自古以來未有不信其言而能有大功者亦未有不費小財而能收大利者也臣於告賊之人本無恩義彼雖獲賞了不關臣所以區區盡言不避煩黷者欲令陛下之信行於天下也伏望恕臣愚陋僭惷之罪而收其懇款誠至之心天下之幸非臣之幸也謹奉表以聞臣愈誠惶誠恐

論佛骨表

臣某言伏以佛者夷狄之一法耳自後漢時流入中國上古未嘗有也昔者黃帝在位百年年百一十歲少昊在位八十年年百歲顓頊在位七十九年年九十八歲帝嚳在位七十年年百五歲帝堯在位九十八年年百一十八歲帝舜及禹年皆百歲此時天下太平百姓安樂壽考然而中國未有佛也其後殷湯亦年百歲湯孫太戊在位七十

五年武丁在位五十九年書史不言其年壽所極推其年數葢亦俱不減百歲周文王年九十七歲武王年九十三歲穆王在位百年此時佛法亦未入中國非因事佛而致然也漢明帝時始有佛法明帝在位纔十八年耳其後亂亡相繼運祚不長宋齊梁陳元魏以下事佛漸謹年代尤促惟梁武帝在位四十八年前後三度捨身施佛宗廟之祭不用牲牢晝日一食止於菜果其後竟爲侯景所逼餓死臺城國亦尋滅事佛求福乃更得禍由此觀之佛不足事亦可知矣高祖始受隋禪則議除之當時羣臣材識不

遠不能深知先王之道古今之宜推闡聖明以救斯弊其事遂止臣常恨焉伏惟睿聖文武皇帝陛下神聖英武數千百年已來未有倫比即位之初即不許度人爲僧尼道士又不許創立寺觀臣嘗以爲高祖之志必行於陛下之手今縱未能即行豈可恣之轉令盛也今聞陛下令羣僧迎佛骨於鳳翔御樓以觀舁入大内又令諸寺遞迎供養臣雖至愚必知陛下不惑於佛作此崇奉以祈福祥也直以年豐人樂徇人之心爲京都士庶設詭異之觀戲翫之具耳安有聖明若此而肯信此等事哉然百姓愚冥易惑

難曉苟見陛下如此將謂眞心事佛皆云天子大聖猶一心敬信百姓何人豈合更惜身命焚頂燒指百十爲羣解衣散錢自朝至暮轉相倣效惟恐後時老少奔波棄其業次若不即加禁遏更歷諸寺必有斷臂臠身以爲供養者傷風敗俗傳笑四方非細事也夫佛本夷狄之人與中國言語不通衣服殊製口不言先王之法言身不服先王之法服不知君臣之義父子之情假如其身至今尚在奉其國命來朝京師陛下容而接之不過宣政一見禮賓一設賜衣一襲衛而出之於境不令惑衆也況其身死已久枯朽之骨凶穢之餘豈宜令入宮禁孔子曰敬鬼神而遠之古之諸侯行弔於其國尚令巫祝先以桃茢祓除不祥然後進弔今無故取朽穢之物親臨觀之巫祝不先桃茢不用羣臣不言其非御史不舉其失臣實恥之乞以此骨付之有司投諸水火永絕根本斷天下之疑絕後代之惑使天下之人知大聖人之所作爲出於尋常萬萬也豈不盛哉豈不快哉佛如有靈能作禍祟凡有殃咎宜加臣身上天鑒臨臣不怨悔無任感激懇悃之至謹奉表以聞臣某誠惶誠恐

潮州刺史謝上表

臣某言臣以狂妄戇愚不識禮度上表陳佛骨事言涉不敬正名定罪萬死猶輕陛下哀臣愚忠恕臣狂直謂臣言雖可罪心亦無他特屈刑章以臣爲潮州刺史既免刑誅又獲祿食聖恩宏大天地莫量破腦刳心豈足爲謝臣某誠惶誠恐頓首頓首臣以正月十四日蒙恩除潮州刺史即日奔馳上道經涉嶺海水陸萬里以今月二十五日到州上訖與官吏百姓等相見具言朝廷治平天子神聖威武慈仁子養億兆人庶無有親疏遠邇雖在萬里之外嶺

海之陬待之一如畿甸之間輦轂之下有善必聞有惡必見早朝晚罷兢兢業業惟恐四海之內天地之中一物不得其所故遣刺史面問百姓疾苦苟有不便得以上陳國家憲章完具爲治日久守令承奉詔條違犯者鮮雖在蠻荒無不安泰聞臣所稱聖德惟知鼓舞讙呼不勞施爲坐以無事臣某誠惶誠恐頓首頓首臣所領州在廣府極東界上去廣府雖云纔二千里然往來動皆經月過海口下惡水濤瀧壯猛難計程期颶風鰐魚患禍不測州南近界漲海連天毒霧瘴氛日夕發作臣少多病年纔五十髮白

齒落理不久長加以罪犯至重所處又極遠惡憂惶慚悸死亡無日單立一身朝無親黨居蠻夷之地與魑魅爲羣苟非陛下哀而念之誰肯爲臣言者臣受性愚陋人事多所不通惟酷好學問文章未嘗一日暫廢實爲時輩所見推許臣於當時之文亦未有過人者至於論述陛下功德與詩書相表裏作爲歌詩薦之郊廟紀泰山之封鏤白玉之牒鋪張對天之閎休揚厲無前之偉績編之乎詩書之策而無媿措之乎天地之閒而無虧雖使古人復生臣亦未肯多讓伏以大唐受命有天下四海之內莫不臣妾南北東西地各萬里自天寶之後政治少懈文致未優武克不剛孽臣姦隸蠹居棊處搖毒自防外順內悖父死子代以祖以孫如古諸侯自擅其地不貢不朝六七十年四聖傳序以至陛下陛下卽位以來躬親聽斷旋乾轉坤關機闔開雷厲風飛日月所照天戈所麾莫不寧順大宇之下生息理極高祖創制天下其功大矣而治未太平也太宗太平矣而大功所立咸在高祖之代非如陛下承天寶之後接因循之餘六七十年之外赫然興起南面指麾而致此巍巍之治功也宜定樂章以告神明東巡泰山奏功皇

天具著顯庸明示得意使永永年代服我成烈當此之際所謂千載一時不可逢之嘉會而臣負罪嬰釁自拘海島戚戚嗟嗟日與死迫曾不得奏薄技於從官之內隸御之閒窮思畢精以贖罪過懷痛窮天死不閉目瞻望宸極魂神飛去伏惟皇帝陛下天地父母哀而憐之無任感恩戀闕慚惶懇迫之至謹附表陳謝以聞

賀冊尊號表

臣某言臣伏聞宰相公卿百官及關輔百姓耆耋等以陛下功崇德鉅天成地平宜加號於殊常以昭示於來代陳

請懇至于再于三陛下仰稽乾符俯順人志乃以新秋首序令月吉辰發揚鴻休膺受顯冊天人合慶日月揚光環海之閒含生之類歡欣踴躍以歌以舞臣某誠歡誠喜頓首頓首臣聞體仁長人之謂元發而中節之謂和無所不通之謂聖妙而無方之謂神經緯天地之謂文戡定禍亂之謂武先天不違之謂法天道濟天下之謂應道伏惟元和聖文神武法天應道皇帝陛下子育億兆視之如傷可謂體仁以長人矣喜怒以類刑賞不差可謂發而中節矣明照無私幽隱畢達可謂無所不通矣發號出令雲行雨

施可謂妙而無方矣三光順軌草木遂長可謂經緯天地矣除剗寇盜宇縣清夷可謂戡定禍亂矣風雨以時祥瑞輻湊可謂先天而天不違矣國內無饑寒四夷皆朝貢可謂道濟天下矣衆美備具名實相當赫赫巍巍超今冠古方當議明堂辟雍之事撰泰山梁父之儀按三代之逸禮補百王之漏典時乘六龍肆覲東后微臣幸生聖代觸犯刑章假息海隅死亡無日瞻望宸極心魂飛揚有永棄之悲無自新之望曾不得與鳥獸率舞蠻夷縱觀爲比銜酸抱痛且恥且慚無任感恩戀闕懇迫彷徨之至謹奉表陳賀以聞

袁州刺史謝上表

臣某言臣以去年正月上疏論佛骨事先朝恕臣愚直不加大罪自刑部侍郎貶授潮州刺史伏遇其年七月十三日恩赦至其年十月二十四日准例量移改授袁州刺史以今月八日到任上訖臣某誠歡誠喜頓首頓首伏以州小地狹稅賦及時人安吏循閭里無事微臣惟當布陛下維新之澤守國家太平之規勸以耕桑使無怠惰而已臣以愚陋無堪累蒙朝廷奬用掌誥西掖司刑南宮顯榮頻

煩稱效寂蔑又蒙赦其罪累授以方州德重恩宏身微命賤無階荅謝惟積慚惶無任感恩慚惕之至謹差軍事副將郝泰奉表陳謝以聞

賀皇帝即位表

臣某言伏聞皇帝陛下以閏正月三日虔奉遺詔昭升大位天地神祇永有依歸華夏蠻貊永有承事神人交慶日月貞明臣某誠歡誠喜頓首頓首臣聞王者必爲天所相爲人所歸上符天心下合人志然後奄有四海以君萬邦伏惟皇帝陛下承列聖之丕績當中興之昌運爰自主鬯

春宮齒冑國學孝友之美實形四方英偉之姿久動羣聽及初嗣位遐邇莫不歡心爰降詔書老幼或至垂泣舉用俊乂流竄奸邪雖虞舜之去四凶舉十六相不能過也天下翹首以望太平天下傾心以覩至化臣某誠歡誠喜頓首頓首臣聞昔者堯舜以吁嗟君臣相戒以致至治周文王以憂勤日中不食以和萬民故能澤流無窮名配日月伏惟皇帝陛下儀而象之以永多福天下幸甚天下幸甚微臣狂因言事得罪先朝守郡遠方拘限條制不獲奔走稱慶闕庭無任欣歡踴躍感恩戀闕之至謹奉表以聞

賀赦表

臣某言伏奉二月五日制書大赦天下常赦所不原者咸蒙除罪與之更始令得自新恩浹幽明慶溢寰海臣某誠歡誠喜頓首頓首臣聞王者必於嗣位之始降非常之恩所以象德乾坤同明日月伏惟皇帝陛下文思聰明聖神睿哲發號出令雲行雨施懼刑政之或差憐鰥寡之重困知事久之滋弊慮法訛之益奸罪人悉原墜典咸舉生恩既及於四海和氣遂充於八紘臣某誠歡誠喜頓首頓首微臣狂因論事獲譴海隅旋沐朝獎待罪山郡未離貶竄之地忽逢曠蕩之恩踴躍欣歡實倍常品限以官守不獲隨例稱慶闕庭無任感恩戀闕之至謹奉表陳賀以聞

賀冊皇太后表

臣某言伏承閏正月二十七日皇太后光膺令典受冊宮闈歡心始自於內朝孝理遂形於寰海臣某誠歡誠喜頓首頓首皇太后夙贊先皇弼成至化誕生明聖纘繼鴻庥華胥實贊於軒圖文母有光於周道恭惟懿德克配前芳皇帝陛下出震承乾垂衣御極式展臣子之志以明敎化之源禮命載崇華夷同慶臣待罪外郡不獲隨例稱賀闕庭無任踊躍欣歡之至謹奉表陳賀以聞

賀慶雲表

臣某言臣所領州今月十六日申時有慶雲見於西北至暮方散臣及舉州官吏百姓等無不見者五彩五色光華不可偏覩非煙非雲容狀詎能詳述抱日增麗浮空不收既變化而無窮亦卷舒而莫定斯爲上瑞實應太平臣某誠歡誠喜頓首頓首謹按沈約宋書云慶雲五色者太平之應又據孝經援神契曰王者德至山陵則慶雲出故黃帝因之以紀事虞舜由之而作歌又按季夏六月土王用

事其日景戌亦主於土西北方者京師所在土爲國家之德祥見京師之位既徵於古又驗於今伏惟皇帝陛下德合覆載道光軒虞嗣位之初禎祥繼至昇平之符既兆仁壽之域以躋微臣任在先朝以論事得罪身居貶黜之地目覩殊常之慶抃躍欣幸實倍常情伏乞宣付史官以彰聖德所致瞻戀闕庭心魂飛馳無任欣抃踊躍之至謹差某官奉表陳賀以聞

慰國哀表

臣某言伏奉正月二十七日詔書大行皇帝奄棄萬國承

詔哀惶號踊無地伏惟聖情何可堪處大行皇帝功濟寰區仁霑動植奉諱之日率土崩心凡在臣子不勝殞裂伏惟陛下痛貫宸極聖情難居臣拘守遠郡不獲匍匐奉慰瞻望闕庭且悲且戀謹奉表陳慰以聞

請上尊號表

臣某言臣得所管國子太學廣文四門及書算律等七館學生沈周封等六百人狀稱身雖賤微然皆以選擇得備學生讀六藝之文修先王之道粗有知識皆由上恩今天子整齊乾坤出入神聖經營乎無爲之業游息乎混元之宮不謀於庭不戰於野坐收冀部旋定幽都析木天街星宿清潤北嶽醫閭神鬼受職地彌天區界軼海外舜之十有二州周之千七百國章亥所步禹契所書四面輻輳各修貢職西戎之首北虜之渠怛威愧德失據狼狽收其種落逃遁遠去來獻羊馬千里不絕功既如此德又如彼爰初嗣位首去奸孌隨所顧指應時清寧哀天下之鰥寡釋四海之鬱結左右前後莫匪俊良小大之材咸盡其用無所誅詰一和以仁由是五穀歲登百瑞時見六府三事惟序惟歌昔者媧皇殺黑龍以濟冀州堯誅九嬰以定下土

血兵刃僅就厥功以方吾君一何遠也堯之在位七十餘載戒飭咨嗟以致平治孔子之聖自云三年有成今自嗣位以來歲有餘耳臻此功德其何捷哉置郵傳命未足以諭以非常之功襲尋常之號以冠古之美屈守文之名臣子之誠闕而不奏天號人稱不滿事實斯亦搢紳先生之過也謂臣官居師長不言謂何考其所陳中於義理天人合願不謀而同非臣之愚所敢隱蔽輒冒死以聞伏乞天恩特允誠志令公卿大夫得竭心慮取正於經以定大號有司備禮擇日以頒天下幸甚天下幸甚臣某誠惶誠

恐

賀雨表

臣某言臣聞聖人之德與天地通誠發於中事應於外始聞其語今見其真臣誠歡誠喜頓首頓首伏以季夏以來雨澤不降臣職司京邑祈禱實頻青天湛然旱氣轉甚陛下憫茲黎庶有事山川中使纔出於九門陰雲已垂於四野龍神效職雷雨應期嘉穀奮興根葉肥潤抽莖展穗不失時宜人和年豐莫大之慶微臣幸蒙寵任獲覩殊祥慶抃歡呼倍於常品無任踊躍之至謹奉表陳賀以聞

欽定全唐文卷五百四十九

韓愈三

憲宗崩慰諸道疏

愈言上天降禍大行皇帝奄棄萬國伏惟攀慕永痛哀感難勝某承詔不任號絕限以官守拜慰末由伏增惶戀謹差某奉疏不宣韓愈再拜

與汝州盧郎中論薦侯喜狀

進士侯喜

右其人為文甚古立志甚堅行止取捨有士君子之操家貧親老無援於朝在舉場十餘年竟無知遇愈常慕其才而恨其屈與之還往歲月已多常欲薦之於主司言之於上位名卑官賤其路無由觀其所為文未嘗不揜卷長歎去年愈從調選本欲攜持同行適遇其人自有家事迍邅坎軻又廢一年及春末自京還怪其久絕消息五月初至此自言為閤下所知辭氣激揚面有矜色曰侯喜死不恨矣喜辭親入關羈旅道路見王公數百未嘗有如盧公之知我也比者分將委棄泥塗老死草野今胸中之氣勃勃然復有仕進之路矣愈感其言賀之以酒謂之曰盧公天

下之賢刺史也未聞有所推引蓋難其人而重其事今子鬱爲選首其言死不恨固宜也古所謂知已者正如此耳身在貧賤爲天下所不知獨見遇於大賢乃可貴耳若自有名聲又託形勢此乃市道之事又何足貴乎子之遇知於盧公眞所謂知己者也士之修身立節而竟不遇知己前古以來不可勝數或日接膝而不相知或異世而相慕以其遭逢之難故曰士爲知己者死不其然乎不其然乎閤下既已知侯生而愈復以侯生言於閤下者非爲侯生謀也感知己之難遇大閤下之德而憐侯生之心故因其

行而獻於左右焉謹狀

論今年權停舉選狀

右臣伏見今月十日勑今年諸色舉選宜權停者道路相傳皆云以歲之旱陛下憐憫京師之人慮其乏食故權停舉選以絶其來者所以省費而足食也臣伏思之竊以爲十口之家益之以一二人於食未有所費今京師之人不啻百萬都計舉者不過五七千人幷其僮僕畜馬不當京師百分之一以十口之家計之誠未爲有所損益又今年雖旱去歲大豐商賈之家必有儲蓄舉選者皆齎持資用以有易無未見其弊今若暫停舉選或恐所害實深一則遠近驚惶一則人士失業臣聞古之求雨之詞曰人失職歟然則人之失職足以致旱今緣旱而停舉選是使人失職而召災也臣又聞君者陽也臣者陰也獨陽爲旱獨陰爲水今者陛下聖明在上雖堯舜無以加之而羣臣之賢不及於古又不能盡心於國與陛下同心助陛下爲理有君無臣是以久旱以臣之愚以爲宜求純信之士骨鯁之臣憂國如家忘身奉上者超其爵位置在左右如殷高宗之用傅說周文王之舉太公齊桓公之拔甯戚漢武帝之

取公孫宏清閒之餘時賜召問必能輔宣王化銷殄旱災臣雖非朝官月受俸錢歲受祿粟苟有所知不敢不言謹詣光順門奉狀以聞伏聽聖旨

御史臺上論天旱人饑狀

右臣伏以今年以來京畿諸縣夏逢亢旱秋又早霜田種所收十不存一陛下恩逾慈母仁過春陽租賦之間例皆蠲免所徵至少所放至多上恩雖宏下困猶甚至聞有棄子逐妻以求口食坼屋伐樹以納稅錢寒餒道塗斃踣溝壑有者皆已輸納無者徒被追徵臣愚以爲此皆羣臣之

所未言陛下之所未知者也臣竊見陛下憐念黎元同於赤子至或犯法當戮猶且寬而宥之況此無辜之人豈有知而不救又京師者四方之腹心國家之根本其百姓實宜倍加憂恤今瑞雪頻降來年必豐急之則得少而人傷緩之則事存而利遠伏乞特勅京兆府應今年稅錢及草粟等在百姓腹内徵未得者並且停徵容至來年蠶麥庶得少有存立臣至陋至愚無所知識受恩思效有見輒言無任懇款慙懼之至謹錄奏聞謹奏

請復國子監生徒狀

國子監應三館學生等準六典國子館學生三百人皆取文武三品已上及國公子孫從三品已上曾孫補充太學館學生五百人皆取五品已上及郡縣公子孫從三品已上曾孫補充四門館學生五百人皆取七品已上及侯伯子男子補充

右國家典章崇重庠序近日趨競未復本源至使公卿子孫恥遊太學工商凡冗或處上庠今聖道大明儒風復振恐須革正以贊鴻猷今請國子館並依六典其太學館量許取常參官八品已上子弟充其四門館亦量許取無資蔭有才業人充如有資蔭不補學生應舉者請禮部不在收試限其新補人有冒蔭者請牒送法司科罪緣今年舉期已近伏請去上都五百里内特許非時收補其五百里外且任鄉貢至來年春一時收補其廚糧度支先給二百七十四人今請準新補人數量加支給謹具如前伏聽處分

復讎狀

元和六年九月富平縣人梁悅爲父報仇殺人

自投縣請罪勅復仇殺人固有彝典以其申冤請罪視死如歸自詣公門發於天性志在徇節本無求生寧失不經特從減死宜決杖一百配流循州由是有此議

右伏奉今月五日勅復讎據禮經則義不同天徵法令則殺人者死禮法二事皆王教之大端有此異同必資論辯宜令都省集議聞奏者朝議郎行尚書職方員外郎上騎都尉韓愈議曰伏以子復父讎見於春秋見於禮記又見周官又見諸子史不可勝數未有非而罪之者也最宜詳

於律而律無其條非闕文也蓋以為不許復讎則傷孝子之心而乖先王之訓許復讎則人將倚法專殺無以禁止其端矣夫律雖本於聖人然執而行之者有司也經之所明者制有司者也丁寧其義於經而深沒其文於律者其意將使法吏一斷於法而經術之士得引經而議也周官曰凡殺人而義者令勿讎讎之則死義宜也明殺人而不得其宜者子得復讎也此百姓之相讎者也公羊傳曰父不受誅子復讎可也不受誅者罪不當誅也誅者上施於下之辭非百姓之相殺者也又周官曰凡報仇讎者書於

士殺之無罪言將復讎必先言於官則無罪也今陛下垂意典章思立定制惜有司之守憐孝子之心示不自專訪議羣下臣愚以為復讎之名雖同而其事各異或百姓相讎如周官所稱可議於今者或為官所誅如公羊所稱不可行於今者又周官所稱將復讎先告於士則無罪者若孤稚羸弱抱微志而伺敵人之便恐不能自言於官未可以為斷於今也然則殺之與赦不可一例宜定其制曰凡有復父讎者事發具其事申尚書省尚書省集議奏聞酌其宜而處之則經律無失其指矣謹議

錢重物輕狀

右臣伏準御史臺牒準中書門下帖奉進止錢重物輕為弊頗甚詳求適變可以便人所貴緡貨通行里閭寬息宜令百寮隨所見作利害狀者臣愚以為錢重物輕救之之法有四一曰在物土貢夫五穀布帛農人之所能出也工人之所能為也人不能鑄錢而使之賣布帛穀米以輸錢於官是以物愈賤而錢愈貴也今使出布之鄉租賦悉以布出緜絲百貨之鄉租賦悉以緜絲百貨去京百里悉出草三百里以粟五百里之內及河渭可漕入願以草粟租

賦悉以聽之則人益農錢益輕穀米布帛益重二曰在塞其隙無使之洩禁人無得以銅為器皿禁鑄銅為浮屠佛像鐘磬者蓄銅過若干斤者鑄錢以為他物者皆罪死不赦禁錢不得出五嶺買賣一以銀盜以錢出嶺及違令以買賣者皆坐死五嶺舊錢聽人載出如此則錢必輕矣三曰更其文貴之使一當五而新舊兼用之凡鑄錢千其費亦千今鑄一而得五是費錢千而得錢五千可立多也四曰扶其病使法必立凡法始立必有病今使人各輸其土物以為租賦則州縣無見錢州縣無見錢而穀米布帛未

重則用不足而官吏之祿俸月減其舊三之一各置鑄錢使新錢一當五者以給之輕重平乃止四法用錢必輕穀米布帛必重百姓必均矣謹錄奏聞伏聽勅旨謹奏

為宰相賀白龜狀

鄂岳觀察使所進白龜

右今日某宣進止示臣前件白龜者伏以正祥之見必有從來物象既呈可以推究古者謂龜為蔡蔡者龜也今始入賊地而獲龜者是獲蔡也白者西方之色刑戮之象也是必擒其帥而得其地也提挈而來生致闕下此象既見

其應不遠斯皆陛下聖德所施靈物來效太平之運其在於今臣等謬列台衡親覩嘉瑞無任抃躍之至

冬薦官殷侑狀

前天德軍都防禦判官承奉郎試大理評事兼監察御史殷侑

右伏準貞元五年六月十一日勅停使郎官御史在城者委常參官每年冬季聞薦者前件官兼通三傳傍習諸經注疏之外自有所得久從使幕亮直著名朴厚端方少見倫比以臣所見堪任御史太常博士臣所諳知不敢不舉謹錄奏聞伏聽勅旨

進王用碑文狀

故檢校左散騎常侍兼右金吾衛大將軍贈工部尚書王用神道碑文

右京兆尹李翛是王用親表傳用男沼等意請臣與亡父用撰前件碑文者伏以王用國之元舅位望頗崇豈臣短才所能褒飾不敢辭讓輒以撰訖其碑文謹錄本隨狀封進伏聽進止其王用男所與臣馬一匹并鞍銜白玉腰帶一條臣並未敢受領謹奏

謝許受王用男人事物狀

某官某乙

右今日品官唐國珍到臣宅奉宣進止緣臣與王用撰神道碑文令臣領受用男沼所與臣馬一匹并鞍銜及白玉腰帶一條者臣才識淺薄詞藝荒蕪所撰碑文不能備盡事跡聖恩宏獎特令中使宣諭並令臣受領人事物等承命震悚再欣再躍無任榮忭之至謹附狀陳謝以聞謹狀

薦樊宗師狀

攝山南西道節度副使朝議郎前檢校水部員

外郎兼殿中侍御史賜緋魚袋樊宗師

右件官孝友忠信稱於宗族朋友可以厚風俗勤於藝學多所通解議論平正有經據可以備顧問謹潔和敏持身甚苦遇物仁恕有材有識可任以事今左右史並闕員外郎侍御史亦未備員若蒙擢授必有補益忝在班列知賢不敢不論謹錄狀上伏聽處分

舉錢徽自代狀

朝散大夫守太子右庶子飛騎尉錢徽

右臣伏準建中元年正月五日勅常參官授上後三日內

舉一人以自代者前件官器質端方性懷恬淡外和內敏潔靜精微可以專刑憲之司參輕重之議况時名年輩俱在臣前擢以代臣必允眾望伏乞天恩遂臣誠請謹錄奏聞謹奏

奏韓宏人事物狀

右臣先奉恩勅撰平淮西碑文伏緣聖恩以碑本賜韓宏等今韓宏寄絹五百匹與臣充人事未敢受領謹錄奏聞伏聽進止謹奏

謝許受韓宏物狀

臣某言今日品官第五文嵩至臣宅奉宣聖旨令臣受領韓宏等所寄撰碑人事絹者恩隨事至榮與幸并慚抃怵惕罔知所喻中謝伏以上贊聖功臣子之職下霑羣帥文字所宜陛下謙光自居勸勵爲事各賜立功節將碑文一通使知朝廷備錄勞効韓宏榮於寵賜遂寄縑帛與臣於臣何爲坐受厚貺恩由上致利則臣歸慚戴兢惶舉措無地無任感恩慚懇之至

舉張惟素自代狀

中散大夫守左散騎常侍上柱國賜紫金魚袋

張惟素

右伏準建中元年正月五日制常參官上後三日舉一人自代者前件官文學治行眾所推與累歷中外資序已深和而不同靜而有守敦厚退讓可以訓人臣所不如輒舉自代謹錄奏聞

舉韓泰自代狀

使持節漳州諸軍事守漳州刺史韓泰

右伏準建中元年正月五日制常參官及刺史授上訖三日內舉一人自代者前件官詞學優長才器端實早登科

第亦更臺省往因過犯貶黜至今十五餘年自領漳州悉心爲治官吏懲懼不敢爲非百姓安寧並得其所臣在潮州之日與其州界相接臣之政事遠所不如乞以代臣庶爲允當謹錄奏聞

舉薦張籍狀

登仕郎守祕書省校書郎張籍

右件官學有師法文多古風沈默靜退介然自守聲華行實光映儒林臣當司見闕國子監博士一員生徒藉其訓導伏乞天恩特授此官以彰聖朝崇儒尚德之道謹錄奏

聞伏聽敕旨

舉韋顗自代狀

中散大夫守大理少卿驍騎尉韋顗

右伏準建中元年正月五日制常參官上後三日舉一人自代者前件官學識該達器量宏深朝推直道代仰清節顯映班序十五年餘夷險一致風猷益茂屈居少列未副羣情文昌政本侍郎官重尚德之舉顗宜當之乞迴臣所授庶弭官謗謹錄奏聞謹奏

論孔戣致仕狀

某官某

右臣與孔戣同在南省爲官數得相見戣爲人守節清苦議論平正今年纔七十筋力耳目未覺衰老憂國忘家用意深遠所謂朝之耆德老成人者臣知戣上疏求致仕故往看戣戣爲臣言已蒙聖主允許伏以陛下優賢尚齒見戣頻上三疏言詞懇到重違其意遂卽許之此誠陛下仁德之至然如戣輩在朝不過三數人實可爲國愛惜自古以來及聖朝故事年雖八九十但視聽心慮苟未昏錯尚可顧問委以事者雖求退罷無不殷勤留止優以祿秩不聽其去以明人君貪賢敬老之道也禮大夫七十而致事

若不得謝則必賜之几杖安車七十求退人臣之常禮若有德及氣力尚壯則君優而留之不必年過七十盡許致事也詩曰雖無老成人尚有典刑此言老成人重於典刑不可不惜而留也今戣幸無疾疹但以年當致事據禮求退陛下若不聽許亦無傷於義而有貪賢之美况左丞職事亦極清簡若戣尚以繁要爲詞自可別授秩崇而務少者今中外之臣有年過於戣尚未得退戣獨何人得遂其願然人皆求進戣獨求退尤可賢重臣所領官無事不敢

請對蒙陛下厚恩苟有所見不敢不言伏望聖恩特垂察納

舉馬摠自代狀

銀青光祿大夫檢校尚書右僕射兼戶部尚書馬摠

右伏準建中元年正月五日制常參官上後三日舉一人自代者伏以近者京尹用人稍輕所以市井之閒盜賊未斷郊野之外疲瘵尚多前件官文武兼資寬猛得所屢更方鎮皆有功能若以代臣實爲至當謹錄奏聞謹奏

賀太陽不虧狀

司天臺奏今月一日太陽不虧

右司天臺奏今日辰卯間太陽合虧陛下敬畏天命克己修身誠發於中災銷於上自卯及巳當虧不虧雖隔陰雲轉更明朗比於常日不覺有殊天且不違慶孰爲大臣官忝京尹親覩殊祥欣感之誠實倍常品謹奉狀賀以聞

舉張正甫自代狀

通議大夫守右散騎常侍上柱國南陽縣開國子食邑五百戶賜紫金魚袋張正甫

右臣蒙恩除尚書兵部侍郎伏準建中元年正月五日制常參官上後三日舉一人自代者前件官稟正直之性懷剛毅之姿嫉惡如仇讎見善若饑渴備更內外灼有名聲年齒雖高氣力逾勵甘貧苦節不愧神明可謂古之老成朝之碩德久處散地實非所宜乞以代臣以副公望

袁州申使狀

使司牒州牒

右自今月二日後每奉公牒牒尾故牒字皆爲謹牒字有異於常初不敢陳論以爲錯誤今既頻奉文牒前後並同

在愈不勝戰懼之至伏乞仁恩特令改就常式以安下情

黃家賊事宜狀

右臣伏以臣去年貶嶺外刺史其州雖與黃家賊不相鄰接然見往來過客并諳知嶺外事人所說至精至熟其賊並是夷獠亦無城郭可居依山傍險自稱洞主衣服言語都不似人尋常亦各營生急則屯聚相保比緣邕管經畧使多不得人德既不能綏懷威又不能臨制侵欺虜縛以致怨恨蠻夷之性易動難安遂致攻劫州縣侵暴平人或復私仇或貪小利或聚或散終亦不能爲事近者征討本

起於裴行立陽旻此兩人者本無遠慮深謀意在邀功求賞亦緣見賊未屯聚之時將謂單弱立可摧破爭獻謀計惟恐後時朝廷信之遂允其請自用兵以來已經二年前後所奏殺獲計不下一二萬人儻皆非虛賊已尋盡至今賊猶依舊足明欺罔朝廷邕容兩管因此彫弊殺傷疾患十室九空百姓怨嗟如出一口陽旻行立相繼身亡實由自邀功賞造作兵端人神共嫉以致殃咎陽旻行立事既已往今所用嚴公素者亦非撫御之才不能別立規模依前還請攻討如此不已臣恐嶺南一道未有寧息之時

一昨者併邕容兩管為一道深合事宜然邕州與賊逼近容州則甚懸隔其經略使若置在邕州與賊隔江對岸兵鎮所處物力必全一則不敢輕有侵犯一則易為逐便控制今置在容州則邕州兵馬必少賊見勢弱易生姦心伏請移經略使於邕州其容州但置刺史實為至便

一比者所發諸道南討兵馬例皆不諳山川不伏水土遠鄉羈旅疾疫殺傷臣自南來見說江西所發共四百人曾未一年其所存者數不滿百岳鄂所發都三百人其所存者四分纔一續添續死每發倍難若令於邕容側近召募添置千人便割諸道見供行營人數糧賜均融充給所費既不增加而兵士又皆便習長有守備不同客軍守則有威攻則有利

一自南討已來賊徒亦甚傷損察其情理厭苦必深大抵嶺南人稀地廣賊之所處又更荒僻假如盡殺其人盡得其地在於國計不為有益容貸羈縻比之禽獸來則捍禦去則不追亦未虧損朝廷事勢以臣之愚若因改元大慶赦其罪戾遣一郎官御史親往宣諭必望風降伏讙呼聽命仍為擇選有材用威信諳嶺南事者為經略使處理得宜自然永無侵叛之事

應所在典貼良人男女等狀

應所在典貼良人男女等

右準律不許典貼良人男女作奴婢驅使臣往任袁州刺史日檢責州界內得七百三十一人並是良人男女準律計傭折直一時放免原其本末或因水旱不熟或因公私債負遂相典貼漸以成風名目雖殊奴婢不別鞭笞役使至死乃休既乖律文實虧政理袁州至小尚有七百餘人天下諸州其數固當不少今因大慶伏乞令有司重舉舊

章一皆放免仍勒長吏嚴加檢責如有隱漏必重科懲則
四海蒼生孰不感荷聖德以前件如前謹具奏聞伏聽敕
旨

欽定全唐文卷五百五十

韓愈四

奏汴州得嘉禾嘉瓜狀

右謹按符瑞圖王者德至於地則嘉禾生伏惟皇帝陛下
道合天地恩霑動植邇無不協遠無不賓神人以和風雨
咸若前件嘉禾等或兩根並植一穗連房或延蔓敷榮異
實共蔕既叶和同之慶又標豐稔之祥感自皇恩徵並何
極於造化親逢嘉瑞小臣喜遇於休明無任

論淮西事宜狀

右臣伏以淮西三州之地自少陽疾病去年春夏以來圖
爲今日之事有職位者勞於計慮撫循奉所役者修其器
械防守金帛糧畜耗於賞給執兵之卒四向侵掠農夫織
婦攜持幼弱餉於其後雖時侵掠小有所得力盡筋疲不
償其費又聞畜馬甚多自半年已來皆上槽櫪譬如有人
雖有十夫之力自朝及夕常自大呼跳躍初雖可畏其勢
不久必自委頓乘其力衰三尺童子可使制其死命況以
三小州殘弊困劇之餘而當天下之全力其破敗可立而
待也然所未可知者在陛下斷與不斷耳夫兵不多不足

以必勝必勝之師必在速戰兵多而戰不速則所費必廣兩界之間疆場之上日相攻劫必有殺傷近賊州縣徵役百端農夫織婦不得安業或時小遇水旱百姓愁苦當此之時則人人異議以惑陛下之聽陛下持之不堅半塗而罷傷威損費爲弊必深所以要先決於心詳度本末事至不惑然可圖功爲統帥者盡力行之於前而參謀議者盡心奉之於後內外相應其功乃成昔者殷高宗大聖之主也以天子之威伐背叛之國三年乃剋不以爲遲志在立功不計所費傳曰斷而後行鬼神避之遲疑不斷未有能

成其事者也臣謬承恩寵獲掌綸誥地親職重不同庶寮輒竭愚誠以效裨補謹條次平賊事宜一一如後

一諸道發兵或三二千人勢力單弱羈旅異鄉與賊不相諳委望風懾懼難便前進所在將帥以其客兵難處使先不存優恤待之既薄使之又苦或被分割隊伍隸屬諸頭士卒本將一朝相失心孤意怯難以有功又其本軍各須資遣道路遼遠勞費倍多士卒有征行之艱閭里懷離別之思今聞陳許安唐汝壽等州與賊界連接處村落百姓悉有兵器小小俘劫皆能自防習於戰鬭識賊深淺既是土人護惜鄉里比來未有處分猶願自備衣糧共相保聚以備寇賊若令召募立可成軍若要添兵自可取足賊平之後易使歸農伏請諸道先所追到行營者悉令却牒歸本道據行營所追人額器械弓矢一物已上悉送行營充給所召募人兵數既足加之教練三數月後諸道客軍一切可罷比之徵發遠人利害懸隔

一繞逆賊州縣堡柵等各置兵馬都數雖多每處則至少又相去闊遠難相應接所以數被攻劫致有損傷今若分爲四道每道各置三萬人擇要害地屯聚一處使有隱然

之望審量事勢乘時逐利可入則四道一時俱發使其狼狽驚惶首尾不相救濟若未可入則深壁高壘以逸待勞自然不要諸處多置防備臨賊小縣可收百姓於便地作行縣以主領之使免散失

一蔡州士卒爲元濟迫脅勢不得已遂與王師交戰原其本根皆是國家百姓進退皆死誠可閔傷宜明勅諸軍使深知此意當戰鬭之際固當以盡敵爲心若形勢已窮不能爲惡者不須過有殺戮喻以聖德放之使歸銷其凶悖之心貸以生全之幸自然相率棄逆歸順

一論語曰欲速則不達見小利則大事不成比來征討無功皆由欲其速捷有司計算所費苟務因循小不如意即求休罷河北淮西等見承前事勢知國家必不與之持久併力苦戰幸其一勝即希冀恩赦朝廷無至忠憂國之人不惜傷損威重因其有請便議罷兵往日之事患皆然也臣愚以爲淮西三小州之地元濟又甚庸愚而陛下以聖明英武之姿用四海九州之力除此小寇難易可知泰山壓卵未足爲喻

一兵之勝負實在賞罰賞厚可令廉士動心罰重可令凶

人喪魄然可集事不可愛惜所費憚於行刑

一淄青恒冀兩道與蔡州氣類略同今聞討伐元濟人情必有救助之意然皆闇弱自保無暇虛張聲勢則必有之至於分兵出界公然爲惡亦必不敢宜特下詔云蔡州自吳少誠已來相承爲節度使亦微有功効少陽之歿朕亦本擬與元濟恐其年少未能理事所以未便處置待其稍能緝綏然擬許其承繼今忽自爲狂勃侵掠不受朝命事不得已所以有此討伐至如淄青恒州范陽等道祖父各有功業相承命節年歲已久朕必不利其土地輕有改易各宜自安如妄自疑懼敢相扇動朕即赦元濟不問迴軍討之自然破膽不敢妄有異說

以前件謹錄奏聞伏乞天恩特賜裁擇謹奏

論變鹽法事宜狀

張平叔所奏鹽法條件

右奉勅將變鹽法事貴精詳宜令臣等各陳利害可否聞奏者平叔所上變法條件臣終始詳度恐不可施行各隨本條分析利害如後

一件平叔請令州府差人自糶官鹽收實估匹段省司準

舊例支用自然獲利一倍已上者臣今通計所在百姓貧多富少除城郭外有見錢糴鹽者十無二三多用雜物及米穀博易鹽商利歸於已無物不取或從賒貸升斗約以時熟填還用此取濟兩得利便今令州縣人吏坐鋪自糶利不關已罪則加身不得見錢及頭段物恐失官利必不敢糶變法之後百姓貧者無從得鹽而食矣求利未得斂怨已多自然坐失鹽利常數所云獲利一倍臣所未見

一件平叔又請鄉村去州縣遠處令所由將鹽就村糶易不得令百姓闕鹽者臣以爲鄉村遠處或三家五家山谷

居住不可令人吏將鹽家至户到多將則糶貨不盡少將則得錢無多計其往來自充糧食不足比來商人或自負擔斗石往與百姓博易所冀平價之上利得三錢兩錢不比所由爲官所使到村之後必索百姓供應所利至少爲弊則多此又不可行者也

一件平叔云所務至重須令廟堂宰相充使臣以爲若法可行不假令宰相充使若不可行雖宰相爲使無益也又宰相者所以臨察百司考其殿最若自爲使縱有敗闕遣誰舉之此又不可者也

一件平叔又云法行之後停減鹽司所由糧課年可收錢十萬貫臣以爲變法之後弊隨事生尚恐不登常數安得更望贏利

一件平叔欲令府縣糶鹽每月更加京兆尹料錢百千司錄及兩縣令每月各加五十千其餘觀察及諸州刺史縣令錄事參軍多至每月五十千少至五千三千者臣今計此用錢已多其餘官典及巡察手力所由等糧課仍不在此數通計所給每歲不下十萬貫未見其利所費已廣平叔又云停鹽司諸色所由糧課約每歲合減得十萬貫錢今臣計其新法亦用十萬不啻減得十萬却用十萬所亡所得一無贏餘也平叔又請以糶鹽多少爲刺史縣令殿最多者遷轉不拘常例如闕課利依條科責者刺史縣令職在分憂今惟以鹽利多少爲之升黜不復考其治行非唐虞三載考績黜陟幽明之義也

一件平叔請定鹽價每斤三十文又每二百里每斤價加收二文以充脚價量地遠近險易加至六文脚價不足官與出名爲每斤三十文其實已三十六文也今鹽價京師每斤四十諸州則不登此變法之後祇校數文於百姓未

有厚利也脚價用五文者官與出二文用十文者官與出四文是鹽一斤官糶得錢名爲三十其實斤多得二十八少得二十六文折長補短每斤收錢不過二十六七百姓折長補短每斤用錢三十四則是公私之閒每斤常失七八文也下不及百姓上不歸官家積數至多不可遽算以此言之不爲有益平叔又請令所在及農隙時併召車牛盤鹽送納都倉不得令有闕絕者州縣和雇車牛百姓必無情愿事須差配然付脚錢百姓將車載鹽所由先皆無檢齊集之後始得載鹽及至院監請受又須待其輸次不

用門戶皆被停留輸納之時人事又別凡是和雇無不皆然百姓寧爲私家載物取錢五文不爲官家載物取十文錢也不和雇則無可載鹽和雇則害及百姓此又不可也

一件平叔稱停減鹽務所由收其糧課一歲尚得十萬貫文今又稱既有巡院請量閑劇留官吏於倉場勾當要害守捉少置人數優恤糧料嚴加把捉如有漏失私糶等並準條處分者平叔所管鹽務所由人數有幾量留之外收其糧課一歲尚得十萬貫此又不近理也比來要害守捉人數至多尚有漏失私糶之弊今又減置人數謂能私鹽

斷絕此又於理不可也

一件平叔云變法之後歲計必有所餘日用還恐不足謂一年已來且未責以課利後必數倍校多者此又不可方今國用常言不足若一歲頓闕課利爲害已深雖云明年校多豈可懸保此又非公私蓄積尚少之時可行者也

一件平叔又云浮寄奸猾者轉富土著守業者日貧若官自糶鹽不問貴賤貧富士農工商道士僧尼幷兼游惰因其所食盡輸官錢幷諸道軍諸使家口親族遞相影占不曾輸稅若官自糶鹽此輩無一人遺漏者臣以此數色人等官未自糶鹽之時從來糴鹽而食不待官自糶然後食鹽也若官不自糶鹽此色人等不糴鹽而食官自糶鹽即糴而食之則信如平叔所言矣若官自糶與不自糶皆常糴鹽而食則今官自糶亦無利也所謂知其一而不知其二見其近而不見其遠也國家榷鹽糶與商人商人納榷糶與百姓則是天下百姓無貧富貴賤皆已輸錢於官矣不必與國家交手付錢然後爲輸錢於官也

一件平叔云初定兩稅時絹一匹直錢三千今絹一匹直錢八百百姓貧虛或先取粟麥價及至收穫悉以還債又

充官稅顆粒不殘若官中糶鹽一家五口所食鹽價不過十錢隨日而輸不勞驅遣則必無舉債逃亡之患者臣以爲百姓困弊不皆爲鹽價貴也今官自糶鹽與依舊令商人糶其價貴賤所校無多通計一家五口所食之鹽平叔所計一日以十錢爲率一月當用錢三百是則三日食鹽一斤一月率當十斤新法實價與舊每斤不校三四錢以下通計五口之家以平叔所約之法計之賤於舊價日校一錢月校三十不滿五口之家所校更少然則改用新法百姓亦未免窮困流散也初定稅時一匹絹三千今只八

百假如特變鹽法絹價亦未肯貴五口之家因變鹽法曰得一錢之利豈能便免作債收獲之時不被徵索輸官稅後有贏餘也以臣所見百姓困弊日久不以事擾之自然漸校不在變鹽法也今絹一匹八百百姓尚多寒無衣者若使匹直三千則無衣者必更衆多況絹之貴賤皆不緣鹽法以此言之鹽法未要變也

一件平叔云每州糶鹽不少長吏或有不親公事所由浮詞云當界無人糶鹽臣即請差清強巡官檢責所在實户據口團保給一年鹽使其四季輸納鹽價口多糶少及鹽

價遲違請停觀察使見任改散慢官其刺史已下貶與上佐其餘官貶遠處者平叔本請官自糶鹽以寛百姓令其蘇息免更流亡今令責實户口團保給鹽令其隨季輸納鹽價所謂擾而困之非前意也百姓貧家食鹽至少或有淡食動經旬月若據口給鹽依時徵價辦與不辦並須納錢遲違及違條件觀察使已下各加罪譴苟官吏畏罪必用威刑臣恐因此所在不安百姓轉致流散此又不可之大者也

一件平叔請限商人鹽納官後不得輒於諸軍諸使覓職掌把錢捉店看守莊磑以求影庇請令所在官吏嚴加防察如有違犯應有資財並令納官仍牒送府縣充所由者臣以爲鹽商納榷爲官糶鹽子父相承坐受厚利比之百姓實則校優今既奪其業又禁不得求覓職事及爲人把錢捉店看守莊磑不知何罪一朝窮蹙之也若必行此則富商大賈必生怨恨或收市重寶逃入反側之地以資寇盜此又不可不慮也

一件平叔云行此策後兩市軍人富商大賈或行財賄邀截喧訴請令所由切加收捉如獲頭首所在決斬連狀聚

衆人等各決脊杖二十檢責軍司軍户鹽如有隱漏並準府縣例科決并賞所由告人者此一件若果行之不惟大失人心兼亦驚動遠近不知糶鹽所獲幾何而害人蠹政其弊實甚

以前件狀奉九月九日勅令臣等各陳利害者謹錄奏聞伏聽勅旨

皇帝即位賀諸道狀

伏見勅命皇帝以閏正月三日嗣臨寶位海内惟新凡在臣庶不勝慶幸惟俯同下情未由拜賀但增馳戀謹奉狀

不宣某再拜

皇帝卽位降赦賀觀察使狀

二月五日恩赦今月二十四日卯時到州當時集百官僧道百姓宣示訖聖上以繼明之初垂維新之澤曲成不遺於萬物大賚遂延於四海寰宇斯泰品類皆蘇渥恩普霑遠近同慶愈以藩條有制拜賀無由不勝欣抃之至謹差萍鄉縣丞李某奉狀陳賀

潮州謝孔大夫狀

伏奉七月二十七日牒以愈貶授刺史特加優禮以州小

俸薄慮有闕乏每月別給錢五十千以送使錢充者開緘捧讀驚榮交至顧已量分慚懼益深欲致辭爲讓則乖伏屬之禮承命苟貪又非循省之道進退反側無以自寧其妻子男女幷孤遺孫姪奴婢等尚未到官窮州使賓罕至身衣口食絹米足充過此以往實無所用積之於室非廉者所爲受之於官名且不正恃蒙眷待輒此披陳

改葬服議

經曰改葬緦春秋穀梁傳亦曰改葬之禮緦舉下緬也此皆謂子之於父母其他則皆無服何以識其必然經次五等之服小功之下然後著改葬之制更無輕重之差以此知惟記其最親者其他無服則不記也若主人當服斬衰其餘親各服其服則經亦言之不當惟云緦也傳稱舉下緬者緬猶遠也下謂服之最輕者也以其遠故其服輕也江熙曰禮天子諸侯易服而葬以爲交於神明者不可以純凶況其緬者乎是故改葬之禮其服惟輕以此而言則亦明矣衞司徒文子改葬其叔父問服於子思子思曰禮父母改葬緦既葬而除之不忍無服送至親也非父母無服無服則弔服而加麻此又其著者也文子又曰喪服既

除然後乃葬則其服何服子思曰三年之喪未葬服不變除何有焉然則改葬與未葬者有異矣古者諸侯五月而葬大夫三月而葬士踰月無故未有過時而不葬者也過時而不葬謂之不能葬春秋譏之若有故而未葬雖出三年子之服不變此孝子之所以著其情先王之所以必其時之道也雖有其文未有著其人者以是知其至少也改葬者爲山崩水涌毀其墓及葬而禮不備者若文王之葬王季以水齧其墓魯隱公之葬惠公以有宋師太子少葬故有闕之類是也喪事有進而無退有易以輕服無加以

重服殯於堂則謂之殯瘞於野則謂之葬近代已來事與古異或遊或仕在千里之外或子幼妻稚而不能自還甚者拘以陰陽畏忌遂葬於其土及其反葬也遠者或至數十年近者亦出三年其吉服而從於事也久矣又安可取未葬不變服之例而反爲之重服歟在喪當葬猶宜易以輕服況既遠而反純凶以葬乎若果重服是所謂未可除而除不當重而更重也或曰喪與其易也寧戚雖重服不亦可乎曰不然易之與戚則易固不如戚矣雖然未若合禮之爲懿也儉之與奢則儉固愈於奢矣雖然未若合禮

之爲懿也過猶不及其此類之謂乎或曰經稱改葬緦而不著其月數則似三月而後除也子思之對文子則曰既葬而除之今宜如何曰自啓殯至於既葬而三月則除之未三月則服以終三月也曰妻爲夫何如曰如子無弔服而加麻則何如曰今之弔服猶古之弔服也

省試學生代齋郎議

齋郎職奉宗廟社稷之小事蓋士之賤者也執豆籩駿奔走以役於其官之長不以德進不以言揚蓋取其人力以備其事而已矣奉宗廟社稷之小事執豆籩駿奔走亦不可以不敬也於是選大夫士之子弟未爵命者以塞員塡闕而教之行事其勤雖小其使之不可以不報也必書其歲歲既久矣於是乎命之以官而授之以事其亦微矣哉學生或以通經舉或以能文稱其微者至於習法律知字書皆有以贊於教化可以使令於上者也自非天姿茂異曠日經久以所進業發聞於鄉閭稱道於朋友薦於州府而升之司業則不可得而齒乎國學矣然則奉宗廟社稷之小事任力之小者也贊於教化可以使令於上者德藝之大者也其亦不可移易明矣今議者謂學生之無所事

謂齋郎之幸而進不本其意因謂可以代任其事而罷之蓋亦不得其理矣今夫齋郎之所事者力也學生之所事者德與藝也以德藝舉之而以力役之是使君子而服小人之事且非國家崇儒勸學誘人爲善之道也此一說不可者也抑又有大不可者焉宗廟社稷之事雖小不可以不專敬之至也古之道也今若以學生兼其事及其歲時日月然後授其宗彝罍洗其周旋必不合度其進退必不得宜其思慮必不固其容貌必不莊此無他其事不習而其志不專故也非近於不敬者歟又有大不可者其是之

謂歟若知此不可將令學生恒掌其事而壞其本業則是學生之教加少學生之道益賤而齋郎之實猶在齋郎之名苟無也大凡制度之改政令之變利於其舊不什則不可爲已又況不如其舊哉考之於古則非訓稽之於今則非利尋其名而求其實則失其宜故曰議罷齋郎而以學生薦享蓋亦不得其理矣

禘祫議

右今月十六日勅旨宜令百寮議限五日内聞奏者將仕郎守國子監四門博士臣韓愈謹獻議曰伏以陛下追孝

祖宗肅敬祀事凡在擬議不敢自專聿求厥中延訪羣下然而禮文繁漫所執各殊自建中之初迄至今歲屢經禘祫未合適從臣生遭聖明涵泳恩澤雖賤不及議而志切効忠今輒先舉衆議之非然後申明其說一曰獻懿廟主宜永藏之夾室臣以爲不可夫祫者合也毁廟之主皆當合食於太祖獻懿二祖卽毁廟主也今雖藏於夾室至禘祫之時豈得不食於太廟乎名曰合祭而二祖不得祭焉不可謂之合矣二曰獻懿廟主宜毁之瘞之臣又以爲不可謹按禮記天子立七廟一壇一墠其毁廟之主皆藏於祧廟雖百代不毁祫則陳於太廟而饗焉自魏晉已降始有毁瘞之議事非經據竟不可施行今國家德厚流光創立九廟以周制推之獻懿二祖猶在壇墠之位況於毁瘞而不禘祫乎三曰獻懿廟主宜各遷於其陵所臣又以爲不可二祖之祭於京師列於太廟也二百年矣今一朝遷之豈惟人聽疑惑抑恐二祖之靈眷顧依遲不卽饗於下國也四曰獻懿廟主宜附於興聖廟而不禘祫臣又以爲不可傳曰祭如在景皇帝雖太祖其於屬乃獻懿之子孫也今欲正其子東向之位廢其父之大祭固不可爲典矣

五曰獻懿二祖宜別立廟於京師臣又以爲不可夫禮有所降情有所殺是故去廟爲祧去祧爲壇去壇爲墠去墠爲鬼漸而之遠其祭益稀昔者魯立煬宮春秋非之以爲不當取已毁之廟既藏之主而復築宮以祭今之所議與此正同又雖違禮立廟至於禘祫也合食則禘無其所廢祭則於義不通此五説者皆所不可故臣博採前聞求其折中以爲殷祖元王周祖后稷太祖之上皆自爲帝又其代數已遠不復祭之故太祖得正東向之位子孫從昭穆之列禮所稱者蓋以紀一時之宜非傳於後代之法也傳

曰子雖齊聖不先父食蓋言子爲父屈也景皇帝雖太祖也其於獻懿則子孫也當禘祫之時獻祖宜居東向之位景皇帝宜從昭穆之列祖以孫尊孫以祖屈求之神道豈遠人情又常祭甚衆合祭甚寡則是太祖所屈之祭至少所伸之祭至多比於伸孫之尊廢祖之祭不亦順乎事異殷周禮從而變非所失禮也臣伏以制禮作樂者天子之職也陛下以臣議有可采粗合天心斷而行之是則爲禮如以爲猶或可疑乞召臣對面陳得失庶有發明謹議

請遷元宗廟議

右禮儀使奏謹按周禮天子七廟三昭三穆與太祖之廟而七尚書咸有一德亦曰七世之廟可以觀德荀卿子曰有天下者祭七代有一國者祭五代則知天子上祭七廟典籍通規祖功宗德不在其數國朝九廟之制法周之文太祖景皇帝始爲唐公肇基天命義同周之后稷高祖神堯皇帝創業經始化隋爲唐義同周之文王太宗文皇帝神武應期造有區夏義同周之武王其下三昭三穆謂之親廟與太祖而七四時常享自如禮文伏以今年宗廟遞遷元宗明皇帝在三昭三穆之外是親盡之祖雖有功德新主入廟禮合祧藏太廟中第一夾室每至禘祫之歲合食如常謹議

范蠡招大夫種議

蠡既辭越到齊乃移書文種亦令亡去以逃其長頸之難遂使種假疾不朝竟承賜劍之誅悲夫爲人謀而不忠者范蠡其近之矣夫君存與存君亡與亡備三才之道未有不顯然而自知矣勾踐奮鳥棲之勢申鼠竄之息竟能焚姑蘇虜夫差方行淮泗之上以受東諸侯之盟者范蠡文種有其力也既有其力則宜閉雷霆藏風雲截斷三江吐

開四方高提霸王之器大宏夏禹之烈使天下徘徊知越有人矣奈何反未及國則背君而去既行之於身又移之於人人臣之節合如是耶且臣之於君其道在於全大義宏休烈生死之際又何足道哉況君者天也天可逃乎君以長頸之狀難以同樂則舉吳之後還越之日汎輕身遊五湖者豈惟范子乎靜而言之則知范子有匡君之智而無事君之義明矣其所以移文種之書亦猶投勾踐之劍也勾踐何過哉子所謂爲人謀而不忠者其在於此也

欽定全唐文卷五百五十一

韓愈五

與李祕書論小功不稅書

曾子稱小功不稅則是遠兄弟終無服也而可乎鄭元注云以情責情今之士人遂引此不追服小功小功服最多親則叔父之下殤與適孫之下殤與昆弟之下殤尊則外祖父母常服則從祖祖父母禮沿人情其不可不服也明矣古之人行役不踰時各相與處一國其不追服雖不可猶至少今之人男出仕女出嫁或千里之外家貧訃告不

及時則是不服小功者恒多而服小功者恒鮮矣君子之於骨肉死則悲哀而為之服者豈牽於外哉聞其死則悲哀豈有間於新故死哉今特以訃告不及時聞死出其月數則不服其可乎愈嘗怪此近出弔人見其顏色慼慼類有喪者而其服則吉問之則云小功不稅者也禮文殘缺師道不傳不識禮之所謂不稅果不追服乎無乃別有所指而傳注者失其宗乎伏惟兄道德純明躬行古道如此之類必經於心而有所決定不惜示及幸甚幸甚泥水馬弱不敢出不果鞠躬親問而以書陳息尤深愈再拜

答張籍書

愈始者望見吾子於人人之中固有異焉及聆其音聲接其辭氣則有願交之志因緣幸會遂得所圖豈惟吾子之不遺抑僕之所遇有時焉耳近者嘗有意吾子之闕焉無言意僕所以交之之道不至也今乃大得所圖脫然若沈痾去體灑然若執熱者之濯清風也然吾子所論排釋老不若著書囂囂多言徒相為訾若僕之見則有異乎此也夫所謂著書者義止於辭耳宣之於口書之於簡何擇焉孟軻之書非軻自著軻既歿其徒萬章公孫丑相與記軻

所言焉耳僕自得聖人之道而誦之排前二家有年矣不知者以僕為好辯也然從而化者亦有矣聞而疑者又有倍焉頑然不入者親以言諭之不入則其觀吾書也固將無得矣為此而止吾豈有愛於力乎哉然有一說化當世莫若口傳來世莫若書又懼吾力之未至也三十而立四十而不惑吾於聖人既過之猶懼不及矧今未至固有所未至耳請待五六十然後為之冀其少過也吾子又譏吾與人人為無實駁雜之說此吾所以為戲耳比之酒色不有閒乎吾子譏之似同浴而譏裸裎也若商論不能下氣

或似有之當更思而悔之耳博塞之譏敢不承教其他俟相見薄晚須到公府言不能盡愈再拜

重答張籍書

吾子不以愈無似意欲推而納諸聖賢之域拂其邪心增其所未高謂愈之質有可以至於道者浚其源導其所歸溉其根將食其實此盛德者之所辭讓況於愈者哉抑其中有宜復者故不可遂已昔者聖人之作春秋也既深其文辭矣然猶不敢公傳道之口授弟子至於後世然後其書出焉其所以慮患之道微也今夫二氏之所宗而事之

者下及公卿輔相吾豈敢昌言排之哉擇其可語者誨之猶時與吾悖其聲嘵嘵若遂成其書則見而怒之者必多矣必且以我爲狂爲惑其身之不能恤書於吾何有夫子聖人也且曰自吾得子路而惡聲不入於耳其餘輔而相者周天下猶且絕糧於陳畏於匡毀於叔孫奔走於齊魯宋衛之郊其道雖尊其窮也亦甚矣賴其徒相與守之卒有立於天下向使獨言之而獨書之其存也可冀乎今夫二氏行乎中土也蓋六百年有餘矣其植根固其流波漫非所以朝令而夕禁也自文王沒武王周公成康相與守之禮樂皆在及乎夫子未久也自夫子而及乎孟子未久也自孟子而及乎揚雄亦未久也然猶其勤若此其困若此而後能有所立吾其可易而爲之哉其爲也易則其傳也不遠故余所以不敢也然觀古人得其時行其道則無所爲書書者皆所爲不行乎今而行乎後世者也今吾之得吾志失吾志未可知俟五六十爲之未失也天不欲使茲人有知乎則吾之命不可期如使茲人有知乎非我其誰哉其行道其爲書其化今其傳後必有在矣吾子其何遽戚戚於吾所爲哉前書謂我與人商論不能下氣若好

勝者然雖誠有之抑非好己勝也好己之道勝也非好己之道勝也己之道乃夫子孟子揚雄所傳之道也若不勝則無以爲道吾豈敢避是名哉夫子之言曰吾與回言終日不違如愚則其與衆人辯也有矣駁雜之譏前書盡之吾子其復之昔者夫子猶有所戲詩不云乎善戲謔兮不爲虐兮記曰張而不弛文武不能也惡害於道哉吾子其未之思乎孟君將有所適思與吾子別庶幾一來愈再拜

與孟東野書

與足下別久矣以吾心之思足下知足下懸懸於吾也各

以事牽不可合弁其於人人非足下之為見而日與之處足下知吾心樂否也吾言之而聽者誰歟吾倡之而和者誰歟言無聽也倡無和也獨行而無徒也是非無所與同也足下知吾心樂否也足下才高氣清行古道處今世無田而衣食事親左右無違足下之用心勤矣足下之處身勞且苦矣混混與世相濁獨其心追古人而從之足下之道其使吾悲也去年春脫汴州之亂幸不死無所於歸遂來於此主人與吾有故哀其窮居吾於符離睢上及秋將辭去因被留以職事默默在此行一年矣到今年秋聊復

辭去江湖余樂也與足下終幸矣李習之娶吾亡兄之女期在後月朝夕當來此張籍在和州居喪家甚貧恐足下不知故具此白冀足下一來相視也自彼至此雖遠要皆舟行可至速圖之吾之望也春且盡時氣向熱惟侍奉吉慶愈眼疾比劇甚無聊不復一一愈再拜

答竇秀才書

愈白愈少駑怯於他藝能自度無可努力又不通時事而與世多齟齬念終無以樹立遂發憤篤專於文學學不得其術凡所辛苦而僅有之者皆符於空言而不適於實用又重以自廢是故學成而道益窮年老而智愈困今又以罪黜於朝廷遠宰蠻縣愁憂無聊瘴癘侵加喘喘焉無以冀朝夕足下年少才俊辭雅而氣銳當朝廷求賢如不及之時當道者又皆良有司操數寸之管書盈尺之紙高可以釣爵位循次而進亦不失萬一於甲科今乃乘不測之舟入無人之地以相從問文章為事身勤而事左辭重而請約非計之得也雖使古之君子積道藏德遁其光而不曜膠其口而不傳者遇足下之請懇懇猶將倒廩傾囷羅列而進也若愈之愚不肖又安敢有愛於左右哉顧足下

之能足以自奮愈之所有如前所陳是以臨事愧恥而不敢答也錢財不足以賄左右之匱急文章不足以發足下之事業稇載而往垂橐而歸足下亮之而已愈白

上李尚書書

月日將仕郎前守四門博士韓愈謹載拜奉書尚書大尹閣下愈來京師於今十五年所見公卿大臣不可勝數皆能守官奉職無過失而已未見有赤心事上憂國如家如閣下者今年以來不雨者百有餘日種不入土野無青草而盜賊不敢起穀價不敢貴百坊百二十司六軍二十四

縣之人皆若閤下親臨其家老奸宿贓銷縮摧沮魂亡魄喪影滅跡絕非閤下條理鎮服宣布天子威德其何能及此愈也少從事於文學見有忠於君孝於親者雖在千百年之前猶敬而慕之況親逢閤下得不候於左右以求効其懇懇謹獻所爲文兩卷凡十五篇非敢以爲文也以爲謁見之資也進退惟命愈恐懼再拜

賀徐州張僕射白兔狀

伏聞今月五日營田巡官陳從政獻瑞兔毛質皦白天馴其心其始實得之符離安阜屯屯之役夫朝行遇之迫之

弗逸人立而拱竊惟休咎之兆天所以啓覺於下依類託喻事之纖悉不可圖驗非睿智博通孰克究明愈雖不敏請試辨之兔陰類也又窟居狡而伏逆象也今白其色絕其羣也馴其心化吾德也人立而拱非禽獸之事革而從人且服罪也得之符離符離實戎國名又附麗也不在農夫之田而在軍田武德行也不戰而來之之道也有安阜之嘉名焉伏惟閤下股肱帝室藩垣天下四方其有逆亂之臣未血斧鑕之屬畏威崩析歸我乎哉其事兆矣是宜具跡表聞以承答天意小子不惠猥以文句微識彖象觀兹感美焉敢避不讓之責而默默耶愈再拜

上兵部李侍郎書

十二月九日將仕郎守江陵府法曹參軍韓愈謹上書侍郎閤下愈少鄙鈍於時事都不通曉家貧不足以自活應舉覓官凡二十年矣薄命不幸動遭讒謗進寸退尺卒無所成性本好文學因困厄悲愁無所告語遂得究窮於經傳史記百家之說沈潛乎訓義反復乎句讀礱磨乎事業而奮發乎文章凡自唐虞以來編簡所存大之爲河海高之爲山嶽明之爲日月幽之爲鬼神纖之爲珠璣華實變

之爲雷霆風雨奇辭奧旨靡不通達惟是鄙鈍不通曉於時事學成而道益窮年老而智益困私自憐悼悔其初心髮禿齒落不見知已夫牛角之歌辭鄙而義拙堂下之言不書於傳記齊桓舉以相國叔向攜手以上然則非言之難爲聽而識之者難遇也伏以閤下內仁而外義行高而德鉅尚賢而與能哀窮而悼屈自江而西既化而行矣今者入守內職爲朝廷大臣當天子新即位汲汲於理化之日出言舉事宜必施設既有聽之之明又有振之之力寗戚之歌鷄鳴之言不發於左右則後而失其時矣謹獻舊

文一卷扶樹教道有所明白南行詩一卷舒憂娛悲雜以瓌怪之言時俗之好所以諷於口而聽於耳也如賜覽觀亦有可采干黷嚴尊伏增惶恐愈再拜

答尉遲生書

愈白尉遲生足下夫所謂文者必有諸其中是故君子慎其實實之美惡其發也不掩本深而末茂形大而聲宏行峻而言厲心醇而氣和昭晰者無疑優游者有餘體不備不可以爲成人辭不足不可以爲成文愈之所聞者如是有問於愈者亦以是對今吾子所爲皆善矣謙謙然若不

足而以徵於愈愈又敢有愛於言乎抑所能言者皆古之道古之道不足以取於今吾子何其愛之異也賢公卿大夫在上比肩始進之賢士在下比肩彼其得之必有以取之也子欲仕乎其往問焉皆可學也若獨有愛於是而非仕之謂則愈也嘗學之矣請繼今以言

答楊子書

辱書幷示表記述書辭等五篇比於東都畧見顏色未得接言語心固已相奇但不敢果於貌定知人堯舜所難又嘗服宰予之誡故未敢決然挹亦不敢忽然忘也到城以來不多與人還往友朋之中所敬信者平昌孟東野東野吃吃說足下不離口崔大敦詩不多見每每說人物亦以足下爲處子之秀近又得李七翺書亦云足下之文遠其兄甚夫以平昌之賢其言一人固足信矣況又崔與李繼至而交說耶故不待相見相信已熟既相見不要約已相親審知足下之才充其容也今辱書乃云云是所謂以黃金注重外而內惑也然恐足下少年與僕老者不相類尚須驗以言故具白所以而今而後不置疑於其閒可也若曰長育人才則有天子之大臣在若僕者守一官且不足

以修理況如是重任耶學問有暇幸時見臨愈白

至鄧州北寄上襄陽于相公書

伏蒙示文武順聖樂辭天保樂詩讀蔡姬胡笳辭詩移族從幷與京兆書自幕府至鄧之北境凡五百餘里自庚子至甲辰凡五日手披目視口詠其言心惟其義且恐且懼忽若有亡不知鞍馬之勤道途之遠也夫澗谷之水深不過咫尺邱垤之山高不能踰尋丈人則狎而翫之及至臨泰山之懸崖窺巨海之驚瀾莫不戰掉悼慄眩惑而自失所觀變於前所守易於內亦其理宜也閤下負超卓之奇

林蓄雄剛之俊德渾然天成無有畔岸而又貴窮乎公相威動乎區極天子之毗諸侯之師故其文章言語與事相侔憚赫若雷霆浩汗若河漢正聲諧韶濩勁氣沮金石豐而不餘一言約而不失一辭其事信其理切孔子之言曰有德者必有言信乎其有德且有言也揚子雲曰商書灝灝爾周書噩噩爾信乎其能灝灝而且噩噩也昔者齊君行而失道管子請釋老馬而隨之樊遲請學稼孔子使問之老農夫馬之智不賢於夷吾農之能不聖於尼父然且云爾者聖賢之能多農馬之知專故也今愈雖愚且賤其

從事於文實專且久則其贊王公之能而稱大君子之美不爲僭越也伏惟詳察愈恐懼再拜

上宰相書

正月二十七日前鄉貢進士韓愈謹伏光範門下再拜獻書相公閣下詩之序曰菁菁者莪樂育材也君子能長育人材則天下喜樂之矣其詩曰菁菁者莪在彼中阿既見君子樂且有儀說者曰菁菁者盛也莪微草也阿大陵也言君子之長育人材若大陵之長育微草能使之菁菁然盛也既見君子樂且有儀云者天下美之之辭也其三章曰既見君子錫我百朋說者曰百朋多之之辭也言君子既長育人材又當爵命之賜之厚祿以寵貴之云爾其卒章曰汎汎楊舟載沈載浮既見君子我心則休說者曰載也沈浮者物也言君子之於人才無所不取若舟之於物浮沈皆載之云爾既見君子我心則休云者言若此則天下之心美之也君子之於人也既長育之又當爵命寵貴之而於其才無所遺焉孟子曰君子有三樂王天下不與存焉其一曰樂得天下之英才而教育之此皆聖人賢士之所極言至論古今之所宜法者也然則孰能長育天

下之人才將非吾君與吾相乎孰能教育天下之英才將非吾君與吾相乎幸今天下無事小大之官各守其職錢穀甲兵之問不至於廟堂論道經邦之暇捨此宜無大者焉今有人生二十八年矣名不著於農工商賈之版其業則讀書著文歌頌堯舜之道雞鳴而起孜孜焉亦不爲利其所讀皆聖人之書楊墨釋老之學無所入於其心其所著皆約六經之旨而成文抑邪與正辨時俗之所惑居窮守約亦時有感激怨懟奇怪之辭以求知於天下亦不悖於教化妖淫諛佞譸張之說無所出於其中四舉於禮部

乃一得三選於吏部卒無成九品之位其可望一畝之宮其可懷遑遑乎四海無所歸恤恤乎饑不得食寒不得衣濱於死而益固得其所者爭笑之忽將棄其舊而新是圖求老農老圃而爲師悼本志之變化中夜涕泗交頤雖不足當詩人孟子之謂抑長育之使成材其亦可矣敎育之使成才其亦可矣抑又聞古之君子相其君也一夫不獲其所若已推而內之溝中今有人生七年而學聖人之道以修其身積二十年不得已一朝而毀之是亦不獲其所矣伏念今有仁人在上位若不往告之而遂行是果於自

棄而不以古之君子之道待吾相也其可乎寧往告焉若不得志則命也其亦行矣洪範曰凡厥庶民有猷有爲有守汝則念之不協於極不罹於咎皇則受之而康而色曰予攸好德汝則錫之福是皆與善之辭也抑又聞古之人有自進者而君子不逆之矣曰予攸好德汝則錫之福之謂也抑又聞上之設官制祿必求其人而授之者非苟慕其才而富貴其身也蓋將用其能理不能用其明理不明者耳下之修己立誠必求其位而居之者非苟沒於利而榮於名也蓋將推己之所餘以濟其不足者耳然則上之

於求人下之於求位交相求而一其致焉耳苟以是而爲心則上之道不必難其下下之道不必難其上可舉而舉焉不必讓其自舉也可進而進焉不必廉於自進也抑又聞上之化下得其道則勸賞不必徧加乎天下而天下從焉因人之所欲爲而遂推之之謂也今天下不由吏部而仕進者幾希矣主上感傷山林之士有逸遺者屢詔內外之臣旁求於四海而其至者蓋闕焉豈其無人乎哉亦見國家不以非常之道禮之而不來耳彼之處隱就閒者亦人耳其耳目鼻口之所欲其心之所樂其體之所安豈有

異於人乎哉今所以惡衣食窮體膚麋鹿之與處猨狖之與居固自以其身不能與時從順俯仰故甘心自絕而不悔焉而方聞國家之仕進者必舉於州縣然後升於禮部吏部試之以繡繪雕琢之文考之以聲勢之逆順章句之短長中其程式者然後得從下士之列雖有化俗之方安邊之畫不由是而稍進萬不有一得焉彼惟恐入山之不深入林之不密其影響昧昧惟恐聞於人也今若聞有以書進宰相而求仕者而宰相不辱焉而薦之天子而爵命之而布其書於四方枯槁沈溺魁閎寬通之士必且洋洋

焉動其心哉哉焉纓其冠于于焉而來矣此所謂勸賞不必徧加乎天下而天下從焉者也因人之所欲爲而遂推之之謂者也伏惟覽詩書孟子之所指念育才錫福之所以考古之君子相其君之道而忘自進自舉之罪思設官制祿之故以誘致山林逸遺之士庶天下之行道者知所歸焉小子不敢自幸其嘗所著文輒採其可者若干首錄在異卷冀辱賜觀焉干黷尊嚴伏地待罪愈再拜

後十九日復上書

二月十六日前鄉貢進士韓愈謹再拜言相公閣下向上

書及所著文後待命凡十有九日不得命恐懼不敢逃遁不知所爲乃復敢自納於不測之誅以求畢其說而請命於左右愈聞之蹈水火者之求免於人也不惟其父兄子弟之慈愛然後呼而望之也將有介於其側者雖其所憎怨苟不至乎欲其死者則將大其聲疾呼而望其仁之也彼介於其側者聞其聲而見其事不惟其父兄子弟之慈愛然後往而全之也雖有所憎怨苟不至乎欲其死者則將狂奔盡氣濡手足焦毛髮救之而不辭也若是者何哉其勢誠急而其情誠可悲也愈之强學力行有年矣愚不惟道之險夷行且不息以蹈於窮餓之水火其既危且亟矣大其聲而疾呼矣閣下其亦聞而見之矣其將往而全之歟抑將安而不救歟有來言於閣下者曰有觀溺於水而爇於火者有可救之道而終莫之救也閣下且以爲仁人乎哉不然若愈者亦君子之所宜動心者也或謂愈子言則然矣宰相則知子矣如時不可何愈竊謂之不知言者誠其材能不足當吾賢相之舉耳若所謂時者固在上位者之爲耳非天之所爲也前五六年時宰相薦聞尚有自布衣蒙抽擢者與今豈異時哉且今節度觀察使及防

禦營田諸小使等尚得自舉判官無間於已仕未仕者況在宰相吾君所尊敬者而曰不可乎古之進人者或取於盜或舉於管庫今布衣雖賤猶足以方乎此情隘辭蹙不知所裁亦惟少垂憐焉愈再拜

後廿九日復上書

三月十六日前鄉貢進士韓愈謹再拜言相公閣下愈聞周公之爲輔相其急於見賢也方一食三吐其哺方一沐三捉其髮當是時天下之賢才皆已舉用姦邪讒佞欺負之徒皆已除去四海皆已無虞九夷八蠻之在荒服之外

者皆已賓貢天災時變昆蟲草木之妖皆已銷息天下之所謂禮樂刑政教化之具皆已修理風俗皆已敦厚動植之物風雨霜露之所霑被者皆已得宜休徵嘉瑞麟鳳龜龍之屬皆已備至而周公以聖人之才憑叔父之親其所輔理承化之功又盡章章如是其所求進見之士豈復有賢於周公者哉不惟不賢於周公而已豈復有賢於時百執事者哉豈復有所計議能補於周公之化者哉然而周公求之如此其急惟恐耳目有所不聞見思慮有所未及以負成王託周公之意不得於天下之心如周公之心設

使其時輔理承化之功未盡章章如是而非聖人之才而無叔父之親則將不暇食與沐矣豈特吐哺捉髮爲勤而止哉惟其如是故於今頌成王之德而稱周公之功不衰今閤下爲輔相亦近耳天下之賢才豈盡舉用姦邪讒佞欺負之徒豈盡除去四海豈盡無虞九夷八蠻之在荒服之外者豈盡賓貢天災時變昆蟲草木之妖豈盡銷息天下之所謂禮樂刑政教化之具豈盡修理風俗豈盡敦厚動植之物風雨霜露之所霑被者豈盡得宜休徵嘉瑞麟鳳龜龍之屬豈盡備至其所求進見之士雖不足以希望

盛德至比於百執事豈盡出其下哉其所稱說豈盡無所補哉今雖不能如周公吐哺捉髮亦宜引而進之察其所以而去就之不宜默默而已也愈之待命四十餘日矣書再上而志不得通足三及門而閽人辭焉惟其昏愚不知逃遁故復有周公之說焉閤下其亦察之古之士三月不仕則相弔故出疆必載質然所以重於自進者以其於周不可則去之魯於魯不可則去之齊於齊不可則去之宋之鄭之秦之楚也今天下一君四海一國舍乎此則夷狄矣去父母之邦矣故士之行道者不得於朝則山林而已

矣山林者士之所獨善自養而不憂天下者之所能安也如有憂天下之心則不能矣故愈每自進而不知愧焉書亟上足數及門而不知止焉寧獨如此而已惴惴焉惟不得出大賢之門下是懼亦惟少垂察焉瀆冒威尊惶恐無已愈再拜

欽定全唐文卷五百五十二

韓愈 六

答侯繼書

裴子自城來得足下一書明日又於崔大處得足下陝州所留書翫而復之不能自休尋知足下不得留僕又爲考官所辱欲致一書開足下幷自舒其所懷含意連辭將發復已卒不能成就其說及得足下二書凡僕之所欲進於左右者足下皆以自得之僕雖欲重累其辭諒無居足下之意外者故絕意不爲行自念方當遠去潛深伏隩與時世不相聞雖足下之思我無所窺尋其聲光故不得不有

書爲別非復有所感發也僕少好學問自五經之外百氏之書未有聞而不求得而不觀者然其所志惟在其意義所歸至於禮樂之名數陰陽土地星辰方藥之書未嘗一得其門戶雖今之仕進者不要此道然古之人未有不通此而能爲大賢君子者僕雖庸愚每讀書輒用自愧今幸不爲時所用無朝夕役役之勞將試學焉力不足而後止猶將愈於汲汲於時俗之所爭既不得而怨天尤人者此吾今之志也懼足下以我退歸因謂我不復能自彊不息故因書奉曉冀足下知吾之退未始不爲進而衆人之進未始不爲退也既貨馬卽求船東下二事皆不過後月十日有相問者爲我謝焉

答崔立之書

斯立足下僕見險不能止動不得時顛頓狼狽失其所操持困不知變以至辱於再三君子小人之所憫笑天下之所背而馳者也足下猶復以爲可教貶損道德乃至手筆以問之扳援古昔辭義高遠且進且勸足下之於故舊之道得矣雖僕亦固望於吾子不敢望於他人者耳然尚有似不相曉者非故欲發余乎不然何子之不以丈夫期我

也不能默默聊復自明僕始年十六七時未知人事讀聖人之書以爲人之仕者皆爲人耳非有利乎已也及年二十時苦家貧衣食不足謀於所親然後知仕之不唯爲人耳及來京師見有舉進士者人多貴之僕誠樂之就求其術或出禮部所試賦詩策等以相示僕以爲可無學而能因詣州縣求舉有司者好惡出於其心四舉而後有成亦未卽得仕聞吏部有以博學宏詞選者人尤謂之才且得美仕就求其術或出所試文章亦禮部之類私怪其故然

猶樂其名因又詣州府求舉凡二試於吏部一既得之而又黜於中書雖不得仕人或謂之能焉退因自取所試讀之乃類於俳優者之辭顏忸怩而心不寧者數月既已爲之則欲有所成就書所謂恥過作非者也因復求舉亦無幸焉乃復自疑以爲所試與得之者不同其程度及得觀之余亦無甚愧焉夫所謂博學者豈今之所謂者乎夫所謂宏詞者豈今之所謂者乎誠使古之豪傑之士若屈原孟軻司馬遷相如揚雄之徒進於是選必知其懷慙乃不自進而已耳設使與夫今之善進取者競於蒙昧之中僕

必知其辱焉然彼五子者且使生於今之世其道雖不顯於天下其自負何如哉肯與夫斗筲者決得失於一夫之目而爲之憂樂哉故凡僕之汲汲於進者其小得蓋欲以具裘葛養窮孤其大得蓋欲以同吾之所樂於人耳其他可否自計已熟誠不待人而後知今足下乃復比之獻玉者以爲必俟工人之剖然後見知於天下雖兩刖足不爲病且無使勍者再剋誠足下相勉之意厚也然仕進者豈捨此而無門哉足下謂我必待是而後進者尤非相悉之辭也僕之玉固未嘗獻而足固未嘗刖足下無爲爲我戚

戚也方今天下風俗尚有未及於古者邊境尚有被甲執兵者主上不得怡而宰相以爲憂僕雖不賢亦且潛究其得失致之乎吾相薦之乎吾君上希卿大夫之位下猶取一障而乘之若都不可得猶將耕於寬閒之野釣於寂寞之濱求國家之遺事考賢人哲士之終始作唐之一經垂之於無窮誅奸諛於既死發潛德之幽光二者將必有一可足下以爲僕之玉凡幾獻而足凡幾刖也又所謂勍者果誰哉再剋之刑信如何也士固信於知已微足下無以發吾之狂言愈再拜

答李翊書

六月二十六日愈白李生足下生之書辭甚高而其問何下而恭也能如是誰不欲告生以其道道德之歸也有日矣況其外之文乎抑愈所謂望孔子之門牆而不入於其宮者焉足以知是且非耶雖然不可不爲生言之生所謂立言者是也生所爲者與所期者甚似而幾矣抑不知生之志蘄勝於人而取於人耶將蘄至於古之立言者耶蘄勝於人而取於人則固勝於人而可取於人矣將蘄至於古之立言者則無望其速成無誘於勢利養其根而俟其

實加其膏而希其光根之茂者其實遂膏之沃者其光煜仁義之人其言藹如也抑又有難者愈之所為不自知其至猶未也雖然學之二十餘年矣始者非三代兩漢之書不敢觀非聖人之志不敢存處若忘行若遺儼乎其若思茫乎其若迷當其取於心而注於手也惟陳言之務去戛戛乎其難哉其觀於人不知其非笑之為非笑也如是者亦有年猶不改然後識古書之正偽與雖正而不至焉者昭昭然白黑分矣而務去之乃徐有得也當其取於心而注於手也汩汩然來矣其觀於人也笑之則以為喜譽之

則以為憂以其猶有人之說者存也如是者亦有年然後浩乎其沛然矣吾又懼其雜也迎而距之平心而察之其皆醇也然後肆焉雖然不可以不養也行之乎仁義之途游之乎詩書之源無迷其途無絕其源終吾身而已矣氣水也言浮物也水大而物之浮者大小畢浮氣之與言猶是也氣盛則言之短長與聲之高下皆宜雖如是其敢自謂幾於成乎雖幾於成其用於人也奚取焉雖然待用於人者其肖於器耶用與舍屬諸人君子則不然處心有道行已有方用則施諸人舍則傳諸其徒垂諸文而為後世法如是者其亦足樂乎其無足樂也有志乎古者希矣志乎古必遺乎今吾誠樂而悲之亟稱其人所以勸之非敢褒其可褒而貶其可貶也問於愈者多矣念生之言不志乎利聊相為言之愈白

重答翊書

愈白李生生之自道其志可也其所疑於我者非也人之來者雖其心異於生其於我也皆有意焉君子之於人無不欲其入於善寧有不可告而告之孰有可進而不進也言辭之不酬禮貌之不答雖孔子不得行於互鄉宜乎余

之不為也苟來者吾斯進之而已矣烏待其禮踰而情過乎雖然生之志求知於我耶求益於我耶其思廣聖人之道耶其欲善其身而使人不可及耶其何汲汲於知而求待之殊也賢不肖固有分矣生其急乎其所自立而無患乎人不已知未嘗聞有響大而聲微者也況愈之於生懇懇耶屬有腹疾無聊不果自書愈白

代張籍與李浙東書

月日前某官某謹東向再拜寓書浙東觀察使中丞李公閣下籍聞議論者皆云方今居古方伯連帥之職坐一方

得專制於其境內者惟閤下心事犖犖與俗輩不同籍固以藏之胸中矣近者閤下從事李協律翺到京師籍與李君友也不見六七年聞其至馳往省之問無恙外不暇出一言且先賀其得賢主人李君曰子豈盡知之乎吾將盡言之數日籍益聞所不聞籍私獨喜常以爲自今以後不復有如古人者於今忽有之退而自悲不幸兩目不見物無用於天下胸中雖有知識家無錢財寸步不能自致今去李中丞五千里何由致其身於其人之側開口一吐出胸中之奇乎因飲泣不能語既數日復自奮曰無所能人

乃宜以盲廢有所能人雖盲當廢於俗輩不當廢於行古人之道者浙水東七州戶不下數十萬不盲者何限李中丞取人固當問其賢不賢不當計盲與不盲也當今盲於心者皆是若籍自謂獨盲於目爾其心則能別是非若賜之坐而問之其口固能言也幸未死實欲一吐出心中平生所知見閤下能信而致之於門耶籍又善於古詩使其心不以憂衣食亂閤下無事時一致之座側使跪進其所有閤下憑几而聽之未必不如聽吹竹彈絲敲金擊石也夫盲者業專於藝必精故樂工皆盲籍儻可與此輩比並乎使籍誠不以畜妻子憂饑寒亂心有錢財以濟醫藥其盲未甚庶幾其復見天地日月目得不廢則自今至死之年皆閤下之賜也閤下濟之以已絕之年賜之以既盲之視其恩輕重大小籍宜如何報也閤下裁之度之籍慙靦再拜

答李秀才書

愈白故友李觀元賓十年之前示愈別吳中故人詩六章其首章則吾子也盛有所稱引元賓行峻潔清其中狹隘不能包容於尋常人不肯苟有論說因究其所以於是知

吾子非庸衆人時吾子在吳中其後愈出在外無因緣相見元賓既沒其文益可貴重思元賓而不見見元賓之所與者則如元賓焉今者辱惠書及文章觀其姓名元賓之聲容怳若相接讀其文辭見元賓之知人交道之不汙甚矣子之心有似於吾元賓也子之言以愈所爲不違孔子不以雕琢爲工將相從於此愈敢自愛其道而以辭讓爲事乎然愈之所志於古者不惟其辭之好好其道焉爾讀吾子之辭而得其所用心將復有深於是者與吾子樂之況其外之文乎愈頓首

答陳生書

愈白陳生足下今之負名譽享顯榮者在上位幾人足下求速化之術不於其人乃以訪愈是所謂借聽於聾求道於盲雖其請之勤勤教之云云未有見其得者也愈之志在古道又甚好其言辭觀足下之書及十四篇之詩亦云有志於是矣而其所問則名所慕則科故愈疑於其對焉雖然厚意不可虛辱聊爲足下誦其所聞蓋君子病乎在已而順乎在天待已以信而事親以誠所謂病乎在已者仁義存乎內彼聖賢者能推而廣之而我蠢焉爲衆人所

謂順乎在天者貴賤窮通之來平吾心而隨順之不以累於其初所謂待已以信者已果能之人曰不能勿信也已果不能人曰能之勿信也孰信哉信乎已而已矣所謂事親以誠者盡其心不夸於外先乎其質後乎其文者也盡其心不夸於外者不以已之得於外者爲父母榮也名與位之謂也先乎其質者行也後乎其文者飲食甘旨以其外物供養之道也誠者不欺之名也待於外而後爲養薄於質而厚於文斯其不類於欺與果若是子之汲汲於科名以不得進爲親之羞者惑也速化之術如是而已古之學者惟義之問誠將學於太學愈猶守是說而竢見焉愈白

與李翺書

使至辱足下書歡愧來并不容於心嗟乎子之言意皆是也僕雖巧說何能逃其責耶然皆子之愛我多重我厚不酌時人待我之情而以子之待我之意使我望於時人也僕之家本窮空重遇攻劫衣服無所得養生之具無所有家累僅三十口攜此將安所歸託乎捨之入京不可也挈之而行不可也足下將安以爲我謀哉此一事耳足下謂

我入京城有所益乎僕之有子猶有不知者時人能知我哉持僕所守驅而使奔走伺候公卿間開口論議其安能有以合乎僕在京城八九年無所取資日求於人以度時月當時行之不覺也今而思之如痛定之人思當痛之時不知何能自處也今年加長矣復驅之使就其故地是亦難矣所貴乎京師者不以明天子在上賢公卿在下布衣韋帶之士談道義者多乎以僕遑遑於其中能上聞而下達乎其知我者固少知而相愛不相忌者又加少內無所資外無所從終安所爲乎嗟乎子之責我誠是也愛我誠

多也今天下之人有如子者乎自堯舜以來士有不遇者乎無也子獨安能使我潔清不汚而處其所可樂哉非不願爲子之所云者力不足勢不便故也僕於此豈以爲大相知乎累累隨行役役逐隊饑而食飽而嬉者也其所以止而不去者以其心誠有愛於僕也然所愛於我者少不知我者猶多吾豈樂於此乎哉將亦有所病而求息於此也嗟乎子誠愛我矣子之所責於我者誠是矣然恐子有時不暇責我而悲我不暇悲我而自責且自悲也及之而後知履之而後難耳孔子稱顏回一簞食一瓢飲人不堪其憂回也不改其樂彼人者有聖者爲之依歸而又有簞食瓢飲足以不死其不憂而樂也豈不易哉若僕無所依歸無簞食無瓢飲無所取資則餓而死其不亦難乎子之聞我言亦悲矣嗟乎子亦愼其所之哉離違久乍還侍左右當日歡喜故專使馳此候足下意并以自解愈再拜

上張僕射書

九月一日愈再拜受牒之明日在使院中有小吏持院中故事節目十餘事來示愈其中不可者有自九月至明年二月之終皆晨入夜歸非有疾病事故輒不許出當時以初受命不敢言古人有言曰人各有能有不能若此者非愈之所能也抑而行之必發狂疾上無以承事於公忘其將所以報德者下無以自立喪失其所以爲心夫如是則安得而不言凡執事之擇於愈者非爲其能晨入夜歸也必將有以取之苟有以取之雖不晨入而夜歸其所取者猶在也下之事上不一其事上之使下不一其事量力而仕之度才而處之其所不能不彊使爲是故爲下者不獲罪於上爲上者不得怨於下矣孟子有云今之諸侯無大相過者以其皆好臣其所敎而不好臣其所受敎今之時與孟子之時又加遠矣皆好其聞命而奔走者不好其直已而行道者聞命而奔走者好利者也直已而行道者好義者也未有好利而愛其君者未有好義而忘其君者今之王公大人惟執事可以聞此言惟愈於執事也可以此言進愈蒙幸於執事其所從舊矣若寬假之使不失其性加待之使足以爲名寅而入盡辰而退申而入終酉而退率以爲常亦不廢事天下之人聞執事之於愈如是也必皆曰執事之好士也如此執事之待士以禮如此執事之使人不枉其性而能有容如此執事之欲成人之名如此

執事之厚於故舊如此又將曰韓愈之識其所依歸也如此韓愈之不諂屈於富貴之人如此韓愈之賢能使其主待之以禮如此則死於執事之門無悔也若使隨行而入逐隊而趨言不敢盡其誠道有所屈於己天下之人聞執事之於愈如此皆曰執事之用韓愈哀其窮收之而已耳韓愈之事執事不以道利之而已耳苟如是雖日受千金之賜一歲九遷其官感恩則有之矣將以稱於天下曰知己知己則未也伏惟哀其所不足矜其愚不錄其罪察其辭而垂仁採納焉愈恐懼再拜

答胡生書

愈頓首胡生秀才足下雨不止薪芻價益高生遠客懷道守義非其人不交得無病乎斯須不展思想無已愈不善自謀口多而食寡然猶月有所入以愈之不足知生之窮也至於是而不悔非信道篤者其誰能之所示千百言畧不及此而以不屢相見爲憂謝相知爲急謀道不謀食樂以忘憂者生之謂矣顧無以當之如何夫別是非分賢與不肖公卿貴位者之任也愈不敢有意於是如生之徒於我厚者知其賢時或道之於生未有益也不知者乃用是爲謗不敢自愛懼生之無益而有傷也如之何若曰彼有所合吾不利其求則庶可矣生又離鄉邑去親愛甘辛苦而不厭者本非爲是也如之何愈之於生既不變矣戒生無以示愈者語於人用息不知者之謗生愼從之講禮釋友二篇比舊尤佳志深而喻切因事以陳辭古之作者正如是爾愈頓首

與于襄陽書

七月三日將仕郎守國子四門博士韓愈謹奉書尚書閣下士之能享大名顯當世者莫不有先達之士負天下之

望者爲之前焉士之能垂休光照後世者亦莫不有後進之士負天下之望者爲之後焉莫爲之前雖美而不彰莫爲之後雖盛而不傳是二人者未始不相須也然而千百載乃一相遇焉豈上之人無可援下之人無可推歟何其相須之殷而相遇之踈也其故在下之人負其能不肯諂其上上之人負其位不肯顧其下故高材多戚戚之窮盛位無赫赫之光是二人者之所爲皆過也未嘗干之不可謂上無其人未嘗求之不可謂下無其人愈之誦此言久矣未嘗敢以聞於人側聞閣下抱不世之才特立而獨行

道方而事實，卷舒不隨乎時，文武唯其所用，豈愈所謂其人哉？抑未聞後進之士有遇知於左右、獲禮於門下者，豈求之而未得耶？將志存乎立功，而事專乎報主，雖遇其人，未暇禮耶？何其宜聞而久不聞也？愈雖不才，其自處不敢後於恒人，閤下將求之而未得歟？古人有言：請自隗始。愈今者惟朝夕芻米僕賃之資是急，不過費閤下一朝之享而足也。如曰吾志存乎立功，而事專乎報主，雖遇其人，未暇禮焉，則非愈之所敢知也。世之齪齪者既不足以語之，磊落奇偉之人又不能聽焉，則信乎命之窮也。謹獻舊所

爲文一十八首，如賜觀覽，亦足知其志之所存。愈恐懼再拜。

與崔羣書

自足下離東都，凡兩度枉問，尋承已達宣州。主人仁賢，同列皆君子，雖抱羈旅之念，亦且可以度日。無入而不自得，樂天知命者，固前修之所以禦外物者也，況足下度越此等百千輩，豈以出處近遠累其靈臺耶？宣州雖稱清涼高爽，然皆大江之南，風土不並以北，將息之道，當先理其心，心閑無事，然後外患不入，風氣所宜，可以審備，小小者亦當自不至矣。足下之賢，雖在窮約，猶能不改其樂，況地至近、官榮、祿厚、親愛盡在左右者耶？所以如此云云者，以爲足下賢者，宜在上位，託於幕府，則不爲得其所，是以及之，乃相親重之道耳，非所以待足下者也。僕自少至今，從事於往還朋友間一十七年矣，日月不爲不久，所與交往相識者千百人，非不多，其相與如骨肉兄弟者亦且不少。或以事同，或以藝取，或慕其一善，或以其久故，或初不甚知而與之已密，其後無大惡，因不復決捨；或其人雖不皆入於善，而於已已厚，雖欲悔之不可。凡諸淺者固不足道，深

者止如此。至於心所仰服，考之言行而無瑕尤，窺之閫奧而不見畛域，明白淳粹，輝光日新者，惟吾崔君一人。僕愚陋無所知曉，然聖人之書無所不讀，其精麤巨細、出入明晦，雖不盡識，抑不可謂不涉其流者也。以此而推之，以此而度之，誠知足下出羣拔萃，無謂僕何從而得之也。與足下情義，寧須言而後自明耶？所以言者，懼足下以爲吾所與深者多，不置白黑於胸中耳。既謂能麤知足下，而復懼足下之不我知，亦過也。比亦有人說足下誠盡善盡美，抑猶有可疑者。僕謂之曰：何疑？疑者曰：君子當有所好惡，好

惡不可不明如清河者人無賢愚無不說其善服其爲人以是而疑之耳僕應之曰鳳凰芝草賢愚皆以爲美瑞青天白日奴隸亦知其清明譬之食物至於遐方異味則有嗜者有不嗜者至於稻也粱也膾也胾也豈聞有不嗜者哉疑者乃解解不解於吾崔君無所損益也自古賢者少不肖者多自省事以來又見賢者恒不遇不賢者比肩青紫賢者恒無以自存不賢者志滿氣得賢者雖得卑位則旋而死不賢者或至眉壽不知造物者意竟如何無乃所好惡與人異心哉又不知無乃都不省記任其死生壽夭

耶未可知也人固有薄卿相之官千乘之位而甘陋巷菜羹者同是人也猶有好惡如此之異者況天之與人當必異其所好惡無疑也合於天而乖於人何害況又時有兼得者耶崔君崔君無怠無怠僕無以自全活者從一官於此轉困窮甚思自放於伊穎之上當亦終得之近者尤衰憊左車第二牙無故搖動脫去目視昏花尋常間便不分人顏色兩鬢半白頭髮五分亦白其一鬚亦有一莖兩莖白者僕家不幸諸父諸兄皆康彊早世如僕者又可以圖於久長哉以此忽忽思與足下相見一道其懷小兒女滿前能不顧念足下何由得歸北來僕不樂江南官滿便終老嵩下足下可相就僕不可去矣珍重自愛愼飲食少思慮惟此是望愈再拜

與陳給事書

愈再拜愈之獲見於閤下有年矣始者亦嘗辱一言之譽貧賤也衣食於奔走不得朝夕繼見其後閤下位益尊伺候於門牆者日益進夫位益尊則賤者日隔伺候於門牆者日益進則愛博而情不專愈也道不加修而文日益有名夫道不加修則賢者不與文日益有名則同進者忌始

之以日隔之疏加之以不專之望以不與者之心而聽忌者之說由是閤下之庭無愈之跡矣去年春亦嘗一進謁於左右矣溫乎其容若加其新也屬乎其言若閔其窮也退而喜也以告於人其後如東京取妻子又不得朝夕繼見及其還也亦嘗一進謁於左右矣邈乎其容若不察其愚也悄乎其言若不接其情也退而懼也不敢復進今則釋然悟翻然悔曰其邈也乃所以怒其來之不繼也其悄也乃所以示其意也不敏之誅無所逃避不敢遂進輒自疏其所以并獻近所爲復志賦以下十首爲一卷卷有標

軸送孟郊序一首生紙寫不加裝飾皆有指字註字處急於自解而謝不能竢更寫閤下取其意而畧其禮可也愈恐懼再拜

答馮宿書

垂示僕所闕非情之至僕安得聞此言朋友道闕絕久無有相箴規磨切之道僕何幸乃得吾子僕常閔時俗人有耳不自聞其過懍懍然惟恐已之不自聞也而今而後有望於吾子矣然足下與僕交久僕之所守足下之所熟知在京城時嚻嚻之徒相訾百倍足下時與僕居朝夕同出

入起居亦見僕有不善乎然僕退而思之雖無以獲罪於人亦有以獲罪於人者僕在京城一年不一至貴人之門人之所趨僕之所傲與已合者則從之游不合者雖造吾廬未嘗與之坐此豈徒足致謗而已不戮於人則幸也追思之可爲戰慄寒心故至此已來剋已自下雖不肖人至未嘗敢以貌慢之況時所尚者耶以此自謂庶幾無時患不知猶復云云也聞流言不信其行嗚呼不復有斯人也君子不爲小人之恟恟而易其行僕何能爾委曲從順向風承意汲汲然恐不得合猶且不免云云命也可如何然子路聞其過則喜禹聞昌言則下車拜古人有言曰告我以吾過者吾之師也願足下不憚煩苟有所聞必以相告吾亦有以報子不敢虛也不敢忘也愈再拜

欽定全唐文卷五百五十三

韓愈七

與衞中行書

大受足下辱書爲賜甚大然所稱道過盛豈所謂誘之而欲其至於是歟不敢當不敢當其中擇其一二近似者而竊取之則於交友忠而不反於背面者少似近焉亦其心之所好耳行之不倦則未敢自謂能爾也不敢當不敢當至於汲汲於富貴以救世爲事者皆聖賢之事業知其智能謀力能任者也如愈者又焉能之始相識時方甚貧衣

食於人其後相見於汴徐二州僕皆爲之從事日月有所入比之前時豐約百倍足下視吾飲食衣服亦有異乎然則僕之心或不爲此汲汲也其所不忘於仕進者亦將小行乎其志耳此未易遽言也凡禍福吉凶之來似不在我惟君子得禍爲不幸而小人得禍爲恒君子得福爲恒而小人得福爲幸以其所爲似有以取之也必曰君子則吉小人則凶者不可也賢不肖存乎己貴與賤禍與福存乎天名聲之善惡存乎人存乎己者吾將勉之存乎天存乎人者吾將任彼而不用吾力焉其所守者豈不約而易行哉足下曰命之窮通自我爲之吾恐未合於道足下徵前世而言之則知矣若曰以道德爲己任窮通之來不接吾心則可也窮居荒涼草樹茂密出無驢馬因與人絕一室之內有以自娛足下喜吾復脫禍亂不當安安而居遲遲而來也

上張僕射第二書

愈再拜以擊毬事諫執事者多矣諫者不休執事不止此非爲其樂不可捨其諫不足聽故哉諫不足聽者辭不足感心也樂不可捨者患不能切身也今之言毬之害者必

曰有危墮之憂有激射之虞小者傷面目大者殘形軀執事聞之若不聞者其意必曰進若習熟則無危墮之憂避能便捷則免激射之虞小何傷於面目大何累於形軀者哉愈今所言皆不在此其指要非以他事外物牽引相比也特以擊毬之間之事明之耳馬之與人情性殊異至於筋骸之相束血氣之相持安佚則適勞頓則疲者同也乘之有道步驟折中少必無疾老必後衰及以之馳毬於場蕩搖其心腑振撓其骨筋氣不及出入走不及迴旋遠者三四年近者一二年無全馬矣然則毬之害於人也決矣

凡五臟之繫絡甚微立坐必懸垂於胸臆之間而以之顚頓馳驟嗚呼其危哉春秋傳曰夫有尤物足以移人苟非德義則必有禍雖豈弟君子神明所扶持然廣慮之深思之亦養壽命之一端也愈恐懼再拜

與馮宿論文書

辱示初筮賦實有意思但力爲之古人不難到但不知直似古人亦何得於今人也僕爲文久每自則意中以爲好則人必以爲惡矣小稱意人亦小怪之大稱意卽人必大怪之也時時應事作俗下文字下筆令人慚及示人則人

以爲好矣小慚者亦蒙謂之小好大慚者卽必以爲大好矣不知古文直何用於今世也然以竢知者知耳昔揚子雲著太元人皆笑之子雲之言曰世不我知無害也後世復有揚子雲必好之矣子雲死近千載竟未有揚子雲可歎也其時桓譚亦以爲雄書勝老子老子未足道也子雲豈止與老子爭彊而已乎此未爲知雄者其弟子侯芭頗知之以爲其師之書勝周易然侯之他文不見於世不知其人果如何耳以此而言作者不祈人之知也明矣直百世以竢聖人而不惑質鬼神而不疑耳足下豈不謂然乎

近李翺從僕學文頗有所得然其人家貧多事未能卒其業有張籍者年長於翺而亦學於僕其文與翺相上下一二年業之庶幾乎至也然閔其棄俗尚而從於寂寞之道以之爭名於時也久不談聊感足下能自進於此故復發憤一道愈再拜

與祠部陸員外書

執事好賢樂善孜孜以薦進良士明白是非爲己任方今天下一人而已愈之獲幸於左右其足跡接於門牆之閒升乎堂而望乎室者亦將一年於今矣念慮所及輒欲不

自疑外竭其愚而道其志況在執事之所孜孜爲己任者得不少助而張之乎誠不自識其言之可採與否其事則小人之事君子盡心之道也天下之事不可遽數又執事之志或有待而爲未敢一二言也今但言其最近而切者爾執事之與司貢士者相知誠深矣彼之所望於執事執事之所以待乎彼者可謂至而無閒疑矣彼之職在乎得人執事之志在乎進賢如得其人而授之所謂兩得其求順乎其必從也執事之知人其亦博矣夫子之言曰舉爾所知然則愈之知者亦可言已文章之尤者有侯喜者侯

雲長者喜之家在開元中衣冠而朝者兄弟五六人及喜之父仕不達棄官而歸喜率兄弟操耒耜而耕於野地薄而賦多不足以養其親則以其耕之暇讀書而爲文以干於有位者而取足焉喜之文章學西京而爲也舉進士十五六年矣雲長之文執事所自知其爲人淳重方實可任以事其文與喜相上下有劉述古者其文長於爲詩文麗而思深當今舉於禮部者其詩無與爲比而又工於應主司之試其爲人溫良誠信無邪佞詐妄之心彊志而婉容和平而有立其趨事靜以敏著美名而負屈稱者其日已

久矣有韋羣玉者京兆之從子其文有可取者其進而未止者也其爲人賢而有才志剛而氣和樂於薦賢爲善其在家無子弟之過居京兆之側遇事輒爭不從其令而從其義求子弟之賢而能業其家者羣玉是也凡此四子皆可以當執事首薦而極論者主司疑焉則以辯之問焉則以告之未知焉則殷勤而語之期乎有成而後止可也有沈杞者張苰者尉遲汾者李紳者張後餘者李翊者或文或行皆出羣之才也凡此數子與之足以收人望得才實主司疑焉則與解之問焉則以對之廣求焉則以告之可也往者陸相公司貢士考文章甚詳愈時亦幸在得中而未知陸之得人也其後一二年所與及第者皆赫然有聲原其所以亦由梁補闕肅王郎中礎佐之梁舉八人無有失者其餘則王皆與謀焉陸相之考文章甚詳也待梁與王如此不疑也梁與王舉人如此之當也至今以爲美談自後主司不能信人人亦無足信者故蔑蔑無聞今執事之與司貢士者有相信之資謀行之道惜乎其不可失也方今在朝廷者多以遊讌娛樂爲事獨執事眇然高舉有深思長慮爲國家樹根本之道宜乎小子之以此言聞於

左右也愈恐懼再拜

與鳳翔邢尚書書

愈再拜布衣之士身居窮約不借勢於王公大人則無以成其志王公大人功業顯著不借譽於布衣之士則無以廣其名是故布衣之士雖甚賤而不諂王公大人雖甚貴而不驕其事勢相須其先後相資也今閤下爲王爪牙爲國藩垣威行如秋仁行如春戎狄棄甲而遠遁朝廷高枕而不虞是豈負大丈夫生平之志願哉豈負明天子非常之顧遇哉赫赫乎洸洸乎功業逐日以新名聲隨風而流

宜乎讙呼海隅高談之士奔走天下慕義之人使或願馳一傳或願操一戈納君於唐虞收地於河湟然而未至乎是者蓋亦有說云豈非待士之道未甚厚遇士之禮未甚優請纚言其事閤下試詳而聽之夫士之來也必有求於閤下夫以貧賤而求於富貴正其宜也閤下之財不可以徧施於天下在擇其人之賢愚而厚薄等級之可也假如賢者至閤下乃一見之愚者至不得見焉則賢者莫不至而愚者日遠矣假如愚者至閤下以千金與之賢者至亦以千金與之則愚者莫不至而賢者日遠矣欲求得士之

道盡於此而已欲求士之賢愚在於精鑒博采之而已精鑒於己固已得其十七八矣又博采於人百無一二遺者焉若果能是道愈見天下之竹帛不足書閤下之功德天下之金石不足頌閤下之形容矣愈也布衣之士也生七歲而讀書十三而能文二十五而擢第於春官以文名於四方前古之興亡未嘗不經於心也當世之得失未嘗不留於意也嘗以天下之安危在邊故六月于邁來觀其師及至此都徘徊而不能去者誠說閤下之義願少立於階墀之際望見君子之威儀也居十日而不敢進者誠以左右無先爲容懼閤下以衆人視之則殺身不足以滅恥徒悔恨於無窮故先此書序其所以來之意閤下其無以爲狂而以禮進退之幸甚幸甚愈再拜

爲人求薦書

某聞木在山馬在肆遇之而不顧者雖日累千萬人未爲不材與下乘也及至匠石過之而不睨伯樂遇之而不顧然後知其非棟梁之林超逸之足也以某在公之宇下非一日而又辱居姻婭之後是生於匠石之園長於伯樂之廄者也於是而不得知假有見知者千萬人亦何足云今

幸賴天子每歲詔公卿大夫貢士若某等比咸得以薦聞是以冒進其說以累於執事亦不自量已然執事其知某如何哉昔人有鬻馬不售於市者知伯樂之善相也從而求之伯樂一顧價增三倍某與其事頗相類是故終始言之耳某再拜

應科目時與人書

月日愈再拜天池之濱大江之濆曰有怪物焉蓋非常鱗凡介之品彙匹儔也其得水變化風雨上下於天不難也其不及水蓋尋常尺寸之閒耳無高山大陵曠途絕險爲

之關隔也然其窮涸不能自致乎水爲獱獺之笑者蓋十八九矣如有力者哀其窮而運轉之蓋一舉手一投足之勞也然是物也負其異於衆也且曰爛死於沙泥吾寧樂之若俛首帖耳搖尾而乞憐者非我之志也是以有力者遇之熟視之若無覩也其死其生固不可知也今又有有力者當其前矣聊試仰首一鳴號焉庸詎知有力者不哀其窮而忘一舉手一投足之勞而轉之清波乎其哀之命也其不哀之命也知其在命而且鳴號之者亦命也愈今者實有類於是是以忘其疎愚之罪而有是說焉閣下其亦憐察之

答劉正夫書

愈白進士劉君足下辱牋教以所不及既荷厚賜且愧其誠然幸甚幸甚凡舉進士者於先進之門何所不往先進之於後輩苟見其至寧可以不答其意耶來者則接之舉城士大夫莫不皆然而愈不幸獨有接後輩名名之所存謗之所歸也有來問者不敢不以誠答或問爲文宜何師必謹對曰宜師古聖賢人曰古聖賢人所爲書具存辭皆不同宜何師必謹對曰師其意不師其辭又問曰文宜易宜難必謹對曰無難易惟其是爾如是而已非固開其爲此而禁其爲彼也夫百物朝夕所見者人皆不注視也及覩其異者則共觀而言之夫文豈異於是乎漢朝人莫不能爲文獨司馬相如太史公劉向揚雄爲之最然則用功深者其收名也遠若皆與世沈浮不自樹立雖不爲當時所怪亦必無後世之傳也足下家中百物皆賴而用也然其所珍愛者必非常物夫君子之於文豈異於是乎今後進之爲文能深探而力取之以古聖賢人爲法者雖未必皆是要若有司馬相如太史公劉向揚雄之徒出必自於此不自於循常之徒也若聖人之道不用文則已用則必

尚其能者能者非他能自樹立不因循者是也有文字來誰不爲文然其存於今者必其能者也顧常以此爲說耳愈於足下忝同道而先進者又常從遊於賢尊給事既辱厚賜又安得不進其所有以爲答也足下以爲何如愈白

答殷侍御書

某月日愈頓首辱賜書周覽累日竦然增敬蹙然汗出以慙愈於進士中麤爲知讀經書者一來應舉事隨日生雖欲加功竟無其暇遊從之類相熟相同不教不學悶然不

見已缺日失月亡以至於老所謂無以自別於常人者每逢學士眞儒歎息踧踖愧生於中顏變於外不復自比於人前者蒙示新注公羊春秋又聞口授指畧私心喜幸恨遭逢之晚願盡傳其學職事羈纏未得繼請怠惰因循不能自彊此宜在擯而不敎者今反謂少知根本其辭章近古可令敘所著書惠出非望承命反側善誘不倦斯爲多方敢不喻所指八月益凉時得休暇儻矜其拘綴不得走請務道之傳而賜辱臨執經座下獲卒所聞是爲大幸兄近世公羊學幾絕何氏注外不見他書聖經賢傳屏而不

省要妙之義無自而尋非先生好之樂之味於衆人之所不味務張而明之其孰能勤勤綣綣若此之至固鄙心之所最急者如遂蒙開釋章分句斷其心曉然直使序所注挂名經端自託不腐其又奚辭將惟先生所以命愈再拜

答陳商書

愈白辱惠書語高而旨深三四讀尚不能通曉茫然增愧赧又不以其淺弊無過人知識且喻以所守幸甚愈敢不吐情實然自識其不足補吾子所須也齊王好竽有求仕於齊者操瑟而往立王之門三年不得入叱曰吾瑟鼓之能使鬼神上下吾鼓瑟合軒轅氏之律呂客罵之曰王好竽而子鼓瑟雖工如王不好何是所謂工於瑟而不工於求齊也今舉進士於此世求祿利行道於此世而爲文必使一世人不好得無與操瑟立齊門者比歟文雖工不利於求求不得則怒且怨不知君子必爾爲不也故區區之心每有來訪者皆有意於不肖者也畧不辭讓遂盡言之惟吾子諒察愈白

與孟尚書書

愈白行官自南迴過吉州得吾兄二十四日手書數番忻

悚兼至未審入秋來眠食何似伏惟萬福來示云有人傳愈近少信奉釋氏此傳之者妄也潮州時有一老僧號大顚頗聰明識道理遠地無可與語者故自山召至州郭留十數日實能外形骸以理自勝不爲事物侵亂與之語雖不盡解要自胸中無滯礙以爲難得因與來往及祭神至海上遂造其廬及來袁州留衣服爲別乃人之情非崇信其法求福田利益也孔子云某之禱久矣凡君子行已立身自有法度聖賢事業具在方策可效可師仰不愧天俯不愧人內不愧心積善積惡殃慶自各以其類至何有去

聖人之道捨先王之法而從夷狄之教以求福利也詩不云乎愷悌君子求福不回傳又曰不爲威惕不爲利疚假如釋氏能與人爲禍祟非守道君子之所懼也況萬萬無此理且彼佛者果何人哉其行事類君子耶小人耶若君子也必不妄加禍於守道之人如小人也其身已死其鬼不靈天地神祇昭布森列非可誣也又肯令其鬼行胸臆作威福於其間哉進退無所據而信奉之亦且惑矣且愈不助釋氏而排之者其亦有說孟子云今天下不之楊則之墨楊墨交亂而聖賢之道不明則三綱淪而九法斁禮

樂崩而夷狄橫幾何其不爲禽獸也故曰能言距楊墨者皆聖人之徒也揚子雲云古者楊墨塞路孟子辭而闢之廓如也夫楊墨行正道廢且將數百年以至於秦卒滅先王之法燒除其經坑殺學士天下遂大亂及秦滅漢興且百年尚未知修明先王之道其後始除挾書之律稍求亡書招學士經雖少得尚皆殘缺十亡二三故學士多老死新者不見全經不能盡知先王之事各以所見爲守分離乖隔不合不公二帝三王羣聖人之道於是大壞後之學者無所尋逐以至於今泯泯也其禍出於楊墨肆行而莫之禁故也孟子雖賢聖不得位空言無施雖切何補然賴其言而今學者尚知宗孔氏崇仁義貴王賤霸而已其大經大法皆亡滅而不救壞爛而不收所謂存十一於千百安在其能廓如也然向無孟氏則皆服左衽而言侏離矣故愈嘗推尊孟氏以爲功不在禹下者爲此也漢氏以來羣儒區區修補百孔千瘡隨亂隨失其危如一髮引千鈞緜緜延延寖以微滅於是時也而倡釋老於其間鼓天下之衆而從之嗚呼其亦不仁甚矣釋老之害過於楊墨韓愈之賢不及孟子孟子不能救之於未亡之前而韓愈乃

欲全之於已壞之後嗚呼其亦不量其力且見其身之危莫之救以死也雖然使其道由愈而麤傳雖滅死萬萬無恨天地鬼神臨之在上質之在旁又安得因一摧折自毀其道以從於邪也籍湜輩雖屢指教不知果能不叛去否辱吾兄眷厚而不獲承命惟增慚懼死罪死罪愈再拜

答呂毉山人書

愈白惠書責以不能如信陵執轡者夫信陵戰國公子欲以取士聲勢傾天下而然耳如僕者自度若世無孔子不當在弟子之列以吾子始自山出有樸茂之美意恐未礱

唐以世事又自周後文弊百子爲書各自名家亂聖人之宗後生習傳雜而不貫故設問以觀吾子其已成熟乎將以爲友也其未成熟乎將以講去其非而趨是耳不如六國公子有市於道者也方今天下入仕惟以進士明經及卿大夫之世耳其人率皆習熟時俗工於語言識形勢善候人主意故天下靡靡日入於衰壞恐不復振起務欲進足下趨死不顧利害去就之人於朝以爭救之耳非謂當今公卿閒無足下輩文學知識也不得以信陵比然足下衣破衣繫麻鞋率然叩吾門吾待足下雖未盡賓主之道

不可謂無意者足下行天下得此於人蓋寡乃遂能責不足於我此眞僕所汲汲求者議雖未中節其不肯阿曲以事人者灼灼明矣方將坐足下三浴而三熏之聽僕之所爲少安無躁愈頓首

欽定全唐文卷五百五十四

韓愈八

答渝州李使君書

乖隔年多不獲數附書慕仰風味未嘗敢忘使至連辱兩書告以恩情迫切不自聊賴重序河南事跡本末文字綢密典實可尋而推究之明萬萬無一可疑者欽想所爲益深勤企豈以愈爲粗有知識可語以心而告之急哉是比數愈於人而收之何幸之大也愈雖無節槩知感激若使在形勢親狎於要路有言可信之望雖百悔吝不敢默默

今既無由緣進言言之恐益累高明是以負所期待竊竊轉語於人不見成效此愈之罪也然不敢去心期之無已以報見待惟且遲之勿遽捐罷幸甚莊子云知其無可奈何而安之若命者聖也傳曰君子俟命然無所補益進其厭飫者祇增愧耳良務寬大愈再拜

答元侍御書

九月五日愈頓首微之足下前歲辱書論甄逢父濟識安祿山必反卽詐爲瘖棄去祿山反有名號又逼致之濟死執不起卒不汙祿山父子事又論逢知讀書刻身立行勤

已取足不干州縣斥其餘以救人之急足下繇是與之交欲令逢父子名跡存諸史氏足下以抗直喜立事斥不得立朝失所不自悔喜事益堅徵之乎子眞安而樂之者謹詳足下所論載校之史法若濟者固當得附書今逢又能行身幸於方州大臣以標白其先人事載之天下耳目徹之天子追爵其父第四品赫然驚人逢與其父俱當得書矣濟逢父子自吾人發春秋美君子樂道人之善夫苟能樂道人之善則天下皆去惡爲善善人得其所其功實大足下與濟父子俱宜牽聯得書足下勉逢令終始其躬而

足下年尚彊嗣德有繼將大書特書屢書不一書而已也愈既承命又執筆以竢愈再拜

與鄭相公書

再奉示問皆緣孟家事辭旨惻惻憂慮深遠竊有以見大人君子篤於仁愛終始不倦伏讀感欷不知所喻舊與孟往還數人旿已共致百千以來尋已至東都計供葬事外尚有餘資今裴押衙所送二百七十千足以益業爲遺孀永久之賴孟氏兄弟在江東未至先與相識亦甚循善所慮才幹不足任事鄭氏兄弟惟最小者在東都固如所示不可依仗孟之深友太子舍人樊宗師比持服在東都今已外除經營孟家事不啻如已前後人所與及裴押衙所送錢物並委樊舍人主之營致生業必能不失利宜候孟氏兄弟到分付成事庶可靜守無大闕敗伏惟不致遠憂續具一一諮報不宣愈再拜

與袁相公書

伏聞賓位尚有闕員幸蒙不以常輩知遇恒不自知愚且賤思有論薦竊見朝議郎前太子舍人樊宗師孝友聰明家故饒財身居長嫡悉推與諸弟諸弟皆優贍有餘而宗

師妻子常寒露饑餒宗師怡然處之無有難色窮經究史章通句解至於陰陽軍法聲律悉皆研極原本又善爲文章詞句刻深獨追古作者爲徒不顧世俗輕重通微曉事可與晤語又習於吏職識時知變非如儒生文士止有偏長退勇守專未爲宰物者所識年近五十遑遑勉勉思有所試閤下倘引而致之密加識察有少不如所言愈爲欺罔大君子便宜得棄絕之罪於門下誠不忍奇寶橫棄道側而閤下篋櫝尚有少闕不滿之處猶足更容輒冒言之退增汗懾謹狀

與鄂州柳中丞書

淮右殘孽尚守巢窟環寇之師殆且十萬瞋目語難自以爲武人不肯循法度頡頏作氣勢竊爵位自尊大者肩相摩地相屬也不聞有一人援桴鼓誓衆而前者但日令走馬來求賞給助寇爲聲勢而已閤下書生也詩書禮樂是習仁義是修法度是束一旦去文就武鼓三軍而進之陳師鞠旅親與爲辛苦慷慨感激同食下卒將二州之牧以壯士氣斬所乘馬以祭踶死之士雖古名將何以加茲此由天資忠孝鬱於中而大作於外動皆中於機會以取勝

於當世而爲戎臣師豈常習於威暴之事而樂其鬬戰之危也哉愈誠怯弱不適於用聽於下風竊自增氣誇於中朝稠人廣衆會集之中所以羞武夫之顏令議者知將國兵而爲人之司命者不在彼而在此也臨敵重愼誡輕出入良用自愛以副見慕之徒之心而果爲國立大功也幸甚幸甚不宣愈再拜

又一首

愈愚不能量事勢可否比常念淮右以靡弊困頓三州之地蚊蚋蟻蟲之聚感凶豎喣濡飲食之惠提童子之手坐之堂上奉以爲帥出死力以抗逆明詔戰天下之兵乘機逐利四出侵暴屠燒縣邑賊殺不辜環其地數千里莫不被其毒洛汝襄荆許潁淮江爲之騷然丞相公卿士大夫勞於圖議握兵之將熊羆貙虎之士畏懦蹴蹜莫肯杖戈爲士卒前行者獨閤下奮然率先揚兵界上將二州之守親出入行閒與士卒均辛苦生其氣勢見將軍之鋒穎凜然有向敵之意用儒雅文字章句之業取先天下武夫關其口而奪之氣愚初聞時方食不覺棄匕箸起立豈以爲閤下眞能引孤軍單進與死寇角逐爭一旦僥倖之利哉

就令如是亦不足貴其所以服人心在行事適機宜而風采可畏愛故也是以前狀輒述鄙誠眷惠手翰還答益增欣悚夫一衆人心力耳目使所至如時雨三代用師不出是道閤下果能充其言繼之以無倦得形便之地甲兵足用雖國家故所失地旬歲可坐而得況此小寇安足置齒牙閒勉而卒之以俟其至幸甚夫遠徵軍士行者有羈旅離別之思居者有怨曠騷動之憂本軍有饋餉煩費之難地主多姑息形跡之患急之則怨緩之則不用命浮寄孤懸形勢銷弱又與賊不相諳委臨敵恐駭難以有功若召

募士人必得豪勇與賊相熟知其氣力所極無望風之驚愛護鄉里勇於自戰徵兵滿萬不如召募數千閣下以爲何如儻可上聞行之否計已與裴中丞相見行營事宜不惜時賜示及幸甚不宣愈再拜

答魏博田僕射書

季冬極寒伏惟僕射尊體動止萬福卽日愈蒙免蒙恩改職事不任感懼使至奉十一月十二日示問欣慰殊深贊善十一郎行已附狀伏計尋上達愈雖未獲拜識嘗承僕射眷私猥辱薦聞待之上介事雖不允受賜實多頃者又

蒙不以文字鄙薄令譔廟碑見遇殊常荷德尤切安有書問稍簡遂敢自疎比所與楊書記書蓋緣久闕附狀求因間粗述下情忽奉累紙示問辭意重疊捧讀再三但增慚悚僕射公忠賢德爲內外所宗位望益尊謙巽滋甚謬承知遇欣荷實深伏望照察限以官守拜奉未由無任馳戀謹因使迴奉狀不宣謹狀

與華州李尚書書

比來不審尊體動止何似乍離闕庭伏計倍增戀慕愈於久故遊從之中伏蒙恩獎知待最深最厚無有比者懦弱昏塞不能奮勵出奇少答所遇拜辭之後竊念旬朔不卽獲侍言笑東望殞涕有兒女子之感獨宿直舍無可告語展轉歔欷不能自禁華州雖實百郡之首重於藩維然閣下居之則爲失所愚以爲苟慮有所及宜密以上聞不宜以疎外自待接過客俗子絕口不挂時事務爲崇深以拒止嫉妬之口親近藥物方書動作步趨以致和宣滯爲國自愛副鄙陋拳拳之心幸甚幸甚謹奉狀不宣愈再拜

京尹不臺參答友人書

所示情眷之至不勝悚荷臺參實奏云容桂觀察使帶中

丞尚不臺參京尹郡國之首所管神州赤縣官帶大夫豈得却不如事須臺參聖恩以爲然使令宣與李紳不用臺參亦是何典故赤令尚與中丞分道而行何況京尹人見近事習耳目所熟稍殊異卽怪之其於道理有何所傷聖君使行卽是故事自古豈有定制也停推巡緣府中褊迫是實若別差人卽是妄說豈有此事小人言不可信類如此亦在大賢斟酌而斷之流言止於智者正謂此耳客多自修報狀不得伏惟照察

答侯生問論語書

愈白侯生足下所示論語問甚善聖人踐形之說孟子詳於其書當終始究之若萬物皆備於我反身而誠是也苟有僞焉則萬物不備矣踐形之道無他誠是也足下謂賢者不能踐形非也賢者非不能踐形能而不備耳形言其備也所謂具體而微是也充實之謂美充實而有光輝之謂大充實則具體未大則微故或去聖一間或得其一體皆踐形而未備者唯反身而誠則能踐形之備者耳愈昔注解其書而不敢過求其意取聖人之旨而合之則足以信後生輩耳此說甚爲穩當切更思之愈白

與少室李拾遺書

十二月某日愈頓首伏承天恩詔河南敦喻拾遺公朝廷之士引頸東望若景星鳳凰之始見也爭先覩之爲快方今天子仁聖小大之事皆出宰相樂善言如不得聞自卽大位已來於今四年凡所施者無不得宜勤儉之聲寬大之政幽閨婦女草野小人飽聞而厭道之愈不通於古請問先生世非太平之運歟加又有非人力而至者年穀熟衍符貺委至干紀之姦不戰而拘纍强梁之凶銷鑠縮栗迎風而委伏其有一事未就正自視若不成人四海之所環無一夫甲而兵者若此時也拾遺公不疾起與天下之士君子樂成而享之斯無時矣昔者孔子知不可爲而爲之不已足跡接於諸侯之國今可爲之時自藏深山牢關而固距卽與仁義者異守矣想拾遺公冠帶就車惠然肯來抒所蓄積以補綴盛德之有闕遺利加於時名垂於將來踴躍悚企傾刻以冀又竊聞朝廷之議必起拾遺公使者往若不許卽河南必繼以行拾遺徵君若不至必加高秩如是則辭少就多傷於廉而害於義拾遺公必不爲也善人斯進其類皆有望於拾遺公拾遺公儻不爲起是使

眾善人不與斯人施也由拾遺公而使天子不盡得良臣君子不盡得顯位人庶不盡被惠利其害不爲細必望審察而遠思之務使合於孔子之道幸甚愈再拜

與張徐州薦薛公達書

愈聞士有已未達而達人者大夫意寧實之哉小人誠其人今言則無故過濡恩惠思以極報之謂也伏惟閣下仁義風天下任帝室宏奇名譽之美刑政之威化道之事使四方無聲色之娛金帛之富車服之制以從之則亦彌顯位雍容暇豫而又何求則可以取特達不羈之士奉之以

非常之禮俾耀名天下答天子鴻恩側見河東薛公達年二十有六抱驚世之偉林發言挺志夐絕天秀服仁食義融內光外直剛簡質與世不常想其升朝廷議凜瑩冰玉隱憑潛奸滅心鑠謀然今尚幽塞未光跧縮銛利靜居河洛惟高公之清風驅馬千里文以為贄求拜華軒公則見之矣遇未甚厚懼左右者不明喜蔽能黷聽不令之言故小子忘懼激憤獻此惟公明之夫垂纖餌溟泉冀吞舟之魚則疎施薄禮天下取特達之士亦難大夫其裁之

上賈滑州書

愈聞儒服者不敢用他術干進又惟古執贄之禮竊整頓舊所著文一十五章以為贄而喻所以然之意於此曰豐山上有鐘焉人所不可至霜既降則鏗然鳴蓋氣之感非自鳴也愈年二十有三讀書學文十五年言行不敢戾於古人愚固泯泯不能自訃周流四方無所適歸伏惟閣下昭融古之典義含和發英作唐德元簡棗詭說保任皇極是宜小子刻心悚慕又焉得不感而鳴哉徒以獻策闕下方勤行役且有負薪之疾不得稽首軒階遂拜書家僕待命於鄭之逆旅伏以小子之文可見於十五章之內小子之志可見於此書與之進敢不勉與之退敢不從進退之際實惟閣下裁之

上考功崔虞部書

愈不肖行能誠無可取行已頗僻與時俗異態抱愚守迷固不識仕進之門迺與羣士爭名競得失行人之所甚鄙求人之所甚利其為不可雖童昏實知之如執事者不以是為念援之幽窮之中推之高顯之上是知其人之或可而不知其人之莫可也知其人之或可而不知其時之莫可也既以自咎又歎執事者所守異於人人廢耳任目華

實不兼故有所進故有所退且執事始考文之明日浮囂之徒已相與稱曰某得矣某得矣問其所從來必言其有自一日之閒九變其說凡進士之應此選者三十有二人其所不言者數人而已而愈在焉及執事既上名之後三人之中其二人者固所傳聞矣華實兼者也果竟得之而又升焉其一人者則莫之聞矣實與華違行與時乖果竟退之如是則可見時之所與者時之所不與者之相遠矣然愚之所守竟非偶然故不可變凡在京師八九年矣足不跡公卿之門名不譽於大夫士之口始者謬為今相國

所第此時惟念以爲得失固有天命不在趨時而偃仰一室嘯歌古人今則復疑矣未知夫天竟如何命竟如何由人乎哉不由人乎哉欲事干謁則患不能小書困於投刺欲學爲佞則患言訥詞直卒事不成徒使其躬儳焉而不終日是以勞思長懷中夜起坐度時揣已廢然而返雖欲從之末由也已又常念古之人日已進今之人日已退夫古之人四十而仕其行道爲學既已大成而又之死不倦故其事業功德老而益光故詩曰雖無老成人尚有典刑言老成之可尚也又曰樂只君子德音不已謂死而不亡

也夫今之人務利而遺道其學其問以之取名致官而已得一名獲一位則棄其業而役役於持權者之門故其事業功德日以忘月以削老而益昏死而遂亡愈今二十有六矣距古人始仕之年尚十四年豈爲晚哉行之以不息要之以至死不有得於今必有得於古不有得於身必有得於後用此自遣且以爲知己者之報執事以爲何如哉其信然否也今所病者在於窮約無僦屋賃僕之資無縕袍糲食之給驅馬出門不知所之斯道未喪天命不欺豈遂殆哉豈遂困哉竊惟執事之於愈也無師友之交無久故之事無顏色言語之情卒然振而發之者必有以見知爾故盡暴其所志不敢以默又懼執事多在省非公事不敢以至是則拜見之不可期獲侍之無時也是以進其說如此庶執事察之也

答劉秀才論史書

六月九日韓愈白秀才辱問見愛教勉以所宜務敢不拜賜愚以爲凡史氏褒貶大法春秋已備之矣後之作者在據事跡實錄則善惡自見然此尚非淺陋偷惰者所能就況褒貶耶孔子聖人作春秋辱於魯衛陳宋齊楚卒不遇

而死齊太史氏兄弟幾盡左邱明紀春秋時事以失明司馬遷作史記刑誅班固瘐死陳壽起又廢卒亦無所至王隱謗退死家習鑿齒無一足崔浩范蔚宗赤誅魏收夭絕宋孝王誅死足下所稱吳兢亦不聞身貴而今其後有聞也夫爲史者不有人禍則有天刑豈可不畏懼而輕爲之哉唐有天下二百年矣聖君賢相相踵其餘文武之士立功名跨越前後者不可勝數豈一人卒卒能紀而傳之邪僕年志已就衰退不可自敦率宰相知其無他才能不足用哀其老窮齟齬無所合不欲令四海內有戚戚者猥言

之上苟加一職榮之耳非必督責迫蹙令就功役也賤不敢逆盛指行且謀引去且傳聞不同善惡隨人所見甚者附黨憎愛不同巧造語言鑿空構立善惡事跡於今何所承受取信而可草草作傳記令傳萬世乎若無鬼神豈可不自心慚愧若有鬼神將不福人僕雖騃亦粗知自愛實不敢率爾爲也夫聖唐鉅跡及賢士大夫事皆磊磊軒天地決不沈沒今館中非無人將必有作者勤而纂之後生可畏安知不在足下亦宜勉之愈再拜

與大顛師書

愈啟孟夏漸熱惟道體安和愈弊劣無謂坐事貶官到此久聞道德切思見顏緣昨到來未獲參謁倘能暫垂見過實爲多幸已帖縣令具人船奉迎日久佇瞻不宣愈白

愈啟海上窮處無與話言側承道高思獲披接專輒有此咨屈儻惠能降諭非所敢望也至此一二日卻歸高居亦無不可旦夕渴望不宣愈白

愈啟惠勻至辱答問珍悚無已所示廣大深迥非造次可諭易大傳曰書不盡言言不盡意然則聖人之意其終不可得而見耶如此而論讀來一百編不如親見顏色隨問而對之易了此旬來晴明旦夕不甚熱倘能乘間一訪幸甚旦夕馳望愈聞道無疑滯行止繫縛苟非所戀著則山林閒寂與城郭無異大顛師論甚宏博而必守山林義不至城郭自激修行獨立空曠無累之地者非通道也勞於一來安於所適道故如是不宣愈頓首

皇帝即位賀宰相啟

愈啟伏見冊命皇帝以閏月三日嗣臨大位以主神人含生之類孰不蒙賴相公翼亮聖明大慶資始伏惟永永與國同休愈下情不勝慶躍限以所守不獲隨例拜賀謹差某奉啟不宣謹啟

上鄭尚書相公啟

愈啟伏蒙仁恩猥賜示問感戴戰悚若無所容措然尚有厥誠須盡露於左右者敢避其煩黷懷不滿之意於受恩之地哉愈幸甚三得爲屬吏朝夕不離門下出入五年竊自計較受與報不宜在門下諸從事後故事有當言未嘗敢不言有不便於己輒吐私情閤下所宜憐也分司郎官職事惟祠部爲煩且重愈獨判二年日與宦者爲敵相伺候罪過惡言詈辭狼藉公牒不敢爲恥實慮陷禍故前者

懷狀乞與諸郎官更判意雖甚專事似率爾言語精神不能自明不蒙察允遽以懟歸僶俛日日遂踰累旬私圖其宜敢以病告鳲鳩平均歌於國風從事獨賢雅以怨刺伏惟俯加憐察幸甚幸甚愈再拜

為河南令上留守鄭相公啟

愈啟愈為相公官屬五年辱知辱愛伏念曾無絲毫事為報答效日夜思慮謀畫以為事大君子當以道不宜苟且求容悅故於事未嘗敢疑惑宜行則行宜止則止受容受察不復進謝自以為如此真得事大君子之道今雖蒙沙

汰為縣固猶在相公治下未同去離門牆為故吏為形跡嫌疑改前所為以自疎外於大君子固當不待煩說於左右而後察也人有告人辱罵其妹與妻為其長者得不追而問之乎追而不至為其長者得不怒而杖之乎坐軍營操兵守禦為留守出入前後驅從者此真為軍人矣坐坊市賣餅又稱軍人則誰非軍人也愚以為此必姦人以錢財賂將吏盜相公文牒竊注名姓於軍籍中以陵駕府縣此固相公所欲去奉法吏所當嫉雖捕繫杖之未過也昨聞相公追捕所告受辱罵者愚以為大君子為政當有權變始似小異要歸於正耳軍吏紛紛入見告屈為其長者安得不小致為之之意乎未敢以此仰疑大君子及見諸從事說則與小人所望信者少似乖戾雖然豈敢生疑於萬一必諸從事與諸將吏未能去朋黨心蓋復黜黜不以真情狀白露左右小人受私恩良久安敢閉蓄以為私恨不一二陳道伏惟相公憐察幸甚幸甚愈無適時才用漸不喜為吏得一事為名可自罷去不啻如棄涕唾無一分顧藉心顧失大君子纖芥意如邱山重守官去官惟今日指揮愈惶懼再拜

國子監論新注學官牒

國子監應今新注學官等牒準今年赦文委國子祭酒選擇有經藝堪訓導生徒者以充學官近年吏部所注多循資敘不考藝能至令生徒不自勸勵伏請非專誦經傳博涉墳史及進士五經諸色登科人不以比擬其新受官上日必加研試然後放行上副聖朝崇儒尚學之意具狀牒上吏部仍牒監者謹牒

潮州請置鄉校牒

孔子曰道之以政齊之以刑則民免而無恥不如以德禮

爲先而輔以政刑也夫欲用德禮未有不由學校師弟子者此州學廢日久進士明經百十年閒不聞有業成貢於王庭試於有司者人吏目不識鄉飲酒之禮耳未嘗聞鹿鳴之歌忠孝之行不勸亦縣之恥也夫十室之邑必有忠信今此州户萬有餘豈無庶幾者耶刺史縣令不躬爲之師里閭後生無所從學爾趙德秀才沈雅專靜頗通經有文章能知先王之道論說且排異端而宗孔氏可以爲師矣請攝海陽縣尉爲衙推官專勾當州學以督生徒興愷悌之風刺史出己俸百千以爲舉本收其赢餘以給學生廚饌

欽定全唐文卷五百五十五

韓愈九

送陸歙州詩序

貞元十八年二月十八日祠部員外郎陸君出刺歙州朝廷夙夜之賢都邑游居之良齎咨涕洟咸以爲不當去歙大州也刺史尊官也由郎官而往者前後相望也當今賦出於天下江南居十九宣使之所察歙爲富州宰臣之所薦聞天子之所選用其不輕而重也較然矣如是而齎咨涕洟以爲不當去者陸君之道行乎朝廷則天下望其賜

刺一州則專而不能咸先一州而後天下豈吾君與吾相之心哉於是昌黎韓愈道願留者之心而泄其思作詩曰我衣之華兮我佩之光陸君之去兮誰與翱翔斂此大惠兮施於一州今其去矣胡不爲留我作此詩歌於逵道無疾其驅天子有詔

送孟東野序

大凡物不得其平則鳴草木之無聲風撓之鳴水之無聲風蕩之鳴其躍也或激之其趨也或梗之其沸也或炙之金石之無聲或擊之鳴人之於言也亦然有不得已者而

後言其謌也有思其哭也有懷凡出乎口而爲聲者其皆有弗平者乎樂也者鬱於中而泄於外者也擇其善鳴者而假之鳴金石絲竹匏土革木八者物之善鳴者也惟天之於時也亦然擇其善鳴者而假之鳴是故以鳥鳴春以雷鳴夏以蟲鳴秋以風鳴冬四時之相推敚其必有不得其平者乎其於人也亦然人聲之精者爲言文辭之於言又其精也尤擇其善鳴者而假之鳴其在唐虞咎陶禹其善鳴者也而假以鳴夔弗能以文辭鳴又自假於韶以鳴夏之時五子以其歌鳴伊尹鳴殷周公鳴周凡載於詩書

六藝皆鳴之善者也周之衰孔子之徒鳴之其聲大而遠傳曰天將以夫子爲木鐸其弗信矣乎其末也莊周以其荒唐之辭鳴楚大國也其亡也以屈原鳴臧孫辰孟軻荀卿以道鳴者也楊朱墨翟管夷吾晏嬰老聃申不害韓非眘到田駢鄒衍尸佼孫武張儀蘇秦之屬皆以其術鳴秦之興李斯鳴之漢之時司馬遷相如揚雄最其善鳴者也其下魏晉氏鳴者不及於古然亦未嘗絕也就其善者其聲清以浮其節數以急其詞淫以哀其志弛以肆其爲言也亂雜而無章將天醜其德莫之顧耶何爲乎不鳴其善鳴者也唐之有天下陳子昂蘇源明元結李白杜甫李觀皆以其所能鳴其存而在下者孟郊東野始以其詩鳴其高出魏晉不懈而及於古其他浸淫乎漢氏矣從吾游者李翺張籍其尤也三子者之鳴信善矣抑不知天將和其聲而使鳴國家之盛耶抑將窮餓其身思愁其心腸而使自鳴其不幸耶三子者之命則懸乎天矣其在上也奚以喜其在下也奚以悲東野之役於江南也有若不釋然者故吾道其命於天者以解之

送許郢州序

愈嘗以書自通於于公累數百言其大要言先達之士得人而託之則道德彰而名問流後進之士得人而託之則事業顯而爵位通下有矜乎能上有矜乎位雖恒相求而喜不相遇于公不以其言爲不可復書曰足下之言是也于公身居方伯之尊蓄不世之材而能與卑鄙庸陋相應答如影響是非忠乎君而樂乎善以國家之務爲己任者乎愈雖不敢私其大恩抑不可不謂之知己恒矜而誦之情已至而事不從小人之所不爲也故於使君之行道刺史之事以爲于公贈凡天下之事成於自同而敗於自異

爲刺史者恒私於其民不以實應乎府爲觀察使者恒急於其賦不以情信乎州繇是刺史不安其官觀察使不得其政財已竭而斂不休人已窮而賦愈急其不去爲盜也亦幸矣誠使刺史不私於其民觀察使不急於其賦刺史曰吾州之民天下之民也惠不可以獨厚觀察使亦曰某州之民天下之民也斂不可以獨急如是而政不均令不行者未之有也其前之言者于公既已信而行之矣今之言者其有不信乎縣之於州猶州之於府也有以事乎上有以臨乎下同則成異則敗者皆然也非使君之賢其誰

能信之愈於使君非燕游一朝之好也故其贈行不以頌而以規

送竇從事序

踰甌閩而南皆百越之地於天文其次星紀其星牽牛連山隔其陰鉅海敵其陽是維島居卉服之民風氣之殊著自古昔唐之有天下號令之所加無異於遠近民俗既遷風氣亦隨雪霜時降癘疫不興瀕海之饒固加於初是以人之之南海者若東西州焉皇帝臨天下二十有二年詔工部侍郎趙植爲廣州刺史盡牧南海之民署從事扶風竇平平以文辭進於其行也其族人殿中侍御史牟合東都交游之能文者二十有八人賦詩以贈之於是昌黎韓愈嘉趙南海之能得人壯從事之答於知我不憚行之遠也又樂貽周之愛其族叔父能合文辭以寵榮之作送竇從事少府平序

送齊皞下第序

古之所謂公無私者其取捨進退無擇於親疎遠邇惟其宜可焉其下之視上也亦惟視其舉黜之當否不以親疎遠邇疑乎其上之人故上之人行志擇誼坦乎其無憂於

下也下之人剋己愼行確乎其無惑於上也是故爲君不勞而爲臣甚易見一善焉可得詳而舉也見一不善焉可得明而去也及道之衰上下交疑於是乎舉讎舉子之事載之傳中而稱美之而謂之忠見一善焉若親與邇不敢舉也見一不善焉若疏與遠不敢去也衆之所同好焉矯而黜之乃公也衆之所同惡焉激而舉之乃忠也於是乎有違心之行有怫志之言有内媿之名若然者俗所謂良有司也膚受之訴不行於君巧言之誣不起於人矣烏虖今之君天下者不亦勞乎爲有司者不亦難乎爲人嚮道

者不亦勤乎是故端居而念焉非君人者之過也則曰有司焉則非有司之過也則曰今舉天下人焉則非今舉天下人之過也蓋其漸有因其本有根生於私其親成於私其身以己之不直而謂人皆然其植之也固久其除之也實難非百年必世不可得而化也非知命不惑不可得而改也已矣乎其終能復古乎若高陽齊生者其起予者乎齊生之兄爲時名相出藩於南朝之碩臣皆其舊交齊生舉進士有司用是連枉齊生齊生不以云乃曰我之未至也有司其枉我哉我將利吾器而俟其時耳抱負其業東

歸於家吾觀於人有不得志則非其上者衆矣亦莫計其身之短長也若齊生者既至矣而曰我未也不以閔於有司其不亦鮮乎哉吾用是知齊生後日誠良有司也能復古者也公無私者也知命不惑者也

送陳密序

太學生陳密請於余曰密承訓於先生今將歸覲其親不得朝夕見願先生賜之言密將以爲戒密來太學舉明經累年不獲選是弗利於是科也今將易其業而三禮是習願先生之張之也密將以爲鄉榮余愧乎其言遺之言曰子之業信習矣其容信合於禮矣抑吾所見者外也夫外不足以信內子誦其文則思其義習其儀則行其道則將謂子君子也爵祿之來也不可辭矣科寧有利不利耶

送李愿歸盤谷序

太行之陽有盤谷盤谷之閒泉甘而土肥草木叢茂居民鮮少或曰謂其環兩山之閒故曰盤或曰是谷也宅幽而勢阻隱者之所盤旋友人李愿居之愿之言曰人之稱大丈夫者我知之矣利澤施於人名聲昭於時坐於廟朝進退百官而佐天子出令其在外則樹旗旄羅弓矢武夫前

呵從者塞途供給之人各執其物夾道而疾馳喜有賞怒有刑才畯滿前道古今而譽盛德入耳而不煩曲眉豐頰清聲而便體秀外而惠中飄輕裾翳長袖粉白黛綠者列屋而閒居妬寵而負恃爭妍而取憐大丈夫之遇知於天子用力於當世者之所爲也吾非惡此而逃之是有命焉不可幸而致也窮居而野處升高而望遠坐茂樹以終日濯清泉以自潔採於山美可茹釣於水鮮可食起居無時惟適之安與其有譽於前孰若無毀於其後與其有樂於身孰若無憂於其心車服不維刀鋸不加理亂不知黜陟

不聞大丈夫不遇於時者之所爲也我則行之伺候於公卿之門奔走於形勢之途足將進而趦趄口將言而囁嚅處穢汚而不羞觸刑辟而誅戮徼倖於萬一老死而後止者其於爲人賢不肖何如也昌黎韓愈聞其言而壯之與之酒而爲之歌曰

盤之中維子之宫盤之土可以稼盤之泉可濯可沿盤之阻誰爭子所窈而深廓其有容繚而曲如往而復嗟盤之樂兮樂且無殃虎豹遠跡兮蛟龍遁藏鬼神守護兮呵禁不祥飲且食兮壽而康無不足兮奚所望膏吾車兮秣吾

馬從子於盤兮終吾生以徜徉

送牛堪序

以明經舉者誦數十萬言又約通大義徵辭引類旁出入他經者又誦數十萬言其爲業也勤矣登第於有司者去民畝而就吏祿由是進而累爲卿相者常常有之其爲獲也亦大矣然吾未嘗聞有登第於有司而進謝於其門者豈有司之待之也抑以公不以情舉者之望於有司也亦將然乎其進而謝於其門也則爲私乎抑無乃人事之未思或者不能舉其禮乎若牛堪者思慮足以及之材質足以行之而又不聞其往者其將有以哉違衆而求識立奇而取名非堪心之所存也由是而觀之若堪之用心其至於大官也不爲幸矣堪太學生也余博士也博士師屬也於其登第而歸將榮於其鄉也能無說乎

送董邵南序

燕趙古稱多感慨悲歌之士董生舉進士連不得志於有司懷抱利器鬱鬱適茲土吾知其必有合也董生勉乎哉夫以子之不遇時苟慕義彊仁者皆愛惜焉矧燕趙之士出乎其性者哉然吾嘗聞風俗與化移易吾惡知其今不

異於古所云耶聊以吾子之行卜之也董生勉乎哉吾因子有所感矣爲我弔望諸君之墓而觀於其市復有昔時屠狗者乎爲我謝曰明天子在上可以出而仕矣

贈崔復州序

有地數百里趨走之吏自長史司馬以下數十人其祿足以仁其三族及其朋友故舊樂乎心則一境之人喜不樂乎心則一境之人懼丈夫官至刺史亦榮矣雖然幽遠之小民其足跡未嘗至城邑苟有不得其所能自直於鄉里之吏者鮮矣況能自辨於縣吏乎能自辨於縣吏者鮮矣

旣能自辨於刺史之庭乎由是刺史有所不聞小民有所不宣賦有常而民產無恒水旱癘疫之不期民之豐約懸於州縣令不以言連帥不以信民就窮而斂愈急吾見刺史之難爲也崔君爲復州其連帥則于公崔君之仁足以蘇復人于公之賢足以庸崔君有刺史之榮而無其難爲者將在於此乎愈常辱于公之知而舊遊於崔君慶復人之將蒙其休澤也於是乎言

贈張童子序

天下之以明二經舉於禮部者歲至三千人始自縣考試

定其可舉者然後升於州若府其不能中科者不與是數焉州若府總其屬之所升又考試之如縣加察詳焉定其可舉者然後貢於天子而升之有司其不能中科者不與是數焉謂之鄉貢有司者總州府之所升而考試之加察詳焉第其可進者以名上於天子而藏之屬之吏部歲不及二百人謂之出身能在是選者厥惟艱哉二經章句僅數十萬言其傳注在外皆誦之又約知其大說繇是舉者或遠至十餘年然後與乎三千之數而升於禮部矣又或遠至十餘年然後與乎二百之數而進於吏部矣班白之老半焉昏塞不能及者皆不在是限有終身不得與者焉張童子生九年自州縣達禮部一舉而進立於二百之列又二年益通二經有司復上其事繇是拜衛兵曹之命人皆謂童子耳目明達神氣以靈余亦偉童子之獨出於等夷也童子請於其官之長隨父而寧母歲八月自京師道陝南至虢東及洛師北過大河之陽九月始來及鄭自朝之聞人以及五都之伯長羣吏皆厚其餼賂或作歌詩以嘉童子童子亦榮矣雖然愈當進童子於道使人謂童子求益者非欲速成者夫少之與長也異觀少之時人惟童子之異及其長也將責成人之禮焉成人之禮非盡於童

子所能而已也然則童子宜暫息乎其已學者而勤乎其未學者可也愈與童子俱陸公之門人也慕回路二子之相請贈與處也故有以贈童子

送浮屠文暢師序

人固有儒名而墨行者問其名則是校其行則非可以與之游乎如有墨名而儒行者問其名則非校其行而是可以與之游乎揚子雲稱在門牆則揮之在夷狄則進之吾取以爲法焉浮屠師文暢喜文章其周游天下凡有行必

請於搢紳先生以求詠歌其所志貞元十九年春將行東南柳君宗元爲之請解其裝得所得敘詩累百餘篇非至篤好其何能致多如是耶惜其無以聖人之道告之者而徒舉浮屠之說贈焉夫文暢浮屠也如欲聞浮屠之說當自就其師而問之何故謁吾徒而來請也彼見吾君臣父子之懿文物事爲之盛其心有慕焉拘其法而未能入故樂聞其說而請之如吾徒者宜當告之以二帝三王之道日月星辰之行天地之所以著鬼神之所以幽人物之所以蕃江河之所以流而語之不當又爲浮屠之說而瀆告

之也民之初生固若夷狄禽獸然聖人者立然後知宮居而粒食親親而尊尊生者養而死者藏是故道莫大乎仁義教莫正乎禮樂刑政施之於天下萬物得其宜措之於其躬體安而氣平堯以是傳之舜舜以是傳之禹禹以是傳之湯湯以是傳之文武文武以是傳之周公孔子書之於冊中國之人世守之今浮屠者孰爲而孰傳之耶夫鳥俛而啄仰而四顧夫獸深居而簡出懼物之爲己害也猶且不脫焉弱之肉强之食今我與文暢安居而暇食優游以生死與禽獸異者寧可不知其所自耶夫不知者非其人之罪也知而不爲者惑也悅乎故不能卽乎新者弱也知而不以告人者不仁也告而不以實者不信也余既重柳請又嘉浮屠能喜文辭於是乎言

送楊支使序

愈在京師時嘗聞當今藩翰之賓客惟宣州爲多賢與之游者二人隴西李博清河崔羣羣與博之爲人吾知之道不行於主人與之處者非其類雖有享之以季氏之富不一日留也以羣博論之凡在宣州之幕下者雖不盡與之游皆可信而得其爲人矣愈未嘗至宣州而樂頌其主人

之賢者以其取人信之也今中丞之在朝愈日侍言於門下其來而鎭茲土也有問湖南之賓客者愈曰知其客可以信其主者宣州也知其主可以信其客者湖南也去年冬奉詔爲邑於陽山然後得謁湖南之賓客於幕下於是知前之信之也不失矣及儀之之來也聞其言而見其行則向之所謂羣與博者吾何先後焉儀之智足以造謀材足以立事忠足以勤上惠足以存下而又侈之以詩書六藝之學先聖賢之德音以成其文以輔其質宜乎從事於是府而流聲實於天朝也夫樂道人之善以勤其歸者乃

吾之心也謂我爲邑長於斯而媚夫人云者不知言者也工乎詩者歌以繫之

送何堅序

何與韓同姓爲近堅以進士舉於吾爲同業其在太學也吾爲博士堅爲生生博士爲同道其識堅也十年爲故人同姓而近也同業也同道也故人也於其不得願而歸其可以無言耶堅道州人道之守陽公賢也道於湖南爲屬州湖南楊公又賢也堅爲民堅又賢也湖南得道爲屬道得堅爲民堅歸倡其州之父老子弟服陽公之令道亦倡

其縣與其比州服楊公之令吾聞鳥有鳳者恒出於有道之國當漢時黃霸爲潁川是鳥實集而鳴焉若史可信堅歸吾將賀其見鳳而聞其鳴也已

送廖道士序

五岳於中州衡山最遠南方之山巍然高而大者以百數獨衡爲宗最遠而獨爲宗其神必靈衡之南八九百里地益高山益峻水清而益駛其最高而横絕南北者嶺郴之爲州在嶺之上測其高下得三之二焉中州清淑之氣於是焉窮氣之所窮盛而不過必蜿蟺扶輿磅礴而鬱積衡山之神既靈而郴之爲州又當中州清淑之氣蜿蟺扶輿磅礴而鬱積其水土之所生神氣之所感白金水銀丹砂石英鍾乳橘柚之包竹箭之美千尋之名材不能獨當也意必有魁奇忠信材德之民生其閒而吾又未見也其無乃迷惑溺沒於佛老之學而不出耶廖師郴民而學於衡山氣專而容寂多藝而善游豈吾所謂魁奇而迷溺者耶廖師善知人若不在其身必在其所與游訪之而不吾告何也於其別申以問之

送王秀才序

吾少時讀醉鄉記私怪隱居者無所累於世而猶有是言豈誠旨於味耶及讀阮籍陶潛詩乃知彼雖偃蹇不欲與世接然猶未能平其心或爲事物是非相感發於是有託而逃焉者也若顏氏子操瓢與簞曾參歌聲若出金石彼得聖人而師之汲汲每若不可及其於外也固不暇尚何麴糵之託而昏冥之逃耶吾又以爲悲醉鄉之徒不遇也建中初天子嗣位有意貞觀開元之丕績在廷之臣爭言事當此時醉鄉之後世又以直廢吾既悲醉鄉之文辭而又嘉良臣之烈思識其子孫今子之來見我也無所挾吾

猶將張之況文與行不失其世守渾然端且厚惜乎吾力不能振之而其言不見信於世也於其行姑與之飲酒

送孟秀才序

今年秋見孟氏子琯於郴年甚少禮甚度手其文一編甚鉅退披其編以讀之盡其書無有不能吾固心存而目識之矣其十月吾道於衡潭以之荆累累見孟氏子焉其所與偕盡善人長者吾益以奇之今將去是而隨舉於京師雖不有請猶將彊而授之以就其志況其請之煩耶京師之進士以千數其人靡所不有吾常折肱焉其要在詳擇

而固交之善雖不吾與吾將彊而附不善雖不吾惡吾將彊而拒苟如是其於高爵猶階而升堂又況其細者耶

送陳秀才彤序

讀書以爲學纘言以爲文非以誇多而鬭靡也蓋學所以爲道文所以爲理耳苟行事得其宜出言適其要雖不吾面吾將信其富於文學也潁川陳彤始吾見之楊湖南門下頎然其長薰然其和吾目其貌耳其言因以得其爲人及其久也果若不可及夫湖南之於人不輕以事接爭名者之於藝不可以虛屈吾見湖南之禮有加而同進之士交譽也又以信吾信之不失也如是而又問焉以質其學策焉以考其文則何信之有故吾不徵於陳而陳亦不出於我此豈非古人所謂可爲智者道難與俗人言者類耶凡吾從事於斯也久未見舉進士有如陳生而不如志者於其行姑以是贈之

送王秀才序

吾常以爲孔子之道大而能博門弟子不能徧觀而盡識也故學焉而皆得其性之所近其後離散分處諸侯之國又各以所能授弟子原遠而末益分蓋子夏之學其後有

田子方子方之後流而爲莊周故周之書喜稱子方之爲人荀卿之書語聖人必曰孔子子弓子弓之事業不傳惟太史公書弟子傳有姓名字曰馯臂子弓子弓受易於商瞿孟軻師子思子思之學蓋出曾子自孔子沒羣弟子莫不有書獨孟軻氏之傳得其宗故吾少而樂觀焉太原王塤示余所爲文好舉孟子之所道者與之言信悅孟子而屢贊其文辭夫沿河而下苟不止雖有遲疾必至於海如不得其道也雖疾不止終莫幸而至焉故學者必慎其所道道於楊墨老莊佛之學而欲之聖人之道猶航斷港絕

漢以望至於海也故求觀聖人之道必自孟子始今墳之所由既幾於知道如又得其船與檝知沿而不止嗚呼其可量也哉

送幽州李端公序

元年今相國李公爲吏部員外郎愈甞與偕朝道語幽州司徒公之賢曰某前年被詔告禮幽州入其地迓勞之使里至每進益恭及郊司徒公紅帓首鞾袴握刀左右雜佩弓韔服矢插房俯立迎道左某禮辭曰公天子之宰禮不可如是及府又以其服卽事某又曰公三公不可以將服

承命卒不得辭上堂卽客階座必東向愈曰國家失太平於今六十年矣夫十日十二子相配數窮六十其將復平平必自幽州始亂之所出也今天子大聖司徒公勤於禮庶幾帥先河南北之將來覲奉職如開元時乎李公曰然今李公既朝夕左右必數數爲上言元年之言殆合矣端公歲時來壽其親東都東都之大夫士莫不拜於門其爲人佐甚忠意欲司徒公功名流千萬歲請以愈言爲使歸之獻

送區冊序

陽山天下之窮處也陸有丘陵之險虎豹之虞江流悍急橫波之石廉利侔劒戟舟上下失勢破碎淪溺者往往有之縣郭無居民官無丞尉夾江荒茅篁竹之閒小吏十餘家皆鳥言夷面始至言語不通畫地爲字然後可告以出租賦奉期約是以賓客游從之士無所爲而至愈待罪於斯且半歲矣有區生者誓言相好自南海挐舟而來升自賓階儀觀甚偉坐與之語文義卓然莊周云逃空虛者聞人足音跫然而喜矣况如斯人者豈易得哉入吾室聞詩書仁義之說欣然喜若有志於其閒也與之翳嘉林坐石

磯投竿而漁陶然以樂若能遺外聲利而不厭乎貧賤也歲之初吉歸拜其親酒壺既傾序以識別

送張道士序

張道士嵩高之隱者通古今學有文武長林寄迹老子法中爲道士以養其親九年聞朝廷將治東方貢賦之不如法者三獻書不報長揖而去京師士大夫多爲詩以贈而屬愈爲序

送高閑上人序

苟可以寓其巧智使機應於心不挫於氣則神完而守固

雖外物至不膠於心堯舜禹湯治天下養叔治射庖丁治牛師曠治音聲扁鵲治病僚之於丸秋之於奕伯倫之於酒樂之終身不厭奚暇外慕夫外慕徙業者皆不造其堂不嚌其胾者也往時張旭善草書不治他伎喜怒窘窮憂悲愉佚怨恨思慕酣醉無聊不平有動於心必於草書焉發之觀於物見山水崖谷鳥獸蟲魚草木之花實日月列星風雨水火雷霆霹靂歌舞戰鬬天地事物之變可喜可愕一寓於書故旭之書變動猶鬼神不可端倪以此終其身而名後世今閑之於草書有旭之心哉不得其心而逐

其跡未見其能旭也爲旭有道利害必明無遺錙銖情炎於中利欲鬭進有得有喪勃然不釋然後一決於書而後旭可幾也今閑師浮屠氏一死生解外膠是其爲心必泊然無所起其於世必淡然無所嗜泊與淡相遭頹墮委靡潰敗不可收拾則其於書得無象之然乎然吾聞浮屠人善幻多技能閑如通其術則吾不能知矣

送殷員外序

唐受天命爲天子凡四方萬國不問海內外無小大咸臣順於朝時節貢水土百物大者特來小者附集元和睿聖文武皇帝旣嗣位悉治方內就法度十二年詔曰四方萬國惟回鶻於唐最親奉職尤謹丞相其選宗室四品一人持節往賜君長告之朕意又選學有經法通知時事者一人與之爲貳由是殷侯侑自太常博士遷尚書虞部員外郎兼侍御史朱衣象笏承命以行朝之大夫莫不出餞酒半右庶子韓愈執盞言曰殷大夫今人適數百里出門惘惘有離別可憐之色持被入直三省丁寧顧婢子語刺刺不能休今子使萬里外國獨無幾微出於言面豈不眞知輕重大丈夫哉丞相以子應詔眞誠知人士不通經果不

足用於是相屬爲詩以道其行云

韓愈十

送楊少尹序

昔疏廣受二子以年老一朝辭位而去於時公卿設供張祖道都門外車數百兩道路觀者多歎息泣下共言其賢漢史既傳其事而後世工畫者又圖其跡至今照人耳目赫赫若前日事國子司業楊君巨源方以能詩訓後進一旦以年滿七十亦白丞相去歸其鄉世常說古今人不相及今楊與二疏其意豈異也予忝在公卿後遇病不能出

不知楊侯去時城門外送者幾人車幾兩馬幾匹道旁觀者亦有歎息知其爲賢以否而太史氏又能張大其事爲傳繼二疏蹤跡否不落莫否見今世無工畫者而畫與不畫固不論也然吾聞楊侯之去丞相有愛而惜之者白以爲其都少尹不絕其祿又爲歌詩以勸之京師之長於詩者亦屬而和之又不知當時二疏之去有是事否古今人同不同未可知也中世士大夫以官爲家罷則無所於歸楊侯始冠舉於其鄉歌鹿鳴而來也今之歸指其樹曰某樹吾先人之所種也某水某邱吾童子時所釣遊也鄉人莫不加敬誡子孫以楊侯不去其鄉爲法古之所謂鄉先生沒而可祭於社者其在斯人歟其在斯人歟

送水陸運使韓侍御歸所治序

六年冬振武軍吏走驛馬詣闕告饑公卿廷議以轉運使不得其人宜選才幹之士往換之吾族子重華適當其任至則出贓罪吏九百餘人脫其桎梏給耒耜與牛使耕其傍便近地以償所負釋其粟之在吏者四十萬斛不徵吏得去罪死假種糧齒平人有以自效莫不涕泣感奮相率盡力以奉其令而又爲之奔走經營相原隰之宜指授方

法故連二歲大熟吏得盡償其所亡失四十萬斛者而私其贏餘得以蘇息軍不復饑君曰此未足爲天子言請益募人爲十五屯屯置百三十人而種百頃令各就高爲堡東起振武轉而西過雲州界極於中受降城出入河山之際六百餘里屯堡相望寇來不能爲暴人得肆耕其中少可以罷漕輓之費朝廷從其議秋果倍收歲省度支錢千三百萬八年詔拜殿中侍御史錫服朱銀其冬來朝奏曰得益開田四千頃則盡可以給塞下五城矣田五千頃法當用人七千臣令吏於無事時督習弓矢爲戰守備因可

以制虜庶幾所謂兵農兼事務一而兩得者也大臣方持其議吾以爲邊軍皆不知耕作開口望哺有司常僦人以車船自他郡往輸乘沙逆河遠者數千里人畜死蹄踵交道費不可勝計中國坐耗而邊吏恒苦食不繼今君所請田皆故秦漢時郡縣地其課績又已驗白若從其言其利未可遽以一二數也今天子方舉羣策以收太平之功寧使士有不盡用之歎懷奇見而不得施設也君又何憂而中臺士大夫亦同言侍御韓君前領三縣紀綱二州奏課常爲天下第一行其計於邊其功烈又赫赫如此使盡用

其策西北邊故所没地可指期而有也聞其歸皆相勉爲詩以推大之而屬余爲序

送權秀才序

伯樂之廏多良馬卞和之匱多美玉卓犖瓌怪之士宜乎游於大人君子之門也相國隴西公既平汴州天子命御史大夫吳縣男爲軍司馬門下之士權生實從之來權生之貌固若常人耳其文辭引物連類窮情盡變宫商相宣金石諧和寂寥乎短章舂容乎大篇如是者閲之累日而無窮焉愈常觀於皇都每年貢士至千餘人或與之游或得其文若權生者百無一二焉如是而將進於明有司重之以吳縣之知其果有成哉於是咸賦詩以贈之

送湖南李正字序

貞元中愈從太傅隴西公平汴州李生之尊府以侍御史管汴之鹽鐵日爲酒殺羊享賓客李生則尚與其弟學讀書習文辭以舉進士爲業愈於太傅府年最少故得交李生父子間公薨軍亂軍司馬從事皆死侍御亦被讒爲民日南其後五年愈又貶陽山令今愈以都官郎守東都省侍御自衡州刺史爲親王長史亦留此掌其府事李生自

湖南從事請告來覲於時太傅府之士惟愈與河南司錄周君巢獨存其外則李氏父子相與爲四人離十三年幸而集處得燕而舉一觴相屬此天也非人力也侍御與周君於今爲先輩成德李生溫然爲君子有詩八百篇傳詠於時惟愈也業不益進行不加修顧惟未死耳往拜侍御謁周君抵李生退未嘗不發媿也往時侍御有無盡費於朋友及今則又不忍其三族之寒饑聚而館之疏遠畢至祿不足以養李生雖欲不從事於外其勢不可得已也重李生之還者皆爲詩愈最故故又爲序云

送石處士序

河陽軍節度御史大夫烏公爲節度之三月求士於從事之賢者有薦石先生者公曰先生何如曰先生居嵩邙瀍穀之閒冬一裘夏一葛食朝夕飯一盂蔬一盤人與之錢則辭請與出遊未嘗以事辭勸之仕不應坐一室左右圖書與之語道理辨古今事當否論人高下事後當成敗若河決下流而東注若駟馬駕輕車就熟路而王良造父爲之先後也若燭照數計而龜卜也大夫曰先生有以自老無求於人其肯爲某來耶從事曰大夫文武忠孝求士爲

國不私於家方今寇集於恒師環其疆農不耕收財粟殫亡吾所處地歸輸之塗治法征謀宜有所出先生仁且勇若以義請而彊委重焉其何說之辭於是譔書詞具馬幣卜日以授使者求先生之廬而請焉先生不告於妻子不謀於朋友冠帶出見客拜受書禮於門內宵則沐浴戒行事載書冊問道所由告行於常所來往晨則畢至張上東門外酒三行且起有執爵而言者曰大夫眞能以義取人先生眞能以道自任決去就爲先生別又酌而祝曰凡去就出處何常惟義之歸遂以爲先生壽又酌而祝曰使大夫恒無變其初無務富其家而饑其師無甘受佞人而外敬正士無味於諂言惟先生是聽以能有成功保天子之寵命又祝曰使先生無圖利於大夫而私便其身圖先生起拜祝辭曰敢不敬蚤夜以求從祝規於是東都之人士咸知大夫與先生果能相與以有成也遂各爲歌詩六韻退愈爲之序云

送温處士赴河陽軍序

伯樂一過冀北之野而馬羣遂空夫冀北馬多天下伯樂雖善知馬安能空其羣耶解之者曰吾所謂空非無馬也

無良馬也伯樂知馬遇其良輒取之羣無留良焉苟無良雖謂無馬不爲虛語矣東都固士大夫之冀北也恃才能深藏而不市者洛之北涯曰石生其南涯曰温生大夫烏公以鈇鉞鎮河陽之三月以石生爲才以禮爲羅羅而致之幕下未數月也以温生爲才於是以石生爲媒以禮爲羅又羅而致之幕下東都雖信多才士朝取一人焉拔其尤暮取一人焉拔其尤自居守河南尹以及百司之執事與吾輩二縣之大夫政有所不通事有所可疑奚所諮而處焉士大夫之去位而巷處者誰與嬉遊小子後生於何

考德而問業焉搢紳之東西行過是都者無所禮於其廬若是而稱曰大夫烏公一鎮河陽而東都處士之廬無人焉豈不可也夫南面而聽天下其所托重而恃力者惟相與將耳相爲天子得人於朝廷將爲天子得文武士於幕下求內外無治不可得也愈縻於兹不能自引去資二生以待老今皆爲有力者奪之其何能無介然於懷耶生既至拜公於軍門其爲吾以前所稱爲天下賀以後所稱爲吾致私怨於盡取也留守相公首爲四韻詩歌其事愈因推其意而序之

送鄭尚書序

嶺之南其州七十其二十二隸嶺南節度府其四十餘分四府府各置帥然獨嶺南節度爲大府大府始至四府必使其佐啟問起居謝守地不得即賀以爲禮歲時必遣賀問致水土物大府帥或道過其府府帥必戎服左握刀右屬弓矢帕首袴鞾迎郊及既至大府帥先入據館帥守屏若將趨入拜庭之爲者大府與之爲讓至一再乃敢改服以賓主見適位執爵皆興拜不許乃止虔若小侯之事大國有大事諮而後行隸府之州離府遠者至三千里懸隔山海使必數月而後能至蠻夷悍輕易怨以變其南州皆岸大海多洲島颿風一日踔數千里漫瀾不見蹤跡控御失所依險阻結黨仇機毒矢以待將吏撞搪呼號以相和應蜂屯蟻雜不可爬梳好則人怒則獸故常薄其征入簡節而疏目時有所遺漏不究切之長養以兒子至紛不可治乃草薙而禽獮之盡根株痛斷乃止其海外雜國若耽浮羅流求毛人夷亶之州林邑扶南眞臘于陀利之屬東南際天地以萬數或時候風潮朝貢蠻胡賈人舶交海中若嶺南帥得其人則一邊盡治不相寇盜賊殺無風魚之

災水旱癘毒之患外國之貨日至珠香象犀玳瑁奇物溢於中國不可勝用故選帥常重於他鎮非有文武威風知大體可畏信者則不幸往往有事長慶三年四月以工部尚書鄭公爲刑部尚書兼御史大夫往踐其任鄭公嘗以節鎮襄陽又帥滄景德棣歷河南尹華州刺史皆有功德可稱道入朝爲金吾將軍散騎常侍工部侍郎尚書家屬百人無數畝之宅僦屋以居可謂貴而能貧爲仁者不富之效也及是命朝廷莫不悅將行公卿大夫士苟能詩者咸相率爲詩以美朝政以慰公南行之思韻必以來字者

所以祝公成政而來歸疾也

送鄭十校理序

祕書御府也天子猶以爲外且遠不得朝夕視始更聚書集賢殿別置校讎官曰學士曰校理常以寵丞相爲大學士其他學士皆達官也校理則用天下之名能文學者苟在選不計其秩次惟所用之由是集賢之書盛積盡祕書所有不能處其半書日益多官日益重四年鄭生涵始以長安尉選爲校理人皆曰是宰相子能恭儉守教訓好古義施於文辭者如是而在選公卿大夫家之子弟其勸耳

矣愈爲博士也始事相公於祭酒分教東都生也事相公於東太學今爲郎於都官也又事相公於居守三爲屬吏經時五年觀道德於前後聽教誨於左右可謂親薰而炙之矣其高大遠密者不敢隱度論也其勤已而務博施以己之有欲人之能不知古君子何如耳今生始進仕獲重語於天下而慊慊若不足眞能守其家法矣其在門者可進賀也求告來寧朝夕侍側東都士大夫不得見其面於其行日分司吏與留守之從事竊載酒殽席定鼎門外盛賓客以餞之旣醉各爲詩五韻且屬愈爲序

送汴州監軍俱文珍序

今之天下之鎮陳留爲大屯兵十萬連地四州左淮右河抱負齊楚濁流浩浩舟車所同故自天寶以來當藩垣屏翰之任有弓矢鈇鉞之權皆國之元臣天子所左右其監統中貴必材雄德茂榮曜寵光能俯達人情仰喻天意者然後爲之故我監軍俱公輟侍從之榮受腹心之寄奮其武毅張我皇威遇變出奇先事獨運偃息談笑危疑以平天子無東顧之憂方伯有同和之美十三年春將如京師相國隴西公飲餞於青門之外謂功德皆可歌之也命其

屬咸作詩以鋪繹之

送浮屠令縱西遊序

其行異其情同君子與其進可也令縱釋氏之秀者又善爲文浮游徜徉跡接天下藩維大臣文武豪士令縱未始不褰衣而負業往造其門下其有尊行美德建功樹業令縱從而爲之歌頌典而不諛麗而不淫其有中古之遺風與乘閒致密促席接膝譏評文章商較人士浩浩乎不窮愔愔乎深而有歸於是乎吾忘令縱之爲釋氏之子也其來也雲凝其去也風休方歡而已驩雖義而不求吾於令

縱不知其不可也盡賦詩以道其行乎

張中丞傳後敘

元和二年四月十三日夜愈與吳郡張籍閱家中舊書得李翰所爲張巡傳翰以文章自名爲此傳頗詳密然尚恨有闕者不爲許遠立傳又不載雷萬春事首尾遠雖材若不及巡者開門納巡位本在巡上授之柄而處其下無所疑忌竟與巡俱守死成功名城陷而虜與巡死先後異耳兩家子弟材智下不能通知二父志以爲巡死而遠就虜疑畏死而辭服於賊遠誠畏死何苦守尺寸之地食其所

愛之肉以與賊抗而不降乎當其圍守時外無蚍蜉蟻子之援所欲忠者國與主耳而賊語以國亡主滅遠見救援不至而賊來益衆必以其言爲信外無待而猶死守人相食且盡雖愚人亦能數日而知死處矣遠之不畏死亦明矣烏有城壞其徒俱死獨蒙愧恥求活雖至愚者不忍爲嗚呼而謂遠之賢而爲之耶說者又謂遠與巡分城而守城之陷自遠所分始以此詬遠此又與兒童之見無異人之將死其臟腑必有先受其病者引繩而絕之其絕必有處觀者見其然從而尤之其亦不達於理矣小人之好議論不樂成人之美如是哉如巡遠之所成就如此卓卓猶不得免其他則又何說當二公之初守也寧能知人之卒不救棄城而逆遁苟此不能守雖避之他處何益及其無救而且窮也將其創殘餓羸之餘雖欲去必不達二公之賢其講之精矣守一城捍天下以千百就盡之卒戰百萬日滋之師蔽遮江淮沮遏其勢天下之不亡其誰之功也當是時棄城而圖存者不可一二數擅彊兵坐而觀者相環也不追議此而責二公以死守亦見其自比於逆亂設淫辭而助之攻也愈嘗從事於汴徐二府屢道於兩府閒

親祭於其所謂雙廟者其老人往往說巡遠時事云南霽雲之乞救於賀蘭也賀蘭嫉巡遠之聲威功績出己上不肯出師救愛霽雲之勇且壯不聽其語彊留之具食與樂延霽雲坐霽雲慷慨語曰雲來時睢陽之人不食月餘日矣雲雖欲獨食義不忍雖食且不下咽因拔所佩刀斷一指血淋漓以示賀蘭一座大驚皆感激爲雲泣下雲知賀蘭終無爲雲出師意卽馳去將出城抽矢射佛寺浮圖矢著其上甎半箭曰吾歸破賊必滅賀蘭此矢所以志也愈貞元中過泗州船上人猶指以相語城陷賊以刃脅降巡

巡不屈卽牽去將斬之又降霽雲雲未應巡呼雲曰南八男兒死耳不可爲不義屈雲笑曰欲將以有爲也公有言雲敢不死卽不屈張籍曰有于嵩者少依於巡及巡起事嵩常在圍中籍大歷中於和州烏江縣見嵩嵩時年六十餘矣以巡初嘗得臨渙縣尉好學無所不讀籍時尚小粗問巡遠事不能細也云巡長七尺餘鬚髯若神嘗見嵩讀漢書謂嵩曰何爲久讀此嵩曰未熟也巡曰吾於書讀不過三徧終身不忘也因誦嵩所讀書盡卷不錯一字嵩驚以爲巡偶熟此卷因亂抽他帙以試無不盡然嵩又取架上諸書試以問巡巡應口誦無疑嵩從巡久亦不見巡常讀書也爲文章操紙筆立書未嘗起草初守睢陽時士卒僅萬人城中居人戶亦且數萬巡因一見問姓名其後無不識者巡怒鬚髯輒張及城陷賊縛巡等數十人坐且將戮巡起旋其衆見巡起或起或泣巡曰汝勿怖死命也衆泣不能仰視巡就戮時顏色不亂陽陽如平常遠寬厚長者貌如其心與巡同年生月日後於巡呼巡爲兄死時年四十九嵩貞元初死於亳宋閒或傳嵩有田在亳宋閒武人奪而有之嵩將詣州訟理爲所殺嵩無子張籍云

上巳日燕太學聽彈琴詩序

與衆樂之之謂樂樂而不失其正又樂之尤也四方無鬭爭金革之聲京師之人旣庶且豐天子念致理之艱難樂居安之閒暇肇置三令節詔公卿羣有司至於其日率厥官屬飲酒以樂所以同其休宣其和感其心成其文者也三月初吉實惟其時司業武公於是總太學儒官三十有六人列燕於祭酒之堂罇俎旣陳肴羞惟時醆斝序行獻酬有容歌風雅之古辭斥夷狄之新聲褎衣危冠與與如也有一儒生魁然其形抱琴而來歷階以升坐於罇俎之南鼓有虞氏之南風賡之以文王宣父之操優游夷愉廣厚高明追三代之遺音想舞雩之詠歎及暮而退皆充然若有得也武公於是作歌詩以美之命屬官咸作之命四門博士昌黎韓愈序之

荊潭唱和詩序

從事有示愈以荊潭唱和詩者愈旣受以卒業因仰而言曰夫和平之音淡薄而愁思之聲要妙讙愉之辭難工而窮苦之言易好也是故文章之作恒發於羇旅草野至若王公貴人氣滿志得非性能而好之則不暇以爲今僕射

裴公開鎮蠻荆統郡惟九常侍楊公領湖之南壤地二千里德刑之政並勤爵祿之報兩崇乃能存志乎詩書寓辭乎詠歌徃復循環有唱斯和搜奇抉怪雕鏤文字與韋布里閭憔悴專一之士較其毫釐分寸鏗鏘發金石幽眇感鬼神信所謂材全而能鉅者也兩府之從事與部屬之吏屬而和之苟在編者咸可觀也宜乎施之樂章紀諸冊書從事曰子之言是也告於公書以爲荆潭唱和詩序

韋侍講盛山十二詩序

韋侯昔以考功副郎守盛山人謂韋侯美士考功顯曹盛

山僻郡奪所宜處納之惡地以枉其材韋侯將怨且不釋矣或曰不然夫得利則躍躍以喜不利則戚戚以泣若不可生者豈韋侯謂哉韋侯讀六藝之文以探周公孔子之意又妙能爲辭章可謂儒者夫儒者之於患難苟非其自取之其拒而不受於懷也若築河隄以障屋霤其容而消之也若水之於海冰之於夏日其翫而忘之以文辭也若奏金石以破蟋蟀之鳴蟲飛之聲況一不快於考功盛山一出入息之閒哉未幾果有以韋侯所爲十二詩遺余者其意方且以入谿谷上巖石追逐雲月不足日爲事讀而歌詠之令人欲棄百事徃而與之游不知其出於巴東以屬朐䏰也於時應而和者凡十人及此年韋侯爲中書舍人侍講六經禁中（處厚）和者通州元司馬（稹）爲宰相洋州許使君（康佐）爲京兆忠州白使君（居易）爲中書舍人李使君（景儉）爲諫議大夫黔府嚴中丞爲祕書監溫司馬（造）爲起居舍人皆集闕下於是盛山十二詩與其和者大行於時聯爲大卷家有之焉慕而爲者將日益多則分爲別卷韋侯俾余題其首

石鼎聯句詩序

元和七年十二月四日衡山道士軒轅彌明自衡下來舊與劉師服進士衡湘中相識將過太白知師服在京夜抵其居宿有校書郎侯喜新有能詩聲夜與劉說詩彌明在其側貌極醜白鬚黑面長頸而高結喉中又作楚語喜視之若無人彌明忽軒衣張眉指鑪中石鼎謂喜曰子云能詩能與我賦此乎劉徃見衡湘閒人說云年九十餘矣解捕逐鬼物拘囚蛟螭虎豹不知其實能否也見其老頗貌敬之不知其有文也聞此說大喜即援筆題其首兩句次傳於喜喜踴躍即綴其下云云道士啞然笑曰子詩如是

而已乎卽袖手竦肩倚北牆坐謂劉曰吾不解世俗書子爲我書因高吟曰龍頭縮菌蠢豕腹漲彭亨初不似經意詩旨有似譏喜二子相顧慚駭欲以多窮之卽又爲而傳之喜喜思益苦務欲壓道士每營度欲出口吻聲鳴益悲操筆欲書將下復止竟亦不能奇也畢卽傳道士道士高踞大唱曰劉把筆吾詩云云其不用意而功益奇不可附說語皆侵劉侯喜益忌之劉與侯皆已賦十餘韻彌明應之如響皆顯脫含譏諷夜盡三更二子思竭不能續因起謝曰尊師非世人也某伏矣願爲弟子不敢更論詩道士

奮曰不然章不可以不成也又謂劉曰把筆來吾與汝就之卽又唱出四十字爲八句書訖使讀讀畢謂二子曰章不已就乎二子齊應曰就矣道士曰此皆不足與語此寧爲文耶吾就子所能而作耳非吾之所學於師而能者也吾所能者子皆不足以聞也獨文乎哉吾語亦不當聞也吾閉口矣二子大懼皆起立牀下拜曰不敢他有問也願聞一言而已先生稱吾不解人間書敢問解何書請聞此而已道士寂然若無聞也累問不應二子不自得卽退就座道士倚牆睡鼻息如雷鳴二子怛然失色不敢喘斯須曙鼓動鼕鼕二子亦困遂坐睡及覺日已上驚顧覓道士不見卽問童奴奴曰天且明道士起出門若將便旋然奴怪久不返卽出到門覓無有也二子驚惋自責若有失者間遂詣余言余不能識其何道士也嘗聞有隱君子彌明豈其人耶韓愈序

鄆州谿堂詩序

憲宗之十四年始定東平三分其地以華州刺史禮部尚書兼御史大夫扶風馬公爲鄆曹濮節度觀察等使鎮其地既一年褒其軍號曰天平軍上卽位之二年召公入且

將用之以其人之安公也復歸之鎮上之三年公爲政於鄆曹濮也適四年矣治成制定衆志大固惡絕於心仁形於色專心一力以供國家之職於時沂密始分而殘其帥其後幽鎭魏不悅於政相扇繼變復歸於舊徐亦乘勢逐帥自置同於三方惟鄆也截然中居四鄰望之若防之制水恃以無恐然而皆曰鄆爲虜巢且六十年將彊卒武曹濮於鄆州大而近軍所根柢皆驕以易怨而公承死亡之後掇拾之餘剝膚椎髓公私埽地赤立新舊不相保持萬目睽睽公於此時能安以治之其功爲大若幽鎭魏徐之

亂不扇而變此功反小何也公之始至衆未孰化以武則忿以憾以恩則橫而肆一以爲赤子一以爲龍蛇憊心罷精磨以歲月然後致之難也及教之行衆皆戴公爲親父母夫叛父母從仇讎非人之情故曰易於是天子以公爲尚書右僕射封扶風縣開國伯以褒嘉之公亦樂衆之和知人之悦而侈上之賜也於是爲堂於其居之西北隅號曰谿堂以饗士大夫通上下之志既饗其從事陳曾謂其衆言公之畜此邦其勤不亦至乎此邦之人纍公之化惟所令之不亦順乎上勤下順遂濟登茲不亦休乎昔者人

謂斯何今者人謂斯何雖然斯堂之作意其有謂而喑無詩歌是不考引公德而接邦人於道也乃使來請其詩曰

帝奠九壖有葉有年有荒不條河岱之閒及我憲考一收正之視邦選侯以公來尸公來尸之人始未信公不飲食以訓以徇孰饑無食孰呻孰歎孰冤不問不得分願孰爲邦蟊節根之螟羊很狼貪以口覆城吹之喣之摩手拊之箴之石之膊而磔之凡公四封既富以彊謂公吾父孰違公令可以師征不寧守邦公作谿堂播播流水淺有蒲蓮深有蒹葦公以賓燕其鼓駭駭公燕谿堂賓校醉飽流有跳魚岸有集鳥既歌以舞其鼓考考公在谿堂公御琴瑟公暨賓贊稽經諏律施用不差人用不屈谿有蘋苽有龜有魚公在中流右詩左書無我斁遺此邦是庥

韓愈十一

汴州東西水門記 幷序

貞元十四年正月戊子隴西公命作東西水門越三月辛巳朔水門成三日癸未大合樂設水嬉會監軍軍司馬賓佐僚屬將校熊羆之士肅四方之賓客以落之士女龢會闐郭溢郛既卒事其從事昌黎韓愈請紀成績其辭曰

維汴州河水自中注厥初距河為城其不合者誕寘聯鎖於河宵浮畫湛舟不潛通然其襟抱虧疏風氣宣洩邑居

勿寧訛言屢騰歷載已來孰究孰思皇帝御天下十有八載此邦之人遭逢疾威囂童嗷嗥劫衆阻兵懍懍栗栗若墜若覆時維隴西公受命作藩爰自洛京單車來臨遂拯其危遂去其疵弗肅弗厲薰為太和神應祥福五穀穰熟既庶而豐人力有餘監軍是咨司馬是謀乃作水門為邦之郛以固風氣以閈寇偷黃流渾渾飛閣渠渠因而飾之匪為觀遊天子之武維隴西公是布天子之文維隴西公是宣河之沄沄源於崑崙天子萬祀公多受祉乃伐山石刻之日月尚俾來者知作之所始

燕喜亭記

太原王宏中在連州與學佛人景常元慧遊異日從二人者行於其居之後邱荒之間上高而望得異處焉斬茅而嘉樹列發石而清泉激輦糞壤燔椔翳却立而視之出者突然成邱陷者呀然成谷窪者為池而闕者為洞若有鬼神異物陰來相之自是宏中與二人者晨往而夕忘歸焉乃立屋以避風雨寒暑既成愈請名之其邱曰竢德之邱蔽於古而顯於今有竢之道也其石谷曰謙受之谷瀑曰振鷺之瀑谷言德瀑言容也其土谷曰黃金之谷瀑曰秩

秩之瀑谷言容瀑言德也洞曰寒居之洞志其入時也池曰君子之池虛以鍾其美盈以出其惡也泉之源曰天澤之泉出高而施下也合而名之以屋曰燕喜之亭取詩所謂魯侯燕喜者頌也於是州民之老聞而相與觀焉曰吾州之山水名天下然而無與燕喜者比經營於其側者相接也而莫直其地凡天作而地藏之以遺其人乎宏中自吏部郎貶秩而來次其道途所經自藍田入商洛涉淅湍臨漢水升峴首以望方城出荆門下岷江過洞庭上湘水行衡山之下繇郴踰嶺蝯狖所家魚龍所宮極幽遐瑰詭

之觀宜其於山水飫聞而厭見也今其意乃若不足傳曰知者樂水仁者樂山宏中之德與其所好可謂協矣智以謀之仁以居之吾知其去是而羽儀於天朝也不遠矣遂刻石以記

徐泗豪三州節度掌書記廳石記

書記之任亦難矣元戎整齊三軍之士統理所部之甿以鎮守邦國贊天子施教化而又外與賓客四鄰交其朝覲聘問慰薦祭祀祈祝之文與所部之政三軍之號令升黜凡文辭之事皆出書記非閎辨通敏兼人之才莫宜居之

然皆元戎自辟然後命於天子苟其帥之不文則其所辟或不當亦其理宜也南陽公自御史大夫豪壽廬三州觀察使授節移鎮徐州歷十一年而掌書記者凡三人其一人曰高陽許孟容入仕於王朝今爲尚書禮部郎中其一人曰京兆杜兼今爲尚書禮部員外郎觀察判官其一人隴西李博自前鄉貢進士授祕書省校書郎方爲之南陽公文章稱天下其所辟實所謂閎辨通敏兼人之才者也後之人苟未知南陽公之文章吾請觀於三君子苟未知三君子之文章吾請觀於南陽公可知矣蔚乎其相章炳乎其相輝志同而氣合魚川泳而鳥雲飛也愈樂是賓主之相得也故請刻石以記之而陷置於壁間俾來者得以覽觀焉

藍田縣丞廳壁記

丞之職所以貳令於一邑無所不當問其下主簿尉主簿尉乃有分職丞位高而偪例以嫌不可否事文書行吏抱成案詣丞卷其前鉗以左手右手摘紙尾雁鶩行以進平立睨丞曰當署丞涉筆占位署惟謹目吏問可不可吏曰得則退不敢畧省漫不知何事官雖尊力勢反出主簿尉

下諺數慢必曰丞至以相訾謷丞之設豈端使然哉博陵崔斯立種學績文以蓄其有泓涵演迤日大以肆貞元初挾其能戰藝於京師再進再屈闕一字人元和初以前大理評事言得失黜官再轉而爲丞茲邑始至喟曰官無卑顧材不足塞職既噤不得施用又喟曰丞哉丞哉余不負丞而丞負余則盡枿去牙角一躡故跡破崖岸而爲之丞廳故有記壞漏汚不可讀斯立易桷與瓦墁治壁悉書前任人名氏庭有老槐四行南牆鉅竹千梃儼立若相持水漉漉循除鳴斯立痛埽溉對樹二松日哦其間有問者輒對

曰余方有公事子姑去考功郎中知制誥韓愈記

新修滕王閣記

愈少時則聞江南多臨觀之美而滕王閣獨爲第一有瑰偉絕特之稱及得三王所爲序賦記等壯其文辭益欲往一觀而讀之以忘吾憂繫官於朝願莫之遂十四年以言事斥守揭陽便道取疾以至海上又不得過南昌而觀所謂滕王閣者其冬以天子進大號加恩區內移刺袁州袁於南昌爲屬邑私喜幸自語以爲當得躬詣大府受約束於下執事及其無事且還倘得一至其處竊寄目償所願

焉至州之七月詔以中書舍人太原王公爲御史中丞觀察江南西道洪江饒虔吉信撫袁悉屬治所八州之人前所不便及所願欲而不得者公至之日皆罷行之大者驛聞小者立變春生秋殺陽開陰閉令修於庭戶數日之閒而人自得於湖山千里之外吾雖欲出意見論利害聽命於幕下而吾州乃無一事可假而行者又安得捨己所事以勤館人則滕王閣又無因而至焉矣其歲九月人吏浹和公與監軍使燕於此閣文武賓士皆與在席酒半合辭言曰此屋不修且壞前公爲從事此邦適理新之公所爲文實書在壁今三十年而公來爲邦伯適及期月公又來燕於此公烏得無情哉公應曰諾於是棟楹梁桷板檻之腐黑撓折者蓋瓦級甎之破缺者赤白之漫漶不鮮者治之則已無侈前人無廢後觀工既訖功公以衆飲而以書命愈曰子其爲我記之愈既以未得造觀爲歎竊喜載名其上詞列三王之次有榮耀焉乃不辭而承公命其江山之好登望之樂雖老矣如獲從公遊尚能爲公賦之元和十五年十月某日袁州刺史韓愈記

記宜城驛

此驛置在古宜城內驛東北有井傳是昭王井有靈異至今人莫汲驛前水傳是白起堰西山下潤灌此城壞楚人多死流城東陂臭聞遠近因號其陂臭陂有蛟害人漁者避之井東北數十步有楚昭王廟有舊時高木萬株多不得其名歷代莫敢翦伐尤多古松大竹于太傅帥襄陽遷宜城縣并改造南境數驛材木取足此林舊廟屋極宏盛今惟草屋一區然問左側人尚云每歲十月民相率聚祭其前廟後小城蓋王居也其內處偏高廣員八九十畝號殿城當是王朝內之所也多輒可爲書硯自小城內地今

皆屬甄氏甄氏於小城北立墅以居甄氏有節行其子逢以學行爲助教元和十四年二月二日題

畫記

雜古今人物小畫共一卷騎而立者五人騎而被甲載兵立者十人一人騎執大旗前立騎而被甲載兵行且下牽者十人騎且負者二人騎執器者二人騎擁田犬者一人騎而牽者二人騎而驅者三人執羈靮立者二人騎而下倚馬臂隼而立者一人騎而驅涉者二人徒而驅牧者二人坐而指使者一人甲冑手弓矢鈇鉞植者七人甲冑執

幟植者十人負者七人偃寢休者二人甲冑坐睡者一人方涉者一人坐而脫足者一人寒附火者一人雜執器物役者八人奉壺矢者一人舍而具食者十有一人挹且注者四人牛牽者二人驢驅者四人一人杖而負者婦人以孺子載而可見者六人載而上下者三人孺子戲者九人凡人之事三十有二爲人大小百二十有三而莫有同者焉馬大者九匹於馬之中又有上者下者行者牽者涉者陸者翹者顧者鳴者寢者訛者立者人立者齕者飲者溲者陟者降者痒磨樹者噓者嗅者喜相戲者怒相踶齧者秣者騎者驟者走者載服物者載狐兔者凡馬之事二十有七爲馬大小八十有三而莫有同者焉牛大小十一頭槖駝三頭驢如槖駝之數而加其一焉隼一犬羊狐兔麋鹿共三十旃車三兩雜兵器弓矢旌旗刀劒矛楯弓服矢房甲冑之屬缾盂簦笠筐筥錡釜飲食服用之器壺矢博奕之具二百五十有一皆曲極其妙貞元甲戌年余在京師甚無事同居有獨孤生申叔者始得此畫而與余彈棊余幸勝而獲焉意甚惜之以爲非一工人之所能運思蓋蘩集衆工人之所長耳雖百金不願易也明年出京師至河陽與二三客論畫品格因出而觀之座有趙侍御者君

子人也見之戚然若有感然少而進曰噫余之手摸也亡之且二十年矣余少時常有志乎茲事得國本絕人事而摸得之游閩中而喪焉居閑處獨時往來余懷也以其始爲之勞而夙好之篤也今雖遇之力不能爲已且命工人存其大都焉余既甚愛之又感趙君之事因以贈之而記其人物之形狀與數而時觀之以自釋焉

科斗書後記

愈叔父當大歷世文辭獨行中朝天下之欲銘述其先人

功行取信來世者咸歸韓氏於時李監陽冰獨能篆書而同姓叔父擇木善八分不問可知其人不如是者不稱三服故三家傳子弟往來貞元中愈事董丞相幕府於汴州識開封令服之者陽冰子授余以其家科斗孝經漢衞宏官書兩部合一卷余寶蓄之而不暇學後來京師爲四門博士識歸公歸公好古書能通之愈曰古書得其據依蓋可講因進其所有書屬歸氏元和來愈亟不獲讓嗣爲銘文薦道功德思凡爲文辭宜畧識字因從歸公乞觀二部書得之留月餘張籍令進士賀拔恕寫以留愈蓋得其十四五而歸其書歸氏十一年六月四日右庶子韓愈記

河南府同官記

永貞元年愈自陽山移江陵法曹參軍獲事河東公公嘗與其從事言建中初天子始紀年更元命官司舉貞觀開元之烈羣臣惕慄奉職命材登良不敢私違當時自齒朝之士而上以及下百執事官闕一人將補必取其良然而河南同時於天下稱多獨得將相五人故於府之參軍則得我公於河南主簿則得故相國范陽盧公於汜水主簿則得故相國今太子賓客滎陽鄭公於陸渾主簿則得相國今吏部侍郎天水趙公於登封主簿則得故吏部尚書東都留守吳郡顧公盧公去河南爲右補闕其後由尚書左丞至宰相鄭公去汜水爲監察御史佐山南軍其後由工部侍郎至宰相罷而又爲趙公去陸渾爲右拾遺其後由給事中爲宰相顧公去登封爲監察御史其後由京兆尹至吏部尚書東都留守我公去府爲長水尉其後由膳部郎中爲荆南節度行軍司馬遂爲節度使自工部尚書至吏部尚書三相國之勞在史冊顧吏部愼職小心於時有聲我公愿潔而沈密開亮而卓偉行茂於宗事修於官嗣紹家烈不違其先作帥南荆厥聞休顯武志既揚文敎

亦熙登槐贊元其慶且至故好語故事者以爲五公之始迹也同其後進而偕大也亦同其稱名臣也又同官職雖分而功德有巨細其有忠勞於國家也同有若將同其後而先同其初也有聞而問者於是焉書既五年始立石刻其語河南府參軍舍庭中於時河東公爲左僕射宰相出藩大邦開府漢南鄭公以工部尚書留守東都趙公以吏部尚書鎭江陵漢南地連七州戎士十萬其官宰相也留守之官居禁省中歲時出旌旗序留司文武百官於宮城

門外而衙之江陵故楚都也戎士五萬三公同時千里相望可謂盛矣河東公名均姓裴氏

省試顏子不貳過論

論曰登孔氏之門者衆矣三千之徒四科之目孰非由聖人之道為君子之儒者乎其於過行過言亦云鮮矣而夫子舉不貳過惟顏氏之子其何故哉請試論之夫聖人抱誠明之正性根中庸之至德苟發諸中形諸外者不由思慮莫匪規矩不善之心無自入焉可擇之行無自加焉故惟聖人無過所謂過者非謂發於行彰於言人皆謂之過

而後為過也生於其心則為過矣故顏子之過此類也不貳者蓋能止之於始萌絕之於未形不貳之於言行也中庸曰自誠明謂之性自明誠謂之教自誠明者不勉而中不思而得從容中道聖人也無過者也自明誠者擇善而固執之者也不勉則不中不思則不得不貳過者也故夫子之言曰回之為人也擇乎中庸得一善則拳拳服膺而不失之矣又曰顏氏之子其殆庶幾乎言猶未至也而孟子亦曰顏子具聖人之體而微者皆謂不能無生於其心而亦不暴之於外考之於聖人之道差為過耳顏子自惟其若是也於是居陋巷以致其誠飲一瓢以求其志不以富貴妨其道不以隱約易其心確乎不拔浩然自守知高堅之可尚忘鑽仰之為勞任重道遠竟莫之致是以夫子歎其不幸短命今也則亡謂其不能與已並立於至聖之域觀教化之大行也不然夫行發於身加於人言發乎邇見乎遠苟不慎也敗辱隨之而後思欲不貳過其於聖人之道不亦遠乎而夫子尚肯謂之其殆庶幾孟子尚復謂之具體而微者哉則顏子之不貳過盡在是矣謹論

爭臣論

或問諫議大夫陽城於愈可以為有道之士乎哉學廣而聞多不求聞於人也行古人之道居於晉之鄙晉之鄙人薰其德而善良者幾千人大臣聞而薦之天子以為諫議大夫人皆以為華陽子不色喜居於位五年矣視其德如在野彼豈以富貴移易其心哉愈應之曰是易所謂恒其德貞而夫子凶者也惡得為有道之士乎哉在易蠱之上九云不事王侯高尚其事蹇之六二則曰王臣蹇蹇匪躬之故夫不以所居之時不一而所蹈之德不同也若蠱之上九居無用之地而致匪躬之節蹇之六二在王臣之位

而高不事之心則冒進之患生曠官之刺興志不可則而尤不終無也今陽子在位不爲不久矣聞天下之得失不爲不熟矣天子待之不爲不加矣而未嘗一言及於政視政之得失若越人視秦人之肥瘠忽焉不加喜戚於其心問其官則曰諫議也問其祿則曰下大夫之秩也問其政則曰我不知也有道之士固如是乎哉且吾聞之有官守者不得其職則去有言責者不得其言則去今陽子以爲得其言乎哉得其言而不言與不得其言而不去無一可者也陽子將爲祿仕乎古之人有云仕不爲貧而有時

乎爲貧謂祿仕者也宜乎辭尊而居卑辭富而居貧若抱關擊柝者可也蓋孔子嘗爲委吏矣嘗爲乘田矣亦不敢曠其職必曰會計當而已矣必曰牛羊遂而已矣若陽子之秩祿不爲卑且貧章章明矣而如此其可乎哉或曰否非若此也夫陽子惡訕上者惡爲人臣招其君之過而以爲名者故雖諫且議使人不得而知焉書曰爾有嘉謨嘉猷則入告爾后於內爾乃順之於外曰斯謨斯猷惟我后之德夫陽子之用心亦若此者愈應之曰若陽子之用心如此滋所謂惑者矣入則諫其君出不使人知者大臣宰相者之事非陽子之所宜行也夫陽子本以布衣隱於蓬蒿之下主上嘉其行誼擢在此位官以諫爲名誠宜有以奉其職使四方後代知朝廷有直言骨鯁之臣天子有不僭賞從諫如流之美庶巖穴之士聞而慕之束帶結髮願進於闕下而伸其辭說致吾君於堯舜熙鴻號於無窮也若書所謂則大臣宰相之事非陽子之所宜行也且陽子之心將使君人者惡聞其過乎是啟之也或曰陽子之不求聞而人聞之不求用而君用之不得已而起守其道而不變何子過之深也愈曰自古聖人賢士皆非有求於聞

用也閔其時之不平人之不乂得其道不敢獨善其身而必以兼濟天下也孜孜矻矻死而後已故禹過家門不入孔席不暇暖而墨突不得黔彼二聖一賢者豈不知自安佚之爲樂哉誠畏天命而悲人窮也夫天授人以賢聖才能豈使自有餘而已誠欲以補其不足者也耳目之於身也耳司聞而目司見聽其是非視其險易然後身得安焉聖賢者時人之耳目也時人者聖賢之身也且陽子之不賢則將役於賢以奉其上矣若果賢則固畏天命而閔人窮也惡得以自暇逸乎哉或曰吾聞君子不欲加諸人而

惡許以爲直者若吾子之論直則直矣無乃傷於德而費於辭乎好盡言以招人過國武子之所以見殺於齊也吾子其亦聞乎愈曰君子居其位則思死其官未得位則思修其辭以明其道我將以明道也非以爲直而加人也且國武子不能得善人而好盡言於亂國是以見殺傳曰惟善人能受盡言謂其聞而能改之也子告我曰陽子可以爲有道之士也今雖不能及已陽子將不得爲善人乎哉

三器論

或曰天子坐於明堂執傳國璽列九鼎使萬方之來者惕

然知天下之人意有所歸而太平之階具矣後王者或闕何如對曰異乎吾所聞歸天人之心興太平之基是非三器之能繫也子不謂明堂天子布政者耶周公成王居之而朝諸侯美矣幽厲居之何如哉子不謂傳國之璽帝王所以傳寶者耶漢高文景得之而以爲寶美矣新莽胡石得之何如哉子不謂九鼎帝王之所謂神器耶夏禹鑄之周文遷之而爲寶美矣桀癸紂辛有之何如哉若然歸天人之心興太平之階決非三器之所能也夫帝王之聖者卑宮室賤金玉斥無用之器以示天下貽子孫而後王猶殫天下之土木不肯已又安忍誇廣之尊其爲明堂歟若傳國璽之狂嬴賊新童心侈意而爲之示既有之不抵之足矣稱其符瑞則未也若九鼎之死百牢不能膏其腹火萬載不能黔其足其烹飪祠之用又足取豈不爲無用之器哉堯水滔天人禽鬼神之居相混已禹導川決水以分神人之居乃銷九金乃鑄九鼎儀萬有之族露怪異之狀其護人已其救人已後王決不如大禹識鬼神之狀又無當時汩沒之危而徒欲聞金大廣器物與夫墊巾效郭異名同蘭者豈不遠哉是亦見謬也噫不務其修誠於內而

務其盛飾於外匹夫之不可而况帝王哉

送窮文

元和六年正月乙丑晦主人使奴星結柳作車縛草爲船載糗輿粻牛繫軛下引帆上檣三揖窮鬼而告之曰聞子行有日矣鄙人不敢問所塗竊具船與車備載糗粻日吉時良利行四方子飯一盂子啜一觴攜朋挈儔去故就新駕塵彍風與電爭先子無底滯之尤我有資送之恩子等有意於行乎屏息潛聽如聞音聲若嘯若啼砉欻嚘嚶毛髮盡豎竦肩縮頸疑有而無久乃可明若有言者曰吾與

子居四十年餘子在孩提吾不子愚子學子耕求官與名惟子是從不變於初門神户靈我叱我呵包羞詭隨志不在他子遷南荒熱爍濕蒸我非其鄉百鬼欺陵太學四年朝虀暮鹽惟我保汝人皆汝嫌自初及終未始背汝心無異謀口絕行語於何聽聞云我當去是必夫子信讒有間於子也我鬼非人安用車船鼻齅臭香糗粻可捐單獨一身誰爲朋儔子苟備知可數已不子能盡言可謂聖智情狀既露敢不迴避主人應之曰子以吾爲真不知也耶子之朋儔非六非四在十去五滿七除二各有主張私立名

字捩手覆羹轉喉觸諱凡所以使吾面目可憎語言無味者皆子之志也其名曰智窮矯矯亢亢惡圓喜方羞爲姦欺不忍害傷其次名曰學窮傲數與名摘抉杳微高挹羣言執神之機又其次曰文窮不專一能怪怪奇奇不可時施祇以自嬉又其次曰命窮影與形殊面醜心妍利居眾後責在人先又其次曰交窮磨肌戛骨吐出心肝企足以待寘我讎冤凡此五鬼爲吾五患饑我寒我興訛造訕能使我迷人莫能間朝悔其行暮已復然蠅營狗苟驅去復還言未畢五鬼相與張眼吐舌跳踉偃仆抵掌頓腳失笑相顧徐謂主人曰子知我名凡我所爲驅我令去小黠大癡人生一世其久幾何吾立子名百世不磨小人君子其心不同惟乖於時乃與天通攜持琬琰易一羊皮飫於肥甘慕彼糠糜天下知子誰過於予雖遭斥逐不忍子疎謂子不信請質詩書主人於是垂頭喪氣上手稱謝燒車與船延之上座

弔武侍御所畫佛文

御史武君當年喪其配斂其遺服櫛珥鞶帨於篋月旦十五日則一出而陳之抱嬰兒以泣有爲浮屠之法者造武

氏而諭之曰是豈有益耶吾師云人死則爲鬼鬼且復爲人隨所積善惡受報環復不窮也極西之方有佛焉其土大樂親戚姑能相爲圖是佛而禮之願其往生莫不如意武君憮然辭曰吾儒者其可以爲是既又逢月旦十五日復出其篋實而陳之抱嬰兒以泣且殆而悔曰是真何益也吾不能了釋氏之信不又安知其不果然乎於是悉出其遺服櫛佩合若干種就浮屠師請圖前所謂佛者浮屠師受而圖之韓愈聞而弔之曰哲哲兮目存丁寧兮耳言忽不見兮不聞莽誰窮兮本源圖西佛兮道子勤以妄塞

悲兮慰新魂嗚呼奈何兮弔以茲文

後漢三賢贊三首

王充者何會稽上虞本自元城爰來徙居師事班彪家貧無書閱書於肆市肆是游一見誦憶遂通眾流閉門潛思論衡以修爲州治中自免歸歟同郡友人謝姓夷吾上書薦之待詔公車以病不行年七十餘乃作養性一十六篇肅宗之時終於永元

王符節信安定臨涇好學有志爲鄉人所輕憤世著論潛夫是名述赦之篇以赦爲賊良民之甚其旨甚明皇甫度

遼聞至乃驚衣不及帶屣履出迎豈若雁門問雁呼卿不仕終家吁嗟先生

仲長統公理山陽高平謂高幹有雄志而無雄才其後果敗以此有聲俶儻敢言語默無常人以爲狂生州郡會召稱疾不就著論見情初舉尚書郎後參丞相軍事卒不至於榮論說古今發憤著書昌言是名友人繆襲稱其文章足繼西京四十一終何其短耶嗚呼先生

高君畫贊

君子溫閑骨氣委和迹不拒物心不揚波澄源卷璞含白瑳瑳遺紙一張德音不忘

五箴并序

人患不知其過既知之不能改是無勇也余生二十有八年髮之短者日益白齒之搖者日益脫聰明不及於前時道德日負於初心其不至於君子而卒爲小人也昭昭矣作五箴以訟其惡云

游箴

余少之時將求多能蚤夜以孜孜余今之時既飽而嬉蚤夜以無爲嗚呼余乎其無知乎君子之棄而小人之歸乎

言箴

不知言之人烏可與言知言之人默焉而其意已傳幕中之辯人反以汝爲叛臺中之評人反以汝爲傾汝不懲邪而呶呶以害其生邪

行箴

行與義乖言與法違後雖無害汝可以悔行也無邪言也無頗死而不死汝悔而何宜悔而休汝惡曷瘳宜休而悔汝善安在悔不可追悔不可爲思而斯得汝則弗思

好惡箴

無善而好不觀其道無悖而惡不詳其故前之所好今見其尤從也爲比捨也爲讎前之所惡今見其臧從也爲愧捨也爲狂維讎維比維狂維愧於身不祥於德不義不義不祥維惡之大幾如是爲而不顛沛齒之尚少庸有不思今其老矣不慎胡爲

知名箴

內不足者急於人知霈焉有餘厥聞四馳今日告汝知名之法勿病無聞病其煜煜昔者子路惟恐有聞赫然千載德譽愈尊矜汝文章負汝言語乘人不能揜以自取汝非

其父汝非其師不請而教誰云不欺欺以賈憎揜以媒怨汝曾不寤以及於難小人在辱亦克知悔及其既寧終莫能戒既出汝心又銘汝前汝如不顧禍亦宜然

瘞硯銘

隴西李觀元賓始從進士貢在京師或貽之硯既四年悲歡窮泰未嘗廢其用凡與之試藝春官實二年登上第行於襃谷役者劉允誤墜之地毀焉乃匣歸埋於京師里中昌黎韓愈其友人也贊且識云

土乎成質陶乎成器復其質非生死類全斯用毀不忍棄埋而識之仁之義硯乎硯乎與瓦礫異

高君仙硯銘 并序

儒生高常與予下天壇中路獲硯石似馬蹄狀外稜孤聳內發墨色幽奇天然疑神仙遺物寶而用之請予銘底

仙馬有靈迹在於石稜而宛中有點墨迹文字之祥君家其昌

欽定全唐文卷五百五十八

韓愈十二

諱辯

愈與李賀書勸賀舉進士賀舉進士有名與賀爭名者毀之曰賀父名晉肅賀不舉進士爲是勸之舉者爲非聽者不察也和而唱之同然一辭皇甫湜曰若不明白子與賀且得罪愈曰然律曰二名不偏諱釋之者曰謂若言徵不稱在言在不稱徵是也律曰不諱嫌名釋之者曰謂若禹與雨邱與蓲之類是也今賀父名晉肅賀舉進士爲犯二

名律乎爲犯嫌名律乎父名晉肅子不得舉進士若父名仁子不得爲人乎夫諱始於何時作法制以教天下者非周公孔子歟周公作詩不諱孔子不偏諱二名春秋不譏不諱嫌名康王釗之孫實爲昭王曾參之父名晳曾子不諱昔周之時有騏期漢之時有杜度此其子宜如何諱將諱其嫌遂諱其姓乎將不諱其嫌者乎漢諱武帝名徹爲通不聞又諱車轍之轍爲某字也諱呂后名雉爲野雞不聞又諱治天下之治爲某字也今上章及詔不聞諱滸勢秉機也惟宦者宮妾乃不敢言諭及機以爲觸犯士君子言語行事宜何所法守也今考之於經質之於律稽之以國家之典賀舉進士爲可耶爲不可耶凡事父母得如曾參可以無譏矣作人得如周公孔子亦可以止矣今世之士不務行曾參周公孔子之行而諱親之名則務勝於曾參周公孔子亦見其惑也夫周公孔子曾參卒不可勝勝周公孔子曾參乃比於宦者宮妾則是宦者宮妾之孝於其親賢於周公孔子曾參者耶

雜說四首

龍噓氣成雲雲固弗靈於龍也然龍乘是氣茫洋窮乎元

間薄日月伏光景感震電神變化水下土汩陵谷雲亦靈怪矣哉雲龍之所能使爲靈也若龍之靈則非雲之所能使爲靈也然龍弗得雲無以神其靈矣失其所憑依信不可歟異哉其所憑依乃其所自爲也易曰雲從龍既曰龍雲從之矣

善醫者不視人之瘠肥察其脉之病否而已矣善計天下者不視天下之安危察其紀綱之理亂而已矣天下者人也安危者肥瘠也紀綱者脉也脉不病雖瘠不害脉病而肥者死矣通於此說者其知所以爲天下乎夏殷周之衰

也諸侯作而戰伐日行矣傳數十王而天下不傾者紀綱存焉耳秦之王天下也無分勢於諸侯聚兵而焚之傳二世而天下傾者紀綱亡焉耳是故四支雖無故不足恃也脈而已矣四海雖無事不足矜也紀綱而已矣憂其所可恃懼其所可矜善醫善計者謂之天扶與之易曰視履考祥善醫善計者為之

談生之為崔山君傳稱鶴言者豈不怪哉然吾觀於人其能盡吾性而不類於禽獸異物者希矣將憤世嫉邪長往而不來者之所為乎昔之聖者其首有若牛者其形有若

蛇者其喙有若鳥者其貌有若蒙倛者彼皆貌似而心不同焉可謂之非人耶即有平脅曼膚顏如渥丹美而很者貌則人其心則禽獸又惡可謂之人耶然則觀貌之是非不若論其心與其行事之可否為不失也怪神之事孔子之徒不言余將特取其憤世嫉邪而作之故題之云爾

世有伯樂然後有千里馬千里馬常有而伯樂不常有故雖有名馬祗辱於奴隸人之手駢死於槽櫪之閒不以千里稱也馬之千里者一食或盡粟一石食馬者不知其能千里而食也是馬也雖有千里之能食不飽力不足才美不外見且欲與常馬等不可得安求其能千里也策之不以其道食之不能盡其材鳴之而不能通其意執策而臨之曰天下無馬嗚呼其真無馬耶其真不知馬也

師說

古之學者必有師師者所以傳道授業解惑也人非生而知之者孰能無惑惑而不從師其為惑也終不解矣生乎吾前其聞道也固先乎吾吾從而師之生乎吾後其聞道也亦先乎吾吾從而師之吾師道也夫庸知其年之先後生於吾乎是故無貴無賤無長無少道之所存師之所存

也嗟乎師道之不傳也久矣欲人之無惑也難矣古之聖人其出人也遠矣猶且從師而問焉今之眾人其下聖人也亦遠矣而恥學於師是故聖益聖愚益愚聖人之所以為聖愚人之所以為愚其皆出於此乎愛其子擇師而教之於其身也則恥師焉惑矣彼童子之師授之書而習其句讀者非我所謂傳其道解其惑者也句讀之不知惑之不解或師焉或不焉小學而大遺吾未見其明也巫醫樂師百工之人不恥相師士大夫之族曰師曰弟子云者則羣聚而笑之問之則曰彼與彼年相若也道相似也位卑

則足羞官盛則近諛嗚呼師道之不復可知矣巫醫樂師百工之人君子不齒今其智乃反不能及其可怪也歟聖人無常師孔子師郯子萇宏師襄老聃郯子之徒其賢不及孔子孔子曰三人行必有我師是故弟子不必不如師師不必賢於弟子聞道有先後術業有專攻如是而已李氏子蟠年十七好古文六藝經傳皆通習之不拘於時學於余余嘉其能行古道作師說以貽之

獲麟解

麟之為靈昭昭也詠於詩書於春秋雜出於傳記百家之

書雖婦人小子皆知其為祥也然麟之為物不畜於家不恒有於天下其為形也不類非若馬牛犬豕豺狼麋鹿然然則雖有麟不可知其為麟也角者吾知其為牛鬣者吾知其為馬犬豕豺狼麋鹿吾知其為犬豕豺狼麋鹿惟麟也不可知不可知則其謂之不祥也亦宜雖然麟之出必有聖人在乎位麟為聖人出也聖人者必知麟麟之果不為不祥也又曰麟之所以為麟者以德不以形若麟之出不待聖人則謂之不祥也亦宜

進學解

國子先生晨入太學招諸生立館下誨之曰業精於勤荒於嬉行成於思毀於隨方今聖賢相逢治具畢張拔去凶邪登崇畯良占小善者率以錄名一藝者無不庸爬羅剔抉刮垢磨光蓋有幸而獲選孰云多而不揚諸生業患不能精無患有司之不明行患不能成無患有司之不公言未既有笑於列者曰先生欺余哉弟子事先生於茲有年矣先生口不絕吟於六藝之文手不停披於百家之編記事者必提其要纂言者必鉤其元貪多務得細大不捐焚膏油以繼晷恒兀兀以窮年先生之業可謂勤矣觝排異

端攘斥佛老補苴罅漏張皇幽眇尋墜緒之茫茫獨旁搜而遠紹障百川而東之迴狂瀾於既倒先生之於儒可謂有勞矣沈浸醲郁含英咀華作為文章其書滿家上規姚姒渾渾無涯周誥殷盤佶屈聱牙春秋謹嚴左氏浮誇易奇而法詩正而葩下逮莊騷太史所錄子雲相如同工異曲先生之於文可謂閎其中而肆其外矣少始知學勇於敢為長通於方左右具宜先生之於為人可謂成矣然而公不見信於人私不見助於友跋前躓後動輒得咎暫為御史遂竄南夷三年博士冗不見治命與仇謀取敗幾時

冬暖而兒號寒年豐而妻啼饑頭童齒豁竟死何裨不知慮此而反教人爲先生曰吁子來前夫大木爲杗細木爲桷欂櫨侏儒椳闑扂楔各得其宜施以成室者匠氏之工也玉札丹砂赤箭青芝牛溲馬勃敗鼓之皮俱收並蓄待用無遺者醫師之良也登明選公雜進巧拙紆餘爲妍卓犖爲傑校短量長惟器是適者宰相之方也昔者孟軻好辯孔道以明轍環天下卒老於行荀卿守正大論是宏逃讒於楚廢死蘭陵是二儒者吐辭爲經舉足爲法絕類離倫優入聖域其遇於世何如也今先生學雖勤而不繇其

統言雖多而不要其中文雖奇而不濟於用行雖修而不顯於衆猶且月費俸錢歲靡廩粟子不知耕婦不知織乘馬從徒安坐而食踵常途之促促窺陳編以盜竊然而聖主不加誅宰相不見斥茲非其幸歟動而得謗名亦隨之投閑置散乃分之宜若夫商財賄之有亡計班資之崇庳忘已量之所稱指前人之瑕疵是所謂詰匠氏之不以杙爲楹而訾醫師以昌陽引年欲進其豨苓也

通解

今之人以一善爲行而恥爲之慕達節而稱夫通才者多矣然而脂韋汩沒以至於老死者相繼亦未見他之稱其豈非亂教賊名之術歟且五常之教與天地皆生然而天下之人不得其師終不能自知而行之矣故堯之前千萬年天下之人促促然不知其讓之爲美也於是許由哀天下之愚且以爭爲能遁脫屣其九州高揖而辭堯由是後之人竦然而言曰雖天下猶有薄而不售者況其小者乎故讓之教行於天下許由爲之師也自桀之前千萬年天下之人循循然不知忠易其死也故龍逢哀天下之不仁覩君父百姓入水火而不救於是進盡其言退就割烹故

後之臣竦然而言曰雖萬死猶有忠而不懼者況其小者乎故忠之教行於天下由龍逢爲之師也自周之前千萬年渾渾然不知義之可以換其生也故伯夷哀天下之偷且以彊則服食其葛薇逃山而死故後之人竦然而言曰雖餓死猶有義而不懼者況其小者乎故義之教行於天下由伯夷爲之師也是三人俱以一身立教而爲師於百千萬年間其身亡而其教存扶持天地功亦厚矣嚮令三師恥獨行慕通達則堯之日必曰得位而濟道安用讓爲夏之日必曰長進而否退安用死爲周之日必曰和光而

同塵安用餓爲若然者天下之人促促然而爭循循然而侫渾渾然而偷其何懼而不爲哉是則三師生於今必謂偏而不通者矣其可不謂之大賢人者哉嗚呼今之人其慕通達之爲弊也且古聖人言通者蓋百行衆藝備於身而行之者也今恒人之言通者蓋百行衆藝闕於身而求合者也是則古之言通者通於道義今之言通者通於私曲其亦異矣將欲齊之者其不猶矜糞丸而擬質隨珠者乎且令今父兄教其子弟者曰爾當通於行如仲尼雖愚者亦知其不能也曰爾尚力一行如古之一賢雖中人亦

希其能矣豈不由聖可慕而不可齊賢可及而可齊邪今之人行未能及乎賢而欲齊乎聖者亦見其病矣夫古人之進修或幾乎聖人今之人行不出乎中人而恥乎力一行爲獨行且曰我通同如聖人彼其欺心邪吾不知矣彼其欺人而賊名邪吾不知矣余懼其說之將深爲通解

擇言解

火洩於密而爲用且大能不違於道可燔可炙可鎔可甄以利乎生物及其放而不禁反爲災矣水發於深而爲用且遠能不違於道可浮可載可飲可灌以濟乎生物及其導而不防反爲患矣言起於微而爲用且博能不違於道可化可令可告可訓以推於生物及其縱而不愼反爲禍矣火既我災有水而可伏其焰能使不陷於灰燼矣水既我患有土而可遏其流能使不仆於波濤矣言既我禍即無以掩其辭能不罹於過者亦鮮矣所以知理者又焉得不擇其言歟其爲愼而甚於水火

原道

博愛之謂仁行而宜之之謂義由是而之焉之謂道足乎已無待於外之謂德仁與義爲定名道與德爲虛位故道

有君子小人而德有凶有吉老子之小仁義非毀之也其見者小也坐井而觀天曰天小者非天小也彼以煦煦爲仁孑孑爲義其小之也則宜其所謂道道其所道非吾所謂道也其所爲德德其所德非吾所謂德也凡吾所謂道德云者合仁與義言之也天下之公言也老子之所謂道德云者去仁與義言之也一人之私言也周道衰孔子沒火於秦黃老於漢佛於晉魏梁隋之閒其言道德仁義者不入於楊則入於墨不入於老則入於佛入於彼必出於此入者主之出者奴之入者附之出者汙之噫後之人其

欲聞仁義道德之說孰從而聽之老者曰孔子吾師之弟子也佛者曰孔子吾師之弟子也爲孔子者習聞其說樂其誕而自小也亦曰吾師亦嘗云爾不惟舉之於其口而又筆之於其書噫後之人雖欲聞仁義道德之說其孰從而求之甚矣人之好怪也不求其端不訊其末惟怪之欲聞古之爲民者四今之爲民者六古之教者處其一今之教者處其三農之家一而食粟之家六工之家一而用器之家六賈之家一而資焉之家六奈之何民不窮且盜也古之時人之害多矣有聖人者立然後教之以相生養之

道爲之君爲之師驅其蟲蛇禽獸而處之中土寒然後爲之衣饑然後爲之食木處而顛土處而病也然後爲之宮室爲之工以贍其器用爲之賈以通其有無爲之醫藥以濟其夭死爲之葬埋祭祀以長其恩愛爲之禮以次其先後爲之樂以宣其壹鬱爲之政以率其怠勌爲之刑以鋤其强梗相欺也爲之符璽斗斛權衡以信之相奪也爲之城郭甲兵以守之害至而爲之備患生而爲之防今其言曰聖人不死大盜不止剖斗折衡而民不爭嗚呼其亦不思而已矣如古之無聖人人之類滅久矣何也無羽毛鱗介以居寒熱也無爪牙以爭食也是故君者出令者也臣者行君之令而致之民者也民者出粟米麻絲作器皿通貨財以事其上者也君不出令則失其所以爲君臣不行君之令而致之民則失其所以爲臣民不出粟米麻絲作器皿通貨財以事其上則誅今其法曰必棄而君臣去而父子禁而相生養之道以求其所謂清靜寂滅者嗚呼其亦幸而出於三代之後不見黜於禹湯文武周公孔子也其亦不幸而不出於三代之前不見正於禹湯文武周公孔子也帝之與王其號名殊其所以爲聖一也夏葛而冬

裘渴飲而饑食其事殊其所以爲智一也今其言曰曷不爲太古之無事是亦責冬之裘者曰曷不爲葛之之易也責饑之食者曰曷不爲飲之之易也傳曰古之欲明明德於天下者先治其國欲治其國者先齊其家欲齊其家者先修其身欲修其身者先正其心欲正其心者先誠其意然則古之所謂正心而誠意者將以有爲也今也欲治其心而外天下國家滅其天常子焉而不父其父臣焉而不君其君民焉而不事其事孔子之作春秋也諸侯用夷禮則夷之進於中國則中國之經曰夷狄之有君不如諸夏

之亡詩曰戎狄是膺荆舒是懲今也舉夷狄之法而加之先王之教之上幾何其不胥而爲夷也夫所謂先王之教者何也博愛之謂仁行而宜之之謂義由是而之焉之謂道足乎已無待於外之謂德其文詩書易春秋其法禮樂刑政其民士農工賈其位君臣父子師友賓主昆弟夫婦其服麻絲其居宫室其食粟米果蔬魚肉其爲道易明而其爲教易行也是故以之爲已則順而祥以之爲人則愛而公以之爲心則和而平以之爲天下國家無所處而不當是故生則得其情死則盡其常郊焉而天神假廟焉而

人鬼享曰斯道也何道也曰斯吾所謂道也非向所謂老與佛之道也堯以是傳之舜舜以是傳之禹禹以是傳之湯湯以是傳之文武周公文武周公傳之孔子孔子傳之孟軻軻之死不得其傳焉荀與揚也擇焉而不精語焉而不詳由周公而上上而爲君故其事行由周公而下下而爲臣故其說長然則如之何而可也曰不塞不流不止不行人其人火其書廬其居明先王之道以道之鰥寡孤獨廢疾者有養也其亦庶乎其可也

原性

性也者與生俱生也情也者接於物而生也性之品有三而其所以爲性者五情之品有三而其所以爲情者七曰何也曰性之品有上中下三上焉者善焉而已矣中焉者可導而上下也下焉者惡焉而已矣其所以爲性者五曰仁曰禮曰信曰義曰智上焉者之於五也主於一而行於四中焉者之於五也一不少有焉則少反焉其於四也混下焉者之於五也反於一而悖於四性之於情視其品情之品有上中下三其所以爲情者七曰喜曰怒曰哀曰懼曰愛曰惡曰欲上焉者之於七也動而處其中中焉者之

於七也有所甚有所亡然而求合其中者也下焉者之於七也亡與甚直情而行者也情之於性視其品孟子之言性曰人之性善荀子之言性曰人之性惡揚子之言性曰人之性善惡混夫始善而進惡與始惡而進善與始也混而今也善惡皆舉其中而遺其上下者也得其一而失其二者也叔魚之生也其母視之知其必以賄死楊食我之生也叔向之母聞其號也知必滅其宗越椒之生也子文以爲大戚知若敖氏之鬼不食也人之性果善乎后稷之生也其母無災其始匍匐也則岐岐然嶷嶷然文王之在

毋也毋不憂既生也傅不勤既學也師不煩人之性果惡乎堯之朱舜之均文王之管蔡習非不善也而卒爲姦瞽瞍之舜鯀之禹習非不惡也而卒爲聖人之性善惡果混乎故曰三子之言性也舉其中而遺其上下者也得其一而失其二者也曰然則性之上下者其終不可移乎曰上之性就學而易明下之性畏威而寡罪是故上者可教而下者可制也其品則孔子謂不移也曰今之言性者異於此何也曰今之言者雜佛老而言也雜佛老而言也者奚言而不異

原毀

古之君子其責已也重以周其待人也輕以約重以周故不怠輕以約故人樂爲善聞古之人有舜者其爲人也仁義人也求其所以爲舜者責於已曰彼人也予人也彼能是而我乃不能是早夜以思去其不如舜者就其如舜者聞古之人有周公者其爲人也多才與藝人也求其所以爲周公者責於已曰彼人也予人也彼能是而我乃不能是早夜以思去其不如周公者就其如周公者舜大聖人也後世無及焉周公大聖人也後世無及焉是人也乃曰不如舜不如周公吾之病也是不亦責於身者重以周乎其於人也曰彼人也能有是是足爲良人矣能善是是足爲藝人矣取其一不責其二卽其新不究其舊恐恐然惟懼其人之不得爲善之利一善易修也一藝易能也其於人也乃曰能有是是亦足矣曰能善是是亦足矣不亦待於人者輕以約乎今之君子則不然其責人也詳其待已也廉詳故人難於爲善廉故自取也少已未有善曰我善是是亦足矣已未有能曰我能是是亦足矣外以欺於人內以欺於心未少有得而止矣不亦待其身者已廉乎其

於人也曰彼雖能是其人不足稱也彼雖善是其用不足稱也舉其一不計其十究其舊不圖其新恐恐然惟懼其人之有聞也是不亦責於人者已詳乎夫是之謂不以衆人待其身而以聖人望於人吾未見其尊已也雖然爲是者有本有原怠與忌之謂也怠者不能修而忌者畏人修吾常試之矣常試語於衆曰某良士某良士其應者必其人之與也不然則其所疏遠不與同其利者也不然則其畏也不若是強者必怒於言懦者必怒於色矣又嘗語於衆曰某非良士某非良士其不應者必其人之與也不然

則其所疎遠不與同其利者也不然則其畏也不若是彊者必說於言懦者必說於色矣是故事修而謗興德高而毀來嗚呼士之處此世而望名譽之光道德之行難已將有作於上者得吾說而存之其國家可幾而理歟

原人

形於上者謂之天形於下者謂之地命於其兩閒者謂之人形於上日月星辰皆天也形於下草木山川皆地也命於其兩閒夷狄禽獸皆人也曰然則吾謂禽獸人可乎曰非也指山而問焉曰山乎曰山可也山有草木禽獸皆舉

之矣指山之一草而問焉曰山乎曰山則不可故天道亂而日月星辰不得其行地道亂而草木山川不得其平人道亂而夷狄禽獸不得其情天者日月星辰之主也地者草木山川之主也人者夷狄禽獸之主也主而暴之不得其爲主之道矣是故聖人一視而同仁篤近而舉遠

原鬼

有嘯於梁從而燭之無見也斯鬼乎曰非也鬼無聲有立於堂從而視之無見也斯鬼乎曰非也鬼無形有觸吾躬從而執之無得也斯鬼乎曰非也鬼無聲與形安有氣曰鬼無聲也無形也無氣也果無鬼乎曰有形而無聲者物有之矣土石是也有聲而無形者物有之矣風霆是也有聲與形者物有之矣人獸是也無聲與形者物有之矣鬼神是也曰然則有怪而與民物接者何也曰是有二有鬼有物漠然無形與聲者鬼之常也民有忤於天有違於民有爽於物逆於倫而感於氣於是乎鬼有形於形有憑於聲以應之而下殃禍焉皆民之爲之也其既也又反乎其常曰何謂物曰成於形與聲者土石風霆人獸是也反乎無聲與形者鬼神是也不能有形與聲不能無形與聲者

物怪是也故其作而接於民也無恒故有動於民而爲禍亦有動於民而爲福亦有動於民而莫之爲禍福適丁民之有是時也作原鬼

欽定全唐文卷五百五十九

韓愈十三

愛直贈李君房别

左右前後皆正人也欲其身之不正烏可得邪吾觀李生在南陽公之側有所不知知之未嘗不爲之思有所不疑疑之未嘗不爲之言勇不動於氣義不陳乎色南陽公舉措施爲不失其宜天下之所以窺觀稱道洋洋者抑亦左右前後有其人乎凡在此趨公之庭議公之事者吾既從而游矣言而公信之者謀而公從之者四方之人則既聞

而知之矣李生南陽公之甥也人不知者將曰李生之託婚於貴富之家將以充其所求而止耳故吾樂爲天下道其爲人焉今之從事於彼也吾爲南陽公愛之又未知人之舉李生於彼者何辭彼之所以待李生者何道舉不失辭待不失道雖失之此足愛惜而得之彼爲歡忻於李生道猶若也舉之不以吾所稱待之不以吾所期李生之言不可出諸其口矣吾重爲天下惜之

釋言

元和元年六月十日愈自江陵法曹詔拜國子博士始進見今相國鄭公公賜之坐且曰吾見子某詩吾時在翰林職親而地禁不敢相聞今爲我寫子詩書爲一通以來愈再拜謝退錄詩書若干篇擇日時以獻於後之數月有來謂愈者曰子獻相國詩書乎曰然曰有爲讒於相國之座者曰韓愈曰相國徵余文余不敢匿相國豈知我哉子其慎之愈應之曰愈爲御史得罪德宗朝同遷於南者凡三人獨愈爲先收用相國之賜大矣百官之進見相國者或立語以退而愈辱賜坐語相國之禮過矣四海九州之人自百官以下欲以其業徹相國左右者多矣皆憚而莫之

敢獨愈辱先索相國之知至矣賜之大禮之過知之至是三者於敵以下受之宜以何報況在天子之宰乎人莫不自知凡適於用之謂才堪其事之謂力愈於二者雖日勉焉而不近束帶執笏立士大夫之行不見斥以不肖幸矣其何敢敖於言乎夫敖雖凶德必有恃而敢行愈之族親鮮少無扳聯之勢於今不善交人無相先相死之友於朝無宿資蓄貨以釣聲勢弱於才而腐於力不能奔走乘機抵巇以要權利夫何恃而敖若夫狂惑喪心之人蹈河而入火妄言而罵詈者則有之矣而愈人知其無是疾也雖

有讒者百人相國將不信之矣愈何懼而慎歟旣累月又有來謁愈曰有讒子於翰林舍人李公與裴公者子其慎歟愈曰二公者吾君朝夕訪焉以爲政於天下而階太平之治居則與天子爲心膂出則與天子爲股肱四海九州之人自百官以下其孰不願忠而望賜愈也不狂不愚不蹈河而入火病風而妄罵不當有如讒者之說也雖有讒者百人二公將不信之矣愈何懼而愼旣以語應客夜歸私自尤曰咄市有虎而曾參殺人讒者之效也詩曰取彼讒人投畀豺虎豺虎不食投畀有北有北不受投畀有昊

傷於讒疾而甚之之辭也又曰亂之初生僭始旣涵亂之又生君子信讒始疑而終信之之謂也孔子曰遠佞人夫佞人不能遠則有時而信之矣今我恃直而不戒禍其至哉徐又自解之曰市有虎聽者庸也曾參殺人以愛惑聰也巷伯之傷亂世是逢也今三賢方與天子謀所以施政於天下而階太平之治聽聰而視明公正而敦大夫聰明則聽視不惑公正則不邇讒邪敦大則有以容而思彼讒人者孰敢進而爲讒哉雖進而爲之亦莫之聽矣我何懼而愼旣累月上命李公相客謁愈曰子前被言於一相今李公又相子其危哉愈曰前之謗我於宰相者翰林不知也後之謗我於翰林者宰相不知也今二公合處而會言若及愈必曰韓愈亦人耳彼敖宰相又敖翰林其將何求必不然吾乃今知免矣旣而讒言果不行

行難

或問行孰難曰捨我之矜從爾之稱孰能之曰陸先生參何如曰先生之賢聞天下是是而非非貞元中自越州徵拜祠部員外郎京師之人日造焉閉門而拒之滿街愈嘗往閒客席先生矜語其客曰某胥也某商也其生某任之

其死某誄之某與某何人也任與誄也非罪歟皆曰然愈曰某之胥某之商其得任與誄也有由乎抑有罪不足任而誄之邪先生曰否吾惡其初不然任與誄也何尤愈曰苟如是先生之言過矣昔者管敬子取盜二人爲大夫於公趙文子舉管庫之士七十有餘家夫惡求其初先生曰不然彼之取者賢也愈曰先生之所謂賢者大賢歟抑賢於人之賢歟齊也晉也且有二與七十而可謂今之天下無其人邪先生之選人也已詳先生曰然愈曰聖人不世出賢人不時出千百歲之閒儻有焉不幸而有出於胥商

之族者先生之說傳吾不忍赤子之不得乳於其母也先生曰然他日又往坐焉先生曰今之用人也不詳位乎朝者吾取某與某而已在下者多於朝凡吾與者若干人愈曰先生之與者盡於此乎其皆賢乎抑猶有舉其多而缺其少乎先生曰固然吾敢求其全愈曰由宰相至百執事凡幾位由一方至一州凡幾位先生之得者無乃不足充其位邪不早圖之一朝而舉焉今雖詳其後用也必粗先生曰然子之言孟軻不如

對禹問

或問曰堯舜傳諸賢禹傳諸子信乎曰然然則禹之賢不及於堯與舜也歟曰不然堯舜之傳賢也欲天下之得其所也禹之傳子也憂後世爭之之亂也堯舜之利民也大禹之慮民也深曰然則堯舜何以不憂後世曰舜如堯堯傳之禹如舜舜傳之得其人而傳之堯舜也無其人慮其患而不傳者禹也舜不能以傳禹堯爲不知人禹不能以傳子舜爲不知人堯以傳舜爲憂後世禹以傳子爲慮後世曰禹之慮也則深矣傳之子而當不淑則奈何曰時益以難理傳之人則爭未前定也傳之子則不爭前定也前定雖不當賢猶可以守法不前定而不遇賢則爭且亂天之生大聖也不數其生大惡也亦不數傳諸人得大聖然後人莫敢爭傳諸子得大惡然後人受其亂禹之後四百年然後得桀亦四百年然後得湯與伊尹湯與伊尹不可待而傳也與其傳不得聖人而爭且亂孰若傳諸子雖不得賢猶可守法曰孟子之所謂天與賢則與賢天與子則與子者何也曰孟子之心以爲聖人不苟私於其子以害天下求其說而不得從而爲之辭

鄠人對

鄠有以孝爲旌門者乃本其自於鄠人曰彼自剔股以奉母疾瘳大夫以聞其令尹令尹以聞其上上俾聚土以旌其門使勿輸賦以爲後勸鄠大夫常曰他邑有是人乎愈曰母疾則止於烹粉藥石以爲是未聞毀傷支體以爲養在教未聞有如此者茍不傷於義則聖賢當先衆而爲之也是不幸因而致死則毀傷滅絕之罪有歸矣其爲不孝得無甚乎茍有合孝之道又不當旌門蓋生人之所宜爲曷足爲異乎既以一家爲孝是辨一邑里皆無孝矣以一身爲孝是辨其祖父皆無孝矣然或陷於危難能固其忠

孝而不苟生之逆亂以是而死者乃旌表門閭爵祿其子孫斯爲爲勸已矧非是而希免輸者乎曾不以毀傷爲罪滅絕爲憂不腰於市而已黷於政況復旌其門

讀荀

始吾讀孟軻書然後知孔子之道尊聖人之道易行王易王霸易霸也以爲孔子之徒沒尊聖人者孟氏而已晚得揚雄書益尊信孟氏因雄書而孟氏益尊則雄者亦聖人之徒歟聖人之道不傳於世周之衰好事者各以其說干時君紛紛藉藉相亂六經與百家之說錯雜然老師大儒

猶在火於秦黃老於漢其存而醇者孟軻氏而止耳揚雄氏而止耳及得荀氏書於是又知有荀氏者也考其辭時若不粹要其歸與孔子異者鮮矣抑猶在軻雄之閒乎孔子刪詩書筆削春秋合於道者著之離於道者黜去之故詩書春秋無疵余欲削荀氏之不合者附於聖人之籍亦孔子之志歟孟氏醇乎醇者也荀與揚大醇而小疵

讀鶡冠子

鶡冠子十有九篇其詞雜黃老刑名其博選篇四稽五至之說當矣使其人遇時援其道而施於國家功德豈少哉學問篇稱賤生於無所用中流失船一壺千金者余三讀其詞而悲之文字脫謬爲之正三十有五字乙者三滅者二十有二注十有二字云

讀儀禮

余嘗苦儀禮難讀又其行於今者蓋寡沿襲不同復之無由考於今誠無所用之然文王周公之法制粗在於是孔子曰吾從周謂其文章之盛也古書之存者希矣百氏雜家尚有可取況聖人之制度邪於是掇其大要奇辭奧旨著於篇學者可觀焉惜乎吾不及其時進退揖讓於其閒

嗚呼盛哉

讀墨子

儒譏墨以上同兼愛上賢明鬼而孔子畏大人居是邦不非其大夫春秋譏專臣不上同哉孔子泛愛親仁以博施濟眾爲聖不兼愛哉孔子賢賢以四科進褒弟子疾歿世而名不稱不上賢哉孔子祭如在譏祭如不祭者曰我祭則受福不明鬼哉儒墨同是堯舜同非桀紂同修身正心以治天下國家奚不相悅如是哉余以爲辯生於末學各務售其師之說非二師之道本然也孔子必用墨子墨子

必用孔子不相用不足爲孔墨

本政

周之政文既其弊也後世不知其承大敷古先遂一時之術以明示民民始惑敎百氏之説以興其言曰天下可爲也彼之政仁矣反於誼此之政敬矣戾於忠何居我其周從乎曰周不及殷其殷從乎曰夏曰虞曰陶唐曰三皇氏曰遂古之初暴孽情飾淫志枝辭琢正紛紊糾射以僻民和以導民亂嗚呼道之去世其終不復矣乎長民者發一號施一令民莫不悱然非矣謂不可守遽變而從之譬將

適千里及門而復後雖矻矻決不可曁原其始固有啟之者也聞於師曰古之君天下者化之不示其所以化之之道及其弊也易之不示其所以易之之道政以是得民以是淳其有作者知敎化之所繇廢抑詭怪而暢皇極伏文貌而尚忠質茫乎天運窅爾神化道之行也其庶已乎

守戒

詩曰大邦維翰書曰以藩王室諸侯之於天子不惟守土地奉職貢而已固將有以翰藩之也今人有宅於山者知猛獸之爲害則必高其柴楥而外施窞穽以待之宅於都者知穿窬之爲盜則必峻其垣牆而內固扃鐍以防之此野人鄙夫之所及非有過人之智而後能也今之通都大邑介於倔強之閒而不知爲之備噫亦惑矣野人鄙夫能之而王公大人反不能焉豈材力爲有不足歟蓋以謂不足爲而不爲耳天下之禍莫大於不足爲材力不足者次之不足爲者敵至而不知材力不足者先事而思則其於禍也有閒矣彼之倔強者帶甲荷戈不知其多少其縣地則千里而與我壤地相錯無有邱陵江河洞庭孟門之關其閒又自知其不得與天下齒朝夕舉踵引頸冀天下之

有事以乘吾之便此其暴於猛獸穿窬也甚矣嗚呼胡知而不爲之備乎哉賁育之不戒童子之不抗魯雞之不期蜀雞之不支今夫鹿之於豹非不巍然大矣然而卒爲之禽者爪牙之材不同猛怯之資殊也曰然則如之何而備之曰在得人

貓相乳

司徒北平王家貓有生子同日者其一死焉有二子飲於死母母且死其鳴咿咿其一方乳其子若聞之起而若聽之走而若救之銜其一置於其棲又往如之反而乳之若

其子然。噫。亦異之大者也。夫貓。人畜也。非性於仁義者也。其感於所畜者乎哉。北平王牧人以康。伐罪以平。理陰陽以得其宜。國事既畢。家道乃行。父父子子。兄兄弟弟。雍雍如也。愉愉如也。視外猶視中。一家猶一人。夫如是。其所感應召致。其亦可知矣。易曰。信及豚魚。非此類也夫。愈時獲幸於北平王。客有問王之德者。愈以是對。客曰。夫祿位貴富。人之所大欲也。得之之難。未若持之之難也。得之於功或失於德。得之於身。或失於子孫。今夫功德如是。祥祉如是。其善持之也可知已。既已。因敘之爲貓相乳說云。

題李生壁

余始得李生於河中。今相遇於下邳。自始及今。十四年矣。始相見。吾與之皆未冠。未通人事。追思多有可笑者。與生皆然也。今者相遇。皆有妻子。昔時無度量之心。寧復可有。是生之爲交。何其近古人也。是來也。余黜於徐州。將西居於洛陽。汎舟於清泠池。泊於文雅臺下。西望商邱。東望修竹園。入微子廟。求鄒陽枚叔司馬相如之故文。久立於廟陛間。悲那頌之不作於是者已久。隴西李翺。太原王涯。上谷侯喜實同與焉。貞元十六年五月十四日。昌黎韓愈書。

訟風伯

維茲之旱兮。其誰之由。我知其端兮。風伯是尤。山升雲兮澤上氣。雷鞭車兮電搖幟。雨寖寖兮將墜。風伯怒兮雲不得止。暘烏之仁兮念此下民。閟其光兮不鬬其神。嗟風伯兮其獨謂何。我於爾兮豈有其他。求其時兮修祀事。羊甚肥兮酒甚旨。食足飽兮飲足醉。風伯之怒兮誰使雲屏屏兮吹使醨之。氣將交兮吹使離之。鑠之使氣不得化。寒之使雲不得施。嗟爾風伯兮。欲逃其罪又何辭。上天孔明兮有紀有綱。我今上訟兮其罪誰當。天誅加兮不可悔。風伯雖死兮人誰汝傷。

長安慈恩塔題名

韓愈退之。李翺翔之。孟郊東野。柳宗元子厚。石洪濬川同登。

洛北惠林寺題名

韓愈。李景興。侯喜。尉遲汾。貞元十七年七月二十二日。魚於溫洛。宿此而歸。昌黎韓愈書。

謁少室李渤題名

愈同樊宗師盧仝謁少室李拾遺。

福先塔寺題名

處士石洪濬川。吏部員外王仲舒宏中。水部員外鄭楚相叔敖。洛陽縣令潘宿陽乾明。國子博士韓愈退之。前試左武衛冑曹李演廣文。前杭州錢塘縣尉鄭紘文明。元和三年十月九日同遊。

嵩山天封宮題名

元和四年三月二十六日。與著作佐郎樊宗師處士盧仝自洛中至少室謁李徵君渤。樊次玉泉寺疾作歸。明日。遂與李盧道士韋濛僧榮並少室而東抵衆寺上太室中峯宿封禪壇下石室。遂自龍泉寺釣龍潭水。遇雷。明日。觀啟母石。入此觀與道士趙元遇乃歸。閏月三日。國子博士韓愈題。

迓杜兼題名

河南尹水陸運使杜兼。尚書都官員外郎韓愈。水陸運判官洛陽縣尉李宗閔。水陸運判官伊闕縣尉牛僧孺。前同州韓城縣尉鄭伯義。元和四年九月二十二日。大尹給事奉詔祠濟瀆回。愈與二判官於此迎候。遂陪遊宿。愈題。

華嶽題名

淮西宣慰處置使門下侍郎平章事裴度。副使刑部侍郎兼御史大夫馬總。行軍司馬太子右庶子兼御史中丞韓愈。判官司勲員外郎兼侍御史李正封。都官員外郎兼侍御史馮宿。掌書記禮部員外郎兼侍御史李宗閔。都知兵馬使左驍衛將軍威遠軍使兼御史大夫李文悅。左廂都押衙兼都虞候左衛將軍兼御史中丞密國公高承簡。元和十一年八月。丞相奉詔平淮右。八日。東過華陰禮於嶽廟。總等八人實備將佐以從。

欽定全唐文卷五百六十

韓愈十四

順宗實錄一 起藩邸盡貞元二十一年二月

順宗至德大聖大安孝皇帝諱誦德宗長子母曰昭德皇后王氏上元二年正月十二日生大歷十四年封爲宣王建中元年立爲皇太子慈孝寬大仁而善斷留心藝學亦微信尚浮屠法禮重師傅引見輒先拜善隸書德宗之爲詩幷他文賜大臣者率皆令上書之德宗之幸奉天倉卒間上常親執弓矢率軍後先導衛備嘗辛苦上之爲太子

於父子間慈孝交洽無嫌每以天下爲憂德宗在位久稍不假宰相權而左右得因緣用事外則裴延齡李齊運韋渠牟等以奸佞相次進用延齡尤狡險判度支務刻剝聚斂以自爲功天下皆怨怒上每進見候顏色輒言其不可至陸贄張滂李充等以毀譖朝臣慺懼諫議大夫陽城等伏閤極論德宗怒甚將加城等罪內外無敢救者上獨開解之城等賴以免德宗卒不相延齡渠牟上有力焉貞元二十一年癸巳德宗崩 景申上卽位太極殿冊曰維貞元二十一年歲次乙酉正月辛未朔二十三日癸巳皇帝若曰於戲天下之大寶惟重器祖宗之業允屬元良咨爾皇太子誦睿哲溫恭寬仁慈惠文武之道秉自生知孝友之誠發於天性自膺上嗣毓德春闈恪慎於厥躬祗勤於大訓必能誕敷至化安勸庶邦朕寢疾彌留弗興弗寤是用命爾繼統俾紹前烈宜陟元后永綏兆人其令中書侍郎平章事高郢奉冊卽皇帝位爾惟奉若天道以康四海懋建皇極以熙庶功無忝我高祖太宗之休命上自二十年九月得風疾因不能言使四面求醫藥天下皆聞知德宗憂慼形於顏色數自臨視二十一年正月朔含元殿受

朝還至別殿諸王親屬進賀獨皇太子疾不能朝德宗爲之涕泣悲傷歎息因感疾恍惚日益甚二十餘日中外不通兩宮安否朝臣咸憂懼莫知所爲雖翰林內臣亦無知者二十三日上知內外憂疑紫衣麻鞋不俟正冠出九僊門召見諸軍使京師稍安二十四日宣遺詔上縗服見百寮二十六日卽位上學書於王伾頗有寵王叔文以碁進俱待詔翰林數侍太子碁叔文詭譎多計上在東宮嘗與諸侍讀幷叔文論政至宮市事上曰寡人方欲極言之衆皆稱贊獨叔文無言旣退上獨留叔文謂曰向者君奚獨

無言豈有意邪叔文曰叔文蒙幸太子有所見敢不以聞太子職當侍膳問安不宜言外事陛下在位久如疑太子收人心何以自解上大驚因泣曰非先生寡人無以知此遂大愛幸與王伾兩人相依附俱出入東宮聞德宗大漸上疾不能言伾即入以詔召叔文入坐翰林中使決事伾以叔文意入言於宦者李忠言稱詔行下外初無知者以檢校司空平章事杜佑攝冢宰兼山陵使中丞武元衡爲副使宗正卿李紓爲按行山陵地使刑部侍郎鄭雲逵爲鹵簿使又命中書侍郎平章事高郢撰哀冊文禮部侍郎

權德輿撰謚冊文太常卿許孟容撰議文　庚子百寮請聽政曰自漢以來喪期之數以日易月而皆三日而聽政我國家列聖亦克修奉罔或有違況大行皇帝酌於故實重下遺詔令日至期而陛下未親政事羣臣不敢安宜存大孝以寧萬國天下之幸不許是月昇泗州爲上州　二月辛丑朔中書侍郎平章事臣郢門下侍郎平章事臣珣瑜檢校司空平章事臣佑奉疏曰大行皇帝知陛下仁孝慮陛下悲哀不即人心聽政事故發遺詔令一行漢氏之制今陛下安得守曾閔匹夫之小行忘皇王繼親之大孝以虧臣子承順之義猶不許　壬寅宰臣又上言曰陛下以聖德至孝繼受寶命宜奉先帝約束以時聽斷不可以久從之　癸卯朝百寮於紫宸門杜佑前跪進曰陛下居憂過禮羣臣懼焉願一覩聖顏因再拜而起左右乃爲皇帝舉帽百寮皆再拜佑復奏曰陛下至性殊常哀毀之甚臣等不勝惶灼伏望爲宗廟社稷割哀强食　景午罷翰林陰陽星卜醫相覆碁諸待詔三十二人初王叔文以碁待詔既用事惡其與已儕類相亂罷之　巳酉易定節度使張茂昭可同中書門下平章事餘如故河北節度自至

德已來不常朝覲前年冬茂昭來朝未還故寵之　辛亥詔吏部侍郎韋執誼守左丞同中書門下平章事賜紫初執誼爲翰林學士知叔文幸於東宮傾心附之叔文亦欲自廣朋黨密與交好至是遂特用爲相　乙卯太常奏禮云喪三年不祭惟祭天地社稷周禮圜鍾之均六變天神皆降林鍾之均八變地示咸出不廢天地之祭不敢以卑廢尊也樂者所以降神也不以樂則祭不成今遵遺詔行易月之制請制內遇祭輟樂終制用樂從之又奏禮三年祭宗廟今請祔廟畢復常從之　辛酉貶京兆尹李實

爲通州長史詔曰實素以宗屬累更任使驟升班列遂極寵榮而政乖惠和務在苛屬比年旱歉先聖憂人特詔逋租悉皆蠲免而實敢肆誣罔復令徵剝頗紊朝廷之法實惟聚斂之臣自國哀已來增毒彌甚無辜斃踣深所興嗟朕嗣守洪業敷宏理道寧容蠹政以害齊人宜加貶黜用申邦憲尚從優貸俾佐遠藩實諂事李齊運驟遷至京兆尹恃寵强愎不顧文法是時春夏旱京畿乏食實一不以介意方務聚斂徵求以給進奉每奏對輒曰今年雖旱而穀甚好由是租稅皆不免人窮至壞屋賣瓦木貸麥苗以

應官優人成輔端爲謠嘲之實聞之奏輔端誹謗朝政杖殺之實遇侍御史王播於道故事尹與御史相遇尹下道避實不肯避導騎如故播詰讓導騎者實怒遂奏播爲三原令廷詬之陵轢公卿已下隨喜怒誣奏遷黜朝廷畏忌之嘗有詔免畿內逋租實不行用詔書徵之如初勇於殺害人吏不聊生至譴市里讙呼皆袖瓦礫遮道伺之實由閒道獲免　壬戌制殿中丞皇太子侍書翰林待詔王伾可守左常侍依前翰林待詔蘇州司功王叔文可起居舍人翰林學士又以司勳員外郎翰林學士知制誥鄭絪爲中書舍人學士如故又以給事中馮伉爲兵部侍郎以兵部員外郎史館修撰歸登爲給事中修撰如故登伉皆上在東宮時侍讀以師傅恩拜

順宗實錄二　起二月盡三月

二月甲子上御丹鳳門大赦天下自貞元二十一年二月二十四日昧爽已前大辟已下罪無輕重常赦所不原者咸赦原之諸色人中有材行兼茂明於理體者經術精深可爲師法者達於吏理可使從政者宜委常參官各舉所知其在外者長吏精加訪擇具名聞奏仍優禮發遣舊事

宮中有要市外物令官吏主之與人爲市隨給其直貞元末以宦者爲使抑買人物稍不如本估末年不復行文書置白望數百人於兩市幷要鬧坊閱人所賣物但稱宮市卽斂手付與眞僞不復可辨無敢問所從來其論價之高下者率用百錢物買人直數千錢物仍索進奉門戶幷脚價錢將物詣市至有空手而歸者名爲宮市而實奪之嘗有農夫以驢負柴至城賣遇宦者稱宮市取之纔與絹數尺又就索門戶仍邀以驢送至內農夫涕泣以所得絹付之不肯受曰須汝驢送柴至內農夫曰我有父母妻子待

此然後食今以柴與汝不取直而歸汝尚不肯我有死而已遂毆宦者街吏擒以聞詔黜此宦者而賜農夫絹十匹然宮市亦不爲之改易諫官御史數奏疏諫不聽上初登位禁之至大赦又明禁又貞元中要乳母皆令選寺觀婢以充之而給與其直例多不中選寺觀次當出者賣產業割與地買之貴有姿貌者以進其徒苦之至是亦禁焉貞元末五坊小兒張捕鳥雀於閭里皆爲暴橫以取錢物至有張羅網於門不許人出入者或有張井上者使不得汲水近之輒曰汝驚供奉鳥雀痛毆之出錢物求謝乃去或

相聚飲食於肆醉飽而去賣者或不知就索其直多被毆罵或時留蛇一囊爲質曰此蛇所以致鳥雀而捕之者今留付汝幸善飼之勿令饑渴賣者愧謝求哀乃攜而去上在春宮時則知其弊常欲奏禁之至卽位遂推而行之人情大悅　乙丑停鹽鐵使進獻舊鹽鐵錢物悉入正庫一助經費其後主此務者稍以時市珍翫時新物充進獻以求恩澤其後益甚歲進錢物謂之羨餘而經入益少至貞元末遂月有獻焉謂之月進至是乃罷命右金吾將軍兼中丞田景度持節告哀於吐蕃以庫部員外熊執易爲副兵部郎中兼中丞元季方告哀於新羅且册立新羅嗣王主客員外郎兼殿中監馬于爲副　三月庚午朔出後宮三百人　辛未以翰林待詔王伾爲翰林學士　壬申以故相撫州別駕姜公輔爲吉州刺史前戶部侍郎判度支汀州別駕蘇弁爲忠州刺史追故相忠州刺史陸贄郴州別駕鄭餘慶前京兆尹杭州刺史韓皐前諫議大夫道州刺史陽城赴京師德宗自貞元十年已後不復有赦令左降官雖有名德才望以微過忤旨譴逐者一去皆不復敘用至是人情大悅而陸贄陽城皆未聞追詔而卒於遷所

士君子惜之　癸酉出後宮幷教坊女妓六百人聽其親戚迎於九仙門百姓相聚讙呼大喜　景戌詔曰檢校司空平章事杜佑可檢校司徒平章事充度支幷鹽鐵使以浙西觀察李錡爲浙西節度檢校刑部尚書賜徐州軍額曰武寧制曰朕新委元臣綜釐重務爰求貳職固在能臣起居舍人王叔文精識瓌材寡徒少欲質直無隱沈深有謀其忠也盡致君之大方其言也達爲政之要道凡所詢訪皆合大猷宜繼前勞佇光新命可度支鹽鐵副使依前翰林學士本官賜如故初叔文既專內外之政與其黨謀

曰判度支。則國賦在手。可以厚結諸用事人。取兵士心。以固其權。驟使重職。人心不服。藉杜佑雅有會計之名。位重而務自全。易可制。故先令佑主其名。而除之爲副。以專之。以戶部尚書判度支王紹爲兵部尚書。以吏部郎中李鄘爲御史中丞。武元衡爲左庶子。初叔文黨數人。貞元末已爲御史在臺。至元衡爲中丞。薄其人。待之鹵莽。皆有所憾。而叔文又以元衡在風憲。欲使附己。使其黨誘以權利。元衡不爲之動。叔文怒。故有所授。　庚寅。制門下侍郎守吏部尚書平章事賈耽可檢校司空兼左僕射守門下侍郎

平章事。鄭珣瑜可守吏部尚書。守中書侍郎平章事高郢可守刑部尚書。守尚書左丞平章事韋執誼可守中書侍郎。並依前平章事。　癸巳。詔曰。萬國之本。屬在元良。主器之重。歸於長子。所以基社稷而固邦統。古之制也。廣陵王某孝友溫恭。慈仁忠恕。博厚以容物。寬明而愛人。祗服訓詞。言皆合雅。講求典學。禮必從師。居有令聞。動無違德。朕獲纘丕緒。祗若大猷。惟懷永圖。用建儲貳。以承宗廟。以奉粢盛。爰舉舊章。俾膺茂典。宜冊爲皇太子。改名某。仍令所司擇日備禮冊命。初廣陵王名從水傍享。至冊爲皇太子。始改從今名。　丁酉。吏部尚書平章事鄭珣瑜稱疾去位。其日。珣瑜方與諸相會食於中書。故事。丞相方食。百寮無敢謁見者。叔文是日至中書。欲與執誼計事。令直省通執誼。直省以舊事告。叔文叱直省。直省懼。入白執誼。執誼逡巡慙赧。竟起迎叔文。就其閤語良久。宰相杜佑高郢珣瑜皆停筯以待。有報者云。叔文索飯。韋相已與之同飡閤中矣。佑郢等心知其不可。畏懼叔文執誼。莫敢出言。珣瑜獨歎曰。吾豈可復居此位。顧左右取馬徑歸。遂不起。前是左僕射賈耽以疾歸第。未起。珣瑜又繼去。二相皆天下重望。

相次歸臥。叔文執誼等益無所顧忌。遠近大懼焉。

順宗實錄三　起四月盡五月

夏四月乙巳。上御宣政殿冊皇太子。冊曰。建儲貳者。必歸於冢嗣。固邦本者。允屬於元良。咨爾元子廣陵王某。幼挺岐嶷。長標徇淑。佩詩禮之明訓。宣忠孝之宏規。居維保和。動必循道。識達刑政。器合溫文。愛敬奉於君親。仁德聞於士庶。神祇龜筮。罔不協從。是用命爾爲皇太子。於戲。惟我烈祖之有天下也。功格上帝。祚流無窮。光纘洪業。逮予十葉。虔恭寅畏。日慎一日。付爾以承祧之重。勵爾以主鬯之

勤以貞萬國之心以揚三善之德爾其尊師重傅親賢遠佞非禮勿踐非義勿行對越天地之耿光丕承祖宗之休烈可不慎歟時上即位已久而臣下未有親奏對者內外感言王伾王叔文專行斷決日有異說又屬頻雨皆以爲羣小用事之應至將冊禮之夕雨乃止迨行事之時天氣清朗有慶雲見識者以爲天意所歸及覩皇太子儀表班行既退無不相賀至有感泣者　戊申詔曰惟先王光有天下必正我邦本以立人極建儲貳以承宗祧所以敷迪大猷安固洪業斯前代之令典也皇太子某體仁秉哲恭

敬溫文德協元良禮當上嗣朕奉若丕訓憲章前式惟承社稷之重載考春秋之義授之七鬯以奉粢盛爰以令辰俾膺茂典今冊禮云畢感慶交懷思與萬方同其惠澤自貞元二十一年二月二十四日已後至四月九日昧爽已前天下應犯死罪者特降從流流已下遞減一等文武常參并州府縣官子爲父後者賜勳兩轉古之所以教太子必茂選師傅以翼輔之法於訓詞而行其典禮左右前後罔非正人是以教諭而成德也給事中陸質中書舍人崔樞積學懿文守經據古夙夜講習庶協於中並充皇太子

侍讀天下孝子順孫先旌表門閭者委所管州縣各加存恤　庚戌封皇太子長子寧等六人爲郡王　癸酉（當作丑）贈吐蕃弔祭使工部侍郎兼御史大夫史館修撰張薦禮部尚書薦字孝舉代居深州之陸澤祖文成博學工文詞性好詼諧七登文學科薦聰明强記歷代史傳無不貫通爲太師顏眞卿所稱賞遂知名大歷中江東觀察表薦之授左司禦率府兵曹參軍兼史館修撰貞元初爲太常博士四年回紇求和親使送咸安公主入回紇以薦爲判官改授殿中侍御史累遷諫議大夫十一年冊回紇子薦以

祕書少監持節爲使還久之遷祕書監二十年吐蕃贊普死以薦爲工部侍郎兼御史大夫持節弔贈卒於赤嶺東回紇辟吐蕃傳歸其柩前後三使異國自始命至卒常兼史職在史館二十年著宰輔傳署五服圖記寓居錄靈怪集等　景寅罷閩中萬安監先是福建觀察柳冕久不還欲立事迹以求恩寵乃奏云閩中南朝放牧之地畜羊馬可使孳息請置監許之收境中畜產令吏牧其中羊大者不過十斤馬之良者估不過數千不經時輒死又斂百姓苦之遠近以爲笑至是觀察閻濟美奏罷之　丁卯命焚

容州所進毒藥可殺人者　五月己巳以杭州刺史韓皐爲尚書左丞　辛未以右金吾大將軍范希朝爲檢校右僕射兼右神策京西諸城鎭行營兵馬節度使叔文欲專兵柄藉希朝年老舊將故用爲將帥使主其名而尋以其黨韓泰爲行軍司馬專其事　甲戌以度支郎中韓泰守兵部郎中兼中丞充左右神策京西都柵行營兵馬節度行軍司馬賜紫　乙亥追改爲檢校兵部郎中職如故　甲申以萬年令房啓爲容州刺史兼御史中丞初啓善於叔文之黨因相推致遂獲寵於叔文求進用叔文以爲容

管經畧使使行約至荆南授之云脫不得荆南卽與湖南故啓宿留於江陵久之方行至湖南又久之而叔文與執誼爭權數有異同故不果尋聞皇太子監國啓惶駭奔馳而往是日以郴州員外司馬鄭餘慶爲尚書左丞　乙酉以尚書左丞韓皐爲鄂岳觀察武昌軍節度使初皐自以前輩舊人累更重任頗以簡倨自高嫉叔文之黨謂人曰吾不能事新貴人皐從弟華幸於叔文以告叔文故出之　辛卯以王叔文爲户部侍郎職如故賜紫初叔文欲依前帶翰林學士宦者俱文珍等惡其專權削去翰林之職叔文見制書大驚謂人曰叔文日時至此商量公事若不得此院職事卽無因而至矣王伾曰諾卽疏請不從再疏乃許三五日一入翰林去學士名又與歸登同日賜紫內出衫笏賜登而叔文不霑文珍等所惡獨不得賜由此始懼以衢州別駕令狐峘爲祕書少監峘國子祭酒德棻元孫進士登第司徒楊綰未達時遇之以爲賢爲禮部修史引峘入史館自華原尉拜拾遺累遷起居舍人大歷八年劉晏爲吏部尚書奏峘爲刑部員外判南曹累遷至禮部侍郎峘之判南曹晏爲尚書楊炎爲侍郎峘得晏之擧分

闕必擇其善者與晏而以惡者與炎炎固已不平至峘爲禮部而炎爲相有杜封者故相鴻漸之子求補宏文生炎嘗出杜氏門下託峘以封峘謂使者曰相公欲封成其名乞署封名下一字峘因得以記焉炎不意峘賣之署名屬峘峘明日疏言宰相炎迫臣以威臣從之則負陛下不從卽炎當害臣德宗以問炎炎具道所以德宗怒曰此姦人不可奈欲杖而流之炎救解乃黜爲衢州別駕貞元初李泌爲相以左庶子史館修撰徵至則與同職孔述睿爭競細碎數侵述睿述睿長告以讓不欲爭泌卒竇參爲相惡

其爲人貶吉州別駕改吉州刺史齊映除江西觀察過吉州峘自以前輩懷怏怏不以刺史禮見入謁從容步進不株首屬戎器映以爲恨去至府奏峘舉前刺史過失鞫不得眞無政事不宜臨郡貶衢州別駕上即位以秘書少監徵未至卒峘在史館修元宗實錄一百卷撰代宗實錄三十卷雖頗勤苦然多遺漏不稱良史初德宗將厚奉元陵事峘時爲中書舍人兼史職奏疏諫請薄其葬有答詔優獎元和三年以修實錄功追贈工部尚書是月以襄州爲襄府徙臨漢縣於古城曰鄧城縣

順宗實錄四 起六月盡七月

六月乙亥貶宣州巡官羊士諤爲汀州寧化縣尉士諤性傾躁時以公事至京遇叔文用事朋黨相煽頗不能平公言其非叔文聞之怒欲下詔斬之執誼不可則令杖殺之執誼又以爲不可遂貶焉由是叔文始大惡執誼往來二人門下者皆懼先時劉闢以劍南節度副使將韋皐之意於叔文求都領劍南三川謂叔文曰太尉使某致微誠於公若與某三川當以死相助若不用某亦當有以相酬叔文怒亦將斬之而執誼固執不可闢尚遊京師未去至聞士諤遂逃歸 左散騎常侍致仕張萬福卒萬福魏州元城人也自曾祖至父皆明經官止縣令州佐萬福以祖父業儒皆不達不喜書學騎射年十七八從軍遼東有功爲將而還累遷至壽州刺史州送租賦詣京師至潁川界爲盜所奪萬福使輕兵馳入潁川界討之賊不意萬福至忙迫不得戰萬福悉聚而誅之盡得其所亡物并得前後所掠人妻子財物牛馬萬計悉還其家爲淮南節度崔圓所忌失刺史改鴻臚卿以節度副使將兵千人鎭壽州萬福不以爲恨許杲以平盧行軍司馬將卒三千人駐濠州不

去有窺淮南意圓令萬福攝濠州刺史杲聞即提卒去止當塗陳莊賊陷舒州圓又以萬福爲舒州刺史督淮南岸盜賊連破其黨大歷三年召赴京師代宗謂曰聞卿名久欲一識卿且將累卿以許杲萬福拜謝因前曰陛下以許杲召臣如河北賊諸將叛以屬何人代宗笑曰且欲議許杲事方當大用卿即以爲和州刺史行營防禦使督淮南岸盜賊至州杲懼移軍上元杲至楚州大掠節度使韋元甫命萬福討之未至淮陰杲爲其將康自勸所逐自勸擁兵繼掠循淮而東萬福倍道追而殺之免者十二三盡得

其所虜掠金銀婦女等皆獲致其家代宗詔以本州兵千五百人防秋京西遂帶和州刺史鎭咸陽因留宿衞李正已反將斷江淮路令兵守埇橋渦口江淮進奉船千餘隻泊渦口不敢進德宗以萬福爲濠州刺史萬福馳至渦口立馬岸上發進奉船淄青將士停岸睥睨不敢動諸道繼進改泗州刺史爲杜亞所忌徵拜左金吾衞將軍召見德宗驚曰杜亞言卿昏耄卿乃如是健耶圖形凌煙閣數賜酒饌衣服幷勅度支籍口畜給其費至賀陽城等於延英門外天下益重其名二十一年以左散騎常侍致仕元和

元年卒年九十萬福自始從軍至卒祿食七十年未嘗病一日典九郡皆有惠愛　癸丑章皐上表請皇太子監國又上皇太子牋尋而裴垍嚴綬表繼至悉與皐同贈故忠州別駕陸贄兵部尚書故道州刺史陽城左常侍　贄字敬輿吳郡人也年十八進士及第又以博學宏詞授鄭縣尉書判拔萃授渭南尉遷監察御史未幾選爲翰林學士遷祠部員外郎德宗幸奉天贄隨行在天下騷擾遠近徵發書詔一日數十下皆出於贄贄操筆持紙成於須臾不復起草同職皆拱手嗟歎不能有所助常啟德宗言方今書詔宜痛自引過罪己以感人心昔成湯以罪己致興後代推以爲聖人楚王失國亡走一言善而復其國至今稱爲賢者陛下誠能不悋改過以言謝天下臣雖愚陋爲詔詞無所忌諱庶能令天下叛逆者迴心喻旨德宗從之故行在制詔始下聞者雖武人悍卒無不揮涕感激議者咸以爲德宗剋平寇難旋復天位不惟神武成功爪牙宣力蓋以文德廣被腹心有助焉累遷考功郎中諫議大夫中書舍人兼翰林學士丁母憂免喪權知兵部侍郎復入翰林中外屬意旦夕竢其爲相竇參深忌之贄亦短參之所

爲且言其黷貨於是與參不能平尋眞拜兵部侍郎知禮部貢舉於進士中得人爲多八年春遷中書侍郎平章事始令吏部每年集選人舊事吏部每年集人其後遂三年一置選選人猥至文書多不了尋勘眞僞紛雜吏因得大爲奸巧選士一蹉跌或至十年不得官而官之闕者或累歲無人贄令吏部分內外官員爲三分計闕集人以爲常其弊十去七八天下稱之初竇參出李巽爲常州刺史且迫其行巽常銜之至參貶爲郴州別駕巽適遷湖南觀察德宗常與參言故相姜公輔罪參漏其語參敗公輔因上

疏自陳其事非臣之過德宗詰之知參洩其語怒未有所發會巽奏汴州節度劉士寧遺參金帛若干士寧得汴州參處其議士寧常德之故致厚貺德宗以參得罪而以武將交結發怒竟致參於死而議者多言參死由贄焉裴延齡判度支天下皆嫉怨而獨幸於天子朝廷無敢言其短者贄獨身當之日陳其不可用延齡固欲去贄而代之又知贄之不與已多阻其奏請也謗毀百端翰林學士吳通元故與贄同職奸巧佻薄與贄不相能知贄與延齡相持有間因盛言贄短宰相趙憬本贄所引同對嫉贄之權密

以贄所戢彈延齡事告延齡延齡益得以為計由是天子益信延齡而不直贄竟罷贄相以為太子賓客而黜張滂李充等權言事者皆言其屈贄因畏懼至為賓客拒門不納交親士友春旱德宗數獵苑中延齡疏言贄等失權怨望言於衆曰天下旱百姓且流亡度支愛惜不肯給諸軍軍中人無所食其事柰何以搖動羣心其意非止欲中傷臣而已後數日又獵苑中會神策軍人跪馬前云度支不給馬草德宗意延齡前言即迴馬而歸由是貶贄為忠州別駕滂充皆斥逐德宗怒未解贄不可測賴陽城等救乃止贄之為相常以少年入翰林得幸於天子長養成就之不敢自愛事之不可者皆爭之德宗在位久益自攬持機柄親治細事失君人大體宰相益不得行其事職而議者乃云由贄而然贄居忠州十餘年常閉門不出入人無識面者避謗不著書習醫方集古今名方為陸氏集驗方五十卷卒於忠州年五十二上初即位與鄭餘慶陽城同徵詔始下而城贄皆卒　城字亢宗北平人代為官族好學貧不能得書乃求入集賢為書寫吏竊官書讀之晝夜不出經六年遂無所不通乃去滄州中條山下遠近慕其德

行來學者相繼於道閭里有爭者不詣官府詣城以決之李泌為相舉為諫議大夫拜官不辭未至京師人皆想望風采云城山人能自苦刻不樂名利必諫諍死職下咸畏憚之既至諸諫官紛紛言事細碎無不聞達天子益厭苦之而城方與其二弟牟容連夜痛飲人莫能窺其意有懷刺譏之者將造城而問者城揣知其意輒彊與酒客或時先醉仆席上或時先醉臥客懷中不能聽客語約其二弟云吾所得月俸汝可度我家有幾口月食米當幾何買薪菜鹽米凡用幾錢先具之其餘悉以送酒媼無留也未嘗

有所貯積雖其所服用切急不可缺者客稱其物可愛城輒喜舉而授之陳萇者候其始請月俸常往稱其錢帛之美月有獲焉至裴延齡讒毀陸贄等坐貶黜德宗怒不解在朝無救者城聞而起曰吾諫官也不可令天子殺無罪之人而信用奸臣即率拾遺王仲舒數人守延英門上疏論延齡奸佞贄等無罪狀德宗大怒召宰相入語將加城等罪良久乃解令宰相諭遣之於是金吾將軍張萬福聞諫官伏閤諫趨往至延英門大言賀曰朝廷有直臣天下必太平矣遂徧拜城與仲舒等曰諸諫議能如此言事天

下安得不太平也已而連呼太平萬歲太平萬歲萬福武人時年八十餘自此名重天下時朝夕相延齡城曰脫以延齡爲相當取白麻壞之慟哭於庭竟坐延齡事改國子司業至引諸生告之曰凡學者所以學爲忠與孝也諸生寧有久不省其親乎明日謁城歸養者二十餘人有薛約者嘗學於城狂躁以言事得罪將徙連州客寄有根蔕吏縱求得城家坐吏於門與約飲決別涕泣送之郊外德宗聞之以城爲黨罪人出爲道州刺史太學王魯卿李黨等二百七十人詣闕乞留住數日吏遮止之疏不得上在州以家人禮待吏人宜罰者罰之宜賞者賞之一不以簿書介意賦稅不登觀察使數誚讓上考功第城自署第曰撫字心勞徵科政拙考下下觀察使嘗使判官督其賦至州怪城不出迎以問州吏吏曰刺史聞判官來以爲己有罪自囚於獄不敢出判官大驚馳入謁城於獄曰使君何罪某奉命來候安否耳留一兩日未去城固不復歸館門外有故門扇橫地城晝夜坐臥其上判官不自安辭去其後又遣他判官崔某往按之崔承命不辭載妻子一行中道而逃城孝友不忍與其弟異處皆不娶給侍終身有寡妹

依城以居有生年四十餘癡不能如人常與弟負之以遊初城之妹夫亡在他處家貧不能葬城親與其弟舁尸以歸葬於其居之側往返千餘里卒時年六十餘　戊午以戶部侍郎潘孟陽爲度支鹽鐵轉運副使其日王伾詐稱疾自免自叔文歸第伾日詣中人幷杜佑請起叔文爲相且總北軍既不得請以威遠軍使平章事又不得其黨皆憂悸不自保伾至其日坐翰林中疏三上不報知事不濟行且臥至夜忽叫曰伾中風矣明日遂輿歸不出　戊子以禮部侍郎權德輿爲戶部侍郎以倉部郎中判度支陳

諫爲河中少尹王伾叔文之黨於是始去　乙未詔軍國政事宜權令皇太子某勾當百辟羣后中外庶僚悉心輔翼以底於理宣布朕意咸使知聞上自初卽位則疾患不能言至四月益甚時扶坐殿羣臣望拜而已未嘗有進見者天下事皆專斷於叔文而李忠言王伾爲之內主執誼行之於外朋黨喧譁榮辱進退生於造次惟其所欲不拘程度旣知內外厭毒慮見摧敗卽謀兵權欲以自固而人情益疑懼不測其所爲朝夕伺候會其與執誼交惡心腹內離外有韋皋裴均嚴綬等牋表而中官劉光奇俱文珍

薛盈珍尚解玉等皆先朝任使舊人同心怨猜屢以啟上上固已厭倦萬機惡叔文等至是遂詔翰林學士鄭絪衞次公王涯等入至德殿撰制詔而發命焉又下制以太常卿杜黃裳爲門下侍郎左金吾衞大將軍袁滋爲中書侍郎並平章事又下制吏部尚書平章事鄭珣瑜刑部尚書平章事高郢並守本官罷相皇太子見百寮於東朝百寮拜賀皇太子涕泣不答拜　景申詔宰臣告天地社稷皇太子見四方使於麟德殿西亭

順宗實錄五起八月盡至山陵

八月庚子詔曰惟皇天祐命烈祖誕受方國九聖儲祉萬方咸休肆予一人獲纘丕業嚴恭守位不遑暇逸而天祐匪降疾恙無瘳將何以奉宗廟之靈展郊禋之禮疇咨庶尹對越上元內愧於朕心上畏於天命夙夜祗慄惟懷永圖一日萬機不可以久曠天工人代不可以久違皇太子某睿哲溫文寬和慈惠孝友之德愛敬之誠通於神明格於上下是用推皇王至公之道遵父子傳歸之制付之重器以撫兆人必能宣祖宗之重光荷天地之休命奉若成憲永綏四方宜令皇太子卽皇帝位朕稱太上皇居興慶

宮制勅稱誥所司擇日行冊禮

永貞元年八月辛丑太上皇居興慶宮誥曰有天下者傳歸於子前王之制也欽若大典斯爲至公式揚耿光用體文德朕獲奉宗廟臨御萬方降疾不瘳庶政多闕乃命元子代予守邦爰以令辰光膺冊禮宜以今月九日冊皇帝於宣政殿仍命檢校司徒杜佑充冊使門下侍郎杜黃裳充副使國有大命恩俾惟新宜因紀元之慶用覃在宥之澤宜改貞元二十一年爲永貞元年自貞元二十一年八月五日昧爽已前天下應犯死罪特降從流流已下遞減

一等　又下詔曰人倫之本王化之先爰舉令圖允資內輔式表后妃之德俾形邦國之風茲禮經之大典也良娣王氏家承茂族德冠中宮雅修彤管之規克佩姆師之訓自服勤蘋藻祗奉宗祧令範益彰母儀斯著宜正長秋之位以明繼體之尊良媛董氏備位後庭素稱淑慎進升號位禮亦宜之良娣可冊爲太上皇后良媛宜冊爲太上皇德妃仍令所司備禮擇日冊命宣示中外咸使知聞　壬寅制王伾開州司馬王叔文渝州司户並員外置馳驛發遣　叔文越州人以碁入東宮頗自言讀書知理道乘閒

嘗言人閒疾苦上將大論宫市事叔文說中上意遂有寵因爲上言某可爲將某可爲相幸異日用之密結韋執誼并有當時名欲僥倖而速進者陸質呂溫李景儉韓曄韓泰陳諫劉禹錫柳宗元等十數人定爲死交而凌準程异等又因其黨而進交遊蹤跡詭祕莫有知其端者貞元十九年補闕張正買疏諫他事得召見正買與王仲舒劉伯芻裴茝常仲孺呂洞相善數遊止正買得召見諸往來者皆往賀之有與之不善者告叔文執誼云正買疏似論君朋黨事宜少誡執誼叔文信之執誼嘗爲翰林學士父死罷官此時雖爲散郎以恩時時召入問外事執誼因言成季等朋讌聚游無度皆譴斥之人莫知其由叔文既得志與王伾李忠言等專斷外事遂首用韋執誼爲相其常所交結相次拔擢至一日除數人日夜羣聚伾以侍書幸寢陋吳語上所褻狎而叔文頗任事自許微知文義好言事上以故稍敬之不得如伾出入無阻叔文入至翰林而伾入至柿林院見李忠言牛昭容等故各有所主伾主往來傳授劉禹錫陳諫韓曄韓泰柳宗元房啟凌準等主謀議唱和採聽外事上疾久不瘳內外皆欲上早定太子位叔

文默不發議已立太子天下喜而叔文獨有憂色嘗吟杜甫題諸葛亮廟詩末句云出師未用身先死長使英雄淚滿襟因歔欷流涕聞者咸竊笑之雖判兩使事未嘗以簿書爲意日引其黨屏人切切細語謀奪宦者兵以制四海之命既令范希朝韓泰總統京西諸城鎮行營兵馬中人尚未悟會邊上諸將各以狀辭中尉且言方屬希朝中人始悟兵柄爲叔文所奪乃大怒曰從其謀吾屬必死其手密令其使歸告諸將曰無以兵屬人希朝至奉天諸將無至者韓泰白叔文計無所出唯曰奈何奈何無幾而母死

執誼益不用其語叔文怒與其黨日夜謀起復起復必先斬執誼而盡誅不附己者聞者皆恟懼皇太子既監國遂逐之明年乃殺之伾杭州人病死遷所其黨皆斥逐叔文最所賢重者李景儉而最所謂奇才者呂温叔文用事時景儉持母喪在東都而呂温使吐蕃半歲至叔文敗方歸故二人皆不得用叔文敗後數月乃貶執誼爲崖州司馬後二年病死海上執誼杜黃裳子壻與黃裳同在相位故最在後貶　執誼進士對策高等驟遷拾遺年二十餘入翰林巧慧便辟媚幸於德宗而性貪婪詭賊其從祖兄夏

卿爲吏部侍郎執誼爲翰林學士受財爲人求科第夏卿不應乃探出懷中金以内夏卿袖夏卿驚曰吾與卿賴先人德致名位幸各已達豈可如此自毁壞擺袖引身而去執誼大慚恨既而爲叔文所引用初不敢負叔文迫公議時時有異同輒令人謝叔文云非敢負約爲異同蓋欲曲成兄弟爾叔文不之信遂成仇怨然叔文敗執誼亦自失形勢知禍且至雖尚爲相常不自得長奄奄無氣聞人行聲輒惶悸失色以至敗死時纔四十餘執誼自卑嘗諱不言嶺南州縣名爲郎官時嘗與同舍郎詣職方觀圖每至嶺南圖執誼皆命去之閉目不視至拜相還所坐堂北壁有圖不就省七八日試就觀之乃崖州圖也以爲不祥甚惡之憚不能出口至貶果得崖州焉

永貞二年正月景戌朔太上皇於興慶宮受朝賀皇帝率百寮奉上尊號曰應乾聖壽太上皇册文曰維永貞二年歲次景戌正月景戌朔皇帝臣某稽首再拜奉册言臣聞上聖元邈獨超乎希夷彊名之極猶存乎罔象豈足以表無爲之德光不宰之功然稱謂所施簡冊攸著涵泳道德感於精誠仰奉洪徽有以自竭伏惟太上皇帝陛下道繼

元元業纘皇極膺千載之休歷承九聖之耿光昭宣化源發揚大號政有敦本示儉慶裕格天恩翔春風仁育羣品而功成不處褰裳去之付神器於冲人想汾陽以高蹈體堯之德與神同符其動也天其靜也地巍巍事表無得而言顧兹寡昧屬膺大寶懼忝傳歸之業莫申繼述之志夙夜兢畏惟懷永圖今天下幸安皆睿訓所被而未極徽號孰報君親是以台臣庶官文武之列抗疏於内方伯藩守億兆之衆同詞於外請因壽曆以播鴻名臣不勝大願謹上尊號曰應乾聖壽太上皇當三朝獻壽之辰應五紀啟

元之始光膺徽稱允協神休斯天下之慶也

元和元年正月甲申太上皇崩於興慶宮咸寧殿年四十六遺誥曰朕聞死生者物之大歸修短者人之常分古先哲王明於至道莫不知其終以存義順其變以節哀故存者不至於傷生逝者不至於甚痛謂之達理以貫通喪朕自弱齡卽敦清靜逮乎近歲又嬰沈痼常亦親政益倦於勤以皇帝天資仁孝日躋聖敬爰釋重負委之康濟而能內睦於九族外勤於萬機問寢益嚴侍膳無曠推此至德以安庶邦朕之知子無媿天下今厥疾大漸不寤不興付

託得人顧復何恨四海兆庶亦奚所哀但聖人大孝在乎善繼樞務之重軍國之殷纘而承之不可蹔闕以日易月抑惟舊章皇帝宜三日而聽政十三日小祥二十五日大祥二十七日釋服方鎭岳牧不可離任赴哀天下吏人誥至後出臨三日皆釋服無禁婚嫁祠祀飲酒食肉宮中當臨者朝晡各十五舉音非朝晡臨時禁無得哭釋服之後勿禁樂他不在誥中者皆以類從事伏以崇陵僊寢復土纔終甸邑疲人休功未幾今又重勞營奉朕所哀矜兄漢魏二文皆著遺令永言景行常志夙心其山陵制度務從儉約並不用以金銀錦綵爲飾百辟卿士同力盡忠克申送往之哀宜展事居之禮布告天下明知朕懷　七月壬申葬豐陵諡曰至德大聖大安孝皇帝廟曰順宗

欽定全唐文卷五百六十一

韓愈十五

施州房使君鄭夫人殯表

夫人之先出於周。以鄭爲氏。因初侯曾祖諱隨。祖諱玠。厥考諱絳。咸垂休。歸於房宗。生九子。左右烝稷祠春秋。道順德嚴。顯且裕。宜壽而富。今何謬。永貞冬至前四日。寓殯墳。此非其邱。

平淮西碑

天以唐克肖其德。聖子神孫。繼繼承承。於千萬年。敬戒不

怠。全付所覆。四海九州。罔有內外。悉主悉臣。高祖太宗。既除既治。高宗中睿。休養生息。至於元宗。受報收功。極熾而豐。物衆地大。孽芽其閒。肅宗代宗。德祖順考。以勤以容。大慝適去。稂莠不薅。相臣將臣。文恬武嬉。習熟見聞。以爲當然。睿聖文武皇帝。既受羣臣朝。乃考圖數貢。曰。嗚呼。天既全付予有家。今傳次在予。予不能事事。其何以見於郊廟。羣臣震懾。奔走率職。明年平夏。又明年平蜀。又明年平江東。又明年平澤潞。遂定易定。致魏博貝衛澶相。無不從志。皇帝曰。不可究武。予其少息。九年。蔡將死。蔡人立其子元濟以請。不許。遂燒舞陽。犯葉襄城。以動東都。放兵四劫。皇帝歷問於朝。一二臣外。皆曰。蔡帥之不庭授。於今五十年。傳三姓四將。其樹本堅。兵利卒頑。不與他等。因撫而有。順且無事。大官臆決唱聲。萬口和附。并爲一談。牢不可破。皇帝曰。惟天惟祖宗所以付任予者。庶其在此。予何敢不力。況一二臣同。不爲無助。曰光顏。汝爲陳許帥。維是河東魏博郃陽三軍之在行者。汝皆將之。曰重允。汝故有河陽懷今益以汝。維是朔方義成陝益鳳翔延慶七軍之在行者。汝皆將之。曰宏。汝以卒萬二千屬而子公武往討之。曰文通。汝守壽。維是宣武淮南宣歙浙西四軍之行於壽者。汝

皆將之。曰道古。汝其觀察鄂岳。曰愬。汝帥唐鄧隨。各以其兵進戰。曰度。汝長御史。其往視師。曰度。惟汝予同。汝遂相予。以賞罰用命不用命。曰宏。汝其以節都統諸軍。曰守謙。汝出入左右。汝惟近臣。其往撫師。曰度。汝其往衣服飲食予士。無寒無饑。以既厥事。遂生蔡人。賜汝節斧。通天御帶。衛卒三百。凡茲廷臣。汝擇自從。惟其賢能。無憚大吏。庚申。予其臨門送汝。曰御史。予閔士大夫戰甚苦。自今以往。非郊廟祠祀。其無用樂。顏允武合攻其北。大戰十六。得柵城

縣二十三降人卒四萬道古攻其東南八戰降萬三千再入申破其外城文通戰其東十餘遇降萬二千愬入其西得賊將輒釋不殺用其策戰比有功十二年八月丞相度至師都統宏責戰益急顏允武合戰益用命元濟盡并其眾迴曲以備十月壬申愬用所得賊將自文城因天大雪疾馳百二十里用夜半到蔡破其門取元濟以獻盡得其屬人卒辛巳丞相度入蔡以皇帝命赦其人淮西平大饗賚功師還之日因以其食賜蔡人凡蔡卒三萬五千其不樂爲兵願歸爲農者十九悉縱之斬元濟京師冊功宏加

侍中愬爲左僕射帥山南東道顏允皆加司空公武以散騎常侍帥鄜坊丹延道古進大夫文通加散騎常侍丞相度朝京師道封晉國公進階金紫光祿大夫以舊官相而以其副總爲工部尚書領蔡任既還奏羣臣請紀聖功被之金石皇帝以命臣愈臣愈再拜稽首而獻文曰

唐承天命遂臣萬邦孰居近土襲盜以狂往在元宗崇極而圮河北悍驕河南附起四聖不宥屢興師征有不能克益戍以兵夫耕不食婦織不裳輸之以車爲卒賜糧外多失朝曠不嶽狩百隸怠官事忘其舊帝時繼位顧瞻咨嗟惟汝文武孰恤予家既斬吳蜀旋取山東魏將首義六州降從淮蔡不順自以爲強提兵叫讙欲事故常始命討之遂連姦鄰陰遣刺客來賊相臣方戰未利內驚京師羣公上言莫若惠來帝爲不聞與神爲謀乃相同德以訖天誅乃敕顏允愬武古通咸統於宏各奏汝功三方分攻五萬其師大軍北乘厥數倍之常兵時曲軍士蠢蠢既翦陵雲蔡卒大窘勝之邵陵郾城來降自夏入秋復屯相望兵頓不勵告功不時帝哀征夫命相往釐士飽而歌馬騰於槽試之新城賊遇敗逃盡抽其有聚以防我西師躍入道無

留者頟頟蔡城其疆千里既入而有莫不順俟帝有恩言相度來宣誅止其魁釋其下人蔡之卒夫投甲呼舞蔡之婦女迎門笑語蔡人告饑船粟往哺蔡人告寒賜以繒布始時蔡人禁不往來今相從戲里門夜開始時蔡人進戰退戮今旰而起左飧右粥爲之擇人以收餘憊選吏賜牛教而不稅蔡人有言始迷不知今乃大覺羞前之爲蔡人有言天子明聖不順族誅順保性命汝不吾信視此蔡方孰爲不順往斧其吭凡叛有數聲勢相倚吾強不支汝弱奚恃其告而長而父而兄奔走偕來同我太平淮蔡爲亂

天子伐之既伐而饑天子活之始議伐蔡卿士莫隨既伐四年小大並疑不赦不疑由天子明凡此蔡功惟斷乃成既定淮蔡四夷畢來遂開明堂坐以治之

南海神廟碑

海於天地間爲物最鉅自三代聖王莫不祀事考於傳記而南海神次最貴在北東西三神河伯之上號爲祝融天寶中天子以爲古爵莫貴於公侯故海嶽之祝犧幣之數放而依之所以致崇極於大神今王亦爵也而禮海嶽尚循公侯之事虛王儀而不用非致崇極之意也由是冊尊

南海神爲廣利王祝號祭式與次俱升因其故廟易而新之在今廣州治之東南海道八十里扶胥之口黃木之灣常以立夏氣至命廣州刺史行事祠下事訖驛聞而刺史常節度五嶺諸軍仍觀察其郡邑於南方事無所不統地大以遠故常選用重人既貴而富且不習海事又當祀時海常多大風將往皆憂感既進觀顧怖悸故常以疾爲解而委事於其副其來已久故明宮齋廬上雨旁風無所蓋障牲酒瘠酸取具臨時水陸之品狼籍籩豆薦裸興俯不中儀式吏滋不供神不顧享盲風怪雨發作無節人蒙其害元和十二年始詔用前尚書右丞國子祭酒魯國孔公爲廣州刺史兼御史大夫以殿南服公正直方嚴中心樂易祗慎所職治人以明事神以誠內外單盡不爲表襮至州之明年將夏祝冊自京師至吏以時告公乃齋祓視冊誓羣有司曰冊有皇帝名乃上所自署其文曰嗣天子某謹遣官某敬祭其恭且嚴如是敢有不承明日吾將宿廟下以供晨事明日吏以風雨白不聽於是州府文武吏士凡百數交謁更諫皆揖而退公遂陞舟風雨少弛櫂夫奏功雲陰解駁日光穿漏波伏不興省牲之夕載暘載陰將

事之夜天地開除月星明穊五鼓既作牽牛正中公乃盛服執笏以入即事文武賓屬俯首聽位各執其職牲肥酒香罇爵淨潔降登有數神具醉飽海之百靈秘怪慌惚畢出蜿蜿虵虵來享飲食闔廟旋艫祥飇送颿旗纛旄麾飛揚晻藹鐃鼓嘲轟高管噭噪武夫奮櫂工師唱和穹龜長魚踴躍後先乾端坤倪軒豁呈露祀之之歲風災熄滅人厭魚蟹五穀胥熟明年祀歸又廣廟宮而大之治其庭壇改作東西兩序齋庖之房百用具修明年其時公又固往不懈益虔歲仍大和耋艾歌詠始公之至盡除他名之稅

罷衣食於官之可去者。四方之使不以資交。以身爲帥。燕享有時。賞與以節。公藏私蓄。上下與足。於是免屬州負逋之緡錢廿有四萬。米三萬二千斛。賦金之州。耗金一歲八百。困不能償。皆以丐之。加西南守長之俸。誅其尤無良不聽令者。由是皆自重愼法。人士之落南不能歸者。與流徙之胄百廿八族。用其才良。而廩其無告者。其女子可嫁。與之錢財。令無失時。刑德並流。方地數千里。不識盜賊。山行海宿。不擇處所。事神治人。其可謂備至耳矣。咸願刻廟石以著厥美。而繫以詩。乃作詩曰。

南海之墟。祝融之宅。卽祀於旁。帝命南伯。吏隋不躬。正自令公。明用享錫。右我家邦。惟明天子。惟愼厥使。我公在官。神人致喜。海嶺之陬。既足既濡。胡不均宏。俾執事樞。公行勿遲。公無遽歸。匪我私公。神人具依。

處州孔子廟碑

自天子至郡邑守長通得祀而徧天下者。唯社稷與孔子焉。一作爲然而社祭土。稷祭穀。句龍與棄。乃其佐享。非其專主。又其位所不屋而壇。豈如孔子用王者禮。巍然當座。以門人爲配。自天子而下。北面跪祭。進退誠敬。禮如親弟子者。句龍棄以功。孔子以德。固自有次第哉。自古多有以功德得其位者。不得常祀。句龍棄孔子。皆不得位。而得常祀。然其祀事皆不如孔子之盛。所謂生人以來。未有如孔子者。其賢過於堯舜遠者。此其效歟。郡邑皆有孔子廟。或不能修事。雖設博士弟子。或役於有司。名存實亡。失其所業。獨處州刺史鄴侯李繁至官。能以爲先。既新作孔子廟。又令工改爲顏子至子夏十人像。其餘六十二子。及後大儒公羊高。左邱明。孟軻。荀況。伏生。毛公。韓生。董生。高堂生。揚雄。鄭元等數十人。皆圖之壁。選博士弟子必皆其人。又爲

置講堂。教之行禮。肄習其中。置本錢廩米。令可繼處以守。廟成。躬率吏及博士弟子。入學行釋菜禮。耆老歎嗟。其子弟皆興於學。鄴侯尚文。其於古記無不貫達。故其爲政知所先後。可歌也已。乃作詩曰。

惟此廟學。鄴侯所作。厥初庳下。神不以宇。先師所處。亦窘寒暑。乃新斯宮。神降其獻。講讀有常。不誠用勸。揭揭元哲。有師之尊。羣聖嚴嚴。大法以存。像圖孔肖。咸在斯堂。以瞻以儀。俾不或忘。後之君子。無廢成美。琢詞碑石。以贊攸始。

柳州羅池廟碑

羅池廟者故刺史柳侯廟也柳侯爲州不鄙夷其民動以禮法三年民各自矜奮曰兹土雖遠京師吾等亦天氓今天幸惠仁侯若不化服我則非人於是老幼相教語莫違侯令凡有所爲於其鄉閭及於其家皆曰吾侯聞之得無不可於意否莫不忖度而後從事凡令之期民勸趨之無有後先必以其時於是民業有經公無負租流逋四歸樂生興事宅有新屋步有新船池園潔修豬牛鴨雞肥大蕃息子嚴父詔婦順夫指嫁娶葬送各有條法出相弟長入相慈孝先時民貧以男女相質久不得贖盡沒爲隸我侯

之至按國之故以傭除本悉奪歸之大修孔子廟城郭巷道皆治使端正樹以名木柳民既皆悅喜常於其部將魏忠謝寧歐陽翼飲酒驛亭謂曰吾棄於時而寄於此與若等好也明年吾將死死而爲神後三年爲廟祀我及期而死三年孟秋辛卯侯降於州之後堂歐陽翼等見而拜之其夕夢翼而告之曰館我於羅池其月景辰廟成大祭過客李儀醉酒慢侮堂上得疾扶出廟門即死明年春魏忠歐陽翼使謝寧來京師請書其事於石余謂柳侯生能澤其民死能驚動禍福之以食其土可謂靈也已作迎享送神詩遺柳民俾歌以祀焉而幷刻之柳侯河東人諱宗元字子厚賢而有文章嘗位於朝光顯矣已而擯不用其辭曰

荔子丹兮蕉黃雜肴蔬兮進侯堂侯之船兮兩旗度中流兮風泊之待侯不來兮不知我悲侯乘駒兮入廟慰我民兮不嚬以笑鵝之山兮柳之水桂樹團團兮白石齒齒侯朝出遊兮暮來歸春與猨吟兮秋鶴與飛北方之人兮爲侯是非千秋萬歲兮侯無我違福我兮壽我驅厲鬼兮山之左下無苦濕兮高無乾秔稌充羨兮蛇蛟結蟠我民報

事兮無怠其始自今兮欽於世世

黃陵廟碑

湘旁有廟曰黃陵自前古立以祠堯之二女舜二妃者庭有石碑斷裂分散在地其文剝缺考圖記言漢荆州牧劉表景升之立題曰湘夫人碑今驗其文乃晉太康九年又題其額曰虞帝二妃之碑非景升立者秦博士對始皇帝云湘君者堯之二女舜妃者也劉向鄭元亦皆以二妃爲湘君而離騷九歌既有湘君又有湘夫人王逸之解以爲湘君者自其水神而謂湘夫人乃二妃也從舜南征三苗

不反道死沅湘之閒山海經曰洞庭之山帝之二女居之郭璞疑二女者帝舜之后不當降小水爲其夫人因以二女爲天帝之女以余考之璞與王逸俱失也堯之長女娥皇爲舜正妃故曰君其二女女英自宜降曰夫人也故九歌辭謂娥皇爲君謂女英爲帝子各以其盛者推言之也禮有小君君母明其正自得稱君也書曰舜陟方乃死傳謂舜昇道南方以死或又曰舜死葬蒼梧二妃從之不及溺死沅湘之閒余謂竹書紀年帝王之沒皆曰陟陟昇也謂昇天也書曰殷禮陟配天言以道終其德協天也書紀

舜之沒云陟者與竹書周書同文也其下言方乃死者所以釋陟爲死也地之勢東南下如言舜南巡而死宜言下方不得言陟方也以此謂舜死葬蒼梧於時二妃從之不及而溺死者皆不可信二妃既曰以謀語舜脫舜之戹成舜之聖堯死而舜有天下爲天子二妃之力宜常爲神食民之祭今之渡湘江者莫敢不進禮廟下元和十四年春余以言事得罪黜爲潮州刺史其地於漢南海之揭陽厲毒所聚懼不得脫死過廟而禱之其冬移袁州刺史明年九月拜國子祭酒使以私錢十萬抵岳州願易廟之圮桷腐瓦於刺史王堪長慶元年刺史張愉自京師往余與愉故善因謂曰丐我一碑石載二妃廟事且令後世知有子名愉曰諾既至州報曰碑謹具遂篆其事俾刻之

衢州徐偃王廟碑

徐與秦俱出柏翳爲嬴姓國於夏殷周世咸有大功秦處西偏專用武勝遭世衰無明天子遂虎吞諸國爲雄諸國既皆入秦爲臣屬秦無所取利上下相賊害卒償其國而沈其宗徐處得地中文德爲治及偃王誕當國益除去刑爭末事凡所以君國子民待四方一出於仁義當此之時

周天子穆王無道意不在天下好道士說得八駿騎之西遊同王母宴於瑤池之上歌謳忘歸四方諸侯之爭辯者無所質正咸賓祭於徐贄玉帛死生之物於徐之庭者三十六國得朱弓赤矢之瑞穆王聞之恐遂稱受命命造父御長驅而歸與楚連謀伐徐徐不忍鬭其民北走彭城武原山下百姓隨而從之萬有餘家偃王死民號其山爲徐山鑿石爲室以祠偃王偃王雖走死失國民戴其嗣爲君如初駒王章禹祖孫相望自秦至今名公巨人繼跡史書徐氏十望其九皆本於偃王而秦後迄茲無聞家天於柏

翳之緒非偏有厚薄施仁與暴之報自然異也衢州故會稽太末也民多姓徐氏支縣龍邱有偃王遺廟或曰偃王之逃戰不之彭城之越城之隅棄玉几研於會稽之水或曰徐子章禹既執於吳徐之公族子弟散之徐揚二州閒即其居立先王廟云開元初徐姓二人相屬爲刺史帥其部之同姓改作廟屋載事於碑後九十年當元和九年而徐氏放復爲刺史放字達夫前碑所謂今戶部侍郎其大父也春行視農至於龍邱有事於廟思惟本原曰故制觕樸下窄不足以揭虔妥靈而又梁桷赤白陊剝不治圖像

之威黗昧就滅藩拔級夷庭木秃缺祈甿日慢祥慶弗下州之羣支不獲蔭庥余惟遺紹而尸其土不即不圖以有資聚罰其可辭乃命因故爲新衆工齊事惟月若日工告訖功大祠於廟宗鄉咸序應是歲州無怪風劇雨民不夭厲穀果完實民皆曰耿耿祉哉其不可誣乃相與請辭京師歸而鑱之於石辭曰

秦傑以顛徐由遜綿秦鬼久饑徐有廟存婉婉偃王惟道之耽以國易仁爲笑於頑自初擅命其實幾姓歷短罟長有不償亡課其利害孰與王當姑蔑之墟太末之里誰思王恩立廟以祀王之闢孫世世多有唯臨茲邦廟土實寺堅嶠之後達夫廓之王殁萬年如始祔時王孫多孝世奉王廟達夫之來先愼詔教盡惠廟民不主於神維是達夫知孝之元太末之里姑蔑之城廟事時修仁孝振聲宜寵其人以及後生嗟嗟維王雖古誰亢王死於仁彼以暴興文追作誄刻示茫茫

袁氏先廟碑

袁公滋既成廟明歲二月自荆南以旂節朝京師留六日得壬子春分率宗親子屬用少牢於三室既事退言曰嗚

呼遠哉維世傳德襲訓集余乃今有濟今祭既不薦金石音聲使工歌詩載烈象容其奚以飭稚昧於長久唯敬繫羊豕幸有石如具著先人名跡因爲詩繫之語下於義其可雖然余不敢必屬爲古而達於詞者遂以命愈愈謝非其人不獲命則謹條袁氏本所以出與其世系里居起周歷漢魏晉拓拔魏周隋入國家以來高曾祖考所以勑躬肅後委祉於公公之所以逢將承應者有縣有詳而綴以詩其語曰周樹舜後陳陳公子有爲大夫食國之地袁鄉者其子孫世守不失因自別爲袁氏春秋世陳常壓於楚

與中國相加尤疎袁氏猶班班見可譜常居陽夏陽夏至晉屬陳郡故號陳郡袁氏博士固申儒遏黃唱業於前至司徒安懷德於身袁氏遂大顯連世有人終漢連魏晉分仕南北始居華陰爲拓拔魏鴻臚鴻臚諱恭生周梁州刺史新縣孝侯諱穎孝侯生隋左衛大將軍諱温去官居華陰武德九年以大耋薨始葬華州左衛生南州刺史諱士政南州生當陽令諱倫於公爲曾祖當陽生朝散大夫石州司馬諱知元司馬生贈工部尚書咸寧令諱煜是爲皇考袁氏舊族而當陽以通經爲儒位止縣令石州用春秋

持身治事爲州司馬以終咸寧備學而貫以一文武隨用謀行功從出入有立不爵於朝比三世宜達而窒歸成後人數當於公公惟曾大父大父皇考比三世存不大夫食歿祭在子孫唯將相能致備物世彌遠禮則益不及在愼德行業治圖功載名以待上可無細大無敢不敬畏無早夜無敢不思成於家進於外以立於朝自侍御史歷工部員外郎祠部郎中諫議大夫尚書右丞華州刺史金吾大將軍由卑而鉅莫不官稱遂爲宰相以贊辯章仍持節將蜀滑襄荆畧苞河山秩登祿富以有廟祀具如其志又垂顯刻以教無忘可謂大孝詩曰

袁自陳分初尚蹇連越秦造漢博士發論司徒任德忍不錮人收功厥後五公重尊晉氏於南來處華下鴻臚孝侯用適操捨南州勤治取最不懈當陽耽經唯義之畏石州烈烈學專春秋懿哉咸寧不名一休趨難避成與時泛浮是生孝子天子之宰出把將符羣州承楷數以立廟祿以備器由曾及考同堂異置柏版松楹其筵肆肆維袁之廟孝孫之爲順勢卽宜以諏以龜以平其巘屋牆持持孝孫來享來拜廟庭陟堂進室親登籩鉶肩臑胉骼其樽元清

降登受胙於慶爾成維曾維祖維考之施於汝孝嗣以報以祗凡我有今非本曷思刻詩繫牲維以告之

烏氏廟碑銘

元和五年天子曰盧從史始立議用師於恒乃陰與寇連夸謾兇驕出不遜言其執以來其四月中貴人承璀卽誘而縛之其下皆甲以出操兵趨譁牙門都將烏公重允當軍門叱曰天子有命從有賞敢違者斬於是士皆斂兵還營卒致從史京師壬辰詔用烏公爲銀青光祿大夫河陽軍節度使兼御史大夫封張掖郡開國公居三年河陽稱

治詔贈其父工部尚書且曰其以廟享即以其年營廟於京師崇化里軍佐竊議曰先公既位常伯而先夫人無加命號名差卑於配不宜語聞詔贈先夫人劉氏沛國太夫人八年八月廟成三室同宇祀自左領府君而下作主於第乙巳升於廟烏氏著於春秋譜於世本列於姓苑在莒者存在齊有餘枝鳴皆爲大夫秦有獲爲大官其後世之江南者家鄱陽處北者家張掖或入夷狄爲君長唐初察爲左武衛大將軍實張掖人其子曰令望爲左領軍衛大將軍孫曰蒙爲中郎將是生贈尚書諱承玼字某烏氏自

莒齊秦大夫以來皆以才力顯及武德以來始以武功爲名將家開元中尚書管平盧先鋒軍屬破奚契丹從戰捺祿走可突于渤海上至馬都山吏民逃徙失業尚書領所部兵塞其道壍原累石緜四百里深高皆三丈寇不得進民還其居歲罷運錢三千萬餘黑水室韋以騎五千來屬麾下邊威益張其後與耿仁智謀說史思明降思明復叛尚書與兄承恩謀殺之事發族夷尚書獨走免李光弼以聞詔拜冠軍將軍守右威衛將軍檢校殿中監封昌化郡王石嶺軍使積粟厲兵出入耕戰以疾去職貞元十一年二月丁巳薨於華陰告平里年若干即葬於其地二子大夫爲長季曰重元爲某官銘曰

烏氏在唐有家於初左武左領二祖紹居中郎少卑屬於尚書不償其勞乃相大夫授我戎節制有壇墠數備禮登以有宗廟作廟天都以致其孝右祖左孫爰饗其報云誰無子其有無孫克對無羞乃惟有人念昔平盧爲艱爲瘁大夫承之危不棄義四方其平士有迨息來觀來齋以饋黍稷

曹成王碑

王姓李氏諱皐字子蘭諡曰成其先王明以太宗子國曹絕復封傳五王至成王嗣封在元宗世蓋於時年十七八紹爵三年而河南北兵作天下震擾王奉母太妃逃禍民伍得間走蜀從天子天子念之自都水使者拜左領軍衛將軍轉貳國子祕書王生十年而失先王哭泣哀悲弔客不忍聞喪除痛刮磨豪習委已於學稍長重知人情急世之要恥一不通侍太妃從天子於蜀既孝既忠持官持身內外斬斬由是朝廷滋欲試之於民上元元年除溫州長史行刺史事江東新刳於兵郡旱饑民交走死無弔王及

州不解衣下令掊鎖擴門悉棄倉實與民活數十萬人奏報升秩少府與平袁賊仍徙祕書兼州別駕部告無事遷眞於衡法成令修治出張施聲生勢長觀察使噎媢不能出氣誣以過犯御史助之貶潮州刺史楊炎起道州相德宗還王於衡以直前謾王之遣誣在理念太妃老將驚而戚出則囚服就辯入則擁笏垂魚坦坦施施卽貶於潮以遷入賀及是然後跪謝告實初觀察使虐使將國良往戍界良以武岡叛戍衆萬人斂兵荊黔洪桂伐之二年尤張於是以王帥湖南將五萬士以討良爲事王至則屛兵投

良以書中其忌諱良羞畏乞降狐鼠進退王卽假爲使者從一騎踔五百里抵良壁鞭其門大呼我曹王來受良降良今安在良不得已錯愕迎拜盡降其軍太妃薨王棄部隨喪之河南葬及荊被詔責還會梁崇義反王遂不敢辭以還升秩散騎常侍明年李希烈反遷御史大夫授節帥江西以討希烈命至王出止外舍禁無以家事關我哀兵大選江州羣能著職王親教之搏力勾卒嬴越之法曹誅五畀艦步二萬人以與賊遌嘬鋒蔡山踣之剜蘄之黃梅大鞣長平鏺廣濟掀蘄春撇蘄水掇黃岡筴漢陽行䟦汊川還大膊蘄水界中披安三縣拔其州斬僞刺史標光之北山畓隨光化捁其州十抽一推救兵州東北屬鄉還開軍受降大小之戰三十有二取五州十九縣民老幼婦女不驚市賈不變田之果穀下無一跡加銀青光祿大夫工部尚書改户部再換節臨荊及襄眞食三百王之在兵天子西巡於梁希烈北取汴鄭東畧宋圍陳西取汝薄東都王坐南方北向落其角距賊死咋不能入寸尺亡將卒十萬盡輸其南州王始政於温終政於襄恒平物估賤斂貴出民用有經一吏軌民使令家聽户視姦宄無所宿府中

不聞急步疾呼治民用兵各有條次世傳爲法任馬彝將愼將鍔將潛偕盡其力能薨贈右僕射元和初以子道古在朝更贈太子太師道古進士司門郎刺利隨唐睦徽爲少宗正兼御史中丞以節督黔中朝京師改命觀察鄂岳蘄沔安黃提其師以伐蔡且行泣曰先王討蔡實取沔蘄安黃寄惠未亡今余亦受命有事於蔡而四州適在吾封庶其有集先王薨於今二十五年吾昆弟在而墓碑不刻無文其實有待子無用辭乃序而詩之辭曰

太支十三曹於弟季或亡或微曹始就事曹之祖王畏塞

絕邊零王黎公不聞僅存子父易封三王守名延延百載以有成王成王之作一自其躬文被明章武厲畯功蘇枯弱強齦其姦猖以報於宗以昭於王王亦有子處王之所唯舊之視蹶蹶陛陛實取實似刻詩其碑爲示無止

銀青光祿大夫檢校左散騎常侍兼右金吾衞大將軍贈工部尚書太原郡公王公神道碑

公諱用字師柔太原人莊憲皇太后之弟今天子之舅太師之子太尉之孫司徒之曾孫元和元年上朝太后南宮大襃外氏自外高王父而下至外王父咸冊登公師事載

之史皇太后昆弟唯公一人於是特拜銀青光祿大夫太子少詹事未三月因遷太詹事賜勳上柱國爵封郡公國於太原益掌廄苑之事公起外戚子弟秩卑年少歲餘超居上班官尊職大朝夕兩宮而能敬讓以敏持以禮法不挾不矜賓接士大夫高下中度興官耆事滋久愈謹由是朝廷推賢所處號治轉少府監太子賓客別職仍初遷左散騎常侍兼右金吾大將軍皆以選進不專爲恩十一年秋將以八月葬莊憲太后前一月壬申以疾告薨春秋四十有七上罷朝二日爲位以哭贈工部尚書十一月壬申葬於萬年縣落女原夫人河南胡氏號太原郡夫人有子六人女子一人葬得日公之姊壻京兆尹李翛謂太子右庶子韓愈曰子以文常銘賢公卿今不可以辭應曰諾而爲銘曰

有嬀氏國實出炎軒蜀塗華摯正妃之門孰豐其川不羨其源王氏周胄官封繼繼實生聖女以母唐帝公惟后季天子吾甥卑躬愼德不與寵橫年方未老后哀猶新如何不惠而殞其身刻文茲石久載攸存

韓愈十六

唐故中散大夫少府監胡良公墓神道碑

少府監胡公者諱珦字潤博年七十九以官卒明年八月十四日葬京兆奉先夫人天水趙氏祔焉其子逞迺巡遇述遷造與公壻廣文博士吳郡張籍以公之族出行治歷官壽年爲書使人自京師南走八千里至閩南兩越之界上請爲公銘刻之墓碑於潮州刺史韓愈曰胡姓本出安定後徙清河於今爲宗城屬貝州大父諱秀武后時以文

材徵爲麟臺正字父寀臣用進士卒官平陽冀氏令贈潭州大都督公早孤能自勸學立節槩非其身力不以衣食凡一試進士二即吏部選皆以文章占上第樂爲儉勤自刻削不干人以矯時弊及爲富平尉一府稱其斷決建中四年侍郎趙贊爲度支使薦公爲監察御史主餽給渭橋以東軍洗手奉職不以一錢假人賊平有司考覈羣吏多坐貶死獨公以清苦能檢飭無漏失遷河南倉曹魏公賈躭以節鎮鄭滑以公佐觀察事檢校尚書工部員外郎以剛直齟齬不阿忤權貴除獻陵令居陵下七年市置田宅務種樹爲業以自給教授子弟貞元十一年吏部大選以公考選人藝學以勞遷奉先令以治辦遷尚書膳部郎中改坊州刺史州經亂無孔子廟公至則命築宮造祭器率博士生講讀以時如法以祠人吏聚觀歎息遷舒州刺史州歲大熟麥一莖數穗閭里歌舞之考功以聞遷尚書駕部郎中數以事犯尚書李巽巽時主鹽鐵事富驕恃勢以語丞相由是退公爲鳳翔少尹巽死遷少大理改少詹事元和十二年朝廷以公年老能自祗力事職不懈可嘉拜少府監兼知內中尚明年以病卒公始以進士孤身旅長

安致官九卿爲大家七子皆有學守女嫁名人年幾八十堅悍不衰事可傳載可爲成德銘曰

竭竭胡公既果以方挾藝射科每發如望人求於人我已爲之自始迄終不降色辭因官立事隨有可載發跡餽軍遭讒府介去居陵下爲吏爲隱坊舒之政於兹有斬守官駕部名升已屈躋於少府甚宜秩物不配其有君子恥之少府古卿公優止之刻文碑石以顯公行維公後人無怠嗣慶

唐故相權公墓碑

上之元和六年其相曰權公諱德輿字載之其本出自殷帝武丁武丁之子降封於權權江漢閒國也周衰入楚爲權氏楚滅徙秦而居天水略陽符秦之王中國其臣有安邱公翼者有大臣之言後六世至平涼公文誕爲唐上庸太守荆州大都督長史焯有聲烈平涼曾孫諱倕贈尚書禮部郎中以藝學與蘇源明相善卒官羽林軍錄事參軍於公爲王父郎中生贈太子太保諱皋以忠孝致大名去官累以官徵不起追謚貞孝是實生公公在相位三年其後以吏部尚書授節鎭山南年六十以薨贈尚書左僕射

謚文公公生三歲知變四聲四歲能爲詩七歲而貞孝公卒來弔哭者見其顏色聲容皆相謂權氏世有其人及長好學孝敬祥順貞元八年以前江西府監察御史徵拜博士朝士以得人相慶改左補闕章奏不絕譏排姦倖與陽城爲助轉起居舍人遂知制誥凡撰命詞九年以類集爲五十卷天下稱其能十八年以中書舍人典貢士拜尚書禮部侍郎薦士於公者其言可信不以其人布衣不用即不可信雖大官勢人交言一不以綴意奏廣歲所取進士明經在得人不以員拘轉戶兵吏三曹侍郎太子賓客復爲兵部遷太常卿天下愈推爲鉅人長德時天子以爲宰相宜參用道德人因拜禮部尚書同中書門下平章事公旣謝辭不許其所設張舉措必本於寬大以幾教化多所助與維匡調娛不失其正中於和節不爲聲章因善與賢不矜主己以吏部尚書留守東都東方諸帥有利病不能自請者公嘗與疏陳不以露布復拜太常轉刑部尚書考定新舊令式爲三十編舉可長用其在山南河南勤於選付治以和簡人以寧便以疾求還十三年某月甲子道薨於洋之白草奏至天子痌傷爲之不御朝郎官致贈錫官

居野處上下弔哭皆曰善人死矣其年某月日葬河南北山在貞孝東五里公由陪屬升列年除歲遷以至公宰人皆喜聞若已與有無忌嫉者于頔坐子殺人失位自囚親戚莫敢過門省顧朝莫敢言者公將留守東都爲上言曰頔之罪旣貫不竟宜因賜寛詔上曰然公爲吾行諭之頔以不憂死前後考第進士及廷所策試士踵相躡爲宰相達官與公相先後其餘布處臺閣外府凡百餘人自始學至疾病未嘗一日去書不觀公旣以能爲文辭擅聲於朝多銘卿大夫功德然其爲家不視簿書未嘗問有亡費不

儕餘公娶清河崔氏女其父造嘗相德宗號爲名臣旣葬其子監察御史璩纍然服衰來有請乃作銘文曰

權在商周世次不存滅楚從秦嬴劉之閒甘泉始侯以及安邱詆訶浮屠皇極之扶貞孝之生鳳鳥不至爵位豈多半塗以稅壽考豈多四十而逝惟其不有以惠厥後是生相君爲朝德首行世祖之文世師之流連六官出入屛毗無黨無讎舉世莫疵人所憚爲公勇爲之其所競馳公絕不窺孰克知之德將在斯刻詩墓碑以永厥垂

劉統軍碑

唐故陳許軍節度使金紫光祿大夫檢校尚書左僕射兼御史大夫右龍武統軍彭城郡開國公食邑二千戶贈潞州大都督劉公諱昌裔字光後薨旣葬將反柩於京舍於墓次故吏文武士門人送客訖事會哭將退咸顧戀牽連一口言曰自我公薨至葬凡所以校德焯勤者莫不粗完隱卒崇終有都督之詔日事時功以著不可誣有太史之狀太常之狀有謚有誄有幽堂之銘又如卽外碑刻文以顯詩之其於傳無已豈不益可保於是相許諾以告其孤縱縱哭捨杖拜曰縱不敢違則相與刻銘文曰

劉處彭城本自楚元陽曲之別繇公祖遷公曾祖考爲朔州守祖令太原仍世北邊樂其高寒棄楚不還逮於公身三世晉人公生而異魁顏鉅鼻幼如鈩退少長好事西戎乘勢盜有河外公雖家居爲國喑噫來告邊帥可破之計楊琳爲橫巴蜀靡彫公由游寄單船諭招折其尾毒不得動搖琳後來降公不有功終琳之巳還臥民里蓋古有云人職其憂無事於職而與國謀德宗之始爲曲環起奮筆爲檄强寇氣死決敗算成效於屈指環有許師公遂佐之蘇氏軋敵多出公畫累拜郎中進兼中丞雖在陪貳天子

所憑蔡卒幸喪圍我許郛新師不牢劻勷將逋公爲陳方應變爲械與之上下寇無所賴遂至遁敗以功遷陳實許之半聲篤元侯以勢自憚復入居許爲軍司馬脫權下威士心益歸卒嗣環職棄惡從德乃與蔡通塗其榛棘稚耆嬉遨連手歌謳上無可怨外無與讎旣長事官浚之大夫其債未塞僕射以都及癸巳歲秋涌水出流過其部破民廬室公卽疏言此皆臣慾防斷不補瀆民於梟臣耄且疾宜卽大罰上曰燬害大臣其來允余之愚其可止哉驛隸走呼有中使來公迎於驛遂行不迴六月隆熱上下歡施

公難公驅去馬以輿公病日惡不能造闕仆臥在宅閒有加錫命為統軍龍武之右兼官左相百僚長首冬十一月日將南至公遂薨殂年六十二奏聞怛悼俾官臨弔悲不聽朝贈督潞州存歿之賚於數為優明年九月東葬金谷公往有命匪後人卜

河東節度觀察使滎陽鄭公神道碑文

河東節度使贈尚書右僕射鄭公葬在滎陽索上元和八年六月庚子太史尚書比部郎中護軍韓愈刻其墓碑曰司馬氏遷江南有鄭豁者仕慕容垂國為其太子少保其

孫簡當拓跋魏為滎陽太守後簡者號其族為南祖南祖之鄭入唐有為利之景谷令者曰嘉範於公為曾祖是生撫俗為泗之徐城令徐城生公之父曰洪卒官涼之戶曹參軍公諱儋少依母家隴西李氏舉止異凡兒其舅吏部侍郎季卿謂其必能再立鄭氏稍長能自課學明左氏春秋以進士選為太原參軍事對直言策拜京兆高陵尉考府之進士能第上下以實不姦樊僕射澤以襄陽兵戰淮西公以參謀留府能任後事戶曹殯於涼涼地入西戎自景谷徐城三世皆未還滎陽葬公解官舉五喪為三墓葬索東徐城墓無表公能幼長哀感心求不置以得舊人指告其處其後為大理丞太常博士遷起居郎尚書司封吏部二郎中能官舉其名德宗晚節儲將於其軍以公為河東軍司馬能以無心處嫌閒卒用有就貞元十六年將說死即詔授司馬節度河東軍除其官為工部尚書太原尹兼御史大夫北都留守公之為司馬用寬廉平正得吏士心及升大帥持是道不變部將有因貴人求要職者公不用用老而有功無勢而遠者削四鄰之交賂省姬媵之大燕校講民事施罷不竢日用能以十月成政氓征就寬

軍給以饒十七年疾廢朝夕八月庚戌薨享年六十一天子為之不能臨朝者三日贈尚書右僕射即以其年十月辛卯葬索上疾比薨醫問交道比葬弔贈賜使者相及凡河東軍之士與太原之氓吏及旁九郡百邑之鰥寡外夷狄之統於府者聞公之薨皆哭曰吾其如何公與賓客朋游飲酒必極醉投壺博弈窮日夜若樂而不厭者平居簾閣據几終日不知有人別自號白雲翁名人魁士鮮不與善好樂後進及門接引皆有恩意始娶范陽盧氏女生仁本仁約仁載皆有文行二季舉進士皆早死仁本為後子

獨存不樂舉選年三十餘始佐河陽軍後娶趙郡李氏生三女二夫人凡三男五女長女嫁遼東李繁繁亦名臣子有才學遺命二夫人各別爲墓不合葬系曰

士常患勢卑不能推功德及人常患貧無以奉所欲得若鄭公者勤一生以得其位而曾不得須臾有焉雖然觀其所既立其可知已嗚呼哀哉

清邊郡王楊燕奇碑文

公諱燕奇字燕奇宏農華陰人也大父知古祁州司倉烈考文誨天寶中實爲平盧衙前兵馬使位至特進檢校太

子賓客封宏農郡開國伯世掌諸蕃互市恩信著明夷人慕之祿山之亂公年幾二十進言於其父曰大人守官宜不得去王室在難某其行矣其父爲之請於戎帥遂率諸將校之子弟各一人間道趨闕變服詭行日倍百里天子嘉之特拜左金吾衛大將軍員外置賜勳上柱國寶應二年春詔從僕射田公平劉展又從下河北大歷八年帥師納戎帥勉於滑州九年從朝於京師建中二年城汴州功勞居多三年從攻李希烈先登貞元二年從司徒劉公復汴州十二年與諸將執以城叛者歸之於京師事平授御史大夫食實封百戶賜繒綵有加十四年年六十一五月某日終於家自始命左金吾大將軍凡十五遷爲御史大夫職爲節度押衙右廂兵馬使兼馬軍先鋒兵馬使階爲特進勳爲上柱國爵爲清邊郡王食盧邑自三百戶至三千戶眞食五百戶終焉公結髮從軍四十餘年敵攻無堅城守必完臨危蹈難歔欷感發乘機應會捷出神怪不畏義死不榮幸生故其事君無疑行其事上無間言初僕射田公其母隔於冀州公獨請往迎之經營賊城出入死地卒致其母田公德之約謂父子故公始姓田氏田公終而

後復其族焉嗣子通王屬良禎以其年十月庚寅葬公於開封縣魯陵岡隴西郡夫人李氏祔焉夫人清夷郡太守祐之孫漁陽郡長史獻之女柔嘉淑明先公而殁有男四人女三人後夫人河南郡夫人雍氏某官之孫某官之女有男一人女二人咸有至性純行夫人同仁均養親族不知異焉君子於是知楊公之德又行於家也銘曰

烈烈大夫逢時之虞感泣辭親從難於秦維茲爰始遂勤其事四十餘年或裨或專攻牢保危爵位已躋既明且愼終老無懟魯陵之岡蔡河在側烝烝孝子思顯懃績斷石

於此式垂後嗣

魏博節度觀察使沂國公先廟碑銘

元和八年十一月壬子上命丞相元衡丞相吉甫丞相絳召太史尚書比部郎中韓愈至政事堂傳詔曰田宏正始有廟京師朕惟宏正先祖父厥心靡不嚮帝室訖不得施乃以教付厥子維宏正銜訓事嗣朝夕不怠以能迎天之休顯有丕功維父子繼忠孝予維寵嘉之是以命汝愈銘欽哉惟時臣愈承命悸恐明日詣東上閤門拜疏辭謝不報退伏念昔者魯僖公能遵其祖伯禽之烈周天子實命

其史臣克作爲駉駜泮閟之詩使聲於其廟以假魯靈今天子嘉田侯服父訓不違用康靖我國家藎寵銘之所以休寧田氏之祖考而臣適執筆隸太史奉明命其可以辭謹按魏博節度使銀青光祿大夫檢校工部尚書兼魏州大都督府長史御史大夫沂國公田宏正北平盧龍人故爲魏博諸將忠孝畏慎田季安卒其子幼弱用故事代父人吏不附迎宏正於其家使領軍事宏正籍其軍之衆與六州之人還之朝廷悉除河北故事比諸州故得用爲帥已而復贈其父故滄州刺史兵部尚書母夫人鄭氏梁國太夫人得立廟祭三代曾祖都水使者府君祭初室祖安東司馬贈襄州刺史府君祭二室兵部府君祭東室其銘曰

唐繼古帝海外受制狎於太寧燕盜以驚羣黨相維河北失平號登元和大聖載營風揮日舒咸順指令蕘蕘魏土嬰兒戲兵吏戎愁毒莫保腰頸人曰田侯其德可倚叫謀奔趨乘門請起田侯攝事奉我天明束縛弓戈考校度程提壇籍戶來復邦經帝欽良臣曰維錫予蹉我六州始復故初告慶於宗以降命書旌節有韜豹尾神旗櫜兜戟纛

以長魏師田侯稽首臣愚不肖迨茲有成祖考之教帝曰俞哉維汝忠孝予思乃父追秩夏卿媲德娠賢梁國是榮田侯作廟相方視阯見於蓍龜祖考咸喜蹩蹩田侯兩有文武訖其外庸可作承輔咨汝田侯勿亟勿遲覲饗式時爾祖爾思

銀青光祿大夫守左散騎常侍致仕上柱國襄陽郡王平陽路公神道碑銘

惟路氏遠有代序自隋尚書兵部侍郎諱衮四代而至冀公冀公諱嗣恭以小邑蕭關令發聞開元受賜更名書於

太史治行靈州終功南邦享有丕祉紹開厥家官至兵部尚書封冀國公薨贈尚書右僕射司空公諱應字從衆冀公之嫡子用大臣子謹飭擢至侍御史著作郎選刺虔州剗餘寇都作縣安遠以利人屬鑿敗灘石以平贛梗陶甓而城罷人屢築詔嗣冀封又加尚書屯田郎中進服色遂臨於溫築隄岳城橫陽界中二邑得上田除水害拜尚書兵部郎中兼御史中丞淮南軍司馬改刺廬州又甓其城人不歲苦入爲尚書職方郎中兼御史中丞佐鹽鐵使使江東有功用半歲歷常州遷至宣歙池觀察使進封襄陽

郡王至則出倉米下其估半以廩餓人蜀闢誅行軍千五百人於蜀李錡將反以闢置鄉兵萬二千人錡反命將期以卒救湖常坐牢江東心錡以無助敗縛作響山亭營軍左右權丞相善之鑱其說響山石居宣五年以疾去位校其倉得石者五十萬餘府得錢千者八十萬公之爲州逢水旱喜賤出與人歲稔以其得收常有贏利故在所人不病饑而官府蓄積元和六年天子憫公疾不可煩以職即其處拜左散騎常侍以其祿居其歲九月望薨於東都正平里第年六十七明年葬京兆萬年少陵原夫人滎陽鄭氏祔既其子臨漢縣男貫與其弟賞貞謀曰宜有刻也告於叔父御史大夫鄜坊丹延觀察使恕因其族弟進士羣以來請銘遂以其事銘曰

冀公之封維艱就功襄陽繼大啓慶自躬於虔洎溫厥緒既作以及職方遂都邦伯朝夕人事下完上實師於其鄉鄰寇逼屈營軍響山牆屋修施襃功刻表丞相之辭受代而家敘疏及邇病不能廷食祿卒齒凡代大家維艱其保既顯既願戒於終咎伊我襄陽克慎以有延畀後承莫不率守有墓於原維樹在經以告無期博士是銘

唐故江南西道觀察使中大夫洪州刺史兼御史中丞上柱國賜紫金魚袋贈左散騎常侍太原

王公神道碑銘

王氏皆王者之後在太原者爲姬姓春秋時王子成父敗狄有功因賜氏厥後世居太原至東漢隱士烈博士徵不就居祁縣因號所居鄉爲君子公其君子鄉人也魏晉涉隋世有名人國朝大王父元暕歷御史屬三院止尚書郎生景肅守三郡終傅涼王生政襄鄧等州防禦使鄂州采訪使贈吏部尚書公尚書之弟某子公諱仲舒字宏中少

孤奉毋夫人家江南讀書著文其譽藹鬱當時名公皆折官位輩行願爲交貞元初射策拜左拾遺與陽城合遏裴延齡不得爲相德宗初怏怏無奈久而嘉之其後入閤德宗顧列謂宰相曰第幾人必王某也果然月餘特改右補闕遷禮部考功吏部三員外郎在禮部奏議詳雅省中伏其能在考功吏部提約明故吏無以欺同列有恃恩自得者衆皆媚承公疾其爲人不直視由此貶連州司户移夔州司馬又移荆南因佐其節度事爲參謀得五品服放跡在外積四年元和初收拾俊賢徵拜吏部員外郎未幾爲

職方郎中知制誥友人得罪斥逐後其家親知過門縮頸不敢視公獨省問爲計度論議直其寃由是出爲峽州刺史轉廬州未至丁毋夫人憂服除又爲婺州刺史時疫旱甚人死亡且盡公至多方救活天遂雨疫定比數年里閭完復制使出巡人塡道迎顯公德事具聞就加金紫轉蘇州變其屋居以絶火延隄松江路害絶阻滯秋夏賦調自爲書與人以期吏無及門而集政成爲天下守之最天子曰王某之文可思最宜爲誥有古風豈可久以吏事役之復拜中書舍人既至京師儕流無在者視同列皆邈然少

年益自悲而謂人曰豈可復治筆硯於其間哉上若未與臣宜用所長在外久周知俗之利病俾治之當不自愧宰相以聞遂得觀察江南西道奏罷榷酤錢九千萬軍息之無已掌吏壞產猶不釋囚之公至脫械不問人遭水旱賦窘公曰我且減燕樂絶他用錢可足乎遂以代之罷軍之息錢禁浮屠誑誘壞其舍以葺公宇三年法大成錢餘於庫粟餘於廩人享於田廬謳謡於道途天子復思且徵以代盧吏部左丞位以待之長慶三年十一月十七日薨於洪州年六十二上哀慟輟朝贈左散騎常侍某日歸葬於

某處某既以公之德刻而藏之墓矣子初又請詩以揭之詞曰

生人之治本乎斯文有事其末而忘其源切近昧陋道由是堙有志其本而泥古陳當用而迂乖戾不伸較是二者其過也均有美王公志儒之本達士之經秩秩而積涵涵而停韡爲華英不矜不盈孰播其馨孰發其明介然而居士友以傾敷文帝階擢列侍從以忠遠名有直有諷辨遏堅懇巨邪不用秀出班行乃動帝目帝省竭心恩顧日渥翔於郎署騫於禁密發帝之令簡古而蔚不比於權以直

友寃敲摵挫揠竟遭斥奔久淹於外歷守大藩所至極思必悉利病萎枯以膏燠暍以醒坦之敝之必絕其徑浚之澄之使安其泳帝思其文復命掌誥公潛謂人此識宜少豈無凋郡庸以自效上籍其實俾統於洪逋滯攸除姦訛革風祛蔽於目釋負於躬方乎所部禁絕浮屠風雨順易秔稻盈疇人得其所乃恬乃謳化成有代思以息勞虛位而歎奄忽滔滔維德維績志於斯石日遠彌高

銘

司徒兼侍中中書令許國公贈太尉韓公神道碑

韓姬姓以國氏其先有自頴川徙陽夏者其地於今爲陳之太康太康之韓其稱蓋久然自公始大著公諱宏公之父曰海爲人魁偉沈塞以武勇游仕許汴之間寡言自可不與人交衆推以爲鉅人長者官至游擊將軍贈太師娶鄉邑劉氏女生公是爲齊國太夫人夫人之兄曰司徒元佐有功建中貞元之間爲宣武軍帥有汴宋亳頴四州之地兵士十萬人公少依舅氏讀書習騎射事親孝謹偘偘自將不縱爲子弟華靡遨放事出入敬恭軍中皆目之嘗一抵京師就明經試退曰此不足發名成業復去從舅氏學將兵數百人悉識其材鄙怯智勇指付必堪其事司徒歎奇之士卒屬心諸老將皆自以爲不及司徒卒去爲宋南城將比六七歲汴軍連亂不定貞元十五年劉逸淮死軍中皆曰此軍司徒所樹必擇其骨肉爲士卒所慕賴者付之今見在人莫如韓甥且其功最大而材又俊即柄授之而請命於天子天子以爲然遂自大理評事拜工部尚書代逸淮爲宣武軍節度使悉有其舅司徒之兵與地當此時陳許帥曲環死而吳少誠反自將圍許求援於逸淮啗之以陳歸汴使數輩在館公悉驅出斬之選卒三千人

會諸軍擊少誠許下少誠失勢以走河南無事公曰自吾舅沒五亂於汴者吾苗薅而髮櫛之幾盡然不一揃刈不足令震駴命劉鍔以其卒三百人待命於門數之以數與於亂自以爲功并斬之以徇血流波道自是訖公之朝京師廿有一年莫敢有讙呶叫號於城郭者李師古作言起事屯兵於曹以嚇滑帥且告假道公使謂曰汝能越吾界而爲盜耶有以相待無爲空言滑帥告急公使謂曰吾在此公無恐或告曰翦棘夷道兵且至矣請備之公曰兵來不除道也不爲應師古詐窮變索遷延旋軍少誠以牛皮

蘉材遺師古師古以鹽資少誠潛過公界覺皆留輸之庫曰此于法不得以私相餽田宏正之開魏博李師道使來告曰我代與田氏約相保援今宏正非其族又首變兩河事亦公之所惡我將與成德合軍討之敢告公謂其使曰我不知利害知奉詔行事耳若兵北過河我即東兵以取曹師道懼不敢動宏正以濟誅吳元濟也命公都統諸軍曰無自行以遏北寇公請使子公武以兵萬三千人會討蔡下歸財與糧以濟諸軍卒擒蔡姦於是以公爲侍中而以公武爲鄜坊丹延節度使師道之誅公以兵東下進圍

考城克之遂進迫曹曹寇乞降鄆部既平公曰吾無事於此其朝京師天子曰大臣不可以暑行其秋之待公曰君爲仁臣爲恭可矣遂行既至獻馬三千四絹五十萬匹他錦紈綺纈又三萬金銀器千而汴之庫廄錢以貫數者尚餘百萬絹亦合百餘萬匹馬七千糧三百萬斛兵械多至不可數初公有汴承五亂之後掠賞之餘且斂且給恆無宿儲至是公私充塞至於露積不垣冊拜司徒兼中書令進見上殿拜跪給扶贊元經體不治細微天子敬之元和十五年今天子即位公爲冢宰又除河中節度使在鎮三年以疾乞歸復拜司徒中書令病不能朝以長慶二年十二月三日薨於永崇里第年五十八天子爲之罷朝三日贈太尉賜布粟其葬物有司官給之京兆尹監護明年七月某日葬於萬年縣少陵原京城東南三十里楚國夫人翟氏祔子男二人長曰肅元某官次曰公武某官肅元早死公之將薨公武暴病先卒公哀傷之月餘遂薨無子以公武子孫紹宗爲主後汴之南則蔡北則鄆二寇患公居間爲己不利卑身佞辭求與公好薦女請昏使日月至既不可得則飛謀釣謗以間染我公先事候情壞其機牙姦

不得發王誅以成最功定次孰與高下公子公武與公一時俱授弓鉞處藩爲將疆土相望公武以母憂去鎮公母弟充自金吾代將渭北公以司徒中書令治蒲於時弟充自鄭滑節度平宣武之亂以司空居汴自唐以來莫與爲比公之爲治嚴不爲煩止除害本不多教條與人必信吏得其職賦入無所漏失人安樂之在所以富公與人有畛域不爲戲狎人得一笑語重於金帛之賜其罪殺人不發聲色問法何如不自爲輕重故無敢犯者其銘曰

在貞元世汴兵五獮將得其人衆乃一愒其人爲誰韓姓

許公磔其梟狼養以雨風桑穀奮張厥壤大豐貞元元孫
命正我宇公爲臣宗處得地所河流兩壖盜連爲羣雄唱
雌和首尾一身公居其間爲帝督姦察其嚬呻與其睨眴
左顧失視右顧而跽蔡先鄆鉏三年而墟槁乾四呼終莫
敢濡常山幽都孰陪孰扶天施不留其討不遘許公預焉
其賚何如悠悠四方既廣既長無有外事朝廷之治許公
來朝車馬干戈相乎將乎威儀之多將則是矣相則三公
釋師十萬歸居廟堂上之宅憂公讓大宰養安蒲坂萬邦
絕等有弟有子提兵守藩一時三侯人莫敢扳生莫與榮
歿莫與令刻文此碑以鴻厥慶

欽定全唐文卷五百六十三

韓愈十七

河中府法曹張君墓碣銘

有女奴抱嬰兒來致其主夫人之語曰妾張圓之妻劉也妾夫常語妾云吾常獲私於夫子且曰夫子天下之名能文辭者凡所言必傳世行後今妾不幸夫逢盜死途中將以日月葬妾重哀其生志不就恐死遂沈泯敢以其稚子汴見先生將賜之銘是其死不爲辱而名永長存所以蓋覆其遺允子若孫且死萬一能有知將不悼其不幸於土中矣又曰妾夫在嶺南時嘗疾病泣語曰吾志非不如古人吾才豈不如今人而至於是而死於是耶若爾吾哀必求夫子銘是爾與吾不朽也愈既哭弔辭遂敘次其族世名字事始終而銘曰君字直之祖諱父孝新皆爲官汴宋間君嘗讀書爲文辭有氣有吏才嘗感激欲自奮拔樹功名以見世初舉進士再不第因去事宣武軍節度使得官至監察御史坐事貶嶺南再遷至河中府法曹參軍攝虞鄉令有能名進攝河東令又有名遂署河東從事絳州闕刺史攝絳州事能聞朝廷元和四年秋有事適東方既還

八月壬辰死於汴城西雙邱年四十有七明年一月日葬河南偃師妻彭城人世有衣冠祖好順泗州刺史父泳卒蘄州別駕女四人男一人嬰兒汴也是爲銘

清河郡公房公墓碣銘

公諱啟字某河南人其大王父融王父琯仍父子爲宰相融相天后事遠不大傳琯相元宗肅宗處艱難中與道進退薨贈太尉流聲於茲父乘仕至祕書少監贈太子詹事公胚胎前光生長食息不離典訓之內目擩耳染不學以能始爲鳳翔府參軍尚少人吏迎觀望見咸曰眞房太尉

家子孫也不敢弄以事轉同州澄城丞益自飭理同官憚伏衞晏使嶺南黜陟求佐得公擢摘良姦南土大喜還進昭應主簿裴胄領湖南表公爲佐拜監察御史部無遺事胄遷江西又以節鎭江陵公一隨遷佐胄累功進至刑部員外郎賜五品服副胄使事爲上介上聞其名徵拜虞部員外在省籍籍遷萬年令果辯儌絕貞元末王叔文用事材公之爲舉以爲容州經畧使拜御史中丞服佩視三品管有嶺外十三州之地林巒洞蜒守條死要不相漁劫稅飭賦時公私有餘削衣貶食不立資遺以班親舊朋友爲義在容九年遷領桂州封清河郡公食邑三千户中人使授命書應待失禮客主違言徵貳太僕未至貶虔州長史而坐使者以疾卒官年五十九其子越能輯父事無失謹謹致孝既葬碣墓請銘銘曰

房氏二相厥家以聞條葉被澤況公其孫公初爲吏亦以門庇佐使於南乃始巳致既辦萬年命屏容服功緖卓殊岷獠循業維不順隨失署亡資非公之怨銘以著之

柳子厚墓誌銘

子厚諱宗元七世祖慶爲拓跋魏侍中封濟陰公曾伯祖

奭爲唐宰相與褚遂良韓瑗俱得罪武后死高宗朝皇考諱鎭以事母棄太常博士求爲縣令江南其後以不能媚權貴失御史權貴人死乃復拜侍御史號爲剛直所與遊皆當世名人子厚少精敏無不通達逮其父時雖少年巳自成人能取進士第嶄然見頭角衆謂柳氏有子矣其後以博學宏詞授集賢殿正字儁傑廉悍議論證據今古出入經史百子踔厲風發率常屈其座人名聲大振一時皆慕與之交諸公要人爭欲令出我門下交口薦譽之貞元十九年由藍田尉拜監察御史順宗即位拜禮部員外郎

遇用事者得罪例出爲刺史未至又例貶州司馬居閒益自刻苦務記覽爲詞章汎濫停蓄爲深博無涯涘一自肆於山水閒元和中嘗例召至京師又偕出爲刺史而子厚得柳州既至歎曰是豈不足爲政耶因其土俗爲設教禁州人順賴其俗以男女質錢約不時贖子本相侔則沒爲奴婢子厚與設方計悉令贖歸其尤貧力不能者令書其傭足相當則使歸其質觀察使下其法於他州比一歲免而歸者且千人衡湘以南爲進士者皆以子厚爲師其經承子厚口講指畫爲文詞者悉有法度可觀其召至京師

而復爲刺史也中山劉夢得禹錫亦在遣中當詣播州子厚泣曰播州非人所居而夢得親在堂吾不忍夢得之窮無辭以白其大人且萬無母子俱往理請於朝將拜疏願以柳易播雖重得罪死不恨遇有以夢得事白上者夢得於是改刺連州嗚呼士窮乃見節義今夫平居里巷相慕悅酒食游戲相徵逐詡詡强笑語以相取下握手出肺肝相示指天日涕泣誓生死不相背負眞若可信一旦臨小利害僅如毛髮比反眼若不相識落陷穽不一引手救反擠之又下石焉者皆是也此宜禽獸夷狄所不忍爲而其人自視以爲得計聞子厚之風亦可以少愧矣子厚前時少年勇於爲人不自貴重顧藉謂功業可立就故坐廢退既退又無相知有氣力得位者推挽故卒死於窮裔材不爲世用道不行於時也使子厚在臺省時自持其身已能如司馬刺史時亦自不斥斥時有人力能舉之且必復用不窮然子厚斥不久窮不極雖有出於人其文學辭章必不能自力以致必傳於後如今無疑也雖使子厚得所願爲將相於一時以彼易此孰得孰失必有能辨之者子厚以元和十四年十一月八日卒年四十七以十五年七月十日歸葬萬年先人墓側子厚有子男二人長曰周六始

四歲季曰周七子厚卒乃生女子二人皆幼其得歸葬也費皆出觀察使河東裴君行立行立有節槪重然諾與子厚結交子厚亦爲之盡竟賴其力葬子厚於萬年之墓者舅弟盧遵遵涿人性謹愼學問不厭自子厚之斥遵從而家焉逮其死不去既往葬子厚又將經紀其家庶幾有始終者銘曰

是惟子厚之室既固既安以利其嗣人

昭武校尉守左金吾衛將軍李公墓誌銘

公諱道古字某曹成王子其先王明以太宗子王曹絕輒復封五世而至成王成王諱皋有功建中貞元閒以多才能能行賞誅爲名至今追數當時內外文武大臣成王必在其閒公以進士舉及第獻文輿三十卷拜校書郎集賢學士四遷至宗正丞憲宗卽位選擢宗室遷尚書司門員外郎以選爲利隨唐睦州刺史遷少宗正元和九年以御史中丞持節鎭黔中十一年來朝遷鎭鄂州以鄂岳道兵會平淮西以功加御史大夫十三年徵拜宗正轉左金吾上卽位以先朝時嘗信佞人柳泌能燒水銀爲不死藥薦

之泌以故起閒閻氓爲刺史不效貶循州司馬其年九月三日以疾卒於貶所年五十三長慶元年詔曰左降而死者還其官以葬遂以其年某月日葬於東都某縣公三娶元配韋氏諱修修生子紘紘爲進士學女貢嫁崔氏夫人隋雍州牧鄖公叔裕五世孫父士佺蓬山令次配崔氏諱蒳生綽紹綰女會嫁鄭氏季毗夫人父昭嘗爲京兆尹今夫人韋氏無子父光憲光祿卿其葬用古今禮以元配韋氏夫人祔而葬次配崔氏夫人於其域異墓公宗室子生而貴富能學問以中科取名喜自傾下以交豪傑身死貴宅以葬銘曰

太支於今其尚有封嘗公弟兄未續又亡其遷於南年及始衰雖黜不復而以喪歸海豐彌彌萬年于幾載其始終以哀表之

朝散大夫尚書庫部郎中鄭君墓誌銘

君諱羣字宏之世爲滎陽人其祖於元魏時有假封襄城公者子孫因稱以自別曾祖匡時晉州霍邑令祖千尋彭州九隴丞父迪鄂州唐年令娶河南獨孤氏女生二子君其季也以進士選吏部考功所試判爲上等授正字自鄠

縣尉拜監察御史佐鄂岳使裴均之爲江陵以殿中侍御史佐其軍均之徵也還虞部員外郎均鎭襄陽復以君爲襄府左司馬刑部員外郎副其支度使事均卒李夷簡代之因以故職留君歲餘拜復州刺史還祠部郎中會衢州無刺史方選人君願行宰相卽以君應詔治衢五年復入爲庫部郎中行及揚州遇疾居月餘以長慶元年八月二十四日卒春秋六十卽以其年十一月二十二日從葬於鄭州廣武原先人之墓次君天性和樂居家事人與待交遊初持一心未嘗變節有所緩急曲直薄厚疏數也不爲

翕翕熱亦不爲崖岸斬絕之行俸祿入門與其所過逢吹笙彈箏飲酒舞歌詠調醉呼連日夜不厭費盡不復顧問或分挈以去一無所愛惜不爲後日毫髮計畱也遇其空無時客至清坐相看或竟日不能設食客主各自引退亦不爲辭謝與之遊者自少及老未嘗見其顏色有若憂歎者豈列禦寇莊周等所謂近於道者耶其治官守身又極謹愼不挂於過差去官而人民思之身死而親故無所怨議哭之皆哀又可尚也初娶吏部侍郎京兆韋肇女生二女一男長女嫁京兆韋詞次嫁蘭陵蕭璜後娶河南少尹

趙郡李則女生一女二男其餘男二人女四人皆幼嗣子退思韋氏生也銘曰

再鳴以文進塗闢佐三府治藹厥躓郎官郡守愈著白洞然渾樸絕瑕謫甲子一終返元宅

朝散大夫越州刺史薛公墓誌銘

公諱戎字元夫其上祖懿爲晉安西將軍實始居河東公之四世祖嗣汾陰公諱德儒爲隋襄城郡書佐以卒襄城有子二人皆貴其後皆蕃以大而其季尤盛官至邠州刺史邠州諱寶允有子九人皆有名位其最季諱縑爲河南令以卒河南有子四人其長諱同卒官湖州長史贈刑部尚書尚書娶吳郡陸景融女有子五人皆有名蹟其達者四人公於倫次爲中子仁孝慈愛忠厚而好學不應徵舉沈浮閭巷閒不以事自累爲貴常州刺史李衡遷江西觀察使曰州客至多莫賢元夫吾得與之俱足矣卽署公府中職公不辭讓年四十餘始脫褐衣爲吏衡遷給事中齊映自桂州以故相代衡爲江西公因畱佐映治映卒湖南使李巽福建使柳冕交表奏公自佐詔以公與冕在冕府累遷殿中侍御史冕使公攝泉州冕文書所條下有不可

者公輒正之冕惡其異於己懷之未發也遇馬總以鄭滑府佐忤中貴人貶爲泉州別駕冕意欲除總附上意爲事使公按置其罪公歎曰公乃以是待我我始不願仕者正爲此耳不許冕遂大怒囚公於浮屠寺而致總獄事聞遠近值冕亦病且死不得已俱釋之冕死後使至奏公自副又副使事於浙東府轉侍御史元和四年徵拜尚書刑部員外郎遷河南令歷衢湖常三州刺史所至以廉直寬大爲稱朝廷嘉之某年拜越州刺史兼御史中丞浙東觀察使至則悉除去煩弊儉出薄入以致和富部刺史得自爲

治無所牽制四境之內竟歲無一事公篤於恩義盡用其祿以周親舊之急有餘頒施之內外親無疏遠皆家歸之疾病去官長慶元年九月庚申至於蘇州以卒春秋七十五奏至天子爲之罷朝贈左散騎常侍使臨弔祭之士大夫多相弔者以其年十一月庚申葬於河南偃師先人之兆次以韋氏夫人祔公凡再娶先夫人京兆韋氏後夫人趙郡李氏皆先卒子男二人曰沂曰洽長生九歲而幼七歲矣女四人皆已嫁愈既與公諸昆弟善又嘗代公令河南公之葬也故公弟集賢殿學士尚書刑部侍郎放屬予

以銘其文曰

薛氏近世莫盛公門公倫五人咸有顯聞公之初志不以事累僶俛以隨亦貴於位無怨無惡中以自實不能百年曷足謂壽公宜有後有二稚子其佑成之公食廟祀

楚國夫人墓誌銘

楚國夫人姓翟氏故檢校御史大夫宋州刺史良佐之女今司徒兼中書令許國公之妻前鄜坊節度使散騎常侍兼御史大夫公武之母夫人在家以孝友聰明爲父母所偏愛選所宜歸以適韓氏韓氏族大且貴又太尉劉公娚內外尊顯夫人入門上下莫不贊賀事皇姑齊國太夫人肅恭誠至奉養不怠皇姑以夫人能盡婦道稱之六親其事夫義以順其教子愛以公司徒公曰我之能守貴富不危溢者楚國有助焉耳大夫領梁偏師卒就蔡功受節居藩爲邦家令人父母之教然也夫人以元和十四年十一月一日薨於鄜之公府春秋若干大夫委節去位奉喪以居東都詔起之辭以羸毀不任卽命又加喻勉固不變天子嗟歎之長慶二年三月某日葬夫人於洛陽北山夫人生二子長曰肅元爲太子司議郎以卒贈尚書主客郎中

其次大夫公武也銘曰

翟氏之先蓋出宗周璜顯於魏以佐文侯高陵相漢義以家酬遷於南陽始自郞茁逮魏晉宋代不絕史以至夫人太守之子司徒之妻大夫之母公居河東子在鄜時爲王屛翰有壞千里公曰姑止以承我祀子曰母兮莫我撫已文駟雕軒往來有煒莫尊於母莫榮於妻從古迄今孰鍼與夷用昭厥裔篆此銘詩

國子司業竇公墓誌銘

國子司業竇公諱牟字某六代祖敬遠嘗封西河公大父

同昌司馬比四代仍襲爵名同昌諱允生皇考諱叔向官至左拾遺溧水令贈工部尚書尚書於大歷初名能爲詩文及公爲文亦最長於詩孝謹厚重舉進士登第佐六府五公八遷至檢校虞部郎中元和五年眞拜尚書虞部郎中轉洛陽令都官郎中澤州刺史以至司業年七十四長慶二年二月丙寅以疾卒其年八月某日葬河南偃師先公尚書之兆次初公善事繼母家居未出學問於江東尚幼也名聲詞章行於京師人遲其至及公就進士且試其輩皆曰莫先竇生於時公舅袁高爲給事中方有重名愛

且賢公然實未嘗以干有司公一舉成名而東遇其黨必曰非我之才維吾舅之私其佐昭義軍也遇其將死公權代領以定其危後將盧從史重公不遣奏進官職公視從史益驕不遜僞疾經年轝歸東都從史卒敗死公不以覺徵避去爲賢告人公始佐崔大夫縱畱守東都後佐畱守司徒餘慶歷六府五公文武細麤不同自始及終於公無所悔望有彼此言者六府從事幾且百人有愿姦易險賢不肖不同公一接以和與信卒莫與公有怨嫌者其爲郎官令守愼法寬惠不刻敎誨於國學也嚴以有禮扶善遏過益明上下之分以躬先之恂恂愷悌得師之道公一兄三弟常羣庠鞏常進士水部員外郎朗夔江撫四州刺史羣以處士徵自吏部郎中拜御史中丞出帥黔容以卒庠三佐大府自奉先令爲登州刺史鞏亦進士以御史佐淄青府皆有才名公子三人長曰周餘好善學文能謹謹致孝述父之志曲而不黷次曰某曰某皆以進士貢女子三人愈少公十九歲以童子得見於今四十年始以師視公而終以兄事焉公待我一以朋友不以幼壯先後致異公可謂篤厚文行君子矣其銘曰

后緡竇逃閔腹子夏以再家竇爲氏聖愕旋河犢引比相嬰撥漢納孔軌後去觀津而家平陵遙遙厥緒夫子是承我敬其人我懷其德作詩孔哀質於幽刻

正議大夫尚書左丞孔公墓誌銘

孔子之後三十八世有孫曰戣字君嚴事唐爲尚書左丞年七十三三上書去官天子以爲禮部尚書祿之終身而不敢煩以政吏部侍郎韓愈常賢其能謂曰公尚壯上三畱奚去之果曰吾敢要君吾年至一宜去吾爲左丞不能進退郎官惟相之爲二宜去愈又曰古之老於鄉者將自

佚非自苦閭井田宅具在親戚之不仕與倦而歸者不在東阡在北陌可杖屨來往也今異於是公誰與居且公雖貴而無留資何恃而歸曰吾負二宜去尚奚顧子言愈面歎曰公於是乎賢遠於人明日奏疏曰臣與孔戣同在南省數與相見戣爲人守節清苦論議正平年纔七十筋力耳目未嘗衰老憂國忘家用意至到如戣輩在朝不過三數人陛下不宜苟順其求不留自助也不報明年長慶四年正月己未公年七十四告薨於家贈兵部尚書公始以進士佐三府官至殿中侍御史元和元年以大理正徵累

遷江州刺史諫議大夫事有害於正者無所不言加皇太子侍讀改給事中言京兆尹阿縱罪人詔奪京兆尹三月之俸權知尚書右丞明年拜右丞改華州刺史明州歲貢海蟲淡菜蛤蚶可食之屬自海抵京師道路水陸遞夫積功歲爲四十三萬六千人奏疏罷之下邽令笞外桉小兒繫御史獄公上疏理之詔釋下邽令而以華州刺史爲大理卿十二年自國子祭酒拜御史大夫嶺南節度等使約以取足境內諸州負錢至二百萬悉放不收蕃舶之至泊步有下碇之稅始至有閱貨之燕犀珠磊落賄及僕隸公皆罷之絕海之商有死於吾地者官藏其貨滿三月無妻子之請者盡沒有之公曰海道以年計往復何月之拘苟有驗者悉推與之無筭遠近厚守宰俸而嚴其法嶺南以口爲貨其荒阻處父子相縛爲奴公一禁之有隨公吏得無名兒蓄不言官有訟者公召殺之山谷諸黃世自聚爲豪觀吏厚薄緩急或叛或從容桂二管利其虜掠請合兵討之冀一有功有所指取當是時天子以武定淮西河南北用事者以破諸黃爲類向意助之公屢言遠人急之則惜性命相屯聚爲寇緩之則自相怨恨而散此禽獸耳但可自計利害不足與論是非天子入先言遂斂兵江西岳

鄂湖南嶺南會容桂之吏以討之被霧露毒相枕藉死百無一二還安南乘勢殺都護李象古桂將裴行立容將楊旻皆無功數月自死嶺南囂然祠部歲下廣州祭南海廟廟入海口爲州者皆憚之不自奉事常稱疾命從事自代惟公歲常自行官吏刻石爲詩美之十五年還尚書吏部侍郎公之北歸不載南物奴婢之籍不增一人長慶元年改右散騎常侍二年而爲尚書左丞曾祖諱務本滄州東光令祖諱如珪海州司户參軍贈尚書工部郎中皇考諱

岑父祕書省著作佐郎贈尚書左僕射公夫人京兆韋氏父种大理評事有四子長曰溫質四門博士遵孺遵憲溫裕皆明經女子長嫁中書舍人平陽路隋其季者幼公之昆弟五人載戡戰戳公於次為第二公之薨戳自湖南入為少府監其年八月甲申戳與公子葬公於河南河陰廣武原先公僕射墓之左銘曰

孔氏卅八吾見其孫白而長身寡笑與言其尚類也莫與之倫德則多有請考於文

江南西道觀察使贈左散騎常侍太原王公墓誌

銘

公諱仲舒字宏中少孤奉其母居江南游學有名貞元十年以賢良方正拜左拾遺改右補闕禮部考功吏部三員外郎貶連州司户參軍夔州司馬佐江陵使改祠部員外郎復除吏部員外郎遷職方郎中知制誥出為峽州刺史遷廬州未至丁母憂服闋改婺州蘇州刺史徵拜中書舍人既至謂人曰吾老不樂與少年治文書得一道有地六七郡為之三年貧可富亂可治身安功立無愧於國家可也日日語人丞相聞問語驗即除江南西道觀察使兼御史中丞至則奏罷榷酒錢九千萬以其利與民又罷軍吏官債五千萬悉焚簿文書又出庫錢二千萬以丐貧民遭旱不能供稅者禁浮屠及老子為僧道士不得於吾界內因山野立浮屠老子象以其誑丐漁利奪編人之產在官四年數其蓄積錢餘於庫米餘於廩朝廷選公卿於外將徵以為左丞吏部已用薛尚書代之矣長慶三年十一月十七日未命而薨年六十二天子為之罷朝贈左散騎常侍遠近相弔以四年二月某日葬於河南某縣先塋之側

公之為拾遺朝退天子謂宰相曰第幾人非王某耶是時

公方與陽城更疏論裴延齡詐妄士大夫重之為考功吏部郎也下莫敢有欺犯之者非其人雖與同列未嘗比數收拾故遺讒而貶在制誥盡力直友人之屈不以權臣為意又被讒而出元和初婺州大旱人餓死户口亡十七八公居五年完富如初按劾羣吏奏其贓罪州部清整加賜金紫其在蘇州治稱第一公所至輒先求人利害廢置所宜閉閤草奏又具為科條與人吏約事備一旦張下民無不抃叫喜悅或初若小煩旬歲皆稱其便公所為文章無世俗氣其所樹立殆不可學曾祖諱元暕比部員外郎祖

諱景肅丹陽太守考諱政襄鄧等州防禦使鄂州采訪使贈工部尚書公先妣渤海李氏贈渤海郡太君公娶其舅女有子男七人初哲貞宏泰復迥初進士及第哲文學俱善其餘幼也長女壻劉仁師高陵令次女壻李行修尚書刑部員外郎銘曰

氣銳而堅又剛以嚴哲人之常愛人盡己不倦以止乃吏之方與其友處順若婦女何德之光墓其有石我最其續萬世之藏

殿中少監馬君墓誌

君諱繼祖司徒贈太師北平莊武王之孫少府監贈太子少傅諱暢之子生四歲以門功拜太子舍人積三十四年五轉而至殿中少監年三十七以卒有男八人女二人始予初冠應進士貢在京師窮不自存以故人稚弟拜北平王於馬前王問而憐之因得見於安邑里第王軫其寒飢賜食與衣召二子使爲之主其季遇我特厚少府監贈太子少傅者也姆抱幼子立側眉眼如畫髮漆黑肌肉玉雪可念殿中君也當是時見王於北亭猶高山深林鉅谷龍虎變化不測傑魁人也退見少傅翠竹碧梧鸞鵠停峙能守其業者也幼子娟好靜秀瑤環瑜珥蘭茁其芽稱其家兒也後四五年吾成進士去而東遊哭北平王於客舍後十五六年吾爲尚書都官郎分司東都而分府少傅卒哭之又十餘年至今哭少監焉嗚呼吾未耋老自始至今未四十年而哭其祖子孫三世於人世何如也人欲久不死而觀居此世者何也

南陽樊紹述墓誌銘

樊紹述既卒且葬愈將銘之從其家求書得書號魁紀公者三十卷曰樊子者又三十卷春秋集傳十五卷表牋狀

策書序傳記紀誌說論今文讚銘凡二百九十一篇道路所遇及器物門里雜銘二百二十賦十詩七百一十九曰多矣哉古未嘗有也然而必出於己不襲蹈前人一言一句又何其難也必出入仁義其富若生蓄萬物畢具海含地負放恣橫從無所統紀然而不煩於繩削而自合也嗚呼紹述於斯術其可謂至於斯極者矣生而其家富貴長而不有其藏一錢妻子告不足顧且笑曰我道蓋是也皆應曰然無不意滿嘗以金部郎中告哀南方還言某師不治罷之以此出爲緜州刺史一年徵拜左司郎中又出刺

絳州縣絳之人至今皆曰於我有德以爲諫議大夫命且下遂病以卒年若干紹述諱宗師父諱澤嘗帥襄陽江陵官至右僕射贈某官祖某官諱泳自祖及紹述三世皆以軍謀堪將帥策上第以進紹述無所不學於辭於聲天得也在衆若無能者嘗與觀樂問曰何如曰後當然已而果然銘曰

惟古於詞必已出降而不能乃剽賊後皆指前公相襲從漢迄今用一律寥寥久哉莫覺屬神徂聖伏道絕塞既極乃通發紹述文從字順各識職有欲求之此其躅

中大夫陝府左司馬李公墓誌銘

公諱郱字某雍王繪之後王孫道明唐初以屬封淮陽王又追王其祖父曰雍王長平王淮陽王生景融景融親益疏不王生務該務該生思一思一生岌比四世官不過縣令州佐然益讀書爲行爲士大夫家岌爲蜀州晉原尉生公未晬以卒無家母抱置之姑氏以去姑憐而食之至五六歲自問知本末因不復與羣兒戲常默默獨處曰吾獨無父母不力學問自立不名爲人年十四五能闇記論語尚書毛詩左氏文選凡百餘萬言凜然殊異姑氏子弟莫敢爲敵浸傳之聞諸父諸父泣曰吾兄尚有子耶迎歸而坐問之應對橫從無難諸父悲喜顧語羣子弟曰吾爲汝得師於是縱學無不覯以朝邑員外尉遇魯公眞卿第其所試文上等擢爲同官正尉曰文如李尉乃可望此其後比以書判拔萃選爲萬年尉爲華州錄事參軍爭事於刺史去官爲陸渾令河南尹鄭餘慶薦之朝拜南鄭令尹家奴以書抵縣請事公走府出其書投之尹前尹慚其庭中人曰令辱我令辱我且曰令退遂怨之拾掇三年無所得拜宗正丞宰相以文理白爲資州刺史公喜曰吾將有爲

也讒宰相者言之上曰是與其故故得用改拜陝府左司馬公又喜曰是官無所職吾其不以吏事受責死矣長慶元年正月丙辰以疾卒春秋七十三公內外行完潔白奮厲再成有家士大夫談之夫人博陵崔氏朝邑令友之之女其曾伯父元暐有功中宗時夫人高明遇子婦有節法進見侍側肅如也七男三女邠爲澄城主簿其嫡激鄜城令放芮城尉漢監察御史漼渫潘皆進士及公之存內外孫十有五人五月庚申葬華陰縣東若干里漢韓氏壻也故予與爲銘其詞曰

愈下而微既極復飛其自公始公多孫子將復廟祀

欽定全唐文卷五百六十四

韓愈十八

幽州節度判官贈給事中清河張君墓誌銘

張君名徹字某以進士累官至范陽府監察御史長慶元年今牛宰相為御史中丞奏君名迹中御史選詔即以為御史其府惜不敢留遣之而密奏幽州將父子繼續不廷選且久今新收臣又始至孤怯須強佐乃濟發半道有詔以君還之仍遷殿中侍御史加賜朱衣銀魚至數日軍亂怨其府從事盡殺之而囚其帥且相約張御史長者毋侮

辱轢蹙我事毋庸殺置之帥所居月餘聞有中貴人自京師至君謂其帥公無負此土人上使至可因請見自辨幸得脫免歸即推門求出守者以告其魁魁與其徒皆駭曰必張御史張御史忠義必為其帥告此餘人不如遷之別館即與眾出君君出門罵眾曰汝何敢反前日吳元濟斬東市昨日李師道斬於軍中同惡者父母妻子皆屠死肉餧狗鼠鴟鵶汝何敢反汝何敢反行且罵眾畏惡其言不忍聞且虞生變即擊君以死君抵死口不絕罵眾皆曰義士義士或收瘞之以俟事聞天子壯之贈給事中其友侯

雲長佐鄆使請於其帥馬僕射爲之選於軍中得故與君相知張恭李元實者使以幣請之范陽范陽人義而歸之以聞詔所在給船轝傳歸其家賜錢物以葬長慶四年四月某日其妻子以君之喪葬於某州某所君弟復亦進士佐汴宋得疾變易喪心驚惑不常君得閒即自視衣褥薄厚節時其飲食而七筋進養之禁其家無敢高語出聲醫餌之藥其物多空青雄黃諸奇怪物劑錢至數十萬營治勤劇皆自君手不假之人家貧妻子常有饑色祖某某官父某某官妻韓氏禮部郎中某之孫汴州開封尉某之女

於余爲叔父孫女君嘗從余學選於諸生而嫁與之孝順祗修羣女效其所爲男若干人曰某女子曰某銘曰

嗚呼徹也世慕顧以行子揭揭也噎喑以爲生子獨割也爲彼不清作玉雪也仁義以爲兵用不缺折也知死不失名得猛烈也自申於闇明莫之奪也我銘以貞之不肖者之呾也

河南府法曹參軍盧府君夫人苗氏墓誌銘

夫人姓苗氏諱某字某上黨人曾大父襲夔贈禮部尚書大父殆庶贈太子太師父如蘭仕至太子司議郎汝州司馬夫人年若干嫁河南法曹盧府君諱貽有文章德行其族世所謂甲乙者先夫人卒夫人生能配其賢歿能守其法男二人於陵渾女三人皆嫁爲士妻貞元十九年四月四日卒於東都敦化里年六十有九其年七月某日祔於法曹府君墓在洛陽龍門山其季女壻昌黎韓愈爲之誌其詞曰

赫赫苗宗族茂位尊或毗於王或貳於藩是生夫人載穆令聞爰初在家孝友惠純乃及於行克媲德門肅其爲禮裕其爲仁法曹之終諸子實幼煢煢其哀介介其守循道

不違厥聲彌劭三女有從二男知教閭里歎息母婦思效歲時之嘉嫁者來寧累累外孫有攜有嬰扶牀坐膝嬉戲讙爭既壽而康既備而成不歉於約不矜於盈伊昔淑哲或圖或書嗟咨夫人孰與爲儔刻銘寘墓以贊碩休

貝州司法參軍李君墓誌銘

貞元十七年九月丁卯隴西李翱合葬其皇祖考貝州司法參軍楚金皇祖妣清河崔氏夫人於汴州開封縣某里昌黎韓愈紀其世著其德行以識其葬其世曰由梁武昭王六世至司空司空之後二世爲刺史清淵侯由侯至於

貝州凡五世其德行曰事其兄如事其父其行不敢有出焉其夫人事其姒如事其姑其於家不敢有專焉其在貝州其刺史不悅於民將去官民相率讙譁手瓦石胥其出擊之刺史匿不敢出州縣吏由別駕以下不敢禁司法君奮曰是何敢爾屬小吏百餘人持兵仗以出立木而署之曰刺史出民有敢觀者殺之木下民聞皆驚相告散去後刺史至加擢任貝州由是大理其葬曰翺既遷貝州君之喪於貝州殯於開封遂遷夫人之喪於楚州八月辛亥至於開封壙於丁巳墳於九月辛酉窆於丁卯人謂李氏世

家也侯之後五世仕不遂蘊必發其起而大乎四十年而其兄之子衡始至戶部侍郎君之子四人官又卑翺其孫也有道而甚文固於是乎在

處士盧君墓誌銘

處士諱於陵其先范陽人父貽爲河南法曹參軍河南尹與人有仇誣仇與賊通收掠取服法曹曰我官司也我在不可以爲是廷爭之以死河南怒命卒捽之法曹爭尤强遂并收法曹竟奏殺仇籍其家而釋法曹法曹出徑歸臥家念河南勢弗可敗氣憤弗食嘔血卒東都人至今猶道之處士少而孤母夫人憐之讀書學文皆不待强教卒以自立在母夫人側油油翼翼不忍去時歲母夫人既終育幼弟與歸宗之妹經營勤甚未暇進仕也年三十有六元和二年五月壬辰以疾卒有男十歲曰義女九歲曰孟又有女生處士卒後未名於其年九月乙酉其弟渾以家有無葬以車一乘於龍門山先人兆愈於處士妹壻也爲其誌且銘其後曰

貴兮富兮如其材得何數兮名兮壽兮如其人豈無有兮彼皆逢其臧子獨迎其凶兹命也耶兹命也耶

太學博士李君墓誌銘

太學博士頓邱李于余兄孫女壻也年四十八長慶三年正月五日卒其月二十六日穿其妻墓而合葬之在某縣某地子三人皆幼初于以進士爲鄂岳從事遇方士柳泌從授藥法服之往往下血比四年病益急乃死其法以鉛滿一鼎按中爲孔實以水銀蓋封四際燒爲丹砂云余不知服食說自何世起殺人不可計而世慕尚之益至此其惑也在文書所記及耳聞相傳者不說今直取目見親與之游而以藥敗者六七公以爲世誡工部尚書歸登殿中

御史李虛中刑部尚書李遜遜弟刑部侍郎建襄陽節度使工部尚書孟簡東川節度御史大夫盧坦金吾將軍李道古此其人皆有名位世所共識工部既食水銀得病自說若有燒鐵杖自顛貫其下者摧而爲火射竅節以出狂痛呼號乞絕其茵席常得水銀發且止唾血數十升以斃殿中疽發其背死刑部且死謂余曰我爲藥誤其季建一旦無病死襄陽黜爲吉州司馬余自袁州還京師襄陽乘舸邀我於蕭洲屏人曰我得祕藥不可獨不死今遺子一器可用棗肉爲丸服之別一年而病其家人至訊之曰前所服藥誤方且下之下則平矣病二歲竟卒盧大夫死時溺出血肉痛不可忍乞死乃死金吾以柳泌得罪食泌藥五十死海上此可以爲誡者也蘄不死乃速得死謂之智可不可也五穀三牲鹽醯果蔬人所常御人相厚勉必曰强食今惑者皆曰五穀令人夭不能無食當務減節鹽醯以濟百味豚魚雞三者古以養老反曰是皆殺人不可食一筵之饌禁忌十常不食二三不信常道而務鬼怪臨死乃悔後之好者又曰彼死者皆不得其道也我則不然始病曰藥動故病病去藥行乃不死矣及且死又悔嗚呼可

哀也已可哀也已

虢州司户韓府君墓誌銘

安定桓王五世孫叡素爲桂州長史化行南方有子四人最季曰紳卿文而能官嘗爲揚州錄事參軍事故宰相崔圓圓御愛州民丁某至顧省其家後大衙會日司錄君趨以前大言曰請舉公過公與小民狎至至其家害於政圓驚謝曰錄事言是圓實過乃自署罰五十萬錢由是遷涇陽令破豪家水碾利民田頃凡百萬君諱岌桂州君之孫司錄君之子亦以能官名少而奇壯而强老而通以元和

元年六月十四日卒年五十七娶京兆田氏女男曰家女曰門曰都皆幼初君樂虢之土田山水求掾其州去官猶家之既卒因以其年九月某日葬州北十里崔長史墓西銘曰

凡兆於茲惟其家之財蓋歸有時

四門博士周況妻韓氏墓誌銘

四門博士周況妻韓氏諱好尚書禮部郎中諱雲卿之孫開封尉諱俞之女開封娶趙氏生二女三男開封卓越豪縱不治資業喜酒色狗馬趙氏卒十一年而開封亦卒開

封從父弟愈於時爲博士乞分教東都生以收其孥於開封界中教畜之而歸其長女於周氏况况進士家世儒者曾祖諱延潭州長沙令祖諱晦常州參軍父諱良甫左驍衞兵曹參軍况立名行人士譽之韓氏嫁九年生一男一女年二十七以疾卒葬長安城南鳳棲原其從父愈於時爲中書舍人爲銘曰

夫失少婦子失壯母歸咎無處

韓滂墓誌銘

滂韓氏子其先仕魏號安定桓王滂父老成厚謹以文爲

韓氏良子弟未仕而死有二子滂其季也其祖諱介爲人孝友一命率府軍佐以卒二子百川老成老成爲伯父起居舍人某後起居有德行言詞爲世軌式滂既兄弟二人而率府長子百川早死無嗣其叔祖愈命滂歸後其祖滂清明遜悌以敏讀書倍文功力兼人爲文詞一旦奇偉驟長不類舊常吾曰爾得無假之人耶退大喜謂其兄湘曰某違翁且踰年懼無以爲見今翁言乃然可以爲賀羣輩來見皆曰滂之大進不惟於文詞爲人亦然既數月得疾以死年十九矣吾與妻哭之傷心三日而斂既斂七日權葬宜春郭南一里於戲其可惜也已銘曰

天固生之耶偶自生耶天殺也耶其偶自死耶莫不歸於死壽何少多銘以送汝其悲奈何

河南緱氏主簿唐充妻盧氏墓誌銘

夫人盧氏諱某蘭陵太守景柔八世孫父貽卒河南法曹法曹娶上黨苗氏太師晉卿兄女生三女三男夫人最長法曹卒苗夫人嫁之唐氏充充明經宰相休憬曾姪孫出郯氏外王父昂中書舍人夫人年若干嫁唐氏凡生男與女九人年四十二元和四年正月二十二日卒其年四月

十五日葬河南府河南縣之大石山下銘曰

夫人本宗世族之後率其先猷令德是茂爰歸得家九子一母婉婉有儀柔靜以和命不偕身茲其奈何刻銘墓石以告觀者

乳母墓銘

乳母李徐州人號正眞入韓氏乳其兒愈愈生未再周月孤失怙恃李憐不忍棄去視保益謹遂老韓氏及見所乳兒愈舉進士第歷佐汴徐軍入朝爲御史國子博士尚書都官員外郎河南令娶婦生二男五女時節慶賀輒率婦

孫列拜進壽年六十四元和六年三月十八日疾卒卒三日葬河南縣北十五里愈率婦孫視窆封且刻其語於石納諸墓爲銘

息國夫人墓誌銘

貞元十五年靈州節度使御史大夫李公諱欒守邊有勞詔曰欒妻何氏可封息國夫人元和二年李公入爲户部尚書薨夫人遂專家政公之男五人女二人而何氏出者二男一女夫人教養嫁娶如一雖門内親戚不覺有纖毫薄厚御僮使治居第生産皆有條序居卑尊閒無不順適

命服在躬承祀孔時年若干元和七年甲子日南至以疾卒明年八月庚寅葬河南河陽夫人曾祖某綏州刺史祖某潞州別駕父某晉州錄事參軍二男戡左威衛倉曹參軍成左清道率府錄事參軍戡強以肅成敏以和女子嫁興元參軍鄭博古將葬戡與成以其事乞銘於其鄰韓愈愈乃爲銘曰

男主外事治不爲易施於其家難甚吏治又況公侯族大而貴夫人是專厥聲惟懿昔在貞元有錫自天啟封備服以嚌時勳婉婉夫人有籍官門克承其後以嫁以婚遂葬東土在河之陽遙望公墳而不同藏

試大理評事王君墓誌銘

君諱適姓王氏好讀書懷奇負氣不肯隨人後舉選見功業有道路可指取有名節可以戾契致困於無資地不能自出乃以干諸公貴人借助聲勢諸公貴人既志得皆樂熟軟媚耳目者不喜聞生語一見輒戒門以絕上初即位以四科募天下士君笑曰此非吾時耶即提所作書緣道歌吟趨直言試既至對語驚人不中第益困久之聞金吾李將軍年少喜事可撼乃躧門告曰天下奇男子王適願

見將軍白事一見語合意往來門下盧從史既節度昭義軍張甚奴視法度士欲聞無顧忌大語有以君生平告者即遣客鈎致君曰狂子不足以共事立謝客李將軍由是待益厚奏爲其衛胄曹參軍充引駕仗判官盡用其言將軍遷帥鳳翔君隨往改試大理評事攝監察御史觀察判官櫛垢爬痒民獲蘇醒居歲餘如有所不樂一旦載妻子入閿鄉南山不顧中書舍人王涯獨孤郁吏部郎中張惟素比部郎中韓愈日發書問訊顧不可強起不即薦明年九月疾病輿醫京師某月某日卒年四十四十一月某日

即葬京城西南長安縣界中曾祖爽洪州武寧令祖微右衛騎曹參軍父嵩蘇州崑山丞妻上谷侯氏處士高女高固奇士自方阿衡太師世莫能用吾言再試吏再怒去發狂投江水初處士將嫁其女懲曰吾以齟齬窮一女憐之必嫁官人不以與凡子君曰吾求婦氏久矣惟此翁可人意且聞其女賢不可以失即謾謂媒嫗吾明經及第且選即官人侯翁女幸嫁若能令翁許我請進百金爲嫗謝諾許白翁翁曰誠官人耶取文書來君計窮吐實嫗曰無苦翁大人不疑人欺我得一卷書麤若告身者我袖以往翁

見未必取眎幸而聽我行其謀翁望見文書銜袖果信不疑曰足矣以女與王氏生三子一男二女男三歲夭死長女嫁亳州永城尉姚挺其季始十歲銘曰

鼎也不可以柱車馬也不可使守閭佩玉長裾不利走趨祇繫其逢不繫巧愚不諧其須有銜不祛鑽石埋辭以列幽墟

扶風郡夫人墓誌銘

夫人姓盧氏范陽人亳州城父丞序之孫吉州刺史徹之女嫁扶風馬氏爲司徒侍中莊武公之冢婦少府監西平郡王贈工部尚書之夫人初司徒與其配陳國夫人元氏惟宗廟之尊重繼序之不易賢其子之才求婦之可與齊者内外親咸曰盧某舊門承守不失其初其子女聞教訓有幽閑之德爲公子擇婦宜莫如盧氏媒者曰然卜者曰祥夫人適年若干入門而媪御皆喜既饋而公姑交賀克受成福母有多子爲婦爲母莫不法式天資仁恕左右媵侍常蒙假與顏色人人莫不自在杖婢使數未嘗過二三雖有不懌未嘗見聲氣元和五年尚書薨夫人哭泣成疾後二年亦薨年四十有六九年正月癸酉祔於其夫之封

長子殿中丞繼祖孝友以類葬有日言曰吾父友惟韓丈人視諸孤其往乞銘以其狀來愈曰日嘗聞乃公言然吾宜銘銘曰

陰幽坤從惟德之恒出爲辨强乃匪婦能淑哉夫人夙有多譽來嬪大家不介父母有事賓祭酒食祇飭協於尊章畏我侍側及嗣内事亦莫有施齊其躬心小大順之夫先其歸其室有邱合葬有銘壺彝是收

殿中侍御史李君墓誌銘

殿中侍御史李君名虛中字常容其十一世祖沖貴顯拓

跋世父惲河南溫縣尉娶陳留太守薛江童女生六子君最後生愛於其父母年少長喜學學無所不通最深於五行書以人之始生年月日所直日辰支干相生勝衰死王相斟酌推人壽夭貴賤利不利輒先處其年時百不失一二其說汪洋奧美關節開解萬端千緒參錯重出學者就傳其法初若可取卒然失之星官歷翁莫能與其校得失進士及第試書判入等補祕書正字母喪去官卒喪選補太子校書河南尹奏疏授伊闕尉佐水陸運事故宰相鄭公餘慶繼尹河南以公爲運佐如初宰相武公元衡之出

劒南奏奪爲觀察推官授監察御史未幾御史臺疏言行能高不宜用外府即詔爲眞御史半歲分部東都臺遷殿中侍御史元和八年四月詔徵既至宰相欲白以爲起居舍人經一月疽發背六月乙酉卒年五十二其年十月戊申葬河南洛陽縣距其祖澠池令府君僑墓十里君昆弟六人先君而歿者四人其一人嘗爲鄭之滎澤尉信道士長生不死之說既去官絕不營人事故四門之寡妻孤孩與滎澤之妻子衣食百須皆由君出自初爲伊闕尉佐河南水陸運使換兩使經七年不去所以爲供給教養者及由蜀來輩類御史皆樂在朝廷進取君獨念寡稚求分司東出於戲其仁哉君亦好道士說於蜀得祕方能以水銀爲黃金服之冀果不死將疾謂其友衞中行大受韓愈退之曰吾夢大山裂流出赤黃物如金左人曰是所謂大還者今三矣君既歿愈追占其夢曰山者艮艮爲背裂而流赤黃疽象也大還者大歸也其告之矣妻范陽盧氏鄭滑節度使兼御史大夫羣之女與君合德親戚無退一言男三人長曰初協律次曰彪其幼曰還適三歲女子九人銘曰

不贏其躬以尚其後人

朝散大夫商州刺史除名徙封州董府君墓誌銘

公諱溪字惟深丞相贈太師隴西恭惠公第二子十九歲明兩經獲第有司沈厚精敏未嘗有子弟之過賓接門下推舉人士侍側無虛口退而見其人淡若與之無情者太師賢而愛之父子閒自爲知己諸子雖賢莫敢望之太師累踐大官臻宰相致平治終始以禮號稱名臣晨昏之助蓋有賴云太師之平汴州年考益高挈持維綱鋤削荒纇納之太和而已其囊篋細碎無所遺漏緊公之功上介尚

書左僕射陸公長源𠏉差太師標望絕人聞其所爲每稱舉以戒其子楊凝孟叔度以材德顯名朝廷及來佐幕府詣門請交屏所挾爲太師薨始以祕書郎選參軍京兆府法曹日伏階下與大尹爭是非大尹屢黜已見歲中奏爲司錄參軍與一府政以能拜尚書度支員外郎遷倉部郎中萬年令兵誅恒州改度支郎中攝御史中丞爲糧料使兵罷遷商州刺史糧料吏有忿爭相牽告者事及於公因徵下御史獄公不與吏辯一皆引伏受垢除名徙封州元和六年五月十二日死湘中年四十九明年立皇太子有

赦令許歸葬其子居中始奉喪歸元和八年十一月甲寅葬於河南河南縣萬安山下太師墓左夫人鄭氏祔公凡再娶皆鄭氏女生六子四男二女長曰全正慧而早死次曰居中好學善爲詩張籍稱之次曰從直曰居敬尚小長女嫁吳郡陸暢其季女後夫人之子公之母弟全素孝慈友弟公坐事棄同官令歸公歿比葬三年哭泣如始喪者大臣高其行白爲太子舍人將葬舍人與其季弟澥問銘於太史氏韓愈愈則爲之銘辭曰

物以久弊或以轢毀考致要歸孰有彼此由我者吾不我者天斯而以然其誰使然

貞曜先生墓誌銘

唐元和九年歲在甲午八月己亥貞曜先生孟氏卒無子其配鄭氏以告愈走位哭且召張籍會哭明日使以錢如東都供喪事諸嘗與往來者咸來哭弔韓氏遂以書告興元尹故相餘慶閏月樊宗師使來弔告葬期徵銘愈哭曰嗚呼吾尚忍銘吾友也夫興元人以幣如孟氏賻且來商家事樊子使來速銘曰不則無以掩諸幽乃序而銘之先生諱郊字東野父庭玢娶裴氏女而選爲崑山尉生先生

及二季酆郢而卒先生生六七年端序則見長而愈騫涵而揉之內外完好色夷氣清可畏而親及其爲詩劌目鉥心刃迎縷解鉤章棘句掐擢胃腎神施鬼設間見層出惟其大翫於詞而與世抹摋人皆劫劫我獨有餘有以後時開先生者曰吾既擠而與之矣其猶足存耶年幾五十始以尊夫人之命來集京師從進士試既得卽去間四年又命來選爲溧陽尉迎侍溧上去尉二年而故相鄭公尹河南奏爲水陸運從事試協律郎親拜其母於門內母卒五年而鄭公以節領興元軍奏爲其軍參謀試大理評事挈

其妻行之與元次於閿鄉暴疾卒年六十四買棺以斂以二人輿歸酆郢皆在江南十月庚申樊子合凡贈賻而葬之洛陽東其先人墓左以餘財附其家而供祀將葬張籍曰先生揭德振華於古有光賢者故事有易名況士哉如曰貞曜先生則姓名字行有載不待講說而明皆曰然遂用之初先生所與俱學同姓簡於世次爲叔父由給事中觀察浙東曰生吾不能舉死吾知卹其家銘曰

嗚呼貞曜維執不猗維出不訾維卒不施以昌其詩

盧渾墓誌銘

前汝父母右汝兄汝從之居視汝如生遷汝居兮日月之良汝居孔固兮後無有殃如不信兮視此銘章

欽定全唐文卷五百六十五

韓愈十九

祕書少監贈絳州刺史獨孤府君墓誌銘

君諱郁字古風河南人常州刺史贈禮部侍郎憲公諱及之第二子憲公躬孝踐行篤實而辨於文勸飭指誨以進後生名聲垂延紹德惟克君生之年憲公沒世與其兄朗畜於伯父氏始微有知則好學問咨稟教飭不煩提諭月開日益卓然早成年二十四登進士第時故相太常權公掌出詔文望臨一時登君於門歸以其子選授奉禮郎楊

於陵爲華州署君鎮國軍判官奏授協律郎朋遊益附華問彌大元和元年對詔策拜右拾遺二年兼職史館四年遷右補闕詔中貴人承璀將兵誅王承宗河北君奏疏諫召見問狀有言動聽其後上將有所相不可於衆君與起居舍人李約交章指擿事以不行五年遷起居郎爲翰林學士愈被親信有所補助權公既相君以嫌自列改尚書考功員外郎復史館職七年以考功知制誥入謝因賜五品服八年遷駕部郎中職如初權公去相復入翰林九年以疾罷尋遷祕書少監卽閒於郊十年正月病遂殆甲午

輿歸卒於其家贈絳州刺史年四十男子二人長曰某早死次曰天官始十歲有至性聞呼父官與聞弔客至輒號泣以絕女子一人夫人天水權氏贈太子太保貞孝公皋之承孫故相今太常德輿之女允慶配良是似是宜四月己酉其兄右拾遺朗以喪東葬河南壽安之甘泉鄉家塋憲公墓側將以五月壬申窆謂愈曰子知吾弟久敢屬以銘銘曰

於古風飈順而裏方不耀其章其剛不傷藏美世令而年再不贏惟後之成

虞部員外郎張府君墓誌銘

尚書虞部員外郎安定張君諱季友字孝權年五十四病卒東都明年兄子塗與其弟庚揆等護柩歸葬長安縣馬額原夫人北海唐氏之封前事塗進韓氏門伏哭庭下曰叔父且死幾於不能言矣張目而言曰吾不可無告韓君別藏而不得韓君記猶不葬也塗爲書致吾意已而自署其末與封敢告以請愈旣與爲禮發書云云其末有複語千萬永訣八字名日月與封皆孝權迹孝權與余同年進士其上世有爲者當宇文時爲車騎大將軍鄜城太守卒葬河北謚曰忠公至孝權開五世矣孝權大父諱孝先太子通事舍人父諱庭光贈綏州刺史綏州之卒孝權蓋尚小母曰太原縣君卒旣葬孝權守墓樹松柏三年而後歸選爲河南府文學去官徐州使拜章請爲判官授協律郎孝權始不痛絕詔下大悔卽詐稱疾不言三年元和初徐使死孝權疾卽日已試判入高等授鄠縣尉明年故相趙宗儒鎭荆南以孝權爲判官拜監察御史經二年拜眞御史明年分司東臺轉殿中按皇甫氏子母病不侍走京師求試職宰相怒曰吾故皇甫氏御史助所善相戲法侮我

皇甫媼何疾衙未決皇甫母病果死得解還留司虞部員外郎孝權爲人孝謹與人語恐傷之而時嶷嶷有立與孝權游者極衆而獨以其死累余可尚也已是爲銘　銘亡

檢校尚書左僕射右龍武軍統軍劉公墓誌銘

公諱昌裔字光後本彭城人曾大父諱承慶朔州刺史大父巨敖好讀老子莊周書爲太原晉陽令再世官北方樂其土俗遂著籍太原之陽曲曰自吾爲此邑人可也何必彭城父訟贈右散騎常侍公少好學問始爲兒時重遲不戲恒若有所思念計畫及壯自試以開吐蓄說干邊將不

售入三蜀從道士游久之蜀人苦楊琳寇掠公單船往說琳感欷雖不卽降約其徒不得爲虐琳降公常隨琳不去琳死脫身亡沈浮河朔之閒建中中曲環招起之爲環檄李納指摘切刻納悔恐動心恒魏皆疑惑氣懈環封奏其本德宗稱焉環之會下濮州戰白塔救寧陵襄邑擊李希烈陳州城下公常在軍閒環領陳許軍公因爲陳許從事以前後功累遷檢校兵部郎中御史中丞營田副使吳少誠乘環喪引兵叩城留後上官說咨公以城守所以能擒誅叛將爲抗拒令敵人不得其便圍解拜陳州刺史韓全

義敗引軍走陳州求入保公自城上揖謝全義曰公受命詣蔡何爲來陳公無恐賊必不敢至我城下明日領騎步十餘抵全義營全義驚喜迎拜歎息殊不敢以不見舍望公改授陳許軍司馬上官說死拜金紫光祿大夫檢校工部尚書代說爲節度使命界上吏不得犯蔡州人曰俱天子人奚爲相傷少誠吏有來犯者捕得縛送曰妄稱彼人公宜自治之少誠慚其軍亦禁界上暴者兩界耕桑交跡吏不何問封彭城郡開國公就拜尚書右僕射元和七年得疾視政不時八年五月涌水出他界過其地防穿不補

沒邑屋流殺居人拜疏請去職卽罷詔還京師卽其日與使者俱西大熱旦暮馳不息疾大發左右手轡止之公不肯曰吾恐不得生謝天子上益遣使者勞問敕無亟行至則不得朝矣天子以爲恭卽其家拜檢校左僕射右龍武軍統軍知軍事十一月某甲子薨年六十二上爲之一日不視朝贈潞州大都督命郎弔其家明年某月某甲子葬河南某縣某鄉某原公不好音聲不大爲居宅於諸帥中獨然夫人邠國夫人武功蘇氏子四人嗣子光祿主簿縱學於樊宗師士大夫多稱之長子元一樸直忠厚便弓馬

爲淮南軍衙門將次子景陽景長皆舉進士葬得日相與遣使者哭拜階上使來乞銘銘曰

提將之符尸我一方配古侯公維德不爽我銘不亡後人之慶

監察御史衛府君墓誌銘

君諱某字某中書舍人御史中丞諱某之子贈太子洗馬諱某之孫家世習儒學詞章昆弟三人俱傳父祖業從進士舉君獨不與俗爲事樂弛置自便父中丞薨旣三年與其弟中行別曰若旣克自敬勤及先人存趾美進士續聞

成宗惟服任遂功爲孝子在不怠我恨已不及假令今得不足自賁我聞南方多水銀丹砂雜他奇藥爊爲黃金可餌以不死今於若丐我我即去遂踰嶺阨南出藥貴不可得以干容帥帥且曰若能從事於我可一日具許之得藥試如方不效曰方良是我治之未至耳留三年藥終不能爲黃金而佐帥政成以功再遷監察御史帥遷於桂從之帥坐事免君攝其治歷三時夷人稱便新帥將奏功君捨去南海馬大夫使謂君曰幸尚可成兩濟其利君雖益厭然不能無萬一冀至南海未幾竟死年五十三子曰某元

和十年十二月某日歸葬河南某縣某鄉某村附先塋於時中行爲尚書兵部郎號名人而與余善請銘銘曰

嗟惟君篤所信要無有弊精神以棄餘貫於人脫外累自貴珍訊來世述墓文

河南令張君墓誌銘

君諱署字某河間人大父利貞有名元宗世爲御史中丞舉彈無所避由是出爲陳留守領河南道采訪處置使數歲卒官皇考諱郇以儒學進官至侍御史君方質有氣形貌魁碩長於文詞以進士舉博學宏詞爲校書郎自京兆武功尉拜監察御史爲幸臣所讒與同輩韓愈李方叔三人俱爲縣令南方三年逢恩俱徙掾江陵半歲邕管奏君爲判官改殿中侍御史不行拜京兆府司錄諸曹白事不敢平面視共食公堂抑首促促就哺歠揖起趨去無敢闌語縣令丞尉畏如嚴京兆事以辦治京兆改鳳翔尹以節鎮京西請與君俱改禮部員外郎爲觀察使判官帥他遷君不樂久去京師謝歸用前能拜三原令歲餘遷尚書刑部員外郎守法爭議棘棘不阿改虔州刺史民俗相朋黨不訴殺牛牛以大耗又多捕生鳥鬻魚鼈可食與不可食

相買賣時節脫放期爲福祥君視事一皆禁督立絕使通經吏與諸生之旁大郡學鄉飲酒喪婚禮張施講說民吏觀聽從化大喜度支符州折民戶租歲徵縣六千屯比郡承命惶怖立期日惟恐不及事被罪君獨疏言治迫嶺下民不識蠶桑月餘免符下民相扶攜守州門叫讙爲賀改澧州刺史民稅出雜產物與錢尚書有經數觀察使牒州徵民錢倍經君曰刺史可爲法不可貪官害民留牒不肯從竟以代罷觀察使使劇吏案簿書十日不得毫毛罪改河南令而河南尹適君平生所不好者君年且老當日日

拜走仰望階下不得已就官數月大不適即以病辭免公卿欲其一至京師君以再不得意於守令恨曰義不可更辱又奚爲於京師閒竟閉門死年六十君娶河東柳氏女二子昇奴胡師將以某年某月某日葬某所其兄將作少監昔請銘於右庶子韓愈愈前與君爲御史被讒俱爲縣令南方者也最爲知君銘曰

誰之不如而不公卿奚養之違以不久生惟其頎頎以世厥聲

鳳翔隴州節度使李公墓誌銘

公諱惟簡字某司空平章事贈太傅之子太傅初姓張氏肅宗時舉恒趙深冀易定六州戰卒五萬人馬五千匹以歸聽命天子嘉之賜姓曰李更其名曰寶臣立其軍號之曰成德由是姓李氏太傅薨公兄弟讓嗣公竟棄其家自歸京師及兄死家覆有司設防守德宗如奉天守卒出公即馳歸與母韓國夫人鄭氏拜訣屬家徒隨走所幸道與賊遇七鬬乃至有功遷太子諭德加御史中丞從幸梁州天黑失道識焦中人聲得見德宗於盩厔西上曰卿有母可隨我耶曰臣以死從衞及幸還錄功封武安郡王號元從功臣圖其形御閣而以神威將軍居北軍衞久乃加御史大夫丁韓國憂去官累遷神威大將軍加工刑二曹尚書天威統軍又改戶部尚書金吾大將軍有長上萬國俊者以軍勢奪興平人地吏憚莫敢治及公爲金吾興平人曰久聞李將軍爲人公平庶能直吾屈即齎縣牒來見公發視立杖國俊廢之以地還興平人聞者莫不稱歎於是天子以公材果可任用治人將兵無所不宜元和六年即以公爲鳳翔隴州節度使戶部尚書兼鳳翔尹隴州地與吐蕃接舊常朝夕相伺更入攻抄人吏不得息公以爲國

家於夷狄當用長算邊將當承上旨謹條教蓄財穀完吏農力以俟不宜規小利起事盜恩禁不得妄入其地益市耕牛鑄鎛釤鉏斸以給農之不能自具者丁壯與勵歲增田數十萬畝連八歲五種俱熟公私有餘販者負入褒斜船循渭而下首尾相繼不絕十三年公與忠武軍節度使司空光顏邠寧節度使尚書釗俱來朝上爲之燕三殿張百戲公卿侍臣咸與既事數還公因進曰臣幸得宿衞四十餘年今年老斥外任不勝慕戀願得死輦下天子加慰遣爲還鎮告疾其夏五月戊子薨年五十五訃至上悼愴

罷朝遣郎中臨弔贈尚書左僕射以其年十一月景申葬萬年鳳棲原夫人博陵郡崔氏河陽尉鎬之孫大理評事可觀之女賢有法度公有四子長曰元孫三原尉次曰元質彭之濛陽尉曰元立興平尉曰元本河南參軍皆愿敏好善元立元本皆崔氏出葬得日嗣子元立與其昆弟四人請銘於韓氏曰先人常有託於夫子也愈曰太傅功在史氏紀僕射以孤童囚羈京師卒能以忠爲節自顯取爵位立名績使天下拭目觀父母與榮焉既忠又孝法宜銘

銘曰

太傅之顯自其躬興僕射童羈孰與之朋遭國之難以節自發致其勤艱以復考烈孝由忠立爵名隨之銘此元石維昧之詒

河南少尹裴君墓誌銘

公諱復字茂紹河東人曾大父元簡大理正大父曠御史中丞京畿采訪使父虬以有氣略敢諫諍爲諫議大夫引正大疑有寵代宗朝屢辭官不肯拜卒贈工部尚書公舉賢良拜同官尉僕射南陽公開府徐州召公主書記三遷至侍御史入朝歷殿中侍御史累遷至刑部郎中疾病改河南少尹興至官若干日卒實元和三年四月二十三日享年五十夫人博陵崔氏少府監頲之女男三人璟質皆既冠其季始六歲曰充郎卜葬得公卒之四月壬寅遂以其日葬東都芒山之陰杜翟村公幼有文年十四上時雨詩代宗以爲能將召入爲翰林學士尚書公請免曰願使卒學丁後母喪上使臨弔又詔尚書公曰父忠而子果孝吾加賜以厲天下終喪必且以爲翰林其在徐州府能勤而有勞在朝以恭儉守其職居喪必有聞待諸弟友以善教館嫠妹畜孤甥能別而有恩歷十一官而無宅於都無

田於野無遺資以爲葬斯其可銘也已銘曰

裴爲顯姓入唐尤盛支分族離各爲大家惟公之系德隆位細曰子曰孫厥聲世繼晉陽之色愉愉翼翼無外無私幼壯若一何壽之不遐而祿之不多謂必有後其又信然耶

國子助教河東薛君墓誌銘

君諱公達字大順薛姓曾祖曰希莊撫州刺史贈大理卿祖曰元暉果州流溪縣丞贈左散騎常侍父曰播尚書禮部侍郎侍郎命君後兄據據爲尚書水部郎中贈給事中

君少氣高爲文有氣力務出於奇以不同俗爲主始舉進士不與先輩揖作胡馬及圜丘詩京師人未見其書皆口相傳以熟及擢第補家令主簿佐鳳翔軍軍帥武人君爲作書奏讀不識句傳一幕以爲笑不爲變後九月九日大會射設標的高出百數十尺令曰中酬錦與金若干一軍盡射莫能中君執弓腰二矢指一矢以興揖其帥曰請以爲公歡遂適射所一座皆起隨之射三發連三中的壞不可復射中輒一軍大呼以笑連三大呼笑帥益不喜即自免去後佐河陽軍任事去害與利功爲多拜協律郎益棄奇與人爲同今天子修太學官有公卿言詔拜國子助教

分教東都生元和四年年三十七二月十四日疾暴卒君再娶初娶琅邪王氏後娶京兆韋氏凡產四男五女男生輒即死自給事至君後再絕皆有名遺言曰以公儀之子已已後我其年閏三月廿一日弟試太子通事舍人公儀京兆府司錄公幹以君之喪歸以五月十五日葬於京兆府萬年縣少陵原合祔王夫人塋銘曰

官不遂歸譏於時身不得年又將尤誰世再絕而紹祭以不懈

監察御史元君妻京兆韋氏夫人墓誌銘

夫人諱叢字茂之姓韋氏其上七世祖父封龍門公龍門之後世率相繼爲顯官夫人曾祖父諱伯陽自萬年令爲太原少尹副留守北都卒贈祕書監其大王父迢以都官郎爲嶺南軍司馬卒贈同州刺史王考夏卿以太子少保卒贈左僕射僕射娶裴氏皐女皐爲給事中皐父宰相耀卿夫人於僕射爲季女愛之選壻得今御史河南元稹稹時始以選校書祕書省中其後遂以能直言策第一拜左拾遺果直言失官又起爲御史舉職無所顧夫人固前受教於賢父母得其良夫又及教於先姑氏率所事所言皆

從儀法年二十七以元和四年七月九日卒卒三月得其年之十月十三日葬咸陽從先舅姑兆銘曰

詩歌碩人爰敘宗親女子之事有以榮身夫人之先累公累卿有赫外祖相我唐明歸逢其良夫夫婦婦獨不與年而卒以天實生五子一女之存銘於好辭以永於聞

登封縣尉盧殷墓誌

元和五年十月日范陽盧殷以故登封縣尉卒登封年六十五君能爲詩自少至老詩可錄傳者在紙凡千餘篇無

書不讀然止用以資爲詩與諫議大夫孟簡協律孟郊監察御史馮宿好期相推挽卒以病不能爲官在登封盡寫所爲詩抵故宰相東都留守鄭公餘慶留守數以帛米周其家書薦宰相宰相不能用竟飢寒死登封將死自爲書告留守與河南尹乞葬已又爲詩與常所來往河南令韓愈曰爲我具棺留守尹爲具凡葬事韓愈與買棺又爲作銘十一月某日葬嵩下鄭夫人墓中君始娶滎陽鄭氏後娶隴西李氏生男輒死卒無子女一人學浮屠法不嫁爲比邱尼云

興元少尹房君墓誌銘

房故爲官族稱世有人自太尉琯以德行爲相相元宗肅宗名聲益彰徹大行世號其門爲太尉家宗族子弟皆法象其賢公曾祖諱元靜尚書膳部郎中歷資簡涇隰四州刺史太尉之叔父也祖諱肱爲虢州司馬父諱繼都水使者皆名能守家法公諱武字某以明經歷官至興元少尹謹飭畏慎年七十三以其官終幼壯爲良子弟老爲賢父兄歷十二官處事無纖毫過差嘗以殿中侍御史副丹陽軍使其後爲盩厔令施州刺史丹陽盩厔施州吏民至今思之娶滎陽鄭氏女生男六人其長曰次卿次卿有大才不能俯仰順時年四十餘尚守京兆興平尉然其友皆曰房氏有子也次曰次公次膺次回次衡次元始學而未仕女三人皆嫁爲士人妻初公之在施州夫人卒焉殯於江陵元和五年次卿與其羣弟奉公之喪自興元至堂殯於伊水之南六年正月次公奉夫人之喪自江陵至遂以其月十四日合葬河南緱氏之高龍原公母弟式自給事中爲河南尹孝友慈良盡費其財以奉公葬未葬之一月詔以河南爲御史中丞領宣州觀察使將行召河南令韓愈

泣謂曰吾兄之葬於是而吾爲尹於是吾以爲得盡其道於吾兄也今壓於上命不得視吾兄之棺入此土也豈非天耶子與吾兒次卿游我重知子凡吾兄之終事將子是託焉愈既不獲辭既助其凡役事退又爲銘云

有位有年有弟有子從先人葬是謂受祉

河南少尹李公墓誌銘

元和七年二月一日河南少尹李公卒年五十八斂之三月某甲子葬河南伊闕鳴皋山下前事之月其子道敏哭再拜授使者公行狀以幣走京師乞銘於博士韓愈曰少

尹將以某月日葬宜有銘其不肖嗣道敏杖而執事不敢違次不得既以請愈曰公行應銘法子又禮葬敢不諾而銘諸公諱素字某生七歲喪其父貧不能家母夫人提以歸教育於其外氏以明經選主虢之宏農簿又尉陝之芮城李丞相泌觀察陝虢以材署運使從事以課遷尉京兆鄠考滿以書判出其倫選主萬年簿而母夫人固在食其祿母夫人卒三年改尉長安遷監察御史奏貶九卿一人改詹事丞遷殿中侍御史由度支員外郎選令萬年公主奪驛田京兆尹符縣劃界之公不與改度支郎中使侍郎

介恃不禮其屬大夫士擅喜怒賞罰公獨入讓不受劉闢平上以蜀賞高崇文尚書省以崇文幕府爭鹽井因革便不便命公使崇文崇文命幕府惟公命從即其日事已疏奏侍郎外稱其能竟坐前敢抗已衢州饑擇刺史侍郎曰莫如郎李某遂刺衢州至一月遷蘇州李錡前反權將之戍諸州者刺史至斂手無敢與敵公至十二日錡反公將左右與賊戰州門不勝賊呼入公端立責以義皆斂兵立不逼錡命械致公軍將斬以徇及境錡適敗縛公脫械還走州賊急卒不暇走死民抱扶迎盡出天子使貴人持紫衣金魚以賜居三年州稱治拜河南少尹行大尹事呂氏子炅棄其妻著道士衣冠謝母曰當學僊王屋山去數月復出閒詣公公立之府門外使吏卒脫道士冠給冠帶送付其母黜屬令二人以贓減民賦錢歲五千萬請緩民輸期一月詔天下輸皆緩一月公一斷治不收聲事常出名上曾祖宏泰簡州刺史祖乾秀伊闕令父爕宣州長史贈絳州刺史母夫人燉煌張氏其舅參有大名公之配曰彭城劉氏夫人夫人先卒其葬以夫人祔夫人曾祖曰子元祖曰鍊皆有大名公之子男四人長曰道敏舉進士其次

曰道樞其次曰道本道易皆好學而文女一人嫁蘇之海鹽尉韋濳自簡州而下皆葬鳴皋山下銘曰

高其山而坎其中以爲公之宮奈何乎公

欽定全唐文卷五百六十六

韓愈二十

集賢院校理石君墓誌銘

君諱洪字濬川其先姓烏石蘭九代祖猛始從拓跋氏入夏居河南遂去烏與蘭獨姓石氏而官號大司空後七世至行褒官至易州刺史於君爲曾祖易州生婺州金華令諱懷一卒葬洛陽北山金華生君之考諱平爲太子家令葬金華墓東而尚書水部郎劉復爲之銘君生七年喪其母九年而喪其父能力學行去黃州錄事參軍則不仕而

退處東都洛上十餘年行益修學益進交游益附聲號聞四海故相國鄭公餘慶留守東都上言洪可付史筆李建拜御史崔周禎爲補闕皆舉以讓宣歙池之使與浙東使交牒署君從事河陽節度烏大夫重允問以幣先走廬下故爲河陽得佐河陽軍吏治民寬考功奏從事考君獨於天下爲第一元和六年詔下河南徵拜京兆昭應尉校理集賢御書明年六月甲午疾卒年四十二娶彭城劉氏女故相國晏之兄孫生男二人八歲曰壬四歲曰申女子二人顧言曰葬死所七月甲申葬萬年白鹿原既病謂其游韓愈曰子以吾銘銘曰

生之艱成之又艱若有以爲而止於斯

江西觀察使韋公墓誌銘

公諱丹字某姓韋氏六世祖孝寬仕周有功以公開號於鄖鄖公之子孫世爲大官惟公之父政卒雒縣丞贈虢州刺史公既孤以甥孫從太師魯公眞卿學太師愛之舉明經第選授峽州遠安令以讓其庶兄入紫閣山事從父熊通五經登科歷校書郎咸陽尉佐邠寧軍自監察御史爲殿中侍御史徵拜太子舍人益有名遷起居郎吳少誠襲

許州拜河陽行軍司馬未行少誠死改駕部員外郎新羅國君死公以司封郎中兼御史中丞紫衣金魚往弔立其嗣故事使外國者常賜州縣官十員使以名上以便其私號私覿官公將行曰吾天子吏使海外國不足於資宜上請安有賣官以受錢耶即具疏所以上以爲賢命有司與其費至鄆州會新羅告所當立君死還拜容州刺史容管經略招討使始城容州周十三里置屯田二十四所化大行詔加太中大夫順宗嗣位拜河南少尹行未至拜鄭滑行軍司馬始至襄陽詔拜諫議大夫既至日言事不阿權

臣審然有直名遂號爲才臣劉闢反圍梓州詔以公爲東川節度使御史大夫公行至漢中上疏言梓州在圍閒守方盡力不可易將徵還入議蜀事劉闢去梓州因以梓州讓高崇文拜晉慈隰等州觀察防禦使自扶風縣男進封武陽郡開國公食邑二千户將行上言臣所治三州非要害地不足張職爲國家費不如屬之河東便上以爲忠一歲拜洪州刺史江南西道觀察使以晉慈隰屬河東公既至則計口受俸錢委其餘於官罷八州無事之食者以聚其財始教人爲瓦屋取材於山召陶工教人陶聚材瓦於

場度其費以爲估不取贏利凡取材瓦於官業定而受其償從令者免其賦之半逃未復者官與爲之貧不能者畀之財載食與漿親在勸之爲瓦屋萬三千七百爲重屋四千七百民無火憂暑濕則乘其高別命置南北市營諸軍歲旱種不入士募人就工厚與之直而給其食業成人不病饑爲長衢南北夾兩營東西七里人去溝汚氣益蘇復作南昌縣徙廄於高地因其廢倉大屋馬以不連死明年築隄扞江長十二里疏爲斗門以走潦水公去位之明年江水平隄老幼泣而思曰無此隄吾屍其流入海矣灌陂塘五百九十八得田萬二千頃凡爲民去害興利若嗜慾居三年於江西八州無遺便其大如是其細可畧也卒有違令當死者公不果於誅杖而遣之去上書告公所爲不法若干條朝廷方勇於治且以爲公名才能臣治功聞天下不辯則受垢詔罷官留江西待辯使未至月餘公以疾薨使至辯凡卒所告事若干條皆無絲毫實詔笞卒百流嶺南公能益明春秋五十八薨於元和五年八月六日公好施與家無剩財自校書郎至爲觀察使擁吏卒前走七州刺史與賓客處如布衣時自持卑一不易娶清河崔氏

故支江令諷之女某官某之孫有子曰寘年十五明經及第嗣其家業後夫人蘭陵蕭氏中書令華之孫殿中侍御史恒之女皆先公終有女一人凡公男若干人女若干人明年七月壬寅從葬萬年縣少陵原將葬其從事東平呂宗禮與其子寘謀曰我公宜得直而不華者銘傳於後固不朽矣寘來請銘銘曰

武陽受業始於太師以官讓兄自待不疑勤於紫閣取益以卑可謂有源卒用無疵慊慊爲人嬌嬌爲官爰及江西功德具完名聲之下獨處爲難辯而益明仇者所歎碑於

墓前維昭美故納銘墓中以識公墓

河南府王屋縣尉畢君墓誌銘

畢氏出東平歷漢魏晉宋齊梁陳士大夫不絕入國朝有爲司衛少卿貝邢盧許州刺史者曰憬憬之子構累官至吏部尚書卒贈黃門監是爲景公景公生抗爲廣平太守抗安祿山城陷覆其宗贈户部尚書尚書生坰家破時坰生始四歲與其弟增以俱小漏名籍得不誅爲賞口賊中寶應二年河北平宗人宏以家財贖出之求增不得增長爲河北從事兼官至御史中丞坰既至長安宏養於家教

讀書明經第宏死坰益壯始自別爲畢氏歷尉臨渙安邑王屋年六十一以元和六年二月二日卒於官初罷臨渙徐州節度張建封慕廣平之節死聞君篤行能官請相見署諸從事攝符離令四年及尉王屋徐之從事有爲河南尹者聞君當來喜謂人曰河南庫歲入錢以千計者五六十萬須謹廉吏令畢侯來吾濟矣繼數尹諸署於府者無不變而畢侯固如初竟以其職死君睦親善事過客未嘗問有無既卒家無一錢凡棺與墓事皆同官與相識者事之娶清河張氏女生男四人曰鎬鉶錄鋭女子三人其長學浮屠法爲比邱尼其季二人未嫁以其月二十五日從葬偃師之土婁銘曰

上古愛民爲官求人苟可以任位加其身其後喜權人自求官退而緩者身後人先故廣平死節而子不苟其澤王屋謹廉而神不福其謙嗚呼天與人苟無傷其穴與壙

試大理評事胡君墓銘

胡之氏別於陳明允先河東人世勤固戴厥身籍文譜進連倫惟明允加武資力牛虎柔不特吏夏陽有施爲去平陽民思悲河東土河陸原宜兹人肖後昆五十七不足年

孤兒啼死下官毋弟証秩大夫撫君遺哭泣書友韓愈司馬徒作後銘系序初

襄陽盧丞墓誌銘

范陽盧行簡將葬其父母乞銘於職方員外郎韓愈曰吾先世世載族姓書吾胄於拓跋氏之宏農守守後四代吾祖也爲沂錄事參軍五世而吾父也爲襄陽丞始吾父自曹之南華尉歷萬年縣尉至襄陽丞以材任煩能持廉名去襄陽則署鹽鐵府出入十年常最其列貞元十三年終其家年六十七殯河南河陰吾母燉煌張氏也王父璀爲

兖之金鄉令先君歿十三年而夫人終年七十三從殯河陰生子男三人居簡金吾兵曹行簡則吾其次也大理主簿佐江西軍其幼可久女子嫁浮梁尉崔叔實將以今年十月自河陰啟葬汝之臨汝之汝原吾曰陰陽星歷近世儒莫學獨行簡以其力餘學能名一世舍而從事於人以材稱葬其父母乞銘以圖長存是眞能子矣可銘也遂以銘宏農諱懷仁沂諱璬襄陽諱某今年實元和六年

太原府參軍苗君墓誌銘

君諱蕃字陳師其先楚之族大夫亡晉而邑於苗世遂以

苗命氏其後有守上黨者惠於民卒遂家壺關曾大父延嗣中書舍人大父含液舉進士第官卒河南法曹父穎揚州錄事參軍君少喪父受業母夫人舉進士第佐江西使有勞三年使卒後辟不肯留獨護其喪葬河南選補太原參軍假使職獄平貨滋息吏斂手不敢爲非年四十有二元和二年六月辛巳暴病卒其妻清河張氏以其年十二月丙寅葬君於洛陽平陰之原男三人執規執矩必復其季生君卒之三月君同生昆弟姊凡三人皆先死四室之孤男女凡二十人皆幼遺資無十金無田無宮以爲歸無族親朋友以爲依也天將以是安施耶銘曰

有行以爲本有文以爲華恭以事其職而勤以嗣其家位卑而無年吁其奈何

朝散大夫贈司勳員外郎孔君墓誌銘

昭義節度盧從史有賢佐曰孔君諱戡字君勝從史爲不法君陰爭不從則於會肆言以折之從史羞面頸發赤抑首伏氣不敢出一語以對立爲君更令改章辭者前後累數十坐則與從史說古今君臣父子道順則受成福逆輒危辱誅死曰公當爲彼不得爲此從史常聳聽喘汗居五

六歲益驕有悖語君爭無改悔色則悉引從事空一府往爭之從史雖羞退益甚君泣語其徒曰吾所爲止於是不能以有加矣遂以疾辭去卧東都之城東酒食伎樂之燕不與當是時天下以爲賢論士之宜在天子左右者皆曰孔君孔君云會宰相李公鎭揚州首奏起君君猶卧不應從史讀詔曰是故舍我而從人耶卽誣奏君前在軍有某事上曰吾知之矣奏三上乃除君衛尉丞分司東都詔始下門下給事中呂元膺封還詔書上使謂呂君曰吾豈不知戡也行用之矣明年元和五年正月將浴臨汝之湯泉

壬子至其縣食遂卒年五十七公卿大夫士相弔於朝處士相弔於家君卒之九十六日詔縛從史送闕下數以違命流於日南遂詔贈君尚書司勳員外郎蓋用嘗欲以命君者信其志其年八月甲申從葬河南河陰之廣武原君於爲義若嗜欲勇不顧前後於利與祿則畏避退處如怯夫然始舉進士第自金吾衛錄事爲大理評事佐昭義軍軍帥死從史自其軍諸將代爲帥請君曰從史起此軍行伍中凡在幕府惟公無分寸私公茍畱惟公之所欲爲君不得已畱一歲再奏自監察御史至殿中侍御史從史初

聽用其言得不敗後不聽信惡益聞君棄去遂敗祖某某官贈某官父某某官贈某官君始娶宏農楊氏女卒又娶其舅宋州刺史京兆韋屺女皆有婦道凡生一男四女皆幼前夫人從葬舅姑兆次卜人曰今茲歲未可以祔從卜人言不祔君母兄戣尚書兵部員外郎母弟戢殿中侍御史以文行稱朝廷將葬以韋夫人之弟前進士楚材之狀授愈曰請爲銘銘曰

允義孔君茲惟其藏更千萬年無敢壞傷

中散大夫河南尹杜君墓誌銘

杜氏自戴侯畿始分戴侯之子恕爲幽州刺史今居京兆諸杜其後也其季寬孝廉郎中寬後三世曼爲河東太守葬其父洹水之陽其後世皆從葬洹水及正倫爲太宗宰相猶封襄陽公太宗始詔葬京兆襄陽公無子以兄正藏子志靜後遂嗣襄陽公生僑爲懷州長史棄官老沁水上爲富家卒葬懷州武陟長史生損爲左司郎中卒贈少大理大理生廙爲鄭州錄事參軍死思明亂贈吏部郎中公諱兼字某郎中第三子舉進士第司徒北平王燧戰河北掌書記累官至監察御史其後佐徐泗州軍遂至濠州刺

史徐泗州軍亂以兵甲三千人防淮道不絕有功加御史中丞賜紫衣金魚入爲刑部郎中以能官拜蘇州刺史既辭行上書曰李錡且反必且奏族臣上固愛其才書奏即除吏部郎中遂爲給事中出爲商州刺史金商防禦使改河南少尹行大尹事半歲拜大尹元和四年十一月二十二日無疾暴薨年六十明年二月甲午從葬懷州夫人常山郡君張氏彭州刺史贈禮部侍郎皖之女生子男三人柔立爲天長主簿詞立爲壽州參軍誼立爲順宗挽郎女一人將葬公之母兄太學博士冀與公之夫人及子男女

謀曰葬宜有銘凡與吾弟游而有文者誰乎遂來請銘銘曰

杜氏大家世有顯人承繼緜緜以及公身始爲進士乃篤朋友及作大官克施克守纂辭奮筆渙若不思公牒盈前笑語指麾祿以給求食以會同不畜不收庫廏虛空事在於人日遠日忘何以傳之刻此銘章

李元賓墓銘

李觀字元賓其先隴西人也始來自江之東年二十四舉進士三年登上第又舉博學宏詞得太子校書又一年年

二十九客死於京師既斂之三日友人博陵崔宏禮葬之於國東門之外七里鄉曰慶義原曰嵩原友人韓愈書石以誌之辭曰

已虖元賓壽也者吾不知其所慕夭也者吾不知其所惡生而不淑孰謂其壽死而不朽孰謂之夭已虖元賓才高乎當世而行出乎古人已虖元賓竟何爲哉竟何爲哉

崔評事墓誌銘

君諱翰字叔清博陵安平人曾大父知道仕至大理司直大父元同爲刑部侍郎出刺徐相州父倚舉進士天寶之亂隱居而終君既喪厥父攜扶孤老託於大江之南卒喪通儒書作五字句詩敦行孝悌詼諧縱謔卓詭不羈又善飲酒江南人士多從之游貞元八年君生四十七年矣自江南應節度使王栖曜命於鄜州既至表授右衛胄曹參軍實參幕府事直道正言補益宏多既去職遂家於汝州汝州刺史吳郡陸長源引爲防禦判官表授試大理評事十二年相國隴西公作藩汴州而吳郡爲軍司馬隴西公以爲吳郡之從則賢也署爲觀察巡官實掌軍田鑿澮溝斬茭茅爲陸田千二百頃水田五百頃連歲大穰軍食以

饒幕府以其功狀聞使者未復命以十五年正月五日寢疾終於家年五十有六矣隴西公賻贈有加自始有疾吳郡率幕府寮屬日一至其廬問焉其既甚也日再往問焉其終也往哭焉比小斂大斂三哭焉於斂之二十一日其妻與其子以君之喪旋葬於汝州其二月某日遂葬於某縣某鄉某原君內仁九族外盡賓客於其所止其來如歸苟親矣雖不肖收之如賢苟賢矣雖貧賤待之如貴人是故其歿也其弔者與其哭者其聲也必哀盡焉妻鄭氏也有子二人女一人吾聞位不稱德者有後嗚呼君其終有

後乎銘曰
朝之言嘻嘻夕之言怡怡偕入而出乘馬馳一日不見而死吁其悲

施先生墓銘

貞元十八年十月十一日太學博士施先生士丐卒其寮太原郭伉買石誌其墓昌黎韓愈爲之辭曰
先生明毛鄭詩通春秋左氏傳善講說朝之賢士大夫從而執經考疑者繼於門太學生習毛鄭詩春秋左氏傳者皆其弟子貴游之子弟時先生之說二經來太學帖帖坐

諸生下恐不卒得聞先生死二經生喪其師仕於學者亡其朋故自賢士大夫老師宿儒新進小生聞先生之死哭泣相弔歸衣服貨財先生年六十九在太學者十九年由四門助教爲太學助教由助教爲博士太學秩滿當去諸生輒拜疏乞留或留或遷凡十九年不離太學祖曰旭袁州宜春尉父曰嫭豪州定遠丞妻曰太原王氏先生卒子曰友直明州鄮縣主簿曰友諒太廟齋郎系曰
先生之祖氏自施父其後施常事孔子以彰讎爲博士延爲太尉太尉之孫始爲吳人曰然曰續亦載其跡先生之興公車是召纂序前聞於先有曜古聖人言其旨密微箋注紛羅顛倒是非聞先生講論如客得歸卑讓肫肫出言孔揚今其死矣誰嗣爲宗縣曰萬年原曰神禾高四尺者先生墓耶

考功員外盧君墓銘

愈之宗兄故起居舍人君以道德文學伏一世其友四人其一范陽盧君東美少未出仕皆在江淮閒天下大夫士謂之四夔其義以爲道可與古之夔皋者侔故云爾或曰夔嘗爲相世謂相夔四人者雖處而未仕天下許以爲相

故云大歷初御史大夫李栖筠由工部侍郎爲浙西觀察使當是時中國新去亂士多避處江淮閒嘗爲顯官得名聲以老故自任者以千百數大夫莫之取獨晨衣朝服從騎吏入下里舍請盧君君時始任戴冠通詩書與其羣曰講說周公孔子以相磨礱浸灌婆娑嬉游未有捨所爲爲人意既起從大夫天下未知君者惟奇大夫之取人也不常必得人其知君者謂君之從人也非其常守必得其從其後爲太常博士監察御史河南府司錄考功員外郎年若干而終在官舉其職夫人李姓隴西人君在配君子無

違德君殁訓子女得母道甚後君二十年年六十六而終將合葬其子暢命其孫立曰乃祖德烈靡不聞然其詳而信者宜莫若吾先人之友先人之友無在者起居丈有季曰愈能爲古文業其家是必能道吾父事業汝其往請銘焉立於是奉其父命奔走來告愈謂立曰子來宜也行不可一二舉且我之生也後不與而祖接不得詳也其大者莫若衆所與觀所與衆寡茲可以審其德矣乃祖未出而處也天下大夫士以爲與古之夔皋者侔且可以爲相其德不既大矣乎講説周公孔子樂其道不樂從事於俗得

所從不擇内外奮而起其進退不既合於義乎銘如是可以示於今與後也歟立拜手曰唯唯君祖子輿濮州濮陽令父同舒州望江令夫人之祖延宗鄆州司馬父進成鄜州洛交令男三人暢申易女三人皆嫁爲士人妻墓在河南緱氏縣梁國之原其年月日元和二年二月十日云

女挐壙銘

女挐韓愈退之第四女也慧而早死愈之爲少秋官言佛夷鬼其法亂治梁武事之卒有侯景之敗可一埽刮絶去不宜使爛漫天子謂其言不祥斥之潮州漢南海揭陽之地愈既行有司以罪人家不可留京師迫遣之女挐年十二病在席既驚痛與其父訣又輿致走道撼頓失食飲節死於商南層峯驛即瘞道南山下五年愈爲京兆始令子弟與其姆易棺衾歸女挐之骨於河南之河陽韓氏墓葬之女挐死當元和十四年二月二日其發而歸在長慶三年十月之四日其葬在十一月之十一日銘曰

汝宗葬於是汝安歸之惟永寧

韓愈二十一

故金紫光祿大夫檢校尚書左僕射同中書門下平章事兼汴州刺史充宣武軍節度副大使知節度事管內支度營田汴宋亳潁等州觀察處置等使上柱國隴西郡開國公贈太傅董公行狀

曾祖仁琬皇任梁州博士

祖大禮皇贈右散騎常侍

父伯良皇贈尚書左僕射

公諱晉字混成河中虞鄉萬歲里人少以明經上第宣皇帝居原州公在原州宰相以公善為文任翰林之選聞召見拜祕書省校書郎入翰林為學士三年出入左右天子以為謹愿賜緋魚袋累陞為衞尉寺丞出翰林以疾辭拜汾州司馬崔圓為揚州詔以公為圓節度判官攝殿中侍御史以軍事如京師朝天子識之拜殿中侍御史內供奉由殿中為侍御史入尚書省為主客員外郎由主客為祠部郎中先皇帝時兵部侍郎李涵如回紇立可敦詔公兼侍御史賜紫金魚袋為涵判官回紇之人來曰唐之復土疆取回紇力焉約我為市馬既入而歸我賄不足我於使人乎取之涵懼不敢對視公公與之言曰我之復土疆爾信有力焉吾非無馬而與爾為市為賜不既多乎爾之馬歲至吾數皮而歸資邊吏請致詰也天子念爾有勞故下詔禁侵犯諸戎畏我大國之爾與也莫敢校焉爾之父子寧而畜馬蕃者非我誰使之於是其衆皆環公拜既又相率南面序拜皆兩舉手曰不敢復有意大國自回紇歸拜司勳郎中未嘗言回紇之事遷祕書少監歷太府太常二

寺亞卿為左金吾衞將軍今上即位以大行皇帝山陵出財賦拜太府卿由太府為左散騎常侍兼御史中丞知臺事三司使選擢才俊有威風始公為金吾未盡一月拜太府九日又為中丞朝夕入議事於是宰相請以公為華州刺史拜華州刺史潼關防禦鎮國軍使朱泚之亂加御史大夫詔至於上所又拜國子祭酒兼御史大夫宣慰恒州於是朱滔自范陽以回紇之師助亂人大恐公既至恒州恒州即日奉詔出兵與滔戰大破走之還至河中李懷光反上如梁州懷光所率皆朔方兵公知其謀與朱泚合也

患之造懷光言曰公之功天下無與敵公之過未有聞於人某至上所言公之情上寬明將無不赦宥焉乃能爲朱泚臣乎彼爲臣而背其君苟得志於公何有且公既爲太尉矣彼雖寵公何以加此彼不能事君能以臣事公乎公能事彼而有不能事君乎彼知天下之怒朝夕戮死者也故求其同罪而與之比公何所利焉公之敵彼有餘力不如明告之絕而起兵襲取之清宮而迎天子庶人服而請罪有司雖有大過猶將揜焉如公則誰敢議語已懷光拜曰天賜公活懷光之命喜且泣公亦泣則又語其將卒如

語懷光者將卒呼曰天賜公活吾三軍之命拜且泣公亦泣故懷光卒不與朱泚當是時懷光幾不反公氣仁語若不能出口及當事乃更疏亮捷給其詞忠其容貌温然故有言於人無不信明年上復京師拜左金吾衛大將軍由大金吾爲尚書左丞又爲太常卿由太常拜門下侍郎平章事在宰相位凡五年所奏於上前者皆二帝三王之道由秦漢以降未嘗言退歸未嘗言所言於上者於人子弟有私問者公曰宰相所職係天下天下安危宰相之能與否可見欲知宰相之能與否如此視之其可凡所謀議於上前者不足道也故其事卒不聞以疾病辭於上前者不記退以表辭者八方許之拜禮部尚書制曰事上盡大臣之節又曰一心奉公於是天下知公之有言於上也初公爲宰相時五月朔會朝天子在位公卿百執事在廷侍中贊百寮賀中書侍郎平章事竇參攝中書令當傳詔疾作不能事凡將大朝會當事者既受命皆先日習儀於時未有詔公卿相顧公逡巡進北面言曰攝中書令臣某病不能事臣請代某事於是南面宣致詔詞事已復位進退甚詳爲禮部四年拜兵部尚書入謝上語問日晏復有入謝

者上喜曰董某疾且損矣出語人曰董公且復相既二日拜東都留守判東都尚書省事充東都畿汝州都防禦使兼御史大夫仍爲兵部尚書由留守未盡五月拜檢校尚書左僕射同中書門下平章事汴州刺史宣武軍節度副大使知節度事管內支度營田汴宋亳潁等州觀察處置等使汴州自大歷來多兵事劉元佐益其師至十萬元佐死子士寧代之畋遊無度其將李萬榮乘其畋也逐之萬榮爲節度一年其將韓惟清張彥林作亂求殺萬榮不克三年萬榮病風昏不知事其子乃復欲爲士寧之故監軍

使俱文珍與其將鄧惟恭執之歸京師而萬榮死詔未至惟恭權軍事公既受命遂行劉宗經韋宏景韓愈實從不以兵衞及鄭州逆者不至鄭州人爲公懼或勸公止以待有自汴州出者言於公曰不可入公不對遂行宿圃田明日食中牟逆者至宿八角明日惟恭及諸將至遂逆以入及郛三軍緣道讙聲庶人壯者呼老者泣婦人啼遂入以居初元佐死吳湊代之及鞏聞亂歸士寧萬榮皆自爲而後命軍士將以爲常故惟恭亦有志以公之速也不及謀遂出逆既而私其人覩公之所爲以告曰公無爲惟恭喜

知公之無害已也委心焉進見公者退皆曰公仁人也聞公言者皆曰公仁人也環以相告故大和初元佐遇軍士厚士寧懼復加厚焉至萬榮如士寧志及韓張亂又加厚以懷之至於惟恭每加厚焉故士卒驕不能禦則置腹心之士幕於公庭廡下挾弓執劒以須日出而入前者去日入而出後者至寒暑時至則加勞賜酒肉公至之明日皆罷之貞元十二年七月也八月上命汝州刺史陸長源爲御史大夫行軍司馬楊凝自左司郎中爲檢校吏部郎中觀察判官杜倫自前殿中侍御史爲檢校工部員外郎節度判官孟叔度自殿中侍御史爲檢校金部員外郎支度營田判官職事修人俗化嘉禾生白鵲集蒼烏來巢嘉瓜同蔕聯實四方至者歸以告其帥小大威懷有所疑輒使來問有交惡者公與平之累請朝不許及有疾又請之且曰人心易動軍旅多虞及臣之生計不先定至於他日事或難期猶不許十五年二月三日薨於位上三日罷朝贈太傅使吏部員外郎楊於陵來祭弔其子贈布帛米有加公之將薨也命其子三日斂既斂而行於行之四日汴州亂故君子以公爲知人公之薨也汴州人歌之曰濁流洋

洋有闢其郛闉道讙呼公來之初今公之歸公在喪車又歌曰公既來止東人以完今公歿矣人誰與安始公爲華州亦有惠愛人思之公居處恭無妾媵不飲酒不諂笑好惡無所偏與人交泊如也未嘗言兵有問之者曰吾志於教化享年七十六階累陞爲金紫光祿大夫勳累陞爲上柱國爵累陞爲隴西郡開國公娶南陽張氏夫人後娶京兆韋氏夫人皆先公終四子全道溪全素澥全道全素皆上所賜名全道爲祕書省著作郎溪爲祕書省祕書郎全素爲大理評事澥爲太常寺太祝皆善士有學行謹具歷

官行事狀伏請牒考功并牒太常議所謚牒史館請垂編錄謹狀

唐故贈絳州刺史馬府君行狀

君諱某字某其先爲嬴姓當周之衰處晉爲趙氏晉亡而趙氏爲諸侯其後益大與齊楚韓魏燕爲六國俱稱王其別子趙奢當趙時破秦軍閼與有功號馬服君子孫由是以馬爲氏梁有安州刺史侍中贈太尉岫岫生喬卿任襄州主簿國亂去官不仕喬卿生君才隋末爲蓟令燕王藝師之以有幽都之衆武德初朝京師拜武侯大將軍封南

陽郡公卒葬大梁新里趙郡李華刻碑頌之君才生珉爲玉鈐衞倉曹參軍事贈尚書左僕射生季龍爲嵐州刺史贈司空清河崔元翰銘其德於碑在新里司空生燧爲司徒侍中北平王贈太傅謚莊武莊武之勳勞在策書君其長子也少舉明經司徒公作藩太原授河南府參軍建中四年司徒公使將武人子弟才力之士三百人朝行在扞衞獻御服用物弓甲煮器幄幕奔走危難上嘉其勤超拜太常丞賜章服遷少府少監太僕少卿司徒公之薨也刺臂出血書佛經千餘言期以報德廬墓側植松柏終喪又拜太僕少卿疾病一年貞元十八年七月二十五日終於家凡年四十有五其弟少府監暢上印綬求追贈贈絳州刺史布帛百匹君在家行孝友待賓客朋友有信義其守官恭愼舉職其朝獻奉父命不避難其居喪有過人行初司徒公娶河南元氏封潁川郡夫人贈許國夫人許國薨少府始孩顧託以其姪爲繼室是爲陳國夫人陳國無子愛君與少府如已生其薨也君與少府喪之猶實生已親負土封其墓夫人滎陽鄭氏王屋縣令兒之女有賢行侍君疾逾年不下堂食菜飲水藥物必自擇將進輒先嘗方

書本草恒置左右子男二人敹前左衞倉曹參軍駇右清道率府胄曹參軍女子二人在室雖皆幼侍疾居喪如成人愈既世通家詳聞其世系事業今葬有期日從少府請掇其大者爲行狀託立言之君子而圖其不朽焉

太學生何蕃傳

太學生何蕃入太學者廿餘年矣歲舉進士學成行尊自太學諸生推頌不敢與蕃齒相與言於助教博士助教博士以狀申於司業祭酒司業祭酒撰次蕃之羣行焯焯者數十餘事以之升於禮部而以聞於天子京師諸生以薦

蕃名文說者不可選紀公卿大夫知蕃者比肩立莫爲禮部爲禮部者率蕃所不合者以是無成功蕃淮南人父母具全初入太學歲率一歸父母止之其後閒一二歲乃一歸又止之不歸者五歲矣蕃純孝人也閔親之老不自克一日揖諸生歸養於和州諸生不能止乃閉蕃空舍中於是太學六館之士百餘人又以蕃之義行言於司業陽先生城請諭畱蕃於是太學闕祭酒會陽先生出道州不果畱歐陽詹生言曰蕃仁勇人也或者曰蕃居太學諸生不爲非義葬死者之無歸哀其孤而字焉惠之大小必以力

復斯其所謂仁歟蕃之力不任其體其貌不任其心吾不知其勇也歐陽詹生曰朱泚之亂太學諸生舉將從之來請起蕃蕃正色叱之六館之士不從亂茲非其勇歟惜乎蕃之居下其可以施於人者不流也譬之水其爲澤不爲川乎川者高澤者卑高者流卑者止是故蕃之仁義充諸心行諸太學積者多施者不遐也天將雨水氣上無擇於川澤澗谿之高下然則澤之道其亦有施乎抑有待於彼者歟故凡貧賤之士必有待然後能有所立獨何蕃歟吾是以言之無亦使其無傳焉

圬者王承福傳

圬之爲技賤且勞者也有業之其色若自得者聽其言約而盡問之王其姓承福其名世爲京兆長安農夫天寶之亂發人爲兵持弓矢十三年有官勳棄之來歸喪其土田手鏝衣食餘三十年舍於市之主人而歸其屋食之當焉視時屋食之貴賤而上下其圬之傭以償之有餘則以與道路之癈疾餓者焉又曰粟稼而生者也若布與帛必蠶績而後成者也其他所以養生之具皆待人力而後完也吾皆賴之然人不可徧爲宜乎各致其能以相生也故君

者理我所以生者也而百官者承君之化者也任有小大惟其所能若器皿焉食焉而怠其事必有天殃故吾不敢一日捨鏝以嬉夫鏝易能可力焉又誠有功取其直雖勞無愧吾心安焉夫力易强而有功也心難强而有智也用力者使於人用心者使人亦其宜也吾特擇其易爲而無愧者取焉嘻吾操鏝以入富貴之家有年矣有一至者焉又往過之則爲墟矣有再至三至者焉而往過之則爲墟矣問之其鄰或曰噫刑戮也或曰身既死而其子孫不能有也或曰死而歸之官也吾以是觀之非所謂食焉怠其

事而得天殃者耶非强心以智而不足不擇其才之稱否而冒之者耶非多行可愧知其不可而强爲之者耶將貴富難守薄功而厚享之者耶抑豐悴有時一去一來而不可常者耶吾之心憫焉是故擇其力之可能者行焉樂富貴而悲貧賤我豈異於人哉又曰功大者其所以自奉也博妻與子皆養於我者也吾能薄而功小不有之可也又吾所謂勞力者若立吾家而力不足則心又勞也一身而二任焉雖聖者不可能也愈始聞而惑之又從而思之蓋賢者也蓋所謂獨善其身者也然吾有譏焉謂其自爲也

過多其爲人也過少其學楊朱之道者耶楊之道不肯拔我一毛而利天下而夫人以有家爲勞心不肯一動其心以畜其妻子其肯勞其心以爲人乎哉雖然其賢於世之患不得之而患失之者以濟其生之欲貪邪而亡道以喪其身者其亦遠矣又其言有可以警予者故予爲之傳而自鑒焉

毛穎傳

毛穎者中山人也其先明眎佐禹治東方土養萬物有功因封於卯地死爲十二神嘗曰吾子孫神明之後不可與物同當吐而生已而果然明眎八世孫䨲世傳當殷時居中山得神仙之術能匿光使物竊姮娥騎蟾蜍入月其後代遂隱不仕云居東郭者曰㕙狡而善走與韓盧爭能盧不及盧怒與宋鵲謀而殺之醢其家秦始皇時蒙將軍恬南伐楚次中山將大獵以懼楚召左右庶長與軍尉以連山筮之得天與人文之兆筮者賀曰今日之獲不角不牙衣褐之徒闕口而長鬚八竅而趺居獨取其髦簡牘是資天下其同書秦其遂兼諸侯乎遂獵圍毛氏之族拔其豪載穎而歸獻俘於章臺宮聚其族而加束縛焉秦皇帝使

恬賜之湯沐而封諸管城號曰管城子日見親寵任事穎爲人强記而便敏自結繩之代以及秦事無不纂錄陰陽卜筮占相醫方族氏山經地志字書圖畫九流百家天人之書及至浮圖老子外國之說皆所詳悉又通於當代之務官府簿書市井貨錢注記惟上所使自秦皇帝及太子扶蘇胡亥丞相斯中車府令高下及國人無不愛重又善隨人意正直邪曲巧拙一隨其人雖見廢棄終默不泄惟不喜武士然見請亦時往累拜中書令與上益狎上嘗呼爲中書君上親決事以衡石自程雖宮人不得立左右獨

穎與執燭者常侍上休方罷穎與絳人陳元宏農陶泓及會稽褚先生友善相推致其出處必偕上召穎三人者不待詔輒俱往上未嘗怪焉後因進見上將有任使拂拭之因免冠謝上見其髮禿又所摹畫不能稱上意上嘻笑曰中書君老而禿不任吾用吾嘗謂君中書君今不中書耶對曰臣所謂盡心者也因不復召歸封邑終於管城其子孫甚多散處中國夷狄皆冒管城惟居中山者能繼父祖業

太史公曰毛氏有兩族其一姬姓文王之子封於毛所謂魯衛毛聃者也戰國時有毛公毛遂獨中山之族不知其本所出子孫最爲蕃昌春秋之成見絕於孔子而非其罪及蒙將軍拔中山之豪始皇封諸管城世遂有名而姬姓之毛無聞穎始以俘見卒見任使秦之滅諸侯穎與有功賞不酬勞以老見疏秦眞少恩哉

下邳侯革華傳

下邳侯革華者其先隴西人也三十六代祖守犍爲黃帝時以力見召拜大司農以其闢土有功又知稼穡艱難遷輕車都尉子孫相繼至周武王時徙居桃林冠冕遂絕其後人思其濟世之才因復其位而加任使焉華父肈生五年襲先祖爵祿仕至上輕車都尉華毋世居長樂有乳哺之恩越王勾踐時嘗侍宴姑蘇臺詩所謂有覺德行者也肈因引重至太行山力不任事遂死於轘轅下上嗟悼命太宰申屠公執刀而解之其支派分離散在他處革華長子也上念其父劬勞而死於王事封華爲下邳侯詔將作大匠治之華爲性堅勁屈强難以直禦匠以其膏潤之然後去其豪族而加裁割焉會太原人金十奴與新鄭人斛斯生相逢薦華於五木大夫是後稍稍得成其名上嘉之遂釋褐賜墨綬焉華嘗曰吾辛勤久今方成名得處上左右足矣及獻之果然華爲人善履道別威儀進止趨蹌一隨人意上將駕出遊畋獵馳騁毬擊射御及禮神祭祀交賓接賢未嘗不召華偕往伏事上久之因病忽開口論議泄露密旨上繇是疏之詔將作大匠治之又命其友金十奴等令補過之尋獻於上上雖納之然亦不甚見重有泥塗賤處方召使之餘並不得預焉頃之上見其顏色皴顙又衰憊失度上咨嗟曰下邳侯老而憊不任吾事今棄於市不復召子矣遂棄之而終華無息其繼者族人矣

贊曰華之先皮姓軒轅時蒼頡觀鳥跡制文字以其始於皮而聲於華故從革焉初華自胡而來趙武靈王時見重是後子孫盛於中國漢書功臣表有煮棗侯革朱者卽其後也

歐陽生哀辭

歐陽詹世居閩越自詹已上皆爲閩越官至州佐縣令者累累有焉閩越地肥衍有山泉禽魚之樂雖有長材秀民通文書吏事與上國齒者未嘗肯出仕今上初故宰相常袞爲福建諸州觀察使治其地袞以文辭進有名於時又

作大官臨莅其民鄉縣小民有能誦書作文辭者袞親與之爲客主之禮觀游宴饗必召與之時未幾皆化翕然詹於時獨秀出袞加敬愛諸生皆推服閩越之人舉進士繇詹始建中貞元閒予就食江南未接人事往往聞詹名閭巷閒詹之稱於江南也久貞元三年予始至京師舉進士聞詹名尤甚八年春遂與詹文辭同考試登第始相識自後詹歸閩中予或在京師他處不見詹久者惟詹歸閩中時爲然其他時與詹離率不歷歲移時則必合合必兩忘其所趨久然後去故予與詹相知爲深詹事父母盡孝道仁於妻子於朋友義以誠氣醇以方容貌嶷嶷然其燕私善謔以和其文章切深喜往復善自道讀其書知其於慈孝最隆也十五年冬予以徐州從事朝正於京師詹爲國子監四門助教將率其徒伏闕下舉予爲博士會監有獄不果上觀其心有益於予將忘其身之賤而爲之也嗚呼詹今其死矣詹閩越人也父母老矣捨朝夕之養以來京師其心將以有得於是而歸爲父母榮也雖其父母之心亦皆然詹在側雖無離憂其志不樂也詹在京師雖有離憂其志樂也若詹者所謂以志養志者歟詹雖未得位其

名聲流於人人其德行信於朋友雖詹與其父母皆可無憾也詹之事業文章李翺既爲之傳故作哀辭以舒予哀以傳於後以遺其父母而解其悲哀以卒詹志云

求仕與友兮遠違其鄉父母之命兮子奉以行友則既獲兮祿實不豐以志爲養兮何有牛羊事實既修兮名譽又光父母忻忻兮常若在旁命雖云短兮其存者長終要必死兮願不永傷朋友親視兮藥物甚良飲食孔時兮所欲無妨壽命不齊兮人道之常在側與遠兮非有不同山川阻深兮魂魄流行祭祀則及兮勿謂不通哭泣無益兮抑

哀自彊推生知死兮以慰孝誠嗚呼哀哉兮是亦難忘

題哀辭後

愈性不喜書自爲此文惟自書兩通其一通遺清河崔羣羣與予皆歐陽生友也哀生之不得位而死哭之過時而悲其一通今書以遺彭城劉君伉君喜古文以吾所爲合於古詣吾廬而來請者八九至而其色不怨志益堅凡愈之爲此文蓋哀歐陽生之不顯榮於前又懼其泯滅於後也今劉君之請未必知歐陽生其志在古文耳雖然愈之爲古文豈獨取其句讀不類於今者耶思古人而不得見

學古道則欲兼通其辭通其辭者本志乎古道者也古之道不苟譽毀於人劉君好其辭則其知歐陽生也無惑焉

獨孤申叔哀辭

衆萬之生誰非天耶明昭昏蒙誰使然耶行何爲而怒居何故而憐耶胡喜厚其所可薄而恒不足於賢耶將下民之好惡與彼蒼懸耶抑蒼茫無端而暫寓其間耶死者無知吾爲子痛而已矣如有知也子其自知之矣濯濯其英煜煜其光如聞其聲如見其容烏虖遠矣何日而忘

欽定全唐文卷五百六十八

韓愈二十二

祭湘君夫人文

維元和十五年歲次庚子十月某日朝散大夫守國子祭酒護軍賜紫金魚袋韓愈謹使前袁州軍事判官張得一以清酌之奠敢昭告於湘君湘夫人二妃之神前歲之春愈以罪犯黜守潮州懼以譴死且虞海山之波霧瘴毒爲災以殞其命舟次祠下是用有禱於神神享其衷賜以吉卜曰如汝志蒙神之福啟帝之心去潮即袁今又獲位於

朝服其章綬退思往昔實發夢寐凡卅年於今乃合夙夜怵惕敢忘神之大庇伏以祠宇毀頓憑附之質丹青之飾暗昧不圭不稱靈明外無四垣堂陛頹落牛羊入室居民行商不來祭享輒敢以私錢十萬修而作之舊碑斷折其半仆地文字缺滅幾不可讀謹修而樹之廟成之後將求玉石仍刻舊文因銘其陰以大振顯君夫人之威神以報靈德俾民承事萬世不怠惟神其鑒之尚饗

祭竇司業文

維年月日兵部侍郎韓愈謹以清酌庶羞之奠祭於故國

子司業竇君二兄之靈惟君文行夙成有聲江東魁然厚重長者之風一舉於鄉遂收厥功屢佐大侯以調兵戎詔曰予虞汝爲郎中乃令洛陽歲且四終惟刑之愼掌正隸僮命守高平命副儒宮朱衣銀魚象服以崇錫榮考妣孝道上窮官不滿能亦云達通逾七望八年孰非翁在君無憾我意不充君之昆弟三以辭雄刺史郎中四繼三同於士大夫可謂顯榮我之獲見實自童蒙既愛既勸在麻之逢自視雛鷇望君飛鴻四十年餘事如夢中分宰河洛媿立並躬俱官於學以纖臨洪惠許不酬報德以空死生莫

接孰明我衷於祭告情文以自攻嗚呼哀哉尚饗

祭侯主簿文

維年月日吏部侍郎韓愈謹遣男殿中省進馬佶致祭於亡友故國子主簿侯君之靈嗚呼惟子文學今誰過之子於道義困不捨遺我狎我愛人莫與夷自始及今二紀於茲我或爲文筆俾子持唱我和我問我以疑我釣我遊莫不我隨我寢我休莫爾之私朋友昆弟情敬異施惟我於子無適不宜棄我而死嗟我之衰相好滿目少年之時日月云亡今其有誰誰不富貴而子爲羈我無利權雖怨曷爲子之方葬我方齋祀哭送不可誰知我悲嗚呼哀哉尚饗

祭竹林神文

維年月日京兆尹兼御史大夫韓愈謹以酒脯之奠再拜稽首告於竹林之神曰天子不以愈爲愚不能使尹茲大衆二十三縣之人今農既勤於稼有苗盈野而天不雨將盡槁以死農將無所食鬼神將無以爲饗國家之禮天地百祀神祇不失其常惠天之人不失其和人又無罪何爲造茲旱虐以罰也將俾尹者不仁不明不能承帝之敕以

化正其下聞無香惟腥神於惠罰無差施罪齎於尹愈身是甘是宜雨則時降神無爽其聰明永享於人無媿尚饗

曲江祭龍文

維年月日京兆尹兼御史大夫韓愈謹以香果之奠敢昭告於東方青龍之神天作旱災嘉穀將槁乃於甲乙之日依準古法作神之象齋戒祀禱神其享祐之時降甘雨以惠茲人急急如律令

祭馬僕射文

維年月日吏部侍郎韓愈謹以清酌庶羞之奠敬祭於故

僕射馬公十二兄之靈公宏大溫恭全然德備天故生之其必有意將明將昌實艱初試佐戎滑臺斥由尹寺適彼甌閩鯨鯢跋躓顛而不踒乃得其地於泉於虔始執郡符遂殿交州抗節番禺去其蝮蠹蠻越大蘇擢亞秋官朝得碩士人謂其崇我勢始起東征淮蔡相臣是使公兼邦憲以副經紀殲彼大魁厥勳孰似丞相歸治畱長蔡師茫茫黍稷昔實棘茨鴆鳴雀乳不見梟鴟惟蔡及許舊為血仇命公幷侯耕借之牛東其弓矢禮讓優優始誅鄆戎厥虛腥臊公往滌之茲惟樂郊惟東有猘惟西有虺顛覆朋鄰

我餘有幾犇萃中居斬其脊尾岱定河安惟公之蹕帝念厥功還公於朝陟於地官且長百僚度彼四方孰樂可據顧瞻衡鈞將舉以付惟公積勤以疾以憂及其歸時當謝之秋賀門未歸弔廬已萃未燕於堂已哭於次昔我及公實同危事且死且生誓莫捐棄歸來握手曾不三四曾不濡翰酬酢文字曾不醉飽以勸酒截奠以敘哀其何能致嗚呼哀哉尚饗

祭故陝府李司馬文

維年月日守國子祭酒賜紫金魚袋韓愈謹以清酌之奠祭於故陝府左司馬李公之靈曰公學以為耕文以為穫發憤孤身復續厥家選於吏部亟以科進歷臨大邑惟政有聲遂丞宗正日朝帝庭出輔陝都吏畏僚慕子婦諸孫盈於室堂公姑悅喜五福具有大夫士家孰不榮羨如何不常以至大故嗚呼哀哉愈以守官不獲弔送昏姻之好以哀以悲敬致微禮公其歆之尚饗

祭十二兄文

月日從父弟某官某乙謹以清酌庶羞之奠敢昭告於十二兄故虢州司戶府君之靈嗚呼維我皇祖有孫八人惟

兄與我後死孤存奈何於今又棄而先生不偕居疾藥不親斂不摩棺瘞不繞墳趨奔東制生死虧恩歸女教男反骨本原其不有年以補我憖長號送哀以薦此文尚饗

祭鄭夫人文

維年月日愈謹於逆旅備時羞之奠再拜頓首敢昭祭於六嫂滎陽鄭氏夫人之靈嗚呼天禍我家降集百殃我生不辰三歲而孤蒙幼未知鞠我者兄在死而生實維嫂恩未齓一年兄宦王官提攜負任去洛居秦念寒而衣念饑而飧疾疹水火無災及身劬勞閔閔保此愚庸年方及紀

薦及凶屯兄罹讒口承命遠遷窮荒海隅夭閼百年萬里故鄉幼孤在前相顧不歸泣血號天微嫂之力化爲夷蠻水浮陸走丹旐翩然至誠感神返葬中原既克返葬遭時艱難百口偕行避地江濆春秋霜露薦敬蘋蘩以享韓氏之祖考曰此韓氏之門視余猶子誨化諄諄爰來京師年在成人屢貢於王名乃有聞念茲頓頑非訓曷因感傷懷歸隕涕熏心苟容躁進不顧其躬祿仕而還以爲家榮奔走乞假東西北南孰云此來乃睹靈車有志弗及長負殷勤嗚呼哀哉昔在韶州之行受命於元兄曰爾幼養於嫂

喪服必以期今其敢忘天實臨之嗚呼哀哉日月有時歸合塋封終天永辭絕而復蘇伏惟尚饗

祭十二郎文

年月日季父愈聞汝喪之七日乃能銜哀致誠使建中遠具時羞之奠告汝十二郎之靈嗚呼吾少孤及長不省所怙惟兄嫂是依中年兄歿南方吾與汝俱幼從嫂歸葬河陽既又與汝就食江南零丁孤苦未嘗一日相離也吾上有三兄皆不幸早世承先人後者在孫惟汝在子惟吾兩世一身形單影隻嫂嘗撫汝指吾而言曰韓氏兩世惟此而已汝時猶小當不復記憶吾時雖能記憶亦未知其言之悲也吾年十九始來京城其後四年而歸視汝又四年吾往河陽省墳墓遇汝從嫂喪來葬又二年吾佐董丞相於汴州汝來省吾止一歲請歸取其孥明年丞相薨吾去汴州汝不果來是年吾佐戎徐州使取汝者始行吾又罷去汝又不果來吾念汝從於東東亦客也不可以久圖久遠者莫如西歸將成家而致汝嗚呼孰謂汝遽去吾而歿乎吾與汝俱少年以爲雖暫相別終當久與相處故捨汝而旅食京師以求升斗之祿誠知其如此雖萬乘之公相

吾不以一日輟汝而就也去年孟東野往吾書與汝曰吾年未四十而視茫茫而髮蒼蒼而齒牙動搖念諸父與諸兄皆康强而早世如吾之衰者其能久存乎吾不可去汝不肯來恐旦暮死而汝抱無涯之戚也孰謂少者歿而長者存强者夭而病者全乎嗚呼其信然邪其夢邪其傳之非其眞邪信也吾兄之盛德而夭其嗣乎汝之純明而不克蒙其澤乎少者彊者而夭歿長者衰者而全存乎未可以爲信也夢也傳之非其眞也東野之書耿蘭之報何爲而在吾側也嗚呼其信然矣吾兄之盛德而夭其嗣矣汝

之純明宜業其家者而不克蒙其澤矣所謂天者誠難測而神者誠難明矣所謂理者不可推而壽者不可知矣雖然我自今年來蒼蒼者欲化而爲白矣動搖者欲脫而落矣毛血日益衰志氣日益微幾何不從汝而死也死而有知其幾何離其無知悲不幾時而不悲者無窮期矣汝之子始十歲吾之子始五歲少而强者不可保如此孩提者又可冀其成立邪嗚呼哀哉嗚呼哀哉汝去年書云比得軟脚病往往而劇吾曰是病也江南之人常常有之未始以爲憂也嗚呼其竟以此而殞其生乎抑別有疾而至斯

乎汝之書六月十七日也東野云汝歿以六月二日耿蘭之報無月日蓋東野之使者不知問家人以月日如耿蘭之報不知當言月日東野與吾書乃問使者使者妄稱以應之耳其然乎其不然乎今吾使建中祭汝弔汝之孤與汝之乳母彼有食可守以待終喪則待終喪而取以來如不能守以終喪則遂取以來其餘奴婢並令守汝喪吾力能改葬終葬汝於先人之兆然後惟其所願嗚呼汝病吾不知時汝歿吾不知日生不能相養於共居歿不能撫汝以盡哀斂不憑其棺窆不臨其穴吾行負神明而使汝夭不孝不慈而不得與汝相養以生相守以死一在天之涯一在地之角生而影不與吾形相依死而魂不與吾夢相接吾實爲之其又何尤彼蒼者天曷其有極自今已往吾其無意於人世矣當求數頃之田於伊潁之上以待餘年教吾子與汝子幸其長成吾女與汝女待其嫁如此而已嗚呼言有窮而情不可終汝其知也邪其不知也邪嗚呼哀哉尚饗

祭周氏姪女文

維年月日十八叔叔母具時羞清酌之奠祭於周氏二十

娘子之靈嫁而有子女子之慶纏疾中年又命不永今當長歸與一世違凡汝親戚孰能不哀撰此酒食以與汝訣汝曾知乎我念曷闋尚饗

祭滂文

維年月日十八翁及十八婆盧氏以清酌庶羞之奠祭於二十三郎滂之靈曰汝聰明和順出於輩流强記好文又少與比將謂成長以興吾宗如何不祥未冠而夭吾與盧氏痛傷可言思母之恩連呼以絕執兄之手勉以無悲情一何長命一何短權葬遠地孤魂無依瀝酒告情哀何有

極尚饗

祭李氏二十九娘子文

維年月日十八叔翁及十八叔婆盧氏遣祖以庶羞之奠祭於李氏二十九娘之靈曰汝之警敏和靜人莫及之姿相豐端不見闕虧幼而孤露其然何爲出從於人旣相諧熙又暴以夭神何所疵生殺滅益竟誰主尸我哀汝母孰慰窮嫠我憐汝兒誰與抱持念此傷心不能去離奠以送汝知乎不知尚饗

祭張給事文

維年月日兵部侍郞韓愈謹以清酌之奠祭於故殿中侍御史贈給事中張君之靈惟君之先以儒名家逮君皇考再振厥華鄉貢進秀有司第之從事元戎謹職以治遂拜郞官以職王憲不長其年飛不盡翰乃生給事崧貞玉剛幹父之業纂文有光屢辟侯府亦佐梁師前人是似耋吏垐洛御史闕人奪之於朝大厦之構斧斤未操府遷幽都頑悖未孚繫君之賴乃奏乞留乃遷殿中朱衣象版惟義之趨豈利之蹊虺豺發釁闔府屠割償其恨犯君獨高脫露刀成林弓矢穰穰千萬爲徒譟讙爲狂君獨叱之上不負汝爲此不祥將死無所雖愚何知慚屈變色君義不辱殺身就德天子嘉之贈官近侍歸於一死萬古是記我之從女爲君之配君於其家行實高世無所於葬輿魂東歸誄以贈之莫知我哀嗚呼哀哉尚饗

祭女挐子文

維年月日阿爹阿八使汝嬭以清酒時果庶羞之奠祭於第四小娘子挐子之靈嗚呼昔汝疾極値吾南逐蒼黃分散使汝驚憂我視汝顏心知死隔汝視我面悲不能啼我旣南行家亦隨譴扶汝上輿走朝至暮天雪冰寒傷汝羸

肌撼頓險阻不得少息不能飲食又使渴饑死於窮山實非其命不免水火父母之罪使汝至此豈不緣我草葬路隅棺非其棺旣瘞遂行誰守誰瞻魂單骨寒無所託依人誰不死於汝卽寃我歸自南乃臨哭汝汝目汝面在吾眼旁汝心汝意宛宛可忘逢歲之吉致汝先墓無驚無恐安以卽路飲食芳甘棺輿華好歸於其丘萬古是保尚饗

祭田橫墓文

貞元十一年九月愈如東京道出田橫墓下感橫義高能得士因取酒以祭爲文而弔之其辭曰事有曠百世而相

感者余不自知其何心非今世之所稀孰爲使余歔欷而不可禁余既博觀乎天下曷有庶幾乎夫子之所爲死者不復生嗟余去此其從誰當秦氏之敗亂得一士而可王何五百人之擾擾而不能脫夫子於劒鋩抑所寶之非賢亦天命之有常昔闕里之多士孔聖亦云其遑遑苟余行之不迷雖顚沛其何傷自古死者非一夫子至今有耿光跪陳辭而薦酒魂髣髴而來享

祭鱷魚文

維年月日潮州刺史韓愈使軍事衙推秦濟以羊一豬一

投惡谿之潭水以與鱷魚食而告之曰昔先王既有天下列山澤罔繩擉刃以除蟲蛇惡物爲民害者驅而出之四海之外及後王德薄不能遠有則江漢之閒尚皆棄之以與蠻夷楚越況潮嶺海之閒去京師萬里哉鱷魚之涵淹卵育於此亦固其所今天子嗣唐位神聖慈武四海之外六合之內皆撫而有之況禹跡所揜揚州之近地刺史縣令之所治出貢賦以供天地宗廟百神之祀之壤者哉鱷魚其不可與刺史雜處此土也刺史受天子命守此土治此民而鱷魚睅然不安谿潭據處食民畜熊豕鹿麞以肥其身以種其子孫與刺史抗拒爭爲長雄刺史雖駑弱亦安肯爲鱷魚低首下心伈伈睍睍爲民吏羞以偷活於此耶且承天子命以來爲吏固其勢不得不與鱷魚辯鱷魚有知其聽刺史言潮之州大海在其南鯨鵬之大蝦蟹之細無不容歸以生以食鱷魚朝發而夕至也今與鱷魚約盡三日其率醜類南徙於海以避天子之命吏三日不能至五日五日不能至七日七日不能是終不肯徙也是不有刺史聽從其言也不然則是鱷魚冥頑不靈刺史雖有言不聞不知也夫傲天子之命吏不聽其言不徙以避之

與冥頑不靈而爲民物害者皆可殺刺史則選材技吏民操強弓毒矢以與鱷魚從事必盡殺乃止其無悔

祭董相公文

維貞元十五年歲次己卯二月乙亥朔某日節度行軍司馬檢校右散騎常侍兼御史大夫知使事吳縣開國男食邑三百戶陸長源度支營田判官檢校金部員外郎侍御史孟叔度觀察支使監察御史裏行邱潁觀察推官守祕書省校書郎韓愈等謹以少牢之奠敬祭於故尚書右僕射平章事隴西公之靈嗚呼天高而明地厚而平五氣敘

行萬彙順成交感旁暢聖賢以生雨水於雲濆水於坤蓄昌生物有假有因天眷唐邦錫之元臣肫肫元臣其德孔碩不詔不笑不威不赫不求其盈不致其敵爰立作相訏謨實勤出若無辭疇德之聞帝念東土公其來撫乃守洛都乃藩浚郊乃去厥疾乃施厥膏不知其勞鰥寡以饒維昔浚郊厥亂維舊有狡有狂其羣孔醜公其來矣爲民父母父誨其義母仁其愚既變既從孰云其初自邇徂遠混然一區公來自中天子所倚公今不歸誰佐天子公既來止東人以完公既歿矣人誰與安濁流渾渾有闢其郛塡

道歡呼公來之初今公之歸公在喪車旨酒既盈嘉肴在盛嗚呼我公庶享其誠尚饗

祭石君文

維元和七年歲次壬辰七月二十七日右補闕宋景國子博士韓愈謹以清酌庶羞之奠敬祭於石三學士之靈惟君學成於身名彰於人知道之可行見人之不幸不事顧讓以圖就功如何奄忽永喪其躬曰景與愈與游爲久自君之逝相遇輒哀傍無強親子孩妻稚敢忘分濟念力未任客葬秦原孤魂誰附奠以送訣悲何可窮尚饗

祭房君文

維某年月日韓愈遣舊吏皇甫悅以酒肉之饋展祭於五官蜀客之柩前嗚呼君迺至於此吾復何言若有鬼神吾未死無以妻子爲念嗚呼君其能聞吾此言否尚饗

爲崔侍御祭穆員外文

於乎建中之初予居於嵩攜扶北奔避盜來攻晨及洛師相遇一時顧我如故眷然顧之子有令聞我來自山子之儁明我鈍而頑道既云異誰從知我我思其厚不知其可於後八年君從杜侯我時在洛亦應其招畱守無事多君

子僚罔有疑忌維其嬉游草生之春鳥鳴之朝我轡在手君揚其鑣君居於室我既來卽或以嘯歌或以偃側誨予以義復我以誠終日以語無非德聲主人信讒有惑其下殺人無罪誣以成過入救不從反以爲禍赫赫有聞王命三司察我於獄相從係纍曲生何樂直死何悲上懷主人內閔其私進退之難君處之宜既釋於囚我來徐州道之悠悠思君爲憂我如京師君居父喪哭泣而拜言詞不通我歸自西君反吉服晤言無他往復其昔不日而違重我心惻自後聞君母喪是丁痛毒之懷六年以升孰云孝子

而殯厥靈今我之至入門失聲酒肉在前君胡不餐升君之堂不與我言於乎死矣何日來還

祭郴州李使君文

維年月日將仕郎守江陵府法曹參軍韓愈謹以清酌庶羞之奠敬祭於故郴州李使君之靈古語有之白頭如新傾蓋若舊顧意氣之何如何日時之足究當貞元之癸未惕皇威而左授伏荒炎之下邑嗟名頹而位仆歷貴部而西邁邇清光於暫覯言莫交而情無由既不買而奚售哀窮遐之無徒挈百憂以自副辱問訊之綢繆恒飽饑而愈

疢接雄詞於章句窺逸跡於篆籀苞黃甘而致貽獲紙筆之雙貿投叉魚之短韻媿韜瑕而舉秀娭新命於衡陽費薪芻於館候空大亭以見處憩水木之幽茂逞英心於縱博沃煩腸以清酎航北河之空明覷鱗介之驚透宴州樓之豁達眾管啾而並奏得恩惠於新知脫窮愁於往陋輟行謀於俄頃見秋月之三彀逮天書之下降猶低迴以宿留念睽離之在期謂此會之難又授縞紵以託心示茲誠之不謬儻後日之北遷約窮歡於一晝雖掾俸之酸寒要拔貧而為富何人生之難信捐斯言而莫就始訂信於暫

踈遂承凶於不救見明旌之低昂尚遲疑於別裏憶交酬而迭舞奠單杯而哭柩美夫君之為政不撓志於讒構遭脣舌之紛羅獨陵晨而孤雊彼憸人之浮言雖百車其何訽洞古往而高觀固邪正之相寇幸竊覩其始終敢不明白而蔽覆神乎來哉辭以爲侑尚饗

祭薛助教文

維元和四年歲次己丑後三月二十一日景寅朝散郎守國子博士韓愈太學助教侯繼謹以清酌之奠祭於亡友國子助教薛君之靈嗚呼吾徒學而不見施設祿又不足

以活身天於此時奪其友人同官太學日得相因奈何永違祇隔數晨笑語為別慟哭來門藏棺蔽帷欲見無緣皎皎眉目在人目前酌以告誠庶幾有神嗚呼哀哉尚饗

祭虞部張員外文

維年月日愈等謹以清酌庶羞之奠敬祭於亡友張十三員外之靈嗚呼往在貞元俱從賓薦司我明試時維邦彥各以文售幸皆少年羣遊旅宿其歡甚焉出言無尤有獲同喜他年諸人莫有能比倏忽逮今二十餘歲存皆衰白半亦辭世外纏公事內迫家私中宵興歎無復昔時如何

今者又失夫子懿德柔聲永絕心耳廬親之墓終喪乃歸陽瘖避職妻子不知分司憲臺風紀由振遂遷司虞以播華問不能老壽孰究其因託嗣於宗天維不仁酒食備設靈其降止論德敘情以視諸誄尙饗

祭河南張員外文

維年月日彰義軍行軍司馬守太子右庶子兼御史中丞韓愈謹遣某乙以庶羞清酌之奠祭於亡友故河南縣令張十二員外之靈貞元十九君爲御史余以無能同詔並跱君德渾剛標高揭己有不吾如唾猶泥滓余戇而狂年

未三紀乘氣加人無挾自恃彼婉變者實憚吾曹側肩帖耳有舌如刀我落陽山以尹鼯猱君飄臨武山林之牢歲弊寒凶雪虐風饕顚於馬下我泗君咷夜息南山同臥一席守隸防夫觝頂交跖洞庭漫汗粘天無壁風濤相豗中作霹靂追程盲進颿船箭激南上湘水屈氏所沈二妃行迷淚蹤染林山哀浦思鳥獸叫音予唱君和百篇在吟君止於縣我又南踰把觴相飲後期有無期宿界上一又相語自別幾時遽變寒暑枕臂欹眠加余以股僕來告言虎入廄處無敢驚逐以我驌去君云是物不駿於乘虎取而往來寅其徵我預在此與君俱膺猛獸果信惡禱而憑余出嶺中君竢州下偕掾江陵非余望者郴山奇變其水淸寫泊沙倚石有遻無捨衡陽放酒熊咆虎嗥不存令章罰籌蝟毛委舟湘流往觀南嶽雲壁潭潭穹林攸擢避風太湖七日鹿角鉤登大鮎怒頰豕狗鸞盤炙酒羣奴餘啄走官階下首下尻高下馬伏塗從事是遭予徵博士君以使已相見京師過願之始分教東生君掾雍首兩都相望於別何有解手背面遂十一年君出我入如相避然生闊死休吞不復宣刑官屬郎引章訐奪權臣不愛南康是斡明

條謹獄氓獠户歌用遷澧浦爲人受瘧還家東都起令河南屈拜後生憤所不堪屢以正免身伸事蹇竟死不昇孰勸爲善丞相南討余辱司馬議兵大梁走出洛下哭不憑棺奠不親筓不撫其子葬不送野望君傷懷有隕如瀉銘君之績納石壤中爰及祖考紀德事功外著後世鬼神與通君其奚憾不余鑒衷嗚呼哀哉尙饗

祭左司李員外太夫人文

維年月日某官某等謹以淸酌庶羞之奠敬祭於某縣太君鄭氏尊夫人之靈冑於茂族配此德門克成厥家享有

全福爲婦爲母再朝中宮搢紳推榮宗黨是則某等幸隨令子同服官僚庶展哀誠式陳牢醴尚饗

祭薛中丞文

維年月日某官某乙等謹以清酌庶羞之奠祭於亡友故御史中丞贈刑部侍郎薛公之靈公之懿德茂行可以勵俗清文敏識足以發身宗族稱其孝慈友朋歸其信義累昇科第亟踐班行左掖南臺共傳故事詩人墨客爭諷新篇羽儀朝廷輝映中外長途方騁大限俄窮聖上軫不慭之悲具僚興云亡之歎况某等忘言斯久知我俱深青春

之游白首相失來陳薄奠詎盡哀誠嗚呼哀哉尚饗

祭裴太常文

維年月日愈等謹以庶羞清酌之奠敬祭於故太常裴二十一兄之靈朝廷之重莫過乎禮雖經策具存而精通蓋寡自郊邱故事宗廟時宜大君之所旁求丞相之所卒問羣儒拱手宗祝醉心兄皆指陳根源斟酌通變莫不允符天旨克協神休至乎公卿冠昏士庶喪祭疑皆響答問必實歸從我者足爲軌儀異我者無逃指笑動爲時法言比古經獨立一朝高視千古而又驅馳朋執僶俛宗親擔石之儲常空於私室方丈之食每盛於賓筵贈必固辭求無不應孰云具美而不永年某等早接遊從實欽道義致誠薄奠以訣終天嗚呼哀哉尚饗

潮州祭神文五首

維年月日潮州刺史韓愈謹差攝潮陽縣尉史虛已以特羊庶羞之奠告於大湖神之靈愈承朝命爲此州長今月二十五日至治下凡大神降依庇貺斯人者皆愈所當率徒屬奔走致誠親執祀事於廟庭下今以始至方上奏天子思慮不能專一冠衣不淨潔與人吏未相識知牲糈酒食器皿觕弊不能嚴清又未卜日時不敢自薦見使攝潮

陽縣尉史虛已以告神其降鑒尚饗

維年月日潮州刺史韓愈謹以清酌腶脩之奠祈於大湖神之靈曰稻既穟矣而雨不得熟以穫也蠶起且眠矣而雨不得老以簇也歲且盡矣稻不可以復種而蠶不可以復育也農夫桑婦將無以應賦稅繼衣食也非神之不愛人刺史失所職也百姓何罪使至極也神聰明而端一聽不可濫以惑也刺史不仁可坐以罪惟彼無辜惠以福也劃劃雲陰卷月日也幸身有衣口得食給神役也充上之

須脫刑辟也逬牲爲酒以報靈德也吹擊管鼓侑香潔也拜庭跪坐如法式也不信當治疾殃殛也神其尚饗

維年月日潮州刺史韓愈謹以柔毛剛鬣清酌庶羞之奠祭於城隍之神閒者以淫雨將爲人災無以應貢賦供給神明上下獲罪罰之故乃以六月壬子奔走分告乞晴於爾明神閔人之不辜若饗若答冀除天地山川清風時興白日顯行蠶穀以登人不咨嗟惟神之恩夙夜不敢忘怠謹卜良日躬率將吏薦茲血毛清酌嘉羞侑以音聲以謝神貺神其享之

維年月日潮州刺史韓愈謹遣耆壽成寓以清酌少牢之奠告於界石神之靈曰惟封部之內山川之神克庥於人官則置立室宇備具服器奠饗以時淫雨旣霽蠶穀以成織婦耕男忻忻衎衎是神之庥庇於人也敢不明受其賜謹選良月吉日齋潔以祀神其鑒之尚享

維年月日潮州刺史韓愈謹以清酌庶羞之奠祭於大湖之神惟神降依茲土以庇其人今茲無有水旱雷雨風火疾疫爲災各寧厥宇以供上役長吏免被其譴賴神之德夙夜不敢忘謹具食飲躬齋洗奏音聲以獻以樂以謝厥賜不敢有所祈尚饗

袁州祭神文三首

維年月日袁州刺史韓愈謹告於城隍神之靈刺史無治行無以媚於神祇天降之罰以久不雨苗且盡死刺史雖得罪百姓何辜宜降疾咎於某躬身無令鰥寡蒙茲濫罰謹告

維年月日袁州刺史韓愈謹以少牢之奠祭於仰山之神曰神之所依者惟人人之所事者惟神今既大旱嘉穀將盡人將無以爲命神亦將無所降依不敢不以告若守土有罪宜被疾殃於其身百姓可哀宜蒙恩憫以時賜雨使

獲承祭不怠神亦永有飲食謹告

維年月日袁州刺史韓愈謹以少牢之奠祭於仰山之神曰田穀將死而神膏澤之百姓無所告而神恤之刺史有罪而神釋之敢不有薦也尚饗

祭柳子厚文

維年月日韓愈謹以清酌庶羞之奠祭於亡友柳子厚之靈嗟嗟子厚而至然邪自古莫不然我又何嗟人之生世如夢一覺其間利害竟亦何校當其夢時有樂有悲及其

旣覺豈足追惟凡物之生不願爲材犧罇青黃乃木之災子之中棄天脫馽羈玉佩瓊琚大放厥辭富貴無能磨滅誰紀子之自著表表愈偉不善爲斲血指汗顔巧匠旁觀縮手袖閒子之文章而不用世乃令吾徒掌帝之制子之視人自以無前一斥不復羣飛刺天嗟嗟子厚今也則亡臨絕之音一何琅琅徧告諸友以寄厥子不鄙謂余亦託以死凡今之交觀勢厚薄余豈可保能承子託非我知子子實命我猶有鬼神寧敢遺墮念子永歸無復來期設祭棺前矢心以辭嗚呼哀哉尚饗

欽定全唐文卷五百六十九

柳宗元一

宗元字子厚河東人貞元九年進士又中博學宏詞科貞元十九年爲監察御史裏行順宗朝擢禮部員外郎坐黨王叔文貶邵州刺史再貶永州司馬移柳州刺史元和十四年卒年四十七

佩韋賦 并序

柳子讀古書覩直道守節者則壯之蓋有激也恒懼過而失中庸之義慕西門氏佩韋以戒故作是賦其辭曰

邈予生此下都兮塊天質之慤醇日月迭而化升兮霈通初而枉神雕大素而生華兮汩末流以喪真睎往躅而周章兮懵倚伏其無垠世旣奪予之太和兮眷授予以經常循聖人之通途兮鬱縱臾而不揚猶悉力而究陳兮獲貞則於典章嫉時以奮節兮憫已以抑志登嵩邱而垂目兮瞰中區之疆理橫萬里而極海兮頽風浩其四起恂驚怛而躑躅兮惡浮詐之相詭思貢忠於明后兮振教導乎遐軌紛吾守此狂狷兮懼執競而不柔探先哲之奧謨兮擊往烈之洪休曰沈潛而剛克兮固讜人之嘉猷嗟行行而

蹟踣兮。信往古之所仇。彼穹壤之廓殊兮。寒與暑而交修。執中而俟命兮。固仁聖之善謀。吾祖士師之直道兮。亦愀然於伐國。尼父戮齊而誅卯兮。本柔仁以作極。藺竦顏以詣秦兮。入降廉猶臣僕。吉優繇而布和兮。殘萑蒲以屏匿。劇拔刃於霸侯兮。退䠶䠶而畏服。寬與猛其相濟兮。孰不頌兹之盛德。克明哲而保躬兮。恢大雅之所勖。陽宅身以執剛兮。卒易師而蒙辜。羽愎心以盭志兮。首身離而不懲。雲岳岳而專强兮。果黜志而乖圖。咸觸屏以拒訓兮。肆殞越而就陵。冶訐諫於昏朝兮。名崩弛而陷誅。苟縱直而不羈兮。乃變罹而禍仍。歴九折而直奔兮。固摧轅而失途。遵大路而曲轍兮。又求達而不能。廣守柔以允塞兮。抵暴梁而壞節。家撝謙而溫美兮。脅子公而喪哲。義師仁而惡狠兮。遂潰騰而滅裂。斯委懦以從邪兮。悼上蔡其何補。徐偃柔以屏義兮。倏邦離而身虜。桑宏和而郤武兮。渙宗覆而國舉。設任柔而自處兮。蒙大戮而不悟。故曰純柔純弱兮。必削必薄。純剛純强兮。必喪必亡。韜義於中。服和於躬。和以義宣。剛以柔通。守而不遷兮。變而無窮。交得其宜兮。乃獲其終。姑佩兹韋兮。考古齊同。亂曰。韋之申申。佩於躬兮。

本正生和。探厥中兮。哲人交修。樂有終兮。庶寡其過。追古風兮。

瓶賦

昔有智人。善學鴟夷。鴟夷蒙鴻。罍罃相追。諂誘吉士。喜悅依隨。開喙倒腹。斟酌更持。味不苦口。昏至莫知。頽然縱傲。與亂爲期。視白成黑。顛倒妍媸。己雖自售。人或以危。敗衆亡國。流連不歸。誰主斯罪。鴟夷之爲。不知爲瓶。居井之眉。鉤深挹潔。淡泊是師。和齊五味。寧除渴饑。不甘不壞。久而莫遺。清白可鑒。終不媚私。利澤廣大。孰能去之。綆絶身破。

何足怨咨。功成事遂。復於土泥。歸根反初。無慮無思。何必巧曲。徼覬一時。子無我愚。我智如斯。

牛賦

若知牛乎。牛之爲物。魁形巨首。垂耳抱角。毛革疏厚。牟然而鳴。黃鍾滿脰。抵觸隆曦。日耕百畝。往來修直。植乃禾黍。自種自斂。服箱以走。輸入官倉。己不適口。富窮飽饑。功用不有。陷泥蹙塊。常在草野。人不慚愧。利滿天下。皮角見用。肩尻莫保。或穿緘縢。或實俎豆。由是觀之。物無踰者。不如羸驢。服逐駑馬。曲意隨勢。不擇處所。不耕不駕。藿菽自與。

騰踏康莊出入輕舉喜則齊鼻怒則奮躑當道長鳴聞者驚辟善識門戶終身不惕牛雖有功於已何益命有好醜非若能力慎勿怨尤以受多福

解祟賦 并序

柳子既謫猶懼不勝其口筮以元遇干之八其贊曰赤舌燒城吐水於瓶其測曰君子解祟也喜而爲之賦

胡赫炎薰熇之烈火兮而生夫人之齒牙上殫飛而莫遁旁窮走而逾加九泉焦枯而四海滲涸兮紛揮霍而要遮風雷唬唬以爲橐籥兮回祿煽怒而喊呀炖堪輿爲甗鏊兮

爇雲漢而成霞鄧林大椿不足以充於燎兮倒扶桑落棠膠轕而相乂膏摇脣而增熾兮焰掉舌而彌葩沃無瓶兮撲無篲金流玉鑠兮曾不自比於塵沙獨淒已而燠物愈騰沸而骹齗吾懼夫灼爛灰滅之爲禍往搜乎太元之奧訟衆正訴羣邪曰去爾中躁與外撓姑務清爲室而靜爲家苟能是則始也汝邇今也汝遐涼汝者進烈汝者賒譬之猶豁天淵而覆原燎夫何長喙之紛挐今汝不知清已之慮而惡人之譁不知靜之爲勝而動焉是嘉徒遑遑乎狂奔而西傃一作四索盛氣而長嗟不亦遼乎於是釋然自得以泠風濯熱以清源滌瑕履仁之實去盜之夸冠太清之元冕佩至道之瑤華鋪沖虛以爲席駕恬泊以爲車瀏乎以遊於萬物者始彼狙雌一作雄僾施而以祟爲利者夫何爲耶

懲咎賦

懲咎愆以本始兮孰非予心之所求處卑汙以閔世兮固前志之爲尤始予學而觀古兮怪今昔之異謀惟聰明爲可考兮追駿步而遐遊潔誠之既信直兮仁友藹而萃之日施陳以繫縻兮邀堯舜與之爲師上睢盱而混茫兮下

駁詭而懷私旁羅列以交貫兮求大中之所宜曰道有象兮而無其形推變乘時兮與志相迎不及則殆兮過則失貞謹守而中兮與時偕行萬類芸芸兮率由以寧剛柔弛張兮出入綸經登能抑枉兮白黑濁清蹈乎大方兮物莫能嬰奉訏謨以植内兮欣余志之有獲再徵信乎策書兮謂炯然而不惑愚者果於自用兮惟懼夫誠之不一不顧慮以周圖兮專茲道以爲服讒妒構而不戒兮猶斷斷於所執哀吾黨之不淑兮遭任遇之卒迫勢危疑而多詐兮逢天地之否隔欲圖退而保已兮悼乖期乎曩昔欲操術

以致忠兮衆呀然而互嚇進與退吾無歸兮甘脂潤乎鼎鑊幸皇鑒之明宥兮累郡印而南適惟罪大而寵厚兮宜夫重仍乎禍謫既明懼乎天討兮又幽慄乎鬼責惶惶乎夜寐而晝駭兮類麏麚之不息凌洞庭之洋洋兮泝湘流之沄沄飄風擊以揚波兮舟摧抑而迴邅日霾曀以昧幽兮黝雲涌而上屯暮屑窣以淫雨兮聽嗷嗷之哀猿衆鳥萃而啾號兮沸洲渚以連山漂遥逐其詎止兮逝莫屬余之形魂攢巒奔以紆委兮束洶涌之奔湍畔尺進而尋退兮盪迴汩乎淪漣際窮冬而止居兮羈纍縶以縈纏哀吾

生之孔艱兮循凱風之悲詩罪通天而降酷兮不亟死而生為逾再歲之寒暑兮猶貿貿而自持將沈淵而隕命兮詎蔽罪以塞禍惟滅身而無後兮顧前志猶未可進路呀以劃絕兮退伏匿又不果為孤囚以終世兮長拘攣而轗軻曩予志之修蹇兮今何為此戾也夫豈貪食而盜名兮不混同於世也將顯身以直遂兮衆之所宜蔽也不擇言以危肆兮固羣禍之際也御長轅之無橈兮行九折之峩峩御驚棹以橫江兮泝凌天之騰波幸余死之已緩兮完形軀之既多苟餘齒之有懲兮蹈前烈而不頗死蠻夷固吾所兮雖顯寵其焉加配大中以為偶兮諒天命之謂何

閔生賦

閔吾生之險阨兮紛喪志以逢尤氣沈鬱以杳渺兮涕浪浪而嘗流膏液竭而枯居兮魄離散而遠遊言不信而莫余白兮雖遑遑欲焉求合喙而隱志兮幽默以待盡為與世而斥謬兮固離披以顛隕騏驥之棄辱兮駑駘以為騁元虬蹷泥兮畏避鼉鼈行不容之崢嶸兮質魁壘而無所隱鱗介槁以橫陸兮鴟嘯羣而厲吻心沈抑以不舒兮形低摧而自愍肆余目於湘流兮望九嶷之垠垠波淫溢以

不返兮蒼梧鬱其蜚雲重華幽而野死兮世莫得其僞真屈子之悁微兮抗危辭以赴淵古固有此極憤兮矧吾生之藐艱列往則以考已兮指斗極以自陳登高岳而企踵兮瞻故邦之殷轔山水浩以蔽虧兮路蓊勃以揚氛空廬頹而不理兮翳邱木之榛榛塊窮老以淪放兮匪魑魅吾誰鄰仲尼之不惑兮有垂訓之謨言孟軻四十乃始持心兮猶希勇乎黝賁顧余質愚而齒減兮宜觸禍以阽身知徙善而革非兮又何懼乎今之人噫禹績之勤備兮曾莫理夫茲川殷周之廓大兮南不盡夫衡山余囚楚越之交

極兮邈離絶乎中原壤汙潦以墳洳兮蒸沸熱而恒昏戲鼂鷔乎中庭兮蒹葭生於堂筵雄虺蓄形於木杪兮短狐伺景於深淵仰矜危而俯慄兮弭日夜之拳攣慮吾生之莫保兮忝代德之元醇孰眇軀之敢愛兮竊有繼乎古先明神之不欺余兮庶激烈而有聞冀後害之無辱兮匪徒蓋乎曩愆

夢歸賦

罹擯斥以窘束兮予惟夢之爲歸精氣注以凝沍兮循舊鄉而顧懷夕予寐於荒陬兮心慊慊而莫違質舒解以自

恣兮息悟翳而愈微欻騰涌而上浮兮俄滉瀁之無依圓方混而不形兮顥醇白之霏霏上茫茫而無星辰兮下不見夫水陸若有鉥予以往路兮馭儗儗以回復浮雲縱以直度兮云濟予乎西北風纚纚以經耳兮類行舟迅而不息洞然於以瀰漫兮虹蜺羅列而傾側橫衝飈以蕩擊兮忽中斷而迷惑靈幽漠以瀄汨兮進怊悵而不得白日邈其中出兮陰霾披離以泮釋施岳瀆以定位兮互參差之白黒忽崩騫上下兮聊按行而自抑指故都以委墜兮瞰鄉閭之修直原田蕪穢兮崢嶸榛棘喬木摧解兮垣廬不飾山嵎嵎以巖立兮水汩汩以漂激魂恍惘若有亡兮涕汪浪以隕軾類曛黄之黭漠兮欲周流而無所極紛若喜而佁儗兮心回互以壅塞鐘鼓喤以戒旦兮陶去幽而開寤罾蔚蒙其復體兮孰云桎梏之不固精誠之不可再兮予無蹈夫歸路偉仲尼之聖德兮謂九夷之可居惟道大而無所入兮猶流遊乎曠野老聃遁而適戎兮指淳茫以縱步蒙莊之恢怪兮寓大鵬之遠去苟遠適之若茲兮胡爲故國之爲慕首邱之仁類兮斯君子之所譽鳥獸之鳴號兮有動心而曲顧膠予衷之莫能捨兮雖判折而不悟

列茲夢以三復兮極明昏而告愬

囚山賦

楚越之郊環萬山兮勢騰涌夫波濤紛對迴合仰伏以離迾兮若重墉之相褢爭生角逐上軼旁出兮其下坼裂而爲壕欣下頹以就順兮曾不畝平而又高沓雲雨而漬厚土兮蒸鬱勃其腥臊陽不舒以擁隔兮羣陰沍而爲曹側耕危穫苟以食兮哀斯民之增勞積林麓以爲叢棘兮虎豹咆㘚代狴牢之吠嗥予胡井智以管視兮窮坎險其焉逃顧幽昧之罪加兮雖聖猶病夫嗷嗷匪兕吾爲柙兮匪

豕吾爲牢積十年莫吾省者兮增蔽吾以蓬蒿聖日以理兮賢日以進誰使吾山之囚吾兮滔滔

愈膏肓疾賦

景公夢疾膏肓尚謂虛假命秦緩以候問遂伏身（一作俯伏）於堂下公曰吾今形體不衰筋力未寡子言其有疾者何也秦緩乃窮神極思曰夫上醫療未萌之兆中醫攻有兆之著目定死生心存取舍亦猶卞和獻含璞之璧伯樂相有孕之馬然臣之遇疾如泥之處埏疾之遇臣如金之在冶雖九竅未擁四支且安膚腠營胃外強中乾精氣內傷神

沮脈殫以熱益熱以寒益寒針灸不達誠死之端巫新麥以爲讖果不得其所餐公曰固知天賦性命如彼暄寒短不足悲修不足歡哂彼醫兮徒精厥術如何爲之可觀醫乃勃然變色攘袂而起子無讓我我謂於子我之技也如石投水如弦激矢視生則生視死則死膏肓之疾不救衰亡之國不理巨川將潰非捧土之能塞大廈將崩非一木之能止斯言足以喻大子今察乎孰是爰有忠臣聞之憤忍亡廢寢食擗標感歎生死浩浩天地漫漫綏之則壽擾之則散善養命者鮐背鶴髮成童兒善輔弼者殷辛夏桀爲周漢非藥曷以愈疾非兵胡以定亂喪亡之國在賢哲之所扶匡而忠義之心豈膏肓之所羈絆子能理亡國之刓弊愈膏肓之患難君謂之何以醫曰夫八紘之外六合之中始自生靈及乎昆蟲神安則存神喪則終亦猶道之紊也患出於邪佞身之癘也疾生於火風彼膏肓之與顛覆匪藥石而能攻者哉因此而言曰子今變禍爲福易曲成直寧關天命在我人力以忠孝爲干櫓以信義爲封殖拯厥兆庶綏乎社稷一言而熒惑退舍一揮而羲和匪昃桑穀生庭而自滅野雉雊鼎而自息誠天地之無親曷膏

肓之能極醫者遂口噤心醉踧踖茫然投棄針石匍匐而前吾謂治國在天子謂治國在賢吾謂命不可續子謂命將可延詎知國不足理疾不足痊佐荒淫爲聖主保夭壽而長年皆正直之是與庶將來之勉旃

披沙揀金賦（以求寶之道同乎選才爲韻）

沙之爲物兮視汙若浮金之爲寶兮恥居下流沈其質兮五材或闕耀其光兮六府以修然則抱成器之珍必將有待當慎擇之曰則又何求配珪璋而取貴豈泥滓而爲儔披而擇之斯焉見寶盪浸淫而顧盼指炫熀而採討動而

愈出幽以即明涅而不緇既堅既好潛雖伏矣獲則取之翻混混之濁質見熠熠之殊姿久晦未彰固亦將君是望先迷後得孰謂棄予如遺其隱也則雜昏昏淪浩浩晦英姿兮自保和光同塵兮合於至道其遇也則散奕奕動融融煥美質兮其中明道若昧兮契彼元同儻俯拾而不棄諒致美於無窮欲蓋而彰將炯爾而見素不索何獲遂昭然而發蒙觀其振拔汙塗積以錙銖碎清光而競出耀真（一作直）質而持殊錐處囊而纖光乍比劍拭土而異彩相符用之則行斯爲美矣求而必得不亦悅乎豈獨媚旭日以

晶熒帶長川之清淺較如珠吐疑剖蚌之乍分粲若星繁似流雲之初卷是以周德思比而岐昌即詠陸文可侔而昭明是選若然者可以議披沙之所托明揀金之所裁良工何遠善價爰來拂以增光寧謝滿籯之學汰之愈朗詎慚擲地之才客有希采掇於求寶之際庶斯文之在哉

迎長日賦（以三王郊禮日用夏正爲韻）

惟饗帝以事天必推策而迎日寅方肇建侯啟蟄以展儀卯位將初爰用牲而協吉送烈烈之凝氣遵遲遲之陽律猶分可愛之輝式佇寅賓之質稽之虞典期匪疾而匪徐行以夏時契惟精而惟一職在馮相事傳小正符上春以備儀必修其始先仲春而有事故謂之迎時也淑景初延幽陽潛啟當四時之首位用三代之達禮探賾索隱得郊祀之元辰極往知來正邦家之大體事冠前古儀標後王皮弁乍臨土圭之影猶積泰壇既罷玉漏之聲漸長變熙熙之純曜流杲杲之晴光璧影始融麗景才（一作欲）凝於城闕輪形尚疾斜暉未駐於康莊是知迎長日之儀實王心之所共兆南郊之位乃陽事之所用故可以知上下之際見天人之交動浮光於俎豆散微照於包茅周流金石暉

照陶匏異乎天紀不修秦伯尚矜其泰時日官失職晉侯徒繼乎夏郊於以迎之則無違者垂照將久豈三舍之足懸延光可期胡再中之云假自然應以繁祉錫之純嘏禮儀允洽於神人正朔克周於戎夏今我后再新古禮與天地相參應戩穀之宜受之千億奉郊祀之報至於再三然則迎長日恭祀事並虞夏而何慚

記里鼓賦（以聖人立制智者研精爲韻）

異哉鼓之設也恢制度於天邑佐大禮於時行即行贊盛容而立之斯立觀其象可以守威儀之三千節其音可以

表吉行之五十配和鸞以入用並司南而爲急若乃郊薦之儀既陳封禪之禮攸執經千里而分寸可候度四方而禮容是集施五擊於華山之野知霧氣已龍用百發乎南山之陽識雷聲所及先聖有作後王式遵啟元機以求舊運巧智而攸新相彼良工自殊昧道之士眷兹木偶應異迷途之人齊步武而無佚差違近而有倫遵大路罔愆乎禮典聽希聲克正於時巡雖道有環迴地分險易固善應而莫失諒知幾而有爲載考載擊所辨於長亭短亭匪疾匪徐足分乎有智無智觀其妙矣孰測其微細觀其徼矣

詎知其啟閉音不衰而得度響其鏜而有制於以翊龍御於以引天旋異銅渾之儀亦可叙紫微之星次殊玉漏之制而能步黃道之日躔周物之智斯設極深之機是研鄙繁音之坎坎陋促節之闐闐妙出人謀思由神假時然後擊贊賞典於今茲動惟其常契同文於古者由是皇衢以正帝道斯盛恭出震以成威膺御乾而啟聖我后得以昭文物展聲明不愆於素可舉而行宜乎騁墨妙呈筆精固敢先三雅而獻賦庶將開萬國之頌聲

欽定全唐文卷五百七十

柳宗元二

禮部爲百官上尊號第一表

臣某言伏以聖王之纂承天位也臣子必竭懇誠獻尊號安敢爲佞禮在其中一則以告天地神祇二則以奉宗廟社稷三則以安華夏蠻貊巍巍大稱其可廢乎臣等誠歡誠望頓首頓首伏惟皇帝陛下協周文之孝德齊大禹之約身宏帝堯之法天過殷湯之解網未踰周月四海將致於時雍甫及元正率土更欣於再造然神人之願億兆之

情有所不安率謂未盡善者以爲帝德廣運而尊號猶闕郊廟備禮而祝嘏無辭凡百兢懷華夷屬望臣謹按昔皋陶之頌舜伊尹之頌湯皆臣子至公面揚君父以敷於當代以播於無窮夫豈飾哉率由事實帝王尊號蓋漸於此皇家光被四表祖宗烈文時當太和尊號表德耳目所接簡牘斯存稽之於前典則如彼考之於聖朝則又如此今龜筮習吉元正戒期當品物惟新之時乃皇王大禮之日陛下郊天地享宗祧陰陽協和動植交暢不建至尊之稱恐違列聖之心所以臣等冒死陳聞請上尊號伏惟陛下

小（一作抑）謙讓之節安延企之情特召名儒禮官百僚庶尹詳明故實議崇聖德則人望允厭神心獲安山川效靈光贊無疆之壽祝史陳信永彰不朽之功臣等蒙國寵榮備位班列無任懇望之至

禮部爲百官上尊號第二表

臣某等言臣等再陳丹悃謹獻鴻名天心未從隕越無措臣某等誠惶誠恐頓首頓首謹按堯曰咨爾舜舜曰格爾禹湯曰吾甚武自號曰武王則堯舜禹湯皆當時王者之號也考皇帝之故實徵往聖之憲章允協禮經煥乎圖牒

伏惟皇帝陛下允恭克讓約巳謙尊參天兩地之功爲而不有安上理人之德置而不論至哉王言非羣下所能仰望也然臣等伏以爲尊號者所以類上帝饗祖宗萬人所稱百蠻所仰表聖德於率土播天聲於無疆臣下請之之謂禮帝王承之之謂孝孝大於讓禮先於謙百王不刊之典安可得而廢也臣等又以春秋本於五始元者一歲之首春者四時之首王者受命之首正月者政教之首郊天大禮者立極之首今天地交泰俯臨元辰正始之美正當其運陛下確違羣願固守謙沖此臣等所以兢惕失圖恫惶無措上冒嚴憲敢逃厚責伏乞俯垂天聽察納微誠詔禮官議臣所請撰日推禮虔奉鴻休盡敬於此猶恐天光未照三獻無徵彷徨闕庭伏待斧鑕無任聳望之至

禮部賀冊尊號表

臣某伏奉月日制陛下膺受尊號率土臣子慶忭無窮臣聞立極之大四海無以報神功配天之尊萬物不能崇聖德惟有徽號是彰中興所以上探天心下極人欲中謝伏惟元和聖文神武法天應道皇帝陛下統承千載光被六幽蠡賊盡除福應皆集有首有趾咸識太平勳臣增爵祿

之榮戎士加賞延之寵片善必錄微功盡昇獨惟聖謨事絕酬答萬國觖望百工怨思是以啟元和之盛典延昊穹之景祚理歷凝命實曰聖文和眾定功時惟神武運行有法天之用變化乃應道之方鬼神協謀夷夏同志大禮既建鴻恩遂行歡呼遠匝於九圍滲漉普周於八裔慶超邃古美冠將來臣獲守蠻荒遠承大典潢汙比陋河清幸遂於千年塵壤均微山呼願同於萬歲無任慶賀屏營之至

爲京兆府請復尊號第一表

臣某言某月日諸縣耆老某等若干人詣臣陳狀辭意迫

切以陛下尊號未復請詣闕上表者人心已鬱安可久違天意實勤諒難固拒撫狀感悅深契微誠臣某誠懇誠迫頓首頓首伏惟皇帝陛下聖神之功貫於天地文武之道超乎古今盛德愈大而謙光益深元化已成而徽號未復遂使神祇缺望人庶怨思沐浴鴻澤者敢懷晷刻之安捧戴皇恩者不知寢食之適負愧懷憤萬方一心日月以冀遂淹星歲况今地不愛寶致百穀之豐穰天惟降衷呈衆瑞而繁委汗萊瘠鹵之地混成大田草木蟲獸之微化爲神貺萬靈垂鑒昭然甚明此而不從臣所大惑矧又兵戎

永戢夷狄咸懷煦然長春樂以終日是以耆老等深感聖育踴躍不寧上奉天恩跼蹐知懼頓顙闕下願復鴻名不謀而同不期而至此皆上元幽贊以誘其衷列聖垂靈以悟其意臣以爲陛下當敬承斯旨不可忽也臣又伏以陛下賞功與能舉賢出滯小言不廢片善是褒豈可使臣子之效雖微而必旌君父之德盡美而無稱凡在覆載不勝懇禱惶恐之至謹封耆老等狀奉表昧死陳情以聞謹言

爲京兆府請復尊號第二表

京兆府長安縣耆老臣石靈等言伏奉墨詔批答臣所請復尊號未蒙允許者捧對惶遽不知所裁天實命之於臣何有臣等誠懇誠懼頓首頓首臣聞聖君以奉天爲心不以執謙爲德以順人爲大不以崇讓爲優今陛下深拒天人之誠猶懷謙讓之道臣等愚惑未知所歸且百祥荐臻特表昊穹之貺五穀蕃熟用彰后土之勤億兆嗷嗷顒天請命上下交應幽明同心舉而違之臣所未識况臣等共被仁育同臻太和陛下德達上元以豐臣之衣食道躋壽域以延臣之歲年沐浴皇風二十餘載兒童感化鰥寡知恩故臣等出鄉之時歡呼遍野閭里勉臣以不進不止妻

孥誓臣以不遂不歸惟竭血誠退無面目便當殞首闕下終不徒還伏惟陛下照臣懇迫之情哀臣羸老之命臣等不勝嗚咽慚恨之至謹奉表陳謝以聞

爲京兆府請復尊號第三表

臣某言臣伏以耆老等並發丹誠將貫白日請復徽號以光聖謨臣以其懇款自中不可禁止遂抗表陳請備述微誠伏奉墨詔批答未蒙允許者衆心尚阻天意未從懇迫愈深兢惶無措臣某中謝伏惟皇帝陛下道大益謙化成彌損雖江海善下每應朝宗之心而日月居高久稱照臨

之位。況復上承天命。下覩人誠。若然辭之。理有不可。伏以陛下功參造化。政體乾坤。萬邦宅心。百靈效職。此聖之至也。明並兩曜。信如四時。先天不違。窮神知化。此神之極也。道德純備。禮樂興行。宸翰動於三光。睿藻窮於六義。此文之備也。五兵不試。七德咸宣。殊方者知歸。負固者率服。此武之成也。黃龍皓兎。甘露慶雲。神禾嘉瓜。祥蓮瑞木。萬物暢遂。百穀茂滋。此天之至靈也。黎老班白。伏守闕庭。鰥嫠童幼。謳歌道路。此人之至誠也。有其德而無其號。拒乎天而違乎人。雖陛下謙讓之至美。抑非臣心之所安也。伏以

賤志難明。微誠莫達。戴天彌懼。履地益慚。不任懇迫屏營之至。伏願早建大號。以稱天人之心。謹再奉表昧死陳請以聞。

代京兆府耆老請復尊號表

京兆府長安縣耆老臣石靈等言。臣伏以陛下尊號未復一十九年。盛德彌光。大化益被。加以休徵咸集。福應具臻。至於今歲。紛綸尤盛。風雨必順。生長以時。五稼盡登。萬方皆稔。神意人事。正在於斯。天不可違。時不可棄。臣等誠懇誠迫。頓首頓首。臣聞恩深必報。德盛必崇。以陛下九重之尊推崇無上。以陛下四海之大。報效何施。惟有尊名。用光聖理。闕然未復。誰所敢安。臣心則微。天意甚重。伏惟皇帝陛下體昊穹以施化。虔上帝以致誠。今卽萬祥應期。百神奉職。飛走之物。皆已效靈。草木之類。咸能應聖。天命降於上。人誠發於中。此而可辭。孰云有奉。況野多滯穗。畝有餘糧。足食之慶。充溢於京坻。阜財之謠。歡呼於道路。盡非人力。皆是天成。神祇之望既勤。遐邇之心又迫。況臣等得生邦甸。幸遇盛明。身體髮膚。盡歸於聖育。衣服飲食。悉自於皇恩。被元化而益深。望鴻名而未覩。懇禱之至。夙夜不寧。

謹詣光順門昧死請復聖神文武之號。以副天地宗社之心。使海內赤子。得安其所。臣等不勝懇禱迫切之至。謹奉表以聞。

禮部爲文武百寮請聽政第一表

臣某等言。臣聞大道必體於至公。大孝莫高於善繼。上觀列聖。旁考前王。罔不俯就禮文。仰承大事。嚴奉宗廟。慰安元元。然後德教惟新。邦家永固。伏惟皇帝陛下寢苫泣血。號慕無時。貫於神明。動於天地。未臨庶政。猶徇至誠。凡在人臣。孰不哀懼。伏惟先聖遺旨。俾陛下抑哀而聽政。本朝

乏人。使臣等竭忠以奉上。非敢懼死。輒布懇詞。期於必從。以慰寰宇。且王業至重。軍國方殷。一日萬幾。不可暫闕。伏願追尊顧命。蹈履成規。恢王者華夷之望。順上帝乃眷之懷。臣等不勝哀迫誠懇之至。

禮部爲文武百寮請聽政第二表

臣某等言。臣聞聖凡殊途。邦家異禮。故王者捨己從物。用身許天。雖居達喪。猶以事奪。伏以大行皇帝道成鑄鼎。僊等御龍。萬姓長號。九有禺望。陛下以聰明睿聖。嗣守寶圖。爰及宅憂。迫茲累日。而孝思罔極。尚輟乃雍之言。庶政未

釐。頗闕如絲之命。臣等嘗覽載籍。麤知喪紀。若成周顧命。歷代猶遵。西漢詔音。前王所奉。我國家以孝理天下。文明應期。上用此法。胥以傳授。蓋事歸至當。則不可不遵。禮貴從宜。則不得不守。理固然也。臣等是以上陳愚懇。輕瀆宸嚴。冀遂血誠。俯親國政。而陛下執喪逾切。聽理未聞。億兆嗷嗷。不知所訴。臣以爲天子之孝。在於保安社稷。司牧烝黎。功超百王。慶流萬代。亦何必守臣下之小節。蔑皇王之大猷。固阻羣情。務成謙德。伏願以遺詔爲念。奪在疚之懷。就臨軒之制。天下幸甚。

禮部爲文武百寮請聽政第三表

伏以萬幾至重。遺旨難違。再獻表章。上塵旒扆。精誠徒竭。天意未迴。內外遑遑。人神企望。臣聞王者之孝。異於匹夫。禮不相沿。道資適變。當承平之代。故殷帝宅憂而不言。遇有事之時。則周王未葬而誓衆。況今戎車猶駕。邊候多虞。兩河之寇盜難除。百姓之瘡痍未合。亂者思理。危者求安。天下嗷嗷。正在今日。誠宜抑其至性。以副羣心。成先帝之大功。繼中興之盛業。豈可寢苫啜泣。庶政闕然。九廟之靈何報。萬方之望何塞。臣等職參樞近。誠切邦家。若陛下未

忍臨軒。尚持前志。臣等有死而已。不敢奉詔。不勝哀懇迫切之至。

賀踐祚表

臣某言。太子中舍嚴公弼至。奉某月日敕書慰諭。伏承陛下以某月日虔奉典冊。允昇寶位。凡在羣生。孰不慶幸。臣某誠歡誠忭。頓首頓首。臣聞天地泰而聖人出。雷雨解而品物榮。是以五行迭用。木火更其位。十葉重光。宗廟輔其德。殷宗恭默。再開成湯之業。漢文聰明。克承高祖之緒。陛下重離出曜。體乾繼統。主鬯彰孝恭之美。撫軍著神武之

功欽承遺訓永保鴻業遏密之中施雨露以被物遐邇之地覩日月之繼明則四維之外八極之表人神胥悅草木皆春煦嫗生成不失覆載況臣謬膺藩守累受國恩爰自出身洎乎領鎮沐浴聖澤優游昌時不獲覩闕庭之禮展臣庶之分戴天賀聖倍萬恒情

禮部賀改永貞元年表

臣某等言伏奉今日詔今月九日冊皇帝改貞元二十一年爲永貞元年自貞元二十一年八月五日昧爽以前應犯死罪特降從流流以下遞降一等者實命方始聖歷用

彰載宣臨照之明遂施渙汗之澤臣某等誠慶誠賀頓首頓首伏以重光下濟積慶旁行漢祖推奉敎之尊文王遂無憂之志正名紀歷表運行於萬方宥過輕刑流汪濊於四海歡呼忭蹈遐邇攸同臣某等親奉聖謨仰承大化踊躍之至倍萬恒情無任蹈舞欣慶之至

禮部太上皇誥宜令皇帝卽位賀表

臣某等言伏奉今日太上皇制命陛下卽皇帝位光奉寶圖丕承鴻業溥天率土慶躍難勝臣某等誠喜誠抃頓首頓首臣聞皇建其極存諸大訓帝出於震著在易經繼明以照於四方重熙以臨於萬國動植品彙永賴昭蘇山川鬼神咸用欣戴臣某等獲備班列親仰聖明踊躍之誠倍萬恒品無任忭躍喜慶之至

禮部賀立皇太子表

臣某等言伏奉今月二十四日制廣陵郡王宜冊爲皇太子改名某仍令所司擇日備禮冊命者天孚有奉皇圖載寧臣某等誠慶誠賀頓首頓首臣聞尚書載以貞之文漢史傳早建之議不惟立愛期在繼明陛下奉率前規敷揚盛典顧茲守器之重爰正承華之位尊義方之教載錫嘉

名崇建樹之禮式光典命以長而立自符於愼擇必子之選遂合於至公邦本不搖王業彌固此皆宗社垂祉啟佑皇心乾坤合謀保安聖運足以播休氣於四海洽太和於萬靈食毛含齒所同歡慶臣等奉承制命蹈舞周行踊躍之誠倍百恒品無任慶忭感悅之至謹奉表陳賀以聞

禮部賀皇太子冊禮畢德音表

臣某等言伏奉今日制書皇太子冊禮云畢恩與萬方同其惠澤者盛典斯舉鴻恩遂行凡在率土不勝忭躍臣某等誠喜誠賀頓首頓首伏惟皇帝陛下克奉神休以正邦

統建天下之本宗廟以安致萬國之貞兆人攸賴典冊既備慶澤載流旣廣愛而推恩亦好生而布德緩刑而囹圄知感進動而嗣續增榮崇教諭之方忠良是舉嚴贊襄之禮賜與有加旌孝弟以厚於人倫敬鬼神而修其祀事况行禮之日則屏翳收蹟太陽宣精用彰出震之休更表重離之曜神化旁暢皇風遠揚自華及夷異俗同慶臣等謬參著定倍百恒情無任歡慶踴躍之至

為王京兆皇帝卽位禮畢賀表

臣某等言臣聞大人繼明百神所以受職天子有道萬國

由是承風伏以皇帝陛下纘聖垂休順時御極負扆而會朝夷夏踐祚而統和天人幽明感通遐邇昭泰遂使祥光下燭嘉氣旁通周王謝流火之符魯史愧書雲之典食毛含齒歡忭無窮臣某等幸覩昌時獲奉大慶踴躍之至倍萬恒情無任蹈舞欣躍之至

代韋中丞賀元和大赦表

臣某言伏奉正月二日制書大赦天下永貞二年宜改爲元和元年者太陽旣昇煦育資始霈澤斯降膏潤無遺臣某誠慶誠賀頓首頓首伏惟皇帝陛下仁化旁流孝理宏闡紀元示布和之令肆眚見恤人之心曠然滌瑕得以遷善渙發大號申明舊章農有薄征市無強賈勳勤是錄爵秩以班寵寧間於幽明澤必周於夷夏近甸輕榷酤之入遠人忘水旱之災旣行慶於官僚亦推恩於天屬諸生喜黌塾之廣庶老加絮帛之優量入所以備凶興廉期於變俗爰褒有客尊賢之典惟新載奉素王宗子之道斯在綸言一降庶政畢行懷生之倫感悅無量臣某等守在遐遠親奉詔條踴躍之誠倍百恒品無任感恩忭舞屛營之至謹奉表陳賀以聞

禮部賀冊太上皇后及德妃表

臣某等言伏奉今月日誥良娣王氏冊太上皇后良媛董氏冊太上皇德妃宜令所司備禮冊命者母儀有光坤道克順陰教方行於萬國內理克和於六宮臣某等誠慶誠賀頓首頓首伏惟皇帝陛下對若天休奉揚睿旨長秋旣登其正位褕狄亦被於恩光奉養見三朝之安周旋有四星之輔豈獨配乾稱大助日爲明所以表王化之源知孝悌之本冠映千古儀刑四方臣等捧戴施行踴躍無地無任蹈舞欣喜之至

禮部賀太上皇后冊畢賀表

臣某等言：今月日太上皇后冊禮云畢，率土臣妾慶忭無窮。臣某等誠慶誠賀，頓首頓首。伏以太上皇后著虞嬪之至德，嗣周母之徽音，表率六宮，明彰萬國。陛下克修理本，以暢化源，神道之事地之方，人倫識尊親之大，豈惟婦順斯備，陰禮用修，足以播正始於王風，致時雍於帝典。臣某等謬塵榮位，獲覩盛儀，踊躍之誠，倍萬恒品。

御史臺賀嘉禾表

臣某言：今月日宰臣以幽州所進嘉禾圖各一軸示百寮

者。伏以嘉穀順成，靈貺昭格，天人合應，遐邇同風。臣某誠歡誠慶，頓首頓首。伏惟皇帝陛下睿謀廣運，神化旁行，植物知仁，祥圖應聖，靈嶽不愆於贊祐，燕谷用遂於生成，豐稔既均，知朔南之被澤，休嘉克協，見天地之同和。六穗慚稱於漢臣，異畝恥書於周典。自中形外，均慶同歡。臣某謬職憲司，獲覩休瑞，無任忭躍之至。

禮部賀嘉禾及芝草表

臣某等言：伏見今月某日内出劍南所進嘉禾圖及陜州所進紫芝草示百寮者。珍圖煥開，瑞彩交映，遐邇偕至，福應攸同。臣某等誠慶誠賀，頓首頓首。伏惟皇帝陛下緝熙至道，保合太和，天惟發祥，地不愛寶，嘉禾擢質，靈草抽英，獻於王庭。唐叔慚同穎之異，薦諸郊廟；班史謝連葉之奇。既呈蕤蕤之祥，更覩煌煌之秀，豐年斯著，聖壽用彰，欽和之人，歡忭無極。臣某等優游至化，披覿殊姿，慶忭之誠，倍百恒品。

京兆府賀嘉瓜白兔連理棠樹等表

臣某言：今月日中使王自寧出徐州刺史張愔所進嘉瓜圖及白兔兒一，並出陳許等州觀察使上官說所進許州

連理棠樹圖示百寮者。惟天眷命，是降百祥；惟聖欽承，用膺多福。臣某誠慶誠賀，頓首頓首。臣伏以太和所烝，至德斯應，圖物獻瑞，周於遠方。神瓜合形，式表緜緜之慶；異棠連質，用彰韡韡之榮。况金風發祥，白兔來擾，告有秋之嘉應，著成歲於神功。雜遝紛綸，如山斯委，人盡登於壽域，物咸暢於薰風。况臣特感深恩，欣逢衆瑞，踊躍之至，倍萬恒情。

禮部賀甘露表

臣某言：中使王自寧至，伏奉宣聖旨，出延和殿前丁香樹

甘露一大合示宰臣未時又出一大合令明日示百寮甘露見降未止者元化昇聞靈貺昭答必呈尤異之應以告天地之和臣某誠歡誠慶頓首頓首伏惟皇帝陛下均煦育之功敷滲漉之澤太和潛達閟瑞克彰發於天霄特降宮樹朝光初燭方湛湛而不晞畏景轉炎更瀼瀼而未已綴葉而珠璣積耀盈器而氷玉呈姿芳襲椒蘭味兼飴醴然則零其庭而著異紀於年以標奇徒矜往辰孰並兹日況樹有丁香之珍殿卽延和之號所以著芳風之遠播期聖壽於無疆事絶古今慶傳遐邇臣謬承渥澤獲覩殊祥

忭躍之誠倍萬恒品

禮部賀白龍幷青蓮花合歡蓮子黄瓜等表

臣某言伏見今月日内出滄州所進白龍見圖又出西内定禮池中青蓮花幷神龍寺前合歡蓮子示百寮二十三日又出鹽州所進合歡黄瓜圖者二氣交泰萬國同和動植思協於殊祥遐邇畢陳其嘉應披圖按牒聖理彰明臣誠歡誠慶頓首頓首伏以天地非遠睿感必通疊瑞重祥累集宮禁池蓮表異靈化非常敷彼青光徵佛書而尤絶成其嘉實驗祥經而甚稀積慶旁流自中徂外遂使龍騰白質乘秋果應於金行瓜合黄中表聖更彰於土德遠通邊徼近出苑園合慶同歡周於億兆況復邦畿之内兩霽必時宿麥大穰嘉穀滋茂和風孕育靈氣陶蒸是皆發自帝心達於天意周流升降成此歲功惠彼羣生自爲嘉瑞臣某深惟多幸獲遇斯時覩靈貺之備臻知人和之溥洽無任慶忭躍蹈之至

禮部賀白鵲表

臣某言伏奉進止宣示前件白鵲者霜毛皎潔玉羽鮮明色實殊常性惟馴狎臣聞聖王之德無所不至有感則應

無幽不通伏惟陛下恩霑動植仁洽飛翔故得兹禽呈休效質伏以白者正色實表金方鵲以知來式彰寇服用符歸化之兆克耀太平之階臣職參禁垣獲覩嘉瑞無任慶忭之至

禮部賀嘉瓜表

臣某等今日内出浙東觀察使賈全所進越州山陰移風鄉產嘉瓜二實同蔕圖示百寮者實祚惟新嘉瑞來應式彰聖德克表天心臣等誠慶誠賀頓首頓首伏惟皇帝陛下保合太和緝熙黎庶德馨上達神化旁行嘉瓜發瑞來

自侯服質惟同蔕見車書之永均地則移風知化育之方始雖七月而食豳土歌王業之難五色稱珍東陵詠嘉實之會未聞感通若斯昭著者也臣某等遭逢聖運親仰珍圖忭躍之誠倍百恆品無任慶悅之至

爲王京兆賀嘉蓮表

臣某言今日某時中使某奉宣聖旨出西內神龍寺前水渠內合歡蓮花圖一軸示百寮者祥圖煥開異彩交映贊天地之合德表神人之同歡臣某誠歡誠慶頓首頓首伏惟皇帝陛下道協重華慶傳種德陶陰陽之粹美孕造化

之精英吉慶每見於天心發祥必自於禁掖是使雙華擢秀連蔕垂芳香激大王之風影耀天泉之水煥開宮沼旁映給園靈貺應期天龍護聖寶歷夐超於小劫神功允洽於大千臣某獲覩昇平濫居榮寵聞瑞應而稱慶仰繪事而增歡無任忭蹈喜躍之至

柳宗元 三

爲王京兆賀雨表一

臣某言臣昨日面奉進止以近日少雨今月內無雨卽須祈禱今日便降甘雨者天且不違神必有據密雲與綸言繼發時雨將天澤弁流臣某誠歡誠慶頓首頓首伏惟皇帝陛下憂切蒸黎慮深稼穡思彼未兆防於無形滲漉每出於湛恩變化亦隨於廣運宸衷暫惕已觸御天之龍聖謨旣宣遂洽漏泉之澤霑霈周布霏微四施黍稷盡成公

私皆及野夫鼓舞知帝力之元通官吏懽呼見天心之默喩臣某牧人京邑動仰皇靈渥澤徒加涓滴無助無任感悅屛營之至

爲王京兆賀雨表二

臣某言臣伏見今月二十四日時雨溥降伏以聖心積念天意遽迴移造化之元功革陰陽之常數臣某誠慶誠忭頓首頓首皇帝陛下仁育蒼生恩同赤子自頃天雨未降時稼或慼貶食齋戒至誠幽達又慮宿麥無備播種失時出於宸衷特令賑貸睿謨潛運甘雨遂周布濩垂陰隨聖

澤而俱遠，滂沱積潤，與恩波而共深。臣某才術無聞，謬司邦甸，生成必資於帝力，進退何補於天工。沐浴太和，慚荷無極。無任慶躍屏營之至。

爲王京兆賀雨表三

臣某言：今月十三日面奉進止，緣自春來少雨，宜卽差官精誠祈禱者。十四日臣便差官分赴靈迹，其日雲陰四合，至十五日甘雨遂降。伏惟皇帝陛下言爲神化，動合天心，未成旱暵之虞，已積憂勤之慮。衆靈受職，薈蔚且躋於南山；百穀仰榮，滂霈遂霑於東作。睿謨朝降，膏澤夕周。知天

人之已交，識陰陽之不測。然則周王徒勤於方社，殷帝虛美於桑林，豈若無災而蚤圖，未禱而先應。化超前聖，道貫重元。徧野同歡，傾都相慶。臣之欣躍，倍萬恆情。

爲王京兆賀雨表四

臣某言：臣於三月二十九日奉進止，於諸靈迹處祈雨，至三十日甘雨遂降者。臣聞惟聖有作，先天不違，發令而祥風已興，致誠而元液旋被。臣某誠歡誠賀，頓首頓首。伏惟皇帝陛下側身防患，道邁周王；盡力勤人，功超夏后。聖謨廣運，驅百靈以從風；神化旁行，滋五稼而流澤。油雲四合，膏雨溥周。農壤遂一於肥磽，滲漉盡霑於遐邇。蒸黎詠德，知必自於聖心；草木欣榮，如有感於皇化。有年之慶，實在於斯。臣以無能，謬領京邑，上勞宸慮，運此歲功。無任喜懼屏營之至。

賀親自祈雨有應表

臣某言：臣得上都院官金部員外郎韓述狀報，以時雨未降，親自於龍堂祈禱，有靈禽羣翔，自成行列，如隨威鳳，以翼龍舟，其日降雨者。伏以時或愆陽，歲之常候，式當聖日，無害豐年。陛下敦本務農，憂人閔雨，宸慮所至，天心自通。

故得瑞鳥迎舟，掩商羊之舞；僊雲覆水，協從龍之徵。初泛灑於上宮，遂滂霈於率土。自中徂外，皆荷生成；雨公及私，靡不碩茂。殷后徒勤於自翦，周公空媿於舞雩。臣以庸虛，謬司垣翰，有年之慶，惟聖之功。臣某不任云云。

爲裴中丞賀克東平赦表

臣某言：伏奉月日德音，以淄青蕩平，褒功宥罪，布告遐邇者。臣聞肅殺之後，每致陽和；雷霆既施，必聞膏澤。伏惟陛下體乾剛以運行，叶坤元之翕闢。百靈受職，六合從風。阻兵怙亂者必就梟擒，懷忠抱義者無不甄錄。激其效順，特

加旄節之榮寵以元功遂兼鼎鉉之任戎行窮賞賚之重死事極褒卹之優劫脅之役盡除聚斂之名皆去傷痍受賉老疾加恩豐財已復其征徭賜種更盈於種稑嚴山川之祀神必有依申義烈之家物無不感周王推忠厚之化漢帝惻愷悌之風太平之德斯爲至盛然則虞巡可復告成將慶於岱宗漢典方行講禮再榮於闕里臣謬膺重寄獲覩太和忭蹈之誠倍萬恆品謹已施行郡邑宣示軍戎莫不動地歡呼若醉千鍾之酒騰天鼓舞如聞九奏之音無任慶賀踊躍之至

柳州賀破東平表

臣某言卽日被觀察使牒李師道以月日克就梟戮者帝德廣運唐命惟新霾曀廓清天地貞觀率土臣庶慶忭無涯伏惟睿文聖武皇帝陛下威使百神德消六沴天降寶運時歸太平自克夏擒吳翦蜀平蔡殊類稽顙羣疑革心惟此兇妖尚聞悖慢庭議既得廟謨必臧旌旗燭耀於洪河金鼓震驚於靈嶽鄆城自潰寧同莒魯之爭齊地悉平無俟耿陳之戰五兵永戢七德無虧舍生比堯舜之仁率土陋成康之俗介邱霧息已望翠華之來沂水風生更起舞雩之詠千歲之統實在於斯臣守在蠻荒獲承大慶忭蹈之至倍萬恆情

代裴中丞賀分淄青爲三道節度表

臣某言伏見某月日制分淄青諸州爲三道節度都團練觀察等使者虵豕之穴忽爲樂郊氛沴之餘盡成和氣伏惟皇帝陛下天付昌期神開寶歷復昇平之土宇拔妖孽之根源自西自東不違於指顧我疆我理咸得其區分山川備臨制之形道途適征徭之便俾侯既定賜履以寧異青兗之封爰從古制解曹衞之地實契雅謀車甲永藏馬

牛勿用俗被雍熙之化代知仁壽之期農事載盛於耨芟儒風重興於俎豆足使季札觀魯更陳南籥之儀山甫徂齊復正東方之賦臣總戎遠地不獲陪賀闕庭闕

爲韋侍郎賀布衣竇羣除左拾遺表

臣某伏見今月日制除布衣竇羣左拾遺者臣聞直道之行四方嚮德逸人是舉天下歸心臣伏以竇羣肥遯居貞包蒙養正學術精果操行堅明讚詠道眞以求其志臣頃守藩服特所委知及歸朝廷輒有聞薦庶逃竊位之責以塞曠官之尤豈謂天聽曲從瞽言無廢況諫諍之職政化

是參擢於布衣久無其比周行慶忭林藪震驚晦迹寧慮於遺賢懷才盡思於展效臣以性本庸疎動無裨益惟思進拔以報恩榮區區懇誠實貫金石言而不廢微臣敢竊於薦雄德必有鄰聖代式光於尊隗自羣受命莫復面陳迫以疾病接於休假注心蓄念寤寐兢惶無任喜躍屏營之至

爲樊左丞讓官表

臣某言伏奉今月二十八日制除臣尚書左丞寵命俯臨慚顏自失泛大鯨之海但覺魂搖戴巨鼇之山未如恩重

臣聞尚書百揆翊亮萬機故天上尊北斗中樞陛下有南宮左轄晉昇孔坦諒直當時漢拜楊喬閑練故事庶得百僚有憚於會府諸侯取法於京師臣實謏才謬登清貫握蘭起草昔忝朝經剖竹頒條近貽人瘼備歷中外無聞聲彩版圖載緝貢賦未均於九州銅印更操威儀不檢於三署次郎補缺豈易其人聖主求才宜難此受竊謂旁求俊乂側訪瓌奇必使德合準繩言成綱紀興化致理時無間言況安上必在於薦賢危身莫踰於曠職儻蒙垂收紫渙俯矜丹誠愚臣保陳力之言聖鑒有責成之地無任覼冒惶悚之極謹詣朝堂奉表陳讓以聞臣所讓人別狀封進

爲王戶部薦李諒表

臣某言臣聞知賢必進忠臣之大方擇善而居明主之要道况臣特受恩遇超絕古今報國之誠寤寐深切是敢竭愚臣之微分助陛下之至明恢張羽儀宏輔治化臣某誠惶誠恐頓首頓首竊見新授某官李諒清明直方柔惠端信強以有禮敏而甚文求之後來略無其比臣自任度支副使以諒爲巡官未及薦聞至某月日荆南奏官敕下赴本道諒實國器合在朝行臣之所知尤惜其去伏望天恩

授以諫官使備獻納冀他日公卿之任斯焉取斯則聖朝無乏士之名微臣緩蔽賢之罰無任誠懇屏營之至

爲戶部王叔文陳情表

臣某言臣母劉氏今月十三日忽患瘖風發動狀候非常今雖似退猶甚虛惙驚惶憂苦不知所圖臣惟一身更無兄弟侍疾嘗藥難闕須臾伏乞聖恩停臣所職令臣見在家扶侍其官吏等並已發遣訖臣以庸微特承顧遇拔自卑品委以劇司夙夜兢惶惟思答效至誠至懇天聽所知豈慮未效涓塵遽迫方寸以開塞重輕之務加焦勞憂灼

之懷雖欲徇公無由枉志兇忠孝同道臣子之心許國誠切於死生報恩忍忘於顧復進退窮蹙昧死上陳候母劉氏疾疢小瘳冀微臣駑蹇再效無任惶懼懇倒嗚咽之至

代裴中丞謝討黃少卿賊表

臣某云云。即日奏事官米蘭迴伏奉手詔云云者。臣聞膺革既平雖疥癬而必去豺狼已斃在狐鼠而宜除臣某中謝伏惟元和聖文神武法天應道皇帝陛下受命上元底寧下土兇渠盡殄威武載揚蠢爾腥羶尚聞凌暴靈旗斜指銅獸俯臨三軍知必勝之方萬姓喜永清之路微臣忝

司戎律親列顏行躡伏波之舊規乘下瀨之故事盡瘁事國期畢命於戈矛不宿於家思奮身於原野即以今日某時出師就道便披榛躡石摩壘陷堅蕩清海隅永息邊徼竊以才非充國敢自贊於無踰志慕孟公庶追蹤於不伐謬承重委寤寐兢惶無任感恩隕越之至

為裴中丞舉人自代伐黃賊表

伏以某官器宇端方風姿詳雅謙虛內敏籌略共推前佐湖南悉心匡佐後歷郡掾深負政聲惠愛在人姦邪屏息勤勞已著幹蠱無倫今黃賊尚擄荒陬犬窠未覆儻以某代某之任必能掃蕩氛祲廓清海濱竊惟斯人雅堪厥職

為崔中丞請朝覲表

臣歷刺三州連總二府外任逾紀入覲無階就日望雲魂飛心注伏惟睿聖文武皇帝陛下覆載無私遐邇同致復昇平之故事繼前聖之高蹤中外踐更出入迭用臣以虛薄叨受恩榮徒竭夙夜之心未申朝夕之敬天威咫尺誠寤寐而無違雲漢昭回固瞻仰而何及是以前在朗寧封章累上及移臨桂星紀屢周微衷尚隔於戴盆積望徒懸於窺管葵藿之誠彌切犬馬之戀逾深人欲天從於茲未

驗下情上達終冀不誣敢瀆宸嚴罄陳丹懇伏乞賜臣除替許至闕庭廁蹈舞於羣僚備班行於散地足趨中禁目覩大明俾成九族之榮以盡百生之幸非敢竊國賓五獻之禮希康侯三接之恩一覲龍顏萬死為足無任懇迫激切之至

代柳公綽謝上任表

肅恭休命晨夜趨程祇荷寵私不遑寢食以月日到所部上訖云云。臣聞古之制爵祿者爵以居有德祿以養有功臣本書生官不期達值某皇帝文明撫運大闡元猷搜采

衆才。幸忝甄錄。歷踐中外。星霜屢移。曾無涓塵。上答鴻造。忘其薄陋。委以雄藩。顧無綏馭之能。謬忝澄清之寄。將何以敷宣皇澤。普諭天慈。惟當察慝以爲防。視俗而爲教。蠲除細故。務安黎獻。庶幾清靜無擾。以慰遠人。臣不勝忝冒荷恩之至。

代李愬襄州謝上任表

捧對絲綸。慚悸無地。拜命兢悚。不知所裁。臣凡賤瑣才。智略無取。幸賴先臣緒業。累忝國恩。天澤曲流。遂司節制。寄深分閫。任重專征。顧無將領之才。謬處衆人之上。豈謂宸

私軫念。仁育爲心。霈澤無涯。德音屢降。士衆感悅。咸思竭忠。遂得潛師暗入賊境。不意兇渠就戮。此皆聖謨。豈敢叨天。以爲己力。仰荷殊造。重於邱山。臣以月日上訖。謹當敷宣皇化。普諭聖慈。綏撫三軍。乂安百姓。冀以塵露。上答鴻私。

代節使謝遷鎮表

鴻私曲臨。獨越夷等。祇荷明命。寤寐不遑。臣才非器能。謬膺仕進。雖竭盡駑劣。力效忠勤。冀寡愆尤。敢望官達。某宗皇帝不以臣儒術淺薄。超授禮官。尋遷正郎。遂忝符郡。某皇帝不遺臣小善。擢處諫曹。叨承厚恩。備職藩翰。顧惟瑣劣。多慚負恩。伏遇陛下德紹唐虞。無私庶政。臣尸素歲久。譴謫宜加。豈冀褒昇。更遷重鎮。再忝澄清之寄。仍同獻替之榮。將何以上答天慈。下安甿庶。臣當務修農稼。率勵遠人。鋤其姦慝。以副勤恤無任云云。

爲劉同州謝上表

臣某言。伏奉某月日制。除臣同州刺史兼本州防禦營田長春宮使。某月日到州上任訖。臣初奉綸言。震怵無極。及臨所部。驚懼逾深。投軀莫報於乾坤。陳力無裨於造化。臣

某誠惶誠恐。頓首頓首。臣出自諸生。不習爲吏。有恇懦之質。無區處之能。託迹儒門。乏仲弓南面之德。委身郎署。闕馮唐論將之對。常懼叨冒清列。蕪穢聖朝。豈意天聽忽臨。鴻恩薦及。八命作牧。一麾出守。拔自下位。寄之雄藩。非臣庸瑣。所宜膺據。況馮翊密邇王都。古稱三輔。爰自近代。命秩逾崇。有兵食之虞。有宮室之制。皆公卿將相。出入由之。仰徽甲命。俯窺圖記。跼蹐無地。以兢以惶。恩重命輕。不知所效。庶當刻精運力。夙夜祇勤。上奉雍熙。旁流愷悌。以日繫月。儻或有成。庶幾之心。懍懍增惕。徒望雲而就日。喜近

帝鄉將擊壤以成風共歌堯代天威咫尺敢布丹誠無任悃懇屏營之至

代裴行立謝移鎮表

星言即駕便道之藩祇荷寵榮不敢寧息臣某爰自弱齡即忝推擇階緣試吏累忝清資先聖以臣麤知兵要俾統師徒交蠻俶擾黃賊不馴奉詔俾臣撲滅氛祲士衆賈勇思酬渥恩冀因此時得立微效豈謂時多疫癘不副憂勤知臣特深復洗瑕責夙夜感戴捐軀有期徒增憤勇力未從願微臣不幸釁故重重泣血摧肝載崩載咽陛下龍興

御極寰海永清道暢八埏威加九域鴻和普洽靡不周泰伏蒙累垂休命遂越等夷循省何人過膺抽擢況臣比臨此鎮備更夷險故材舊壤宛在目前雖則殊鄉還同衣錦量臣鼇之力未足負恩猶蚊蚋之微焉能報德將何以宣揚聖造撫慰疲羸惟當遵守詔條貶棄奸慝平勻傜賦示以義方持清靜以臨人守無私以奉國重修前志再礪戈矛展駑駘之效申鷹犬之用庶荒陬夷獠盡沐皇風率土生靈備聞斯慶微臣之志也限以云云

代韋永州謝上表

臣某言伏奉月日制書除臣永州刺史以月日到州上訖受命若驚臨職彌懼臣以無能累更事任神州赤縣實所備嘗過量逾涯每深兢惕不謂聖恩推擇濫駕朱輪祿秩徒增詎施乳哺之惠服命虛受寧興襦袴之謠況此州地極三湘俗參百越左衽居椎髻之半可墾乃石田之餘曠牧守於再秋彌驕獷俗代徵賦於三郡重困疲人分災本出於一時積弊遂逾於十稔撫安未易知法出而姦生子育誠難懼力勞而功寡夙夜憂切不敢遑寧庶當宣布天慈奉揚神化以日繫月儻或有成少裨愷悌之風用答生成之造無任感恩隕越之至

謝除柳州刺史表

早以文律參於士林德宗選於衆流擢列御史陛下嗣登寶位微臣官在禮司百僚稱賀皆臣草奏臣以不慎交友旋及禍謫聖恩宏貸謫在善地累更大赦獲奉詔追違離十年一見宮闕親受朝命牧人遠方漸輕不宥之辜特奉分憂之寄銘心鏤骨無報上天謹當宣布詔條盡竭駑蹇皇風不異於遐邇聖澤無間於華夷庶答鴻私以塞餘罪云云

柳州謝上表

臣某言伏奉詔書授臣柳州刺史以今月二日至部上訖中謝臣前歲以久停官秩去年蒙聖恩除替便欲裂裳裹足趨赴京師以舊疾所嬰彌年未愈逮及今夏始就歸途襄陽節度使于頔與臣蚤歲同官見臣當暑在道懇留在館尋假職名意欲厚臣非臣所願伏惟陛下光被之德道已洽於區中憂濟之勤心每徧於天下常以萬邦共理必藉於循良一物不遺尚延於愚藐假臣寵渥重領方州駑駘復效於奔馳枯朽更同於華秀臣聞濆汙易竭抑有朝宗之願犬馬無識猶知戀主之誠揣分則然惟天知鑒況臣昔因左官一紀於外子牟馳心於魏闕汲黯積思於漢庭豈非夫人獨無斯戀去就者榮辱之主朝廷者仕進之源臣子之宜忠貞所志臣雖心同犬馬而分比濆汙幸躡康衢意非往蹇臣之此誠口不能喻意欲悉達文非盡言此臣所以自咎自恨復乖志願猶冀苦心勵節上奉詔條惠寡卹貧下除人瘼恭宣皇化少答鴻私不勝懽欣之至

代廣南節度使舉裴中丞自代表

前件官器宇深沈天才間出爰從撫字逮於察廉所職恪勤庶務皆勸日者安南夷獠反叛害其連帥毒痡黎人某皇帝以某威惠茂著自某州刺史俾之撫臨夙夜經行盡除兵器賊徒識恩黨種歸義炎荒之俗靡不底寧後改鎮容州勳效彌顯澄清庶類邁德前修深負能名合遷重鎮臣自惟凡懦不逮前人伏乞天恩迴授某非惟旌德是亦飾能庶微臣免尸祿之憂某獲無私之舉

奏薦從事表

某績茂戎軒才優管記操刀必割豈謝剸犀落筆不休寧慚倚馬況蚤登科選夙洽時譚匪惟詞藝雙美抑亦器能多適比於流輩頗爲滯淹輒敢薦陳伏希獎錄

代廣南節度使謝出鎮表

鴻霈曲臨惶駭交集捧對綸綍不知所圖臣中謝臣聞蕭曹佐漢六合爲家夷望匡周萬方同軌臣幸以芻賤累忝殊榮天德薦臨遂加台政不能翊宣明聖增日月之光俾兇渠勦絶人用康寧實由臣不稱職使此艱患伐檀興議負乘招譏常懷覆餗之虞敢望專征之寄獻俘未遠展效有期希此微功上答殊造無任云云

爲楊湖南謝賜設表

臣某言中使某乙至奉宣聖旨賜臣長樂驛設者恩榮特殊宴飲斯及顧茲厚禮猥集微躬臣某誠歡誠慶頓首頓首臣以多幸屬此昌時任重方隅職忝文武甘受素餐之刺知無肉食之謀以憂以惶寤寐無措豈謂鴻恩繼至豐膳爰來陸海兼陳飴醴皆設庶當奉揚聖澤覃布遠人流愷悌於皇風均乳哺於赤子少陳微效上答殊私無任感恩欣躍之至

爲武中丞謝賜櫻桃表

臣某言中使某至奉宣聖旨賜臣櫻桃若干者天眷特深

時珍薦降寵驚異卷恩溢圓方臣某誠喜誠懼頓首頓首伏以含桃之羞時令攸貴況今采因御苑分自天廚使發九霄集繁星而積耀味調六氣承湛露而不晞盈眥而外被恩光適口而中含渥澤顧慚素食彌切自公豈圖君子所先遂厭小人之腹無任感恩欣喜之至

謝賜時服表

祇荷寵私啟處無地臣中謝臣久忝朝行歷職無效荏苒星紀偷榮歲時不能少益聖猷以副深寄致使賊遺君父艱難未息合處嚴憲以正國章伏以陛下恢天覆之恩廣地載之厚不循彝典俾同冕紱重劇邛山捧戴以入閨門空知夕惕裁縫而爲衣服固可晝行内省疲駑將何答效

謝賜端午綾帛衣服表

綸言曲臨寵服薦至跪捧殊錫慶躍交并臣中謝臣謬典方州效微涓滴叨承大貺榮重邛山非才忝恩俯伏慚荷朱明啟節御府賜衣沐聖澤而溟海方深被僊衣而鶴龜齊壽馳心向闕踊影望天慚分五嶺之憂莫副九重之詔臣無任云云

及大會議戶部尚書班宏又請改所上尊號加奉

道字故其文如後表

伏以睿智之周物而靡不遍不可以不稱夫聖也妙算之無方而莫能測不可以不稱夫神也行仁義修典法歌詩頌考文章不可以不稱夫文也攘卻戎夷戡翦暴逆邊兵以整禁衛以嚴不可以不稱夫武也而合於唐堯乃聖乃神乃武乃文之德博施不息而萬物以生推功不宰而萬化以成合於書之奉若天道之義臣等謹稽之乾符叶於古典俾德澤之廣配功業之崇昧冒萬死伏請上尊號曰聖神文武奉道皇帝

及大會議國子祭酒韓洄請歷數近日徵應祥瑞

故又改其文如後表

又伏見陛下以今年四月以來方當雩祭之修而有旱備之請纔愆期而未害於物深軫念而將卹其人氣潛通而交感以和澤旋流而霶霈斯遠由是風雨時而霜雹不降稼穡茂而蝗螟不生農功以成年穀大熟休祥數見福應屢臻仁木連理而垂陰嘉禾同穎而挺秀壽星舒景炎之盛芝草布葩英之重白麞凝彩而雪輝蒼烏取象於天色將徧於郡國相繼於歲時右具如表

爲崔中丞賀平李懷光表

臣某言伏奉某月日敕逆賊李懷光輿臺末人奚虜遺醜備聞兇險之行頗有殘暴之名陛下略其細微假以符節盡委朔方之地猶分禁衛之兵不感殊私乃懷異望聞者饋貢不入王師問罪尋令舉軍赴敵而乃終歲無功洎駕幸近郊敕還舊鎭將掃猾夏之盜因解奉天之圍豈伊人謀蓋是天意陛下但嘉其排難不省其由列爲上公命作元帥及躡冠滑汭頓軍咸陽闕

爲武中丞謝賜新茶表

臣某言中使竇某至奉宣旨賜臣新茶一斤者天睠忽臨時珍俯及捧戴驚忭以喜以惶中謝臣以無能謬司邦憲大明首出得親仰於雲霄渥澤遂行忽先霑於草木況兹靈味成自遐方照臨而甲坼惟新煦嫗而芬芳可襲調六氣而成美扶萬壽以效珍豈臣賤微膺此殊錫銜恩敢同於嘗酒滌慮方切於飲冰撫事循涯隕越無地臣不任感戴欣忭之至

爲裴中丞賀破東平表

臣某言月日得進奏官狀報逆賊李師道以某月日克就

梟戮率土臣子慶忭無涯中謝臣聞負恩干紀者鬼得而誅犯順窮兇者天奪其魄不自妖孽曷彰聖功伏惟陛下先天不違與神合契掩周宣中興之業陋漢光再造之勳靈旗四臨氛沴皆散凡在臣庶盡覩昇平伏以師道席父祖以作威苞海嶽而專祿恃東秦十二之險誇臨淄三七之兵竊據一方歲踰五紀朝宗之地曠若外區封祀之山隔成異域累聖垂德曾未悛心餘孽滔天果聞折首遂使云亭有主知玉牒之將封遼海無虞見石砮之已至此皆陛下神籌獨得廟略無遺授任推盡力之誠縱捨有感心

之化金石可貫龜筮必從克成不戰之功遂洽無爲之理臣謬司戎旅遠守方隅愧無横草之功坐見覆盂之泰忭蹈歡慶倍萬恆情

獻平淮夷雅表

臣某言臣負罪竄伏違尚書牋奏十有四年聖恩寬宥命守遐壤懷印曳紱有社有人云云伏惟睿聖文武皇帝陛下天造神斷克清大憝金鼓一動萬方畢臣太平之功中興之德推校千古無所與讓臣伏自忖度有方剛之力不得備戎行致死命况今已無事思報國恩獨唯文章伏見

周宣王時稱中興其道彰大於後罕及然徵於詩大小雅其選徒出狩則車攻吉日命官分土則崧高韓奕烝人南征北伐則六月采芑平淮夷則江漢常武鏗鎗炳耀盪人耳目故宣王之形容與其輔佐由今望之若神人然此無他以雅故也臣伏見陛下自即位已來平夏州夷劍南取江東定河北今又發自天衷克翦淮右而又大雅不作臣誠不佞然不勝憤踴伏以朝多文臣不敢盡專數事謹撰平淮夷雅二篇雖不及尹吉甫召穆公等庶施諸後代有以佐唐之光明謹昧死再拜以獻

上鐃歌鼓吹曲表

臣宗元言臣幸以罪居永州受食府廪竊活性命得視息無治事時恐懼小閒又盜取古書文句聊以自娛伏惟漢魏以來代有鐃歌鼓吹詞唯唐獨無有臣爲郎時以太常聯禮部嘗聞鼓吹署有戎樂詞獨不列今又考漢曲十二篇魏曲十四篇晉曲十六篇漢歌詞不明紀功德魏晉歌功德具今臣竊取晉魏義用漢篇數爲唐鐃歌鼓吹曲十二篇紀高祖太宗功能之神奇因以知取天下之勤勞命將用師之艱難每有戎事治兵振旅幸歌臣詞以爲容且

得大戒宜敬而不害臣淪棄即死言與不言其罪等耳猶冀能言有益國事不敢效怨懟默已謹冒死上

賀赦表

臣某伏奉某月日恩制大赦天下一人有慶百度惟新戴天履土罔不欣忭中謝某聞天地成功施雨露而育物帝王繼統昇日月以垂曜羣品資始萬方文明伏惟陛下嗣守鴻業光膺駿命淳化均於四序大德合於二儀保寧社稷光宅區宇宏孝慈以御下崇恭儉以垂休恩覃溪洞事貫千古况乃順時布政乘春導和敷作解之澤宣在宥之

典九族既睦四門廣闢而又洗滌幽蟄雷雨之施也歸還流竄羅網之釋也移敘貶黜覆載之仁也蠲除逋債政理之源也褒寵勳賢激勸之方也廢金寶之貢有以彰儉德搜遺逸之士有以表至公元勳宿將賞延子孫庶尹卿士榮周存歿廣直言之路啟進善之門德超虞夏道掩軒頊必將平一殊俗發揮大猷億萬斯年永荷天緒臣謬當任用守職藩維不獲奔赴闕庭親覩盛禮感悅歡忭倍萬恒情

欽定全唐文卷五百七十二

柳宗元四

爲廣南鄭相公奏百姓產三男狀

右臣所部貞節坊百姓某妻產三男者臣詳究往例實謂休徵已量事給絹三十疋充其乳養者伏以陛下勤卹黎元感動天地靈心昭答景福已興方使億兆繁滋區夏充牣故表祥於字育是啟運於昇平事沓化源慶延邦本鱗羽之瑞曾何足云臣幸列藩維嘗叨樞近私賀之至

爲薛中丞浙東奏五色雲狀

右臣得管內台州奏月日五色雲見者一州官吏僧道耆老悉皆瞻覩已具奏聞并寫圖奉進者伏以景雲上瑞王者祉符煥彩彰之在天知聖德之昭感伏惟陛下化孚有截道洽無垠承天地之貞明導陰陽之和氣遂使紛紛郁郁自東而徂西若烟非烟一旬而再至徵諸古諜事罕前聞伏乞宣付史官以昭簡冊

爲裴中丞奏邕管黃家賊事宜狀

右今月四日邕管奏事官嚴訓過稱押衙譚叔向等與黃家賊五千餘人謀爲翻動雖已誅斬猶未清寧臣當時差

本道同十將試光祿卿雷遠至邕管界首賓州以來迎探事宜兼爲聲援昨得雷遠十四日狀幷嚴訓狀報同到其黃家賊並已退散各歸洞穴訖伏以鼠竊狗偷非足爲患陛下威靈遠被神化旁行遂使姦狡之謀先期而自露囘邪之黨不戮而盡夷伏恐飛章已達吉語未聞上軫天心猶煩廟算臣謬居方鎭忝接疆界所得事宜不敢不奏

讓監察御史狀

右臣伏準名例律諸官與父祖諱同者不合冒榮居之臣祖名察躬今臣蒙恩授前件官以幼年逮事王父禮律之

制所不敢踰臣不勝進退惶恐之至謹詣光順門奏狀以聞伏聽敕旨

爲京兆府昭應等九縣訴夏苗旱損狀

右臣謬領京畿已逾兩月政術無取誠懇莫申遂使雨澤愆時田苗微損夙夜兢懼寢食靡遑今長安二十四縣並準常年例全徵其昭應等九縣臣各得狀並令詳審各絕隱欺謹具別狀封進臣當府夏稅通計約二十九萬石以上據所損矜免秖當三萬石有餘恤人則深減數非廣伏以聖慈宏貸憫念烝黎臣忝職司不敢不奏無任慚懼之至謹錄奏聞伏聽敕旨

爲南承嗣請從軍狀

故某官贈某官南霽雲男某官承嗣

右臣亡父至德之歲死節睢陽陛下每降鴻恩必加褒寵臣自七歲卽忝班榮垂五十年常居祿秩再守遐郡績用無成終貽官謗甘就嚴譴無以負荷先志報效殊私以慚以懼隕越無地伏見某月日敕以王承宗負恩干紀命將徂征雷霆所加殄滅在近臣竊不自揆思竭忠誠願貢一卒之任以答百生之幸庶得摧鋒觸刃摩壘搴旗冀獲盡

於微誠儻不墜於遺烈踊躍之至夙夜不寧敢希皇明俯鑒丹懇臣聞周官考藝國子置車甲之司漢道推恩孤兒備羽林之用千秋思奮於事越仲孺期死於奔吳義激君親名高竹帛臣雖無似有慕昔人雖身塗草野死而不朽披肝瀝血昧死上陳無任懇迫忠憤之至謹錄奏聞伏候敕旨

進農書狀 農書三卷

右伏奉某月日敕宜以二月一日爲中和節所司進農書永以爲恆式者臣伏以平秩東作虞書立制俶載南畝周

雅垂文此皆奉天時以授人盡地力而豐食自陛下惟新令節益勵農功既立典於可傳每陳書而作則耕鑿之利繫帝力於嘉謨稼穡之難動天心於睿覽勤勞率下超邁古先凡在率土不勝幸甚前件農書謹函封進謹奏

代人進瓷器狀

瓷器若干事右件瓷器等並藝精埏埴制合規模稟至德之陶蒸自無苦窳合太和以融結克保堅貞且無瓦釜之鳴是稱土鉶之德器慚瑚璉貢異砮丹既尚質而爲先亦當無而有用謹遣某官某乙隨狀封進謹奏

柳州舉監察御史柳漢自代狀

右伏準從前赦文常參官上後舉一人自代者伏見前件官頗有才行長於政術久歷嶺南使職臣之所知敢舉自代無任懇迫之至

賀誅淄青逆賊李師道狀

右今月三日得知進奏官某報前件賊以前月九日克就梟戮者伏以天啟聖期神資良弼必有懲討以致昇平蠢爾兇渠敢行悖亂締交於雷霆之下效逆於化育之辰逞豺聲以欺天恣狼心而犯上嘉謨克協威命旁行破竹寧比其發機走丸未喻於乘勝濁河清濟曾無溝洫之虞大峴琅邪不聞崖岸之阻天兵四合賊衆屢摧然後赦劫脅之辜許其歸復寬詿誤之典期以撫循外怛皇威中感聖德雖在梟獍豈不知歸是以未極誅鋤遽聞內潰鯨鯢已戮見東海之無波氛沴盡銷仰太陽之普照功格於天地化合於陰陽一德方繼於商書降神自同於周雅遂使垂白遺老再逢天寶之安縉紳諸生遠期貞觀之理某特承朝奬謬列藩臣常以突刃觸鋒未爲效節膏原潤草豈足酬恩寤寐撫心不遑寧處今則削平之際慙無尺寸之功開泰方初徒受邛山之寵無任憤激屏營之至忭舞歡慶

倍百恆情

賀平淄青後肆赦狀

右伏奉二月二十二日德音以淄青削平慶賜大洽率土之內忭躍無窮伏惟周滅三監但明誅放之罰漢平七國更嚴斬殺之科未有翦覆兇渠撫存疑類威暫行而德洽誅纔及而恩加操兵者悉獲歸休秉耒者更聞優復與之種食豐以貨財疾苦盡除鰥孤咸育葬戰死之骨增以賞延憐刃傷之肌存其廩給滌山川之舊污申節義之餘冤

功多受三事之榮節著有十連之寵較然逆順益以彰明和氣遠周罷七旬之干羽仁風溥暢收六月之車徒寰海永康夷夏均慶某忝司戎旅獲奉昇平當伊尹無恥之辰見咎繇惟輕之德忭躍之至倍萬恆情無任慶賀之至

賀分淄青諸州爲三道節度狀

右某伏見某月日制分淄青諸州爲三道節度都團練觀察等使者害氣盡除和風溥暢裂壤既分其形勝經野必正其提封河濟異宜海岱殊服八命作牧無開威福之源十國爲連已肅澄清之政鼠無夜動鴟變好音惠澤豈俟

於崇朝仁化寧期於必代遂使琅邪卽墨田生無慮其異謀聊攝姑尤晏子但聞其善祝恭以相公謨參禹績制出蕭規光輔聖神永康黎獻某獲逢開泰忝守方隅忭躍之誠倍百恆品

代裴中丞上裴相賀破東平狀

右伏以逆賊李師道克就梟擒已具中書門下狀賀訖某忝居末屬特受深恩踊躍不寧輒復披露竊以自古中興之主必有命代之臣一德同功以叶休運故申甫方召成宣王復古之勳吳鄧寇耿致光武配天之業此皆上下齊志中外悉心雖成功則多而陳力甚易豈若閤下挺拔英氣邁越常流獨契聖謨以昌鴻業廟略初定異議紛然詆訕盈朝萋斐成市閤下秉心不惑定命彌堅討淮右之兇則下車而授首服恆陽之虜則馳使而革心況師道惡稔禍盈鬼怨神怒恣行悖慢敢肆欺誣天兵四臨所至皆捷次又捨其將校許以歸還罪止一夫恩加百姓豺狼感化梟獍懷仁自致誅夷以成開泰萬方有慶四海無虞遂令率土之人盡識太平之理盛德大業振古莫儔然則布政明堂勒功東嶽光垂後祀輝映前王神化永屬於聖君崇

勳實歸於宗衮慶賀之至倍萬恆情

上戶部狀

右伏以左降官是受責之人都不釐務戶部錢是準敕收貯不合別支又所授員外官亦非舊制宗元在永州日見百姓莊宅公驗有司戶李邕判給處足明皆是正官今請悉依故事爲準並廢員外所置凡在貶黜授以正員責其成功俾無虛授貯錢既免支用加數足應軍須實冀貨不濫分官無曠職謹狀

柳州上本府狀

右奉牒準律文處分者已帖縣準牒待秋分後舉處分訖伏以中丞慈惠化人孝悌成俗屬吏所見皆許申明至公之下敢竭愚慮竊以莫誠赴急而動事出一時解難爲心豈思他物救兄有急難之戚中臂非必死之瘡不幸致殂揣非本意校文固當恭守撫事亦可哀矜斷手方迫於深衷周身不遑於遠慮律宜無赦使司明至當之心情或未安守吏切惟輕之願況俟期尚遠稟命不遙伏乞俯賜興哀特從屈法幸全微命以慰遠黎則必闔境荷慈育之恩豈惟一夫受生成之賜儻以律文難變使牒已行則伏望此狀使令廢格輕賜（一作肆）塵黷惶戰交深謹錄狀上奉聽處分。

爲裴中丞上裴相乞討黃賊狀

某材質無堪授任非次當有事之日忠懇莫施遇成功之辰慙憤空積陳力之志誓死不逾伏惟仁恩終賜展效今者中華寧謐異類服從唯此南方尚餘寇孽伏以黃少卿等憑培塿以自固合埜脆以爲强劫脅使臣侵暴列郡雖狐鼠之陋無足示威而蜂蠆之微猶能害物必資翦伐方致和平庶盡駑蹇之勞以答恩榮之重撫心踊躍夙夜不寧私布丹誠敢期明鑒無任感激屏營之至

爲桂州崔中丞上中書門下乞朝覲狀

右某幸遇文明叨承委寄理戎典郡十有四年瞻戀闕庭神魂飛越頃在邕州累陳誠懇謬尸進律之寵未遂執珪之願相公膺賢輔聖大敘倫彝中外之臣出入更踐某自領桂管又逾再周企鸞鷺於紫霄獨無羽翼仰星辰於黃道徒竭丹誠況正月會朝遠夷皆至六歲來見要服有期豈使班超之望長懸子牟之戀空積伏乞特申微願錄受冗員徵故事而不遺揆夙志而斯畢入天子之國願附禮於小侯拜丞相之車敢希榮於上客無任懇禱屏營之至

輕瀆威重戰汗伏深謹狀

爲南承嗣上中書門下乞兩河效用狀

右伏以越敗夫差多會稽納官之子趙摧栗腹卽長平死事之孤何者義烈之餘色氣猛厲上將效於國用下欲濟其家聲所以憤激悽愴常思致命者也某先父死難睢陽事在簡冊累降優詔榮及子孫爰自襁褓超昇品秩肉食廩給未嘗暫停頃守涪州屬西蜀遘逆將致死命以盡夙心寢戈嘗膽志願未究會刀筆之吏寘以深文首級之差

今復誰辯慧苡之謗，不能自明。猶賴舊勳，謫居樂土，食人力之粟，守無事之官。拳拳血誠，無所陳露。伏見明制興師討伐恆冀，蔑爾小醜，尚欲逋誅。某才非古人，志慕前烈，願得身當一隊，效死戎行，竭平生之忠懇，申幽明之冤痛。撫劍心往，發言涕零。嘗聞漢法，有奮擊匈奴者，諸侯不得擁遏。又況丞相總軍國之重，定廊廟之謀，固當宏獎，無所棄捐。伏乞哀憫收撫，以成其心。無任懇迫惶恐之至。

柳州上中書門下舉柳漢自代狀

右伏準元和六年十月十七日敕，常參官授上後三日內舉一人以自代，便具所舉人兼狀上中書門下者。今奏請前件官自代，謹連狀。

爲長安等縣耆壽詣相府乞奏復尊號狀

長安等縣耆壽某乙若干人。右某等伏以生長明時，游泳皇澤，鼓腹且知於帝力，食毛敢忘於君恩。竊見近者祥瑞所呈，周於百郡；豐稔之報，均於四方。有以知上元降靈，誕告嘉應，彰我君文明之化，仁育之恩。大道既行，鴻名未舉，是以殷勤昭著，如斯而不已者也。某皆陶煦純仁，成此耇老，生既無補，死而何求。唯願上聞帝閽，復建尊號，用彰聖德，以報皇慈。披露血誠，伏守天闕，糜軀碎骨，猶生之年。謹以今日詣光順門軏進表訖。伏惟相公贊翊明主，共致太平，而使名號尚鬱，天人失望，草野愚鄙，竊有惑焉。伏望數奏之際，開陳其要，俾下情允達，大願克從，退就泉壤，樂而無恨。輕黷國相（一作相國），伏待典刑。謹狀。

爲京畿父老上府尹乞奏復尊號狀

長安縣耆老某乙等若干人。右某等幸以羸老，獲覩昇平，蹈舞薰風，謳謌壽域。譬之草木，何以報天。寤寐焦勞，不知所措。伏見聖君臨御，元化升聞，瑞應匝於萬方，豐報窮於

四海。神祇注意，天地傾心，覺悟生人，必有爲者。蓋以挹損徽號，近二十年，盛德益光，大名未復，致遠邇積慮，幽明憤懷。故自古以來，嘉瑞之至，未有如今歲之盛也。斯乃上元深旨，下人懇誠，勤勤相符，正在於此。某等眷戀明時，朝夕是切，唯願早復大號，以契天心，庶得聖政益光，鴻化彌遠，少遂踊躍之甚。今請詣光順門進表，昧死上陳。伏以侍郎道合君臣，惠敷黎庶，儻遂收采愚慮，致貢天庭，俾草萊微誠，得達萬乘，非所敢望。惶懼伏深。謹狀。

晉文公問守原議

晉文公既受原於王難其守問寺人勃鞮以畀趙衰余謂守原政之大者也所以承天子樹霸功致命諸侯不宜謀及媟近以忝王命而晉君擇大任不公議於朝而私議於宮不博謀於卿相而獨謀於寺人雖或衰之賢足以守國之政不爲敗而賊賢失政之端由是滋矣况當其時不乏言議之臣乎狐偃爲謀臣先軫將中軍晉君疎而不咨外而不求乃卒定於内豎其可以爲法乎且晉君將襲齊桓之業以翼天子乃大志也然而齊桓任管仲以興進豎刁以敗則獲原啓疆適其始政所以觀視諸侯也而乃背其

所以興跡其所以敗然而能霸諸侯者以土則大以力則彊以義則天子之冊也誠畏之矣烏能得其心服哉其後景監得以相衛鞅宏石得以殺望之誤之者晉文公也嗚呼得賢臣以守大邑則問非失舉也蓋失問也然猶羞當時陷後代若此况於問與舉又兩失者其何以救之哉余故著晉君之罪以附春秋許世子止趙盾之義

駁復讎議

臣伏見天后時有同州下邽人徐元慶者父爽爲縣尉趙師韞所殺卒能手刃父讎束身歸罪當時諫臣陳子昂建議誅之而旌其閭且請編之於令永爲國典臣竊獨過之

臣聞禮之大本以防亂也若曰無爲賊虐凡爲子者殺無赦刑之大本亦以防亂也若曰無爲賊虐凡爲治者殺無赦其本則合其用則異旌與誅莫得而並焉誅其可旌茲謂濫黷刑甚矣旌其可誅茲謂僭壞禮甚矣果以是示於天下傳於後代趨義者不知所向違害者不知所立以是爲典可乎蓋聖人之制窮理以定賞罰本情以正褒貶統於一而已矣嚮使刺讞其誠僞考正其曲直原始而求其端則刑禮之用判然離矣何者若元慶之父不陷於公罪

師韞之誅獨以其私怨奮其吏氣虐於非辜州牧不知罪刑官不知問上下蒙冒籲號不聞而元慶能以戴天爲大恥枕戈爲得禮處心積慮以衝讎人之胸介然自克卽死無憾是守禮而行義也執事者宜有慚色將謝之不暇而又何誅焉其或元慶之父不免於罪師韞之誅不愆於法是非死於吏也是死於法也法其可讎乎讎天子之法而戕奉法之吏是悖驁而凌上也執而誅之所以正邦典而又何旌焉且其議曰人必有子子必有親親親相讎其亂誰救是惑於禮也甚矣禮之所謂讎者蓋以冤抑沈痛而

號無告也非謂抵罪觸法陷於大戮而曰彼殺之我乃殺之不議曲直暴寡脅弱而已其非經背聖不亦甚哉周禮調人掌司萬人之讎凡殺人而義者令勿讎讎之則死有反殺者邦國交讎之又安得親親相讎也春秋公羊傳曰父不受誅子復讎可也父受誅子復讎此推刃之道復讎不除害今若取此以斷兩下相殺則合於禮矣且夫不忘讎孝也不愛死義也元慶能（能一作既）不越於禮服孝死義是必達理而聞道者也夫達禮聞道之人豈其以王法爲敵讎者哉議者反以爲戮黷刑壞禮其不可以爲典明矣請

下臣議附於令有斷斯獄者不宜以前議從事謹議

謚議

貞元十五年正月日故銀青光祿大夫右散騎常侍輕車都尉宜城縣開國伯柳公從孫將仕郎守集賢殿正字宗元謹上尚書考功伏以曾史褒貶虞書黜陟彰善癉惡王教之端自周公以來謚法未改謹按柳公累歷清貫茂著名節貞亮存誠潔廉中禮納忠爲諍臣之表出守乃牧人之良剌舉必聞澄清可紀冒危而大節不奪更名而純誠克彰遂踐鼎司以匡王國奉上盡陪輔之志退跡有推讓之高圭璋聞望洽於人聽所以聳厲在位關於政教聲聞王者其事實繁褒善勸能固將不廢宗元既當族屬且又通家傳信克備其遺芳考行敢徽於故事謹具署其懿績布以懋詢定謚之制請如律令謹狀

欽定全唐文卷五百七十三

柳宗元五

與太學諸生喜詣闕留陽城司業書

二十六日集賢殿正字柳宗元敬致尺牘太學諸生足下始朝廷用諫議大夫陽公爲司業諸生陶煦醇懿熙然大洽於兹四祀而已詔書出爲道州僕時通籍光範門就職書府聞之悒然不喜非特爲諸生戚戚也乃僕亦失其師表而莫有所矜式焉既而署吏有傳致詔草者僕得觀之蓋主上知陽公甚熟嘉美顧寵勤至備厚乃知欲煩陽公

宣風裔土覃布美化於黎獻也遂寬然少喜如獲慰薦於天子休命然而退自感悼幸生明聖不諱之代不能布露所蓄論列大體聞於下執事冀少見采取而還陽公之南也翌日退自書府就車於司馬門外聞之於抱關掌管者道諸生愛慕陽公之德教不忍其去頓首西闕下懇悃至願乞留如故者百數十人輒用撫手喜甚震抃不寧不意古道復行於今僕嘗讀李元禮嵇叔夜傳觀其言太學生徒仰闕赴訴者僕謂訖千百年不可睹聞乃今日聞而睹之誠諸生見賜甚盛於戲始僕少時嘗有意遊太學受師說以植志持身焉當時說者咸曰太學生聚爲朋曹侮老慢賢有墮窳敗業而利口食者有崇飾惡言而肆鬭訟者有淩傲長上而誶罵有司者其退然自克特殊於衆人者無幾耳僕聞之恂駭怛悸良痛其遊聖人之門而衆爲是喈喈也遂退託鄉閭家塾考厲志業過太學之門而不敢跼顧尚何能仰視其學徒者哉今乃奮志厲義出乎千百年之表何聞見之乖剌歟豈說者過也將亦時異人異無嚮時之桀害者耶其無乃陽公之漸漬導訓明效所致乎夫如是服聖人遺教居天子太學可無愧矣於戲陽公有

博厚恢宏之德能并容善僞來者不拒曩聞有狂惑小生依託門下或乃飛文陳愚醜行無賴而論者以爲言謂陽公過於納汙無人師之道是大不然仲尼吾黨狂狷南郭獻譏曾參徒七十二人致禍負芻孟軻館齊從者竊屨彼一聖兩賢人繼爲大儒然猶不免如之何其拒人也俞扁之門不拒病夫繩墨之側不拒枉材師儒之席不拒曲士理固然也且陽公之在於朝四方聞風仰而尊之貪冒苟進邪薄之夫庶得少沮其志不遂其惡雖微師尹之位而人實具瞻焉與其宣風一方覃化一州其功之遠近又可

量哉諸生之言非獨爲已也於國體實甚宜願諸生勿得私之想復再上故少佐筆端耳勗此良志俾爲史者有以紀述也努力多賀柳宗元白

寄許京兆孟容書

宗元再拜五丈座前伏蒙賜書誨諭微悉重厚欣踊恍惚疑若夢寐捧書叩頭悸不自定伏念得罪來五年未嘗有故舊大臣肯以書見及者何則罪謗交積羣疑當道誠可怪而畏也是以兀兀忘行尤負重憂殘骸餘魂百病所集痞結伏積不食自飽或時寒熱水火互至內消肌骨非獨

瘴癘爲也忽奉教命乃知幸爲大君子所宥欲使膏肓沈沒復起爲人夫何素望敢以及此宗元早歲與負罪者親善始奇其能謂可以共立仁義裨教化過不自料懃懃勉勵唯以忠正信義爲志以興堯舜孔子之道利安元元爲務不知愚陋不可力強其素意如此也末路孤危阨塞臲卼凡事壅隔很忤貴近狂疎繆戾蹈不測之辜羣言沸騰鬼神交怒加以素卑賤暴起領事人所不信射利求進者塡門排户百不一得一旦快意更造怨讟以此大罪之外詆訶萬端旁午構扇盡爲敵讎協心同攻外連强暴失職者以致其事此皆丈人所見不敢爲他人道說懷不能已復載簡牘此人雖萬被誅戮不足塞責而豈有償哉今其黨與幸獲寬貸各得善地無公事一作無分毫事坐食俸祿明德至渥也尚何敢更俟除棄廢痼以希望外之澤哉年少氣銳不識幾微不知當否但欲一心直遂果陷刑法皆自所求取得之又何怪也宗元於衆黨人中罪狀最甚神理降罰又不能卽死猶對人言語求食自活迷不知恥日復一日然亦有大故自以得姓來二千五百年代爲冢嗣今抱非常之罪居夷獠之鄉卑濕昏霿恐一日塡委溝壑曠墜

先緒以是怛然痛恨心骨沸熱煢煢孑立未有子息荒陬中少士人女子無與爲婚世亦不肯與罪大者親昵以是嗣續之重不絕如縷每當春秋時饗孑立捧奠顧盻無後繼者懍懍一作惸惸一作慄慄然歉歉惴惕恐此事便已催心傷骨若受鋒刃此誠丈人所共憫惜也先墓在城南無異子弟爲主獨託村鄰自譴逐來消息存亡不一至鄉閭主守者因以益怠晝夜哀憤懼便毀傷松柏芻牧不禁以成大戾近世禮重拜掃今已闕者四年矣每遇寒食則北向長號以首頓地想田野道路士女遍滿皁隸傭丐皆得上父母

邱墓馬醫夏畦之鬼無不受子孫追養者然此已息望又何以云哉城西有數頃田果樹數百株多先人手自封植今已荒穢恐便斬伐無復愛惜家有賜書三千卷尚在善和里舊宅宅今已三易主書存亡不可知皆付受所重常繫心腑然無可爲者立身一敗萬事瓦裂身殘家破爲世大僇復何敢更望大君子撫慰收恤尚置人數中耶是以當食不知辛鹹節適洗沐盥漱動逾歲時一搔皮膚塵垢滿爪誠憂恐悲傷無所告愬以至此也自古賢人才士秉志遵分被謗議不能自明者僅以百數故有無兄盜嫂娶

孤女云撾婦翁者然賴當世豪傑分明辨別卒光史籍管仲遇盜升爲功臣匡章被不孝之名孟子禮之今已無古人之實爲而有其詬猶欲望世人之明已不可得也直不疑買金以償同舍劉寬下車歸牛鄉人此誠知疑似之不可辯非口舌所能勝也鄭詹束縛於晉終以無死鍾儀南音卒獲返國叔向囚虜自期必免范痤騎危以生易死蒯通據鼎耳爲齊上客張蒼韓信伏斧鑕終取將相鄒陽獄中以書自活賈生斥逐復召宣室倪寬擯死後至御史大夫董仲舒劉向下獄當誅爲漢儒宗此皆瓌偉博辯奇壯之士能自解脫今以恇怯淟涊下才末伎又嬰恐懼痼病雖欲慷慨攘臂自同昔人愈疎闊矣賢者不得志於今必取貴於後古之著書者皆是也宗元近欲務此然力薄才劣無異能解雖欲秉筆覼縷神志荒耗前後遺忘終不能成章往時讀書自以不至觝滯今皆頑然無復省錄每讀古人一傳數紙已後則再三伸卷復觀姓氏旋又廢失假令萬一除刑部囚籍復爲士列亦不堪當世用矣伏惟興哀於無用之地垂德於不報之所但以通家宗祀爲念有可動心者操之勿失雖不敢望歸掃塋域退託先人之廬

以盡餘齒姑遂少北益輕瘴癘就婚娶求胤嗣有可付託卽冥然長辭如得甘寢無復恨矣書辭繁委無以自道然卽文以求其志君子固得其肺肝焉無任懇戀之至不宣宗元再拜

與楊京兆憑書

月日宗元再拜獻書丈人座前役人胡要返命奉教誨壯厲感發鋪陳廣大上言推延賢雋之道難於今之世次及文章末以愚蒙剝喪頓悴無以守宗族復田畝爲念憂憫備極不惟其親密故舊是與復有公言顯賞許其素尚而

激其忠誠者用是踊躍敬懼類嚮時所被簡牘萬萬有加焉故敢悉其愚以獻左右大凡薦舉之道古人之所謂難者其難非苟一而已也知之難言之難聽信之難夫人有有之而恥言之者有有之而樂言之者有無之而工言之者有無之而不言似有之者有之而恥言之者上也雖舜猶難於知之孔子亦曰失之子羽下斯而言知而不失者妄矣有之而言之者次也德如漢光武馮衍不用才如王景略以尹緯爲令史是皆終日號鳴大吒而卒莫之省無之而工言之者賊也趙括得以代廉頗馬謖得以惑孔明

也今之若此類者不乏於世將相大臣聞其言而必能辨之者亦妄矣無之而不言者土木類也周仁以重臣爲二千石許靖以人譽而致三公近世尤好此類以爲長者最得薦寵夫言朴愚無害者其於田野鄉閭爲匹夫雖稱爲長者可也自抱關擊柝以往則必敬其事愈上則及物者愈大何事無用之朴哉今之言曰某子長者可以爲大官類非古之所謂長者也則必土木而已矣夫捧土揭木而致之巖廊之上蒙以紱冕翼以徒隸而趨走其左右豈有補於萬民之勞苦哉聖人之道不益於世用凡以此也故曰知之難孔子曰仁者其言也訒孟子病未同而言然則彼未吾信而吾告之以士必有三間是將曰彼誠知士歟知文歟疑之而未重一間也又曰彼無乃私好歟交以利歟二間也又曰彼不足我而甚我哉兹咈吾事三間也畏是而不言故曰言之難言而有是患故曰聽信之難唯明者爲能得其所以薦得其所以聽一不至則不可冀矣然而君子不以言聽之難而不務取士士理之本也苟有司之不我信吾知之而不捨其必有信吾者矣苟知之雖無有司而士可以顯則吾一旦操用人之柄其必有施矣故

公卿之大任莫若索士士不預備而熟講之卒然君有問焉宰相有咨焉有司有求焉其無以應之則大臣之道或闕故不可憚煩今之世言士者先文章文章士之末也然立言存乎其中卽末而操其本可十七八未易忽也自古文士之多莫如今今之後生爲文希屈馬者可得數人希王褒劉向之徒者又可得十人至陸機潘岳之比累累相望若皆爲之不已則文章之大盛古未有也後代乃可知之今之俗耳庸目無所取信傑然特異者乃見此耳丈人以文律通流當世叔仲鼎列天下號爲文章家今又生敬

之敬之希屈馬者之一也天下方理平今之文士咸能先理理不一斷於古書老生直趣堯舜大道孔氏之志明而出之又古之所難有也然則文章未必爲士之末獨采取何如耳宗元自小學爲文章中間幸聯得甲乙科第至尚書郎專百官章奏然未能究知爲文之道自貶官來無事讀百家書上下馳騁乃少得知文章利病去年吳武陵來美其齒少才氣壯健可以興西漢之文章日與之言因爲之出數十篇書庶幾鏗鏘陶冶時時得見古人情狀然彼古人亦人耳夫何遠哉凡人可以言古不可以言今桓譚

亦云親見揚子雲容貌不能動人安肯傳其書誠使博如莊周哀如屈原奧如孟軻壯如李斯峻如馬遷富如相如明如賈誼專如揚雄猶爲今之人則世之高者至少矣由此觀之古之人未必(一作始)不薄於當世而榮於後世也若吳子之文非丈人無以知之獨恐世人之才高者不肯久學無以盡訓詁風雅之道以爲一世甚盛若宗元者才力缺敗不能遠騁高厲與諸生摩九霄撫四海夸耀於後之人矣何也凡爲文以神志爲主自遭責逐繼以大故荒亂耗竭又常積憂恐神志少矣所讀書隨又遺忘一二年來

痞氣尤甚加以衆疾動作不常眊眊然騷擾內生霾霧填擁慘沮雖有意窮文章而病奪其志矣每聞人大言則蹶氣震怖撫心按膺不能自止又永州多火災五年之間四爲天火所迫徒跣走出壞牆穴牖僅免燔灼書籍散亂毀裂不知所往一遇火恐累日茫洋不能出言又安能盡意於筆硯矻矻自苦以傷危敗之魂哉中心之悃愊鬱結具載所獻許京兆丈人書不能重煩於陳列凡人之黜棄皆望望思得效用而宗元獨以無有是念自以罪大不可解才質無所入苟焉以敘憂慄爲幸敢有他志伏以先君稟

孝德秉直道高於天下仕再登朝至六品官宗元無似亦嘗再登朝至六品矣何以堪此且柳氏號爲大族五六從以來無爲朝士者豈愚蒙獨出數百人右哉以是自忖官已過矣寵已厚矣夫知足與知止異宗元知足矣若便止不受祿位亦所未能今復得好官猶不辭讓何也以人望人尚足自進如其不至則故無憾進取之志息矣身世孑然無可以爲家雖甚崇寵之孰與爲榮獨恨不幸獲託姻好而早凋落寡居十餘年嘗有一男子然無一日之命至今無以託嗣續恨痛常在心目孟子稱不孝有三無後爲

大今之汲汲於世者唯懼此而已矣天若不棄先君之德使有世嗣或者猶望延壽命以及大宥得歸鄉閭立家室則子道畢矣夫是而猶競於寵利者天厭之天厭之丈人旦夕歸朝廷復爲大僚伏惟以此爲念流涕頓顙布之座右不勝感激之至宗元再拜

與裴塤書

應叔十四兄足下比得書示勤勤不以僕罪過爲大故有動止相憫者僕望已矣世所共棄唯應叔輩一二公獨未耳僕未之罪在年少好事進而不能止儔輩恨怒以先得

官又不幸早嘗與游者居權衡之地十薦賢幸乃一售不得者譸張排恨僕可出而辨之哉性又倨野不能摧折以故名益惡勢益險有喙有耳者相郵傳作醜語耳不知其卒云何中心之愆尤若此而已既受禁錮而不能即死者以爲久當自明今亦久矣而嗔罵者尚不肯已堅然相白者無數人聖上日興太平之理不貢不王者悉以誅討而制度大立長使僕輩爲匪人耶其終無以見明而不得擊壤鼓腹樂堯舜之道耶且天下熙熙而獨呻吟者四五人何其優裕者博而局束者寡其爲不一徵也何哉太和蒸物燕谷不被其煦一鄒子尚能恥之今若應叔輩知我豈下鄒子哉然而不恥者何也河北之師當已平奚虜聞吉語矣然若僕者承大天一作慶之後必有殊澤流言飛文之罪或者其可以已乎幸致數百里之地使天下之人不謂僕爲明時異物死不恨矣金州考績已久獨茂然不遷者何耶十二兄宜當更轉右職十四兄嘗得數書無恙兄顧惟僕之窮途得無意乎比當大寒人愈平和惟楚南極海元冥所不統炎昏多疾氣力益劣昧然人事百不記一捨憂慄則怠而睡耳偶書如此不宣宗元再拜

與蕭翰林俛書

思謙兄足下昨祁縣王師範過永州爲僕言得張左司書道思謙蹇然有當官之心乃誠助太平者也僕聞之喜甚然微王生之說僕豈不素知耶所喜者耳與心叶果於不謬焉爾僕不幸嚮者進當臲卼不安之勢平居閉門口舌無數況又有久與游者乃岌岌而造其門哉其求進而退者皆聚爲仇怨造作粉飾蔓延益肆非的然昭晰自斷於內則孰能了僕於冥冥之間哉然僕當時年三十三甚少自御史裏行得禮部員外郎超取顯美欲免世之求進者

怪怒媢嫉其可得乎凡人皆欲自達僕先得顯處才不能踰同列聲不能壓當世世之怒僕宜也與罪人交十年官又以是進辱在附會聖朝宏大貶黜甚薄不能塞衆人之怒謗語轉侈囂囂嗷嗷漸成怪民飾智求仕者更詈僕以悅讎人之心日爲新奇務相喜可自以速援引之路而僕輩坐益困辱萬罪横生不知其端伏自思念過大恩甚乃以致此悲夫人生少得六七十者今已三十七矣長來覺日月益促歲歲更甚大都不過數十寒暑則無此身矣是非榮辱又何足道云云不已祇益爲罪兄知之勿爲他人

言也居蠻夷中久慣習炎毒昏眊重膇意以爲常忽遇北風晨起薄寒中體則肌革慘懍毛髮蕭條瞿然注視怵惕以爲異候意緒殆非中國人楚越間聲音特異鴂舌啅譟今聽之怡然不怪已與爲類矣家生小童皆自然嘵嘵晝夜滿耳聞北人言則啼呼走匿雖病夫亦怛然駭之出門見適州閭市井者其十有八九杖而後興自料居此尚復幾何豈可更不知止言說長短重爲一世非笑哉讀周易困卦至有言不信尚口乃窮也往復益喜曰嗟乎余雖家置一喙以自稱道詬益甚耳用是更樂瘖默思與木石爲徒不復致意今天子興教化定邪正海内皆欣欣怡愉而僕與四五子者獨淪陷如此豈非命歟命乃天也非云云者所制余又何恨獨喜思謙之徒遭時言道道之行物得其利僕誠有罪然豈不在一物之數耶身被之目覩之足矣何必攘袂用力而矜自我出耶果矜之又非道也事誠如此然居理平之世終身爲頑人之類猶有少恥未能盡忘儻因賊平慶賞之際得以見白使受天澤餘潤雖朽枿敗腐不能生植猶足蒸出芝菌以爲瑞物一釋廢錮移數縣之地則世必曰罪稍解矣然後收召魂魄買土一廛爲

耕甿朝夕歌謠使成文章庶木鐸者采取獻之法宮增聖唐大雅之什雖不得位亦不虛爲太平之人矣此在望外然終欲爲兄一言焉宗元再拜

與李翰林建書

杓直足下州傳遽至得足下書又於夢得處得足下前次一書意皆勤厚莊周言逃蓬藋者聞人足音則跫然喜僕在蠻夷中比得足下二書及致藥餌喜復何言僕自去年八月來痞疾稍已往時間一二日作今一月乃二三作用南人檳榔餘甘破決壅隔大過陰邪雖敗已傷正氣行則

膝顫坐則髀痺所欲者補氣豐血強筋骨輔心力有與此宜者更致數物忽得良方偕至益喜永州於楚爲最南狀與越相類僕悶卽出游游復多恐涉野則有蝮虺大蜂仰空視地寸步勞倦近水卽畏射工沙蝨含怒竊發中人形影動成瘡痏時到幽樹好石暫得一笑已復不樂何者譬如囚拘圜土一遇和景負牆搔摩伸展支體當此之時亦以爲適然顧地窺天不過尋丈終不得出豈復能久爲舒暢哉明時百姓皆獲歡樂僕士人頗識古今理道獨愴愴如此誠不足爲理世下執事至比愚夫愚婦又不可得竊

自悼也僕曩時所犯足下適在禁中備觀本末不復一一言之今僕癃殘頑鄙不死幸甚苟爲堯人不必立事程功唯欲爲量移官差輕罪累卽便耕田藝麻取老農女爲妻生男育孫以共力役時時作文以詠太平摧傷之餘氣力可想假令病盡已身復壯悠悠人世越不過爲三十年客耳前過三十七年與瞬息無異復所得者其不足把翫亦已審矣杓直以爲誠然乎僕近求得經史諸子數百卷嘗候戰悸稍定時卽伏讀頗見聖人用心賢士君子立志之分著書亦數十篇心病言少次第不足遠寄但用自釋貧者士之常今僕雖羸餒亦甘如飴矣足下言已白常州煦僕僕豈敢衆人待常州耶若衆人卽不復煦僕矣然常州未嘗有書遺僕僕安敢先焉裴應叔蕭思謙各有書足下求取觀之相戒勿示人敦詩在近地簡人事今不能致書足下默以此書見之勉盡志慮輔成一王之法以宥罪戾不悉某白

欽定全唐文卷五百七十四

柳宗元六

與顧十郎書

四月五日門生守永州司馬員外置同正員柳宗元謹致書十郎執事凡號門生而不知恩之所自者非人也纓冠束衽而趨以進者咸曰我知恩知恩則惡乎辨然而辨之亦非難也大抵當隆赫柄用而蜂附蟻合喣喣趄趄便僻匍匐以非乎人而售乎己若是者一旦勢異則電滅颷逝不爲門下用矣其或少知恥懼恐世人之非已也則矯於

中以貌於外其實亦莫能至焉然則當其時而確固自守畜力秉志不爲嚮者之態則於勢之異也固有望焉大凡以文出門下由庶士而登司徒者七十有九人執事試追狀其態則果能效用者出矣然而中間招衆口飛語譁然譸張者豈他人耶夫固出自門下賴中山劉禹錫等遑遑惕憂無日不在信臣之門以務白大德順宗時顯增榮諡揚於天官敷於天下以爲親戚門生光寵不意璅璅者復以病執事此誠私心痛之堙鬱洶湧不知所發常以自憾在朝不能有奇節宏議以立於當世卒就廢逐居窮阨又不能著書斷往古明聖法以致無窮之名進退無以異於衆人不克顯明門下得士之大今抱德厚蓄憤悱思有以效於前者則既乖謬於時離散擯抑而無所施用長爲孤囚不能自明恐執事終於不知其始偃蹇退匿者將以有爲也猶流於嚮時求進者之言而下情無以通盛德無以酬用爲大恨固嘗不欲言之今懼老死瘴土而他人無以辨其志故爲執事一出之古之人恥躬之不逮儻或萬萬有一可冀復得處人間則斯言幾乎踐矣因言感激浪然出涕書不能既（一作就）宗元謹再拜

與韓愈論史官書

正月二十一日某頓首十八丈退之侍者前獲書言史事云具與劉秀才書及今乃見書藁私心甚不喜與退之往年言史事甚大謬若書中言退之不宜一日在館下安有探宰相意以爲苟以史榮一韓退之耶若果爾退之豈宜虛受宰相榮已而冒居館下近密地食奉養役使掌故利紙筆爲私書取以供子弟費古之志於道者不宜若是且退之以爲紀錄者有刑禍避不肯就尤非也史以名爲褒貶猶且恐懼不敢爲設使退之爲御史中丞大夫其褒貶

成敗人愈益顯其宜恐懼尤大也則又將揚揚入臺府美食安坐行呼唱於朝廷而已耶在御史猶爾設使退之爲宰相生殺出入升黜天下士其敵益衆則又將揚揚入政事堂美食安坐行呼唱於內庭外衢而已耶又何以異不爲史而榮其號利其祿也又言不有人禍則必（一作）有天刑若以罪夫前古之爲史者然亦甚惑凡居其位思直其道道苟直雖死不可回也如回之莫若亟去其位孔子之困於魯衛陳宋蔡齊楚者其時闇諸侯不能以也其不遇而死不以作春秋故也當其時雖不作春秋孔子猶不遇而

死也若周公史佚雖紀言書事猶遇且顯也又不得以春秋爲孔子累范曄悖亂雖不爲史其族亦誅司馬遷觸天子喜怒班固不檢下崔浩沽其直以鬬暴虜皆非中道左邱明以疾盲出於不幸子夏不爲史亦盲不可以是爲戒其餘皆不出此是退之宜守中道不忘其直無以他事自恐退之之恐唯在不直不得中道刑禍非所恐也凡言二百年文武事多有誠如此者今退之曰我一人也何能明則同職者又所云若是後來繼今者又所云若是人人皆曰我一人則卒誰能紀傳之耶如退之但以所聞知孜孜不敢怠同職者及後來繼今者亦各以所聞知孜孜不敢怠則庶幾不墜使卒有明也不然徒信人口語每每異辭日以滋多則所云磊磊軒天地者決必沈沒且亂雜無可考非有志者所忍恣也果有志豈當待人督責迫蹙然後爲官守耶又凡鬼神事渺茫荒惑無可準明者所不道退之之智而猶懼於此今學如退之辭如退之好議論如退之慷慨自謂正直行行焉如退之猶所云若是則唐之史述其卒無可託乎明天子賢宰相得史才如此而又不果甚可痛哉退之宜更思可爲速爲果卒以爲恐懼不敢則

一日可引去又何以云行且謀也今當爲而不爲又誘館中他人及後生者此大惑已不勉已而欲勉人難矣哉

與史官韓愈致段秀實太尉逸事書

退之館下前者書進退之力史事奉答誠中吾病若疑不得實未卽籍者誠是也退之之平生不以不信見遇竊自冠好遊邊上問故老卒吏得段太尉事最詳今所趨走州刺史崔公時賜言事又具得太尉實跡參校備具太尉大節古固無有然人以爲偶一奮遂名無窮今大不然太尉自有難在軍中其處心未嘗虧側其莅事無不可紀會在下

名未達以故不聞非直以一時取笏爲諒也太史遷死退之復以史道在職宜不苟過時日昔與退之期爲史志甚壯今孤囚廢錮連遭瘴癘羸頓朝夕就死無能爲也第不能竟其業若太尉者宜使勿墜太史遷言荆軻徵夏無且言大將軍徵蘇建言留侯徵畫容貌今孤囚賤辱雖不及無且建等然比畫工傳容貌尚差勝春秋傳所謂傳信傳著雖孔子亦猶是也竊自以爲信且著其逸事有狀不宜

與呂恭論墓中石書

宗元白元生至得弟書甚善諸所稱道具之元生又持部

中廬父墓者所得石書模其文示余曰若將聞於上余故恐而疑焉僕蚤好觀古書家所蓄晉魏時尺牘甚具又二十年來徧觀長安貴人好事者所蓄殆無遺焉以是善知書雖未嘗見名氏亦望而識其時也又文章之形狀古今特異弟之精敏通達夫豈不究於此今視石之署其年曰永嘉其書則今田野人所作也雖支離其字尤不能近古爲其永字等頗效王氏變法皆永嘉所未有辭尤鄙近若今所謂律詩者晉時蓋未嘗爲此聲大謬妄矣又言植松烏擢之怪而掘其土得石尤不經難信或者得無姦爲之乎且古之言葬者藏也壤樹之而君子以爲譏況廬而居者其足尚之哉聖人有制度有法令過則爲辟故立大中者不尚異教人者欲其誠是故惡夫飾且僞也過制而不除喪宜廬於庭而矯於墓者大中之罪人也況又出怪物詭神道以奸大法而因以爲利乎夫僞孝以奸利誠仁者不忍擿過恐傷於教也然使僞可爲而利可冒則教益壞若然者勿與知焉可也伏而不出之可也以大夫之政良而吾子贊焉固無闕遺矣作東郛改市鄽去比竹茨草之室而垍土大木陶甄梓匠之工備孽火不得作化惰窳之

俗絶偷浮之源而條桑浴種深耕易耨之力用寬徭嗇貨均賦之政起其道美矣於斯也慮善善之過而莫之省誠慤之道少損故敢私言之夫以淮濟之清有玷焉若秋毫固不爲病然萬一離妻子眇然睨之不若無之者之快也想默已其事毋出所置書幸甚宗元白

答劉禹錫天論書

宗元白發書得天論三篇以僕所爲天說爲未究欲畢其言始得之大喜謂有以開明吾志慮及詳讀五六日求其所以異吾說卒不可得其歸要曰非天預乎人也凡子之

論乃吾天說傳疏耳無異道焉諄諄佐吾言而曰有以異不識何以爲異也子之所以爲異者豈不以贊天之能生植也歟夫天之能生植久矣不待贊而顯且子以天之生植也爲天耶爲人耶抑自生而植乎若以爲爲人則吾愈不識也若果以爲自生而植則彼自生而植耳何以異夫果蓏之自爲果蓏癰痔之自爲癰痔草木之自爲草木耶是非爲蟲謀明矣猶天之不謀乎人也彼不我謀而我何爲務勝之耶子所謂交勝者若天恆爲惡人恆爲善人勝天則善者行是又過德乎人過罪乎天也又曰天之能者

生植也人之能者法制也是判天與人爲四而言之者也余則曰生植與災荒皆天也法制與悖亂皆人也二之而已其事各行不相預而凶豐理亂出焉究之矣凡子之辭枝葉甚美而根不直取以遂焉又子之喻乎旅者皆人也而一曰天勝焉一曰人勝焉何哉莽蒼之先者力勝也邑郛之先者智勝也虞芮力窮也匡宋智窮也是非存亡皆未見其可以喻乎天者若子之說要以亂爲天理理爲人理耶謬矣若操舟之言人與天者愚民恆說耳幽厲之云爲上帝者無所歸怨之辭爾皆不足喻乎道子其熟之無羨言侈論以益其枝葉姑務本之爲得不亦裕乎獨所謂無形爲無常形者甚善宗元白

與劉禹錫論周易九六說書

見與董生論周易九六義取老而變以爲畢中和承一行僧得此說異孔穎達疏而以爲新奇彼畢子董子何膚末於學而遽云云也都不知一行僧承韓氏孔氏說而果以爲新奇不亦可笑矣哉韓氏注乾之策二百一十有六曰乾一爻三十有六策則是取其過揲四分而九也坤之策一百四十有四曰坤一爻二十四策則是取其過揲四分

而六也孔穎達等作正義論云九六有二義其一者曰陽得兼陰陰不得兼陽其二者曰老陽數九也老陰數六也二者皆變周易以變者占鄭元注易亦稱以變者占故云九六也所以老陽九老陰六者九過揲得老陽六過揲得老陰此具在正義乾篇中周簡子之說亦若此而又詳備何畢子董子之不視其書而妄以口承之也君子之學將有以異也必先究窮其書究窮而不得焉乃可以立正也今二子尚未能讀韓氏注孔氏正義是見其道聽而途說者又何能知所謂易者哉足下取二家言觀之則見畢子

董子膚末於學而遂云云也足下所爲書非元凱兼三易者則諾若曰孰與穎達著則此說乃穎達也非一行僧覃子董子能有異說者也無乃即其謬而承之者歟觀足下出入筮數考校左氏今之世罕有如足下求易之悉者也然務先窮昔人書有不可者而後革之則大善謹之勿遽宗元白

答元饒州論春秋書

辱復書敎以報張生書及答衢州書言春秋此誠世所希聞兄之學爲不負孔氏矣往年曾記裴封叔宅聞兄與裴

太常言晉人及姜戎敗秦師於殽一義嘗諷習之又聞韓宣英及亡友呂和叔輩言他義知春秋之道久隱而近乃出焉京中於韓安平處始得微指和叔處始見集註恆願掃於陸先生之門及先生爲給事中與宗元入尚書同日居又與先生同巷始得執弟子禮未及講討會先生病時聞要論常以易敎誨見寵不幸先生疾彌甚宗元又出邵州乃大乖謬不克卒業復於亡友凌生處盡得宗指辨疑集註等一通伏而讀之於紀侯大去其國見聖人之道與堯舜合不惟文王周公之志獨取其法耳於夫人姜氏會齊侯於禚見聖人立孝經之大端所以明其分也於楚人殺陳夏徵舒丁亥楚子入陳納公孫寧儀行父於陳見聖人褒貶與奪唯當之所在所謂瑕瑜不掩也反覆甚喜若吾生前距此數十年則不得是學矣今適後之不爲不遇也兄書中所陳皆孔氏大趣無得踰焉其言書荀息貶立卓之意也頃嘗怪荀息奉君之邪心以立嬖子不務正義棄重耳於外而專其寵孔子同於仇牧孔父爲之辭今兄言貶息大善息固當貶也然則春秋與仇孔辭不異仇孔亦有貶歟宗元嘗著非國語六十餘篇其一篇爲息發也

今錄以往可如愚之所謂者乎微指中明鄭人來渝平量力而退告而後絕固先同後異者也今檢此前無與鄭同之文後無與鄭異之據獨疑此一義理甚精而事有不合兄亦當指而敎焉往年又聞和叔言兄論楚商臣一義雖啖趙陸氏皆所未及請具錄當疏微指下以傳末學蕭張前書亦請見及至之日勤爲一卷以垂將來宗元始至是州作陸先生墓表今以奉獻與宣英讀之春秋之道如日月不可贊也若贊焉必同於孔跖優劣之說故舉其一二不宣宗元再拜

答吳武陵論非國語書

濮陽吳君足下：僕之爲文久矣，然心少之，不務也，以爲是特博奕之雄耳。故在長安時，不以是取名譽，意欲施之事實，以輔時及物爲道。自爲罪人，捨恐懼則閑無事，故聊復爲之。然而輔時及物之道，不可陳於今，則宜垂於後。言而不文則泥，然則文者固不可少也。拘囚以來，無所發明，蒙覆幽獨，會足下至，然後有助我之道。一觀其文，心朗目舒，炯若深井之下，仰視白日之正中也。足下以超軼如此之才，每以師道命僕，僕滋不敢。僕每爲一書，足下必大光耀

以明之，固又非僕之所安處也。若非國語之說，僕病之久，嘗難言於世俗。今因其閑也而書之，恆恐後世之知言者用是詬病，狐疑猶豫，伏而不出者累月，方示足下。足下乃以爲當，僕然後敢自是也。呂道州善言道，亦若吾子之言，意者斯文殆可取乎？夫爲一書，務富文采，不顧事實，而益之以誣怪，張之以闊誕，以炳然誘後生，而終之以僻，是猶用文錦覆陷穽也。不明而出之，則顚者衆矣。僕故爲之標表，以告夫遊乎中道者焉。僕無聞而甚陋，又在黜辱，居泥塗若蝡蛭然，雖鳴其聲，音誰爲聽之？獨賴世之知言者爲準，其不知言而罪我者，吾不有也。僕又安敢期如漢時列官以立學，故爲天下笑耶？是足下愛我厚，始言之也。前一通如來言，以汙篋牘。此在明聖人之道，微足下，僕又何託焉？宗元白。

與呂道州溫論非國語書

四月三日，宗元白化光足下：近世之言理道者衆矣，率由大中而出者咸無焉。其言本儒術，則迂迴茫洋而不知其適；其或切於事，則苛峭刻覈，不能從容，卒泥乎大道；甚者好怪而妄言，推天引神，以爲靈奇，恍惚若化而終不可逐。

故道不明於天下，而學者之至少也。吾自得友君子，而後知中庸之門戶階室，漸染砥礪，幾乎道眞。然而常欲立言垂文，則恐而不敢。今動作悖謬，以爲僇於世，身編夷人，名列囚籍，以道之窮也，而施乎事者無日，故乃挽引，強爲小書，以志乎中之所得焉。嘗讀國語，病其文勝而言厖，好詭以反倫，其道舛逆，而學者以其文也，咸嗜悅伏膺，呻吟者至比六經，則溺其文，必信其實，是聖人之道翳也。余勇不自制，以當後世之訕怒，輒乃黜其不臧，究世之謬，凡爲六十七篇，命之曰非國語。既就，累日快快然不喜，以道之難

明而習俗之不可變也如其知我者果誰歟凡今之及道者果可知也已後之來者則吾未之見其可忽耶故思欲盡其瑕纇以別白中正度成吾書者非化光而誰輒令往一通惟少留視役慮以卒相之也往時致用作孟子評有韋詞者告余曰吾以致用書示路子路子曰善則善矣然昔之爲書者豈若是摭前人耶韋子賢斯言也余曰致用之志以明道也非以摭孟子蓋求諸中而表乎世焉爾今余爲是書非左氏尤甚若二子者固世之好言者也而猶出乎是况不及是者滋衆則余之望乎世也愈狹矣卒如

之何苟不悖於聖道而有以啟明者之慮則用是罪余者雖累百世滋不憾而恧焉於化光何如哉激乎中必厲乎外想不思而得也宗元白

與友人論爲文書

古今號文章爲難足下知其所以難乎非謂比興之不足恢拓之不遠鑽礪之不工頗纇之不除也得之爲難知之愈難耳苟或得其高朗一作明探其深賾雖有蕪敗則爲日月之蝕也大圭之瑕也曷足傷其明黜其寶哉且自孔氏以來兹道大闡家修人勵刓精竭慮者幾千年矣其間耗費簡札役用心神者其可數乎登文章之籙波及後代越不過數十人耳其餘誰不欲爭裂綺繡互攀日月高視於萬物之中雄峙於百代之下乎率皆縱臾而不克躑躅而不進力蹶勢窮吞志而没故曰得之爲難嗟乎道之顯晦幸不幸繫焉談之辯訥升降繫焉鑒之頗正好惡繫焉交之廣狹屈伸繫焉則彼卓然自得以奮其間者合乎否乎是未可知也而又榮古虐今者比肩疊跡大抵生則不遇死而垂聲者衆焉揚雄没而法言大興馬遷生而史記未振彼之二才猶且若是况乎未甚聞者哉固有文不傳於

後祀聲遂絶於天下者矣故曰知之愈難而爲文之士亦多漁獵前作戕賊文史抉其意抽其華置齒牙間遇事蠭起金聲玉耀誑聾瞽之人徼一時之聲雖終淪棄而其奪朱亂雅爲害已甚是其所以難也間聞足下欲觀僕文章退發囊笥編其蕪穢心悸氣動交於胸中未知孰勝故久滯而不往也今往僕所著賦頌碑碣文記議論書序之文凡四十八篇合爲一通想令治書蒼頭吟諷之也擊轅拊缶必有所擇顧鑒視何如耳還以一字示褒貶焉

答元饒州論政理書

奉書辱示以政理之說及劉夢得書往復甚善類非今之長人者之志不惟充賦稅養祿秩足已而已獨以富庶且教爲大任甚盛甚盛孔子曰吾與回言終日不違如愚然則蒙者固難曉必勞申諭乃得悅服用是尚有一疑焉兄所言免貧病者而不益富者稅此誠當也乘理政之後固非若此不可不幸乘弊政之後其可爾耶夫弊政之大莫若賄賂行而征賦亂苟然則貧者無貲以求於吏所謂有貧之實而不得貧之名富者操其贏以市於吏則無富之名而有富之實貧者愈困餓死亡而莫之省富者愈恣橫

侈泰而無所忌兄若所遇如是則將信其故乎是不可懼撓人而終不問也固必問其實問其實則貧者固免而富者固增賦矣安得持一定之論哉若曰止免貧者而富者不問則僥倖者衆皆挾重利以邀貧者猶若不免焉若曰檢富者懼不得實而不可增焉則貧者亦不得實不可免矣若皆得實而故縱以爲不均何哉孔子曰不患寡而患不均不患貧而患不安今富者稅益少貧者不免於捃拾以輸縣官其爲不均大矣然非唯此而已必將服役而奴使之多與之田而取其半或乃出其一而收其二三主上

思人之勞苦或減除其稅則富者以戶獨免而貧者以受役卒輸其二三與半焉是澤不下流而人無所告訴其爲不安亦大矣夫如是不一定經界覈名實而姑重改作其可理乎夫富室貧之母也誠不可破壞然使其太倖而役於下則又不可兄云懼富人流爲工商浮窳蓋甚急而不均則有此爾若富者雖益賦而其實輸當其十一猶足安其堵雖驅之不肯易也檢之逾精則下逾巧誠如兄之言管子亦不欲以民產爲征故有殺畜伐木之說今若非市井之征則捨其產而唯丁田之問推以誠質示以恩惠嚴責吏以法如所陳一社一村之制遞以信相考安有不得

其實不得其實則一社一村之制亦不可行矣是故乘弊政必須一定制而後兄之說乃得行焉蒙之所見及此而已永州以僻隅少知人事兄之所代者誰耶理歟弊歟理則其說行矣若其弊也蒙之說其在可用之數乎因南人來重曉之其他皆善愚不足以議願同夢得之云者兄通春秋得聖人大中之法以爲理饒之理小也不足費其慮無所論刺故獨舉均賦之事以求往復而除其惑焉不習吏職而強言之宜爲長者所笑弄然不如是則無以來至

當之言蓋明而教之君子所以開後學也又聞兄之莅政三日舉韓宣英以代已宣英達識多聞而習於事宜當賢者類舉今負罪屏棄凡人不敢稱道其善況又聞於大君以二千石薦之哉是乃希世拔俗果於直道斯古人之所難而兄行之宗元與宣英同罪皆世所背馳者也兄一舉而德皆及焉祁大夫不見叔向今而預知斯舉下走之大過矣書雖多言不足導意故止於此不宣宗元再拜

與崔連州論石鍾乳書

宗元白前以所致石鍾乳非良聞子敬所餌與此類又聞

子敬時憤悶動作宜以爲未得其粹美而爲麤礦慘悍所中懼傷子敬醇懿仍習謬誤故勤以爲告也再獲書辭辱徵引地理證驗多過數百言以爲土之所出乃良無不可者是將不然夫言土之出者固多良而少不可不謂其咸無不可也草木之生也依於土然即其類也而有居山之陰陽或近於水或附於石其性移焉又況鍾乳直產於石石之精麤疎密尋尺特異而穴之上下土之薄厚石之高下不可知則其依而產者固不一性然由其精密而出者則油然而清炯然而輝其竅滑以夷其肌廉以微食之使人榮華溫柔其氣宣流生胃通腸壽善康寧心平意舒其樂愉愉由其麤疎而下者則奔突結澀乍大乍小色如枯骨或類死灰淹顇不發叢齒積纇重濁頑樸食之使人偃蹇壅鬱泄火生風戟喉癢肺幽關不聰心煩喜怒肝舉氣剛不能和平故君子愼焉取其色之美而不必唯土之信以求其至精凡爲此也幸子敬餌之近不至於是故可止禦也必若土之出無不可者則東南之竹箭雖旁岐揉曲皆可以貫犀革北山之木雖離奇液瞞空立中枯者皆可以梁百尺之觀航千仞之淵冀之北土馬之所生凡其大

耳短脰拘攣踠跌薄蹄而曳者皆可以勝百鈞馳千里雍之塊璞皆可以備砥礪徐之糞壤皆可以封大社荊之茅皆可以縮酒九江之元龜皆可以卜泗濱之石皆可以擊考若是而不大謬者少矣其在人也則魯之晨飲其羊關轂而輠輪者皆可以爲師儒盧之沽名者皆可以爲太醫西子之里惡而矉者皆可以當侯王山西之冒沒輕儳沓貪而忍者皆可以鑿凶門制閫外山東之稚騃樸鄙力農桑啖棗栗者皆可以謀謨於廟堂之上若是則反倫悖道者甚矣何以異於是物哉是故經中言丹砂者以類芙蓉

而有光言當歸者以類馬尾蠶首言人參者似人形黃芩似腐腸附子八角甘遂赤膚類不可悉數若果土宜乃善則云生某所不當又云某者良也又經註曰始興爲上次乃廣連則不必服正爲始興也今再三爲言者雖欲得其英精以固子敬之壽非以知藥石角技能也若以服餌不必利已姑務勝人而夸辯博素不望此於子敬其不然明矣故畢其說宗元再拜

答周君巢餌藥久壽書

奉二月九日書所以撫教甚具無以加焉丈人用文雅從

知己日以悖大府之政甚適東西來者皆曰海上多君子周爲倡焉敢再拜稱賀宗元以罪大擯廢居小州與囚徒爲朋行則若帶纆索處則若關桎梏彳亍而無所趨拳拘而不能肆槁焉若株隤焉若璞其形固若是則其中者可得矣然猶未嘗肯道鬼神等事今丈人乃盛譽山澤之臞者以爲壽且神其道若與堯舜孔子似不相類焉何哉又曰餌藥可以久壽將分以見與固小子之所不欲得也嘗以君子之道處焉則外愚而內益智外訥而內益辯外柔而內益剛出焉則內外若一而時動以取其宜當而生人之性得以安聖人之道得以光獲是而中雖不至耆老其道壽矣今夫山澤之臞於我無有焉視世之亂若理視人之害若利視道之悖若義我壽而生彼夭而死固無能動其肺肝焉昧昧而趨屯屯而居浩然若有餘掘草烹石以私其筋骨而日以益愚他人莫利已獨以愉若是者愈千百年滋所謂天也又何以爲高明之圖哉宗元始者講道不篤以蒙世顯利動獲大僇用是奔竄禁錮爲世之所詬病凡所設施皆以爲戾從而吠者成羣已不能明而况人乎然苟守先聖之道由大中以出雖萬受擯棄不更乎其

內大都類往時京城西與丈人言者愚不能改亦欲丈人固往時所執推而大之不爲方士所惑仕雖未達無忘生人之患則聖人之道幸甚其必有陳矣不宣宗元再拜

與李睦州論服氣書

二十六日宗元再拜前四五日與邑中可與遊者遊愚溪上池西小邱坐柳下酒行甚歡坐者咸望兄不能俱以爲兄由服氣以來貌加老而心少歡愉不若前去年時是時旣言皆沮然眄睞思有以已兄用斯術而未得路間一日濮陽吴武陵最輕健先作書道天地日月黃帝等下及列

仙方士皆死狀出千餘字頗甚快辯伏覩兄貌笑口順而神不偕來及食時竊睨和糅燥濕與啖飲多寡猶自若是兄陽德其言而陰黜其忠也若古之強大諸侯然負固怙力敵至則諾去則肆是不可變之尤者也攻之不得則宜濟師今吳子之師已遭諾而退矣愚敢厲銳擐堅鳴鐘鼓以進決於城下惟兄明聽之凡服氣之大不可者吳子已悉陳矣悉陳而不變者無他以服氣書多美言以爲得恆久大利則又安得棄吾美言大利而從他人之苦言哉今愚甚吶不能多言大凡服氣之可不死歟不可歟壽歟夭

歟康寧歟疾病歟若是者愚皆不言但以世之兩事已所經見者類之以明兄所信書必無可用愚幼時嘗嗜音見有學操琴者不能得碩師而偶傳其譜讀其聲以布其爪指蚤起則嘐嘐譊譊以逮夜又增以脂燭燭不足則諷而鼓諸席如是十年以爲極工出至大都邑操於衆人之座則皆得大笑曰嘻何清濁之亂而疾舒之乖歟卒大慙而歸及年已長則嗜書又見有學書者亦不能得碩書獨得國故書伏而攻之其勤若向之爲琴者而年又倍焉出曰吾書之工能爲若是知書者又大笑曰是形縱而理逆卒

爲天下棄又大慙而歸是二者皆極工而反棄者何哉無所師而徒狀其文也其所不可傳者卒不能得故雖窮日夜弊歲紀愈遠而不近也今兄之所以爲服氣者果誰師耶始者獨見兄傳得氣書於盧遵所伏讀三兩日遂用之其次得氣訣於李計所又參取而大施行焉是書是訣遵與計皆不能知然則兄之所以學者無碩師矣是與向之兩事者無毫末差矣宋人有得遺契者密數其齒曰吾富可待矣兄之術或者其類是歟兄之不信今使號於天下曰孰爲李睦州友者今欲已睦州氣術者左袒不欲者右

袒則凡兄之友皆左袒矣則又號曰孰爲李睦州客者今欲已睦州氣術者左袒不欲者右袒則凡兄之客皆左袒矣則又以是號於兄之宗族皆左袒矣號姻婭則左袒矣入而號之閨門之內子姓親昵則子姓親昵皆左袒矣下之號於臧獲僕妾則臧獲僕妾皆左袒矣出而號於素爲將率胥吏者則將率胥吏皆左袒矣則又之天下號曰孰爲李睦州讎者今欲已睦州氣術者左袒不欲者右袒則凡兄之讎者皆右袒矣然則利害之源不可知也友者欲久存其道客者欲久存其利宗族姻婭欲久存其戚閨門

之內子姓親昵欲久存其恩臧獲僕妾欲久存其主將率胥吏欲久存其勢鯡欲速去其害兄之爲是術凡今天下欲兄久存者皆懼而欲兄速去者獨喜兄爲而不已則是背親而與鯡矣背親而與鯡不及中人者皆知其爲大戾而兄安焉固小子之所慄慄也兄其有意乎卓然自更使鯡者失望而慄親者得欲而忭則愚願椎肥牛擊大豕刲羣羊以爲兄饍窮隴西之麥殫江南之稻以爲兄壽鹽東海之水以爲鹹醯敖倉之粟以爲酸極五味之適致五藏之安心恬而志逸貌美而身胖醉飽謳歌愉懌欣歡流聲

譽於無窮垂功烈而不刊不亦旨哉孰與去味以卽淡去樂以卽愁悴悴焉膺日皺肌日虛守無所師之術尊不可傳之書悲所愛而慶所憎徒曰我能堅壁拒境以爲強大是豈所謂強而大也哉無任疑懼之甚謹再拜

欽定全唐文卷五百七十五

柳宗元七

與楊誨之再說車敦勉用和書

足下幼時未有以異於衆童僕未始知足下及至潭州乃見足下氣益和業益專端重而少言私心乃喜知舜之陶器不苦窳爲信然而舜之德可以及土泥而不化其子何哉是又不可信也則足下本有異質而開發之不早耳然開發之要在陶煦然後不失其道則足下亦教諭之至固其進如此也自今者再見足下文益奇藝益工而氣質不

更於潭州時乃信知其良也中之正不惑於外君子之道也然則顯然翹然秉其正以抗於世世必爲敵讎何也善人少不善人多故愛足下者少而害足下者多吾固欲其方其中圓其外今爲足下作說車可詳觀之車之說其有益乎行於世也足下所持韓生毛穎傳來僕甚奇其書恐世人非之今作數百言知前聖不必罪俳也及賀州所未有者文又三篇此言皆不欲出於世者足下默觀之藏焉無或傳焉吾望之至也今日有北人來示將籍田敕是舉數十年之墜典必有大恩澤丈人之冤聞於朝今是舉也

必復大任醜正者莫敢肆其吻矣甚賀甚賀僕罪大不得與於恩澤然其喜不減於足下者何也喜聖朝舉數十年墜典太平之路果辟則吾之昧昧之罪亦將有時而明也方築愚溪東南爲室耕野田圃堂下以詠至理吾有足樂也足下過今年當侍從北下僕得歸溪上設肴酒以俟趨拜足下發南州當先示僕得與獵夫漁老上下水陸擇味以給膳羞雖不得久亦一時之大願也過是無可道禍來辭行急不可詎言不盡所發不具某頓首

與楊誨之疏解車義第二書

張操來致足下四月十八日書始復去年十一月書言說車之說及親戚相知之道是二者吾於足下固具焉不疑又何逾歲時而乃克也徒親戚不過欲其勤讀書決科求仕不爲大過如斯已矣告之而不更則憂憂則思復之復之而又不更則悲悲則憐之何也戚也安有以堯舜孔子所傳者而往責焉者哉徒相知則思責以堯舜孔子所傳者就其道施於物斯已矣告之而不更則疑疑則思復之復之而又不更則去之何也外也安有以憂悲且憐之之志而強役焉者哉吾於足下固具是二道雖百復之亦將不已況一二敢怠於言乎僕之言車也以內可以守外可以行其道今子之說曰柔外剛中子何取於車之疏耶果爲車柔外剛中則未必不爲弊車果爲人柔外剛中則未必不爲恆人夫剛柔無常位皆宜存乎中有召焉者在外則出應之應之咸宜謂之時中然後得名爲君子必曰外恆柔則遭夾谷武子之臺及爲蹇蹇匪躬以革君心之非莊以蒞乎人君子其不克歟中恆剛則當下氣怡色濟濟切切哀矜淑問之事君子其卒病歟吾以爲剛柔同體應變若化然後能志乎道也今子之意近是也其號非也內

可以守外可以行其道吾以爲至矣而子不欲焉是吾所以惕惕然憂且疑也今將申告子以古聖人之道書之言堯曰允恭克讓言舜曰溫恭允塞禹聞善言則拜湯乃改過不恡高宗曰啟乃心沃朕心惟此文王小心翼翼日昃不暇食坐以待旦武王引天下誅紂而代之位其意宜肆而曰予小子不敢荒寧周公踐天子之位握髮吐哺孔子曰言忠信行篤敬其弟子言曰夫子溫良恭儉讓以得之今吾子曰自度不可能也然則自堯舜以下與子果異類耶樂放弛而愁檢局雖聖人與子同聖人能求諸中以厲

乎已久則安樂之矣子則肆之其所以異乎聖者在是決也若果以聖與我異類則自堯舜以下皆宜縱目卬鼻四手八足鱗毛羽鬣飛走變化然後乃可苟不爲是則亦人耳而子舉將外之耶若然者聖自聖賢自賢衆人自衆人咸任其意又何以作言語立道理千百年天下傳道之是皆無益於世獨遺好事者藻繢文字以矜世取譽聖人不足重也故曰中人以上可以語上唯上智與下愚不移吾以子近上智今其言曰自度不可能也則子果不能爲中人以上耶吾之憂且疑者以此凡儒者之所取大莫尚孔

子孔子七十而縱心彼其縱之也度不踰矩而後縱之今子年有幾自度果能不踰矩乎而遽樂於縱也傳說曰惟狂克念作聖今夫狙猴之處山叫呼跳梁其輕躁狠戾異甚然得而縶之未半日則定坐求食唯人之爲制其或優人得之加鞭箠狎而擾焉跪起趨走咸能爲人所爲者未有一焉狂奔掣頓踣斃自絕故吾信夫狂之爲聖也今子有賢人之資反不肯爲狂之克念者而曰我不能捨子其孰能乎是孟子之所謂不爲也非不能也凡吾之致書爲說車皆聖道也今子曰我不能爲車之說但當則法聖道而內無愧乃可長久嗚呼吾車之說果不爲聖道耶吾以內可以守外可以行其道告子今子曰我不能翦翦拘拘以同世取榮吾豈教子爲翦翦拘拘者哉子何考吾說車之不詳也吾之所云者其道自堯舜禹湯高宗文武周公孔子皆由之而子不謂聖道抑以吾爲與世同波工爲翦翦拘拘者以是教已固迷吾文而懸定吾意甚不然也聖人不以人廢言吾雖少時與世同波然未嘗翦翦拘拘也又子自言處衆中偪側擾攘欲棄去不敢猶勉強與之居苟能是何以不克爲車之說耶忍污雜囂譁尚可恭其體

貌遜其言辭何故不可吾之說吾未嘗爲佞且僞其旨在恭寬退讓以售聖人之道及乎人如斯而已矣堯舜之讓禹湯高宗之戒文王之小心武王之不敢荒寧周公之吐握孔子之六十九未嘗縱心彼七八聖人者所爲若是豈恆愧於心乎慢其貌肆其志茫洋而後言偃蹇而後行道人是非不顧齒類人皆心非之曰是禮不足者甚且見罵如是而心反不愧耶聖人之禮讓其且爲僞乎爲佞乎今子又以行險爲車之罪夫車之爲道豈樂行於險耶度不得已而至乎險期勿敗而已耳夫君子亦然不求險而利

也故曰危邦不入亂邦不居國無道其默足以容不幸而及於危亂期勿禍而已耳且子以及物行道爲是耶非耶伊尹以生人爲己任管仲釁浴以伯濟天下孔子仁之凡君子爲道捨是宜無以爲大者也今子書數千言皆未及此則學古道爲古辭尨然而措於世其卒果何爲乎是之不爲而甘羅終軍以爲慕棄大而錄小賤本而貴末夸世而釣奇苟求之於後世以聖人之道爲不若二子僕以爲過矣彼甘羅者左右反覆得利棄信使秦背燕之親已而反與趙合以致危於燕天下是以益知秦無禮不信視函

谷關若虎豹之窟羅之徒實使然也子而慕之非夸世歟彼終軍者誕譎險薄不能以道匡漢主好戰之志視天下之勞若觀蟻之移穴翫而不戚人之死於胡越者赫然千里不能諫而又縱臾之已則決起奮怒掉強越挾淫夫以媒老婦欲蠱奪人之國智不能斷而俱死焉是無異盧狗之遇嗾呀呀而走不顧險阻唯嗾者之從何無已之心也子而慕之非釣奇歟二小子之道吾不欲吾子言之孔子曰是聞也非達也使二小子及孔子氏曾不得與琴張牧皮狂者之列是固不宜以爲的也且吾子之要於世者處

耶出耶主上以聖明進有道興大化枯槁伏匿縲錮之士皆思踊躍洗沐期輔堯舜萬一有所不及丈人方用德藝達於邦家爲大官以立於天下吾子雖欲爲處何可得也則固出而已矣將出於世而仕未二十而任其心吾爲子不取也馮婦好搏虎卒爲善士周處狂橫一旦改節皆老而自克今子素善士年又甚少血氣未定而忽欲爲阮咸嵇康之所爲守而不化不肯入堯舜之道此甚未可也吾意足下所以云云者惡佞之尤而不悅於恭耳觀過而知仁彌見吾子之方其中也其乏者獨外之圓耳屈子曰懲

於羹者而吹虀吾子其類是歟佞之惡而恭反得罪聖人所貴乎中者能時其時也苟不適其道則肆與佞同山雖高水雖下其爲險而害也要之不異足下當取吾說車中而復之非爲佞而利於險也明矣吾子惡乎佞而恭且不欲今吾又以圓告子則圓之爲號固子之所宜甚惡方於恭也又將千百焉然吾所謂圓者不如世之突梯苟冒以務利乎己者也固若輪焉非特於可進也銳而不滯亦將於可退也安而不挫欲如循環之無窮不欲如轉丸之走下也乾健而運離麗而行夫豈不以圓克乎而惡之也吾

年十七求進士四年乃得舉二十四求博學宏詞科二年乃得仕其間與常人爲羣輩數十百人當時志氣類足下時遭訕罵詬辱不爲之面則爲之背積八九年日思摧其形鋤其氣雖甚自挫折然已得號爲狂疎人矣及爲藍田尉留府庭旦暮走謁於大官堂下與卒伍無別居曹則俗吏滿前更說買賣商算贏縮又二年爲此度不能去益學和其光同其塵雖自以爲得然已得號爲輕薄人矣及爲御史郎官自以登朝廷利害益大愈恐懼思欲不失色於人雖戒礪加切然卒不免爲連累廢逐猶以前時遭狂疎

輕薄之號既聞於人爲恭讓未洽故罪至而無所明之到永州七年矣蚤夜惶惶追思咎過往來甚熟講堯舜孔子之道亦熟益知出於世者之難自任也今足下未爲僕嚮所陳者宜乎欲任己之志此與僕少時何異然循吾嚮所陳者而由之然後知難耳今吾先盡陳者不欲足下如吾更訕辱被稱號已不信於世而後知慕中道費力而多害故勤勤焉云爾而不已也子其詳之熟之無徒爲煩言往復幸甚又所言書意有不可者令僕專專爲掩匿覆蓋之愼勿與不知者道此又非也凡吾與子往復皆爲言道道固公物非可私而有假令子之言非是則子當自求暴揚之使人皆得刺列卒采其可者以正乎己然後道可顯達也今乃專欲覆蓋掩匿是固自任其志而不求益者之爲也士傳言庶人謗於道子產之鄉校不毀獨何如哉君子之過如日月之蝕又何蓋乎是事吾不能奉子之教矣幸悉之足下所爲書言文章極正其辭奧雅後來之馳於是道者吾子且以爲蒲捎駃騠何可當也其說韓愈處甚好其他但用莊子國語文字太多反累正氣果能遺是則大善矣憂閔廢錮悼籍田之罷意思懇懇誠愛我厚者吾自

度罪大敵以是爲欣且戚耶但當把鋤荷鍤決溪泉爲圃以給茹其隙則浚溝池藝樹木行歌坐釣望青天白雲以此爲適亦足老死無戚戚者時時讀書不忘聖人之道已不能用有我信者則以告之朝廷更宰相來政事益修文人日夕還北闕吾待子郭南亭上期口言不久矣至是當盡吾說今因道人行麤道大旨如此宗元白

答貢士沈起書

九月某白沈侯足下無恙蒼頭至得所來問志氣盈牘博我以風賦比興之旨僕之樸騃專魯而當惠施鍾期之位

深自恧也又覽所著文宏博中正富我以琳琅珪璧之寶甚厚僕之狹陋蚩鄙而膺東阿昭明之任又自懼也烏可取識者歡笑以爲知己羞進越高視僕所不敢然特枉將命猥承厚貺豈得固拒雅志默默而已哉謹以所示布露於聞人羅列乎坐隅使識者動目聞者傾耳幾於萬一用以爲報也嗟乎僕常病興寄之作堙鬱於世辭有枝葉蕩而成風益用慨然間歲興化里蕭氏之廬覩足下詠懷五篇僕乃拊掌愜心吟翫爲娛告之能者誠亦響應今乃有五十篇之贈其數相什其功相百覽者歎息謂予知文此

又足下之賜也幸甚幸甚勉懋厥志以取榮盛時若夫古今相變之道質文相生之本高下豐約之所自長短大小之所出子之言云又何訊焉來使告遽不獲申盡輒奉草具以備還答不悉宗元白

賀進士王參元失火書

得楊八書知足下遇火災家無餘儲僕始聞而駭中而疑終乃大喜蓋將弔而更以賀也道遠言略猶未能究知其狀果若蕩焉泯焉而悉無有乃吾所以尤賀者也足下勤奉養樂朝夕惟恬安無事是望也今乃有焚煬赫烈之虞以震駭左右而脂膏滫瀡之具或以不給吾是以始而駭也凡人之言皆曰盈虛倚伏去來之不可常或將大有爲也乃始厄困震悸於是有水火之孽有羣小之慍勞苦變動而後能光明古之人皆然斯道遼闊誕漫雖聖人不能以是必信是故中而疑也以足下讀古人書爲文章善小學其爲多能若是而進不能出羣士之上以取顯貴者蓋無他焉京城人多言足下家有積貨士之好廉名者皆畏忌不敢道足下之善獨自得之心蓄之銜忍而不出諸口以公道之難明而世之多嫌也一出口則嗤嗤者以爲得

重賂僕自貞元十五年見足下之文章蓄之者蓋六七年未嘗言是僕私一身而負公道久矣非特負足下也及爲御史尚書郎自以幸爲天子近臣得奮其舌思以發明足下之鬱塞然時稱道於行列猶有顧視而竊笑者僕良恨修己之不亮素譽之不立而爲世嫌之所加常與孟幾道言而痛之乃今幸爲天火之所滌盪凡衆之疑慮舉爲灰埃黔其廬赭其垣以示其無有而足下之才能乃可顯白而不汚其實出矣是祝融回祿之相吾子也則僕與幾道十年之相知不若茲火一夕之爲足下譽也宥而彰之使

夫蓄於心者。咸得開其喙。發策決科者。授子而不慄。雖欲如嚮之蓄縮受侮。其可得乎。於茲吾有望於爾。是以終乃大喜也。古者列國有災。同位皆相弔。許不弔災。君子惡之。今吾之所陳若是。有以異乎古。故將弔而更以賀也。顏曾之養。其爲樂也大矣。又何闕焉。足下前要僕文章古書。極不忘。候得數十幅乃并往耳。吳二十一武陵來。言足下爲醉賦及對問。大善。可寄一本。僕近亦好作文。與在京城時頗異。思與足下輩言之。桎梏甚固。未可得也。因人南來。致書訪死生。不悉。宗元白。

答韋中立論師道書

二十一日。宗元白。辱書云欲相師。僕道不篤。業甚淺近。環顧其中。未見可師者。雖嘗好言論。爲文章。甚不自是也。不意吾子自京師來蠻夷間。乃幸見取。僕自卜固無取。假令有取。亦不敢爲人師。爲衆人師且不敢。況敢爲吾子師乎。孟子稱人之患在好爲人師。由魏晉氏以下。人益不事師。今之世。不聞有師。有輒譁笑之。以爲狂人。獨韓愈奮不顧流俗。犯笑侮。收召後學。作師說。因抗顏而爲師。世果羣怪聚罵。指目牽引。而增與爲言辭。愈以是得狂名。居長安。炊不暇熟。又挈挈而東。如是者數矣。屈子賦曰。邑犬羣吠。吠所怪也。僕往聞庸蜀之南。恆雨少日。日出則犬吠。予以爲過言。前六七年。僕來南。二年冬。幸大雪踰嶺被南越中數州。數州之犬。皆蒼黃吠噬。狂走者累日。至無雪乃已。然後始信前所聞者。今韓愈旣自以爲蜀之日。而吾子又欲使吾爲越之雪。不以病乎。非獨見病。亦以病吾子。然雪與日豈有過哉。顧吠者犬耳。度今天下不吠者幾人。而誰敢衒怪於羣目。以召鬧取怒乎。僕自謫過以來。益少志慮。居南中九年。增腳氣病。漸不喜鬧。豈可使呶呶者早暮咈吾耳騷吾心。則固僵仆煩憒。愈不可過矣。平居望外遭齒舌不

少。獨欠爲人師耳。抑又聞之。古者重冠禮。將以責成人之道。是聖人所尤用心者也。數百年來。人不復行。近有孫昌允者。獨發憤行之。旣成禮。明日造朝。至外廷。薦笏言於卿士曰。某子冠畢。應之者咸憮然。京兆尹鄭叔則怫然曳笏卻立曰。何預我耶。廷中皆大笑。天下不以非鄭尹而怪孫子。何哉。獨爲所不爲也。今之命師者大類此。吾子行厚而辭深。凡所作皆恢恢然有古人形貌。雖僕敢爲師。亦何所增加也。假而以僕年先吾子。聞道著書之日不後。誠欲往

來言所聞則僕固願悉陳中所得者吾子苟自擇之取某事去某事則可矣若定是非以敎吾子僕才不足而又畏前所陳者其爲不敢也決矣吾子前所欲見吾文旣悉以陳之非以耀明於子聊欲以觀子氣色誠好惡何如也今書來言者皆大過吾子誠非佞譽誣諛之徒直見愛甚故然耳始吾幼且少爲文章以辭爲工及長乃知文者以明道是故不苟爲炳炳烺烺務采色夸聲音而以爲能也凡我所陳皆自謂近道而不知道之果近乎遠乎吾子好道而可吾文或者其於道不遠矣故吾每爲文章未嘗敢以

輕心掉之懼其剽而不留也未嘗敢以怠心易之懼其弛而不嚴也未嘗敢以昏氣出之懼其昧沒而雜也未嘗敢以矜氣作之懼其偃蹇而驕也抑之欲其奧揚之欲其明疏之欲其通廉之欲其節激而發之欲其淸固而存之欲其重此吾所以羽翼夫道也本之書以求其質本之詩以求其恆本之禮以求其宜本之春秋以求其斷本之易以求其動此吾所以取道之原也參之穀梁氏以厲其氣參之孟荀以暢其支參之莊老以肆其端參之國語以博其趣參之離騷以致其幽參之太史以著其潔此吾所以旁推交通而以爲之文也凡若此者果是耶非耶有取乎抑其無取乎吾子幸觀焉擇焉有餘以告焉苟亟來以廣是道子不有得焉則我得矣又何以師云爾哉取其實而去其名無招越蜀吠怪而爲外廷所笑則幸矣宗元復白

答貢士元公瑾論仕進書

二十八日宗元白前時所枉文章諷讀累日辱致來簡受賜無量然竊觀足下所以殷勤其文旨者豈非深寡和之憤積無徒之歎懷不能已赴訴於僕乎如僕尚何爲者哉且士之求售於有司或以文進或以行達者稱之不患無

成足下之文左馮翊崔公先唱之矣秉筆之徒由是增敬足下之行汝南周潁客又先唱之矣逢掖之列亦以加慕夫如是致隆隆之譽不久矣又何戚焉古之道上延乎下下信乎上上下洽通而薦能之功行焉故天子得宜爲天子者薦之於天諸侯得宜爲諸侯者薦之於王大夫得宜爲大夫者薦之於君士得宜爲士者薦於有司薦於天堯舜是也薦於王周公之徒是也薦於君鮑叔牙子罕子皮是也薦於有司而專其美者則僕未之聞也是誠難矣古猶難之而況今乎獨不得與足下偕生中古之間進相援

也退相拯也已乃出乎今世雖王林國韓長孺復生不能爲足下抗手而進以取僇笑矧僕之齷齪者哉若將致僕於奔走先後之地而役使之則勉充雅素不敢告憊嗚呼始僕之志學也甚自尊大頗慕古之大有爲者汨沒至今自視缺然知其不盈素望久矣上之不能交誠明達德行延孔子之光燭於後來次之未能勵材能興功力致大康於民垂不滅之聲退乃倀倀於下列呫呫於末位偃仰驕矜道人短長不亦冒先聖之誅乎固吾不得已耳樹勢使然也穀梁子曰心志既通而名譽不聞友之過也蓋舉知

揚善聖人不非况足下有文行唱之者有其人矣繼其聲者吾敢闕焉其餘去就之說則足下觀時而已不悉宗元白

答嚴厚輿論師道書

二十五日某白馮翊嚴生足下得生書言爲師之說怪僕所作師友箴與答韋中立書欲變僕不爲師之志而屈己爲弟子凡僕所爲二文其卒果不異僕之所避者名也所憂者其實也實不可一日忘僕聊歌以爲箴行且求中以益已慄慄不敢暇又不敢自謂有可師於人者耳若乃名者方爲薄世笑罵僕脆怯尤不足當也內不足爲外不足當衆口雖懇懇見迫其若吾子何實之要二文中皆是也吾子其詳讀之僕見解不出此吾子所云仲尼之說豈易耶仲尼可學不可爲也學之至斯則仲尼矣未至而欲行仲尼之事若宋襄公好霸而敗國卒中矢而死仲尼豈易言耶馬融鄭元者二子獨章句師耳今世固不少章句師僕幸非其人吾子欲之其有樂而望吾子者矣言道講古窮文辭以爲師則固吾屬事僕才能勇敢不如韓退之故又不爲人師人之所見有同異吾子無以韓責我若曰僕

拒千百人又非也僕之所拒拒爲師弟子名而不敢當其禮者也若言道講古窮文辭有來問我者吾豈嘗瞋目閉口耶敬叔吾所信愛今不得見其人又不敢廢其言吾子文甚暢遠恢恢乎其闢大路將疾馳也攻其車肥其馬長其策調其六轡中道之行大都捨是又奚師歟亟謀於知道者而考諸古師不乏矣幸而亟來終日與吾子言不敢倦不敢愛不敢肆苟去其名全其實以其餘易其不足亦可交以爲師矣如此無世俗累而有益乎已古今未有好道而避是者宗元白

報袁君陳秀才避師名書

秀才足下僕避師名久矣往在京都後學之士到僕門日或數十人僕不敢虛其來意有長必出之有不至必惎之雖若是當時無師弟子之說其所不樂爲者非以師爲非弟子爲罪也有兩事故不能自視以爲不足爲一也世久無師弟子決爲之且見非且見罪懼而不爲二也其大說具答韋中立書今以往可觀之秀才貌甚堅辭甚強僕自始覿固奇秀才及見兩文愈益奇雖在京都日數十人到門者誰出秀才右耶前已必秀才可爲成人僕之心固虛

矣又何鯤鵬互鄉於尺牘哉秋風益高暑氣益衰可偶居卒談秀才時見咨僕有諸內者不敢愛惜大都文以行爲本在先誠其中其外者當先讀六經次論語孟軻書皆經言左氏國語莊周屈原之辭稍采取之穀梁子太史公甚峻潔可以出入餘書俟文成異日討也其歸在不出孔子此其古人賢士所懍懍者求孔子之道不於異書秀才志於道愼勿怪勿雜勿務速顯道苟成則勃然爾久則蔚然爾源而流者歲旱不涸蓄穀者不病凶年蓄珠玉者不虞殍死矣然則成而久者其術可見雖孔子在爲秀才計未必過此不具宗元白

答韋珩示韓愈相推以文墨事書

足下所封示退之書云欲推避僕以文墨事且以勵足下若退之之才過僕數等尚不宜推避於僕非其實可知固相假借爲之詞耳退之所敬者司馬遷揚雄遷於退之固相上下若雄者如太元法言及四愁賦退之獨未作耳使作之加恢奇至他文過揚雄遠甚雄之遺言措意頗短局滯澀不若退之猖狂恣睢肆意有所作若然者使雄來尚不宜推避而況僕耶彼好獎人善以爲不屈己善不可獎

故慊慊云爾也足下幸勿信之且足下志氣高好讀南北史書通國朝事穿穴古今後來無能和而僕稚騃卒無所爲但趑趄文墨筆硯淺事今退之不以吾子勵僕而反以僕勵吾子愈非所宜然卒篇欲足下自挫抑合當世事以固當雖僕亦知無出此吾子年甚少知己者如麻不患不顯患道不立耳此僕以自勵亦以佐退之勵足下不宣宗元頓首再拜

答貢士廖有方論文書

三日宗元白自得秀才書知欲僕爲序然吾爲文非苟然

易也於秀才則吾不敢愛吾在京師時好以文寵後輩由吾文知名者亦爲不少焉自遭斥逐禁錮益爲輕薄小兒譁囂羣朋增飾無狀當途人率謂僕垢汚重厚舉將去而遠之今不自料而序秀才秀才無乃未得嚮時之益而受後事之累吾是以懼潔然盛服而與負塗者處而又何賴焉然觀秀才勤懇意甚久遠不爲頃刻私利欲以就文雅則吾曷敢以讓當爲秀才言之然而無顯出於今之世視不爲流俗所扇動者乃以示之既無以累秀才亦不以增僕之詬罵也計無宜於此若果能是則吾之荒言出矣宗

元白

答貢士蕭纂求爲師書

十二日宗元白始者負戴經籍退跡野廬塊守蒙陋坐自擁塞不意足下由見記憶遠辱書訊貺以高文開其知思而又超僕以宗師之位貸僕以邱山之號流汗伏地不知逃匿幸過厚也前時獲足下灌鍾城銘竊用唱導於聞人僕常赧然羞其僭踰今覽足下尺牘殷勤備厚似欲僕贊譽者此固所願也詳視所貺曠然以喜是何旨趣之博大詞采之蔚然乎鼓行於秀造之列此其戈矛矣舉以見投爲賜甚大俯用忖度不自謂宜顧視何德而克堪哉且又敎以私其蕪穢甚非所宜僕不敢聞也其他唯命宗元白

報崔黯秀才論爲文書

崔生足下辱書及文章辭意良高所嚮慕不凡近誠有意乎聖人之言然聖人之言期以明道學者務求諸道而遺其辭辭之傳於世者必由於書道假辭而明辭假書而傳要之之道而已耳道之及及乎物而已耳斯取道之內者也今世因貴辭而矜書粉澤以爲工道密以爲能不亦外乎吾子之所言道匪辭而書其所望於僕亦匪辭而書是

不亦去及物之道愈以遠乎僕嘗學聖人之道身雖窮志求之不已庶幾可以語於古恨與吾子不同州部閉口無所發明觀吾子文章自秀士可通聖人之說今吾子求於道也外而望於予也愈外是其可惜歟吾且不言是負吾子數千里不棄朽廢者之意故復云爾也凡人好辭工書者皆病癖也吾不幸蚤得二病學道以來日思砭鍼攻熨卒不能去纏結心腑牢甚顧斯須忘之而不克竊嘗自毒今吾子乃始欽欽思易吾病不亦惑乎斯固有潛塊積瘕中子之內藏恬而不悟可憐哉其卒與我何異均之二病

書字益下而子之意又益下則子之病又益篤甚矣子癖於伎也吾嘗見病心腹人有思啗土炭嗜酸鹹者不得則大慼其親愛之者不忍其慼因探而與之觀吾子之意亦已慼矣吾雖未得親愛吾子然亦重來意之勤有不忍矣誠欲分吾土炭酸鹹吾不敢愛但遠言其證不可也俟面乃悉陳吾狀未相見且試求良醫爲方已之苟能已大善則及物之道專而易通若積結旣定醫無所能已幸期相見時吾決分子其啗嗜者不具宗元白

答吳秀才謝示新文書

某白向得秀才書及文章類前時所辱遠甚多賀多賀秀才志爲文章又在族父處蚤夜孜孜何畏不日日新又日新也雖間不奉對苟文益日新則若亟見矣夫觀文章宜若懸衡然增之銖兩則俯反是則仰無可私者秀才誠欲令吾俯乎則莫若增重其文今觀秀才所增益者不啻銖兩吾固伏膺而俯矣愈重則吾俯滋甚秀才其懋焉苟增而不已則吾首懼至地耳又何間疏之患乎還答不悉宗元白

復杜溫夫書

二十五日宗元白兩月來三辱生書書皆逾千言意若相望僕以不對答引譽者然僕誠過也而生與吾文又十卷噫亦多矣文多而書頻吾不對答而引譽宜可自反而來徵不肯相見亟拜亟問其得終無辭乎凡生十卷之文吾已略觀之矣吾性騃滯多所未甚諭安敢懸斷是且非耶書抵吾必曰周孔周孔安可當也儗人必於其倫生以直躬見抵宜無所諛道而不幸乃曰周孔吾吾豈得無駭怪且疑生悖亂浮誕無所取幅尺以故愈不對答來柳州見一刺史卽周孔之今而去吾道連而謁於潮之二邦又得

二周孔去之京師京師顯人爲文詞立聲名以千數又宜得周孔千百何吾生胷中擾擾焉多周孔哉吾雖少爲文不能自雕斲引筆行墨快意累累意盡便止亦何所師法立言狀物未嘗求過人亦不能明辨生之才致但見生用助字不當律令唯以此奉答所謂乎歟耶哉夫者疑辭也矣耳焉也者決辭也今生則一之宜考前聞人所使用與吾言類且異愼思之則一益也庚桑子言藿蠋鵠卵者吾取焉道連而謁於潮其卒可化乎然世之求知音者一遇其人或爲十數文卽務往京師急日月犯風雨走謁門戶

以冀苟得今生年非甚少而自判來柳自柳將道連而歸於瀬途遠而深矣則其志果有異乎又狀貌嶷然類丈夫視端形直心無歧徑其質氣誠可也獨要謹充之爾謹充之則非吾獨能生勿怨亟之二邦以取法時思吾言非固拒生者孟子曰予不屑之教誨也者是亦教誨而已矣宗元白

上門下李夷簡相公陳情書

月日使持節柳州諸軍事守柳州刺史柳宗元謹再拜獻書於相公閣下宗元聞有行三塗之艱（一有難字）而墜千仞之下者仰望於道號以求出過之者日千百人皆去而不顧就令哀而顧之者不過攀木俯首深矉太息良久而去耳卒無可奈何然其人猶望而不止也俄而有若烏獲者持長綆千尋徐而過焉其力足爲也其器足施也號之而不顧顧而曰不能力則其人知必死於大壑矣何也是時不可過而幸遇焉而又不逮乎己然後知命之窮勢之極其卒呼憤自斃不復望於上矣宗元曩者齒少心銳徑行高步不知道之艱以陷乎大阨窮躓殞墜廢爲孤囚日號而望者十四年矣其不顧而去與顧而深矉者俱不乏焉然

猶仰首伸吭張目而視曰庶幾乎其有異俗之心非常之力當路而垂仁者耶今閣下以仁義正直入居相位宗元實竊拊心自慶以爲獲其所望故敢致其詞以聲其哀若又捨而不顧則知沈埋踣斃無復振矣伏惟動心焉宗元得罪之由致謗之自以閣下之明其知之久矣繁言蔓詞秖益爲黷伏惟念墜者之至窮錫烏獲之餘力舒千尋之綆垂千仞之艱致其不可遇之遇以卒成其幸庶號而望者得畢其誠無使呼憤自斃沒有餘恨則士之死於門下者宜無先焉生之通塞決在此舉無任戰汗隕越之至不宣宗元惶恐再拜

欽定全唐文卷五百七十六

柳宗元八

賀皇太子牋

宗元惶恐言伏奉六月七日制元和聖文神武法天應道皇帝光受徽號率土臣子懽忭無涯伏惟皇太子殿下麗正居中輔成昌運消伏沴孽贊揚輝光鴻名允升大慶周洽表文武之經緯著天道之運行瑞景照臨示重輪之發耀恩波下濟見少海之增瀾宗元忝守遐方獲聞盛禮踊躍之至倍萬恒情謹附牋賀宗元惶恐死罪死罪

賀皇太子牋

某言伏奉月日制書殿下祇膺茂典位副青宮溫文光三善之名繼照協重離之慶萬葉固本羣方宅心含生之徒莫不欣戴况某夙蒙奬職在藩方懽忭之誠倍萬恒品

上權德輿補闕溫卷決進退啟

補闕執事宗元聞之重遠輕邇賤視貴聽所由古矣竊以宗元幼不知恥少又躁進拜揖長者自於幼年是以進俊造之末跡厠牒計之下列賈藝求售閒無善價載文筆而都儒林者匪親乃舊率皆攜撫相示談笑見昵喔咿逡巡爲達者嗤無乃覩其樸者鄙其成狎其幼者薄其長耶將行不拔異操不砥礪學不該廣文不炳燿實可鄙而薄耶今鴛鷺充朝而獨干執事者特以顧下念舊收接儒素異乎他人耳敢問厥由庶幾告之俾識去就幸甚幸甚今將慷慨激昂奮攘布衣縱談作者之筵曳裾名卿之門抵掌峩弁厚自潤澤進越無恧汙達者之視聽狂狷愚妄固不可爲也復欲俛默惕息疊足蹋翼拜祈公侯之閽跪邀賢達之車竦魂慄股兢恪危懼榮者倦之彌忿厥心又不可爲也若愼守其常確執厥中固其所矣則又色平氣柔言

訥性魯無特達之節無推擇之行瑣瑣碌碌一孺子耳孰謂其可進孰謂其可退抑又聞之不鼓踊無以超泥塗不曲促無以由險艱不守常無以處明分不執中無以趨夷軌今則鼓踊乎曲促乎守其常而執厥中乎浩不知其宜矣進退無倚宵不遑寐乃訪於故人而咨度之其人曰補闕權君著名踰紀行爲人高言爲人信力學掞文朋儕稱雄子亟拜之足以發揚對曰東燕石而履元圃帶魚目而游漲海祇取誚耳曷子補乎其人曰跡之勤者情必生焉心之恭者禮必報焉況子之文不甚鄙薄者乎苟或勤以

奉之恭以下之則必勗勵爾行輝耀爾能言爲建瓴晨發夕被聲馳而響溢風振而草靡可使尺澤之鯢奮鱗而縱海密網之鳥舉羽而翔霄子之一名何足就矣庶爲終身之遇乎曷不舉馳聲之資挈成名之基授之權君然後退行守常執中之道斯可也愚不敏以爲信然是以有前日之拜又以爲色取象恭大賢所饫朝造夕謁大賢所倦性頗踈野竊又不能是以有今茲之問仰惟覽其鄙心而去就之潔誠齋慮不勝至願謹再拜

上大理崔大卿應制舉不敏啟

古之知己者不待來求而後施德舉能而已其受德者不待成身而後拜賜感知而已故不叩而響不介而合則其舉必至而其感亦甚斯道遁去遼闊千祀何爲乎今之世哉若宗元者智不能經大務斷大事非有恢傑之才學不能探奧義窮章句爲腐爛之儒雖或寘力於文學勤勤懇懇於歲時然而未能極聖人之規矩恢作者之閫見勞書翰墨徒爾拖逢掖曳大帶游於朋齒且有愧色豈有能乎哉閤下何相待之厚也始者自謂拖無用之文戴不肖之容雖振身泥塵仰睎雲霄何由而能哉遂用收視內顧頹首絕望甘以沒沒也今者果不自意他日瑣瑣之著述幸得流於衽席接在視聽閤下乃謂可以蹈遠大之途及制作之門泱然而不疑介然而獨得是何收采之特達而顧念之勤備乎且閤下知其爲人何如哉其貌之美陋質之細大心之賢不肖閤下固未知也而一遇文字志在濟拔斯蓋古之知己者已故曰古之知己者不待來求而後施德者也然則亟來而求者誠下科也宗元向以應博學宏詞之舉會閤下辱臨考第司其升降當此之時意謂運合事并適丁厥時其私心日以自負也無何閤下以鯤鱗之

勢不容尺澤悠爾而自放廓然而高邁其不我知者遂排逐而委之委之誠當也使古之知己猶在豈若是之求多乎哉夫仕進之路昔者竊聞於師矣太上有專達之能乘時得君不由乎表著之列而取將相行其政焉其次有文行之美積能累勞不由乎舉甲乙歷科第登乎表著之列顯其名焉又其次則曰吾未嘗舉甲乙也未嘗歷科第也彼朝廷之位吾何修而可以登之乎必求舉是科也然後得而登之其下不能知其利又不能務其往則曰舉天下而好之吾何爲獨不然由是觀之有愛錐刀者以舉是科

爲悅者也有爭尋常者以登乎朝廷爲悅者也有慕權貴之位者以將相爲悅者也有樂行乎其政者以理天下爲悅者也然則舉甲乙歷科第固爲末而已矣得之不加榮喪之不加憂苟成其名於遠大者何補焉然而至於感知之道則細大一矣成敗亦一矣故曰其受德者不待成身而後拜賜然則幸成其身者固末節也蓋不知來求之下者不足以收特達之士而不知成身之末者不足以承賢達之遇審矣伏以閣下德足以儀世才足以輔聖文足以當宗師之位學足以冠儒術之首誠爲賢達之表也顧視

下輩豈容易而收哉而宗元樸野昧劣進不知退不可以言乎德不能植志於義而必以文字求達不可以言乎才秉翰執簡敗北而歸不可以言乎文登場應對刺繆經旨不可以言乎學固非特達之器也忖省陋質豈容易而承之哉叨冒大遇穢累高鑒喜懼交爭不克寧居竊感荀罃如實出己之德敢希豫讓國士遇我之報伏候門屏敢俟招納謹奉啟以代投刺之禮伏惟以知己之道終撫薦焉不宣宗元謹啟

上裴晉公度獻唐雅詩啟

宗元啟伏以周漢二宣中興之業歌於大雅載於史官然而申甫作輔方召專淮夷之功魏邴謀謨辛趙致羌之績文武所注中外莫同伏惟相公天授皇家聖賢克合謀協一德以致太平入有申甫魏邴之勤出兼方召辛趙之事東取淮右北服恆陽略不代出功無與讓故天下文士皆願秉筆牘勤思慮以贊述洪烈一作業闡揚大勳宗元雖敗辱斥逐守在蠻裔猶欲振發枯槁決疏潢汙罄效蚩鄙少佐毫髮謹撰平淮夷雅二篇恐懼不敢進獻私願徹聲聞於下執事庶宥罪戾以明其心出位僭言惶戰交積無

任踊躍屏營之至不宣宗元謹啟

上襄陽李僕射愬獻唐雅詩啟

宗元啟昔周宣中興得其臣召虎師出江漢以平淮夷故其詩曰江漢之滸王命召虎其卒章曰于周受命自召祖命以明虎者召公之孫克承其先也今天子中興而得閣下亦出江漢以平淮夷克承於先西平王其事正類然而未有嗣大雅之說以布天下以施後代豈聖唐之文雅獨後一作媿於周室哉宗元身雖陷敗而其論著往往不爲世屈意者殆不可自薄自匿以墜斯時苟有補萬分之一雖

死不憾謹撰平淮夷雅二篇齋沐上獻誠醜言淫聲不足以當金石庶繼代洪烈稗官里人得采而歌之不勝憤踊之至輕瀆威嚴（一作尊）戰越交深謹啓

上揚州李吉甫相公獻所著文啓

宗元啓始閣下爲尚書郎薦寵下輩士之顯於門闌者以十數而某尚幼不得與於厮役及閣下遭讒妬在外十餘年又不得效薄伎於前以希一字之褒貶公道之行也閣下乃始爲贊書訓辭擅文雅於朝以宗天下而某又以此時去表著之位受放逐之罰薦仍囚錮視日請命進退遑

背思欲一日伏在（一作於）門下而不可得常恐抱斯志以沒卒無以知於門下冥冥長懷魂魄幽憤故敢及其能言貢書編文冒昧嚴威以畢其志伏惟覽觀焉幸甚幸甚閣下相天子致太平用之郊報則天神降地祇出用之經邦則百貨殖萬物成用之文教則經術興行用之武事則暴亂翦滅依倚而冒榮者盡去幽隱而懷道者畢出然後中分主憂以臨東諸侯而天下無患盛德大業光明如此而又有周公接下之道斯宗元所以廢錮濱（一作擯）死而猶欲致其志焉閣下倘以一言而揚舉之則畢命荒裔固不恨矣謹以雜文十首上獻縲囚而干丞相大罪也寧爲有聞而死不爲無聞而生去就乖野不勝大懼謹啓

謝李吉甫相公示手札啓

宗元啓六月二十九日衡州刺史呂溫道過永州辱示相公手札省錄狂瞽收撫羈縲沐以含宏之仁忘其進越之罪感深益懼喜極增悲五情交戰不知所措宗元性質庸塞行能無取著書每成於廢疾進德且乏其馨香常願操篲醫門掬溜蘭室良辰不與夙志多違昨者踊躍殘魂奮揚蓄念激以死灰之氣陳其弊箒之詞致之烟霄分絕流

眄今則垂露在手清風入懷華袞濫褒於赭衣龍門俯收於埳井藻鏡洞開而秋毫在照文律傍暢而寒谷生輝化幽鬱之志若覿清明換兢危之心如承撫薦非常之幸豈獨此生伏以淮海劇九天之遥瀟湘參百越之俗傾心積念長懸星漢之上流形委骨永淪魑魅之羣何以報恩唯當結草無任喜懼感戀之至

上江陵趙相公寄所著文啓

宗元啓宗元往者嘗侍坐於崔比部聞其言曰今之爲文莫有居趙司動右者自是恆欲飾其所論著薦之閣下病

其未就將進且退者殆十數焉幸以廢逐伏匿獲伸其業類於嚮者若有可觀然又以罪惡顯大甘死荒野不能出其固陋以求知於閣下則固昧昧徒生於世矣謹獻雜文十首倘還以數字定其是非使得存於世則雖生與蠻夷居魂與魑魅游所不辭也輕瀆威重伏增戰懼（一作惶灼）謹啟

上嚴東川寄劍門銘啟

宗元伏惟僕射以仁厚蓄生人以勇義平國難而劍門用兵之士最爲天下倡首取其險固爲我要衝王師得以由其門而入彷徉布濩遂無留滯是閣下之動力宜著於萬

世而不已也宗元負罪俟命晷刻觀望道里深遠不得悉聞當時之威聲然而竊以累受顧念踊躍盛德恐沒身炎瘴卒無以少報於閣下是以晝夜恟恟不克自寧今身雖敗棄庶幾其文猶或傳於世又焉知非因閣下之功烈所以爲不朽之一端也敢默默而已乎謹撰劍門銘一首惶恐獻上誠無以稱宏大之略亦足以發平生之心不勝慚懼戰越之至

上江陵嚴司空獻所著文啟

宗元啟伏念往歲司空由尚書郎出貳太原宗元獲於天長專用候謁伏蒙敘以世舊許造門闌自後司空累膺寵榮位極公輔宗元得罪朝列竄身湘南霄漢益高泥塵永棄瞻仰遼絕陳露無由司空統臨舊荆控制南服道路非遠德化所覃是敢奮起幽淪仰希光耀伏惟憫憐孤賤特賜撫存則縲紲之辱有望蠲除鳴吠之能猶希效用謹獻雜文七首伏惟以一字定其褒貶終身之幸無以加焉輕瀆威嚴伏增戰越

上嶺南鄭相公獻所著文啟

宗元啟伏見與當州韋使君書猥賜存問驚怍悼懼交動於中循念竟日若無容措幸甚幸甚宗元素乏智能復闕

周慎一自得罪八年於今兢愧弔影追咎無既自以終身沈廢無蹤自明不意相國垂愍特記名姓守窔奧者忽仰晞於白日負泥塗者遂自濯於清源快心暢目不知所喻伏以聖人之道與其進也不保其往故敢藻飾文字洗滌心神致之門下祇候嚴命伏惟收撫獎勵以成其終謹獻雜文三十六首冒昧上黷無任踊躍惶恐之至

上李中丞獻所著文啟

宗元啟宗元無異能獨好爲文章始用此以進終用此以

退今者畏罪悔咎伏匿惴慄猶未能去之時時舉首長吟哀歌舒泄幽鬱因取筆以書紉韋而編略成數卷伏念閣下以文章升大僚統方隅而宗元幸緣罪辜得與編人齒於部內不以此時露其所爲以希大君子顧視則爲陋劣而自棄也敢飾近文及在京師官命所草者凡三卷合四十三篇不敢繁故也儻或以爲有可采者當繕錄其餘以增几席之污去就鄙野伏用兢惶謹啟

上裴行立中丞撰訾家洲記啟

右伏奉處分令撰訾家洲亭記伏以境之殊尤者必待才之絶妙以極其詞今是亭之勝甲於天下而猥顧鄙陋使之爲記伏受嚴命不敢固讓退自揣度惕然汗流累奉游宴竊觀物象涉旬模擬不得萬一竊伏詳忖進退若墜久稽篆刻則有違慢之辜速課空薄又見疎蕪之累愆期廢事尤所戰慄謹修撰訖上獻退自跼蹐不知所裁無任隕越惶恐之至

上河陽烏尚書重允欲獻文啟

宗元啟伏以尚書以碩德偉才代著勳烈兩河定亂三城建功鼎彝竹帛未足云紀進臨汝上控制東方隱然長城朝野倚賴宗元雖屛棄遐壤而飽聞德聲所恨不獲親執鞭弭以備戎伍夙夜踊躍不克寧居伏以威稜所加狂狡已震莫大之績重復增崇小子久以文字進身嘗好古人事業專當具筆札拂縑緗贊揚大功垂之不朽瞻望霄漢戀慕交深冒黷威嚴伏增戰越

賀裴桂州啟

宗元啟伏承天恩榮加寵贈伏惟增感抃慶罔極某聞揚名以顯孔聖於是作經大孝所尊曾子以之垂訓雨露數澤日月垂光盛德果驗於達人積善必徵於餘慶天下人子羨慕無階某特承恩眷倍百恆品恨以守官不獲奔走拜賀無任展轉惶灼之至

與衛淮南石琴薦啟

疊石琴薦一右件琴薦躬往采獲稍以珍奇特表殊形自然古色伏惟閣下稟夔旦之至德蘊牙曠之元蹤人文合宮徵之深國器專瑚璉之重藝深攫醳將成玉燭之調思叶歌謠足助薰風之化願以頑璞上奉徽音增響亮於五絃應鏗鏘於六律沈淪雖久提拂未忘儻垂不徹之恩敢效彌堅之用

答鄭員外賀啟

李師道三代受恩，四兇負德。聖朝含育，務在安人。不知覆載之寬宏，更縱豺狼之奸蠹。王師一發，兇首已來，萬姓稱歡，四方無事。

答諸州賀啟

李師道累代負恩，不起悛革。餘孽怙亂，更肆猖狂。王師暫勞，已致梟戮。率土歡忭，慶賀難勝。太平之功，自此而畢。

上廣州趙宗儒尚書陳情啟

某啟：某天罰深重，餘息苟存，沈竄俟罪，朝不圖夕。伏謁無

路，不任荒戀之誠。伏念宗元初拔御史之日，尚書與杜司空先賜臨顧，光耀里閭，下情至今尚增惶惕。頃以黨與進退，投竄零陵，囚繫所迫，不得歸奉松檟，哀荒窮毒，人理所極。親故遺忘，況於他人。朝夕之急，饘粥難繼，宗祀所重，不敢死亡。偷視累息，已逾歲月。伏以尚書德量宏納，義風遠揚，收撫之恩，始於枯朽，敢以餘喘，上累深仁。伏惟惻然見哀，使得存濟。慺慺荒懇，叩顙南望。竊以動心於無情之地，施惠於不報之人，古烈尚難，況在今日。而率然干冒，決不自疑者，蓋以聞風之日久，嚮德之誠至，振高義於流俗之外，合大度於古人之中，獨有望於閣下而已。非敢以尋常祈向之禮，當大賢匍匐之仁。夙夜忖度，果於自卜。方在困辱，不敢多言。伏紙惶恐，不勝戰越。謹啟。

上西川武元衡相公謝撫問啟

某啟：某愚陋狂簡，不知周防，失於夷途，陷在大罪，伏匿嶺下，於今七年。追念往愆，寒心飛魄。幸蒙在宥，得自循省，豈敢徹聞於廊廟之上，見志於樽俎之際，以求必於萬一者哉。相公以含宏光大之德，廣博淵泉之量，不遺垢汙，先賜榮示，捧讀流涕，以懼以悲，屏營舞躍，不敢寧處。是將收孟

明於三敗，責曹沫於一舉，俾折脅臏脚之倫，得自拂飾，以期效命於鞭策之下。此誠大君子并容廣覽、棄瑕錄用之道也。自顧孱鈍，無以克堪，祇受大賜，豈任負戴。精誠之至，炯然如日。拜伏無路，不勝惶惕。輕冒威重，戰汗交深。

謝襄陽李夷簡尚書委曲撫問啟

某啟：當州員外司馬李幼清傳示尚書委曲，特賜記憶，過蒙存問，奉讀喜懼，浪然涕流，慶幸之深，出自望外。伏惟尚書鶚立朝端，風行天下，入統邦憲，出分主憂，控此上游，式是南服。凡海內奔走之士，思欲修容於轅門之外，躡屨於

油幢之前。譬之涉蓬瀛。登崑閬。不可得而進也。某負罪淪伏。聲銷跡滅。固世俗之所棄。親友之所遺。敢希大賢曲見存念。是以展轉歔欷。晝詠宵興。願爲厮役。以報恩遇。瞻仰霄漢。邈然無由。網羅未解。縱羽翼而何施。囊檻方堅。雖虎豹其焉往。不任踊躍懇戀之至。謹奉啟起居。輕瀆威嚴。倍增戰越。

賀趙江陵宗儒辟符載啟

某啟。伏聞以武都符載爲記室。天下立志之士。雜然相顧。繼以歎息。知爲善者得其歸嚮。流言者有所間執。直道之

所行。義風之所揚。堂堂焉實在荆山之南矣。幸甚幸甚。伏以符君之藝術志氣。爲時聞人。才位未會。盤桓固久。中間因緣陷在危邦。與時偃仰。不廢其道。而爲見忌嫉者横致唇吻。房給事以高節特立。明之於朝。王吏部以清議自任。辨之於外。然猶小人浮議。困在交戰。凡諸侯之欲得符君者。域聯壤接。而惑於騰沸。環視相讓。莫敢先舉。及受署之日。則皆開口垂臂。悵望悼悔。譬之求珠於海。而徑寸先得。則衆皆快然罷去。知奇寶之有所歸也。嗚呼。巧言難明。下流多訕。自非大君子出世之氣。則何望焉。瞻望清風。若在天外。無任感激欣躍之至。輕黷陳賀。不勝戰越。不宣。謹啟。

與邕州李域中丞論陸卓啟

某啟。伏以至公之道。施恩而不求報。獎善而不爲功。所以振宣幽光。激勵頹俗。誠大君子所蓄積也。竊見故招討判官試右衞胄曹參軍陸卓。生稟清操。長於吏理。累任所至。必有休聲。再舉府曹。績用茂著。頃以狂賊李元慶劫去留後。擅樹兇徒。構災扇禍。期在旦夕。一夫見刃。莫爲己用。而卓以此時特立不懼。終翦强暴。以寧師人。既而不幸嬰疾物故。不獲一日趨事。以受其職。有功未報。有善未錄。伏承

閣下言論之餘。每所嗟異。優給家屬。恩禮特殊。行道之人。皆所欽伏。儻錄其事跡。奏一贈官。使懷憤之魂。知感恩於地下。秉志之士。思受命於門庭。足以勸獎三軍。豈止光榮一族。伏惟不棄狂瞽。特賜裁量。幸甚幸甚。某與卓未嘗相識。敢率愚直。以期至公。輕黷威嚴。伏增戰悚。謹啟。

謝李中丞安撫崔簡戚屬啟

某啟。伏見四月六日敕。刺史崔簡以前任贓罪。決一百。長流驩州。伏奉去月二十三日牒。崔簡家口牒州安存。并借官宅什器。差人與驅使。伏惟中丞以直清去敗政。以惻隱

撫窮人。罪跡暴著。則核之以至公。家屬流離。則施之以大惠。各由其道。咸適於中。威懷並行。仁義齊正。繩愆糾繆。列郡肅澄清之風。匡困資無。闔境知噢咻之德。凡在巡屬。慶懼交深。伏見崔簡兒女十人。皆柳氏所出。簡之所犯。首末知之。蓋以風毒所加。漸成狂易。不知畏法。坐自抵刑。名爲贓賄。卒無儲蓄。得罪之日。百口熬然。叫號羸頓。不知所赴。儻非至仁厚德。深加憫恤。則流散轉死。期在須臾。某幸被縲囚。久沐恩造。至於骨肉。又荷哀矜。循念始終。感懼無地。謹勒祇承人沈澹奉啟陳謝。下情輕黷。

上湖南李中丞干廪食啟

某啟。某嘗讀列子書。有言於鄭子陽者。則曰。列禦寇蓋有道之士也。居君之地而窮。若不好士。使之然乎。子陽於是以君命輸粟於列子。列子不受。固嘗高其志。又讀孟子書。言諸侯之於士。曰使之窮於吾地。則賙之。賙之亦可受也。又怪孟子以希聖之才。命代而出。不卓然自異。以潔白其德。取食於諸侯。不以爲非。斷而言之。則列子獨任一作往之士。唯已一毛之爲愛。故遁以自免。孟子兼愛之士。唯利萬物之爲謀。故當而不辭。今宗元處則無列子之道。出則無孟子之謀。窮則去讓而自求。至則捧受而無慚。斯固爲貪淩苟冒人矣。董生曰。明明求財利。唯恐困乏者。庶人之事也。是皆詬恥之大者。而無所避之。何也。以爲士則黜辱。爲農則斥遠。無伎不可以爲工。無貲不可以爲商。抱大罪。處窮徼。以當惡歲。而無廪食。又不自列於閣下。則非所以待君子之意也。伏惟覽子陽孟子之說。以垂德惠。無使惶惶然控於他邦。重爲董生所笑。則縲囚之幸大矣。謹啟。

上桂州李中丞薦盧遵啟

凡士之當顯寵貴劇。則其受賜於人也無德心焉。何也。彼

將曰。吾勢能得之。是其所出者大。而其報也必細。居窮厄困辱。則感慨捧戴。萬萬有加焉。是其所出者小。而其報也必巨。審矣。故凡明智之君子。務其巨以遺其細。則功業光乎當時。聲名流乎無窮。其所以激之於中者異也。若宗元者。可謂窮厄困辱者矣。世皆背去。顛頓曠野。獨賴大君子以明智垂仁。問訊如平生。光耀囚錮。若被文繡。嗚呼。世之知止足者鮮矣。既受厚遇。則又有不已之求。以黷閣下之嚴威。然而亦欲出其感慨捧戴而效其巨者。伏惟閣下留意裁擇。幸甚幸甚。伏以外族積德儒厚。以爲家風。周齊之

閭兄弟三人咸爲帝者師孝仁之譽高於他門伯舅叔仲咸以孝德通於鬼神爲文士所紀述相國彭城公嘗號於天下名其孝以求其類則其後咸宜碩大光寵以充神明之心今乃凋喪淪落莫有達者豈與善之道無可取耶獨內弟盧遵其行類諸父靜專温雅好禮而信飾以文墨達於政事今所以聞於閤下者無怍於心無媿於色焉以宗元棄逐枯槁故不求遠仕務顯名而又難乎其進也竊高閤下之舉賢容衆故願委心焉則施澤於遵過於厚賜小人也遠矣以今日之形勢而不廢其言使遵也有籍名於

天官獲祿食以奉養用成其志一舉而有知恩之士二焉可不務其巨者乎伏惟試詳擇焉言而無實罪也其敢逃大譴進退恐懼不知所裁不宜謹啟

欽定全唐文卷五百七十七

柳宗元九

爲裴中丞伐黃賊轉牒

當管奉詔與諸管齊進誅討邕管草賊黃少卿漢軍馬步等若干人各具兵馬數及軍將若干前牒奉處分竊以天啟昌期大功畢集神開興運徽惡盡除黃少卿等歷稔逋誅舉宗肆暴恃狡兔之穴跧伏偷安憑孽狐之邱跳踉見怪以爲威弧不射天網可逃侵逼使臣隳犯王略恣其毒虐速我誅鋤敵國盡在於舟中還師已期於席上謂宜投

戈頓顙面縛乞身歸郡邑於王官效黎獻於天吏而乃繕兵補卒增壘閉途正當天討之辰更積鬼誅之罪衆輕鬬蟻勇劣怒蛙纖縞當強弩之初孤豚僨肥牛之下事同拾芥力易摧枯杪忽蜂腰虛見辱於齊斧突梯鼠首濫欲寄於旄頭勦絕有時不索何獲某拱稽致命執銳忘生車甲既備於小戎鯨鯢豈逃於誅戮竊覸上略總制中權戰士義激於身心列校勢成於臂指蹶張之技盡出於山林拔距之林徧徵於川洞賞懸香餌令布疾雷莫不鼓舞戎行虔恭師律投軀不愆於羽檄跂足唯俟於牙璋今月某日

奏事官米蘭迴捧受詔命神飛首勇足蹈心馳懽聲洽於萬夫勝氣橫於千里國容不入屨且及於寢門家事勿關土已塡於左闔卽以月日全軍出次分道並進所期戮力敢告同心孔大夫貞直冠時清明格物全體許國一心在公兵精食浮爲日固久容府陽中丞以義烈爲己任勳襲太常安南李中丞以英武爲家風業傳彝器並膺邦寄克達皇威南則浮海濟師共集堂堂之陣東則橫江誓衆用成善善之功以此鼓行坐觀盡敵刑惟勿喜誅有可哀徼倒之勇冠一方竟就伏波之戮呂嘉之威行五嶺終摧下瀨之師嗟此陋微自貽禽滅勉成良畫速致殊勳雖荒徼之地固不勞於有征而昇平之年將自此而何事書之竹帛實謂揚名事須移牒鄰管以成犄角舉牒者

裴瑾崇豐二陵集禮後序

傳曰詩書執禮禮不執則不行自開元制禮大臣諱避去國恤章而山陵之禮遂無所執世之不學者乃妄取預凶事之說而大典闕焉由是累聖山陵皆摭拾殘缺附比倫類已乃斥去其後莫能徵永貞元和間天禍仍遘自崇陵至於豐陵不能周歲司空杜公由太常相天子（一作天下）連爲

禮儀使擇其寮以備損益於是河東裴瑾以太常丞隴西辛祕以博士用焉內之則攢塗祕器象物之宜外之則復土斥上（一無斥上二字）因山之制上之則顧命典冊輿文物以授萬方（一作國）下之則制服節文須憲則以示四方由其肅恭禮無不備且苞并總統千載之盈縮羅絡旁午百氏之異同搜揚翦截而畢得其中顧問關決而不悖於事議者以爲司空得其人而邦典不墜裴氏乃悉取其所刊定及奏復於上辨列於下聯百執事之儀以爲崇豐二陵集禮藏於太常書閣君子以爲愛禮而近古焉昔韋孟以詩禮傳楚而郊廟之制卒正於元成鄭元以箋註師漢而禪代之儀卒集於小同賈誼以經術起而嘉最好學盧植以儒學用而諶爲祭法舊史咸以爲榮今裴氏太尉公以禮匡義嗣侍中公以禮議封禪祠部公以禮承大事大理公以禮輔東宮而瑾也以禮奉二陵又能成書以充其闕其爲愛禮近古也源遠乎哉瑾字封叔其伯仲咸以文學顯於世大理之兄正平節公以儀範成家道以文雅經邦政令相國郇公其宗子也郇公以孝友勤勞揚於家邦遊其門若聞韶濩入其廟如至鄒魯恩溢乎九族禮儀於他門則封

叔之習禮也其出於孝弟歟成書也其本於忠敬歟由於家而達於邦國其取榮於史氏也果矣

柳宗直西漢文類序

左右史混久矣言事駮亂尚書春秋之旨不立自左邱明傳孔氏太史公述歷古今合而爲史記迄於今交錯相紛莫能離其說獨左氏國語紀言不參於事戰國策春秋後語頗本右史尚書之制然無古聖人蔚然之道大抵促數耗矣而後之文者寵一作襲之文之近古而尤壯麗莫若漢之西京班固書傳之吾嘗病其畔散不屬無以考其變欲采比義會年長疾作駑墯日甚未能勝也幸吾弟宗直愛古書樂而成之搜討磔裂攟摭融結離而同之與類推移不易時月而咸得從其條貫森然炳然若開羣玉之府指揮聯累圭璋琮璜之狀各有列位不失其序雖第其價可也以文觀之則賦頌詩歌書奏詔策辯論之辭畢具以語觀之則右史紀言尚書國語戰國策成敗興壞之說大備無不苞也噫是可以爲學者之端耶始吾少時有路子者自贊爲是書吾嘉而敘其意而其書終莫能具卒俟宗直也故删取其敘繫於左以爲西漢文類首紀殷周之前其

文簡而野魏晉已降則盪而靡得其中者漢氏漢氏之東則既衰矣當文帝時始得賈生明儒術武帝尤好焉而公孫宏董仲舒司馬遷相如之徒作風雅益盛敷施天下自天子至公卿大夫士庶人咸通焉於是宣於詔策達於奏議諷於辭賦傳於歌謠由高帝迄於哀平王莽之誅四方之文章蓋爛然矣史臣班孟堅修其書拔其尤者充於簡册則二百三十年間列辟之達道名臣之大範賢能之志業黔黎之風習列焉若乃合其英精離其變通論次其敘位必俟學古者興行之唐興用文理貞元間文章特盛本之三代接於漢氏與之相準於是有能者取孟堅書類其文次其先後爲四十卷

大理評事楊君文集後序

贊曰文之用辭令褒貶導揚諷諭而已雖其言鄙野足以備於用然而闕其文采固不足以竦動時聽夸示後學立言而朽君子不由也故作者抱其根源而必由是假道焉作於聖故曰經述於才故曰文文有二道辭令褒貶本乎著述者也導揚諷諭本乎比興者也著述者流蓋出於書之謨訓易之象繫春秋之筆削其要在於高壯廣厚詞正

而理備謂宜藏於簡冊也比興者流蓋出於虞夏之詠歌殷周之風雅其要在於麗則清越言暢而意美謂宜流於謠誦也茲二者考其旨義乖離不合故秉筆之士恆偏勝獨得而罕有兼者焉厥有能而專美命之曰藝成雖古文雅之盛世不能並肩而生唐興以來稱是選而不作者梓潼陳拾遺其後燕文貞以著述之餘攻比興而莫能極張曲江以比興之隙窮著述而不克備其餘各探一隅相與背馳於道者其去彌遠文之難兼斯亦甚矣若楊君者少以篇什著聲於時其炳耀尤異之詞諷誦於文人盈滿於

江湖達於京師晚節徧悟文體尤邃敘述學富識遠才涌未已其雄傑老成之風與時增加既獲是不數年而夭其季年所作尤善其為鄂州新城頌諸葛武侯傳論餞送梓潼陳仲甫一作眾甫汝南周愿河東裴泰武都符義府泰山羊士諤隴西李諫一作錬凡六序廬山禪居記辭李常侍啟遠遊賦七夕賦皆人文之選已用是陪陳君之後其可謂具體者歟嗚呼公既悟文而疾既即功而廢廢不逾年大病及之卒不得窮其工竟其才遺文未克流於世休聲未克充於時凡我從事於文者所宜追惜而悼慕也宗元以通家修好幼獲省謁故得奉公元兄命論次篇簡遂述其制作之所詣以繫於後

濮陽吳君文集序

博陵崔成務嘗為信州從事為予言邑有聞人濮陽吳君弱齡長鬣而廣額好學而善文居鄉黨未嘗不以信義交於物教子弟未嘗不以忠孝端其本以是卿相賢士率與亢禮予嘗聞而志乎心會其子偘更名武陵升進士得罪來永州因奉其先人文集十卷再拜請予以文冠其首予得徧觀焉其為辭賦有戒苟冒陵僭之志其為詩歌有交

王公大人之義其為誄誌弔祭有孝恭慈仁之誠而多舉六經聖人之大旨發言成章有可觀者古之司徒必求秀士由鄉而升之天官古之太史必采民風陳詩以獻於法宮然後材不遺而志可見近世之居位者或未能盡用古道故吳君之行不昭而其辭不薦雖一命於王而終伏其志嗚呼其可惜哉武陵又論次志傳三卷繼於末其官氏及他才行甚具云

王氏伯仲唱和詩序

僕聞之世其家業不隕者雖古猶乏一作今也求之於今而

有獲焉王氏子某與予通家代爲文儒自先天以來策名聞達秉毫翰而踐文昌登禁掖者紛綸華耀繼武而起士大夫棹鞅於文囿者咸不得攀而倫之乙亥歲某自南徐來執文貺予詞有遠致又著論非班超不能讀一作續父兄之書而乃徼狂疾之功以爲名吾知其奉儒素之道專矣間以兄弟嗣來京師會於舊里若璩瑒在魏機雲入洛由是正聲迭奏雅引更和播塤篪之音韻調律呂之氣候穆然清風發在簡素非文章之胄曷能及茲況宗兄握炳然之文以贊關石厲冠銀章榮映江湖則嚮時之美談必復

其始某也謂予傳卜氏之學宜敘於首章操斧於班郢之門斯強顏耳詩凡若干首

送楊凝郎中使還汴宋詩後序

談者謂大梁多悍將勁卒亟就猾亂而未嘗底寧控制之術難乎中道蓋以將驕卒暴則近憂且至非所以和衆而乂民也將誅卒削則外虞實生非所以扞城而固圉也是宜慰薦喣諭納爲腹心然後威懷之道備聖上於是撫以表臣贊以藝人參剛柔而兩用化順逆而同道旣去大憝遂安有衆故楊公以謀議之隟對揚王庭不踰時而承詔復命示信於外諸侯時當朝之羽儀凡同官之寮屬皆餞焉容受童孺使在末位禮部郎中許公以宏才奧學已任文字顧唱在席咸斷章而賦焉謂工部郎中崔公文爲時雄允宜首序謂小子預離觴之餘瀝俾撰後序編以繼之大凡軍旅之制贊佐之重崔公序之備矣膺命受簡欲默不敢故書談者之辭拜手以獻用充餘篇云

送崔羣序

貞松產於巖嶺高直聳秀條暢碩茂粹然立於千仞之表和氣之發也稟和氣之至者必合以正性於是有貞心勁

質用固其本禦攘冰霜以貫歲寒故君子儀之清河崔敦詩有柔儒溫文之道以和其氣近仁復禮物議歸厚其有稟者歟有雅厚質方之誠以正其性懿論忠告交道甚直其有合者歟是故日章之聲振於京師嘗與隴西李杓直南陽韓安平洎予交友杓直敦柔深明沖曠坦夷慕崔君之和安平厲莊端毅高朗振邁悅崔君之正予以剛柔不常造次爽宜求正於韓襲和於李就崔君而考其中焉忘言相視默與道合今將寧覲東周振策於邁且餞於野或命爲之序予於崔君有通家之舊外黨之親然吾不以是

合之崔君以文學登於儀曹獻於王庭甲俊造之選首雋校之列然吾不以是視之於其序也故載之其末云

送邠寧獨孤書記赴辟命序

僕閒歲驟遊邠壘今戎帥楊大夫時爲候奄盡護羣校用笞法箠令不吐强禦下莫有逗撓淩暴而犯令者沈斷壯勇專志武力出麾下取主公之節鉞而代之位鶡冠者仰而榮之今又能旁貴文雅以符召文士之秀者河南獨孤寧署爲記室俾職文翰翕然致得士之稱於談者之口蓋朝廷以勇爵論將帥豈濫也哉獨孤生與仲兄實連舉進

士並時管記於漢中新平二連帥府俱以筆硯承荷舊德位未達而榮如貴仕其難乎哉噫自犬戎陷河右逼西鄙積兵備虜縣道告勞內匱中府太倉之蓄僅而獲饜投石而賈勇者思所以奮力論者以爲天子且復河壖故壘拓達西戎而罷諸侯之兵則曳裾戎幕之下專弄文墨爲壯夫捧腹甚未可也吾子歷覽古今之變而通其得失是將植密畫於借箸之宴發羣謀於章奏之筆上爲明天子論列熟計而導揚威命然後談笑罇俎賦從軍之樂移書飛文諭告西土劫脅之伍俾其簞食壺漿犒迎王師在吾子

而已往愼辭令使諭蜀之書燕然之文炳烈於漢史眞可慕也不然是瑣瑣者惡足置齒牙閒而榮吾子哉

同吳武陵送前桂州杜留後詩序

觀室者觀其隅隅之巍然直方以固則其中必端莊宏達可居者也人孰異夫是今若杜君之隅可觀而中可居居之者德也贊南方之理理是以大總留府之政政是以光其道不撓好古書百家言洋洋滿車行則與俱止則相對積爲義府溢爲高文愨而和肆而信豈詩所謂抑抑威儀惟德之隅者耶今往也有以其道聞於天子天子惟士之

求爲急杜君欲辭爭臣侍從之位其可得乎濮陽吳武陵直而甚文樂杜君之道作詩以言予猶吳也故於是乎序焉

送寧國范明府詩序

近制凡得仕於王者歲登名於吏部兵（一作吏）部則必參其等列分而合之率三十人以爲曹謂之甲名書爲三其一藏之有司其二藏之中書泊門下每大選置大考績必關決會驗而視其成有不合者下有司罷去甚衆由是吏得爲奸以立威賊知以弄權詭竊寵易而莫示其實必求端

愨而習於事辨達而勤其務者命之官而掌之居三年則又益其官而後去其職有范氏傳眞者始來京師近臣多言其美宰相聞之用以爲是職在門下甚獲休問初命京兆武功尉既有成績復於有司爲宣州寧國令人咸曰由邦畿而調者命東西部尉以爲美仕范生曰不然夫仕之爲美利乎人之謂也與其給於供備孰若安於化導故求發吾所學者施於物而已矣夫爲吏者人役也役於人而食其力可無報耶今吾將致其慈愛禮節而去其欺僞淩暴以惠斯人而後有其祿庶可平吾心而不愧於色苟獲

是焉足矣季弟爲殿中侍御史以是言也告於其寮咸悅而尚之故爲詩以贈其去而使予爲序

送辛南容歸使聯句詩序

昔漢室方盛文章之徒合於京師亦既充金馬石渠則又溢於諸侯求達其道故枚乘客於吳相如遊於梁其或致書匡主用極其志節之大者也適時觀變以成其性道之茂者也渤海辛君既登於太常之籍又膺邯鄲之召北會元戎直道自達吾儕器其略南聘天朝相禮述職公卿多其儀合度於易于之閒雖枚生之節長卿之道無以尚也冬十有二月朝右禮備復於轅門我同升之友是用榮其趣舍惜其離曠卜兹良夜詠嘆其美比詞聯韻奇藻遞發爛若編貝粲如貫珠琅琅淸響交動左右羣公以侍御之往也予闕其述命繫而序焉

送李判官往桂州序

士之習爲吏者恆病於少文故給而不肆飾於華者嘗病於無斷故放而不制今李生學於詩有年矣吟詠諷賦頗聞乎人至於是州唯州之牧咨焉以贊戎事而糺羣吏甚直且武豈所謂吏而華者耶以府變罷去擇而之乎有禮

之邦推是道也以往然而不際於禮則吾不知也

送苑論登第後歸覲詩序

八年冬予與馬邑苑言揚聯貢於京師自時而後車必挂轄席必交衽量其志知其達於昭代究其文辨其勝於太常探而討之則明韜於樸厚之質行浮於休顯之聞（一作問）遊公卿之閒質直而不犯恪謹而不懾交同列之羣以誠信聞予拜而兄之以爲執誼而固臨節不奪在兄而已是歲小司徒顧公守春官之缺而權擇士之柄明年春同趨權衡之下並就重輕之試觀其掉鞅於術藝之場遊刃乎

文翰之林風雨生於筆札雲霞發於簡牘左右圖視朋儕拱手甚可壯也二月丙子有司題甲乙之科揭於南宮予與兄又聯登焉予不厚顏懷愧而陪其遊久矣夏四月告歸荊衡拜手行邁輪移都門之轍轅指秦嶺之路方將高堂稱慶里閈更賀曳裾峨冠榮南諸侯之邦遐登王粲之樓高視劉表之榻桂枝片玉光生於家是宜砥商雒之阻艱帶江漢之浩蕩以談笑顧盼超越千里而無倦極也然而景熾氣燠往即南方乘陵炎雲呼吸溫風可無敬乎慎進藥石保安其躬是亦非兄之所宜私也羣公追餞於霸

陵列筵而觴送遠之賦珪璋交映或授首簡於予曰子得非知言揚者乎安得而默耶予受而書之編於羣玉之右非不知讓貴傳信焉爾

送蕭鍊登第後南歸序

始予幼時拜兄於九江郡覩其樂嗜經書慕山藪凝和抱質氣象甚茂雖在綺紈而私心慕焉厥後竊理文字先禮而冠遇兄於澤宮之中觀其德如九江之拜蓋世俗不能移也自是戰藝三北左次陋巷予亟會於其居視其道如澤宮之遇亦挫抑所不能屈也迺時而名擢太常聲動京國士華仰慕顧盼有耀予獲賀於蔡通儒氏窺其志如陋巷之會又得意所不能遷也君子志正而氣一誠純而分定未嘗標出處爲二道判屈伸於異門也固其本養其正如斯而已矣吾兄先覺而守道獨立而全和貞確端懿雅不羈俗君子之素也亦既升名天官告予東遊是將乘商於浮漢池歷郢城下武昌復於我始見之地則朋舊之徒含喜來迎宗姻之列盡皆加禮以待舟輿所略賀聲盈耳離羣之思行益少矣僕不腆見邀爲序狂夫之言非所以志君子也自達而已

送班孝廉擢第歸東川覲省序

隴西辛殆庶猥稱吾文宜序事晨持縑素以班孝廉之行爲請且曰夫人殆所謂吉士也愿而信質而禮言不黷慢行不進越其先兩漢間繼修文儒世其家業其風流後允耽學篤志之士往往出於其門今夫人研精典墳不告劬勤屬者舉鄉里登春官獲居其甲焉家於蜀之東道其嚴君以客卿之位贊是方岳爲大夫良今將拜慶寧覲光耀族屬是其可歌也道出於南鄭外王父以將相之重九命亦社爲諸侯師今又將亟駕省謁從容燕喜是又可歌也

故我與河南獨孤申叔趙郡李行純行敏等若干人皆歌之矣若乃序者固吾子宜之柳子曰吾嘗讀王命論及漢書嘉其立言彼生彪固之胄歟相國馮翊公功在社稷德及生人其門子遊文章之府者吾嘗與之齒彼生嚴氏之出歟承世家之儒風沐外族之休光彼生專聖人之書而趨君子之林宜矣哉遂如辛氏之談濡翰於素因寓於辭曰爲我謝子之舅氏珠玉將至得無修容乎

送獨孤申叔侍親往河東序

河東古吾土也家世遷徙莫能就緒聞其間有大河條山氣蓋關左文士往往彷徉臨望坐得勝槩焉吾固翹翹褰裳奮懷舊都日以滋甚獨孤生周人也往而先我且又愛慕文雅甚達經要才與身長志益強力挾是而東夫豈徒往乎温清奉引之隟必有美製儻飛以示我我將易觀而待所不敢忽古之序者期以申導志義不爲富厚而今也反是生至於晉出吾斯文於筆硯之伍其有評我太簡者愼勿以知文許之

送豆盧膺秀才南遊詩序

君子病無乎内而飾乎外有乎内而不飾乎外者無乎内

而飾乎外則是設覆爲阱也禍孰大焉有乎内而不飾乎外則是焚梓毀璞也詬孰甚焉於是有切磋琢磨鏃礪栝羽之道聖人以爲重豆盧生内之有者也予是以好之而欲其遂焉而恆以幼孤羸餒爲懼恤恤焉遊諸侯求給乎是是固所以有乎内者也然而不克專志於學飾乎外者未大吾願子以詩禮爲冠屨以春秋爲襟帶以圖史爲珮服琅乎璆璜衡牙之響發焉煌乎山龍華蟲之采列焉則揖讓周旋乎宗廟朝廷斯可也惜乎予無祿食於世不克稱其欲成其志而姑欲其速反也故詩而序云

送趙大秀才往江陵謁趙尚書序

士之知感激許與常欲以有報爲志者則凡志乎道者咸願爲之如趙生庶乎哉來謁予曰宗人尚書以碩德崇功由交廣臨荆州仁我若子姓恩禮重厚有賢子爲御史好學而甚文友我若同生歡欣交通我誠樂爲之用甚不辭也不幸遭重痼六旬而後知人方其急也大懼不克報尚書公之恩又懼無以當御史君之心以沒每念於是未嘗不盡然内傷若受鋒刃自是而後調藥石時飲食生血補氣強筋植骨榮衛之和膂力之剛迨今茲始全然爲人舒

幹抗首文翰端麗材足以用敢辨而往以效於戲下其言云爾自吾竄永州三年趙生亟見視其狀專謹愿慤覩其跡温密簡靖聞其言徑直端誠自尚書理一作之爲荆州異政日至至則趙生喜忭起立伸目四顧不啻若自已而爲之者誠宜有報知己之道又誠宜有大賢而爲之知也是行也趙生其將奮六翮翔千里以爲轅門大府之重增羽儀之盛其道美矣故予繼之以辭

欽定全唐文卷五百七十八

柳宗元十

同吳武陵贈李睦州詩序

潤之盜錡竊貨財聚徒黨爲反謀十年今天子即位三年大立制度於是盜恐且奮將遂其不善視部中良守不爲已用者誣陷去之睦州由是得罪天子使御史按問館於睦自門及堂皆其私卒爲衞天子之衞不得搖手弊卒致具有閒盜遂作而廷臣猶用其文斥睦州南海上既上道盜以徒百人遮於楚越之郊戰且走乃得完爲左官吏無幾盜就禽斬之於社垣之外論者謂宜還睦州以明其誣

既更大赦始移永州去長安尚四千里睦州未嘗自言吳武陵剛健士也懷不能忍於是踴躍其誠鏗鏘其聲出而爲之詩然後慊於內予固知睦州之道也孰銜匿而未發且久聞吳之先焉一作言者激於心若鐘鼓之考不知聲之發也遂繫之而重以序

送南涪州量移澧州序

越有納官之令以勝大敵漢有羽林之制以威四夷國家寵先中丞邁古人之烈故君自未成童品常第四人猶曰

於古爲薄漢北地都尉印以不勝任陷匈奴而子單侯於斫濟北相韓千秋以匹夫之諒奮觸南越而子延年侯於成安君之土田之錫猶挫於有司之手始由施州爲涪州扞蜀道劒寇晝不釋刃夜不釋甲曰我忠烈允也期死待敵敵亦曰彼忠烈允也盡力致命是不可犯然而筆削之吏以簿書校計羸縮受譴茲郡凡二歲朝廷建大本貞萬邦慶澤之濡洗濯生植又況涪州家聲之大裕蠱之志宜尤被顯寵者也自漢而南州之美者十七八莫若澧澧之佐理莫踰於長史以是進秩人猶曰且有後命永州多謫

吏而君侯惠和温良故其歡愉異於他部優詔既至而君適讎於文其往也獨故凡羨慕之辭無不加等噫以君承荷之重恭肅之美四方之求忠壯義烈者將於君是觀凡君子之志欲其優柔而益固憤悱而不忘以增太史世家之籍用是爲貺則拱璧大鼎烏可以言重乎

送薛存義之任序

河東薛存義將行柳子載肉於俎崇酒於觴追而送之江之一本無之字滸飲食之且告曰凡吏於土者若知其職乎蓋民之役非以役民而已也凡民之食於土者出其十一傭乎吏使司平於我也今我受其直怠其事者天下皆然豈唯怠之又從而盜之向使傭一夫於家受若直怠若事又盜若貨器則必甚怒而黜罰矣以今天下多類此而民莫敢肆其怒與黜罰何哉勢不同也勢不同而理同如吾民何有達於理者得不恐而畏乎存義假令零陵二年矣蚤作而夜思勤力而勞心訟者平賦者均老弱無懷詐暴憎其爲不虛取直也的矣其知恐而畏也審矣吾賤且辱不得與考績幽明之說於其往也故賞以酒肉而重之以辭

送薛判官量移序

仕於世有勞而見罪凡人處是鮮不怨懟忿憤列於上愬於下此恆狀也異於恆者其道宜顯薛生司貨賄於軍興之際兵亂不去然得以不犯由太行以東皆傳道之可以爲勞矣而竟連大獄以致於核不感於貌不悱於心樂以自肥而未嘗尤於物其有異於恆矣哉朝廷施恩澤凡受譴者罪得而未一作末薄乃命以近壤薛君去連而吏於朗是其漸於顯歟君子學以植其志信以篤其道有異於恆者充而大之苟推是以往雖欲弊顯難矣

送李渭赴京師序

過洞庭上湘江非有罪左遷者罕至又況踰臨源領下灕水出荔浦名不在刑部而來吏者其加少也固宜前予逐居永州李君至固怪其棄美仕就醜地無所束縛自取瘴癘後予斥刺柳州至於桂君又在焉方屑屑為吏噫何自苦如是耶明時宗室屬子當尉畿縣今王師連征不貢二府方汲汲求士李君讀書為詩有幹局久遊燕魏趙代間知人情識地利能言其故以是入都干丞相益國事不求獲乎已而已以有獲予嫉其不為是久矣今而曰將行請予以言行哉行哉言止是而已

送嚴公貺下第歸興元覲省詩序

嚴氏之子有公貺者退自有司踵門而告柳子曰吾獻藝不售於儀曹之賈貧不中度敢逃其咎詰朝將行願聞所以去我者其可乎哉予諭之曰吾子以沖退之志端其趨嚮以淬礪之誠修其文雅行當承教戒於獨立之下濬發清源激揚洪音沛哉鏗鏗乎充於四體之不暇吾何敢去予恭惟相國馮翊公有大勳力盈於旂常極人臣之尊分天子之憂殿邦坤隅柄是文武若子者生而有黼績粱肉之美不知耕農之勤勞物役之艱難趨其庭有魏絳之金石焉候其門有亞夫之榮戟焉中人處之不能無傲而子之伯仲皆脫略貴美服勤儒素退託於布衣韋帶之任如少習然故繼登上科以及於子是可舉嚴氏之教誦乎他門使有矜式也而吾子又引慝內訟撝謙如此其何患乎賈之不售而自薄哉於是文行之達若高陽齊據者偕賦命予序引予樸不曉文故書嚴子之嘉言編於右簡竊褒貶之義以贈

送元秀才下第東歸序

周乎志者窮躓不能變其操周乎藝者屈抑不能貶其名

其或處心定氣居斯二者雖有窮屈之患則君子不患矣元氏之子其殆庶周乎言恭而信行端而靜勇於講學急於進業既遊京師寓居側陋無使令之童闕交易之賄可謂窮躓矣而操逾厲志之周也才濬而清詞簡而備工於言理長於應卒從計京師受丙科之薦獻藝春卿當三黜之辱可謂屈抑矣而名益茂藝之周也苟非處心定氣則曷能如此哉予聞其欲退家殷墟修志增藝懼其沈鬱傷氣懷憤而不達乃往送而諭焉夫有湛盧豪曹之器者患不得犀兕而劃之不患其不利也今子有其器宣其利乘

其時夫何患焉磨礪而坐待之可也遂欣欣而去

送辛殆庶下第遊南鄭序

朝廷用文字求士每歲布衣束帶偕計吏而造有司者僅半孔徒之數春官上大夫擢甲乙而升司徒者於孔氏高第亦再倍焉僕在京師凡九年於今其間得意者二百有六十人其果以文克者十不能一二嘗從俊造之後頗涉藝文之事四貢鄉里而後獲焉方之於釣者絲綸不屬釣喙甚直懷有美餌而飫望獲魚之暮則善取者皆指而笑之今辛生固窮而未達遲久而不試褒衣之徒視子而捧

腹者蓋不乏（一作不之知）焉辛生嘗南依蠻楚專志於學爲文無謬悠迂誣之談鍛鍊翦截動可觀采故相國齊公接禮加等常爲右客且佐其策名之願遂笈典墳袖文章北來王都笑揖羣伍文昌下大夫上士之列見而器異爭爲鼓譽由是爲聞人戰術藝之場莫與爭鋒然而遷延三北躑躅不振豈其直鉤而釣懷美餌而羨魚者耶若辛生者有司抑之則已不然身都甲乙之籍其果以文克歟今則囊如懸磬傭室寓食方將適千里求仁人被冒畏景陟降棧道吾欲抑而不嘆其若心胷何然吾聞焚舟而克手劍而盟者皆敗北之餘也子之阨困而往霸心勇氣無乃發於是行乎成拜賜之信刷壓境之恥無乃果於是舉乎往愼所履如志遄返勉自固植以遂子之欲姑使談者謂我言而中不猶愈乎

送崔子符罷舉詩序

世有病進士科者思易以孝悌經術兵農曰庶幾厚於俗而國得以爲理乎柳子曰否以今世尚進士故凡天下家推其良公卿大夫之名子弟國之秀民舉歸之且而更其科以爲得異人乎無也惟其所尚又舉（一作文學）移而從之尚

之以孝悌孝悌猶是人也尚之以經術經術猶是人也雖兵與農皆然曰然則宜如之何曰即其辭觀其行考其智以爲可化人及物者隆之文勝質行無觀智無考者下之俗其以厚國其以理科不俟易也今有博陵崔策子符者少讀經書爲文辭本於孝悌理道多容以善別時剛以知柔進於有司六選而不獲家有冤連伏闕下者累月不解仕將晚矣而慼其幼孤往復不憚萬里再歲不就選世皆曰孝（一作仁）悌人也如是且不見隆雖百易科其可厚而理乎今夫天下已理民風已厚欲繼之於無窮其在愼是而

已朝廷未命有司旣命而果得有道者則是術也宜用崔子之仕又何晚乎僕智不足而獨爲文故始見進而卒以廢居草野八年麗澤之益鑱礪之事空於耳而荒於心崔子幸來而親一作覿予讀其書聽其言發予始志若寤而言夢醒而問酬未及悉而告予以行予懼其悼時之往而不得於內也獻之酒賦之詩而歌之坐者從而和之旣和而叙之

送蔡秀才下第歸覲序

僕之始貢於京師筮者卦之曰是所謂望之未覿隱而未

見曠乎遠而有榮者也今玆歲在鶉首若合於壽星其果合乎僕時怛然遲之謂其誕慢怪迂是將不然然而僅寘於懷耳未克決而忘之也後果依違遷就四進而獲卒如其言云噫彼莫莫者其有宰於人乎不然何其應前定若是之章明也今蔡君馳聲耀譽聞於公卿戰藝之徒推爲先登而五就鄉舉往則見罷意者前定之期殆未及歟故君子之居易俟命樂天不憂者果於自是也君其勵文學焉文人牧人南邦君展覲承顏婁娛愉樂之暇則充其經笥茂是文苑時焉逖哉遲速之事則瞽史之任吾不及知

送韋七秀才下第求益友序

所謂先聲後實者豈唯兵用之雖士亦然若今由州郡抵有司求進士者歲數百人咸多爲文辭道今語古角夸麗務富厚有司一朝而受者幾千萬言讀不能十一卽偃仰疲耗目眩而不欲視心廢而不欲營如此而曰吾能不遺士者僞也唯聲先焉者讀至其文辭心目必專以故少不勝京兆韋中立其文懿且高其行愿以恆試其藝益工久與居益見其賢然而進三年連不勝是豈拙於爲聲者歟或以韋生之不勝爲有司罪予曰非也穀梁子曰心志旣

通而名譽不聞友之過也名譽旣聞而有司不以告有司之過也人之視聽有所止神志有所不及古之道名譽未至不以罪有司而況今乎今韋生樂植乎內而不欲揚乎外其志非也孔子不避名譽以致其道今韋生仗其文簡其友思自得於有司抑非古人之道歟將行也予爲之言旣以遷其人又以移其友且使惑者知釋有司也

送辛生下第序略

自命鄉論士之制壞而不復士莫有就緒故叢於京師京兆尹歲貢秀才常與百郡相抗登賢能之書或半天下取

其殊尤以爲舉首者仍歲皆上第遇而就黜時謂怪事有司或不問能否而成就之中書高舍人備位於禮部擬袂鏘枉㿈抑華耀首京師之貢者再歲連黜辛生以是不在議甲乙伍中其沈沒阨困之士閉戶塞竇而得榮名者連軫而起談者果以至公稱焉其能否也世莫知也若辛生其文簡而有制其行直而無犯嚮使不聞於公卿不揚於交游又不爲京師貢首則其甲乙可曲肱而有也嗚呼名之累爲不祥也有是夫旣受退告歸長沙以辛生之文行八年無就如其初而退返吾甚憤焉孟子曰位卑而言高

者罪也於辛生又不能已故略

送從兄偁罷選歸江淮詩序

伯氏自淮陽從調抵於京師冬十月牒計不至攝衽而退顧謂宗元曰昔吾祖士師生於衰周與道同波爲世儀表故直道而仕三黜不去孔子稱之遺佚而不怨阨窮而不憫孟子贊之今吾遑遑末路寡偶希合進不知嚮退不知守所不敢折其志臧其心遵祖訓也然而闕滫瀡之養乏庾釜之畜逼迸無成東轅淮湖雖欲脫細故於胸中味道腴於舌端勉修厥志懼不恆久子當慰我窮局之懷袪我行役之憤博之以文發於詠歌吾非子之望將誰望焉宗元再拜曰夫聞善不慕與聾瞶同見善不敬與昏瞽同知善不言與嚚瘖同則聞之先達久矣矧吾兄有柔儒之茂質恢曠之宏量敢不（無一作）敬乎有述祖之美談安道之貞節敢無慕乎覩徽容而敬聞嘉話而慕敢無言乎言不稱德文不盡志適爲累而已矣於是賦而序之繼其聲者列於左凡五十七首遂命從姪立編爲後序終焉

送從弟謀歸江陵序

吾與謀由高祖王父而異謀少吾二歲往時在長安居相

通也與謀皆甚少獨見謀在衆少言好經書心異之其後吾爲京兆從事謀來舉進士復相得益知謀盛爲文辭通外家書一再不勝懼祿養之緩棄去爲廣州從事復佐邕州連得薦舉至御史後以智免歸家江陵有宅一區環之以桑有僮指三百有田五百畝樹之穀蓺之麻養有牲出有車無求於人日率諸弟具滑甘豐柔視寒暖之宜其隟則讀書講古人所謂求其道之至者以相勵也過永州爲吾留信次具道其所爲者凡士人居家孝悌恭儉爲吏祗肅出則信入則厚足其家不以非道進其身不以苟得時

退則退尊老無井臼之勞和安而益壽兄弟衎衎以相友不謀食而食給不謀道而道顯則謀之去進士爲從事於遠始也吾疑焉今也吾是焉別九歲而會於此視其貌益偉問其業益習叩其志益堅於虖吾宗不振久矣識者曰今之世稍有人焉若謀之出處庸非所謂人歟或問管仲孔子曰人也謀雖不試於管仲其爲道無悖亦可以有是名焉抑又聞聖人之道學焉而必至謀之業良矣而又增焉志專矣而又若不足焉孔子之門不道管晏則謀之爲人也其可度哉吾不智觸罪擯越楚間六年築室茨草爲

圃乎湘之西穿池可以漁種黍可以酒甘終爲永州民又恨徒費祿食而無所答下媿農夫上慚王官追計往時咎過日夜反覆無一食而安於口平於心若是者豈不以少好名譽嗜味得毒而至於是耶用是愈賢謀之去進士爲從事以足其家終始孝悌今雖羡之豈復可得謀在南方有令名其所爲日聞於人吾恐謀不幸又爲吾之所悔者將已之而不能得可若何然謀以信厚少言蓄其志以周於事雖履吾迹將不至乎吾之禍則謀何悔之有苟能是雖至於大富貴又何慄耶振吾宗者其惟望乎爾

送澥序

人咸言吾宗宜碩大有積德焉在高宗時並居尚書省二十二人遭諸武以故衰耗武氏敗猶不能興爲尚書吏者間十數歲乃一人永貞年吾與族兄登並爲禮部屬吾黜而季父公綽更爲刑部郎則加稠焉又觀宗中爲文雅者炳炳然以十數仁義固其素也意者其復興乎自吾爲僇人居南鄉後之穎然出者吾不見之也其在道路幸而過予者獨得澥澥質厚不諂敦朴有裕若器焉必隆然大而後可以有受擇所以入之者而已矣其文蓄積甚富好慕

甚正若牆焉必基之廣而後可以有蔽擇其所以出之者而已矣勤聖人之道輔以孝悌復嚮時之美吾於澥焉是望汝往哉見諸宗人爲我謝而勉焉無若太山之麓止而不得升也其唯川之不已乎吾去子終老於夷矣

送內弟盧遵遊桂州序

外氏之世德存乎古史揚乎人言其敦大朴厚尤異乎他族由遵而上五世爲大儒兄弟三人咸爲帝者師其風之流者皆好學而質重遵子弟也廣而不肆巽而不慊孝敬忠信之道拳拳然未嘗去乎其中蓋由其中出者也浸潤

以詩易動搖以文采以子棄於南服來從子居五年矣未嘗見其行有悖乎義言有異乎行者則子之棄也適累斯人焉以愛子而慰其憂思故不爲京師遊以取名當世以桂之邇也而中丞之道光大多容賢者故洋洋焉樂附而趨以出其中之有夫如是則宜奮翼鱗乘風波以遊乎無倪往哉其漸乎是行也

送表弟呂讓將仕進序

吾觀古豪賢士能知生人艱饑羸寒蒙難抵暴捽抑無告以呼而憐者皆飽窮厄恆孤危詑詑沖沖東西南北無所

歸然後至於此也今有呂氏子名讓生而食肉厭粱稻欺紈縠幼專靖不好遊不踐郊牧坰野不目小民農夫耕築之倦苦不耳呼怨而獨悴然憐天下之窮甿坐而言未嘗不至焉此孰告之而孰示之耶積於中得於誠往而復咸在其內者也彼告而後知示而後哀由外以鑠己因物以激志者也中之積誠之得其爲賢也莫尚焉呂氏子得賢人之上資增以嗜儒書多文辭上下古今左繩右準以爲直道其於遠且大若稼而穀圃而蔬不丐買而有也今來言曰道不可特出功不可徒成必由仕以登假辭以通然後及乎物也吾將通其辭干於仕庶施吾道願一決其可不可於子何如子曰志存焉學不至焉不可也學存焉辭不至焉不可也辭存焉時不至焉不可也今以子之志且學而文之又當主上興太平賢士大夫爲宰相卿士吾子以其道從容以行由於下達於上旁施其事業若健者之升梯舉足愈多身愈高人愈仰之耳道不誤矣勤而不忘斯可也怠而忘斯不可也捨是吾無以爲決子其行焉

陪永州崔使君遊讌南池序

零陵城南環以羣山延以林麓其涯谷之委會則泓然爲

池灣然爲溪以上多楓柟竹箭哀鳴之禽其下多芡芰蒲蕖騰波之魚韜涵太虛澹灩閭里誠游觀之佳麗者已崔公既來其政寬以肆其風和以廉既樂其人又樂其身於暮之春徵賢合姻登舟於茲水之津連山倒垂萬象在下浮空泛影蕩若無外橫碧落以中貫陵太虛而徑度羽觴飛翔匏竹激越熙然而歌婆然而舞持頤而笑瞪目而倨不知日之將暮則於向之物者可謂無負矣昔之人知樂之不可常會之不可必也當歡而悲者有之況公之理行宜去受厚錫而席之賢者率皆左官蒙澤方將脫鱗介生

羽翮夫豈趦趄湘中爲顛頓客耶予既委廢於世恆得與是山水爲伍而悼玆會不可再也故爲文志之

愚溪詩序

灌水之陽有溪焉東流入於瀟水或曰冉氏嘗居也故姓是溪爲冉溪或曰可以染也名之以其能故謂之染溪予以愚觸罪謫瀟水上愛是溪入二三里得其尤絶者家焉古有愚公谷今予家是溪而名莫能定土之居者猶齗齗然不可以不更也故更之爲愚溪愚溪之上買小邱爲愚邱自愚邱東北行六十步得泉焉又買居之爲愚泉愚泉

凡六穴皆出山下平地蓋上出也合流屈曲而南爲愚溝遂負土累石塞其隘爲愚池愚池之東爲愚堂其南爲愚亭池之中爲愚島嘉木異石錯置皆山水之奇者以予故咸以愚辱焉夫水智者樂也今是溪獨見辱於愚何哉蓋其流甚下不可以溉灌又峻急多坻石大舟不可入也幽邃淺狹蛟龍不屑不能興雲雨無以利世而適類於予然則雖辱而愚之可也甯武子邦無道則愚智而爲愚者也顏子終日不違如愚睿而爲愚者也皆不得爲眞愚今予遭有道而違於理悖於事故凡爲愚者莫我若也夫然則天下莫能爭是溪予得專而名焉溪雖莫利於世而善鑒萬類清瑩秀澈鏘鳴金石能使愚者喜笑眷慕樂而不能去也予雖不合於俗亦頗以文墨自慰漱滌萬物牢籠百態而無所避之以愚辭歌愚溪則茫然而不違昏然而同歸超鴻濛混希夷寂寥而莫我知也於是作八愚詩紀於溪石上

婁二十四秀才花下對酒唱和詩序

君子遭世之理則呻呼踴躍以求知於世而遁隱之志息焉於是感激憤悱思奮其志略以效於當世必形於文字

伸於歌詠是故有其具而未得行其道者之爲也婁君志乎道而遭乎理之世其道宜行而其術未用故爲文而歌之有求知之辭以予弟同志而偕未達故爲贈詩以悼時之往也予既困辱不得預睹世之光明而幽乎楚越之間故合文士以申其致將俟夫木鐸以間於金石大凡編辭於斯者皆太平之不遇人也

法華寺西亭夜飲賦詩序

予既謫永州以法華浮圖之西臨陂池邱陵大江連山其高可以上其遠可以望遂伐木爲亭以臨風雨觀物初而

遊乎顥氣之始閒歲元克已由柱下史亦謫焉而來無幾何以文從予者多萃焉是夜會茲亭者凡八人既醉克已欲志是會以貽於後咸命爲詩而授予序昔趙孟至於鄭賦七子以觀鄭志克已其慕趙者歟卜子夏爲詩序使後世知風雅之道予其慕卜者歟誠使斯文也而傳於世庶乎其近於古矣

欽定全唐文卷五百七十九

柳宗元十一

凌助教蓬屋題詩序

儒有蓬户甕牖而自立者河間凌士燮窮討六籍皆有著述而尤邃春秋爲儒官守道端莊植志不回在京師十二年家本吳也欲歸而不可得遂構蓬室以備揖讓之位棟宇簡易僅除風雨蓋大江之南其舊俗也由是不出環堵坐入吳甸包山震澤若在牖外所謂求仁而得斯固然歟與夫南音越吟慕望而不獲者異日道也夫厚人倫懷舊俗固六義之本羣公是以有發德之什書在屋壁予敘而引之

送韓豐羣公詩後序

春秋時晉有叔向者垂聲邁烈顯白當世而其兄銅鞮伯華匿德藏光退居保和士大夫其不與叔向遊者罕知伯華矣然仲尼稱叔向曰遺直由義又稱伯華曰多聞內植進退兩尊榮於策書故羊舌氏之美至於今不廢宗元常與韓安平遇於上京追用古道交於今世以是知吾兄矣兄字茂實敦朴而知變宏和而守節溫淳重厚與直道爲

伍嘗又著書言禮家之事條綜古今大備制量遺名居實澹泊如也他日當爲達者稱焉在吾儕乎則韓氏之美亦將焜耀於後矣今將浮游淮湖觀藝諸侯凡知兄者咸出祖於外天水趙佶秉翰序事殷勤宣備詞旨甚當予謂春秋之道或始事或終義大易之制序卦處末然則後序之設不爲非經也於是編其餞詩若干篇紀於末簡以貺行李遂抗手而別

送婁圖南秀才遊淮將入道序

僕未冠求進士聞婁君名甚熟其所爲歌詩傳詠都中通

數經及羣書當時爲文章若崔比部于衛尉相與稱其文衆皆曰納言曾孫也而又有是咸推讓爲先登後十餘年僕自尚書郎謫來零陵覩婁君猶爲白衣居無室宇出無僮御僕深異而訊之乃曰今夫取科者交貴勢倚親戚合則插羽翮生風濤沛焉而有餘吾無有也不則饗飲食馳堅良以歡於朋徒相貿爲資相易爲名有不諾者以氣排之吾無有也不則多筋力善造請朝夕屈折於恒人之前走高門邀大車矯笑而僞言卑陬而姁媮偷一旦之容以售其伎吾無有也自度卒不能堪其勞故舍之而遊逾湖江出豫章至南海復由桂而下也少好道士言餌藥爲壽未盡其術故行且求之僕聞而愈疑往時觀得進士者不必若婁君之言又少能類婁君之文學又無納言之大德以爲之祖無比部衛尉以爲之知而升名者百數十人今婁君非不足也顧不樂而遁耳因爲予留三年他日又曰吾所以求於心者未克今其行也子旣異其遁於名而又德其久留於我也故爲之言夫君子之出以行其道也其處以獨善其身也今天下理平主上亟下求士之詔婁君智可以任職用事文可以宣風歌德行於世必有合其道

而進薦之者遽而爲處士吾以爲非時將曰老而就休耶則甚少且銳羸而自養耶則甚碩且武問其所以處咸無名焉若苟焉以圖壽爲道又非吾之所謂道也夫形軀之寓於土非吾能私之幸而好求堯舜孔子之志唯恐不得幸而遇行堯舜孔子之道唯恐不慊若是而壽可也求之而得行之而慊雖夭其誰悲今將以呼嘘爲食咀嚼爲神無事爲閑不死爲生則深山之木石大澤之龜蛇皆老而久其於道何如也僕嘗學於儒持之不得以陷於是以出則窮以處則乖其不宜言道也審矣以吾子見私於僕而

又重其去故竊言而書之而密授焉

送易師楊君序

世之學易者率不能窮究師說本承孔氏而妄意乎物表爭伉乎理外務新以爲名縱辯以爲高離其原振其末故羲文周孔之奧詆冒混亂人罕由而通焉不達古師以入道妙若宏農楊君者其鮮矣御史中丞崔公博而守儒達而好禮故楊君之來也館於燕堂饋之餼食日命合邦之學者論說辯問貫穿上下揮散而咸同幽昏而大明言若誕而不乖於聖理若肆而不失其正不爲他奇以立名氏

姑務達其旨而已古人謂篤孔子之說者楊君固其徒歟宗元以爲太學立儒官傳儒業宜求專而通新而一者以爲胄子師昔嘗遊焉而未得其人今天下外多賢連帥方伯朝廷立槐棘之下皆用儒先而楊君之道未列於博士則誰咎歟無乃隱其聲含其美以自窮歟夫以退讓自窮於豐富之世以貽有位者羞是習易之說而廢其道也於將行而問以言敢以變君之志

送徐從事北遊序

讀詩禮春秋莫能言說其容貌充充然而聲名不聞傳於世豈天下廣大多儒而使然歟將晦其說諱其讀不使世得聞傳其名歟抑處於遠仕於遠不與通都大邑豪傑角其技而至於是歟不然無顯者爲之倡以振動其聲歟今之世不能多儒可以盍生者觀生亦非晦其說諱其讀者然則餘二者爲之決矣生北遊必至通都大邑通都大邑必有顯者由是其果聞傳於世歟苟聞傳必得位得位而以詩禮春秋之道施於事及於物思不負孔子之筆舌能如是然後可以爲儒儒可以說讀爲哉

送詩人廖有方序

交州多南金珠璣瑇瑁象犀其產皆奇怪至於草木亦殊異吾嘗怪陽德之炳耀獨發於紛葩瓌麗而罕鍾乎人今廖生剛健重厚孝悌信讓以質乎中而文乎外爲唐詩有大雅之道夫固鍾於陽德者耶是世之所罕也今之世恆人其於紛葩瓌麗則凡知貴之矣其亦有貴廖生者耶果能是則吾不謂之恆人也實亦世之所罕也

送元十八山人南遊序

太史公嘗言世之學孔氏者則黜老子學老子者則黜孔子道不同不相爲謀予觀老子亦孔氏之異流也不得以

相抗又況楊墨申商刑名縱橫之說其迭相訾毀抵捂而不合者可勝言耶然皆有以佐世太史公沒其後有釋氏固學者之所怪駭舛逆其尤者也今有河南元生者其人閎曠而質直物無以挫其志其爲學恢博而貫統數無以躓其道悉取向之所以異者通而同之搜擇融液與道大適咸伸其所長而黜其奇衺要之與孔子同道皆有以會其趣而其器足以守之其氣足以行之不以其道求合於世常有意乎古之守雌者及至是邦以予道窮多憂而嘗好斯文留三旬有六日陳其大方勤以爲諭予始得其爲

欽定全唐文　卷五百七十九　柳宗元　六

人今又將去予而南歷營道觀九疑下灕水窮南越以臨大海則吾未知其還也黃鵠一去青冥無極安得不馮豐隆愬蜚廉以寄聲於寥廓耶

送賈山人南遊序

傳所謂學以爲已者是果有其人乎吾長京師三十三年遊鄉黨入太學取禮部吏部科校集賢祕書出入去來凡所與言無非學者蓋不啻百數然而莫知所謂學而爲已者及見逐於尚書居永州刺柳州所見學者益稀少常以爲今之世無是決也居數月長樂賈景伯來與之言邃於經書博取諸史羣子昔之爲文章者畢貫統言未嘗誠行未嘗怪其居室愔然不欲出門其見人侃侃而肅召之仕怏然不喜導之還中國視其意夷夏若均莫取其是非曰姑爲道而已爾若然者其實爲已乎非已乎使吾取乎今之世賈君果其人乎其足也則居其匱也則行行不苟之居不苟容以是之於今世其果逃於匱乎吾名逐祿貶言見疵於世奈賈君何於其之也卽其舟與之酒侑之以歌歌曰充乎已之居或躓其塗匱乎已之虛或盈其廬孰匱孰充爲泰爲窮君子烏乎取以寧其躬若君者之於道而

欽定全唐文　卷五百七十九　柳宗元　七

已爾世孰知其從容者耶

送方及師序

代之游民學文章不能秀發者則假浮屠之形以爲高其學浮屠不能愿愨者則又託文章之流以爲放以故爲文章浮屠率皆縱誕亂雜世亦寬而不誅今有方及師者獨不然處其伍介然不踰節交於物沖然不苟狎遇達士述作手輒繕錄復習而不懈行其法不以自怠至於踐青折萌況席灌手雖小教戒未嘗肆其心是故異夫假託爲者也薛道州劉連州文儒之擇也館焉而備其敬歌焉而致

其辭夫豈貪而濫歟予用是得不繫其說以告於他好事者

送文暢上人登五臺遂遊河朔序

昔之桑門上首好與賢士大夫游晉宋以來有道林道安遠法師休上人其所與遊則謝安石王逸少習鑿齒謝靈運鮑昭之徒皆時之選由是真乘法印與儒典並用而人知嚮方今有釋文暢者道源生知善根宿植深嗜法語忘甘露之味服道江表蓋三十年謂王城雄都宜有大士遂躡虛而西驅錫逾紀而秦人蒙利者益衆雲代之間有靈

山焉與竺乾鷲嶺角立相望而往解脫者去來回復如在步武則勤求秘寶作禮大聖非此地莫可故又捨筏西土振塵朔陲將欲與文殊不二之會脫去穢累超詣覺路吾徒不得而留也天官顧公夏官韓公廷尉鄭公吏部郎中楊公有安石之德逸少之高鑿齒之才皆厚於上人而襲其道風佇立瞻望懼往而不返也吾輩常希靈運明遠之文雅故詩而序之又從而諭之曰今燕魏趙代之間天子分命重臣典司方岳辟用文儒之士以緣飾政令服勤聖人之教尊禮浮屠之事者比比有焉上人之往也將統合儒釋宣滌疑滯然後蔑衣祴之贈委財施之會不顧矣其來也盍亦徵其歌詩以焜耀迥躅偉長德璉之述作豈擅重千祀哉庶欲編觀風之職而知鄭志耳

送巽上人赴中丞叔父召序

或問宗元曰悉矣子之得於巽上人也其道果何如哉對曰吾自幼好佛求其道積三十年世之言者罕能通其說於零陵吾獨有得焉且佛之言吾不可得而聞之矣其存於世者獨遺其書不於其書而求之則無以得其言言且不可得況其意乎今是上人窮其書得其言諭其意推而

大之逾萬言而不煩總而括之立片辭而不遺與夫世之析章句徵文字言至虛之極則蕩而失守辯羣有之夥則泥而皆存者其不以遠乎以吾所聞知凡世之善言佛者於吳則惠誠師荊則海雲師楚之南則重巽師師之言存則佛之道不遠矣惠誠師已死今之言佛者加少其由儒而通者鄭中書洎孟常州中書見上人執經而師受且曰於中道吾得以益達常州之言曰從佛法生得佛法分皆以師友命之今連帥中丞公具舟來迎飾館而俟欲其道之行於遠也夫豈徒然哉以中丞公之直清嚴重中書之

辯博常州之敏達且猶宗重其道况若吾之昧昧者乎夫衆人之和由大人之倡洞庭之南竟南海其士一作土汪汪也求道者多半天下一唱而大行於遠者是行有之則和焉者將若羣蟄之有雷不可止也於是書以爲巽上人赴中丞叔父召序

送僧浩初序

儒者韓退之與予善嘗病予嗜浮屠言訾予與浮屠游近隴西李生礎自東都來退之又寓書罪予且曰見送元生序不斥浮屠浮屠誠有不可斥者往往與易論語合誠樂之其於性情奭然不與孔子異道退之好儒未能過楊子楊子之書於莊墨申韓皆有取焉浮屠者反不及莊墨申韓之怪僻險賊耶曰以其夷也果不信道而斥焉以夷則將友惡來盜跖而賤季札由余乎非所謂去名求實者矣吾之所取者與易論語合雖聖人復生不可得而斥也退之所罪者其跡也曰髡而緇無夫婦父子不爲耕農蠶桑而活乎人若是雖吾亦不樂也退之忿其外而遺其中是知石而不知韞玉也吾之所以嗜浮屠之言以此與其人遊者未必能通其言也且凡爲其道者不愛官不爭能樂

山水而嗜閒安者爲多吾病世之逐逐者唯印組爲務以相軋也則舍是其焉從吾之好與浮屠遊以此今浩初閑其性安其情讀其書通易論語唯山水之樂有文而文之又父子咸爲其道以養而居泊焉而無求則其賢於爲莊墨申韓之言而逐逐然唯印組爲務以相軋者其亦遠矣李生礎與浩初又善今之往也以吾言示之因此人寓退之視何如也

送元暠師序

中山劉禹錫明信人也不知人之實未嘗言言未嘗不讎元暠師居武陵有年數矣與劉遊久且暱持其詩與引而來予視之申申其言勤勤其思其爲知而言也信矣予觀世之爲釋者或不知其道則去孝以爲達遺情以貴虛今元暠衣麤而食菲病心而墨貌以其先人之葬未返其土無族屬以移其哀行求仁者以冀終其心勤而爲逸遠而爲近斯蓋釋之知道者歟釋之書有大報恩十篇咸言由孝而極其業世之蕩誕慢訑者雖爲其道而好違其書於元暠師吾見其不違且與儒合也元暠陶氏子其上爲通侯爲高士爲儒先資其儒故不敢忘孝跡其高故爲釋承

其侯故能與達者遊其來而從吾也觀其爲人益見劉之明且信故又與之言重敘其事

送琛上人南遊序

佛之跡去乎世久矣其留而存者佛之言也言之著者爲經翼而成之者爲論其流而來者百不能一焉然而其道則備矣法之至莫尚乎般若經之大莫極乎涅槃世之上士將欲由是以入者非取乎經論則悖矣而今之言禪者有流盪舛誤迭相師用妄取空語而脫略方便顛倒眞實以陷乎已而又陷乎人又有能言體而不及用者不知二

者之不可斯須離也離之外矣是世之所大患也吾琛則不然觀經得般若之義讀論悅三觀之理晝夜服習而身行之有來求者則爲講說從而化者皆知佛之爲大法之爲廣菩薩大士之爲雄修而行者之爲空蕩而無者之爲礙夫然則與夫增上慢者異矣異乎是而免斯名者吾無有也將以廣其道而被於遠故好遊自京師而來又南出乎桂林未知其極也吾病世之傲逸者嗜乎彼而不求乎此故爲之言

送文郁師序

柳氏以文雅高於前代近歲頗乏其人百年間無爲書命者登禮部科數年乃一人後學小童以文儒自業者又益寡今有文郁師者讀孔氏書爲詩歌逾百篇其爲有意乎文儒事矣又遯而之釋背笈篋懷筆牘挾海泝江獨行山水間翛翛然模狀物態搜伺隱隟登高遠望悽愴超忽遊其心以求勝語若有程督之者已則被緇艾茹蒿芹志終其身吾誠怪而譏焉對曰力不任奔競志不任煩拏苟以其所好行而求之而已爾終不可變化吾思當世以文儒取名聲爲顯官入朝受憎媢訕黜摧伏不得守其土者十

恆八九若師者其可訕而黜耶用是不復譏其行返退而自識於其辭而去也則書以畀之

送元暠歸幽泉寺序

佛之道大而多容凡有志乎物外而恥制於世者則思入焉故有貌而不心名而異行剛狷以離偶紆舒以縱獨其狀類不一而皆童髮毀服以遊於世其孰能知之今所謂元暠者其視瞻容體未必盡思跡佛而持詩句以來求予夫豈恥制於世而有志乎物外者耶夫道獨而跡狎則怨志遠而形羈則泥幽泉山山之幽也閒其志而由其道以

遯而樂足以去二患捨是又何爲耶既曰爲予來故於其去不可以不告也

送濬上人歸淮南覲省序

金僊氏之道蓋本於孝敬而後積以眾德歸於空無其敷演教戒於中國者離爲異門曰禪曰法曰律以誘掖迷濁世用宗奉其有修整觀行尊嚴法容以儀範於後學者以爲持律之宗焉上人窮討祕義發明上乘奉威儀三千雖造次必備嘗以此道宣於江湖之人江湖之人悅其風而受其賜攀慈航望彼岸者蓋千百計天子聞之徵至闕下

御大明祕殿以問焉導揚本教頗甚稱旨京師士眾方且翹然仰大雲之澤以植德本而上人不勝顧復之恩退懷省侍之禮懇迫上乞遂無以奪由是杖錫東顧振衣晨征右司員外郎劉公深明世典通達釋教與上人爲方外遊始榮其至今惜其去於是合郎署之友詩以貺之退使孺子執簡而序之因繫其辭曰上人專於律行恆久彌固其儀刑後學者歟誨於生靈觸類蒙福其積眾德者歟覲於高堂視遠如邇其本孝敬者歟若然者是將心歸空無捨筏登地固何從而識之乎古之贈禮必以輕先重故鄭商之犒先乘韋魯侯之贈後吳鼎今餞詩之重皆眾吳鼎也故乘韋之比得序而先之且曰由禮而不敢讓焉

序飲

買小邱一日鋤理二日洗滌遂置酒溪石上嚮之爲記所謂牛馬之飲者離坐其背實觴而流之接取以飲乃置監史而令曰當飲者舉籌之十寸者三逆而投之能不洄於洑不止於坻不沈於底者過不飲而洄而止而沈者飲如籌之數既或投之則旋眩滑汩若舞若躍速者遲者去者住者眾皆據石注視歡抃以助其勢突然而逝乃得無事

於是或一飲或再飲客有婁生圖南者其投之也一洄一止一沈獨三飲眾乃大笑驩甚予病痞不能食酒至是醉焉遂損益其令以窮日夜而不知歸吾聞昔之飲酒者有揖讓酬酢百拜以爲禮者有叫號屢舞如沸如羹以爲極者有裸裎袒裼以爲達者有資絲竹金石之樂以爲和者有以促數糾逖而爲密者今則舉異是焉故捨百拜而禮無叫號而極不袒裼而達非金石而和去糾逖而密簡而同肆而恭衎衎而從容於以合山水之樂成君子之心宜也作序飲以貽後之人

序棊

房生直溫與予二弟遊皆好學予病其確也思所以休息之者得木局隆其中而規焉其下方以直置棊二十有四貴者半賤者半貴曰上賤曰下咸自第一至十二下者二乃敵一用朱墨以別焉房於是取二毫如其第書之既而抵戲者二人則視其賤者而賤之貴者而貴之其使之擊觸也必先賤者不得已而使貴者則皆慄焉惛焉亦鮮克以中其獲也得朱焉則若有餘得墨焉則若不足予諦睨之以思其始則皆類也房子一書之而輕重若是適近其

手而先焉非能擇其善而朱之否而墨之也然而上焉而上下焉而下貴焉而貴賤焉而賤其易彼而敬此遂以遠焉然則若世之所以貴賤人者有異房之貴賤於茲棊者歟無亦近而先之耳其有果能擇其善否者歟其敬而易者亦從而動心矣有敢議其善否者歟其得於貴者有不氣揚而志蕩者歟其得於賤者有不貌慢而心肆者歟其所謂貴者有敢輕而使之擊觸者歟其所謂賤者有敢避其使之擊觸者歟彼朱而墨者相去千萬且不啻有敢以二敵其一者歟予墨者徒也觀其始與末有似棊者故敘

欽定全唐文卷五百八十

柳宗元十二

監祭使壁記

禮檀弓曰祭禮與其敬不足而禮有餘也不若禮不足而敬有餘也是必禮與敬皆足而後祭之義行焉周禮祭僕視祭祀有司百官之戒具誅其不敬者漢以侍御史監祠唐開元禮凡大祠若干中祠若干咸以御史監視祠官有不如儀者以聞其刻印移書則曰監祭使實應中尤異其禮更號祠祭使俄復其初又制凡供祠之吏雖當齋戒得以決罰由是禮與敬無不足者聖人之於祭祀非必神之

也蓋亦附之教焉事於天地示有尊也不肅則無以教敬事於宗廟示廣孝也不肅則無以教愛事於有功烈者示報德也不肅則無以勸善凡肅之道自法制始奉法守制由御史出者也故將有事焉則祠部上其日吏部上其官奉制書以來告然後頒於有司以謹百事太常修其禮光祿合其物百工之役先一日咸至於祠而考閱焉御史會公卿有司執簡而臨之故其粢盛牲牢酒醴菜菓之饌必實於庖廚鐘鼓笙竽琴瑟戛擊之樂簨簴綴兆之數必具

於庭內樽彝罍洗俎豆醆斝之器必潔於壇堂之上奉奠之士贊禮之童樂工舞師洎執殳而衛者咸引數(引數一作列若)其實設簨朴於堂下以修官刑而羣吏莫敢不備物羅奏牘於几上以嚴天憲而衆官莫敢不盡誠而祭之日先升立於西階之上以待卒事其禮之周旋樂之節奏必周知之退而視其燔燎瘞埋終之以敬也居常則飭四方祀貢之物以時登於王府服器之修具祠宇之繕理牛羊毛滌之節三宮御廩之實畢備而聽命焉舊以監察御史之長居是職貞元十九年十二月御史多缺予班在三人之下

進而領焉明年中山劉禹錫始復舊制由禮與敬以臨其人而官事益理制令有不宜於時者必復於上革而正之於是始爲記求簿書得爲是職者若干人書焉

四門助教廳壁記

周人置虞庠於四郊以養國老教冑子祭統曰天子設四學蓋其制也易傳太初篇曰天子旦入東學晝入南學夕入西學暮入北學蔡邕引之以定明堂之位焉大戴禮保傅篇曰帝入東學以貴仁入南學以貴信入西學以貴德入北學以貴爵賈生述之以明太子之教焉故曰爲大教之宮而四學具焉參明堂之政原大教之極其建置之道宏也後魏大和中立學於四門置助教二十人隋氏始隸於國子而降置五人皇朝始合於太學又省至三人員位彌簡其官尤難非儒之通者不列也四門學之制掌國之上士中士下士凡三等侯伯子男凡四等其子孫之爲冑子者及庶士庶人之子爲俊士者使執其業而居其次就師儒之官而考正焉助教之職佐博士以掌鼓篋榎楚之政令分其人而教育之其有通經力學者必於歲之杪升於禮部聽簡試焉課生徒之進退必酌於中道非博雅莊

敬之流固不得臨於是故有去而升於朝者賀祕書由是爲博士歸散騎由是爲左拾遺舊制以拾遺爲八品清官故必以名實者居於其位貞元中王化既成經籍少間有司命太學之官頗以爲易專名譽好文章者咸恥爲學官至是河東柳立始以前進士求署茲職天水武儒衡閩中歐陽詹又繼之是歲爲四門助教凡三人皆文士京師以爲異余與立同祖於方輿公與武公(武公一作武君)同升於禮部與歐陽生同志於文四門助教署未嘗紀前人名氏余故爲之記而由夫三子者始

武功縣丞廳壁記

殷頌曰邦畿千里周制千里之內曰甸服穀梁謂之寰內諸侯爲王內臣其制甚重今京兆尹理京師部二十有三縣幅員之廣其猶古也縣吏之長曰令曰丞丞之位正八品下蓋丞述六職以輔其令也秦漢有丞相令令一作尚書有左右丞御史有中丞至於九卿之列亦皆有丞下以達天下之縣政有大小其旨同也武功爲甸內大縣棱其圖古后稷封有斄之地秦作四十一縣斄美陽武功各異至是合焉蓋嘗爲稷州已而復縣其土疆沃美高厚有邱陵

墳衍之大其植物豐暢茂遂有秬秠藿菽之宜其人善樹藝其俗有禮讓宜乎其大雅之遺烈焉貞元十五年改邑於南里既成新城凡官署舊記壁壞文逸而未克繼之者後三年而潁川陳南仲居是官邑人宜之號爲簡靖因其族子存持地圖以來謁余爲記夫以武功疆理之大人徒之多而陳生以簡靖輔其理斯固難矣漢高帝嘗詔天下凡以戰得爵七大夫公乘以上令丞與抗禮故爲吏益難今天子崇武念功與漢初相類分禁旅以守縣道武功爲多陳生爲丞於是而又職盜賊其爲理無敗事吾庸可以度哉爲之記云

盩厔縣新食堂記

貞元十八年五月某日新作食堂於縣內之右始會食也自兵興以來西郊捍戎縣爲軍壘二十有六年羣吏咸寓於外兵去邑荒棟宇傾圮又十有九年不克以居由是縣之聯事離散而不屬凡其官僚罕或覿見及是主簿某病之於是且掌工役之任俾復其邑居庾庫既成學校既修取其餘林以構斯堂其上棟自南而北者二十有二尺周阿峻嚴列楹齊同其飾之文質階之高下視邑之大小與

羣吏之品秩不陋不盈高山在前流水在下可以俯仰可以宴樂堂既成得羨財可以爲食本月權其贏羞膳以充乃合羣吏於茲新堂升降坐起以班先後始正位秩之敘禮儀笑語講議往復始會政事之要筵席肅莊籩豆靜嘉燔炮烹飪益以酒醴始獲僚友之樂卒事而退舉欣欣焉曰惟禮食之來古也今京師百官咸有斯制甸服亦王之內邑且官有聯屬則宜統會以齊之也嚮之離而今之合其得失也遠甚我是以肅焉而莊衎焉而和羣疑以亡嘉言以彰旨乎其在此堂也不惟其馨香醉飽之謂某之力

也夫宜伐石以志使是道也不替於後乃列其事來告使余書之

諸使兼御史中丞廳壁記

古者交政於四方謂之使令之制受命臨戎職無所統屬者亦謂之使凡使之號蓋專焉而行其道者也開元以來其制愈重故取御史之名而加焉至於今若干年其兼中丞者若干人其使絕域統兵戎按州部專貨食而柔遠人固王略齊風俗和關石大者戡復於內拓定於外皆得以壯其威張其聲其用遠矣假是名以莅厥職而尊嚴若是

況乎總憲度於朝端樹風聲於天下其所以翼於君正於人者尤可以知也武公以厚德在位甚宜其官視其署有記諸使中丞者而多闕漏於是求其故於詔制而又質於史氏增益備具遂命其屬書之且曰由其號而觀其實後之居於斯者有以敬於事

館驛使壁記

凡萬國之會四夷之來天下之道途畢出於邦畿之內奉貢輸賦修職於王都者入於近關則皆重足錯轂以聽有司之命徵令賜予布政於下國者出於甸服而後按行成列以就諸侯之館故館驛之制於千里之內尤重自萬年至於渭南其驛六其蔽曰華州其關曰潼關自華而北界於櫟陽其驛六其蔽曰同州其關曰蒲津自灞而南至於藍田其驛六其蔽曰商州其關曰武關自長安至於盩厔其驛十有一其蔽曰洋州其關曰華陽自武功而西至於好畤其驛三其蔽曰鳳翔府其關曰隴關自渭而北至於華原其驛九其蔽曰坊州自咸陽而西至於奉天其驛六其蔽曰邠州由四海之內總而合之以至於關由關之內束而會之以至於王都華人夷人往復而授館者旁午而

至傳吏奉符而閱其數縣吏執牘而書其物告至告去之役不絕於道寓望迎勞之禮無曠於日而春秋朝陵之邑皆有傳館其飲飫餼饋咸出於豐給繕完築復必歸於整頓列其田租布其貨利權其入而用其積於是有出納奇贏之數勾會考校之政大歷十四年始命御史爲之使俾考其成以質於尚書季月之晦必合其簿書以視其等列而校其信宿必稱其制有不當者反之於官尸其事者有勞焉則復於天子而優升之勞大者增其官其次者降其調之數又其次猶異其考績官有不職則以告而罪之故

月受俸二萬於太府史五人承符者二人皆有食焉先是假廢官之印而用之貞元十九年南陽韓泰告於上始鑄使印而正其名然其嗣當斯職未嘗有記之者追而求之蓋數歲而往則失之矣今余爲之記遂以韓氏爲首且曰修其職故首之也

嶺南節度饗軍堂記

唐制嶺南爲五府府部州以十數其大小之戎號令之用則聽於節度使焉其外大海多蠻夷由流求訶陵西抵大夏康居環水而國以百數則統於押蕃舶使焉內之幅員

萬里以執秩拱稽時聽教命外之羈屬數萬里以譯言贄寶歲帥貢職合二使之重以治於廣州故賓軍之事宜無與校大且賓有牲牢饔餼嘉樂好禮以同遠合疏軍有犒饋宴饗勞旋勤歸以羣力一心於是治也開閎階序不可與他邦類必厚棟大梁夷庭高門然後可以上充於揖讓下周於步武今御史大夫扶風公廉廣州且專二使增德以來遠人申威以修戎政大饗宴合樂從其豐盈先是爲堂於治城西北陬其位公北向賓衆南向奏部伎於其西視泉池於其東隅奧庳仄庭廡下陋日未及晡則赫炎當目汗眩更起而禮莫克終故凡大宴饗大賓旅則寓於外壘儀型不稱公於是始斥其制爲堂南面橫八楹縱十楹饗宴之位化爲東序西又如之其外更衣之次膳食之宇列觀以游目偶亭以展聲彌望極顧莫究其往泉池之舊增濬益植以暇以息如在林壑問工焉取則師輿是供問役焉取則蠻隸是徵問材焉取則隙宇是遷或益其闕伐山浮海農賈拱手張目視具乃十月甲子克成公命饗於新堂幢牙茸纛金節析羽旆旗旟旐咸飾於下鼓以鼖晉金以錞鐃公與監軍使肅上賓延羣僚將校士吏咸次於位卉裳罽衣胡夷蜑蠻睢盱就列者千人以上鉶鼎體節

燔炮胾炙羽鱗狸互之物沈泛醍盎之齊均飫於卒士興王之舞服夷之伎揳擊吹鼓之音飛騰幻怪之容寰觀於遠邇禮成樂遍以敘而賀且曰是邦臨護之大五人合之非是堂之制不可以備物非公之德不可以容衆曠於往初肇自今茲太和有人以觀遠方古之戎政其曷用加此華元名大夫也殺羊而御者不及霍去病良將軍也餘肉而士有飢色猶克稱能以垂到今矧茲具美其道不廢願勒於金石以永示後祀遂相與來告且乞辭某讓不獲乃

刻於茲石

邠寧進奏院記

凡諸侯述職之禮必有棟宇建於京師朝覲爲修容之地會計爲交政之所其在周典則皆邑以具湯沐其在漢制則皆邸以奉朝請唐興因之則皆院以備進奏政以之成禮於是具由舊章也皇帝宅位十一載悼邊氓之未乂惡兇虜之猶阻博求羣臣以朗寧王張公爲能俾其建節剖符守股肱之郡統爪牙之職董制三軍撫柔萬人乃新斯院宏我舊制高其閈閎壯其門閭以奉王制以修古典至

敬也以尊朝覲以率貢職至忠也執忠與敬臣道畢矣公嘗鳴珮執玉展禮天朝又嘗伐叛獲醜獻功魏闕其餘歸時事修常職賓屬受辭而來使旅賁奉章而上謁稽疑於大宰質政於有司下及奔走之臣傳遽之役川流環運以達教令大凡展采於中都率由是焉故領斯院者必獲歷閶闔登太清仰萬乘之威而通內外之事王宮九關而不閒轅門十舍而如近斯乃軍府之要樞邠寧之能政也惟公端明而厚溫裕而肅宏略特出大志高邁施德下邑而黎人咸懷設險西陲而戎虜伏息茂功溢於太常盛烈動於人聽則斯院之設乃他政之末者也贊公於他政之末故詞不周德稱公於天子之都故禮不稱位斯古道也貞元十二年十月六日河東柳宗元爲記

興州江運記

御史大夫嚴公牧於梁五年嗣天子舉周漢進律增秩之典以親諸侯謂公有功德理行就加禮部尚書是年四月使中謁者來錫公命賓僚吏屬將校卒士黧老童孺塡溢公門舞躍歡呼願建碑紀德垂億萬祀公固不許退而相與怨咨遑遑如不飲食於是西鄙之人密以公刋山導江

之事願刻巖石曰惟梁之西其蔽曰某山其守曰興州興州之西爲戎居歲備亭障實以精卒以道之險隘兵困於食守用不固公患之曰吾嘗爲興州凡其土人之故吾能知之自長舉北至於青泥山又西抵於成州過栗亭川踰寶井堡崖谷峻隘十里百折負重而上若蹈利刃盛秋水潦窮冬雨雪深泥積水相輔爲害顚踣騰藉血流棧道糗糧芻藁塡谷委山馬牛羣畜相藉物故餫夫畢力守卒延頸嗷嗷之聲其可哀也若是者綿三百里而餘自長舉之西可以導江而下二百里而至昔之人莫得知也吾受命

於君而育斯人其可已乎乃出軍府之幣以備器用卽山僦功由是轉巨石仆大木焚以炎火沃以食醯摧其堅剛化爲灰燼畚锸之下易甚朽壤乃闢乃墾乃宣乃理隨山之曲直以休人力順地之高下以殺湍悍厥功既成咸如其素於是決去壅土疏導江濤萬夫呼抃莫不如志雷騰雲奔百里一瞬既會既遠澹爲安流烝徒謳歌枕臥而至戍人無虞專力待寇惟我公之功疇可侔也而無以酬德致其大願又不可得命刻公之始來屬當惡歲府庾甚虛器備甚殫饑饉昏札死徙充路賴公節用愛人克安而生

老窮有養幼乳以遂不問不使咸得其志公命鼓鑄庫有利兵公命屯田師有餘糧選徒練旅有衆孔武平刑議獄有果不黷增石爲防膏我稻粱歲無凶災家有積倉傳館是飾旅忘其歸杠梁以成人不履危若是者皆以戎隙師士而爲之不出四方之力而百役已就且我西鄙之職官故不能具舉惟公和恆直方廉毅信讓敦尚儒學抑損貴位率忠與仁以厚其誠其有可以安利於人者行之堅勇不俟終日其興功濟物如此其大也昔之爲國者惟水事爲重故有障大澤勤其官而受封國者矣西門遺利史起興歎白圭壑鄰孟子不與公能夷險休勞以惠萬代其功烈尤章章焉不可蓋也是用假辭謁工勒而存之用永憲於後祀

全義縣復北門記

賢者之興而愚者之廢廢而復之爲是循而習之爲非恆人猶且知之不足乎列也然而復其事必由乎賢者推是類以從於政其事可少哉賢莫大於成功愚莫大於恡且誣桂之中嶺而邑者曰全義衛公城之南越以平盧遵爲全義視其城塞北門鑿他雉以出問之其門人曰餘百年

矣或曰巫言是不利於令故塞之或曰以賓旅之多有懼竭其餼饋者欲迴其途故塞之遵曰是非恡且誣歟賢者之作思利乎人反是罪也余其復之詢於羣吏吏叶厥謀上於大府大府以俞邑人便焉讙舞里閭居者思止其家行者樂出其途由道廢邪用賢棄愚推以革物宜民之蘇若是而不列殆非孔子徒也爲之記云

潭州楊中丞作東池戴氏堂記

宏農公刺潭三年因東泉爲池環之九里邱陵林麓距其涯坻島渚洲交其中其岸之突而出者水縈之若玦焉池

之勝於是爲最公曰是非離世樂道者不宜有此卒授賓客之選者譙國戴氏曰簡爲堂而居之堂成而勝益奇望之若連艫縻艦與波上下就之顛倒萬物遼廓眇忽樹之松柏杉櫧被之菱芡芙蕖鬱然而陰粲然而榮凡觀望浮游之美專於戴氏矣戴氏嘗以文行累爲連率所賓禮貢之澤宮而志不願仕與人交取其退讓受諸侯之寵不以自大其離世歟好孔氏書旁及莊文莫不總統以至虛爲極得受益之道其樂道歟賢者之舉也必以類當宏農公之選而專茲地之勝豈易而得哉地雖勝得人焉而居之

則山若增而高水若闢而廣堂不待飾而已奐矣戴氏以泉池爲宅居以雲物爲朋徒攄幽發粹日與之娛則行宜益高文宜益峻道宜益懋交相贊者也既碩其內又揚於時吾懼其離世之志不果矣君子謂宏農公刺潭得其政爲東池得其勝授之得其人豈非動而時中者歟於戴氏堂也見公之德不可以不記

桂州裴中丞作訾家洲亭記

大凡以觀游名於代者不過視於一方其或傍達左右則以爲特異至若不騖遠不陵危環山洄江四出如一夸奇競秀咸不相讓徧行天下者唯是得之桂州多靈山發地峭堅林立四野署之左曰灕水水之中曰訾氏之洲凡嶠南之山川達於海上於是畢出而古今莫能知元和十二年御史中丞裴公來涖茲邦都督二十七州諸軍州事盜遁姦革德惠敷施期年政成而富且庶當天子平淮夷定河朔告於諸侯公既施慶於下乃合僚吏登茲以嬉觀望悠長悼前之遺於是厚貨居氓移於閑壤伐惡木刜奥草前指後畫心舒目行忽然若飄浮上騰以臨雲氣萬山西向重江東隘聯嵐含輝旋視具宜常所未覩倏然互見以

爲飛舞奔走與游者偕來乃經工化（一作庀）材考極相方南爲燕亭延宇垂阿步簷更衣周若一舍北有崇軒以臨千里左浮飛閣右列閒館比舟爲梁與波升降苞灕山含龍宮昔之所大蓄在亭內日出扶桑雲飛蒼梧海霞島霧來助游物其隙則抗月檻於迴谿出風榭於篁中晝極其美又益以夜列星下布顥氣迴合邃然萬變若與安期羨門接於物外則凡名觀游於天下者有不屈伏退讓以推高是亭者乎既成以燕歡極而賀咸曰昔之遺勝槩者必於深山窮谷人罕能至而好事者後得以爲已功未有直治

城抉闉闍車輿步騎朝過夕視訖千百年莫或異顧一旦得之遂出於他邦雖博物辯口莫能舉其上者然則人之心目其果有遼絕特殊而不可至者耶蓋非桂山之靈不足以瓌觀非是洲之曠不足以極視非公之鑒不能以獨得噫造物者之設是久矣而盡之於今余其可以無籍乎

邕州柳中丞作馬退山茅亭記

冬十月作新亭於馬退山之陽因高邱之阻以面勢無欂櫨節梲之華不斲椽不翦茨不列牆以白雲爲藩籬碧山爲屏風昭其儉也是山崒然起於莽蒼之中馳奔雲矗亘

數十百里尾蟠荒陬首注大溪諸山來朝勢若星拱蒼翠詭狀綺綰繡錯蓋天鍾秀於是不限於遐裔也然以壤接荒服俗參夷徼周王之馬迹不至謝公之屐齒不及巖徑蕭條登探者以爲嘆歲在辛卯我仲兄以方牧之命試於是邦夫其德及故信孚信孚故人和人和故政多暇由是嘗徘徊此山以寄勝槩迺墍迺塗作我攸宇於是不崇朝而木工告成每風止雨收烟霞澄鮮輒角巾鹿裘率昆弟友生冠者五六人步山椒而登焉於是手揮絲桐目送還雲西山爽氣在我襟袖以極萬類攬不盈掌夫美不自美因人而彰蘭亭也不遭右軍則清湍修竹蕪沒於空山矣是亭也僻介閩嶺佳境罕到不書所作使盛跡鬱湮是貽林間之媿故志之

永州韋使君新堂記

將爲穹谷嵁巖淵池於郊邑之中則必輦山石溝澗壑淩絕險阻疲極人力乃可以有爲也然而求天作地生之狀咸無得焉逸其人因其地全其天昔之所難今於是乎在永州實惟九疑之麓其始度土者環山爲城有石焉翳於奧草有泉焉伏於土塗蛇虺之所蟠狸鼠之所游茂樹惡

木嘉葩毒卉亂雜而爭植號爲穢墟韋公之來既逾月理甚無事望其地且異之始命芟其蕪行其塗積之邱如蠲之瀏如既焚既釃奇勢迭出清濁辨質美惡異位視其植則清秀敷舒視其蓄則溶漾紆餘怪石森然周於四隅或列或跪或立或仆竅穴逶邃堆阜突怒乃作棟宇以爲觀遊凡其物類無不合形輔勢效伎於堂廡之下外之連山高原林麓之崖間廁隱顯邇延野綠遠混天碧咸會於譙門之外（一作内）已乃延客入觀繼以宴娛或贊且賀曰見公之作知公之志公之因土而得勝豈不欲因俗以成化公

之擇惡而取美豈不欲除殘而佑仁公之蠲濁而流清豈不欲廢貪而立廉公之居高以望遠豈不欲家撫而户曉夫然則是堂也豈獨草木土石水泉之適歟山原林麓之觀歟將使繼公之理者視其細知其大也宗元請志諸石措諸壁編一作屋漏以爲二千石楷法

永州崔中丞萬石亭記

御史中丞清河男崔公來莅永州間日登城北墉臨於荒野藂翳之隙見怪石特出度其下必有殊勝步自西門以求其墟伐竹披奥欹側以入緜谷跨谿皆大石林立渙若

奔雲錯若置碁怒若虎鬬企若鳥厲抉其穴則鼻口相呀搜其根則蹄股交峙環行卒愕疑若搏噬於是刳闢朽壤翦焚榛薉決溝澮導伏流散爲疎林洄爲清池寥廓泓渟若造物者始判清濁效奇於兹地非人力也乃立游亭以宅厥中直亭之西石若掖分可以眺望其上青壁斗絶沉於淵源莫究其極自下而望則合乎攢巒與山無窮明日州邑耋老雜然而至曰吾儕生是州藝是野眉厖齒鯢未嘗知此豈天墜地出設兹神物以彰我公之德歟既賀而請名公曰是石之數不可知也以其多而命之曰萬石亭耋老又言曰懿夫公之名亭豈專狀物而已哉公嘗六爲二千石既盈其數然而有道之士咸恨公之嘉績未洽於人敢頌休聲祝於明神漢之三公秩號萬石我公之德宜受兹錫漢有純臣惟萬石君我公之化始於閨門道合於古祐之自天野夫獻辭公壽萬年宗元嘗以牋奏隸尚書敢專筆削以附零陵故事時元和十年正月五日記

欽定全唐文卷五百八十一

柳宗元十三

零陵三亭記

邑之有觀游或者以爲非政是大不然夫氣煩則慮亂視壅則志滯君子必有游息之物高明之具使之清寧平夷恆若有餘然後理達而事成零陵縣東有山麓泉出石中沮洳汙塗羣畜食焉牆藩以蔽之爲縣者積數十人莫知發視河東薛存義以吏能聞荊楚閒潭部舉之假湘源令會零陵政厖賦擾民訟於牧推能濟弊來莅茲邑逋逃復

還愁痛笑歌逋租匿役期月辨理宿蠹藏姦披露首服民旣卒稅相與歡歸道途迎賀里閭門不施胥吏之席耳不聞鼛鼓之音雞豚糗醑得及宗族州牧尚焉旁邑倣焉然而未嘗以劇自撓山水鳥魚之樂澹然自若也乃發牆藩驅羣畜決疏沮洳搜剔山麓萬石如林積坳爲池爰有嘉木美卉垂水藂峯瓏玲蕭條淸風自生翠煙自留不植而遂魚樂廣閑鳥慕靜深別孕巢穴沈浮嘯萃不蓄而富伐木墜江流於邑門陶土以埴亦在署側人無勞力工得以利乃作三亭陟降晦明高者冠山巔下者俯淸池更衣膳饔列置備具賓以燕好旅以館舍高明游息之道具於是邑由薛爲首在昔裨諶謀野而獲宓子彈琴而理亂慮滯志無所容入則夫觀游者果爲政之具歟薛之志其果出於是歟及其弊也則以玩替政以荒去理使繼是者咸有薛之志則邑民之福其可旣乎予愛其始而欲久其道乃撰其事以書於石薛拜手曰吾志也遂刻之

連山郡復乳穴記

石鍾乳餌之最良者也楚越之山多產焉於連於韶者獨名於世連之人告盡焉者五載矣以貢則買諸他部今刺

史崔公至逾月穴人來以乳復告邦人悅是祥也雜然謠曰甿之熙熙崔公之來公化所徹土石蒙烈以爲不信起視乳穴穴人笑之曰是惡知所謂祥也嚮吾以刺史之貪戾嗜利徒吾役而不吾貨也吾是以病而紿焉今吾刺史令明而志潔先賴而後力欺誣屛息信順休洽吾以是誠告焉且夫乳穴必在深山窮林冰雪之所儲豺虎之所廬由而入者觸昏霧扞龍蛇束火以知其物縻繩以志其返其勤若是出又不得吾直吾用是安得不以盡告今令人（一本無令人二字）而乃誠吾告故也何祥之爲吾聞之曰謠者之

祥也乃其所謂怪者也笑者之非祥也乃其所謂眞祥者也君子之祥也以政不以怪誠乎物而信乎道人樂用命熙熙然以效其有斯其爲政也而獨非祥也歟

道州毀鼻亭神記

鼻亭神象祠也不知何自始立因而勿除完而恒新相傳且千歲元和九年河東薛公由刑部郎中刺道州除穢革邪敷和於下州之罷人去亂即治變呻爲謠若痿而起若矇而瞭騰踴相視讙愛克順旣底於理公乃考民風披地圖得是祠駭曰象之道以爲子則傲以爲弟則賊君有鼻

而天子之吏實理以惡德而專世祀殆非化吾人之意哉命亟去之於是撤其屋墟其地沈其主於江公又懼楚俗之尚鬼而難諭也乃徧告於人曰吾聞鬼神不歆非類又曰淫祀無福凡天子命刺史於下非以專土疆督貨賄而已也蓋將教孝弟去奇邪俾斯人敦忠睦友祇肅信讓以順於道吾之斥是祠也以明教也茍離於正雖千載之違吾得而更之況今茲乎茍有不善雖異代之鬼吾得而攘之況斯人乎州民旣諭相與歌曰我有耇老公燠其肌我有病癃公起其羸髫童之嚚公實智之鰥孤孔艱公實遂之孰尊惡德遠矣自古孰羨淫昏俾我斯瞽千歲之冥公闢其戶我子洎孫延世有慕宗元時謫永州邇公之邦聞其歌詩以爲古道罕用賴公而存斥一祠而二教興焉明罰行於鬼神愷悌達於蠻夷不惟禁淫祀黜非類而已願爲記以刻山石俾知教之首

永州龍興寺息壤記

永州龍興寺東北陬有堂堂之地隆然負墉甓而起者廣四步高一尺五寸始之爲堂也夷之而又高凡持鍤者盡死永州居楚越閒其人鬼且禨由是寺之人皆神之人莫

敢夷史記天官書及漢志有地長之占而亡其說甘茂盟息壤蓋其地有是類也昔之異書有記洪水滔天鯀竊帝之息壤以堙洪水帝乃令祝融殺鯀於羽郊其言不經見今是土也夷之者不幸而死豈帝之所愛耶南方多疫勞者先死則彼持鍤者其死於勞且疫也土烏能神子恐學者之至於斯徵是言而唯異書之信故記於堂上

永州龍興寺東邱記

游之適大率有二曠如也奧如也如斯而已其地之凌阻峭出幽鬱寥廓悠長則於曠宜抵邱垤伏灌莽迫遽迴合

則於奧宜因其曠雖增以崇臺延閣迴環日星臨瞰風雨不可病其敞也因其奧雖增以茂樹蘂石穹若洞谷蓊若林麓不可病其邃也今所謂東邱者奧之宜者也其始龕之外棄地予得而合焉以屬於堂之北陲凡坳窪坻岸之狀無廢其故屛以密竹聯以曲梁桂檜松杉楩柟之植幾三百本嘉卉美石又經緯之俛入綠縟幽蔭薈蔚步武錯迕不知所出溫風不爍清氣自至水亭陿室曲有奧趣然而至焉者往往以邃爲病噫龍興永之佳寺也登高殿可以望南極闢大門可以瞰湘流若是其曠也而於是小邱

又將披而攘之則吾所謂游有二者無乃闕焉而喪其地之宜乎邱之幽幽可以處休邱之窅窅可以觀妙溽暑遁去茲邱之下太和不遷茲邱之巔奧乎茲邱孰從我遊予無召公之德懼翦伐之及也故書以祈後君子

永州法華寺新作西亭記

法華寺居永州地最高有僧曰覺照照居寺西廡下廡之外有大竹數萬又其外山形下絕然而薪蒸篠簜蒙雜擁蔽吾意伐而除之必將有見焉照謂予曰是其下有陂池芙蕖申以湘水之流衆山之會果去是其見遠矣遂命僕人持刀斧羣而翦焉叢莽下頹萬類皆出曠焉茫焉天爲之益高地爲之加闢邱陵山谷之峻江湖池澤之大咸若有增廣之者夫其地之奇必以遺乎後不可曠也予時謫爲州司馬官外乎常員而心得無事乃取官之祿秩以爲其亭其高且廣蓋方丈者一焉或異照之居於斯而不蚤爲是也余謂昔之上人者不起宴坐足以觀於空色之實而游乎物之終始其照也逾寂其覺也逾有然則嚮之礙之者爲果礙耶今之闢之者爲果闢耶彼所謂覺而照者吾詎知其不由是道也豈若吾族之挈挈於通塞有無之

方以自狹耶或曰然則宜書之乃書於石

永州龍興寺西軒記

永貞年予名在黨人不容於尚書省出爲邵州道貶永州司馬至則無以爲居居龍興寺西序之下予知釋氏之道且久固所願也然予所庇之屋甚隱蔽其戶北向居昧昧也寺之居於是州爲高西序之西屬當大江之流江之外山谷林麓甚衆於是鑿西墉以爲戶戶之外爲軒以臨羣木之杪無所不矚焉不徙席不運几而得大觀夫室嚮者之室也席與几嚮者之處也嚮也昧而今也顯豈異物耶

因悟夫佛之道可以轉惑見爲眞智卽羣迷爲正覺捨大闇爲光明夫性豈異物耶孰能爲子鑿大昏之墉闢靈照之戶廣應物之軒者吾將與爲徒遂書爲二其一志諸戶外其一以貽巽上人焉

柳州復大雲寺記

越人信祥而易殺傲化而偭仁病且憂則聚巫師用雞卜始則殺小牲不可則殺中牲又不可則殺大牲而又不可則訣親戚飭死事曰神不置我已矣因不食蔽面而死以故戶易耗田易荒而畜字不孳董之禮則頑束之刑則逃

唯浮屠事神而語大可因而入焉有以佐教化柳州始以邦命置四寺其三在水北而大雲寺在水南水北環治城六百室水南三百室俄而水南火大雲寺焚而不復且百年三百室之人失其所依歸復立神而殺焉元和十年刺史柳宗元始至逐神於隱遠而取其地其傍有小僧舍闢之廣大逵達橫術北屬之江告於大府取寺之故名作大門以字揭之立東西序崇佛廟爲學者居會其徒而委之食使擊磬鼓鐘以嚴其道而傳其言而人始復去鬼息殺而務趣於仁愛病且憂其有告焉而順之庶乎教夷之宜也凡立屋大小若干楹凡闢地南北東西若干畝凡樹木若干本竹三萬竿圃百畦田若干塍治事僧曰退思曰令寰曰道堅後二年十月某日寺皆復就

永州龍興寺修淨土院記

中國之西數萬里有國曰身毒釋迦牟尼如來示現之地彼佛言曰西方過十萬億佛土有世界曰極樂佛號無量壽如來其國無有三惡八難衆寶以爲飾其人無有十纏九惱羣聖以爲友有能誠心大願歸心是土者苟念力具足則往生彼國然後出三界之外其於佛道無退轉者其

言無所欺也晉時廬山遠法師作念佛三昧詠大勸於時其後天台顗大師著釋淨土十疑論宏宣其教周密微妙迷者咸賴焉蓋其留異跡而去者甚衆永州龍興寺前刺史李承晊及僧法林置淨土堂於寺之東偏常奉斯事逮今餘二十年廉隅毀頓圖像崩墜會巽上人居其宇下始復理焉上人者修最上乘解第一義無體空折色之跡而造乎眞源通假有借無之名而入於實相境與智合事與理幷故雖往生之因亦相不捨誓葺茲宇以開後學有信士圖爲佛像法相甚具焉今刺史馮公作大門以表其位

子遂周延四阿環以廊廡繪二大士之像繪蓋幢幡以成就之嗚呼有能求無生之生者知舟筏之存乎是遂以天台十疑論書於牆宇使觀者起信焉

永州鐵爐步志

江之滸凡舟可縻而上下者曰步永州北郭有步曰鐵爐步予乘舟來居九年往來求其所以爲鐵爐者無有問之人曰蓋嘗有鍛者居其人去而爐毀者不知年矣獨有其號冒而存予曰嘻世固有事去名存而冒焉若是耶步之人曰子何獨怪是今世有負其姓而立於天下者曰吾門

大他不我敵也問其位與德曰久矣其先也然而彼猶曰我大世亦曰某氏大其冒於號有以異於茲步者乎向使有聞茲步之號而不足釜錡錢鎛刀鈇者懷價而來能有得其欲乎則求位與德於彼其不可得亦猶是也位存焉而德無有猶不足以大其門然且樂爲之下子胡不怪彼而獨怪於是大者桀冒禹紂冒湯幽厲冒文武以傲天下由不推知其本而姑大其故號以至於敗爲世笑僇斯可以甚懼若求茲步之實而不得釜錡錢鎛刀鈇者則去而之他又何害乎子之驚於是末矣予以爲古有太史觀民風采民言若是者則有得矣嘉其言可采書以爲志

游黃溪記

北之晉西適豳東極吳南至楚越之交其間名山水而州者以百數永最善環永之治百里北至於浯溪西至於湘之源南至於瀧泉東至於黃溪東屯其間名山水而村者以百數黃溪最善黃溪距州治七十里由東屯南行六百步至黃神祠祠之上兩山牆立如丹碧之華葉駢植與山升降其缺者爲崖峭巖窟水之中皆小石平布黃神之上揭水八十步至初潭最奇麗殆不可狀其略若剖大甕側

立千尺溪水積焉黛蓄膏渟來若白虹沈沈無聲有魚數百尾方來會石下南去又行百步至第二潭石皆巍然臨峻流若頦頷齗齶其下大石離列可坐飲食有鳥赤首烏翼大如鵠方東嚮立自是又南數里地皆一狀樹益壯石益瘦水鳴皆鏘然又南一里至大冥之川山舒水緩有土田始黃神爲人時居其地傳者曰黃神王姓莽之世也莽既死神更號黃氏逃來擇其深峭者潛焉始莽嘗曰予黃虞之後也故號其女曰黃皇室主黃與王聲相邇而又有本其所以傳言者益驗神既居是民咸安焉以爲有道死

乃俎豆之爲立祠後稍徙近乎民今祠在山陰溪水上元和八年五月十六日旣歸爲記以啟後之好游者

始得西山宴游記

自余爲僇人居是州恒惴慄其隙也則施施而行漫漫而游日與其徒上高山入深林窮迴溪幽泉怪石無遠不到到則披草而坐傾壺而醉醉則更相枕而臥臥而夢（一無臥而夢三字）意有所極夢亦同趣覺而起起而歸以爲凡是州之山有異態者皆我有也而未始知西山之怪特今年九月二十八日因坐法華西亭望西山始指異之遂命僕人過

湘江緣染溪斫榛莽焚茅茷窮山之高而止攀援而登箕踞而遨則凡數州之土壤皆在衽席之下其高下之勢岈然洼然若垤若穴尺寸千里攢蹙累積莫得遯隱縈青繚白外與天際四望如一然後知是山之特出不與培塿爲類悠悠乎與灝氣俱而莫得其涯洋洋乎與造物者游而不知其所窮引觴滿酌頹然就醉不知日之入蒼然暮色自遠而至至無所見而猶不欲歸心凝形釋與萬化冥合然後知吾嚮之未始游游於是乎始故爲之文以志是歲元和四年也

鈷鉧潭記

鈷鉧潭在西山西其始蓋冉水自南奔注抵山石屈折東流其巔委勢峻盪擊益暴齧其涯故旁廣而中深畢至石乃止流沫成輪然後徐行其清而平者且十畝有樹環焉有泉懸焉其上有居者以予之亟游也一旦款門來告曰不勝官租私券之委積既芟山而更居願以潭上田貿財以緩禍予樂而如其言則崇其臺延其檻行其泉於高者而墜之潭有聲潨然尤與中秋觀月爲宜於以見天之高氣之迥孰使予樂居夷而忘故土者非茲潭也歟

鈷鉧潭西小邱記

得西山後八日尋山口西北道二百步又得鈷鉧潭西二十五步當湍而浚者爲魚梁梁之上有邱焉生竹樹其石之突怒偃蹇負土而出爭爲奇狀者殆不可數其嶔然相累而下者若牛馬之飲於溪其衝然角列而上者若熊羆之登於山邱之小不能一畝可以籠而有之問其主曰唐氏之棄地貨而不售問其價曰止四百予憐而售之李深源元克己時同游皆大喜出自意外即更取器用剷刈穢草伐去惡木烈火而焚之嘉木立美竹露奇石顯由其中

以望則山之高雲之浮溪之流鳥獸之遨遊舉熙熙然迴巧獻技以效茲邱之下枕席而卧則清泠之狀與目謀瀯瀯之聲與耳謀悠然而虛者與神謀淵然而靜者與心謀不匝旬而得異地者二雖古好事之士或未能至焉噫以茲邱之勝致之豐鎬鄠杜則貴游之士爭買者日增千金而愈不可得今棄是州也農夫漁父過而陋之賈四百連歲不能售而我與深源克己獨喜得之是其果有遭乎書於石所以賀茲邱之遭也

至小邱西小石潭記

從小邱西行百二十步隔篁竹聞水聲如鳴佩環心樂之伐竹取道下見小潭水尤清洌全石以爲底近岸卷石底以出爲坻爲嶼爲嵁爲巖青樹翠蔓蒙絡搖綴參差披拂潭中魚可百許頭皆若空游無所依日光下澈影布石上佁然不動俶爾遠逝往來翕忽似與游者相樂潭西南而望斗折蛇行明滅可見其岸勢犬牙差互不可知其源坐潭上四面竹樹環合寂寥無人淒神寒骨悄愴幽邃以其境過清不可久居乃記之而去同游者吳武陵龔古余弟宗玄隸而從者崔氏二小生曰恕己曰奉壹

袁家渴記

由冉溪西南水行十里山水之可取者五莫若鈷鉧潭由溪口而西陸行可取者八九莫若西山由朝陽巖東南水行至蕪江可取者三莫若袁家渴皆永中幽麗處也楚越之間方言謂水之反流者爲渴音若衣褐之褐渴上與南館高嶂合下與百家瀨合其中重洲小溪澄潭淺渚間廁曲折平者深黑峻者沸白舟行若窮忽又無際有小山出水中山皆美石上生青叢冬夏常蔚然其旁多巖洞其下多白礫其樹多楓柟石楠楩櫧樟柚草則蘭芷又有異卉

類合歡而蔓生轇轕水石每風自四山而下振動大木掩苒眾草紛紅駭綠蓊葧香氣衝濤旋瀨退貯谿谷搖颺葳蕤與時推移其大都如此余無以窮其狀永之人未嘗游焉予得之不敢專也出而傳於世其地世主袁氏故以名焉

石渠記

自渴西南行不能百步得石渠民橋其上有泉幽幽然其鳴乍大乍細渠之廣或咫尺或倍尺其長可十許步其流抵大石伏出其下踰石而往有石泓昌蒲被之青鮮環周

又折西行旁陷巖石下北墮小潭潭幅員減百尺清深多儵魚又北曲行紆餘睨若無窮然卒入於渴其側皆詭石怪木奇卉美箭可列坐而休焉風搖其巔韻動崖谷視之既靜其聽始遠予從州牧得之攬去翳朽決疏土石既崇而焚既釃而盈惜其未始有傳焉者故累記其所屬遺之其人書之其陽俾後好事者求之得以易元和七年正月八日蠲渠至大石十月十九日踰石得石泓小潭渠之美於是始窮也

石澗記

石渠之事既窮上由橋西北下土山之陰民又橋焉其水之大倍石渠三之一亘石爲底達於兩涯若牀若堂若陳筵席若限閫奧水平布其上流若織文響若操琴揭跣而往折竹掃陳葉排腐木可羅胡床十八九居之交絡之流觸激之音皆在牀下翠羽之木龍鱗之石均蔭其上古之人其有樂乎此耶後之來者有能追予之踐履耶得意之日與石渠同由渴而來者先石渠後石澗由百家瀨上而來者先石澗後石渠澗之可窮者皆出石城村東南其間可樂者數焉其上深山幽林逾峭險道狹不可窮也

小石城山記

自西山道口徑北踰黃茅嶺而下有二道其一西出尋之無所得其一少北而東不過四十丈土斷而川分有積石橫當其垠其上爲睥睨梁欐之形其旁出堡塢有若門焉窺之正黑投以小石洞然有水聲其響之激越良久乃已環之可上望甚遠無土壤而生嘉樹美箭益奇而堅其疏數偃仰類智者所施設也噫吾疑造物者之有無久矣及是愈以爲誠有又怪其不爲之中州而列是夷狄更千百年不得一售其伎是固一作故勞而無用神者儻不宜如是

則其果無乎或曰以慰夫賢而辱於此者或曰其氣之靈不爲偉人而獨爲是物故楚之南少人而多石是二者予未信之

柳州東亭記

出州南譙門左行二十六步有棄地在道南南值江西際垂楊傳置東曰東館其內草木猥奧有崖谷傾亞缺圮豕得以爲囿虵得以爲藪人莫能居至是始命披刜蠲疏樹以竹箭松檉桂檜柏杉易爲堂亭峭爲杠梁下上徊翔前出兩翼憑空拒江江化爲湖衆山橫環嶛闊瀴灣當邑居

之劇而忘乎人間斯亦奇矣乃取館之北宇右闢之以爲夕室取傳置之東宇左闢之以爲朝室又北闢之以爲陰室作屋於北墉下以爲陽室作斯亭於中以爲中室朝室以夕居之夕室以朝居之中室日中而居之陰室以違溫風焉陽室以違淒風焉若無寒暑也則朝夕復其號既成作石於中室書以告後之人庶勿壞元和十二年九月某日柳宗元記

柳州山水近治可游者記

古之州治在潯水南山石閒今徙在水北直平四十里南

北東西皆水滙北有雙山夾道嶄然曰背石山有支川東流入於潯水潯水因是北而東盡大壁下其壁曰龍壁其下多秀石可硯南絕水有山無麓廣百尋高五丈下上若一曰甑山山之南皆大山多奇又南且西曰駕鶴山壯聳環立古州治負焉有泉在坎下恒盈而不流南有山正方而崇類屏者曰屏山其西曰姥山皆獨立不倚北流潯水瀨下又西曰仙弈之山山之西可上其上有穴穴有屏有室有宇其宇下有流石成形如肺肝如茄房或積於下如人如禽如器物甚衆東西九十尺南北少半東登入小穴常有四尺則廓然甚大無竅正黑燭之高僅見其宇皆流石怪狀由屏南室中入小穴倍常而上始黑已而大明爲上室由上室而上有穴北出之乃臨大野飛鳥皆視其背其始登者得石枰於上黑肌而赤脈十有八道可弈故以云其山多檉多櫧多篔簹之竹多橐吾其鳥多秭歸石魚之山全石無大草木山小而高其形如立魚尤多秭歸西有穴類仙弈入其穴東出其西北靈泉在東趾下有麓環之泉大類轂雷鳴西奔二十尺有洄在石澗因伏無所見多綠青之魚及石鯽多鯈雷山兩崖皆東西雷水出焉蓄

崖中曰雷塘能出雲氣作雷雨變見有光禱用俎魚豆彘脩形糈稌酒陰虔則應在立魚南其閒多美山無名而深峨山在野中無麓峨水出焉東流入於潯水

韋夫人墳記

韋夫人終成都殯萬年遷柩渭南祔而不合大葬未利以俟禮也其族系如某人之誌堋用元和十四年月日子某爲石刻而納諸壙

下殤女子墓塼記

下殤女子生長安善和里其始名和娘既得病乃曰佛我

依也願以爲役更名佛婢既病求去髮爲尼號之爲初心
元和五年四月三日死永州凡十歲其母微也故爲父子
晩性柔惠類可以爲成人者然卒夭斂以一作用緇褐銘用
塼甓葬零陵東郭門外第二崗之西隅銘曰
孰致也而生孰召也而死焉從而來焉往而止魂氣無不
之也骨肉歸復於此

小姪女墓塼記

字爲雅氏爲柳生甲申死巳丑日十二月在九是日葬東
崗首生而惠命則夭始也無今何有質之微當速朽銘兹

瓦期永久

欽定全唐文卷五百八十二

柳宗元十四

四維論

管子以禮義廉恥爲四維吾疑非管子之言也彼所謂廉
者曰不蔽惡也世人之命廉者曰不苟得也所謂恥者曰
不從枉也世人之命恥者曰羞爲非也然則二者果義歟
非歟吾見其有二維未見其所以爲四也夫不蔽惡者豈
不以蔽惡爲不義而去之乎夫不苟得者豈不以苟得爲
不義而不爲乎雖不從雖不從一無不字枉與羞爲非皆然然則

廉與恥義之小節也不得與義抗而爲維聖人之所以立
天下曰仁義仁主恩義主斷恩者親之斷者宜之而理道
畢矣蹈之斯爲道得之斯爲德履之斯爲禮誠之斯爲信
皆由其所之而異名今管氏所以爲維者殆非聖人之所
立乎又曰一維絶則傾二維絶則危三維絶則覆四維絶
則滅若義之絶則廉與恥其果存乎廉與恥存則義果絶
乎人既蔽惡矣苟得矣從枉矣爲非而無羞矣則義果存
乎使管子庸人也則爲此言管子而少知理道則四維者
非管子之言也

封建論

天地果無初乎吾不得而知之也生人果有初乎吾不得而知之也然則孰爲近曰有初爲近孰明之由封建而明之也彼封建者更古聖王堯舜禹湯文武而莫能去之蓋非不欲去之也勢不可也勢之來（一本來字下有則字）其生人之初乎不初無以有封建封建非聖人意也彼其初與萬物皆生草木榛榛鹿豕狉狉人不能搏噬而且無毛羽莫克自奉自衛荀卿有言必將假物以爲用者也夫假物者必爭爭而不已必就其能斷曲直者而聽命焉其智而明者所

伏必衆告之以直而不改必痛之而後畏由是君長刑政生焉故近者聚而爲羣羣之分其爭必大大而後有兵有德又有大者衆羣之長又就而聽命焉以安其屬於是有諸侯之列則其爭又有大者焉德又大者諸侯之列又就而聽命焉以安其封於是有方伯連帥之類則其爭又有大者焉德又大者方伯連帥之類又就而聽命焉以安其人然後天下會於一是故有里胥而後有縣大夫有縣大夫而後有諸侯有諸侯而後有方伯連帥有方伯連帥而後有天子自天子至於里胥其德在人者死必求其嗣而奉之故封建非聖人意也勢也夫堯舜禹湯之事遠矣及有周而甚詳周有天下裂土田而瓜分之設五等邦羣后布履星羅四周於天下輪運而輻集合爲朝覲會同離爲守臣扞城然而降於夷王害禮傷尊下堂而迎覲者歷於宣王挾中興復古之德雄南征北伐之威卒不能定魯侯之嗣陵夷迄於幽厲王室東徙而自列爲諸侯厥後問鼎之輕重者有之射王中肩者有之伐凡伯誅萇宏者有之天下乖盭無君君之心予以爲周之喪久矣徒建空名於公侯之上耳得非諸侯之盛彊末大不掉之咎歟遂判爲

十二合爲七國威分於陪臣之邦國殄於後封之秦則周之敗端其在乎此矣秦有天下裂都會而爲之郡邑廢侯衛而爲之守宰據天下之雄圖都六合之上游攝制四海運於掌握之內此其所以爲得也不數載而天下大壞其有由矣亟役萬人暴其威刑竭其貨賄負鋤梃謫戍之徒圜視而合從大呼而成羣時則有叛人而無叛吏人怨於下而吏畏於上天下相合殺守劫令而並起咎在人怨非郡邑之制失也漢有天下矯秦之枉徇周之制剖海內而立宗子封功臣數年之間奔命扶傷而不暇困平城病流

矣陵遲不救者三代後乃謀臣獻畫而離削自守矣然而
封建之始郡國居半時則有叛國而無叛郡秦制之得亦
以明矣繼漢而帝者雖百代可知也唐興制州邑立守宰
此其所以爲宜也然猶桀猾時起虐害方域者失不在於
州而在於兵時則有叛將而無叛州州縣之設固不可革
也或者曰封建者必私其土子其人適其俗修其理施化
易也守宰者苟其心思遷其秩而已何能理乎予又非之
周之事跡斷可見矣列侯驕盈黷貨事戎大凡亂國多理
國寡侯伯不得變其政天子不得變其君私土於人者百

不有一失在於制不在於政周事然也秦之事跡亦斷可
見矣有理人之制而不委郡邑是矣有理人之臣而不使
守宰是矣郡邑不得正其制守宰不得行其理酷刑苦役
而萬人側目失在於政不在於制秦事然也漢興天子之
政行於郡不行於國制其守宰不制其侯王侯王雖亂不
可變也國人雖病不可除也及夫大逆不道然後掩捕而
遷之勒兵而夷之耳大逆未彰姦利浚財怙勢作威大刻
於民者無如之何及夫郡邑可謂理且安矣何以言之且
漢知孟舒於田叔得魏尚於馮唐聞黃霸之明審覩汲黯

之簡靖拜之可也復其位可也卧而委之以輯一方可也
有罪得以黜有能得以獎朝拜而不道夕斥之矣夕受而
不法朝斥之矣設使漢室盡城邑而侯王之縱令其亂人
戚之而已孟舒魏尚之術莫得而施黃霸汲黯之化莫得
而行明譴而導之拜受而退已違矣下令而削之締交合
從之謀周於同列則相顧裂眦勃然而起幸而不起則削
其半削其半民猶瘁矣曷若舉而移之以全其人乎漢事
然也今國家盡制郡邑連置守宰其不可變也固矣善制
兵謹擇守則理平矣或者又曰夏商周漢封建而延秦郡

邑而促尤非所謂知理者也魏之承漢也封爵猶建晉之
承魏也因循不革而二姓陵替不聞延祚今矯而變之垂
二百祀大業彌固何繫於諸侯哉或者又以爲殷周聖王
也而不革其制固不當復議也是大不然夫殷周之不革
者是不得已也蓋以諸侯歸殷者三千焉資以黜夏湯不
得而廢歸周者八百焉資以勝殷武王不得而易徇之以
爲安仍之以爲俗湯武之所不得已也夫不得已非公之
大者也私其力於己也私其衛於子孫也秦之所以革之
者其爲制公之大者也其情私也私其一己之威也私其

盡臣畜於我也然而公天下之端自秦始夫天下之道理安斯得人者也使賢者居上不肖者居下而後可以理安今夫封建者繼世而理繼世而理者上果賢乎下果不肖乎則生人之理亂未可知也將欲利其社稷以一其人之視聽則又有世大夫世食祿邑以盡其封略聖賢生於其時亦（一本無亦字）無以立於天下封建者爲之也豈聖人之制使至於是乎吾固曰非聖人之意也勢也

天爵論

柳子曰仁義忠信先儒名以爲天爵未之盡也夫天之貴

斯人也則付剛健純粹於其躬倬爲至靈大者聖神其次賢能所謂貴也剛健之氣鍾於人也爲志得之者運行而可大悠久而不息拳拳於得善孜孜於嗜學則志者其一端耳純粹之氣注於人也爲明得之者爽達而先覺鑒照而無隱盹盹於獨見淵淵於默識則明者又其一端耳明離爲天之用恒久爲天之道舉斯二者人倫之要盡是焉故善言天爵者不必在道德忠信明與志而已矣道德之於人猶陰陽之於天也仁義忠信猶春秋冬夏也舉明離之用運恒久之道所以成四時而行陰陽也宣無隱之明著不息之志所以備四美而富道德也故人有好學不倦而迷其道撓其志者明之不至耳有照物無遺而蕩其性脫其守者志之不至耳明以鑒之志以取之役用其道德之本舒布其五常之質充之而彌六合播之而奮百代聖賢之事也然則聖賢之異愚也職此而已使仲尼之志之明可得而奪則庸夫矣授之於庸夫則仲尼矣若乃明之遠邇志之恒久庸非天爵之有級哉故聖人曰敏以求之明之謂也爲之不厭志之謂也道德與五常存乎人者也克明而有恒受於天者也嗚呼後之學者盡力於斯（一本無斯字）

所及焉或曰子所謂天付之者若開府庫焉量而與之耶曰否其各合乎氣者也莊周言天曰自然吾取之

守道論

或問曰守道不如守官何如對曰是非聖人之言傳之者誤也官也者道之器也離之非也未有守官而失道守道而失官之事者是固非聖人之言乃傳之者誤也夫皮冠者是虞人之物也物者道之準也守其物由其準而後其道存焉苟舍之是失道也凡聖人之所以爲經紀爲名物無非道者命之曰官官是以行吾道云爾是故立之君臣

官府衣裳輿馬章綬之數會朝表著周旋行列之等是道之所存也則又示之典命書制符璽奏復之文參伍殷輔陪臺之役是道之所由也則又勸之以爵祿慶賞之美懲之以黜遠鞭樸梏拳斬殺之慘是道之所行也故自天子至於庶民咸守其經分而無有失道者和之至也失其物去其準道從而喪矣易其小者而大者亦從而喪矣古者居其位思死其官可易而失之哉禮記曰道合則服從不可則去孟子曰有官守者不得其職則去然則失其道而居其官者古之人不與也是故在上不爲抗在下不爲損

矢人者不爲不仁函人者不爲仁率其職司其局交相致以全其工也易位而處各安其分而道達於天下也（也一作矣）且夫官所以行道也而曰守道不如守官蓋亦喪其本矣未有守官而失道守道而失官之事者也是非聖人之言傳之者誤也果矣

時令論上

呂氏春秋十二紀漢儒論以爲月令措諸禮以爲大法焉其言有十二月七十有二候迎日步氣以追寒暑之序類其物宜而逆爲之備聖人之作也然而聖人之道不窮異以爲神不引天以爲高利於人備於事如斯而已矣觀月令之說苟以合五事配五行而施其政令離聖人之道不亦遠乎凡政令之作有俟時而行之者有不俟時而行之者是故孟春修封疆端徑術相土宜無聚大衆仲春利堤防達溝瀆止田獵備蠶器季春合牛馬百工無悖於時孟夏無起土功無發大衆勸農勉人仲夏班馬政聚百藥季夏行水殺草糞田疇美土疆土功兵事不作孟秋納材葦仲秋勸人種麥季秋休百工人皆入室具衣裘舉五穀之要合秩芻養犧牲趨人收斂務蓄菜伐薪爲炭孟冬築城

郭穿竇窖修囷倉謹蓋藏勞農以休息之收水澤之賦仲冬伐木取竹箭季冬講武習射御出五穀種計耦耕具田器合諸侯制百縣輕重之法貢賦之數斯固俟時而行之所謂敬授人時者也其餘郊廟百祀亦古之遺典不可以廢誠使古之爲政者非春無以布德和令行慶施惠養幼少省囹圄賜貧窮禮賢者非夏無以贊傑俊遂賢良舉長大行爵出祿斷薄刑決小罪節嗜慾靜百官非秋無以選士勵兵任有功誅暴慢明好惡修法制養衰老申嚴百刑斬殺必當非冬無以賞死事恤孤寡舉阿黨易關市來商

旅審門閭正貴戚近習罷官之無事者去器之無用者則其闕政亦以繁矣斯固不俟時而行之者也變天之道絕地之理亂人之紀舍孟春則可以有事乎作淫巧以蕩上心舍季春則可以爲之者乎夫如是內不可以納於君心外不可以施於人事勿書之可也又曰反時令則有飄風暴雨霜雪水潦大旱沈陰氛霧寒煖之氣大疫風欬鼽嚏瘧寒疥癘之疾螟蝗五穀瓜瓠果實不成蓬蒿藜莠並興之異女災胎夭傷水火之訛寇戎來入相掠兵革並起道路不通邊境不寧土地分裂四鄙入保流亡遷徙之變若

是者特瞽史之語非出於聖人者也然則夏后周公之典逸矣

時令論下

或者曰月令之所作以爲君人者法也蓋非爲聰明睿智者爲之將慮後代有昏昧傲誕而肆於人上忽先王之典舉而廢之近而取之若陳隋之季是也故取仁義禮智信之事附於時令俾時至而有以發之也不爲之將因循放蕩而皆無其意焉爾於是又爲之言五行之反戾相盪相摩妖災之說以震動於厥心古之所以防昏亂之術也今子發而揚之使前人之奧祕布露顯明則後之人而又何憚耶曰聖人之爲教立中道以示於後曰仁曰義曰禮曰智曰信謂之五常言可以常行（一本行字下有之字）者也防昏亂之術爲之勤勤然書於方冊興亡治亂之致永守是而不去也未聞其威之以怪而使之時而爲善所以滋其怠傲而忘理也語怪而威之所以熾其昏邪淫惑而爲禱禳厭勝鬼怪之事以大亂於人也且吾子以爲畏冊書之多孰與畏人之言使諤諤者言仁義利害焯乎列於其前而猶不悟奚暇顧月令哉是故聖人爲大經以存其直道將以遺

後世之君臣必言其中正而去其奇褻其有嚚然而不顧者雖聖人復生無如之何又何冊書之有若陳隋之季暴戾淫放則無不爲矣求之二史豈復有行月令之事者乎然而其臣有勁悍者爭而與之言先王之道猶十百而一遂焉然則月令之無益於陳隋亦固矣立大中去大惑捨是而曰聖人之道吾未之信也用吾子之說罪我者雖窮萬世吾無憾焉爾

斷刑論下

余既爲斷刑論或者以釋刑復於余其辭云云余不得已

而爲之一言焉夫聖人之爲賞罰者非他所以懲勸者也賞務速而後有勸罰務速而後有懲必曰賞以春夏而刑以秋冬而謂之至理者僞也使秋冬爲善者必俟春夏而後賞則爲善者必怠春夏爲不善者必俟秋冬而後罰則爲不善者必懈爲善者怠爲不善者懈是毆天下之人而入於罪也毆天下之人入於罪又緩而慢之以滋其懈怠此刑之所以不措也必使爲善者不越月踰時而得其賞則人勇而有勸焉爲不善者不越月踰時而得其罰則人懼而有懲焉爲善者日以有勸爲不善者日以有懲是毆

天下之人而從善遠罪也毆天下之人而從善遠罪是刑之所以措而化之所以成也或者務言天而不言人是惑於道者也胡不謀之人心以熟吾道吾道之盡而人化矣是知蒼蒼者焉能與吾事而暇知之哉果以爲天時之可得順太和之可得致則全吾道而得之矣全吾道而不得者非所謂天也非所謂太和也是亦必無而已矣又何必枉吾之道曲順其時以諂是物哉吾固知順時之得天不如順人順道之得天也何也使犯死者自春而窮其辭欲死不可得貫三木加連鎖而致之獄吏大暑者數月癢不

得搔痹不得搖痛不得摩飢不得時而食渴不得時而飲目不得瞑支不得舒怨號之聲聞於里人如是而太和之不傷天時之不逆是亦必無而已矣彼其所宜得者死而已也又若是焉何哉或者乃以爲雪霜者天之經也雷霆者天之權也非常之罪不時可以殺人之權也當刑者必順時而殺人之經也是又不然夫雷霆雪霜者特一氣耳非有心於物者也聖人有心於物者也春夏之有雷霆也或發而震破巨石裂大木木石豈爲非常之罪也哉秋冬之有霜雪也舉草木而殘之草木豈有非常之罪也哉彼

豈有懲於物也哉彼無所懲則效之者惑也果以爲仁必知經智必知權是又未盡於經權之道也何也經也者常也權也者達經者也皆仁智之事也離之滋惑矣經非權則泥權非經則悖是二者强名也曰當斯盡之矣當也者大中之道也離而爲名者大中之器用也知經而不知權不知經者也知權而不知經不知權者也偏知而謂之智不智者也偏守而謂之仁不仁者也知經者不以異物害吾道知權者不以常人怫吾慮合之於一而不疑者信於（一本無於字）道而已矣且古之所以言天者蓋以愚蚩蚩者耳

非爲聰明睿智者設也或者之未達不思之甚也

辨侵伐論

春秋之說曰凡師有鐘鼓曰伐無曰侵周禮大司馬九伐之法曰賊賢害人則伐之負固不服則侵之然則所謂伐之者聲其惡於天下也聲其惡於天下必有以厭於天下之心夫然後得行焉古之守臣有朘人之財危人之生而又害賢人者內必棄於其人外必棄於諸侯從而後加伐焉動必克矣然猶校德而後舉量力而後會備三有餘以用其人一曰義有餘二曰人力有餘三曰貨食有餘是三

者大備則又立其禮正其名修其辭其害物也小則誥誓徵令不過其鄰雖大不出所暴非有逆天地橫四海者不以動天下之師故師不踰時而功威焉斯爲人之舉也故公之公之而鐘鼓作焉夫所謂侵之者獨以其負固不服而壅王命也內以保其人外不犯於諸侯其過惡不足暴於天下致文告修文德而又不變然後以師問焉是爲制命之舉非爲人之舉也故私之私之故鐘鼓不作斯聖人之所志也周道既壞兵車之軌交於天下而罕知侵伐之端焉是故以無道而正無道者有之以無道而正有道者有之不增德而以遂威者又有之故世日亂一變而至於戰國而生人耗矣是以有其力無其財君子不以動衆有其力有其財無其義君子不以帥師合是三者而明其公私之說而後可（可下一本有行字）焉嗚呼後之用師者有能觀其侵伐之端則善矣

六逆論

春秋左氏言衛州吁之事因載六逆之說曰賤妨貴少陵長遠間親新間舊小加大淫破義六者亂之本也余謂少陵長小加大淫破義是三者固誠爲亂矣然其所謂賤妨

貴遠間親新間舊者雖爲理之本可也何必曰亂夫所謂賤妨貴者蓋斥言擇嗣之道子以母貴者也若貴而愚賤而聖且賢以是而妨之其爲理本大矣而可捨之以從斯言乎此其不可固也夫所謂遠間親新間舊者蓋言任用者之道也使親而舊者愚遠而新者聖且賢以是而間之其爲理本亦大矣又可捨之以從斯言乎必從斯言而亂天下謂之師古訓可乎此又不可者也嗚呼是三者擇君置臣之事天下理亂之大本也爲書者執斯言著一定之論以遺後代上智之人固不惑於是矣自中人而降守是

爲大據而以致敗亂者固不乏焉晉厲死而悼公入乃理宋襄嗣而子魚退乃亂貴不足尚也秦用張祿而黜穰侯乃安魏相成璜而疎吳起乃危親不足與也符氏進王猛而殺樊世乃興胡亥任趙高而族李斯乃亡舊不足倚也顧所信何如爾然則斯言殆可以廢矣噫古之言理者罕能盡其說建一言立一辭則臲卼而不安謂之是可也謂之非亦可也混然而已教於後世莫知其所以去就明者慨然將定其是非則拘儒瞽生相與羣而咻之以爲狂爲怪而欲世之多有知者可乎夫中人可以及化者天下爲

不少矣然而罕有知聖人之道則固爲書者之罪也

欽定全唐文卷五百八十三

柳宗元十五

乞巧文

柳子夜歸自外庭有設祠者餈餌馨香蔬果交羅插竹垂綏剖瓜犬牙且拜且祈怪而問焉女隸進曰今兹秋孟七夕天女之孫將嬪於河鼓邀而祠者幸而與之巧驅去蹇拙手目開利組紝縫製將無滯於心焉爲是禱也柳子曰苟然歟吾亦有所大拙儻可因是以求去之乃纓弁束袵促武縮氣旁趨曲折傴僂將事再拜稽首稱臣而進曰下

土之臣竊聞天孫專巧於天轇轕璇璣經緯星辰能成文章黼黻帝躬以臨下民欽聖靈仰光耀之日久矣今聞天孫不樂其獨得貞卜於元龜將蹈石梁款天津儷於神夫於漢之濱兩旗開張中星耀芒靈氣翕歘兹辰之良幸而弭節薄遊民間臨臣之庭曲聽臣言臣有大拙智所不化醫所不攻威不能遷寬不能容乾坤之量包含海嶽臣身甚微無所投足蟻適於垤蝸休於殼龜黿螺蚌皆有所伏臣物之靈進退唯辱仿佯爲狂局束爲諂吁吁爲詐坦坦爲忝他人有身動必得宜周旋獲笑顛倒逢嘻已所尊昵

人或怒之變情徇勢射利抵巇中心甚憎爲彼所奇忍仇佯喜悅譽遷隨胡執臣心常使不移反人是已曾不懼疑貶名絕命不負所知忭嘲似傲貴者啟齒臣旁震驚彼且不恥叩稽匍匐言語譎詭令臣縮恧彼則大喜臣若效之瞋怒叢己彼誠大巧臣拙無比王侯之門狂吠狴犴臣到百步喉喘顚汗睢盱逆走魄遁神叛欣欣巧夫徐入縱誕毛羣掉尾百怒一散世途昏險擬步如漆左低右昂鬬冒衝突鬼神恐悸聖智危慄泯焉直透所至如一是獨何工縱橫不恤非天所假彼智焉出獨嗇於臣恒使玷黜沓沓

騫騫恣口所言迎知喜惡默測憎憐摇脣一發徑中心原膠加鉗夾誓死無遷探心扼膽踊躍拘牽彼雖佯退胡可得旃獨結臣舌喑抑銜冤擘眥流血一辭莫宣胡爲賦授有此奇偏眩耀爲文瑣碎排偶抽黄對白啽哢飛走駢四儷六錦心繡口宮沈羽振笙簧觸手觀者舞悅誇談雷吼獨溺臣心使甘老醜嚚昏莽鹵樸鈍枯朽不期一時以俟悠久旁羅萬金不鬻弊帚跪呈豪傑投棄不有眉矉頞蹙喙唾胷嘔大赧而歸塡恨低首天孫司巧而窮臣若是卒不余畀獨何酷歟敢願聖靈悔禍矜臣獨艱付與姿媚易臣頑顏鑿臣方心規以大圓拔去吶舌納以工言文詞婉軟步武輕便齒牙饒美眉睫增妍突梯卷臠爲世所賢公侯卿士五屬十連彼獨何人長享終天言訖又再拜稽首俯伏以俟至夜半不得命疲極而睡見有青袖朱裳手持絳節而來告曰天孫告汝汝詞良苦凡汝之言吾所極知汝擇而行嫉彼不爲汝之所欲汝自可期胡不爲之而誑我爲汝唯知恥諂貌淫辭寧辱不貴自適其宜中心已定胡妄而祈堅汝之心密汝所持得之爲大失不汙卑凡吾所有不敢汝施致命而昇汝愼勿疑嗚呼天之所命不可

中華泣拜欣受初悲後懌抱拙終身以死誰惕

罵尸蟲文 并序

有道士言人皆有尸蟲三處腹中伺人隱微失誤輒籍記日庚申幸其人之昏睡出讒於帝以求饗以是人多謫過疾癘夭死柳子特不信曰吾聞聰明正直者爲神帝神之尤者其爲聰明正直宜大也安有下比陰穢小蟲縱其狙詭延其變詐以害於物而又悅之以饗其爲不宜也殊甚吾意斯蟲若果爲是則帝必將怒而戮之投于下土以殄其類俾夫人咸得安其性命而苛慝不作然後爲帝也余

旣處卑不得質之于帝而嫉斯蟲之詭爲文而罵之

來尸蟲汝曷不自形其形陰幽詭伏而寓乎人以賊厥靈膏肓是處兮不擇穢卑潛覘默聽兮導人爲非冥持札牘兮摇動禍機卑陬拳縮兮宅體險微以曲爲形以邪爲質以仁爲凶以僭爲吉以淫諛諂誣爲族類以中正和平爲罪疾以通行直遂爲顛蹶以逆施反鬬爲安佚譖下謾上恒其心術妬人之能幸人之失利昏伺睡旁睨竊出走讒於帝遽入自屈冪然無聲其意乃畢求味已口胡人之恤彼脩蛕恙心短蟯穴胃外搜疥癘下索瘻痔侵人肌膚爲

己得味世皆禍之則惟汝類良醫刮殺聚毒攻餌旋死無餘乃行正氣汝雖巧能未必爲利帝之聰明宜好正直寧懸嘉饗答汝讒慝叱付九關貽虎豹食下民舞蹈荷帝之力是則宜然何利之得速收汝之生速滅汝之精蓐收震怒將敕雷霆擊汝酆都糜爛縱横俟帝之命乃施於刑羣邪殄夷大道顯明害氣永革厚人之生豈不聖且神歟祝曰尸蟲逐禍無所伏下民百祿惟帝之功以受景福尸蟲誅禍無所廬下民其蘇惟帝之德萬福來符臣拜稽首敢告於元都

斬曲几文

后皇植物所貴乎直聖主取焉以建家國亘爲棟楹齊爲閶闔外隅平端中室謹飭度焉以几維量之則君子憑之以輔其德末代淫巧不師古式斲兹揉木以限肘腋欹形詭狀曲程詐力制類奇邪用絶繩墨勾身陋狹危足僻側支不得舒脅不遑息余胡斯蓄以亂人極追咎厥始惟物之殘稟氣失中遭生不完託地墝埆反時燠寒鬱悶結澀癃蹇艱難不可以遂遂虧其端離奇詰屈縮恧嶒峗含蝎孕蠹外邪中乾或因先容以售其蟠病夫甘焉制器以安

彼風毒敗形陰沴遷魄禍氣侵骨淫神化脉體仄筋倦擧乖衞逆乃喜兹物以爲己適器之不祥莫是爲敵烏可昵近以招禍癖且人道甚惡惟曲爲先在心爲賊在口爲愆在肩爲僂在膝爲攣戚施踦跂匍匐拘攣古皆斥遠莫致於前問誰其類惡木盜泉朝歌迴車簡牘載焉昭王市骨樂毅歸燕今我斬此以希古賢諂諛宜惕正直宜宣道焉是達法焉是專咨爾君子曷不乾乾旣和且平獲祐於天去惡在微愼保其傳

宥蝮蛇文 幷序

家有僮善執蛇晨持一蛇來謁曰是爲蝮蛇犯於人死不治又善伺人聞人咳喘步驟輒不勝其毒捷取巧噬肆其害然或慊不得於人則愈怒反囓草木草木立死後人來觸死莖猶墮指攣腕腫足爲廢病必殺之是不可留余曰汝惡得之曰得之榛中曰榛中若是者可旣乎曰不可其類甚博余謂僮曰彼居榛中汝居宮內彼不汝卽而汝卽彼犯而鬭死以執而謁者汝實健且險以輕近是物然而殺之汝益暴矣彼耕穫者求薪蘇者皆土其鄉知防而入爲執耒操鞭持芟朴以遠其害汝今非有求於榛者也密

汝居易汝庭不凌奧不步闈是惡能得而害汝且彼非樂爲此態也造物者賦之形陰與陽命之氣形甚怪僻氣甚禍賊雖欲不爲是不可得也是獨可悲憐者又孰能罪而加怒焉汝勿殺也余悲其不得已而所爲若是叩其脊諭而宥之其辭曰

吾悲乎天形汝軀絕翼去足無以自扶曲膂屈脅惟行之紆目兼蜂蠆色混泥塗其頸蹙恧其腹次且褰鼻鉤牙穴出榛居蓄怒而蟠銜毒而趨志蘄害物陰妬潛狙汝之稟受若是雖欲爲鼃爲螾焉可得已凡汝之爲惡非樂乎此

緣形役性不可自止草搖風動百毒齊起首拳脊努呥舌搖尾不逞其兇若病乎已世皆寒心我獨悲爾吾將薙吾庭葺吾檻窖（一作窒）吾垣嚴吾扃俾奧草不植而穴隟不萌與汝異途不相交爭雖汝之惡焉得而行嘻造物者胡甚不仁而巧成汝質旣稟乎此能無危物賊害無辜惟汝之實陰陽爲戾假汝忿疾余胡汝尤是戮是抉宥汝於野自求終吉彼樵豎持芟農夫執耒不幸而遇將除其害餘力一揮應手麋碎我雖汝活其惠實大他人異心誰釋汝罪形旣不化中焉能悔嗚呼悲乎汝必死乎毒而不知反訟

其內今雖寬焉後則誰賚陰陽爾造化爾道烏乎在可不悲歟

憎王孫文 并序

猨王孫居異山德異性不能相容猨之德靜以恒類仁讓孝慈居相愛食相先行有列飲有序不幸乖離則其鳴哀有難則內其柔弱者不踐稼蔬木實未熟相與視之謹旣熟嘯呼羣萃然後食衎衎焉山之小草木必環而行遂其植故猨之居山恒鬱然王孫之德躁以囂勃諍號呶唶唶彊彊雖羣不相善也食相噬齧行無列飲無序乖離而不

思有難推其柔弱者以免好踐稼蔬所過狼籍披攘木實未熟輒齕齩投注竊取人食皆知自實其嗛山之小草木必凌挫折挽使之瘁然後已故王孫之居山恒蒿然以是猨羣衆則逐王孫王孫羣衆亦齚猨猨棄去終不與抗然則物之甚可憎莫王孫若也余棄山間久見其趣如是作憎王孫云

湘水之浟浟兮其上羣山胡茲鬱而彼瘁兮善惡異居其間惡者王孫兮善者猨環行遂植兮止暴殘王孫兮甚可憎噫山之靈兮胡不賊旃跳踉叫囂兮衝目宣齗外以敗

物兮內以爭羣排鬬善類兮譁駭披紛盜取民食兮私已不分充嗛果腹兮驕傲驩欣嘉華美木兮碩而繁羣披競齧兮枯株根毀成敗實兮更怒喧居民厭苦兮號穹旻王孫兮甚可憎噫山之靈兮胡獨不聞猨之仁兮受逐不校退優游兮惟德是傚廉來同兮聖囚禹稷合兮兇誅羣小遂兮君子違大人聚兮孽無餘善與惡不同鄉兮否泰既兆其盈虛伊細大之固然兮乃禍福之攸趨王孫兮甚可憎噫山之靈兮胡逸而居

逐畢方文 幷序

永州元和七年夏多火災日夜數十發少尚五六發過三月乃止八年夏又如之人咸無安處老弱燔死晨不爨瞑不燭皆列坐屋上左右視罷不得休蓋類物爲之者訛言相驚云有怪鳥莫實其狀山海經云章義之山有鳥如鶴一足赤文白喙其名曰畢方見則其邑有譌火若今火者其可謂譌歟而人有以鳥傳者其畢方歟遂邑中狀而圖之禳而磔之爲之文而逐之

后皇庇人兮敬授羣材大施棟宇兮小蔽草萊各有攸宅兮時闔而開火炎爲用兮化食生財胡今茲之怪戾兮日

十爇而窮災朝儲清以聯邃兮夕蕩覆而爲灰焚傷羸老兮炭死童孩叫號隳突兮户駭人哀袒夫狂走兮倏忽往來鬱攸孽暴兮混合恢台民氣不舒兮僵踣顛頹休炊息燎兮仄伏煨煤門甍晦黑兮敀伺奸回若墜之天兮若生之鬼令行不訛兮國恐盡已問之禹書畢方是祟嗟爾畢方兮胡肆其志皇亶聰明兮念此下地災皇所愛兮僇死無貳幽形扇毒兮陰險詭異汝今不懲兮衆怒咸至皇斯震怒兮殄絕汝類祝融悔禍兮回祿屏氣太陰施威兮元冥行事汝雖赤其文隻其趾逞工衒巧莫救汝死黠知亟

去兮愚乃止此高飛兮翱翔遠伏兮無傷海之南兮天之裔汝優游兮可卒歲皇不怒兮永汝世日之良兮今速逝急急如律令

辯伏神文 并序

余病痞且悸謁醫視之曰唯伏神爲宜明日買諸市烹而餌之病加甚召醫而尤其故醫求觀其滓曰吁盡老芋也彼鬻藥者欺子而獲售子之懵也而反尤於余不以過乎余戍然慚愾然憂推是類也以往則世之以芋自售而病乎人者衆矣又誰辯焉申以詞云

伏神之神兮惟餌之良愉心舒肝兮魂平志康敺開滯結兮調護柔剛和寧悅懌兮復彼恒常休嘉訢合兮邪怪遁藏君子食之兮其樂揚揚余殆於理兮榮衛蹇極伏杯積塊兮悸不得息有醫道余兮求是以食往沽之市兮欣焉有得滌濯爨烹兮專恃爾力反增余疾兮昏憒憑塞余駭其狀兮往尤於醫徵滓以觀兮既笑而噫曰子胡昧愚兮茲謂蹲鴟處身猥大兮善植圩卑受氣頑昏兮陰僻欹危累積星紀兮以老爲奇僭苞水土兮混雜蟓蚳不幸充腹兮唯痼之宜野夫忮害兮假是以欺刮肌刻貌兮觀者勿疑中虛以脆兮外澤而夷誤而爲餌兮命或殆而今無以追兮後慎觀之嗚呼物固多僞兮知者蓋寡考之不良兮求福得禍書而爲詞兮願寤來者

愬螭文 并序

零陵城西有螭室於江法曹史唐登浴其涯螭牽以入一夕浮水上吾聞凡山川必有神司之抑有是耶於是作愬螭投之江曰

天明地幽孰主之兮壽善夭殤終何爲兮堆山釃江司者誰兮突然爲人使有知兮畏危慮害趨走祗兮父母孔愛

妻子嘻兮出入公門不獲非兮澂澂湘流清且微兮陰幽洞石蓄怪螭兮胡濯茲熱卒無歸兮親戚叫號閭里思兮魂其安遊觀湘纍兮嗟爾怪螭害江湄兮游泳重瀾物莫威兮蟉形決目潛伺窺兮膏血是利私自肥兮歲既大旱澤莫施兮妖猾下民使顛危兮充心飽腹肆敖嬉兮洋洋往復流逶迤兮惟神高明胡縱斯兮蔑棄無辜逞怪姿兮胡不降罰肅川坻兮舟者欣欣遊者熙兮蒲魚浸用吉無疑兮牲牷玉帛人是依兮匪神之愬將安期兮神之有亡於是推兮投之北流心孔悲兮

哀溺文 并序

零陵之氓咸善游一日水暴甚有五六氓乘小船絕湘水中濟船破皆游其一氓盡力而不能尋常其侶曰汝善游最也今何後爲曰吾腰千錢重是以後曰何不去之不應搖其首有頃益怠已濟者立岸上呼且號曰汝愚之甚蔽之甚身且死何以貨爲又搖其首遂溺死吾哀之且若是得不有大貨之溺大氓者乎於是作哀溺

吾哀溺者之死貨兮惟大氓之爲憂世濤鼓以風湧兮浩滉蕩而無舟不讓祿以辭富兮又旁窺而詭求手足亂而

無如兮負重踰乎崇邱既浮頤而滅膂兮不欲釋利而離尤呼號者之莫救兮愈搖首以沈流髮披鬟以舞瀾兮魂倀倀而焉遊黿鼉互進以爭食兮魚鮪族而爲羞始貪贏以嗇厚兮終負禍而懷讎前既沒而後不知懲兮更攬取而無時休哀茲氓之蔽愚兮反賊己而從仇不量多以自諫兮姑指幸者而爲謀夫人固靈於鳥魚兮胡昧罻而蒙鉤大者死大兮小者死小善游雖最兮卒以道夭與害偕行兮以死自繞推今而鑒古兮鮮克以保其生衣寶焚紂兮專利滅榮豺狼死而猶餓兮牛腹尸而不盈民既貿貿而無知兮故與彼咸謚爲氓死者不足哀兮冀中人之爲余再更噫

招海賈文

咨海賈兮君胡以利易生而卒離其形大海盪汩兮顛倒日月龍魚傾側兮神怪隳突滄茫無形兮往來遽卒陰陽開闔兮氛霧滃渤君不返兮逝怳惚舟航軒昂兮下上飄鼓騰趠嶢嵲兮萬里一覩崒入泓坳兮視天若畝奔螭出忭兮翔鵬振舞天吳九首兮更笑迭怒垂涎閃舌兮揮霍旁午君不返兮終爲虜黑齒棧鬖鱗文肌三角駢列耳離

披反斷叉牙踔嶔崖蛇首豨鬣虎豹皮羣沒互出讙遨嬉臭腥百里霧雨瀰君不返兮以充饑弱水蓄縮其下不極投之必沈負羽無力鯨鯢疑畏淫淫凝凝君不返兮卒自賊怪石森立涵重淵高下迾置滔危顚崩濤搜疏剡戈鋋君不返兮耆沈顛其外大泊泙奫淪終古迴薄旋天根八方易位更錯陳君不返兮亂星辰東極傾海流下屬泯泯超忽紛盪沃殆而一跌兮沸入湯谷舳艫霏解梢若木君不返兮魂焉薄海若嗇貨號風雷巨鼇頷首邱山頹猖狂震駴翻九垓君不返兮糜以摧咨海賈兮君胡樂出幽險

而疾平夷。恂駭愁苦而以忘其歸。上黨易野恬以舒。蹈蹂厚土堅無虞。歧路脈布彌九區。出無入有百貨俱。周游傲睨神自如。撞鐘擊鮮恣歡娛。君不返兮欲誰須。膠鬲得聖捐鹽魚。范子去相安陶朱。呂氏行賈南面孤。宏羊心計登謀謨。煮鹽大冶九卿居。祿秩山委收國租。賢智走諾爭下車。逍遙縱傲世所趨。君不返兮諡爲愚。咨海賈兮賈尚不可爲。而又海是圖。死爲險魄兮生爲貪夫。亦獨何樂哉。歸來兮寧君軀。

梁丘據贊

齊景有嬖曰梁丘子。同君不爭古號媚士。君悲亦悲君喜亦喜。曷賢不贊卒贊於此。媚余所仇激贊有以。梁丘之媚順心狎耳。終不撓厥政。不嫉反已。晏子躬相梁丘不毀。恣其爲政政實允理。時睹晏子食寡肉缺。味愛其不飽告君使賜。中心樂焉國用不墜。後之嬖君罕或師是。導君以諛聞正則忌。讒賢協惡民蠹國圮。嗚呼豈惟賢不逮古。嬖亦莫類。梁丘可思又況晏氏。激贊梁丘心焉孔瘁。

霹靂琴贊 并序

霹靂琴者。零陵湘水西震餘枯桐之爲也。始枯桐生石上。說者言有蛟龍伏其竅。一夕暴震爲火之焚。至旦乃已。其餘硿然倒卧道上。震旁之民稍柴薪之。超道人聞之。取以爲三琴。琴莫良於桐。桐之良莫良於生石上。石上之枯又加良焉。火之餘又加良焉。震之於火爲異。是琴也既良且異。合爲二美。天下將不可載焉。微道人天下之美幾喪。余作贊辭識其越之左與右以著其事。又益以序而爲他傳辭曰。

惟湘之涯惟石之危。龍伏之靈。震焚之奇。既良而異。爰合其美。超實爲之。贊者柳子。

尊勝幢贊 并序

以佛之爲尊。而尊是法。嚴之於頂。其爲最勝宜也。既尊而勝矣。其爲拔濟尤大。塵飛而災去。影及而福至。睦州於是誠焉。不疑礱石六觚。其長半尋。乃篆乃刻。立之爲福焉。孺人之墓。孺人之生。奉佛道未嘗敢怠。今既沒。睦州又成其志。擇最勝且尊之道。文之於石。以延其休。則其生佛所得佛道宜無疑也。贊曰。

世所尊兮又尊道。勝無上兮以爲寶。拔大苦兮升至眞。靈合贊兮神而神。駕元氣兮濟元津。誰爲友兮上品人。德無巳兮石無磷。延永世兮奠坤垠。靈受福兮公之勤。

龍馬圖贊 幷序

始吾聞明皇帝在位。靈昌郡得異馬於河西。而莫知其形。好事者涿人盧遵以其圖來示余。其狀龍鱗虺尾。拳毛環目。肉鬣。馬之靈怪有是耶。居帝閑爲馬幾二十年。從封禪郊籍。鳴和鑾者數十事。遇亂。帝西幸。馬至咸陽西入渭水。化爲龍泳去。不知所終。且其來也宜於時。其去也存其神。是全德也。既睹其形。不可以不贊。

靈和粹異。孕至神兮。倮尾童鬣。疏紫鱗兮。巍然特出。瑞聖

人兮。理平和樂。百禮陳兮。鳴鑾在御。大路遵兮。世厖道悖還吾眞兮。哀鳴延首。慕水濱兮。沛焉潛泳。旋淪淪兮。淵居海遊。靈無鄰兮。出處孔時。類至仁兮。嗟爾衆類。孰是倫兮進昏死亂。阽厥身兮。匪馬之慕。吾誰親兮。贊之斯圖。宜世珍兮。

伊尹五就桀贊 幷序

伊尹五就桀。或疑曰。湯之仁聞且見矣。桀之不仁聞且見矣。夫胡去就之亟也。柳子曰。惡。是吾所以見伊尹之大者也。彼伊尹。聖人也。聖人出於天下。不夏商其心。心乎生民而已。曰孰能由吾言。由吾言者爲堯舜。而吾生人堯舜人矣。退而思曰。湯誠仁。其功遲。桀誠不仁。朝吾從而暮及於天下可也。於是就桀。桀果不可得。反而從湯。既而又思曰。尚可十一乎。使斯人蚤被其澤也。又往就桀。桀不可而又從湯。以至於百一千一萬一。卒不可。乃相湯伐桀。俾湯爲堯舜。而人爲堯舜之人。是吾所以見伊尹之大者也。仁至於湯矣。四去之。不仁至於桀矣。五就之。大人之欲速其功如此。不然。湯桀之辨。一恒人盡之矣。又奚以憧憧聖人之足觀乎。吾觀聖人之急生人。莫若伊尹。伊尹之大。莫若於

五就桀。作伊尹五就桀贊。

聖有伊尹。思德於民。往歸湯之仁。曰仁則仁矣。非久不親。退思其速之道。宜夏是因。就焉不可。復反亳殷。猶不忍其遲。亟往以觀。庶狂作聖。一日勝殘。至千萬冀一。卒無其端。五往不疲。其心乃安。遂升自陑。黜桀尊湯。遺民以完。大人無形。與道爲偶。道之爲大。爲人父母。大矣伊尹。惟聖之首。既得其仁。猶病其久。恒人所疑。我之所大。嗚呼遠哉。志以爲誨。

誡懼箴

人不知懼惡可有爲知之爲美莫若去之非曰童昏昧昧勿思禍至後懼是誠不知君子之懼懼乎未始幾動乎微事遷乎理將言以思將行以止中決道符乃順而起起而獲禍君子不恥非道之愆非中之詭懼而爲懼雖懼焉如君子不懼爲懼之初

憂箴

憂可無乎無誰以寧子如不憂憂日以生憂不可常常則誰懌子常其憂乃小人戚敢問憂方吾將告子有聞不行有過不徙宜言不言不宜而煩宜退而勇不宜而恐中之

誠懇過又不及憂之大方惟是焉急內不自得甚泰爲憂省而不疚雖死優游所憂在道不在乎禍吉之先見乃可無過告子如斯守之勿墮

師友箴 并序

今之世爲人師者衆笑之舉世不師故道益離爲人友者不以道而以利舉世無友故道益棄嗚呼生於是病矣歌以爲箴旣以儆己又以誡人

不師如之何吾何以成不友如之何吾何以增吾欲從師可從者誰借有可從舉世笑之吾欲取友誰可取者借有可取中道或捨仲尼不生牙也久死二人可作懼吾不似似一作以中焉可師恥焉可友謹是二物用惕爾後道苟在焉傭丐爲偶道之反是公侯以走內考諸古外考諸物師乎友乎敬爾不忽

永字八法頌

側不愧臥勒常患平努過直而力敗趯宜峻而勢生策仰收而暗揭掠左出而鋒輕啄倉皇而疾罨磔趯趞以開撐

欽定全唐文卷五百八十四

柳宗元十六

沛國漢原廟銘并序

昔在帝堯光有四海元首萬邦時則舜禹稷卨佐命垂統股肱天下聖德未衰而內禪元臣繼天而受命四姓承休迭有中邦五神環運炎德復起周道削滅秦德暴戾皇天疇庸審厥保承乃命唐帝之後振而興之又俾元臣之後翊而登之所以紹復丕績不墜厥祀故曲逆起爲策士輔成帝圖吐謀洞靈奮奇如神舜之胄也汝陰脫帝密網摧

虜暴氣扶乘天休運行嘉謀禹之苗也鄼侯保綏三秦控引漢中宏器廓度以大帝業卨之裔也淮陰整齊天兵導揚靈威覆趙夷魏拔齊殄楚平陽破三秦擄魏王絳侯定楚地固劉氏皆稷之裔也克復堯緒昭哉甚明天意若曰建火德者必唐帝之胄故漢氏興焉翼炎運者必唐臣之孫故羣雄登焉是以高帝誕膺聖祚以垂德厚探昊穹之奧旨載幽明之休祐殺白帝於大澤以承其靈建赤旗於沛邑以昭其神假手於嬴以混諸侯憑力於項以離關東秦纘堯之元命而四代之後咸獻其用得乘木之大統而秦楚之盛不保其位既建皇極設都咸陽撫征四方訓齊天下乃樂沛宮以追造邦之本乃歌大風以昭武成之德乃奠舊都以壯王業之基生爲湯沐之邑沒爲思樂之地且曰萬歲之下魂遊於此惟茲原廟沛宮之舊也祭蚩尤於是庭而赤精降導靈命於是邦而羣雄至登布衣於萬乘而子孫得以纘其緒化環堵爲四海而黎元得以安其業基岱嶽之高源洪河之長蓄靈擁休此焉發跡蓋以道備於是而後行之天下制成於是而後廣之宇內天下備其道而神復乎本宇內成其制而心懷於舊宜其正名以

表功用成其始俾生靈盡其敬焉陳本以宅神用成其終俾生靈盡其慕焉故高帝定位建茲閟宮惠皇嗣服爰立清廟緜越千祀至今血食此所以成終而成始也且夫以斷蛇之威安知不運其密用佐歲功以流澤歟以約法之仁安知不流其神貺相舊邦之遺黎歟以紹唐之餘慶統天之遺烈安知不奮其聖化大祐於下土歟然則展敬乞靈烏可已也銘於舊邑以迪天命其辭曰

蕩蕩明德時惟放勳揖讓而退祚於後昆羣蛇輔龍以翊天門登翼炎運唐臣之孫秦綱既離鹿駭東夏長蛇封豕

蹈躍中野天復堯緒鍾祐於劉赫矣漢祖播茲皇猷揚旗沛庭約從諸侯豪暴震疊威聲布流總制虎臣委成良疇勦殄霸楚遂荒神州區宇懷濡黔黎輯柔表正萬國炎靈用休定宅咸陽以都上游留觀本邦在鎬如周穆穆惠皇宗禋克承崇崇沛宮清廟是憑原念大業肇經茲地乃專元命亦舉嚴祀建旂釁鼓遂據天位魂遊故都永介丕祉煥列唐典嚴恭罔墜勒此休銘以昭本始

塗山銘 并序

惟夏后氏建大功定大位立大政勤勞萬邦和寧四極威懷九有儀刑後王當乎洪流方割災被下土自壺口而導百川大功建焉虞帝耄期順承天歷自南河而受四海大位定焉萬國既同宣省風教自塗山而會諸侯大政立焉功莫崇乎禦大災乃錫元圭以承帝命位莫崇乎執大象乃輯五瑞以建皇極政莫先乎齊大統乃朝玉帛以混經制是所以承唐虞之後垂子孫之丕業立商周之前樹帝王之洪範者也嗚呼天地之道尚德而右功帝王之政崇德而賞功故堯舜至德而位不及嗣湯武大功而祚延於世有夏德配於二聖而唐虞讓功焉功冠於三代而商周

讓德焉宜乎立極垂統貽於後裔當位作聖著爲世準則塗山者功之所由定德之所由濟政之所由立有天下者宜取於此追惟大號既發華蓋既狩方岳列位奔走來同山川守神莫敢遑寧羽旄四合衣裳咸會虔恭就列俯僂聽命然後示之以禮樂和氣周洽申之以德刑天威震耀制立謨訓宜在長久厥後啟征有扈而夏德始衰羿距太康而帝業不守皇祖之訓不由人亡政墜卒就陵替向使繼代守文之君又能紹其功德修其政統卑宮室惡衣服拜昌言平均賦入制定朝會則諸侯常至而天命不去矣茲山之會安得獨光於後歟是以周穆遐追遺法復會於是山聲垂天下亦紹前軌用此道也故予爲之銘庶後代朝諸侯制天下者仰則於此辭曰

惟禹體道功厚德茂會朝侯衛統一憲度省方宣教化制殊類咸會壇位承奉儀矩禮具樂備德容既孚乃舉明刑以弼聖謨則戮防風遺骨專車克明克威疇敢以渝宣昭黎憲底定寰區傳祚後允丕承帝圖塗山巖巖界彼東國唯禹之德配天無極卽山刊碑貽後作則

劍門銘 并序

惟蜀都重險多貨混同戎蠻人尨俗剽嗜爲寇亂皇帝元年八月帥喪眾暴羣疑不制妖孽煽行怙恃富強滔天阻兵攻陷他部北包劍門憑負邛陵以張鷙猛堅利鋒鏑以拒大順謂雷霆之誅莫已加也惟梁守臣禮部尚書嚴公以國害爲私讎以天討爲己任推仁仗信不待司死而人致其命立義抗憤不待喋血而士一其心悉師出次祗俟明詔凡諸侯之師必出於是儲峙饔餼取其豐穰乃遣前軍嚴秦奉揚王誅誕告南土十一月右師逾利州蹈寇地乘山斬虜以遏奔衝左師出於劍門大攘頑嚚諭引刼脅

蟻潰鼠駭險無以固收奪利地以須王師封刳胷腸振拔根柢俾無以肆毒用集我勳力贊鼓一振元戎啟行取其渠魁以爲大戮由公忠勇憤悱授任堅明謀猷宏長用能啟關險阨夷爲大塗衰沮害氣對乎天意帝用休嘉議功居首增秩師長進爲大藩宅是南服將校羣吏願刊山石昭著公之功垂號無窮銘曰

井絡坤垠時惟外區界山爲門環於蜀都叢險積貨混并羌髳狂猾窺隙猖猖嘯呼憑據勢勝厚其兇徒皇帝之仁宥而不誅暴非德馴害及巴渝乃出王旅乃咨列岳牧臣司梁當其要東器備攸積糗糧是蓄人無增賦師以饒足喋血誓士元機在握分命貔貅陳爲犄角右逾岷山左直劍門攻出九地上披重雲攀天蹈空夷視阻艱破裂層壘殄殲羣頑內獲固圉外臨平原天兵徐驅卒乘嘽嘽大憝囚戮戎夏咸歡帝圖厥功惟梁是先開國進位南服於藩邦之清夷人以完安銘功鑿亂永代是觀

壽州安豐縣孝門銘 并序

壽州刺史臣承思言九月丁亥安豐縣令臣某上所部編戶甿李興父被惡疾歲月就亟興自刃股肉假託饋獻其

父老病已不能啖啜經宿而死興號呼撫臆口鼻垂血捧土就墳沾漬涕洟墳左作小廬蒙以苫茨伏匿其中扶服頓踊晝夜哭訴孝誠幽達神爲見異廬上產紫芝白芝二本各長一寸廬中醴泉涌出奇形異狀應驗圖記此皆陛下孝理神化陰中其心而克致斯事謹桉興甿庶賤陋循習淺下性非文字所導生與耨耒爲業而能鍾彼醇孝超出古列天意神道猶錫瑞物以表殊異伏惟陛下有唐堯如天如神之德宜加旌褒合於上下請表其里閭刻石明白宣延風美觀示後祀永永無極臣昧死上請制曰可銘

云

懿厥孝思。茲惟淑靈。稟承粹和。篤守天經。泣待羸疾。默禱隱冥。引刃自割。殘肌敗形。羞膳奉進。憂勞孝誠。惟時高高曾不是聽。創巨痛仍。號於穹旻。捧土濡涕。頓首成墳。陷膺腐眥。寒暑在廬。草木悴死。鳥獸踟躇。殊類異族。亦相其哀肇有二位。孝道爰興。克修厥猷。載籍是登。在帝有虞。以孝烝烝。仲尼述經。以殺於曾。惟昔曾侯。見命夷宮。亦有考叔悟莊稱純。顯顯李氏。實與之倫。哀嗟道路。涕慕里鄰。邦伯章奏。稽首懇懃。上動帝心。旁達明神。神錫祕祉。三秀靈泉

帝命薦加。亦表其門。統合上下。交贊天人。建此碑號。億齡揚芬。

武岡銘 并序

元和七年四月。黔巫東鄙。蠻獠雜擾。盜弄庫兵。賊脅守帥南鈎牂牁外誘西原。置魁立帥。殺牲盟誓。洞窟林麓。嘯呼成羣。皇帝下銅獸符。發庸蜀荆漢南越東甌之師。四面討問。畏罪憑阻。逃遁不即誅。時惟潭部戎帥御史中丞柳公綽。練立將校。提卒五百屯於武岡。不震不騫。如山如林。告天子威命。明白信順。亂人大恐。視公之師如百萬。視公之令如風雷。怨號呻吟。喜有攸訴。投刃頓伏。願完父子。卒爲忠信。奉職輸賦。進比華人。無敢不龔。母弟生壻。繼來於潭。咸致天庭。皇帝休嘉。式新厥命。兇渠同惡。革面向化。如醉之醒。如狂之寧。公爲藥石。俾復其性。詔書顯異。進臨江漢。益兵三倍。爲時碩臣。殿於大邦。文儒申申。有此武功。於是夷人始復。聞公之去。相與高蹈。涕呼若寒。去褰昔公不夸首級。爲己能力。專務教誨。俾邦斯平。我老洎幼。由公之仁。小不爲虺蜮。大不爲鯨鯢。恩重事特。不邇而遠。莫可追已。願銘武岡首。以慰我思。以昭我鄰。以示我子孫。彌億萬年。

俾我奉國。如令之誠。鄰之我懷。如公之勤。其辭曰。

黔山之巔。巫水之磻。魚駭而離。獸犯而殘。戶恐谷竄。披攘仍亂。王師來誅。期死以緩。公明不疑。公信不欺。援師定命。俾邦克正。皇仁天施。我反其性。我塗四闔。公示之門。我愚抵死。公示之恩。既骨而完。既亡而存。奉公之訓。貽我子孫。我始螫賊。由公而仁。我始寇讎。由公而親。山畋澤獻。輸賦於都。陶穴刊木。室我姻族。烹牲是祀。公受介福。揲蓍以占公宜百祿。皇懋公功。陟於大邦。遠哉去我。誰嗣其良。有穴之丹。有犀之顛。匪曰予固。公不可賂。祝鄰之德。恒遵公則。

勖子之世永謹邦制南夷作詩刻示來裔

井銘并序

始州之人各以罌甂負江水莫克井飲崖岸峻厚旱則水益遠人陟降大艱雨多則塗滑而顚恒爲咨嗟怨惑訛言終不能就元和十一年三月朔命爲井城北隍上未晦果寒食冽而多泉邑人以灌其土堅垍其利悠久其相者浮圖談康軍事牙將米景鑿者蔣晏凡用罰布六千三百役庸三十六大甎千七百其深八尋有二尺銘曰

盈以其神其來不窮惠我後之人噫疇肯似於政其來日新

天說

韓愈謂柳子曰若知天之說乎吾爲子言天之說今夫人有疾痛倦辱飢寒甚者因仰而呼天曰殘民者昌佑民者殃又仰而呼天曰何爲使至此極戾也若是者舉不能知天夫果蓏飲食既壞蟲生之人之血氣敗逆壅底爲癰瘍疣贅瘻痔蟲生之木朽而蝎中草腐而螢飛是豈不以壞而後出耶物壞蟲由之生元氣陰陽之壞人由之生蟲之生而物益壞食齧之攻穴之蟲之禍物也滋甚其有能去之者有功於物者也繁而息之者物之讎也人之壞元氣陰陽也亦滋甚墾原田伐山林鑿泉以井飲窾墓以送死而又穴爲偃溲築爲牆垣城郭臺榭觀游疏爲川瀆溝洫陂池燧木以燔革金以鎔陶甄琢磨悴然使天地萬物不得其情倖倖衝衝攻殘敗撓而未嘗息其爲禍元氣陰陽也不甚於蟲之所爲乎吾意有能殘斯人使日薄歲削禍元氣陰陽者滋少是則有功於天地者也蕃而息之者天地之讎也今夫人舉不能知天故爲是呼且怨也吾意天聞其呼且怨則有功者受賞必大矣其禍焉者受罰亦大矣子以吾言爲何如柳子曰子誠有激而爲是耶則信辯且美矣吾能終其說彼上而元者世謂之天下而黃者世謂之地渾然而中處者世謂之元氣寒而暑者世謂之陰陽是雖大無異果蓏癰痔草木也假而有能去其攻穴者是物也其能有報乎蕃而息之者其能有怒乎天地大果蓏也元氣大癰痔也陰陽大草木也其烏能賞功而罰禍乎功者自功禍者自禍欲望其賞罰者大謬矣呼而怨欲望其哀且仁者愈大謬矣子而信子之仁義以遊其內生而死爾烏置存亡得喪於果蓏癰痔草木耶

鶻說

有鷙曰鶻者巢於長安薦福浮圖有年矣浮圖之人室宇於其下者伺之甚熟爲予說之曰冬日之夕是鶻也必取鳥之盈握者完而致之以燠其爪掌左右易之旦則執而上浮圖之跂焉縱之延其首以望極其所如往必背而去焉苟東矣則是日也不東逐南北西亦然嗚呼孰謂爪吻毛翮之物而不爲仁義器耶是固無號位爵祿之欲里閭親戚朋友之愛也出乎𣪊卵而知攫食決裂之事爾不爲其他凡食類之饑唯旦爲甚今忍而釋之以有報也是不

亦卓然有立者乎用其力而愛其死以忘其饑又遠而違之非仁義之道耶恒其道一其志不欺其心斯固世之所難得也予又疾夫今之說曰以喣喣而默徐徐而俯者善之徒以翹翹而厲炳炳而白者暴之徒今夫梟鵂晦於晝而神於夜鼠不穴寢廟循牆而走是不近於喣喣者耶今夫鶻其立趯然其動砉然其視的然其鳴革然是不近於翹翹者耶由是而觀其所爲則今之說爲未得也孰若鶻者吾願從之毛耶翮耶胡不我施寂寥泰清樂以忘飢

朝日說

柳子爲御史主祀事將朝日其僚問曰古之名曰朝日而已今而曰祀朝日何也予曰古之記者則朝拜之云也今而加祀焉者則朝旦之云也今之所云非也問者曰以夕而偶諸朝或者今之是乎予曰夕之名則朝拜之偶也古者旦見曰朝暮見曰夕故詩曰邦君諸侯莫肯朝夕左氏傳曰百官承事朝而不夕禮記曰日入而夕又曰朝不廢朝暮不廢夕晉侯將殺豎襄叔向夕楚子之留乾谿右尹子革夕齊之亂子我夕趙文子礱其椽張老夕智襄子爲室美士茁夕皆暮見也漢儀夕則兩郎向瑣闈拜謂之夕

郎亦出是名也故曰大采朝日少采夕月又曰春朝朝日秋夕夕月若是足矣又加祀焉蓋不學者爲之也僚曰欲子之書其說吾將施於世可乎予從之

捕蛇者說

永州之野產異蛇黑質而白章觸草木盡死以齧人無禦之者然得而腊之以爲餌可以已大風攣踠瘻癘去死肌殺三蟲其始太醫以王命聚之歲賦其二募有能捕之者當其租入永之人爭奔走焉有蔣氏者專其利三世矣問之則曰吾祖死於是吾父死於是今吾嗣爲之十二年幾

死者數矣言之貌若甚慼者予悲之且曰若毒之乎予將告於蒞事者更若役復若賦則如何蔣氏大慼汪然出涕曰君將哀而生之乎則吾斯役之不幸未若復吾賦不幸之甚也嚮吾不爲斯役則久已病矣自吾氏三世居是鄉積於今六十歲矣而鄉鄰之生日蹙殫其地之出竭其廬之入號呼而轉徙餓渴而頓踣觸風雨犯寒暑呼噓毒癘往往而死者相藉也曩與吾祖居者今其室十無一焉與吾父居者今其室十無二三焉與吾居十二年者今其室十無四五焉非死卽徙爾而吾以捕蛇獨存悍吏之來吾

鄉叫囂乎東西隳突乎南北譁然而駭者雖雞狗不得寧焉吾恂恂而起視其缶而吾蛇尚存則弛然而卧謹食之時而獻焉退而甘食其土之有以盡吾齒蓋一歲之犯死者二焉其餘則熙熙而樂豈若吾鄉鄰之旦旦有是哉今雖死乎此比吾鄉鄰之死則已後矣又安敢毒耶予聞而愈悲孔子曰苛政猛於虎也吾嘗疑乎是今以蔣氏觀之猶信嗚呼孰知賦斂之毒有甚於是蛇者乎故爲之說以俟夫觀人風者得焉

禬說

柳子爲御史主祀事將禬進有司以問禬之說則曰合百神於南郊以爲歲報者也先有事必質於戶部戶部之詞曰旱於某水於某蟲蝗於某癘疫於某則黜其方守之神不及以祭余嘗學禮蓋思而得之則曰順成之方其禬乃通若是古矣繼而嘆曰神之貌乎吾不可得而見也祭之饗乎吾不可得而知也是其誕漫惝怳冥冥焉不可執取者夫聖人之爲心也必有道而已矣非於神也蓋於人也以其誕漫惝怳冥冥焉不可執取而猶誅削若此況其貌言動作之塊然者乎是設乎彼而戒乎此者也其旨大矣

或曰若子之言則旱乎水乎蟲蝗乎癘疫乎未有黜其吏者而神黜焉而曰蓋於人者何也予曰若子之云旱乎水乎蟲蝗乎癘疫乎豈人之爲耶故其黜在神暴乎眊乎沓貪乎罷弱乎非神爲之也故其罰在人今夫在人之道則吾不知也不明斯之道而存乎古之數其名則存其教之實則隱以爲非聖人之意故嘆而云也曰然則致雨反風蝗不爲災虎負子而趨是非人之爲則何以子曰子欲知其以乎所謂偶然者信矣必若人之爲則十年九潦八年七旱者獨何如人哉其黜之也苟明乎教之道雖去古之

數可矣反是則誕漫之說勝而名實之事喪亦足悲乎

乘桴說

子曰道不行乘桴浮於海從我者其由與子路聞之喜子曰由也好勇過我無所取材說曰海與桴與材皆喻也海者聖人至道之本所以浩然而遊息者也桴者所以遊息之具也材者所以爲桴者也易曰復其見天地之心乎則天地之心者聖人之海也復者聖人之桴也所以復者桴之材也孔子自以極生人之道不得行乎其時將復於至道而遊息焉謂由也勇於聞義果於避世故許其從之也

其終曰無所取材云者言子路徒勇於聞義果於避世而未得所以爲復者也此以退子路兼人之氣而明復之難耳然則有其材以爲其桴而遊息於海其聖人乎子謂顏淵曰用之則行舍之則藏唯我與爾有是夫由是而言以此追庶幾之說則回近得矣而曰其由也與者當是歎也回死矣夫或問曰子必聖人之云爾乎曰吾何敢吾以廣異聞且使遯世者得吾言以爲學其於無悶也揵焉而已矣

說車贈楊誨之

楊誨之將行柳子起而送之門有車過焉指焉而告之曰若知是之所以任重而行於世乎材良而器攻圓其外而方其中然也材而不良則速壞工之爲功也不攻則速敗中不方則不能以載外不圓則窒拒而滯方之所謂者箱也圓之所謂者輪也匪箱不居匪輪不塗吾子其務法焉者乎曰然曰是一車之說也非衆車之說也吾將告子乎衆車之說澤而杼山而侔上而輊下而軒且曳祥而曠左革而長轂以戟巢焉而以望安以愛老輜以蔽內垂綏而以畋載十二旒而以廟以郊以陳於庭其類衆也然而其

要存乎材良而器攻圓其外而方其中也是故任而安之者箱達而行之者輪恆中者軸揭而固者蚤長而撓進不罪乎馬退不罪乎人者輳卻暑與雨者蓋敬而可伏者軾服而制者馬若牛然後衆車之用具今楊氏仁義之林也其產材良誨之學古道爲古辭沖然而有光其爲工也攻果能恢其量若箱周而通之若輪守大中以動乎外而不變乎內若軸攝之以剛健若蚤引焉而且御乎物若輳高以遠乎汙若蓋下以成乎禮若軾險而安易而利動而法則庶乎車之全也詩之言曰駟牡騑騑六轡如琴孔氏語

曰左爲六官右爲執法此其以達於大政也凡人之質不良莫能方且恆質良矣用不周莫能以圓遂孔子於鄉黨恂恂如也遇陽貨必曰諾而其在夾谷也視叱齊侯類蓄狗不震乎其內後之學孔子者不志於是則吾無望焉耳矣誨之吾戚也長而益良方其中矣吾固欲其任重而行於世懼圓其外者未至故說車以贈

謫龍說

扶風馬孺子言年十五六時在澤州與羣兒戲郊亭上頃然有奇女墜地有光煜然被緅裘白紋之裏首步搖之冠

貴游年少駭且悅之稍狎焉奇女頩爾怒曰不可吾故居鈞天帝宮下上星辰呼噓陰陽薄蓬萊羞崑崙而不即者帝以吾心侈大怒而謫來七日當復今吾雖辱塵土中非若儷也吾復且害若衆恐而退遂入居佛寺講室焉及期進取杯水飲之噓成雲氣五色翛翛也因取裘反之化爲白龍徊翔登天莫知其所終亦怪甚矣嗚呼非其類而狎其謫不可哉孺子不妄人也故記其說

復吳子松說

子之疑木膚有怪文與人之賢不肖壽夭貴賤果氣之寓歟爲物者裁而爲之歟子固以爲寓也子不見夫雲之始作乎勃怒衝涌擊石薄木而肆乎空中偃然爲人拳然爲禽敷舒爲林木嵑嶫爲宮室誰其搏而斲之者風出洞窟流離百物經清觸濁呼召竅穴與夫草木之儷偶紛羅雕葩剡芒臭朽馨香采色之赤碧白黃皆寓也無裁而爲之者又何獨疑茲膚之奇詭與人之賢不肖壽夭貴賤參差不齊者哉是固無情不足窮也然有可恨者人或權褒貶黜陟爲天子求士者皆學於聖人之道皆又以仁義爲的皆曰我知人我知人披辭窺貌逐其聲而覈其所蹈者以

升而降其所升恆多蒙瞀禍賊僻邪罔人以自利者其所降率多清明沖淳不爲害者彼非無情物也非不欲得其升降也然猶反戾若此逾千百年乃一二人幸不出於此者傚之猶無以爲告今子不是病而木膚之問爲物者有無之疑子胡橫訊過詰擾擾焉如此哉

羆說

鹿畏貙貙畏虎虎畏羆羆之狀被髮人立絕有力而甚害人焉楚之南有獵者能吹竹爲百獸之音昔云（一作寂寂）持弓矢甖火而即之山爲鹿鳴以感其類伺其至發火而射之

軀聞其鹿也趨而至其人恐因爲虎而駭之軀走而虎至愈恐則又爲羆虎亦亡去羆聞而求其類至則人也捽搏挽裂而食之今夫不善內而恃外者未有不爲羆之食也

觀八駿圖說

古之書有記周穆王馳八駿升崑崙之墟者後之好事者爲之圖宋齊以下傳之觀其狀甚怪咸若騫若翔若龍鳳麒麟若螳蜋然其書尤不經世多有然不足采世聞其駿也因以異形求之則其言聖人者亦類是矣故傳伏羲曰牛首女媧曰其形類蛇孔子如倛頭若是者甚衆孟子曰

何以異於人哉堯舜與人同耳今夫馬者駕而乘之或一里而汗或十里而汗或數十里百里而不汗者視之毛物尾鬣四足而蹄齕草飲水一也推是而至於駿亦類也今夫人有不足爲負販者有不足爲吏者有不足爲士大夫者有足爲者視之圓首橫目食穀而飽肉絺而凊裘而燠一也推是而至於聖亦類也然則伏羲氏女媧氏孔子氏是亦人而已矣驊騮白羲山子之類若果有之是亦馬而已矣又烏得爲牛爲蛇爲倛頭爲龍鳳麒麟螳蜋然也哉然而世之慕駿者不求之馬而必是圖之似故終不能有得於駿也慕聖人者不求之人而必若牛若蛇若倛頭之問故終不能有得於聖人也誠是天下有是圖者舉而焚之則駿馬與聖人出矣

欽定全唐文卷五百八十五

柳宗元十七

桐葉封弟辯

古之傳者有言成王以桐葉與小弱弟戲曰以封汝周公入賀王曰戲也周公曰天子不可戲乃封小弱弟於唐吾意不然王之弟當封耶周公宜以時言於王不待其戲而賀以成之也不當封耶周公乃成其不中之戲以地以人與小弱弟者爲之主其得爲聖乎且周公以王之言不可苟焉而已必從而成之耶設有不幸王以桐葉戲婦寺亦

將舉而從之乎凡王者之德在行之何若設未得其當雖十易之不爲病要於其當不可使易也而況以其戲乎若戲而必行之是周公教王遂過也吾意周公輔成王宜以道從容優樂要歸之大中而已必不逢其失而爲之辭又不當束縛之馳驟之使若牛馬然急則敗矣且家人父子尚不能以此自克況號爲君臣者耶是直小丈夫缺缺者之事非周公所宜用故不可信或曰封唐叔史佚成之

辯列子

劉向古稱博極羣書然其錄列子獨曰鄭穆公時人穆公在孔子前幾百歲列子書言鄭國皆云子產鄧析不知向何以言之如此史記鄭繻公二十四年楚悼王四年圍鄭鄭殺其相駟子陽子陽正與列子同時是歲周安王四年秦惠公韓烈侯趙武侯二年魏文侯二十七年燕釐公五年齊康公七年宋悼公六年魯穆公十年不知向言魯穆公時遂誤爲鄭耶不然何乖錯至如是其後張湛徒知怪列子書言穆公後事亦不能推知其時然其書亦多遺增竄非其實要之莊周爲放依其辭其稱夏棘狙公紀渻子季咸等皆出列子不可盡紀雖不槩於孔子道然其虛泊

寥闊居亂世遠於利禍不得逮於身而其心不窮易之遁世無悶者其近是歟余故取焉其文辭類莊子而尤質厚少爲作好文者可廢耶其楊朱力命疑其楊子書其言魏牟孔穿皆出列子後不可信然觀其辭亦足通知古之多異術也讀焉者愼取之而已矣

辯文子

文子書十二篇其傳曰老子弟子其辭時有若可取其指意皆本老子然考其書蓋駁書也其渾而類者少竊取他書以合之者多凡孟管輩數家皆見剽竊嶢然而出其類

其意緒文辭叉牙相抵而不合不知人之增益之歟或者衆爲聚斂以成其書歟然觀其往往有可立者又頗惜之憫其爲之也勞今刊去謬惡亂雜者取其似是者又頗爲發其意藏於家

論語辯二篇

上篇

或問曰儒者稱論語孔子弟子所記信乎曰未然也孔子弟子曾參最少少孔子四十六歲曾子老而死是書記曾子之死則去孔子也遠矣曾子之死孔子弟子略無存者矣吾意曾子弟子之爲之也何哉且是書載弟子必以字獨曾子有子不然由是言之弟子之號之也然則有子何以稱子曰孔子之歿也諸弟子以有子爲似夫子立而師之其後不能對諸子之問乃叱避而退則固嘗有師之號矣今所記獨曾子最後死子是以知之蓋樂正子春子思之徒與爲之爾或曰孔子弟子嘗雜記其言然而卒成其書者曾氏之徒也

下篇

堯曰咨爾舜天之歷數在爾躬四海困窮天祿永終舜亦以命禹予小子履敢用元牡敢昭告於皇天后土有罪不敢赦萬方有罪罪在朕躬朕躬有罪無以爾萬方或問之曰論語書記問對之辭爾今卒篇之首章然有是何也柳先生曰論語之大莫大乎是也是乃孔子常常諷道之辭云爾彼孔子者覆生人之器者也上之堯舜之不遭而禪不及已下之無湯之勢而已不得爲天吏生人無以澤其德日視聞其勞死怨呼一作乎而已之德涸焉無所依而施故於常常諷道云爾而止也此聖人之大志也無容問對於其間弟子或知之或疑之不能明相與傳之故於其爲書也卒篇之首嚴而立之

辯鬼谷子

元冀好讀古書然甚賢鬼谷子爲其指要幾千言鬼谷子要爲無取漢時劉向班固錄書無鬼谷子鬼谷子後出而險盭峭薄恐其妄言亂世難信學者宜其不道而世之言縱横者時葆其書尤者晚乃益出七術怪謬異甚不可考校其言益奇而道益陿使人狙狂失守而易於陷墜幸矣人之葆之者少今元子又文之以指要嗚呼其爲好術也過矣

辯晏子春秋

司馬遷讀晏子春秋高之而莫知其所以爲書或曰晏子爲之而人接焉或曰晏子之後爲之皆非也吾疑其墨子之徒有齊人者爲之墨好儉晏子以儉名於世故墨子之徒尊著其事以增高爲己術者且其旨多尚同兼愛非樂節用非厚葬久喪者是皆出墨子又非孔子好言鬼事非儒明鬼又出墨子其言問棗及古冶子等尤怪誕又往往言墨子聞其道而稱之此甚顯白者自劉向歆班彪固父子皆錄之儒家中甚矣數子之不詳也蓋非齊人不能具

其事非墨子之徒則其言不若是後之錄諸子書者宜列之墨家非晏子爲墨也爲是書者墨之道也

辯亢倉子

太史公爲莊周列傳稱其爲書畏累亢桑子皆空言無事實今世有亢桑子書其首篇出莊子而益以庸言蓋周所云者尚不能有事實又況取其語而益之者其爲空言尤也劉向班固錄書無亢倉子而今之爲術者乃始爲之傳注以教於世不亦惑乎

辯鶡冠子

予讀賈誼鵩賦嘉其辭而學者以爲盡出鶡冠子予往來京師求鶡冠子無所見至長沙始得其書讀之盡鄙淺言也唯誼所引用爲美餘無可者吾意好事者僞爲其書反用鵩賦以文飾之非誼有所取之決也太史公伯夷列傳稱賈子曰貪夫殉財烈士殉名夸者死權不稱鶡冠子遷號爲博極羣書假令當時有其書遷豈不見耶假令眞有鶡冠子書亦必不取鵩賦以充入之者何以知其然耶曰不類

敵戒

皆知敵之仇而不知爲益之尤皆知敵之害而不知爲利之大秦有六國兢兢以強六國既除訑訑乃亡晉敗楚鄢范文爲患厲之不圖舉國造怨孟孫惡臧孟死臧恤藥石去矣吾亡無日智能知之猶卒以危矧今之人曾不是思敵存而懼敵去而舞廢備自盈祗益爲痡敵存滅禍敵去召過有能知此道大名播懲病克壽矜壯死暴縱欲不戒匪愚伊耄我作戒詩思者無咎

三戒 并序

吾恒惡世之人不知推己之本而乘物以逞或依勢以干

非其類出技以怒強竊時以肆暴然卒迨於禍有客談麋驢鼠三物似其事作三戒

臨江之麋

臨江之人畋得麋麑畜之入門羣犬垂涎揚尾皆來其人怒怛之自是日抱就犬習示之使勿動稍使麋與之戲積久犬皆如人意麋麑稍大忘己之麋也以爲犬良我友抵觸偃仆益狎犬畏主人與之俯仰甚善然時啖其舌三年麋出門外見外犬在道甚衆走欲與爲戲外犬見而喜且怒共殺食之狼籍道上麋至死終不悟

黔之驢

黔無驢有好事者船載以入至則無可用放之山下虎見之龎然大物也以爲神蔽林間窺之稍出近之慭慭然莫相知他日驢一鳴虎大駭遠遁以爲且噬己也甚恐然往來視之覺無異能者益習其聲又近出前後終不敢搏稍近益狎蕩倚衝冒驢不勝怒蹄之虎因喜計之曰技止此耳因跳踉大㘚斷其喉盡其肉乃去噫形之龎也類有德聲之宏也類有能向不出其技虎雖猛疑畏卒不敢取今若是焉悲夫

永某氏之鼠

永有某氏者畏日拘忌特甚以爲己生歲直子鼠子神也因愛鼠不畜猫犬禁僮勿擊鼠倉廩庖廚悉以恣鼠不問由是鼠相告皆來某氏飽食而無禍某氏室無完器椸無完衣飲食大率鼠之餘也晝纍纍與人兼行夜則竊齧鬬暴其聲萬狀不可以寢終不厭數歲某氏徙居他州後人來居鼠爲態如故其人曰是陰類惡物也盜暴尤甚且何以至是乎哉假五六猫闔門撤瓦灌穴購童羅捕之殺鼠如丘棄之隱處臭數月乃已嗚呼彼以其飽食無禍爲可恆也哉

設漁者對智伯

智氏既滅范中行志益大合韓魏圍趙水晉陽智伯瑤乘舟以臨趙且又往來觀水之所自務速取焉羣漁者有一人坐漁智伯怪之問焉曰若漁幾何曰臣始漁於河中漁於海今主大茲水臣是以來曰若之漁何如曰臣幼而好漁始臣之漁於河有魦鱮鱣鰋者不能自食以好臣之餌日收者百焉臣以爲小去而之龍門之下伺大鮪焉夫大鮪之來也從魴鯉數萬垂涎流沫後者得食焉然其飢也

亦返吞其後愈肆其力逆流而上慕爲蟜龍及夫抵大石亂飛濤折鰭禿翼顛倒頓踣順流而下宛委冒懵環坻激而不能出嚮之從魚之大者幸而啄食之臣亦徒手得焉猶以爲小聞古之漁有任公子者其得益大於是去而之海上北浮於碣石求大鯨焉臣之具未及施見大鯨驅羣鮫逐肥魚於渤澥之尾震動大海簸掉巨島一啜而食若舟者數十勇而未已貪而不能止北蹙於碣石槁焉嚮之爲食者反相與食之臣亦徒手得焉猶以爲小聞古之漁有太公者其得益大釣而得文王於是舍而來智伯曰今若遇我也如何漁者曰嚮者臣已言其端矣始晉之侈家若欒氏祁氏郤氏羊舌氏以十數不能自保以貪晉國之利而不見其害主之家與五卿嘗裂而食之矣是無異魦鱮鱣鰋也腦流骨腐於主之故鼎可以懲矣然而猶不肯悟又有大者焉若范氏中行氏貪人之土田侵人之勢力慕爲諸侯而不見其害主與三卿又裂而食之矣脫其鱗鱠其肉刳其腸斷其首而棄之鯤鮞遺胤莫不備俎豆是無異夫大鮪也可以懲矣然而猶不肯悟又有大者焉吞范中行以益其肥猶以爲不足力愈大而求食愈無饜驅韓魏以爲羣鮫以逐趙之肥魚而不見其害貪肥之勢將不止於趙臣見韓魏懼其將及也亦幸王之蹙於晉陽其目動矣而主乃慠然以爲咸在機俎之上方磨其舌抑臣有恐焉今輔果舍族而退不肯同禍段規怨深而造謀主之不悟臣恐主爲大鯨首解於邯鄲鬣摧於安邑胷披於上黨尾斷於中山之外而腸流於大陸爲黿鼉以充三家子孫之腹臣所以大懼不然主之勇力強大於文王何有智伯不悅然終以不悟於是韓魏與趙合滅智氏其地三分

愚溪對

柳子名愚溪而居五日溪之神夜見夢曰子何辱予使予爲愚耶有其實者名固從之今予固若是耶予聞閩有水生毒霧厲氣中之者温屯嘔泄藏石走瀨連艫糜解有魚焉鋸齒鋒尾而獸蹄是食人必斷而躍之乃仰噬焉故其名曰惡溪西海有水散渙而無力不能負芥投之則委靡墊沒及底而後止故其名曰弱水秦有水掎汩泥淖撓混沙礫視之分寸眙若覩壁淺深險易昧昧不覿乃合涇渭以自彰穢跡故其名曰濁涇雍之西有水幽險若漆不知

其所出故其名曰黑水夫惡弱六極也濁黑賤名也彼得之而不辭窮萬世而不變者有其實也今予甚清與美爲子所喜而又功可以及圃畦力可以載方舟朝夕者濟焉子幸擇而居予而辱以無實之名以爲愚卒不見德而肆其誣豈終不可革耶柳子對曰汝誠無其實然以吾之愚而獨好汝汝惡得避是名耶且汝不見貪泉乎有飲而南者見交趾寶貨之多光溢於目思以兩手左右攫而懷之豈泉之實耶過而往貪焉猶以爲名今汝獨招愚者居焉久留而不去雖欲革其名不可得矣夫明王之時智者用

愚者伏用者宜邇伏者宜遠今汝之託也遠王都三千餘里仄僻迴隱蒸鬱之與曹螺蜯之與居唯觸罪擯辱愚陋黜伏者日侵侵以遊汝闖闖以守汝汝欲爲智乎胡不呼今之聰明皎厲握天子有司之柄以生育天下者使一經於汝而唯我獨處汝既不能得彼而見獲於我是則汝之實也當汝爲愚而猶以爲誣寧有說耶曰是則然矣敢問子之愚何如而可以及我柳子曰汝欲窮我之愚說耶雖極汝之所往不足以申吾喙涸汝之所流不足以濡吾翰姑示子其略吾茫洋乎無知冰雪之交衆裘我絺溽暑之鑠衆從之風而我從之火吾盪而趨不知太行之異乎九衢以敗吾車吾放而遊不知呂梁之異乎安流以沒吾舟吾足蹈坎井頭抵木石衝冒榛棘僵仆虺蜴而不知怵惕何喪何得進不爲盈退不爲抑荒涼昏默卒不自克此其大凡者也願以是汙汝可乎於是溪神深思而嘆曰嘻有餘矣是及我也因俯而羞仰而吁涕泣交流舉手而辭一晦一明覺而莫知所之遂書其對

對賀者

柳子以罪貶永州有自京師來者既見曰子聞子坐事逐

子適將唁子今予視子之貌浩浩然也能是達矣子無以唁敢更以爲賀柳子曰子誠以貌乎則可也然吾豈若是而無志者耶姑以戚戚爲無益乎道故若是而已矣吾之罪大會主上以寬理人用和天下故吾得在此凡吾之貶斥幸矣而又戚戚焉何哉夫爲天子尚書郎謀畫無所陳而羣比以爲名蒙恥遇僇以待不測之誅苟人爾有不汙栗危厲偲偲然者哉吾嘗靜處以思獨行以求自以上不得自列於聖朝下無以奉宗祀近丘墓徒欲苟生幸存庶幾似續之不廢是以儻蕩其心倡佯其形茫乎若昇高以

望瀆乎若乘海而無所往故其容貌如是子誠以浩浩而賀我其孰承之乎嘻笑之怒甚乎裂眥長歌之哀過乎慟哭庸詎知吾之浩浩非戚戚之尤者乎子休矣

杜兼對

或問曰朝廷以公且明進善退不肖未嘗不當然吾有一疑焉願有聞於子以釋子也曰何哉曰杜兼爲濠州幸兵之亂殺無罪士二人蓄貨足慾吾以爲唐檮杌饕餮者亡以異然而卒入爲郎中給事中出由商至河南尹乃死夫何取於兼者若是幸也曰若子之言兼之罪吾雖不睹乎

目然聞之孰宜廢而不用久矣然而吾有一取焉吾聞兼在濠州有鍾離令盧某者宰相戚也而讒且諛日狀其僚之過慫以致於兼且曰是過是慫我獨無有其僚因惴恐以俟譴怒於上令日施施自負曰州君將我陟也兼得之乃大怒罰令使僚也咸得自達以進乎善因擯令終不得面焉人由是不苟免而讒諛之道大息朝廷進兼於內則給事中於外則至河南尹蓋知兼有是善也歟誠然不爲公且明耶或者曰兼凶狡人也恣殺以充己其爲過章章者凡天下兒童後闕

天對

問曰遂古之初誰傳道之上下未形何由考之冥昭瞢闇誰能極之馮翼惟像何以識之明明闇闇惟時何爲

對曰本始之茫誕者傳焉鴻靈幽紛曷可言焉曶黑晰眇往來屯屯龐昧革化惟元氣存而何爲焉

陰陽三合何本何化

合焉者三一以統同吁炎吹冷交錯而功

圜則九重孰營度之

無營以成沓陽而九轉輠渾淪蒙以圜號

惟茲何功孰初作之

冥凝元釐無功無作

斡維焉繫天極焉加

烏徯繫維乃麋身位無極之極漭瀰非垠或形之加孰取大焉

八柱何當東南何虧

皇熙亹亹胡棟胡宇宏離不屬焉恃夫八柱

九天之際安放安屬

無青無黃無赤無黑無中無旁烏際乎天則

隅隈多有誰知其數
巧欺淫誑幽陽以別無隈無隅曷懵厥列
天何所沓十二焉分
折篿剡筳午施旁竪鞠明究曛自取十二非予之爲焉以
告汝
日月安屬列星安陳
規燬魄淵太虛是屬棊布萬熒咸是焉託
出自湯谷次於蒙汜
輻旋南晝軸奠於北孰彼有出次惟汝方之側平施旁運

惡有谷汜
自明及晦所行幾里
當焉爲明不逮爲晦度引無窮不可以里
夜光何德死則又育
燬炎莫儷淵迫而魄遐違乃專何以死育
厥利維何而顧菟在腹
元陰多缺爰感厥兔不形之形惟神是類
女歧無合夫焉取九子
陽健陰淫降施蒸摩歧靈而子焉以夫爲

伯強何處惠氣安在
怪癘冥更伯強乃陽順和調度應氣出行時屆時縮何有
處鄉
何闔而晦何開而明
明焉非闢晦兮非藏
角宿未旦曜靈安藏
孰旦孰幽繆躔於經蒼龍之寓而廷彼角亢
不任汩鴻師何以尚之僉荅何憂何不課而行之
惟鯀譊譊鄰聖而孽恆師龐蒙乃尚其圮后惟師之難瞶

頌使試
鴟龜曳銜鯀何聽焉順欲成功帝何刑焉永遏在羽山
夫何三年不施
盜堙息壤招帝震怒賦刑在下而投棄於羽方陟元子以
允功定地胡離厥考而鴟龜肆喙
伯禹腹鯀夫何以變化纂就前緒遂成考功何續初繼
業而厥謀不同
氣孽宜害而嗣續得聖汙塗而蕖夫固不可以類胝躬躄
步檮楯勩踣厥十有三載乃蓋考醜宜儀刑九疇受是元

費昏成厥孽。昭生於德。惟氏之繼。夫孰謀之式。

洪泉極深。何以寘之。

行鴻下隤。厥邱乃降。焉塡絕淵。然後夷於土。

地方九則。何以墳之。

從民之宜。乃九於野。墳厥貢藝。而有上中下。

應龍何畫。河海何歷。

胡聖爲不足。反謀龍智。畚鍤究勤。而欺畫厥尾。

鯀何所營。禹何所成。康回馮怒。地何故以東南傾。

圜燾廓大。厥立不植。地之東南。亦已西北。彼回小子。胡顛

隕爾力。夫誰駭汝爲此。而以恩天極。

九州何錯。川谷何洿。

州錯富媼。爰定於趾。躁川靜谷。形有高庳。

東流不溢。孰知其故。

東窮歸墟。又環西盈。脈穴土區。而濁濁清清。墳壚燥疏。滲

渴而升。充融有餘。泄漏復行。器運浟浟。又何溢爲。

東西南北。其修孰多。

東西南北。其極無方。夫何鴻洞。而課校修長。

南北順墮。其衍幾何。

茫忽不準。孰衍孰窮。

崑崙縣圃。其尻安在。

積高於乾。崑崙攸居。蓬首虎齒。爰穴爰都。

增城九重。其高幾里。

增城之里。萬有三千。

四方之門。其誰從焉。

淸溫燠寒。迭出於時。時之丕革。由是而門。

西北辟啟。何氣通焉。

辟啟以通。茲氣之元。

日安所到。燭龍何照。

修龍口燎。爰北其首。九陰極冥。厥朔以炳。

羲和之未揚。若華何光。

惟若之華。稟羲以耀。

何所冬暖。何所夏寒。

狂山凝凝。冰於北至。爰有炎洲。司寒不得以試。

焉有石林。何獸能言。

石胡不林。往視西極。獸言嘐嘐。人名是達。

焉有虬龍。負熊以遊。

有虬蝼蛇不角不鱗嬉夫元熊相待以神

雄虺九首儵忽焉在

南有怪虺羅首以噬倏忽之居帝南北海

何所不死長人是守

員邱之國身民後死封嵎之守其横九里

靡蓱九衢枲華安居

有萍九歧厥圖以詭浮山孰產赤華伊枲

靈蛇吞象厥大何如

巴蛇腹象足覿厥大三歲遺骨其修已號

黑水元趾三危安在

黑水淫淫窮於不姜元趾則北三危則南

延年不死壽何所止

僊者幽幽壽焉孰慕短長不齊咸各有止胡紛華漫汗而潛謂不死

鯪魚何所鬿堆焉處

鯪魚人貌邇列姑射鬿雀峙北號惟人是食

羿焉彃日烏焉解羽

焉有十日其火百物羿宜炭赫厥體胡庸以枝屈大澤千里羣烏是解

禹之力獻功降省下土四方焉得彼塗山女而通之於台桑

閔妃匹合厥身是繼胡維嗜慾不同味而快鼂飽

禹懲於續塗婦亟合胑離厥膚三門以不眠呱呱之不盡而孰圖厥味卒燥中野民攸宇攸蟹

啟代益作后卒然離蠥

彼呱克臧俾姒作夏獻后益於帝諄諄以不命復爲叟耉曷戚曷孽

何啟惟憂而能拘是達皆歸射鞠而無害厥躬

呱勤於德民以乳活僊仇厥正帝授柄以撻兇窮聖庸夫孰克害

何后益作革而禹播降

益革民艱咸粲厥粒惟禹授以土爰稼萬億違溺践垍休居以康食姑不失聖天胡往不道

啟棘賓商九辯九歌

啟達厥聲堪輿以呻辨同容之序帝以賀嬪

何勤子屠母而死分竟墜

禹母產聖何副厥旅彼淫言亂囑聽職以不處

帝降夷羿革孽夏民胡羿射夫河伯而妻彼雒嬪
夷羿滔荒割更后相夫孰作厥孽而誣帝以降震嗃厥鱗
集矢於旼肆叫帝不諶失位滋嫚有洛之嫮焉妻於狡
馮珧利決封豨是射何獻蒸肉之膏而后帝不若
夸夫快殺鼎豨以慮飽馨膏腴帝叛德恣力胡肥台舌喉
而濫厥福
浞娶純狐眩妻爰謀何羿之射革而交吞揆之
寒讒婦謀后夷卒戕荒棄於野俾奸民是臧舉土作仇徒
怙身弧

阻窮西征巖何越焉化爲黃熊巫何活焉
鯀殛羽巖化黃而淵
咸播秬黍莆雚是營
子宜播殖稈於邱於川維莞維蒲維菰維蘆丕徹以圖民
以讙以都
何由并投而鯀疾修盈
堯酷厥父厥子激以功克碩厥祀後世是郊
白蜺嬰茀胡爲此堂安得夫良藥不能固臧天式從橫
陽離爰死大鳥何鳴夫焉喪厥體

王子怪駭蜺形茀裳衣褫操戈猶懵夫藥良終鳥號以游
奮厥篚筐智漠莫謀形胡在胡亡
蓱號起雨何以興之
陽潛而爨陰蒸而雨蓱馮以興厥號爰所
撰體協脅鹿何膺之
氣怪以神爰有奇軀脇屬支偶尸帝之隅
鼇戴山抃何以安之
宅靈之邱掉焉不危鼇厥首而恆以恬夷
釋舟陵行何以遷之

要釋而陵殆或謫之龍伯負骨帝尚窄之
惟澆在户何求於嫂何少康逐犬而顛隕厥首
澆嫪以力兄鹿聚之康假於田肆克宇之
女歧縫裳而館同爰止何顛易厥首而親以逢殆
旣裳旣舍宜咸墜厥首
湯謀易旅何以厚之
湯奮癸旅爰以傴拊載厥德於葛以詰仇餉
覆舟斟尋何道取之
康復舊物尋焉保之覆舟喻易尚或艱之

桀伐蒙山何所得焉妹嬉何肆湯何殛焉
惟桀嗜色戎得蒙妹淫處暴娛以大啟厥伐
舜閔在家父何以鰥堯不姚告二女何親厥萌在初何
所意焉
瞽父仇舜鰥以不儷堯專以女茲俾允厥世惟蒸蒸翼翼
於嬀之汭
璜臺十成誰所極焉
紂臺於璜箕克兆之
登立爲帝孰道尚之

惟德登帝師以首之
女媧有體孰制匠之
媧軀虺號占以類之胡曰日化七十工獲詭之
舜服厥弟終然爲害何肆犬體而厥身不危敗
舜弟眂厥仇畢屠水火夫固優游以聖而孰殆厥禍犬齗
於德終不克以噬昆庸致愛邑鼻以賦富
吳獲迄古南嶽是止孰期去斯得兩男子
嗟伯之仁遜季旅嶽雍同度厥義以嘉吳國
緣鵠飾玉后帝是饗何承謀夏桀終以滅喪帝乃降觀
下逢伊摯何條放致罰而黎伏大說
空桑鼎殷詔羹厥鵠惟軻知言瞷焉以爲不仁易愚危夫
曷揆曷謀咸逃叢淵虐后以劉降厥觀於下匪摯孰承條
伐巢放民用潰厥疣以夷於膚夫曷不謠
簡狄在臺嚳何宜元鳥致貽女何喜
嚳狄禱祺契形於胞胡乙鷇之食而怪焉以嘉
該秉季德厥父是臧
該德允考蓐收於西爪虎手鉞尸刑以司憝
胡終斃於有扈牧夫牛羊

牧正矜矜澆扈芟踣
干協時舞何以懷之
階干以娛苗革而格不迫以死夫胡狃厥賊
平脅曼膚何以肥之
辛后騃狂無憂以肥肆蕩弛厥體而充膏於肌嗇實被躬
焚以旗之
有扈牧豎云何而逢擊牀先出其命何從
扈釋於牧力使后之民仇焉寓啟牀以斮
恆秉季德焉得夫樸牛何往營班祿不但還來

殷武踵德爰獲牛之樸夫唯陋民是冐而丕號以瑞卒營
而班民心是市
昏微循迹有狄不寧何繁鳥萃棘負子肆情
解父狄淫遭愬以赧彼中之不目而徒以色視
眩弟並淫危害厥兄何變化以作詐後嗣而逢長
象不兄龔而奮以謀蓋聖孰凶怒嗣用紹厥愛
成湯東巡有莘爰極何乞彼小臣而吉妃是得水濱之
木得彼小子夫何惡之媵有莘之婦
莘有玉女湯巡爰獲旣內克厥合而外弼於德伊知非妃

伊之知臣曷以不識胡木化於母以蝎厥聖喙鳴不良謾
以詭正盡邑以墊孰譯彼夢
湯出重泉夫何辠尤不勝心伐帝夫誰使挑之
湯行不類重泉是囚違虐立辟實罪德之由師憑怒以劃
癸挑而讎
會鼂爭盟何踐吾期蒼鳥羣飛孰使萃之到擊紂躬叔
旦不嘉何親揆發足周之命以咨嗟授殷天下其位安
施反成乃亡其罪伊何爭遣伐器何以行之並驅擊翼
何以將之
膠鬲比鰲雨行踐期捧盎救灼仁興以畢隨鷹之咸同得
使萃之頸紂黃鉞旦孰喜之民父有釐嗟以美之位庸庀
民仁克莅之紂淫以害師殛圯之咸逭厥死爭徂器之翼
鼓顛禦讙舞靡之
昭后成遊南土爰底厥利惟何而逢彼白雉
水濱翫昭荊陷弑之繆迓越裳疇肯雉之
穆王巧梅夫何爲周流環理天下夫何索求
穆懵祈招猖洋以游輪行九野惟怪之謀胡給娛戴勝之
獸觴瑤池以迭謠

妖夫曳衒何號乎市周幽誰誅焉得夫褒姒
孺賊厥詵爰檿其弧幽禍挐以夸僤褒以漁淫嗜蠆殺諫
尸謗屠孰讎蔡以徵而化黿是辜
天命反側何罰何佑
天邈以蒙人厶以离胡克合厥道而詰彼尤違
齊桓九會卒然身殺
桓號其大任屬以傲幸良以九合逮孼而壞
彼王紂之躬孰使亂惑何惡輔弼讒諂是服比干何逆
而抑沈之雷開何順而賜封之何聖人之一德卒其異

方梅伯受醢箕子佯狂
紂無誰使惑惟志爲首逆圖倒視輔讒以僇寵干异召死
雷濟克后文德邁以被芮鞫順道醢梅奴箕忠咸喪以醜
厚
稷惟元子帝何篤之投之於冰上鳥何燠之何馮弓挾
矢殊能將之既驚帝切激何逢長之
棄靈而功篤胡爽焉翼冰以炎盍崇長焉既岐既嶷宜庸
將焉紂凶以啟武紹尚焉
伯昌號衰秉鞭作牧何令徹彼岐社命有殷之國

伯鞭於西化江漢滸易岐社以太國之命以祚武
遷藏就岐何能依
踰梁橐囊羶仁蟻萃
殷有惑婦何所譏
妲滅淫商痡民以亟去
受賜茲醢西伯上告何親就上帝罰殷之命以不救
肉梅以頒烏不台訴孰盈癸惡兵躬殄祀
師望在肆昌何志鼓刀揚聲后何喜
牙伏牛漁積内以外萌岐目厥心瞭眂顯光奮力屠國以
髀髖厥商
武發殺殷何所悒載尸集戰何所急
發殺曷逞寒民於烹惟栗厥文考而虔予以徂征
伯林雉經維其何故何感天抑墜夫誰畏懼
中譖不列恭君以雉胡螾訟蛲賊而以變天地
皇天集命惟何戒之受禮天下又使至代之
天集厥命惟德受之允怠以棄天又祐之
初湯臣摯後茲承輔何卒官湯尊食宗緒
湯摯之合祚以久食昧始以昭末克庸成績

勳闔夢生少離散亡何壯武厲能流厥嚴
光徵夢祖憾離以厲仿偟激覆而勇益德邁
彭鏗斟雉帝何饗受壽永多夫何久長
鏗羹於帝聖孰嗜味夫死自暮而誰饗以俾壽
中央共牧后何怒蠭蛾微命力何固
蝇蠚已毒不以外肆細腰羣螫夫何足病
驚女采薇鹿何祐北至回水萃何喜
萃回偶昌鹿曷祐以女
兄有噬犬弟何欲易之以百兩卒無祿

鍼欲兄愛以快侈富愈多厥車卒逐以旅

薄暮雷電歸何憂厥嚴不奉帝何求伏匿穴處爰何云

荆勳作師夫何長先悟過改更我又何言

咨吟於野胡若之很嚴墜誼殄丁厥任合行違匿固若所

伊嚘忿毒意誰與醜齊徂秦啗厥詐讒登狡庸咈以施甘

恬禍凶亟鋤夷愎不可化徒若罷

吳光爭國久予是勝何環穿自閭社邱陵爰出子文吾

告堵敖以不長何試上自予忠名彌彰

闔綽厥武滋以侈頽於蒐不可以作怠焉庸歸款吾敖之

閼以旅尸誠若名不尚曷極而辭

欽定全唐文卷五百八十六

柳宗元十八

晉問

吳子問於柳先生曰先生晉人也晉之故宜知之曰然然則吾願聞之可乎曰可晉之故封太行掎之首陽起之黃河迤之大陸靡之或巍而高或呀而淵景霍汾澮以經其壖若化若遷鈎嬰蟬聯然後融爲平川而侯之都居大夫之邑建焉其高壯則騰突撑拒聱岈鬱怒若熊羆之咆虎豹之嗥終古而不去攫秦搏齊當者失據燕狄惴怯若卵

就壓振振業業覼闚蹀戶惕若僕妾其棲行則平盈旋縈紆徐夷延若飛戴之翔舞洄水之容與以稼則碩以植則茂以牧則蕃以畜則庶而人用是富而邦以之阜其河則濬源崑崙入於天淵出乎無門行乎無垠自匈奴而南以介西鄙衝奔太華運肘東指混潰后土濆濁麋沸黿鼉詭怪于于汩汩騰倒駃越委泊涯涘呀呷欱納摧雜失墜其所盪激則連山參差廣野壞裂轟雷怒風撼鷁于巇崩石之所轉躍大木之所擢拔瀰泙洞踏若彌數千里若萬夫之斬伐而其軸轤之所負橦檣之所御鱗川林蹙蔽雲遁

兩瞬目而下者榛榛沄沄百舍一赴若是何如吳子曰先生之言豐厚險固誠晉之美矣然晉人之言表裏山河者備敗而已非以爲榮觀顯大也吳起所謂在德不在險此晉人之藉也願聞其他

先生曰大鹵之金棠谿之工火化水淬器備以充爲棘爲矛爲鍛爲鉤爲鏑爲鏃爲槊爲鏦出太白徵蓐收召招搖伏蚩尤肅肅褷褷合衆靈而成之博者狹者曲者直者歧者勁者長者短者攢之如星奮之如霆運之如縈浩浩奕奕淋淋滌滌熒熒的的若雪山冰谷之積觀者膽掉目出寒液當空發耀英精互繞晃蕩洞射天氣盡白日規爲小鑠雲破霄跕墜飛鳥弓人之弓函人之甲膠角百選犀兕七屬乃使跟超掖夾之倫服而持之南瞰諸華北讋羣夷技擊節制聞於天下是爲善師延目而望之固以拳拘喘汗免胄肉袒進不敢降退不敢竄若是何如吳子曰夫兵之用由德則吉由暴則凶是又不可爲美觀也先軫曰師直爲壯曲爲老況徒以堅甲利刃之爲上哉

先生曰晉國多馬屈焉是產土寒氣勁崖坼谷裂草木短縮鳥獸墜匿而馬蕃焉師師兟兟溶溶沄沄轠轠轔轔或赤或黃或元或蒼或醇或駹騂然而陰炳然而陽若旌旃旂幟之煌煌乍進乍止乍伏乍起乍奔乍躓若江漢之水疾風驅濤擊山盪壑雲沸而不止羣飲源槁迴食野赭浴川蹙浪噴震播灑潰潰焉若海神駕雪而來下觀其四散惝怳闢合萬狀喜者鵲厲怒者人搏決然坌躍千里相角風駿霧鬛斷山抉壑耳搖層雲腹捎衆木寂寥遠遊不久而復攫地跳梁堅骨蘭筋交頸互齧鬭目相馴聚溲更噓昂首張齗其小者則連牽縈繞仰乳俯齕蟻雜蠭集啾啾濼濼旅走叢立其材之可者收斂攻教掉手飛縻指毛命物百步就羈牽以荀息御以王良超以范鞅軒以欒鍼以佃以戎獸獲敵摧若是何如吳子曰恃險與馬者子不聞乎故曰冀之北土馬之所生是不一姓請置此而新其說

先生曰晉之北山有異林梓匠工師之爲宮室求大木者天下皆歸焉仲冬既至寒氣凝成外凋內貞瀋液不行乃堅乃良萬工舉斧以入必求諸巖崖之欹傾磵壑之紆縈凌巑岏之杪顛漱泉源之淦瀯根絞怪石不土而植千尋百圍與石同色羅列而伐者頭抗河漢刃披虹霓聲振連巒柿塡層谿丁丁登登硠硠稜稜若兵車之乘凌其響之

所應則潰潰漰漰洶洶薨薨若騖若崩若蟠龍之鬬風霆相騰其殊而下者札嘎捎殺摧崪坱圠霞披雹裂又似共工觸不周而天柱折鷗鸛鶩鶬號鳴飛翔貙豻虎兕奔觸讋慄伏無所入遯無所脫然後斷度收羅捎危顛芟繁柯乘水潦之波以入於河而流焉盪突硉兀轉騰冒沒類秦神驅石以梁大海抵曲鱗蹙匯流雷解前者汩越後者迫隘乃下夫龍門之懸水摺拉頽踏捽首軒尾顛入重淵不知其幾百里也濤波之旋滔山觸天既渟既平彌望悠焉良久乃始昂屹涌溢擬拔而出林立峰崪穿雲蔽日渙然

自撓復就行列渾渾而去以至其所唯良工之指顧叢臺阿房長樂未央建章昭陽之隆麗詭特皆是之自出若是何如吳子曰吾聞君子患無德不患無土患無土不患無人患無人不患無宮室患無宮室不患材之不已有先生之所陳四累之下也且虒祁既成諸侯叛之

先生曰河魚之大上迎濤波羅壟津涯千里雷馳重馬輕車遂以君命矢而縱觀焉大罟斷流修網亘山罩罾罜麗織紝其閒巨舟軒昂仡仡迴環水師更呼聲裂商顏於是鼓譟沓集而從之扼龍吭拔鯨鰭戮白黿逐毒螭叱馮夷立水湄搜攪流離掬縮推移梁會網蹙騰天彌圍掉躍擁踊以登夫歷山之垂如川之歸如山之摧如雲之披其有乘化會神振拔漣淪摛奇文出怪鱗騰飛濤而上逸生電雷於龍門者猶仰綸飛繳頓踏而取之莫不脫角裂翼呀嚇匍匐復就臠切莫保龍籍具糅五味布列雕俎風雲失勢沮散遠去若夫魦鱨鮪鯉鰋鱧魴鱮之瑣屑蔑裂者夫固不足悉數漏脫紘目養之水府而三河之人則已填溢饜飫腥膏爲鹵聞膾炙之美則掩鼻蹙頞賤甚糞土而莫顧者也若是何如吳子曰一時之觀不足以夸後世口舌

之味不足以利百姓姑欲聞其上者

先生曰猗氏之鹽晉寶之大也人之賴之與穀同化若神造非人力之功也但至其所則見溝塍畦畹之交錯輪囷若稼若圃敞兮勻勻渙兮鱗鱗邐彌紛屬不知其垠俄然決源釃流交灌互澍若枝若股委屈延布脈寫膏浸潗濕滑汩彌高掩庫漫壠冒塊決決沒沒遠近混會抵值堤防瀴瀛沛濊偃然成淵漭然成川觀之者徒見浩浩之水而莫知其以及神液陰漉甘鹵密起孕靈富媼不愛其美無聲無形熛結迅詭迴眸一瞬積雪百里晶晶羃羃奮僨離

析鍛圭椎璧眩轉的皪乍似隕星及地明滅相射冰裂雹碎龍從增益大者印纍小者珠剖涌者如坻坳者如缶日晶熠煜螢駭電走亘步盈車方尺數斗於是裒斂合集舉而堆之皓皓乎懸圃之巍巍巘乎漾乎狂山太白之淋漓駭化變之神奇卒不可推也然後驢贏牛馬之運西出秦隴南過樊鄧北極燕代東逾周宋家獲作鹹之利人被六氣之用和鈞兵食以征以貢其賚天下也與海分功可謂有濟矣若是何如吳子曰魏絳之言曰近寶則公室乃貧豈謂是耶雖然此可以利民矣而未爲民利也先生曰願

聞民利吳子曰安其常而得所欲服其教而便於己百貨通行而不知所自來老幼親戚相保而無德之者不苦兵刑不疾賦力所謂民利民自利者是也

先生曰文公之霸也援秦破楚囊括齊宋曹衛解裂魯鄭震恐定周於溫奉冊受錫夾輔糾逖以爲侯伯齊盟踐土低昂玉帛天子恃焉以有諸侯諸侯恃焉以有其國百姓恃焉以有其妻子而食其力叛者力取附者仁撫推德義立信讓示必行明所嚮達禁止一好尚春秋之事公侯大夫箴文馬馳軒車出入環連貫於國都則有五筵之堂九凡之室大小定位左右有秩禽牢饟饋交錯文質饗有嘉樂宴有庭實登降好賦犧象畢出犒勞贈賄率禮無失六卿理兵大戎小戎鐘鼓丁寧以討不恭車埒萬乘卒半天下鼓之則震旆之則畏其號令之動若水之源若輪之旋莫不如志當此之時咸能驩娛以奉其上故其民至於今好義而任力此以民力自固假仁義而用天下其遺風尚有存者若是可以爲民利也乎吳子曰近之矣然猶未也彼霸者之爲心也引大利以自嚮而摟他人之力以自爲固而民乃後焉非不知而化不令而一異乎吾嚮之陳者

故曰近之矣猶未也

先生曰三河古帝王之更都焉而平陽堯之所理也有茅茨采椽土型之度故其人至於今儉嗇有溫恭克讓之德故其人至於今善讓有師錫僉曰疇咨之道故其人至於今好謀而深有百獸率舞鳳凰來儀於變時雍之美故其人至於今和而不怒有昌言儆戒之訓故其人至於今憂思而畏禍有無爲不言垂衣裳之化故其人至於今恬以愉此堯之遺風也願以聞於子何如吳子離席而立拱而言曰美矣善矣其蔑有加矣此固吾之所欲聞也夫儉則

人用足而不淫讓則遵分而進善其道不闕謀則通於遠而周於事和則仁之質戒則義之實恬以愉則安而久於其道也至乎哉今主上方致太平動以堯爲準先生之言道之奧者若果有貢於上則吾知其易易焉也舉晉國之風以一諸天下如斯而已矣敬再拜受賜

答問

有問柳先生者曰先生貌類學古者然遭有道不能奮厥志獨被罪辜廢斥伏匿交遊解散羞與爲戚生平嚮慕毀書滅跡他人有惡指誘增益身居下流爲謗藪澤罵先生

者不忌陵先生者無謫遇揖目動聞言心惕時行草野不知何適獨何劣耶觀今之賢智莫不舒翹揚英推類援朋疊足天庭魁壘恢張羣驅連行奇謀高論左右抗聲出入翕忽擁門塡扃一言出口流光垂榮豈非偉耶先生雖讀古人書自謂知理道識事機而其施爲若是其悖也狼狽擯僇何以自表於今之世乎先生答曰敬聞命然客言僕知理道識事機過矣僕懵夫屈伸去就觸罪受辱幸得聯肢體完肌膚猶食人之食衣人之衣用人之貨無耕織居販然而活給羞媿恐慄之不暇今客又推當世賢智以深致誚責吾縲囚也逃山林入江海無路其何以容吾軀乎顧客少假聲氣使得詳其心次其論客曰何取先生曰僕少嘗學問不根師說心信古書以爲凡事皆易不折之以當世急務徒知開口而言閉目而息挺而行躓而伏不窮喜怒不究曲直衝羅陷穽不知顚踣愚惷狂悖若是甚矣又何以恭客之教而承厚德哉今之世工拙不欺賢不肖明白其顯進者語其德則皆茫洋深閎端貞鯁亮苞幷涵養與道俱往而僕乃蹇淺窄僻跳浮囁喈抵瑕陷厄固不足以趑趄批捩而追其跡舉其理則皆謨明淵沈剖微窮

深劈析是非校度古今而僕乃緘鉗默塞耗眊窒惑抉異探怪起幽作匿仮仮恤恤卒自旣賊固不足以睢盱激昂而效其則言其學則皆總攬羅絡橫豎雜博天旋地縮鬼神交錯而僕乃單庸撇孳離疏空虛竊聽道塗顓嚚蒙愚不知所如固不足以抗顏搖舌而與之俱稱其文則皆汗漫輝煌呼噓陰陽轇轕三元陶鎔帝皇而僕乃樸鄙艱澀培塿潗涾毫聯縷緝塵出坱入固不足以攄摛踊躍而涉其級茲四者懸判雖庸童小女皆知其不及而又裹以罪惡纏以羈縶客從而擠之不亦忍乎且夫白羲騄耳之得

康莊也逐奔星先飄風而跛驢不出泥滓黃鍾元間之登清廟也鏗天地動神祇而鳴鳴咬哇不入里耳西子毛嬙之蹈後宮也皦朝日煥浮雲而無鹽逐於鄉里蛟龍之騰於天淵也彌六合澤萬物而蝦與蛭不離尺水卓詭倜儻之士之遇明世也用智能顯功烈而麽眇連蹇顛頓披靡固其所也客又何怪哉且夫一涉險阨邀而不再者烈士之志也知其不可而速已者君子之事也吾將竊取之以沒吾世不亦可乎乃歌曰堯舜之修兮禹益之憂兮能者任而愚者休兮躚躚蓬藋樂吾囚兮文墨之彬彬足以舒

吾愁兮已乎已乎曷之求乎客乃笑而去

起廢答

柳先生既會州刺史即治事還游於愚溪之上溪上聚黨老壯齒十有一人謖足以進列植以慶卒事相顧加進而言曰今茲是州起廢者二焉先生其聞而知之歟答曰誰也曰東祠躄浮圖中廄病顙之駒曰若是何哉曰凡為浮圖道者都邑之會必有師師善為律以敕戒始學者與女釋者甚尊嚴且優游躄浮圖有師道少而病躄日愈以劇居東祠十年扶服輿曳未嘗及人仄匿愧恐殊甚今年他有師道者悉以故去始學者與女釋者倀倀無所師遂相與出躄浮圖以為師盥濯之扶持之壯者執輿幼者前驅被以其衣導以其旗怵惕疾視引且翼之躄浮圖不得已凡師數百生日饋飲食時獻巾帨洋洋也舉莫敢踰其制中廄病顙之駒顙之病亦且十年色元不厖無異技硜然大耳然以其病不得齒他馬食斥棄異皁恆少食屏立擯辱掣頓異甚垂首披耳懸涎屬地凡廄之馬無肯為伍會今刺史以御史中丞來莅吾邦屏棄羣騶舟以泝江將至無以為乘廄人咸曰病顙駒大而不厖可秣飾焉他馬巳

䔐痺狹無可當吾刺史者於是眾牽駒上燥土大廡下薦之席縻之絲浴剔蚤鬣刮惡除洟莝以雕胡秣以香萁錯貝鱗纏鑿金文羈絡以和鈴纓以朱綏或膏其鬣或劀其脽御夫盡飾然後敢持除道履石立之水涯幢旟前羅杠蓋後隨千夫翼衛當道上馳抗首出臆震奮遨嬉當是時若有知也豈不曰宜乎先生曰是則然矣叟將何以教我黨老進曰今先生來吾州亦十年足軼疾風鼻知羶香腹溢儒書口盈憲章包今統古進退齊良然而一廢不復曾不若躄足涎顙之猶有遺也朽人不識敢以其惑願質之

先生先生笑且答曰叟過矣彼之病病乎足與顙也吾之病病乎德也又彼之遭遭其無耳今朝廷洎四方豪傑林立謀猷川行羣談角智列坐爭英披華發輝揮喝雷霆老者育德少者馳聲丱角羈貫排廁鱗征一位暫缺百事交并駢倚懸足曾不得逞不若是州之乏釋師大馬也而吾以德病伏焉豈躄足涎顙之可望哉叟之言過昭昭矣無重吾罪於是黧老壯齒相視以喜且吁曰諭之矣拱揖而旋爲先生病焉

讀韓愈所著毛穎傳後題

自吾居夷不與中州人通書有來南者時言韓愈爲毛穎傳不能舉其辭而獨大笑以爲怪而吾久不克見楊子誨之來始持其書索而讀之若捕龍蛇搏虎豹急與之角而力不敢暇信韓子之怪於文也世之模擬竄竊取青媲白肥皮厚肉柔筋脆骨而以爲辭者之讀之也其大笑固宜且世人笑之也不以其俳乎而俳又非聖人之所棄者詩曰善戲謔兮不爲虐兮太史公書有滑稽列傳皆取乎有益於世者也故學者終日討說答問呻吟習復應對進退掬溜播灑則罷憊而廢亂故有息焉游焉之說不學操縵不能安絃有所拘者有所縱也太羹元酒體節之薦味之至者而又設以奇異小蟲水草樝梨橘柚苦鹹酸辛雖蜇吻裂鼻縮舌澀齒而咸有篤好之者文王之昌蒲葅屈到之芰曾晳之羊棗然後盡天下之味以足於口獨文異乎韓子之爲也亦將弛焉而不爲虐歟息焉游焉而有所縱歟盡六藝之奇味以足其口歟而不若是則韓子之辭若壅大川焉其必決而放諸陸不可以不陳也且凡古今是非六藝百家大細穿穴用而不遺者毛穎之功也韓子窮古書好斯文嘉穎之能盡其意故奮而爲之傳以發其鬱

積而學者得以勵其有益於世歟是其言也固與異世者語而貪常嗜瑣者猶呫呫然動其喙亦勞甚矣乎

舜禹之事

魏公子丕由其父得漢禪還自南郊謂其人曰舜禹之事吾知之矣由丕以來皆笑之柳先生曰丕之言若是可也嚮者丕若曰舜禹之道吾知之矣丕罪也其事則信吾見笑之者不知言未見丕之可笑者也凡易姓授位公與私仁與強其道不同而前者忘後者繫其事同使以堯之聖一日得舜而與之天下能乎吾知小爭於朝大爭於野其

爲亂堯無以已之何也堯未忘於人舜未繫於人也堯之得於舜也以聖舜之得於堯也以聖兩聖獨得於天下之上奈愚人何其立於朝者放齊猶曰朱啟明而兇在野者乎堯知其道不可退而自忘舜知堯之忘已而繫舜於人也進而自繫舜舉十六族去四凶族使天下咸得其人命二十二人與五教立禮刑使天下咸得其理合時月正歷數齊律度量權衡使天下咸得其用積十餘年人曰明我者舜也齊我者舜也資我者舜也天下之在位者皆舜之人也而堯隤然聾其聰昏其明愚其聖人曰往之所爲堯

者果烏乎在哉或曰耄矣曰匿矣又十餘年其思而問者加少矣至於堯死天下曰久矣舜之君我也夫然後能揖讓受終於文祖舜之於禹也亦然禹旁行天下功繫於人者多而自忘也晚益之自繫猶是也而啟賢聞於人故不能夫其始繫於人也厚則其忘之也遲不然反是漢之失德久矣其不繫而忘也甚矣宦董袁陶之賊盈矣丕之父攘禍以立強積三十餘年天下之主曹氏而已無漢之思也丕嗣而禪天下得之以爲晚何以異夫舜禹之事耶然則漢非能自忘也其事自忘也曹氏非能自繫也其事自繫也公與私仁與強其道不同其忘而繫者無以異也堯舜之忘不使如漢不能授舜禹舜禹之繫不使如曹氏不能受之堯舜然而世徒探其情而笑之故曰笑其言者非也問者曰堯崩天下若喪考妣四海遏密八音三載子之言忘若甚然是可不可歟曰是舜歸德於堯史尊堯之德之辭者也堯之老更一世矣德乎堯者蓋已死矣其幼而存者堯不使之思也不若是不能與人天下

謗譽

凡人之獲謗譽於人者亦各有道君子在下位則多謗在

上位則多譽小人在下位則多譽在上位則多謗何也君子宜於上不宜於下小人宜於下不宜於上得其宜則譽至不得其宜則謗亦至此其凡也然而君子遭亂世不得已而在於上位則道必咈於君而利必及於人由是謗行於上而不及於下故可殺可辱而人猶譽之小人遭亂世而後得居於上位則道必合於君而害必及於人由是譽行於上而不及於下故可寵可富而人猶謗之君子之譽非所謂譽也其善顯焉爾小人之謗非所謂謗也其不善彰焉爾然則在下而多謗者豈盡愚而狡也哉在上而多

譽者豈盡仁而智也哉其謗且譽者豈盡明而善褒貶也哉然而世之人聞而大惑出一庸人之口則羣而郵之且置於遠邇莫不以爲信也豈惟不能褒貶而已則又蔽於好惡奪於利害吾又何從而得之耶孔子曰不如鄉人之善者好之其不善者惡之善人者之難見也則其謗君子者爲不少矣其謗孔子者亦爲不少矣傳之記者叔孫武叔時之顯貴者也其不可記者又不少矣是以在下而必困也及乎遭時得君而處乎人上功利及於天下天下之人皆歡而戴之向之謗之者今從而譽之矣是以在上而

必彰也或曰然則聞謗譽於上者反而求之可乎曰是惡可無亦徵其所自而已矣其所自善人也則信之不善人也則勿信之矣苟吾不能分於善不善也則已耳如有謗譽乎人者吾必徵其所自未敢以其言之多而舉且信之也其有及乎我者未敢以其言之多而榮且懼也苟不知我而謂我盜跖吾又安取懼焉苟不知我而謂我仲尼吾又安取榮焉知我者之善不善非吾果能明之也要必自善而已矣

咸宜

興王之臣多起汙賤人曰幸也亡主之臣多死寇盜人曰禍也予咸宜之當兩漢氏之始屠販徒隸出以爲公侯卿相無他焉彼固公侯卿相器也遭時之非是以詘獨其始之不幸非遭高光而以爲幸也漢晉之末公侯卿相劫戮困餓伏牆壁間以死無他焉彼固劫戮困餓器也遭時之非是以出獨其始之幸非遭卓曜而後爲禍也彼困於昏亂伏志氣屈身體以下奴虜平難澤物之德不施於人一得適其傃其進晚爾而人猶幸之彼伸於昏亂抗志氣肆身體以傲豪傑殘民興亂之伎行於天下一得適其傃其

死後耳而人猶禍之悲夫予是以咸宜之

鞭賈

市之鬻鞭者人問之其賈直五十必曰五萬復之以五十則伏而笑以五百則小怒五千則大怒必以五萬而後可有富者子適市買鞭出五萬持以夸予視其首則拳蹙而不遂視其握則蹇仄而不植其行水者一去一來不相承其節朽黑而無文林搯之滅爪而不得其所窮舉之翲然若揮虛焉予曰子何取於是而不愛五萬曰吾愛其黃而澤且賈者云予乃召僮爚湯以濯之則遬然枯蒼然白嚮

之黃者梔也澤者蠟也富者不悅然猶持之三年後出東郊爭道長樂坂下馬相踶因大擊鞭折而爲五六馬踶不已墜於地傷焉視其內則空空然其理若糞壤無所賴者今之梔其貌蠟其言以求賈技於朝者當其分則善一誤而過其分則喜當其分則反怒曰予曷不至於公卿然而至焉者亦良多矣居無事雖過三年不爲害當其有事驅之於陳力之列以御乎物以夫空空之內糞壤之理而以責其大擊之效惡有不折其用而獲墜傷之患者乎

吏商

吏而商也汙吏之爲商不若廉吏之商其爲利也博汙吏以貨商資同惡與之爲曹大率多減耗役傭工費舟車射時有得失取貨有苦良盜賊水火殺敓焚溺之爲患幸而得利不能什一二身敗祿奪大者死次貶廢小者惡終不遂汙吏惡能商矣哉廉吏以行商不役傭工不費舟車無資同惡減耗時無得失貨無良苦盜賊不得殺敓水火不得焚溺利愈多名愈尊身富而家強子孫葆光是故廉吏之商博也苟修嚴潔白以理政由小吏得爲縣由小縣得大縣由大縣得刺小州其利月益各倍其行不改又由小州得大州其利月益三之一其行又不改又由大州得廉一道其利月益之三倍不勝富矣苟其行又不改則其爲得也夫可量哉雖赭山以爲章涸海以爲鹽未有利大能若是者然而舉世爭爲貨商以故貶吏相逐於道百不能一遂人之知謀好邇富而近禍如此悲夫或曰君子謀道不謀富子見孟子之對宋牼乎何以利爲也柳子曰君子有二道誠而明者不可教以利明而誠者利進而害退焉吾爲是言爲利而爲之者設也或安而行之或利而行之及其成功一也吾哀夫沒於利者以亂人而自敗也姑設

是庶由利之小大登進其志幸而不撓乎下以成其政交得其大利吾言不得已爾何暇從容若孟子乎孟子好道而無情其功緩以疏未若孔子之急民也

東海若

東海若陸遊登孟諸之阿得二瓠焉剖而振其犀以嬉取海水雜糞壤蟯蚘而實之臭不可當也窒以密石舉而投之海逾時焉而過之曰是故棄糞耶其一徹聲而呼曰我大海也東海若呀然而笑曰怪矣今夫大海其東無東其西無西其北無北其南無南旦則浴日而出之夜則滔列

星涵太陰揚陰火珠寶之光以爲明其塵霾之雜不處也必泊之西澨故其大也深也潔也光明也無我若者今汝海之棄滴也而與糞壤同體臭朽之與曹蟯蚘之與居其狹咫也又冥暗若是而同之海不亦羞而可憐哉子欲之乎吾將爲汝抉石破瓠盪羣穢於大荒之島而同子於向之所陳者可乎糞水泊然不悅曰我固同矣吾又何求於若吾之性也亦若是而已矣穢者自穢不足以害吾潔狹者自狹不足以害吾廣幽者自幽不足以害吾明而穢亦海也狹幽亦海也突然而往于然而來孰非海者子去矣

無亂我其一聞若之言號而祈曰吾毒是久矣吾以爲是固然不可異也今子告我以海之大又目我以故海之棄糞也吾愈急焉涌吾沫不足以發其窒旋吾波不足以穴瓠之腹也就能之窮歲月耳願若幸而哀我哉東海若乃抉石破瓠投之孟諸之陸盪其穢於大荒之島而水復於海盡得向之所陳者焉而向之一者終與臭腐處而不變也今有爲佛者二人同出於毘盧遮那之海而汩於五濁之糞而幽於三有之瓠而窒於無明之石而雜於十二類之蟯蚘人有問焉其一人曰我佛也毘盧遮那五濁三有無明十二類皆空也一也無善無惡無因無果無修無證無佛無衆生皆無焉吾何求也問者曰子之所言性也有事焉夫性與事一而二二而一者也子守而一定則大患者至矣其人曰子去矣無亂我其一人曰嘻吾毒之久矣吾盡吾力而不足以去無明窮吾智而不足以超三有離五濁而異夫十二類也就能之其大小劫之多不可知也若之何問者乃爲陳西方之事使修念佛三昧一空有之說於是聖人憐之接而致之極樂之境而得以去羣惡集萬行居聖者之地同佛知見矣向之一人者終與十二類

同而不變也夫二人之相違也不若二瓠之水哉今不知去一而取一甚矣

吾子

曰吾子來也以有餘而欲及人乎曰然若用子而能使竭忠孝乎曰否夫無忠而忠見無孝而孝聞曷若使不見而忠無聞而孝肅然已出熙然已及夫已也渾然矣乎

欽定全唐文卷五百八十七

柳宗元十九

箕子碑 幷序

凡大人之道有三一曰正蒙難二曰法授聖三曰化及民殷有仁人曰箕子實具茲道以立於世故孔子述六經之旨尤殷勤焉當紂之時大道悖亂天威之動不能戒聖人之言無所用進死以併命誠仁矣無益吾祀故不爲委身以存祀誠仁矣與亡吾國故不忍具是二道有行之者矣是用保其明哲與之俯仰晦是謨範辱於囚奴昏而無邪

隤而不息故在易曰箕子之明夷正蒙難也及天命既改生人以正乃出大法用爲聖師周人得以序彝倫而立大典故在書曰以箕子歸作洪範法授聖也及封朝鮮推道訓俗惟德無陋惟人無遠用廣殷祀俾夷爲華化及民也率是大道藂於厥躬天地變化我得其正其大人歟於虖當其周時未至殷祀未殄比干已死微子已去向使紂惡未稔而自斃武庚念亂以圖存國無其人誰與興理是固人事之或然者也然則先生隱忍而爲此其有志於斯乎唐某年作廟汲郡歲時致祀嘉先生獨列於易象作是頌云

蒙難以正授聖以謨宗祀用繁夷民其蘇憲憲大人顯晦不渝聖人之仁道合隆汙明哲在躬不陋爲奴沖讓居禮不盈稱孤高而無危卑不可踰非死非去有懷故都時詘而伸卒爲世模易象是列文王爲徒大明宣昭崇祀式孚古闕頌辭繼在後儒

道州文宣王廟碑

謹桉某年月日儒師河東薛公伯高由尚書刑部郎中爲道州明年二月丁亥公用牲幣祭於先聖文宣王之廟夜

漏未盡三刻公元冕以入就位於庭惕焉深惟夫子之祀爰自京師太學徧於州邑遐濶僻陋咸用斯時致奠展誠宿燎設懸罇俎牀章粢穆布列周天之下嗚呼夫子之道閎肆尊顯二帝三王其無以侔大也然其堂庭庳陋椽棟毀墜曾不及浮圖外說克壯厥居水潦仍至歲加蕩沃公蹙然不寧若罔獲承既祭而出登墉以望爰得美地豐衍端夷水環以流有頖宮之制是日樹表列位由禮者宜然後節用以制貨財乘時以僦功役逾年而克有成廟舍峻整階序廓大講肆之位師儒之室立廩以周食圃畦以毓

蹠權其子母贏且不竭由是邑里之秀民感道懷和更來門下咸願服儒衣冠由公訓程公攝衣登席親釋經旨丕諭本統父慶其子長勵其幼化用興行人無爭訟公又曰夫子稱門弟子顏回爲庶幾其後從於陳蔡亦各有號言出一時非盡其徒也於後失厥所謂妄異科第坐祀十人以爲哲豈夫子志哉余桉月令則曰釋奠於先聖先師國之故也乃立夫子像配以顏氏籩豆旣嘉笙鏞旣成九年八月丁未公祭於新廟退考疑義合以燕饗萬民翼翼觀禮識古於是春秋師晉陵蔣堅易師沙門凝晉助教某學

生某等來告願刻金石明夫子之道及公之勤惟夫子極於化初冥於道先羣儒咸稱六籍具存苟贊其道若譽天地之大褒日月之明非愚則惑不可犯也惟公探夫子之志考有國之制光施彝典革正道本俾是荒服移爲闕里在周則魯侯申能修頖宮詩有其歌在漢蜀守文翁能首儒學史有其贊今公法古之大同於魯化人之艱侔於蜀盍銘茲德以告於史氏而刊之茲碑銘曰

荆楚之陽厥服惟荒民鮮由仁帝降其良振振薛公惟德之造赤旗金節來莅於道師儒咸會嘉有攸告吉日丁亥獻於頖宮庭燎伊煌有煥其容公升於位心莫不恭爰念聖祀徧於海邦服冕陳器州邑攸同感忻以歎思報聖功卜遷於嘉惟吉之逢眗眗其原旣夷且大渙渙其流實環於外作廟有嚴昭祀顯配潔茲器用觀禮斯會布筵依位作廩伊秩以豐其儀以壯其室新宮旣成崇報孔明於古有經公粹厥誠邦民之良弁服是纓公躬講論虔默以聽公降酬酢進退齊平柔肌洽體莫不充盈歸懽於心父子弟兄欽惟聖王厥道無涯世有頌辭益疚其多公斯考禮民感休嘉從於魯風祇以詠歌公錫於天眉壽來加公賚

於王休命是荷師於辟雍大邦以和侑酳申申王道式訛諸儒作詩思繼頖水丕揚厥聲以告太史

柳州新修文宣王廟碑

仲尼之道與王化遠邇惟柳州古爲南夷椎髻卉裳攻劫鬬暴雖唐虞之仁不能柔秦漢之勇不能威至於有唐始循法度置吏奉貢咸若采衞冠帶憲令進用文事學者道堯舜孔子如取諸左右執經書引仁義旋辟唯諾中州之士時或病焉然後知唐之德大以遐孔氏之道尊而明元和十年八月州之廟屋壞幾毀神位刺史柳宗元始至大

懼不任以墜教基丁未奠薦法齊時事禮不克施乃合初亞終獻三官衣布洎於贏財取土木金石徵工僦功完舊益新十月乙丑王宮正室成乃安神棲乃正法庭祇會羣吏卜日之吉虔告於王靈曰昔者夫子嘗欲居九夷其時門人猶有惑聖言今夫子去代千有餘歲其教始行至於是邦人去其陋而本於儒孝父忠君言及禮義又況巍然炳然臨而炙之乎惟夫子以神道設教我今罔敢知欽若茲教以寧其神追思告誨如在於前苟神之在曷敢不虔居而無陋罔貳昔言申陳嚴祀永永是尊麗牲有碑刻在

廟門

終南山祠堂碑并序

貞元十二年夏洎秋不雨穡人焦勞嘉穀用虞皇帝使中謁者禱於終南申命京兆尹韓府君祇飭祀事考視祠制以爲棟宇不稱宜有加飾遂命盩厔令裴均虔承聖謨剏制祠堂乃徵土工木工石工備器執用來會祠下斬板幹礱柱礎陶瓴甓築垣墉恢度舊制立三筵六尋既興功元雲蠲石霈澤周被植物擢茂期於豐登神道感而宣靈人心歡而致和嘉氣充溢忭蹈布野於是邑令僚吏至於胥徒黃髮耆艾野夫版尹僉曰蓋聞名山之列天下也其有能奠方域產財用興雲雨考於祭法宜在祀典惟終南據天之中在都之南西至於褒斜又西至隴首以臨於戎東至於商顏又東至於太華以距於關實能作固以屏王室其物產之厚器用之出則璆琳琅玕夏書載焉紀堂條枚秦風詠焉今其神又能對於禱祝化荒爲穰易沴爲和厥功章明宜受大禮俾有憑託而宣其烈也非我后敬神重穀則曷能發大號尊明靈非我公勤人奉上則曷能對休命作新廟人事既備神用一作明時若豐我公田遂及我私

粢盛無虞儲峙用充厥猷茂哉遂相與東向蹈舞拜手稽首願頌帝力且宣神德永著終古辭曰

皇帝垂德制定統極神道泰寧祀典修飾禳祈禜雩皆有準程顧惟終南祠位庳陋不稱顯名爰降制詔充大厥宇啓寤誠明昭感神衷道宣天休獲此利貞篤災懲陽化爲豐穰實我粢盛人賴蓄給鼓腹而歌以樂其生巍巍靈山興利產材作固鎬京擁其嘉休眷佑於人永宅厥靈奕奕新廟整頓端莊神位密清後祀承則潔心勤禮導暢純精邑吏耆夫鮐背鯢齒願垂表經頌宣聖德篆刻金石永世

飛聲。

湘源二妃廟碑 并序

元和九年八月二十日。湘源二妃廟災。司功掾守令彭城劉知剛主簿安邑衛之武告於州刺史御史中丞清河崔公能。祗栗厥戒。會羣吏洎眾工。發開元詔書。懼廢守祀。搜考羸羨。均節委積。咸執牘事。大典作筆。英華作律。至於祠下。稽度既備。傭役惟時。斬木於上游。陶埴於水涯。迺桴迺載。工逸事遂。作貌顯嚴。粲然而威。十有一月庚辰。陳奠薦辭。立石於廟門之宇下。惟父子夫婦。人道之大。大哉二神。咸極其會。爲子而父堯。爲婦而夫舜。齊聖並明。弼成授受。內若嚚瞽。上承輝光。克艱以乂。德罔不至。帝既野死。神亦不返。食於茲川。古有常典。毆祓戾孼。恢宣淑靈。敢或失職。以奸大刑。有翼其躬。有苾其馨。洗牲爰告。卽石是銘。銘曰。

淵懿承聖。舜妻堯女。德刑嬀汭。神位湘滸。揆茲有初。克碩厥宇。唐命秩祀。茲邑攸主。毛牷旣醽。椒馨爰糈。允於萬年。期保伊祜。潛火煽孼。炖於融風。神用播遷。時罔克龔。邑令羣吏。告於郡公。廉用積餘。以就爾功。桴木負埴。載流於江。旣夷以成。崇宇峻墉。絜嚴清閑。左右率從。神樂來歸。徒御

雍雍。神既安止。邦人載喜。奉其吉玉。以對嘉祉。南風湑湑。湘水如舞。將子無譁。神聽鐘鼓。豐其交報。邦邑是與。刻此樂歌。以極終古。

太白山祠堂碑

雍州西南界於梁。其山曰太白。其地恆寒。冰雪之積未嘗已也。其人以爲神。故歲水旱則禱之。寒暑乖候則禱之。厲疾祟降則禱之。咸若有答焉者。貞元十二年孟秋旱甚。皇帝遇災悼懼。分命禱祀。至於茲山。又詔京兆尹宜飾祠廟。遂下令於甸邑。邑令裴均臨事有恪。革去狹陋。恢閎棟宇。階室之廣。三倍其初。翌日大雨。黍稷用豐。野夫謳謠。欽聖信神。願垂頌聲。刻在金石。

碑陰文

時尹韓府君諱臯。祗奉制詔。發付邑吏。令裴府君諱均承荷君公之命。督就祠宇。莅事謹甚。克媚神意。用獲顯貺。邑人靈之。其事遂聞。詔書嘉異。勞主者甚厚。乃刻茲石。立於西序右階之下。肆列裴氏之政於碑之陰。惟君敎行於家。德施於人。撫字惠厚。柔仁博愛之道。洽於鰥嫠。廉毅肅給威斷猛制之令。行於強禦。獄訟不私。於上罪責不及於下。

農事課勵厚生克勤徵賦首入而其人益贍創立傳館平易道路改作甚力而其人彌逸韓府君每用嘉褒稱其理爲甸服最今茲設廟位神神歡而寧宜爲君之誠敬克合於上用啟之也不可以不志

饒娥碑 幷序

饒娥饒人饒姓娥名世漁鄱水娥爲室女淵懿靖專雖小家未嘗出游治絺葛供女事循整鄉閭敬式娥父醉漁風卒起不能舟遂以溺死求屍不得娥聞父死走哭水上三日不食耳鼻流血氣盡伏死明日屍出黿魚鼉蛟浮死萬

數塞川下流鄱旁小民悲感怨號以爲神奇縣人鄉人會錢具儀葬娥鄱水西橫道上追思不足相與作石以詔後世其辭曰

生德無類氣靈而休嗟茲孝娥惟行之周淵懿含貞好靖不游纖葛絺紵克供以修蒸蒸在家其父世漁飲酒不節死乎風濤匍匐來哭號天以呼顏目耳鼻膏血交流三日頓踣氣竭形枯父屍既出孝質已殂龜鼈黿鼉有蛟洎魚充流溢岸旁出仰浮見怪形異適與我謀鄱民哀號或以頌歌齊女色憂傷槐罷誅趙姬完父操棹爰謳肉刑不施漢美淳于烈烈曹娥水死上虞娥之至德實與爲儔恆人有言惟教是圖懿茲德女家世不儒奇行特出神道莫酬窮哀罔泄終古以罶鄉人好禮爰立茲邱建銘當道過者下車

唐故特進贈開府儀同三司揚州大都督南府君

睢陽廟碑 幷序

急病讓夷義之先圖國忘死貞之大利合而動乃市賈之相求恩加而感則報施之常道睢陽所以不階王命橫絶凶威超千祀而挺生奮百代而特立者也時惟南公天與

拳勇神資機智藝窮百中豪出千人不遇興詞鬱尨眉之都尉數奇見惜挫猨臂之將軍天寶末寇劇憑陵驕突河華天旋虧斗極之位地圮積狐狸之穴親賢在庭子駿陳謨以佐命元老用武夷甫委師而勸進惟公與南陽張公巡高陽許公遠義氣懸合訏謀大同誓鳩武旅以遏橫潰裂裳而千里來應左袒而一呼皆至柱厲不知而死難狼瞫見黜而奔師忠謀朗然萬夫齊力公以推讓且專奮擊爲馬軍兵馬使出戰則羣校同強入守而百雉齊固初據雍邱謂非要害將保江淮之臣庶通南北之奏復拔我義

類扼於睢陽前後捕斬要遮兇氣連阻漢兵已絶守疏勒而彌堅虜騎雖強頓盱眙而不進賊徒乃棄疾於我悉衆合圍技雖窮於九攻志益專於三板偪陽懸布之勁沂城鑿穴之奇息意牽羊羞鄭師之大臨甘心易子鄙宋臣之病告諸侯環顧而莫救國命阻絶而無歸以有盡之疲人敵無已之強寇公乃躍馬潰圍馳出萬衆抵賀蘭進明乞師進明乃張樂侑食以好聘待之公曰敝邑父子相食而君辱以燕禮獨何心歟乃自噬其指曰啗此足矣遂慟哭而返卽死孤城首碎秦庭終懵無衣之賦身離楚野徒傷

帶劍之辭至德二年十月城陷遇害無傳嬖之歎息有周苛之慷慨聞義能徙果其初心烈士抗詞痛臧洪之同日直臣致憤惜蔡恭於累旬朝廷加贈特進揚州大都督功定爲第一等與張氏許氏並立廟睢陽歲時致祭男在襁褓皆受顯秩賜之土田葬刻鮑信之形陵圖龐德之狀納官其子見勾踐之心羽林字孤知孝武之志舉門關於周典徽印綬於漢儀王猷以光寵錫斯備於戲睢陽之事不惟以能死爲勇善守爲功所以出奇以恥敵立懦以怒寇俾其專力於東南而去備於西北力專則堅城必陷備去則天討可行是故卽城陷之辰爲尅敵之日世徒知力保於江淮而不知功靖乎醜虜論者或未之思歟公諱霽雲字某范陽人有子曰承嗣七歲爲婺州別駕賜緋魚袋歷施涪二州服忠思孝無替負荷懼祠宇久遠德音不形願斲堅石假辭紀美惟公信以許其友剛以固其志仁以殘其肌勇以振其氣忠以摧其敵烈以死其事出乎内者合於貞行乎外者貫於義是其所以奮百代而超千祀者矣其志不亦宜乎廟貌斯存碑表攸記洛陽城下思鄉之夢儻來麒麟閣中卽圖之詞可繼銘曰

貞以圖國義惟急病臨難忘身見危致命漢寵死事周崇死政烈烈南公忠出其性控扼地利奮揚兵柄東護吳楚西臨周鄭婁婁羣兇害氣彌盛長蛇封豕踴躍不定屹彼睢陽制其要領橫潰不流疾風斯勁梯衝外舞缶穴中偵鈐馬非艱析骸猶競浩浩烈士（一作列士）不聞濟師兵食殲焉守逾三時公奮其勇單車載馳投軀無告噬指而歸力窮就執猶抗其辭圭璧可碎堅貞不虧寇力東盡兇威西恧孤城既拔渠魁受戮雷霆之誅由我而速巢穴之固由我而覆江漢淮湖羣生咸育倬焉勳烈孰與齊躅天子震悼

陟是元功旌褒有加命秩斯崇位尊九牧禮視三公建茲祠宇式是形容牲牢伊碩黍稷伊豐虔虔孝嗣望慕無窮刋碑河滸萬古英風

曹溪第六祖賜謚大鑒禪師碑 并序

扶風公廉問嶺南三年以佛氏第六祖未有稱號疏聞於上詔謚大鑒禪師塔曰靈照之塔元和十年十月十三日下尚書祠部符到都府公命部吏洎州司功掾告於其祠幢蓋鐘鼓增山盈谷萬人咸會若聞鬼神其時學者千有餘人莫不欣踴奮厲如師復生則又感悼涕慕如師始亡

因言曰自有生物則好鬭奪相賊殺喪其本實誖乖淫流莫克返於初孔子無大位沒以餘言持世更楊墨黃老益雜其術分裂而吾浮圖說後出推離還源合所謂生而靜者梁氏好作有爲師達摩譏之空術益顯六傳至大鑒大鑒始以能勞苦服役一聽其言言希以究師用感動遂受信具遁隱南海上人無聞知又十六年度其可行乃居曹溪爲人師會學去來嘗數千人其道以無爲爲有以空洞爲實以廣大不蕩爲歸其教人始以性善終以性善不假耘鋤本其靜矣中宗聞名使幸臣再徵不能致取其言以爲心術其說具在今布天下凡言禪皆本曹溪大鑒去世百有六年凡治廣部而以名聞者以十數莫能揭其號乃今始告天子得大謚豐佐吾道其可無辭公始立朝以儒重刺虔州都護安南由海中大蠻夷連身毒之西浮舶聽命咸被公德受旗纛節戟來莅南海屬國如林不殺不怒人畏無噩允克光於有仁昭列大鑒莫如公宜其徒之老乃易石於宇下使來謁辭其辭曰

達摩乾乾傳佛語心六承其授大鑒是臨勞勤專默終揖於深抱其信器行海之陰其道爰施在溪之曹厖合猥附

不夷其高傳告咸陳惟道之褒生而性善在物而具荒流奔軼乃萬其趣匪思愈亂匪覺滋誤由師內鑒咸獲於素不植胡根不耘胡苗中一外融有粹孔昭在帝中宗聘言於朝陰翊王度俾人逍遙百有六祀號謚不紀由扶風公告今天子尚書既復大行乃誄光於南土其法再起厥徒萬億同悼齊喜惟師教所被洎扶風公所履咸戴天子天子休命嘉公德美溢於海夷浮圖是視師以仁傳公以仁理謁辭圖堅永允不已

南嶽彌陀和尚碑 并序

在代宗時有僧法照爲國師乃言其師南嶽大長老有異德天子南嚮而禮焉度其道不可徵乃名其居曰般舟道場用尊其位公始居山西南巖石之下人遺之食則食不遺則食上泥茹草木其取衣類是南極海裔北自幽都來求厥道或值之崖谷羸形垢面躬負薪樵以爲僕役而媟之乃公也凡化人立中道而教之權俾得以疾至故示專念書塗巷刻谿谷丕勤誘掖以援於下不求而道備不言而物成人皆負布帛斬木石委之巖戶不拒不營祠宇既具以泊於德宗申詔褒立是爲彌陀寺施之餘則與餓疾

者不尸其功公始學成都唐公次資川詵公詵公學於東山忍公皆有道至荊州進學玉泉眞公眞公授公以衡山俾爲教魁人從而化者以萬計初法照居廬山由正定趣安樂國見蒙惡衣侍佛者佛告曰此衡山承遠也出而求之肖焉乃從而學傳教天下由公之訓公爲僧凡五十六年其壽九十一貞元十八年七月十九日終於寺葬於寺之南岡刻石於寺大門之右銘曰

一氣迴薄茫無窮其上無初下無終離而爲合蔽而通始末或異今焉同虛無混冥道乃融聖神無跡示教功公之率衆峻以容公之立誠教其中服庇草木蔽穹隆仰攀俯取食以充形遊無極交大雄天子稽首師順風四方奔走雲之從經始尋尺成靈宮始自蜀道至臨洪咨謀往復窮眞宗弟子傳教國師公化流萬億代所崇奉公寓形於南岡紉曰宏願惟孝恭立之茲石書元蹤

南嶽雲峯寺和尚碑

乾元元年某月日皇帝曰予欲俾慈仁怡愉洽於生人惟浮圖道允迪乃命五嶽求厥元德以儀於下惟茲嶽上於尚書其首曰雲峯大師法證凡莅事五十年貞元十七年

乃沒其徒曰詮曰遠曰振曰巽曰素凡三千餘人其長老咸來言曰吾師軌行峻特器宇宏大有來受律者吾師示之以爲尊嚴整齊明列義類而人知其所不爲有來求道者吾師示之以爲高廣通達一其空有而人知其所必至元臣碩老稽首受教髫童毀齒踴躍執役故從吾師之命而度者凡五萬人吾師冬不燠裘飢不豐食每歲會其類讀羣經俾聖言畢出有以見其大又率其仵伐木輦土作佛塔廟洎經典俾象法益廣有以見其用將沒告門人曰吾自始學至去世未嘗有作焉然後知其動無不虛靜無

不爲生而未始來歿而未始往也其道備矣願刻山石知教之所以大其詞曰

師之教尊嚴有耀恭天子之詔維大中以告後學是效師之德簡峻淵默柔惠以直渙焉而不積同焉而皆得茲道惟則師之功勤勞以庸維奧祕必通以興祠宮遐邇攸從師之族由虢而郭世德有奕從佛於釋師之壽七十有八惟終始罔缺丕冒遺烈厥徒蒸蒸維大教是膺維憲言是徵溥博恢宏如川之增如雲之興如嶽之不崩終古其承之

南嶽般舟和尚第二碑 幷序

佛法至於衡山及津大師始修起律教由其壇場而出者爲得正法其大弟子曰日悟和尚盡得師之道次補其處爲浮圖者宗世家於零陵蔣姓也和尚心大而行密體卑而道尊以爲由定發慧必用毗尼爲之室宇遂執業於東林恩大師究觀祕義乃歸傳教不視文字懸判深微登壇莅事度比邱衆凡歲千人者三十有七而道不慁以爲去凡即聖必以三昧爲之軌道遂服勤於紫霄遠大師修明要奧得以觀佛浩入性海洞開眞源道場專精長跪右遶不衡不倚凡七日者百有二十而志不衰初開元中詔定制度師乃居本郡龍興寺肅宗制天下名山置大德七人茲嶽尤重推擇居首師乃即崇嶺是作精室闢林莽剗嶻巒殿舍宏大廊廡修直不命而獻力不祈而薦貨凡南方人顒念佛三昧者必由於是命曰般舟臺焉和尚生十三年而始出家又九年而受具戒又十年而處壇場又三十七年而當貞元二十年正月十七日化於茲室嗚呼無德而修故念爲實相不取於法故律爲大乘壞衣不飾揣食不味履薦服役凡出於生物者擯而勿用不自知其慈攝

取調御凡歸於正眞者動而成羣不自知其教萬行方屬一性恆如寂用之涯不可得也有弟子曰景秀嗣居法會欲廣其師之德延於罔極故申明陳辭俾刊之茲碑銘曰

像教南被及津而尊威儀有嚴載闢其門吾師是嗣增濬道源度衆逾廣大明羣昏乃興毗尼微密是論八萬總結彰於一言聲聞熙熙遐邇來奔如木既拔有植其根乃法般舟奧妙斯存百億冥會觀於化元同道祁祁功庸以敷如水斯壅流之無垠帝求人師登我先覺赫矣明命表茲靈嶽於彼南阜齋宮爰作負揭致貨時靡要約袒奮程力

不呼而諾是刈是鑿既塗既塈層構孔碩以延後學出不牛馬服不絮帛匪安其躬亦非其食勤而不勞在用恆寂縱而不傲在捨恆得洪融混合孰究其跡懿茲遺光式是嘉則容貌往矣軌儀無極其徒追思賡薦茲石

南嶽大明寺律和尚碑 并序

儒以禮立仁義無之則壞佛以律持定慧去之則喪是故離禮於仁義者不可與言儒異律於定慧者不可與言佛達是道者惟大明師師姓歐陽氏號曰惠開唐開元二十一年始生天寶十一載始爲浮圖大歷十一年始登壇爲

大律師貞元十三年十一月十一日卒元和九年正月其弟子懷信道嵩尼無染等命高道僧靈嶼爲行狀列其行事願刊之茲碑宗元今掇其大者言曰師先因官世家潭州爲大族有勳烈爵位今不言大浮圖也凡浮圖之道衰其徒必小律而去經大明恐焉於是從峻洎侃以究戒律而大法以立又從秀洎昱以通經教而奧義以修由是二道出入隱顯後學以不惑來求以有得廣德二年始立大明寺於衡山詔選居寺僧二十一人師爲之首乾元元年又命衡山立毗尼藏詔選講律僧七人師應其數凡其衣服器用動有師法言語行止皆爲物軌執巾匜奉杖屨爲侍者數百翦髮髦被教戒爲學者數萬得衆若獨居尊若卑晦而光介而大灝灝焉無以加也其塔在祝融峯西趾下碑在塔東其辭曰

儒以禮行覺以律興一歸真源無大小乘大明之律是定是慧丕窮經教爲法出世化人無量垂裕無際詔尊碩德威儀有繼道徧大洲徽音勿替祝融西麓洞庭南裔金石刻辭彌億千歲

碑陰

凡葬大浮圖無竁穴其於用碑不宜然昔之公室禮得用碑以葬其後子孫因宜不去遂銘德行用圖久於世及秦刻山石號其功德亦謂之碑而其用遂行然則雖浮圖亦宜也凡葬大浮圖其徒廣則能爲碑晉宋尚法故爲碑者多法梁尚禪故碑多禪法不周施禪不大行而律存焉故近世碑多律凡葬大浮圖未嘗有比丘尼主碑事今惟無染實來涕淚以求其志益堅又能言其師他德尤備故書之碑陰師凡主戒事二十二年宰相齊公映李公泌趙公憬尚書曹王皋裴公胄侍郎令狐公峘或師或友齊親執

經愛大義為弟子又言師始為童時夢大人縞冠素舄來告曰居南嶽大吾道者必爾也已而信然將終夜有光明笙磬之音衆咸見聞若是類甚衆以儒者所不道而無染動以為請故末傳焉無染韋氏女世顯貴今主衡山戒法

龍安海禪師碑 并序

佛之生也遠中國僅二萬里其沒也距今茲僅二千載故傳道益微而言禪最病拘則泥乎物誕則離乎真真離而誕益勝故今之空愚失惑縱傲自我者皆誣禪以亂其教冒於嚚昏放於淫荒其異是者長沙之南曰龍安師師之

言曰由迦葉至師子二十二世而離離而為達摩由達摩至忍五世而益離離而為秀為能南北相訾反戾鬬狠其道遂隱嗚呼吾將合焉且世之傳書者皆馬鳴龍樹道也二師之道其書具存徵其書合於志可以不慁於是北學於惠隱南求於馬素咸黜其異以蹈乎中乖離而愈同空洞而益實作安禪通明論推一而適萬則事無非真混萬而歸一則真無非事推而未嘗推故無適混而未嘗混故無歸塊然趣定至於旬時是之謂施用茫然同俗極乎流動是之謂真常居長沙在定十四日人即其處而成室宇遂為寶應寺去於湘之西人又從之負大木礱密石以益其居又為龍安寺為尚書裴公某李公某侍郎呂公某楊公某御史中丞房公某咸尊師之道執弟子禮凡年八十一為僧五十三朞元和三年二月九日而沒其弟子元覺泊懷直浩初等狀其師之行謁予為碑曰師周姓如海名也世為士父曰擇交同州錄事參軍叔曰擇從尚書禮部侍郎師始為釋其父奪之志使仕至成都主簿不樂也天寶之亂復其初心嘗居京師西明寺又居岣嶁山終龍安寺葬其原銘曰

浮圖之修其奧為禪殊區異世誰得其傳遁隱乖離浮游散遷莫徵旁行徒聽浮言空有互鬬南北相殘誰其會之楚有龍安龍安之德惟覺是則苞并絕異表正失惑貌昧形靜功流無極動言有為彌寂而默祠廟之嚴我居不飾貴賤之來我道無得逝耶匪追至耶誰抑惟世之幾惟道之微旣陳而明乃去而歸象物徒設真源無依後學誰師嗚呼茲碑

岳州聖安寺無姓和尚碑銘 并序

維某年月日岳州大和尚終於聖安寺凡為僧若干年年

若干有名無姓世莫知其閭里宗族所設施者有問焉而以告曰性吾姓也其原無初其冑無終承於釋師以系道本吾無姓耶法劍云者我名也實且不有名惡乎存吾有名耶性海吾鄉也法界吾宇也戒爲之墉惠爲之戶以守則固以居則安吾閭里不具乎度門道品其數無極菩薩大士其衆無涯吾與之戚而不吾異也吾宗族不大乎其道可聞者如此而止讀法華經金剛般若經數逾千萬或譏以有爲曰吾未嘗作嗚呼佛道逾遠異端競起唯天台大師爲得其說和尚紹承本統以順中道凡受教者不失

其宗生物流動趣向混亂惟極樂正路爲得其歸和尚勤求端愨以成至願凡聽信者不惑其道或譏以有跡曰吾未嘗行始居房州龍興寺中徙居是州作道場於楞伽北峯不越閫者五十祀和尚凡所嚴事皆世高德始出家事而依者曰卓然師居南陽立山卒葬岳州就受戒者曰道穎師居荆州弟子之首曰懷遠師居長沙安國寺爲南嶽戒法歲來侍師會其終遂以某月日葬於卓然師塔東若干步銘曰

道本於一離爲異門以性爲姓乃歸其根無名而名師教是尊假以示物非吾所存大鄉不居大族不親淵懿內朗沖虛外仁聖有遺言是究是勤惟動惟默逝如浮雲教久益微世罕究陳爰有大智出其眞門師以顯示俾民惟新情動生變物由湮淪爰授樂國參乎化源師以誘導俾民不昏道用不作神行無迹晦明俱如生死偕寂法付後學施之無斁葬從我師無忘眞宅薦是昭銘刻茲貞石

碑陰記

無姓和尚既居是山曰凡吾之求非在外也吾不動矣宏農楊公炎自道州以宰相徵過焉以爲宜居京師強以行

不可將以聞曰願閒歲乃往明年楊去相位竄謫南海上終如其志趙郡李萼辯博人也爲岳州盛氣欲屈其道聞一言服爲弟子河東裴藏之舉族受教京兆尹宏農楊公某以其隱地爲道場奉和州刺史張惟儉買西峯廣其居凡以貨利委堂下者不可選紀受之亦無言將終命其大弟子懷遠授以道妙終不告其姓或曰周人也信州刺史李某爲之傳長沙謝楚爲行狀博陵崔行儉爲性守一篇凡以文辭道和尚功德者不可悉數宏農公自餘杭命以行狀來懷遠師自長沙以傳來使予爲碑既書其辭故又

假其陰以記

欽定全唐文卷五百八十八

柳宗元二十

唐相國房公德銘之陰

天子之三公稱公王者之後稱公諸侯之入爲王卿士亦曰公有土封其臣稱之曰公尊其道而師之稱曰公楚之僭凡爲縣者皆曰公古之人通謂年之長老曰公故言三公若周公召公王者之後若宋公爲王卿士若衛武公虢文公鄭桓公其臣稱之則列國皆然師之尊若太公楚之爲縣者若葉公白公年之長老若毛公申培公而大臣罕能以姓配公者雖近有之然不能著也唐之大臣以姓配公最著者曰房公房公相元宗有勞於蜀人咸服其節相肅宗作訓於岐人咸尊其道惟正直慈愛以成於德用是進退所居而事理辯所去而人哀號理哀人哀人不勝其懷爲文士趙郡李華銘公之德亂故不克立今刺史太原王涯嘉公之道猶在乎人哀人不忘公之道爲之刻石且曰州之南有亭曰需宴亭公之爲也人之思也乃增飾棟宇即而立焉州人大悅咸會隕涕言曰昔公以周召之德微子之仁有土封以爲卿士道爲三公德爲國師年爲元

老嘗爲縣縣懷其化至於州州濡其澤凡我子孫罔不戴慕盛德之詞文而不刻更刺史數十莫克興起乃卒歸於王公王公嘗以機密匡天子於禁中承公之道刺於我邦由公之理又能尊公之德起遺文以昭前烈則其入爲卿士三公也孰曰不宜吾懼其去我也遽願書於銘之陰用永表於邦之良政

故御史周君碣

有唐貞臣汝南周氏諱某字某以諫死葬於某貞元十二年柳宗元立碣於其墓左在天寶年有以諂諛至相位賢

臣放退公爲御史抗言以白其事得死於墀下史臣書之公死而佞者始畏公議於虖古之不得其死者衆矣若公之死志匡王國氣震姦佞動獲其所斯蓋得其死者與公之德之才洽於傳聞卒以不試而獨申其節猶能奮百代之上以爲世軌者也若令生於定哀之閒則孔子不曰未見剛者出於秦楚之後則漢祖不曰安得猛士而存不及興王之用沒不遭聖人之歎誠立志者之所悼也故爲之銘銘曰

忠爲美道是履諫而死佞者止史之志石以紀爲臣軌兮

國子司業陽城遺愛碣　并序

四年五月皇帝以銀印赤紱即隱所起陽公爲諫議大夫後七年廷諍懇至累日不解帝尤嘉異遷爲國子司業旌直優賢道光師儒又四年九月己巳出拜道州刺史太學生魯郡季儻廬江何蕃等百六十人投業奔走稽首闕下叫閽籲天願乞復舊朝廷重更其事如己巳詔翌日會徒北嚮如初行至延喜門公使追奪其章遮道願罷遂不果獻生徒嗷嗷顧盼徘徊昔公之來仁風扇揚暴慠革面柔輭有立聽聞嘉言樂甚鐘鼓瞻仰德宇高逾嵩岱及公當

職施政示人準程良士勇善僞夫去飾惰者益勤誕者益恭沈酗腆酒斥逐郊遂違親三歲罷退鄉黨令未及下乞歸就養者二十餘人禮順克彰孝弟以興則又講貫經籍俾達奧義簡習孝秀俾極儒業冠屨裳衣由公而嚴進退揖讓由公而儀公征甚遐吾黨誰師遂相與咨度署吏布告諸儒願立貞珉俾高狀明乃訪於學古之士紀公名字垂憲於後公名城字亢宗家於北平隱於條山惟公端粹沖和高嶷懿醇道德仁明孝愛友悌薰襲里閈布聞天下守節貞固患難不能遷其心怡性坦厚榮位不足動其神

爲司諫義震於周行爲司業愛加於生徒宜乎立石俾後是憲其詞曰

惟茲陽公履道葆醇爰初隱聲覆簣基仁德充而形乃作諫臣抗志勵義直道是陳帝求師儒貳我成均開朗蒙滯宣明德教太和潛布元機密照羣生聞禮後學知孝進退作則動言是儆匪公之執人用奚蹈麤厲貪淩待公順之欺僞譎詐待公信之少年申申咸適其宜榎楚廢弛尊嚴而威公襃其良俾升於堂癰者既肥榮如衮衣公棄不用懲咎內訟既訟於內猶公之誨匪仁孰親匪德孰尊今公於征孰表儒門生徒上言稽首帝閽謂天蓋高曾莫我聞青衿涕濡闐街盈衢遠送於南望慕踟躕立石書德用揚懿則嗚呼斯文遺愛罔極

唐故給事中皇太子侍讀陸文通先生墓表

孔子作春秋千五百年以名爲傳者五家今用其三焉秉觚牘焦思慮以爲論注疏說者百千人矣攻訐狠怒以詞氣相擊排冒沒者其爲書處則充棟宇出則汗牛馬或合而隱或乖而顯後之學者窮老盡氣左視右顧莫得而本則專其所學以訾其所異黨枯竹護朽骨以至於父子傷夷君臣詆悖者前世多有之甚矣聖人之難知也有吳郡人陸先生質與其師友天水啖助洎趙匡能知聖人之旨故春秋之言及是而光明使庸人小童皆可積學以入聖人之道傳聖人之教是其德豈不侈大矣哉先生字某既讀書得制作之本而獲其師友於是合古今散同異聯之以言累之以文蓋講道者二十年書而志之者又十餘年其事大備爲春秋集注十篇辯疑七篇微指二篇明章大中發露公器其道以聖人爲主以堯舜爲的包羅旁魄膠轕下上而不出於正其法以文武爲首以周公爲翼揖讓升降好惡喜怒而不過乎物既成以授世之聰明之士使陳而明之故其書出焉而先生爲巨儒用是爲天子諍臣尚書郎國子博士給事中皇太子侍讀皆得其道刺二州守人知仁永貞年侍東宮言其所學爲古君臣圖以獻而道達乎上是歲嗣天子踐阼而理尊優師儒先生以疾聞臨問加禮某月日終於京師某月日葬於某郡某里嗚呼先生道之存也以書不及施於政道之行也以言不及覩其理門人世儒是以增慟將葬以先生爲能文聖人之書通於後世遂相與謚曰文通先生後若干祀有學其書者

過其墓哀其道之所由乃作石以表碣

先侍御史府君神道表

嗚呼先君之墓仲父殿中君誌焉孤宗元不敢稱道先德然而無以昭於外者用敢悉取仲父之所陳而繫其辭刻茲石表先君諱鎮字某六代祖諱慶後魏侍中平齊公五代祖諱旦周中書侍郎濟陰公高祖諱楷隋刺濟房蘭鄜四州曾伯祖諱奭字子燕唐中書令曾祖諱子夏徐州長史祖諱從裕滄州清池令皇考諱察躬湖州德清令世德廉孝颺於河滸士之稱家風者歸焉先君之道得詩之羣

書之政易之直方大春秋之懲勸以植於內而文於外垂聲當時天寶末經術高第遇亂奉德清君夫人載家書隱王屋山間行以求食深處以修業作避暑賦合羣從弟子姪講春秋左氏易王氏衎衎無倦以忘其憂德清君喜曰茲謂遯世無悶矣亂有間舉族如吳無以為食先君獨乘驢無僮御以出求仁者蘄以給食嘗經山澗水卒至流抵大壑得以無苦被濡塗以行無慍容觀者哀悼而致禮加焉季王父六合君忤貴臣死於吏舍猶鞫其狀先君改服徒行逾四千里告於上由是貸其問既而以為天子平大難發大號且致太平人罹兵戎農去耒耜宜以時與太學勸耦耕作三老五更議籍田書齋沐以獻道不果用授左衛率府兵曹參軍尚父汾陽王居朔方備禮延望授左金吾衛倉曹參軍為節度推官專掌書奏進大理評事以為刑法者軍旅之楨幹斥候者邊鄙之視聽不可以不具作晉文公三罪議守邊論議事確直世不能容表為晉州錄事參軍晉之守故將也少文而悍酣嗜殺戮吏莫敢與之爭先君獨抗以理無辜將死常以身扞笞箠拒不受命守大怒投几折簀而無以奪焉以為自下繩上其勢將殆作

泉竭木摧詩終秉直以免於恥調長安主簿居德清君之喪哀有過而禮不逾為士者咸服服既除常吏部命為太常博士先君固曰有尊老孤弱在吳願為宣城令三辭而後獲從為宣城四年作閿鄉令考績皆最吏人懷思立石頌德遷殿中侍御史為鄂岳沔都團練判官元戎大攘狄虜增地進律作夏口破虜頌後數年登朝為真會宰相與憲府比周誣陷正士以校私讎有擊登聞鼓以聞於上上命先君總三司以聽理至則平反之為相者不敢恃威以濟欲為長者不敢懷私以請閭羣寃獲宥邪黨側目封章

竄獻歸命天子遂莫敢言逾年卒中以他事貶夔州司馬作鷹鸇詩居三年醜類就殛拜侍御史制書曰守正爲心疾惡不懼先君棒以流涕曰吾惟一子愛甚方謫去至藍田訣曰吾目無涕今而不知衣之濡也拊有當我哉作喜霽之歌副職持憲以正經紀貞元九年宗元得進士第上問有司曰得無以朝士子冒進者乎有司以聞上曰是故抗奸臣竇參者耶吾知其不爲子求舉矣是歲五月十七日終於親仁里第享年五十五七月某日葬於萬年縣棲鳳原後十一年宗元由御史爲尚書郎天子行慶於下申

命崇贈而有司草創頗緩會宗元得罪遂寢不行太夫人范陽盧氏某官某之女實有全德爲九族宗師用柔明勤儉以行其志用圖史箴誡以施其教故二女之歸他姓咸爲表式太夫人既授封河東縣太君會冊太上皇后於興慶宮既乃宗元貶秩爲永州司馬奉侍溫凊未嘗見憂元和元年五月十五日終於州之佛寺享年六十八嗚呼宗元不謹先君之教以陷大禍幸而緩於死既不克成先君之寵贈又無以寧太夫人之飲食天殛薦酷名在刑書不得手開元堂以奉安袝罪惡益大世無所容尚顧嗣續不敢即死支綴氣息以嚴邦刑大懼祭祀之無主以忝盛德敢用特牲昭告神道號叫萬里以畢其辭云

先君石表陰先友記

袁高河南人以給事中敢諫爭貞直忠蹇舉無與比能使所居官大再贈至禮部尚書

姜公輔爲內學士以奇策取相位好諫諍免後以罪貶爲復州刺史卒

齊映南陽人爲相以文敏顯用

嚴郢河南人剛厲好殺號忠能爲京兆河南尹御史大夫

善舉職爲邪險構扇以貶死

元全柔河南人氣象甚偉好以德報怨恢然者也爲大官有土地入爲太子賓客

杜黃裳京兆人宏大人也善言體要爲相有墻仞不伎以謀克蜀加司空出爲河中節度

劉公濟河間人厚寬碩大與物無忤爲渭北節度入爲工部尚書卒

楊氏兄弟者宏農人皆孝友有文章憑由江南西道入爲散騎常侍凝以兵部郎中卒凌以大理評事卒最善文

穆氏兄弟者河南人皆強毅仁孝贊爲御史中丞捍佞倖得貶後至宣池歙處置使卒質爲尚書郎以侍御史內供奉卒最善文

皇甫政河南人有威儀由浙東廉使爲太子賓客

裴樞同郡人爲御史天子以隱罪誅吏樞頓首願白其狀以故貶後爲尚書郎

李舟隴西人有文學俊辨高志氣以尚書郎使危疑反側者再不辱命其道大顯被讒妬出爲刺史廢痼卒

李鄘江夏人果檢自負嶷然善爲官爲御史中丞京兆尹

鳳翔節度

梁肅安定人最能爲文以補闕修史侍皇太子卒贈禮部郎中

陳京泗上人始爲諫官數諫諍有內行文多詁訓爲給事中上方以爲相會惑疾自刃廢痼卒

韓會昌黎人善清言有文章名最高然以故多謗至起居郎貶官卒弟愈文益奇

許孟容吳人讀書爲文口辯爲給事中嘗論事由太常少卿爲刑部侍郎

李覿隴西人行義甚修至刑部郎中卒故與先君爲三司者也其大理者曰楊瑀瑀無可言猶以獄直爲御史

宇文邈河南人有文謹愨人也爲御史中丞齗齗自守然以直免官復爲刺史卒

袁滋陳郡人善篆書文敏不競爲相出使辱命貶刺史復爲義成軍節度卒

盧羣范陽人雜博多所許與使反側之地天子以爲任事爲義成軍節度卒

崔損清河人畏愼爲相無所發明然不害物天子獨愛幸

以損爲長者

鄭餘慶榮陽人再爲相始天下皆以爲長者及爲大官名益少今爲尚書河南尹無恙

鄭利用餘慶從父兄也眞長者由大理少卿爲御史中丞復由中丞爲大理少卿

李益隴西姑臧人風流有文詞少有僻疾以故不得用年老常望仕非其志復爲尚書郎

王紓其弟紹太原人紹得幸德宗爲尚書在宰相之右今爲徐泗節度紓有學術曾直爲尚書郎

路泌河南人以尚書郎使西戎留戎中度今已年八十餘既和戎十五年不得歸無爲言者

虞當會稽人爲郭尚父從事終沔州刺史以信聞

賈弇長樂人善士也爲校書郎卒弟全至御史中丞

趙需天水人哻哻儒士也有名至兵部郎中卒

張式南陽人

張莒常山人

張惟儉宣城當塗人皆善言譁式至河南尹莒鄧州刺史惟儉和州刺史

奚陟江都人柔敏至吏部侍郎世謂陟善官然其智足以自處也

盧景亮涿人有志義多所激發爲諫官奏書如水赴壑坐貶廢棄甚久至順宗時爲尚書郎升中書舍人卒

楊於陵宏農人善吏敏秀者也爲中書舍人京兆尹

張因某人舉詔策爲長安尉願去官爲道士甚有名以其弟回降封州曰吾老矣必死回也哭而行遂死封州

高郢渤海人有文章規矩自立者不干貴幸以太常爲相罷居尚書

唐次北海人有文章學行義甚高以尚書郎出爲刺史屏棄永貞中召以爲中書舍人道病去長安七十里死傳舍

苗拯上黨人有學術峭直以諫議大夫漏泄省中語貶萬州卒

柳氏兄弟者先君族兄弟也最大并字百存爲文學至御史病聾遂廢次中庸中行皆名有文咸爲官早死

柳登柳冕者族子也自其父芳善文史與冕並居集賢書府冕文學益健顧躁自吏部郎中出爲刺史至福建廉使卒登晚仕至尚書郎祕書少監

薛丹同郡人至尚書郎

呂牧東平人由尚書郎刺澤州卒

崔禎清河人至檢校郎官子羣爲右補闕贈給事中

房啟河南人善清言由萬年令爲容州經略

于申河南人至尚書郎

常仲孺河南人今爲諫議大夫

蘇弁武功人好聚書至三萬卷與先君通書以戶部侍郎貶復爲刺史

崔芃博陵人善言名理爲御史尚書郎
鄭元均滎陽人強抗少所推讓然以此多怨困不得位
辛惲隴西人有史學
韓衡昌黎人善士
陳衆甫梓潼人高志氣
薛伯高同郡人好讀書號爲長者後至尚書卒
張宣力清河人儒善後表其名去力但爲宣自元均至宣力皆沒沒無顯仕者

孤宗元曰先君之所與友凡天下善士舉集焉信讓而大顯道博而無雜今之世言交者以爲端敢悉書所尤厚者附茲石以銘於背如右

故殿中侍御史柳公墓表

唐貞元十二年二月庚寅葬我殿中侍御史河東柳公於萬年縣之少陵原公諱某字某邑居於虞鄉曾王父某官王父某官皇考某官奕世餘慶叢而未稔濟德流祉其後宜大秀而不實爲善者惑嗚呼哀哉惟公敦柔峻清恪愼端莊進止威儀動有恆常英風超倫孤厲貞方居室孝悌與人信讓當職強毅游刃立斷自少耽學頗工爲文旣窮日力又繼以夜鄉里推擇敦迫上道乃與計偕來游京師觀藝靈臺貢文有司射策合程遂冠首科休有令問羣士羨慕居數年授河南府文學教勵生徒選擇貢士儒黨相賀庶人觀禮秩滿渭北節度使延爲參佐總齊軍政甚獲能稱加太常寺協律郎旣喪主帥罷歸私室方將脫遺紛埃退與道俱沖漠保神優柔隸儒四方聞風交馳鵠書載筆乘軺乃作參謀出入朔方陪佐戎車遷大理評事又加章紱朱裳銀印宗黨有耀權略密勿潛機埋照完彼亭堡時其講教實從我謀鄰國是儆改度支判官轉大理司直出納府庫頒給軍食下無讎斂黔首休息月校歲會莫不如畫庫豐財羨制成計得又遷殿中侍御史度支營田副使分閫之寄參制其半柔以仁撫剛以義斷戎臣坐嘯公堂無事朝端延首方待以位旣而祿不及伐冰政不獲尊達以其年正月九日遇疾終於私館享年五十嗚呼痛哉奔驥騁力中途蹶足高鴻輕舉在雲墜翼凡我所知哀慟無極本道節度尚書朔寧王張公震悼涕慕不任於懷臨遣牙將試殿中監李輔忠監備凶禮賵賻甚厚行軍司馬侍御史韋重規等匍匐救助事用無闕丹旐素車歸於上

京撰期定宅兆有從素故友諸生宗人外姻號慟會葬哀禮咸申克窆之元堂掩坎廣輪顧盼無依徘徊增哀願勒休聲延垂後賢於是汝南周君巢等相與琢石書德用圖不朽文曰

抱元淳粹和既強毅又柔嘉登儀曹耀文章司學徒儒風揚自渭北佐朔方戎政闕黔首康冠惠文垂朱裳才不施天茫茫刋樂石篆遺德延休烈垂憲則於萬年長無極

故宏農令柳府君墳前石表辭

少陵原柳氏之大墓唐貞元十九年某月日孤某奉其先

府君洎夫人之喪祔於其位由新墓而南若干步曰高祖王父蘭州府君諱某字某之墓又東若干步曰曾祖王父郯州府君諱某之墓西若干步曰祖王父司議郎府君諱某之墓咸異兆而相望昭穆之有位序壤樹之有豐殺皆如律令府君諱某字某由父任爲太廟齋郎吏許昌陽武伊闕華原尉王屋丞汝陰令爲宏農二年推其誠心裕於其人闢土生穀若有天相之道衣食給足故人不札天教厲明具故俗不爭奪遂以洽於太和事理克彰刺史盧杞加禮褒旌考績絶尤推君之政風於下邑命爲吏部尚書郎廣河南受命黜陟狀君理績殊異宜升天朝帝有歎焉方圖優昇命用不長年五十五建中二年某月日卒於官以其素廉家之蓄不足以充凶事遂殯於是邑仍會危難至於今乃克返葬孤某嘗爲黔州錄事參軍今無祿仕而志不敢緩初公娶司農少卿京兆韋山之孫涇陽主簿迴智之女德容溫良大歷二年某月日卒於越而假葬焉孤某徒行自越舉夫人之喪至於虢舉宏農君之喪咸至於墓窆焉既窆立石表於墳前示後之人以無忘孝敬嗚呼世有難仕於外而葬其族者鮮矣孝子之心有待駟馬五

鼎而卒不至者焉若今之殺衣黜食寒妻子飢僕御終身由之而志益不懈爲旅人徒跣萬里以厄困終事孝之難者歟五十而慕者舜也祿千鍾而悲者曾子也聖且賢難之若是今之人有由其道者得不立於世乎

亡友故祕書省校書郎獨孤君墓碣

嗚呼有唐仁人獨孤君之墓祔於其父太子舍人諱助之墓之後自其祖贈太子少保諱問俗而上其墓皆在灞水之左今王父營陵於其側故再世在此嗚呼在獨孤君之道和而純其用端而明內之爲孝外之爲仁默而智言而

信其窮也不憂其樂也不淫讀書推孔子之道必求諸其中其爲文深而厚尤慕古雅善賦頌其要咸歸於道昔孔子之世有顏回者能得於孔子後之仰其賢者譬之如日月而莫有議者焉嗚呼獨孤君之明且仁如遭孔子是有兩顏氏也今之世有知其然者其信於天下乎使夫人也夭而不嗣世之惑者猶曰尚有天道噫乎甚邪君諱申叔字子重年二十二舉進士又二年用博學宏詞爲校書郎又三年居父喪未練而没蓋貞元十八年四月五日也是年七月十日而葬鄉曰某鄉原曰某原嗚呼君短命行道

之日未久故其道信於其友而未信於天下今記其知君者於墓韓泰安平南陽人李行諶元固其弟行敏中明趙郡贊皇人柳宗元河東解人崔廣略清河人韓愈退之昌黎人王涯廣津太原人呂溫和叔東平人崔羣敦詩清河人劉禹錫夢得中山人李景儉致用隴西人嚴休復元錫馮翊人韋詞致用京兆杜陵人

唐故萬年令裴府君墓碣

公諱墐字封叔河東聞喜人太尉公諱行儉實高祖侍中公諱光庭實曾祖刑部員外郎府君諱稹實祖大理卿府君諱儆實父公由進士上第校書崇文館飭館事修整左春坊由是立署局後參京兆軍事按覆校巡大尹恆得以取直爲太常主簿搜剔疑互探抉遯隱宿工老師不得伏匿皆來會堂下者股肱役喉喙以集樂事作坐立二部伎圖卿奇其績奏超以爲丞司空杜公聯奉崇陵豐陵禮儀再以爲佐離紛厖導滯塞關百執事條直顯遂司空拱手以成自開元制禮諱去國恤章累聖陵寢皆因事肇緣取一切乃已有司卒無所徵公乃撰二陵集禮藏之南閣轉殿中侍御史仍拜尚書比部員外郎會校成要期歲畢具

刺金州決高弛隳去人水禍渚茭原茅闢成稻粱陟萬年令蘉劇辨肅談宴終日人視之若居冗官然會金州猾吏來揚言恐喝以煩藝事曰不得三十萬吾能爲禍公大怒召罵之恣所爲吏巧以聞御史按章具獄再謫道州循州爲佐掾會赦量移吉州長史元和十二年七月日病痁泄卒始公以唯諾聞長安中奔人危急輕出財力如索水火性開蕩進交大官不視齒類挾同列收下輩細大畢歡喜博奕知聲音飲酒甚少而工於糺謫謠舞擊咢纖屑促密皆曲中節度而終身不以酒氣加人晝接人事夜讀書考

禮收据策牘未嘗釋手以是重諸公間初娶范陽盧氏無子後夫人柳氏德爲九族冠生三男子喪其二焉貞元十六年某月日卒祔於長安御宿之北原冢子銑奉柩以明年月日克葬於墓銑以文書來柳州告其叔舅宗元願碣於墓左則涕爲之銘其辭曰

有鬱其馨惟裴之鄉世服大僚仍耀烈名封叔申之實惟其英讎書宮闈佐職於京太常命吏以能增秩相儀考禮大弁斯畢鵠工展伎爰備聲律或圖或書藏之府室史於柱下郎於會司徽循以周大比是宜作牧於金金人允懷

溝防漢滸墊沃卒移增我歲食易其莩魁游手閒民相顧聚來徵爲萬年治劇於都百務斂成誠宴以娛誰恤誰恃不忍悍吏胡巧其辭桉章以遂由道斥循施施三年更赦進貳廬陵是遷人曰世德宜慶於延又曰良能宜力之宣朝有大賚期賜其還鬼神不享命隕在前長原有墓高曾祖父淑靈是祔封叔爰歸左右惟具孤銑磨石祈辭海陬遂升其趺於道之周

唐故兵部郎中楊君墓碣

貞元十九年正月某日守尚書兵部郎中楊君卒某年月日葬於奉先縣某原既葬其子姪洎家老謀立石以表於墓葬令曰凡五品以上爲碑龜趺螭首降五品爲碣方趺圓首其高四尺桉郎中品第五以其秩不克偕降而從碣之制其世系則紀於大墓君諱凝字懋功與季弟凌生同日不周月而孤伯兄憑鬌髮爲童家居於吳太夫人母道尊愛教飭謹備君之昆弟孝敬出於其性禮範奉於其舊克有成德輯其休光東薄海岱南極衡巫文學者皆知誦其詞而以爲模準進修者率用歌其行而有所矜式君既舉進士以校書郎爲書記毗贊元侯於漢之陰式徙荆州

由協律郎三轉御史元戎出師用顯厥謀遂入王庭爲起居郎書事不回著垂國典又爲尚書司封員外郎革正封邑申明嫡媵事連權右斥退勿憚直聲彰聞仍參選部以駁羣吏姦臣席勢威福自己他人求附離而不可得者公則卻之私以胥吏求署一皆罷遣曰吾不以三尺法爲己利害居喪致哀內盡其志外盡其物而無有不得於心者服除爲右司郎中危言直已以致其誠然卒中於誠辭不得朝請以檢校吏部郎中爲宣武軍節度判官亳人缺守往莅其政孤老撫安強猾戮死墾鑿墝鹵芟艾榛荒作爰

田以贍人食濬決潢汙築復堤防爲落渠以定水禍理不半歲利垂千祀會朝復命次於汴郊帥喪卒亂不可以入遂西走闕下璽書迎門勞徠甚備以疾居家三年復登於朝退邇咏歌仍遇痼疾天子致問逾三月不賜告幸其愈而用之遂卒天下文行之士爲之悲哀嗚呼君有深淳之行有強毅之志內以和於親戚正於族屬外以信於朋友施於政事故身之進退人之喜戚繫焉凡其昆弟申明於朝制書咸曰孝友君子謂楊氏其仁義之府君之文若干什皆可以傳於世若某者以姻舊獲愛不腆之文君實知

之惟車馬幣玉無可以稱其德用君之所以知者酬焉

欽定全唐文卷五百八十九

柳宗元二十一

尚書戶部侍郎王君先太夫人河間劉氏誌文

夫人姓劉其先漢河間王王有明德世紹顯懿至於唐有文昭者爲絳州刺史號良二千石其嗣愼言爲仙居令光州長史克荷於前人光州夫人之父也夫人旣笄五年從於北海王府君諱某府君舉明經授任城尉左金吾衛兵曹修經術以求聖人之道通古今以推一王之典會世多難不克如志卒以隱終夫人生二子長曰彝倫舉五經早

夭少曰叔文堅明直亮有文武之用貞元中待詔禁中以道合於儲后凡十有八載獻可替否有匡弼調護之勤先帝棄萬姓嗣皇承大位公居禁中訏謨定命有扶翼經緯之績由蘇州司功參軍爲起居舍人翰林學士將明出納有彌綸通變之勞副經邦阜財之職加戶部侍郎賜紫金魚袋重輕開塞有和鈞肅給之效內贊謨畫不廢其位凡執事十四旬有六日利安之道將施於人而夫人卒於堂蓋貞元之二十一年六月二十日也知道之士爲蒼生惜焉天子使中謁者臨問其家賻以布帛嗚呼夫人之在女

氏也貞順以自處孝謹以有奉其在夫族也祗敬以承上嚴肅以莅下事良人四十有九年而勤勞不懈生戶部五十有三年而教誡無闕年七十有九而戶部之道聞於天下爲大僚垂紫綬以就奉養公卿侯王咸造於門既壽而昌世用羨慕然而天子有詔俾定封邑有司稽於論次終以不及時有痛焉是年八月某日祔於兵曹府君之墓銘曰

夫人之德温柔徽直承於陰教式是壙則克生良子用揚懿美有其文武宏我化理天子是毗邦人是望若若紫綬

榮於高堂惟昔孟氏號爲母師在漢稱賢有雋不疑懿懿夫人惟其似之山北之里神禾之原問於靈龜閟此顯魂勒石垂休永永萬年

朗州員外司戶薛君妻崔氏墓誌

唐永州刺史博陵崔簡女諱媛嫁爲朗州員外司戶河東薛巽妻三歲知讓五歲知戒七歲能女事善筆札讀書通古今其暇則鳴絃桐諷詩騷以爲娛始簡以文雅清秀重於當世其後病惑得罪投驩州諸女蓬垢涕號柳氏出也以叔舅命歸於薛惟恭柔專勤以爲婦妻恩其故他姬子雜己子造次莫能辨無忮忌之行無犯迕之氣一畝之宅言笑不聞於鄰元和十二年五月二十八日既乳病肝氣逆肺牽拘左腋巫醫不能已期月之日潔服飭容而終年若干某月日遷柩於洛某月日祔於墓在北邙山南洛水東巽始佐河北軍食有勞未及錄會其長以罪聞因從貶更大赦方北遷而其室已禍巽之考曰大理司直仲卿祖曰太子右贊善大夫瓌曾祖曰平舒令煜高祖曰工部尚書眞藏簡之父曰大理司直煜祖曰某官鯢唐興中書令仁師議刑不爭其二世大父也巽之他姬子丈夫子曰老

女子曰張婆妻之子女子曰陀羅尼丈夫子曰某實後子銘曰

翼翼仁師惟仁之碩一言刑輕緜載二百其慶中缺曾元不績簡之温文卒昏以易七男三女八我之出仍禍六稔斁存如殁宜福而災伊誰云恤惟薛之婦德良才全鄰無言聞臧獲以虔推仁撫庶孩不異憐兄公是怙夫屬忻然髮髢峩峩籩豆惟嘉蒸嘗宵燕其羞孔多有苾有嚴神饗斯何奚仲虺胡祐不遐高曾祖考胡嘏之訛淑人不居誰任於家書銘告哀以寘巖阿

馬氏女雷五葬誌

馬室女雷五父曰師儒業進士雷五生巧慧異甚凡事絲纊文繡不類人所爲者余覩之甚駭家貧歲不易衣而天姿潔清修嚴恒若簪珠璣衣紈縠寥然不易爲塵垢雜年十五病死後二日葬永州東郭東里以其姨母爲嫂於余也將死曰吾聞柳公嘗巧我慧我今不幸死矣安得公之文志我於墓其父母不敢以云葬之日余乃聞焉既而閔焉以攻石之後也遂爲砂書元磚追而納諸墓

唐故尚書戶部郎中魏府君墓誌

魏氏世墓於某縣某原唐興有聞士諱之遏者與子及孫咸舉進士嗣爲儒家緜州涪城尉諱全珤魏州臨黃主簿諱欽慧太常主簿諱緄尚書膳部員外郎兼江陵少尹諱萬成凡五代名高而不浮於行才具而不得其祿江陵府君益之以閎達之量經緯之謀故豪士賢大夫痛慕加厚生郎中府君諱宏簡字曰裕之以文行知名既冠而德禮聞於鄉黨既仕而法制立於官政溫柔發乎外見而人莫不親直方存乎內久而人莫不敬由進士策賢良連居科首授太子校書歷桂管江西福建宣歙四府爲判官副使累授協律郎大理評事三爲御史賜緋魚袋在州六年而人樂之廉使崔衍曰吾敢專天下之士獨惠茲人乎遂獻於天子拜度支員外郎轉戶部郎中邦賦克舉人望逾重年四十七貞元二十年九月三十日不疾而歿震悼之聲遐邇一辭且曰斯人也而不得爲善之利中人其怠乎君嘗三娶而卒無主婦庭無倚廬堂無抱孤有令兄弟以主其喪有孝女以守其祀故哭於客位弔於殯東者咸加哀焉凡爲部從事府喪而當其位者三州缺而居其守者二皆得其理君之先再世貧不得葬故以祿仕遊於諸侯薄

衣食損車馬凡十有餘祀卒獲於厥心其族屬之無主後者皆位於墓娣姪之無歸從者咸會於家由是處約以終其世既斂家宰庀其政視廩惟釜鍾視藏惟束帛無餘積焉十有一月遣車歸於洛師某日祔於墓監察御史柳宗元聞其道而覿其文也久居又同閈故哀而銘之其辭曰郎中之道惟直是保淳泊坦厚溫恭孝友郎中之文惟孝是宣溥暢周流炳蔚紛綸爲周賢能爲漢賢良始仕讐校篇籍有光仍授使檄討謨用揚二居郎位征賦以理休聲載起顯命伊始生而不壽孰知其止歿而不嗣孰濟其美

有翩其旗。翣舉裳帷。行道遲遲。望墓而歸。象物是宜。卜筮孔時。里人作銘。不愧於辭。

唐故朝散大夫永州刺史崔公墓誌

維元和五年九月十五日壬子。永州刺史崔公薨於位。享年六十八。己未。殯於路寢。景寅。遷神於舟。以某年某月日歸葬於某縣某原。祔於皇考吏部侍郎贈戶部尚書府君之墓。尚書諱漪。元宗南巡。內禪聖嗣。府君以謀畫定命。起一旅以復天下。厥功載焉。尚書之先曰貴鄉丞贈太常少卿府君諱子美。太常之先曰揚州江都丞府君諱道禎。行

高位卑。華冠士族。公諱某。字某。承世德之清源。浚之以鐍潔。以端其志。采羣言之枝葉。植之以茂實。以修其能。始由右千牛備身。佐環衞。更盩厔三原藍田尉。仍有大故。三徙同位。繼授許州臨潁汝州龍興令。推以直道。二邑齊風。哥舒曜尹河南。鯨寇猾驁。黎人播越。表公尉河南。糗糧芻茭戎備畢給。版圖田洫。民事時乂。遷揚州錄事參軍。實吳楚之大都會也。政令煩拏。貢奉叢沓。一日不葺。鑄讟四至。公爲之優游有裕。長史司徒杜公與之揖讓。異於賓僚。入爲太子司議郎。拜歸州刺史。巖險湍悍。人類鳥獸。古號難理。公克有聲。遷永州刺史。朝散大夫。惟是南楚。風浮俗鬼。戶爲胥徒。家有禳禋。大者虐鰥孤以盜邦賦。毆愚蒙以神詭言悖於政經。莫有禁禦。公於是修整部吏。黜侵凌牟漁者數百人。以付信於下。而征貢用集。擒戮妖師。毀焄蒿淫昏者千餘室。以舉正羣枉。而田閭克和。寬以容物。直以率下。邦人方安其理。縉紳猶鬱其望。體魄遽降。哀何有窮。嗚呼。公前夫人徐州參軍滎陽鄭鉅女。有子曰義和。早夭。後夫人萬年尉范陽盧彤女。嘉淑之德。繼聞宗族。有子曰貽哲貽儉。克承於家。洎公之兄子曰勵曰禮誠。願志於墓。無忘

公之德。銘曰。

孰爲德門。清河濬源。遠哉沄沄。自葉而根。世有顯懿。揚其清芬。煥炳增華。昭於後昆。惟魴與鯉。舊史是尊。孰爲茂功。尚書清風。龍其有融。勃焉而興。拔草從龍。布令諸夏。數和六戎。赫矣太陽。克昇於中。孰爲惠政。公嗣餘慶。形於謠詠。小程其功。大遂其性。黠吏是省。妖風以正。於邑於邦。克揚休命。孰爲遺愛。公去昭代。邦人斯痗。始焉是賴。今也何戴。孰葬我公。於洛之會。何以銘之。徽音不昧。

故永州刺史崔君流配驩州權厝誌

博陵崔君由進士入山南西道節度府始掌書記至府留後凡五徙職六增官至刑部員外郎出刺連永兩州未至永而連之人愬君御史按章具獄坐流驩州幼弟訟諸朝天子黜連帥罷御史小吏咸死投之荒外而君不克復元和七年正月二十六日卒孤處道洎守訥奉君之喪踰海水不幸遇暴風二孤溺死七月某日柩至於永州八月甲子藁葬於社壇之北四百步崔氏世嗣文章君又益工博知古今事給數敏辨善謀畫南敗蜀虜西遏戎師其慮皆君之自出後餌五石病瘍且亂故不承於初今尚有五丈

夫子夫人河東柳氏德碩行淑先崔君十年卒其葬在長安東南少陵北君以竄沒家又有海禍力不克祔三年將復故葬也徒誌其一二大者云

鯢爲祖煜爲父世文儒積彌厚簡其名子敬字年五十增以二葬湘濱非其地後三年辭當備

唐故中散大夫檢校國子祭酒兼安南都護御史中丞充安南本管經畧招討處置等使上柱國武城縣開國男食邑三百戶張公墓誌銘　并序

漢光中興馬援雄絕域之志晉武一統陶璜布殊俗之恩理隨德成功與時並今皇帝載新景命丕冒海隅時惟張公祇復厥績交趾之理續於前人公諱某字某某郡人也曾祖彥師朝散大夫尚書駕部郎中祖瑾懷州武德縣令考清朝議郎試大理寺丞贈右贊善大夫咸有懿美積爲餘慶公以忠肅循其中以文術昭於外推經旨以飾吏事本法理以平人心始命蘄州蘄春主簿句會敏給厥聲顯揚仍以左領軍衛兵曹爲安南經略巡官申固扞衛有聞彰徹轉金吾衛判官三歷御史績用宏大揚於天庭加檢校尚書禮部員外郎換山南東道節度判官復轉郎中爲

安南副都護賜紫金魚袋充經略副使遷檢校太子右庶子兼安南都護御史中丞充本管經略招討處置等使公自爲吏習於海邦凡其比較勤勞利澤長久去之則夷獠復亂復至而寇攘順化及受命專征得陳嘉謨誓拔禍本納於夷軌乃命一其貢奉平其斂施牧人盡區處之方制國備刑體之法道阻而通百貨地偏而具五人儲偫委積師旅無庚癸之呼繕完板幹控帶兼戊己之位文單環王怙力背義公於是陸聯長轂海合艨艟再舉而克殄其徒廓地數圻以歸於我理烏蠻酋帥負險蔑德公於是外申

皇威旁達明信一動而悉朝其長取州二十以被於華風易皮弁以冠帶化姦宄爲誠敬皆用周禮率由漢儀公患浮海之役可濟可覆而無所恃乃剗連島以闢坦途鬼工來并人力罕用沃日之大東成通溝摩霄之阻若爲高岸而終古蒙利公患疆埸之制一彼一此而不可常乃復銅柱爲正古制鼓鑄旣施精堅是立固圉之下明若白黑易野之守險逾邛陵而萬世無虞奇琛良貨溢於玉府殊俗異類盈於藁街優詔累旌其忠良太史嗣書其功烈就加國子祭酒封武城男食邑三百戶凡再策勳至上柱國三

增秩至中散大夫某年月薨於位年若干天子震悼傷辭有加明年其孤某官與宗人號奉裳帷率其家老咨於叔父延唐令某卜宅於潭州某原葬用某月某日人謀皆從龜兆襲吉乃刻茲石著公之閥以志於邱竁告於幽明銘曰

周限荆衡秦開百粵交州之治炎劉是設德大來服道消自絕伏波南征漢威載烈宛陵北附晉政爰發我唐流澤光於有截皇帝中興武城授鉞肅肅武城惟夫之哲更歷毗贊顯揚彰徹旣受休命秉茲峻節度其謀猷守以廉潔厚農薄征匪貊匪桀通商平貨有來胥悅踐山跨海堅其鶴列制器足兵潰茲蟻結烏蠻屈服文單翦滅柔遠闢疆會朝天闕銅柱乃復環山以碧海無遘迕賊罔踰越琛賮之獻周於窮髮帝嘉成德載旌茂閥增秩策勳土封斯裂位厄元侯年虧大耋邦人號呼夷裔悽咽卜葬長沙連岡啟穴書銘薦辭德音罔缺

唐故邕管經略招討等使朝散大夫持節都督邕州諸軍事守邕州刺史兼御史中丞賜紫金魚袋李公墓誌銘 并序

公諱某字某實惟文皇帝之元孫別子曰承乾爲皇太子以藩愛逼奪危慄致禍後封恒山爲愍王贈荆州大都督繼別曰象蘄春郡太守贈越州大都督封郇國公大宗曰玭太子詹事贈秘書監生廙尚書左丞凡四代有土田居貴仕公丕承之以率南服克荷天庥繼有功德公始以通經入崇文館登有司第選同州參軍入佐金吾衛進太僕主簿參引大駕府移爲左右神策行營兵馬節度以爲推官拜監察御史賜緋魚袋凡二使其率皆范司空希朝進殿中侍御史湖南都團練判官以寬通簡大輔治得中道

府遷主後事師人愛慕欲以貞元故事爲請公恐懼抑留
復從浙東爲都團練副使轉侍御史又徙浙西如其職加
著作郎凡三使其率皆薛大夫苹刺岳信二州得劉向秘
書以能卒化黃白日召徒試術爲仇家上變就鞫無事赦
笞殺告者猶降建州司馬陟刺泉州會烏猲夷刺殺郡吏
毆縛農民詔以公都督邕州兼御史中丞賜紫金魚袋爲
經略招討使既至則弢弓櫜甲去斥候禁部內無敢以賊
名使得自滌濯諸酋長咸頓首送款放虜獲輸稅奉貢願
比內郡人遣子吏都督所人復耕稼無有威刑居五月頃

有黑蠵鼓江流壞北岸直城南門覆船殺人然後去父老
泣曰吾公其殆矣嘗合汞流黃丹砂爲紫丹能入火不動
以爲神服之且十年然卒以是病暴下赤黑數日薨實元
和十三年六月十五日年五十七僚宰庀事有緹五兩無
金銀泉貝幾不克斂夷人號呼致幣歸以明年月日葬祔
其穆長安西南高陽原上夫人陳氏先公十五年歿父曇
亦都督邕州終孤孟輿愿且文亞曰仲權次曰季謀年自
九歲以下有兩壻博陵崔行儉勁峭有立志滎陽鄭師貞
敏捷能羣皆聞名銘曰

文濬維祥實亘實延冢嗣不嗣宗以支傳郇公克庸詹事
繼賢湜湜左丞惟道之宣公寬且惠以教則順五參戎政
二佩郡印師歡民愛克懷以信詖辭告訕卒白其訊烏猲
猖狂盜海剽山帝命平南遯彼羣蠻虎龍煌煌英蕩是將
舟之金玉以爲公服公既莅止告以文理推義赴仁弢弓
服矢闢是垣壘完其父子復我邦賦弛予卒士貌不功矜
情不伐喜蠻人涕懷投刃以俟方底成績蠱孽告妖悍石
搆災升屋而號椎髮卉裳來賻來觀膴膴鱗原祔之顯魂
松柏芊芊封域安安代有高墳堯文之孫

唐故邕管招討副使試大理司直兼貴州刺史鄧君墓誌銘 并序

君諱某字某南陽人漢司徒禹之後也曾祖倚皇建州浦
城令祖少立皇滄州司馬考邕皇左武衛兵曹參軍惟君
敏給以御下廉忠以承上幹蠱之稱洽於諸侯信謹之跡
彰於所莅故自始仕以至沒世未嘗無聞焉初以試太常
寺奉禮郎更職於劍南湖南江西前後連帥咸器其能以
柄於事於劍南則亭擬閱實以循官刑盡哀敬之情致淑
問之頌寬猛之適克合於中於湖南則外按屬城內專平

準莅卝人錫石之地參烏氏鼓鑄之功溢山告祥國用益贍吏無並緣以巧法人無怨讟以苦役凡處斯職莫能加焉於江西則旁緝傳置下繩支郡俾無有異政以一於詔條財賦之重待君而理無何邕州經略使路公恕奏署試大理評事兼貴州刺史參帷幕之任董龜虎之威夷俗敬愛革面受事朝廷將以武定南服命安南大校御史中丞趙良金爲邕州復以君兼招討判官錄其異能奏加司直升招討副使兼統橫廉貴三州事龎葺之下直道有立獷悍之內義威必行賦增而不擾法一而無憾然以憂慄閒

於多虞卒成耳目之塞遂致齒牙之猾元和五年五月二十一日疾卒於公館年五十五明年某月日返葬於潭州某原夫人隴西李氏大理評事綵之女年三十三貞元十六年終於郴州有子四人曰贄曰某贄十三年矣哀禮具焉京兆尹宏農公始由湖南爲江西再以君爲從事知之最厚痛君之能不施於劇任惜君之志見屈於羣疑且以誌授宗元使備其缺古者觀其所使而知在上之德今也觀其所使而知在下之誠嗚呼可無辭乎銘曰

曼姓之裔司徒隆漢惟君是承有植其幹始屬奉常出參藩翰議讞西蜀平其狴犴巡視南楚總茲條貫貿遷化居貨殖攸贊改煎鎔範貢輸增筭旣飭財賦亦專傳館去牧荒陬肅其聽斷斂數以息暴戾斯遁行非選事進不避難始賴其寧終聞見憚疾與憂積志隨魄散年極中身葬茲高岸才耶命耶君子興歎

呂侍御恭墓銘 幷序

呂氏世居河東至延之始大以御史大夫爲浙東道節度大使延之生渭爲中書舍人尚書禮部侍郎刺湖南七州生四子溫恭儉讓以溫爲尚書郎再贈至右僕射恭字敬

叔他名曰宗禮或以爲字實惟呂氏宗子尚氣節有勇略不事小謹讀從橫書理陰符握機孫子之術曰我師尚父冑也大父洎先人咸統方岳今天下將理平蔡克冀幽洎戎猶負命早夜呼憤以爲宜得任爪牙畢力通天子命作文章咸道其志云又曰由吾兄而上三世世爲進士吾爲文不墜教誠獨武事未克纘厥緒因棄去從山南西道節度府掌書記預謀畫不甚合以試守軍衛佐加協律郎入薦爲長安主簿復出以監察御史參江南西道都團練軍事府表進殿中侍御史爲桂管都防禦副使元和八年去

桂州相國尚書鄭公遮留假嶺南道節度判官至廣州病痞瘧加痛六月二十八日卒妻裴氏戶部尚書延齡女有丈夫子三人曰爽曰環曰特女子三人曰環曰鸞曰倩皆幼行於道而倩又死遂以柩如洛陽祔葬於大墓款志呂氏世仕至大官皆有道宜興於世溫洎恭名爲豪傑知者以爲是必立王功活生人不幸溫刺衡州年四十卒恭未及理人年三十七又卒世固有有其具而不及其用若溫恭者耶恭貌奇壯有大志信善容物宜壽考碩大而又不克呂氏之道惡乎興銘曰

渢渢之風兮不可追有志之大乎今安歸呂君去我死乎吾誰依

唐故嶺南經略副使御史馬君墓誌

元和九年月日扶風馬君卒命於守龜祔於先君食卜葬明年某月庚寅亦食其孤使來以狀謁銘宗元刪取其辭曰君凡受署往來桂州嶺南江西荆南道皆大府凡命官更佐軍衛錄王府事番禺令江陵戶曹錄府事監察御史皆爲顯官凡佐治由巡官判官至押蕃舶使經略副使皆所謂右職凡所嚴事御史中丞良司徒佑嗣曹王皐尚書胄尚書伯儀尚書昌皆賢有勞諸侯其善事凡管嶺南五府儲跱出卒致穀以謀畫平哥舒晃假守州邑民以便安珍火訛殺吏威海鹽增筭邦賦大減所至皆用是理年七十不肯仕曰吾爲吏逾四十年卒不見大者今年至慮耗終不能以筋力爲人贏縮因罷休以經書教子弟不問外事加七年卒君始以長者重許與聞凡交大官皆見禮司徒佑嘗以國事徵願謂君曰願以老母爲累受託奉視優崇至忘其子之去君諱某字某曾祖某某官祖某某官父某某官嗣子隴西李氏出曰徵由進士爲右衛胄曹早歿次四子皆京兆韋氏出曰徼曰儆曰敏曰庭女一人嫁柳

氏壻曰宗一其銘曰

不懈於位不替於謀慮寇以平撫民以蘇僭火不孽悍吏不侔惟寶於鹽亦贏其籌公以忠施私以義躋既至於年乃靜於懷衣柔膳甘子侍孫攜覲經考古教導斯齊克壽克樂嗚呼終哉於陰之原爰位其墓千萬子孫來拜來祔

唐故安州刺史兼侍御史貶柳州司馬孟公墓誌銘

孟氏之孤曰遵慶奉其父命書九篇爲善狀一篇來告曰

月日君薨月日將葬於某敢請刻辭嗚呼公自假左贊善大夫桓王司馬太常少卿爲義成軍中軍兵馬使其帥魏國公貺爲宰相命公左領軍衛將軍事德宗順宗今上立朝九年加朝議大夫居喪會用兵於趙起復居故官爲左神策行營先鋒兵馬使知牙而趙兵罷不受祿去金革服喪終期命安州刺史仍加侍御史安州防遏兵馬使貶柳州司馬公嘗佐魏公平襄陽靖梁州立義成軍魏公宏大恢奇公能以任軍政是以又爲衛將軍虔恭潔廉動得禮節伐趙之役堅立堡壘誓死麾下法制明具權力無能移

進不避患退不敗禮安州迫寇攘多戎事政出一切吏以文持之故貶明年用兵於蔡朝廷諸公洎外諸侯咸以公爲請未及徵氣乘肺溢爲水浮膚而卒年六十惟公志專於中貌嚴於外嘗立廷中毅然望之若圖形刻像聞國難輒不寢食謀度憤叱以故病不可治曾祖某官諱某祖某官諱某父某官諱某公之諱曰常謙子遵慶弟曰某銘曰魯仲孫氏其世爲孟賁勇光武軻儒紹聖公傳師法以訓戎政執稽以庸咸致厥命濟濟於朝冕服以光墨非從利終役復喪忠孝孔明君子攸彰昔者雲中六級下吏公刺於安法亦可議黜伏南荒豪士歔欷聞難以激去食廢寐神乖氣離支膈莫遂廷臣進言侯伯拜章帝命將施俄仆於京代山丸丸植柏與松其名維何忠孝孟公

故連州員外司馬凌君權厝志

年月日尚書都官員外郎和州刺史連州司馬富春凌君諱準卒於桂陽佛寺先是六月告於州刺史博陵崔君曰余嘗學黃帝書切脈視病今余肝伏以濇腎浮以代將不臘而死審矣凡予之學孔氏爲忠孝禮信而事固大謬卒不能有立乎世者命也臣道無以明乎國子道無以成乎

家下之得罪於人以謫徙醜地上之得罰於天以降被罪疾余無以禦也敢以鬼事爲累又告爲老氏者某曰余生於辰今而寓乎戌辰戌衝也吾命與脈叶其死矣乎吾罪大懼不克歸柩於吾鄉是州之南有大岡不食吾甚樂焉子其以是葬吾及是咸如其言云孤夷仲求仲以其先人之善余也勤以誌爲請嗚呼君字宗一以孝悌聞於其鄉杭州刺史常召君以訓於下讀書爲文章著漢後春秋二十餘萬言又著六經解圍又文集未就有謀略尚氣節賙人之急出貨力猶棄粃稗年二十以書干丞相丞相以聞

試其文日萬言擢為崇文館校書郎又以金吾兵曹為邠寧節度掌書記泚涇之亂以謀畫佐元戎常有大功累加大理評事御史賜緋魚袋換節度判官轉殿中侍御史府喪罷職後遷侍御史為浙東廉使判官撫循罷人桉驗汙吏吏人敬愛厥績以懋粹然而光聲聞於上召以為翰林學士德宗崩邇臣議祕三日乃下遺詔君獨抗危詞以語同列王伾畫其不可者十六七乃以旦日發喪六師萬姓安其分遂入為尚書郎仍以文章侍從由本官參度支調發出納姦吏哀止以連累出和州降連州居母喪不得歸而二弟繼死不食哭泣遂喪其明以沒蓋君之行事如此其報應如此夫人高氏在越孤四人南仲殷仲在夫人所未至執友河東柳宗元哀君有道而不明白於天下離愍逢尤夭其生且又同過故哭以為志其辭哀焉銘曰

噫淩君生不淑學孔氏揚芬郁好謀謨富天祿讐禁書贊推轂觀靈龜獲貞卜徙東越翊明牧罷人蘇汙吏覆升侍從躬啟沃匡危疑興大福吏尚書徒隸肅佐經邦財用足道之蹟身則辱烏江垂九疑麓仍禍凶遘茲酷能知命無怨毒罪不泯死猶僇何以葬南嶺曲魂有靈故鄉復封茲壤歸骨肉為之銘誌陵谷

故連州員外司馬淩君墓後誌

元和某年月日立太子赦下嘗有非其罪柩得返葬淩氏孤夷仲求仲自連桂陽舉其先人之柩龜筮吉利某年月歸於杭之新城祔於其墓刻前志志其行益以後志志其時立碣於墳東南隅申志於外噫亦勤矣以其先人之行宜克大於後以其孤之志宜克承於初艱其躬以延於無窮承而大宜哉

欽定全唐文卷五百九十

柳宗元二十二

萬年縣丞柳君墓誌

惟貞元十二年龍集景子三月日前萬年縣丞柳君終於長安升平里之私第享年五十長子宏禮承家當位次曰傳禮幼曰好禮奉夫人洎仲父之命考時定制動合古道三日而殯三月而葬粤五月十九日甲子克開長安縣高陽原祔於先塋禮也先時撰辰酌禮稱義備物外姻畢至宗人來會從弟宗元受族屬之教泣涕濡翰書辭紀行曰

君諱元方字某解人也系自周魯後得柳姓七代祖虬後魏中書令封美陽公四葉至皇考惇皇朝散大夫資陽令祖延州司馬考頤宣州寧國丞濟德克紹厥類藏聰晦明粹爲淑和少孤季父建撫字訓道通左氏春秋貫歷代史旨畫羅列接在視聽嗜爲文章辭富理精以門廕出身調補宣州溧水尉綱簿貢職入於天府特授同州馮翊尉改京兆府雲陽主簿轉長安主簿遷萬年丞端靖守貞處劇不撓秩滿居養素食貧常好竺乾之道自擺塵昏之外洎如也既而嬰被沈疾不克永壽姻戚動懷朋友道傷僉曰天之報施善人何如哉君前娶河南獨孤氏左司郎中緬之女無子早世繼室以裴夫人諫議大夫虬之女陰教內則著於閨闈有女三人焉嗚呼銘誌之來古矣是不可闕遂勒元石措於陰堂銘曰

振振吾宗德之宅耶惟君之德至期頤耶德而不壽今既厄耶松柏蒼耶不朽石耶

處士段宏古墓誌

段處士宏古讀縱横書剛峭少合尤濩落不事產人或交之度非義輒去以故年五十不就祿常以法家言抵御史

大夫何士幹延以上座將用之會士幹死聞襄陽節度使于頔愛人大言遂干以兵畫一見喜甚居月餘視頔終不可與立功又遁去隴西李景儉東平呂温高氣節尚道義聞其名求見大懽留門下或一歲或半歲與言不知日出温卒景儉逐前右拾遺張宿與然諾南見中山劉禹錫河東柳宗元二人者言於御史中丞崔公公時降治永州知其信賢徼其去又南抵好義容州扶風竇羣途過桂林守舊知君拒不爲禮君憤怒發病不肯治曰平生見大人未嘗相下今窮於此年加老棲棲無所容入也益困於俗笑

吾安用生爲埋道邊耳。居六月。死逆旅中。崔公爲出涕。命特贈賻。致其喪來永州。哭爲祭之。與喪具道里費。歸葬澧州安鄉縣黄山南麓上。君之死元和九年八月十六日。後某月日葬。祖某官。父某官。妻彭城劉氏。子知微知章皆未冠。銘曰。

廉不貪。直不倚。困者安之。通者不以。不懲其躓。卒以亢死。觀游非類。有賤非鄙。何以葬之。黄山南趾。

潞州兵馬曹柳君墓誌

柳氏子某爲平陸丞。王父母之喪。寓於外。貞元二十一年。

始葬於虢之閿鄉。窆墨遇食。乃貽書其族尚書禮部員外郎宗元。使爲其誌。且曰。吾之先自魏已來爲宰相者累世。我高祖諱萬齡。爲伊闕令。襲其先河間郡公。曾祖諱某。浙州刺史。咸有懿德。洎於兵曹府君。諱某。勤身惠志。好義能讓而同。故交者固。直而敬。故親者睦。凡舉明經者四。皆獲美仕。初爲陸渾主簿。次吳縣尉。次上黨丞。次潞州兵曹參軍。其勾稽摘發。毗贊關決。無不勝職。加朝散大夫。某年月日終於官次。殯於州若干里。會世多難。家又貧窶。故不及夫事。嗚呼。我曾祖王父葬於頴陽。我伯祖叔祖洎伯父皆

葬閿鄉皇天原望壽里。頴陽北臨間。其地陰狹。岸又數壞。大懼不克久安神居。是以從他兆於兹。卜用七月六日甲子。將以具於元堂之下。固故有望乎爾也。於是刪其書爲文。置於鄄中。俾移於石上。

永州司功參軍譚隨亡母毛氏誌文

毛氏夫人。父曰儀禹。豐州別駕。祖宏義。濟州戸曹。夫人歸譚氏。曰損。爲鄧州司倉參軍。損父昌。爲常州錄事參軍。祖曰元愛。爲左羽林大將軍。宏農男。惟譚洎毛氏。於周咸爲諸侯。譚入於莒。毛及魏爲后族。千歲復合。夫人生丈夫子

曰隨。隨謹愿好禮。始克於裴柳爲姻。隨娶裴氏。今中書舍人次元之族弟也。女子嫁柳氏。曰從肇。曰子族兄也。子早承族兄之教。聞夫人之德。且曰。隨之所以能立。洎吾嫂之所以令。皆夫人之訓。則宜有以文其聲詩。刻而措諸墓。夫人諱某。壽若干。某年月日終。某月日祔於此。誌曰。

周之列國。譚子毛伯。合是二姓。從其匹敵。夫人有訓。乃策厥族。惟時善良。不享豐福。懿厥子姓。追號憲德。内言不出。孰表貞節。願垂休銘。永誌幽谷。

箏郭師墓誌

郭師名無名無字父爽雲中大將無名生善音能鼓十三絃其爲事天資獨得推七律三十五調切密邃靡布爪指運掌擊使木聲絲聲均其所自出屈折愉繹學者無能如自去乳不近葷肉以是慕浮屠道既失父母即棄去兄弟自髡緇入代清涼山又南來楚中然遇其故器不能無撫弄吳王宙刺復州或以告乃延入強之宙號知聲音抃蹈以爲神奇會宙貶賀州遂以來性愛酒不能已因縱髮爲黃老術薛道州伯高抵宙以書必致之至與坐起伯高喪邪人也嗜其音至善處輒自爲擊節歎喟瞽謹視出入餌

仄柏不食穀三年變服遁逃九疑叢祠中披取之益善親遇終不屑卒乘暴水入小船下峋嶁山求道籙會歐陽師死不果受張誠副嶺南又強與偕誠死至是抵予時已得骨髓病日猶鼓音四五行居數日益篤既病自爲歌死三日葬州北岡西志其詞曰

雲州生柳州死年五十病骨髓天與之音今已矣丁酉之年秋既季月缺其圜於是始心爲浮屠形道士仁人我哀埋勿棄

趙秀才羣墓誌

嬰臼死信孤乃立王侯世家天水邑羣字容成系是襲祖某父某仕相及嗟然秀才胡伋伋體貌之恭藝始習娶於赤水禮猶執南浮合浦遽遠集元和庚寅神永戢問年二紀益以十僕夫返柩當啟蟄瀟湘之交奉原隰稚妻號叫幼女泣和者悽欷行路悒追初憫夭銘茲什

太府李卿外婦馬淑誌

氏曰馬字曰淑生廣陵母曰劉客倡也淑之父曰總既孕而卒故淑爲南康謳者李君爲睦州誣狂寇見誣左官爲循州錄過而慕焉納爲外婦偕竄南海上及移永州州之

騷人多李之舊日載酒往焉聞其操鳴絃爲新聲撫節而歌莫不感動其音美其容以忘其居之遠而名之辱方幸其若是也元和五年五月十九日積疢卒於湘水之東葬東岡之北垂年二十四銘曰

容之丰兮藝之工隱憂以舒和樂雍佳冶彫殞逝安窮諧鼓瑟兮湘之濱嗣靈音兮永終古

故嶺南鹽鐵院李侍御墓誌

天寶中詔李氏由涼武昭王以下皆得籍宗正故沂州刺史福以姑臧人附屬於寧歧爲族曾祖生樂壽令昱昱生

虢州司馬叶世以儒聞叶生監察御史漸字濯纓明兩經仕歷永興臨晉尉會天子方事誅伐南平蔡北服趙西走戎東討齊魯五年間兵征卒戍羅行千里凡進用唯財賦爲難君以試大理評事佐荆南兩稅使督天下諸侯之半調食饒給車擊舟連又守湖南鹽鐵轉院以能遷官移嶺南益積功勞以介厲敦勤爲率羣吏先年五十三元和十三年月日卒妻盧江何氏凡五世世鄭出父曰士鍔季父曰士幹有大名君之子二人曰夔曰導女一人曰某夔導皆幼不能事何夫人哭且戒柩行萬里人咸觀其禮焉葬

伊闕用明年某月日甲子銘曰

涼爲帝基克顧厥允皇宏國牒四邑顯進沂以屬尊世仕倚儒憲憲濯纓亦用學徒既穀既官式懋爾勞四方用師卒食之饒致其廉介率是諸侯於荆於交闗石是鈞邦有休功惟吏之勤蕆施於大以盡其有孰司壽夭君不克久吉日來祔伊闕之墓子嗣孫承有達宜興銘詔於神永永是徵

故試大理評事裴君墓誌

裴氏之昭曰贈戶部尚書諱某穆曰起居郎諱某生均州刺史諱某均州與其弟大理更爲刑部郎用文史名於朝善杜禮書長子曰某射進士策不中去過汴韓司徒宏迎取爲從事以聞拜太子通事舍人進大理評事當伐蔡及鄆州嘗爲軍首贊佐有勞既事將侍太夫人於京師道發疽元和十四年月日終於河南敦厚里年若干字曰某弟某以其喪歸葬於某縣某里未果娶有男子二人女一人男之長曰某通兩經始杖且廬銘曰

世守不遷秀於士鄉不利有司爰客於梁梁委其躬乃相戎政宮臣理屬仍受國命南蔡北曹五載首兵柔剛輔理

平視太平馬牛既寧告養於京棧車草草我來周道載飢載勞神奪其孝形經於洛魂其焉如庶終爾誠陰侍里閭膳飲不違有弟之恭既安且盈厥志斯從銘之故人以慰爾衷

故大理評事柳君墓誌

晉之亂柳氏始分曰耆爲汝南守居河東又五世曰慶相魏魏相之嗣曰旦仕隋爲黃門侍郎其小宗曰楷至於唐刺濟房蘭廓四州楷生夏縣令府君諱繹繹生司議郎府君諱遺愛皆葬長安少陵原遺愛生御史府君諱開葬南

陽其嗣曰寬字存諒讀其世書揚於文詞南方之人多諷其什頗學禮而善爲容修吏事始仕家令主簿進左驍衛兵曹試大理評事爲嶺南節度推官判南永安軍判官府罷爲游士出桂陽下廣州中厲氣嘔泄卒於公館元和六年八月七日也年四十七前娶瑯琊王拱子拱國子祭酒後娶河東裴陵子陵告成令裴氏之出曰裴七君之從弟以君之喪歸過零陵哭且告於宗元曰吾伯兄從事嶺南其地多貨其民輕亂能以簡惠和柔匡弼所奉假守支郡海隅以寧鬭狠仇怨敦諭克順從公於荆綏戎永安仍專

郡治政用休阜是時蜀寇始滅邦人瘡痍懷君之澤咸忘其痛其理也惠而不施之於大其行也和而不至於年其言也文而不顯其聲今將以某月日祔葬苟又不得令詞而誌焉是無以蓋前人之大痛敢固以請嗚呼予懼辭之不令以爲神羞予曷敢不諾銘曰

柳族之分在北爲高充於史氏世相重侯中書之世實曰蘭州夏縣政良司議德優營營御史乃佐元侯惟君是嗣其政克修儲闈補吏環衛分曹南越之罷從事以寧永安披懷荐仍於兵是董是經既柔且平浩浩呻呼革爲和聲胡不使壽而奪之齡柩於海壖殯於鄧邦厥弟孔哀惟行之恭呱呱小子縗而不廬充充令妻墍首而居鳥獸號鳴助我踟躕刻此悲辭藏之奧隅

故祕書郎姜君墓誌

祕書郎姜崿字某開元皇帝外孫也始楚國公皎與上游益貴幸子慶初得尚某公主生崿崿生三日上曰他物無以餉吾孫卽敕有司以第六品告與緋衣銀魚得通籍出入凡名是官七十某年終不徙然其間在蜀漢荆楚以大諸侯命守州邑輒以勞稱時缺則復命好游嗜音以生貴

富畜妓能傳宮中聲賢豪大夫多與連歡後加老風病手足奇右可用不能就官士有載酒來則出妓摶髀笑戲觀者尚識承平王孫故態元和十四年月日終桂州都督御史中丞裴公曰噫帝戚也葬不可以廉爲具物祭以豚酒月日葬州東南一里子某年若干母曰雷姬銘曰

始賤終貴於世爲遂幼榮老窮在物爲凶均之得喪誰缺誰豐若君者銀朱於始生鐘鼎以及壯不矍矍於進取不施施於驕伉左絃右壺樂以自放雖老而客死未嘗戚乎已與夫拳拳恐悸蒙詔負義得之拘拘榮不益愧以終其

身而不能止者不猶優乎

故襄陽丞趙君墓誌

貞元十八年月日天水趙公矜年四十二客死於柳州官為斂葬於城北之野元和十三年孤來章始壯自襄州徒行求其葬不得徵書而名其人皆死無能知者來章日哭於野凡十九日唯人事之窮則庶於卜筮五月甲辰卜秦誂兆之曰金食其墨而火以貴其墓直丑在道之右南有貴臣冢土是守乙巳於野宜遇西人深目而髯其得實因七日發之乃覩其神明日求諸野有叟荷杖而東者問之

曰是故趙丞兒耶吾為曹信是邇吾墓噫今則夷矣直社之北二百舉武吾為子蕝焉辛亥啟土有木焉發之緋衣緅衾凡自家之物皆在州之人皆為出涕誠來章之孝神付是叟以與龜偶不然其協焉如此哉六月某日就道月日葬於汝州龍興縣期城之原夫人河南源氏先歿而祔之矜之父曰漸南鄭尉祖曰倩之鄆州司馬曾祖曰宏安金紫光祿大夫國子祭酒始矜由明經為舞陽主簿蔡帥反犯難來歸擢授襄城主簿賜緋魚袋後為襄陽丞其墓自曾祖以下皆族以位時宗元刺柳用相其事哀而旌之以銘銘曰

誂也孳之信也蕝之有朱其紱神具列之懇懇來章神實恫汝錫之老叟告以兆語靈其鼓舞從而父祖孝斯有終宜福是與百越蓁蓁羈鬼相望有子而孝獨歸故鄉涕盈其銘旌爾勿忘

故温縣主簿韓君墓誌

有唐故温縣主簿韓愼字某漢弓高侯其先也徙於南陽傳世至今唐侍中諱瑗克用貞亮奮於國難傳侍中兄子郢州刺史諱某某生御史著作郎諱某某生尚書庫部郎

中萬州刺史諱某嗣以文行大其家業君萬州長子也以父任為建陵挽郎累調授王府參軍襄州襄陽尉至於是邑貞元十六年又調於天官署河陽丞未拜十有一日暴病卒於長安永崇里先人之廬又十有二日龜筮襲吉祔於咸陽洪瀆原先人之墓禮也先三日外姻家老謀為之志季弟泰哀不能文故託於友焉嗚呼生也以其弟之恭知君之為友沒也以其弟之戚知君之為愛惟友愛出於孝移於忠施於人事無往不達予故得受其辭書於石曰友而愛而忠孝宜之貌稱其行行稱其詞賤而不壽為善

是悼祔於祖考初筮攸告季也之純實哀無垠終窶且貧控於仁人備物稱家其儀式陳爰相其悲載刻茲珉

東明張先生墓誌

東明先生張氏曰因嘗有以文薦於天子天子策試甚高以爲長安尉一年投去印綬願爲黃老術詔許之居東明觀三十餘年受畢法道行峻異得眾眞祕書訣籙聚經籍圖史侔於麟閣以弟回夆秩封州先生曰吾老矣支體不可解也遂從以去明年回之子襲死哭之慟遂病既亟以命回曰吾生天寶訖貞元乙酉歲十月今死於汝之手盈

吾志矣京師吾生也畢原先人之歸也必以返葬乃自爲誌而卒明年正月某日葬如其言弟子某等爲碑以誌於墓辭曰

匪祿而康匪爵而榮漠焉以虛充焉以盈言而不爲華光而不爲名介潔而周流苞涵而清寧幽觀其形與化爲冥寂寞以成其道是以匆嬰世皆狂狂奔利死名我獨浩浩端一以生或曰先生友弟以遁慈幼以死若不能忘情者何耶吾曰道去友耶去慈耶從容以求其得之耶盪莽狠悖道之非耶且夫虧恩壞禮枯槁顚殞墮聖圖壽離中就異歎然與神鬼爲偶頑然以木石爲類倥侗而不實窮老而無死先生之道固知異夫此也乃書於石以紀

故處士裴君墓誌

河東聞喜裴君諱某字某好學未仕年若干元和十四年月日終於京兆渭南墅君之弟中丞公督桂州命其寮柳宗元以銘君之出河間邢鞏以狀來告曰曾祖諱某寧州刺史贈戶部尚書祖諱某起居郎父諱某尚書刑部員外郎議官及浮圖事獨出載在史冊以八使行天下當河北道疑危頑狠難處分之地用天子命制斷得宜於時爲第

一天下皆仰以爲相會疾終再贈至大理卿長老咸曰裴氏世積德起居丞相弟也以文史用大理名世人也咸聞而不大君以友悌懿植承其休光幽而不揚豈天鍾美於中丞裔而不克並耶不然君無位以夭其可問哉君前娶韋氏成都少尹士謨女生二子字曰某名曰某以文敏中丞公尤愛幸恆從不幸卒於桂林某舉明經後娶於薛氏無子父寀位卑是年月日葬渭南某里遷韋夫人之喪自萬年來有俟猶異室銘曰

疇之沃沃宜其嘉穀有耕有耨同施異穫明昭大穆丞相

之族尚書之孫大理之門有慶實延宜碩而蕃不位不年
晦於邱園懿懿大理惟德之元推佞抑釋太史是論黜陟
冀幽邦命以尊神嗇豐福不畀於君渭之洋洋爰墓其南
孝思是懷祖考之依郡人作銘惟相其哀

覃季子墓銘 并序

覃季子其人生愛書貧甚尤介特不苟受施讀經傳言其
說數家推太史公班固書下到今横豎鉤貫又且數十家
通為書號覃子史纂又取鬻老管莊子思晏孟下到今其
術自儒墨名法至於狗彘草木凡有益於世者為子纂又

百有若干家篤於聞不以仕為事黜陟使取其書以氏名
聞除太子校書某年月日死永州祁陽縣某鄉將死嘆曰
寧有聞而窮乎將無聞而豐乎寧介而躓乎將溷而遂乎
葬其鄉後若干年柳先生來永州戚其文不大於世求其
墓以石銘銘曰
困其獨豐其辱

續榮澤尉崔君墓誌

太傅公既志榮澤君之葬明年為中書侍郎同中書門下
平章事以卒榮澤君之嗣曰膺備物具貨入於汴汴陷於
戎喪焉不果行會世難不幸膺亦死膺之亞曰太素仕至
雲陽令求其志將行謫南海上元和九年移信州猶有累
不克如其鄉大懼緩慢滋久哭命其子某以某月日啟君
之喪至於某葬用某月甲子志用太傅公之辭又命河東
柳某書緩故且志終事之年月日

先太夫人河東縣太君歸祔誌

先夫人姓盧氏諱某世家涿郡壽止六十有八元和元年
歲次丙戌五月十五日棄代於永州零陵佛寺明年某月
日安祔於京兆萬年棲鳳原先侍御史府君之墓其孤有

罪銜哀待刑不得歸奉喪事以盡其志姪洎太夫人兄之
子宏禮承事焉嗚呼天乎太夫人有子不令而陷於大僇
徙播厲土醫巫藥膳之不具以速天禍非天降之酷將不
幸而有惡子以及是也又今無適主以葬天地有窮此冤
無窮既舉葬紀猶以不孝之辭擬述先德且志其酷焉嘗
逮事伯舅聞其稱太夫人之行以教曰汝宜知之七歲通
毛詩及劉氏列女傳斟酌而行不墜其旨汝宗大家也既
事舅姑周睦姻族柳氏之孝仁益聞歲惡少食不自足而
飽孤幼是良難也又嘗侍先君有聞如舅氏之謂且曰吾

所讀舊史及諸子書夫人聞而盡知之無遺者某始四歲居京城西田廬中先君在吳家無書太夫人教古賦十四首皆諷傳之以詩禮圖史及翦製縷結授諸女及長皆爲名婦先君之仕也伯母叔母姑姊妹子姪雖遠在數千里之外必奉迎以來太夫人之承之也尊己者敬之如臣事君下己者慈之如母畜子敵己者友之如兄弟無不得志者也諸姑之有歸必廢寢食禮旣備嘗有勞疾先君將改葬王父母太夫人泣以莅事事旣具而大故及焉不得成禮旣得命於朝祇奉教曰汝忘大事乎吾冢婦也今也宜

老而唯是則不敢暇抑將任焉苟有日吾其行也及命爲邵州又喜曰吾願得矣竟不至官而及於罪是歲之初天子加恩羣臣以宗元任御史尚書郎封太夫人河東縣太君八月會冊太上皇后於興慶宮禮無違者旣至永州又奉教曰汝唯不恭憲度旣獲戾矣今將大儆於後以蓋前惡敬懼而已苟能是吾何恨哉明者不悼往事吾未嘗有戚戚也而卒以無孝道不能有報焉喪主子婦七歲而不果娶竄窮徼人多疾殃炎暑熇蒸其下卑濕非所以養也診視無所問藥石無所求禱祠無所實蒼黃叫呼遂遘大罰天乎神乎其忍是乎而獨生者誰也爲禍爲逆又頑狠而不得死逾月逾時以至於今靈車遠去而身獨止元堂暫開而目不見孤囚窮縶魄逝心壞蒼天蒼天有如是耶而猶言猶食者何如人耶已矣已矣窮天下之聲無以舒其哀矣盡天下之辭無以傳其酷矣刻之堅石措之幽陰終天而止矣

伯祖妣趙郡李夫人墓誌銘

夫人姓李氏辨族氏者曰趙郡贊皇之東祖祖某爲某官父冲爲單父尉夫人生於良族嶷然殊異及笄德充於容

行踐於言高朗而不傷其柔嚴恪而不害其和特善女工翦製之事又能爲雅琴素聲操縵之具婦道旣備宜爲君子之配偶焉我伯祖臨邛令府君諱某受夫人於李氏之廟而歸於正室臨邛府君之先曰我曾王父清池府君諱某清池之先曰徐州府君諱某又其先曰常侍府君諱楷常侍之兄曰中書令諱奭自中書以上爲宰相四世噫我伯祖以宗胄碩大而濟其德厚夫人以族屬淸顯而修其禮範合二姓以承先祖爲士者榮之故佐奉養承祭祀婦德用光家道甚宜無何伯祖終於臨邛而窆焉夫人從子

而反於淮泝嗚呼我先府君每得仕未嘗不奉迎供養必誠必親男旣立必使之有祿仕女必使之有家將嫁已子必先擇良士可以配諸姑者定然後議焉仲父殿中侍御史府君由是志也夫人生男一人諱某不幸終於宣州旌德尉女三人皆得良壻隴西李伯和爲楊子丞疾痺癈痼而沒太原王紓今爲右補闕潁川陳蒀爲校書郎渭南尉知名貞元十六年王氏姑定省扶持自揚州至於京師道路遇疾遂館於陳氏以諸壻之良諸女之養無不得意焉享年八十一是歲六月二十九日終於平康里自小斂至

於大斂比及葬則二壻實參主之有孫二人長曰曹郞奉之以綫而正於位八月二十四日葬於萬年縣之少陵原實棲鳳原介於我先府君仲父二兆之閒神心之所安也嗚呼嗣子早夭臨卭萬里以歲之不易未克合祔哀孰甚焉諸姑命宗元以爲斯志以從人之道內夫家外父母家且又葬於我志於我故敘柳氏爲備銘曰

藹其芳壽且康大梁鶉火沈幽光夙淪夫子嗣又喪輤幃不復岷之陽兆靈趾棲鳳里艮之山兌之水靈之車當返此子孫百代承靈祉誰之言者青烏子

叔妣吳郡陸氏夫人誌文

夫人諱則字內儀姓陸氏家於吳郡蓋江左上族以宗子在他國家牒逸墜故曾王父王父之諱官不克究知而闕其文父覃皇河南陸渾令夫人生而柔笄而禮會伯舅爲河南尹撰擇寮寀謂我文學掾仲父士林殊英儒流推高故夫人歸於我夫人之志也溫順以承上沖厚以字下不敢踰於家婦不敢侮於臣妾是宜允膺福壽集成母儀秉命不淑享年三十有五貞元十二年十一月己亥終於長安太平里第嗚呼夫人生男一人曰曹婆幼孺在抱委縗

就位女一人曰喜子匍匐繼緜寄婦人之手哀哉蓋衰門薄祜神道不相顧仲父違背於歲首而夫人捐棄於是日遺孤眇藐未克承紹凡我族屬其痛巨乎遂以其年十二月十三日庚午合祔於少陵原之墓恭惟仲父之諱字夫人之爵齒備於版文今不書懼再告也

亡姑渭南縣尉陳君夫人權厝誌

唐貞元十七年九月六日甲子前渭南縣尉潁川陳君之夫人河東柳氏終於平康里將終告於陳君曰吾生四十有四年爲陳氏介婦九年謹飭不怠以至此命也旣成婦

矣宜祔於皇姑從兆於三原然而不幸中道而有痼疾既不及養於舅姑又不得佐於蒸嘗生君之子不朞月而殞嘗謂君宜有貴位而不克見執親之喪不得終紀皆天譴之大者也且願殺禮以成吾私邇先夫人之墓而窆我焉將俟君之不諱而歸復於正其可也陳君乃卜十二月十八日權厝於城南原曰棲鳳如夫人之志且以時日甲子授於宗元曰子之姑孝於家移於我之長睦於族施於我之黨是用賓而禮之如益者之友今則去我已矣吾無以報焉他日嘗謂子慇而文願以爲誌庶幸而有知將安子

之爲也甚無恨矣嗚呼貴不必賢壽不必仁天之不可恃也久矣遂哭而受命書夫人之世以記於茲石夫人六代祖諱慶五代祖諱旦位皆至宰相高祖諱楷爲濟州刺史曾祖諱某爲徐州長史祖諱某爲清池令考諱某爲臨邛令妣李氏趙郡贊皇人其他則俟改葬而後備

亡姊前京兆府參軍裴君夫人墓誌

柳氏至於唐其著者中書令諱奭中書之弟之子曰徐州府君諱子夏實有孝德世其家業清池府君諱從裕繼之以茂實德清府君諱察躬承之以善政以至於侍御史府君諱鎮用貞信勁正達於邦家克生賢女以配於裴氏裴氏至於唐其著者禮部尚書諱行儉禮部之子曰侍中諱光庭嗣用忠肅書於國史祠部府君諱貞業之以貞直以至於金吾府君諱儆用純懿端亮聞於天下實生良子以配夫人嗚呼夫人與仁孝偕生以禮順偕長始於家純如也終於夫族穆如也其爲子道也孝以和恭以惠取與承順必稱所欲先君與太夫人恩遇尤厚故夫人侍側無感怒之教焉天禍弊族夙遭大故我諸孤奉太夫人之養不敢圖死至於復常夫人三歲無湯沐無鹽酪頓踊叫號哀

徹天地外除髮不勝笄體不勝帶太夫人泣而命之固猶不食朝夕諭誨僅而濟焉其爲妻道也貞順之宜恆服於身體疑忌之慮不萌於心術忿懥之色不兆於容貌同焉而合於禮婉焉而得其正其爲婦道也惟聽順謹敬睦姻任恤之行甚備常以不幸不及姑舅之養用爲大恨是故相春秋之事眎滌濯羞籩籃勞以待旦每怵惕之感至焉則又移其孝於裴氏之門而以睦於冡婦介婦必敬必親下以不失其赤子之心姻族歸厚率由是也嗚呼我之大譴歟裴氏之大不幸歟以夫人之德行宜貴壽宜康寧然

而年始三十不克至於壽良人官爲參軍事不及偕其貴骨髓之疾實鍾於身以貞元十六年三月十三日甲子終於光德里第痛矣夫始夫人之疾也夫人之族視之如已其家老長妾臧獲之微皆以其私奔謁於道路禱鬼神問卜筮者相及也既病太夫人在側尚慮積憂傷於尊懷猶持形立氣紿以少間故二稚未齔良人在遠不及有緒言遺念以傳於後則我呼天之痛宜有加焉嗚呼天胡厚是懿德而闕其報施獨何咎歟予一不知天之忍也既逾月良人至自洛師望門而哭曰無以立吾家成吾身矣凡生

三子幼曰崔七先夫人八月而殞魂氣無不之也次曰崔六後夫人五旬而夭因祔焉今其存者曰崔五幸無恙託於乳媼以虞水火哀哉其年八月十八日甲子安厝於長安縣之神禾原從於先塋祔於皇姑宜也母弟號哭而爲之志毒痛憑塞略不能具敢告無愧辭無溢美庶用正直克安神心嗚呼至哀無文至敬不飾故無其辭

欽定全唐文卷五百九十一

柳宗元二十三

亡妻宏農楊氏誌

亡妻宏農楊氏諱某高祖皇司勳郎中諱元政司勳生殿中侍御史諱志元殿中生醴泉縣尉諱成名醴泉生今禮部郎中凝代濟仁孝號爲德門郎中娶於隴西李氏生夫人夫人生三年而皇妣卽世外王父兼居方伯連帥之任歷刺南部夫人自幼及笄依於外族所以撫愛視遇者殆過厚焉夫人小心敬順居寵益畏終始無驕盈之色親黨

難之五歲屬先妣之忌飯僧於仁祠就問其故娒傅以告遂號泣不食後每及是日必遑遑涕慕抱終身之戚焉及許嫁於我柔日既卜乃歸於柳氏恭惟先府君重崇友道於郎中最深髫稚好言始於善謔雖間在他國終無異辭凡十有三歲而二姓克合奉初言也夫人既歸事太夫人備敬養之道敦睦夫黨致肅雍之美主中饋佐蒸嘗怵惕之義表於宗門太夫人嘗曰自吾得新婦增一孝女況又通家愛之如己子崔氏裴氏姊視之如兄弟故二族之好異於他門然以素被足疾不能良行未三歲孕而不育厥

疾增甚明年以謁醫救藥之便來歸女氏永寧里之私第八月十日甲子至於大疾年始二十有三嗚呼痛哉以夫人之柔順淑茂宜延於上壽端明惠和宜當於貴位生知孝愛之本宜承於餘慶是三者皆虛其應天可問乎哀門多疊上天無祐故自辛未逮於茲歲累服齊斬繼纏哀酷其間冠衣純采朞月者三而已矣無乃以是累夫人之壽歟悼慟之懷曷月而已矣哀夫遂以九月五日庚午克葬於萬年縣栖鳳原從先塋禮也是歲唐貞元十五年龍集已卯爲之誌云

坤德柔順婦道肅雍惟若人兮婉娩淑姿鏘翔令容委窮塵兮佳城鬱鬱閉白日兮之死同穴歸此室兮

亡姊崔氏夫人墓誌蓋石文

我伯姊之葬良人博陵崔氏爲之誌凡歸於夫家爲婦爲妻爲母之道我之知不若崔之悉也然而自笄而上以至於幼孩崔固不若我之知也又烏可以已今之制凡誌於墓者琢密石加蓋於其上用敢附碑陰之義假茲石而書焉嗚呼夫人天命之性固有以異於人孩而聲和幼而氣柔以吾族之大尊長之多夫人自能言而未嘗誤舉其諱與其類戲於家游弄之具未嘗有爭先公自鄂如京師其時事會世難教告罕至夫人憂勞踰月默泣不食又懼貽太夫人之憂慮紿以疾告書至而愈人乃知之善隸書爲雅琴以自娛樂隱而不耀工足以致美於服而不爲異言足以發揚於禮而不爲辯孝之至敬之備仁之大又以配君子然而不克會於貴壽以至於斯孰謂之天有知者耶太夫人生二女幼曰裴氏婦如夫人之懿在二族咸以令德聞而皆早世其弟昏愚而獨存孰謂天可問耶嗚呼痛其甚歟遂濡血以書志終天之哀與茲石永久

故叔父殿中侍御史府君墓版文

柳氏之先自黃帝及周魯其著者無駭以字爲展氏禽以食采爲柳姓厥後昌大世家河東嗚呼公諱某字某曾王父朝請大夫徐州長史諱子夏遺貞白之操表儀宗門王父朝請大夫滄洲清池令諱從裕垂博裕之道啟佑後允皇考湖州德清令諱察躬宏孝悌之德振揚家聲惟公端莊無諂嶷柔有裕峻而能容介而能羣其在閨門也動合太和皆由順正愷悌雍睦莫有間言故宗黨歌之其在公門也釋回措枉造次秉直事不失當舉無秕政故官府誦

之用沖退徑盡之志以宏正友道信稱於外焉用柔和博
愛之道以視遇孤弱仁著於內焉此公修己之大經也自
進士登高第調受河南府文學秩滿渭北節度使論惟明
辟爲從事受太常寺協律郎元戎即世罷職家食無何朔
方節度使張獻甫辟署參謀受大理評事賜緋魚袋改度
支判官轉大理司直遷殿中侍御史加度支營田副使此
公從政之大略也既佐戎事實司中府匪頒有制會計明
白嗚呼分閫委政繄公而成務朝右虛位待公而周事宗
門期公而光大姻黨仰公而振耀貞元十二年歲在丙子

正月九日壬寅遇暴疾終於私館享年五十痛矣夫人吳
郡陸氏洎仲弟綜季弟續冢姪某等抱孤即位牽率備禮
祇奉裳帷歸於京師以某年二月二十八日庚寅安厝於
萬年縣之少陵原禮也公有男一人始六年矣在髫知孝
呱呱涕洟凡我宗戚撫視增慟嗚呼哀哉初公元兄以純
深之行端直之德名聞於天下官至侍御史持斧登朝憲
章肅清嘗以先公之神未克遷祔不正席不甘味及撰日
定期而昊天不弔志奪禮廢公實敬承遺志行有日矣而
閔兇薦及不克終事則我宗族之痛恨其有既乎惟公盡

敬於孝養致毀於居憂表正宗姓觀示他族故宗人咸曰
孝如方輿公修詞以藻德振文而導志以爲理化之始莫
尊乎堯作堯祠頌以爲述德之道不忘於祖作始祖碑以
爲紀廣大之志敘正直之節不嫌於親作元兄侍御史府
君墓誌其餘諷詠比興皆合於古故宗人咸曰文如吳興
守當官貞固確乎不拔持議端方直而不苛故宗人咸曰
正如衛太史率性廉介懷貞抱潔嗣家風之清白紹遺訓
於儒素故宗人咸曰清如魯士師兼備四德具體而微公
之謂矣小子常以無兄弟移其睦於朋友少孤移其孝於

叔父天將窮我而奪其志故罔極之痛仍集焉樸曾甚駛
不能文字敢用書宗人之辭以致其直故質而俚輟哭紀
事哀不能文故敘而終焉

志從父弟宗直殯

從父弟宗直生剛健好氣自字曰正夫聞人善立以爲已
師聞人惡若已讎見佞色謟笑者不忍與坐語善操觚牘
得師法甚備融液屈折奇峭博麗知之者以爲工作文辭
淡泊尚古謹聲律切事類撰漢書文章爲四十卷歌謠言
議纖悉備具連累貫統好文者以爲工讀書不廢蚤夜以

專故得上氣病臚脹奔逆每作害寢食難俯仰時少間又執業以興呻痛咏言雜莫能知兄宗元得謗於朝力能累兄弟爲進士凡業成十一年年三十三不舉藝益工病益牢元和十年宗元始得召爲柳州刺史七月南來從余道加瘧寒數日良已又從謁雨雷塘神所還戲靈泉上洋洋也歸卧至旦呼之無聞就視形神離矣嗚呼天實折余之形殘余之生使是子也能無成是月二十四日出殯城西北若干尺死七日矣俟吾歸與之俱志其殯

南嶽雲峯和尚塔銘 幷序

雲峯和尚族郭氏號法證一作澄爲竺乾道五十有七年年七十有八貞元十七年九月十七日終十月二十七日葬凡度學者五萬人爲弟子者三千人色厲而仁行峻而周道廣而不尤功高而不有毅然居山之北峯以爲儀表世之所謂賢人大臣者至南方咸所嚴事由其內者聞大師之言律義莫不震動悼懼如聽誓命由其外者聞大師之稱道要莫不悽欷欣踴如獲肆宥故時推人師則專其首詔求教宗則冠其位披山伐木崇構法宇則地得其勝捐衣去食廣閱羣經則理得其深其道實勤而其心無求自大師化去教亦隨喪嗚呼大師之葬門人慕號長老愁痛遂相與以爲兹塔甓石峻整植木蓊茂凡衡山無與爲比者然而未有能紀其事余旣與大乘師重巽遊巽其徒也亟爲余言故爲其銘銘曰

苞元極兮韜大方威而仁兮幽以光行峻潔兮貌齋莊氣混溟兮德洋洋演大律兮離毫芒度羣有兮耀柔剛棟宇立兮像法彰文字闡兮聖言揚詔褒列兮宅南方道之廣兮用其常後是式兮宜久長閟靈室兮記崇岡卽元石兮垂文章學者慕兮哀無疆

衡山中院大律師塔銘 幷序

衡山中院大律師曰希操沒年五十七旣沒二十七年其大弟子誡盈奉公之遺事願銘塔石公昝姓凡去儒爲釋者三十一祀掌律度衆者二十六會南尼戒法壞而復正由公而大興衡嶽佛寺毀而再成由公而不變故當世之士若李丞相泌道未嘗屈覩公而稽首尊之不名出世之士若石廩瓚公言未嘗形遇公而歎息推以護法是以建功之始則震雷大風示其兆滅跡之際則隕星黑祲告其期斯爲神怪不可度已故其與物大同終始無爭受學之

衆他莫能偕也凡所受教若華嚴照公蘭若貞公荆州至公律公皆大士凡所授教若惟瑗道郢靈幹惟正惠常誠盈皆聞人嗚呼始終哉爲之銘曰

首有承兮卒有傳革大訛兮持法權衆之至兮志益虔雷發兆兮功已宣星告妖兮壽不延靈變化兮迎大仙甓茲石兮垂萬年世有壞兮德無遷

段太尉逸事狀

太尉始爲涇州刺史時汾陽王以副元帥居蒲王子晞爲尚書領行營節度使寓軍邠州縱士卒無賴邠人偷嗜暴

惡者卒以貨竄名軍伍中則肆志吏不得問日羣行丐取於市不嗛輒奮擊折人手足椎釜鬲甕盎盈道上袒臂徐去至撞殺孕婦人邠寧節度使白孝德以王故戚不敢言太尉自州以狀白府願計事至則曰天子以生人分公理公見人被暴害因恬然且大亂若何孝德曰願奉教太尉曰某爲涇州甚適少事今不忍人無寇暴死以亂天子邊事公誠以都虞候命某者能爲公已亂使公之人不得害孝德曰幸甚如太尉請既署一月晞軍士十七人入市取酒又以刃刺酒翁壞釀器酒流溝中太尉列卒取十七人皆斷頭注槊上植市門外晞一營大譟盡甲孝德震恐召太尉曰將奈之何太尉曰無傷也請辭於軍孝德使數十人從太尉太尉盡辭去解佩刀選老躄者一人持馬至晞門下甲者出太尉笑且入曰殺一老卒何甲也吾戴吾頭來矣甲者愕因諭曰尚書固負若屬耶副元帥固負若屬耶奈何欲以亂敗郭氏爲白尚書出聽我言晞出見太尉太尉曰副元帥勳塞天地當務始終今尚書恣卒爲暴暴且亂亂天子邊欲誰歸罪罪且及副元帥今邠人惡子弟以貨竄名軍籍中殺害人如是不止幾日不大亂大亂由

尚書出人皆曰尚書倚副元帥不戢士然則郭氏功名其與存者幾何言未畢晞再拜曰公幸教晞以道恩甚大願奉軍以從顧叱左右曰皆解甲散還火伍中敢譁者死太尉曰吾未晡食請假設草具既食曰吾疾作願畱宿門下命持馬者去明旦來遂臥軍中晞不解衣戒候卒擊柝衛太尉旦俱至孝德所謝不能請改過邠州由是無禍先是太尉在涇州爲營田官涇大將焦令諶取人田自占數十頃給與農曰且熟歸我半是歲大旱野無草農以告諶諶曰我知入數而已不知旱也督責益急農且饑死無以償

卽告太尉太尉判狀辭甚巽使人來諭諶諶盛怒召農者曰我畏段某耶何敢言我取判鋪背上以大杖擊二十垂死輿來庭中太尉大泣曰乃我困汝卽自取水洗去血裂裳衣瘡手注善藥旦夕自哺農者然後食取騎馬賣市糴代償使勿知淮西寓軍帥少尹榮剛直士也入見諶大罵曰汝誠人耶涇州野如赭人且饑死而必得穀又用大杖擊無罪者段公仁信大人也而汝不知敬今段公惟一馬賤賣市穀入汝汝取之不恥凡爲人傲天災犯大人擊無罪者又取仁者穀使主人出無馬汝將何以視天地尚不媿奴隸耶諶雖暴抗然聞言則大媿流汗不能食曰吾終不可以見段公一夕自恨死及太尉自涇州以司農徵戒其族過岐朱泚幸致貨幣愼勿納及過泚固致大綾三百疋太尉婿韋晤堅拒不得命至都太尉怒曰果不用吾言晤謝曰處賤無以拒也太尉曰然終不以在吾第以綾如司農治事堂棲之梁木上泚反太尉終吏以告泚泚取視其故封識具存

太尉逸事如右

元和九年某月日守永州司馬員外置同正員柳宗元謹上史館今之稱太尉大節者出入以爲武人一時奮不慮死以取名天下不知太尉之所立如是宗元嘗出入岐周邠斄間過眞定北上馬嶺歷亭鄣堡戍竊好問老校退卒能言其事太尉爲人姁姁常低首拱手促步言氣卑弱未嘗以色待物人視之儒者也遇不可必達其志決非偶然者會州刺史崔公來言信行直備得太尉遺事覆校無疑或恐尙逸墜未集太史氏敢以狀私於執事謹狀

銀青光祿大夫右散騎常侍輕車都尉宜城縣開國伯柳公行狀

曾祖善才皇荆王侍讀

祖尙素皇潤州曲阿縣令

父慶休皇渤海郡縣丞贈蔡州刺史工部尙書

汝州梁縣梁城鄉思義里柳渾年七十四狀

公字惟深其先河東人晉永嘉年有濟南太守卓者去其土代仕江左公實後之柳氏自黃帝后稷降於周魯以字命族因地受氏載在左氏內外傳及太史公書自卓至公十有一代爲士林盛族著於南朝歷代史及柳氏家牒惟公質貌魁傑度量宏大宏和博達而遇節必立恢曠放弛

而應機能斷其居室奉養撫字之誠儀於宗戚而內行著焉其莅政柔仁端直之德洽於府寺而外美彰焉凡爲學略章句之煩亂采摭奧旨以知道爲宗凡爲文去藻飾之華靡汪洋自肆以適己爲用自始學至於大成耽嗜文籍注意鑽礪倦不知游息威不待檟楚儒言雅旨夙有聞知年十餘歲有稱神巫來告曰若相法當夭且賤幸而爲釋可以緩而死耳位祿非若事也公諸父素加撫愛尤所信異遽命奪去其業從巫之言也公不可且曰夫性命之理聖人所罕言搢紳者所不道巫何爲而能盡之也且令從

之而生去聖人之教而爲異術不若速死之愈也於是爲學甚篤其在童幼固不惑於怪譎矣開元中舉汝州進士計偕百數公爲之冠禮部侍郎韋陟異而目之一舉上第調授宋州單父尉操斷舉措適乎細大絜廉檢守形於造次加雲騎尉秩滿江南西道連帥聞其名辟至公府以信州都邑人罹兇害靡弊殘耗假守永豐令公於是用重典以威姦暴溥太和以惠鰥嫠毆除物害消去人隱吏無招權乾沒之患政無犯令厖茸之蠹牢制聽斷漸於訟息耕夫復於封疆商旅交於關市既庶而富廉恥興焉既富而教庠塾列焉里閈大變克有能稱遂表爲洪州豐城令到職如永豐之政而仁厚加焉授衢州司馬夫器宏者恥效以圭撮之任足逸者難局以尋常之地公遂滅迹藏用遁隱於武寧山羣公交書諸侯走幣皆謝絕不就方將究賢人之業窮君子之儒味道腴以代膏粱含德輝而輕紱冕遺榮養素恬淡如也朝右籍甚有聲徵拜御史公曰君命也安敢逃乎即日裝束上道公常好大體不爲細故家之迫速非其志也以疾辭授右補闕不隱忠以固位不形直以干名除殿中侍御史賜緋魚袋赴江西與租庸使議復

榷鐵及常平倉便宜制置得以專任和鈞關石之緒出納平準之宜國利人逸得其要道遷侍御史充江南西路都團練判官時屬支郡不知連帥之職公請出巡盡征之地大詰姦謬所至風動其有非常之政裕於人者必舉其課績歸之使府又以文采殷勤歌詠之俾其風謠頌聲聞於他部達於京師而後已改祠部員外郎轉司勳郎中餘如故就拜袁州刺史公於是酌古良牧之政宜於今者宗而奉之考諸理國之說稱於人者承而守之均利器用以致其富昭明物則以教之禮示優裕之德以周惠利緩九賦

推廣厚之心以固和慈保萬人明其制量臨長羣吏示之法禁考中備敗無不得其極理行高第朝廷休之召拜諫議大夫充浙江東西道黜陟使將舉其能政端於外邦也公則修虞書之考績舉漢代之課第處事詳諦無依違故縱之敗奉法端審無隱忌峭刻之文時分部所繫於公尤重陵江並海竟吳越之域皆所莅焉復命稱職加朝散大夫又拜左庶子集賢殿學士奉翊儲后修其宮政統理文籍紀於祕府拜尚書右丞直而多容簡而有制去苛削之文而吏皆率法務宏大之道而政不失中加銀青光祿大

夫遷右散騎常侍涇卒之亂公以變起卒遽盡室奔匿於終南山賊徒訪公所在追以相印既及公而問焉公變名氏以紿之捐家屬以委之賊遂執公愛子牓箠訊問折其右肱而公不之顧即步入窮谷披草逕踰秦嶺由褒駱朝於行宮上嘉其誠節不時召見公頓首流涕累陳計畫賊平策勳賜輕車都尉封宜城縣開國伯拜尚書兵部侍郎初公名載字元輿至是奏請改命以滌僞署之汙是歲盜據淮滸方議討戮宰相以大理評事李元平者有名以爲才堪攘寇拜爲汝州羣臣望聲狥利者皆曰德舉公獨慷

慨言於朝曰是夫喋喋衒玉而賈石者也王衍誤天下殷浩敗中軍華而不實異代同德往且見獲何寇之攘時人不之信也未幾盜襲汝州以元平歸凡百莫不嗟服焉儀以本官同中書門下平章事登翊聖皇匡弼大政造膝盡規諫之志當事無矜大之容援下情於上以酌天心順嘉謨於外用彰君德故致績用茂著而人罕知之然其章布於外數聞在下者十一二焉貞元初上以甸服長人天下理本於是親擇郎吏分宰於京師外部未幾而人謠大和擊壤之頌歸於帝力上召丞相告之左僕射平章事張延

賞忭蹈稱慶公俯伏不賀且曰甸服之政固宜愼重然此屑屑者特京兆尹之職耳陛下當擇臣輩以輔聖德臣當選京兆以承大化京兆當求令長以親細事夫然後宜捨此而致理可謂愛人矣然非王政之大倫也不知所賀上深然之漢惠悅曹參之言絳侯慚曲逆之對考之前志我無負焉既而西戎乘間入邑詐以請盟侍中北平王燧建議許之自公卿以下莫有異慮公獨陳謀獻書言戎之詐固不可許竟留中不下而前議遂行於是冊命上將莅盟諸戎戎果縱兵逼好大毆掠而去上召對前殿嘉歎者久

之時諫臣有廷諍陷於訕上者上未之善也公從容候閒陳古以諷所以示寬裕之德招讜正之言詞旨切直意氣懃懇動合聖謨卒見納用無何工人有以理乘輿服器得罪於左右者有司以盜易御物請論如法制初可之公不奉詔因抗疏曰迹其罪狀未甚指明方春殺人恐傷和氣上覽之大悅卽原其罪刑官愼恤之事正於邦典聖君含育之德彰於天下論者難之時上相與光祿卿裴腆不協候公休沐以御酒或闕陰請貶之制命既行公堅執不下請訊支計之吏校其供入之實原本定罪窮理辯刑而腆

竟獲宥克復本職白志貞有羈靮之勤獻利屢中上嘉其功效特寵異之方議大用公以爲胥徒雜類出自微賤負乘致寇盜之招也累疏以聞而止公竭誠盡忠憂勞庶務有耄忘之疾懇迫陳讓除右散騎常侍罷知政事貞元五年二月五日薨於昌化里終於散地故褒贈不及惟公致君之志孜孜焉不有怠也立誠之節侃侃焉無所屈也故處心積慮博蹇之道表於朝端彌違釋回樸忠之誠沃於帝念內有敢言之勇進當不諱之明用能直道自達而無罪悔者也公累更重任祿秩之厚布於宗姻無一廛之土以處其子孫無一畝之宮以聚其族屬待祿而飽傭室而安終身坦蕩而細故不入其達生知足落落如此夫其子恭父慈善行也拊循制理能政也直廉潔靜儉德也拒疑獨斷明識也冒危以扞牧圉大節也犯顏以陳訏謨至忠也有一於此尚宜旌褒矧茲備體焉可以已固當飾以榮號章示後來而故吏遺孤淪寓遐壤久稽彝典罪在宗屬敢用評隲舊行敷贊遺風若乃揚孔氏褒貶之文舉周公懲勸之法徵於誄謚則有司存謹狀

唐故秘書少監陳公行狀

五代祖某陳宜都王

曾祖某皇會稽郡司馬

祖某皇晉陵郡司功參軍

父某皇右補闕翰林學士贈秘書少監

某州某縣某鄉某里陳京年若干狀

公姓陳氏自潁川來隸京兆萬年冑貴里諱京既冠字曰慶復舉進士爲太子正字咸陽尉太常博士左補闕尚書膳部考功員外郎司封郎中給事中秘書少監自考功以來凡四命爲集賢學士德宗登遐公病癎輿曳就位備哀

敬之節由是滋甚遂以所居官致仕貞元二十一年四月二十五日終於安邑里妻黨之室無子伯兄前監察御史瑺仲兄前大理評事萇以公文行之大者告於嘗吏於公者使辭而陳之大歷中公始來京師中書常舍人袞楊舍人炎讀其文驚以相視曰子雲之徒也常以兄之子妻公由是名聞遊太原太原尹喜曰重客至矣授館致餼厚以泉布獻焉公曰非是爲也某嘗爲北都賦未就願卽而就焉其宮室城郭之大河山之富關閈之壯與其土疆之所出風俗之所安王業之所由興苟得聞而覩之足矣若曰

受大利是以利來蓋異前志也吾不能敢辭遂逆大河踰北山徜徉而歸賦成果傳天下爲咸陽尉畱府廷主文章決大事得其道爲博士舉疵禮修墜典合於大中者衆焉涇人作難公徒行以出奔問官守段忠烈之死上議罷朝七日宰相曰不可方居行宮無以安天下公進曰是非宰相之言天子褒大節哀大臣天下所以安也況其特異者乎上用之其勞勤（一作勤勞）侍從謀議可否時之所賴者大巡狩告至上行罪己之道焉曰凡我執事之臣無所任罪予惟不謹於理而有是也將復前之爲相者公曰天子加惠羣臣而引慝焉德之厚也而爲相者復無以大警於後且示天下率其黨爭之上變於色在列者咸恟而退公大呼曰趙需等勿退遂進而盡其辭焉不果復上迎訪太后閒數歲外頗怠其禮公密疏發之天子感悅焉初禮部試士有與親戚者則附於考功莫不陰授其旨意而爲進退者及公則否卓然有有司之道不可犯也太廟闕東向之禮且久矣公自爲博士補闕尚書郎給事中凡二十年勤以爲請殷祭之不墜繫公之忠懇是賴故有赤紱銀魚之報焉昭陵山峻而高寢宮在其上內官憊其上下之勤輓汲

之艱也謁於上請更之上下其議宰相承而諷之召官屬使如其請公曰斯太宗之志也其儉足以爲法其嚴足以有奉吾敢顧其私容而替之也奏議不可上又下其議凡是公者六七人其餘皆曰更之便上獨斷焉曰京議得矣從之在集賢奏祕書官六員隸殿內而刊校益理納資爲胥而仕者罷之求遺書凡增繕者乃作藝文新志制爲之名曰貞元御府羣書新錄始御府有食本錢月權其贏以爲膳有餘則學士與校理官頒分之學士常受三倍由公而殺其二書史之始至入禮幣錢六十緡亦皆分焉公悉

致之官以理府署作書閣廣羣官之堂不取於將作少府而用大足居門下簡武官議典禮上以爲能益器之與信臣議且致相位遇公有惑疾使視之疾甚不能知人遂不用用鄭吏部高太常爲相而以祕書命公所以示優之也公有文章若干卷深茂古老慕司馬相如揚雄之辭而其詁訓多尚書爾雅之說紀事樸實不苟悅於人世得以傳其藁其學自聖人之書以至百家諸子之言推黃炎之事涉歷代洎國朝之故實鉤引貫穿舉大苞小若太倉之蓄崇山之載浩浩乎不可知也豈楊子所謂仲尼駕說者耶

夫其忠烈之褒也相府之有誠也太廟之東向也昭陵之不更其故也官守之不可奪也立言之不可誣也利之不苟就也害之不苟去也其忠類朱雲其孝類潁考叔廉類公儀休而又文以文之學以輔之而天子以爲之知既得其道又得其時而不爲公卿者病也故議者咸惜其始而哀其終焉公之喪凡五十四日而夫人又沒毁也夫人之父曰偕司農卿祖曰某贈太子太保宗元故集賢吏也得公之遺事於其家書而授公之友以誌公之墓謹狀永貞元年八月五日尚書禮部員外郎柳宗元狀

欽定全唐文卷五百九十二

柳宗元二十四

劉叟傳

魯有劉叟者嘗以御龍術進於魯公云云劉叟曰歲不雨無以出終無以入民枯然視天卿士大夫絶智謀山川禱神祇以祈咸不應臣投是龍於尺池之内不踰晷雷乎上下雹乎東西於是先之以風騰之以雲從之以雨如君之意欲一邑足之欲一國足之欲天下足之魯公曰斯龍也其神乎是則寡人之國非敢用劉叟曰臣聞避風雨禦寒

暑當在未寒暑乎是故事至而後求曷若未至而先備於是魯公止劉叟而内龍明年果大旱命劉叟出龍果大雨

宋清傳

宋清長安西部藥市人也居善藥有自山澤來者必歸宋清氏清優主之長安醫工得清藥輔其方輒易讎咸譽清疾病疕瘍者亦皆樂就清求藥冀速已清皆樂然響應雖不持錢者皆與善藥積券如山未嘗詣取直或不識遥與券清不爲辭歲終度不能報輒焚券終不復言市人以其異皆笑之曰清蚩妄人也或曰清其有道者歟清聞之曰

清逐利以活妻子耳非有道也然謂我蚩妄者亦謬清居業四十年所焚券者百數十人或至大官或連數州受俸博其餽遺清者相屬於戶雖不能立報而以賒死者千百不害清之爲富也清之取利遠遠故大豈若小市人哉一不得直則怫然怒再則罵而仇耳彼之爲利不亦翦翦乎吾見蚩之有在也清誠以是得大利又不爲妄執其道不廢卒以富求者益衆其應益廣或斥棄沈廢親與交視之落然者清不以怠遇其人必與善藥如故一旦復柄用益厚報清其遠取利皆類此吾觀今之交乎人者炎而附寒

而棄鮮有能類清之爲者世之言徒曰市道交嗚呼清市人也今之交有能望報如清之遠者乎幸而庶幾則天下之窮困廢辱得不死亡者衆矣市道交豈可以少耶或曰清非市道人也柳先生曰清居市不爲市之道然而居朝廷居官府居庠塾鄉黨以士大夫自名者反爭爲之不已悲夫然則清非獨異於市人也

種樹郭橐駝傳

郭橐駝不知始何名病僂隆然伏行有類橐駝者故鄉人號之駝駝聞之曰甚善名我固當因捨其名亦自謂橐駝云其鄉曰豐樂鄉在長安西駝業種樹凡長安豪富人爲觀游及賣果者皆爭迎取養視駝所種樹或移徙無不活且碩茂蚤實以蕃他植者雖窺伺傚慕莫能如也有問之對曰橐駝非能使木之壽且孳也以能順木之天以致其性焉耳凡植木之性其本欲舒其培欲平其土欲故其築欲密既然已勿動勿慮去不復顧其蒔也若子其置也若棄則其天者全而其性得矣故吾不害其長而已非有能碩而茂之也不抑耗其實而已非有能蚤而蕃之也他植者則不然根拳而土易其培之也若不過焉則不及苟

有能反是者則又愛之太恩憂之太勤旦視而暮撫已去而復顧甚者爪其膚以驗其生枯搖其本以觀其疏密而木之性日以離矣雖曰愛之其實害之雖曰憂之其實讎之故不我若也吾又何能爲矣哉問者曰以子之道移之官理可乎駝曰我知種樹而已理非吾業也然吾居鄉見長人者好煩其令若甚憐焉而卒以禍旦暮吏來而呼曰官命促爾耕勖爾植督爾穫蚤繅而緒蚤織而縷字而幼孩遂而雞豚鳴鼓而聚之擊木而召之吾小人輟飧饔以勞吏且不得暇又何以蕃吾生安吾性耶故病且怠若是

則與吾業者其亦有類乎問者曰嘻不亦善夫吾問養樹得養人術傳其事以爲官戒也

童區寄傳

柳先生曰越人少恩生男女以貨視之自毀齒以上父兄鬻賣以覬其利不足則盜取他室束縛鉗梏之至有鬚鬣者力不勝皆屈爲僮當道相賊殺以爲俗幸得壯大則縛取么弱者漢官因以爲已利苟得僮恣所爲不問以是越中戶口滋耗少得自脫惟童區寄以十一歲勝斯亦奇矣桂部從事杜周士爲余言之童區寄者郴州蕘牧兒也行

牧且蕘二豪賊劫持反接布囊其口去逾四十里之虛所賣之寄僞兒啼恐慄爲兒恆狀賊易之對飲酒醉一人去爲市一人卧植刃道上童微伺其睡以縛背刃力下上得絕因取刃殺之逃未及遠市者還得童大駭將殺之童遽曰爲兩郎僮孰若爲一郎僮耶彼不我恩也郎誠見完與恩無所不可市者良久計曰與其殺是童孰若賣之與其賣而分孰若吾得專焉幸而殺彼甚善即藏其尸持童抵主人所愈束縛牢甚夜半童自轉以縛即爐火燒絕之雖瘡手勿憚復取刃殺市者因大號一虛皆驚童曰我區氏兒也不當爲僮賊二人得我我幸皆殺之矣願以聞於官虛吏白州州白大府大府召視兒幼愿耳刺史顏証奇之留爲小吏不肯與衣裳吏護還之鄉鄉之行劫縛者側目莫敢過其門皆曰是兒少秦武陽二歲而討殺二豪豈可近耶

梓人傳

裴封叔之第在光德里有梓人款其門願傭隙宇而處焉所職尋引規矩繩墨家不居礱斲之器問其能曰吾善度材視棟宇之制高深圓方短長之宜吾指使而羣工役焉

捨我衆莫能就一宇故食於官府吾受祿三倍作於私家吾收其直太半焉他日入其室其牀闕足而不能理曰將求他工余甚笑之謂其無能而貪祿嗜貨者其後京兆尹將飾官署余往過焉委羣材會衆工或執斧斤或執刀鋸皆環立嚮之梓人左持引右執杖而中處焉量棟宇之任視木之能舉揮其杖曰斧彼執斧者奔而右顧而指曰鋸彼執鋸者趨而左俄而斤者斲刀者削皆視其色俟其言莫敢自斷者其不勝任者怒而退之亦莫敢慍焉畫宮於堵盈尺而曲盡其制計其毫釐而構大廈無進退焉既成

書於上棟曰某年某月某日某建則其姓字也凡執用之工不在列余圜視大駭然後知其術之工大矣繼而嘆曰彼將捨其手藝專其心智而能知體要者歟吾聞勞心者役人勞力者役於人彼其勞心者歟能者用而智者謀彼其智者歟是足爲佐天子相天下法矣物莫近乎此也彼爲天下者本於人其執役者爲徒隸爲鄉師里胥其上爲下士又其上爲中士爲上士又其上爲大夫爲卿爲公離而爲六職判而爲百役外薄四海有方伯連率郡有守邑有宰皆有佐政其下有胥吏又其下皆有嗇夫版尹以就

役焉猶衆工之各有執伎以食力也彼佐天子相天下者舉而加焉指而使焉條其綱紀而盈縮焉齊其法制而整頓焉猶梓人之有規矩繩墨以定制也擇天下之士使稱其職居天下之人使安其業視都知野視野知國視國知天下其遠邇細大可手據其圖而究焉猶梓人畫宮於堵而績於成也能者進而由之使無所德不能者退而休之亦莫敢慍不衒能不矜名不親小勞不侵衆官日與天下之英才討論其大經猶梓人之善運衆工而不伐藝也夫然後相道得而萬國理矣相道既得萬國既理天下舉首而望曰吾相之功也後之人循跡而慕曰彼相之才也士或談殷周之理者曰伊傅周召其百執事之勞勤而不得紀焉猶梓人自名其功而執用者不列也大哉相乎通是道者所謂相而已矣其不知體要者反此以恪勤爲功以簿書爲尊衒能矜名親小勞侵衆官竊取六職百役之事听听於府庭而遺其大者遠者焉所謂不通是道者也猶梓人而不知繩墨之曲直規矩之方圓尋引之短長姑奪衆工之斧斤刀鋸以佐其藝又不能備其工以至敗績用而無所成也不亦謬歟或曰彼主爲室者儻或發其私智

牽制梓人之慮奪其世守而道謀是用雖不能成功豈其罪耶亦在任之而已余曰不然夫繩墨誠陳規矩誠設高者不可抑而下也狹者不可張而廣也由我則固不由我則圮彼將樂去固而就圮也則卷其術默其智悠爾而去不屈吾道是誠良梓人耳其或嗜其貨利忍而不能捨也喪其制量屈而不能守也棟橈屋壞則曰非我罪也可乎哉可乎哉余謂梓人之道類於相故書而藏之梓人蓋古之審曲面勢者今謂之都料匠云余所遇者楊氏潛其名

李赤傳

李赤江湖浪人也嘗曰吾善爲歌詩詩類李白故自號曰李赤遊宣州州人館之其友與俱遊者有姻焉間累日乃從之館赤方與婦人言其友戲之赤曰是媒我也吾將娶乎是友大駭曰足下妻固無恙太夫人在堂安得有是豈狂易病惑耶取絳雪餌之赤不肯有間婦人至又與赤言卽取巾經其脰赤兩手助之舌盡出其友號而救之婦人解其巾走去赤怒曰汝無道吾將從吾妻汝何爲者赤乃就牖間爲書輾而圓封之又爲書博而封之訖如廁久其友從之見赤軒廁抱甕詭笑而側視勢且下入乃倒曳得

之又大怒曰吾已升堂面吾妻吾妻之容世固無有堂宇之飾宏大富麗椒蘭之氣油然而起顧視汝之世猶溷廁也而吾妻之居與帝居鈞天清都無以異若何苦余至此哉然後其友知赤之所遭乃廁鬼也聚僕謀曰亟去是廁遂行宿三十里夜赤又如廁久從之且復入矣持出洗其汙眾環之以至旦去抵他縣縣之吏方宴赤拜揖跪起無異者酒行友未及言飲已而顧赤則已去矣走從之赤入廁舉其牀捍門門堅不可入其友叫且言之眾發牆以入赤之面陷不潔者半矣又出洗之縣之吏更召巫師善呪術者守赤赤自若也夜半守者怠皆睡及覺更呼而求之見其足於廁外赤死久矣獨得尸歸其家取其所封書讀之蓋與其母妻訣其言辭猶人也柳先生曰李赤之傳不誣矣是其病心而爲是耶抑故有廁鬼也赤之名聞江湖間其始爲士無以異於人也一惑於怪而所爲若是乃反以世爲溷溷爲帝居清都其屬意明白今世皆知笑赤之惑也及至是非取與向背決不爲赤者幾何人耶反修而身無以欲利好惡遷其神而不返則幸耳又何暇赤之笑哉

蝜蝂傳

蝜蝂者善負小蟲也行遇物輒持取卬其首負之背愈重雖困劇不止也其背甚澀物積因不散卒躓仆不能起人或憐之爲去其負苟能行又持取如故又好上高極其力不已至墜地死今世之嗜取者遇貨不避以厚其室不知爲己累也唯恐其不積及其怠而躓也黜棄之遷徙之亦已病矣苟能起又不艾日思高其位大其祿而貪取滋甚以近於危墜觀前之死亡不知戒雖其形魁然大者也其名人也而智則小蟲也亦足哀夫

虞鳴鶴誄 并序

維某年月日前進士虞九皋字鳴鶴終於長安親仁里既克葬於高陽原二三友生皆至於墓哀其行之不昭於世追列遺懿求諸后土申薦嘉名實曰恭甫乃作誄曰

吳虞之分爰宅大陽其後優游在越爲鄉延詡輔漢恢定封疆東徙之賢時惟仲翔曰預曰喜在晉克彰義篤斯文有苾其芳祕書多能垂耀於唐泊於漢陽世德以昌毗贊尚父休徽用揚惟我先君並時翺翔洽主記室蔚其耀光實契伯仲永永不忘漢陽元子實紹其美傳龔儒風彪炳

文史克恭以孝惟禮是履譽洽於鄉論爲秀士百郡之選叢於京師昧沒騰藉乘淩蔽欺生之始至則奮其儀退默以謙人悅而隨名鄉是挈先進咸推方出羣類振耀於時禍丁舅氏漂淪海沂捧訃號呼匍匐增悲喪有幼主禮或多遺孰徇於名而不是思投袂就道乘艱若夷竭誠喪具申敬冢帷萬里來復祇祔於墓遽不淩節儉而有度由其溫恭守以貞固行道洛嗟觀禮興慕復從鄉賦煥發其華克不再舉聞於邦家倚閭千里歎咏斯多姻族盈門載笑且歌君之不淑名立志阻慶歸其鄉身終逆旅生死已間壽觴方舉賀書在途委骨歸土哀歡易地弔慶交户神胡不仁降比大苦嗚呼哀哉惟昔夏首羈貫相親通家修好講道爲鄰既冠於阼思致其身升於司徒及爾繼年交歡二紀莫間斯言愉乎其和確爾其堅更爲砥礪咸去韋弦今則遽已吾其缺然嗚呼哀哉誄行謀諡惟古之道生而無位沒有其號惟是友生徘徊顧悼爰用壹惠幽明是告溫溫其恭惟德之經先民有作今也是程嗚呼恭甫欽此嘉名

衡州刺史東平呂君誄

維唐元和六年八月日衡州刺史東平呂君卒爰用十月二十四日藁葬於江陵之野嗚呼君有智勇孝仁惟其能可用康天下惟其志可用經百世不克而死世亦無由知焉君由道州以陟爲衡州君之卒二州之人哭者逾月湖南人重社鄉飲酒是月上戊不酒去樂會哭於神所而歸余居永州在二州中聞其哀聲交於南北舟船之下上必呱呱然蓋嘗聞於古而觀於今也君之志與能不施於生人知之者又不過十人世徒讀君之文章歌君之理行不知二者之於君其末也嗚呼君之文章宜傳於百世今其

存者非君之極言也獨其詞耳君之理行宜及於天下今其聞者非君之盡力也獨其跡耳萬不試而一出焉猶爲當世甚重若使幸得出其什二三巍然爲偉人與世無窮其可涯也君所居官爲第三品宜得謚於太常余懼州吏之逸其辭也私爲之誄以志其行其詞曰

麟死魯郊其靈不施濯濯夫子故潔其儀冠仁服義干櫓書詩忠貞繼佩智勇承綦跨騰商周堯舜是師道不勝禍天固余欺鬼神齊怒妖孽咸疑何付之德而奪其時嗚呼哀哉命姓爲呂勤唐以力輔寧萬邦受胙爾國維師元聖

周以降德世征五侯伊祖之則嗣濟厥武前書是式至於化光爰耀其特春秋之元儒者咸惑君達其道卓焉孔直聖人有心由我而得敷施變化動無不克推理惟公舒文以翼宣於事業與古同極道不苟用資仕乃揚進於禮司奮藻含章決科聯中休問用張署讎百氏錯綜遍光超都諫列屢阜其囊帝殊爾能人服其智戎悔厥禍款邊求侍盛選邦良難乎始使君登御史贊命承事風動海壖皇威以致來總徵賦甲兹郎吏制用經邦時推重器諸臣之復周官匪易漢課踐奏鮮云能備君自他曹載出其技筆削自任羣儒革議正郎司刑邦憲爲貳紀佞肅邪詔諛具畏遷理於道民服休嘉恩疎若昵惕邇如遐實閉其閽而撫於家載其愉樂申以舞歌賦無吏迫威不刑加浩然順風從令無譁絲纛外邑我繭盈車雜耕鄰邦我黍之華旣字其畜亦蓺其麻鼛鼓斯孱人喜則多始富中教興良廢邪考績旣成王用興嗟陟於嶽濱言進其律號呼南堨謳謠北溢欺吏悍民先聲如失逋租匿役歸誠自出兼幷旣息罷羸乃逸惟昔舉善盜奔於鄰今我興仁化爲齊人惟昔富人或賑之粟今我厚生不竭而足邦思其鄰人戴惟父

善胡召災仁胡罹咎俾民伊祜而君不壽矯矯貪凌乃康乃茂嗚呼哀哉廩不餘食藏無積帛內厚族姻外賙賓客恆是懸磬遠兹易簀僮無兇服葬非舊陌嗚呼哀哉君昔與余講德討儒時中之奧希聖爲徒志存致君笑詠唐虞揭兹日月以耀羣愚疑生所怪怒起特殊齒舌嗷嗷雷動風驅良辰不偶卒與禍俱直道莫試嘉言罔敷王佐之器窮以郡符秩在三品宜謚王都諸生羣吏尚擁良圖故友咨懷累行陳謨是旌是告永永不渝嗚呼哀哉

弔萇宏文

有周之羸兮邦國異圖臣乘君則兮王易爲侯威強逆制兮鬱命轉幽瘵蠱膠密兮肝膽爲尤奸權蒙貨兮忠勇以劉伊時云幸兮大夫之羞嗚呼危哉河渭潰溢兮橫軀以抑嵩高坼陊兮舉手排直壓溺之不慮兮堅剛以爲式知死不可撓兮明章人極夫何大夫之炳烈兮王不寤夫讒賊卒施快於剿狡兮怛就制乎強國松柏之斬刈兮蓊茸欣植盜驪折足兮罷駑抗聽鸞鳥之高翔兮孽狐怫而不食竊畏忌以羣朋兮夫孰病百而伸一挺寡以校衆兮古聖人之所難矧援羸以威傲兮茲固蹈殆而違安殺身之

匪予戚兮閔宗周之不完豈戚城以夸功兮哀清廟之將殘嫉彪子之肆誕兮彌皇覽以爲謾姑舍道以從世兮焉用夫考古而登賢指白日以致憤兮卒頹幽而不烈版上帝以飛精兮黮寥廓而殄絕竭馮雲以羾愬兮終冥冥以鬱結欲登山以號辭兮愈洋洋以超忽心沍涸其不化兮形凝冰而自慄圖始而慮末兮非大夫之操陷瑕委厄兮固衰世之道知不可而愈進兮誓不偷以自好陳誠以定命兮侔貞臣以爲友比干之以仁義類兮緬遼絕以不羣伯夷殉潔以莫怨兮孰克軌其遺塵苟端誠之內虧兮雖耆老其誰珍古固有一死兮賢者樂得其所大夫死忠兮君子所與嗚呼哀哉敬弔忠甫

弔屈原文

後先生蓋千祀兮余再逐而浮湘求先生之汨羅兮擥蘅若以薦芳願荒忽之顧懷兮冀陳辭而有光先生之不從世兮惟道是就支離搶攘兮遭世孔疚華蟲薦壤兮進御羔褏牝雞咿嚘兮孤雄束咮哇咬環觀兮蒙耳大呂堇喙以爲羞兮焚棄稷黍岸獄之不知避兮宮庭之不處陷塗藉穢兮榮若繡黼榱折火烈兮娛娛笑舞讒巧之嘵嘵兮

惑以爲咸池便媚鞠恧兮美逾西施謂謨言之怪誕兮反寘瑱而遠違匿重痼以諱避兮進俞緩之不可爲何先生之凜凜兮厲鍼石而從之但仲尼之去魯兮曰吾行之遲遲柳下惠之直道兮又焉往而可施今夫世之議夫子兮曰胡隱忍而懷斯惟達人之卓軌兮固僻陋之所疑委故都以從利兮吾知先生之不忍立而視其覆墜兮又非先生之所志窮與達固不渝兮夫惟服道以守義矧先生之悃愊兮蹈大故而不貳沈璜瘞佩兮孰幽而不光荃蕙蔽匿兮胡久而不芳先生之貌不可得兮猶髣髴其文章託

遺編而歎喟兮渙余涕之盈眶呵星辰而驅詭怪兮夫孰救於崩亡何揮霍夫雷電兮苟爲是之荒茫耀姱辭之曭朗兮世果以是之爲狂哀余衷之坎坎兮獨蘊憤而增傷諒先生之不言兮後之人又何望忠誠之旣内激兮抑銜忍而不長芊爲屈之幾何兮胡獨焚其中腸吾哀今之爲仕兮庸有慮時之否臧食君之祿畏不厚兮悼爾位之不昌退自服以默默兮曰吾言之不行旣媮風之不可去兮懷先生之可忘

弔樂毅文

許縱自燕來曰燕之南有墓焉其誌曰樂生之墓余聞而哀之其返也與之文使弔焉

大厦之騫兮風雨萃之車亡其軸兮乘者棄之嗚呼夫子兮不幸類之尚何爲哉昭不可留兮道不可常畏死疾走兮狂顧徬徨燕復爲齊兮東海洋洋嗟夫子之專直兮不慮後而爲防胡去規而就矩兮卒陷滯以流亡惜功美之不就兮俾愚昧之周章豈夫子之不能兮無亦惡是之遑遑仁夫對趙之悃款兮誠不忍其故邦君子之容與兮彌億載而愈光諒遭時之不然兮匪謀慮之不長跽陳辭以隕涕兮仰視天之茫茫苟偷世之謂何兮言余心之不臧

柳宗元二十五

舜廟祈晴文

年月日某官某敢用牲牢之奠昭祭於虞帝之神帝入大麓雷雨不迷帝在璿璣七政以齊九澤既陂錫禹元圭至德神化後誰與稽勤事南巡祀典以躋此焉告終宜福遺黎廟貌如在精誠不昧今陽德愆候有渰淒淒降是水潦混爲塗泥岸有善崩流或斷隄泛濫疇隴陂陁圃畦恆雨獲戾循咎增悽忍茲嘉生均彼蓬藜敢望誅黑蜧抶陰蜺

式乾后土以廓天倪粢盛不害餘糧可棲或籔或溲爲酒爲醴鎗鎗笙鏞坎坎鼓鼙百代祀德吐心不攜豈獨蘋藻徵諸澗溪帝其聽之無作神羞

雷塘禱雨文

惟神之居爲坎爲雷專此二象宅於巖隈風馬雲車肅爲徘徊能澤地產以祛人災欽茲有靈爰以廟饗神惟智知我以誠往苟失其應人將安仰歲既旱暵害茲生長敢用昭告期於肸蠁某自朝受命臨茲裔壤莅政方初庶無淫枉廉潔自持忠信是仗苟有獲戾神其可罔擢擢嘉生惟天之養豈使粢盛夷於草莽騰波通氣出地奮響欽若成功惟神是獎

禡牙文

維年月日某官某以清酌少牢之奠禡於軍牙之神秦定百越漢開九郡自茲編列同於諸華天寶兆亂北方薦役惟是南方久稽討伐藩蠻怙險乳字生聚悖傲威命虐夷齊人黃姓陋孽實恣盜暴僮壯殺老掠斂使臣梟視洞窟以逃大戮今皇帝受天景命敷於有仁凡百凶毒罔不震伐齊會剿殄趙魏顯化溥天之下咸順帝理唯是瑣眇尚

恣昏頑致天震怒命底於罰官臣某欽率邦典統戎於征惟爾有神懋揚迺職敢告無縱詭類無劉我徒鏃刃鋒鍔畢集於凶躬鎧甲干盾咸完於義軀焚煬蕩沃往如行虛俾人懷於安以靖離之隅在是舉也往欽哉無作神羞急急如律令

祭纛文

維年月日某官以牲牢之奠祭於纛神惟昔澧有大特化爲巨梓秦人憑神乃建髦頭是爲兵主用以行師漢宗蚩尤亦作靈旗既類既禡指於有罪北面詔盟抗侯以射雖

有古典今棄不用惟茲之制神實守祀有蠢黃孽保固虐人俾茲太平猶用戎律天子有命威施於下惟守臣某董衆撫師秉羽先刃出用茲日敢修外事爰薦求牛庶無畱行以殄有罪國有祀典屬於神明傷夷大命無敢私顧惟克勝敵以全天兵去茲蟊蠹達我涵育收厥餘圉役於校人海隅黎獻永底於理無或頓刃以爲神恥急急如律令

祭井文

致祭於水土之神惟神蓄是元德演爲人用不窮之養功齊乳湩惟古有制八家所共是邦闕焉官守斯恐蘊利滋

久閟靈則深爰告有神惟惻我心卜茲利兆於彼城陰神斯有仁是鑒是臨惟昔善崩今則堅好惟昔匝石今則順道終古所無事從心禱非神是與人力焉保發自元冥成於富媼克長厥靈不愛其寶敬修報禮式薦蘋藻

禜門文

禜於城門之神惟神配陰含德司其翕闢能收水沴以祐成績淫雨斯降害於麰麥野夫興憂官守增惕諸陰既閉休徵未獲敬用黝齊以展周索納其雲氣復我川澤惟神是依式佇來格

祭六伯母文

維貞元十七年歲次辛巳二月癸巳朔二十五日丁巳姪男華州華陰縣主簿縝謹以清酌庶羞之奠敬祭於六伯母之靈伏惟天錫考壽神資淑德高明而和柔惠且直敬長慈幼宗姻仰則不偕貴位孰不悽惻嗚呼哀哉移天夙喪丁此閔凶主器繼夭莫承於宗懿彼賢女孝誠自中溫溫良人竟揚德風承順必敬滑甘則豐致養有榮其道克終天禍弊族遠承哀訃纏牽官事奔哭無路亦既請告聿來京師以號以呼祇拜堂帷子姓凋落宗門日衰託於外

姻陳此靈儀幼女號戀誓言固之仁賢見容曲遂其私內顧孱眇祇益摧悲誠愧於人豈曰得宜今歲調選獲參士林主其簿書於華之陰受祿雖微莫遂曩心夙駕東征祖軷將臨朔望是違哀懷豈任嗚呼哀哉

祭獨孤氏丈母文

維年月日某以清酌之奠祭於獨孤氏丈母之靈惟靈育德涵仁克生賢子生而不淑未壯而死名播九圍望高羣士雖微祿位人羨其美在抱無孫承家乏祀孝女良壻適遵燕喜某曩與子重道契義均知心爲貴實在斯人奉養

宜繼將致其勤竟罹禍讁逾紀漂淪夙志斯阻微衷莫申莫榮末路私願獲陳遽此承訃天胡不仁嗚呼哀哉昔也高堂世悲其獨今茲元室孝道當復神感昭融不爽而違靈識逾濬承歡載穆式致其安寧眞其壽願言有知以慰幽躅

祭從兄文

嗚呼我姓嬋嫣由古而蕃鐘鼎世紹圭茅並分至於有國爵列加尊聯事尚書十有八人中遭諸武㧞遏讎冤踣弊不振數逾百年近者紛紛稍出能賢族屬矜耀期復於前

君修其辭楚越猶傳從事諸侯假乎郡藩人謠吏畏咸惠咸宣神胡不佑命不能延興起之望是越是愆歲首去我將濱海堧醼連歡娛涉月彌旬夜爇膏炬晝淩風烟理策嶇嶔縻舟潺湲將辭又醉就往而旋今者之來徒御凄然垂帷襜襜飛旐翻翻升拜無形合哭誰聞逝歸從祔於鄧之原銘墓有辭發我狂言祇陳其悲匪暇於文觴有旨酒豆有犧肩伊奠之菲而誠孔繁靈耶罔耶有涕漣漣

祭弟宗直文

維年月日八哥以清酌之奠祭於亡弟十郎之靈吾門凋

喪歲月已久但見禍讁未聞昌延使爾有志不得存立延陵已上四房子姓各爲單孑煢煢早夭汝又繼終兩房祭祀今已無主吾又未有男子爾曹則雖有如無一門嗣續不絕如綫仁義正直天竟不知理極道乖無所告訴汝生有志氣好善嫉邪勤學成癖攻文致病年纔三十不祿命盡蒼天蒼天豈有眞宰如汝德業尚早合出身由吾被謗年深使汝負才自棄志願不就罪非他人死喪之中益復爲媿汝墨法絕代識者尚稀及所著文不令沈沒吾皆收錄以授知音文類之功更亦廣布使傳於世人以慰汝靈

知在永州私有孕婦吾專優恤以俟其期男爲小宗女亦當愛延子長大必使有歸撫育教視使如己子吾身未死如汝存焉炎荒萬里毒瘴充塞汝已久病來此伴吾到未數日自云小差雷塘靈泉言笑如故一寐不覺便爲古人茫茫上天豈知此痛郡城之隅佛寺之北飾以殯紖寄於高原死生同歸誓不相棄庶幾有靈知我哀懇

祭姊夫崔使君簡文

永州刺史博陵崔公之靈天之生人或哲或愚君取其英爰曜於初譽動京邑施於方隅密勿書奏元侯是俞蜀寇

內侮禍聯羌髳君出顯畫披攘其徒南平劒門西獲戎俘超受刑曹留總南都移刺連部下民其蘇道不可常病惑中途悍石是餌元精以渝雷謗爰興桉驗增誣始雖進律終以論辜溟海浩浩而君是踰崇山茫茫而君是居厥弟抗憤叫於康衢天子憫焉訊以文書御史既斥連帥是除期復中壤遽淪別區喪還大浸又溺二孤痛毒薦仍振古所無何譴於天降此翦屠柩不及歸寓葬荒墟將葺將就誓還里閭嗚呼哀哉君之子姓惟自我出母儀先虧父訓又失煢煢相值撫悼增恤咸冀其才以大家室惟昔與君

年殊志匹晝洛夕訃期正文律實契師友豈伊親昵誰謂斯人變易成疾良志莫踐乖離永訣嗚呼哀哉永山之西湘水之東殯紖以出斧屋爰封神非久留息駕於中書石爲誌世德斯崇手斟以酹涕出焉窮

又祭崔簡旅櫬歸上都文

嘻乎崔公之柩嘻乎崔公楚之南其土不可以室或坋而頹或确而崒陰流泄漏瀸汲渝溢碩鼠大蟻傍穿側出虧踈脆薄久乃自窒不如君之鄉式堅且密嘻乎崔公楚之南其鬼不可與友躁戾佻險睽䀹欺苟怯賤暗詈輕躁妄走不思已類好是羣醜不如君之鄉式和且偶日月甚良子姓甚勤具是舟轝寧君之神去爾夷方返爾故鄉奕奕其歸宜樂且欣君死而還我生而留永矣殊世曷從之遊酹觴於座與涕俱流

祭崔氏外甥文

年月日八舅十舅以酒肉之奠敬祭外甥韋六小卿之魂嗚呼生有孝姿淑且茂兮謂吉其終道克就兮胡典而喪離厥咎兮蹈道而違死誰祐兮豈汝之昧不能究兮將奪之鑒使昏霿兮反復攬予哀何救兮骨肉無從魂焉覯兮

庶幾來歸餕以侑兮酒實於觴肉盈豆兮豈伊異人余所授兮來耶否耶歆氣臭兮

祭崔氏外甥女文

叔舅宗元祭於二十六娘子之靈凡我諸甥惟爾爲首甥於我氏恩顧彌厚惠明貞淑仁愛孝友女德之全素風斯守播於族屬芬馨自久恭惟伯姊道茂行高上承下訓克敬能勞夙有儀則刑於汝曹雖云惟性抑自良陶汝之先君以文誨我周流辯論有疑必果恆革其非以成其可孰云其美易以生禍汝及諸弟流離莫從幸獲我依以慰困

窮歸之令族有蔚其容方冀榮壽遽罹災凶嗚呼哀哉汝自艱酷二弟繼終海門之哀今古罕同騂也英文敷暢洽通實期振耀宏我儒風又茲夭閼神理何蒙盛德餘慶宜福其豐胡然降戾惟禍之逢嗚呼哀哉前歲詔追廷授遠牧武陵便道往來信宿幸茲再見緩我心曲猶且輕別瞻程務速孰知自此遂間幽躅臨視無路遡風慟哭怛焉自中如刃之觸切皁有位青烏載卜道途尚艱歲月逾壓方俟歸紲再期奠沃寄哀斯文心焉往復嗚呼哀哉

祭外甥崔騈文

祭於卿郎之魂嗚呼天惎靈奇取不可貪既睿又力神誰以甚汝不是思而縱其志盜其管籥褰其篋匱抽深抉窈擔重揭貴守吏失職訴帝行事果殄爾躬以寧其位豈不信耶不然無鬼誅之行而中道夭死有拔萃之才而三見廢委仁充其軀毒中骨髓其何以爲累也兄弟逾十我出惟八既孤數祀中分存沒我爲汝舅汝爲我甥求仁具得爲藝繼成天下莫倫古罕並行人而思之幾不欲生嗚呼哀哉既致其愛祇極其哀秦越萬里心魂徘徊念與汝別桓公之臺顧余猶壯視爾如孩戲抽佛筴前次施隈笑頷卽路鳴鞘不迴豈云古今自此而乖孰爲鬼神忍是陰誅得疾之日兄弟莫在謁醫問巫卒以幽昧葬之東野誰賵誰會既虞以奠誰主誰酹孤魂冥冥何託何逝嗚呼哀哉刑曹繼之以病告余銜憂驅使裹藥操書雖驚狀劇猶恃神扶豈知所賴終以誤吾我自得罪無望還都想爾新墓少陵之隅何時歸祔圮土下呼潰淚徹壙以沾以塗此心未慊祇益摧紆累見於夢寧知有無寄之哀辭惟俎及壺嗚呼哀哉

祭楊憑詹事文

年月子壻謹以清酌庶羞之奠昭祭於丈人之靈卿雲輪囷天漢昭回自然物外寧雜塵埃公稟間氣心靈洞開翺翔自得誰屑羣猜孝友忠信聞於九垓摛華發藻其動如雷世榮甲科亦矜顯處公之俊德有而不顧御史之選朝之所注公勤於養投劾引去時任方隅威刑是務公施其惠亦莫有違京兆之難下多怨怒或由以黜瓦石盈路公捍其強仁及童孺左遷而出擁道牽慕道峻多謗德優見憎頫言既詆倚法斯繩南過九疑東逾秣陵顛沛三載天書乃徵入傅王國嘉聲聿興詹事東宮致政是膺年唯始

至道則彌勵頡頏今古優游德藝實期濬發再光文陛誰謂昊天遽茲降厲嗚呼哀哉某以通家承德夙奉良姻莫成子姓早喪淑人恩禮斯重眷撫惟新綢繆其志實敬實勤追今挈然十有八祀家缺主婦身遷萬里謗言未明黜伏逾紀德輝間絶音塵莫俟歲首發函視遠如邇雖當沈痼心術猶治撫膺頓首流泣瞪視既斂而還莫傳音旨鄉風長慟於茲已矣嗚呼哀哉承訃之始卜兆既逾載馳斯文出拜路隅哀從海溢禮致皇都寸誠相續終歲不渝天道悠遠人世多虞寄心雙表長恨囚拘嗚呼哀哉

祭穆質給事文

昭祭於給事五丈之靈自古直道鮮不顛危禍之重輕則繫盛衰矯矯明靈克丁聖時形軀獲宥三黜無虧賢良發策始振其儀天子動容敬我直辭載之冊府命以諫司抗奸替否與正爲期奏書百上知無不爲誰謂劉賈英風莫追給事黃門奉職樞機封還付外動獲其宜無曠爾位惟公在斯達道之行實惟交友患難相死其廢日久公實毅然誓均悔吝挺身立氣不改其守黜刺南荒義言盈口封章致命志期殞首邈矣高標誰嗣於後王命南下郡符東剖流滯湮淪殲此遐壽嗚呼哀哉公之伯仲信惟先執感激之風道同義立中司守直奸權是襲致之嶽纆誣以賄入瑣瑣其徒榜訊愈急詔下三司議於洛邑噫我先君邦憲是輯平反羣枉大忤三揖危法旋加譖言俄及左官夔國義夫掩泣邪臣既黜乃進其級端於庶僚直聲允集虔虔小子夙奉遺則公在郎位再罹擯抑時忝憲司竊分枉直抗辭犯長有志無力惟韓洎劉同憤霑臆道之不行銜媿罔極公在左掖議登秋官先定於志將發其難決白無狀以申禍端秉心撰詞義不可干會逢友累訾莫自安感

於褚中有涕沈瀾嗚呼哀哉壽宮久翳狼荒萬里禮不可違誠不可弭抽哀洩憤舒文致美願遡海風以窮洛涘清明如在神鑒何已嗚呼格思以慰勤止

祭呂衡州温文

維元和六年歲次辛卯九月癸巳朔某日友人守永州司馬員外置同正員柳宗元謹遣書吏同曹家人裹兒奉清酌庶羞之奠敬祭於呂八兄化光之靈嗚呼天乎君子何厲天實仇之生人何罪天實讎之聰明正直行爲君子天則必速其死道德仁義志存生人天則必夭其身吾固知

蒼蒼之無信，漠漠之無神，今於化光之歿，悲逾深而毒逾甚，故復呼天以云云。天乎痛哉！堯舜之道，至大以簡；仲尼之文，至幽以默。千載紛爭，或失或得，倬乎吾兄，獨取其直。貫於化始，與道咸極，推而下之，法度不忒，旁而肆之，中和允塞。道大藝備，斯爲全德，而官止刺一州，年不逾四十，佐王之志，沒而不立。豈非修正直以召災，好仁義以速咎者耶？宗元幼雖好學，晚未聞道，洎乎獲友君子，乃知適於中庸，削去邪雜，顯陳直正，爲道不謬，兄實使然。嗚呼！積乎中不必施於外，裕乎古不必諧於今，二事相兼，從古至少，至

於化光最爲太甚。理行第一，尚非所長；文章過人，略而不有。夙志所蓄，巍然可知。貪愚皆貴，險很皆老，則化光之夭厄，反不榮歟？所慟者志不得行，功不得施，蚩蚩之民，不被化光之德；庸庸之俗，不知化光之心。斯言一出，內若焚裂。海內甚廣，知音幾人？自友朋凋喪，志業殆絕，惟望化光伸其宏略，震耀昌大，輿行於時，使斯人徒知我所立。今復往矣，吾道息矣，雖其存者，志亦死矣。臨江大哭，萬事已矣。窮天之英，貫古之識，一朝去此，終復何適？嗚呼化光！今何爲乎？止乎行乎？昧乎明乎？豈蕩爲太空與化無窮乎？將結爲光耀以助臨照乎？豈爲雨爲露以澤下土乎？將爲雷爲霆以泄怨怒乎？豈爲鳳爲麟，爲景星爲卿雲，以寓其神乎？將爲金爲錫，爲圭爲璧，以棲其魄乎？豈復爲賢人以續其志乎？將奮爲神明以遂其義乎？不然，是昭昭者其得已乎？其不得已乎？抑有知乎？其無知乎？彼且有知，其可使吾知之乎？幽明茫然，一慟腸絕。嗚呼化光，庶或聽之！

祭李中丞文

維貞元二十年歲次甲申五月某朔二十二日，故吏儒林郎守侍御史王播、將仕郎守殿中侍御史穆質、奉議郎行

殿中侍御史馮邈、承奉郎守監察御史韓泰、宣德郎行監察御史范傳正、文林郎守監察御史劉禹錫、承務郎監察御史裏行柳宗元、承務郎監察御史裏行李程等，謹以清酌之奠，敬祭於故中丞贈刑部侍郎李公之靈：惟公堅貞守道，潔廉成德，當官秉彝，卓爾孤直，高節外峻，純誠內植，臨事不回，執心無惑。矯矯勁質，擢於天枝，式是邦族，槃其羽儀。發跡內史，參其軍事，自下劇上，直詞屢至。於後受邑，歷撫疲人，公去逾久，人滋咏呻。復從京邑，辟署司錄，振其綱條，端我甸服，黠吏屏氣，貪官窒慾。赫赫有命，登於王庭

邦賦以修國用是經實抗其長以奉準程校其簿書無失奇贏進爲正郎勾會是專乃刺於商虎節登山化墝爲沃致吏於艱道途謳歌有詔徵還丞我御史執其憲矩糾逖之志直清是舉愼擇寮吏必新之楚終始七載不忘祇勤事無觀瞻道有屈伸弓囊密啟忠懇屢陳令望逾重名卿是屬拖紳遽聞卷衣已復禮備賵贈恩加命服窀穸有時歲月逾邁播等猥備官屬況當薦延承其規模奉以周旋近或逾月遠則累年咸承至公官守獲全故事盡在遺風藹然俯仰庭除顧慕潺湲致誠一觴拜訣堂筵嗚呼哀哉

爲韋京兆祭杜河中文

維年月日甲子京兆尹韋夏卿謹以清酌之奠敬祭於故河中節度贈禮部尚書杜公之靈自古謀帥恆在諸儒晉登郤縠亦以詩書爰及近代二柄殊途授鉞之臣率由武夫時惟明靈道冠學徒天子有命總其戎車何以邦之維絳及蒲有山有河殿此大都焜燿昌時振宣後學命服之盛光於列岳謂保豐福永縻王爵壽如何期神不可度嗚呼哀哉大歷之歲詔徵茂才時忝同道俱起草萊懷策既陳綸言煥開考第居甲自天昭回分命邦畿步武獲陪同志爲友星霜屢迴長我十年禮宜兄事周游歡洽莫不如志於後多幸謬列周行又同制書並命文昌及余稍遷吏部爲郎公屬中兵此焉分行再獲聯事東西相望出處同道樂惟其常後予出刺九載南服公自左輔遂膺推轂我勤魏闕爰總九流誰謂河廣願言莫由烹魚之問往復相酬惠好斯厚惟以綢繆余弟宗卿獲庇仁宇命佐廉問忘其愚魯假以羽翼俾之騫翥惠文峩峩赤紱在股榮映斯極從容何補承慶惟深報恩無所嗚呼哀哉天子震悼哀我良臣密印追贈尚書禮殷四方興嗟況此故人循念平昔徘徊悲辛卜葬斯及禮儀畢陳敬薦行潦洩哀茲辰嗚

呼哀哉

爲韋京兆祭太常崔少卿文

維年月日甲子京兆尹韋夏卿謹以清酌庶羞之奠敬祭於亡友故太常少卿崔君之靈惟靈率是良志蹈其吉德炳蔚文彩周流學殖孔氏之訓專其傳釋黃老之言探乎幽賾六書奧祕是究是索叩爾元關保其眞宅藝成行備披雲騁跡康莊未窮濛汜已極嗚呼哀哉夙歲同道從容洛師接袂交襟以遨以嬉策駕嵩少泝舟瀍伊笑咏周星

其樂熙熙。丹霄可望。青雲可期。洛中十友。談者榮之。惟鄭洎齊各登鼎司。或喪或存。山川是違。繫我夫子。宜相清時。命之不遐。孰不悽悲。嗚呼哀哉。往佐居守。及爾同僚。笑遨交歡。匪夕則朝。入同其室。出聯其鑣。投文報章。既歌且謠。及我爲郎。優游吏部。公爲御史。持憲天路。文陛徐趨。眷戀相顧。歡愛之分。有加於素。自我於邁。歷刺東吳。離憂十年。復會名都。余爲侍郎。銓總攸居。實得茂彥。奉其規模。聯事合情。又倍其初。我尹京兆。公亞奉常。步武相望。佩玉以鏘。謂保愉樂。長此翱翔。抱疾幾何。忽焉其亡。嗚呼痛哉。原念

往昔。愛均骨肉。我有書筒。盈君尺牘。寤言在耳。今古何速。失弟興哀。匍匐往哭。撫筵一呼。心焉摧剝。日月逾邁。佳城遽卜。素車千里。逶迤山谷。晦爾精靈。藏之斧屋。嗚呼哀哉。丹旐即路。祖奠在庭。去此昭昭。就爾冥冥。敬陳洞酌。以告明靈。臨觴永痛。庶寫哀忱。嗚呼哀哉。伏維尚饗。

爲李京兆祭楊凝郎中文

維貞元十九年歲次癸未四月辛未朔某日。檢校工部尚書京兆尹司農卿李實。謹以清酌庶羞之奠。敬祭於故兵部郎中楊公之靈。惟靈清標霜潔。馨德蘭薰。沖和茂著。孝友彰聞。濬發洪緒。激揚清芬。思侔德祖。學紹子雲。瑩彼靈府。彬其英文。吐論冠時。舒華軼羣。百氏之奧。一言可分。旁貫釋老。豈伊典墳。謂躡公相。贊揚聖君。高山安仰。逝水沄沄。嗚呼哀哉。惟是伯仲。並爲士則。連擢首科。迭居顯職。公之懿美。發自朋僚。播於四方。令聞克昭。炯然獨識。卓爾孤標。翼翼其容。羽儀清朝。載筆東掖。動無不紀。起草南宮。時論增美。大梁有艱。天子是使。密勿之謀。唯道是履。復歸郎署。職茲中兵。簡稽無撓。以考其成。英風未攄。沈痾遽嬰。孰云積善。降以促齡。昔歲江表。獲同宴語。謬爲好仁。不我遐

阻。公之元兄。復惠德音。優游多暇。眷眄逾深。情言盈耳。尺素相尋。冀茲襲爽。焜燿儒林。及此彫落。祇摧我心。嗚呼哀哉。遣車就引。哀挽先路。迅風悽悲。頹景幽暮。傾都殄瘁。揮涕相顧。矧茲故人。誰任痛慕。潸汙一觴。詎寫平素。尚饗。

爲安南楊侍御祭張都護文

維年月日。故吏某職官某。致祭於故都護御史中丞張公之靈。交州之大。南極天際。禹績無施。秦強莫制。或賓或叛。越自漢世。聖唐宣風。初鮮寧歲。稍臣卉服。漸化椎髻。卒爲華人。流我愷悌。士燮之理。惟公克繼。勤勞遠圖。敷贊嘉惠。

銅柱南表前功載修空道北出式遏蠻陬梯航連旌旆悠悠輻湊都會皇威以流方荷天寵宜公宜侯聲馳帝鄉魄降炎州嗚呼哀哉公昔試吏時推清能公昔乘軺人知準繩鰥嫠以安征賦用登柱史稍遷郎曹繼升程功佐理海裔斯澄乃紀南方專任是憑禮分五玉恩錫百朋開府辟掾羣英攸屬顧茲陋微敢廁甄錄既受筐篚載加命服賜有楚冠用懸豸角星言赴命注望帷幄視險如夷瞻程非遠伯氏左宦爰滯中途流連隱憂言念涕濡子姓莫在使命頓殊兢魂弔影敢廢斯須情留江徼夢結天隅恩切有裕義乖從役顧慕長慟展轉增惕膂力猶在中腸屢激方俟消憂永期投跡謙德不福法星降災庭懸遽徹馹訃爰來撫躬益恨循顧增哀瞻容莫及報德何階輔車北轅申奠克諧望拜徒至音塵永乖南州斗酒庶寫幽懷

祭萬年裴令文

惟靈孝友之性實惟天與飾以儒書洽其譽處楞然其量廓爾其宇人以義來我以身許褰裳赴急不避寒暑交半域中多容鮮拒賢於博弈娟茲讌語或泛或沈兩得其所考禮成文墜章克舉展樂承職音官式序既聯奏復亦圖簡策播在彝常永傳儀矩脫略細微傲忽煩言坦然自屬無顧仇怨卒成官謗莫究禍源坐黜中徙再期騰騫孰云宿憤遽此歸魂嗚呼哀哉世稱姻黨鮮克終吉唯我與君久而逾密追惟淑德嬪於君室上順尊卑下歡儔匹致其孝敬式是仁卹爰及童孩處心勿失君之仲季茂於文術游藝相從操觚散帙顧余蹇劣廁跡奔逸二紀於今交情若一屢聞凋缺互見遷黜契闊倚傳分形間質方期來路稍追曩日時不我謀於焉斯畢營營衛尉獨守邦秩想其永哀淮海蕭索嗚呼哀哉聞疾馳簡其命未返翩其訃書來自番禺塊守窮荒山蔓與居有眉不申有志不舒况逢零悴當此囚拘拊膺長慟長慟何如非禮無取沈哀有餘嗚呼哀哉

祭呂敬叔文

維年月日朔友人從內兄守永州司馬員外置同正員柳宗元謹以酒肉之奠致祭於亡友呂敬叔之魂嗚呼鞠躬歷聘或以不答屠漁乖離夫何克合大或不容小或見遺往來逢迎今古參差惟子之中忠勇充之以誠與物退受其疵智謀宏長辨論恢奇嚴莊博大與世異姿何付之器

而躓於時常曰余武王功是期誓書其力以達皇威邊鄙不靖俾供輿師諸侯順道戎貊咸宜今其歿矣哀志之違知之無補世又罕知嗚呼哀哉昔與子游尚疑其志及觀其長誠任其事日異其能蔵增其智進如川行浩浩而遂天乎有亡中道是棄余慎取友惟心之處周游人間餘二十年擯辱非恥升揚非賢一貫於道無四五焉子之我知不以事遷言而見信貌阻心傳我黜終世子夭於前徒稱子志誰信我言與子俱已孰云後先惟子之兄志同義比官刺一州四十而死子仕方初百年有幾如何默默去我

遺已有稺之妻有弱之子海壖東周號哭萬里葬紲之行獲出於此爰陳酒肉式嘉且旨讀茲哀辭以冀而誄嗚呼敝叔吾道已矣尚饗

祭崔君敏文

夫產崑崙者難爲玉植鄧林者難爲木公以令望顯於華族藝邃六書學該七錄耽此黃老恬於寵辱入補黑衣出參甸服紀綱淮海政令惟肅宰治岳濱周於仁育儲闈與議直清攸屬久次推能二州繼牧至於是邦率由舊俗和易勿亟優游自足既有少吏勤於庶獄妖訕殄除淫祠翦覆出令三歲人無怨讟進律未行歸神何速某咸以罪戾謫茲炎方公垂惠和枯槁以光鳴鑾適野泛鷁沿湘廣筵命樂華燭飛觴高歌屢舞終以無荒紛慮斯屏憂懷暫忘良時不再斯樂難常今其奈何顧慕感傷嗚呼室有迭去川無息流追懷曩長怳若夢遊奠徹中寢魂遷乘舟邦人永思匍匐隱憂況我懷德心焉若抽潔誠可薦蘋藻非羞

祭段宏古文

世病乎直人悅其和行而不容雖聖奈何提其信義誰與同波硜硜以終堅不可磨游得其仁友擇其益始如可進

終會於厄精誠介然將貫金石追思懷舊興詞憤激君昔來辱備聞嘉言宵會北堂晝宴南軒去適於越不日其旋載除我居望爾北轅今者之來丹旐有翩閟茲英志限此中年嗚呼哀哉居實斯貧有子而幼孰云履信惟天所祐道途之資敢廢於舊志君之行銘石斯授有潔其觴有楚其豆庶鑒於誠臨茲饗侑

祭李中明文

致祭於亡友中明之靈夫子之道邈以恆兮夫子之志勵以兢兮求中慊未若履冰兮敦仁以孝實烝烝兮唯毀死

虧禮其他莫懲兮秉端守一信厥明兮月踰歲長行若登兮外温其顏内類直繩兮謾言來加不遽陵兮舉世羣非自視宏兮庶優游於道大賚是承兮掩冤舒抑與類升兮胡茫茫其不信卒以禍仍兮豈韜忠衷信鬼所憎兮將敎言吾欺終不可徵兮吾方期子於暮冀有興兮今而棄予志若崩兮若將援而上喪厥肱兮怛其隕心交背膺兮水之綿綿山萬層兮又淫以雨雪紆委硱磳兮鵋鶹夜啼羣瞑凝兮魂鬼以行中道殘殑兮魑魅攜呵曷可憑兮聊致吾憤斯言孰稱兮

哭張後餘辭并序

後餘常山張氏孝其家忠其友爲經術甚邃而文少余七年頗弟畜之與之居終日沖然忘其有人與之言鏗爾而厲辨而歸乎中凡人有道而不顯於世則曰非其世也道而得乎世然猶不顯則曰命命之微不可知知而索乎外者曰性與貌後餘之性可謂良矣其貌可謂肅矣博實宏裕宜爲大官耇老求其所以夭賤無可得焉既得進士明年疽發髀卒後餘之死人咸痛之曰天之祐善人而殺是子何也激者曰天之殺恆在善人而祐不肖莊周之說以爲人之君子天之小人張君豈天所謂小人者耶是二者又非論之適也吾謂善與惡夭與壽貴與賤異道而出者也無所喜怒於其中道之出者多其合焉固少是以君子之難貴且壽也後餘母老而喪良子東西行者助之哭焉況其知者耶然後餘不與謟冒者同貴不與悖亂者同壽歸潔乎身聞道而死雖勿哭焉可也嗚呼向更使既聞道而且貴且壽則其顯庸也遠矣又烏能勿痛乎遂哭之以辭

嗟嗟張君善不必壽惟道之聞一日爲老人皆反是百稔

猶幼子之優游是亦黄耇嗟嗟張君寵不必貴尊嚴爲仁早服高位淫諛肆慾銀艾淪棄子之崇高無媿三事吾見皤皤而童赫赫而辱進襦袴於几杖負泥塗於冕服已雖有餘人視不足子之跡不混乎其間者幸也宜賀而弔宜歌而哭吾其過乎與其寵而加貴善而加壽道施於人慶及於母從容邦家樂我朋友豈不光裕顯大歟而不克也則弔而哭者其無過乎嗚呼

楊氏子承之哀辭并序

楊氏子承之既冠有成人之道其明年四月不幸而夭其

外姻解人柳宗元爲之慟且出涕噫是子也氣淳以愿志
專以勤確然而直方吾未知其止也作辭賦書論其言甚
偉余方愛之謂可以成器者故不知慟且出涕況其親戚
者乎凡天之生物也不類精麤紛龐賢愚混同或遠而合
或親而殊然則雖人親戚亦將有不克知其美者若楊氏
子者其親戚皆賢咸得知之者也使知之徒以增其悲愁
怨號之聲無爲也用是爲之辭以相其哀焉
葆醇熙兮承貞則懿文章兮好循直誠耿介兮又綽寬學
之勤兮行彌專質圭璋兮文虎豹超淩厲兮馳聖道力未

具兮志求通道之遠兮足先窮有母嗷嗷兮有弟哀號世
父孔悲兮湘水滔滔去昭曠兮沈幽冥魂冥冥兮竟難託
死者靜兮生者愁子之淑兮徒增憂志甚良兮命甚蹙子
之生兮又何欲悲吾心兮動吾神誰使子兮淑且仁嗚呼
已乎不可追終怨苦兮徒何爲

欽定全唐文卷五百九十四

吳仲舒

仲舒貞元五年進士爲雄武軍使張仲武從事

南風之薰賦 以悅人阜財生物咸遂爲韻

歌南風之薰兮肇自前烈美凱風以時兮流乎俊哲澹澹
蕩蕩生乎無閒馥馥微微播於有截故功成作樂而上下
昭著治定制禮而君臣有別吾亦乘日月之至明致中和
之令節言而履之萬國稱慶動而法之千寮胥悅此所謂
規模帝舜慰洽吾人操五絃之琴而八風從律徵三代之

樂而六氣平均使天下霈然而有感窮海外颯爾而知春
至於傳之永久垂之不朽可以動萌芽可以榮林藪薰風
之有德也使國富以人安薰風之有惠也使時和而俗阜
若乃燠佳氣兮允塞埽祥煙兮乍開早綻青門之柳先驚
上苑之梅晦入陽春之曲潛吹玉管之灰此亦韶年之麗
景況有順時而豐財或披襟而乍對或臨水而輕拂承長
養則芳氣襲於一人闡煦嫗則膏露霑於萬物斯以發號
施令前規後監三農以之協洽兆人以之無感如此則典
禮備麟鳳至吾道不樂兮發身有時薰風自南兮萬物咸

遂物本無情因時而生百姓日用而不覺五音歲兆於未萌儻高颸之借便順下風而長鳴

李夷亮

夷亮宰相夷簡之弟貞元五年進士

魚在藻賦 以潛泳水府形諸雅什爲韻

鴻鈞之代兮動植斯慶至德旁流兮潛魚在泳忻藻荇之是依美陰陽之克正載頒其首將同宴鎬之觀不脫於泉自樂觀濠之性極浦風霽澄潭月虛纖鱗繚繞聚沫紆徐或在鮫人之室或過陵鯉之居蓮花東西信可遊而可息

文竿上下徒欲釣而求諸豈不以當在宥之時處恬然之水乘灝灝之元氣得生生之至理大信波及湛恩草靡無慮竭澤之災自保深泉之美伊元風之扇物物無細而不沾惟廣運之鋪時時或與之發潛 闕

南風之薰賦 以悅人阜財生物咸遂爲韻

時之和兮道之至彼南風兮舒以肆發於地鼓萬物以生成登於天叶三光而能粹豈不以律有度而咸應樂無聲而大備郁郁也從四氣之攸分熙熙然見羣芳之已遂若乃涉維夏背芳晨烝人已乂率土惟淳雲物必書識煙霞之改舊君臣有禮知動植之懷仁符元化越洪鈞式觀風於我后終解愠於吾人伊昔虞帝君臨憂勞是切將納隍爲己任垂大訓於前烈援琴寫操知庶政之惟和負扆居尊俾含生之是悅然後澤及幽巖九區克咸氣揚湮鬱四海無咈且攸敘於彝倫故無遺於一物國家敬授惟明稽古作程式宣其和以厚其生是以東作之勤不遺於帝力南風之詠屢起於皇情亹亹多士茫茫萬有猶偃草而咸若沐薰風之自久惟德斯碩惟財孔阜

李方叔

方叔德宗朝官侍御史貶江陵掾

南風之薰賦 以悅人阜財生物咸遂爲韻

至矣哉如天之君聲明化淳穆南端而作樂播薰風以養人順聖時而和則氣無留慝解吾氓之愠故物無不親所以應乎品類遍乎天地感一德而當陽處八方之正位使夫微者必扇幽者必遂不以動而有光和而能至風之始也日月貞明星辰齊平然後蕩蕩而起熙熙而生觸類而煦然長育無朕而潛來備盈行而有孚倚五絃而調四氣廣而不費匝九垓而周八紘非比夫扺華葉陵高城轉叢

蕙而渥彩合萬籟而成聲者也風之達也本於元首播於羣有使五福富昌萬物殷阜宜其叶無爲之大化匪獨革有苗之小醜亦有廣莫北動閶闔東來不如自其南而掩器一其薰而阜財則知端拱垂歔化人無拂則必合其君資其物豈惟三國不監二叔不咸徒偃其禾而表其譏故我君烈烈行道有截歌祖德而庶事用康諧舜樂而鳴琴不撤被南風之溥暢慰遠黎之胥悅士有欲摶風於九霄希假勢於一摯

賈稜

稜貞元八年進士

明水賦 以元化無宰至精感通爲韻

祭祀上潔精誠克宣伊明水之爲用諒至誠以爲先積陰以成符嘉應於冥數以鑑而取感無私於上元將假以表敬式彰乎告虔皎皎泛月瀼瀼降天既稟氣在陰亦成形於夜有無雖繫於恍惚融結寧隨於冬夏明者誠也我則闇然而彰水惟信焉吾非倏爾而化徒觀其清霄霧斂朗月輪孤鑒清熒而類鏡水滴瀝而疑珠混金波而共潔迷玉露而全無感而遂通配陽燧之爲火融而不涸異寒冰

之在壺彼既無情此何有待始同方而合體寧望遠而功倍故能佐因心於霜露均潤下於江海有形有實徒加以強名無臭無聲孰知其眞宰是以昭其儉潔其意舍水月之淳粹修粢盛於豐備作元酒而禮崇登清廟之誠貴嗤潢汙之野薦陋甘醴之莫致祀事孔明其儀既精無朕而有不爲而成二氣相臨本自蟾蜍之魄三危莫比殊非沆瀣之英至道自元而兆醴泉因地而生原夫月麗於天水習乎坎物有時而出故方諸而夜呈事有朕而因故陰靈而下感大滿若沖其來不窮風塵莫染其眞質天地不隔其幽通況國家崇儀礿祀薦敬旻穹方欲行古道稽淳風客有賦明水之事敢聞之於閟宮

李宗和

宗和貞元九年進士

平權衡賦 以晝夜平分鈞銖取則爲韻

王者統四時均五則彼權衡之爲準驗陰陽之不忒鈞深致遠黍累於焉靡差稱物平施晷度由之斯得惟權也分其重惟衡也取其平明乎國經固懸茲以垂範掌乎天秩如用茲而永貞衡任權以鈞物權資衡以作程數一人體

之以清萬國萬國仰之而庶政以成當其元烏司分疇人敬授既量諸夕又測其晝盈虛氣等何藉於土圭日夜時分已傳於玉漏莫不同度量以應其時平權衡以叶其候苟順氣以頒節實從時而不謬其功斯博其道式孚諒同均於遠近故不失於錙銖俾稱物者守之無易掄材者持之罔逾皇矣我君康哉神化萬方取則自得於均平二氣尚分無愆於晝夜不然者何以佐璿樞之斟酌調元氣以絪緼申乎舊章孰似權衡之大匪無同異所紀春秋之分齊其重輕等其規矩豈鈞銖之是待在繩準而有取固將

平邦國亦以敘彝倫七政惟齊有符乎應天之運百工咸賴實資乎秉國之鈞宜其平域中而齊律度貞天下而利黎人惟正直可法惟中平可均夫如是則權衡者蓋亦考茲義而是遵

陳佑

佑貞元九年進士爲淄青節度副大使李師道寮屬師道叛佑抗節忤賊被囚

平權衡賦　以晝夜平分鈞銖取則爲韻

俾民不迷茲器惟則行之而萬象正動之而天下直一人不宰命任權者必公百辟以孚在持衡者守德此蓋國之恆準教以順行雖因時以考正乃假人而後成權之垂知俯下而斯重衡之正乃得一以至貞忠以自勝直哉惟清物無偏以表德器守公而作程動必推移佐璿璣而克正靜無偃仰若泰階之既平懿夫衡之誠懸德乃是茂秉中正以不忒在毫釐而何謬衆星分列若歷歷以拱辰一權下臨正亭亭而當晝斯斟酌之所以俾名實以相副者也爾其觀象取則其數可陳積而成重銖以和鈞稱物平施則其道無極從時利用乃有命惟新既審度而攸準夫何

患乎不均安則無傾正以順化四時行令必因其陰陽一德奉天諒貞夫日夜是知分寸相生成乎象盈虛有準觀夫文因黃鐘以起數應元鳥之司分爾乃七政允修五常斯覩爲時德也誠金義而木仁爲器法焉乃左旋而右矩既輕重之必審雖微細而待取平之爲美曲逆終作漢臣中以見稱伊尹是爲殷輔茲乃衡之爲道也可大權之爲義也斯孚繩從則正德不可誣動不欺於累黍用有識於分銖若夫求平之至者執中之謂乎

陳左流

左流（英華注總目作九流）貞元十二年進士

進善旌賦（以設之通衢俾人進善爲韻）

彼旌孑孑兮五達之中，進善爲名兮求善爲功。狀岧亭以戴日，勢聳擢以凌空。王者所以開讜諫之路，作耳目之聰。故帝堯設之，道由此達；洎我唐建也，化乃斯通。觀其迴立長衢，孤標數仞。麗晴天以獨出，抗高閣而爭峻。體惟能正，俾止惡而來觀；影則不虧，使言善而思進。莫非明主求臣，願聞所陳。期乎啟沃之佐，想夫股肱之人。由是標格寰中，萬姓瞻之以爲準；高居物外，九重隔之以爲臬。至乃不傾

不危，持堅孤絕。非虹蜺之光欲掩，豈日月之明能揭。故邦無道則我斯廢，邦有道則我斯設。彼書謗之木，安可與齊；承露之盤，何能並列。吾君庶政允釐，獻納是思。多聞得賢之頌，每詠補袞之詩。猶恐化理未洽，俊乂尚遺。而彼士則可招矣，在斯旌故宜立之。且夫爲干者其功尠，爲旌者其利淺。曷若當天下之用，進海內之善。揄揚不倦，道已盛於方今；正直長存，事足昭於古典。況登於睿鑑，旌之通衢。人則是仰，物豈能踰。謂善建者手不可拔，豈有力者負之能趨。是知昔之設旌也其美如彼，今之設旌也其美如此。君若好善，士皆可俾。士有願歌乎聖德，庶無慙於末技。

陶拱

拱貞元中進士

天晴景星見賦（以有道之邦德星昭見爲韻）

我皇以化洽四夷，德應昌期。能使嘉祥昭於國典，景星耀於天維。豈徒呈光芒而出，奚遇精彩而見之。於時元穹正清，白日初匿。爛景星之效質，絢佳氣以競色。起青方者，縈瑞彩以葱龍；發赤位者，繞祥光而翕艷。比懷珠而其狀匪異，等抱珥而其儀不忒。懿吐黃以爭光，矧聚三而表德。莫

不熒煌於碧漢，焜燿於青霄。照下土而乍朗，掩繁星而自昭。或半虧其形，類蟾魄而當晦朔；或中虛其狀，疑金環之在泬寥。故德爲帝王之美，作祥符之首。信歷代之罕見，既今長而方有。稽往牒之隱見，驗前經之休咎。則天下和平，域中殷阜。佐朗月而其色惟盛，臨安邦而其美不朽。所以星祥帝室，效祉天庭。表我皇之道泰，彰我君之德馨。豈比夫漢代稱奇，空聞乎再中之日；堯年紀異，徒傳乎入昴之星而已乎。則知天贊巨唐，神依至道。必著明於元象，實垂曜於蒼旻。叶妙理於上德，表鴻休於天造。不然者何爲效

靈莫匹具美無雙駭遠目於千里播英聲於萬邦是以綏厥黎庶垂諸史傳德非星而不著星非德而莫見蓋應運於英精亦叶時之靈變雖云瑞之衆祥之多未可比兹星之獨擅

五色比象賦 以車服有制示不徒設爲韻

聖人以王命之施官秩之設貴有品類賤有等列望之可辨非旌表而焉知出而自殊宜車服之有別於是招繪素之黨召彩筆之徒程亂目之衆色寫外物於百夫以侯伯子男之服爲飾以山龍華蟲之象爲殊莫不煌煌熒熒奕

奕煜煜青爲山兮嶤嶷而爭峻赤爲火兮赩熾而含燠粉米以純白而璀璨宗彝以太元而黝儵綷一作翬而爲羽則振迅而對飛暈而爲龍則跨騰而相逐蓋上古之禮制亦當今之法服必謂美妙無盡精微有餘侔桂月之規縱麗天而莫勝擬海藻之質雖摛文而不如實逞巧之無比信取象而靡虛豈徒用別於涖職蓋亦或施於乘車懿其創自於心成之在手或大之者不遺其美惡小之者不失其姸醜此實權等於眞宰功齊於妙有所以作國家之程式辨王臣之印綬歷萬代之恒規經百王而共守不然者法實紛糾制有允休何必假其彩色之炳煥於君子之衣裳合九章之物者則寫非五等之服者則不敀往代垂模明君立制一則爵命之易辨一則制容之昭麗宜乎嘉其義重其事佐盛禮而罔易垂後代以永示信哉表德之爲良亦美作者之深意

滅裂禾賦 以爲功不至其報則然爲韻

昔子罕之秉權有封人之問焉以爲事不可以不敬物不可以不虔於是陳曩日耕大田予之於禾也其情易爾禾之於予也其狀悴然莫不報其素莫不答其先予知其意遽變予志倍勤於他時盡力於兹地然後萌而竅葉以翠

契本心而罔違充所養而不匱故知生寡者其功未旣實稀者其心不至苟矻矻以自強何芃芃之莫致是以人之從政士之飭躬僉黽勉而無極並陵兢而靡窮未有不課而名立未有不勤而道融所謂君子重其實貴其功以行之慎者比其盛以動之慢者譬其不惟盛也著美而可觀惟不也售能而誰取信乎鹵莽於庶績何異滅裂於南畝草旣在兹衆亦棄之雖有百廛莫得就而獲雖有萬頃焉可俯而持哂之者宜夫莞爾嘆之者何莫凄其則知惡必

由人善隨厥操往無不復施無不報雖斯言之細微實所諷之元奧足以將懲躁競用戒澆漓勖萬代之攸習勵忝人之所爲若然者功以之成利憑而得實輔政之義理亦勸學之典則在稼尚其如斯人乎曷不鑒之以隱惻

張復元

復元貞元中進士

太清宮觀紫極舞賦 以大樂與天地同和爲韻

樂者所以諧萬國舞者所以節八風故元宗致紫極之舞朝太清之宮俾觀舞以知德德以容備省風以作樂樂以

文同吾君纘道紀修祖功將有事以朝獻必斯舞之是崇方其一人在庭羣后列位奉常執禮以恭命太樂陳儀而蕆事望聖主以龍升見舞童而麐至舞之作矣應其度而展其容樂乃徧焉動於天而蟠於地其始也顧步齊進蹌蹡有序既乍抑而復揚遂將墜而還舉始躡跡以盼睞每動容於取與陳器用之煌煌曳衣裳之楚楚觀乎俯仰迴旋乍離乍聯輕風颯然杳兮俯虹霓而觀列仙飄飄遷延或却或前清宮肅然儼兮若披雲霧而覩青天惟紫也取紫宮之清惟極也明太極之先用之則邦國之光備施之

則中和之氣宣徐而匪濁比上帝鈞天之樂靜而不過小圜丘雲門之和亦何必持彼羽旌方聞乎得禮執其干戚然後爲止戈彼延陵空歎於象箾宋玉徒美其陽阿詎能合天地之大德調陰陽之大訢者乎洪惟我后遵祖爲大道其樂使萬物無不宣飾其容使兆人無不賴客有觀而作頌願播之於九域之外

呂鏄

鏄貞元十四年進士

萬年縣試金馬式賦 以漢朝鑄金爲名馬式爲韻

馬以行地致用式乃鑄金取規表騏驥以立則擬形容而可知合諸法象遵彼權奇卓爾趫姿想從革而乍見駭茲殊相疑軼塵而載馳毫髮盡似纖穠不差誠駿骨之倜儻亦巧心之云爲本其稱自前朝制於往漢金也者持堅剛之可久式也者驗逸異而有案形乃辨於千里功詎勞於萬鍛匪刻鵠之同科豈偶人而齊貫載鍊載精我馬是程武眷乍覩龍文可名星氣相合金光發明蹠足不前如俟孫陽之顧望雲遐視寧殊洼水之生向日而疑將奮影臨風而狀若長鳴曲盡其趣不愆於素寫逸態以全能制蘭

筋而巧附瞳雙鏡而可鑒顴兩月以合度謂天驥之呈材乃良金之所鑄取則不遠其象孔昭常矯矯以示衆特昂昂而建標驥褭在目飛黃立朝哂求市之三年終觀駿死無相肥於一概何慮駒跳所以稽乎驥德垂此作式指半漢以成規豈駑駘之可惑置於宮壺有待獻書之賢鑄以越銅載假伏波之力事與名違理將意深寧俟造父之能馴驊騮可覿何必九方之善相驪牝獨尋等循形以觀影咸得駿於斯金故曰考玆術也選無遺者可以斷臧否明取舍形分似是類別眞假欲獻狀於國門期一中於名馬

玉書賦 以泥丸百節皆說有神爲韻　呂鍔

上清中元聖立教存書示人以玉爲至精之寶喻道於強名之眞使其復歸於本近取諸身保長生於氣母通不死於谷神妙哉靈訣虛皇之說淸紫府之內瑕瑜不藏洗丹田之中瓊瑤比潔蓬萊有壽配金石姑射有顏如冰雪訝其與天地相終而莫知寒暑易節時所未踰玆焉在列我是以紀庭廬之位論藏府之官得之於此甚易求之於彼則難噓吹可以自審性命於焉內觀專氣致柔則順途而同轍適性任欲將背馳而走丸五氣理於先後三關啓其戶牖精粹自成於渣滓寵辱不驚於紛糾同美王之韞匵我其善守以隋珠而彈雀爾於何有以取諸其懷致於道孔皆目可通於兩耀神相應於百骸乃知化自仙冊形爲眞宅傳此希言服之無斁神明不見指象帝於虛無元覽可尋捧斯文而探賾代所貴人受益不然何道德並經於五千靈仙自古而累百雖羽化之獨躋於國理而無睽用以修眞則致虛抱一移於砥行乃立節思齊故鍊質者慕凌厲飛騰於碧落致身者以詩書禮樂爲丹梯俾克躬以服道乃潔己而如珪懸解上智之性指南下愚之迷客有

仰黃庭之祕籙空自嘆於塵泥

鄭俞

俞貞元十六年進士官長水縣令

性習相近遠賦 以君子之所愼焉爲韻

酌人心之善敗惟性習之所分習者物之遷以動爲主性者生之質以靜爲君運情有同於鎔鑄通志亦比夫耕耘或定心以純一或逐境而糾紛故定心者若疏源而自得逐境者猶理絲而又棼且物之惑人無窮人之徇物無已近之則歸於正性遠之則滅於天理雖眞妄之多端諒御

用而由已至若習於所是則孟母之訓子其居也初閭閻之是鄰遂貫鬻而無恥及夫又徙於學徒示以墳史卒能振文行以標名鬱古今而播美豈不以性相近而習之至矣又若效之而非則壽陵之從師其故也等善行之無轍見大道之甚夷及夫邯鄲之學匍匐於茲既所能之未盡終故步而莫追豈不以習相遠而性亦失之固宜人定其情物安其所苟欲遷性習以交喪易賢愚之攸處則舍於已而效於人學彌得而性彌阻述而莫息亦莫之禦是非乖理而亦徇未若襲慎而委順勿牽外以槼名在執中而

克慎欽若奥旨聞諸古先習之則善道可進守之則至理自全茲義也智所不染愚亦難遷儻中庸之可甄願斯焉而取焉

闞構

構貞元中進士

日載中賦 以漢文帝時數如此爲韻

日以運行時維貞觀驗載中之照燭表一德之協贊至誠則感實所應於皇家偶聖必呈豈獨符於炎漢既退舍以迴薄又增明而輝煥且夫天地絪縕日月垂文始將傾而復正願何鑒而不分當下委之碧落又上排之青雲經紀迴旋乃暉晶而射耀次舍中正則澄霽而銷氛何麗天以昭晰諒觸物而繽紛然而日乃陽德光於四裔陽爲君德配以上帝既居中而有感亦臨下而罔替昔連珠而合璧或五色而四彗咸逐物而遷移升隨時而啟閉曷若此將旰而復昭昭無際則知陰陽冥通乃與仁聖符契徒觀其炫晃在茲氣肅風追合人君以乘時又覩其昭回緜邈霞張雪駁美嘉祥之欲數時以我既再我則盈縮而自持時以我當中我則清明而不濁既照臨於率土信叶和而反

朴夫日也變動不居周流六虛天垂象以咸若精可貫而皎如既匪虧焉比皇明以無極斯呈瑞也諒至化之有餘且神功而不測乃駐晷其實徐所謂懸鑒在彼觀光由是仰大明之載中知積清而率俾因徵今以賦事諒舍彼而取此

徐復

復元和初官太常博士

駁李巽擬相國贈尚書右僕射鄭珣瑜謚議

鄭珣瑜令德清規坐鎮風俗理人而善政浹洽作相而謀

猷密勿其終始事跡當時罕儔所以表賢易名實曰文獻夫文者煥乎大行獻者軒然高名今而褒之厥有經義亦猶貞惠文子累數其功至於再三以勸事君者今奉駁議議其無進拔無是非無賑施無謇諤且曰二字之謚非三代兩漢事愚以爲異之駮所謂進拔者豈不推擇羣萃致之於庭乎珣瑜往司銓衡暨當鈞軸流品式敘英髦在朝若無奬拔之明則何以至此但如來議寡言慎行故其端兆不可得而窺也當先朝之日上體不平姦臣王叔文招權作朋將害於國其視丞相如無也輕詣相府不循舊章

珣瑜意雖能誅力固不足移疾高謝萬情所歸則是非之明孰大於此夫所謂賑施者在禮家施不及國賢人君子廣愛爲心莫不開稱物之源布厚生之政曩者恤災患免逋租亦旣當之矣其於篤親庇族衣無常主踐名教者誰則不行若以分孤寡之資同於賑施則珣瑜所羞言也奚謂無哉至如謇謇匪躬前議已書其徵婉矣旣承高論敢不指明德宗季年李實爲京兆尹殊恩晝接貴幸無比而實以羨餘稱貸莫之敢非珣瑜眾詰所繇上陳利害且曰取於人而未酬其直焉得有餘是其言不可謂之無謇諤矣伏以國朝宰輔謚文而兼字者代有人焉故房元齡謚曰文昭狄仁傑謚曰文惠魏徵陸象先蘇瓌宋璟張說崔祐甫並謚曰文貞劉仁軌劉幽求姚元崇裴耀卿張九齡並謚曰文獻李元紘韓休並曰文忠薛元超曰文懿盧懷慎曰文成蘇頲曰文憲楊綰曰文簡其餘不可悉數若以文包美不宜以他字配之則房元齡狄仁傑以降昭惠貞獻忠懿成簡皆不得正矣我唐聲名文物二百年更閱羣才發揮王度豈擬名之典獨未得中邪不然何輕沮之爲駁正所設但當論謚之當否不宜詰字之多少苟有不當

雖一字可乎若皆允宜雖二字何害如韋巨源附會兇黨李北海奪其嘉名所言至公人則悅服今旣曰賢相而又非之君子於其言豈得苟而已乎若曰二字非三代兩漢之規則又異乎愚所學者矣夫威烈慎靚周王之謚也文終文成漢祖之佐命也霍光爲宣成孔光爲簡烈中代之勳德也劉寬爲昭烈楊賜爲文烈東都之鼎臣也安謂其無二字哉況文之爲名其義多矣有經緯天地焉有忠信節禮焉有寬立不懾堅強不暴焉有敏而好學不恥下問焉夫匪一端各有所當若皆西伯季孫之德然後可稱文

則魯僕與文伯歜之類皆不爲文矣故誄諡之制因時旌別前狀議珣瑜之行曰爲一代之名臣斯其旨歟謹上采禮經旁觀舊史參諸國典以定二名請依前諡曰文獻

欽定全唐文卷五百九十五

歐陽詹一

詹字行周泉州晉江人舉進士爲國子監四門助教卒年四十餘

出門賦

出門辭家兮人有志而斯逞予紛然而遠遊別天性之至慈去人情之好仇嚴訓戒予以勿久指蒲柳以傷秋弱室咨予以遄歸目女蘿而起愁心眷眷以纏綿淚浪浪而共流惕懷安以敗名曾何可以少留於是驅忠信以爲車執

藝業以爲贄越三江踰五嶺望堯旌而求試庶亦呈功取爵建德揚名獲甘旨以報勤光晝錦以迴衡如弧斯張如鳥斯征射百步而期中飛三年而必鳴飂飋天寒崢嶸歲晚鸛聯翩以不定蓬悠揚而自轉逮前程之尚遙顧所離而日遠事紛挐以爭拔情交戾而不和退藩籬則弱羽戀於雲路激龍門則纖鱗限乎尺波身違日日之晨昏戀悽悽而莫遣親益年年之羸老思搖搖而若何繄靈輒於困窮舉莫缺於蟹蔽一仁聲之永大一孝德之滋久伊錫類以極窮豈今無而昔有爾乃循否泰以俟命默風塵以愴

艱苟疏溟以納流願覆簣以成山路實多歧絲無定色任元黃之濡染信彊理之南北管因媒而解縛越自遇而升車虞先榮而後悴姜始卷而終舒傷哉數子之稅駕吾未知其所如

石韞玉賦以清潤積中光華外發爲韻

荆山之石兮玉在其中和氏不見兮追師不攻内抱貞明蓄珪璋而自異外封磽确與砮礪而攸同紛爾千峰塊然一石石居山而有類玉處胎而無跡昭彰奇彩象鸞鏡之猶埋特達英姿狀蠙珠之未折齊草木之皆賤疊泥沙而

共積瓌材則韞精氣時揚結白虹於林薄浮清氣於巖岡多見巳形空知六瑞之貴罕窮未眹誰分十仞之光混塗嵌巖沈蒙翳薈同夫有智懷其有以若無侔彼不爭守厥屯而俟泰明其内晦其外將藏器以待知不干物以招害原夫石則稱堅而可轉玉則受琢而凝清日遇良工一則有順而無固時惟哲后一則無脛而前呈我唐文武建元成康紹允獲王母之玉琯致淮夷之琛賮向華池而效色從温樹以流潤伊抱璞之未聞亦梯山而自進佳粱糅粃黃金在沙必簸糠而颺礫冀取實以除華彫琢儻行煇章希發願同三獻之納庶免再來之刖

迴鑾賦

夫何降一人兮將凝帖乎萬方神其精而傑其質兮赫赫巍巍以昂昂應千年之寶歷承八聖之重光道爲紀德爲綱仁爲宅義爲防化悠悠而蕩蕩風習習以洋洋沐雨露以蕃昌燭日月以皆康癸亥之歲太皥司政乃作幸於西順上帝之令將行曰相彼元元以哲后爲父母視淫君猶芻狗予其在德則夷狄皆予之子也伊重關擊柝虞誰而守乎予其不淑則骨肉實予讐敵也雖金城湯池於予何

有乎四門大開七寢停警颺凜慓以風清寂澄凝而月靜於時厥有頑民從愚至逆假鴻恩以出入弄神器於閒隙於是天怨地怒人慘神惻積憤氣以交衝疊冤心以潛逼災變流演妖氛充塞山河列以長晦日月在而無色明則士庶幽則靈祇豚魚有識草木無知企喁喁以嗷嗷望我后之來儀如孺子之憶慈親焉如涸鱗之念長津焉如枯苗之待膏雨焉如籠鳥之仰林莽焉既而文物無荒聲名有素木葉猶飛金風未暮聖澤西泱天顏東顧迴旌旗整鑾輅兩師啟途風伯前驅豐隆布令列缺行誅神功莫仇

天力誰虞櫛纘紛於瀴溟駢駱驛乎虛無洗地軸拂天衢殲有罪福無辜雰霾掃蕩於寰區塵埃滌濯乎皇都元凶不戮而淪痛品物未覩而遙蘇爾其靈物既先乘輿乃從雲車煙馭春心日容鬱霏霏以葳蕤煇熠熠以嚴禺祥風飃飃以淫淫瑞色䨴䨴而溶溶濛籠焉虹霓之縈儀鳳髣髴焉江霧之送遊龍若夷若夏乃愚乃賢振振騈騈殷殷闐闐巷如流以湯湯野若草而芊芊雲浮巨嶽水集洪川至喜翻悲含淚而前曰自沐元化溟溟綿綿如戴於天如飲於泉卒歲永年皆謂自然異日殷憂方昭厥由歸歟歸

歟人其待居是日也皇帝乃闢金門升紫宮宣睿旨將天衷熙乎若微雷淑氣暢昆蟲芬乎若韶光麗景發青葱下蟠厚地上洽元穹扶桑而西虞泉而東百福交通萬彙大同白日三舍以逡巡蹬丕征以融融南山萬歲以爭呼領若動而崇崇至矣哉之德也深乎大乎滂乎沛乎爾其汪濊乎可謂上合天經下叶坤靈旁統神明中獲人情故能不守有與之守不爭有與之爭此一舉也足見天地之心足辨人神之意諒無黨以無偏唯夫道德之比者也

將歸賦

憶求名於薄藝曾十稔以別離纔還鄉以半齡又三年於路岐紅顏匪長白日如馳苒苒皆盡悠悠爲誰親有父母情有閨闈居惟苦饑行加相思加相思兮寧若饑辭家千里心與偕歸南陔之蘭北山之薇一芳一菲何是何非歸去來兮秋露霑衣

王者宜日中賦 以題爲韻

杲杲者日中則重光燭生生於有晦暖物物於無疆人在下君體陽故法之象之宜諸帝王亭然止六合居中赫然洞九霄臨下取其正諒無邪僻之徒儆其明詎有幽陰之

者瞻端嚴則體率慕光昭以心寫想照彌乎八紘庶化覃於九野觀夫高舂始上虞泉未移面方輿而再朗點圓昊以重規有隼之墉匿寸陰而影盡無禽之井透百尺以光披含靈亹亹處植離離穴有向陽之户柯無不煦之枝伊體元在己有國於斯形厥功以居大固其義之攸宜況日則類王王實況日道符罔二理契惟一當其食昃用貶膳以去懸仰以高明直弃儔而背匹是以如之致唐堯之盛假之在周易之豐暮非乏照朝亦有融或背籬東之蟄或遺山右之蒙掩彼不言黜履邪而有蔽放茲取則貴無偏

以處中正不孤通難通可以勵垂衣之聖政可以激御遠之神聰者也我皇祇若高穹保茲洪祚順三辰之耿耀稽八卦之明諭覩兢蒔霑煦嫗美盛德之形容遂屏營而作賦

瑾瑜匿瑕賦（以物無終美捨短從長爲韻）

玉之美者其曰瑾瑜雖特達之自有豈疵瑕之則無非食其端葑采其下苟當無而可用諒在人而罔捨况服飾所珍禮容攸假五德人尚居然總之百實物雄又其尤者只如夷吾委質曲逆從王一則措其所短一則舉其所長伊十仞之可貴詎一眚而爲傷是故異比荆山奇同鄭市縱青蠅之下點有白虹以旁起琢中良工佩宜君子爾若惡其細而棄其大我則揚其表而掩其裏矧乃珪或致磨璧當可指終酬九年之積不損連城之美昂矣乎韞獨明之見罕萬物之工覩其材而辨其器履其始而知其終建莫大之勳與悠悠旣異收稀代之寶將瑣瑣寧同砮璞自充散材徒鬱苟無分寸之痕翳罔有尋尺之盤屈瑩乏光華紘乖音律攻之有曠乎日力斲之不益於人物空知有玷與無疵豈不道疏而理拂至剛也必時時而外缺至清也

乍渾渾而罔容考瑾瑜之含匿亦厥義之云從不然者元黃已疲奚復騁乎千里輪囷則病焉得用於九重瑜之體全者則稀瑾之無瑕者亦罕惟追師之鑒選納尺長而寸短

徵君洪涯子圖賦（以雲際長松以表貞節爲韻）

矯矯徵君居幽行聞朗詠堯年之日棲遲姑射之雲英英時傑好奇藝絶窺窮圖繪之能寫得隱淪之哲豈不以懷材習技我蘊跨俗之工履道全眞彼有過人之節者也觀夫杖藜載酒面石依松盡是山中之意全移物外之蹤入室終窺知裂繒而畫出升堂始睇疑在野而相逢如言實默如行實止蘿纖纖以垂帽草青青而藉履洋乎令聞昭晰得其所由儼夫儀刑髣髴知其所以原夫賢達作範丹青立程將模前而示後必體物而歸誠服惟身表容實心旌對冰雪之顔覩蘭蕙之纓暗識伯夷之潔遙憐虞仲之貞知身已謝看畫如生矜且復莊若此辰之有識貪之與欲同在日之無情形似植以亭亭衣如風而曳曳臨諸瑤席之上想彼雲林之際萬物方秀千峰初霽神飄飄而自遠身悠悠而不繫我之心矣惟賢允臧披圖畫於是日得

夫君乎此堂乃知君之於德也大畫之於工也長畫非君無以展其妙君非畫莫得揚其光物有相假不其昭彰揆人事之美惡論功庸之夥少伊畫也可以稱智者之先惟君也可以作眞人之表者也

明水賦以元化無宰至精感通爲韻

智之不測有明水焉方諸在手圓月居天象質遐分則迢遙而迴遠英華潛合遂滴瀝以流漣可謂妙自斯妙元之又元此道也自何而來彼靈也從何而借越杳杳之蒼旻阻溟溟之永夜望蟾魄而光彩殊流端蛤形而清冷忽下

等陽燧之通感實柔祇之祕化豈不以我惟陽德伊乃陰徒精靈合契氣類相符共稟坤而配坎諒交津以有濡此理焉自取之乎必有斯水也遂生之於本無精潔可嘉清明斯在湛玉壺以無垢入犧罇而有待處罍實爵今則由於邑人置下升堂已不關乎眞宰稽乎所自原夫所致臨庭目擊雖從陰鑒而來向月心祈又似上天而至來莫我挈至莫我精弃本不仁故存名而曰水從宜酌號遂表性而稱明信可薦宗祏祈上清故得歸先歲享告帝功成冠三酒而首進掩五齊以先行招百神之景福致萬姓之元禎無益於人鄙玉粲於夜漏自求其益哂珠露於金莖遊原習坎固有冥感處陸浮空不無元通龍吟雲而致雨虎嘯谷而來風動無千里之效潤纔百里之功詎若以握中之瑣細向天上之曈曨精液下融神人以崇而福祿攸同者乎

春盤賦以裁紅暈碧巧助春情爲韻

多事佳人假盤盂而作地疏綺繡以爲春叢林具秀百卉爭新一本一枝叶陶甄之妙致片花片蕊得造化之窮神日惟上春時物將革柳依門而半綠草連河而欲碧室有

慈孝堂居斑白命閨可續年知暗惜研祕思於金閨同獻壽乎瑤席昭然斯義習矣而明春是敷榮之節盤同饋薦之名始曰春兮受春有未衰之意終爲盤也進盤則奉養之誠儻觀表以見中庶無言而見情懿夫繁而不撓類天地之無巧雜且莫同何才智之多工庭前梅白蹊畔桃紅指掌而幽深數處分寸則芳菲幾叢呼噏旁臨作一園之朝露衣巾暫拂成萬樹之春風原其心匠始規神謀創運從衆象以遐覽總羣形而內蘊彼有材實我則以短長小大而模彼有文華我則以元黃赤白而暈故得事隨意製

物逐情裁凝神而珍奇競集下手而芬馨亂開不然者欲翦扶疎須買青山以樹要窺菡萏待疏綠沼而栽將以綏愁予之思將以逞吾人之才此一作也察其所由稽其所據匪徒爲以徒設誠有裨而有助者也

藏冰賦 以西陸朝覿方出之爲韻

曉日離斗兮昏星見奎鴻岴向北兮龍角徂西天子慮層冰以爲災闢凌雲而大納山人於其時而貢職庶壽域以同躋黑牡既馨元冥已祝人惟任土侔有賦以歸王物或稱琛類無脛而奔陸鑿固沍於窮壑閉重泉乎夏屋炯乎

干將之出地燦乎連城之韞匵爾乃東風月仲之節西陸晨覿之朝薦明靈於寢廟須有位乎中朝光可鑒形鄙照車之寶楚清能禦暑輕蓮蒲之珍堯向玉堂以孤瑩鎮瓊筵而自昭助微涼於長簟迴煩燠於炎飈鬼神以之而饗集君臣以之而利饒豈止疾雷不震淒風不飄致兩儀之交泰作六氣之和調而已哉冰之藏也旨意可稽冰之賦焉英華可覿休宗社之成禮暢乾坤而樹績順時元吉爲我政之恆乎悖道致尤寧魯臣之屢析六合蒼蒼萬物擾擾詎無時廢亦有時藏繹其功而此譬於厥德而何方勁挺金相貞清玉質展其用無愧於明時韞其光不欺於暗室乘凜冽以冬入滌赫曦而夏出穿楊發彼覿國於茲幾鬻三冬之學又當二日之時業屬辭以比事遂合毫而賦之

懷忠賦 并序

丙寅歲因受謫季冬之月次於殷墟歷關龍逢墓焉昔聆其風未嘗不迴腸貫涕覩夫塋壟心又增傷遂寫憤於言爲賦以弔先生以忠諫致命故以懷忠命篇云其辭曰

天生彼辛兮用殲覆於夏家欲悠悠而罔極毒浩浩而無

涯無辜殞身肆市朝之若莽有道殉命委炮烙以如麻伊先生之諤諤爲酷烈之所加嘗披圖於往載每廢卷以興嗟蕭條舊邑莽滄空陂陷陵成坎古木無枝或人曰此其墓也又一倍以增悲嗚呼麟非騰噬之儔詎豺狼之共穴鳳實仁靈之類豈鷹鸇之同列惟玉石之明分亦薰蕕之自別是以謇謇心兢昂昂面折彼炎炎之原燎信撲撲而不滅寧歸死以申懷不貪生而結舌痛矣哉古人有言輔仁者天福善者神胡爲是日功不如人使典章之不信俾忠義之空勤律中大呂日臨蒙谷風飈飈於衰草煙茫茫

乎平陸思悽悽而塡臆淚淫淫以盈目義則非其知友親故遠乎骨肉節臨危而不撓行於艱而彌篤惟其有之是以傷之而慟哭

律和聲賦 以見象聲律以和萬方爲韻

詠聲調兮律聲遍人心厚兮國風變伊在堯之既引載得夔而斯見哀思慮始安和追往宗伯官也擇人乎有才正始化焉選音於無象綴咸池之雅韻去桑間之末響圖風普以兩周算天長而地廣律則以宮激徵詠則從濁揚清且懲流而反正常誡險以歸平若近若遠非幽非明類無

臭等無聲信矣惟時與四時而德洽純如合莫彌六合以文成善詠者聲應聲者律會高低以齊奏諧疾徐而並出跡不得尋功如何述爲災爲眚曾莫奉於淫君調陽序陰屢見資乎聖日故得之者體圓御方失之者亡禋絕祀比屋可戮桀紂罔測其所由率土可封堯舜固知其所以不然者移風之言曷謂易俗之訓則那我所以清六管順賡歌載唱載吹匪塤箎之獨叶一張一弛豈琴瑟之空和八絃有截四海無波物阜人蕃雖歸之乎至德鳥來獸舞蓋於斯而靡他其理微其用遠論有助也佯大君之得一考無情焉同八風之吹萬可謂我詠斯暢我律斯臧發揚六氣孕育羣方庶植者以之而茂實含識者於焉而壽昌彼離連與栗陸復何道而稱皇

秋月賦 以至明周照爲韻

粵惟口行於翼風發於庚白露下降鴻雁來征野颸颸而木落天寥寥而氣清獨孤亭之不寐見涼月兮東生上迢迢之霄漢掩冽冽之恆星出江山之磅礴豁閭閻之崢嶸皎皎搖搖晶晶盈盈映階墀以歷歷對牕戶以亭亭雖他時之並照何斯夕之爲明異夫白鶴翩翻不分其色寒泉

灑落空聞其聲乃遙夜以虛燭實純風之至精於是照曜必周通冥洞幽其色也潤林巒之卉物其影也瑩江湖之亂流盆池亭之寂寂增氣候之颼颼起離家之遠恨生去國之繁憂何處而不見何人而不愁豈謂征客懷歸徘徊於黃榆之塞佳人怨別蕭條於紅粉之樓已矣哉信知宇宙之中光明爲至非凄涼之獨感亦清貞之可類臨照者足以儆有德之君潔白焉宜將匹無瑕之士傷哉不肖徬徨嶺徼時雨露兮未霑自形影兮相弔願窮經兮取老恐用人兮尚少幸君子兮如月冀餘光兮一照

德勝頌二章并序

唐貞元六年歲在庚午陰陽家流曰歲在午人馬食土人之所食也穀馬之所食也草今言食土明歲無嘉穀而野無青草則運數於茲合凶災之大者於是天尋舊步地轉恆軸交糾迴薄將有結於常沴自春三月至於夏五月或赫日杲杲或密雲溶溶為燋灼為霖霪似不日而至皇帝宿布太和人神鳥獸魚鼈咸若騰懽心揚靈臺欣欣熙熙休氣中積浹磅礴浮蒼蒼潛相戞磨力強者勝九陽構旱而莫展六陰作潦而不就氛祲譪為慶雲烈景皦為祥光

油油熏熏宛復如春塊不破而雨足條無聲而風暢日者眚氣欲凝淑氣猶競彼雖罔得為禍此亦未能為福徘徊相持時澤不降五稼含萌而待藝百芳蓄穎以思坼至是土膏融甘液宣若決渟泉如開涌煙豐草增歧芃芃綿綿無磽瘠與良沃獲一十於百千膭蔬雲矗以萎圃餘粮嶽峙而棲畝夫體病不能害心心平必能制體古人曰人者天地之心也既和且平則天地之病又焉得成歟況犇走游泳之物曰靈曰祇之類皆吁歈怡逸於其中乎宜其瘵乾元之宿沴愈坤元之常疾以至於交泰如斯之盛也古先帝王至聖則堯至仁則湯有黎甿以稱理歷水旱而災禦豈不以道未全洽而德尚涼哉皇帝非徒能禦之又易之為大慶殊祥其於道德可謂充塞洋溢光今而邁古矣元元蚩蚩嗚嗚啞啞歌聖代者動天般地以夜繼晝而其詞未宏輒為頌二章用貽於康衢庶事明而聲暢流乎無窮而以德勝目篇頌曰

歲在午天災於常昔人食土今我飫粱匪徒我飫粱鰥寡千箱盛矣乎吾皇之德變眚為祥休哉德兮

歲在午天災斯屬昔馬食土今牛餐菽匪徒牛餐菽犬豕粱肉盛矣哉吾皇之德轉禍為福休哉德兮

歐陽詹 二

與鄭伯義書

居方足下胡孏物故仁孝多感悲慟如何達助悽惻秋凉體與神康僕素寡悰暢遐亦可悉華下來人承今冬以前明經赴調罷舉進士何顯且不沛逝而能復歟居方哉夫非有必行則諫必有拒忤情懷歡古人所難雖僕於居方亦不易之今流既從川華既歸根軌分間布白致以賤素居方忖覽知及遽瑗四十九年之已往陶潛今是昨非之

悟焉漁者所務唯魚不必在梁在笱弋者所務唯禽不必在矰在繳國家設尊官厚祿爲人民也爲社稷也在求其人非與人求在得其人非與人得唯道德膺厥求唯賢能膺厥得賢能事事而後見道德誠誠而後信苟須事事苟須誠誠則必委以務命以職從而覈之四海之大億兆之衆不可逢而委命之是用啟稍異之間姑致其我樂而自耀者讀往載究前言則曰明經屬以辭賦以事則曰進士中夫程度者取政事最輕小者命以始又令公侯子孫卿大夫子弟能力役供給者曰千牛進馬三衛齋郎限以年月終亦試之其有成則陟陟不已乃尊乃厚其有敗則黜黜不已乃戮乃亡取之於諸科暫殊用之於諸科則一良未即以進士賢而明經不賢也但以選才如選材焉以規則失之於方以矩則失之於圓欲方圓畢至然後擇其利用者寶之中方則善於圓中圓則善於方木材也者在堅貞可久人才也者在德行有恆不可久不有恆雖售之於今必不售之於後蚩蚩之人貴此賤彼是不深達國家選士之意見近而迷遠者居方寧斯人之徒歟況目覩進士出身十年二十年而終於一命者有之明經諸色入仕須

臾而踐卿相者有之忠與孝相生君與父相隨於家美郎於國良爲閨門重則爲朝廷尚此古今聖賢絕慮萬不失一之得也僕忝居方交遊自貞元之初於今十有三祀孰得居方之爲人甘旨可求則已在尊長之前矣衣食可讓則已在兄弟之邊矣急難當行則必在交遊之先禮義當往則無在時賢之後晨昏無方之性愛悌友于之情長長之敬下下之眷與朋友之信接物之道居方無不盡則於家於閨門至矣於國於朝廷詎少哉嘗清宵月下寒序火邊或醉或醒接以餘論君子欲其暗然而彰惡自衒自媒

沽名者二年間見居方求試於詞場僕恨恨如失才如居方地如居方方於所得詎止乎然諸科中升乎一科矣宜存一梁一笥一繒一繳之義事事誠誠之旨中規中矩之求委恆久循黜陟俟乎暗然之來也況近聞宗懿之中景行居方彌篤焉上以居方達慈於下下待居方申愛乎上居貧孀孤達宦棺櫬悉居方竭力已可行咨乎可及饑飽不異魂體皆歸年纔弱冠行跡如此豈徒生哉借如居方束帛到門而有未起居方以藝自謁雖從家命亦以非矣悲哉更逐齊人之後耶僕竊以爲知人曩得居方以爲居方也洎昨視所行則非居方今聆嘉聞又知居方矣如其知如其知竟履元和以叶愚念得之以道爲姜爲傅不得以道爲回爲憲時之令人豈不善歟面敘不周此亦何云

與王式書

公範足下長史及大人以薄官子自能記憶只見馳載長幼勤勤南北子雖童稚意甚不居洎有安固丞潮陽掾子時已冠似或議事以爲地分遐陋進取必無遠大若肄業承家則安固潮陽亦幾於不墜矣便懷耕食鑿飲之心焉事親敬長之道睦友與人之義恂恂自勉不意竊鄉曲之譽所疑不忘質所見不忘述時時有得多幸忝儕類之歸加以薄窺墳籍適有章句濮陽仲宣河東千齡滎陽從易濟北有融琅琊次臣皆博雅明達君子公範亦其人焉每論性行量識度評學業酌文詞不以虛薄往往掛於牙齒予年二十有一公範與羣公則可予以進士之目而有令予觀國之心予以羣公所貺之名繹先賢正名之旨進士者豈不言其可以仕進而能裨助政化始自下而升上終自上而利下者也近代亦曰舉人實古今舉賢進能之科也則有若風后力牧膺黃帝之舉舜禹稷契膺唐堯之舉縉雲高陽膺虞舜之舉伊尹姜牙膺湯武之舉管仲蹇缺膺桓文之舉五羖三傑膺嬴劉之舉皆齊聖廣淵明允篤誠立功立事出於人表之流也降自晉宋齊梁則有若陸機鮑昭謝眺江淹亦以登庸雖道德器用不及曩辰而詞學詩流爲一時之秀當羣公之論豈容易之度力不任又先與靈源道士虹巖逸人有潘湖合鍊奉養之契乞從宿志勤勤懇懇獲與靈源虹巖同居者三年公範與羣公雖不苦以前事相迫而流言時至建中初因當道廉察故相國常公本州將故中書舍人薛公南澗之談西湖之禮丹

青目下程準前期公範與羣公激厲轉加予亦稍信云云之勸時兄弟親屬方以衆情聞於大人大人與羣公遂有龍首之會特詢可否至於再三羣公不悔前言以爲可固可必人之於予皆欲其升高致遠至其秋大人則有遣從計吏之命當發之日大人及慈親親祭行於東郊公範與羣公亦共餞神餘於野席離觴既輟大人誠勖數言言可切骨銘心征車云動慈親嗚咽數聲聲堪斷腸褫魄公範與羣公備見備聞也慰上下之望在乎早成名早歸寧予必不惜伎能而有所絶墜以深上下之念汲汲搖搖如旌

如翹受遣之明年達於長安賃廡六秋禮闈四上頻竭激昂之力累爲籖揚之棄反躬忖己徘徊又疑豈常薛公輕於布素而有佞歟爲羣公溫良與朋友有不忠歟楊朱對岐墨翟覩素勁挺之志半作歸心況以近夢慈親以亂絲繞予之身萬重大人囓予臂見血蓋神祇以大人誠切遠警於予焉絲繞者豈非思念纏綿之象也囓臂者豈非囓指令歸之義也萬重見血者豈非示其甚也公範與予遊處最深者且莆陽讀書接席五年其於爲人公範知之莆陽去家四百餘里晨昏之思忽至珍異之味忽得亦不以始昨違離便奔馳而去性自天至實非勉爲今一辭庭闈而踰半紀以本心每每馳戀若此魂夢昭昭感發如彼日夜之心公範可量竊欲審覈良駑摭分進退阻故人無新知悦不可問因考使迴更有決斯科也先以才藝取次以德行伸大以事君細以臨人如予所習可以當之於取乎如予事親可以移之於君乎如予理身可以施之於人乎其可也則待命待知庶榮親之道抑温清之心如其不可則任材任器息干時之機謝風塵之苦書至與裁裁已遄復家在國在佇爲去就予於爲子之道所恨不知也知必

無不竭若於爲臣之道所恨不知也知必無不爲人生於世區區者所務豈不立名乎有名於國亦名也有名於家亦名也予何攘臂於其間醜於家而美於國哉予無此心亦公範知之東風扇和山青水清野芳且榮林鳥時鳴樽有酒匣有琴公範休暢某再拜

送張尚書書

前鄉貢進士歐陽詹於洛陽旅舍再拜授僕人書獻尚書閤下某同衆君子伏在尚書下風久矣孟冬已寒伏惟尚書尊體動止萬福人生於世令天下之人識與未識有一

善則願知之有一困則願知之尚書以爲其人何如哉愚以百年二百年無一而已矣尚書豈知身則其人乎既知其人某斯所以願也凡今之人進路於長者或以殫詞褒頌爲先者亦或求人書狀爲先者伏計尚書飽見之英明特達必不之愛小子固直亦竊醜之況尚書茂德雄才則騰於寰宇矣豈假區區片言隻字彰明於身乎以尚書山容海納則自斷於胸襟矣豈在悠悠八行尺牘進退於人乎知不然矣某才拙魯訥不敢游詞某閩越人向京師七千里矣去秋達應直言極諫詔不逮試便往西秦今冬將

從博學宏詞科赴集期昨至東洛舊負人錢五萬卒然以逢某則合還人又艱迫唯一驢一馬悉以償之賃廡之下如喪手足兀然不能出門者再旬於茲矣亦以窘逼遍祈於人人無非常所與唯疋帛斗粟供朝夕則纔可過其外則莫就無車無餚寄人之廬士之窮莫窮乎此今日有來相看者曰子之困至於是何不以情聞於徐方南陽公乎明日有來相看者曰子之困至於是何不以情聞於徐方南陽公乎某晝忖夜量既在尚書矣又人人異口同詞區區之心與議弁俾忘干犯以困投於尚書尚書之力上將驅雲雷清宇宙副萬乘之賴荅億兆之望豈獨遺某所願知之困乎尚書下將燮陰陽調風雨合百神之意允飛走之望豈獨遺某所願知之困乎救火之家水雖在遠不以遠而往者知其必能濟患也某之困曾未拜伏尚書所居洛陽西鄰陜虢北俯河陽南接陳許東有汴滑捨東南西北之近越千里控於尚書者亦知尚書必救所困焉神遊五侯之門遍心擇王公之量匝方決意投於尚書尚書留意焉布露微辭亦非容易考試事畢特冀拜伏雖有蓄積庶及面陳

上鄭相公書

將仕郎守國子監四門助教歐陽某謹齋沐緘書再拜遺隸子弟獻於相公中衢之車下庶及乎閣下當今主上聖明宰輔賢明可行已行可止已止其或未行未止非不知也非不念也未可行而未可止也某愚蒙欲陳所見則在知之之後念之之內矣不敢復言今斯有言自言而已人有百行修萬事精内扣潛鳴外聽無聲非不願用而人不用非不願旌而人不旌雖和平之代至老至死者相公以爲有之乎某將十有十百有百千有千也何以若知自近

之耳某嘗讀論語得孔子曰古之學者爲己今之學者爲人傷時之學者不由所學矜所學也某雖不敏傷竊如之况粟羔羊鴻雁之性未資訓導而敬順和合乎教者十或四五潔身畏人直拙自守始亦以孝弟忠信約禮從義人生合爾博聞游藝行義修詞人生固然殊不以有爲而爲也幸屬昭代以此官人撤趨條目遂希詮擇五試於禮部方售鄉貢進士四試於吏部始授四門助教夫人百行庶幾萬事留心不仕則已仕則冀就高衢遠途展其素蓄垂名於後代播美於當時匪徒利斗粟希片帛救寒暑給朝

夕也所以利斗粟希片帛者不能無之其將百行庶幾萬事留心之流有所分別也某非斯人之徒歟其慕彼人之徒歟企夫高衢遠途也噫四門助教限以四考格以五選十年方易一官也自兹循資歷級然得太學助教其考選年數又如四門若如之則二十年矣自兹循資歷級然得國子助教其考選年數又如太學若如之則三十年矣三十年間未離助教之官人壽百歲七十者希某今四十年有加矣更三十年於此是一生不覩高衢遠途矣况先三十年孰知存亡哉其或素蓄當在重泉之下矣忖己方人

所以知百行修萬事精内扣潛鳴外聽無聲非不願用而人不用非不願旌而人不旌雖和平之代至老至死者十有十百有百千有千也嗚呼今之高懸爵祿廣設名位實待乎德行與乎能事也德行也者孝悌也忠信也不可於公堂斯須而得試也須漸乎父母昆弟之言洽乎州閭鄉曲之譽某遠人也父母昆弟居萬里之外州閭鄉曲在三江之南孝悌之言無由漸朝廷之耳忠信之譽莫得洽闕下之聞也能事也者秉持也應奉也不可虛處無任而得呈也須形乎政令裁製之庸著乎伎藝使才之致某冗官

也政令裁製一月兩衙之謂伎藝使才二奠陪行而已秉持之庸不可形考課之目應奉之致是亦絕著選能之見也縱有顏閔之德游夏之學宰我之政事夫子之文章其於是也但父母昆弟自相知州閭鄉曲自相許於海隅嶺徼其奈拳拳之身何夫大田斯獲而有遺秉滯穗也萬秉稀一萬穗稀一某豈遂當其一乎且天地也命之翅必與之羽翮副其巨細使得飛也命之足必與之蹄蹠稱其長短使得行也若命之翅而不與之羽翮與之而巨細不相副飛則墜若命之足而不與之蹄蹠與之而長短不相稱

行則顚命適遺之墜與適遺之顚則如無命無與也其庸愚不知造物之旨者視之則不之怪其明賢深探理源者其謂天地何且邦國也勸人以德行用錫之爵祿必契其分量使得行道也聳人以能事用錫之名位必權其輕重使得榮身也若勸以德行而不錫之爵祿錫之而分量不相契道則屈若聳以能事而不錫之名位錫之而輕重不相權身則辱勸適遺之屈聳適遺之辱則如無勸無聳也其庸愚不知政化之旨者視之則不之怪其明賢深探理源者其謂邦國何某代居閩越自閩至於吳則絕同鄉之

人矣自吳至於楚則絕同方之人矣過宋由鄭踰周到秦朝無一命之親路無迴眄之舊猶孤根寄不食之田也人人耘耨所不及家家溉灌所不沾其濯乃條枚成乃華實者上天至仁之膏澤厚地無私之陽春乎相公爲上天霖雨佐厚地發生也何以處某焉夫舉善不遺於微陋使能必盡其材器眞宰相之任也自唐及虞有其人自夏及商有其人自周及秦有其人自漢而降無代無有洎國朝歷歷可數也相公能以某爲手下濫觴乎似善斯升眞善以至似能斯拔眞能以來古人行此天下歸仁也相公行之哉行之哉今則猶古算度遼遠蒼皇造次某惶恐再拜

上董相公東風詩啟

某啟某業文者相公昔領大司成則飲相公訓人成俗之教中爲大司樂則煦相公合莫移風之德及籌廟略則浹相公調元厚生之化竟未能歌謠芬馥紀敘茂實下居暗室有媿明神昨以赴調東周又聆相公此方鎭安之美陪輿人誦作東風詩二首旣詠諸途輒塵左右干犯明白不任戰懼

泉州刺史席公宴邑中赴舉秀才於東湖亭序

貢士有宴我牧席公新禮也貞元癸酉歲邑有秀士八人公將首薦於闕下古者相覿相祖有享有宴享以昭恭儉宴以示慈惠二典爲用鮮或克兼諸侯升俊造於天子遣之日唯行鄉飲酒之禮則享禮也胾肉元酒莫飲莫食公念肉不使食則仁不下浹酒不使飲則歡不上交方欲激邦俗於流醨致王人乎德行而賢者仁未伊浹才者歡未我交其若蚩蚩何秋七月與八人者鄉飲之禮旣修乃加之以宴餚移已膳醴出家醞求絲桐匏竹以將之選華軒勝境以光之後一日遂有東湖亭之會公削桑梓之禮執

賓主之儀揖讓升堂雍容就筵樂遍作而情性不流爵無算而儀形有肅鏘鏘焉濟濟焉於是老幼來窺盡室盈岐非其親懿則其閭里皆內訟而誓遷善焉於戲行其教不必耳提而口授移其風不必門扇而户吹公斯宴則風移教行其間矣眞盡心竭誠奉主化民之宰也煙景未暮酒德俱飽有逡巡避位而言曰夫詩者有以美盛德之形容君侯因片善附小能迴一邑之心成一邑之行而昭吾人恭儉於嘉享示吾人慈惠於清宴迴人心成人行周孔之才也昭恭儉示慈惠管晏之賢也不有歌詠其如六義何

是日人有甘棠頖宮之什客有天水姜閲河東裴參和潁川陳詡邑人濟陽蔡沼佐贊盛事亦獻雅章小子公之吪幸鼓微聲先八人者鳴捧豆伺徹時在公之側覩衆君子之作遂從卜商之後書其旨爲首序

別柳由庚序

孔子見老聃曰魚吾知其能游鳥吾知其能翔游可網翔可弋至於龍則吾不知聃其龍乎今予遇河東柳由庚亦孔子之聃矣眉長五寸耳近上頂寡言少笑皎若冰雪意或時發皆元漠杳冥之事從君子累黍之遊松櫟殊姿鵷鸞異情翌日予去之京師柳曰月陰日陽鱗潛羽翔海鵬君於焉期化冥鴻君從此而游南充近有上升者留言於長老豈爲吾設耶吾焉往夫其德行文學可以敦教化正雅頌予勸禪堯而補舜柳頷而不對貞元十三年七月十六日緜州紫極宮黃籙齋場別

送族叔行元下第歸廣陵序

族叔行元既射策與主司不合春二月將歸淮南所寓羣公設祖方獻未酬叔悄然有不暢之色羣公亦愕爾而阻歡小子侍觴奉而前曰歸好事春美時酒樂物叔於三者

加同人將之而有未悅豈禮闈失意之爲乎昆吾產金荆山產玉自民役巧鎔琢蓋多惟干將和璞有大聞非百鍊則其良可用歟非三獻而其寶可眞歟苟良苟眞不卽成不卽售適以精其研稔其實如叔也亦何稽於一邂逅哉若昔之人作必行動必中則是蘇秦無履穿之歎甯戚無石爛之歌孫宏無十上之勤商鞅無再干之勞也知泰而不知否知易而不知難是夫人也非所以待乎叔也叔如之何叔欣然見卞氏再來之路平歸心納春景安酒意四座以叶千鐘有娛既醉升車秋爲到期

送巴東林明府之任序

國以人爲本縣令親人之親者苟有命授無非愼擇今年執政又加精選自吏曹銓擬任而退下者十之五六濟南林公以始任之調發硎之刃請宰一邑天官劇巴東也而使爲之平衡無疑鈞軸不轉非輕重質器目以昭如則安可於其難而易若此解褐結綬當時之盛既受牒恭命而濟南公與予鄉而且故幼而知公行先鄉曲譽是通閭井之意術以明經升實操教化之本令有社稷有民人則弓矢入養叔之手徽絃在師曠之膝何徵之不中何妙之不

盡去矣無使朱邑魯恭專美是官其餘則巫峽峨嵋岷江湯湯水天下清山天下秀游盤貫境爲池爲墉退公多暇爲我迴聯

送建上人尋陽司業後畱詣涇原劉行軍序

建上人自茲而西更爲故人也巫咸山有道釋子建上人元和之淳氣以類合休神遂性曩與少司成陽公得於林棲公從下風之請斯縻大君之爵同方相致殊途且來雖鷫鸘冥鴻一飛一籠遐心遠意終共超曠遊佛廟賞靈臺壺冰片玉光潔再裕來爲去始散實聚終上人故人有在西土曰大夢未覺還宜一歎陶瓶芒屨此焉而往東路着首悠然高雲西之人幾日而覩松柏之下無凡草鸞鷟之侶無凡禽西之人豈陽公之儔歟覯遇之辰瓊玖之列詩可頌德覩於斯其撰之竹帛儻傳俾後之人知貞元是歲賢人之會二也

送李孝廉及第東歸序

明經自漢而還取士之嘉也經也者聖人講善之錄志立身正家齊國理在乎其中爲人父者莫不欲其子之明爲人君者莫不欲其臣之明明斯行斯近則平乎性命遠則

成乎政令邇來加取比興屬詞之流更曰進士則近於古之立言也爲時稍稱其僥倖浮薄之輩希以無爲有雖中乾外槁多捨明趨進俾去華取實君子惡以眞混假縱舍章抱器半捨進爲明新及第李孝廉則含章抱器捨進爲明者晳晳肌骨松寒玉清以志學升太學以學就升宗伯背文手占滯義口占二戴不往皇鄭復來投短書出長卷精專炳煥儔倫裒然聖朝貞元癸丑歲明經登者不上百人孝廉冠其首非獨學勝亦以文聞則有我芳華加之典實不惡夫僥倖浮薄角力於比興屬詞並矢分弓未知鹿

死誰手不爲也拾青紫之有路獻榮名以趨庭長途春光我美多彼噫盡藝而適猶有前聞家食非明時相待之意孝廉其志之

送常熟許少府之任序

始入仕一有縣尉或中或上或緊銓銜評才若地稱而命之至於緊無得幸而處而緊中之美者尤難其人今年孝廉郎高陽許君授常熟尉者實緊中之美君十三舉明經十六登第後三舉進士皆屈於命去冬以前明經從常調蔭資貴中之乙判居等外之甲旣才且地擢以是官夏四

月隨牒之官玉貌青春芬芳有襘望棠陰而委質鬱蘭陔以辭親征車轔轔所往在目異時九仞由茲一簣在邦猶家不出於忠信許君常以爲己任夫何恤哉士之生懷四方之志軫念於離別非所以爲士也行乎

送張陲山南謁嚴相公序

相國馮翊王作鎮南梁爲名賢藪澤四方浮川走陸結轍連艫岷山之坡碾成谷漢水之磧汨成淵耀華呈實涌溢門館量器而待未始失賢故天下眞賢雖遠皆往以賢躡跡者清河張子乎張百行爲實五言爲華有實可呈有華可耀度虛襟之必答抗高步以斯謁玉露初降金風景清褒斜峰峰千萬相見奮客情如歸意指危棧猶平遺馮翊之門唯才與德人之所與馮翊無不與是行也非張獨知其可衆君子共知之旣知之若詠若歌各言其知

送王式東遊序

瑯琊王式字公範予邑之英而忘形之友生也少同所好服膺周孔之教長齊所得願裨堯舜之化時命不與人無已知雨散雲乖四方五祀旣乏孔融鄭莊之公薦乃效張儀蘇季之自鬻百川會海相得上國丹誠未昭於鏡鑑黃

金已銷於桂玉予懷待兔之固猶伺北闕寢書之報公範見變豹之理將遊東諸侯之國魚川鳥陸俾爲異路曩日之別復起於今嗟乎夫人不得自然之至道冥冥飄於物外則天之至愚惛惛貿貿乎泥滓各得其方無枉性矯神之艱也企矚仁義盤旋禮樂下不植地上不麗天孤雲隨風斷蓬逐籜是不能岧嶤昭灼揚光其間圻華資而公範猶蒙貰薄藝而予莫售禽棲朽木蠖屈窮轍可悲也夫況赫赫皇都實吾人逞志之所大丈夫斂塵襟而瞻紱冕策蹇驢以窺軒蓋食米菽而覘粱肉吟寒苦以聆鐘鼓傷哉

公範得無媿耶加之離情悵悵何述萬乘之都千箱之年有故人而適遠無巵酒以敍別男兒巵酒之不致亦何論他日之浮沈哉平生之懷未易言也離者會之資會實離之本今離既由昨會後會得不由今離乎離會相生蓋不足歎公範勉之東諸侯聞有梁孝燕昭矣

送蔡沼孝廉及第後歸覲省序

昔人論別有賦論恨有賦狀仳離陳感憤其未見予於蔡侯是日之情蓋古人之遺情也人之慚莫先乎同有求而一不得人之慕莫甚乎偕遠遊而一先歸蔡侯沼字虛中

予之邑人又懿親也虛中以學予謬以文共受遣乎長吏皆求試於宗伯虛中登太常第歸寧故園予有曝鰓之困猶留京師同求在予則不得偕遊虛中則先歸堂俱有親身亦祈達自負達顏落羽之恥對人飛鳴就養之慶懷方寸為丈夫稟太和曰人子不包羞不痛心行道之人也虛中胷中有心者以予此辰之意如何哉悵悵悽悽渾渾迷迷飲甘觴以若荼視春光其如秋周秦九軌之道吳楚千里之水騁逸驥揚輕舟激爾清風歡拜非遠人則姻昵家惟里閭到日榮賀盡室當在念沾名之不異想出門之是同父也母也兄也弟也雖喜人之善則有而傷予之不肖豈無重增予鬱結之端矣明鏡前平衡下妾媚無取銖兩不登才歟命歟不自知也烹乳為醍醐鍛金為干將予期烹鍛以變化虛中其行乎勿謂業就不增修勿謂名成有所忽及此方達大虛中志之

欽定全唐文卷五百九十七

歐陽詹 三

送鹽山林少府之任序

新授鹽山尉孝廉郎濟南林君脂轄東轅莅官也鹽山滄州之屬邑也滄州戎狄接境之地國家虞守之會東南居恃力之卒西北有矜功之衆從事之劇惟天下先若非機足應權達能通變則不之與也公以二善而時與之夫騏驥未馳知有致遠之力干將未割知有剸堅之功堂堂林君假道試使嘽桐嶰竹必中音律勉以能事爲邦之光祿

者所以食人爲國奉者所以衣人贊時予知之而君豈不知之苟知之何往而不利

送周孝廉擢第歸覲序

始未與周相接二年間於貢府稠人中見之年甚華神甚清英如穎如若金在沙若松在林常奇之曰誰家千里駒可羨也豈權衡藻鏡而遺於是邪今春獻藝果登孝廉上第予以片言隻字進亦同年成名旣昔情所佳又今跡斯叶或因有覿獨與之語宮商起於朱絃薑桂在乎太牢泠然可聽芬乎可嘗已比郄詵之玉思懷陸績之橘夏五月自京而東賃廡陋居迴軒見別予則不敏輒奉以言會稽之竹旣鏃矣宜羽之荆山之璞旣琢矣宜礱之雖休勿休古有光大晨昏之暇勿忘則疊札之望可酬連城之價可取勉哉有如君林蓋不易得

送裴八侃茂才郄東遊序

幼秀裴侃昨自江湖西入關遊京師今自京師東出關遊江湖十二斯冠才氣卓異身猶三尺交友四海著文數篇其措意規格儲乎達人旬時闕下鬱發聲聞公卿名德待以優禮告離之日祖軷相屬由晨及暝方容升車軒蓋相

追百有餘兩長沙歐陽某企以芳馥亦驅犇轍將欲分手詔之自愛曰楩柟出地知爲梁爲棟鸑鳳在𣪊知摩霄薄雲子之他日豈在乎此不獨斯爲羣公斯謂子姑行無忽所謂非徒謂也

送無知上人往五臺山序

無生永存旨不易源緜兮在煩澄兮處渾釋氏子味其實歸其根其教雖傳非言可言唯相似者復到其門無知上人其到門者歟上人從儒至道從道至釋如歷星月以得白日若棄扇霎而灑長風眞空洞照熱惱頓盡水其性雲

其身周四海以終靜出六合而非寄維揚秋杪方至自閩日未成旬作臺山之適目關河於不許擬衣食乎隨施怡如也澹如也此行逢流得抵虛舟無程峨峨五峰幾日而上登異清涼侶善知識所至也之至元之又元乎予弱冠之年同時䟽之學神不違遠溺在名利禮足而別悽然自傷岐路既殊聊各以行勉哉無知公勉哉歐陽生

送楊據見漳州李使君序

儒有馭百行駕六藝曳長裾於王侯之門以禮待楊夫子是日之告謁漳浦李太守之行行儒之事也子幾於儒久

矣李太守天枝之英金鏡之明盛物之量秤物之衡夫子姿容不孤其鑒多少有登其榘何往而不利高梧始華瑤草欲碧去矣夫子時景宜往

送陳八秀才赴舉序

諸侯歲貢俊才於天子故陳侯今年有觀光之舉白露肅物青天始高雲迴鴻盤言邁永途吾觀夫雄心銳志將領能事則吏山堙谷不盡其力何東堂一枝南荆一片足壓其應邪勉哉陳有其才奏其試知其成矣

魯山令李胄三月三日宴僚吏序

三月三日以酒食出於野曰禊飲古俗也有唐今上御宇之九年年定三節一以二月一日之中和終取九月九日之重陽次取此日之禊飲賜羣臣大宴登高臨流與時所宜洎四方有土之君亦得自宴其僚屬貞元十二年暮春月哉生明一日則其日也臨汝魯山令趙郡李胄恭國令宴於縣南滍濱先宴曰夫宴者古所以示慈惠而期合歡者也國家錫以斯宴者情亦古情焉況食在充腸不在充目酒在成禮不在溺神歌發其所自和舞登其所自樂窮八珍竭千鍾強發揚謌絲竹則有勞有逸豈合歡之意歟

於是首設一席肉一肩酒一壺命自天子命爲佐者次一席酒肉亦如之命自已命以爲吏者次一席酒肉亦如之命鄉閭許以耆年有德者肉既飽酒既酣因化育之宿洽有歌謠者進有舞蹈者作皆誠激乎中章乎形容婆娑慷慨與習而爲者不類然後漁者請以其舟農者請以其器圃者請以其蓄弋者請以其鮮啐濁嘗漉浮泛漪瀾風恬日和川晴野媚以熙以怡萬心一之至義之門大順之家父兄子弟一族一堂之中不是過也非仁德淳化其孰能至於是邪旅遊之子實窺盛事茲宴也雖溥於天下百里

不同風雨恐他邑之景物此辰不得似公之邑也一方不同教化恐他邑之歡樂此辰不得似公之邑也故序之

泉州泛東湖餞裴參和南遊序

泛舟餞行別禮之重也昔李郭有之降自近代名望之士亦往往而用皆其殷勤負出於人意文雅足賦乎時物俾操執之容可觀風景之媚不孤理未符此事罔得舉清源郡春正月客有河東裴參和將南遊郡司戶置同正前大理評事扶風竇公因攜俎豆展故實蓋厚裴而昭已德也奇哉英秀哉其裴歟明疑乎風姿瓌麗乎詞華朗如嵩如

輝如煥如予翰苑十年之遊飽覩四方之彥九霄寸步一日千里者予得識之如其人如其人是餞也主賢賓賢譬古無作指方舟以直上繞長河而屢迴絃管鐃拍出沒花柳勝趣則深離觴且酣斜日應程賓辭及固噫停橈一挹裴其昇車美哉裴何往而不利況此選列郡莫非哲人有知之鑒其豈相失遊意儻盡姑爲時起予從此更詣承明竇公不日應召宣室秋風似緊當共天衢佇羊角而來一舉磨蒼蒼矣詩人同志之

送洪儒卿赴鄉舉序

三折肱爲良醫予五升詞場四遭擠擯是以竊知乎文則洪氏子舉秀才前後勝負予得而度夫子黼黻之性加好勤苦之節紡績墳典組織篇什觀經緯機杼則重錦繡段日日當成今年秋貢士果居首薦歌鹿鳴以飲餞想鵬摶而飭駕金欲求鍊玉將就磨光銑穎耀朝夕以冀迴雁賓海秋風落山雖難別離向慶無恨中鵠餘矢猶思再發升冬元月期會於闕下

曲江池記

水不注川者在藪澤則曰陂曰湖在苑囿則爲池爲沼苑

之沼圓之池力壍而成則多天然而有則寡茲池者其天然歟循原北峙迴岡旁轉圓環四匝中成窞坎窐窌港洞生泉噏源東西三里而遙南北三里而近當天邑別卜繚垣未繞乃空山之濼曠野之湫然黃河作其左壍清渭爲其後湓㕙斜右走太一前橫崇山濬川鈎結盤護不南不北湛然中渟西北有地平坦彌望五六十里而無窪坳紫蓋凝而不散黃旗鬱以常在實陶鈞之至造化之功沙汰一氣之辰財成六合之日既以磽确外爲寰宇敞無垠堮以居億兆又選英精內爲區域東以襟帶用宅君長若人

斯生支體具矣有心以繫其神焉若堂斯考廊廡設矣有室以處其尊焉彼如紫葢黃旗之氣豈陶鈞造化者用宅君長英精之所耶夫物苟相表裏制必同象泄夫外則廓以靈海導夫內則融乎此湫歷代帝王未得而有豈降巢宅土之後聯綿千百之代建卜都邑不欲合夫天意而居乎將天意尚伺其根深蔕固可與終畢者而命處之故涸於有隋兆我皇唐之在孕遠其季主營之以須焉揆北辰以正方度南端而制極墉隍劃趾勾陳定位地迴帝室湫成厥池既由我署纔成伊去眞主巍巍龍盤虎踞爰自中

而軌物取諸象以正名字曰曲江儀形也觀夫妙用在人豐功及物則總天府之津液疏皇居之墊隘潢污入其洞澂銷涎滌以下澄汙盧隨其佳氣蕩鬱攸而上滅萬户無重膇之患千門就爽塏之致其流惡含和厚生蠲疾有如此者皎晶如練清明若空俯睇沖融得渭北之飛雁斜窺濳汻見終南之片石珍木周庇奇華中縟重樓夭矯以縈映危榭巉嵒以輝燭芬芳薈滲滉瀁電紆凝煙吐霧泛羽遊鱗斐郁郁以閑麗謐豰豰而清肅其涵虛抱景氣象澄鮮有如此者皇皇后辟振振都人遇佳辰於令月就妙賞乎勝趣九重繡轂翼六龍而畢降千門錦帳同五侯而偕至泛菊則因高乎斷岸祓禊則就潔乎芳沚戲舟載酒或在中流清芬入襟沈昏以滌寒光炫目貞白以生絲竹駢羅緹綺交錯五色結章於下地八音成文於上空砰輷沸渭神仙奏鈞天於赤水鼉鼉敷俞天人曳雲霓於元都其洗慮延歡俾人怡懌有如此者至若嬉遊以節宴賞有經則纖埃不動微波以寧熒熒渟渟瑞見祥形其或淫湎以情泛覽無斁則飄風暴振洪濤噴射崩騰駱驛妖生禍覯其棲神育靈與善懲惡有如此者小子幸因受遺觀光上

國身不佞而自棄曰無名以多暇詢奇覽物得之於斯矚太始之元造訪前蹤於碩老天生地成之理識之於性情物儀人事之端徵之於耳目夫流惡含和厚生蠲疾則去陰之慝輔陽之德也涵虛抱景氣象澄鮮則藻飾神州芳榮帝宇也洗慮延歡俾人怡悅則致民樂土而安其志也棲神育靈與善懲惡則俗知所勸而重其教也號惟天邑非可謬創一山一水拳石草樹皆有所謂茲池者其謂之雄焉意有我皇唐須有此地以居之有此地須有此池以毗之佑至仁之亭毒贊無言之化育至矣哉以其廣狹而

方於大則小矣以其淵洞而論夫深則淺矣而有功如彼有德若此代之君子蓋有知之而不述令民無得而稱焉輒麤陳其旨刋諸岸石庶元元荷日用之力也

福州南澗寺上方石像記

萬物闓闢各由襲沿無襲無沿而忽以然苟非妖怪實爲珍慶斯石像者其珍慶歟始孕靈韞質兆朕未見則峨峨巨石巑岏山立鎮郡城之前阜壓蓮宮之上界海若鞭而莫動天時沴而終固皇唐天寶八年五月六日清晝忽騰雲旁涌驟雨來集驚飆環駭軯訇杳冥雄雄者雷騞然中

震迸火噴野大聲殷空岑嶺嶮崿渾洞簸蕩須臾風雨散雲雷收激勢輪囷斬然中闢南委地以彿落北干霄而碣樹不上不下不西不東亭亭厭心隱隱眞像三十二相具八十種好備列侍環衞品覺有序莊嚴供養文物咸秩端然慈面儼矣儀形似倚雪山而授法如開月殿以趺坐異矣哉不曰博聞乎未聆於旣往不曰多智乎罔測其所來且物之堅莫堅於石兒高厚廣袤又羣石之傑一朝瓜剖中有雕琢其爲造石之初致有相以外封乎其爲有石之後入無間以內攻乎噫不可以人事徵請試以神化察巍巍釋氏發揮道精其身旣傾其神不生等二儀以通變齊四大而有力教於時有所頹靡人於教有所忸怩則爲不可思議以煦以吹故示此無跡之跡難然之然俾知我存存入我之門經曰千百億化身蓋隨感而應茲身者則千百億之一焉昔諸佛報現皆託於有命有命則有生有生則有滅曷若因其不朽之物憑乎不動之基形旣長存法亦隨是與夫爲童男而出世假長者以來化元元之徵則雖一永永之利則不侔可以禮足而悔罪寄影以安樂予則求福不回者焚香跪仰或從釋子之後故於巑岏之餘

仍聊書其所由來

泉州北樓記

釋名曰樓謱也謂其高明覷遠謱謱然也建於第宅則以閱園林有娟樹於雉堞則以警寇盜不虞故墨子曰城三十步一坐候樓百步一立候樓茲樓者蓋此郡北墉之立候樓也卜築之始微而具之袤不倍常廣唯再尋製造日遠土木力殆左騫右陊上露下圮有年數矣邦牧安定席公貞元七年下車至九年牧之三祀重民力而未形言是年暮秋歲豐農隙有司率常典告有事於土功公曰斯郡

之南極也元后帝鄉實在於北詩不云乎心乎愛矣遐不謂矣欲因戀主向北瞻矚惟此有樓半傾半摧日夜闕登陴擊柝之所風雨憂折榱復隍之患政因時令爾其營之俾有布席跪立之地間更人防卒之莅事予將時躋展北面拱辰之心焉受命者感公之意如公之意野人羣庶感公之誠如公之誠川朝子來坏崩易蠹趾有餘而不剗基墉自延材有長而不斲棟宇自崇既望庀徒未晦成功倚層霄於軒檻納千里乎牕牖如鱗之廨署若岸之軍壁得之之狀若連山之有重巒長江之蹙洪濤氣勢繇是以雄

焉公每子牟情來莊舄思生俯仰於斯徘徊於斯夫完城壯邑有邦之本也戀闕愛君爲臣之節也善矣哉公廣茲樓也遠得有邦之本近貞爲臣之節執邦之本曰公謹臣之節曰忠唯公與忠公斯昭矣小子家在委巷多聞與頌藝忝儒術每侍公居上志下衷兩獲而達敢書其事爲之記以獻至若眺四維之雲物臨萬井之煙景遐象佳致睥莫勝觀非公有樓之素故不之載

二公亭記

勝屋曰亭優爲之名也古者創棟宇纔禦風雨從時適體未盡其要則夏寢冬室春臺秋户寒暑酷受不能自減降及中古乃有樓觀臺榭異於平居所以便春夏而陶湮鬱也樓則重構功用倍也觀亦再成勤勞厚也臺煩版築榭加欄檻暢耳目達神氣就則就矣量其材力實猶有蠹近代襲古增妙者更作爲亭亭也者藉之於人則與樓觀臺榭同製之於人則與樓觀臺榭殊無重構再成之縻費加版築欄檻之可處事約而用博賢人君子多建之其建之皆選之於勝境今年暮春月邦牧安定席公別駕置同正員前相國天水姜公念茲邦川逼溟渤山連蒼梧炎氛時

迥溼雲多來又日臨胃次斗建辰位和氣將徂畏景方至月令云可以升山陵可以居高明蓋謂是月况地理卑庳而不擇爽塏以蕩夫污盧乎因問風俗相原隰郭東里所共得奇阜高不至崇庳不至夷形勢廣袤四隅若一合之以澄湖萬頃挹之以危峰千嶺點圓水之心當奔崖之前如鐘之紐狀鼇之首二公止旌輿以迴眺假漁舟而上陟幕煙茵草翫懌移日心謀意籌有建亭之算而未之言也二公既迴邑人踵公遊於斯者如市登中隆觀媚麗前來後至異口同詞昔漢帝不曰百姓安其田里而無愁怨之

擧者其由良二千石乎是謂政平教成時和境清使俗泰而民以寧者也虞書不曰股肱良哉庶事康哉是謂翼帝藩皇調陰序陽使物阜而民以昌者也席公今日之化育吾徒是以寧姜公昔歲之𡡅諧吾徒是以昌且以之寧又以之昌愷悌君子也詩云愷悌君子民之父母二公者眞吾父母也茲阜二公攸選尚而加愛務休訟簡必復斯至上露下蕪忍令父母憩之乎遂皆發言爲公就亭之功如牆而前陳誠於縣尹縣尹允其請而爲之辨方經𣊬環當上頂誠者訓簡以授子來於是家有餘粮圃有餘木或掬

一抔土焉或翦一枝材焉一心百身蜂還蟻往榛莽可去以自甕瓦甓無脛而奔萃一之日斤斧之功畢二之日圬墁之傭息再晨而成二公莫知層梁亘以中豁飛甍翼而四翥東西南北方不殊致糊白墳以呈素䑋賴壤而垂繪通以虹橋綴以綺樹華而非侈儉而不陋煙水交浮巖巒疊迴精舍奉其旁達都城企其遐際容影光彩漪入瀾澄指朱軒於潭底閱雲岑乎波裏爌爌由演如飛若動又鈞人飄飖於左右游禽出沒乎前後一盼一睞千趣萬態稅息之者若在蓬壺方丈之上二公重清曠於舊賞納東懸乎羣庶尋幽探異常於斯勞賓祖客常於斯加以平疇開闢通途在下可以親耕耨可以采謳謠作一亭而衆美具噫天造茲阜其固與人爲亭歟不然何不達郛郭而博敞詭秀之若此非常之地意待非常之人故越千萬祀而至二公方覿也邑人想之復言曰事無隱義物有正名地爲二公而見亭從二公而建斯亭也可署曰二公亭雖芻蕘之云中實有謂二公不忽遂以爲號小子藝忝於文會觀光上國去之日歷越遊吳歸之辰踰荊泛漢會稽之蘭亭姑蘇之華亭襄陽峴首豫章湖中皆古今稱爲佳境或棟

宇猶在或基趾未沒山川物象遍得而覽方之於此遠有慚德懿哉二公智周德厚卜地如此感民若彼某非飾說入吾邑者升吾亭者知之古之製器物造宮室或有銘頌以昭其義斯亭也豈無斅古而爲之章句者小子薄劣不敢讓其事麤述其旨姑爲之記兼借二公之名紀於左以爲邦榮在位賓僚亦以次序從公而列

泉州六曹新都堂記

貞元八年刺史安定席公爲邦之二祀冬造六曹之都堂公表微而慮遠也天子建六官以紀綱天下分刺史六司

用經緯封中猶天之有四時而人之有四肢一時不若則歲罔成功一肢不和則體莫全用公以六司之掾如股肱思安之與身之安也火流定中將坏城郭覩覽廨宇首視斯署既隤而隘非凝神揆務之所日撫人民不則有國營宮室是亦爲政乃量羨府以度用指斯宇而命易又曰處湫居卑非智也煩人蠹財非仁也吾欲全仁而就智蔵事者志之有司於是審基址程廣袤山節藻棁僭也削而不取土階茅櫚偪也革而是捐非約非豐允執厥中然後計具林量日力山木則酬之如市人功則稅之若時物樂民

願未旬而畢飛梁五邃而通負連楣六接以都豁陽軒遐引陰室旁敞挹以重屏翼以迴廊晻黕黕以祕邃屹崇崇而宏敞夏處其違則炎天以凉冬居其隩則凄風以温足以寧肌靜心以釐厥職者也夫哲人有作不唯利身在利人不惟利今在利後相斯堂者公侯卿士禮隔殊品公不之降也斯不亦利人不唯利於身歟堅壯固護存延千祀人不之逮也斯不亦利後不唯利於今歟覩斯堂見公之意時某處某乙爲司功某處某乙爲司户司倉司法司兵司田皆外莊内融懷材抱忠無回邪以莅下有謇諤以承上當時之彦也請列於記左庶後之君子覩名訪德知夫是日堂有人焉

右街副使廳壁記

使有副副之言繼也其一繼之輔也所以繼其或缺而又輔其違焉其亦總使之務歟皇街使之副其職大矣天子外有六合故内闢六街以達之彼爲庭除此爲堂室靜諸外必先諸内乃置使以清之我唐新典也蓋以警正天衢糾逖王慝領環遊式遏之卒專扞掫徼循之令夫京師豪傑英俊之都會蠻夷戎狄之來萃排輪重足馮衆多撓我防則户伊動必由我察則目伊瑕必見繇是九城之中乘

避貴負撒長金玉可拾遺則猶土幼弱可欺遇則如傷出門若有賓讓路若有神雲興烏合而無暴自東自西以咸萃憧憧焉斯焉而能在其中悖悖焉斯焉而謹在其中六合澄晏六街源之則街使之功副使攸同也貞元八年上以元舅兵部尚書大金吾濮陽公兼右街使俾訪忠良以自佐濮陽公先以節行選次以材能擢加之以更歷因之以故舊得建州別駕前尚衣奉御高陽許公以聞上素知公名即日召見數對器實有符曩聲當錫紫綬金章於殿

庭而允其請濮陽公本官用視茲佐得人銜之政悉以相付公靜而敏清而貞堅鑰禁樞深劬事根不誡而部伍增肅不挍而逵陌倍理日出作日入息三條四出風恬月靜職斯有述公此無怍遷蘄州別駕副使如故旌其勞且藉能也夫跡以行生言由事立公釐斯署之績得國家建斯署之義遂書其義昭其績爲公廳之壁記云其或接公之武踐茲位者任是既重德亦無輕列公之左雖百代可也

太學張博士講禮記記

說釋典籍謂之講講之爲言耩也如農之耕田疇焉田疇

將植而求實雖耕矣必耩分其畦壟嘉穀由是乎生典籍將肄以求明雖習矣必講窮其旨趣儒術由是乎成我國庠春享先師後更日命太學博士清河張公講禮記成儒術也聖祖三刋九經公通其六精於五而禮記在乎其中禮也者御人之大故首於羣籍而講之束脩既行筵肆乃設公就几北坐南面直講抗牘南坐北面大司成端委居於東少司成率屬列於西國子師長序公侯子孫自其館太學師長序卿大夫子孫自其館四門師長序八方俊造自其館廣文師長序天下秀彥自其館其餘法家墨家書家算家輟業以從亦自其館沒堦雲來郎集鱗次攢弁如星連襟成帷公先申有禮之本次陳用禮之要正三代損益得失定百家疏義長短鎔乎作者之意注乎學者之耳河傾於懸風落於天清泠灑蕩幽遠無泥所昧鏡徹於靈臺所疑冰釋於心泉後一日聞於朝百司達官造者半後一日聞於都九域知名造者半皆尋聲得器虛來實歸予職在下庠亦掌有教道不足訓領徒從公惟始洎終覩公之美敬書盛事記諸屋壁并列當時執簡摳衣者於左偏

同州韓城縣西尉廳壁記

說文曰尉畏也亦慰也主也故字從尸示寸寸者寸量禮度以敬上示者示陳教令以諭下尸者典職司以居位敬上所謂畏諭下所謂慰居位所謂主全茲三者以莅王爵則仕義周是以古之人嘉用尉字爲官號陶唐有太尉周有軍尉秦亦有太尉與尉東南尉洎漢則復命縣掾曰尉自是以名至於我唐無或易所命善也我唐極天啟宇窮地闢土列縣出於五千分爲七等第一曰赤次赤曰畿次畿曰望次望曰緊次緊曰上次上曰中次中曰下赤縣僅二十萬年爲之最畿縣僅於百渭南爲之最望縣出於百

鄭縣爲之最緊縣出於百夏陽爲之最上縣僅三百韓城爲之最上之最次於緊之最非最之緊無與焉緊之最次於望之最非最之望無與焉望之最次於畿之最非最之畿無與焉畿之最次於赤之最非最之赤無與焉最之縣長於餘縣如麟鳳五靈之長於羣靈也數長不數類則韓城之稱與萬年渭南鄭縣夏陽並自緊而上簿尉皆再命三命已往而授資歷至之而至也上縣而下則自解褐授韓城既上縣之最簿尉解褐之貴者唯三員伺其闕非年年之有或一員之闕天下皆知之授之日亦皆知之曰某

人授韓城尉是其人則頌非其人則誹雖一命之官其爲人尚也如此則主司愼擇才地精美縣亦有六曹尉二人一判功户倉其署曰東廳一判兵法士其署曰西廳茲廳兵法士之廳也根之州則司兵司法司士盡在形之國即兵部刑部工部盡在兵主武法主刑士主工今武未大戢務尚繁刑未大措訟尚生工與人與無時休州縣司或雙曹六人分其職國則部屬僚八九十人分其職一人理六人八九十人之理雖大小有異而揆緒不殊其緒不殊其官不易能至於易者則人無敢易之人無敢易之則國必重之國重之則踐洪鈞大柄所由乎此也貞元十五年春余友人滎陽鄭伯義授焉鄭自上累葉聲名爲天下聞鄭以明經登科又三舉進士屈於命詞學亦流輩推内行第一其受命之年五月余詣焉十月又詣焉見東廳有記西廳無記因請書其姓氏序於左其或先於鄭芳馨猶在者亦得之至於鄭繫於鄭譜皆繫之若土壤廣狹物產有無尉非得主不敢僭序

歐陽詹四

懷州應宏詞試片言折獄論

夫子說季路於人曰片言折獄者其由也歟夫子之言蓋有激於季路之云也後之人不窮聖旨以爲夫子美夫季路任一時之見輕而折獄者十有八九焉迂哉斯人也夫兩訟之爲獄獄折而有刑刑者侀也侀者成也一成而不可變不其重歟古之帝王將刑一人備三槐歷九棘訊羣臣訊羣吏訊萬人億兆絶議然後致法猶於朝於市於野

昭然與衆方棄之所以不易也君莫聖於堯而有舜禹稷契佐之莫明於舜而有夔龍縉雲高陽佐之莫哲於禹莫賢於湯莫察於文武莫敏於成康於時皆濟濟盈朝明明在位豈無獨見而可臆斷慎刑之道如斯不敢失明刑獄不可輕也凡至獄訟多在小人至於訟也皆欲已勝何則不勝乃罪戾隨之若是則君子時或妄訟於人未有小人而能自訟者片之爲言偏也偏言一家之詞也偏詞雖君子不信之矧非君子乎且先師曰人而無恆不可以作巫醫巫以鬼神占醫以筋脈體無恆之人筋脈且不足以自體而況訟乎鬼神不足以爲占而況視聽乎以斯折獄也小則肌膚必有扶撲之濫焉大則性命必有鈇鑕之冤焉夫子祖述堯舜憲章文武師老聃而崇周公此六人無一以傷於人者夫子豈好輕傷哉脫夫子實爲片言可以折獄也不幾乎一言可以喪邦歟夫子之言非於季路賢者審之片言不可以折獄必然之理也

自明誠論

自性達物曰誠自學達誠曰明上聖述誠以啟明其次考明以得誠苟非將聖未有不由明而致誠者文武周孔自

性而誠者也無其性不可得而及矣顏子游夏得誠自明者也有其明可得而至焉從古而還自明而誠者衆矣尹喜自明誠而長生公孫宏自明誠而爲卿張子房自明誠而輔劉公孫鞅自明誠而佐嬴明之於誠猶玉待琢器用於是乎成故曰玉不琢不成器人不學不知道器者隱於不琢而見於琢者也誠者隱於不明而見乎明者也無有琢玉而不成器用明而不至誠焉嗚呼旣明且誠施之身可以正百行而通神明處之家可以事父母而親弟兄遊於鄉可以睦閭里而寧訟爭行於國可以輯羣臣而子黎

毗立於朝可以上下序據於天下可以教化平明之於誠所恨不誠也苟誠也蹈水火其囷害彌天地而必答豈止君臣鄉黨之間乎父子兄弟之際乎大哉明誠也凡百君子有明也何不急夫誠先師有言曰生而知之者上也所謂自性而誠者也又曰學而知之者次也所謂自明而誠者也且仁遠乎哉我欲仁斯仁至矣夫然則自明而誠可致也苟致之者與自性而誠異派而同流矣知之者知之委之者知之

珍祥論

漢武帝覽交門之歌顧謂東方大夫曰古人列后巍巍蕩蕩者則予今日其庶幾乎東方大夫曰何謂也曰達人率俾天降珍祥殷湯上感實獲白狼周成旁浹遠致越裳放勳曰聖幸祀四方武乙不淑出有震亡予享虞舜於九疑弔罷民乎盛唐登名山於華陰俯大川乎潯陽天清地謐符應昭彰是曠跡交神致放勳之慶修身遠害免武乙之殃紫芝產於甘泉白麟呈於雍畤天馬生於渥洼之域寶鼎出於汾水之濱風雲草木相繼於時頭飛鼻飲之長涅齒穿胷之貌絕域款塞無月無之是多白狼之祉不少越裳之珍也比夫巍巍蕩蕩爾有何見而感焉東方大夫曰噫陛下誤意巍巍蕩蕩歟非古所謂巍巍蕩蕩者夫巍巍者德之容蕩蕩者化之稱非謂廣遊從於險阻幸髣髴於神祇錄莫測於妖祥免偶然之壓溺致儻來之貢賦獲無用之戎狄耳且此之數者理不可馮亦明也秦皇帝周施天下不爲德我太宗不下階闥不爲微周懿死於牖下不爲是虞舜崩於蒼梧不爲非虢叔得神喪其國西伯無神人以歸龍降於庭夏道昧雉雊於鼎商祚輝苗民逆命堯以盛有緍來賓桀以衰以此觀之卽虐如秦皇雖車轍遍

於宇內不如太宗端拱於堂上也弱如周懿雖終於帷席不如虞舜之沒於草莽也淫如虢叔雖獲靈祐不如西伯無所禱祈也邪如孔甲雖有嘉祥不如武丁之妖怪也酷如夏桀雖異人屈膝不如唐堯域中之解體也天道冲融變化無窮發祥布象時異始而同終神理閟密吉凶罔測示形告兆亦同紀而異極有多端以表善有積慶以稔慝有無災以厚毒有見眚以警德令多端多慶不知天之表善歟其稔慝歟無災無眚不知神之厚毒歟其亦警德歟以是先王或不致珍祥而有天下或屢服蠻夷而覆宗社

或有鴻災巨眚國以寧或有靈蹤異跡而身以傾珍䄅之實乍凶乍吉妖怪之蹤乍吉乍凶譬諸藥工也其有活人之者亦有殺人之者焉譬諸酒醴也雖有敗人之道固有成人之道焉武帝曰若之何而信之曰唯德可以信之欽若上帝輯寧下民其表善也雖休勿休則百福是遒其愆慝也將覆不覆則轉禍爲福且人神之主天地之心也孰爲妖怪神祇也孰爲珍祥天地也者苟修德以待人未有主人怡悅而客忿怒心善而形爲惡也若有其德曰覩妖怪其巍巍也若無其德曰對珍祥其未蕩蕩也武帝矍然

歛膝而言曰善矣哉微而體大珍祥不必利妖怪不必害而今而後以二者棄乎道德之外敕內府詔宗伯加東方大夫命一等而贈之束帛

暗室箴

夫行以檢身非以爲人無淫無佚其處宜一孜孜碩人冥冥暗室罔縱爾神罔輕爾質違茲小惡念彼元吉勿謂旁帷上蓋天監無外勿謂後掩前扃神在無形天不長慝神實正直神怒天誅未始有極昔者趙盾假寐兢莊天迥厥害鉏麑以亡又有符堅竊爲制度神敗其類蒼蠅以呼天窺神窺人無不知神忿天忿身無所隱澗松抱節幽蘭有薰歲寒不變無人亦芬草木猶爾人其曷云恐懼乎其所不見戒慎乎其所不聞先師有言敢告夫君

棧道銘 幷序

秦之坤蜀之艮連高夾深九州之險也陰谿窮谷萬仞直下奔崖峭壁千里無土亘隔呀絕巉巉冥冥麋鹿無蹊猿猱相望自三代而往蹄足莫之能越秦雖有心蜀雖有情五萬年閒夐不相接且秦之與蜀也人一其性物同所宜嗜慾無餘門教化無餘源可貿遷可覯晛擘坼地脈聯離

物理豈造化之意乎天實凝清而成地實凝濁而形當其凝也如鎔金下鑄騰雲上浮空隙有所不闢迴翔有所不合澄結既定窾缺生乎其中西南有漏天天之窾缺也於斯有茲地地之窾缺也天地也者將以上覆下燾含蓄萬靈可通必使而通者也苟有可通而未通則聖賢代其工而通之故有爲舟以濟川爲梯以踰山唯茲地有川不可以舟涉有山不可以梯及粵有智慮以全元造立巨衡而舉追氏縋懸纑以下梓人猿垂絕冥鳥傍危岑鑿積石以全力梁半空於木柵斜根玉壘旁綴青泥截斷岸以虹矯

繞翠屏而龍蹁堅勁膠固雲橫砥平總庸蜀之通途統岐雍之康莊都邑之能步山川之無脛若水決防如鴻向陽南之北之踵武湯湯躋峨峨以自若臨蒼蒼而不懼繇是贄幣以達人神會同稽禮樂之短長量威力之汙隆可王者王可公者公而相次以風或曰受琢之石長存可構之材無窮易刓代蠹斯道也未始有終嗚呼爲上懷來在乎德爲下昭德在乎義德義之如今日則或人之言有乎其反之則石雖存恐不爲琢材雖多恐不爲構想夫往昔有時而有有時而無是用惕惕天下蚩蚩知聖賢創物之意

之人寡明德義固物之道之人稀敢陳兩端之要銘諸斯道之左庶主德義者存今日之所履踵武湯者荷古人之攸作銘曰

天覆地燾本亦備設大象難全或漏或缺損多益寡聖賢代工彼雖有缺與無缺同維北則秦維南則蜀地缺其開坤維不續斗起斷岸屹爲兩區秦人路絕蜀火烟孤天實不通賢斯有造鑽堅剗勁無蹊以道若川匪舟若陸匪車緣危轉虛步驟交如構雖在功存亦由德項佛劉怒從完以踣隋落我營自顚而植地非革勢材不易林踣植之致恚怨之心勿謂斯道不恒勿謂斯道可久禮不以禮可有而無恭不以恭可無而有創之之意如彼固之之理若茲彼知不易茲而易知勒石道左其同我思

陶器銘 幷序

嘗侍論於長者儻有之曰近代之作玉杯麗則麗矣愚以謂不如古人之爲陶長者韙之以爲知言退而思其所自多亦不忝伊人之譽器以利用道從易簡利用者貴無往而不適易簡者取立功而匪勤今天下之至富者土也不勞而成者火也夫陶摶壤以製焚蒸以凝就其不勞因其

至富不瑩而冰清珠皖不鍛而金固石堅一工致功千室以給斛鬲罍甗缾缶盃盂大窮儋石小極圭撮經鼎鏤而自若在燀爇而莫渝滿堂絕侈靡之譏提挈無剽敓之患其功則易簡也其實則利用也其藏又保安也易簡二儀之理利用五行之本保安立身之方執人之方履物之本從天地之理此三皇五帝所以内户不扃外户不閉無爲之德所由生也豈夫玉杯之獨劣其餘孰得而儔焉則刓材搜璞窮山越壑礱磨雕琢鑄鍊丹雘力盡終年之功財殫不訾之產量纔升合質忌湯火實家得奢盈之議中懷

生賊害之累其功則非易簡也其實則非利用也其藏又非保安也悖二儀之理違五行之本乖立身之方此夏桀商紂所以人人頗邪比屋可戮亡身之禍所由生也省費鮮勞皆備於物德且如彼而人賤之煩人蠹財不周於用禍又如此而人貴之久矣哉世之迷也物有賤而可貴亦有貴而可賤惟賢者能審之小子不幸億而有中誠背常人之見敬爲銘以廣之銘曰

黜汙易杯聖人製器易簡作程利用爲貴稽諸往載陶實攸興裁因掬壤成假焚蒸不臒不丹不雕不刻自結金堅

天然冰色財無害產功匪殫力量盡洪纖用窮幽仄物有手金相異我取不費爲利物有積功相崇我取不勞爲工物有患湯忌火我取往無不可物有剽殺焚軀我取懷藏不虞心存目視奢尋彼至室滿堂盈侈莫我生省庸周用所賤謂何賈害勤人所貴者邪可貴不貴物失其類失類曰昏雖隆必墜可賤不賤物得其選得選曰明雖幽必見上惟五帝下洎三王實有以興亦有以亡蚩蚩百工孰若我陶敬銘有器永告滔滔

補漢書封雍齒冊文

曰臣節貴忠后德貴公忠則爲其主所自盡公則於其人罔以私咨爾雍齒爾有臣節孔明予以公心獎爾其敬聽予言罔忒嗚呼昔嬴氏不臧流毒四海天將剿絕厥類假手於予一人爾主項氏昧厥命木蠹豨突附振旁撓予在泉未躍用困於彭地爾爲厥主來戕予實有必戮之志罔若天之歷數徂於予躬俾泰山萬尋蔽於一葉予於所自隱有見爾心於時爾爲楚臣予爲漢人予則爾仇敵爾宜討之予罔攸憾今大寶歸予夷嬴殲項予欽若上帝惟天下君爾則率土之濱罔非予民予宜予之爾罔攸惕夫爵

以尊德祿以養賢爾能致身於厥主孰若爾賢德予分爾茅土以勸所事君爾奉上之誠罔易乎舊予體元之政咸用維新砥礪爾能輔予一人兢兢慄慄共闡大猷無使齊桓管仲專於棄瑕之美念之哉

唐天文述

天雖覆育生生如其情則或與或否其與也非徒與其否也非徒否受命有生生者率其道反其道之致焉率則與反則否斯理也固必信至皇帝以孚皇唐百七十有一載皇帝御宇之十四祀也歲在辛未實貞元七年其受命率

道天與生生如情之秋與神哉靈哉明允惠和哉是歲之天也亭乎其正洞九霄之清澈清澈之中若有伺夫有求者鬱乎其變浮五色以薰郁薰郁之中若有察夫所厭者稱物之性應時之欲手足之赴人心羽翼之循鳥情農夫在畦蠶婦在林商或舟車工或埏臒願燥願濕罔不從志其餘則三光序流六氣時行上至事事下洎營營羽毛鱗介勾甲芽萌求諸濡渥則常雨求諸煦旭則常晴求諸吹蕩則常風求諸恬謐則常寧求諸烟雲則常陰求諸日月則常明非不雨也非不晴也非不風也非不寧也非不陰

也非不明也合雨而後雨物不乏其雨合晴而後晴物不乏其晴合風而後風物不乏其風合寧而後寧物不乏其寧合陰而後陰物不乏其陰合明而後明物不乏其明實皇帝知上帝以生生爲己物與其禍福配己得失而寘之欽若兢若温如穆如心性二儀支體四時似續上元之效與夫人子能領父之憂承父之命繼堂紹構得其心贈遺獻酬愜其衷則財賄器物唯意是役牧圉臺隸惟意是用以其役無不當也以其用無不宜也土德勝隋天實維唐皇帝則唐天第九子也既克負荷上天所以唯意焉且烟雲風雨亦天之財賄也日月星辰亦天之器物也神祇精靈亦天之牧圉臺隸也是以皇帝動息神祇莫不隨旨趣精靈莫不申肅穆寂寥駱驛虛無囊篋日月管鑰風雨敬恭誅責而啟閉多少之故將蔭休施烟雲若自諸帷幕而使舒張矣將洒潤散風雨若自諸盆罌而使澆扇矣將烜清晝布陽德若自諸鑪竈而使燀灼矣將光幽夜啟陰靈若自諸燈燭而使昭明矣處置唯滋含靈不折莓莓熙熙蓋子祇父慈相爲福釐也凡書惡記善雖史官之職箴人述德或人所通規鯫生則人之一夫耳謳吟日用而爲之

志若簡冊已載復何言哉儻猶未也庶補其闕是歲也扶風竇公參河中董公晉輔政之三年趙郡李公紓爲天官之四年范陽盧公徵爲地官之元年范陽張公濛爲春官之三年昌黎韓公洄爲夏官之三年吳郡陸公贄同爲夏官之二年京兆杜公黃裳爲秋官之二年清河張公彧爲冬官之五年夫太宰六官於天子之爲理勢澄泒而清洪流者故列於斯志之末

刖卞和述

昔卞和以荊山之璞獻楚懷王王曰非寶也刖之次獻於

平玉平王亦曰非寶也又則之世皆有二君不識寶之識小子鄙慮嘗致於斯瞍瞍然若見二君之意後世議者脫未之思焉夫國之安危人之邪正如影與響繫乎后躬于則從而予易則從而易珠玉者勞之母財之蠹侈之本害之圃國君好之下必從之則將有不耕而搜山不蠶而攻石背義而忘仁輕穀而賤帛耕之隳蠶之墮穀之散帛之耗義之虧仁之挫則國從而喪矣古人有言曰不貴難得之貨使民不爲盜又曰大寶曰位二君所言卞氏之璞非寶者蓋寶此者也不然玉之與石猶菽比麥雖至愚昧亦

或辨之況二君乎縱時狐疑忍愛玉人須臾之功不試琢磨於一石而忽先王之法輕絶人之四體歟甚不然矣實將抑奇玩卻無益翦奢靡之萌啟淳龐之跡欲其塊桴土鼓上復於羲軒象箸玉杯下銷於辛受四方風行而自化百姓日用而不知也大功無形至德無名人以瑣瑣之智莫覩冥冥之情昔宋玉以蕃禽井鮒不測靈鳳長鯨信哉嗚呼使仲尼居今則與秦伯同稱矣小子不敏竊述其旨以佐知言云

甘露述

述甘露昭孝德也貞元壬申歲福州福唐縣尉清源莆田邑人濟南林公瓚太夫人終公每一痛至水漿不入口或三日或五日內外羸憊殆至殞滅癸酉將與先府君修合葬之禮公之於親事存既竭其力送終思盡其勤曰合祔品章則有王度不敢或越也塋域固護實在我私當懇行之而已於是躬開坎室自埏塼甓與兄弟手攻肩負以鑿以築雖率情性而無僭法度不違典禮而有異常儀載考載理而未之窆春三月五日忽異氣自天氛氳下蒙非雲非烟羃羃緜緜彩耀光鮮馨香馥然起朝及暝徘徊不散

先是繞壟已栽松柏洎晨枝葉間遍懸露滴其滴齊大如梧子公奇之與兄弟及鄉人時相慰者而嘗之其味甘異於人間所甘之味日漸高不銷不晞轉堅轉明瑩然珠相鏗然玉聲如是者三日覩者爭取或食或翫噫天冥冥其閒蓄靈地陳陳其閒蓄神靈無形神無身無形無言無身無聲苟有可褒以物而旌苟無可褒物不虛行其德常其物常其德稀其物稀予聞甘露之說莫覩甘露之實其爲稀也不亦甚乎今爲公而降公之德豈常德歟況殊香啟途異彩相宣凝結豐圓向日翻堅者哉則其至誠所招又

多矣予執弔禮幸獲而見珍聳不足遂爲之述

有唐故銀青光祿大夫行平州別駕馬公墓誌銘

嗚呼死也者君子曰終有唐興元二年六月二十四日銀青光祿大夫行平州別駕馬公終於京師國喪英才家亡令子家國不幸痛毒可知公諱某字某其先京兆扶風人始實趙氏累葉繼將多總戎塞下有以因居今爲燕之名流曾祖某某官祖某某官父某某官公則某官第某子也積奕世忠貞之慶得陰方嚴勁之氣天骨山峻神蕊玉輝有孝有悌閨門以和有信有義州閭以附矛戟韜器風雲

馳聲燕趙多奇士公其人也用正直奉籌略擁旄仗節者尊以果斷行政令擐甲執兵者伏前後佐全師大幕不有暫寧方將張翼翔雲揚鬐遊溟大命不永大病斯及享年三十三秦氏醫遲顏生禍促哀哉夫人某處某氏子二人長曰縱次曰緒永思之感至性過人以貞元十二年歲在某月某日大通卜宅於京兆某鄉某里某原禮也天長地久堙川塹阜於何不有乃爲銘德而誌墓云

士比常才如瑜在珉燕趙多奇公則其人業繼忠貞識資籌略器流瑚璉羽族雕鶚題輿大郡佐律雄師雖猶在德亦匪孤時南仰搏鵬更期遐颺東觀逝水忽玆永往卜遠斯及窆於此岡惟安惟永地久天長

有唐故朝議郎行鄂州司倉參軍楊公墓誌銘

公諱某字某其先關右宏農人永嘉過江公自始遷之祖若干代處於閩越曾祖某皇唐循州司馬祖某漳州長史父某泉州南安縣丞公則南安第若干子長七尺骨目瓌異溫良節行所至自昭風神識度羣居不掩六籍外偏好穰苴管子之術永泰中以耕戰之法致梁宋軍畫用有成大歷元年節度使右僕射田公薦授左武衛率府倉曹參

軍事在位以貞慎聞公以不仕則墜業躁求則背道或出或處聖人爲中依吏部節文敬遵常調大歷八年集授吉州永新縣丞興元元年集授廬州司田參軍貞元二年授鄂州司倉參軍累職貞慎如率府倉曹時每罷官待集卜勝屏居晏如也鄂州秩滿愛其風土亦止焉貞元十二年冬又合集春赴京師遇疾於途以二月四日終於汝州龍興縣之逆旅時年六十七凡入仕三十一年歷官四政祿非豐儉以足務雖劇通以簡上以中正重下以公平矚皆白珪無玷朱絃有聲嗚呼公之材之量如鐘含音如水待

盛大小當應方圓必合我則不銜人胡不求莫能全展光耀以至殞沒悲夫夫保性居業時行則行時止則止道也公昔於名宦之理是焉士祿農耕猶生則營若死則已亦道也公昨於歧路之役是焉公存以道始亡以道終至人不違道公與之周旋正矣乎善始終者也夫人隴西彭氏戴天之感痛以禮成長子晃次子暈季子杲伏凶之號以至見血以某年某月日卜葬某鄉某原禮也佳城一閉他時古卯後之人孰知卯中之德墓許有誌故爲墓誌銘庶覩今爲古者明斯地泉下有君子焉銘曰

一種鱗物神則曰龍一種植物貞則曰松楊公於人被貞役神藝術潛宏温良內克名不稱實祿有負德夭桃信美不能秋敷冬日可愛亦用西徂大期斯來無賢無愚莫莫楊公與逝川俱卜此修原有形永宅東海西山其廬罔易

大唐故輔國大將軍兼左驍衛將軍御史中丞馬公墓誌銘

墓有誌誌有銘誌記也銘名也名之記墓庶高岸爲谷幽壤或呈情當掩者有所歸認斯馬公之墓也公諱實字某其先扶風人生於幽州高祖某某官祖某某官父某某官若干子皆以雄謀果斷稱公則第三人長八尺有羨鵰姿鶚靈霜嚴壁峻樂而後笑時而後言孝弟忠信分義節概覩容可見好史學歷代英豪得失皆數其有不正不直辯論慷慨若加諸已明陰符善司馬法起家爲范陽軍要籍本軍疑政畫多自出遷千夫長萬夫長三軍兵馬使莫州近邊戎數爲害本軍元帥請統鎮之戎遠逃遁莫人大乂拜御史中丞莫州刺史俄薊州之患如莫州移薊州薊人繼康攝州刺史貞元初本軍之事有大者合議於天子自管內二千石已下擇賢能以公當其選天子異其議奇其

詞決所議答於本軍而留近侍拜左驍衛將軍宿衛十一年長松在林利錐處囊森竦穎脫鋒幹獨見天子儲而將用未有所當貞元十四年寢疾其年七月十一日終於京師常樂里之私第出身從事若干年署職莅官若干政春秋五十一當時俊傑懷材抱器者無不驚呼嘆息嗚呼騏驥有騰千騁萬之足伏乎櫪干將有剸犀截象之鋩閉乎匣將用未用一朝變化爲骨燕市入泉延平爲知人之痛惜公其比歟夫人雁門田氏雁門郡王某之女哭泣之慕痛而中禮男五人一人先公卒四人在曰綬曰纘曰某曰

某綏年三十八縝年十五其餘幼稚不言可知女二人一人先公卒一人在四歲至性攀號感動飛走以某年十一月一日卜葬於京兆府萬年縣洪固鄉延信里司馬村之少陵原禮也其承眷長沙歐陽某執紼及墓就誌而銘曰

骨肉歸土賢愚共門英英馬公亦封此原大節大成平生所志貞心壯氣松孤壁峙掄擇雖致材成則未岑崟蒼翠俄摧忽墜修短無涯傷如之何

有唐君子鄭公墓誌銘

貞元十一年歲次乙亥某月某日清源郡晉江縣君子鄭

公年若干終於其居州閭親識遠近漣洏重吉人也嗚呼杞梓植於深林人雖不知不妨其爲天下之材也珠玉碎於重泉人雖未玩不妨其喪天下之寶也公之生則深林之林公之歿則重泉之寶不知而有未玩而亡哀哉公諱晩字季實其先宅滎陽永嘉之遷遠祖自江上更徙於閩今爲清源晉江人曾祖某官祖某官父某官太夫人同郡穎川陳氏育者三男三女公則長男也自七八歲則明敏嚴潔無復童心洎十二三則温良貞亮有成人之德既冠儀表可觀孝悌惠和侔於前哲人望無閒時譽皆歸鳳不近腥龍多自盤優游仁里四十不試詹有若人之妹獲配於公公太夫人早世妹不逮事則見公霜露之感蒸嘗之敬公尊府君近捐甘旨妹及同養則見公晨昏之愛縗斬之至奉公居閨門鄉黨者十有五年顧詹於公善良內外兼得受命不永其如命何蘭芬蕙馨或亦中敗惜哉子二人皆幼公在日名之曰彥方彥章詹既在京師不遂撫慰來人有述實孺能號妻亦聞哀有過人禮不踰制變取遠日堂殯三年以貞元十二年某月日永厝於郡城東偏閩儒里常熟湖之北原禮也妹有遠告咨予題誌既忝眞懿

實舊知人江嶺則遐想像不昧取思芳茂爲銘以寄銘曰

有斐季實君子之禎忠信温良自幼而行少不改任長更推誠材植遠林寶產遐壤無知無玩自生自喪骨肉歸土用瘞斯原嗚呼斯原永棲君子之魂

南陽孝子傳 幷論

貞元九年某旅行虢州稅於村店有一黨先止焉老翁一人丈夫一人婦人一人孩幼兩三人丈夫出絹兩疋賣其囊裹衣服非稱有其絹者視絹有字乃故人鄭師儉手題其名焉問所得曰來自襄陽至臨漢之北郊有閔吾父年

老而所乘驢弱者遺此絹使與驢博驢問得姓名乎曰其人扶護親喪迴上京不知姓名也某既占鄭書又知鄭侍君靈櫬自南當由彼而還也意其必鄭焉不復問焉各遵所往貞元十一年獲與鄭遇因道所見鄭歔欷爲言之曰豫章之迴次南陽大澤見一貧翁乘驢驢甚瘠一丈夫肩負雜物可三十觔妻抱半歲嬰孩童稚驅行兩人山路初盡始行陂澤屬久霖雨泥水深老翁瘠驢往往顛踣丈夫則翁之子也每見驢倒擲其負若泥若水無顧惜扶抱洗拭淚輒盈目倒既數悲不自勝遂以所負置諸驢而負其

父平田積雨潦淖到脛不至店舍竟無憩歇父在子上殊自安暢子在父下亦盡歡心父與子笑子與父笑如同乘高車連轡逸騎怡怡焉欣欣焉與之行止者三日日無易日時愛其事父母能竭其力也又痛自欲竭力已無其所贈絹一疋令與驢博驢代以載父其人將求驢者三店知欲分路却其絹曰無驢可博願復本絹始嘉其孝又貴以忠爲度一絹博驢未就更與一絹自此東西足下之見豈斯人歟某以如其人所行是難能也是亦皇唐純孝一人焉行既可述遂以鄭說爲之傳其間問其姓氏亦不知何許人實於南陽澤中見之還以爲南陽孝子論曰負父信孝矣而贈絹非孝歟唯其有之是以似之鄭與南陽孝子偕孝矣

弔九江驛碑材文

弔傷而有辭者也噫九江驛之碑其何興辭而弔歟斯碑之林昔太師魯國顏忠肅公所建祖亭之碑也公素負辭華昭代之銘誌多公之辭又好采異留名之致頃爲湖州牧州產碑材石每使工琢之與詞兼行磨礱而成常心使用者不可勝數斯碑也終山之窮僻得之於自然趺本有

龜護項有螭雖不甚成而拏躩儹興如神如靈公神而珍之精選所處湖州無稱立罷守迴朝載而途卜出蘇臺入毗陵亦無稱立轉丹陽遊建業亦無稱立次江州州南有湖湖東有山蛟奔螭引直至湖心頓趾之處則茂林峭石勢瓌氣勝非往時所睇而神祠曰祖將軍廟在焉公覩其詭秀與碑材叶卽日以酒酺奠其祖神出錢五萬造亭曰祖亭南香爐峰北潯陽城九江爲庭千艘歷堦亭既就公製亭之文手勒斯碑而立之公文爲天下最書爲天下最斯亭之地亦天下最庶資三善加以斯碑之奇相持萬古

而采異留名之致一得也後典州吏於州之九江驛有修坯之勞狀其末績乃取斯碑刻公之述寘已之述今爲九江驛之碑焉予旅遊江州稅於兹驛祠部員外郎鄭恕同之鄭與州將嚴士良共爲予說而俱以相示嗚呼先賤後貴世之常也先貴後賤人之傷也以祖亭方九江驛則蘭室鮑肆矣以魯公之文方今之文則牢醴糟糠矣以魯公之札翰方今之札翰則錦繡枲麻矣以魯公之用方今之用則華夏夷狄矣痛哉斯碑出祖亭入九江驛失魯公文得人之文削魯公之札翰題人之札翰亡魯公之用就人

之用是去蘭室而居鮑肆捨牢醴而食糟糠脫錦繡而服枲麻黜諸夏而卽夷狄可悲之甚者况我質天成必將可名魯公所以卜擇敬慎如彼而常人無良黷辱如此與有道而黥無罪而刖投四裔禦魑魅何以別邪石不能言豈其無冤故弔之有文曰

情違乃傷理悖乃冤人實有之物亦應然嗚呼子碑冤可予知陰隲子林豈曰無意必有以殊方頒以異與顏表勝以殊則名從吏居卑以異奚旌子產旣授子不終致悠悠彼蒼何嗟及矣美玉抵禽高冠藉足有類子碑先榮後辱繼世生哲詎無賢兮將覿於斯將悼於斯庶滌所黷而復攸宜屹屹子碑如神如祇人得以專天造何爲其不然矣其不然矣

劉禹錫一

禹錫字夢得彭城人貞元九年進士又登博學宏詞科順宗朝擢屯田員外郎憲宗立貶連州刺史開成中官至太子賓客分司會昌二年卒年七十一贈户部尚書

望賦

邈不語兮臨風境自外兮感從中晦明轉續兮八極鴻蒙上下交氣兮羣生異容發孤照於寸眸騖遐情乎太空物乘化兮多象人遇時兮不同嗟乎有目者必騁望以盡意

當望者必緣情而感時有待者瞿瞿忘懷者熙熙慮深者瞠然若喪樂極者冲然無違外徙倚其如一中糺紛兮若斯望如何其望最樂睇慶霄兮邇阿閣如雲兮天顏咫尺如草兮臣心踴躍扇交翟兮葳蕤旗升龍兮蠖略日轉黃道天開碧落凝瑞景於庭樹掬非烟於殿幕望如何其望且懽登灞岸兮見長安紛擾擾兮紅塵合鬱葱葱兮佳氣盤池象漢兮昭回城依斗兮闌干避御史之驄馬逐倖臣之金丸望如何其望攸好宗萬靈兮越四隩漢帝仙臺兮秦皇海嶠霓裳蹁於河上馬跡窮乎越徼紫氣度關而斐亹神光屬天而照耀晥眷眷以馳情聳專專而覯妙望如何其望有形視矗矗兮窮冥冥楚塞氛惡兮蕭關燧明暈龍孤月兮角奮長庚沙多似雪磧有疑城烟雲非女子之氣草木盡王者之兵審曳柴之虚警破來騎之先聲信有得於風鳥示無言於旆旌望如何其望且慕思意陽兮年光度雕輦巳辭兮金屋何處長信草生兮長門日暮僕翠華之儻來仰元天以自訴況復湘水無還漳河空注淚染枝葉香餘紈素風蕭蕭兮北渚波烟漠漠兮西陵樹夫不歸兮江上石子可見兮秦原墓拍琴翻朔塞之音挾瑟指

邯鄲之路望如何其望最傷俟環玦兮思帝鄉龍門不見兮雲霧蒼蒼喬木何許兮山高水長春之氣兮悅萬族獨含嚬兮千里目秋之景兮懸清光偏結憤兮九迴腸羨環拱於白榆惜馳暉於落棠諒衡斗兮誰見伊戴盆兮何望豈止蘇武在胡管寧浮海送飛鴻之滅沒附陰火之光彩鶴頸長引烏頭未改恨巳極兮平原空起何時兮東山在永望如何傷懷孔多降將有依風之感宮人成憶月之歌歌曰張衡側身愁思久王粲登樓日迴首不作渭濱垂釣臣羞爲洛陽拜塵友

何卜賦

余既幼惑力命之説兮身久放而愈疑心回穴其莫曉兮將取質夫秉龜楚人俗巫而好術兮叟有鬻卜而來思乃招而訊之曰嘻人莫不塞有時而通伊我兮久而愈窮人莫不病有時而閒伊我兮久而滋蔓吾聞人肖五行動止有則四時轉續變於所極一歲之旱人斯具舟三月之熱人斯具裘極必反焉其猶合符子首圓而足方子腹陰而背陽胡形象之有肖而變化之殊常經曰剝極則賁居賁而未嘗剝者其誰否極受泰居否而未嘗泰者又其誰鶴

胡不截鳧胡不裨夔何罰而踸踔蚿何功而扶持紛紜恣睢交作舛馳似與似奪似信似欺孰主張之問於子龜卜者曰招我以龜問我以微有天下之是非有仁人之是非在此為美兮在彼為蚩或昔而成或今而虧君問曷由主張其時時乎時乎去不可邀來不可逃淹兮閼兮孰舍孰操豕喙之毒堇雞首之賤毛各於其時而伯其曹屠龍之伎非曰不偉時無所用莫若屨豨作俑之工非曰可珍時有所用貴於斲輪絡首縻足兮驥不能跬前無所阻兮跛鼈千里同涉於川其時在風沿者之吉泝者之凶同藝於野其時在澤伊種之利乃穋之厄故曰是耶非耶主者時耶諒淑慝之同出兮顧所卜之若何夫如是得非我美失非我恥其去曷思其來曷期姑蹈常而俟之夫何卜為言訖執龜而起予退而作何卜賦於是蹈道之心一而俟時之志堅內視羣疑猶冰釋然

傷往賦 有序

人之所以取貴於蜚走者情也而誕者以遣情為智豈至言耶予授室九年而鰥痛若人之夭閼弗遂也作賦以傷之冀夫覽者有以增伉儷之重云

歎獨處之悒悒兮憤伊人之我遺情可殺而猶毒境當歡而復悲人或朝歎而暮息夫何越月而踰時太極運乎三辰轉寒暑而下馳有歸於無兮盛復於衰猶昧爽之必暮又安得而怨咨我今怨夫若人兮曾旭旦而潛暉飄零日及之萼倏忽蜉蝣之衣川走下而不還露迎陽而易晞恩已甚兮難絶見無期兮永思我行其野農民桑者舉梭來饁亦在林下我觀於途裨販之夫同荷均挈荆釵布襦羽毛之蓄鱗介之微和鳴灌叢雙泳漣漪薨薨伊蟲蠢蠢伊豸遊空穴深兩兩相比何動類之萬殊必雄雌而與俱物

莫失儷以孤處我方踽踽而焉如我復虛室目淒涼兮心伊鬱心伊鬱兮將語誰坐匡牀兮撫嬰兒何所丏沐兮何從仰飴襦袴在身兮昔圍蹉跌鞶囊附臂兮餘馥葳蕤誠天性之潛感顧童心兮如疑嘵然有難繼之慕漠然滅好弄之姿指遺袿兮能認想空帷兮欲歸我入寢宮痛人亡兮物改其容寶瑟僵兮絃柱絕瑤臺傾兮鏡匳空寒爐委灰虛幌多風隙駒長轉窗蟾夜逼步搖昏兮網粘翡翠芳褥掩兮塵化蚷蛩閱刀尺之餘澤見巾箱之故封氍服儼兮猶具繁華謝兮焉從想翩翻於是非求寃窣與冥蒙信

奇術之可致嗟此生兮不逢徒注視以寂聽恍神疲而目窮還抱影以獨出紛百哀而攻中系曰龍門風霜苦別鶴哀鳴夜銜羽吳江波浪深雌劍一去無遺音悲之來兮憤予心洶如行波洊浸淫悵緣情而莫極思執禮以自箴已焉哉苒苒生死悠悠古今乘彼一氣兮聚散相尋或鼓而興或罷而沈以無涯之情愛悼不駐之光陰諒自迷其有分徒終怨於匪忱彼蒙莊兮何人予獨累歎而長吟

平權衡賦 以晝夜平分鈞銖取則爲韻

惟天垂象惟聖作程播二氣而是分晷度立五則而在審權衡上穆天時應陰陽之克正下統人極俾準繩而惟平於是黍累無差毫釐必究等度量而化通遠邇體平均而勢行宇宙當其夾鍾中律南呂戒候銅渾應節於寒暑玉漏方齊乎宵晝繇是命有司而申令考前王而是遵權輕重以審則中規矩而和鈞事垂文兮風傳乎千古道如砥兮日用於兆人懿夫正以處中平而立矩命其同也有虞之制克彰稱其謹焉宣父之言可取故能用該仁里象合天文既左旋而右折量輕併而重分持平罔虧可爲範於秉鈞之佐立信惟一將有助於執契之君不然則何以懸

之而息彼姦詐正之而協於晨夜得平則正我之道兮允執厥中益寡裒多衆所用兮不言而化化之有孚功莫可踰立規程罔慙夫龜鏡揣鈞石寧失乎錙銖匪假垂鈞而其用不匱何勞剖斗而所爭自無方令百度惟貞萬邦承則順時設教兮靡不獲所同律和聲兮允臻其極玉衡正而三階以平七政齊而庶政不忒矣美君臣之同體猶權衡以合德宰準繩之在心庶輕重之不惑

砥石賦 有序

南方氣泄而雨淫地慝而傷物媼神噫濕渝色壞味雖金

之堅亦失恒性始予有佩刀甚良至是澀不可拔剖其室乃出邇陽眇眂傅刃蒙脊鱗然如痏痂如黑子如青蠅之惡銳氣中錮猶人被病然客有聞焉裒密石以遺予沃之草腴雜以烏膏切劘下上真質焯見躊躇四顧追爾謝客微子之貽幾喪吾寶客曰吾聞諸梅福曰爵祿者天下之砥石也高皇帝所以礪世磨鈍有是耶予退感其言作砥石賦

我有利金兮以利爲佩還土卑而懸作兮雄芒爲之潛晦如景昏而蝕既兮與肌漆而爲厲顧秋蓬之不可剸兮尚

何遊乎髋髀之外利物蒙蔽材人惆悵俾百汰之至精蟠一撿而多慙豈害氣之獨然兮將久不試而然彼屠者之刀兮獵者之鋋不灌不淬兮糅錯銜鍔日鼓月揮兮刲腴擊鮮睨爍熒以耀芒瀸淫夷而騰羶豈不以涉暑而蒙沴兮鼎用之而成妍有客自東遺予越砥圭形石質蒼色膩理剡其鱗皴滑以瀐瀸如衣澣垢如鼎出否霧盡披天淬開見水拭寒燄以破背擊清音而振耳故態復還寶心再起既賦形而終用一蒙垢焉何恥感利鈍之有時兮寄雄心於瞪視嗟乎石以砥焉化鈍爲利法以砥焉化愚爲智武王得之商俗以厚高帝得之傑才以奏得既有自失豈無因漢氏已還三光景分隨道潤狹用之得人五百餘年唐風始振懸此大砥以礱兆民播生在天成器在君天爲物天君爲人天安有執礪世之具而患乎無賢歟

山陽城賦 有序

山陽故城遺趾數雉四百之運終於此墟裔孫作賦蓋憫漢也辭曰

我止行車貫滌於山陽之墟是何蒼莽與慘悴春陵之氣兮焉如踣昌運於四百辭至尊而伍四夫有利器而倒持

兮曾何鉏刃之足舒懿王迹之肇基暨坤維之再斁邈汜陽與鄗土恍蛇變而龍攄痛人亡而事替終此地焉忽諸嗟乎積是爲治積非成虐文景之欲處身以約播其德芽迄武乃穫桓靈之欲從心於昏蓺其妖燄逮獻而焚彼伊周不世兮姦雄乘釁而騰振物象摧以易位被虛號而陽尊終勢殫而事去胡竊揖讓以爲文嗚呼維神器之至重兮蓋如山之不騫使人得譬乎逐鹿固健步者所先諒人事之云爾孰云當途之兆也自天亂曰久矣莫可追升彼墟兮噫嘻獨遺武兮貽後王之元龜

楚望賦 有序

予既謫於武陵其地故郢之裔邑與夜郎諸夷錯雜繄乎天者陰伏陽驕繄乎人者風巫氣窳是以囂霧浮浮利於樓居城之麗譙實鄰所舍四垂無蔽萬景坌入因道其遠邇所得爲楚望賦云

翼軫之野祝融所司陰迫而專尊實生沴天濡而霧土洩而泥氣罕淑清兮淫氛曀曀中人支體兮爲瘥爲瘵以曠滌煩兮利居高於物外我卜我居於城之隅宛在藩落麗譙渠渠四阿垂空洞戶發樞眸子不運坐陵虛無歲更周

流時極慘舒萬象起滅森來貺予櫺軒之外羣山龍從岡陵靡陁勢若相拱出雲見怪窈蔚森聳露夕霞朝望如飛動簷廡之下大江湏洞支流合輸泄入雲夢羲和望舒出沒兩涯涵泳之族聱耴歔呀秋水灌盈漩石飄沙流枿軒昂舞於盤渦逮及收潦澹如醲醹白石磷磷倒影羅生蘋末風起有文無聲悠遠烟緜與空蒼然湘沅之春先令而行臘月寒盡温風發榮土膏如濡言鳥嚶嚶三星噣其曉中植物颭以飄英雲歸高唐草蔽洞庭目與天盡神將化幷圓方相函遊氣杳冥熙熙藹藹藻飾羣形枿樹童卯積

空凝青環洲曲塘含景曜明恢台之氣發於春季涉夏如爍逮秋愈熾土山焦熱止水瀵沸翔禽跕墮呀喙垂翅爔赫歊蒸陽極召陰二儀交精下上相歆雲興天際歘若車蓋凝矑未瞬彌漫霮䨴驚雷出火喬木糜碎殷地爇空萬夫皆廢懸霤綆縆日中見昧移晷而收野無完塊少陰之中景物澄鮮丹葉星房燭耀川原夕月既望曜於丹泉上鏡下冰瀾壆濯烟宿麗潛芒獨行高躔皓一氣之悠悠潔有形而溢清元杳徹明以斐亹想遊目於化先夜無朕以徂征金霞暈乎海壖明星方揚斜漢西懸璿柄如墮半沈

層瀾雞啁哳而晨鳴兮日荏苒以騰晶動植瞭兮已分山川鬱乎不平復人寰之諠卑洶浩浩以營營追向時之景光不可驟得以再更意華胥之夢還猶仿像而馳精日次於房天未降霜百卉猶澤水泉收脈故道朘削衍爲廣斥水禽嬉戲引吭伸翮紛驚鳴而決起拾綵翠於砂礫於時北風振槁揚埃蕭條邊聲與雁俱來寒氛委積萬竅交激楚雲改容飛雨凝滴灑林遞響淅瀝梢櫼飛電照雪以騰光柔蔬傲霜而透坼壚次殊氣川谷異宜民生其閒俗鬼言夷招三閭以成謠德伏波而構祠投粔籹以鼓檝豢鱣

魴而如儀蟠木靚深孽妖憑之祈年去厲蠲敬祇威擊鼓呂張餌啗不可遁伏顯舉潛絕晝撞夜觸設機沈深如拾肆筵河旁水湄薦誠致祝卻略蹙跽渚居黿食大掩水物於陸彼游儵之瑣類咸跳脫於窘束雖三趾與六眸時或加乎一目亦有輕舟軒輊汎浮拕綸往復馴鷗相逐暮夜澄寂嘯歌羣族傖音俚態幽怨委曲逗踈析於江城引哀猿於山木巢山之徒抨木開田灼龜伺澤兆食而皤鬱攸起於巖阿騰絳氣而蔽天熏歊雨濡穎垂林顛盜天和而藉地勢諒無勞而有年罷士閑人逸爲末作求金渚湀淘

汰瀺灂流注瀆沱繁光熠爚貪賈來貿發於懷握無翼而飛潤於豐屋西耘耕之悒悒徒胼胝以自鞠我處層軒日星迴環閱天數而視民風百態變見乎其間非耳剽以臆說兮固幽求而縱觀觀物之餘遂觀我生何廣覆與厚載豈有形而無情高莫高兮九閽遠莫遠兮故園舟有檝兮車有轄江山坐兮不可越吾又安知其所如悅臨高以觀物

秋聲賦　有序

相國中山公賦秋聲以屬天官太常伯唱和俱絕然皆得時行道之餘興猶有光陰之嘆況伊鬱老病者乎吟之斐然以寄孤憤

碧天如水兮宵窅悠悠百蟲迎莫兮萬葉吟秋欲辭林而蕭颯潛命侶以啁啾送將歸兮臨水非吾土兮登樓晚枝多露蟬之思夕草起寒螿之愁至若松竹含韻梧楸蚤脫驚綺疏之曉吹墮碧砌之涼月念塞外之征行顧閨中之騷屑夜蛩鳴兮機杼促朔雁叫兮音書絕遠杵續兮何冷冷虛窗靜兮空切切如吟如嘯非竹非絲合自然之宮徵動終歲之別離廢井苔冷荒園露滋草蒼蒼兮人寂寂樹

槭槭兮蟲咿咿則有安石風流巨源多可平六符而佐主施九流而自我猶復感陰蟲之鳴軒嘆涼葉之初墮異宋王之悲傷覺潘郎之幺麼嗟乎驥伏櫪而已老鷹在韝而有情聆朔風而心動盼天籟而神驚力將痑兮足受紲猶奮迅於秋聲

三良冢賦　有序

魯文六年秦伯任好卒以子車氏之三子奄息仲行鍼虎爲殉皆秦之良也國人哀之爲之賦黃鳥君子曰秦穆之不爲盟主也宜哉先王違世猶貽之法而況奪之善人乎

是以知秦之不復東征也秋季月吾西遊汧渭出於岐雍之間於古道傍得三良冢心甚哀之涕泗者久之而去辭曰

昨宿岐城曉涉渭東霜凌雪結飛沙亂蓬中野躊躇居此古墟野人曰卽車氏之冢方驅駕班如久而咤曰吾嘗讀舊史矣古者秦氏大於穆公出師則寧東夏用賢則霸西戎大邦服其禮小邦畏其雄謀已集戰亦武不能勤王不爲盟主者何居以滅天之良喪人之特百夫仰系一朝而踣可哀也哉宛其三子遭時迍邅主已卽世身皆靡全指

冥茫而爲期撫昭世而坐捐方惴惴以臨穴且哀哀而號天闕從有言於寒原莽蕩千里迴眺無垠上刺哀德下傷幽魂挂驂壠樹脫劍山門掇野芳以爲薦汲行潦而充樽矧今情之猶悲諒古恨之潛吞死而不作吾誰與言代事浩滿人壽爾天言念君子中心悄悄哀生人之長慟赴永夕之莫曉歸去來兮不可留且悲吟於黃鳥

謫九年賦

古稱思婦已歷九秋未必有是舉爲深愁莫高者天莫濬者泉推以極數無踰九年伊我之謫至於數極長沙之悲三倍其時廷尉不調行當跂而天有寒暑閏餘三變朝有考績明幽三見顧堯之民兮亦昏墊而有嘆歎息兮徜徉登高高兮望蒼蒼突弁之夫我來始黃合抱之木我來猶芒山增昔容水改故坊童者鬱鬱兮涸者洋洋天覆地生蘙兮無傷彼族而居鄙之投荒彼軒而遊昨日析楊信及澤濡俄然復常稽天道與人紀咸一偾而一起去無久而不還勢無久而不理何吾道之一窮兮貫九年而猶爾噫不可得而知庸詎得而悲苟變化之莫及兮又安用夫肖天地之形爲

問大鈞賦有序

始余失臺郎爲刺史又貶州司馬俟罪朗州三見閏月人咸曰數之極理當遷焉因作謫九年賦以自廣是歲臘月詔追明年自闕下重領連山郡印綬人咸曰美惡周必復第行無恤歲杪其復乎居五年不得調歲二月有事於社前一日致齋孤居慮靜滯念數起伊人理之不可以曉也將質諸神乎謹貢誠馳精敢問大鈞其夕有遇寤而次第其辭以爲賦

圜方相函兮浩其無垠窅冥翕闢兮走三辰以騰振執主

張是兮有工其神迎隨不見兮強名之曰大鈞歆以臨下兮巍乎雄尊天爲獨陽高不可問工居其中與人差近身執其權心平其運循名想像或可以訊曰嘻蒙之未生其猶泥耳落乎埏埴惟鈞所指忽然爲人爲幸大矣工賦其形七情與俱嗇智不受畀之以愚坦坦之衢萬人所趨蒙一布武化爲畏途人或譽之百說徒虛人或排之半言有餘物壯則老乃惟其常否終則傾亦不可長老先期而驟至兮否踰數而亘量雖一夫之不獲兮亦大化之攸病謹薦誠上問兮俛伏以聽是夕寢熟夢游乎無何有之鄉抗

陛級乎重霄兮異人間之景光中有威神巾金甲而煒煌命之使前兮其音琅琅曰吾大化之一工也居上臨下廉其不平汝今有辭吾一以聽播形肖貌生類積億槖籥圜匡鎔鍊消息我之司智初不爾嗇不守以愚覆爲汝賦既賦汝形輔之聰明盍求世師資適攸宜胡然抗志遐想前烈倚梯青冥舉足斯跌韜爾智斧無爲自伐鑿竅太繁天和乃洩利逕前誘多逢覆轍名腸內煎外火非熱今哀汝窮將厚汝愚剔去剛健納之柔濡塞前竅之傷痍兮招太和而與居貫以待人兮急以自拘道存壼奧無示四隅軋物之勢不作兮見傷之機自無汝不善用吾焉嗇乎且夫貞而騰氣者膴膴健而垂精者昊昊我居其中猶輪是蹈以不息爲體以日新爲道倮鱗蜚走灌莽苞皁乃牙乃甲乃殈乃剖陽榮陰悴生濡死槁各乘氣化不以意造賦大運兮無有淑慝彼多方兮自生醜好爾奚不德余以驟壯姑尤我以速老耶觀汝百爲又或不然赤子哇哇忽其能言亦既名物幾時蹁躚春耕其卯投種之日釋耒而嘆何時實栗望所未至謂余舒舒欲其久留謂我瞥如我一子二誰之曲與彼蒹葭之蒼蒼兮霜霰苦而中堅松竹之皸

皴索籜兮不若榯筍之可憐納材葦而構明堂兮固容消而力完揚且之晳兮不可以常然當錫爾以老成蒼眉皓鬢山立時行去敵氣與矜色兮噤危言以端誠俾人望之侮黷不生爾之所得孰與壯多不善處老問余而何授教而迴遼遼形闢嚮之威神孰爲來哉乃遽衣促盥端慮滌想委佩低簪持薄叩顙而言曰楚臣天問不訓今臣過幸一獻三售始厚以愚終期以壽忘上問之罪濯已然之咎心增故術腹飽新授馳神清元拜手稽首

授倉部郎中制

敕周制倉人以辨於邦用廩人以待乎匪頒後代或均輸或平糶皆周官倉廩之職也於戲王者藏於天下吾何私焉收斂以時儲蓄必謹俾夫凶荒無患貧富克均宜味京坻之詩勿守豆區之限可

授主客郎中制

敕漢制尚書郎四人一人主營部成帝又置客曹主外國戎狄事皆今主客之任也其後或東西列職左右分名統彼行人之家綏其外臣之務朝聘則定位宴會則辨儀穆我四門深於九譯用委藁街之政克資粉署之賢可

授比部郎中制

敕周以司會質歲成漢以計相經國用或考百官之要或制三年之期稽以簿書辨其名物俾夫會算必得經費無差充選望郎以臨計吏可

授屯田郎中制

敕詩云雨我公田遂及我私蓋美大田之盛思賢主之詩人必先公而後私者借力而耕其來尚矣周以司徒莅職漢以侍郎訓田今則務切如雲任專列宿總於豫政克藉公才可

擬太子太傅制

敕太子太傅古今之重任也其使吾子目見正事耳聞正道左右前後無非正人緊爾太傅之力久虛其位式佇端人以爾命之朕無慚德可

擬太子太保制

敕禮云三王之教太子入則有保出則有師是以教諭而德成也其實一焉必擇恭敬温文以輔道其德使吾太子觀爾之道景行之無人則虛不求充位校德而命其稱厥官可

欽定全唐文卷六百

劉禹錫 二

擬冊皇太子文

維某年月日皇帝若曰於戲易云明兩作離大人以繼明照於四方蓋所以毓其明德繼於正體邦本由是固萬方由是寧粤祖宗之闡帝業亦莫不由此而繼於明德肆予一人緒承大寶纂奉丕構懼有失墜以貽先帝之羞永懷主器以繼明用副予不德咨爾元子王某襲列聖之姿體健行之質吹銅稟異辨日耀奇早習德成克敬師保事業

可大和順積中天縱溫文生知孝悌洎分茅土望出東平符彩昭彰禮樂文錯固可正位重震爲天下之儲君人神叶從德任相稱仰稽令典光載盛儀是用冊命爾爲皇太子往欽哉夫富貴莫大於家天下忠孝莫大於敬君親侯爾一人貞於萬國必咨正事必近正人必杜逸遊必樂善道求諫如不及惡佞如探湯懋爾厥修惟懷克和以貳於朕躬無忝祖宗之烈可不愼歟

擬冊齊王文

維某年月日皇帝若曰啟茲東國境於青州略嵎夷導濰淄鹽絺貢庭槩絲入篚粤在少昊爲爽鳩之域沃若殷商乃薄姑之邱周實太公之國積海岱之饒習戎革之盛因俗簡禮其政易成咨爾第二子某直諒多聞溫裕有立樂於爲善力其未能行本貞廉言依忠孝固可錫茲青社俾藩於東是用命使某官某乙持節冊命爾爲齊王往欽哉宜聽朕命夫敬人可以理國後已可以得人謂已不明任賢良以爲明謂已不德資師傅以爲德國安則備爾忠孝人散則忝爾君親愼乃厥修無替休命

擬冊楚王文

惟某年月日皇帝若曰衡嶽峙靈雲夢潤德錫十朋以備神物包三脊以供王祭浮江濳漢實曰渚宮俗輕而佻上難其化咨爾第三子某正性自得懿行克修曠淡居心寬裕推已移此成器綏於荆蠻錫爾赤社以屏南土是用命使某官某乙持節冊命爾爲楚王往欽哉宜聽朕命於戲布政在寬革俗先信分吾之憂以惠黎庶勵爾之志以報君親爲子爲臣克忠克孝臻於二德在理一邦祗欽勿休無忝我命

擬冊郯王文

惟某年月日皇帝若曰朕讀詩至豳風見古公亶父之跡然後知王業之難仰惟我高祖太宗之櫛沐風雨以啟天下是用兢惕若墜泉谷豳之舊地積德之餘俗厚而忠人悅其上王於茲土克懋賢戚咨爾第四子某質重性和神清氣茂威儀儼若恬淡寡言介然風規坐鎮流俗固可將吾勤儉宣化豳郊錫爾白社藩於西土是用命使某官某乙持節冊命爾爲邠王往欽哉宜聽朕命於戲播種者后稷公劉之業善繼者古公亶父之志積德行義國人戴之詩有七月之章非惟王業艱難亦俗阜化成之風也爾其日夜思之訓以溫柔之教無奪農時使獨戴周德以忝我

一人之命

擬冊晉王文

維某年月日皇帝若曰涉河之東千里而廣右浸衛水左據常山蒲版唐堯所封之邱歷山虞舜隱耕之地晉陽我高祖誓衆之野本晉國也而謂之唐其人憂深思遠有帝堯之遺風焉故我國家因之以啟王業將我朝政保茲舊邦克建戚藩以任賢德咨爾第五男某和裕秉質端貞理身撝謙似不能好善如不足行歸於厚口無擇言本孝克家資忠體國固可嚴奉啟聖之域綏懷積德之邦錫爾黑社以藩於北是用命使某官某乙持節冊命爾爲晉王往欽哉宜聽朕命於戲踐唐堯之地理虞舜之人開高祖之域爾其兢兢厎慎以臨其人思流愷悌之風祗敬與王之地無一舉足以忘我祖宗艱難之業往利厥土以孚於休

擬公主冊文

惟某年月日皇帝若曰桃李發詠雲日連輝禮秩克柔肅雍載美築館大國建號名邦乃躅通規用光懿範咨爾長女金枝寵愛玉質輝奇蘊異體和含章挺秀柔順懿德幽閑可貞已及初笄言從下嫁主之以同姓叔父配之以貴

族聞人式遵舊儀錫是土宇是用命使某官某持節冊命爾爲某公主於戲何彼襛矣詩之國風蓋美王姬能成婦道爾其克念以儆所從無忝我之休命不其猗歟

賀冊太皇太后表

臣某言伏見制書以二月十八日冊立太皇太后徽章克備慶賜遠行榮冠古今澤周寰海伏惟皇帝陛下纘承列聖歡奉兩宮太皇太后含飴保和重光疊慶漢儀盛於長信周祚興於大任方之聖朝彼有慚德臣遠守巴峽不獲

稱賀闕庭無任抃躍屏營之至

賀冊皇太后表

臣某言伏見制書以二月二十五日冊立皇太后盛禮畢陳德音遠被一人有慶萬國同歡中賀伏惟皇太后秉靈作合誕聖表祥徽號極域中之尊至仁爲天下之母陛下君臨有國子道無違長樂宮中永獻南山之壽濯龍門上再揚東漢之風率土臣子不勝歡抃臣遠守荒服不獲稱慶闕庭無任踴躍屏營之至

賀登極表

臣某言伏見詔書正月二十六日皇帝陛下嗣登寶位萬國同歡日月繼明乾坤交泰中賀伏惟皇帝陛下欽承顧命惟懷永圖以大孝奉宗祧以至仁蘇品物洞照寰海統和神人聖祚延長從今無極羣生鼓舞自此大寧臣限守遐藩恪居官次不獲奔馳拜舞稱賀闕庭無任抃躍屏營之至

代李相公賀登極第一表

臣某言臣伏聞陛下式遵典章正位宸極臣聞大明繼照雖昧者必昭其視震雷發聲雖聵者必達其聽是以聖人鼓萬物而耳目咸革感人心而天下太平致理興邦率由茲道中賀伏惟陛下紹累聖之鴻緒冠前王之盛烈祥符薦委景福攸臻纂武繼文重光累洽自宣猷上嗣育德儲闈仁孝表於域中慈儉章於天下由是餒者思食瘠者思豐昏爽咸躍於光明枯朽更延於惠澤禺禺億兆咸沐惟新鼓舞而四表歡心運行而二儀貞觀臣夙承朝獎謬列藩條歡抃之誠倍萬恆品

代李相公賀登極第二表

臣某言臣聞帝堯之禪虞舜也業歸乎異代漢祖之尊太上也禮徇乎虛名有棄屣而傳七廟之重斯則堯圖非遠漢道未全卓哉冠鴻名而超古始者孰若今之盛也陛下孝至通三上極於君父德均吹萬下被於生靈大聖所以宣昭庶品由其利見聖作物覩天清地平故雖冰霰傷和之姿人情慢蔽之物宿陰茲解惡氣未除無不仰南至而自銷隨東風而盡變坐見可封之俗更覃無外之恩率土之甿俱霑覆育秉靈之內無不謳吟遐邇歡康昭蘇發蟄臣謬忝朝列久總藩條云云

賀冊皇太子表

臣某言伏見制書以十二月二十日冊皇太子盛禮斯畢德音遐宣萬國以貞庶類咸説中賀伏惟文武孝德皇帝陛下體元立極垂訓御時旣闡王猷思安國本前星位定拱宸極以昭彰蒼震氣宣與天地而長久禮光匕鬯澤被華夷宗祏有無疆之休生靈懷莫大之慶臣恪居官次遐守巴南不獲稱慶闕庭無任踊躍屛營之至

蘇州賀冊皇太子表

臣某言伏奉制書以今月十日冊皇太子德音遐布盛禮畢陳國本永安人心同慶伏惟皇帝陛下以繼天之聖有

知子之明義兼君親禮重宗祏龍樓肇建展嘉禮於三朝鳳歷延長固本枝於萬葉臣守在遐郡不獲稱慶闕庭無任踊躍屛營之至

爲裴相公賀冊曾王表

臣某言伏見制書以今月日冊曾王禮畢皇家有慶寶祚無疆旣榮本枝克固磐石伏惟皇帝陛下德符列聖道冠前王孝敬承兩宮之歡虔恭奉九廟之祀先崇大禮慶浹天人次念建封事兼家國伏以曾王夙承叡訓特稟天姿爰擇吉辰光膺寵冊旣示之以君親之道又錫之以禮義之邦寰海聞風室家相慶臣自嬰疾疹已歷旬時不獲展禮明庭拜舞稱賀

蘇州賀皇帝疾愈表

臣某言臣得本道觀察使報伏承聖躬痊愈已於紫宸殿視朝者一人有慶萬國同歡伏惟皇帝陛下外親萬務内奉三宮常懷宵旰之勤遂失寢興之適上元降祜列聖表靈百神奔走以來扶四海精誠而致感勿藥有喜如山永安宗廟保無疆之休寰瀛申莫大之慶臣恪居官次遐守江干不獲稱賀闕庭無任踊躍屛營之至

賀改元赦表

臣某言伏見今月七日制書大赦天下者帝遊出震聖澤如春神人以和天地交泰伏惟皇帝陛下丕承鴻業光闡叡圖吉日展嚴配之儀告天陳太平之盛九廟成禮百神降祥鑾輅旋衡風雲改色殊私廣被再宏莫大之恩寶歷惟新更啟無疆之祚兩宮承慶四海永寧率土臣子上千萬壽臣恪居官次不獲稱賀闕庭無任屛營之至謹差當州軍事衙官試慈州吉昌府別將徐倫奉表陳賀以聞

賀赦表

臣某言伏奉今月一日制書改大和十年爲開成元年大赦天下者雷雨作解人神悅隨澤及八荒綱開三面臣某誠懽誠喜頓首頓首伏惟皇帝陛下上承乾綱下立人極用舍宏光大之德副華夏會同之心獻歲改元惟新景祚先明首罪次及羣妖述睿情以曉萬方施鴻霈以蘇庶物恤刑宥過已責弛征郡縣之舊弊悉除賦稅之新規咸備停藩方節獻之禮以惠疲人迴摧筦餘羨之財以資京邑命使展澄清之志察言求讜直之林弓旌賁於邱園粟帛須於耆艾爰以初吉御於明庭德音一發於九天和氣驟

周於四海開物成務實表於建元應天順人永延於億載臣幸居近輔先受殊恩不獲稱慶闕庭陪榮班次衆星列位常拱北辰之尊新歲拜章遥獻南山之壽無任抃躍屏營之至

賀德音表

臣某言伏見今月十六日德音布告遐邇天道下濟人情大安中賀伏惟皇帝陛下凝旒思理垂衣擇林以日月無私之光照寰區有截之內貴使下情盡達寧虞厚貌潛謀一昨李訓鄭注等敢有逆心兼連兇黨陛下睿謀神斷左右協同頃刻之間掃除已定重臣畢力禁旅竭忠氛祲廓清華夷咸悅言念正刑之外或有詿誤之徒再發德音廣宣聖澤當星紀迴天之日迎陽和煦物之光懷危疑者如山之安欲告訐者望風知懼非同謀者一切不問未結正者三宥從寬含生之倫普天同感臣恪居官次不獲稱賀闕庭無任忭躍屏營之至謹差防禦知衙官朝議郎權知容州都督府司馬孫暢奉表

連州賀赦表

臣某言伏奉今月一日制書大赦天下者盛德廣運洽於

華夷天光下臨照被幽蟄臣某誠懽誠躍頓首頓首伏惟睿聖文武皇帝陛下神扶寶祚天贊鴻猷意有所之事無不尅當淮甸凱旋之後是域中慶幸之時順陽和以發生施霈澤於寰海網開三面危疑者許以自新耳達四聰瑕累者期於錄用求碩畫於庶位慮遺材於放臣旌忠烈之家賞勳庸之允仁及枯骨無隔於寃戎榮加顯親普霑於存歿恤刑已責實廩蠲徭頒錫彰有客之詩崇儒叶宗子之望嶽瀆咸秩耆艾飲和大僚承任子之恩武旅荷賜金之寵斯皆禹湯文武之遺美高祖太宗之耿光集於聖朝

然後大備德音所至和氣隨之歡謠上徹於九天福祚永延於億載能使遠夷屈膝豈惟小醜革心率土人臣不勝大慶臣久辭闕下恪守海隅犬馬之誠倍百恆品無任抃躍屏營之至

賀赦表

臣某言伏見今月三日制書大赦天下者大明初昇萬物咸覩渙汗一發神人以和伏惟皇帝陛下天資叡聖神啟昌期端拱受萬國之朝承顏奉兩宮之慶初嗣大位克揚孝心三光協明和氣來應臣伏讀赦令首於奉園陵盡誠

敬親九族蘇兆人次及定章程止進獻已逋責滌夙瑕內照於九重則歸嬪嬙放鷹犬外明於四目則求隱士開直聲柔遠以仁則還其係虜賞延以禮則澤及後昆非食遵夏禹之規弋綈法漢文之儉墜典咸舉舊章再明昇平之期正在今日發號之始疾於春風殊私所及霈若時雨臣幸逢昌運歷事五朝出守遐藩僅垂二紀欣承霈雨作解之澤不勝犬馬戀主之誠瞻望帝鄉無任屏營懇悃之至

賀收蔡州表

臣某言伏見詔書以唐州節度使李愬生擒逆賊吳元濟獻俘文武百僚於興安門列班稱賀者天威遠被元惡就誅一方既平萬國咸慶中賀伏惟睿聖文武皇帝陛下德超邃古道合上元臨御以來天人協贊削平吳蜀掃蕩塞垣車書大同夷狄來貢蕞爾元濟敢懷野心輒聚犬羊苟偷時月陛下聖謨獨運睿感潛通天助神兵人生勇氣既擒兇逆爰正刑書伏三紀之逋誅成九衢之壯觀宗社昭告華夷式瞻行弔伐而在禮無違烜威聲而何城不尅楚氛改色淮水安流漢上疲人盡霑雨露汝南遺老重睹昇平凡在具臣孰不欣抃臣久辭朝列忝守遐藩不獲稱慶

闕庭陳露丹悃仰瞻宸極倍萬羣情無任踴躍慶快之至

代京兆李尹賀遷獻懿二祖表

臣某言伏見詔書以今月某日奉遷獻祖懿祖神主祔於德明興聖皇帝廟盛禮云畢宗祧永安誠感誠悅頓首頓首伏以太祖景皇帝膺期撫運啟封於唐爲百代不遷之宗開三靈眷命之兆頃以本朝初建清廟備儀二祖冠西室之先景皇闕東向之位諸儒獻議歷載未行陛下濬發睿謨旁延正論爰詔多士會於中臺酌三禮之前文參百王之故事講貫斯定詢謀僉同備物展儀考祥視履配貴

神於遠祖正尊位於始封廟貌有嚴禘嘗允穆示人以孝得禮之中旣觀秩秩之容必降穰穰之福臣職居内史屬忝本枝躬導盛儀獲申誠敬無任感悅屏營之至

爲京兆李尹賀雨表

臣某言伏奉聖旨以時雨愆候有妨耕農應諸有靈跡處並令祈請者德音才發膏雨驟飛滂霈已周動植咸說云云伏以久愆時澤上軫聖慈爰命禱祈俾申誠敬神應如響天且不違未興雲漢之詩已致桑林之雨臣謬司京邑虔撫黎蒸覩豐年之可期同比屋而稱慶無任欣抃之至

爲京兆韋尹賀元日祥雪表

臣某言伏以去冬以來久無雨雪臣每於殿内親奉德音以宿麥未滋爲憂以兆人生疾爲念聖情所屬神理潛通獻歲發春佳雪肇降當夷夏會同之日覩天人合應之徵迎喜氣於三元洽懽心於萬國癘疵永息豐年可期臣以疾疢未平步趨有阻伏蒙恩貸已具奏聞謹於光宅寺中管當本務不獲隨例稱慶明庭旣覩嘉祥益彰聖德無任欣躍屏營之至

爲京兆韋尹賀春雪表

臣某言伏奉詔旨充某郡主禮命使謝恩之日親承德音以春初已來雨雪猶少慮妨農事有軫睿慈今當下嫁之辰克致上元之感雲生河漢及佳期而降祥雪滿寰區應豐年而呈瑞臣官當撫字職在肅雍慶抃之誠實倍常品

爲京兆韋尹賀雨止表

臣某言今月某日中使吳文政奉宣聖旨緣今年雨多恐傷苗稼諸有靈跡處並宜祈禱者臣謹檢尋祀典方議徧祠惟德動天倏已澄霽伏以至教惠農兆人務本今歲宿麥茂於常年爰自季春遂逢多雨蓋陰陽常數有以推遷

而隴畝之間未聞傷敗陛下勞謙思切覆育恩深或慮成災先期軫念昭薦未陳於方社齋誠已格於上元文明煥開陰曀潛掃有年之慶實兆於茲辰先天不違夐超於前代臣謬司京邑虔撫蒸黎欣抃之誠倍百羣品無任踊躍屏營之至

爲京兆韋尹賀祈晴獲應表

臣某言今月十七日中使某奉宣聖旨以霖雨未晴諸有靈跡處並令祈禱者臣當時於興聖寺竹林神親自祈祝兼差官城外分路徧祠伏以神祇效靈景物澄霽兆庶覩

動天之德大田俟多稼之期臣謬荷恩輝忝司京邑抃蹈之至實倍常情

爲杜相公賀復吳少誠官爵表

臣某言中使宋惟澄至奉宣聖旨存問兼賜臣墨詔及昭示洗雪吳少誠等事天地宏覆燾之恩雷雨施渙汗之澤瑕累咸滌危疑獲安中謝臣伏以少誠擅興兵戈事生詿誤自王師致討天威下臨曾無悖辭亟聞引咎初懷疑懼雖擁衆以偷生旋感聖神屢拜章而請命陛下仁深解網慮軫納隍念餽餉飛輓之勤閔戰爭暴露之苦舉兹宥過

之典副彼效順之誠一方承再造之恩九有覩惟新之化歡鴻霈而覃及蠢類鼓仁風而臻於太和罷柝銷鋒自兹而始臣謬膺重寄忝守遐藩不獲稱慶瑶墀陳露丹懇仰瞻宸極倍百常情無任慶抃屏營之至

爲杜相公賀除虔王表

臣某言中使李國真至奉宣聖旨存問兼賜臣墨詔鴻澤浹下大明燭幽曉諭便藩慰安稠疊中謝臣伏覩天書恭承睿旨宏愛人屈己之道酌因時適變之宜擇賢王作鎮徐方俾張愔便主留務上則成邦家磐石之固下則副士衆拜章之請戚藩之寄斯重舊勳之祀獲全丕變猖狂之徒咸躋仁壽之域既宏在宥坐見止戈率土人臣孰不欣說臣素乏方略謬荷寵光猥塵將相之名無施分寸之績遭逢若此報效蔑聞官謗已興渥刑宜及陛下恩深覆載道務含宏恤公私餽餉之勤念吏士鋒鏑之苦特紆神算昭發德音危疑獲安制置惟固好生宥過誠陛下開網之仁尸位無功重微臣素餐之責周章跼蹐胡顔自安但以遐守藩條恪居官次不獲仰謝雲陛陳露血誠未遂周任知止之言敢逃臧文竊位之咎無任戰越之至

賀雪鎮州表

臣某言伏見四月二十七日德音以王承宗效順著明復其官爵所獻二郡別置藩垣聖德動天鴻恩及物瑕累咸滌蒸黎永安伏惟叡聖文武皇帝陛下自承寶位克振皇綱既以四海爲家每念一夫不獲昨因大慶爰降殊私廣宥過之科開自新之路綸言一發神聖潛通遂令迷誤之徒頓釋憂危之慮命允子以入侍獻名都以效誠臣心既明天網爲解因析四郡別爲一方惟懷永圖盡去前弊大河以北化爲禮樂之鄉率土之濱重見昇平之日臣恪居

官次遐守嶺隅不獲稱慶闕庭無任踊躍屏營之至

賀平淄青表

臣某言伏見制旨魏博節度使所奏逆賊李師道幷男二人並梟斬訖以二月十六日御宣政殿受賀者聖德元運兵威神速旬月之內鯨鯢就誅泰嶽既寧登封有日伏惟睿聖文武皇帝陛下有征必克舉意無違天地協神算之期靁霆助成師之氣蠢爾孽豎敢生野心蕭斧一臨妖氛自滅皆由聖慈廣被睿略潛通獻俘者盡許生還得地者復令安堵感我仁化激其深衷凡是脅從盡思效節五紀

巢穴一朝蕩夷遂使齊魯之鄉復歸仁壽之域捷書既至傳首繼來備文物於明庭告殊勳於清廟百郡陳賀萬方會同從此止戈所以爲武西周士庶方觀飲至之容東嶽烟雲已望告成之禮臣恪居遠服嘗忝班行慶快之誠倍萬羣品無任踊躍屏營之至

賀梟斬鄭注表

臣某言伏奉前月二十五日詔書示逆賊鄭注已梟首訖妖氛殄滅華夏乂安伏以逆賊鄭注本出細微潛懷梟獍之心兼結兇狂之黨人倫共棄神理不容陛下睿略感通天人合應重臣協力禁旅齊心指顧之間猖狂自潰乾坤交泰日月增明凡在人臣不勝慶快臣恪居官次不獲稱賀闕庭無任忻歡抃躍之至

慰國哀表

臣某言上天降禍大行皇帝奄棄萬國奉諱號擗糜潰五情伏惟皇帝陛下孝思至性攀號罔極臣恭守所部不獲陪位西宮伏增感慕之至謹奉表陳慰以聞

慰淄王薨表

臣某言臣得進奏官楊惕狀報淄王薨輟朝三日伏惟皇

帝陛下德邁前王情深近屬憫枝葉之謝諒切宸衷割肌膚之愛何堪聖念萬方知化九族歸仁凡受國恩伏深悽惻臣限以藩守不獲奉慰闕庭無任屏營之至

欽定全唐文卷六百一

劉禹錫三

爲杜相公慰王太尉薨表

臣某言伏承成德軍節度使太尉兼中書令王武俊今月某日薨歿伏以武俊生逢昌時天授忠節奮揚義勇茂建勳庸秩冠朝端參燮和於台鉉姻連戚里承嘉慶於雲霄榮掩華夷事高今昔方膺作翰之寄遽迫歸泉之期鼎臣云亡梁木斯壞伏惟陛下君臣義重存沒感深臨冊緣以興懷聽鼓鼙而軫念臣恪居官守奉慰無階悲慟之誠有

加常品謹遣某官某乙奉表陳慰以聞

爲杜司徒慰義陽公主薨表

臣某言伏承義陽公主薨伏惟聖懷傷悼增切伏以公主妍姿令則冠絕天人稟教皇宮已挺柔嘉之德降嬪卿族益彰貞粹之儀方期作範壼闈長榮邸第豈意遘茲短歷奄謝昌辰慮陛下軫念未捐深慈莫遣有虧常膳罷設宫懸臣子之情不任惕戀况聖凡禮異家國制殊伏願道齊彭殤理達修短割肌膚之愛慰寰海之心率土人臣孰不相慰無任懇款屏營之至

爲杜司徒讓度支鹽鐵等使表

臣某言伏奉制書授臣檢校司徒同中書門下平章事充度支及諸道鹽鐵轉運等使者臣久塵高位尸素已多更受新恩滿盈爲懼云云伏惟皇帝陛下紹登寶位光纂鴻猷擢用之間華夷聳聽况利權所在宜適變通國計是資須明輕重當至化鼎新之日是微臣遲莫之年將何以上副宸衷下成庶務進退惟谷冰炭在懷輒罄愚誠冀回天監陳力無補庶遵周任之言循涯若驚敢飾范宣之讓慙惶踴躇倍萬常情謹奉表陳讓以聞

爲杜司徒讓淮南立去思碑表

臣某言伏見淮南節度使王鍔所奏當道將吏僧道耆老等請爲臣立去思碑伏奉聖旨允其所奏内惟菲薄聲績無聞祇荷恩私慙懼交至臣某誠惶誠恐頓首頓首臣伏蒙先朝過奬累典方隅頃鎮江都十有四載數周星紀水旱備經境接淮濆兵戈時起至於邑里麤免流離非臣所能悉稟聖化在唐堯可封之日奚假吏才當漢宣責實之時皆承詔旨王鍔與臣交代輒有上聞况以去思爲名慙無可紀之績伏以建碑示後甲令垂文苟非至公翻益貽

請臣伏覽故事宋璟自廣州都督入拜尚書南海之人請爲刊石璟自遜讓至於再三雖勒其文竟從降黜著在國史舉爲美談璟非苟榮人益見德臣才誠不逮心實慕之伏乞聖慈賜寢前命情非飾讓義在徇公無任懇款之至謹奉表陳讓以聞

爲杜相公讓同平章事表

臣某言高品吳千金至奉制加臣銀青光祿大夫同中書門下平章事兼徐泗濠等州節度觀察處置等使餘如故者初受恩榮若登霄漢退思塵忝如履春冰臣誠惶誠恐

頓首頓首臣聞以德詔官以勞定賞苟或虛授人無勸心臣自守方隅累更時歲荷唐虞宣力之寄乏齊魯報政之能愧無可稱以答高位豈意聖慈宏獎天澤薦加以燮贊之崇名被庸虛之陋質懼速官謗有玷大猷伏以宰相之職安危是注其在當否繫於慘舒惟以材升倒無平進舉不失德則副蒼生之心苟非其人或致外夷之哂臣雖愚昧嘗覽前言豈敢冒榮遂安竊位輒思事理莫盡芻蕘若以汴河要津漕運所切徐方假擾師旅未寧謹當上稟睿謀下貞戎律克期而進屈指可平勵衆之先是臣之志既行其事必在正名所加節制安敢飾讓至於銀青貴服金鉉重名勳績無聞豈宜濫及伏乞賜寢前命俯亮愚衷微臣遂知止之宜聖朝無不稱之服名器斯慎退讓有聞遐邇聆風孰不知勸其新授官告謹重封進無任懇禱屏營之至

爲裴相公讓官第一表

臣某言臣去冬得疾近日加劇西夕之景豈能久留及其未亂披露誠懇臣犬馬之齒六十有七壽雖不長亦不爲短位忝公台近十五年皆由際會非以才進常懼官謗以

招國刑今被病得死保其始終爲幸甚厚豈復咨嗟所恨者遇聖明之君不得佐成太平之化自量氣力忽恐奄然則有微素無階上達伏惟聖慈照鑒憐而察之伏以三公非曠職之地宰相非卧理之官伏枕之初已有陳乞請罷直食兼辭貴階伏蒙優詔纔遂一事頻降中使慰勉再三專令御醫旦夕診視苟安名器不覺經時主恩則深公議不可伏思陛下臨御之始宰臣四人逮今零落忽已一半臣且危惙餘年幾何惟易直外鎮獨得無恙竊惟此理權位難居伏乞賜臣停官許在家養疾就閑辭祿或冀有瘳

害盈福謙固是神理儻天奪綱厚念以伏事多年臣之所陳未蒙便遂則國朝勳舊以疾辭位者皆得以致仕使其家居足以頤養旣有成例著於舊章伏望天恩特賜哀允

爲裴相公讓官第二表

臣某言臣所獻章表發於至誠伏奉批答未蒙允許外負公責內迫私情期於必遂敢守難奪臣束髮已來號爲強力及其晚節亦未甚衰一朝被病遂至緜惙臣自思省得其端倪非因飲食不節無有霧露之犯蓋由才微而任重功薄而賞厚竊位既久妨賢則多以積年之過辜致今日

之沈疾不能酌損所以生災悟雖已晚情實非矯伏惟陛下念其委使之久察其危苦之詞特降深恩救臣不逮無冒榮之咎得遂性之宜物議不形病心自泰忍死俟命披肝再陳伏乞聖慈俯賜容納無任迫切懇倒之至

爲裴相公讓官第三表

臣某言得病踰年在假三月再有陳請未蒙允從慮其奄忽銜愧入地伏惟聖慈哀而信之臣聞君之使臣在知其心而聽其言不以容尸祿爲惠也臣之事君在無隱情而盡忠節不以受非據爲榮也然後上下交感終始可詠臣伏事陛下五年於茲葵藿微誠已蒙識察桑榆莫景所冀哀憐豈令危惙之時更懼滿盈之禍雖有藥石安能調和聖日雖逢生涯漸短體羸無拜舞之望心在有涕戀之悲臣伏覽國史備見前事太宗朝李靖高宗朝劉仁軌皆自宰臣乞骸致政其後知猶可用復起於家進退之間曲盡情禮君臣之際良史美談伏望陛下悉臣至誠念臣羸病許遂頤養以保餘年俟其有瘳或冀萬一無任懇款遑迫之至

爲容州竇中丞謝上表

臣某言伏奉某月日制書授臣容州刺史兼御史中丞充本管經略招討等使臣發開州日已差某官某乙奉表陳謝伏以道途遐阻水陸縈紆臣以今月某日到本任上訖謹宣聖旨慰諭遠人臣某中謝臣本書生素無吏術頃因多幸貴自邸園累沐聖慈驟居清貫識昧通變動乖事宜慙無善狀以塞公責伏惟睿聖文武皇帝陛下凝旒穆清洞照寰海推共理之義分寄股肱念蒸人之勤溥霑遐邇察臣前任事實恕臣本性朴愚賜以恩輝拔於廢棄遠辭偏郡重委方隅捧印綬以爲榮望闕庭而增戀雖到官之

始惠未及人而率下之誠務先克己凡施政教皆稟詔條參以土宜遂其物性可行必守有弊必除使蠻夷生梗之風慕臣子盡忠之道力誠不足心實在兹伏乞聖明俯賜昭鑒無任感戴屏營之至

夔州刺史謝上表

臣某言伏奉某月日制書授臣使持節都督夔州諸軍事守夔州刺史跪受天詔神魂震驚伏惟文武孝德皇帝陛下垂衣穆清叡鑑旁達三統交泰百神降祥浹於華夷盡致仁壽臣家本儒素業在藝文貞元年中三忝科第德宗

皇帝記其姓名知無黨援擢爲御史在臺三載例遷省官權臣奏用分判錢穀竟坐連累貶在遐方先朝追還方念淹滯又遭讒嫉出牧遠州家禍所鍾沈伏草土禮經有制羸疾僅存甘於畎畝以樂皇化伏遇陛下大明御宇照燭無私念以殘生舉其彝典獲居善部伏感天慈臣卽以今月二日到任上訖硤水千里巴山萬重空懷向日之心未有朝天之路無任感恩戀闕之至

連州刺史謝上表

臣某言伏奉去年三月七日制授臣使持節連州刺史忝承睿旨跪奉詔書皇恩重於邱山聖澤深於雨露抃舞失次神魂再揚臣某誠歡誠懼頓首頓首臣性本愚拙謬學文詞幸遇休明累登科第出身入仕並不因人德宗臨御之時臣忝御史陛下龍飛之日臣忝郎官恭守章程勤修職業權臣奏用蓋聞虛名實非曲求可以覆視跡卑易枉無路自明亦緣臣有微才所以嫉臣者衆競生口語廣肆加誣伏賴陛下至仁特從寬典舉以緣坐貶佐遐藩屢易星霜頻經恩赦犬馬懷戀寢興匪寧惟讀佛經願延聖算昨蒙詔命追赴上都隨例授官俾居遠郡在臣之分榮幸

已多伏荷陛下孝理宏深皇明照燭哀臣老母羸疾閔臣一身零丁特降新恩移臣善郡光榮廣被母子再生凡在人臣皆感聖德凡爲人子皆荷聖慈豈惟賤臣獨蒙恩造不覺喜極至於涕零昔殷王俯念於前禽且聞解網漢帝有哀於少女爰命罷刑方之聖朝不足多尚感召和氣慰安羣生非臣殞越所能上報伏以南方癘疾多在夏中自發郴州便染瘴瘧扶策在道不敢停留卽以今月十一日到州上訖謹宣聖旨以示遠人恭述詔條所期安復無任感恩戀闕之至

和州刺史謝上表

臣某言伏奉制書授臣使持節和州諸軍事守和州刺史臣自理巴賓不聞善政恩私忽降慶忭失容臣某中謝伏惟皇帝陛下丕承寶祚光闡鴻猷有漢武天人之姿稟周成睿哲之德發言合古舉意通神委用得人動植咸悅理平之速從古無倫微臣何幸獲覩昌運臣業在詞學早歲策名德宗尚文擢爲御史出入中外歷事五朝累承恩光三換符竹在分憂之寄祿秩非輕而素蓄所長效用無日臣聞一物失所前王軫懷今逢聖朝豈患無位臣即以今

月二十六日到所任上訖伏以地在江淮俗參吳楚災旱之後綏撫誠難謹當奉宣皇風慰彼黎庶久於其道冀彼知方伏乞聖慈俯賜昭鑒臣遠守藩服不獲拜舞闕庭無任懇悃屏營之至謹差當州軍事衙官章興奉表陳謝以聞

蘇州刺史謝上表

臣某言伏奉制書授臣使持節蘇州諸軍事守蘇州刺史始從郎署出領郡長承命若驚省躬增感臣某中謝伏惟皇帝陛下受上元之眷佑揚列聖之耿光大康黎元愼擇牧守德音每發品物咸蘇臣本書生素無黨援謬以薄伎三登文科德宗皇帝擢爲御史在臺三載例轉省官永貞之初權臣領務遂奏錄用蓋聞虛名惟守職業實無朋附竟坐飛語貶在遐藩憲宗皇帝後知事情却授刺史凡歷外任二十餘年伏遇陛下應運重光物無廢滯收拾耆舊塵忝班行既幸逢時常思展效在集賢院四換星霜供進新書二千餘卷儒臣之分甘老於典墳優詔忽臨又委之符竹分憂誠重戀闕滋深石室之書空留筆札金閨之籍已去姓名本末可明申雪無路豈意聖慈宏納不隔卑微

面辭之日特許升殿天顏咫尺臣禮兢惶不敢盡言空懷誠懇謝恩而出生光於九陌之間授訓而行布政於五湖之外臣即以今月六日到任上訖伏以水災之後物力素空臣謹揚皇風慰彼黎庶臣聞有味之物蠹蟲必生有才之人讒言必至事理如此古今同途了然辨之惟在明聖伏惟陛下察臣此言則天下之人無不幸甚江海遠地孤危小臣雖雨露之恩幽遐必被而犬馬之戀親近爲榮

汝州刺史謝上表

臣某言伏奉去年七月十四日詔書授臣使持節汝州諸

軍事守汝州刺史兼御史中丞充本道防禦使餘如故者臣久居遠服戀闕常深忽降新恩近鄉爲貴承旨慶抃省躬慙惶臣某誠懽誠喜頓首頓首伏惟皇帝陛下垂衣清穆之中旁照寰瀛之内車書所及動植咸安臣昨離班行遠守江徼延英辭日親奉德音知臣所部災荒許臣到任條奏恭承睿旨宣示羣黎減其征徭頒以賑賜伏蒙聖澤救此天災疲羸再甦幼艾同感二年連遭水潦百姓幸免流離交割之時户口增長雖才術不足於事未周而憂勞則深爲衆所悉臣本業儒素頻登文科帝命遽迴再領軍

郡卽以今月二十七日到州上訖謹當奉宣聖化慰彼蒼生臨汝水之波朝宗尚阻望秦城之日迴照何時臣無任感激屏營之至謹差防禦押衙韋禮簡奉表陳謝

同州刺史謝上表

臣某言伏奉去年十月二十二日制書授臣使持節同州諸軍事守同州刺史兼御史中丞充本州防禦長春宮等使恩降九重榮忝三輔承旨慶抃省躬慙惶臣某中謝伏惟皇帝陛下丕承列聖光闡鴻猷氛祲掃除乾坤交泰臣幸逢昌運累沐殊私空荷生成之恩寧酬雨露之澤卽以今月二日到州上訖謹宣睿旨安慰蒸黎伏以本州四年以來連遭旱損閭閻凋瘵遠近共知臣頃任蘇州之年亦遭大水之後面辭之日親奉德音至於撫綏皆承聖教二年之後百姓獲安今本部災荒物力困涸忝爲長吏敢不竭誠卽須條疏續具聞奏臣恪居官次幸接王畿不獲拜舞彤庭陳露丹慊犬馬懷戀寢興匪寧瞻魏闕之容朝天尚阻望長安之路近日爲榮臣無任感激屏營之至謹差防禦知衙官試殿中監楊克乂奉表陳謝

代杜司徒謝平章事表

臣某言臣伏蒙奬拔超踐鈞衡處玷大猷昧死陳讓再奉嚴旨不令固辭恩厚命輕位高責重中謝臣聞天下安危注意將相處論道具瞻之地當總戎作鎭之權雖叶夢而求無聞秉鉞之寄登壇以拜不兼調鼎之榮授受維艱伊昔猶爾况臣庸瑣何以克堪陛下元造曲成大明私照俾掌戎律復參廟謨寵光之命在臣已極毫髮之效於國何施謹當罄竭微誠奉遵至教仗天威以懾不順敷聖澤以遂羣生上分旰食之憂下塞素餐之責力誠不足心實念茲伏乞皇明俯賜昭鑒臣恪居官次遐守藩維不獲伏謝

彤庭陳露丹懇心存闕下同犬馬之戀恩身在淮濆仰雲天而結思無任懇悃屏營之至

為淮南杜相公謝兵馬使朱鄭等官表

臣某言奏事官韋溫迴特蒙聖恩重賜朱鄭等官告宸象昭回煥然下燭榮分右職光賁遐藩臣某中謝臣伏以朱鄭朴忠為心沈毅見色當建封禦侮之寄見張愔提孩之年昨者隸職徐州分鎮蘄縣驛騷之際梗亮彌彰歷險而前實繁其旅詳探本末有足褒稱輒具奏聞恐須獎勸伏蒙睿鑒俯亮微誠優詔先行已階直指之列殊私薦至超

升獨坐之崇户領三千爵踰五等恩生非次感異常倫轅門有光武旅增氣遂使感激之士希勇爵以捐軀猖狂之徒聆聖澤而悛性風行草偃其勢必然臣忝總戎倍百欣荷

為淮南杜相公謝貸錢物表

臣某言中使南宮懷珍至奉宣聖旨存問兼賜臣墨詔天光下濟睿澤曲流銜恩未酬居寵彌懼臣某中謝臣受任斯極微功莫施昨以封略未寧干戈猶動壽春固壘以備盜淮甸興師以扞姦經費所資數盈鉅萬餽餉時久供億力殫慮始圖終不敢緘默輒陳管見上黷宸聰伏蒙聖慈特遂誠請遠承如綍之旨特假聚人之財軍須不愆士氣彌振糗糧既備永無半菽之虞襦袴足須遠起挾纊之感是為悅使咸願先登臣忝總戎倍百欣荷伏以上分國用俯濟軍興候清煙塵謹備償納

蘇州謝恩賜加章服表

臣某言伏奉去年十一月二十七日詔書加臣賜紫金魚袋餘如故者恩降重霄榮霑陋質既黷陟明之典恐興彼己之詩寵過若驚喜深生懼臣某中謝臣起自書生業文

入仕德宗朝為御史以孤直在臺順宗朝為郎官以緣累出省憲宗皇帝後知其冤特降敕書追赴京國緣有虛稱恐居清班務進者爭先上封者潛毀巧言易信孤憤難申俄復一麾外轉三郡伏遇陛下膺期御宇大振滯淹哀臣宿舊猥見收拾職兼書殿官忝儀曹微勞未宣薄命多故又離省署重領郡符延英面辭親承教誨銜命即路星言載馳到任之初便逢災疫奉宣聖澤恭守詔條上稟睿謨下求人瘼才術雖短憂勞則深幸免流離漸臻完復皆承聖化所及遂使人心獲安豈由微臣薄劣能致臣素乏親

黨家本孤貧年衰無酒色之娛性拙無博奕之藝自領大郡又逢時災晝夜苦心寢食忘味曾經謳毀每事防虞惟託神明更無媒援豈期片善上達宸聰迴日月之重光燭江湘之下國絲綸褒異苦節既彰印綬煒煌老容如少望雲天而拜舞豈盡丹誠視環玦以徘徊空嗟白首無任感激屏營之至

謝差中使送上表

臣某言中使吐突仕曉至奉宣聖旨慰諭并送臣至本任者深山遠郡忽降王人既受恩榮仰瞻宸極伏以發自巴

峽至於南荒涉水陸湍險之途當炎夏鬱蒸之候山川縈轉晨夜奔馳幸無他疾得至本管九重結戀遙傾捧日之心萬里獲安皆荷自天之祐無任感戴屏營之至

代杜司徒謝男授官表

臣某言伏奉今月一日制授臣長男師損秘書省著作郎次男式方太常寺主簿又得進奏官裴遵狀報伏承聖恩特降中使送官告到臣宅分付師損者寵渥非常授任不次驚躍無措靦懼失容臣某中謝臣謬分重寄獲守外藩受恩既深無績可紀男師損等器惟凡品教闕義方早沐睿慈已階官次每懷塵忝常誡滿盈豈謂鴻霈曲覃大明私照寬臣尸素之責念臣葵藿之誠下延允息叨踐班級天書出禁中貴臨門榮冠等夷慶流宗族况著作乃撰論之地惟史才是居太常實禮樂之司非儒者勿履顧茲庸謬忽此超升內省慚惶若墜冰谷伏以聖朝立制建官惟賢名實無乖輪轅盡適微臣父子獨爲幸人非據踰涯自中徂外虛受邛山之賜實增負乘之憂進退彷徨不知所據無任戰汗屏營之至

欽定全唐文卷六百二

劉禹錫 四

爲武中丞謝賜春衣表

臣某言中使某乙奉宣聖旨賜臣春衣一副王人臨第御府降衣抃舞失容捧戴無措臣某中謝伏以律當春暮慶洽時邕萬物被薰風之和九天垂湛露之澤臣受任非次速尤是虞方懷匪服之憂更荷解衣之賜恩加盡飾拖朱紫而爲榮受非以庸顧形影而增愧丹誠徒罄元造難酬無任踊躍感恩之至

爲武中丞謝賜冬衣表

臣某言中使某乙至奉宣聖旨賜臣冬衣一副恩降重霄榮加陋質承旨慶抃省躬慙惶臣受任已來微效莫著每更時律慙曠官常豈謂元造曲成鴻私薦及念茲祁寒之候錫以禦冬之衣抃舞失容顧眄增飾鶴紋是錫遠慙晉代之賢鵜翼不濡實懼曹風之刺無任感戴屏營之至

爲淮南杜相公謝賜春衣表

臣某言中使陳日華至奉宣聖旨慰勞臣及將佐官吏僧道耆老百姓等并賜臣墨詔及春衣兩副大將衣四副王人捧詔御府降衣寵光不隔於遐藩慶賜猥霑於裨將臣某中謝臣素乏器能謬膺驅使每慙效薄常懼食浮陛下覃以至仁均其厚施宰元和而布澤順時律以頒衣出自禁中貴於臣下執領襘而抃舞失次被纖柔而顧眄增輝舉體動容既安且吉在身不稱恐招鵜翼之譏居任無功叨受鶴紋之賜下延將校同荷生成

謝賜冬衣表

臣某言德音爰錫降自煙霄黔黎沐賜共成睿渥臣某中謝伏惟皇帝陛下誕敷文教丕變時雍遐邇克清翔泳咸

若臣謬膺寵任每愧素餐荷海嶽之私無毫釐之績式用衣裳在笥之戒惟愧輕暖被身載咏維鵜在梁之詩罔知死節之所誓當訓勵士伍寧輯閭里盡瘁竭心以酬天造臣與大將等無任感戴屏營之至

謝賜冬衣表

臣某言恭承御封捧授恩錫喜懼交集精魂若飛臣某中謝臣夙荷寵榮累仗旄鉞西戎未殄無式遏之勞東郡已安有息偃之逸高秋空度永夕知慙陛下亭育深慈生成大德三軍挾纊俯聽綸言九月授衣載馳天使臣被服既

畢感戴難勝誓當罄節苦心死生立效敢以微軀陋質麗靡自安臣所守有限不獲奔走丹墀犬馬微誠伏增竊戀臣無任云云

爲淮南杜相公謝賜冬衣表

臣某言中使王國清至伏奉聖旨慰勞臣及將佐官吏僧道耆壽百姓等并賜臣墨詔及冬衣兩副大將衣四副者大明昭回遠燭下土殊錫稠疊延及偏裨慶忭失圖捧戴相賀臣某中謝臣謬承委寄獲守藩條灰琯屢移塵露無補陛下至仁天覆元化風薰頒以兼衣賁兹瑣質降自天

府光於轅門緘縢既開覩綵章之盛飾蹈舞而服發温燠於祁寒愧塵補衮之名更荷解衣之賜恩波下浹將校同霑共戴殊榮咸思竭節生成是荷雨露難酬臣無任懇悃慙荷之至

謝恩賜粟麥表

臣某言伏奉今月一日制書以臣當州連年歉旱特放開成元年夏青苗錢并賜斛㪷六萬碩仰長吏逐急濟用不得非時量有抽斂於百姓者恩降九天澤周萬姓優詔纔下羣情頓安臣某誠懽誠喜頓首頓首伏以災沴流行陰陽常數物力既竭人心匪遑輒敢奏聞本求賑貸皇恩廣被元造曲成既免在田之征仍頒發廩之賜臣謹宣赦文節目彰示兆人鼓舞歡謡自中徂外臣初莅所部便遇儉時今蒙聖慈特有賑恤主恩及物已爲壽域之人衆意感天必有豐年之應臣恪居官業不獲拜舞闕庭臣無任感激

謝恩放先貸斛斗表

臣某言臣奉五月二十九日敕牒據度支所奏諸道節度觀察使及州府借便省司錢物斛斗等數內當州欠三萬

六千二十三貫石並放免者殊私忽降逋債滌除藩方永安遐邇咸悦臣某誠懽誠喜頓首頓首伏以關輔之間頻年歉旱田租既須矜放公用又不支持承前長吏例有借便以救一時之急皆成積欠之名既未支填常懷憂懼聖恩周洽洞見物情爰命有司使之條奏去其舊弊衆已獲安嚴立新規人知所措臣恪居官次不獲拜舞闕庭臣無任抃躍屏營之至

蘇州謝賑賜表

臣某言伏奉去年二月十五日敕蘇州宣賜米一十二萬

碩委刺史據户均給者恩降九天澤流萬姓伏以臣當州去年災沴尤甚水潦雖退流傭尚多臣前月到任奉宣聖旨閭境老幼無不涕零詢訪里閭備知凋瘵方具事實便欲奏論聖慈憂人照燭幽遠特有賑恤救其災荒蒼生荷再造之恩儉歲同有年之慶臣忝爲長吏倍萬恆情無任感激抃躍之至

代武中丞謝賜新茶第一表

臣某言中使竇國安奉宣聖旨賜臣新茶一斤猥降王人光臨私室恭承慶錫跪啟緘封臣某中謝伏以方隅入貢

采擷至珍自遠爰來以新爲貴捧而觀妙飲以滌煩顧蘭露而慙芳豈蔗漿而齊味既榮凡口倍切丹心臣無任歡躍感恩之至

代武中丞謝賜新茶第二表

臣某言中使某乙奉宣聖旨賜臣新茶一斤猥沐深恩再霑殊錫承旨慶抃省躬慙惶臣某中謝伏以貢自外方名殊眾品效參藥石芳越椒蘭出自儲廚俯頒私室義同推食空荷於曲成責在素餐實慙於虛受

謝賜廣利方表

臣某言中使某至奉某月日敕書手詔賜臣元集要廣利方五卷者將吏森列黎元寂聽絲言溥及感荷德音緗帙纔開皆覩聖作臣某中謝伏惟皇帝陛下元風御宇教以五常赤子愛人念其六疾遂長驅和扁高視農軒刪彼繁蕪摭其簡驗莫非十全之妙不勞三代之醫況慮軫服乘療覃牛馬圓首方足畢荷亭育之恩含齒帶觡盡歸仁壽之域臣奉明詔併工繕錄俾封疆之内日月俱懸雖聾瞽而必知在幽偏而亦達臣所守有限不獲走奔闕下蹈舞彤庭無任踊躍屏營之至

代武中丞謝賜新橘表

臣某言中使某乙至奉宣聖旨賜臣新橘若干顆特降恩光猥頒慶賜珍踰百果榮比兼金臣某中謝伏以丹實初成苞貢爰至芬馨味重方列於御筵雨露恩深忽霑於賤品感同推食事等絕甘豈惟適口爲珍實冀捐軀上答臣無任感戴之至

代武中丞謝賜新柑表

臣某言中使某乙至奉宣聖旨賜臣新柑若干顆特降殊私再頒名果自遠稱貴以新爲榮臣某中謝伏以果實既

成南方有貴瓊茅合貢中禁爲珍方外貢來人間未覩黃苞輝穎雕俎增華芬芳初佐於天庖慶賜忽霑於凡口甘踰萍實剖食既同於楚謠寒比蔗漿析酲何慙於漢史恩光斯重尸素彌彰誓當捐軀以申上答臣無任感戴之至

謝端午賜衣及器物等第一表

臣某言中使劉光琊至奉宣聖旨慰勞臣及將佐官吏僧道耆老百姓等兼賜臣墨詔幷衣一副金花銀器三事絲索一軸大將衣四副綵絲五軸寵光薦至慶賜曲霑忭舞失容捧戴無力臣某中謝伏以朱明仲月端午佳辰萬國

被薰風之和九天垂湛露之澤臣幸逢休運獲守外藩叨承睿慈猥霑榮賚發詔而煥窺宸翰振衣而頓失炎威色絲表祥載光於佩服珍器充玩盡飾於圓方恩輝既盈喜懼交集下延禆將共荷鴻私無任感戴之至

謝端午賜衣及器物等第二表

臣某言德音曲被喜溢羣情厚賜遐頒榮霑陋質臣某中謝伏以糉實在律端午御辰慶列丹墀守藩莫及恩隨綵縷捧軸難勝況衣極珍纖涼生溫暑器皆照爛光發戶庭竊慙彼己之詩敢忘滿盈之誡惟當莅戎有勇訓俗知方永懷銘縷之誠冀申赴蹈之節臣與大將無任感戴踊躍之至

謝敕書賜臘日口脂等表

臣某言今日中使某官至奉宣詔書賜臣及將士臘日口脂香藥紅雪等自天有命蹐地無容虛受寵光翻成憂負臣某中謝臣位居方鎮才實凡庸郡邑臨人未移風於弊俗歲時頒物空竊賜於聖明特降璽書重加靈藥潤之膏液襲以蘭芳期美疢以蠲除冀頹顏而可駐殊私不遺於一物曲澤下及於三軍未報主恩慙於犬馬惟將臣節死

於封疆

爲淮南杜相公謝賜歷日面脂口脂表

臣某言中使霍子璘至奉宣聖旨存問臣及將佐官吏僧道耆壽百姓等兼賜臣墨詔及貞元十七年新歷一軸臘日面脂口脂紅雪紫雪幷金花銀合二金稜合二皇明逴燭殊錫薦臻抃舞失容捧戴無措臣某中謝伏惟皇帝陛下立極御天順時布政禮崇大蜡澤浹遐藩臣叨榮日深竊位時久謬迴宸睠猥降王人天書下臨覩三光之照爛玉歷爰授知四氣之環周雕奩既開珍藥斯見膏凝雪瑩

含液騰芳頓光蒲柳之容永去癘疵之患命輕恩重上答何階無任感抃屏營之至

爲李中丞謝賜紫雪面脂等表

臣某言中使某乙至奉宣聖旨賜臣紫雪紅雪面脂口脂各一合澡豆一袋特降王人俯臨私第銜恩慶抃省己慙惶云云臣謬荷寵私素無績效空變星霜之候猥霑慶賜之恩跪捧雕匳榮觀珍藥功能去疾永絕於癘疵澤可飾容頓光於蒲柳生成是荷雨露難酬無任感戴

爲李中丞謝賜鍾馗歷日表

臣某言中使某乙至奉宣聖旨賜臣畫鍾馗一新歷日一軸恩降雲霄光生里巷雖當歲暮如煦陽和臣某中謝伏以將慶新年聿修故事繢其神象表去厲之方頒以歷書敬授時之始微臣何幸天意不遺無任感戴屏營之至

爲淮南杜相公謝賜鍾馗歷日表

臣某言高品某乙至奉宣聖旨賜臣畫鍾馗一新歷日一軸星紀方迴雖逢歲暮恩輝忽降已覺春來臣某中謝伏以圖寫威神驅除羣厲頒行律歷敬授四時施張有嚴既增門戶之貴動用叶吉常爲掌握之珍瞻仰披尋皆知聖澤無任欣戴之至

爲杜司徒謝賜追贈表

臣某言伏奉制書褒贈臣亡父先臣某官尚書左僕射者時逢霈澤禮極崇章臣某中謝臣家受國恩至臣累葉常懼不克負荷以忝前人豈期多幸遭逢猥居高位陛下應乾御極作解庇人恩洽寰區禮崇宗廟垂仁布德自葉流根紫書忽降於重霄密印榮加於厚夜星霜增感蒸嘗有輝非臣隕越所能上報無任感咽屏營之至

爲杜相公謝賜門戟表

臣某言臣得進奏官裴遵狀報今月九日軍器使梁延壽奉宣進止付所司准省牒賜臣門戟十二竿者恩降雲天榮加門戶承旨慶抃省躬慙惶伏以禮著等威朝有命數是昭懋賞必在疇庸臣謬荷寵光素無績效旌旄之寄已忝外藩棨戟爰列更光私第貴於棖闑慶及子孫覩茲盛儀實愧虛受無任欣戴屏營之至

爲韋尹謝許折糴表

臣某言伏奉詔旨以臣所請畿內折糴宜令度支計會定數奏來者天慈廣被人瘼是求臣自理京邑不先威刑唯

務便安所期富庶每因賜對常奉德音府縣之間臣細令奏伏以聖明在上風雨應時順成之年穀糴常賤若無輕重之法必利兼并之家輒敢上聞請行折糴天光下燭人隱無遺宣付所司允臣所奏事關理本惠及生靈臣忝尹京倍百欣荷無任歡躍屏營之至

爲淮南杜相公謝詔許濠泗兩州割屬淮南表

臣某言伏奉十一月二十九日詔書其濠泗兩州令臣依前收管臣謬承寵光作鎮淮海位均九伯權總十連内省無堪常恐不逮豈謂恩私曲被封略有加慙無報政之勤

重受分憂之寄伏以兵戎方息閭里未安謹當奉宣皇風慰彼黔首且責成於牧宰期不失於澄清伏惟聖明俯賜昭鑒臣無任感戴屏營之至

謝手詔慰撫表

臣某言臣監軍使判官劉寄至伏奉敕書手詔兼奉宣口敕奏事官王穆迴又奉尺書手詔兼宣口敕并慰撫問臣及將士等聖慈稠疊感戴無階臣某中謝臣跡忝總戎力慙致果一昨勵兵秣馬破賊攻城皆承睿略指蹤廟謨制勝豈臣庸妄敢竊勳勞每佳馮異推功見稱良史常惡樂羊求賞翻謝謗書拳拳血誠天實諒只但以孤根獨立衆口易誣銷骨爲虞撫心是懼樹楊恐拔非獨一人采葛畏讒信如三月忘寢與食以榮爲憂陛下聖聰聽卑宸鑒燭遠天書軫念口詔宣慈特荷知臣之明累矜報主之效許之純直慰以貞堅北闕之恩謬加倚賴東門之衛又切防虞寵兼腹心澤浸骨髓載欣載躍感戴無階豈惟剪逆梟兇獨申微效實冀粉身灰骨上答殊私臣無任

謝恩存問表

臣某言王敬仁至奉口敕存問微臣憫其疎遠之悲慰其違離之思臣某中謝臣自今春分司入洛即屬陛下受命

承天企揖讓之盛儀隔肅雍之大禮元英亟歲日夜懷歸白雲在天闕庭難見豈期廷瓊爲寶尚憶他山之石貞明溥臨遠及容光之地仁深行葦眷甚遺簪草木之誠何酬造化無任感恩慕戀之至

爲淮南杜相公謝賜墨詔第一表

臣某言中使陳日華至奉宣聖旨存問兼賜臣墨詔又以臣所奏羅珦及裴𤪌政理有方今各賜手詔激賞者恩降重霄澤流下土義敦獎勸榮冠等夷臣某中謝臣昨以羅

珣裴靖勵精吏理效用著明人感悅安俗致殷阜恐須甄錄以勸在官輒獻封章具陳成績伏蒙睿覽俯亮愚衷嘉理行之尤光示絲綸之深旨守道者益以固志懷慝者由是悛心激俗化人於茲爲大臣謬司廉察職在澄清幸遇旌善之時獲免蔽賢之責無任欣戴之至

爲淮南杜相公謝賜墨詔第二表

臣某言中使陳日華至奉宣聖旨慰勞臣及將佐官吏僧道耆壽百姓等兼賜臣墨詔恩降紫泥澤流下土跪奉自天之命遥傾捧日之心臣某中謝伏以皇帝陛下凝旒穆

清軫念黎獻已洽雍熙之化尚存宵旰之勤遠降王人特紆宸翰慰問稠疊曉諭便蕃任重力微不知上答應緣戎旅庶務謹具別狀奏聞伏乞皇明俯賜昭鑒無任感戴屏營之至

爲淮南杜相公謝賜手詔表

臣某言中使閻忠信至奉宣聖旨存問兼賜臣手詔拜捧紫泥曉伸金簡承旨見聖神之略感恩知身命之輕臣某中謝臣素乏異能幸逢昌運猥當旄鉞之寄未靖妖氛榮分台鼎之名何階啟沃竊位斯久速光是虞豈謂元化曲成鴻私薦及特紆睿思親灑僊毫降自九天粲然五色初喜麗天之象遠燭輝光旋驚垂露之蹤曲覃霈澤鸞鶴迴翔而變態煙雲舒卷以呈姿賦彩飛文聳神蕩目恭惟國寶何幸家藏感極涕零莫知上答應緣軍旅庶務謹具別狀奏聞無任欣戴屏營之至

謝授分司表

臣某言伏奉今月十九日制書授臣太子賓客分司東都者寵命自天戰越無地臣某中謝臣發迹書生以文爲業出身入仕四十餘年頃自集賢學士出守吳郡面辭之日

親承德音念百姓水潦之餘示微臣政理之法臣祇承聖旨夙夜竭誠閭里獲安流庸盡復猥蒙朝獎錫以金章及遷同州又遇歉旱悉心綏撫幸免流離今荷天慈憫臣耆舊列名賓護之職分局河洛之都老馬霑束帛之恩枯株蒙雨露之澤獲居榮秩以畢餘年顧此微軀實爲厚幸伏以臣始爲御史逮事德宗今忝宮僚幸逢聖日舉四海之內賢能則多求六朝之臣零落將盡雖迫桑榆之景猶傾葵藿之心無任感恩惕抃之至

代杜司徒乞朝覲表

臣某言臣聞事君之道有犯無隱懇誠所至敢不罄陳伏惟聖明俯賜矜察臣某中謝臣代受國恩忝承門蔭脫巾筮仕敢期榮名陳力效官靡樹聲績始因孤直驟歷清班復荷朝獎作藩外府遠違輦下十有四年恪守淮濆於今一紀犬馬戀主寢興匪遑蒲柳易衰遲暮俄及竊位時久妨賢愧深況歷任以來四十八考秖奉朝謁時纔二週服勤郡府荏苒垂老屏營魏闕之思夢想承明之迹如迫饑寒不忘衣食伏惟睿鑒俯亮愚衷早賜擇人與臣爲替交受之際冀無可虞然後脂車奔赴京輦微願斯畢雖死猶

生臣頃以戎務方殷猥加宰輔今既事罷實慚此名爲有藩鎮同時未敢輕上印綬伏以聖朝赫奕左右惟賢漢愧得人周慚多士臣才略既短齒髮且衰柄用之地甘心自絕所冀退歸舊里沐浴皇風絕鐘鳴漏盡之譏展維桑與梓之敬匪惟名器不假實貴骸骨獲全知止之心神祇可鑒無任悃款怔營之至

爲淮南杜相公請赴行營表

臣佑言臣自守淮濆已周星紀虔奉朝典釐安遐方素效未酬新恩薦及身曳兩綬寄深一隅蚊蚋負山力誠不足鷹鸇逐鳥志則有餘臣再授兵符夙參軍幕被堅執銳雖未經於戎行受制代謀亦嘗習於事業自忝藩翰屬時清平無施汗馬之勞但詠櫜弓之什今則幸遇殊獎委之專征以身率先是臣素志況聞徐州士衆本無叛心倉卒之間危疑至此臣請自臨疆場親領紀綱裂帛繫書諭其禍福椎牛饗士養以威聲冀宣皇風煦茲蠢類以忠義感脅從之伍以含宏安反側之徒革面悛心期乎不日其揚州留務請令行軍司馬路應權知伏乞聖慈俯賜昭鑒

爲淮南杜相公論西戎表

臣佑言臣一辭闕庭已經二載官當重任身受厚恩既懷子牟戀闕之心又負臧文竊位之責思所以歌頌聖德俾補箴規塵露至微不任懇迫臣遠祖詩顯名漢代出牧南陽讜言善策隨事獻納忠醇之至聞於中外遺風可冀有激愚衷臣是以輒竭聞見釐陳梗概雖不盡陛下聖明萬分之一然臣子之心有直必獻伏惟皇帝陛下德合天地道躋文武弛張普博上法陰陽氣均生成人霑亭育凡是氛沴覆以春和銷除容納皆如聖意寬宥肆赦實賴皇明河中誅鋤不勞兵革淮右底定不戮一人慶洽萬邦事出

千古近又西戎背約寇犯王師陛下宏貸豺狼矜其兇悍布以恩澤果此知慙功因德成不以兵革故詩云獫狁孔熾書稱蠻夷猾夏臣觀自古帝王不忍小忿貽大患故竭耗中國盡心邊陲至必滅昆明之城平大宛之種豈足發輝皇猷增榮簡冊故賢哲之論薄衛霍之功陛下鏡歷代無益之端修大君文德之教遂得北狄深藏五城晏閉百蠻嚮化四海無虞惟此小蕃尚迷聖教陛下示之大信宏以舊恩雖關防暫驚而烽燧旋罷臣負恩方鎮初懼寇戎正於憂迫之時果聞仁聖之諭攘却兇孽不勞干戈臣靜

思遠圖爲國久計莫若存信施惠多愧其心歲通玉帛待以客禮昭宣聖德擇奉誼之臣恢拓皇威選謹邊之將積粟塞下坐甲關中以逸待勞以高御下重以金玉之贈結以舅甥之歡小來則慰安大至則嚴備明其斥候不撓不侵則戎狄爲可封之人沙場無戰死之骨若天下無事人安歲稔然後訓兵命將破虜摧衡原州營田靈武盡復舊地通使安西國家長算悉在於此計熟事定舉必有功苟未可圖豈宜容易此皆陛下朝夕倦談之事前後立驗之謀臣質性頑踈籌畫庸近受恩非據敢忘獻忠犬馬之心實所罄盡謹遣某官奉表

爲淮南杜相公論廢楚州營田表

臣某言中使曹進玉至奉宣聖旨存問兼賜臣墨詔以楚州營田廢置事令臣商量奏來者跪捧天書恭承睿旨道存致用義在隨時云云伏以本置營田是求足食今則徒有糜費鮮逢順成刈穫所收無裨於國用種糧每闕常假於供司較其利害宜廢已久比來循守舊制不敢輕有上陳皇明鑒微特革斯弊取其田畜授彼黎蒸仍俾薄租誠爲至當但以田數雖廣地力各殊須量沃瘠用立程度臣

已追里正與商量利便謹具別狀奏聞伏惟聖慮俯賜詳擇無任震越屏營之至

夔州論利害第一表

臣某言伏準元和十二年四月十八日敕諸州刺史如有利害可言者不限時節任自上表聞奏者臣伏見貞觀中詔許羣臣各上書言利便馬周時一布衣遂因中郎將常何獻策二十餘事太宗深奇之盡行其言擢周爲御史至龍朔中壁州刺史鄧宏慶進平素看精四字堪爲酒令高宗嘉之亦行其言遷宏慶爲朗州刺史則知苟有所見雖

布衣之賤遠守之微亦可施用況臣早受國恩德宗朝忝爲御史逮今歷事四聖頻領藩條當陛下至明之時是微臣竭節之日伏以守在遐郡不敢廣有所陳準敕上利害及當州公務各具別狀奏聞伏乞聖慈俯賜昭鑒無任感激屏營之至謹差當州軍事衙官守易州安義府別將員外置同正員雲騎尉馮隨謹奉表以聞

夔州論利害第二表

臣某言伏準今年四月五日德音宣令諸道觀察使刺史各具當處利害附驛以聞者伏惟皇帝陛下睿哲自天纘

承列聖善述先志發揚德音率土人臣不勝慶幸臣虔奉詔旨宣示蒸黎伏以華夏不同事宜各異詳求利病謹具奏聞伏乞聖慈俯賜昭鑒臣伏覽國史竊見開元十八年朝集使至京元宗臨軒親問利害時宣州刺史裴耀卿上便宜事論轉運甚詳竟不行下至二十一年耀卿爲京兆尹再以前奏論方見允納比及三年漕運七百萬石省脚費三十餘萬貫當耀卿前不見納必有人非之及後數年方展其效臣僻守遠郡敢望言行祗奉詔書或冀萬一伏惟明主擇之無任懇悃屏營之至

欽定全唐文卷六百三

劉禹錫　五

奏記丞相府論學事

十一月七日使持節都督夔州諸軍事夔州刺史劉某謹奏記相公閤下凡今能言者皆謂天下少士而不知養材之道鬱堙而不揚非天不生材也亦猶不耕者不歎廩庾之無餘非地不產百穀也伏以貞觀中增築學舍千二百區生徒三千餘人時外夷上疏請遣子弟入附於三雝者五國雖菁菁者莪育材之道不足比也今之膠庠不聞弦

歌而室廬圮廢生徒衰少非學官不欲振學也病無貲財以給其用餼生今有一見使大學立富幸遇相公在位可以索言之禮云凡學官春釋奠於其先師斯禮止於辟廱頖宮非及天下也今四海郡縣咸以春秋上丁有事孔子廟其禮不應於古且非孔子意也炎漢初定羣臣皆起屠販爲公卿故孝惠高后之間置原廟於郡國逮孝元時韋元成以碩儒爲丞相遂建議罷之夫以子孫尚不敢違禮以饗其祖況後學師先聖之道而首違之乎祭義曰祭不欲數語云祭神如神在與其煩於舊饗孰若行其教道今

夫子之教日頹靡而以非禮之祀媚之斯儒者所宜憤悱也竊觀歷代無有是事皇家武德二年詔於國學立周公孔子廟四時致祭貞觀十一年又詔修宣尼廟於兗州至二十年許敬宗等奏乃遣天下諸州縣置三獻官其他如方社敬宗非通儒不能稽典禮開元中元宗饗學與儒臣議繇是發德音其罷郡縣釋奠牲牢唯酒脯以薦後數年定令時王孫林甫爲宰相不涉學委御史中丞王敬從校刋之敬從非文儒遂以明衣牲牢編在學令是首失於敬宗而終失於林甫習以爲常罕有敢非之者謹桉本州四

縣一歲釋奠物之直緡錢十六萬有奇舉天下之郡縣當千七百不啻羈縻者不在數中凡歲中所出於經費過四千萬適資三獻官餙衣裳飴妻子而已於尚學之道無有補焉前日詔書許列郡守臣得以上言便事令謹條奏某乞下禮官博士詳議典制罷天下縣邑牲牢衣幣如有生徒春秋依開元敕旨用酒醴腶脩腒牖榛栗示敬其事而州府許如故儀然後籍其資半附益所隸州使增學校其半率歸國庠猶不下萬計築學室具器用豐簋食增掌固以備使令凡儒官各加稍食其紙筆鉛黃視所出州率令

折入學徒既備明經日課繕書若干紙進士命肄校亦如之則貞觀之風粲然不殊其它郡國皆立程督投紱懷璽棫樸菁莪良可詠矣伏惟相公發迹咸自諸生其尊素王之道儀刑四方宜在今日是以小生敢沿故事以奏記於左右姑舉其大較至於證據纖悉條奏具之章下之日乞留神省察不勝大願惶恐拜手稽首

爲京兆李尹降誕日進衣狀

衣一副四事云云右伏以水德方清眞龍下降天長地久瞻北極以常尊獻壽稱觴配南山而永固臣地叨宗屬職

忝尹京慶賀之誠倍萬常品前件衣服謹詣銀臺門奉進輕瀆旒扆伏用兢惶

爲京兆韋尹降誕日進衣狀

衣一副四事黃折造衫一領白吳綾汗衫一領白花羅半臂一領白花羅袴一腰右伏以正陽令月誕聖嘉辰運協千年慶流萬國凡在臣子合有獻陳敢傾就日之心願奉如山之壽輕瀆宸扆無任兢惶

爲京兆韋尹進野豬狀

右伏以收穫之餘田獵有獲異於芻豢著在方書既堪充

庖輒敢上獻前件野豬謹隨狀進謹奏

爲裴相公進東封圖狀

集賢殿御書院開元東封圖一面右臣謹按開元十三年元宗皇帝以天下太平登封東嶽聲名文物振耀古今伏惟陛下丕承耿光再闡鴻業祖宗盛事紹復有期臣所以寫成此圖輒敢上獻至於繪畫躬自指撝徵史氏之文纂禮容之要山川氣象悉擬眞形羽衛威儀咸稽故實所冀睿情一覽遐想元蹤臣叨榮過深抱疾已久望陛下告成之日心必前知嗟老臣將謝之年身恐不見疲羸之際感激倍深前件圖差某官乙謹詣光順門奉進謹奏

爲杜相公自淮南追入長安至長樂驛謝賜酒食狀

具官臣某右臣今日至長樂驛高品某奉宣聖旨賜臣酒食者伏以恩降王人榮分御膳未展儀於雙闕先受賜於八珍品越脹膰味兼醪醴頓驚凡口倍益歡心無任欣躍

代杜相公謝就宅賜食狀

具官臣某右高品某乙奉宣聖旨賜臣食者出自大官飫於私第光榮曲被猥承推食之恩駑蹇未施益重素餐之責舉其七筯若負邱山無任戰荷踊躍之至

代淮南杜司徒奏新羅請廣利方狀

淮南節度觀察處置等使敕賜貞元廣利方五卷右臣得新羅賀正使忭如言狀稱請前件方狀一部將歸本國者伏以纂集神效出自聖衷藥必易求疾無隱狀搜方技之祕要拯生靈之夭瘥坐此華胥咸躋仁壽遂令絕域遐聽風聲美茲豐功爰有誠請以其久稱藩附素混車書航海獻琛既已通於華禮釋疴蠲癘豈獨隔於外區正當四海爲家冀覩十全之效臣卽欲寫付未敢自專謹錄奏聞

爲東都韋留守謝賜食狀

具官臣某右臣今日發至長樂驛中使某奉宣聖旨賜臣食者伏以味兼海陸品溢圓方降自御廚光臨傳舍臣初辭魏闕倍懷犬馬之誠猥受珍羞更切稻粱之感無任欣躍

舉崔監察羣自代狀

御史臺宣歙池等州都團練判官監察御史裏行崔羣右臣蒙恩授監察御史伏準建中元年正月五日制常參官上後三日舉一人自代者伏以前件官在諸生中號爲國

器繫維外府人咸惜之臣既深知敢舉自代

舉開州柳使君公綽自代狀

尚書屯田某官等守開州刺史柳公綽右臣蒙恩授尚書屯田員外郎伏準建中元年正月五日制常參官上後三日舉一人自代者伏以前件官以賢良方正再歎王庭在流輩閒號爲端士昨除遠郡人皆惜之臣初蒙授官得以論薦多士之內非無其人竊惟用林宜自遠始謹具如前謹錄奏聞伏聽敕旨

舉姜補闕倫自代狀

東都尚書省前左補闕姜倫右臣蒙恩授尚書主客郎中分司東都伏準建中元年正月五日敕常參官上後三日舉一人自代者臣伏詳詔旨欲達聰旁求發揚幽遠故人人得言所知不當循其階次也臣伏以前件官有儒學士行蒙以諫官徵會其年老被疾不堪上道有司按視如狀不復逼迫至今家居而篤志無倦臣謹舉爲郎吏分司別都冀優賢振滯兩得其道

蘇州舉韋中丞自代狀

蘇州狀上中書門下諸道鹽鐵轉運江淮留後朝議郎守太僕少卿兼御史中丞上柱國賜紫金魚袋韋應物右臣蒙恩授蘇州刺史伏準建中元年正月五日制刺史上後舉一人自代者前件官歷掌劇務皆有美名執心不回臨事能斷今領職雖重本官尚輕伏以當州口賦首出諸郡況經災沴切在撫綏尚省無能輒敢公舉司榷筦之利誠藉時才流豈弟之風實惟邦本非敢臆說以塞詔書今具奏聞

蘇州上後謝宰相狀

朝議大夫使持節蘇州諸軍事守蘇州刺史上柱國劉某

右某今月六日到州上訖某山東一書生潦倒疎濶在少壯日猶不逮人況今衰遲智力愈短相公哀憐不遇擢授名邦實荷宏獎慚非器使伏以當州繇大澇之後物力蕭然肌寒殍仆相枕於野誓當悉心條理續具奏論才術素空憂勞方始懼無聞問忝負恩知不任瞻望懇迫之至

蘇州加章服謝宰相狀

右某素乏吏才謬居劇郡以無庸之器當難治之時忝守詔條勤求人瘼伏以聖德柔遠皇明燭幽凡有上陳皆可其奏遂令管見得及疲黎自承雨露之恩非有循良之政

猥蒙朝獎特降命書顧縫掖之腐儒被華章之貴服有黷陟明之典誠招彼己之譏限以守官不獲拜謝瞻望榮感心魂載馳

汝州上後謝宰相狀

朝議大夫使持節汝州諸軍事守汝州刺史兼御史中丞充本州防禦使上柱國賜紫金魚袋劉某右某自領吳郡仍歲天災上稟詔條下求人瘼地包藪澤俗尚剽輕悉心撫綏用法擒擿事繁才短常積憂虞忽蒙天恩稍移近郡家本榮上籍占洛陽病辭江干老見鄉樹榮感之至實倍

常情印綬所拘不獲拜謝瞻望德宇精誠坐馳無任感戀之至

汝州舉裴大夫自代狀

正議大夫使持節杭州諸軍事守杭州刺史上柱國賜紫金魚袋裴宏泰右臣蒙恩授汝州刺史兼御史中丞充本州防禦使伏準建中元年正月五日敕諸州刺史上後舉一人自代者伏以前件官前爲九卿出領兩鎮頃因微累遂有左遷今授遠州物情未塞臣前任鄰接具知公才舊屈未伸輒舉自代

汝州進鷹狀

汝州防禦使當使進奉龍母鷹六聯右伏以前件鷹等學習鷹期馴養斯至列於常貢有異衆禽受紲之時志已存於雲外下韝之際思用展於軍前既懷百中之能願獻三驅之禮謹差防禦押衙景再休隨狀奏進以聞

同州舉蕭諫議自代狀

同州防禦使前諫議大夫蕭俶右臣蒙恩授同州刺史兼御史中丞充本州防禦長春宮等使伏準貞元二年正月二十四日敕上後三日舉一人自代者伏以前件官生於

貴族伏膺儒門搢紳之間號爲端士昨蒙朝奬冠於諫垣時方被病不果上道長告已滿塊然家居今聞疾瘳可以錄用臣與俶久同班列知其材能爲官擇人敢舉自代

上宰相賀德音狀

同州狀上中書門下今月十六日德音右被刑部牒宣示德音伏以聖澤滋深新恩廣被言念正刑之外或有詿誤之徒爰降殊私特宏在宥瑕累咸滌危疑獲安此皆廟算弼諧致君及物事光前史功格上元某限以守官不獲隨例拜賀無任忭躍之至

上宰相賀改元赦書狀

同州狀上中書門下改元赦書右伏奉今月一日制書改大和十年爲開成元年大赦天下者伏以律首三元禮崇四始順陽和發生之德敷大號渙汗之恩宥過恤刑弛征已責盡去人瘼通知物情德音朝發於九天和氣夕周於四海此皆相公弼諧之道變贊之功進熟於密勿之間發揚成滂沛之澤某恪守官業印綬所拘不獲隨例拜賀

薦處士嚴毖狀

處士嚴毖右左庶子損之之孫國子司業士元之子舊名

保嗣亦有官班頃者李賓客渤常與之游辟爲桂州支使其後寄家汝海專靜自居某常典汝州與語甚熟歷代史及國朝故事悉能該通操心甚危觀跡相副未逢知己已過壯年汨沒風塵有足悲者伏見赦文節目委州郡長吏搜訪隱淪夫舉無它唯善所在每覽珠英卷後列學士姓名有常州人符鳳白衣在選取其藝業不棄遠人某忝被儒官得以薦士亦非出位冀不廢言儻宏文集賢史氏之館采其實學有勸諸生伏以桂州辟之於前某薦之於後豈必有土長吏然後事行伏惟試味斯言降意詳擇謹狀

薦處士王龜狀

處士王龜古者選公族大夫必以惇惠者教之文敏者道之果敢者諗之鎮靜者循之孜孜於此者蓋膏粱之性難正而懼公侯之允不能嗣其耿光可以深惜然則成宣之後而老爲大夫非恥乎此智武子誡文子既冠而見之詞也是知古之取士不專寒族必參用世冑以廣得人之路今見處士王龜卽居守之第三子也天性貞靜操心甚危不由門資誓志自立樂處士之號不汨綺襦之間自到洛都便居山寺耽玩墳籍放情煙霞曾邀與語如鋸木屑信

有稟受居然出羣以比在京師甚足知者諫院有狀名流亟言某流滯周南靜閱時輩身雖不用心甚愛才儻遇相公持衡敢有所啓誠懇之下輕重難欺伏惟深賜詳擇知卿族之內有遺逸焉謹狀正議大夫檢校禮部尚書兼太子賓客分司東都劉某狀

上杜司徒書

月日故吏守朗州司馬員外置同正員劉某謹齋沐致誠命僕夫持書敢獻於司徒相公閤下昔稱韓非善著書而說難孤憤尤爲激切故司馬子長深悲之爲著於篇顯白

其事夫以非之書可謂善言人情使逢時遇合之士觀之固無以異於它書矣而獨深悲之者豈非遭罹世故益感其言之至邪小人受性顓蒙涉道未至末學見淺少年氣麤常謂盡誠可以絕嫌猜徇公可以弭讒愬謂慎獨防微爲近隘謂艱貞用晦爲廢忠芻狗已陳刻舟徒識咎獲隨足悵然無知事去凝想時時自笑然後知韓非之善說司馬子長之深悲跡符理會千古相見雖欲勿悲可乎大凡恆人之所以靈於庶類以其能羣以勝物也烈士之所以異於恆人以其仗節以死誼也然則交相喪者世與道難

合并者機與時是以有死誼之心而卒不獲其所者世人悲之獲其所矣而一旦如不得終焉者君子悲之世人之悲悲其不遇無成而虧故其感也近君子之悲悲其不幸旣得而喪故其感也深其悲則同其所以爲悲則異若小人者其不幸歟間者昧於藩身推致危地始以飛謗生釁終成公議抵刑旬朔之間再投裔土外黷相公知人之鑑內貽慈親非疾之憂常恐恩義兩乖家國同負寒心銷志以生爲慚雖欲瀝血以自明籲天以自訴適足來衆多之誚豈復有特達見知者耶遂用詛盟於心不獲自白以內咎爲弭謗之具以吞聲爲窒隙之媒庶乎日月至焉而是非乃辨會友人江陵法曹掾韓愈以不幸相悲且曰相國扶風公之遇子也厚非獨余知之天下之人皆知之矣余聞初子之橫爲口語所中獨相國深明之及不得已而退則爲之流涕以訣又不得已而譴則爲之擇地以居求之於今難與侔矣抑余又聞曩子之介於司徒府奉誠敬於山園上公亟稱於人以爲不懈於位今則有修儀以贊其詔相者有備物以贊其容衛者七月禮畢一朝慶行誥言歘之授以顯秩子獨足趾一跌而前勞併捐祝網之辰動

絓疎目可封之代乃爲窮人斯常情之所悲矧知子之厚者夫踣者思起必譁而求拯疾者思愈必呻而求醫子宜譁於有力而呻於有術如何以箝口自絕爲智以甘心受誣爲賢嗛然自咎求知於默彼李斯逐焉而爲上卿鄒陽囚焉而爲上客二子者豈默以求知者邪若可訴而不言則陷於畏可言而不辯則鄰於怨畏與怨君子之所不處子其處之哉韓生之言未及竟而小人不知感從中來始赧然以愧又欿然以慄終悄然以悲悲斯歎歎斯憤憤必有泄故見乎詞敢聞左右投所閔也嗟夫人之至信者心

目也天性者父子也不惑者聖賢也然而於竊鈇而知心目之可亂於掇蜂而知父子之可間於拾煤而知聖賢之可疑況乎道謝孔顏恩異天性是非之際愛惡相攻爭先利途虞相軋則釁起希合貴意雖無嫌而謗生魯酒致邯鄲之圍飛鳶生博者之禍伯仁之殺由偶對伯奢之冤以器聲動惟險中皆出意表雖欲周防亦難曲施加以吠聲者多辨實者寡飛語一發臚言四馳萌牙始奮枝葉俄茂方謂語怪終成禍梯嗚呼人必求知不能自達何投分效節有積壓之難何譖行愛弛有決防之易何將進之日必

自見其可而後親何將退之時乃人言其否而遂棄良由邪人必微邪謀必陰陰則難明微則易信罔極大甚古今同途是以前修鑒其若此姑以推心取信不以循迹生嫌由是求忠臣於孝子求良婦於罵巳食子盡節也推其忍可以疑心放麛違命也推其仁可以屬國若謂其孝於親未必能忠專於夫未必能貞忍於子未必能忍於其它仁於獸未必能仁於其類則是天下之人盡不可信而盡可誣固不然也凡人之行巳必恆於所安苟非狂易不能甚異小人自居門下僅踰十年未嘗信宿而不侍坐率性所履固無遁逃言行之間足見眞態伏惟推心以明其迹追往以鑒於今苟謂其嘗掩人以自售矣嘗近名以冒進矣嘗欺謾於言說矣嘗沓貪於求售矣嘗狎比其瑣細矣嘗媒孽其僚友矣嘗矯激以買直矣嘗詬讟以取容矣嘗漏言於咨諏矣嘗敗務以簿書矣有一於此雖人謂其賢我得而刑也豈止於棄乎苟或反是雖人謂其盜我得而任也庸可而棄乎由是而言小人之善否不在衆人所以受譴巳還行及半歲當食而歎聞弦尚驚不以衆人之善爲是非唯以相公之意爲衡準自違間左右亟蒙簡書慰誨

勤勤窮顉增感伏想仁念必思有以拯之況禮道貴終人情尚舊嘗盡其力必加以仁於犬馬之微有帷蓋之報顧異於是豈無庶幾儻浮言可以事久而明衆嗤可以時久而息宏我大信以祛羣疑使煢煢微志無巳矣之歎覬乎異日得夷平民然後裹足西向謝恩有所復以塵纓黧貌稱故吏於相門此言朝遂可以夕死何則復於變者其義重拯於危者其感深睽而後合示終不可睽也否而後泰示終不及否也獲寶於巳喪得途於既迷與夫平居不爲艱故所激者其味異矣伏以大君繼明元宰柄用鴻鈞播

平分之氣懸象罔無私之照渙汗大號與人惟新昭回汪濊旁下郡國投荒爲民者咸釋桎梏遂還里閭繫於稍食猶在羈絆伏讀赦令許移近郊今武陵距京師羸二千者無幾小人祖先壞樹在京索閒瘠田可耕陋室未毀濡露增感臨風永懷伏希閔其至誠而少加推恕命東曹補吏置籍於滎陽伍中得奉安輿而西拜先人松檟誓當齎志没齒盡力於井臼之閒斯遂心之願也如或官謗未塞私欲未從雖爲齊民乃有善地則北距澧浦資宿舂而可行無道途之勤蠲僕債之費重以鎮南用和輔理扇仁風於

上游齋嚴施惠得以自遂斯便家之願也伏惟降意詳察擇可行者處之乞恩於指顧之閒爲惠有生成之重雖百穀之仰膏雨豈喻其急焉嗟哉小生仕逢聖日豈曰不辰知有相居豈曰不遇而乘運鍾否俾躬罹災同生無手足之助終歲有病貧之厄孰不求達而獨招嫌孰不求安而獨乖次賦命如此雖悔可追湘沅之濱寒暑一候陽雁纔到華言罕聞猿哀鳥思啁啾嚮異莫夜之後併來愁腸懷鄉倦越吟之苦舉目多似人之喜俯視遺體仰安高堂悲愁惴慄常集方寸盡意之具固不在言身遠與寡捨茲何託是以因言以見意恃舊以求哀敢希末光下燭幽蟄孤志多感重恩難忘顧瞻門館慚戀交會伏紙流涕不知所云禹錫惶悚再拜

獻權舍人書

禹錫在兒童時已蒙見器終荷薦寵始見知名衆之指目忝閣下門客懼無以報稱故厚自淬琢靡遺分陰乃今道未施於人所蓄者志見志之具匪文謂何是用顓顓懇懇於其閒思有所寓非篤好其章句沈溺於浮華時態衆尚病未能也故拙於用譽直繩朗鑒樂所趨也故銳於求益

今謹錄近所論撰凡十數篇輒端較是非敢闢於左右猶夫礦朴納於容範嘗聞昔宋廣平之沈下僚也蘇公味道時爲繡衣直指使者廣平投以梅花賦蘇盛稱之自是方列於聞人之目是知英賢卓犖可外文字然猶用片言借說於先達之口席其勢而後驤首當時矧碌碌者疇能自異今閣下之名之位過於蘇公之曩日而鄙生所賦或鉅於梅花則沈泥干霄懸在指顧閒其詞汰而喻僭誠黷禮也繫游藩之久覬尚舊而齋嚴禹錫惶悚再拜

欽定全唐文卷六百四

劉禹錫六

爲京兆李尹答于襄州第一書

閤下以大墓世在三原而去河南益遠尚繫於數百年之外於義不安遂奮然移羣從率先行古占數爲京兆人且命使者修敬於鄙薄鈌然不敢當此之重洪惟閤下世雄朔易四姓之冠其宗勳有八柱之貴其碩德有三老之重因都入雒錫之土田自生齒已上列於侯籍與夫其先嘗爲編户民者大殊謹桉永徽格貫在兩都者無害爲本部

官蓋神州赤縣尊有所厭非它土之比實待罪輦轂下閤下宣風江漢爲諸侯師介圭入覲必參大政其展禮措事宜爲羣倫所觀非據之榮赧然汗下不宣實再拜

爲京兆李尹答于襄州第二書

實白前辱閤下書厚自枉屈執州人之禮兼示移羣從書明所以去河南從京兆爲望之旨於古儀爲得然而通行之自久或獻疑焉是以前書不敢不逡巡牢讓亦有以發閤下之雄辨使暡然爲世程者今月某日函使至果貽理言大明時人之所以失而我獨障頹波而逢其原旣一辭不獲命又學淺不堪往復敢不敬從前史稱以大將軍而有揖客豈不爲重循汲直之言則有以畧其禮而增高者今鄙人之不讓適有以增閤下之重耳實白

答饒州元使君書

傳使至蒙致書一函辱示政事與治兵之要明體以及用通經以知權視陰陽慘舒之節取震虩澤濡之象知天而不泥於神怪知人而不遺於委瑣先鄉社之治以洽於舉郡首隊伍之法以及於成師猶言數者起一而至萬操律者本黄鐘以極八音誠通人之說章章必可行者也鄙生

涉吏日淺嘗耳剽老成人之言熟矣今研覈至論淵乎有味非游言架空之徒喜未嘗不至抃也故揚搉所見以累下執事云蓋豐荒異政繫乎時也夷夏殊法牽乎俗也因時在乎善相因俗在乎便安不知發斂重輕之道雖歲有順成猶水旱也不知日用樂成之義雖俗方阜安猶蕩析也徙木之信必行則民不惑此政之先也置水之清必勵則人知敬此政之本也缿筩之機或行則姦不敢欺此政之助也則有以其弛張雄雌唯變所適古之賢而治者稱謂各異非至當有二也顧遭時不同耳夫民足則懷安安

則自重而畏法。乏則思濫。濫則迫利而輕禁。故文景之民厚其生。爲吏者率以仁恕顯。武宣之民亟於役。爲吏者率以武健稱。其寬猛迭用。猶質文循環。必稽其弊而矯之。是宜審其救奪耳。太史公云。身修者官未嘗亂也。然則修身而不能及治者有矣。未有不自已而能及民者。今之號爲有志於治者。咸能知民困於杼柚。罷於征徭。則曰司牧之道。莫先於簡廉奉法而已。其或材拘於局促。智限於罷懦。不能斟酌盈虛。使人不倦。以不知事爲簡。以清一身爲廉。以守舊弊爲奉法。是心清於棖闑之內。而柄移於胥吏之

手。歲登事簡。偷可理也。歲札理叢。則潰然攜矣。故曰身修而不及理者有矣。若執事之言政。詣理切情。斥去迂緩。簡而通。和而毅。其修整非止乎一身。必將及物也。其程督非務乎一切。必將經遠也。坊民之理甚周。而不至皎察。字民之方甚裕。而不使侵牟。知革故之有悔。審料民之多撓。厚發姦之賞。峻欺下之誅。調賦之權。不關於猾吏。逋亡之責。不遷於豐室。因有年之利。以補敗。汰不急之用。以齒財。爲邦之要。深切著明。若此其悉也。推是言。校是理。而篤行之。烏有不及治耶。古稱言之必可行。非樂垂空文耳。有人民社稷。固可踐其言也。瀕江之郡。饒爲大。履番君之故地。漸甌越之遺俗。餘干有畝鍾之地。武林有千章之林。其民牟利。鬬力狃於輕悍。故用暴虐聞。重以山茂檟楛。金豐鐐銑。齊民往往投鎡錤而即鑪鑄。損絲枲而工搴擷。乘時詭求。其息倍稱。閭閻主分土者。盡籠其利而斡之。坐簿書舛錯。爲中執法所劾。事下三府。以受賕論。其刑甚渥。於今列郡不寒而慄。彼邦人聆其風聲。固曰彼浚民者。上罪之若此。其念民也至矣。今二千石以前失職非其罪。執事者即人心而用之。彼邦人是必翹然須其至而安矣。以思治之民

遇習治之守。欲不至於富庶。得乎。昌黎韓宣英。好實蹈中之士也。前爲司封郎。以餘刃郵劇於計曹。號無逋事。能承其家法而紹明之。庭堅仲容之族也。坐事爲彼郡司馬。更閏餘者再焉。是必能知風俗之良窳。采寮之善否。盍嘗問焉。足爲羣疑之寶龜也。至於否臧文律。戢玩之戒。均權以制動。函隸以稔勇。平居使不墮。萃聚使不譁。坐作疾徐。心和氣振。誠纖悉於所示也。故置之以須執事。異日承進律之命。握獸符而駕寅車。然後貢其瞽言。重曉左右耳。

答容州竇中丞書

健步劉子良至猥奉書教以愚爲希儒之徒重言一發華袞非貴世之服儒衣冠道古語居學官者爲不鮮矣求其知所以然者幾何人借曰有之未必不詬病耳今夫挾弓注矢邈空而發者人人自以爲皆羿可矣移之於澤宮則喋而不敢言何哉有的不可欺故也今夫儒者函矢相攻蜩螗相喧不啻於彀弓射空矢者孰爲其的哉異日兄道大行則言益重使儒者之的懸於舌端不得讓也由是知辱教之喜可勝既乎間承得一二易生列侍絳帳荒服之外持經鼎來爭捐珠璣以易緗簡不疾而速其君子之德風

歟而裔憬俗已丕變矣顧其風候非民和可移地泄恆燠冬無嚴氣其在當神以佐藥兼味以禦祲所謂養賢以及萬民頤之時義不可不順苟以有待及物爲心則養巳與養民非二道也矧羣情之禺禺乎禹錫再拜

與柳子厚書

間發書得箏郭師墓志一篇以爲其工獨得於天姿使木聲絲聲均其所自出抑折愉繹學者無能如繁休伯之言薛訪車子不能曲盡如此能令鄙夫冲然南望如聞善音如見其師尋文寤事神騖心得倘佯伊鬱久而不能平嗟夫郭師與不可傳者死矣弦張柱差枵然貌存中有至音含糊弗聞噫人亡而器存布方冊者是巳予之伊鬱也豈獨爲郭師發耶想足下因僕書重有慨耳不宣禹錫白

答柳子厚書

禹錫白零陵守以函置足下書爰來屑末三幅小章書僅千言申申亹亹茂勉甚悉相思之苦懷膠結贅聚至是泮然以銷所不如晤言者亡幾書竟獲新文二篇且戲予曰將子爲巨衡以揣其鈞石銖黍予吟而繹之顧其詞甚約而味淵然以長氣爲幹文爲支跨躒古今鼓行乘空附離

不以鑿枘咀嚼不有文字端而曼苦而腴佶然以生癯然以清予之銜誠懸於心其揣也如是子之戲予果何如哉夫矢發乎羿彀而中微存乎它人子無曰必我之師而後我衡苟然則譽羿者皆羿也可乎索居三歲俚言蕪而不治臨書軋軋不具禹錫白

答道州薛侍郎論方書書

禹錫再拜初兄出中臺守江華人咸曰函牛之鼎以之烹小鮮惜乎餘地澶漫而無庸也愚獨心有慨焉以爲君子受乾陽健行之氣不可以息苟吾位不足以充吾道是宜

寄餘術百藝以洩神用其無暇日與得位同久欲以是理求有得於兄而未有路會崔生來辱書教果惠以所著奇方十通商古今之宜而去其穽猥以一物足以了病者居多非累試輒效不在是族或取諸肩近亦以擿拾慮恆人多怠忽不省必建言顯白揚其功於已然其它立論率以弭病於將然爲先而攻治爲後言君臣必以時言宣補必以性言砭火必本其輸滎言袚禳必因其風俗齊和之宜炮剔之良暴炙有陰陽之候煎烹有少多之取撓勞以制駃露置以養潔味有所走薰有所歸存諸纖悉易則生患

非博極遐覽之士孰能知其所從來哉愚少多病猶省爲童兒時夙具襦袴保姆抱之以如醫巫家鍼烙灌餌咺然啼號巫嫗輒陽陽滿志引手直求竟未知何等方何等藥餌及壯見里中兒年齒比者必睨然武健可愛羞已之不如遂從世醫號富於術者借其書伏讀之得小品方於羣方爲最古又得藥對知本草之所自出考素問識榮衛經絡百骸九竅之相成學切脈以探表候而天機昏淺布指於位不能分累菽之重輕第知息至而已然於藥石不爲懵矣爾來垂三十年其術足以自衛或行乎門內疾輒良已家之嬰兒未嘗詣醫門求治者頃因欲編次已試者爲一家方書顧力不足今兄能我先所以辱貺之喜信踰拱璧有以賞音適道耳常思世人居平不讀一方病則委千金於庸夫之手至於甚殆而曰不幸豈眞不幸耶甚者或乘少壯之氣笑人言醫以爲非急昌言曰飴口飽腹藥其如我何所承之氣有時而既於禱神佞佛遂甘心焉兄以愚言覆觀之其人固比肩耳前蒙示藥焙法謹如教地之慝果不能傷雖莊胡水瀉喜速朽者率久居而無害萬物不可以無法謂生不由養致其誣乎山川匪遐事使之遠

形不接而諭者莫賢乎書臨紙怊悵不宣禹錫再拜

與刑部韓侍郎書

退之從丞相平戎還以功爲第一官然猶議者嘩然如未遷陟此非特用文章學問有以當衆心也乃在恢廓器度以推賢盡材爲孜孜故人心樂其道行必及物故耳前日赦書下郡國有棄過之目以大國材富而失職者多千鈞之機固省度而釋豈鼷鼠所宜承當然譬諸蟄蟲坏戶而俯者與夫槁死無以異矣春雷一振必歆然翹首與生爲徒況有吹律者召東風以薰之其化也益速雷且奮矣

其知風之自乎旣得位當行之無忽禹錫再拜

答連州薛郎中論書儀書

吾兄不知愚無似猥以書見攻其非且曰我與子中外屬當爲伯仲其抵我書執禮太卑椄舊儀凡兄姊之齒有唯無伏它以是爲衰其於匹敵卽前云願後云白而已大歷初李贊皇賈常侍猶守之無渝二公何人也我與子何人也烏有從末俗以姑息爲禮而不虞識者所窺耶其旨云爾愚得書退而思惟憮然自賀曰在恆人爲宜而在愚爲過豈不能幸歟故盡言於兄期有以相暢耳夫禮之文爲

著定宜尊宜卑猶四方上下左右前後稱謂一立古先聖賢所不敢移管敬仲不敢當命卿之饗虞人不敢承士之招先禮而後身也汲黯不爲大將軍而虧九卿王祥不爲錄尚書而屈三公先道而後時也是則非據之榮雖君命有所不受非道之利雖衆尚有所不爲兄長於大歷初嘗接前輩游故其風采去承平時不甚相遠愚長於貞元中所與游皆後來諸生然猶於稠人廣坐時聞老成人之說灌注耳目斑斑然不絕如綫其後爲御史四方諸侯悉以書來賀校其禮皆駮不同唯洪州牧李常侍巽潭州牧楊中丞憑始言執事其它如儀而同在憲司者咸以二牧爲不遜愚時與其寮柳宗元昌言於衆曰監察八品也當衣碧言執事爲宜不當經怪衆咸听然而咍復謂愚云子奚不碧其服耶其不堪執事色深不可以言解及謫官十年居僻陋不聞世論所以書相問訊皆昵親密友不容變更而時態高下無從知耳前年祗召抵京師偶故人席夔談因及是事乃知與十年前大殊至有同姓屬尊致書於屬卑而貴者其紙尾言起居新婦夔獨竊笑之而已然猶不敢顯言詆之今有人謂東爲西者一言發則凡人嗤爲駭

且狂苟不衆非之則東西易位久矣尊卑失其儀恬而不怪安得使人如東西不敢易之哉曾子有云君子之愛人也以德細人之愛人也以姑息謂古人悉朴且賢則斯言不當發於洙泗閒耳蓋三代之尚未嘗無弊由野以至僿豈一日之爲漸靡使之然也嫉其弊而救之以歸於中道以俟乎薦紳先生德與位侔者揭然建明之斯易也語曰俟自直之箭則百代無一矢俟自圓之木則千歲無一輪執矯揉之器者視之灌叢無非良材耳竊觀今之人於文章無不慕古甚者或失於野於書疏獨陋古而汩於浮二

者同出於言而背馳非不能盡如古也蓋爲古文者得名聲爲今書者無悔吝如水走闕爲闕

蘇州賀冊皇太子牋

朝議大夫使持節蘇州諸軍事守蘇州刺史上柱國劉某叩頭叩頭伏惟皇太子殿下允膺上嗣光啟東朝蒼震發前星之輝黃離表重輪之瑞位居守器禮重承祧萬國以貞九圍咸說某限以守郡不獲稱慶宮庭闕

賀皇太子牋

使持節都督夔州刺史劉某叩頭伏惟皇太子殿下祇膺

詔冊光啟儲闈展至性於三朝承本枝於百代宗祏永固神人以和四嶽仰維嵩之高百川承少海之潤某限以職守不獲隨例稱慶宮庭無任抃躍之至

賀赦牋

使持節連州諸軍事守連州刺史劉某惶恐叩頭伏見今月一日制書大赦天下者伏以獻歲布和皇恩遠降乾坤交泰寰宇廓清伏惟皇太子殿下道貫元良德兼忠孝承顏拜慶榮耀古今某職守有限不獲隨例稱賀宮庭無任欣悅之至

賀門下裴相公啟

某啟伏以相公含道傑出降神挺生坐籌以弼睿謨秉鉞以行天討風雲助氣山嶽效靈制勝於罇俎之間指蹤於韝緤之末蕭斧既定袞衣以歸君心如魚水人望如風草一德交暢萬方和平運神思於洪爐納生靈於壽域文武丕績冠於古今某恪守遐荒不獲隨例拜賀瞻望欣躍無任下情

賀門下李相公啟

某啟伏以聖君當功成愷樂之日而求賢愈切思治益深

是上元垂休欲速致太平之明效以相公事業而逢此時天下之人視仁壽之域其猶尋尺啟命書所至德風隨之微才片善咸自磨拂況同主國柄如吹塤篪含生之倫惟所措置日月亭午物無邪陰聖賢合德人識正道雖居畎畝足以詠歌某遐守要荒不獲隨例拜賀私感竊抃實倍恆情

謝門下武相公啟

某啟某一坐飛語廢錮十年昨蒙徵還重罹不幸詔命始下周章失圖吞聲咋舌顯白無路豈謂烏鳥微志惻於深

仁恤然動拯溺之懷煦然存道舊之旨言念㲉觫慰安蒼黃推以恕心期於造膝重言一發睿聽克從迴陽曜於肅殺之辰沃天波於蹭蹬之際俾移善地獲奉安輿率土知孝治之源羣生識人倫之厚感召和氣發揚皇風豈惟匹夫獨受其賜某即以今月十一日到州上訖守在要荒拘於印綬巾韝詣謝有志莫從誠知微生不足酬德捐軀之外無地寄言效節肅屏虔然心禱無任懇悃屏營之至謹勒軍事衙官守左威衞慈州吉昌府別將員外置同正員常懇奉啟起居不宣謹啟

謝中書張相公啟

某啟某智乏周身動必招侮一坐飛語如衝駭機昨者詔書始下驚惶失次叫閽無路擠壑是虞草木賤軀誠不足惜烏鳥微志實有可哀伏蒙聖慈遽寢前命移莅善部載形綸言凡在人臣皆感至德凡爲人子同荷至仁豈惟鰥生獨受其賜伏以相公心符上德道冠如仁一夫不獲感見於色密旨未下歎形於言竟迴三舍之光能拔九泉之厄袁公之平楚獄不忍錮人晏子之哀越石仍伸知己所以慶垂允祚言成春秋神理孔昭報應斯必身倖蟬翼何以受恩死輕鴻毛固得其所卑守有限拜謝末由無任感激兢惶之至謹勒軍事衙官守左威衞慈州吉昌府別將員外置同正員常懇奉啟起居不宣謹啟

謝僕射李相公啟

某啟州吏還伏蒙寵落常態手筆具書言及貞元中登朝人逮今無十輩又發中書相公一函具道閣下亟言曩遊顏間頗有哀色夫溝中之木與犧象同體追琢不至則坐成枯薪朱而藍之猶足爲器苟液構曲戾不足枉斧斤顧爲庭燎以照嘉客謹啟

謝裴相公啟

某啟某遭罹不幸歲將二紀雖累更符竹而未出網羅親知見憐或有論薦如陷還濘動而愈沈甘心終否無路自奮豈意天未勦絕仁人持衡紆神慮於多方起堙淪於久廢居剝極之際一陽復生出坎深之中平路資始通籍郎位分曹樂部喬木展舊國之思行雲有故山之戀姻族相賀壺觴盈門官無責詞始自今日畬魚之志誓以死生草木之年惜其晼晚章程有守拜謝無由瞻望巖廊虔然心禱謹啟

謝竇相公啟

某啟某一辭朝列二十三年雖轉郡符未離譴籍卑濕生疾衰遲鮮歡望故國而未歸如痿人之念起昨蒙罷免甘守邱園相公不棄舊遊特哀久廢每奉華翰賜之衷言果蒙新恩重忝清貫薦延有漸拯拔多方六律變幽谷之寒一丸銷彌年之疹鍛翮將舉危心獲安布武夷途自此而始分曹有繫拜謝無因瞻望德藩坐馳精爽無任感激之至謹啟

上杜司徒啟

某啟一自謫居七悲秋氣越聲長苦聽者誰哀湯網雖疏久而猶詿失意多病衰不待年心如寒灰頭有白髮惕厲之日利於退藏是以彌年不敢奏記近本州徐使君至奉手筆一函稱謂不移問訊加劇重復點竄一無客言忽疑此身猶在門下收紙長想欣然感生尋省遺懽萬重不幸方寸之地自不能言求人見諒豈復容易伏蒙遠示且曰浮謗漸消況承慶宥期以振刷方今聖賢合德朝野多歡澤柔異類仁及行葦萬族咸悅獨爲窮人四時平分未變寒谷自同類牽復又已三年側聞衆情或似哀歎某才略無取廢錮是宜若非舊恩孰肯留念六翮方鎩思重托於扶搖孤桐半焦冀見收於爨爐伏紙流涕不知所言謹啟

上中書李相公啟

某啟去年國子主簿楊歸厚致書相慶伏承相公言及廢錮愍色甚深哀仲翔之久謫恕元直之方寸思振淹之道廣錫類之仁遠聆一言如受華袞伏自不窺墻仞九年於茲高卑邈殊禮數懸絶雖身居廢地而心恃至公伏以相公久以訏謨參於宥密材既爲時而出道以得君而專令發於流水之源化行猶偃草之易習強伉者自納於軌物

困枵軸者咸躋於仁壽六轡在手平衡居心運思於陶冶之間宣猷於魚水之際然能軫念廢物遠哀窮途嗟哉小生有足悲者內無手足之助外乏強近之親爲學苦心本求榮養得罪由己翻乃貽憂捫躬自劾愧入肌骨禍起飛語刑極淪胥心因病怯氣以愁耗近者否運將泰仁人持衡伏惟推曾閔之懷憐烏鳥之志處夔龍之位傷屈賈之心沛然垂光昭振幽蟄言出口吻澤濡寰區昔者行葦勿傷枯骼猶掩哀老以出弊愍窮而開懷無情異類尚或嬰慮顧惟江干逐客曾是相府故人言念材能誠無所取譬

諸飛走庸或知恩嗚呼以不駐之光陰抱無涯之憂悔當可封之至理爲永廢之窮人聞弦尚驚危心不定垂耳斯久長鳴孔悲腸迴淚盡言不宣意謹啟

上淮南李相公啟

某啟某向以昧於周身措足危地駭機一發浮謗如川巧言奇中別白無路祝網之日漏恩者三咋舌兢魂分終壽壤豈意天未剿絶仁人登庸施一陽於剝極之際拔衆溺於坎深之下南箕播物不勝昌言危心鎩翮繇是自保陰施之德已然乃聞受恩同人盟以死答私感竊抃積於窮

年化權禮絶孤志莫展今幸伍中臺復司存宇下伏慮因是記其姓名謹獻詩二篇敢聞左右古之所以導下情而通比興者必文其言以表之雖毗諧俚音可儷風什伏惟降意詳擇斯大幸也謹因楊子程留後行謹奉啟不宣謹啟

上門下武相公啟

某啟去年本州吏人自蜀還伏奉示問兼賜衣服繒綵等雲水路遙緘縢覬厚恭承惠下之旨重以念舊之懷熙如陽和列在緗簡苦心多感危涕自零驚神驛思若侍穎杖伏以聖上注意理本鋭求國楨念外臺報政之功追宣室前席之事重下丹詔再昇黃樞羣情合符和氣來應况八柄所在三人同心叶台座之精膺俊傑之數談笑於規隨之際從容於陶冶之間物皆由儀人識所措某久罹憲網兀若枯株當萬類咸悅之辰抱窮途終慟之苦清朝無絳灌之列至理絶椒蘭之嫌此時不遇可以言命嗟乎一身主祀萬里望枌榆之鄉高堂有親九年居蠻貊之地從坐之典固有等差同類之中又尋牽復頃在臺日獲奉準繩指吏途於桉讞遵文律於章奏藻鑒之下難逃陋容炎涼

載移足見眞態自違間左右沈淪遐荒歲月滋深艱貞彌厲緬想受譴之始他人不知屬山園事繁孱懦力竭本使有內嬖之吏供司有恃寵之臣言涉猜嫌動礙關束城社之勢函矢紛然彌縫其間崎嶇備盡始慮罪因事闕寧虞謗逐跡生智乏周身又誰咎也伏以趙國公頃承顧遇之重高邑公夙荷見知之深雖提挈不忘而顯白無自蓋以永貞之際皆在外方雖得傳聞莫詳本末特哀黨錮亟形話言自前歲振淹命行中止或聞輿論亦愍重傷伏遇相公秉鈞輒已自賀儻重言一發清議攸同使聖朝無錮人

大治無廢物自新之路既廣好生之德遠彰羣蟄應南山之雷窮鱗得西江之水指顧之内生成可期伏惟發膚寸之陰成彌天之澤迴一瞬之念致再造之恩誠無補於多事之時庶有助於陰施之德無任懇悃之至謹啟

上門下裴相公啟

某啟嚮者淮右逋誅卽戎歲久天子齋戒以命元臣登壇之日上略前定從九天而下縱以神兵分六符之光掃其長彗授鉞於西顥之半策勳於北陸之初功成偃節復執大柄君臣相遇播於樂章山河啟封載在盟府上方注意

人益具瞻因魚水之叶符極夔龍之事業時屬四始恩覃萬方致君及物其德兩大古先俊賢所未備者我從容而保之殆非人事抑有幽贊夫異同之論我以獨見剖之文武之道我以全材統之崇高之位我以大功居之造物之權我以虛心運之然持盈之術古所難也實在陰施拯物厚其德基以左右功庸而百祿是荷人所欣戴久而愈宜昔袁太尉不忍錮人而楚獄衰息一言之慶而子孫丕承以今日將明之材行前修博施之義筆端膚寸澤及九垠猶夫疾耕必有滯穗某頃墮危厄常受厚恩誼盟於心要之自效常懼廢死荒服永孤願言敢因賀牋一寄丹懇顧非奇理不足以綮於沖襟然利於行者固在乎常談而卓詭孤特之言未必利於行也伏惟以愚言與賢者參之謹啟

劉禹錫七

唐故相國贈司空令狐公集序

起文章而陟大位丹青景化焜燿藩方如非烟祥風緣飾萬物而與今名相終始者有唐文臣令狐公實當之公名楚字殼士燉煌人令占數於長安右部天授神敏性能無師始學語言乃協宮徵故五歲已爲詩成章旣冠參貢士果有名字時司空杜公以重德知貢舉擢居甲科琅邪王拱識公於童丱雅器重之至是拱自虞部正郎領桂州銳

於辟賢以酬不次之遇先拜章而後告公旣而授試宏文館校書郎公爲人子重難遠行稟命而去居一歲竟迫方寸而歸家在并汾間急於祿養捧從事檄於并州凡更三牧官至監察御史元和初憲宗聞其名徵拜右拾遺歷太常博士入尚書爲禮部員外郎性至孝旣孤以善居喪聞中月除刑部員外時帝女下嫁相禮闕官公以本官攝博士當問名之荅上親臨帳幄簾内以窺之禮容甚偉聲氣朗徹上目送良久謂左右曰是官可用記其姓名未幾改職方知制誥詞鋒犀利絕人遠甚適有旨選司言高第者視草内庭宰臣以公爲首遂轉本司郎中充翰林學士滿歲遷中書舍人專掌内制武帳通奏柏梁陪燕嘉猷高韻冠於一時會淮右稽誅上遣丞相卽戎以督戰公草詔書詞有涉嫌者相府上言有命中書參詳竄定因罷内職歸閣中而君心眷然將有大用且出入以試之乃牧華州兼御史中丞錫以金紫居鎮七月遷大夫充河陽三城懷州節度使又七月急召抵京師拜中書侍郎同中書門下平章事天下然後知上心倚以爲相非一朝也是歲元和十四年秋明年正月憲宗晏駕惜其在位日淺遭時大變穆

宗踐阼轉門下侍郎平章事萬幾百度別有所付第以舊相署位充山陵使七月禮畢部下吏有以贓狀聞者朝典用責率之義是以左授宣歙池等州都團練觀察處置使兼御史大夫恩顧一異媒孽隨生旋又貶衡州刺史移郢州轉太子賓客分司東都尋起爲陝虢觀察使或有上封者稱前以奉陵寢不檢下獲譴今陵土猶濕未宜遽用次陝一日重爲賓客分司長慶四年改河南尹其秋授檢校禮部尚書兼汴州刺史充宣武軍節度管内觀察處置等使汴州爲四戰之地擇帥先有功峻刑右武疑似沈命號

爲危邦者積年公始以清儉自律以恩信待人以夷坦去羣疑以禮讓汰慘急自上化下速於置郵泮林革音無復故態璽書勞之就加大司馬文宗纂服三年冬上表以大臣未識天子願朝正月制曰可操節入覲遷戶部尚書俄爲東都留守又轉檢校尚書右僕射兼鄆州刺史天平軍節度使後以王業之始實爲北京移鎮太原從人望也以吏部尚書徵續換太常卿眞拜尚書左僕射大和九年冬十一月京師有急兵起上方御正殿卽日還宮是夕召公決事禁中以見事傳古義爲對其詞讜切無所顧望上心

嘉之居一二日守本官兼諸道鹽鐵轉運使以幹利權既非素尚佗佗牢讓故復爲檢校左僕射興元尹山南西道節度觀察使兼御史大夫開成二年十一月十二日薨於漢中官舍享年七十齊終之前一日自修遺表初述感恩陳力之大義中及朝廷刑政之或闕意切言盡神識不昏上深悼之形於愍冊未登三事故以贈之歸全之夕有大星隕於正寢之上光燭於庭天意若曰旣稟之而生亦有涯而落其文章貴壽之氣焰歟初憲宗覽國書見五王復辟之際狄梁公實尸之公爲台臣獨召便殿問曰仁傑有後乎公以其支孫試校書郎兼讓爲對卽日拜左拾遺公遂草制它日相銜者因抉其詞以爲非春秋諱會之旨穆宗新卽位謙讓不自決遂有衡州之貶公議寃之嗟乎天之於賦予也甚嗇而難周公獨富文華丁良時歷名卿至元老蓋忠廉孝友愛才與物合是粹美以將之邪可謂全德矣旣免喪嗣子左補闕緘集公之文成一百三十卷因長子太子左諭德宏分司東都負其笥來謁泣曰先贈司空與丈人爲顯交撤懸之前五日所賦詩寄友非他人也今手澤尚存言之嗚咽長號予爲之慟收淚而視分當編

次之始公參大鹵記室以文雄於邊議者謂一方不足以騁用徵拜於朝累遷儀曹郎乃登西掖入內署討謨密勿遂委魁柄斯以文雄於國也嗚呼咫尺之管文敏者執而運之所知皆合在藩聳萬夫之觀望立朝賁羣寮之頰舌居內成大政之風霆導畎澮於章奏鼓洪瀾於訓誥筆端膚寸膏潤天下文章之用極其至矣而又餘力工於篇什古文士所難兼焉昔王珣爲晉僕射夢人授大筆如椽覺而謂人曰此必有大手筆事後孝武哀冊文乃珣之詞也公爲宰相奉詔撰憲宗聖神章武孝皇帝哀冊文時稱乾

陵崔文公之比今考之而信故以爲首冠尊重事也其它各以類聚著於篇

唐故相國李公集序

天以正氣付偉人必飾之使光耀於世粹和絪緼積於中鏗鏘發越形乎外文之細大視道之行止故得其位者文非空言咸繫於訏謨宥密庸可不紀惟唐以神武定天下羣慝旣讋驟示以文韶英之音與鉦鼓相㠉故起文章爲大臣者魏文貞以諫諍顯馬高唐以智略奮岑江陵以潤色聞無草昧汗馬之勞而任遇在功臣上唐之貴文至矣

哉後王纂承多以國柄付文士元和初憲宗遵聖祖故事視有宰相器者貯之內庭繇是釋筆硯而操化權者十八九公實得時而光焉公諱絳字深之趙郡人在貢士中傑然有奇表旣登太常第又以詞賦陞甲科授祕書省校書郎歲滿從調有司設甲乙問以觀決斷復居高品補渭南尉擢拜監察御史未幾以本官充翰林學士居中轉尚書主客員外郎歷司勳郎中知制誥遷中書舍人風儀峻整敷奏讜切言事感動上輒目送之一旦召至浴堂門與語半日曰將移用於大位宜稔熟民聽遂出爲戶部侍郎遷中書侍郎同平章事毅然有直聲及冊免而聞望益大周旋公卿間五爲尚書歷御史大夫左僕射一以三公領太常刺近輔居保釐登齋壇皆再焉大和三年以司空鎮南鄭居二歲坐氣剛王折海內冤惜之後三年嗣子前京兆府尹曹掾瓌次子前監察御史裏行頊等泣持遺草請編之肇自從試有司至於宰天下詞賦詔誥封章啟事謌詩贈餞金石颺功凡四百餘篇勒成二十卷上所以知君臣啟沃之際下所以備風雅詩聲之義洪鐘駭聽瑤瑟清骨其在翰苑及登臺庭極言大事誠貫理直感通神祇龍鱗

收怒天日回照古所謂一言興邦者信哉始愚與公爲布衣游及仕畿服幸公司邑其後雖翔泳勢異而不以名數革初心今考其文至論事疏感人肺肝毛髮皆聳嗚呼其盛唐之遺直歟

唐故中書侍郎平章事韋公集序

漢庭以賢良文學徵有道之士公孫宏條對第一席其勢鼓行人間取丞相且侯使漢有得人之聲伊宏發也皇唐文物與漢同風故天后朝燕國張公說以詞標文苑徵元宗朝曲江張公九齡以道侔伊呂徵德宗朝天水姜公公

輔杜陵韋公執誼河東裴公垍以賢良方正徵憲宗朝河南元公稹京兆韋公惇以才識兼茂徵隴西牛公僧孺李公宗閔以能直言極諫徵咸用對策甲於天下繼而有聲宰相古今相望落落然如騎星辰與夫啟版築飯牛者異矣公本名淳舉進士登賢良既仕更名處厚字德載漢丞相扶陽侯之裔孫後周逍遥公夐之八代孫江陵節度參謀監察御史裏行贈右僕射某之元子生而聰明絶人在提孩發言成詩未幾能賦受經於先君僕射學文於伯舅許公孟容及壯通六經旁貫百氏洞天人之際遂探歷數

明天官窮性命之源以至於佛書尤所通達初爲集賢殿校書郎宰相李趙公監修國史引公直東觀就改咸陽尉遷右拾遺轉左補闕世稱有史才而能諫諍入尚書爲郎歷禮部考功皆人望所在上方用威武以讋不庭宿兵寖久韋丞相貫之酌人情上言不合意冊免因歷詆所善公在伍中出爲開州刺史居二年執友崔敦詩爲相徵拜戶部郎中至闕下旬歲間以本官知制誥穆宗新即位注意近臣召入翰林充侍講學士初授諫議大夫續換中書舍人侍遊蓬萊池延問大義退而進六經法言二十篇優詔答之賜以金紫尋遷權知兵部侍郎知制誥翰林侍講史館修撰長慶四年春敬宗踐祚以公用經術左右先帝五年稔聞其德尤所欽倚內署故事與外庭不同凡言翰林學士必草詔書有侍講者專備顧問雖官爲中書舍人或它官知制誥第用其班次耳不冒言於訓詞至是上器公且有以寵之乃使內謁者申命去侍講之稱慮未諭於百執事居數日降命書重舉舊官以明新意尋眞拜夏官貳卿由是內庭詞臣無出其右者凡密旨必承乎權輿故號承旨學士上富有春秋未親庶政有疑滯視公如蓍龜寶

歷季年宮壺間一夕生變人情大駭雖鼎臣無所關決惟內署得預參畫羣議闕然俟公一言而定戡難纘服再維乾綱今上繼統策勳第一擢拜中書侍郎同中書門下平章事以高才遇英主功顯人伏言無不從筆端膚寸澤及天下盡罷冗食請歸才人事先有司物止常貢城社無犯巖廊益尊感恩盡瘁不甞神用大和二年十二月上前言事未及畢辭疾暴作以朝服委地同列白奏搢笏扶持之不能起上命中貴人左右翼負歸於中書如大醉狀上震驚咨嗟徵醫賜藥旁午疊委會暮肩輿至第詰旦以疾不

起聞贈謚加常禮後十年嗣子蕃以太子舍人直宏文館編次遺文七十通銜哀貢誠乞序以冠其首謹桉公文未爲近臣已前所著詞賦讚論記述銘誌皆文士之詞也以才麗爲主自入爲學士至宰相以往所執筆皆經綸制置財成潤色之詞也以識度爲宗觀其發德音福生人沛然如時雨褒元老諭功臣穆然如景風命相之冊和而莊命將之誥昭而毅薦賢能其氣似孔文舉論經學其博似劉子駿發十難以摧言利者其辯似管夷吾嘻逢時得君奮智謀以取高位而令名隨之豈不偉哉初蕃既纂修父書

洛於先執李習之請文爲領褎許而未就一旦習之悄然謂蕃曰翺昔與韓吏部退之爲文章盟主同時倫輩柳儀曹宗元劉賓客夢得耳韓柳之逝久矣今翺又被病慮不能自述有孤前言齎恨無已將子薦誠於劉君乎無何習之夢奠於襄州蕃具道其語余感相國之平昔且嘉蕃之處孝敬庶幾能世其家故不敢讓云爾

唐故尚書禮部員外郎柳君文集序

八音與政通而文章與時高下三代之文至戰國而病涉秦漢復起漢之文至列國而病唐興復起夫政厖而土裂三光五嶽之氣分太音不完故必混一而後大振初貞元中上方嚮文章昭回之光下飾萬物天下文士爭執所長與時而奮粲焉如繁星麗天而芒寒色正人望而敬者五行而已河東柳子厚斯人望而敬者歟子厚始以童子有奇名於貞元初至九年爲名進士十有九年爲材御史二十有一年以文章稱首入尚書爲禮部員外郎是歲以疎雋少檢獲訕出牧邵州又謫佐永州居十年詔書徵不用遂爲柳州刺史五歲不得召病且革留書抵其友中山劉禹錫曰我不幸卒以謫死以遺草累故人禹錫執書以泣

遂編次爲三十二通行於世子厚之喪昌黎韓退之誌其墓且以書來弔曰哀哉若人之不淑吾嘗評其文雄深雅健似司馬子長崔蔡不足多也安定皇甫湜於文章少所推讓亦以退之言爲然凡子厚名氏與仕與年暨行已之大方有退之之誌若祭文在今附於第一通之末云

唐故衡州刺史呂君集序

五行秀氣得之居多者爲雋人其色激灩於顏閒其聲發而爲文章天之所與有物來相彼由學而致者如工人染夏以視羽畎有生死之殊矣初貞元中天子之文章煥乎

垂光慶霄在上萬物五色天下文人爲氣所召其生乃蕃靈芝蓮蒲與百果齊坼然煌煌翹翹出乎其類終爲偉人者幾希矣東平呂和叔實生是時而絕人甚遠始以文章振三川三川守以爲貢士之冠名聲四馳速如羽檄長安中諸生咸避其鋒兩科連中銛刃愈出德宗聞其名自集賢殿校書郎擢爲左拾遺明年犬戎請和上問能使絕域者君以奇表有專對材膺選轉殿內史錫之銀章還拜尚書戶部員外郎轉司封遷刑部郎中兼侍御史副治書之職會中執法左遷緣坐出爲道州刺史以善政聞改衡州

年四十而歿後十年其子安衡泣奉遺草來謁洛余敘之成一家言凡二百篇勒成十卷和叔名溫別字化光祖考皆以文章至大官早聞詩禮於先侍郎又師吳郡陸贄通春秋從安定梁肅學文章勇於藝能咸有所祖年益壯志益大遂撥去文章與雋賢交重氣概覈名實歆然以致君及物爲大欲每與其徒講疑考要皇王富強之術臣子忠孝之道出入上下百千年間詆訶角逐疊發連中得一善輒盱衡擊節揚袂頓足信容得色舞於眉端以爲桉是言循是理合乎心而氣將之昭昭然若揭日月而行孰能閼其勢而爭夫光者乎嗚呼言可信而時異道甚長而命窄精氣爲物其有所歸乎古之爲書者先立言而後體物賈生之書首過秦而荀卿亦後其賦和叔年少遇君而卒以讜似賈生能明王道似荀卿故余所先後視二書斷自人文化成論至諸葛武侯廟記爲上篇其他咸有爲而爲之始學左氏書故其文微爲富艷夫羿之關弓惟巴蛇九日乃能盡其彀而迴注鷃爵亦要失中於尋常之間非羿之手弓有能有不能所遇然也後之達解者推而廣之知余之素交不相索於文字之內而已

唐故尚書主客員外郎盧公集序

心之精微發而爲文文之神妙詠而爲詩猶夫孤桐朗玉自有天律能事具者其名必高名由實生故久而益大尚書郎盧公諱象字緯卿始以章句振起於開元中與王維崔顥比肩驤首鼓行於時妍詞一發樂府傳貴由前進士補祕書省校書郎轉右衛倉曹掾丞相曲江公方執文衡揣摩後進得公深器之擢爲左補闕河南府司錄司勳員外郎名盛氣高少所卑下爲飛語所中左遷齊邠鄭三郡司馬入爲膳部員外郎時大盜起幽陵入洛師東夏衣冠

不克歸王所爲虜劫執公墮脇從伍中初謫果州長史又貶永州司戶移吉州長史天下無事朝廷思用宿舊徵拜主客員外郎道病留武昌遂不起故相崔太傅時爲右史方在鄂以文誌其墓其詞曰噫公妙年有聲振耀當代翺翔雲路不虞矰繳盛名先物易生瘡疵三至郎署坐成遺耋蹭蹬江皋棲棲沒齒見知者恨之公遠祖元魏北齊後周皆爲帝師公之叔父嵩山逸人諫議大夫顯然眞隱者也公下世後七十三年其孫元符捧遺草來乞詞以表之嘗經亂離多所散落今之存者十有二卷凡若干篇

董氏武陵集序

片言可以明百意坐馳可以役萬景工於詩者能之風雅體變而興同古今調殊而理冥達於詩者能之工生於才達生於明二者還相爲用而後詩道備矣余嘗執斯評爲公是且衡而度之誠懸乎心默揣羣才鈞銖尋尺隨限而盡如是所閱者百態一旦得董生之詞杳如搏翠屏浮層瀾視聽所遇非風塵間物亦猶明金粹羽得於遐裔雖欲勿寶可乎生名挺字庶中幼嗜屬詩晚而不衰心源爲鑪筆端爲炭鍛鍊元本雕礱羣形糺紛舛錯逐意奔走因故沿濁協爲新聲嘗所與游皆青雲之士聞名如盧杜高韻如包李迭以章句揚於當時末路寡徒值余歡甚因相謂曰間者身以廷尉屬爲荆州從事移疾罷去幽卧於武陵迨今四年言未信於世道不施於人寓其性懷播爲吟咏時復發笥紛然盈前凡五十篇因地爲目吾子嘗號知我盍表而志之爲生羽翼予不得讓而著於篇因系之曰詩者其文章之蘊邪義得而言喪故微而難能境生於象外故精而寡和千里之繆不容秋毫非有的然之姿可使戶曉必俟知者然後鼓行於時自建安距永明已還詞人比

肩唱和相發有以朔風零雨高視天下蟬噪鳥鳴蔚在史策國朝因之粲然復興由篇章以躋貴仕者相踵而起兵興已還右武尚功公卿大夫以憂濟爲任不暇器人於文什之間故其風寖息樂府協律不能足新音以度曲夜諷之職寂寥無紀則董生之貧卧於裔土也其不得於時者歟其不試故藝者歟

澈上人文集序

釋子工爲詩尚矣休上人賦別怨約法師哭范尚書咸爲當時才士之所傾歎厥後比比有之上人生於會稽本湯

氏子聰察嗜學不肯爲凡夫因辭父兄出家號靈澈字源澄雖受經論一心好篇章從越客嚴維學爲詩遂籍籍有聞維卒乃抵吳興與長老詩僧皎然游講藝益至皎然以書薦於詞人包侍郎佶包得之大喜又以書致於李侍郎紓是時以文章風韻主盟於世者曰包李以是上人之名由二公而颺如雲得風柯葉張王以文章接才子以禪理說高人風儀甚雅談笑多味貞元中西遊京師名振輦下緇流疾之造飛語激動中貴人因侵誣得罪徙汀州會赦歸東越時吳楚間諸侯多賓禮招延之元和十一年終於

宣州開元寺年七十有一門人遷之建塔於越之山陰天柱峯之陲從本教也初上人在吳興居何山與晝公爲侶時予方以兩髦執筆硯陪其吟咏皆曰孺子可教後相遇於京洛與支許之契焉上人沒後十七年予爲吳郡其門人秀峯捧先師之文來乞詞以志且曰師嘗在吳賦詩近二千首今删去三百篇勒爲十卷自大歷至元和凡五十年間接詞客聞人酬唱別爲十卷今也思行乎昭代求一言羽翼之因爲評曰世之言詩僧多出江左靈一導其源護國襲之清江揚其波法振沿之如么弦孤韻瞥入人耳非大樂之音獨吳興晝公能備衆體晝公後澈公承之至如芙蓉園新寺詩云經來白馬寺僧到赤烏年謫汀州云青蠅爲弔客黃耳寄家書可爲入作者閫域豈獨雄於詩僧間邪

澤宮詩引

澤宮送士歲貢也晉昌唐如晦以信誼爲良弓文學爲菔矢規爵祿猶衆禽窟彀持滿邇風蜚繳者數矣有措梧之妙而無雙鵠之獲韔弓收視歸究其術繇是跡愈屈而名愈聞君子益多之彼不由其術一幸而中者雖懸貊在庭君子未嘗多也歲殫矣告予以西余爲賦澤宮一章庶見

子之弓弗再張也已

彭陽唱和集引

丞相彭陽公始由貢士以文章爲羽翼怒飛於冥冥及貴爲元老以篇詠佐琴壺取適乎閒讌鏘然如朱絃玉磬故名聞於世間鄙人少時亦嘗以詞藝梯而航之中途見險流落不試而胸中之氣伊鬱蜿蜒泄爲章句以遣愁沮悽然如焦桐孤竹亦名聞於世間雖窮達異趣而音英同域故相遇甚歡其會面必抒懷其離居必寄興重酬累贈體

備今古好事者多傳布之今年公在并州余守吳門相去迴遠而音徽如近且有書來抵曰三川守白君編錄與吾子贈答緘縹囊以遺余白君爲詞以冠其前號曰劉白集悠悠思與所賦亦盈於巾箱盡次第之以塞三川之請於是緝綴凡百有餘篇以彭陽唱和集爲目勒成兩軸爾後繼賦附於左方大和七年二月五日中山劉禹錫述

彭陽唱和集後引

貞元中予爲御史彭陽公從事於太原以文章相往來有日矣無何予受譴南遷十餘年間公登用至宰相出爲衡

州方獲會面輸寫蘊積相視泫然爾後或雜賦詩贈答編成兩軸大和五年余領吳郡公鎮太原常發函寓書必有章句絡繹於數千里內無曠旬時八年公爲吏部尚書予牧臨汝有詩歎七年之別署其後云集卷自此爲第三未幾予轉左馮公登左揆每悔近而不見形於詠言開成元年公鎮南梁予以太子賓客分司東都新韻繼至率云三軸成矣二年冬忽寄一章詞調悽切似有永訣之旨伸紙悸歎居數日果承訃書嗚呼聆風相悅者四十年會面交歡者十九年以詩見投凡七十九首勒成三卷以副平生之言

吳蜀集引

長慶四年余爲歷陽守今丞相趙郡李公時鎮南徐州每賦詩飛函相示且命同作爾後出處乖遠亦如鄰封凡酬唱始於江南而終於劍外故以吳蜀爲目云

汝洛集引

大和八年予自姑蘇轉臨汝樂天罷三川守復以賓客分司東都未幾有詔領馮翊辭不拜職授太子少傅分務以遂其高時予代居左馮明年予罷郡以賓客入洛日以章

句交歡因而編之命爲汝洛集

劉禹錫八

國學新修五經壁本記

初大歷中名儒張參爲國子司業始詳定五經書於論堂東西廂之壁辨齊魯之音取其宜考古今之文取其正繇是諸生之師心曲學偏聽臆說咸束之而歸於大同揭揭高懸積六十歲崩剝汙衊渙然不鮮今天子尚文章尊典籍於苑囿不加尺椽而成均以治國學上言遽賜千萬時祭酒皡實尸之博士公肅實佐之國庠重嚴過者必式遂

以羨贏再新壁書懲前土塗不克以壽乃析堅木負墉而比之其制如版牘而高廣其平如粉澤而潔滑皆施陰關使衆如一附離之際無迹而尋堂皇靚深兩廡相照申命國子能通法書者分章揆日遜其業而繕寫焉筆削既成讎校既精白黑彬斑瞭然飛動以蒙來求煥若星辰以敬來趣肅如神明以疑來質決若蓍蔡由京師而風天下覃及九譯咸知宗師非止服逢掖者鑽仰而已於是學官陳師正等暨生徒凡四百二十有八人請金石刻且歌之曰我有學宇既傾而成之我有壁經既昧而明之孰規模之孰發揮之祭酒維齊博士維韋俾我學徒弦歌以時切切祁祁不敖不嬉庶乎道人來采我詩時余爲禮部郎凡贊宗之事得以關決故書之以移史官宜附於藝文云

成都府新修福成寺記

益城右門大逵坦然西馳曰石筍街街之北有仁祠形焉直啟曰福成寺寺之殿臺與城之樓交錯相輝繡於碧霄望之如崑閬間物大和四年蜀帥非將林不修邊備南詔君長謀得内空乘隙全入闖於城下或縱火以駭衆此寺乃焚高門修廊委爲寒燼如是者再歲帝念坤維丞相復

來山川如迎父老相識環視故地寺爲燋墟載興起廢之嘆爰有植因之願乃命主倅吏以吾緡錢三十萬爲經營之基自公來思蜀號無事時康歲稔人樂檀施公言既先應如決川乃傾囊褚乃出懷袖勝因化愚慧力攝慳男奔女驟急於徵令匠者度材以指衆徒藝者運思以役衆技斤鋸磨礱丁丁登登陶者儲精圬者效能歘自火宅復爲金繩沿故鼎新因毀成妍華夷縱觀萬目同聳既告訖役公來慶成雲鮮日潤輝映前後於是都人舞忭而謠曰昔公去此福成以燬今公重還福成復完民安軍治亦如此

寺廟可勿紀乎。公實聞斯言，遂折簡見命，謹月而日之。時大和某年某月日。大檀越具官封爵段氏，其他發大願者、程功董事者，自中貴人及賓介將吏若僧徒，偕籍之而刻於石。

夔州始興寺移鐵像記

佛薪盡於乾竺，而像教東行。是法平等，故所至爲淨土；是身應供，故隨念如降生。先是魚復人有以利金爲彌勒像者，重千鈞，睟容瑞相，人天兩足。㲋氏卒事，而他工未備，故寓於西偏，不知其幾年矣。寺僧法照瞻禮發信，赤肩白足，

入諸大城，乃至聚落，無空過者。積十餘年，得信財無量緜。是購工以營巧，募徒而畢力。四輩增增，工麾以肱。中樞外脤，陰轉陽動。欻如地湧，岌如山行。大匠無言，尊容嚮明。青蓮承趺，金獸捧持。藻井花鬘，葱蘢四垂。邑人膜拜，如佛出世。法照以願力能就，泣於佛前，因持片石乞詞以示後。桉此寺始於宇文周初，瀕江埤庳。皇唐神龍中，爲水所壞。有波那賴耶國僧廣照，浮海而至，頓錫不去，遂移於今道場所，山曰磨刀，嶺曰虎岡。其經始與克終，皆蕃僧是力。後之有志者，豈無人哉。法照，夔人，姓穆氏，年十有五出家，依江陵名僧受具。肇自貞元二十年甲申，歸此寺，願崇建有爲。凡修大殿，立菩薩大弟子侍佛左右，逮長慶癸卯有成。其善植德本者歟。

牛頭山第一祖融大師新塔記

初摩訶迦葉受佛心印，得其人而傳之，至師子比邱，凡二十五葉，而達摩得焉。東來中華，華人奉之爲第一祖。又三傳至雙峯信公，雙峯廣其道而歧之：一爲東山宗，能、秀、寂其後也；一爲牛頭宗，嚴、持、威、鶴林、徑山其後也。分慈氏之一支，爲如來之別子，咸有祖稱，粲然貫珠。大師號法融，姓

韋氏，延陵人。少爲儒，博極羣書，既而嘆曰："此仁義言耳，吾志求出世間法。"遂入句曲，依僧炅，改逢掖而緇之，徙居是山。宴坐石室，以慧力感通，故旱麓泉涌；以神功示現，故皓雪蓮生，巨蛇摧伏，羣鹿聽法。貞觀中，雙峯過江，望牛頭頓錫曰："此山有道氣，宜有得之者。"乃東，果與大師相遇，性合神契，至於無言，同躋智地，密付眞印，揭立江左，名聞九圍。學徒百千，如水歸海，由其門而爲天人師者，皆脈分焉。顯慶二年，報身示滅，道在後覺，神依故山，戒香不絕，龕座未飾，夫豈不思乎。蓋神期冥數，必有所待。大和三年，潤州牧

浙江西道觀察使檢校禮部尚書趙郡李公在鎮三閏百爲大備尚理信古儒元交修始下令禁桑門販佛以眩人者而於眞實相深達焉嘗謂大師像設宜從本教言自我啟因自我成乃召主吏籍我月入得緡錢二十萬俾秣陵令如符經營之三月甲子新塔成事嚴而工人盡藝誠達而山神來護願力既從衆心知歸撞鐘告白龍象大會諸天聲香之蘊如見如聞即相生敬明幽同感尚書欲傳信於後遠命愚志之夫上士解空而離相中士著空而嫉有不因相何以示覺不因有何以悟無彼達眞諦而得中道者當知爲而不有賢乎以不修爲無也

天平軍節度使廳壁記

元和十四年春二月王師平河南負固之地十有二州憲宗視地圖戶版俾參其地三月有詔其以曹濮隸鄆爲一隅桉部三郡統兵三萬乃新其軍錫號天平蓋承天威以平暴悖志動揚休在稱爲雄新邦始徠汙浴猶用朝廷革之以漸故命功臣或辦吏以帥焉大和三年冬天平監軍使以故侯病聞上方注意治本乃以牙璋玉節鼎右僕射官稱賜東都留守令狐公曰予擇文武惟汝兼前年鎮汴州有顯庸往年弼憲宗有素貫徒得君重剛吾四支公西拜稽首登車有耀不踰旬抵治所夾清河而域之惟鄆州在春秋爲須句之國涉漢爲濟東蓋禹貢兗州之域宣精在上奎爲文宿畫野在下魯爲儒鄉故其人知書風俗信厚天寶末大憝起於幽都虜將因兵鋒取其地右勇左德積六十年公之來思如古醫之治劇病宣洩頤養氣還神復大凡抗詔條國式於身以先之示非約以裕人信賞罰以格物物力日完人風自移涉月報政踰年鼎治牙門之容暨暨而恭壘門之容仡仡而和里門之容闐闐而遂勞

者以安去者以歸分星不搖田祖降福凡革前非罷供第無名錢歲鉅萬核粟如之錦繒且千兩去苛法急徵毀家償租之令故流庸自占四萬室衆無吁咨和氣乃來三田仍稔草木咸瑞豈偶爾哉初斯堂西墉有刺史記而元戎雄尊之位虛其左方豈有待邪公命愚志之俾來者仰公知變風之自大和五年四月二十六日記

山南西道節度使廳壁記

文皇帝初元始畫天下爲十道古荆梁之地舉曰山南厥後析爲東西天漢之邦實居右部桉渠州爲都督治所領

十有五州縣道帶蠻夷山川扼隴蜀故二千石有采訪防禦之名兵興多故其任益重澄清節鉞二柄兼委建中末德宗南巡狩假翠華而徘徊蕭勺之音洽於巴漢戡難清宮六龍言旋迺下詔復除徵發升州爲府等威班制與岐益同地既尊大用人隨異故自興元至大和五十年間以勳庸佩相印者三以讜明歷真相者九由台席授鉞未幾復入相者再焉磊落震耀冠於天下去年夏四月今丞相趙郡公徵還泰階遂命左僕射燉煌公往踐其武鄕之眞相及公而十焉初公自河陽節度使入操國柄其後鎮宣

武以禮悛獷悍治天平以清去梏克居大鹵以仁蘇薦饑今來是都躡二三大君子之躅道同氣協無所改更如鼓和琴布指成韻羌夷砥平旱麓發生人無左言樂有夏聲俗既富庶居多閒暇圜視府局素闕者補之先是公堂嘗爲行殿人不敢斥別營侯居應門有閌棨戟未具公乃條白上言詔下有司可其奏軍門肅清方有眉目趨而入者聳然生敬焉惟梁山國也其節用虎出揚其威入貯宜潔舊處仄陋黷其雄稜公遂分宅之別齋且據便地署曰節室卜剛日乃遷焉敬君命而壹民心軍中增氣而知禮戟衣既垂師節既嚴流眄屋壁見前修之名氏列於座右第以梁州刺史鼎興元尹記與今稱謂不合因發函進牘於不佞且曰我已飾東壁以新志累予於是桉南梁故事起自始登齋壇之後爲記云時開成二年歲在丁巳春二月某日記

夔州刺史廳壁記

夔在春秋爲子國楚并爲楚九縣之一秦爲魚復漢爲固陵蜀爲巴東梁爲信州初城於瀼西後周大總管龍門王公述登白帝嘆曰此奇勢可居遂移府於今治所是歲建

德五年隋初楊素以越公領總管又張大之唐興武德二年詔書其以信州爲夔州七年增名都督府督黔巫一十九郡開元中猶領七州天寶初罷州置郡號雲安至德二年命嗣道王鍊爲太守賜之旌節統峽中五郡軍事乾元初復爲州假節於有司第以防禦使爲稱尋罷以支郡隸江陵桉版圖方輪不足當通邑而今秩與上郡齒特以帶蠻夷故也故相國安陽公乾曜嘗參軍事修圖經言風俗甚備今以郡國更名之所以然著於壁云凡名殊必以國事建必以年謹始也長慶二年五月一日刺史中山劉禹

錫記

連州刺史廳壁記

此郡於天文與荆州同星分田壤制與番禺相犬牙觀民風與長沙同祖習故嘗隸三府中而別合乃今最久而安得人統也按宋高祖世始析郴之桂陽爲小桂郡後以州統縣更名如今其制誼也郡從嶺州從山而縣從其郡邑東之望曰順山由順以降無名而相欽者以萬數回環鬱遶迭高爭秀西北朝拱於九疑城下之浸曰湟水由湟之外交流而合輸以百數淪漣汩潏擘山爲渠東南入於海

欽定全唐文 卷六百六 劉禹錫 九

山秀而高靈液滲漉故石鍾乳爲天下甲歲貢三百銖原鮮而膴卉物柔澤故紵蕉爲三服貴歲貢十笥林富桂檜土宜陶旊故候居以壯闤石侔琅玕水孕金碧故境物以麗閈環峯密林激清儲陰海風歐温交戰不勝觸石轉柯化爲涼颸城壓赭岡踞高負陽土伯噓濕抵堅而散襲山逗谷化爲鮮雲故罕罹嘔泄之患亟有華皓之齒信荒服之善部而炎裔之涼地也永貞元年予始以尚書員外郎坐黨累出補兹郡居無何吏議以是遷也不足償其責故道貶爲朗州司馬後十年詔書徵還抵京師俄復前命佩故印綬而南曩之騎竹馬北向相傒者咸仕郡縣巾韝來迎下車之日私咭且笑旣視事得前二千石名姓於壁端宰臣王晙倖卿劉晃儒官嚴士元聞人韓泰僉拜焉或久於其治功利存乎人民或不之厥官翹禺載於歌謠余不佞從羣公之後肇武德距於今凡五十有七人所舉者四君子猶振衰之於領袖焉元和十一年七月二十四日刺史中山劉某記

和州刺史廳壁記

歷陽古揚州之邑於天文直南斗魁下在春秋實句吳之

欽定全唐文 卷六百六 劉禹錫 十

封後爲楚所取秦幷天下以隸九江而亦爲九江治所晉平吳復隸淮南至永興初自析爲郡益之以烏江宋臺建目爲南豫州又益之以龍亢梁之亡也北齊圖霸功攤貞陽侯以歸王僧辯來逆會於兹地二國和協故更名和州陳隋間無所革國朝因隋武德中更龍亢爲含山初開元詔書以口算第郡縣爲三品是爲下州元和中復命有司參校之遂進品第一按見戶萬八千有奇輸緡錢十六萬歲貢纖紵二篚吳牛蘇二鈞糝鱣九甕茅蒐七千兩鎮曰梁山浸曰歷湖田蓺四穀麥全六擾盧有旨酒庖有腴魚

神仙故事在郊在藪元元有臺彭鏗有洞名山曰雞籠名塢曰濡須異有血闘祥有沸井城高而堅亞父所營州師五百環峙於東南瀕江劃中流爲水壘揭旗樹纛十有六戍自孫權距陳出入六代常爲宿兵之地多以材能人處之本朝混一號爲善部然用人差輕非復曩時之比也始余以尚書郎得譴刺連山今也由巴東來牧考前二邦之籍與版圖纔什五六而地征三之究其所從來生植有本女工尚完堅一經一緯無文章交錯之奇男夫尚墾闢功苦戀本無卽山近鹽之逸市無嗤眩工無彫形無遊人異

物以遷其志副徵令者率非外求凡百爲一出於農桑故也繇是而言齊天下者其在多巧乎寶歷元年六月二十一日刺史中山劉某記

鄭州刺史東廳壁記

古諸侯之居公私皆曰寢其他室曰便坐今凡視事之所皆曰廳其他室以辨方爲稱今年鄭州刺史楊君作東廳既成而落之且以書抵余爲記按國章以甲乙第方域大凡環天子之居爲雄州鄭實邇王畿故望雄視其版多貴人且當大逵故務劇君侯始來三日司稅掾舉七縣董租之吏累百君曰此百螣也悉罷之用戶符而輸入益辦司貢掾舉梨林之徵請戶曉君曰盡弛之勿籍用平賈而果益精里無吏迹民去瘤疾授牘占租如臨詛盟土毛人力日夕相長故周歲而完焉比年而愈肥雖軍興餽輓旁午大將牙旗往復相踵而里中清夷雞犬音和人既寧而物有餘政既成而日多暇圖視舊宇宜有以更之且書得時亦以謹始因列名氏授受月而日之庶乎繼踐於茲者知貫珠之首其山望澤浸土風甿俗與前賢之耿光備於正位有天寶中詞人杜頠之文在大和四年某月日

汴州刺史廳壁記

本朝以浚儀爲汴州刺史治所自隋釃新渠吸黃河而東行州舍其樞爲天下劇內屏王室東雄諸侯居無事時常帶廉察使兵興已還益以節旄用人得否繫國輕重長慶四年詔書命河南尹燉煌令狐公來莅來刺錫之介圭使印兵符汴人交賀肴醳騰貴惟是邦始都於魏惠王始郡於宇文周星躔回環天駟垂光地爲四戰故其俗右武人具五都故其氣習豪公自爲宰相時已熟四方之利病凡所戾止參然前知既視事三日挹羣吏與之言曰吾食止

圭田吾用止公入凡他給過制傷廉浼潔者悉罷之壹歸乎公藏凡曲防苛禁不情乖體者悉剗之壹出乎令典凡關徵船算奪時專利者悉更之壹遵乎詔條然後刑麗事而詳賞以時而均興學以勸藝示寬以化勇居數月而汴州人恂恂然無復故態明年大成議者若曰奕奕浚都國之咽頤咀清歠和旁暢四支東夏黠馬由我以肥是浚之治非所澤於所履而已初公七代祖在隋爲納言大業中持節居此亦號刺史距今餘二百年公實能似既拜闕發魚書合左右契由阼階蹐踖踵前武歆然如聞其謦香肅

然如覩其形容信乎君子之澤遠而有光輝也他日命遊梁客志之書於廳事謹按前賢之在此堂者張平原首之陸氏撰節度使記揭於東壁詳矣今公命爲刺史記書於右端謹月而日之以公爲冠大和元年夏五月某日記

管城新驛記

大和二年閏三月滎陽守歸厚上言臣治所直天下大逵肘武牢而咽東夏誰何宜謹啟閉宜度先是驛於城中驛遽不時四門牡鍵通夕弗禁請更於外隧永永便安制曰可守臣奉詔無徵命無奪時縻羨財募游手逮八月既望新驛成鄭人胥說琢石而記曰在兌之方面元買陽門衢周道牆陰行桑（一作牆薈行栗）境勝於外也遠購名材旁延世工暨塗宣皙甋甓剛滑術精於內也邃廬有甲乙牀帳有冬夏庭容牙節廡臥橐橐示禮而不愿也內庖外廄高倉邃庫積薪就陽峙芻就燥有素而不忩也圭吏有第役夫有區師行者有饗亭孥行者有別邸周以高墉乃樓其門勞迎展踐潔之敬餞別起登臨之思溱洧波瀾嵩邱雲煙四時萬象來貺於我走轂奔蹄遄征急宣入而忘勞出必屢顧其傳舍之尤乎太守姓楊氏字貞一華陰宏農人鄭爲

雄州非聞人大吏不得在其選夫驛之宜遷於外也前此二千石嘗言之而重改作若貞一可謂果於從政而決行其言惜乎未施於大也

山南西道新修驛路記

開成四年梁州牧缺上玩其印凝旒深思曰伊爾卿族歸氏以文儒再世居喉舌今天官貳卿融能嗣其耿光嘗自內庭歷南臺尹轂下政事以試可爲元侯乃付印綬進秩大宗伯兼御史大夫玉節獸符鎮於嬀墟公拜手稽首曰臣融敢揚王休於天漢之域既涖止咨於羣執事求急病

者先之。咸曰華陽黑水，昔稱醜地，近者嘗爲王所，百態丕變，人風邑屋，與山水俱。一都之會，自爲善部矣。惟驛遽之途，欹危隘束，其醜尚存。使如周道，在公頤指耳。於是因年有秋，因府無事，軍逸農隙，人思賈餘，乃懸墾山刊木之傭，募其力；揆攢鑿橦柲之用，庀其工；具舁輂畚插之器，膺其要；鼛鼓以程之，糗醪以犒之。説使之令既下，奮行之徒坌集。我之提封，跨右扶風，觸劍閣千一百里，自散關抵褒城，次舍十有五，牙門將賈黯董之；自褒而南，逾利州至於劍門，次舍十有七，同節度副使石文穎董之。兩將受命，分曹

星馳，並山當蹊，頑石萬狀，坳者垤者，兀者銛者，磊落傾欹，波翻獸蹲，熾炭以烘之，嚴醯以沃之，潰爲埃煤，一篲可掃。棧閣盤虛，下臨谽谺，層崖峭絕，枘木亘鐵，因而廣之，限以鉤欄；狹徑深隥，銜尾相接，從而拓之，方駕從容。急宣之騎，宵夜不惑；郄曲稜層，一朝坦夷。興役得時，國人不知。繇是駛行者忘其勞，吉行者徐其驅，挈行者家以安，貨行者肩不病，徒行者足不繭，乘行者蹄不刓。公談私詠，溢於人聽。伊彼金其牛而誘之以利，曷若我子其民而來之以義乎？既訖役，南梁人書事於牘，請紀之，以附於史官地里志。

復荆門縣記

直故郢北走之道，其聚邑曰荆門，揭起重關，殿於樂都，名視縣内之制，居殷形束之要，故吏師重焉；通外夷之底貢，會南藩之述職，故賓禮繁焉。其肇允經營，實王孫昌夔居荆，以表之命行名建，而締構之弗暇。無幾何，有由勇爵而授赤社於茲者，徼馳名於省嗇，謂相沿爲非智，因請罷去其號，發踐更以董之。有司不能端究事本，循空言而可其奏。繇是分地徼以歸它邑，野之人有回遑之歎；廢文吏而顓戍督，行之旅有誰何之艱。是利不及下也，黎民病之。自

鄢而南，斯爲畫疆抵郡之路，貫其七舍，持瑞節而銜急宣之使，蓋陰相交，遂使服縵胡者備問俗之對，執刀匕者申餼牽之禮，是敵之不及賓也，君子病之。如是幾二十歲。距永貞元年，江陵尹裴公政成上游，德及矜人，大建長利，俾無遺害，乃外濟羣欲，内張全模，周圖經制，條白於狀，昌言既從，公議攸同，忘勞之徒，樂用之工，載大其門，載高其墉，徑術脈分，闤闠架空，然後析便地以肥之，建具官以司之，廩羨財以償其力役，汰冗食以資其秩稍。田里不聞於徵令，縣官無減於歲入。越某月既成，而落之官修其方，人樂

其居將迎犒餼之儀展廢置符繻之事舉成夫有伍公吏有職由彙而分率無踰閑入其封者可以知教元和元年四海會同天子命公師長南宮三年公以介圭入覲遂出斯邑邑人之華皓幼童咸須於道周距躍而謠曰起我堙廢而完之徠我蕩析而安之昔室於墟風搖雨濡自公優柔郛閈盈兮昔飲於洿夏涸冬枯自公感通膏沸生兮淑旂之華兮四牡之騑徯公之還兮觴以祝之卻略蹁躚百形一音公爲駐錯衡而勞之有以文從公者紀事於牘且曰民可懷也盍命夫學舊史之事以志焉公不得讓而從

之走是以有授簡之辱初公以縣之之便聞於上也禹錫方以郎位貼職於討曹章下之日得以省事遣令以還人獲宥於善部工休之日得以踐履故於拜命無牢讓於傳信無愧詞以爲古之創物建庸宜於人民而得其時者則必謂其事功爲後代法雅有營謝美召伯也傳稱城沂賢蔿敖也賦水泉原隰之狀志慮事命日之規當書而詠之細亦弗可略也是用謹其本始而存乎篇俾後之視今者知楚郊之令典云

汴州鄭門新亭記

亭於西門尊闕路也實相公以心規羣僚以辭叶而百工以樂成斧斤無聲丹素有嚴主人肅客落以金石走鄭之門欽爲右垣黃河一支滉漾北軒前瞻東顧甍動軌直合景生姿遡空欲翔汴城具八方之人殊形詭言而耳目一說初公來臨擁節及門馭吏曰此鄭州門公心非之若曰野哉居無何卽舊號而更之曰鄭門故事王公大僚之去來元侯前驅翊門而旋率立馬塵坌中挹篆爲禮公心不然之乃下亭令於執事桉亭東西亟丈者三之有奇而南北五之有嬴樂縣宴豆前後以位棋闔對明弭掀順時修

梁衡建中盧上荷圓脊方廉高卑中經簾鑪茵席文椸晥榻儲以應猝周用而宜乃命尹闍視亭長抱關視掌固啟閉拚除是謹是孜錫命賜胙勞迎贈餞我當躬行汝先汝餟挾膳提醪生芻縞衣我寮展事靡間文武汝惟汝從凡入而修容凡出而修軷禓襲威儀勿籍勿訶籙是貴人稱諸朝羣吏詠於家行者誇於道與人同其安者人人驛其聲而吟之始乎譏識而成乎麗鴻欲無文字不可也公遂條白其所以然遠命學古者書之公姓令狐氏以文章典內外書命以謨明登左右相以飛語兼免以恩材復徵自

有滂師無如今治文武兩熾其古之大臣歟

武陵北亭記

郡北有短亭繇舊也亭孤其名地藏其勝前此二千石全然見之建言而莫踐去之日率遺恨焉七年冬詔書以竹使符授尚書水曹外郎竇公常曰命爾爲武陵守莅止三月以碩畫佐元侯平裔夷降渠魁又三月以順令率蒸民增水坊表火道是歲大穰明年政成農緣畝以勇勸工執技以思貫因民之餘力乘日之多暇乃顧其屬曰郊道有候亭示賓以不愿也雖聞茲地韜美未發豈有待邪自吾

之治於斯也購徒庀林大起堙廢未嘗植私庭甍燕寢役必先公人不余瑕調賦幸均矣城池幸完矣而重浹辰之役掠苟簡之間卒使勝躅冒沒猶璞而不攻懼換符之日遂復齎恨無乃遺誚於來者乎言得其宜智愚同贊於是撤故材以移用相便地而居要去凡木以顯珍茂汰汙池以通淪漣自天而勝者列於騁望由我而美者生於頤指箕張延楹股引房櫳斧斤息響風物異態大道出乎左藩澄湖浸乎前垠仙舟祖軷繇是區處九月壬午工告休亭長受成赤車威遲於以落之肅賓而入圜視有適洗水北澳陽山南麓黕焉蘧蘧雄殿郊隅前軒舒陽朱檻環之舞衣回旋樂籥參差北廡延陰外阿旁注芊眠清泚羅入洞户初筵修平彫俎静嘉林風天籟與金奏合亦旣醉止州從事舉白而言曰室成於私古有發焉矧成於公庸敢無詞觀乎勢楣有嚴丹艧相宣象公之文律熀然而光也望之宏深即之坦夷象公之酒德温然而達也庭芳萬本斟蕚交映如公之家肥熾而昌也門闢戶闥連機弛張似公之政經便而通也因高而基因下而池躋其高可以廣吾視泳其清可以濯吾纓俯於逵惟行旅謳吟是采瞰於野

惟稼穡艱難是知雲山多狀昏旦異候百壺先輩之餞迎退食私辰之宴嬉觀民風於嘯詠之際展宸戀於天雲之末動合於誼匪唯寫憂公曰夫言之必可書者公言也從事不以私視予予從而讓之是自違也其可乎適授簡於放臣俾書以示後後之思公者雖灌叢蔓草尚勿翦拜矧翬飛之革然石刻之隱然歟

洗心亭記

天下聞寺數十輩而吉祥尤彰彰蹲名山俯大江荆吴雲水交錯如繡始余以不到爲恨今方弭所恨而充所望焉

既周覽讚嘆於竹石間最奇處得新亭形焉如巧人晝鼇背上物即之四顧遠邇細大雜然陳乎前引人目去求瞬不得徵其經始曰僧義然嘯侶爲工即山求林槃高孕虛萬景坌來詞人處之思出常格禪子處之遇境而寂憂人處之百慮冰息鳥思猿情繞梁歷榱月來松間彫鏤軒墀石列筍簴藤蟠蛟螭修竹萬竿夏含涼颸斯亭之實錄云爾然上人舉如意挹我曰既志之盍名之以行乎遠夫余始以是亭圜視無不適始適乎目而方寸爲清故名洗心

長慶四年九月二十三日劉某記

機汲記

瀕江之俗不飲於鑿而皆飲之流余謫居之明年主人授館於百雉之內江水汜汜周墉間之一旦有工爰來思以技自賈且曰觀今之室廬及江之涯間不容畝顧積塊峙焉而前耳請用機以汲俾矗然之狀莫我遏已余方異其說且命之飭力焉工也儲思環視相面勢而經營之由是比竹以爲畚寘於流中中植數尺之臬輦石以壯其趾如建標焉索綯以爲綆縻於標垂上屬數仞之端亘空以峻其勢如張弦焉鍛鐵爲器外廉如鼎耳內鍵如樂鼓牝牡相函轉於兩端走於索上且受汲具及泉而修綆下縋盈器而圓軸上引其往有建瓴之駃其來有推轂之易瓶繘不羸如搏而升枝長瀾出高岸拂林杪踰峻防刳蟠木以承澍貫修筠以達脈走下潺潺聲寒空中通洞環折唯用所在周除而沃盥以蠲入爨而錡釜以盈飪餗之餘移用於湯沐湅澣之末泄注於圃畦雖瀵湧於庭莫尚其霈洽也昔余嘗登陴瞯然念懸流之莫可遽挹方勉保庸督臧獲斠而挈之至於裂肩龜手然猶家人視水如酒醪之貴今也一任人之智又從而信之機發於冥冥而形於用物

浩漾東流赴海爲期斡而遷焉逐我頤指鄉之所謂阻且艱者莫能高其高而深其深也觀夫流水之應物植木之善建繩以柔而有立金以剛而無固軸卷而能舒竹圓而能通合而同功斯所以然也今之工咸盜其古先工之遺法故能成之不能知所以爲我也智盡於一端功止於一名而已噫彼經始者其取諸小過歟

欽定全唐文卷六百七

劉禹錫九

天論上

世之言天者二道焉拘於昭昭者則曰天與人實影響禍必以罪降福必以善來窮阨而呼必可聞隱痛而祈必可荅如有物的然以宰者故陰騭之說勝焉泥於冥冥者則曰天與人實剌異霆震於畜木未嘗在罪春滋乎堇荼未嘗擇善跖蹻焉而遂孔顏焉而厄是茫乎無有宰者故自然之說勝焉余之友河東解人柳子厚作天說以折韓退

之之言文信美矣蓋有激而云非所以盡天人之際故余作天論以極其辯云大凡入形器者皆有能有不能天有形之大者也人動物之尤者也天之能人固不能也人之能天亦有所不能也故余曰天與人交相勝耳其說曰天之道在生植其用在強弱人之道在法制其用在是非陽而阜生陰而肅殺水火傷物木堅金利壯而武健老而耗眊氣雄相君力雄相長天之能也陽而蓺樹陰而揫斂防害用濡禁焚用光斬材窾堅液礦硎鋩義制強訐禮分長幼右賢尚功建極閑邪人之能也人能勝乎天者法也法大行則是爲公是非爲公非天下之人蹈道必賞違之必罰當其賞雖三族之貴萬鍾之祿處之咸曰宜何也爲善而然也當其罰雖族屬之夷刀鋸之慘處之咸曰宜何也爲惡而然也故其人曰天何預乃人事耶惟告虔報本肆類授時之禮曰天而已矣福兮可以善取禍兮可以惡招奚預乎天耶法小弛則是非駁賞不必盡善罰不必盡惡或賢而尊顯時以不肖參焉或過而僇辱時以不辜參焉故其人曰彼宜然而信然理也彼不當然而固然豈理耶天也福或可以詐取而禍亦可以苟免人道駁故天命之說亦駁焉法大弛則是非易位賞恒在佞而罰恒在直義

不足以制其強刑不足以勝其非人之能勝天之具盡喪矣夫實已喪而名徒存彼昧者方挈挈然提無實之名欲抗乎言天者斯數窮矣故曰天之所能者生萬物也人之所能者治萬物也法大行則其人曰天何預人耶我蹈道而已法大弛則其人曰道竟何爲耶任人而已法小弛則天人之論駁焉今人以一己之窮通而欲質天之有無惑矣余曰天恒執其所能以臨乎下非有預乎治亂云爾人恒執其所能以仰乎天非有預乎寒暑云爾生乎治者人

道明咸知其所自故德與怨不歸乎天生乎亂者人道昧不可知故由人者舉歸乎天非天預乎人爾

天論中

或曰子之言天與人交相勝其理微庸使戶曉盍取諸譬焉劉子曰若知旅乎夫旅者羣適乎莽蒼求休乎茂木飲乎水泉必強有力者先焉否則雖聖且賢莫能競也斯非天勝乎羣次乎邑郛求蔭於華榱飽於餼牽必聖且賢者先焉否則強有力莫能競也斯非人勝乎苟道乎虞芮雖莽蒼猶郛邑然苟由乎匡宋雖郛邑猶莽蒼然是一日之

途天與人交相勝矣吾固曰是非存焉雖在野人理勝也是非亡焉雖在邦天理勝也然則天非務勝乎人者也何哉人不宰則歸乎天也人誠務勝乎天者也何哉天無私故人可務乎勝也吾於一日之途而明乎天人取諸近也已或者曰若是言之則天之不相乎人已信矣古之人曷引天爲荅曰若知操舟乎夫舟行乎濰淄伊洛者疾徐存乎人次舍存乎人風之怒號不能鼓爲濤也流之泝洄不能峭爲魁也適有迅而安亦人也適有覆而膠亦人也舟中之人未嘗有言天者何哉理明故也彼行乎江河淮海者疾徐不可得而知也次舍不可得而必也鳴條之風可以沃日車蓋之雲可以見怪恬然濟亦天也黯然沈亦天也阽危而僅存亦天也舟中之人未嘗有言人者何哉理昧故也問者曰吾見其駢焉而濟者風水等耳而有沈有不沈非天曷司歟荅曰水與舟二物也夫物之合并必有數存乎其間焉數存然後勢行乎其間焉一以沈一以濟適當其數乘其勢耳彼勢之附乎物而生猶影響也本乎徐者其勢緩故人得以曉也本乎疾者其勢遽故難得以曉也彼江海之覆猶伊淄之覆也勢有疾徐故有不曉耳

問者曰子之言數存而勢生非天也天果狹於勢耶荅曰天形恆圓而色恆青週回可以度得晝夜可以表候非數之存乎恆高而不卑恆動而不已非勢之乘乎今夫蒼蒼然者一受其形於高大而不能自還於卑小一乘其氣於動用而不能自休於俄頃又惡能逃乎數而越乎勢耶吾故曰萬物之所以爲無窮者交相勝而已矣還相用而已矣天與人萬物之尤者耳問者曰天果以有形而不能逃乎數彼無形者子安所寓其數耶荅曰若所謂無形者非空乎空者形之希微者也爲體也不妨乎物而爲用也恆

資乎有必依於物而後形焉今爲室廬而高厚之形藏乎內也爲器用而規矩之形起乎內也音之作也有大小而響不能踰表之立也有曲直而影不能踰非空之數歟夫目之視非能有光也必因日月火炎而後光存焉所謂晦而幽者目有所不燭耳彼狸狌犬鼠之目庸謂晦而幽耶吾故曰以目而視得形之麤者也以智而視得形之微者也焉有天地之內有無形者耶古所謂無形蓋無常形耳必因物而後見耳烏能逃乎數耶

天論下

或曰古之言天之歷象有宣夜渾天周髀之書言天之高遠卓詭有鄒子今子之言有自乎答曰吾非斯人之徒也大凡入乎數者由小而推大必合由人而推天亦合以理揆之萬物一貫也今夫人之有頭目耳鼻齒毛頤口百骸之粹美者也然而其本在乎腎腸心腹天之有三光懸寓萬象之神明者也然而其本在乎山川五行濁爲清母重爲輕始兩位既儀還相爲庸噓爲雨露噫爲風雷乘氣而生羣分彙從植類曰生動類曰蟲倮蟲之長爲知最大能執人理與天交勝用天之利立人之紀紀綱或壞復歸其始堯舜之書首曰稽古不曰稽天幽厲之詩首曰上帝不言人事在舜之庭元凱舉焉曰舜用之不曰天授在商中宗襲亂而興心知說賢乃曰帝賚堯民之餘難以神誣商俗已訛引天而毆由是而言天預人乎

辯迹論

客有能通本朝之雅故者曰時之汙隆視輔臣之用否房與杜迹何觀焉建官取士之制地徵口賦之令禮樂刑罰之章因隋而已矣二公奚施焉余愀然曰三王之道猶夫循環非必變焉審所當救而已隋之過豈制置名數之間

耶顧名與事乖耳因之何害焉夫上材之道非務所舉必的然可使戶曉爲迹也吾觀梁公之迹章章如縣寓矣曷然哉請借一以明之史不云乎初太宗怒渾戎之橫於塞也度諸將不足以必取當宁而嘆曰得李靖爲師快哉靖時告老且病矣梁公虛其心以起之靖忘老與病一舉虜其君郡縣其地而還夫非伐國之難能起靖之難能也靖非不克之爲慮居功之爲慮也古之爲將度柄輕不足以遂事重則嫌生焉是以有辭第以見志有多產以取信有子質以滅貳有變監以虞謗其多患也如是若靖者名既

成位旣崇重失畏偪其患又甚焉微梁公之能盡才能捍患能去忌能照私彼姑藉舊勞居素貴足矣惡乎起哉夫豈感空言而起耶心相見久矣夫豈飾小信而要耶道相籠久矣其後敬元擅能失材臣而敗隨之林甫自便進蕃將而亂隨之由是而言固相萬矣子方規規然窺上材以戶曉之迹此吾之所不取也若杜萊公者在相位日淺將史失其傳然以梁公之鑒裁自天策府遂以王佐材許之則是又能以道籠房公者矣房之許與迹孰甚焉客無以應而作子劉子曰觀書者當觀其志慕賢者當慕其心循

迹而求雖博寡要信矣

明贄論

古之人動必有以將意故執贄之道自天子達焉夫芬芳在上臭達於下而溫粹無擇有似乎聖人者鬯也故用於天子清越而瑕不自揜潔白而物莫能汙內堅剛而外溫潤有似乎君子者玉也故用乎諸侯執之不鳴刑之不嘷似死義者乳必能跪似知禮者羔也故卿執焉在人之上而有先後行列者鴈也故大夫執焉耿介而一志者雉也故士執焉視其所執而知其任是故食愈重而志愈卑位彌尊而道彌廣耿介之志惟士得以行之何也務細而所試者寡齒卑而所蔽者眾言未足以動聽故必激發以取異行未足以應遠故必砥礪以沽聞借令由士爲大夫捨雉而執鴈其志也隨之故耿介之名不施於大夫矣況其上乎然則爲士也不思雉之介爲卿也能思羔之禮歟今夫或者不明分推理而觀之則曰此居下而嗜直者是必得志而稔其訐矣彼當介而務宏者是必處高而肥其德矣曾不知訐當其分則地易而自遷宏非其所則志遂而無制矣於戲責士以卿大夫之善猶諭君以士之行耳余

以執贄之道得其分苟推分明矣求刑罰之僭濫得乎

華佗論

史稱華佗以恃能厭事爲曹公所怒荀文若請曰佗術實工人命繫焉宜議能以宥曹公曰憂天下無此鼠輩耶遂考竟佗至蒼舒病且死見醫不能生始有悔之之歎嗟乎以操之明略見幾然猶輕殺材能如是文若之智力地望以的然之理攻之然猶不能反其恚執柄者之恚眞可畏諸亦可愼諸原夫史氏之書於冊也是使後之人寬能者之刑納賢者之諭而懲暴者之輕殺故自恃能至有悔悉

書爲後之惑者復用是爲口實悲哉夫賢能不能無過苟寘於理矣或必有寬之之請彼壬人皆曰憂天下無材耶曾不知悔之日方痛材之不可多也或必有惜之之歎彼壬人皆曰譬彼死矣將若何曾不知悔之日方痛生之不可再也可不謂大哀乎夫以佗之不宜殺昭昭然不足言也獨病夫史書之義是將推此而廣耳吾觀自曹魏以來執死生之柄者用一恚而殺材能衆矣又焉用書佗之事爲嗚呼前事之不忘期有勸且懲也而暴者復藉口以快意孫權則曰曹孟德殺孔文舉矣孤於虞翻何如而孔融

亦以應泰山殺孝廉自譬仲謀近霸者文舉有高名然猶以可懲爲故事矧他人哉

辯易九六論

乾之爻皆九而坤六何也世之儒曰吾聞諸孔穎達云陽尊復兼乎陰陰不能兼乎陽也他日余與董生言及易生曰吾聞諸畢中和云舉老而稱也請徵諸揲蓍夫端策者一變而遇少與歸奇而爲五再變而遇少與歸奇而爲四三變如之是老陽之數分措於指閒者十有三策焉其餘三十有六四四而運得九是已故易繫注云乾一爻三十六策也一變而遇多與歸奇而爲九再變而遇多與歸奇而爲八三變如之是老陰之數分措於指閒者二十有五策焉其餘二十有四四四而運得六是已故易繫注云坤一爻二十四策也借如一變而遇少再變三變而遇多是少陽之數分措於指閒者二十有一策其餘二十有八四四而運得七一變而遇多再變三變而遇少是少陰之數分措於指閒者十有七策其餘三十有二四四而運得八故九與六爲老老爲變爻七與八爲少少爲定位故曰舉老而稱亦曰尚變而稱且夫筮爲乾者常遇七斯乾矣常

遇九斯得坤矣筮爲坤者常遇八斯坤矣常遇六斯得乾矣在左氏國語有之晉公子親筮之曰尚有晉國得貞屯悔豫皆八八非變爻故不曰有所之桉坎二世而爲屯屯之六二爲世爻震一世而爲豫豫之初六爲世爻屯之二豫之初皆少陰不變斯非八乎卦由老數而舉曰六筮由蓍數故斥曰八在左氏春秋傳有之曰穆姜薨於東宮始往而筮之遇艮之八史曰是謂艮之隨夫艮䷳艮下艮上之隨䷐震下兌上唯二不動斯遇八也餘五位皆九六故反焉筮法以少爲卦主變者五而定者一故以八爲占艮之六二曰

艮其腓不拯其隨其心不快史以爲東宮實幽也遇此爲不利故從變爻而占苟以說於姜也何則卦以少爲主若定者五而變者一卽宜曰之某卦觀之否師之臨類是也變與定均卽決以内外今變者五定者一宜從少占懼不吉而更之故曰是謂艮之隨是謂之云者苟以說也故穆姜終死於東宮與艮會耳而杜元凱於此注以爲雜用三易故有遇八之云非臻極之理也劉子曰余與董生言九六之義信與理會爲不誣矣余又於左氏二書參焉若合形影然而世人往往攘臂於其間曰生之名孰與穎達著

邪而材孰與元凱賢邪歷載曠日未嘗有聞人明是說者雖余憤然用口舌爭持貌從者什一二焉嗟乎由數立文所如皆合昭昭乎若觀三辰其不晦也如此然猶貴聽而賤視齗齗五斤反然莫可更也矧無形之理不可見之道邪余獨悲而志之以俟夫後學初董生言本畢中和中和本其師師之學本一行云

第一指餘一益三餘二益二餘三益一餘四益四第二指餘一益二餘二益一餘三益四餘四益三

第三指與第二指同

右掛從下起指亦自下始第一指法地故益成偶第二法天故益成奇第三人極法天故同

第一指遇一益三幷掛一爲五遇三遇二並謂之少與一同第二指遇一益二幷掛一爲四第三指遇一益二幷掛一爲四

右三指俱遇少通計十三策其餘三十六策四四運之得九爲老陽故易繫云乾之策二百一十有六注云陽爻九一爻三十六策六爻二百一十有六

第一指遇四益四與掛一爲九第二指遇四益三與掛一爲八遇三亦同第三指遇四益三與掛一爲八遇三亦同

右三指俱遇多通計二十五策其餘二十四策四四

運之得六爲老陰故易繫辭云坤之策百四十有四謂陰爻六一爻二十四策六爻一百四十有四

第一指遇一益三幷掛一爲五第二指遇四益三幷掛一爲八第三指遇四益三幷掛一爲八

右初指少第二第三指多以少爲主通計二十一策其餘二十八策四四運之得七爲少陽

第一指遇四益四幷掛一爲九第二指遇一益二幷掛一爲四第三指遇一益二幷掛一爲四

右初指多第二第三少以多爲主通計一十七策其

餘三十二策四四運之得八爲少陰

第一指（遇少謂一二也并止於五）第二指（遇多謂三四也并止於八）第三指（又遇少謂一二也并止於四）

右初指少第二指多第三指又少以多爲主通計一十七策其餘三十二策四四運之得八爲少陰

第一指（遇多謂四也止於九）第二指（又遇多謂三四也止於八）第三指（遇少謂一二也止於四）

右初指第二指并多第三指獨少以少爲主通計二十一策其餘二十八策四四運之得七爲少陽

第一指（遇少止於五）第二指（又遇少止於四）第三指（遇多止於八）

右初指二指并少三指獨多以多爲主通計一十七策其餘三十二策四四運之得八爲少陰

右揲蓍數

穆姜薨於東宮始往而筮之遇艮之八史曰是謂艮之隨夫艮䷳（艮下艮上）之隨䷐（震下兌上）唯六二爻不動餘五盡變變者遇九六也二不動者遇八也晉公子親筮之曰尚有晉國得貞屯悔豫皆八夫屯䷂（震下坎上）六位盡不遇六九故不動既無所之卽以世爻爲占按屯是坎宮二世卦故以一爲占則遇八夫豫䷏（坤下震上）是震宮一世卦以初六爲占亦遇八韋昭於此注云内曰貞外曰悔震下坎上爲屯坤下震上爲豫言得此兩卦震在屯爲貞在豫爲悔八爲震兩陰爻在貞在悔皆不動所以筮史占之謂閉而不通者爻無爲也乾之策二百一十有六（謂陽爻九一爻三十六策六爻當二百一十六言三十六者舉老陽也）坤之策一百四十有四（謂陰爻六一爻二十四策六爻當百四十有四言二十四者舉老陰也）凡三百有六十當朞之日二篇之策萬有一千五百二十當萬物之數六十四卦都三百六十四爻陰陽相半各一百九十二爻陽爻

一爻三十六策合爲六千九百一十二陰爻一爻二十四策合爲四千六百八

右六九之數

一行大衍論云三變皆剛太陽之象也三變皆柔太陰之象也一剛二柔少陽之象也一柔二剛少陰之象也少陽之剛有始有壯有究少陰之柔有始有壯有究因綜四象之變而成八象焉八象之位而八卦之本列矣注云太陽始動施於太陰而生震象之七（謂少陽之七爲震初九）再動於壯而生坎象之七（謂再索而得男也）三動於究而生艮象之七（謂三索而得男）

也太陰始動施於太陽而生巽象之八謂少陰之八爲巽初六再動於牡而生離象之八謂再索而得女也三動於究而生兌象之八謂三索而得女也是以九六七八分爲八象

右論大衍

國語又云董因迎公於河公問焉曰吾其濟乎對曰臣筮之得泰之八曰是謂天地配亨小往大來今及之矣何不濟之有韋昭云泰三至五震象爲侯陰爻不動其數皆八與貞屯悔豫義同劉子曰昭此說用互體有震棪董因之言天地配亨是六五帝乙歸妹以祉元吉之爻夫泰乾坤

體全內外位正內爲身外爲事卜得國事也以外卦爲占六五居尊位故統論卦下辭曰小往大來爻遇歸妹故曰天地配亨何必取互體也

右與董生言易

論書

或問乙曰書足以記姓名而已工與拙何損益於數哉答曰此誠有之蓋舉下之說耳非蹈中之說亦猶言居室曰避燥濕而已言衣裳曰適寒燠而已言飲食曰充腹而已言車馬曰代勞而已言祿位曰代耕而已今夫考居室必以閎門豐屋爲美笥衣裳必以文章鮮澤爲甲評飲食必以精良海陸爲貴第車馬必以華輈絕足爲高遷祿位必以重侯累封爲意是數者皆不行舉下之說奚獨於書也行之耶禮曰士依於德游於藝德者何曰敏曰至曰孝之謂藝者何禮樂射御書數之謂是則藝居三德之後而士必游之也書居數之上而六藝之一也語曰飽食終日無所用心難矣哉不有博奕者乎爲之猶賢乎已是則博奕不得列於藝差愈於飽食無所用心耳吾觀今之人適有面詆之曰子書居下品矣其人必逌爾而笑或謷然不屑

有詆之曰子握槊奕棊居下品矣其人必赧然而媿或艴然而色是故敢以六藝斥人不敢以六博斥人嗟乎眾尚之移人也問者曰然則彼魏晉宋齊間亦嘗尚斯藝矣至有君臣爭名父子不讓何哉答曰吾始欲求中道耳子寧以尚之之弊規我歟且夫信者美德也秦繆尚之而賢臣莫贖黃老者至道也竇后尚之而儒臣見刑道德且不可尚矧由道德以下者哉所謂中道而言書者何處之文學之下六博之上材鈞而善者得以加譽遇鈞而善者得以議能所加在乎譽非實也不黷於賞所議在乎過非罪也

不棼於刑夫如是庶乎六書之學不堙墜而已乎

劉氏集略說

子劉子曰五達之井百汲而盈科未必涼而甘所處之勢然也人之詞待扣而揚猶井之利汲耳始余爲童兒居江湖間喜與屬詞者游謬以爲可敎視長者所行止必操觚從之及冠舉秀才一幸而中說有司懼不厭於衆亟以口譽之長安中多循空言以爲誠果有名字益與曹輩畋漁於書林宵語途話琴酒調謔一出於文章俄被召爲記室參軍會出師淮上恆磨墨於楯鼻或寢止羣書中居一二

歲由甸服升諸朝凡三進班而所掌猶外府或官課或爲人所倩昌言奏記移讓告諭與神志葬咸猥幷焉及謫於沅湘間爲江山風物之所蕩往往指事成歌詩或讀書有所感輒立評議窮愁著書古儒者之大同非高冠長劍之比耳前年蒙恩澤授以郡符居海壖多雨慝作適晴喜躬曬書於庭得已書四十通逌爾自哂曰道不加益焉用是空文爲眞可供醬蒙藥楮耳它日子婿博陵崔生關言曰某也鄙游京師偉人多問丈人新書幾何且欲取去而某應曰無有輒媿起於顏間今當復西期有以弭媿者繇是删取四之一爲集略以貽此郎非敢行乎遠也

名子說

魏司空王昶名子制諱咸得立身之要前史是之然則書紳銘器孰若發言必稱之乎今余名爾長子曰咸允字信臣次曰同廙字敬臣欲爾於人無賢愚於事無小大咸推以信同施以敬俾物從而衆說其庶幾乎夫忠孝之於人如食與衣不可斯須離也豈俟余勗哉仁義道德非訓所及可勉而企者故存乎名夫朋友字之非吾職也顧名旨所在遂從而釋之夫孝始於親終於事君偕曰臣知終也

救沈志

貞元季年夏大水熊武五溪鬭決於沅突舊防毀民家躋高望之溟涬葩華山腹爲坻林端如莎湍道駛悍不風而怒崩巍前邁浸淫旁掩柔者靡之圓者脫之規者旋環之矩者顛倒之輕而汎浮者硠礚之重而高大者前却之生者力音殪者弛形蔽流而東若木柿然有僧愀焉誓於路曰浮屠之慈悲救生最大能援彼於溺我當爲魁里中兒願從三四輩皆狎川勇游者相與乘堅舟挾善器維以修綍杙於崇邱水當洄洑人易寘力凝矑執用俟可而拯大

凡室處之類穴居之彙在牧之羣在豢之馴上羅黔首下逮毛物拔乎洪瀾致諸生地者數十百焉適有摯獸如鵰夷而前攫持流柹首用不啗隅目旁睨其姿弭然甚如六擾之附人者其徒將取焉僧趣訶之曰第無濟是爲目之可里所而不能有所持矣舟中之人曰吾聞浮圖之教貴空空生普普生慈不求報施之謂空不擇善惡之謂普不逆窮困之謂慈鄉也生必救而今也窮見廢無乃計善惡而忘普與慈乎僧曰甚矣問之迷且妄也吾之教惡乎無善惡哉六塵者在身之不善也佛以賊視之末伽羣聞者

在彼之未寤也佛以邪目之佛惡乎無善惡耶吾鄉也所援而出死地者眾矣形乾氣還各復本狀蹄者躑躅然羽者翹蕭然而言者譏譏然隨其所之吾不尸其施也不德吾則已烏能害爲彼形之乾鬉鬣之姿也彼氣之還暴悖之用也心足反噬而齒甘最靈必肉吾屬矣庸能躑躅譏譏之比歟夫虎之不可使知恩猶人之不可使爲虎也非吾自遺患焉爾且將遺患於眾多吾罪大矣予劉子曰余聞善人在患不救不祥惡人在位不去亦不祥僧之言遠矣故志之

含輝洞述

河東薛公景晦以文無害爲尚書刑部郎中以訕爲道州刺史居郡大理至於無事清機羨溢盡付山水一旦以書來誇曰吾得異境於近郊自城西門並南山俯江水有石穹然如夏屋其左右前後又如回廊曲房藻繡彫彤之象雲生日入怪狀迭發水石卉木杳非人寰意其當爲食霞御氣者之所遊息委蛻而去不知其幾千百年逮今得諸黃冠野夫及請而往因名其地曰含輝洞蓋詩家流所謂山水含清輝者是已吾子常以詞雄於世盍爲我誌焉愚

得書退而深惟若薛公者少居江湖間遊名山東探禹穴歷四明句曲金華陽羨南過九江薄匡廬以涉彭蠡天下山水之籍存乎胸中第其高下銖兩不失及是而口呿不能名顧謂奇信矣若江華者九疑三湘之佳麗地也前此二千石御史中執法河南元次山諫議大夫北平陽亢宗司刑大夫東平呂和叔皆碩人也考槃招隱之致恆汲汲然卒使茲境貴於異日豈地愛其寶有時而發耶顧謂異信矣夫物之有作俟言而遠故述焉以書於洞陰曰

營陽鬱鬱山水第一洞有含輝遊人忘歸忘歸孔樂請言

其剏先是斯境翳於榛薄天姿孤絕凡目所忽閟其清光有待而發公之來思探異覿奇芟野悤林而民悅之既悅其至益知所嗜捫陘歷峴來適公志偶得奇絕聿來告公駕言從之谷岈溟濛有石如門又如垣墉樛蔓交木似綸似組乃芟乃治乃可布武伸脰掉臂空洞無阻左右回環儼若廊廡飛泉出竇練絶花吐觸石吹沙珮搖絃撫側逕寅緣豁然見天有石如堂度之五筵東西二門與日明昏奧者如室宣者如軒因其高下爰構亭榭匠生於心隨指如化闢山翦木役以私屬結構堅茨子來嬉嬉無事而就

邦人不知淑清之辰休澣之時雅步幅巾琴壺以隨前無俗人與白雲期耳目盡適形神不羈元氣顥然觀吾朶頤遵渚之鴻有時而飛石門之下可以棲遲此谷而盈彼邱而東維公之踰跡永在斯

吏隱亭述

元和十五年再牧於連州作吏隱亭海陽湖壖入自外閭不知藏山歷級東望悅非人寰前有四榭隔水相鮮凝靄蒼蒼淙流布懸架險通蹊有梁如蜺輕泳徐轉有舟如䑳澄霞漾月若在天漢視彼廣輪千畝之半翠麗於是與世殊貫澂明峭絶䕶靡葱蒨炎景有宜昏旦迭變疑昔神鼇負山而忭摧其別島置此高岸海陽之名自元先生先生元結有銘其碣元維假符余維左遷其間相距十五餘年對境懷人其猶比肩天下山水非無美好地偏人遠空樂魚鳥謝公開山涉月忘還豈曰無娛伊險且艱溪山尤物城池爲伍却倚佛寺左聯偎府勢拱臺殿光含廂廡竊如壺中別見天宇石堅不老水流不腐不知何人爲今爲古堅焉終泐流焉終竭不知何時再融再結

傳信方述

余爲連州四年江華守河東薛景晦以所著古今集驗方十通爲贈其志在於拯物余故申之以書異日景晦復寄聲相謝且咨所以補前方之闕醫拯道貴廣庸可以學淺爲辭遂於篋中得已試者五十餘方用塞長者之問皆有所自故以傳信爲目云元和十三年六月八日中山劉禹錫述

魏生兵要述

余爲書殿學士四年所與居皆鴻生彥士一旦詔下懷吳郡章而東門下生咸惜是行且曰吳中富士必有知書宜

爲太守所禮者及下車閱客籍森然三千有鉅鹿魏生將所著書來謁曰不佞始讀書爲文章凡二十年在貢士中孤鳴甚哀卒無善聽者退而收視易慮伏北牕下考前言成兵要十編度諸侯未遑是事將笈而西求一言以生羽翼余取其書觀之始自黃帝伏蚩尤終於隋氏平江南語春秋戰國事最備磅礴下上數千年間其擒摭評議無遺策用是以干握兵符貴人宜有虛已而樂聞者子盍行乎吾知元侯上舍不獨善雞鳴彈長鋏三五九九之伎顓之而已

欽定全唐文卷六百八

劉禹錫十

因論七篇 并引

劉子閒居作因論或問其旨曷歸歟對曰因之爲言有所自也夫造端乎無形垂訓於至當其立言之徒放詞乎無方措旨於至當其寓言之徒蒙之智不逮於是造形而有感因感而有詞匪立匪寓以因爲目因論之旨也云爾

鑒藥

劉子閒居有負薪之憂食精良弗知其旨血氣交沴煬然焚如客有謂予子病病積日矣乃今我里有方士淪跡於醫厲者造焉而美肥輟者造焉而善馳矧常病也將子詣諸予然之之醫所切脈觀色聆聲參合而後言曰子之病其興居之節舛衣食之齊（上聲）乖所由致也今夫藏鮮能安穀府鮮能母氣徒爲美疹之囊槖耳我能攻之乃出藥一丸可兼方寸以授予曰服是足以滌昏煩而鉏蘊結消蠱慝而歸耗氣然中有毒須其疾瘳而止過當則傷和是以微其齊也予受藥以餌逼信而腿能輕痺能和涉旬而痾養絕焉抑搔罷焉踰月而視分纖聽察微蹈危如平嗜糲

如精或聞而慶予且鬨言曰子之獲是藥幾神乎誠難遭已顧醫之態多嗇術以自貴遺患以要財盡重求之所至益深矣子昧者也泥通方而狃既效猜至誠而惑勦說卒行其言逮再餌半旬厥毒果肆岑岑周體如痁作焉悟而走諸醫醫大吒曰吾固知夫子未達也促和蠲毒者投之濱於殆而有喜異日進和藥乃復初劉子慨然曰善哉醫乎用毒以攻疹用和以安神易則兩躓明矣苟循往以御變昧於節宣奚獨吾儕小人理身之弊而已

訊甿

劉子如京師過徐之右鄙其道旁午有甿增增扶班白挈羸角齎生器荷農用摩肩而西僕夫告予曰斯宋人梁人亳人潁人之逋者今復矣予愕而訊云予聞隴西公暢轂之止方踰月矣今爾曹之來也欣欣然似恐後者其間有勞來之薄歟蠲復之條歟賑贍之恩歟碩鼠亡歟瘈狗逐歟曰皆未聞也且夫浚都吾政之上游也自巨盜間釁而武臣顓焉牧守由將校以授皆虎而冠子男由胥徒以出皆鶴而軒故其上也子視卒而芥視民其下也鶩其理而蟒其賦民弗堪命是軼於他土然咸重遷也非阽危擠壑不能違之曩者雖歸歟成謠而故態相沿莫我敢復今聞吾帥故爲丞相也能清靜畫一必能以仁蘇我矣其佐嘗宰京邑也能誅鋤豪右必能以法衛我矣奉斯二必而來歸惡待事實之及也予因浩嘆曰行積於彼而化行於此實未至而聲先馳聲之感人若是之速歟然而民知至至矣政在終終也試嘗論聲實之先後曰民黠政頗須理而後勸斯實先聲後也民離政亂須感而後化斯聲先實後也立實以致聲則難在經始由聲以循實則難在克終操其柄者能審是理俾先後始終之不失斯誘民孔易也

嘆牛

劉子行其野有叟牽跛牛於蹊偶問焉何形之瑰歟何足之病歟今觳觫然將安之歟叟攬縻而對云瑰其形飯之至也病其足役之過也請爲君畢詞焉我僦車以自給常驅是牛引千鈞北登太行南並商嶺掣以廻之叱以聳之雖涉淖躋高轂如蓬而轅不僨及今廢矣顧其足雖傷而膚尚腯以畜豢之則無用以庖視之則有贏伊禁焉莫敢尸也甫聞邦君饗士卜剛日矣是往也將要售於宰夫予尸之曰以叟言之則利以牛言之則悲若之何予方竇且

無長物願解裘以贖將置諸豐草之鄉可乎叟騣然咍曰我之沽是屈指計其直可以持醪而齧肥飴子而衣妻若是之逸也奚事裘爲且昔之厚其生非愛之也利其力今之致其死非惡之也利其財子烏乎落吾事劉子度是叟不可用辭屈乃以杖叩牛角而嘆曰所求盡矣所利移矣是以員能霸吳屬鏤賜斯既帝秦五刑具長平威震杜郵死陔下敵擒鍾室誅皆用盡身殘功成禍歸可不悲哉可不悲哉嗚呼執不匱之用而應夫無方使時宜之莫吾害也苟拘於形器用極則憂明矣

儆舟

劉子浮於汴涉淮而東亦既釋紼纚榜人告予曰方今湍悍而舟臨宜謹其具以虞焉予聞言若厲繇是衈以窒之灰以墐之斛以乾之僕息而躬行夕惕而晝勤景霾晶而莫進風異響而遄止兢兢然累辰是用獲濟偃檣弭櫂次於淮陰於是舟之工咸霈然自暇自逸或游肆而觴矣或拊檣而歌矣隸也休役以高寢矣吾曹無虞以宴息矣逮夜分而窾隙潛澍渙然陰潰至乎淹簀濡薦方卒愕傳呼跣跳登墟僅以身脫目未及瞬而樓傾軸墊抵於泥沙力莫能支也劉子缺然自視而言曰鄉予兢惕也汩洪波而無害今予宴安也蹈常流而致危畏之途果無常所哉不生於所畏而生於所易也是以越子膝行吳君忽晉宣尸居魏臣怠白公厲劍子西哂李園養士春申易至於覆國夷族可不警哉嗚呼禍福之胚胎也其動甚微倚伏之矛楯也其理甚明困而後儆斯弗及已

原力

劉子於邁舟次泗濱維筰邇之於傳傳吏適傳呼曰乘驛者方來詰何之則曰力人也雅以力聞於吳楚間中貴人

器之謂宜爲爪士獻言於上有旨趣如京師頃其至則佗焉五輩咸碩其體毅其容動睛煜如曳趾岌如顧瞻遲回飲啜有聲泗濱守伾由將授也說而勞之饗以太牢飲以百壺酒酣氣振求試自矜傍如無人中若有憑有盪舟如沿者扶鼎如飛者絢鍵如麻者開兩弧而脈不僨者屣巨石而齊如流者異哉果以力駭世而聞於上也異日話於儒家者流有客悱然自奮曰斯誠力矣上之不過夸胡人而戲角抵次之不過倅期門而振袀服我之力異然以道用之可以格三苗而賓左衽以威用之可以繫六嬴而斷

右臂由是而言彼力也長雄於匹夫然由驛其騑餼其食我力也無敵於天下亦當蒲其輪鶴其書矣予詰之曰彼之力用於形者也子之力用於心者也形近而易見心達而難明理乎而言則子之力大矣時乎而言則彼之力大矣且夫小大迭用曷常哉彼固有小矣子固有大矣予所不能齊也客於邑垂涕洟劉子解之曰屠羊於肆適味於眾口也攻玉於山俟知於獨見也貪日得則鼓刀利要歲計而韞櫝多客聞之破涕曰吾方俟多於歲計也歲歟歲歟其吾與歟

說驥

伯氏佐戎於朔陲獲良馬以遺予予不知其良也秣之稊秕飲之污池廄櫪也上痺而下蒸羈絡也綴索而續韋其易之如此予方病且窶求沽於肆肆之駔亦不知其良也評其價六十緡將剸矣有裴氏子贏其二以求之謂善價也卒與裴氏裴所善李生雅挾相術於馬也尤工覩之周體眙然視所然笑既而抃隨之且曰久矣吾不覩於是也是何柔心勁骨奇精妍態宛如鏘如熠如翔如之備耶今夫馬之德也全然矣顧其爲駒藏銳於內且秣之乖方是用不說於常目須其齒備而氣振則眾美灼見上可以獻帝閑次可以鬻千金裴也聞言竦焉遂儆其僕蠲其皁筐其惡蠹其溲稚以美薦秣以鄉粒起之居之澡之揠之無分陰之怠斯以馬養養馬之至分也居無何果以驥德聞客有唁予以喪其寶且譏其所貿也微予灑然曰始予有是馬也予常馬畜之今予鬻是馬也彼寶馬畜之寶與常在所遇耳且夫昔之翹陸也謂將蹄將齧抵以撾策不知其籋雲也昔之噓吸也謂爲疵爲癘投以藥石不知其噴玉也夫如是則雖曠日歷月將至頓踣曾何寶之有焉繇

是而言方之於士則八十其緡也不猶愈於五羖皮乎客謏而竦予遂言馬之德也存乎形者也可以目取然猶達之若此矧德蘊於心者乎斯從古之嘆予不敢歎

述病

劉子嘗涉暑而征熱攻於腠以致病其僕也告痡亦莫能興逮浹日予有瘳醫診之曰疾幸間矣顧熱沴而未平有遺類焉宜謹於攝衛衛之乖方則病復矣所苦既微而怠其說倦眠於衾而興焉倦隱於几而步焉面不能罷頮髮不能捐櫛口不能忘味心不能無思如是未移日而疾也

瘳如復瘝於躬進藥求汗凡三浹然後目能視視旣分則嚮時之僕已睍然執梧圈侍予於前矣予訝而曰曩吾與若也病偕呻也譸也若酷而吾微藥也餌也吾殷而若薄何患之同而痊之異哉僕諄諄而答云已之被病也兀然而無知有問也亦兀然而無知髮蓬如而忘乎亂面黔如而忘乎垢泊疾之殺也雖飲食是念無滑甘之思日致復初亦不知也予喟然歎曰始予有是僕也命之理畦則蔬荒主庖則味乖顧廢則馬瘠常謂其無適能適乃今以兀然而賢我遠甚利與鈍果相長哉僕更矣劉子遂言曰樂

於用則豫章貴厚其生則社櫟賢唯理所之曾何膠於域哉

傷我馬詞

馬龍類蓋健而善馳君子之所宜求爲譬也故法求於力或逸而喜駭法求於和或乾而易仆由德稱者鮮焉曩予知善馬之難遭也不求於肆而於其鄉一旦果得陰山之阿蠖略其形蕭蕭其鳴長顧遠視順而能力顧其軀非騫然而偉也雖士得以乘之始予被皁衣於朝朝之人多四三其牡以迭馭予無兼馬水轍之淋漓淖塗之汪洋結爲确犖融爲坳堂前有僨轅後有濡裳我策垂空我鑣方揚振鬣軒昂矯如飛翔翹翹其雄也非力而何烈火之具舉鉤膺之疊舞一蹊千趾駢比齟齬疹者斯擠悍者斯怒我鞍如山我轡如組弭毛容與宛若孤處靡靡其柔也非慧而何日予之獲謹於闕下背商顏趣昭邱日中而踰舍修門之南非騎所宜夷則沮洳高則嶔巇虎咆空林蚤鬭荒墟風雨孤征簡書之威俾予弗顛我馬焉依屑屑其勞也非德而何予至武陵居沅水傍或踰月未嘗跨焉以故莫得伸其所長踢蹐顧望兮頓其鎖韁飲齕日削兮精耗神

傷寒櫪騷騷兮瘁毛蒼凉路閒蹀蹀兮逸氣騰驤朔雲深分邊草遠意欲往兮聲不揚憤然自不得其所而死故其嗟也兼常初元宗羈大宛而盡有其名馬命典牧以時起居泊西幸蜀往往民間得其種而蓄焉故良毛色者率非中土類也稽是毛物豈祖於宛歟漢之歌曰龍爲友武陵有水曰龍泉遂歸骨於是川且弔之曰生於磧礫善馳走萬里南來困邱皁青菰寒菽非適口病聞北風猶舉首金臺已平骨空朽投之龍淵從爾友

觀市

由命士以上不入於市周禮有焉由今觀之蓋有因也元和二年沅南不雨自季春至於六月毛澤將盡郡守有志於民誠信而雩遂遍山川方社又不雨遂遷市於城門之逵予得自麗譙而俯焉肇下令之日布市籍者咸至夾軌道而分次焉其左右前後班間錯跱如在闤闠之制其列題區別榜揭價名物參外夷之貨焉牛有牽私屬有閑在巾笥者織文及素焉在几閣者彫彤及質焉在筐筥者白黑巨細焉業於饔者列饔饎陳餅餌而苾然業於酒者舉酒旗滌盃盂而澤然鼓刀之人設膏俎解豕羊而赫然華

寔之毛畋魚之生交蜚走錯水陸群狀夥名入隧而分韞藏而待價者負挈而求沽者乘射其時者奇贏以遊者坐賈喁喁行賈遑遑利心中驚貪目不瞬於是質劑之曹較固之倫合彼此而騰躍之易良苦於巧言斁量衡於險手杪忽之差鼓舌傖儜詆欺相高詭態橫出鼓囂譁坌煙埃奮羶腥疊巾履啗而合之異致同歸雞鳴而爭赴日午而駢闐萬足一心恐人我先交易而退陽光西徂幅員不移徑術如初中無求隙地俱唯守犬烏鳥樂得腐餘是日倚衡而閱之三感其盈虛之相尋也速故著於篇云

觀博

客有以博戲自任者速余觀焉初主人執握槧之器實於廡下曰主進者要約之既揖讓即次有博齒二異乎古之齒其制用骨觚稜四均鏤以朱墨耦而合數取應期月視其轉止依以爭道是制也通行之久矣莫詳所祖以其用必投擲故以博投詔之是日客抵骨於局且視之曰其來如趣其去如脫事先趨趄命中無蹉跌無從彼呼無俾我怛分曹邇迫自朝至於日中昃而與所視異焉客視骨如有情焉如或憑焉悉詈之不洩又從而齕嚙蹂躪之莫顧

其十目之哈讓也乃曰非余術之不工是朽骨者不余畀也請刷恥於奕棊主人促命燭以續之鶩神默計巧竭智匱主進者書勝負之數於牘視其所喪又倍前籍焉觀者曰以夫人之褊心亦將詬棊而抵枰矣既乃恬而不恤赧然有失鵠求身之色人咸異之予劉子曰先人者制人博投是已從人者制於人枯棊是已二者豈有數存乎其間哉但處之勢異耳是知當軸者易生嫌而退身者易為譽易生之嫌不足恥也易為之譽不足多也在辯其所處而已

毘盧遮那佛華藏世界圖讚并序

佛說華嚴經直入妙覺不由諸乘非大圓智不能信解德宗朝有龍象觀公能於是經了第一義居上都雲華寺名聞十方沙門嗣肇是其上足以經中九會纂成華藏圖俾人瞻禮卽色生敬因請余讚之卽說讚曰

清淨不染花中蓮捧持世界百億千踴出香海浩無邊風輪負之晝夜旋大雄九會化諸天釋梵八部來森然從昏至覺不依緣初初極極性自圓寫之綃素色相全是色非色言非言

口兵誡并序

余讀蒙莊書曰兵莫憯於志莫邪爲下鈌然知志（一作智）士之傷夫生也他日讀遠祖中壘校尉書曰口者兵也蓋然知言之爲兵又憯乎志因博考前載極其兩端夫志兵之薄人激烈抗憤不過無從容於世耳口兵之起其形遲焉五刃之傷藥之可平一言成疴智不能明人或罹兵道迸奔救投方效技思恐其後人或罹譖比肩狐疑借有紛解毀輒隨之故曰舌端之孽憯乎楚鐵夷竈誠謀執戈以驅掩人誡智折葬以（一作之）圖賢者誨予信其有旨發言之難往古猶爾辯爲詐媒默爲德基玉櫝不啟焉能瑕疵隼康深居執謂可嗤我誠於口惟心之門無爲我兵當爲我藩以慎爲鍵以忍爲閽可以多食勿以多言

猶子蔚適越誡

猶子蔚晨跪於席端曰臣幼承叔父訓始勾萌至於扶疎前日不自意有司以名汙賢能書又不自意被丞相府召爲從事重兢累愧懼貽叔父羞今當行乞辭以爲戒余曰若知彝器乎始乎斲輪因入規矩刳中廉外枵然而有容者理膩質堅然後加密石焉風戾日晞不剖（一作副）不聱然後青黃之鳥獸之飾乎瑤金貴在清廟其用也羃以養潔其藏也櫝以養光苟措非其所一有毫髮之傷儡然與破甑爲伍矣汝之始成人猶器之作朴是宜力學爲礱斲親賢爲青黃睦僚友爲瑤金忠所奉爲清廟盡敬以爲羃慎微以爲櫝去息以護傷在勤而行之耳設有人思披重霄而挹顥氣病無階而升有力者揭層梯而倚泰山然而一舉足而一高非獨揭梯者所能也凡大位未嘗曠故世多貴人唯天爵并者乃可偉耳夫偉人之一顧踰乎華章而

一非亦慘乎黥刖行矣慎諸吾見垂天之雲在爾肩腋間矣昔吾友柳儀曹嘗謂吾文雋而膏味無窮而炙愈出也遲汝到丞相府居一二日袖吾文入謁以取質焉丞相吾友也汝事所從如事諸父借有不如意推起敬之心以奉焉無忽

佛衣銘 并序

吾既爲僧琳撰曹溪第二碑且思所以辯六祖置衣不傳之旨作佛衣銘曰

佛言不行佛衣乃爭忽近貴遠古今常情尼父之生土無

一里夢奠之後履存千祀惟昔有梁如象之狂達摩救世來爲醫王以言不痊因物乃遷如執符節行乎復關民不知官望車而畏俗不知佛得衣爲貴壞色之衣道不在茲由之信道所以爲寶六祖未彰其出也微既還狼荒憬俗蚩蚩不有信器衆生曷歸是開便門非止傳衣初必有終傳豈無已物必歸盡衣胡久恃先終知終用乃不窮我道無朽衣於何有其用已陳孰非芻狗

陋室銘

山不在高有僊則名水不在深有龍則靈斯是陋室惟吾德馨苔痕上階綠草色入簾青談笑有鴻儒往來無白丁可以調素琴閱金經無絲竹之亂耳無案牘之勞形南陽諸葛廬西蜀子雲亭孔子云何陋之有

許州文宣王新廟碑

歲在丙辰元日開成許州牧尚書杜公作文宣王廟暨學舍於兌隅革故而鼎新也前年公受社與鉞且董淮揚汝南之師八月上丁釋菜於宣父之室陋宇荒階不足迴旋已事而歎乃詢黃髮有鄉先生前致辭曰自盜起幽陵許爲兵衝連戰交捽率無寧歲耳悅鉦鼓不聞絃歌目不知

書不害爲智邇來生聚教養起居祖習一出於軍容今幸天子憐許民爲擇賢侯此人人思治之時也公曰諾吾當先後之於是元年修戎律以通衆志次年成郡政以蠲民瘼季年崇教本以厚民風我言既從乃卜新宮瀷水之瀕城池在東登登其杵坎坎其斧繩之墨之鑿枘枝梧載塗載奐獸焉陵虛寢廟宏敞齋宮嚴閟軒墀廂廡儼雅清潔門庭牆仞望之生敬外飾觚稜中設黼幄嚮明當宁用王禮也堯頭禹身華冠象佩之容取之自鄒魯及門覲奧偶形畫像之儀取之自太學尊彝籩豆青黃規矩之器秉周

禮也犧牲制幣薦獻升降之節遵國章也藏經於重檐斂器於庋櫝講筵有位鼓篋有室授經有博士督課有助教指蹤有役夫洒掃有廟幹公又剸隙地爲廣圃蒔其柔蔬而常菹旨蓄之御備捨已俸爲子錢榷其孳羸而鹽酪缸膏之用給濟濟莘莘化行風驅家慕恭儉戶知敬讓父誨其子兄規其弟不遊學堂與撻市同醜是麋勇爵戴鶡冠者往往弭雄姿而觀習禮義矜甲冑者知根於忠信服縵胡者不敢侮縫掖教化之移人也如置郵焉冬十一月許人以新儒宮成來告且乞辭欲行乎遠也公名悰字永裕

故丞相岐國公之孫岐公弼諧三帝碩學冠天下嘗著書二百餘篇言禮樂刑政古今損益統名曰通典藏在石室副行人間今孝孫聿修之形乎事業播於聲詩懿哉能世其家也禹錫昔年忝岐公門下生四參公府近年牧汝州道許昌躬閱其政故不得讓遂銘於麗牲之碑銘曰

許介韓魏四征之地兵興已還其闕嚬嚬亦有儒宮軋於兵間賢族戾止思樂泮水俾人嚮學王化之始便地爰相新規鬱起廟貌斯嚴堂皇有煒秩秩禮物祁祁冑子入於門牆如造闕里春誦夏絃載揚淑聲風於閭閻浹於郊坰遂讓斑白家尊父兄與化而遷其猶性成昔之委巷相詬交侮今逢親戚不道媟語昔之連營誇力使酒今遇賓客斂容拱手魯有泮林鳥革其音許崇學教民悅其教鑄於圭石以志新廟

東都留守令狐楚家廟碑

今上元年七月十三日汴州刺史宣武軍節度副大使知節度事汴宋亳等州觀察處置使銀青光祿大夫檢校禮部尚書兼御史大夫上柱國彭陽縣開國伯令狐公西嚮拜章上言守臣楚蒙被恩澤列爲元侯得立家廟以奉常

祀制書下其奏於有司於是善相考祥得地於京師通濟里居無何新廟成公以守藩故申命季弟監察御史定卜牲練日越八月丁亥祔享三室培墉以尚幽設幄以迎精禮無尤違神用寧謐第一室曰秦州上邽縣尉諱濤以妣太原王氏配第二室曰綿州昌明縣令贈吏部尚書諱崇亮以妣贈太原郡夫人河東柳氏配第三室曰太原府功曹參軍贈太子太保諱承簡以妣贈魏國太夫人富春孫氏配明年十月公由浚郊以介圭入覲眞拜戶部尚書進爵爲魯侯既釋戎旃得以列侯謁三廟是歲南至上不視

朝又得以時展祭先期致齋栗然以敬既齋盡志歆然永
思奉其百順陳以具物始躋而虔恭終獻而沈瀾既卒事
顧麗牲之石宜有刊紀乃俾家老授其牒於所知云令狐
晉邑也晉大夫魏顆以輔氏之功始封焉其易名曰文國
語所謂令狐文子是也其先周文王之昭畢公高之裔畢
萬爲晉卿始封於魏自萬至顆蓋四世其後三十七世藍
田侯虯仕拓跋魏爲燉煌郡太守子孫因家遂占數爲郡
人藍田之孫熙在隋爲納言惟上邽府君納言之元孫道
克肖而位不至惟尚書府君西州之右族先未耀而德已

基惟太保府君志爲君子儒以明經居上第調補陽安縣
主簿歷正平縣尉汾州司法參軍陝西大都督府兵曹終
於太原府首掾始以顯經進既仕旁通百家愛穀梁子清
而婉左邱明國語辨而工司馬遷史記文而不華咸手筆
朱墨究其微旨愷悌以肥家信誼以急人德充齒耋獨享
天爵故休祐集於身後徽章流乎佳城凡以子貴承澤降
命書告第者始贈尚書祠部郎中再贈禮部尚書三加右
僕射四進太保五爲上公先夫人亦四徙封密印纍纍邦
族聳慕生三子皆才彭陽公爲嗣次子從端實肅給今爲

檢校膳部郎中參河東軍事季子前所謂監察御史今主
柱下方書溫敏而有文綽綽然眞令兄弟惟彭陽公以詞
筆取科名累參侍從由博士主尚書牋奏典內外書命遂
登樞衡言文章者以爲冠擁節總戎率身和衆留惠於盟
津變風於浚都言方略者以爲能夫浚師嘵喈難治乘釁
竊發寖成習俗莅政五載飲和革心東馬來朝熊羆隕涕
問公還期觴必祝之留爲常伯旋命居守汴人聞公之東
近而愈懷翹翹瞿瞿盡西其首言遺愛者可紀焉貴而卒
禮老而能慕怵惕乎霜露齋莊乎廟祧睦其仲季施其鄉

黨言孝悌者歸厚焉勒銘於碑以代彝鼎銘曰
已孤之孝莫如備物顯彼新廟四阿三室時維仲月卜用
柔日醆醴苾芬牲牷博腯籩甒在堂蕭膋在庭孝孫蒸蒸
躬若捧盈低簪委紳薦俎登鉶肸蠁交感流涕緣纓禮以
備儀誠以致美祖考來格錫之休祉工祝告訖退循軒戺
乃授風人作詩以紀猗歟彭陽之寵光佐憲皇穆穆皇皇
西省東臺迭爲侍郎國之大柄咨爾平章敬宗凝旒俾鎭
雍郊入爲地官命守東州彭陽之忠厚宜介福以壽東郊
既耋可復朝右緜緜其胄系於周舊由我顯起必昌其後

大和紀元作廟之首刻碑廟門龍集己酉

唐興元節度使王公先廟碑

唐制五等有爵服而無山川登於三事得立四廟備物崇祀以交神明敬先報本以輔孝治有國之令典也惟長慶三年前相國王公始卜廟於西京崇業里公時鎮劍南東川上章曰臣涯官秩印綬品俱第三請如式以奉宗廟制曰可是歲仲冬申命長男孟堅祔其主於三室明年公入爲御史大夫復以十二月躬行烝祭間歲公出梁州就拜司空禮崇異數廟加祀室大和二年增新室既成祔顯考

於尊位告饗由禮觀之者以爲世程第一室曰上儀同幽州别駕府君諱元政以妣博陵崔氏配第二室曰湖州安吉縣令贈尚書刑部員外郎府君諱寔以妣贈扶風縣太君馬氏配第三室曰朝散大夫青州司馬贈户部侍郎府君諱祚以妣贈武威郡太夫人賈氏配第四室曰温州刺史贈太尉府君諱晃以妣贈魯國太夫人博陵崔氏配初周王太子晉遇浮邱公化爲神仙時人號曰王家其後遂以命氏顯於秦者曰翦三世將秦師子孫分居晉代間東漢有徵君霸霸孫甲亦號徵君徙居祁縣爲著姓故至於今爲太原人自漢涉魏益以熾昌凡十葉至後魏度支尚書廣陽侯冏廣陽有二子神念神感神念南奔梁神感北仕齊惟儀同府君廣陽侯五代孫也唐興於太原寔從義旗佐成王業故有開府儀同之寵惟刑部府君以功臣子理二邑不躋貴仕故有錫羨後大之祥惟户部府君幼孤以孝聞於鄉曲未冠以文售於有司由前進士補延州臨安縣主簿會詔徵賢良策在甲科授瀛州饒陽尉歲滿遷渭南天后在神都而東畿差重遂由渭南轉河陽適逢建萬象神宫甸内吏分董其役因上書切諫繇是名益聞開

元初以大理司直馳軺車聯讞大獄閩禺朔漠所至決平早以欒棘傷生晚成劇恙樂就吏隱故不至大官惟太尉府君生於治平時以文學自奮年十有五貢然從秋賦明年春升名於司徒又一年元宗御層樓發德音懸文辭政術科以置髦士府君策最高授太常寺太祝未幾復以能通道德南華沖虛三眞經進盩厔尉天寶中歷右拾遺左補闕禮部司駕二員外郎屬幽陵亂華遣兵南服因佐閩粤改檢校比部郎中行軍司馬時中原甫寧江南爲吉地二千石多用名德乃以府君牧温州朝廷虚公卿以俟高

第及聞訃永嘉人輟春罷社薦紳聞以不淑相弔焉雖位負於道而邁德垂矩後之人得以纘承丕揚之其儲休啟祐有自云爾生三子皆聰明絕人長曰沼以神童仕至檢校禮部郎中次曰潔以奇文仕至國子司業今代郡公寔季子也早在文士籍射策連中咸世其家貞元中德宗聞其名自藍田尉召入禁中視草厥後三典書命再參內庭憲宗器之付以國柄翊贊有道雖策免常居大僚今年自梁州請覲上思用舊臣爲羽儀遂領太常其公府如故以一心事六君顯官重務靡不揚歷且夫起諸生至三公而

心愈卑道益廣出授黃鉞以臨諸侯入服華章以謁家廟追崇極大位血食備多室享全榮而奉昭薦嗚呼公侯之孝歟宜書廟器以視喬公之三鼎其詞曰

閟宇神庭邃清而嚴上公之儀四室耽耽巘以潔牲粢以大糦交神尚歆合魂尚氣子姓宗工駿奔奉事副笄侈袂儼恪居次孝孫兢兢執爵而升以裸以濯以伏以興水陸具來醴薌畢登列於圜方其器增增乃綸乃嘗敬而追遠二昭二穆孝以尊本瞻瞻几幄蹌蹌堂闥禮成起慕涕落元衮濡露踐霜誰無永懷不如達者哀與榮偕逢時奮庸誰不得位不如仁人以道爲貴惟公之達兮名以顯親惟公之仁兮德以澡身六朝之清臣一代之全人宜其世家翼翼振振罔不肅祇於廟之門

欽定全唐文卷六百九

劉禹錫十一

唐故朝議郎守尚書吏部侍郎上柱國賜紫金魚袋贈司空奚公神道碑

嗚呼有唐清臣尚書吏部侍郎奚公貞元十五年十月甲子薨於位詔贈禮部尚書太常考行謚曰某是歲臘月丁酉葬於萬年縣之某原後三十有四年子爲諸侯爲大夫門戸有煒於是門下生琢石紀德揭於新阡云公諱陟字殷衡其先在夏爲車正以功封於薛下古以降爲譙郡人或因仕適楚復之秦今爲京兆人隋唐之際再世以明經爲博士家有賜書曾祖簡亦以文學爲太子司議郎大父乾繹仕至光州刺史烈考諱某有道而尚晦終徐州司功參軍贈和州刺史由子貴也天以大運生萬物而以正氣鍾賢人至和來宅其德乃具公實有焉幼而擢陵苕之秀長而成清廟之器羣倫月旦咸以第一流處之及從鄉賦洎升名太常果居上第明年詔郡國徵賢良設四科以盡林公居文詞清麗之目授宏文館校書郎時德宗新即位聲烜虜庭西戎畏威厎貢内附詔諫議大夫崔河圖持節

即虜帳以報之使臣欲盛其賓寮以自大遂嘿表公爲介授大理評事除書到門公方爲人子不敢許以違稱病弗果行歸寧壽春養志盡敬丞相楊炎勇於用材擢公爲左拾遺奉安輿而西未幾再集荼蓼居後喪將闋是歲建中四年京師急變黃屋順動狩於巴梁公徒行閒道以歸王所旣中月而詔授起居郎充翰林學士創鉅愈遲病不拜職改太子司議郎從大駕回入尚書爲司金元士且參榷筦之務有頃持慰冊宣恩於薊門將行錫銀朱於青蒲上復命稱旨轉吏部員外郎是曹在南宮爲眉目在選士爲司命公執直筆閱簿書紛拏盤錯一瞬而剖時文昌缺左右丞都曹差重遂轉左司郎中尋遷中書舍人執事者繫公識精以斟酌大政非獨用文飾也會江淮間民被水禍上愍焉特命公宣撫之許以便宜及物亦車所至如東風變枯條其利病復奏咸可轉刑部侍郎時主計臣延齡以險刻貴倖而與京兆尹相惡以危事中之尹坐讁已又逮繫其吏峻繩之事下司寇主奏議者欲文致而甘心焉公侃然持平挫彼嶽嶽君子聞之善其知道不私刑曹旣清以餘刃兼領選事居一年授權知吏部侍郎又一年即眞

是秩言能審官者本朝有裴馬盧李四君子物論以公媲焉時得病發瘖有國醫方直禁中上促遣如第且敕之曰某賢臣也悉術以治之及有司以不起聞上震悼加等公娶瑯琊王氏石泉公之曾孫友壻皆一時彥士長子某蚤不祿第二子敬則歷太僕少卿今爲濮州刺史兼侍御史中丞錫金紫以課最就加貴秩俾視九卿第三子敬元以詞藝似續登文科歷左補闕今爲尚書刑部郎中第四子炅舉進士最小子某咸砥礪纂修宜爲名公家子其遺德垂裕之光也乎公少以名器自任及顯達急於推賢視其

所舉則在西省薦權丞相由右史掌訓辭在中銓表楊僕射由地曹郎綜吏部二公後爲天下偉人凡執文章權衡以揣量多士一入中禁考策詞三在天官第章句披沙剖璞由我而顯者落落然居多推是風鑒移於大冶則鎔範之內無非祥金嗟乎天不遐其福而孤氏望使由庚之什不作於貞元中惜也初公既終詔贈大宗伯後以第三子在郎位被霈澤再追褒至司空故昔之葬儀用常伯而今之碑制用三公云銘曰

仁麟智龍爲瑞一辰未若君子瑞於人倫惟唐德宗道類漢宣責實繩下風稜言言公丁斯時籍在儁賢從難表節執羈而還帝曰汝器黃流瑟然可爲大寮左右化源乃飾王度乃馳輶軒既執刑柄亦操吏權陽和熙熙貯在顏間守法持正嶷如秋山火不侵玉俾臣畏伏鳳鳴祥煙梟噪低踣帝方倚用天不假年公寐無寤其名愈遠門人達者赤舄元袞公居甚卑其德愈尊兩子朝服騈驪朱輪佳城何在冑貴之里螭首龜趺德輝是紀嗚呼後人下拜於此

高陵令劉君遺愛碑

縣內之大夫鮮有遺愛在其去者蓋邑居多豪政出權道

非有卓然異績結於人心浹於骨髓安能久而愈思大和四年高陵人李仕清等六十三人思前令劉君之德詣縣請金石刻之縣令以狀申於府府以狀考於明法吏吏上言謹桉天寶詔書凡以政績將立碑者其具所紀之文上尚書考功有司考其詞宜有紀者乃奏明年八月庚午詔曰可令書其章明有以結人心者揭於道周云涇水東行注白渠釃而爲三以沃關中故秦人常得善歲桉水部式決洩有時畎澮有度居上游者不得擁泉而顓其腴每歲少尹一人行視之以誅不式兵興以還寖失根本涇陽人

果擁而顓之公取全流浸原爲畦私開四竇澤不及下涇田獨肥他邑爲枯地力既移地征如初人或赴訴泣迎尹馬而上涇之腴皆權倖家榮勢足以破理訴者復得罪繇是咋舌不敢言吞冤含忍家視孫子長慶三年高陵令劉君勵精吏治視人之瘼如瘭疽在身不忘決去乃修故事考式文暨前後詔條又以新意請更水道入於我里請杜私竇使無棄流請遵田令使無越制別白纖悉列上便宜掾吏依違不決居二歲距寶歷元年端士鄭覃爲京兆秋九月始具以聞事下丞相御史御史屬元谷實司察視持

詔書詣白渠上盡得利病還奏青規中上以谷奉使有狀乃俾太常撰日京兆下其符司錄姚康士曹掾李紹實成之縣主簿談儒直實董之冬十月百眾雲奔憤與喜并口謠手運不屑鼛鼓揆功什七八而涇陽人以奇計賂術士上言白渠下高祖故墅在焉子孫當恭敬不宜以畚鍤近阡陌上聞命京兆立止絕君馳詣府控告具發其以賂致前事又謁丞相請以顙血汙車茵丞相彭原公斂容謝曰明府眞愛人陛下視元元無所恪第未周知情僞耳卽入言上前翌日果有詔許訖役仲冬新渠成涉季冬二日新

堰成駛流渾渾如脈宣氣蒿荒漚冒迎耜釋釋開塞分寸皆如詔條有秋之期投鍤前定儒直告已事君率其寮躬勞徠之烝徒讙呼奮襏襫而舞咸曰吞恨六十年明府雪之擿姦犯豪卒就施爲嗚呼成功之難也如是請名渠曰劉公而名堰曰彭城按股引而東千七百步其廣四尋而深半之兩涯夾植杞柳萬本下垂根以作固上生材以備用仍歲旱沴而渠下田獨有秋渠成之明年涇陽三原二邑中又擁其衝爲七堰以折水勢使下流不厚君詣京兆索言之府命從事蘇特至水濱盡撤不當擁者繇是邑人

享其長利生子以劉名之君諱仁師字行輿彭城人武德名臣刑部尚書德威之五代孫大歷中詩人商之猶子少好文學亦以籌畫干東諸侯遂參幕府歷尹劇縣皆以能事見陟率不時而遷既有績於高陵轉昭應令俄兼檢校水曹外郎充渠堰副使且錫朱衣銀章計相愛其能表爲檢校屯田郎中兼侍御史榦池鹽於蒲錫紫衣金章歲餘以課就加司勳正郎中執法理人爲循吏理財爲能臣一出於清白故也先是高陵人蒙被惠風而惜其捨去發於胸懷播爲聲詩今采其旨而變其詞志於石文曰

噫涇水之逶迤溉我公兮及我私水無心兮人多僻錮上游兮乾我澤時逢理兮官得材墨綬紫兮劉君來能愛人兮恤其隱心既公兮言既盡縣申府兮府聞天積憤刷兮沈痾痊劃新渠兮百畝流行龍蛇兮止膏油遵水式兮復田制無荒區兮有良歲嗟劉君兮去翺翔遺我福兮牽我腸紀成功兮鐫美石求信詞兮昭懿績

唐故邠寧慶等州節度觀察處置使朝散大夫檢校戶部尚書兼御史大夫賜紫金魚袋贈右僕射史公神道碑

僕射名孝章字得仁本北方之強世雄朔野其後因仕中國遂爲靈武建康人曾祖道德贈右散騎常侍封懷澤郡王祖周洛銀青光祿大夫檢校太常卿兼御史中丞北海郡王贈太子太保考憲誠早以武勇絕人積功至魏博節度使終於河中晉絳慈隰等州節度觀察使檢校司徒兼侍中河中尹贈太保其薨也大臣中書令晉國公裴氏爲之碑其名益顯公即侍中之元子母曰冀國夫人李氏幼而聰悟父母賢而加愛焉及長好學邇善秀出儕輩鄰下諸兒號爲書生元和中太尉愬爲魏帥下令掄材於轅門取大將家翹秀者爲子弟軍列於諸校之上公獨昌言願效文職太尉深奇之遂假魏州大都督府參軍長慶二年常山衆叛害其帥沂國公田司徒於帳下沂公發迹於魏人猶懷之詔命其子布以尚書授鉞統魏兵問罪於此疆且報家禍布既啟行士氣不振渙然內潰獨與冗從之旅偃旗而歸百憤攻中卒自引決先侍中時爲中軍都知兵馬使兼御史中丞全師在野闃然推戴之請爲假侯以鎮定中貴人飛驛上聞穆宗夜召翰林學士草詔書以真侯命之實有魏土從衆而合權也是歲公自攝官轉本府士

曹參軍兼監察御史賜朱衣銀印推恩以及子也一旦跪於父母前進苦言曰臣竊惟大河之北地雄兵精而天下賢士心侮之目河朔間視猶夷狄何也蓋有土者多乘兵機際會非以義取令臣家父侯母封化爲貴門君恩至矣非痛折節礪行彰信於朝廷無以弭識者之譏寤明君之意節著於外福延於家乘時蹈機禍不旋踵言訖泣下數行父俞母贊天性交感三心既叶萬衆潛化天子聞而嘉之曰彼真孝子乃授檢校太子左諭德兼侍御史充節度副使累遷至散騎常侍兼御史大夫賜金印紫綬既貳軍

政事如命鄉弛張損益得以參決潛革故態人知嚮方大和二年滄景節度使李全略卒其子同捷竊據故地詔下以文誥弗革遂用大刑先侍中表請率先諸侯使元子以督戰制曰可公承君父之命乃捐其軀一舉而下平原壓滄壘由是加工部尚書及王師凱旋上表願一識承明廬詔允之遂赴北闕下得覲於便殿上曰嚮吾始征滄州議者皆曰彼魏之姻也處陰爲寇謀吾發使數輩以偵之其還也僉曰爾父瀝款於賓筵爾毋抗詞於簾下願絕姻以立效其經始啟發出於爾心今滄海砥平策勳之日宜貴

爾三族命爾父爲侍中遷鎮於近地加爾禮部尚書析相衛澶三州爲鎮以居之俾爾一門大榮以誇天下公拜稽首謝父遷讓已爵禮無違者翼日下詔於明庭人咸曰史氏之寵光古無有也牙旗碧幢方指東道侍中以帳下生變聞泰極而否當歌而哭迎柩於路仰天長號因葬於洛陽之北邙山冀國夫人袝焉寢苫枕塊以所仇同天爲大酷未幾詔舉金革之義起爲右金吾將軍累表陳乞有司以違命督之輿疾即路閒歲擢授鄜坊丹延等州節度觀察處置等使居四年遷鎮於滑一歲入爲右領軍衛大將軍旋改右金吾大將軍又受鉞於邠土孟秋至治所首冬遘疾拜章入覲不克展和鸞鏘革之儀薨於靖恭里之私第享齡三十有九當開成三年十月二十日上聞而悼之不視朝一日贈尚書右僕射明年二月歸葬於洛都夫人瑯琊王氏袝焉繼室深澤縣君博陵崔氏有一子曰煥生七年而孤僕射之喪自復魄至葬當門戶備祭祀建碑表皆縣君之能且命其家老具事功來請曰夔不恤家而憂幼嗣不知其先人之官業乞詞以傳於後也君子以爲知禮謹書之銘曰

斗極之下崆峒播氣鍾於侍中孔武且貴奉上致命宜昌後嗣僕射承之良弓不墜耳煩鉦鼓心悅文字虎穴之中生此騏驥大和紀元滄景不虔子弄父兵跳踉海壖有鄰陰交蝟起難連詔下薄伐艮隅騷然時維侍中寔統魏師蓄銳未發眾心危疑僕射爲子陳謀盡詞與言涕零有感尊慈絕姻效節精貫神祇滄波底寧王命褒之乃遷元侯來鎮近畿乃祚元子別建旌麾一門四節焜燿當時倏忽變生魏郊紛披喬木雖大盲風不知干雲之臺列缺焚之哀哀孝嗣丁此大酷迎護幃輤葬於東洛訴天觸地血染

纏服禮有金革詔書敦促不遂枕戈驟膺推轂雕陰白馬暨於邠谷雖榮三鎭不苟百祿綺紈之間珪組纍纍如彼晨葩日中而萎有妻名家有子稚齒行號報禮歸窆蒿里洛水之陽修邙之趾昭尊穆敬幽顯同理舊松新柏亦象喬梓刻石記功垂於萬祀

唐故福建等州都團練觀察處置使福州刺史兼御史中丞贈左散騎常侍薛公神道碑

薛在三代爲侯國介於鄒魯間傳世三十有一爲齊所幷其公子犇楚錫土田於沛漢末避仇之成都曹魏平蜀徙

家汾陰遂爲河東臨晉人自奚仲爲夏車服大夫距今數千年乘軒服冕舄奕冠世言氏族者署爲關內甲姓天意若曰始有功於車服錫爾子孫世世有之公諱謇字某曾祖寶允以名家子且有學行歷尚書郎雍州司馬邠州刺史王父繪有雋林刺三郡金密緜皆以治聞累績至銀青光祿大夫封龍門侯烈考承矩以文亡害仕至大理丞公幼承前人之覆露補崇文生歲滿調主簿書於亳之譙苦二邑又尉於東畿之河清貞元中上方與丞相調兵食思得通吏治而習邊事者討相以公爲對乃授監察御史裏行充京兆水運使局居雁門主穀糴具舟檝募勇壯且便弓矢者爲榜夫千有餘人隸尺籍伍符制如舟師詔以中貴人護之聲震塞上每發粟泝河北行涉戎落以饋緣邊諸軍及乘障者雖河塞迴遠必尅期如合符一歲中省費萬計累加侍御史內供奉賜緋魚袋有司條白其勞入拜殿中內史未幾淮海節將以戎倅缺聞事下丞相御史擇可者僉曰公政事已試遂授檢校戶部員外郎兼御史淮南軍司馬尋轉駕部郎中錫以金紫遇府遷申命貳相趙國公帶中書侍郎代之公主行臺留務趙公文茵及境視

置郵供帳及郊視將迎部伍下車視簿幃器備乃曰信奇才也此不足以展驥朝廷知之擢爲泗濱守旣報政就加御史中丞俄遷福建都團練觀察使閩有負海之饒其民悍而俗鬼居洞砦家桴筏者與華言不通公兼戎索以治之五州民咸悅元和十年某日薨於位年六十七贈右散騎常侍夫人趙郡李氏無兒早世繼夫人隴西李氏檢校禮部尚書河東節度使說之女生子凝爲嗣季子茂宏以諸侯禮儀返葬故里蛾眉原從周也後二十有三年元曰開成凝爲平盧從事謹按令甲襲碑石來乞辭以垂於悠

久初公治粟於朔陲愚方冠惠文冠察行馬外事聆風相厚謂可妻也以元女歸之明年愚入尚書爲郞職隷計司因白計相公召來會府行有日矣遇内禪惟新愚以緣坐左貶閒關外役竟不克面然而公之爲德善灌注心耳孝悌爲根柢誠明枝葉之直方爲天質禮讓緣飾之所至藹然錄此道也公初下世故人丞相李太師誌其墓銘曰宏深莊重幹敏絶人此與游者傳信之詞也豈誣也哉故作銘曰

河汾齋淪鼎氣歊雲散爲昌光凝爲賢人常侍之生其宗

孔碩從祖昆弟詵詵三百文館入仕幽龍未光尺木爲陪俄然欲翔司會知林績宣朔方邊師萬喉俟我羸糧泝於黃河路出戎疆募乃勇士皁衣挽舫膺索臂弧穹廬在旁虜聞公名慴不敢獸安北巳南列城相望率有儲偫皆成金湯入居殿中分巡輦下淮海軍大往爲司馬軍中之治可移諸民乃牧於泗乃廉於閩閩悍而嚚吏風脆急恩信綏之委然如蟄閩方不淑天奪其福公薨於寢元頼以復天王廢朝贈之金貂莓莓晉原鬱鬱中條大墓舊阡松楸蕭蕭笳鼓以歸德音孔昭

唐故宣歙池等州都團練觀察處置使宣州刺史兼御史中丞贈左散騎常侍王公神道碑

常侍諱質字華卿始得姓自周靈王太子晉賓天而僊時人曰王子因去姬爲王氏自秦漢以還世多顯名由今而上十有一代名傑仕元魏爲并州刺史子孫因家遂爲太原祁人并州六代孫名通字仲淹在隋朝諸儒唯通能明王道隱居白牛谿游其門皆天下儁傑著書行於世旣沒謚曰文中子文中生福祚爲蔡州上蔡主簿上蔡生勉舉進士試賢良皆上第仕至河中府寶鼎令寶鼎卽公之曾

祖也祖諱怡渝州司戶參軍考諱潛揚州天長縣丞贈尚書吏部郞中公其季子也始文中先生有重名於隋末其弟勣亦以有道顯於國初自號東皐子文章高逸傳在人閒議者謂兄以大中立言弟游方外遂性三百年閒君子稱之雖四夷亦聞其名字公雅有遠志常自忖度我大名之後不宜無見焉遂力學厚自淬琢於春秋得之公是於禮得之約僑居淝水上躬督穡事善積於巳而淮楚閒羣彥多與之游公慊然自少無進取意與游者激之曰卿文儒家子篤志如是盍求發聞俾家聲不頹今夫以文字芒

洋當世者誰如華卿庸自秉耶入謀於閨門咸以外言爲是因決策而西上在貢士籍天和內充不以時尚屑意角逐攻取初無此心如梗枏生於深林未始自貴而度材者一盼歆然在懷故以不爭而速售既登第東諸侯交辟之從主者書記於嶺南授正字參謀於淮右進協律郎其後佐許下暨梓潼南梁率爲上介官至兼監察御史司憲聞其賢徵入南臺轉殿內歷侍御史改尚書戶部員外郎復爲知已所薦遷檢校司封郎中攝御史中丞紫衣金章充山南西道節度副使入爲尚書戶部郎中以方雅特立除

諫議大夫會宋丞相坐狷直爲飛語所陷抱不測之罪大寮進言無益公率諫官數輩日晏伏閤上爲不時開便殿公於旅進中獨感激雪涕居多由是上怒稍懈得從輕比公終以言責爲憂求爲虢州刺史宰相惜去又重違誠請增之以兼御史中丞用示異於人也大凡以智謀而進者有時而衰以樸厚而知者無跡而固公雅爲今揚州牧贊皇公所知人不見其迹方在虢略贊皇入相擢爲左曹給事中凡有大官缺必寵薦居數月遷河南尹又未幾鎮宛陵是三者中外所注意不旬歲而周歷之時論不以爲黨

河南帝之別京其治尚體度風采而別白區處之宣城國之奧壤其治在柬吏惠下蘇疲羸讐剽輕而勞徠澄汰之公兩得其道不由一揆率身以儉而素風存任人以誠而羣務舉遇中貴以禮而故態革內潔其志下盡其忠外無以撓其理三者具求政之有秕曷由哉在鎮三載開成元年十二月八日薨於位享年六十八監軍使上言有詔軫悼不視朝贈左散騎常侍明年八月十一日葬於河南府永寧縣洛川鄉史原從舊阡也初公娶於滎陽鄭氏生三女而沒今蓋祔焉一子曰慶存方齔矣猶子前太原府參

軍扶執宗長書來請曰扶也早孤蒙世父常侍之覆露今其嗣幼未任克家姑封琴書司管籥以俟其長竊懼世父之德音不歇思有以垂於後者以誠告於從叔大司農復命曰俞謹礱貞石以乞辭無忽予昔爲郎與常侍同列已熟其行實及讀墓誌卽今丞相益州牧趙郡李公之文自稱爲忘形友其在宣州李公再入相議以第一官處之牢讓不取羔雁所禮則河東裴夷直天水趙晳隴西李行方吳郡陸紹梁國劉蕡博陵崔珦人咸曰得士夫揚州少與也而見器益州寡合也而見親六從事材不一也而畢樂

用是足以觀德庸可勿紀焉銘曰

隋有文中紹敭微言當時偉人咸出其門粹氣紆餘鍾於後昆常侍恂恂文中來孫發源高麓中泳後大蘭芽茁然秀出叢薈善不近名其聲日彰行勇於退其道愈光哲者知之冥於周行以正持憲以文爲郎以和佐戎以惠臨邦以直司諫以公駮政守於三川頑民底定乃鎮於宣先馳淑聲邑中婆娑瞻我旆旌問誰詢謀濟濟君子問誰出納潔潔廉士道本乎心暢於四支治本乎正形於百爲黠吏斂手齊民揚眉江淮藪空夜柝弗施公卧於齋邦民悽悽公衣升屋邦民行哭牙璋斯來柳翣言旋棠樹未老周人慕焉熊耳之陽泱泱洛川佳城在茲旣固且安松楸飀然石馬矯然過者必敬宛陵之阡

唐故監察御史贈尚書右僕射王公神道碑

公諱俊字眞長其先葉黃帝夫聖人之後與庶姓不同如河出崑崙潛於厚地欻焉振起奮爲洪瀾環迴自天非眾川也故自黃帝八代而生舜武王克殷求有嬀之允滿封於陳是爲胡公十三葉生完自以公子國難不得立乃抱樂器奔齊桓公以卿禮接之下又十一葉和以久爲政陰泱於人遂有齊國三代稱王至建爲秦所滅項羽入秦封建孫安爲濟北王漢興失國齊人謂之王家因以爲氏安子涓仕漢爲鎮東將軍青州牧封劇縣伯自涓至彤凡一十九代兩漢公卿牧守如家牒然十代祖猛字景略符秦尚書令佐秦成霸業與孔明佐蜀同功故時人謂之王葛史云北海劇人遂著爲族望九代祖休儀曹尚書八代祖鎮惡佐命宋長安擒姚宏至北齊五代祖晰七兵尚書兄弟九人時號王氏九龍於齊史有傳高祖顗字君粹北齊著作郎燕郡太守曾祖敬忠成州刺史大父上客高宗封嶽進士及第歷侍御史主客兵部員外郎累遷兵右金吾衞將軍冀州刺史靈州都督朔方道總管見職官儀及衣闕

烈考瞰宣州宣城縣令贈工部郎中娶河東裴氏乃生僕射季睦餘力工爲文始以崇文生應深謀祕策考入上第拜監察御史天之賦予莫能兩大旣揚令名而不以景福享齡五十五葬於河南府偃師縣亳邑鄉後以子貴累贈禮部尚書至右僕射夫人江夏李氏祔焉李門多奇才父暄起居舍人暄子鄘門下侍郎平章事高叔祖善蘭臺郎崇文館學士注文選行於時善子邕北海郡太守有重

名四方之士求爲碑誌者傾天下故夫人於盛宗禮範可法累贈至江夏郡夫人僕射有三子長子早終次子處元少嬰沈恙慕道士養生之術高尚其趣強仕而沒積善不試後來果大焉季子彥威字子美始以五經登甲科歷太常博士祠部員外郎遷屯田郎中轉戸部司封並充禮儀使判官宏文館學士京兆少尹諫議大夫史館修撰以直諫出爲河南少尹入爲少府監司農卿改淄青節度使徵拜戸部侍郎判度支勢逼生患出爲衛尉分司東都尋起爲陳許節度使檢校禮部尚書充汴宋亳等州節度觀察

處置等使北海縣開國子食邑五百戸娶潁川韓氏主客員外郎衢之女國子祭酒楊頊之外孫夫人有三弟皆林無子早謝已如禮祔葬於亳邑原僕射厚德覆露之尚書丕承之以蚤孤銳意嚮學嘗閱詩至蓼莪篇感激流涕故其志如刃始淬及學成立遂爲鴻儒入用爲能臣參定儀制財成經費起書生擁旌節今又領全師鎮上游握神符垂三組皆嚮時感發之所激也志就而學成名聞而身達欲報無所外榮中悲人子之孝在乎揚其先德以耀於遠乃俾學古者書本系所自且銘於龜趺螭首云銘曰

山積而高澤積而長聖人之後必大而昌由聖與賢或爲霸強建不克嗣濟北疏疆齊人德之其族稱王佐於苻秦北海重光僕射之生負材而起策於萬乘擢爲御史同時條對千目仰視桂林一枝拾芥相似名動海内夫豈不偉種德而牙乃生令子出入鼎貴理財統師流根之澤密印纍纍峻其追崇幽顯有輝孝嗣之志歘然弗怡春露秋霜感傷履之時久能慕祿豐益悲明發不寐永懷孝思攄之無窮曷若豐碑景亳之原佳城在斯乃金石刻揭於遺墜松耶柏耶有洛之湄過者必下來觀信辭

劉禹錫十二

故朝散大夫檢校尚書吏部郎中兼御史中丞賜紫金魚袋清河縣開國男贈太師崔公神道碑

太師諱陲字平仲清河東武城人太公望既封於營丘子伋嗣侯伋之孫曰穆伯食邑於崔遂以爲氏後十四世至秦末東萊侯意如東萊之子伯基始居清河又十五葉生炎爲魏名臣又九葉生休仕後魏爲七兵尚書七兵之弟曰寅爲樂安太守公即樂安八代孫始以閥閲授鄭州參

軍力行好學於子道以孝聞處伯仲間以友聞讀易至編絶以精易聞至德中時有邊警從師出征公少有奇志思越拘攣以自奮乃作伐鯨鯢賦以獻既上聞果器之會第五丞相以善言利得幸盡付利權始有鹽鐵使之官慎選寮屬表公爲介轉臨晉縣丞處煩應卒鉎刃不頓再遷至大理評事府罷歷河中府司隸參軍太子司議郎韓晉公時爲戸部侍郎掌邦賦急於用才薦公爲監察御史主河東租庸之務尋轉殿中侍御史復遷侍御史充京東和糴使建中初德宗始親萬幾儲精治本有漢宣與我共此之歎謂史臣求可當二千石良者遂以公帶本官權知袁州刺史期月有成詔書顯揚就加眞秩益以金紫居無何韓晉公爲丞相制國用思公前績乃傳召之抵京師授檢校戸部郎中輯池鹽於蒲修牢盆謹衡石煎和既精飴散乃盈商通而洊至吏懼而循法民不絓網而國用益饒歲杪會其所入羸羨什伯詔下褒其能轉吏部侍郎兼御史中丞且加五等之爵方倚以重任天富其才而不遐其福享齡六十有五貞元七年二月二日遘疾卒於官上聞悼之即降愍策贈鄭州刺史齎錢五百萬以備飾終之禮明年

八月二日返葬於成周之偃師從世墓也夫人隴西李氏汾州司戸參軍咸一之女生才子六人長曰邠及公終時已爲右拾遺後至太常卿次曰酆至太府卿次曰郾至外臺尚書次曰郇今爲廷尉次曰鄯至執金吾季曰鄲自太常卿加同中書門下平章事今爲尚書侍郎平章事如故惟夫人爲姑臧冠族以蘋蘩組紃輔佐君子爲命妻積三十餘年以慈儉忠厚訓誡諸子爲賢母二十有三年當永貞之初順宗踐阼澤流百葉長子邠時爲詞臣草冊書以文當晉階遂上疏乞移榮於親上俞之特封清河郡太君

士林聳慕皆自鼎其不及郊爲太常鄭爲大農咸白髮貴
綬以奉膳羞諸季皆翩翩人傑各以簪裾給事左右愉愉
然承順無違鼎鐘致養居然一室雍熙太和言世榮者舉
無以比以子貴累封贈至涼國太夫人元和八年三月十
六日捐館舍壽七十有九是歲十月十八日合祔惟太常
及尚書暨今相國皆自中書舍人爲禮部侍郎凡五貢賢
能書得士百四十有八人言兄弟者許爲人瑞崔氏之門
六人皆入南宮賜金紫其間三人歷入侍郎統而論四卿
一相兩連率二翰林學士一執金吾言冠冕者許爲世雄

與姑臧李范楊盧世爲婚媾入於婚黨無第二流言門閥
者許爲時表太常二子亦以才能同入尚書璜爲吏部郎
瓘爲司勳郎其他支孫未登金閨籍者詵詵然魚貫而進
文業甚富而孝謹不衰猗歟君子之澤其所從來遠而有
光已開成己未歲七月甲辰相君受詔於朝廷始操國柄
冬仲月奉常事於家禮成起慕悄然永懷曰古者卿大夫
廟有鼎墓有碑皆銘之以紀先德也今備位宰相敢不敭
前人之耿光乃俾家老條白事功資於學古者徵其詞尚
信也又命宗祝卜柔日告於廟盡誠也儀甚備而敬有餘
斯所謂達禮之君子遂刋勒如式揭於道周銘曰
奕奕四姓崔爲之冠瞻其門牆倬若雲漢善積家肥子孫
多才如彼棖棣必生徂徠太公之後彌二千祀累如貫珠
倬見圖史顯允太師丕承德基構於其堂亦旣塈茨生逢
艱虞中外交師獻賦伐叛忠存乎詞兵興事叢飛輓四馳
歷踐劇職視險如夷乃主平糴乃分符使治粟爲邦其道
一致蒲實近地鹽爲利滋使車來思剗弊立程吏廉商通
歲倍其贏奏課連最德音張明就加執法好爵兼榮天付
之才不與壽并生樹德本歿揚淑聲里巷罷春音樂爲停

贈襚之禮冠於公卿萬石貽訓根於孝友太公種德乃稔
身後家有令子妻爲壽母二十餘年人倫之首六子來侍
如龍如虎眾婦來饋維筐及筥佩玉鳴環交響庭戶申申
秩秩歡不踰矩昔爲望族今爲興門天爵人爵蔚然兩尊
先德陰騭默如垂雲孕和合粹濯潤本根景亳之原圖書
之川湯陵之壇磅礴迴環世安其神世嗣其賢聆德音者
拜於碑前

曹溪六祖大鑒禪師第二碑 并序

元和十一年某月日詔書追褒曹溪第六祖能公謚曰大

鑒實廣州牧馬總以疏聞繇是可其奏尚道以尊名同歸善善不隔異教一字之褒華夷孔懷得其所故也馬公敬其事且謹始以垂後遂咨於文雄今柳州刺史河東柳君爲前碑後三年有僧道琳率其徒由曹溪來且曰願立第二碑學者志也惟如來滅後中五百歲而摩騰竺法蘭以經來華人始聞其言猶夫重昏之見曶爽復五百歲而達摩以法來華人始傳其心猶夫昧旦之覩白日自達摩六傳至大鑒如貫意珠有先後而無異同世之言眞宗者所謂頓門初達摩與佛衣俱來得道傳付以爲眞印至大鑒

置而不傳豈以是爲筌蹄耶芻狗耶將人人之莫已若而不若置之耶吾不得而知也桉大鑒生新州三十出家四十七年而歿既歿百有六年而謚始自蘄州東山從第五師得授記以歸高宗使中貴人再徵不奉詔第以言爲貢上敬行之銘曰

至人之生無有種類同人者形出人者智蠢蠢南裔降生傑異父乾母坤獨肖元氣一言頓悟不踐初地五師相承授以寶器宴坐曹溪世號南宗學徒爰來如水之東飮以妙藥瘥其瘖聾詔不能致許爲法雄去佛日遠羣言積億著空執有各走其域我立眞筌揭起南國無修而修無得而得能使學者還其天識如黑而迷仰見斗極得之自然竟不可傳口傳手付則礙於有留衣空堂得者天授

袁州萍鄉縣楊岐山故廣禪師碑

天生人而不能使情欲有節君牧人而不能去威勢以理至有乘天工之隙以補其化釋王者之位以遷其人則素王立中樞之教懋建大中慈氏起西方之教習登正覺至哉乾坤定位而聖人之道參行乎其中亦猶水火異氣成味也同德輳輪異象至遠也同功然則儒以中道御羣生

罕言性命故世衰而寖息佛以大慈救諸苦廣起因業故劫濁而益尊自白馬東來而人知像教佛衣始傳而人知心法宏以權實示其攝修味眞實者即清淨以觀空存相好者佈威神而遷善厚於求者植因以覬福罹於苦者證業以銷冤革盜心於冥昧之間泯愛緣於死生之際陰助教化總持人天所謂生成之外別有陶冶刑政不及曲爲調柔其方可言其旨不可得而言也惟四海之大羣倫之富必有以得其門而會其宗者爲世導師焉禪師諱乘廣其生容州姓張氏七歲尚儒以俎豆爲戲十三慕道遵懷

削之儀至衡陽依天柱想公以啟初地至洛陽依荷澤會公以契眞乘洪鐘蘊聲扣之斯應陽燧含焰晞之乃明始由見性終得自在常謂機有淺深法無高下分二宗者衆生存頓漸之見說三乘者如來開方便之門名自外得故生分別道由內證則無異同遂以攝化爲心經行不倦懸彼南裔不聞佛經由是結廬此山心與境寂應念以起教隨方而立因居涉旬而善根者知歸逮周月而帶縛者斷悟以月倍日以年倍時瘖矇洞開荒憬潛革邑中長者十方善衆咸發信願大其藩垣法堂四阿復引僧舍身心恆

寂象馬交馳隨其去來皆得利益踰嶺之北涉湘而南仰茲高山知道有所在此地緣盡翛然化俱神歸佛境悲結人世自趺坐而滅至於荼毗三百有六旬矣爪髮加長容澤差衰眞子號呼圍繞薪火得舍利如珠璣者數十百焉於戲肖圓方之形故寂滅以示盡入菩提之位故殊相以現靈亦猶鳳毛成字麟角生肉必有以異不知其然於是服勤聞法之上首曰甄升乃率其徒圓寂道宏如亮如海等相與杖淚具役建塔於禪室之右蠲從衆也初廣公始生之辰歲在丁巳當元宗之中元也生三十而受具更臘五十二而終終之夕歲直戊寅當德宗之後元三月既望之又十日也後九年其門人還源以爲崇塔以存神與建銘以垂休皆憑像寄懷不可以闕一繆謂予爲習於文者故繭足千里以誠相投大懼其先師德音與時寖遠且曰白月中黑東川無還颺於金石傳信百劫彼墮淚之感豈儒者流專之敢酬斯言銘示眞俗文曰

如來說法遍滿大千得勝義者強名爲禪至道不二至言無辯心法東行羣迷丕變七葉無嗣四魔潛扇佛衣生塵佛法如線吾師覺者冥極道樞承受密印端如貫珠一室

寥然高山之隅爲法來者千百人俱裔民嗤嗤戶有犀渠攝以方便家藏佛書願力旣普度門斯盛合爲一乘散爲萬行即動求靜故能常定絕緣離覺乃得究竟生非我樂死非我病現滅者身常圓者性本無言說付屬其誰等空無礙後覺得之像閟靈塔迹留仁祠十方四輩瞻禮於斯

唐故衡嶽律大師湘潭唐興寺儼公碑

佛法在九州間隨其方而化中夏之人汩於榮利破榮莫若妙覺故言禪寂者宗嵩山北方之人銳以武力攝武莫若示現故言神通者宗清涼山南方之人剽而輕制輕莫

若威儀故言律藏者宗衡山是三名山爲莊嚴國必有達者與山比崇南嶽律門以津公爲上首津之後雲峰證公承之證公之後湘潭儼公承之星月麗天珠璣同貫由其門者爲正法焉公號智儼曹氏子世爲柳之右姓兆形在孕母不嗜葷成童在侶獨不嗜戲其夙植固厚者歟生九年樂爲僧父不能奪其志抱經笥入岣嶁山從名師執業凡進品受具聞經傳印皆當時大長老我入名門不住諸乘我得覺路遝入智地居室方丈名聞大千護法大臣多所賓禮嗣曹王臯之鎮湖南請爲人師自是登壇莅事三十有八載由我得度者萬有餘人人持寶衣解瓔珞爲禮公色受之謂門弟子曰彼以有相求我我以有爲應之凡建寶幢修廢寺飾大像皆極其工應物故也元和十三年九月二十七日中夜具湯沐剃頭頂與門人告别既卽寂而視身與色無有壞相嗚呼豈生能全吾眞故死不速朽將有願力耶予不得而知也問年八十二問臘六十一葬於寺東北隅傳律弟子中巽道準傳經弟子圓皎貞璨與其徒圓靜文外惠榮明素存政等欲其師之道光且遠故咨予乞辭乃作長句以偈銘之曰

祝融靈山禹所治非夫有道不可止中有毗尼出塵士以津視儼猶孫子登壇人師四十紀南方學徒宗與旨幼無童心至兒齒識滅形全異凡死長沙潭西逾五里陶侃故居石頭寺門前一帶湘江水吁嗟律席之名兮與湘流而不已

故荆南節度推官董府君墓誌銘

元和七年夏四月某日前荆州部從事董府君以疾終於故府私第年若干其孤泣書前人之爵里耿光求我以銘於幽且先志也故重爲之董姓出於豢龍氏至辛有而分在晉爲良史在趙佐簡子爲能臣項羽主盟爲翟王高皇帝舉兵漢中刦其兵衆不克其士後裔遂爲隴西人凡稱字不稱名不待事而彰也始予謫於武陵人多中之賢有董生爲守令客既而以士相見之禮成與之言能言墳典數旁捃百氏之學弱年嗜屬詩工奕棊用是索合於貴游多所慰薦中年奉浮圖說三乘用是貢誠於清賢多被辟書脫巾爲宏文館校書郎再選至大理評事咸視眞秩而不纍其章職繫於外是也晚節尙道故投劾於幕府治扁舟浮江沱泛洞庭登熊耳訪浮邱以探異賦枉渚以寄傲

居數歲投老於南荊迷邦縱性委和從化逮夫寢巨室也自舍䄂至於卜窆皆仁人之賻焉是歲五月十二日卜葬於龍山之某岡外姻至矣君名侹字庶中大父曰思簡位至汝南太守父承祖歿於試守太子舍人始爲君求婦於鄭之里生嗣子夏卿殷卿既立而夭今未之從其後又娶於閻氏生二子曰周卿雲卿嫠也總𩬈髽首有正家之道嗚呼道愈富而室愈貧志甚修而知甚寡士以隴西爲貴將在令名與銘曰

學待問而文藻身藝不試兮名孰聞大道甚夷兮非我辰

何生不茂兮非我春修門之達兮連岡膴膴墓草如茵兮新墳若斧吁嗟董生兮於焉終古

絕編生墓表

顧家吳郡人食力於武陵沅水上以讀易聞病且死飭其子曰吾年十有五而受易於師積六十三年於茲未嘗一日不吟乎繫象里中兒從吾讀其文多矣死則必葬吾於黨庠之側尚其有知且聞吾書君子曰若家者可謂志篤於學矣因以絕編生謚之且表其墓後之讀功令者或采焉予既謫居是邦始至之日問能道古語可與言者邑子以生爲對既而執贄請見之生危冠大袂淵視雅拜及門知讓候肅而後入又肅而躋階心存聖言淵徹眉睫有埜態而亡苟容問其所執曰幼學易老而尤嗜問安學曰始聞於師晚熟於心自尼父兼三才紬八索繫辭焉以通微言與伏羲文王並行猶天三辰同麗太極秦脫大患完文顯行漢之田丁京劉而東京有馬鄭魏之何荀兩王而吳有韋陸前者導源後者洒之灑融混合百派犇湊唐興沙門一行方洩天機以探古人神友造物智斟人事制動也有柅變道也亡方鄉之支流委輸於我其它紬繹祖述三

十有餘家朱藍之樸斲之爲羽翼爲鼓吹噏洛天人之際旁魄上下騖精於攟摭匱巧於穿鑿猶制氏之於樂鏗鏘而已徐氏之於禮善容而已然而前修之盡心也得以味腴搴芳焉手胝於運管目瞶於臨燭而氣耗於咏呻家居亡嘗不能與計偕地偏且遠亡有能晤語者心愈苦而跡愈卑寒膚嗛腹以至於耋老微夫子之問持是安施乎它日予造其室廬瓢簞在左汙尊在右有龜枵然有筴甚澤予撫著指骨而訊之曰是亹亹者曾不予欺乎生攸爾而對云古先聖人知道之妙不可搏而得也故設象以致意

梯有以取亡取當其麤用當其精夫權衡所以揣輕重不爲棰鉤者設也尋尺所以商遠邇不爲運斤者設也龜筴所以決羣疑不爲知幾者設也幾存乎人是則以天時爲卦體以地理爲爻位外附人事以象爲內取諸身以象爲得樞於寰中迎數於象外自然之理不知其然雖欲强名措說亡地彼枯莖朽殼安能與於此乎今夫揲之以至刓灼之以殆盡徒與夫蚩蚩者問欻穰占熊虺起訟需食亡羊喪牛之間耳資其握粟以餬予口烏足爲夫子道哉予以斯言簉於易故書噫國有大學學有館以延顓門若生

者苦形役志如是其顓也茹經於腹湮滅糞壤壁水湯湯不聞其聲摧藏樸遬與山木同朽豈地遠然耶彼文甲綷毛剽筋壽華嶺嶠之華實炎溟之蠆蝦飛芭驛籠所至而貴夫豈貴邇也哉悅者衆故也生之死在元和七年秋七月由死之日推而上求直治生之辰得四百有七十甲子葬在征渚西右磯上其墳可隱東望里墊尚行其志云

子劉子自傳

子劉子名禹錫字夢得其先漢景帝賈夫人子勝封中山王謚曰靖子孫因封爲中山人也七代祖亮事北朝爲冀州刺史散騎常侍遇遷都洛陽爲北部都昌里人世爲儒而仕墳墓在洛陽北山其後地隘不可依乃葬滎陽之檀山原由大王父已還一昭一穆如平生曾祖凱官至博州刺史祖鍠由洛陽主簿察視行馬外事歲滿轉殿中丞侍御史贈尚書祠部郎中父諱緒亦以儒學天寶末應進士遂及大亂舉族東遷以違患難因爲東諸侯所用後爲浙西從事本府就加鹽鐵副使遂轉殿中主務於埇橋其後罷歸浙右至揚州遇疾不諱小子承夙訓稟遺教眇然一身奉尊夫人不敢殞滅後忝登朝或領郡蒙恩澤先府君

累贈至吏部尚書先太君盧氏由彭城縣太君贈至范陽郡太夫人初禹錫既冠舉進士一幸而中試間歲又以文登吏部取士科授太子校書官司閒曠得以請告奉溫凊是時年少名浮於實士林榮之及丁先尚書憂迫禮不死因成痼疾既免喪相國揚州節度使杜公領徐泗素相知遂請爲掌書記捧檄入告太夫人曰吾不樂江淮間汝宜謀之於始因白丞相以請曰諾居數月而罷徐泗而河路猶艱難遂改爲揚州掌書記涉二年而道無虞前約乃行調補京兆渭南主簿明年冬擢爲監察御史貞元二十一

年春德宗新棄天下東宮即位時有寒雋王叔文以善奕碁得通籍博望因間隙得言及時事上大奇之如是者積久衆未知之至是起蘇州掾超拜起居舍人充翰林學士遂陰薦丞相杜公爲度支鹽鐵等使翊日叔文以本官及内職兼充副使未幾特遷戶部侍郎賜紫貴振一時予前已爲杜丞相奏署崇陵使判官居月餘日至是改屯田員外郎判度支鹽鐵等案初叔文北海人自言猛之後有遠祖風唯東平呂温隴西李景儉河東柳宗元以爲言然三子者皆與予厚善日夕過言其能叔文實工言治道能以

口辯移人既得用自春至秋其所施爲人不以爲當非時上素被疾至是尤劇詔下内禪自爲太上皇後諡曰順宗東宮即皇帝位是時太上久寢疾宰臣及用事者都不得召對宮掖事祕而建桓立順功歸貴臣於是叔文首貶渝州後命終死宰相貶崖州予出爲連州途至荆南又貶朗州司馬居九年詔徵復授連州自連歷夔和二郡又除主客郎中分司東都明年追入充集賢殿學士轉蘇州刺史賜金紫移汝州兼御史中丞又遷同州充本州防禦長春宮使後被足疾改太子賓客分司東都又改祕書監分司一年加檢校禮部尚書兼太子賓客行年七十有一身病之日自爲銘曰

不夭不賤天之祺兮重屯累厄數之奇兮天與所長不使施兮人或加訕心無疵兮寢於北牖盡所期兮葬近大墓如生時兮魂無不之庸詎知兮

祭柳員外文

維元和十五年歲次庚子正月戊戌朔日孤子劉禹錫銜哀扶力謹遣所使黃孟萇具清酌庶羞之奠敬祭於亡友柳君之靈嗚呼子厚我有一言君其聞否惟君平昔聰明

絕人今雖化去夫豈無物意君所死乃形質耳魂氣何托聽予哀辭嗚呼痛哉嗟予不天甫遭閔凶未離所部三使來弔憂我衰病諭以苦言情深禮至款密重複期以中路更申願言途次衡陽云有柳使謂復前約忽承訃書驚號大叫如得狂病良久問故百哀攻中涕洟迸落魂魄震越伸紙窮竟得君遺書絕絃之音悽愴徹骨初托遺嗣知其不孤末言歸輤從祔先域凡此數事職在吾徒永言素交索居多遠鄂渚差近表臣分深想其聞訃必勇於義已命所使持書徑行友道尚終當必加厚退之承命改牧宜陽

亦馳一函，候於便道，勒石垂後，屬於伊人。安平宣英會有還使，悉已如禮，形於其書。嗚呼！子厚此是何事！朋友凋落，從古所悲，不圖此言，乃爲君發。自君失意，沈伏遠郡，近遇國士，方伸眉頭，亦見遺草，恭辭舊府，志氣相感，必踰常倫。顧予負釁，營奉方重，猶冀前路，望君銘旌。古之達人，朋友則服，今有所厭，其禮莫申，朝晡臨後，出就別次，南望桂水，哭我故人。孰云宿草，此慟何極！嗚呼！子厚卿真死矣！終我此生，無相見矣！何人不達，使君終否？何人不老，使君夭死？皇天后土，胡寧忍此！知悲無益，奈恨無已。君之不聞，予心

不理。含酸執筆，輒復中止。誓使周六，同於己子。魂兮來思，知我深旨。嗚呼哀哉！尚饗。

重祭柳員外文

嗚呼！自君之沒，行已八月，每一念至，忽忽猶疑。今以喪來，使我臨哭，安知世上，真有此事！既不可贖，翻哀獨生。嗚呼！出人之才，竟無施爲，炯炯之氣，戢於一木。形與人等，今既如斯，識與人殊，今復何託？生有高名，沒爲衆悲。異服同志，異音同歎。唯我之哭，非弔非傷。來與君言，不成言哭。千哀萬恨，寄以一聲。唯識真者，乃相知耳。庶幾儻言，君儻聞乎？嗚呼哀哉！君有遺美，其事多梗。桂林舊府，感激生持。傳君内弟，得以義勝。平昔所念，今則無違。旅魂克歸，崔生實主。幼穉甬上，故人撫之。敦詩退之，各展其分。安平來賵，禮成而歸。其他赴告，咸復於素。一以誠告，君儻聞乎？嗚呼痛哉！君爲已矣，予爲苟生。何以言別？長號數聲。冀乎異日，展我哀誠。嗚呼痛哉！尚饗。

爲鄂州李大夫祭柳員外文

嗚呼！至人以在生爲傳舍，以軒冕爲儻來，達於理者，未嘗感此。昔予與君，論之詳熟，孔氏四科，罕能相備，惟公特立，

秀出幾於全器，才之何豐，運之何否！大川未濟，乃失巨艦；長途始半，而喪良驥。縉紳之倫，孰不墮淚！昔者與君，交臂相得，一言一笑，未始有極。馳聲日下，騖名天衢，射策差池，高科齊驅。攜手書殿，分曹藍曲，心志諧同，追歡相續。或秋月銜觴，或春日馳轂，甸服載暮，同升憲府，察視之烈，斯焉接武。若遷外郎，予侍内闈，出處雖間，音塵不虧。勢變時移，遭罹多故，中復賜環，上京良遇，曾不踰月，君又即路。遠持郡符，柳江之壖，居陋行道，疲人歌焉。予來夏口，忽復三年，離索則久，音貺屢傳，箋盈草隸，架滿文篇，鍾索繼美，班揚

荃肴賈誼賦鵩屈原問天自古有死奚論後先痛君未老美志莫宣邅回世路奄忽下泉嗚呼哀哉令妻早謝穉子四歲天喪斯文而君永逝翩翩丹旐來自遐裔聞君旅櫬旣及岳陽寢門一慟貫裂衷腸執紼禮乖出疆路阻故人奠觴莫克親舉馳神假夢冀獲寤語平生密懷願君遺吐遺孤之才與不才敢同已子之相許嗚呼哀哉尚饗

祭韓吏部文

高山無窮太華削成人文無窮夫子挺生典訓爲徒百家抗行當時勍者皆出其下古人中求爲敵蓋寡貞元之中

帝鼓薰琴奕奕金馬文章如林君自幽谷升於高岑鸞鳳一鳴蜩螗革音手持文柄高視寰海權衡低昂瞻我所在三十餘年聲名塞天公鼎侯碑志隧表阡一字之價輦金如山權豪來侮人虎我鼠然諾洞開人金我土親親尚舊宜其壽考天人之學可與論道二者不至至者其誰豈天與人好惡背馳昔遇夫子聰明勇奮常操利刃開我混沌子長在筆予長在論持矛舉楯卒不能困時惟子厚竄言其間贊詞愉愉固非顏顏磅礴上下羲農以還會於有極服之無言　闕　岐山威鳳不復鳴華亭別鶴中夜驚畏簡書兮拘印綬思臨慟兮志莫就生芻一束酒一杯故人故人歆此來

祭興元李司空文

維大和四年月日禮部郎中集賢殿直學士劉禹錫謹以清酌之奠敬祭於故相國山南西道節度使贈司空李公之靈嗚呼龜靈而刳龍知而醢古今同之天不可呼公之挺生德與位弁如瞻日月豈贊其明何以致之姑話平生追懷周旋彌四十年射策校文接武聯翩甸服同邑明庭比肩公乘迅飆淩厲非烟愚觸駭機迸落深泉一持化權

一謫海壖本同末異如矢別弦雲龍井蛙勢不相見二紀迴泊一朝會面公爲故相愚似悲翁契濶相遇淒涼萬重復以郎吏交歡上公披襟道舊劇談小酒清洛泛舟鑿龍攜手公入西關愚亦徵還削去苛禮招邀清閒廣陌聯鑣高臺看山尋春適野醉舞花間忽復登壇總戎於外子午危棧巴梁古岸夷風傖儜獷俗惶害陰謀密備兇黨千輩如嗾羣犬以逼騶虞如縱炎火以焚瑾瑜時耶命耶不慮不圖物理神道安知有無嗚呼痛哉元天甚高上訴何時長夜無曉斯焉永歸風淒日昏鼓咽簫悲沈埋玉樹誰不

霑衣平生故人零落已稀委化而盡然猶怨咨如何國楨有此遭罹挺災賦命孰主張之有肴在筵有酒盈巵神其來歆已矣長辭尚饗

代諸郎中祭王相國文

維大和四年月日某官等敬祭於故相國贈太尉太原王公之靈嗚呼天以和氣鍾於貴人舍光不曜煦物如春發自貢士驟爲廷臣鴻鴈聯行其淩青雲既操利權兼秉國鈞食祿甚厚奉身如貧井絡之隅益部爲大斗牛之下揚州繁會受社臨戎油幢曲蓋印綬重疊恩華滂霈簿領如

山處之若閒搉筦之權往而復還炎炎暐暐出入二紀未曾傷神屢有薦士急難友弟謹厚訓子顏閒熙熙不形慍喜處已無咎得君如此若木方高商飇欻起三台之氣變現在時五福之來盛衰有期曉下黃閤車騎威遲夕歸華堂言笑嘻怡詰朝愀然有志求醫未撤琴瑟俄懸素旂宸衷震悼朝右悽悲詔下褒崇恩殊等夷靈輀既駕眞宅將歸笳簫咽而復揚風日慘而無輝元亮等或早抱清塵或晚承汎愛昔修禮於門闌今纏悲於祖載幽顯雖異音徽未昧神之格思歆此誠酹尚饗

代裴相祭李司空文

四年月日特進守司空兼門下侍郎平章事裴度謹以清酌少牢之奠敬祭於故相國魏郡公之靈嗚呼玉貞而折不能瓦合鸞鎩而萎不同雞羣生兮若浮守道不屈惟公之生福自維嵩金石高韻珪璋德容元和之初左右憲宗以才視草以望登庸振起直聲激揚清風實有正氣號爲名公名成身退猶係人望入爲羽儀出領藩方既師百辟又副丞相道冠搢紳事參翼亮某與公遊四十餘年風期合契祿位相先某忝司言公持化權應同宮徵馥若蘭荃

猥以姓名稱於上前發迹從微芳闕獲宣某爲免相待罪梁山公拜右揆來從東川極其歡娛著在詩篇某忝三入公東亦還里門相邇賓閣常閒退朝休澣道舊開顏嗟呼山川間之忽在旦夕豈意倉卒遂成今昔衣冠喪氣風物含慼強魂訴天冤血成碧嗚呼哀哉某在病中訃書始至無力以哭不言垂淚今聞裓轜首路而歸隱几臨風其心孔悲嘉肴百籩旨酒一巵寄此情素神其來思嗚呼哀哉

祭福建桂尚書文

維大和六年月日蘇州刺史劉禹錫謹以清酌之奠敬祭

於故福建團練使桂公之靈鵾化鵬征擘波沖天士逢其時拾芥乘軒始識尚書貞元季年詣我南省褒文一編便坐接語其容温然星歲未幾鄙夫南遷滯留江湘魚鳥周旋尚書遇知變化如蟬秉憲朝右剖符江壖交趾化行容州績宣凡曰循吏莫居我先大和之初再遂良覿分務東洛門里同陌子復郎位公爲賓客蔚然貴臣綬紫鬚白俄俱西還列於清班來訪書殿登樓看山見領八屯循街九闕賀還閩越紅旆雙殷克有淑聲搢紳之間悍獒鼓舞強悍低跧延平古津峭壁孱顏豈意龍劍沈晶不還復魄侯

堂歸舟建浦雙表何在虎邱之下恭承嘉命來牧吾土言念昔遊忽成千古哀哉孝嗣率禮無違言奉几席歸乎洛師敬陳奠筵泣對靈帷平生不忘歆此一卮嗚呼哀哉

祭虢州楊庶子文

維大和六年月日蘇州刺史劉禹錫謹遣軍吏某乙具少牢清酌之奠敬祭於故虢州楊公之靈嗚呼利劍多缺貞玉喜折俊人不壽爲氣所嚭子之少孤率性自然早有名字結交世賢席勢馳聲龍秋鳥企試文再售毛翮愈鮮歷佐侯藩拾遺君前伏閤論事侵及內權克揚直聲不慍左遷一斥於外君門邈然五剖竹符皆有聲績南湘潛化巴人啞啞比陽布和戰地盡闢壽春武斷姦吏奪魄滎波砥平士庶同適朝典陟明俾臨本州錫以貴綬腰金晝遊與疾而來風烟爲愁静治三載卧分主憂直氣潛銷頽几不留九天難問萬國同休嗚呼惜哉與君交歡已過三紀維私之愛與衆無比乃命長嗣爲君半子誰無外姻君實知已昔與君遊俱爲壯年怒人言命笑人言天閲事未多信書太堅方階尺木已墜九泉誦年易深潛病難痊不見南楚方知北軒嗚呼嗟哉見幾不早追悔已晚猶希苟老容

或宣展以閑相期以晦相勉一邱可樂萬累皆遣翫圖散秩婆娑京輦天命不長願言莫展嗚呼痛哉君卧宏農子來姑蘇飛書相約言念鼎湖我車載脂爲子疾驅入境聞寂唯逢素書發函驚視翰不自濡相去一舍豈無肩輿君爲病嬰我爲吏拘兩不如意嗟哉命夫君今往矣無復可道我今泛然一委元造平生親友零落太早無望拔茅晝悲宿草到郡浹辰君不起聞寢門一慟我哀如焚彭彭轜車來葬洛濱敬修賻禮泣送行人萬夫之羞薦君明魂三赤之板寫予哀文淒涼山河慘淡風雲已矣長別嗟我楊

君

欽定全唐文卷六百十一

胡直鈞

直鈞貞元十九年進士

中和節百辟獻農書賦 以嘉節初吉修是農政爲韻

農爲務本春則歲華和者取至和之靡忒中者象居中之莫邪吾君將以發教源於仲序配節令於孔嘉知稼穡之道則無逸之書何遠覩播植之論審后稷之訓不遐至若四海無事萬方胥悅野思疆理之勤朝有田疇之說鑄兵器爲農器更舊節爲新節天子方坐承明之廬端穆清之

居百執事孜孜而奉職羣有司濟濟以進書曰陛下德被淳古時登太初念耘耔之勤每思親勞佇豐年之應曾不自據臣所以極聞見而獻可庶將獲小大之所如伏以義徇平秩時在元吉旣錢鎛之徒營固準直而何失遲西成於遺秉之歲戒東作於寅賓之日庶居勤之輩咸執其常惰遊之人罔敢不率皇上諧衆議允嘉猷載耒耜而親耕天下皆勸率公卿而終事庶績咸修然後創典章頒遠邇斯載耕之自此佇多稔之於彼稽氾氏之法未足方之考周官之規諒當改是豈不以羣下執躬在上務農故將降

元功於后土介景福於天宗况今節適時良圖合盛近可法於三務遠從規於八政豈將獨播美於茲辰冀終古而輝映

獲大宛馬賦 以開遠戎得天馬爲韻

昔孝武寤善馬駕英才窮貳師於海外獲汗血之龍媒於是宛卒大北神駒盡來駬駿奇狀超攄逸林走追風於馬邑斲逐日於雲堆因行師之勳著辨前王之業開當夫海西出征摯敵要遠始遲疑而不進承再命之爰晚奉皇風之用宣冀邊草之齊偃既量功就已料生返越窮海之沙

壥及大宛之城苑既高勳以茂闕且不愧於分閫芻糧盡取騄驥亦空材爲地產之最精降天山之中背不毛之殊俗從入律之東風沛艾骨異低昂氣雄溢鏡光於金勒流雪彩於花驄悉可耀威華夏奪魄獯戎若乃發迹窮荒來儀中國史驚千載之異朝慶一人之得君子之德式孚天王之道允塞騰驤永埒曾何比於權奇滅沒長衢獨有賴於筋力然則馬惟行地君實統天驥兵者耗財之本愛財者有國之先徒知天駟之可獲莫痛征夫之寡全時泰俗饒固理道之所急珍禽奇獸在人君之可損穆王之荒何取文帝之事足傳竟洽大東之詠奚爲天馬之篇光驥之生兮有矣屈之產也在焉復何必勤求於遠卒當耗斁之事邊向使武帝退術士實賢者罷征戰於戎夷洽風俗於純嘏自將致丹質之鳳鳥豈徒來汗血之龍馬故前代論邊之徒以勞師遠伐屈衆策之下

徐晦

晦字大章第進士登直言極諫科累拜中書舍人敬宗朝出爲同州刺史大和中以禮部尚書致仕開成三年卒贈兵部尚書

海上生明月賦

巨浸不極太陰無私褰積水之游氣覩圓魄之殊姿皜皓天步蒼茫地維泱漭崩騰助金波玉浪之勢晶熒激射當三五二八之期蓋進必以道豈出非其時繼傾曦以對越擅浮光而在茲嗟乎空濶之容若彼清明之狀如此蜃樓旁起疑庾亮之可從珠蚌潛開異隋侯之所委躔次雖游風濤詎弭出霞岸而不遲過鼇山而孔邇顧兎搖拽姮娥徙倚將運行以故然諒滌濯之難揣遠絕昏霾迥臨津涯竟無幽而不燭斯冥力而上排希逸之賦可稱界於斜漢

元暉之詩有作映彼清淮未若皎皎初吐蒼蒼可階叶朝夕以晦朔寧望斷而意乖龠淪涳洞雪翻煙弄水族將蟾影交馳浪花與桂枝相送凝目是遶賞心斯衆茍佳景之必存孰良辰之不共滔滔節宣冉冉徂遷循彼萬流差廣納而觀海推夫兩曜候久照而得天客有吟想此夜淹翔有年感浮桴而偶聖庶乘槎而逢僊亦將覽孤景盥洪漣聊學抽毫而進牘豈追羨魚以臨川

裴次元

次元貞元中進士官吏部員外郎元和中爲福州刺史河

南尹終江西觀察使

奏廣州結好使事由奉詔書謝恩狀

右臣伏奉某月日手詔令臣速具前件官本末事由聞奏臣以月日謹具某官歸本道事以聞某月日奏官至伏奉某月日手詔所奏某官尋赴廣州事宜具詳本末想宜知悉者臣伏以綸綍下於紫霄明命光於滄海榮深感極寵洽心驚周章失圖歡惕交集顧臣鄙劣忝寄藩維無補涓埃累更涼燠矧兹地遠敢望恩加日月照臨之明無幽不燭乾坤生成之德在物莫遺豈期奏報常儀特降詔書慰撫事逾等列喜萬恆情伏以軒墀一違歲序三變謬職愧深於星琯荷恩思拜於彤庭廁清列於班行戴冠劍而何日守炎荒之遐服甘瘴癘以嬰身懷死節之丹誠願生還於絳闕每承存諭之命更切攣戀之心臣不勝感恩歡躍屏營之至

賀正進物狀

右臣伏以青陽發春肇寶歷於兹始元穹降祚仰聖壽而維新正殿鸞明班行承慶顧臣等守土列在東隅空懷捧日之心望雲何及獨闕稱觴之禮鳴佩無因瞻九重而在

天空倍情而增戀前件物及衫段宣臺卓座等禮不憚輕物斯展敬節當有慶用申致貢之誠情茍爲珍願比負暄之獻臣某不勝感恩忭躍屏營之至

端午進物狀

右臣伏以律應蕤賓日惟端午訖於四海皆馳必獻之珍節彼南山咸祝無疆之壽臣職叨藩服守在遐方貢菲禮以展誠單微既懼傾葵心而向日捧戴何因情空愧於遼東戀益深於闕下臣某不勝感恩戰灼屏營之極

賀冬進物狀

右伏以履長之慶咸歡比日之休率土之濱皆祝如山之壽況臣叨參近侍出鎮遐藩望闕既遙瞻天積戀手舞足蹈既不及於九流任土展誠空用馳於一獻輕瀆旒扆戰越惟深前件女口及紫袍段銀疊子等謹遣某官隨狀奉進

降誕日進物狀

右臣伏以瑤光之祥貫月於佳夕遶樞之感降聖於良辰歡浹寰瀛慶延寶祚百靈效祉固增壽於南山萬國一心皆貢珍於北闕臣謬膺廉問分鎮甌閩當朝家之稱觴身

居遐遠望長安而瞻日戀積心魂前件女口及銀器衣箱等稽禹貢之文敢遵任土比野芹之獻空願竭心冀因此而展誠豈以菲而廢禮輕瀆旒扆隕越伏深

奏準詔令子弟主辦遷奉事狀

臣某言伏以幸遇通年奏請遷奉事伏奉月日手詔令子弟主辦以趁時日者私願上陳天書下降跪承恩命榮感失圖臣實不天幼丁家禍薦鍾兇釁方在童蒙逮於成人終鮮兄弟比以時日非便顧室且貧日居月諸未辦歸祔痛心疾首以候吉辰昨者陳露下情求替遷奉赴任之日亦具奏聞今奉詔書令子弟主辦雖懇辭上瀆而天聽未迴荷朝廷之寄深望阡兆而心隕臣卽準詔遣子弟專往揚州舒州主辦便赴上都續具聞奏臣揆以才劣職任非輕不敢重陳再煩睿覽懷罔極之感章奏冀允於深誠奉絲綸之書獎任益彰於聖旨顧違恩重哀荷難任臣不勝荒塞摧逼之至

楊嗣復

嗣復字繼之僕射於陵子第進士博學宏詞長慶初累拜中書舍人文宗立遷戶部侍郎開成三年以本官同平章

事封宏農縣伯進門下侍郎武宗朝出爲湖南觀察使宣宗立拜吏部尚書大中二年卒年六十六贈尚書左僕射諡孝穆

不覆奏決劉楚才等奏

伶人賤類出入宮禁定刑議罪有異平人若不痛絕卽難簡肅準宣各決痛杖一處死事亦相緣宣下之事未有正敕府司準宣處置又不覆奏稍乖常例有惑衆情

請令史館紀時政疏

陛下躬勤庶政超邁百王每對宰臣日旰忘倦正衙決事

二史在前仗殿坐日全無紀錄長壽初宰臣姚璹奏置時政記旋即不行貞元中宰臣趙退翁請行故事無何又廢恭惟聖政必在發明今請每致延英坐日對宰臣往復之詞關德化刑政之事委中書門下直日紀錄月終送付史館所冀帝猷不墜國史有倫

論罷驢贓罪議

罷驢贓貨之數爲錢肆百餘千其間大半是枉法據贓定罪合處極刑雖經赦恩不在原免伏以近日贓吏皆蒙小有矜寬類例之間慮須貸死

丞相禮部尚書文公權德輿文集序

唐有天下二百二十載用文章顯於時代有其人然而自成童就傅以及考終命解巾筮仕以及鈞衡師保造次必於文視聽必於文釆章皆正色而無駁雜調韻皆正聲而無奇邪滔滔然如河東注不知其極而又處命書綸綍之任專考覈品藻之柄參化成輔翊之勳初中終全而有之得之於相國文公矣公諱德輿字載之天水人也族望祖宗之遠當官行己之道語在國史銘於壙而碑於途此不敢詳今所載者因緣文業而已蚤歲爲淮南江西從事掾管記室之任屬詞詰理奏入報可移文走檄疆事迎解登朝爲起居舍人改駕部員外郎換司勳郎中遷中書舍人凡四任九年專掌詔誥大則發德音修典冊灑朝廷之利澤增盛德之形容小則褒才能敍官業區分流品申明誡勸無誕詞無巧語誠直溫潤眞王者之言公昔自纂錄爲制集五十卷託於友人湖南觀察使楊公憑爲之序故今不在編次之內其他千名萬狀隨意所屬牢籠今古窮極微細周流於親愛情理之間磅礴於勳賢久大之業不爲利疚不以菲廢本乎道以行乎文故能獨步當時人人心

伏非以德爵齒挾而致之貞元中奉詔考定賢良草澤之士升名者十七人及爲禮部侍郎擢進士第者七十有餘鸞凰杞梓舉集其門登輔相之位者前後凡十人其他征鎭岳牧文昌掖垣之選不可悉數繼居其任者今猶森然非精識洞鑒其詞而知其人何以臻此耶憲宗皇帝紹開中興始以英明申威提法武功既愈文教是圖元和五年冬執政暴疾既瘖且痺未旬日而公作相憲章儒術潤色王度使和聲順氣發自廊廟而咨浹於幽遐我之所長時以推戴玉立冰潔無緇磷遷染之譏以文德自終豈徒然

哉嗣復不佞發跡門館儀曹台席皆忝前蹤公之元子中書舍人璨不幸短命其嗣憲孫泣奉文集求鄙詞以冠篇首雖觀於巨海難挹波濤而藉用白茅所資誠敬其五十卷次第具在集目謹序

九證心戒序

嗣復愚之至也不知愚而所以愚每雕譌斲弊求多譽而自飾曾未辯巧捷輕曲爲大妄之枝葉作大愚之藪澤但務躁進不欲靜止因讀莊周書至孔聖九徵乃泣然流涕捫心愧意方覺弛張不得其妙通變不得其精於是火集

中腸冰寒肌骨同書紳之作戒仰佩韋以自儆贊味斯語欲寡其過乃屏繁機操筆硯各隨本事妄有褒闡雖不作發揮聖作亦表吁嗟尚其九徵之力也太行莫並其高溟津莫同其深且物不能自大因人而大之人不能自名因事而名之卽人可以鑒物事可以鑒人物當鑒而振美無斁人當鑒而垂譽無極其九徵之文卽鑒人者也救必墜扶必顛登吉途辯吉士如沈痾之服良藥昏夜之有燈燭欣歎不盡敢引類而併之嘗聞老氏教誇黃庭神驗讀之萬徧必得上昇上昇之言誘聾俗耳何者眞隱之士自保形骸道播四支德耕五藏故述黃庭内景外景並是修身修心之書以時人樂其遠而不樂其近賤其目而不賤其聞故易於易而不易於不易難於難而不難於不難乃假立藥宫欲伸其說虛張瓊戶使重斯言所以同於道者道以得之同於德者德以得之以心付心以口傳口其要在一讀其文卽一修其心讀經萬徧卽耳聰目明神清氣靈調衞理營六府和平於是染妄不干筋骸自潔同上清之眞侶爲出世之高人指名喻儗以勵行者未可脂肥滿腹營慮塡胸含蓄是非包藏喜怒口念黃庭之字心迷碧落

之門如刻規矩於冰霜齊曲直於雲霧有何功德而自勤哉於是念黃庭之人非修黃庭之事也此九徵之書亦念至萬徧隨而行之卽知正知非辯辱辯疑絶詐防機百祿來依於是節貫青松名高白日同上古之君子爲當代之令人風格難儔貞華獨立未可剛愎好犯險虐居中蹈虛跡危甘佞樂拙口念九徵之字身無一行可觀如朽木強雕難施斤斧腐鐵雖淬終乏光輝徒有虛勞而無實蹟夫筌者所以在魚得魚而忘筌言者所以在意得意而忘言愼勿失魚而空執其筌失意而空守其言此是讀九徵之

夫非行九徵之士也如藥能療病必堅服之書能治身必堅行之堅之至無不愈矣即存身保命力不減於黃庭心淡體閑道更融於内景以其拔馳名救物之志同深居避事之徒彼利一身此利多人宏濟邈然孔聖之道長矣而乃不踐倖人之迹長親長者之車口出雅言腹包至行常能外已不私於身還同飲醴味芝便是行雲化雨德經曰修之身其德乃眞未有已不修而有眞德者也若使敬之如神明仰之如日月一言出而千里響應一行著而四海趨風者此修身而得之未有不修而得之者嗣復年四十

一造次至三品人多稱幸凡得其如高名厚利唯恐不及自六七載有拯物之願無自拯之心但力步煙霄躡雲霞之路未足上親天漢恐雨露之恩不濃此貪名也非畏盈懼滿愼終之心也非知進退存亡之心也如此心未決增負乘致寇之迫必待人而拯已何力能自拯也今者洗心滌腸祇荷德語盡夜慄慄若臨深谷必薄嗜捐華祛情除妄至於白首不敢中廢孔子曰凡人心難知於天天猶有春秋冬夏旦暮之期人者厚貌深情不可測也誠哉是言有貌苦而心柔順者有貌和而心酷烈者有貌弱而心勁悍者有貌剛而心懾怯者或美其言而失信寡其辭而好凌近於禮而善諛強其氣而無節又有張君子之腹陳小人之心銜虎豹之文中犬羊之質又有外示躁撓中實靜安不耀已功陰施惠澤又有正言馭物直道觀人哺糟順時受汙合俗又有禮下於人言屈於已顧瞻其行心之不同故不可悉識也君子以此九事觀人者以明鏡矚顏毫微莫隱流光鑒物曲直何逃彼之進不進此知彼也此之退不退彼知此也周於所驗已得於心以驗明周故存於目如於九徵之中纔得一者如蘭生一葉誰謂無芳桂長

初條宛然嘉木得二三者如漁舟入浦不揖濁流樵客登山不爭俗路得四五者如鏌鋣之兩利不可當璠璵之輝美不可並得六七者如金石在庭欣逢雅韻黼黻居篋喜覩華章得八九者如驪龍出海光透萬重鵬翼高摶聲聞六合如得其人即傾意而鄉嚮孰敢不勉以副思齊之至也高者附之卑者舉之屈者伸之沈者浮之德者師之謙者友之親者厚之疎者禮之能自觀也上之謂他人之所觀也知上之上慕哉知下之下懼哉崔子玉有座右銘諸葛亮有審心戒所以桎梏誑妄羈鏁滿溢嗣復不敢類古

人而創立題目。亦欲因古人而刊削是非。便以九徵心戒爲名。用繩準不遷之行。正文之下。皆嗣復述耳。時大和元年丁未歲夏四月十一日。謹題。

九證心戒後序

古者言之不出。恥躬之不逮也。嗣復淺鈍極矣。亦喜挹此說。今者謬爲纂釋。倍感於心。雖有是言。實無斯行。日省其說。讀而改之。其達者恐我行不及言。必憂。迷者喜我行不及言。必笑。丈夫既有言也。豈敢中道而廢。當不使相笑者笑。相憂者憂。必有年矣。知余者表余心矣。不知余者曷敢

言。志當自省惕而行之。

欽定全唐文卷六百十二

陳鴻

鴻。大和三年官尚書主客郎中。

大統紀序

敘曰。臣聞日月星辰。紀乎天也。山嶽江河。紀乎地也。歷數正朔。紀乎帝也。正氣爲帝。帝天號也。統倫羣生。冠耀元符。牢籠乾坤之精。彈壓山川之靈。威武薄乎八紘。文明光乎百代。功格皇天。名在祀典。以揖讓而登皇極者。迺可言矣。開歷垂統。自始皇焚書。爲煙燼。史官廢紀。失傳其本。後代

儒者。鑿天地心。智造生人。聞見。故諸緯書及皇甫謐譙周之徒。得肆言上古之事。恃無可驗。競開異說。臣少學乎史氏。志在編年。貞元丁酉歲。登太常第。始閑居遂志。迺修大紀三十卷。正統年代。隨甲子紀年。書事條貫。興廢舉王制之大綱。天地變裂。星辰錯行。興帝之理。亡后之亂。畢書之。通諷諭。明勸戒也。七年書始就。故絕筆於元和六年辛卯。自太易至太昊。年代史傳無正說。且書皇甫謐。似是之言。昔太昊氏迎日推策。造甲子。臣以爲天地立於水。成於氣。氣萌萬物。冒甲而生。生主寅。帝首太昊。歲起攝提。故書太

昊首甲寅皇甫謐云太昊在位一百一十年又云子孫五十九姓傳世五萬餘歲又有循蜚等九紀亦無定年陶宏景云欲以數紀之生求知百代之上誠可笑矣臣非知古者亦不敢強爲發正自太昊至炎帝世歷無明文存首而巳舜行天子事八十年孔安國注云舜在位五十年三十而徵庸三十年在位歷試二年攝位二十八年服堯喪三年其一在三十之數爲天子五十年凡一百一十一歲崩堯帝天下七十載得舜試舜三年一在徵庸正月上日受終於文祖二十八載帝乃殂落堯二十八年合入舜歷通

計在位八十一載堯在位七十二載卽舜元年丙子帝摯元年乙卯帝嚳元年乙巳顓頊元年丁亥少昊元年癸亥黃帝元年癸未炎帝元年癸未以是推之伏子賤最可憑也諸家年代歷不分出益三年當禹薦益於天七年而崩益行天子事三載禹喪畢讓於啟啟賢諸侯歸之益避於箕山之陽禹之聖啟之賢益之讓豈可廢而不明今以大唐元和六年太歲辛卯上推之炎帝元年癸未凡三千六百九年自軒轅至夏殷紂世本以文宣王太史公堯典舜典商書夏書爲實錄周秦以降則校本朝國史春秋緯書云炎帝子孫帝臨至帝罔又有八代四百餘年據太史公黃帝與炎帝戰於阪泉之野易稱神農氏沒黃帝堯舜氏作今臣依周易史記以黃帝代炎帝緯命歷敘又稱少昊子孫相承十代四百餘年驗緯書起漢哀平間前代儒者好記異聞新進後學耳目固不可驗皇甫謐劉伯莊皆以舜爲戊寅年卽位在位二十年遂使神農巳來甲子相承錯謬校漢書舜生三十徵庸三十在位五十陟方迺死通服堯喪三年禹崩啟未立使三年何繫今出益三年成禹志且堯禪舜二十八年而崩益行天子事三年爲益之事

可也大道之行以天下爲家何必私三年於啟或云有窮伊尹周公共和如何當夏后相不恢於夏家羿爲相臣簒相自立后相奔死商邱浞又殺羿自立少康長迺復夏政自是之後備見於諸家年歷云

廬州同食館記

合肥郡城南門東上曰同食館梁柱朽蠹軒戶欹傾斵析委階椽落棟折風雨雪霜賓不可寓太守陽平路君刺郡之明年冬十月歲向熟民且閑陶瓦於原伐木於山磨舊礎築新墉迺豐賓堂迺裁前軒怒桷蚪蚪層櫨牙牙中回

洞深高檐騰掀階閒容揖讓楹閒容賓盤柱閒容樂工屏閒容將吏左右爲寢食更衣之所朱戶素壁潔而不華東西廂複廊直對又西開下閣作賓舍廢屋宏大中敞作南門容旌旗駟馬北上作丁字亭亭北列朱檻面城墉其下淤溝開導通水因古岸植竹樹爲風月晏遊地東南自會稽朱方宣城揚州西達蔡汝陸行抵京師江淮牧守三臺郎吏出入多遊郡道是館成大賓小賓皆有次舍開元中江淮閒人走崤函合肥壽春爲中路大歷末蔡人爲賊是道中廢元和中蔡州平二京路復出於廬西江自白沙瓜

步至於大梁斗門堰埭鹽鐵稅緡諸侯榷利駢指於河故衣冠商旅率皆直蔡會洛道路不茀賓至授館亦諸侯之事路君以家行文學知於朋友以端方沈默官御史府以詳明典故爲尚書郎以通知政術爲合肥郡太守質平諷心風俗丕變民知敬道吏不敢欺先時郡米數萬石輸揚州軸轤相繼出巢湖入大江歲爲風波沈溺者半迺於湖東北岸橐皋里作廥廩三十九閒州東二邑人米輸於此由申港出新婦江至白沙人不勞水無害復他邑館舍次於同食無私利人人皆樂成昔左邱明傳經因事書事鴻因蔡州道及諸侯之稅因同食館及路君之政亦春秋之旨傳曰自廬已往賑廩同食大和三年太歲己酉正月壬午朔二十日辛丑記

華清湯池記

元宗幸華清宮新廣湯池制作宏麗安祿山於范陽以白玉石爲魚龍鳧雁仍以石梁及石蓮花以獻雕鐫巧妙殆非人功上大悅命陳於湯中仍以石梁橫亘湯上而蓮花纔出水際上因幸華清宮至其所解衣將入而魚龍鳧雁皆若奮鱗舉翼狀欲飛動上甚恐遽命撤去而蓮花今猶

存又嘗於宮中置長湯數十門屋環回甃以文石爲銀樓谷船及白香木船致於其中至於楫櫂皆飾以珠玉又於湯中壘瑟瑟及沈香爲山以狀瀛洲方丈津陽門詩註曰宮內除供奉兩湯外而內外更有湯十六所長湯每賜諸嬪御其修廣於諸湯不侔甃以文蟲密石中央有玉蓮捧湯泉噴以成池又縫綴錦繡爲鳧雁致於水中上時往其閒泛鈒鏤小舟以嬉遊焉次西曰太子湯又次西少陽湯又次西長湯十六所今惟太子少陽二湯存焉其窮奢而極慾古今罕匹矣

崔羣

羣字敦詩，貝州武城人，舉進士，又登制策甲科。元和初爲翰林學士、中書舍人，拜中書侍郎、同中書門下平章事。罷爲湖南觀察使。穆宗立，官兵部尚書，出爲荆南節度使，改檢校右僕射兼太常卿。大和五年檢校左僕射兼吏部尚書。六年卒，年六十一，贈司空。

元和聖文神武法天應道皇帝册文

維元和十四年歲次已亥七月丁丑朔十三日己丑，攝太尉金紫光祿大夫檢校司空兼太子少保上柱國鄭國公

食邑三千戶臣綬及文武官五千七百一十八人等。臣聞惟天惠人，惟元后作人父母。大寶曰位，至公者名。帝皇尊稱，肇自三五，其義尚矣。堯舜禹湯文武成康，垂於典籍，爲萬代法，非名歟？殷有天下，武丁大其業；周有天下，宣王嗣其訓；在漢七葉，亦稱盛強，中興之美，與我不類。皇唐統天二百有二載，祖宗重光，四海一家，禮文憲矩，章卓大備。元符昌歷，畀付有在。洎我后之握圖也，齊心於穆清，垂意於大寧，文昭武烈，冠今邁古。始貿固不若者，莫匪顛踣；輸忠來附者，克保蕃祉。天寶之季，孽臣干紀，靈誅亟掃，餘氛未弭，兵不得戢，六十五年於茲矣。元和致理，思櫜弓矢，睿謀前定，所向風靡，兩河旣清，泰階砥平，戴白之老，欣感出涕，不其盛歟！伏惟睿聖文武皇帝陛下，德配天地，明並日月，嚴薦於宗廟，盡敬於郊禮，孝通於神祇，仁浹於動植，內睦於九族，外懷於四夷。乙夜觀書，日昃聽政，恤刑懋賞，劭農勸學，歷選列辟，英聲茂實，其何以加焉！日者顓不龔，告讓罔悛，疑任下推誠，出師徂征，玉壘金陵之遐阻，懸瓠營邱之險，闕或肆於都市，或懸於藁街，其餘瑣細，蓋不足紀。上以攄列聖之憤，下以叶千齡之慶。然後闢四門，貞百度，會

寓縣之玉帛，旅梯航之貢篚，咸曰不圖貞觀開元之化，復睹於今日矣。陛下勞謙祇畏，不自暇逸，讓德於上天，推功於羣臣，訪闕政，修墜典，不以龜龍爲瑞，以賢俊爲瑞；不以珠玉爲寶，以慈儉爲寶。卓哉煌煌，信可假元穹而蟠厚載者已。是宜尊徽名，膺顯號，以光於典册，以順於人心，以答於天意，不可辭也。臣又聞之，居安思危，納諫盡下，遠讒懸旌，讜直愛養，黎庶敦尚樸素，斯皆高祖太宗順宗之遺訓也，而陛下躬行之，造次必於是，寤寐必於是，實萬姓之福，無疆之休。僉曰功成而禮不崇，德廣而名未稱，臣子之罪

也於是百辟卿士藩衛耆耋稽首上言至於四三陛下深秉謙沖詔諭往復不得已而從之伏以紀年之盛冠於大號厥有舊典書不云乎乃聖乃神乃武乃文傳曰惟天爲大惟堯則之則法也王者昭事上帝取法於天道德經曰天法道道生一唯上聖至德兼則利物行清淨自然之道爲能應之臣等不勝大慶謹奉玉冊玉寶上尊號曰元和聖文神武法天應道皇帝伏惟陛下景福是膺如日之升雖休勿休翼翼兢兢對越鴻名丕赫成能萬壽百祥罔不豐登天祚聖唐惟聖丕承臣綬等誠歡誠躍頓首頓首謹

上

冊太子禮畢赦文

門下王者司牧黎元紹膺統緒必建儲貳以貞家邦故春秋垂冢祀之文易象著震方之位朕屬承景運嗣守丕圖稽前王之令謨奉列聖之彝訓上以嚴宗祧之籲下以繫億兆之心無疆之休用崇主鬯祇荷承憲敢怠於懷皇太子恆忠孝溫文率義由禮寬粹莊重自誠而明慶靈所積姿器夙茂能辨南陽之牘允符東海之貴承華載啟命以居之摭吉展儀神人允洽舉是典冊授之軒墀百辟在庭四方來賀以言承序所感則深永惟國本爲慶滋大宜宏欽恤之令亦覃命賜之恩與衆共之無遠不被可大赦天下自元和七年十月七日昧爽已前天下應犯死罪非殺人者遞減一等左降官流人并與量移如因流貶所亡歿及得罪之人并任歸葬文武常參官及諸州府長官子爲父後者賜勳兩轉應緣冊皇太子行事加階賜勳爵有差文武常參官及陪位官并宗子諸親賜勳一轉遂王府量與進官春闈毓德肇錫嘉名磬石聯華義深敦序禮王寬宜改名惲深王察宜改名悰洋王寰改名忻絳王寮改名

悟建王密改名恪夫習近遷性聖賢所慎詳觀古昔輔正元良必惟其人朝夕講訓然後明君臣父子之道通禮樂教化之情自非學究宗源行可師範則無以膺茲茂選式是儀刑其皇太子及諸王侍讀宜委中書門下精擇二人具名奏聞天下孝子順孫先旌表門閭者及高年廢疾者委所管州縣各加存恤五嶽四瀆名山大川委所在長吏量加祭祀布告遐邇咸使聞知

請廢宿州奏

頃以蔡孽未平遂割前件三縣及徐州將士一千四百人

權置宿州扼其奔軼事關備禦非務便人今寰宇無虞封圻罷警權創支郡理合併除其宿州伏請卻廢三縣各還本州

論開元天寶諷止皇甫鎛疏

安危在出令存亡繫所任元宗初得姚崇宋璟盧懷慎蘇頲韓休張九齡則治用宇文融李林甫楊國忠則亂故用人得失所繫非輕人皆以天寶十四年安祿山反爲亂之始臣獨以爲開元二十四年罷張九齡相專用李林甫此理亂之所分也願陛下以開元爲法以天寶爲戒則社稷之福也

送廬嶽處士符載歸蜀覲省序

旄頭光明垂三十載不習俎豆化爲侯王者十有八九焉由是隱逸憔悴羔雁不行蒼山沈沈側陋不顯建中初有峨嵋客符君發六籍棹三湘深入匡廬絕迹半紀學窺顏子之門闕文紹陳君之骨鯁逸慕嚴光之垂釣志效管寧之不欺結廬熙熙人不知其然也頃予奉命江西三年往復彭蠡未嘗不詠湖月漱天倪造符君雲扃宿五老峰下動更晦朔不理還櫂偶丹霄至人白鶴羽客搴靈芝跪天壇相顧永息乎蓬瀛豈復又縈於塵網覩君超澹愴興昔遊雖笑語飲食如常終忽忽若居大夢君家在岷蜀展愛高堂將聖賢典籍充人子幣帛斯所以激衰俗扇清風方伯地君不以厚禮遲吾子寺未之信秋九月楚人歌采蘭以送之

祭柳州柳員外文

惟靈天姿秀異才稱雋傑蚤著嘉名遠播芳烈惣六藝之要妙踐九流之清切鏌鋣鋒利浮雲可決騏驥逸步飛塵可絕閉匣不用伏櫪何施才命罕並今古同悲五嶺三湘

寒暑潛推樂道忘憂襟靈甚夷摛藻揮毫鸞翔是期奈何終否神也我欺嗚呼鵰飛半空羊角中戾彼蒼難詰善人斯逝羣宿受交分行敦情契遺文在篋贈言猶佩撫孤追往泫然流涕孑孑丹旐翩翩素帷鵩弔是月龜從有時路出長阡將赴京師旨酒一觴哭君江湄往矣子厚魂期來斯尚饗

張滂

滂德宗朝官鹽鐵使忤裴延齡左除

請稅茶奏

伏以去秋水災詔令減稅今之國用須有供備伏請出茶州縣及茶山外商人要路委所由定三等時估每十稅一價錢充所放兩稅其明年已後所得稅外收貯若諸州遭水旱賦稅不辦以此代之

請禁鑄銅器雜物奏

諸州府公私諸色鑄造銅器雜物等伏以國家錢少損失多門興販之徒潛將銷鑄每銷錢一千爲銅六斤造寫器物則斤直六百餘其利既厚銷鑄遂多江淮之間錢實減耗伏準建中元年六月二十六日敕令準大歷七年十二

月十五日敕文一切禁斷年月深遠違犯尚多臣請自今已後應有銅山任百姓開采一依時價官爲收市除鑄鏡外一切不得鑄造及私相買賣其舊器物先在人家不可收集破損者仍許賣入官所貴銅價漸輕錢免銷毀伏請委所在觀察使與臣屬吏會計處置

竇羣

羣字丹列京兆金城人貞元中以薦爲左拾遺憲宗朝累遷御史中丞出爲湖南觀察使元和九年卒於容管經略使年五十五贈左散騎常侍

重遊惠山寺記

元和二年五月三日重遊此寺獨覽舊題二十年矣當時三人皆登諫列朱遐景方詣行車王晦伯尋卒郎署余自西掖累遷外臺復此躊躇吁嗟存歿朱拾遺詩云歲月人間促煙霞此地多殷勤竹林寺更得幾回過可謂得詩人之思也因命題壁以誌所懷山南道節度副使檢校兵部郎中兼御史中丞賜紫金魚袋竇羣記

欽定全唐文卷六百十三

武少儀

少儀憲宗朝官國子司業大理卿

射隼高墉賦 以君子藏器待時爲韻

羽族紛紛彼飛隼兮獨勁捷而莫羣心耿介以騰踊毳斑斕而被文擊每依於素節翔亦致於青雲匪全身以自愛寧有齒而見焚貫矢落庭既垂名於孔宣父搏鳩陷網又伏罪於信陵君今也何時輕乎所履伊廣甸不遊乃高墉爰止信非位乎是蹈宜買害而斃死吾嘗問術於列禦寇

學藝於熊渠子爾或舍諸吾斯過矣我矢惟良我弓未藏度中而發於何不臧剡專精而致用奚得失之難量哉於是正色斂容凝心定志睨目引滿注矢神萃驚弦駭括將辟易以翻飛裂臆洞胸已披離而迸墜觀彼隼之貽戚諒吾人之會意故君子周而不比用則擇地無苟進以躋高位無躁求以享厚利智昧於是安往而免夫顛躓然則懷貪怙力者怨所聚材小任崇者覆可待故聖人明象象以立言懸日月而不改或有人兮修其詞遇其時三覆射隼之兆載質射隼之期幸寸長而罔貴冀一聞而在斯

相馬賦

徐先生相馬不相色不相力相其德奥乎不可測何以微之鬣青絲兮風生眼黃金兮電光蹄盤攤而散花毛翕艴而成章衆人觀之已駢於路傍不啻於堵牆一曰爲龍一曰爲鹿中間何敢乎比方先生則異於是忘筌於毛質之外引鏡於肺腑之裏見其心兮如思勿思見其目兮如視非視虛舟爲動喬木爲止合大道而自然喪一齊至人而何處有似若此者足不以遵地影不以逐形騰六合歎四溟截飛鳥遺流星日車爲之不轉風馭爲之中停貳師爲

之罷貢伯樂爲之焚經卓然擅天下名宜乎不爾直中繩曲中鉤徘徊閶闔之遊圓中規方中矩蜿蟺交衢之舞亦以其次噫徐公不至駑駘共阜於騏驥徐公一來騏驥出羣於駑駘由此觀之世上賢才用則虎否則鼠何以異哉小人也內顧無國馬之賢遇君有徐公之術早已蒙於一顧至今長鳴猶未騁於千里更思翦拂超然自得怳然自失儻受恩兮果如前則平生之願畢矣

王處士鑿山引瀑記

琅琊王易簡今之獨行士也雖承冠冕之緒不踐名利之

途怡心曠澹篤志廉直精識雅鑒洞元鏡徹司徒相國好山水之遊深吏隱之興啟沃多暇不孤勝賞遇良辰麗景必載酒攜賓將陶性情屢造郊野每車馬麕至簪裾蒲席布褐之客唯王生焉得賢而親亦可知矣岐公有林園亭沼在國南朱陂之陽地名樊川鄉接杜曲卻倚峻阜舊多細泉縈樹石而散流瀝沙壤而潛耗注未成瀑浮不勝杯王生睨之歎而言曰天造斯境人有遺功若能疏鑿控會始可見其佳矣公乃命僮使具畚鍤稽度力用而請王生主之生於是周相地形幽尋水脈目指頤諭浚微導壅穿

或數仞通如一源竇巖腹渠惣引涓溜集於澄潭始旁決以淙瀉復涌流而環曲觴斝徐泛自符洛汭之飲管絃乍舉若試舒姑之泉映碧甃而夏寒間蒼苔而石淨懿夫曩滴瀝以珠墮令潺湲而練垂又何以助清瀾於荷池滋雜芳於藥圃不易舊所別成新趣岐公乘閒留玩畢景忘疲優游宴適更異他日矣王生之靈襟巧思不其至歟在昔神龍景龍之間故人中書令韋公嗣立有別業在驪山之下雲松泉石奇勝幽絕中宗皇帝嘗親幸焉既而第從臣之篇詠爲國朝之盛美因詔改其谷名幽棲谷賜韋公號逍遙公渥恩稠疊時罕爲比上之愛女安樂公主恃寵驕恣求無不得遂奏請買韋公此莊以爲遊觀之地上不許之曰大臣所置宜傳子孫不可奪也公主竟慙而止信足以輝煥史筆作程將來況茲池臺林圃密邇舊廬所居之別館也貽厥百代保之無窮猗彼瀑泉亦與慶流而不竭矣少儀忝公門客竊跡翰苑謬當授簡俾紀王生之能事因獲略而敘焉其餘則已具奉常權公之記述故不復重列云

移丹河記

高平古泫氏邑也其沿代改名圖經詳矣初相地而居之蓋以土厚水深爲善農鑿井而飲者則以穿壤剖石爲艱故千家之中數井而已綆以遠引而多絕瓶以難升而驟羸則雖有端賜之機智無施其巧捷雖有管寧之仁惠無杜其忿鬬況牛馬俟乎滿腹必遵乎十里之河而瓜蔬期乎給口常望一旬之雨朝夕勞苦歲時饑饉可勝道哉嘻凡爲前敝滋久終俟後賢乃革不然豈子男百輩而莫之是恤貞元七年潞州屯留令平原明濟受連帥相國大司空義陽王李公之命假領茲邑撫梀疲黎其清勤簡惠不

異於屯留之政政可知也下車之日咨訪故老問人疾病僉曰公之至也俗詠其蘇矣惟水之歎詎敢求救於公耶明侯聞之若疚於心且形於色曰夫窮必有泰固常理也此豈無望前或未思吾將退而慮之由是發智周之妙躬循郊原目究川谷度高下之勢相引決之宜有丹水者始自縣之西北山源高而派平可議壅以導明侯載審厥事將利於人乃下謀於鄉耋次白於郡守上言於節制才獲所請爰臧其功乘井税之暇候農桑之隙先儲乎薪芻之物次具乎鍬鍤之器然後量功命日使里人樂助兢子來

而展力故不更數宛其有成始瀦流而爲潭因疏渠以遶郭築防以補其陷隟刳木以道其險阻脈分枝散貫邑周閭瀰瀰苔草之間陰陰槐柳之下遂使家開沼沚戶植芰荷濫觴可以寄傲垂釣可以烹鮮豈直豐畦圃之沃灌恣閭閈之飲濯路有奉漿之義井爲應汲之泉人無荷擔之勞畜無奔走之困而已也復於潭側特建水祠列樹敞亭別成佳境將俾水依神而永久人賴水而無極庶功用不再且祈報有歸焉明侯覩夫衆情之欣洽足以閒居而賞玩化爲之餘閱王梟之雙飛臨堂之際調宓琴而合響不其美爾君子曰政無大小以勤民爲良事無工拙以利物爲貴如明侯者實兼而有之其由我大司空義陽王以至公且明推奬而致此者矣予偶以行役經過於斯耳聆嘉謠目覽異績緇黃耆艾因請予以記事予誠忝跡於文者姑具述義陽王之德舉明侯之善亦何辭焉是則勉而志之貞元癸酉建

羊士諤

士諤泰山人貞元元年進士元和初官監察御史擢戶部郎中出爲資州刺史

賀冊皇太后表

伏以某日誥命爰以令辰太上皇后光膺典冊盛化既行中外同慶臣某中賀皇太后母德降祥坤儀垂訓堯門誕聖時逢寶歷之興彤管紀言道光內輔之業九族承序萬國乂安伏惟皇帝展禮南宮奉觴北極榮超簡冊慶浹寰區凡在生靈孰不傾戴臣以遠守藩鎮不獲抃舞闕廷

代閣中丞謝銀青光祿大夫表

臣某言今月日吏部符下奉恩制加臣銀青光祿大夫朝命遠臨殊私曲被喜躍無措惶懼惟深臣某中謝臣謬忝

方隅實淹歲序幸逢昌運得備職官昨者累狀封章輒有陳乞敢希獎進虛荷恩榮而陛下不思天功爲臣巳力詔曰二千石便安吾人理有異等則就行賞典不繫年序夫人神休泰自感陶鈞封域乂安是恭理化雖云六稔無裨三載之文允當退思乃叨進秩之典濫憑微績陟在綸言超踐清階猥登明勸榮深載造光被生華匪臣孱愚所宜忝竊惟奉宣時令敬尊農祥保率土之康寧贊遠黎之生植而邱山施重螻蟻效輕上報無階稽首知懼無任感戴屏營之至

代人行在起居表

臣某言臣以非才親奉昌運受藩閫之重任效犬馬之微誠惟君知臣特受恩獎夙興夜惕榮懼積中臣某中謝伏以租稅之殷江鄉爲重閭井之化水旱是虞臣職在分憂期於富庶宣陛下雨露之惠令獲小康守朝廷刑賞之規敢思中立條賦斂以辦集除疾苦而均安閉閤齋心仰思元造竊以聖慈廣被每念遐方臣忝守官合具聞達

南鎮永興公祠堂碑

越部凡七郡三十有八邑提封所加旁合溟海由是崇元侯之命建東征之府其鎮曰會稽山其神爲永興公國朝接周漢之統元化大備禮茲百神受職祀典錫以嘉號視爲諸侯貞元九年夏四月連率安定皇甫公以前月丁酉詔旨奉元玉制幣禱於靈壇勤報功之享循每歲之法致齋野次虔捧祝冊夜漏未盡禮成三獻君子謂公能宣命以展敬故祀神而降祉克靖甌越大康東南我修德刑以牧黔首神作雷雨用登有年明訓式敷幽贊斯效觀夫高麓迴抱以敞景大澤下浸而蒸雲沈潛龍虎之姿泱漭風霆之氣靈衞交戟閟宮洞門神其在焉寵被侯服是宜札

瘥不生水旱罔沴允荅宸慮長於衆山乃銘石壖垣以代彝器其辭曰

天秩喬岳奠茲南方精合晦明化備柔剛帝念下土延神致祥清廟既闢華蟲有光乃卜元辰爰詔方伯爾克精享神其昭格蘋薦惟誠金奏匪樂時臻太和人受景福元德孔鑒虔恭肅祇陳信不匱形乎正辭

左拾遺內供奉贈使持節舒州諸軍事舒州字闕四竇府君神道碑

有唐左拾遺贈使持節舒州諸軍事舒州刺史扶風竇公

洎夫人汝南袁氏。繼室贈臨汝太君。（闕一字）元和二年秋八月十七日（闕一字）啟殯自丹陽郡覆釜山。克葬於河南之偃師北原。（闕一字）慶大名凜然（闕二十一字）御史中丞（闕五字）東階之（闕一字）以先大夫之家傳（闕二字）於（闕一字）府（闕一字）敢揚其不朽（闕十四字）居（闕一字）陵代績（闕三字）於漢（闕一字）號多元侯上將亦（闕一字）後宮賢家河西郡公（闕二字）代祖紹左武衛大將軍。改封茌平公。高祖善衡。承慶（闕一字）郡守曾祖元（闕一字）兗州任城令（闕二字）茌平烈考允同昌郡司馬。建節拖紳。偃風蠻俗。（闕一字）列子男（闕四字）督（闕一字）之（闕七字）歲以文（闕二字）方秉筆待問

（闕一字）王賢士大夫傾（闕一字）慰（闕一字）俄而天寶後元（闕二十六字）陵縣（闕一字）陌尉帶本官充租庸從事代州刺史（闕一字）抗時（闕二字）良將（闕六字）及移鎮（闕一字）州辟都（闕一字）州封（闕一字）詔（闕八字下闕）縣（闕三字）書之（闕二字）府（闕二字）賢儁（闕一字）與公善重（闕一字）方伯（闕一字下闕三字）藩魏之節使（闕一字）觀感者獻闕詔（闕六字下闕二字）取每歸厚於公時（闕一字）難既夷（闕十字下闕二字）於是徵拜左拾遺內供奉（闕三字）紳議矣（闕二字下闕一字）而嘉謀泉（闕一字）振鐸而雅什風行。雍容內廷方侯（闕九字）陵朝來釋氏世病於權臣。由是與二三諫官（闕一字）移（闕二字）於京（闕六字）文集七卷（闕一字）於代嗚呼道（闕一字）前席（闕一字）傳（下闕）夫人有子曰常殿中侍（闕二字）內供奉賜緋魚袋湖南都團練判官次曰牟（下闕）繼室（闕一字）臨汝太君有子曰羣御史中丞賜紫金魚袋次曰庠。殿中侍御史內供奉鎮海（下闕）征（闕二字）彼門（闕二字）爲鄉（闕四字）人皆中書令南陽王（闕二字）之孫給事中（下闕）女弟孝（下闕）休（闕三字）族德宗皇帝（闕四字）克念遺賢中丞以（闕一字）器畝（闕一字）之姿遇（闕三字下闕五字）室室既（闕二字）見一拜右拾遺遂登（闕二）祿驟升侍御史。簡自上心（闕一字）遷膳部（闕六字）州刺史（闕四）御史中丞（闕五字）使真拜吏部郎中（闕一字）執邦憲其間當先

朝（闕二字）令上嗣位。國有大慶。家延寵光。推恩（闕一字）天明（闕三字）第（闕十三字）其作（闕一字）於（闕三字）在君子謂（闕二字）立身慎忠追遠。四者盡在於中。憲乎銘曰。

猗歟君侯。宣力諫臣。沃心無隱。直質而文。賡歌柏梁（闕十一字）南薰（闕十一字）化糾謬言。責其道屈伸。斯人損益。盡忠稱職。事光運迫。令嗣執憲。三朝匪躬。易著（闕二字）詩（闕十一字）石（闕一字）啟（闕五字）垂裕後昆。觀德無窮。元和三年歲次戊子十月巳酉朔五日癸丑建。

湛賁

貢昆陵人後徙宜春貞元中進士調江陰縣主簿權知無錫縣遷昆陵太守

日五色賦以日麗九華聖符土德爲韻

聖日呈貺至德所加布璀璨之五色被輝光於四遐纖塵乍收爛彼雲間之彩清漣既動煥乎川上之華且夫德惟純一瑞符祚九彼合璧而未方顧抱珥而何有豈若青赤以之彩錯光芒屏其氛垢星同色而莫儔露成文而曷偶至乃天衢將曙春雨新霽廓彼長空斂其纖翳煥羲車而逾媚映彤庭而轉麗同象德於金天陋再中於漢帝於時

宸睠屢迴聖心方契恆旰食以爲慮豈浮雲之能蔽觀其往復黃道隱現非一彰有德而天下文明照無私而海內清謐馴翬對而沮色儀鳳臨而委質光浮石壁謂媧皇之補天影入詞林疑江淹之夢筆彼連珠之代王宇之日雖得以載其圖牒實難以爲其儔匹未若光分五色德合三無明天道以下濟與人事而同符較茲嘉祉超於邃古杲杲而五色成文郁郁而萬物咸覩祥光旁燭偏宜連畛之瓜瑞彩下臨更並建社之土於以光被四表昭彰元聖播頌聲於管絃流喜氣於歌詠矧其堯舜爲理羲和奉職仰以陽精象於我德不然何以照曜六合元黃五色出於震位煥夫皇極仰其耀希煦嫗以資成傾其心比葵藿之生植儻餘光之可借庶分陰之有得

崔立之

立之貞元中進士

南至郊壇有司書雲物賦以題爲韻

惟皇動天辨方正位稽太明於北陸郊上元於南至五夜祇肅載惟列祖之誠三日罔愆用表致齋之意於是乘法駕鳴和鸞玉漏聲曉金波影殘環衞儼以星拱簪裾列而

雲攢備肅肅之盛禮咸濟濟於靈壇大呂雲門既六變而斯闋嘉栗旨酒感百神而具歡矧器用陶匏藉以包茅光逾泰時馨邁周郊朱火煬烟達浮於華蓋元酒明水近映乎長旓懿夫宇宙氛氳晴郊景曛宗伯司禮保章辨雲榮光燭於九野佳氣覆於六軍飄飄飆飆郁郁紛紛足以昭上帝瑞吾君時謂唐時歌卿雲之五色德稱虞德詠南風之再薰是以惟聖惟壽可大可久既豐稔之足徵復災癘之何有既而旋天步迴象輿大孝是展皇情未攄將欲超羲軒於上古方淳樸於太初俾時和俗阜塗謠史書土階

攸則而瓊室靡居且慮乎賢哲尚屈所以敎於雲物緬乎德化未覃所以郊於國南祈動植之攸濟匪娛樂而是甘然後景福來格無疆在茲笑竹宮之求應鄙宣室之受釐是以降哀矜之詔宣惻隱之慈布政施德逮惸與嫠舉沈淪於是日庶聞之於有司

郭遵

遵貞元中進士

初日見朝元閣賦 以赫臨曉雲高出蒼翠爲韻

新豐之路兮朝元有歸客見初陽於東嶺照層閣於南陌

惟閣也憑高不傾惟日也臨下有赫旣曈曚而延燭曷埃壒之能隔陽烏之翼兮若駐禁林羲和之轡兮若頓高岑蒼蒼之質纔辨杲杲之光稍臨發璇題之麗色開玉戶之宿陰浮輝外融峻勢無不呈其壯引曜中朗邃宇無以閟其深於原之表揭雲之杪映朱檻以沖融凝粉垣而皛皎司晨而見異星樓之麗霄質明乃光殊日觀之生曉陽彩舒文昭然可分晞拂簷之夜靄辨出棟之朝雲類列僊降眞祥光縣纍疑大君臨御瑞氣氤氳諒淸旭之初起非反照之猶曛日惟至麗閣亦蓋高竦莫大之標洪纖奚比委無私之照巨細何逃是以詭狀摩天殊姿詳悉欒蚪欲動謂起蟄於春光井蓮倒披若爭開於夏日的皪交映岧嶤上軼不殊南榮之明奚獨東方之出閣之峙矣於彼高岡閣之麗矣於彼朝陽據厚載於秦雍鄰顥氣於穹蒼豈比崑崙之山俟燭龍銜耀鳷鵲之觀俟金波寫光孰若列皇都之次鎮王畿之位近白日之貞明總離宮之蒼翠祥雲不散意往仙如存耀景每臨誠望幸可冀因徘徊而寓目遂含毫而寫意

翟扇賦 以輝列崇殿明照初日爲韻

前王之立制也取象於明翬森然如六翮之布煥乎分五彩之輝其位也夾輔於皇極其用也咫尺於天威故歷代奉之而不替我后行之而不違若夫朝彥晨趨天仗宿設分鴛鷺而式斜儼貔貅而成列視容具瞻誠意咸竭司儀克仰之以取則對數必候之以爲節禮斯恭敬斯崇倏傳詔而初合知大君之居中俄承命而復啟見天顏之在空謂儀鳳於烟閣若飛龍於霞宮列丹楹之左右分玉扆於西東爛兮方照其朝景颯然如度其薰風光彩絢練羽儀廣殿接鈞天以成形洎億兆而咸見高其中也如捧聖日

於雲霄散而行也似扇皇風於寓縣當合朝之滿盈闕凝旒於穆清無謂其求進也所以應時而至待命而行無謂其速退也示不敢蔽人之望掩君之明旣進退而有則在行止而何情且蔚其文寧以自耀布其彩非其競照象舞羽於舜階異總干於周廟輝映皇居間列綺疏來若鱗萃去如翼舒指北辰之期可久待南面不替其初故先君而出待朝而畢合儀不爽其疾徐舒布亦獲其疎密前拂瑞氣傍臨旭日永效用於君前願竭盡其微質矣

南至郊祭司天奏雲物賦（以題爲韻）

惟肇祀於上元必展禮於南至至者作候故用其吉辰南則嚮明故就於陽位蓋取諸吉土以父事天降皇車以盡敬奉蒼璧以告虔至誠遂通禎祥不能以自閟幽贊不昧雲物於是乎昭宣及夫盛禮旣畢大駕言旋兆人仰觀於空際太史伏奏於君前曰當此和煦靜無纖氛照曜兮天垂愛景霏微乎山出祥雲度青霄而匪徐匪疾向丹闕而乍合乍分應乎一陽之始燦乎五彩之文氤氳搖曳去來無際望之雖曰崇朝慶之知其嗣歲誰謂其有葉本乎觸石而來誰謂其無心偏舒捧日之勢豈非夫表王者之殊祉答泰壇之親祭者也天子乃命百辟詔有司載筆以茲記事視史叶其正辭國慶可徵寧虞於水旱年豐有待先詠其京坻自躋仁壽之域肯繼春秋之時且南正上言休徵無咈肯比夫觀臺之望將爲備於雲物子月之祀陰陽始交豈比夫魯史所紀候啓蟄而乃郊我禮踰舊我祥靡究望歲而知歲之穰祀天而受天之佑五雲八風之異寸眸遂占三百六旬之期一日可候不然者何以炳煥圖牒發揮草奏是知郊祀而漢武奚四推曆而軒后懷慚照臨之明兮將日月並出覆載之廣兮與天地同參臣有覩盛儀而瞻瑞物願齊聖壽於終南

六角扇賦（以右軍書之可以求價爲韻）

扇有異體六角其尤雖嘗巧而是鬻非好奇而不求故須借聲於墨工之類假手於札家之流伊彼姥矣裨販是以鏤竹於蕺山之陽求錢於越人之市柄一條而有象形六折而難擬翳杲日規模莫成搖清風綺紈而已逸少遇諸濡翰而書兩行而露垂花散五字而龍蟠鳳居絕筆以授高價是就觀之者雲集售之者輻輳騰驤乎六體之先彈壓乎九華之右旣而厥價載殷厥聲載聞賈之者但慙於

老婦鬻之者寧志於右軍且手非扇之所題扇實手之所藉一自以翳飛塵一自以防朱夏何握提之見投而毫芒之忽借既盡攜之之妙亦長鬻之之價是知物不自貴惟人貴之向使松烟不染翠管不持則是扇也入晉鄽而陋賤彼老姥也同班妾之見遺又安得用六角之善獲五銖之資哉嗟乎小因大而事罔不行美加醜而用無不可故扇待書而色貴人假扇以財夥姥曰右軍惠而好我

韋紓

紓貞元中進士元和朝官戶部郎中

栝郡廳壁記

處州泝浙江東南七百里連山洞溪負海踰嶠緜歷更置至隋始爲處州後復號栝國朝置十道處州列在江南第居於上天寶初爲縉雲郡大歷末復之刺史更置迭廢州郡沿革官則隨之大凡親人輔化任莫重焉大和五年紓自司駕員外郎奉符典州大懼不稱其職且以地險而瘠人貧而勞繭絲之稅重倍他郡故逢穰歲亦未若他郡之平年也爲是邦者得不謹節而乃自封乎夫爲惻隱可以安疲羸忠信可以美風俗待物以誠飭人以和可以去刑法矣是三者紓未之逮而有志焉因書之壁以自儆

鄭澣

澣宰相餘慶子本名涵避文宗故名改貞元十年進士長慶中累遷中書舍人文宗朝拜刑部尚書充山南西道節度使大和四年以戶部尚書徵未拜卒年六十四贈尚書右僕射謚曰宣

敕修應聖公祠堂碑

伊昔隋氏不綱海水羣飛必有真人乘弊而起我高祖太宗提劍義動謐寧亂略釐天緯紐地維叱咤而日月貞風雲動壹戎而帝道光將材出神祇奔讋不復後符命謳歌盼響所以叶嗜欲元合岐陽之蒐高捐盟津之會墜塗炭者戡定搴壺漿者勞徠煌煌乎天人之表以蘇品彙或哲而謀或幽而明陶埏陰騭用啟眷佑刓草昧之中睿作已張化而爲大猷而布後嗣意者廓天統扶土德神功不能戢其貺靈鑒不得遁其形理可明徵道邁先覺時則霖沴方作饋餫不給曠若彗掃雲然鏡開華髮逶迤告語濟師佳里社鳴濁河清泰星聚素靈出擬諸斯瑞不是過也噫桀有昏德三苗亂常遠於逐蚩尤掃欃槍幽贊不違咸是物也故能吉蠲之明祀視諸侯之嶽數赫赫天寶於以報功澣曩時官謬紫微郎將命大鹵霍鎮之下壽宮不騫敢鏤菲詞以恢王業其銘曰

崇山巖巖晉分所聽唐風泱泱景祚悠長俯僂白衣契幽洞微揭日無私我建義旗昔告越符今導六龍干戈之兆覘劍之幾勒諸崢嶸以永光輝

樊陽源

陽源貞元中進士

江漢朝宗賦（以百川會流必歸於海爲韻）

江漢之流始滔滔乎楚澤雖導源而則異必朝宗而來格故能吞別派而且千壅細流而累百初謂發岷山之濺濺出嶓冢而涓涓忽洊至以盈坎遂同歸於巨川洋洋不窮驅迅波以來注浩浩何足走驚浪而方前沸渭迸瀨崩奔爭會過東陵而更長歷南國而彌大引汲清濁并包畎澮始逶迤於域中終委輸於區外雙流淼淼並騖悠悠滈汙乎萬里經營乎數州靜委極深且無驚於海若潛盈巨壑亦何怒於陽侯彼宏納之無際信爲長於百流爾其揭厲莫從深淺無必絕地脈於飆駛透天池而箭疾善下以潔

乎龍堂流謙更清乎鮫室就其深矣誰識濫觴之源不可方思空想觸舟之實終始齊赴周流不違似有待而俱進何經始之相依演漾紆餘必達分而邇合洄復激射雖異出而同歸則知海之爲量也虛而有餘水之趨本也道亦相於二派既朝於滄海衆星如拱於辰居漢之廣兮明委積之有所江之永矣表靈長之在諸是俾涵虛之狀益深浮天之容斯在苟歸墟之不息諒納汙而惟倍大矣哉誰究其廣深空有望於靈海

虛舟賦 以浩然任觸君子之心爲韻　樊陽源

元理可得真宗可尋惟虛舟之不繫同大道之無心每悠悠而去住恆泛泛而浮沈寂慮爲徒必澄淡而方息在物無競信風濤而莫侵體合道樞來憑積水本流謙以處順寧遇坎而斯止類善行之無跡似至人之虛己或沿或泝非假功於檝師載沈載浮亦奚勞於舟子若乃景絕遊氛川息波文蕩漾無阻逍遙不羣則鼓枻者未足與議摧撞者不得而云故曰動以貞勝而靜爲躁君觀其浮廣川之洋洋混長瀾之浩浩不拘同放曠之懷無著體希夷之道殊青翰之見重等元珠之爲寶惟斯道全誰曰不然任東西之漂蕩隨風水之推遷中含虛而自若外守正以無偏逢流則行靡驚黿鼉之穴安波自往空思李郭之僊動息靡常去留不禁以虛而受殊乎小器易盈可濟不通非曰不勝其任處靜安卑乘流任時浩然獨逝邈矣誰追想好風於曲岸避巨浪於中坻且沒跡於寂寥檝棹何從喧矣是無爭於觸擊紼纚焉得維之是則虛其舟川得以寧虛其心人寡於欲既與道而合契亦無情於相觸苟思理之未忘諒無驚於寵辱

衆水歸海賦 以納衆流以成深廣爲韻　樊陽源

大矣哉海浩漾尋之無際望之無象利萬物以成德總羣川而爲長柔能善下累巨壑以包涵挹而朝宗覩衆流之歸往是以臨不測者未足言其濟深思利涉者孰可詠其河廣究其所由得之在柔濫觴之初因一勺而畎澮循環無際想三歲之周流伊昔洪水方割夏禹是理既濬昆崙之輸爰標南國之紀故導之逾遠非壅之可止將虛受之爲德諒成大而有以且明乎避高之義自得乎潤下之旨始將就濕想浩浩而其來終類沃焦見滔滔之未已原夫水反於壑海不厭深其有也靡患夫泛濫其細也不逆於

浸淫是知衆流同歸異源將合注而不竭但見乎川流滿而不盈更因乎海納廣哉巨瀛莫之與京萬里波委四時砥平灌以涇不能混其濁注以渭不能溢其清不涌浪而跳沫獨持盈而守成故得萬穴爭赴九河自同類夫雲之從龍鳥之附鳳又似一人立國萬方入貢願以含垢之體爲納汙之諷因知夫海爲川谷之王以寬而得衆

襄華貫洪河賦（以崇嶺橫斷靈瀆長注爲韻）

太極經始純坤傾東勢以嶽鎮氣以川融於是靈闢襄華象開鴻濛橫大野以中豁夾洪河而北崇爾其沓嶂無際

連波方永噴激萬里迴合千嶺總崤函之氣象壓秦晉之封境山以河潤上騰雲雨之祥水與時清下倒巖巒之影若乃騁遠望馮層城秋爽元氣朝昇大明偉連天之浩汗壯發地之崢嶸翠岫屛擁澄瀾砥平疑白虹飲壑而半隱似寒雲抱塞而初橫及夫俯臨迫察詭麗雄悍峻勢危而不騫靈源注而常滿積陰騰氣與嵐色而相鮮爍日生霞連榮光而不斷觀其畜含精秀孕育風霆應會昌運發揚炳靈茂賢傑於間出翊邦家而永寧況乎山積鴻休川流景福明徵祥瑞幽贊化育此其所以配乾坤此其所以稱嶽瀆豈徒翫夫縈帶委注蓮開翼張巍巍峩峩滔滔湯湯干天之峻極赴海之靈長而已士有圭竇強學金門獻賦困陶侃之無津恥孫宏之不遇覽襟帶而增氣追聖賢而遐慕想劉公之歎微禹其魚感吳子之言在德爲固義由景行仰高山而自懸志切朝宗與大海而同注儻餘潤之波及期變化於雲路

范傳正

傳正字西老南陽順陽人舉進士博學宏詞書判皆登甲科累擢宣歙觀察使憲宗朝改光祿卿以風恙卒贈左散

騎常侍

進善旌賦（以設之通衢俾人進善爲韻）

爲君者莫大乎求賢審賢者莫先乎進善不立表以取則何勗人於自勉故我后纂唐德酌堯典爰揭旌以建標若懸鑑而攸選其制惟新難乎所陳寘於朝懽來而有阻樹於野慮獻之無因於是施之五達之陌以招四遠之人乃折羽上插綴旄傍委映旭日之曈曨隨長風而靡靡孤標迴出中立無倚將舉事以舉言在率土而率俾儀神都聳康衢或斂衽以下過或峩冠以來趨善或可聞豈持之而

有怍德苟未進敢欺之而自誣旌因名而助順士修業以求進小人斯遠實曰不怒而威君子必臻可謂不言而信贍之者其行勵仰之者其心慎非表善之爲崇亦懲惡而能峻故得有善者不壅無媒者自通所以導人之志達帝之聰豈比夫舞干兩階徒有格苗之用繁纓七就何旌進善之功亭亭不撓奕奕斯設招一善而百善知歸納一人而萬人胥悅諒厥裁之爲美與恆用而有別施之行馬豈得耀於朱門授乃元戎何貴偶夫全節藏器以待時與斯而若期惟事匪細惟賢是司儻片善可錄至公不疑願佇

立於旌下幸因茲而進之

風過簫賦 以無爲斯化有感潛應爲韻

風爲氣兮溥暢簫在物而虛受何相會於自然合無情於妙有泠泠斯韻習習能久如聞松葢之巔寧比土囊之口颯爾而至鏘然輒隨響纔度以俄遠聲成文而不虧其虛其實是可披襟而納以條以暢何煩鼓腹之吹彼孔雀下降鳳凰來儀雖見美於格物豈不慚於有爲彼簫之韻惟風所借或激越於淸曉或淒涼於永夜寂寞之內爰生不考之音希夷之間是合不言而化謂越客乍流其遺響謂秦女遙度其儔駕散彼寥夐復於沈潛被治國之風以安以樂在敬心所感乃直乃廉動有輕重應無洪纖解慍且和可並鼓琴之唱不姦而順亦具從律之占若乃聽其所以察其所感葢有符於元漠豈惟契於閒澹籟之所之智之所知誠萬殊之舛錯終一貫而逶迤風從虎兮飄忽簫象鳳兮參差何體異之如彼而音同之若斯豈不以宮商所合唱和爲稱類霜鐘之暗叩同灰管之潛應時然後起風匪躁求激而乃揚簫爲靜勝彼鈞天之音肸蠁洞庭之樂虛無豈比風簫之感召亦由律呂之相須異搜奇於蔡

笛鄙濫吹於齊竽徵顏成南郭之言浩然難究擬宋玉王褒之賦庶或同塗

廣祐英惠王父子碑銘

天一濬靈多原於西岷山導江禹績可稽民生之初惟水利賴夫既利之胡忍貽害運有推遷事有因革保制安危神實任責於穆英惠藩屏坤維於赫仁祐駿烈四馳自秦徂漢禩以千計維王父子蜀境是庇江源自蜀王鑿其阻蜀漑餘波厥施乃溥江趨而東勢通蜀山春夏暴漲橫潰是鬬既遏其沖又決其支以漫以灌惟堰是資昔王受命

司我芻牧爲茲惠利以阜我蜀今我蜀民作堰歲勞殫智疲力以扞江濤僉憲有謀將息斯患王實誘之肯遺以難吏籲於王願受指教王繇之詞繼導之玟詢謀允孚百役以興厥志無二惟土之憑象鼻之漲茫無津涯涌爲淺瀨有藥有沙匠陟彼巘言鑿其堅山夜發洪穴不待穿匠取彼石既磊既砢攜椎運斤惟右惟左蜀山不雲蜀日且出涉冬居春民就愛日彼犍彼蔔昔水今石其崇言言永固爾墌民聽鼛鼓追思往年富民醵錢耕者廢田今茲永逸孰究我圖顯允二神作我蜀郛聖神在御懷柔百神封章

來上亟命詞臣錫以徽稱華以晝命以旌王功以致朕敬渙號於庭揭虔於詞朕命不褻神惟顯思登瀛有臣復請誄賜俞音自天寵命薦至嗟彼羸民百郡列署惟茲蜀守勳烈昭著異趣殊歸惟德與力王初庇民顧盡乃職豈謂異世猶濯厥靈俾王初至炳乎丹青王不恃力務德是勤有偉斯績益光前聞詞臣作歌守吏眡刻江流沄沄昭彼無極

贈左拾遺翰林學士李公新墓碑

騏驥筋力成意在萬里外歷塊一蹶斃於空谷唯餘駿骨價重千金大鵬羽翼張勢欲摩穹昊天風不來海波不起塌翅別島空留大名人亦有之故左拾遺翰林學士李公之謂矣公名白字太白其先隴西成紀人絕嗣之家難求譜諜公之孫女搜於箱篋中得公之亡子伯禽手疏十數行紙壞字缺不能詳備約而計之涼武昭王九代孫也隋末多難一房被竄於碎葉流離散落隱易姓名故自國朝已來漏於屬籍神龍初潛還廣漢因僑爲郡人父客以逋其邑遂以客爲名高卧雲林不求祿仕公之生也先府君指天枝以復姓先夫人夢長庚而告祥名之與字咸所取

象受五行之剛氣叔夜心高挺三蜀之雄才相如文逸瓌奇宏廓拔俗無類少以俠自任而門多長者車常欲一鳴驚人一飛沖天彼漸陸遷喬皆不能也由是慷慨自負不拘常調器度宏大聲聞於天天寶初召見於金鑾殿元宗明皇帝降輦步迎如見園綺論當世務草答蕃書辯如懸河筆不停綴元宗嘉之以寶牀方丈賜食於前御手和羹德音褒美褐衣恩遇前無比儔遂直翰林專掌密命將處司言之任多陪侍從之遊他日泛白蓮池公不在宴皇歡既洽召公作序時公已被酒於翰苑中仍命高將軍扶以

登舟優寵如是布衣之遇前所未聞公自量疎遠之懷難久於密侍候閒上疏請還舊山元宗甚愛其才或慮乘醉出入省中不能不言温室樹恐掇後患惜而遂之公以爲千鈞之弩一發不中則當摧撞折牙而永息機用安能傚碌碌者蘇而復上哉脫屣軒冕釋羈韁鏁因肆情性大放於宇宙閒飲酒非嗜其酣樂取其昏以自豪作詩非事於文律取其吟以自適好神仙非慕其輕舉將以不可求之事求之其意欲耗壯心遣餘年也在長安時祕書監賀知章號公爲謫僊人吟公烏栖曲云此詩可以哭鬼神矣時

人又以公及賀監汝陽王崔宗之裴周南等八人爲酒中八僊朝列賦謫僊歌百餘首俄屬戎馬生郊遠身海上往來於斗牛之分優游沒身偶乘扁舟一日千里或遇勝境終年不移時長江遠山一泉一石無往而不自得也晚歲度牛渚磯至姑熟悅謝家青山有終焉之志盤桓庀居竟卒於此其生也聖朝之高士其死也當塗之旅人代宗之初搜羅俊逸拜公左拾遺制下於彤庭禮降於元壤生不及祿歿而稱官嗚呼命歟傳正共生唐代甲子相懸常於先大夫文字中見與公有潯陽夜宴詩則知與公有通家之舊早於人閒得公遺篇逸句吟詠在口無何叨蒙恩獎廉問宣池按圖得公之墳墓在當塗邑因令禁樵采備洒埽訪公之子孫將申慰薦凡三四年乃獲孫女二人一爲陳雲之室一乃劉勸之妻皆編戸甿也因召至郡庭相見與語衣服村落形容朴野而進退閑雅應對詳諦且祖德如在儒風宛然問其所以則曰父伯禽以貞元八年不祿而卒有兄一人出遊一十二年不知所在父存無官父歿爲民有兄不相保爲天下之窮人無桑以自蠶非不知機杼無田以自力非不知稼穡况婦人不任布裙糲食何所

仰給儷於農夫救死而已久不敢聞於縣官懼辱祖考鄉閭逼迫忍恥來告言訖淚下余亦對之泫然因云先祖志在青山遺言宅兆頃屬多故殯於龍山東麓地近而非本意墳高三尺日益摧圮力所不及知如之何聞之憫然將遂其請因當塗令諸葛縱會計在州得諭其事縱亦好事者學爲歌詩樂聞其語便道還縣躬相地形卜新宅於青山之陽以元和十二年正月二十三日遷神於此遂公之志也西去舊墳六里南抵驛路三百步北倚謝公山卽青山也天寶十二載敕改名焉因告二女將改適於士族皆

曰夫妻六道命也亦分也在孤窮既失身於下俚仗威力乃求援於他門生縱偷安死何面目見大父於地下欲敗其類所不忍聞余亦嘉之不奪其志復井稅免徭役而已今士大夫之葬必誌於墓有勳庸道德之家兼樹碑於道余才術貧虛不能兩致今作新墓銘輒刊二石一寘於泉扃一表於道路亦峴首漢川之義也庶芳聲之不泯焉文集二十卷或得之於時之文士或得之於公之宗族編緝斷簡以行於代銘曰

嵩嶽降神是生輔臣蓬萊謫真斯爲逸人晉有七賢唐稱八儁應彼星象惟公一焉晦以麴蘖暢於文篇萬象奔走乎筆端萬慮泯滅乎罇前卧必酒甕行惟酒船吟風詠月席地幕天但貴乎適其所適不知夫所以然而然至今尚疑其醉在千日寧審乎壽終百年謝家山兮公之墓異代詩流同此路舊墳卑庳風雨侵新宅爽塏松柏林故鄉萬里且無嗣二女從民永於此猗歟琢石爲二碑一藏幽隧一臨歧岸深谷高變化時一存一毀名不虧

元明

明德宗時人

爲寧王謝亡兄贈太子太師表

臣琳言伏奉今月七日制書贈亡兄特進汝陽郡王太子太師澤下天中寵被哀泬昭告且畢摧絕失圖臣某中謝臣自掇咎釁復此悲苦更蒙飾終之恩倍盈先遠之痛無任屏營猥塞之至

崔敖

敖建中二年進士官太常博士

大唐河東鹽池靈慶公神祠碑

地絡之紀莫宗於河陰潛之功光啟於匯既畧太華浸淫中條嶽瀆宣精融爲巨竅肇有元命元珪告成惟其潤下乃生爲鹵鹽池之數有九七在幽朔二陂河東皇穹陰騭兆人眷祐中土因飲食以致其味節和齊以調其心溟溟天池實曰鹽澤幅員百里澄澈萬頃元極積數太鹹爲鹺其墟實沈其宿畢昴其漕砥柱其關巔軨后祇寶之設以重險謙順成量澗溪攸鍾涵風蓄雷終古不息漫若山外連爲海門所以帝乙建社而臨之王豹遷都而據之執其重輕以矅富有在昔山澤委於虞衡周制無征漢方盡幹務其尊穡蓋用抑商少府所尸均其權量羣族自占築廬

環之業傳祖考田有上下旱理其塝水營其高五夫爲塍塍有渠十井爲溝溝有路梟之爲畦釃之爲門潰以渾流灌以殊源陰陽相蒸清濁相孕動物潛昜蠢爲陶工滔孚而凝莫見其眹雪野霜地積如連山羨漫區域歸於塗潦泉貨之廣沒於齊人皇家不賦百三十載元宗御國四十三年姦闕蒴邱爟火通鎬嗣聖受命以兵靜之擊鼓崤洛封豕燕趙郄獫狁於絕漠走昆夷於窮荒亶其宸威風動八極調發之費仰於有司雖田征益加而軍實不足遂收鹽鐵之算置榷酤之官以權合經以貨聚衆畫野標禁壍川爲壕西籠解梁左繚安邑乃滌場圃乃完窨倉畢其場功以謹秋備度土定食止於中州濟於橫汾爰距隴坂東下京鄭而抵於宛艘連其檣輦擊其轂終歲所入二百千萬供塞垣盡敵之賞減天下大半之租然後傳於甸人納於醢人有形有散以宴以祀每仲夏初吉爲墠而饗之懿夫明徵厥有前誌中宗反政崇朝而復鹹大歷窮霖巨漲而不淡誠宜命祑視彼封君先皇帝薦靈慶以號神索氤氳而建廟拖諸侯之法服鏘泮懸之清樂籍二郡之版六百隸於司池故得浮榮光結顥氣沖其德正其味粒重英

以表稔花四出而呈瑞陳陳相因非秭載可能計矣貞元九年冬天子親祀明堂大裘而郊孝道升聞百蠻頓首粟帛之賚及於鰥惸庶政惟和達於遐邇戶部尚書裴公延齡奠三壤之差九州之賦鐵鼓之貢林鹽之饒凡晉人是輸以河中爲會府遂表職方郎中兼侍御史馮公輿推其全林委以大計詔曰俞與往哉汝諧乃駐車蒲城以馭羣吏分命前永樂縣丞張巨源前鄭縣丞蕭曾率屬而臨之洎十一年秋九月裴公薨今戶部侍郎蘇公弁繼之以馮公成績有聞禮任如舊度支又以前詹事府司直陸位知解縣池前大理評事韋縱知安邑池惟職方領地官之外權惟評直守制使之成算姦氣不作阜財有經十三年四月五日兩池官吏及畦戶等請勒豐碑揚茲利澤感和羹之訓心游傅氏之巖稽近鹽之詞氣對郇瑕之邑微臣作頌式贊新宮頌曰

浩浩靈池冠於水行蒼茫太陰滲漉純精惟澤在闕與時爲程禍貪而竭福儉而盈巨唐君臨坤順乾貞寘勤其官坎德效靈海眼通波河源伏脈千里一氣瀦爲廣斥雲漢照臨玉繩下直曰雨曰風以凝以積自我天產惟其口食

斯皇元后乃聖乃神既潔浮沈亦修明禋大禮畢舉大樂畢陳馮公員來克諧神人登牲廟壖瘞幣池瀕既醉既飽馮公則欣蕭張行優陸韋德鄰有闕有屬伊馮之賓仰彼元造垂於無垠皇運天長頌聲日新

王叔平

叔平官盧龍節度掌書記監察御史

唐故監察御史裏行太原王公墓誌銘 并序

公諱仲堪字仲堪其先太原人也奕世珪鼎紛綸藏襲國史家譜詳之備矣十九代祖西晉京陵公渾位極台司功

格帝室冑允枝散遍於九州五代祖沖徙居幽州安次縣子孫家焉今則又爲邑人也爲郡右族繼生才賢曾祖揆王父幹儒墨傳家以孝悌自任故時君不得而官之矣皇考令偎蘊孫吳之術好立奇功累以勳伐稍遷大理評事公卽評事府君之元子生而岐嶷體備剛柔越在齠年便志於學逮乎弱冠乃爲燕趙聞人經史該通詞藻艷發本道廉察使賢而薦之自鄉賦西遊太學羣公卿士聆其聲而交之所居結轍名動京邑大歷七年進士擢第稽古之力自致青雲所謂拔乎其萃爲山九仞者也解褐授太原府參軍事居無何丁太夫人憂服闋本道節使奏授幽州大都督府戶曹參軍以能轉兵曹參軍事雍容府寮名檢摽舉局無留事庭宇生風節使嘉之俟其碩畫乃奏充節度參謀拜監察御史盧謀本郡未足稱榮買臣居鄉豈云顯達我相國彭城王方任以參佐宏贊廟謀略邁韓彭幕繼袁伏矣以爲諸侯聘問歲惟其常妙選行人以通兩君之好十二年冬十一月公奉使於蒲春二月旋車自蒲經途遙遙旅次雲鄗以貞元十三年二月三日不幸暴殂於望巖之傳舍享年六十有四嗚呼哀哉自古有死人誰不

終公有厚德而壽不永公有全材而位不高則梁棟悲乎州縣馮唐老於郎署可以言命矣以貞元十三年二月十七日殯於薊東之別墅從權也以其年四月六日遷神於薊縣燕夏鄉甘棠原禮也不祔舊塋從先志也次弟仲堈季弟僧法源等悲摧鴈序痛折連枝嗣子存次子較方在幼童茹感過禮子壻前鄉貢明經清河張存義感於情眷深國士慮絕故老永遺志業刊石紀德銘而旌之所謂沒而不朽者矣銘曰

易水湯湯兮燕山崇崇有斐君子兮穆如清風簪筆拽裾

兮佐我上公直哉惟清兮允執厥中奉使於蒲兮自西徂東天胡不仁兮如何道終丹旐戾止兮啟茲元宮青松森列兮永翳我宗悲壯圖兮已矣惟芳名兮不窮

陳諷

諷貞元十年進士歷官金部吏部司勳郎中

進善旌賦 以設之通衢俾人進善爲韻

惟哲王儲精庶務示人降衷冀一善之咸覩俾羣情而大同抗以高旌式觀於五達萃茲多士以聞乎四聰是用去疵厲而達幽仄和上下而宣德風邦有道而無隱善如流

而必通原夫創自堯心變昭漢列參夫析羽之制有類干旄之設名既匪於司常用有殊於掌節多通達之要會集寰海之賢哲每聞致主之言時得興邦之說足以見王臣之謇謇聖德之孜孜示人有作虛已無私旌非善而罔進國非賢而不釐遵道員來懋德音而親問擇陰斯止備獻替以陳詞敷一德而見答俾兆人而賴之徒美夫因事立名教人示信略孤表以遙集掩羣才而得雋無勞負笈而來豈必繫轅而進於以光啟帝道輝映天衢陋燕昭之尊隗小齊景之招虞正以居中表宏道之在我直而端本知立德之不孤於是野絕遺賢朝無闕典仰崇標而勸義臨廣術而來善豈比夫周聆木鐸之謠漢尚石渠之選方今酌憲前古肇康有人將葑菲而並采俾弓旌而是陳故野無逃名之士朝有俾象之臣舉善彰明振遺芳於虞帝率心敗德矯覆轍於嬴秦然則庶績交修遐邇率俾儻片善之可錄庶無疑於室邇

連理樹賦

惟薰風之生物有穠李之表禎合連枝於異幹符一姓於嘉名交影齊密均和共榮諒全德之通感豈元和之曲成

族堅附離訏生植之異氣質殊合體識天地之幽清考彼祥經珍茲善價昭一人之有慶表四夷之嚮化體符通理黃中之象攸存義用成蹊不言之道斯備蓋夫靈根得地聳質齊芳分條表異合榦呈祥膚含玉潤文蔚龍章雲交翼比影附枝強庇本根於僊族挺孤秀於仁鄉始則分形謂陰陽之偶數終而一貫表遐邇之通方是知元本靈種暗符神用諒翦伐之爲重合拱連條允乎歌謠固耳目之所昭並甘棠而價掩比叢桂之香遙則知瑞以感生祥由仁致覩政分而脈會契人事與天意將德茂而精通故駢

踈而合異於以昭化警俗示人不二豈比夫草生堯砌空有紀於歷官芝產漢宮徒用彰於祀事洎夫元律發春東風薦臻齊敷連蕚之影共沐陽和之津想雙枝於棠棣感合體於君臣四海爲家豈必移根於上苑五色敬用固亦發瑞於仁人彼晉得華林漢生廣殿諒崇功而間出豈謙德而來見願棲託之見容恐光陰之不薦

新築峨和城賦 以遠夷歸化邊候肅清爲韻

元侯以制敵之雄略期方隅之永清得奔衝之故地創備守之新城四合分形見岡巒之表裏百堵定制變勝負之

虛盈崒雲屯而霞起忽虎踞而龍行倚蒼壁以中絕粘頹壤而外明將伐謀伐力制敵投兵馭亭障於振策摧氐羌於矯衡是知地利攸歸兵家大福我有巨防師無遺鏃神謀洞啟而機張天險載輿而板築於以巒披岡削嶺門崖谷雉堞霜皜麗譙雲矗連山上捧關士以之增威峭壁初嚴戎王於焉慟哭矧夫勢雄形固師嚴令肅數萬落於屈指睇連營於寸目何暫費於經營永無虞於敗覆故能功圖設內智出謀先高厚不愆乎上命規模必合於中權俾夫登埤荷戟憑墉控弦虜魄暗褫漢烽不然仰峻隅而已債望懸門而不前懼摧鋒於百勝敢踏伏於三邊者哉是知奇功不詐俾殊俗而向化善守以威卽死士而知歸不然者戎輕無常獸困猶鬬安能使犬羊埽跡烽析寢候仰新壘以投戈覆故巢而罷寇是知威服德綏不獨遠夷彼或不讋我則成城以耀武彼能懷惠我則蹈道以貞師庶扃鐍而惟永顧咽喉而在茲彼周城朔方漢得赤坂無制勝之明術徒疲人以勤遠豈比夫修武備清文苑將鳳沼以酬勳佇靈臺之伯偃

王申伯

申伯官司勳員外郎遷司封郎中

唐故內供奉翻經義解講律論法師警空和上塔銘

天地之德至大非風雷日月之用不能贊其化育而致生乎萬物釋氏之教至精非聰達惠覺之士不能揚其妙道而化度乎羣疑天生法師克契斯義用安一世以垂化後云法師諱警空姓任氏弱而神清幼而不羣年八歲心已嚮佛誠請既行緣愛自去遂授經於惠雲字闕一學景鸞耳所一聞亦旣懸解目所一覽又若夙習䟦陳精奧師皆歎

異知字闕一其法非天縱之孰能與斯法師常謂弟子曰我靜觀衆生或瞽或聾嗷嗷嗤嗤溺於狂妄若智者不能拯仁者不之慈雖獨揭厲於清源則大聖之教又將安施於是張善惡報應驅僻邪於中正導真如之理解拘縛之勞登高抗音化所不化侍代宗則聲仁王之文言發而歸於大中理貫而合於至正故君聞而仁臣聞而忠推而廣之夙化斯變詔法師與天竺三藏譯六波羅密經功畢上獻天子感歎錫賚有加雖異方之奉斯學者知有所本矣由是人教揚溢於海內惠風漸漬於人心朝廷垂衣刑措於

下其或有助乎嗚呼時將不幸人其無依以貞元十年正月十五日告行於興唐寺報年六十一弟子惠見等與俗侶白衣會葬服縗者千人以其年二月四日弟子智誠等共起塔於畢原高岡既相與號慕不逮自諸鄙人刊銘於石述其妙道用慰永懷銘曰

佛有妙法使皆清淨世界罕聞色塵皆盛其一心逐於字闕一情亂於性扇爲頹風蕩然莫正其二大哉我師降厥慈悲開示寂樂破摧昏疑其三法相既圓色空自離千萬大衆歎泣而隨其四大教既揚威德字闕一光除彼煩字闕一化爲清涼其五功成身去自契自藏銘於塔石與天俱極其六

薛長孺

長孺河東人貞元中鄉貢進士

唐故鴻臚少卿張敬詵墓誌銘

張氏之先運籌博物風靡萬民公其裔焉公諱敬詵馮翊同川人也皇朝左金吾衛大將軍太常卿元長府君之孫皇朝中散大夫撫州長史崇讓府君之次子公禮度清曠育德含章蘊晏嬰佐理之謀猷懷吳周匡弼之骨鯁弓裘不墜文武攸稱清貫克序加朝請大夫以博雅周才授鴻

臚少卿以公忠推德錫金章紫綬東都副留守河南尹裴公謂命公爲押衙奉上以忠貞撫下以信義休聲遐著寮友欽之方申呂父之榮遽染劉貞之疾以貞元十年八月二十三日卒於洛陽縣永泰里之私第春秋六十八以其年九月二十四日窆於瀍澗之陽邙山之新塋禮也允子三人曰叔重叔威叔齊皆年始能言昂逸足疑有女五人長女從緇隸寧刹寺次女歸杜氏三女歸王氏兩女尚幼夫人樊氏淑順傳芳霜明勁節移天墜翼同穴後時哭不絕聲撫孤增慟永懷陵谷爰託松銘其詞云

神理茫茫兮倏明忽幽人世營營兮生勞死休更相泣送兮萬古千秋隴樹白楊兮悲風颼飀

張彙

彙貞元十年進士

千秋鏡賦 以鵲飛如向月龍蟠似映池爲韻

伊惟仲秋日在端午我皇帝出震蘭殿誕膺紫微祥光夜合佳氣長飛聖人作而萬物覩固先天而天不違是以禮容之盛六葉交映或軆天以設軌或因時而布令乃啟新節獻金鏡形於四海加於百姓虛以受物則萬象必涵金

以平心而九流惟正當其時也天宮戚里公侯卿士各薦其明用伸知己雖大小而殊致必規圓而相似且夫考工垂典匠人有作或鑄或鎔是磨是斲刻以爲龍鏤以成鵲初臨玉扆透鸞影而將飛未對金墀拂菱花而不著徒觀其用之則滿舍之則虛固無私於物類非取鑒以焉如爾其提握見重光芒未歇若清潭之無比類瑤池之有月如以題古字隱盤龍無藏菲薄無漏纖濃映空而天地且齊照遠而山河更重豈獨淋漓玳瑁之牀澄澈芙蓉之帳熒熒綺疏之下皎皎青樓之上有美人兮無良媒飾蛾眉而

相向者也所以吾君欽崇萬化錫賚百官其表不枉其形必端詩所謂我心匪鑒豈不戒於遊盤別有照象無瘕含光未知方有期於見膽竊自比於臨池儻先容之可致庶斯焉而取斯

夏方慶

方慶貞元中進士

天晴景星見賦 以有道之邦德星昭見爲韻

煥彼景星麗於蒼昊其隱也陰魄晦而氛霧作其見也夜景明而欃槍埽敷大信以何言抑殊祥而是考祥所以叶

天經符帝道既表應而無欺亦照臨而不私祚聖而德斯至矣懸象而人皆仰之向晦且殊於中見在天寧比乎明夷垂至精而契至理宏蕩蕩而播巍巍不然出房孰稱乎舜德居翼何貴乎堯時今我皇齊七政以作則奉三無以御極上天降祥景星昭德固云其道不遠孰謂其神不測晦明始見助皇化之惟明動息靡常類乾健而不息應陽精乃三其數彰土德乃黃其色既不孤而有鄰信元吉而柔克時也雲斂遙素天澄遠青纖塵不起微露斯零掩映孤月乘陵衆星回燭北辰似將朝乎帝座傍窺南極疑欲覲乎天庭激高風以熠熠耿斜漢之熒熒青赤以辨其方合散以通其變連二氣而初吐混三光而乍見否泰之運式孚天地之心可見景星之瑞也曷與爲雙俾具瞻於萬邦景星之德也配乎悠久粲熒煌於九有於以贊高明於以示休咎察無聲之載非我何知彰有道之邦非我何守不私其用朗繼明於月晦之時克保其謙故騰輝於日入之後是時天鑒匪遙德聲孔昭煥赫緜古光揚聖朝豈徒並連珠而邁同色流碧落而耀青霄

風過簫賦 以無爲斯化有感潛應爲韻

風之過兮一氣之作簫之應也衆音以殊雖高下以異響終合散而同塗體宫商而自得均清濁以相須動必造適用當其無冥然理順昭與道俱以由一人之化爲而不有萬物之心以虛爲受帝於何力各自遂其生成天且不言乃能恆於悠久觀夫指大塊之噫氣裁衆管而聲隨始飂飂兮清越終杳杳以逶迤遠而聆之初疑白虎方嘯迫而察也旋驚丹鳳來儀知化本之有朕見天籟之在斯道固無名物罔不感彼命宫而商應信陽舒而陰慘雲何事而從龍水何情而習坎故達人作用而虛其清心大道不疵

乃滌其元覽之風也扇其輕重之籥也應以洪纖彼若疾而颺我則以號以噭彼若和而靜我則若沈若潛曷異夫暴心感而麤以厲敬心感而直以廉爾其斷續清空蕭寥永夜歷虛無而輕颸自遠拂松竹而幽韻相借微聞闕下伴金奏之發天庭迴徹雲中疑笙歌之隨羽駕莊生託之以齊物子綦由是而觀化化之至矣茲焉可知風乃不私其用籥亦自得其宜元元立言事無事我后垂拱爲無爲君子曰風籥也罔有爭而善勝契不言而自應是將觀彼以成化豈獨因之而比興

柳道倫

道倫貞元中進士

進善旌賦 以設之通衢俾人進善爲韻

帝堯有君人之大德恢理國之令圖將啟納善之懷於四方之士乃立進善之旌於五達之衢所以訪政化之本招賢儁之徒告善員來故進而無妄聞善必納信言而有孚類諫鼓所陳同謗木之設彼思聞過而遷善此俾明善而就列善既陳而一人有慶旌既立而萬姓咸悅寧同旟旐之翩翩奚貴干旄之孑孑九達之上大逵之中直影而睛分瑞日孤懸而晝引祥風置之則上德下布就之則下情上通既至者固當授之以祿將來者不假招之以弓初執爲此自陶唐氏制乃有常張而不弛嶷然而孤標獨立迴爾而中立無倚示華夏則綏之斯來化要荒而罔不率俾厥旌既陳盛德日新使樂善之儔得因旌以進知建旌之意固惟善是親可以光被區宇統和天人比垂衣於百代異舞干於七旬繇是廣達四聰必徵片善咸望雲而就日若風行而草偃求其善理知百寮之師師采其善言得王臣之蹇蹇今大君聰明文思庶政無遺善以求人固以達

於政矣旌可進善亦在推而廣之士有敦詩書懷忠信學顏師於鄒魯君幸達於堯舜比潛鱗而待躍同弱羽之思振欣逢進善之時庶以善言而進

庾承宣

承宣貞元八年進士大和中官檢校吏部尚書天平軍節度使

朱絲繩賦

絲之爲體兮柔以順德絲之爲用兮施之則直從其性而不改成其音而罔忒故君子體直以爲象履中而立身豈

委曲而取媚將勁挺而維新旣端懿以難匹想高張而莫倫初未爲絃兮信任其舒卷旣比夫矢也諒難乎屈伸寧懼不合於衆而改操不同其類而易眞雖立質以假物立音而因人敦夫慌氏之功辨夫園客之養非繞指以可悅將如絲而是仰志士以是而興歎詩人因此而取象清廟之瑟非我而莫聞空桑之琴非我而奚響惟直是與惟端是求惡靡然以從俗恥紛若以隨流天心保貞側媚見而用侮神道助正謇諤鑒而無憂信乎去邪以受福孰不履正而身修間其色兮未嘉素其質兮孰美信挺挺而直繩

是若固奕奕而渥丹無比欲衆之好我染之而匪他知代之惡邪直之而有以非矯其俗將遷其時寧三思而有贊諒一向而無疑道在斯而爲得文舍此而何之古所以嗟是非而莫分怨邪正之難考多將任情而媚俗鮮能率性而行道何不鑒朱繩而獨異與羣類而且殊其美雖偶其道則孤儻斯言而是當又可得而已乎

無垢淨光塔銘 幷序

昔如來以善惡無所勸爲之說因果修因果者無所從爲之存像教像教設而功德爰立因果著而報應彰明至於聚沙亦獲多福矧（闕二字）縱廣之高大其功德曷可思量哉

惟唐貞元己卯歲孟夏四月旬有九日聖君降誕之辰也煌煌乎溥天之大慶率土之盛事窮祥絕瑞略而不談人神幽贊品類歡樂（闕一字）自京邑達於海隅各獻珍寶以賀昌運先是觀察使柳公監軍（闕一字）魚公相與言曰聞夫西方之聖者（闕一字）崇福之本至仁之教故報君莫大於崇福崇福莫大於樹善樹善莫大於佛教教之本其在浮圖（闕三字）今皇帝道邁往初澤漸無垠天下之人登壽域樂太平者二十有一年於茲矣含氣之類尚猶知感矧臣子之心

當於茲辰焉於是會釋徒謀建置作爲浮圖以塔名之夫塔者上（闕一字）諸天下鎭三界影之所蔭如日月之照破昏爲明鈴之所響如金石之奏聞聲生善如是諸福盡歸（闕二字）謀之旣臧相顧踊躍願力（闕一字）果事無不諧齋心至誠三卜皆吉相地面勢依山憑高標勝槩於南方跨上游於福地食王祿者樂於檀施荷帝力者悅而獻工役無告勞功用斯畢皇帝嘉焉御扎題額錫名貞元無垢淨光之塔屹然峻然高立雲外露盤而星象可接金牓而鸞鳳交馳從何處生如踊諸地侔金剛而難壞與劫石而齊堅取舍

利以置其中字闕三以表其外俾夫觀覽者名號斯識瞻禮者利益居多異夫經營之初壑鑿之始周其基址下現盤石五色字闕六意將靈祇先有所待盤石之上又生異表瑩澈冰淨淋漓玉顏如物之牙粲然攢植訊諸博識得未曾有非字闕一孝之感動神祇之協贊則何以有斯靈異乎況河東公以仁德鎮撫海隅厎安魚公以忠字闕五輯睦二臣協心一方康寧建彼崇塔赫然丕績上以資大君無疆之福下以遂眾生字闕九亦至矣盍刊諸貞石以示於將來小子備從事之末奉銘敘之命豈知竺乾之道空爲字闕二之字闕三

瞻彼靈塔巍巍崇崇疑自地踊若將天通作鎮海隅高標閩中影護下界形儀太空金盤字闕十贊茲盛功俟其建之臣子之忠字闕二福之聖壽無窮

唐前義成軍節度鄭滑等州觀察使檢校吏部尚書兼御史大夫李公二州慰思述

彼思者誰思李公也所慰者何慰邦人也曷以思之政成而恩及也曷以慰之刻石而播美也俟其能紀其所以慰今節度使淮陽郡公袁公尚賢嘉善之旨也於戲郡國者土地人民之謂也藩鎮者軍旅鈇鉞之謂也皇家綜覈名實襟束體要上有成則下無分權於是慶位寵命極其數殺生刑賞專其柄政理教化仰其成任之莫大也事之莫重也唯其聰明可以盡聽覽唯其材智可以適利害唯其忠誠可以竭肺肝然後能聳動乎羣倫師範乎四方作帝垣翰爲人膏澤歷選授命非全器備用則不稱茲職焉德宗臨御既久鍛鍊惟精鑒洞羣下舉無遁情以四方之少事專將帥於賢良得禮樂詩書之精英盡典法政化之根本居則物受其福厎於康寧去則人慕其德形於謠詠古之作者又何加焉貞元歲公自給事中累月除尚書右丞

上方倚以爲輔而羣望僉屬會東軍闕帥時許蔡不靖撫安鎮定之寄咸又與能用賢先於急病簡兵符於注意是使澤潤之功未及於天下乂安之理獨賚於一方麾幢既行寵冠羣后茲鎮之地據當要害風俗之舊號爲堅強兵甲精而氣勝疆土沃而人逸界大藩之雄盛邇王畿之德澤善否之政難於厥初翔自賈相國之寬厚居外略其法度李僕射以制作求理未及惠化姚以靜而潛用盧以促而不暇軍雖和未及於整人雖安未遂其泰官雖備未盡

其理法雖張未一其門遂使強力暴氣時黷武經黠胥豪家時漁細民署職祿士時或俾致斷刑察獄時或情及公乃明示畫立程軌利銜筴以謹其不度峻隄防以遏其淫心開通耳目改易視聽先之以端莊肅怠惰齊之以精爽攻矯誣清明燭於無間機權制於有睽十萬之室不可以戶曉三軍之衆不可以心期正身行令罕不率俾桉典籍無冗員以敗法閱部伍無寵私以居職入閭井有敬讓禮節以厚俗行田野無汙萊蕪穢之不理儲倉庫本乎節用水旱因得而備也從人欲本乎省事教化因得而興也苟

理道之可究志意之可留小無不勤大無不備一貫其道七年有初公積孝友發爲聰明本學術施於政事儼容而居公可畏莊色而非義不干手衡目鏡毫釐無隱竹操松心風霜彊勁春秋稱子產以寬猛相濟爲善理晉史美元凱以文武盡在爲全林古今異時賢哲同道今皇帝纂大統之二歲元和紀號方將郊上元謁清廟乃詢大政於二三元老俾第郡國之聲績懿重望以居內副祀之任歷永歲時詔書遂東有待而起及黃霸赴召韓侯入覲營舍空其將校府署盡其官吏巷無有居室無有處或擁塞遮邊或餽酒饋鱐咸曰獸草魚水夫何所依寒衰飢食復何所自思念之音亹亹不絕者逮於今焉夫民者氓也未易其感動庶者衆也又難其一心非功利之積及於下惠澤之漸漬自久胡不唱而同和不約而同期誠之所孚在物知感自後出鎮浙右入掌邦計聲先路以人悅政不言而事理由滑之所以著焉淮陽公代公守鎮琴瑟異質雅音同致邦人重濡其厚惠是用思報其前政於是左廂都押牙兼御史大夫房士郢右廂都押牙兼御史大夫范山才攝白馬縣令盧乾真洎耆老張西雲等詣庭詣闕宣贊功德

淮陽公乃跡事錄實累表上聞願刊石垂休以慰人望公遂懇白執政讓形於色由是所請不時得下淮陽公嘆曰仁極於政義臻於讓誠君子之用心也紀事揚美之道其在予乎今宜名碑遂賢者之志述於文抒東人之思顧謂觀察判官殿中侍御史庾承宣以從事在茲詳備聞見盡敘之而昭示永永焉公名元素字大朴其先趙郡人也若崇基峻源清門茂閥歷官之前後修身之事業則紀名臣傳循良得以耀竹帛焉今不書不敢專也乃編邦人之詠係於篇末俾采詩之官得以薦馨香云其辭曰

我所思兮春之陽氣熙愉兮物芬芳枯者茂兮焚者息曷以比之公之德我所思兮親之慈察痛癢兮知寒飢充寒飢兮延性命曷以比之公之政我所思兮正始音薰然和兮天地心興敬讓兮去姦詐曷以比之公之化我所思兮鑑澄澈淨冰玉兮皎霜雪幽隱盡兮研精英曷以比之公之明我所思兮河之水靡晝夜兮波瀰瀰我所思兮嵩嶽之名山仰申甫兮霄漢間居霄漢兮興雲雨霖旱歲兮澤九土俾吾侯兮終獲祜望而祝之享天祚

魏博節度使田布碑

於戲節義立則人倫之風厚忠孝彰則君親之恩大罔極之報非死不盡臣子之心非盡不明決去就於至誠擇利害而無撓其生也挺身為萬夫之特其終也成名於泰山之重凌視千古高居上游斯人伊何魏博節度使田公布字敦禮之謂也初公烈考曰宏正輔佐憲宗掃除寇逆為侍中魏博節度使今上嗣位鎮州軍吏以節度使王承宗死上聞詔宏正除中書令代焉居一歲兵亂遇禍公時為涇原節度詔追至京聞喪公卿獻議以為討鎮莫若用魏魏強而近又公恩德積洽於魏以鉞賜其子布布復有能

則魏之士欣戴而效死焉詔從之公泣血號天而辭不能者再詔不許乃曰報君恩復父讎在此舉也如不濟則無其生以謝之別兄弟妻子屏門之內辭賓客朋友於西階之下喪輿遂北至魏則徒跣行號以見將士將士耆艾者父兄事之齒類者骨肉親之毀家以結人心辭祿而贍公用明求報之道竭勵士之方冀其協心以副私志異哉魏之風俗久悖聲教魏之將士素染很戾懷安自固忽感激之勇節積驕成惰無戰鬭之剛腸初猶哀公之誠悅公之賞雖未心化蹔忘舊風無何奉詔出師抵冀之南宮縣逼

賊而振威也時討幽鎮諸軍庶事草創計司荒略供饋大虧公乃以本部六州之租入權以自濟冰雪方盛飛輓阻艱眾相言曰頃常出軍賴朝廷供給優贍軍府因以完濟今者瘠己肥國尚書無乃太公忠乎旋以滄景喪敗王師不振諸軍顧望莫有鬭心賊使間諜騰肆飛語以不固之志加懷怨之心望風聽聲將欲謀亂咸有見者宜圖其休全身保軍以俟後舉公仰而號曰天子徵兵以討叛亂吾特授旄鉞復其家冤將軍雖死國典斯在豈蓄縮完守為不忠孝之臣乎眾知公不可迫因師行而遂潰中軍不同

其謀奉公達於魏城衆又言曰魏土不知朝化久矣刑賞禮樂皆自己出近以保富貴遠以貽子孫苟能從衆之謀則捧戴如舊公知其不可以道化又難以力服時太尉之靈座在魏之官署公陽以入臨人不以虞慟哭伏劍衆驚至而絶矣春秋三十八噫相國李公愬先公帥魏衆以貪亂李不能制閉城以自固重幣以貸死及公初至悖氣尚存邀賞撓法一唱萬和況鎮之軍於魏舊有敓敗德兩軍相覿如親戚焉寧有一人之忠義化六萬之肝膽三月之將帥移六十年之舊風強其陸梁討其相覿同駭愚蔽知

其不可李石有言曰重耳教訓三歲而後敗楚勾踐生聚二十年而後滅吳以中古之懿信晉越之馴伏尚且遲之況今魏乎聞者信之及公終也賊衆感義而退守王師聞風而憤激達於朝廷天子壯其節而哀其死爲之廢朝公卿洎百執事咨嗟懍懼久而不絶及喪至則弔周懋恤禮備而恩加焉贈尚書右僕射以長慶二年八月二十六日葬於萬年縣白鹿原公之大王父曰廷輝安東都護司馬贈右僕射王父曰琊相州刺史烈考中書令贈太尉而勳高位崇至公而名重節立蓋以茂德爲濬源大忠爲厚阯克生賢哲焯燿邦國初自魏之裨將以謹幹至大將自侍御史以討叛勞至大夫以平蔡功爲金吾將軍以長材鎮要衝爲河北節度以多略靜邊陲爲涇源節度在裨將則辨冤囚太尉無淫刑矣領征軍則備賊之驚突諸軍因之立功矣爲金吾押同列而不過諫官聖朝有容直之美矣帥河陽也則省將而多戰卒滅賊而守詔條於是乎兵實而人安矣鎮涇源則勸其力穡教其騎射於是糴賤而人能矣其大材敏識有名臣之體要深謀善計得良將之精華善而不伐高則思降無豪貴之侈欲慕廉讓之高風惜

乎壯年有志不立豈天意用斯人以激其怠惰警其奸兇者哉伏劍之辰手操遺表陳兇逆之根本明將帥之儀矩聖君因得辨邪正可謂始終之善者也其遺孤及門吏知子夙奉周旋感激名義請揚盛烈於萬斯年銘曰

具體皆人能恥者誰輕死重義謂之有恩豺狼貪惏力不能支部下將貳誠無所施上虧國恩中冤父私兩志莫遂顧生奚爲明者獨斷勇夫不疑忍恥偷安犬彘等夷靦顏冒寵復何人斯識貫心膂竟違我期利刃貫胸血殷喪帷軍士喧駭逆黨忸怩義風激揚征車不衰自居所重賢人

得之地察天明稱爲神祇雅有節鉞流聞邊陲青史長存
馨香歲襲

杜奕

奕貞元時人

芭蕉偈

幽山淨土生此芭蕉無心起喻覺路非遙

崔元亮

元亮字晦叔磁州昭義人貞元十一年進士元和中累轉駕部員外郎出爲密歙湖三州刺史文宗朝遷右散騎常

侍歷虢州刺史卒年六十六贈禮部尚書

對毀方瓦合判

得太學博士教胄子毀方瓦合司業以爲非訓導之本不許

學於是專教所以立信尊賢可上在易性難從眷彼儒流職司學校誠宜警不及之誡懼將落之辭苟毀方以爲心難容衆而莫用且非善誘在傳授而則乖曾是詭隨於博裕而何有不可以訓無易由言請從司業之規無取學官之見

邱絳

絳爲魏博節度使田緒賓佐與同府侯臧爭權緒子季安斥爲下縣尉俄召還生瘞之

常山郡王田緒神道碑

維天以五星辨經紀維人以五常垂教化奉天者皇王牧民者侯伯故五星失次舍而天綱乖五常悖倫理而人紀壞非夫人神厭禍天地合德俾降英傑以靜邦家則無以正綱紀成教化矣皇唐九葉今上馭歷之五載得佐命戡難之臣曰田公諱緒字某北平盧龍人也系自唐虞盛德

載世祚於全齊醇仁酣和衰周鼎遷暴嬴璧返劉項角逐正者得之則齊王橫去國隕身與義終始議郎疇立功逃賞興讓澆薄十數世家於北邊議郎公之十五代祖也至皇鄭州別駕璟生公大王父安東合都護贈戶部尚書有遮虜護塞之勳而生不登貴位加之以齊王之秉節議郎之遺榮濬源茂本故尚書克生太尉承嗣歷檢校戶部尚書兼御史大夫魏博貝相滄德州節度度支營田觀察處置等使尚書左僕射司空同中書門下平章事兼魏州大都督府長史封鴈門郡王歿贈太保累贈太傅復魏州

大都督公太傅第六子也秉博厚之慶得堅剛之氣君臣之大節理亂之形兆實天賦不言而知侯王之姿見於童孺太傅朗識異而器焉以諸侯之嫡拜京兆府參軍兼五領騎士深得將略鳴弓上馬雄稜挺然無何太尉寢疾或以措置故事不歸於公聖朝載懷輯綏永顧勳績爰命從子俾侯於蕃既履四封乃遷六官付畀於天威惠在已主恩寵章赫赫煌煌孝未昭而忠懸正不悟而邪及志惟悖德動則無名是以河朔塵飛隴右霧塞青兖既叶幽冀未同見多壘於魏郊發天兵於隴坻曠日持久連年不平履

危者若安處禍者皆樂瞿然相視孰辨其非公斷天下之疑達天下之務以爲君親可報也世德不可墜也犯是二者生將何爲於是欷歔流涕冀其感寤靡有虛日而無正言及京師變生翠華順動人望愈惑堅不可離星辰之間戎帥薨謝師人將士退迫公理軍公清望威名衆所欣戴且曰吾先公太傅之冢子也仁而能斷嚴不至殘當去禍就福化危使安敢以死請期乎息肩公雖懇辭人實誠奉於是三軍之裨將列城之守宰及士吏卒伍大和會於旌門之外而聽命焉公乃陳其逆順曉其利病西嚮稽顙如對天顏萬人歡呼式抃且舞受公相誓如履夷途曾不崇朝而獻狀行在於時黃屋南巡於巴濮元兇僭盜於鎬京握兵者鱗差失節者踵武公挺身禍敗拔跡危難掃氛祲之未開定危疑於已變乃分遣寮屬結約諸侯迴成德向闕之心合昭義勤王之志雖漁陽之勁悍北虜之猖狂公精誠籲天鋭氣蟠地能走馬實於魏壤覆朱滔於貝邱希烈勢孤賊泚援絶訖於收復經啟自公巍巍碩勳孰與公比由是捷書上聞未幾而降優詔拜魏博節度管內支度營田觀察處置等使銀青光祿大夫魏州大都督長史兼

御史大夫君臣之契運昭泰之元符千載一時灼見茲日及六龍駕返九有風清然後議刑賞頒慶賜則公之茂績結於宸衷卽日加工部尚書節度等使如故上復以麾幢之任賢賢也腹心是託親親也親賢之選簡於帝心賜公姻戚尚嘉誠長公主公主肅宗文明武德皇帝之孫代宗睿文孝武皇帝之子今上之妹玉潤貞質蘭芳粹容德配元臣道光卿族降自九天歸於列藩獎納忠之誠重匡戴之績由此見公之寵昇羣后也昔漢張敖曹窋皆因緣戚屬稱榮主第若公之分茅胙土樹牙推轂上自振古迄於

聖朝一人而已尋遷尚書右僕射特封常山郡王食邑三千戶明德也改封鴈門真食五百戶襃慶也公惠訓封圻桉部師律恢皇威以勉羣師敷渥澤以潤蒸人禮讓興行廩積斯實修整人紀統和天常夷難戴君每爲已任朝廷褎是休烈爰咨彌諧以本官就拜同中書門下平章事公既參廟謀又統兵柄方將剗胎禍之未兆措理本於永貞張三光之明調六氣之府致君堯舜身作夔益豈獨鎖結燕趙連衡齊魯嘉言有聞而遽嬰寢疾以貞元十有二年四月十日薨於戎府享年六十有三天子震悼不臨朝者三日列辟相弔邦人大慘即日詔遣尚書職方員外郎房

挺申賻襚之恩備君臣之分追是勳伐冊贈司空詔書褎寵禮加常典不踰時而命公令子節度副使兼都知兵馬茂烈雖哀過乎禮而義貴從權寧息魏人藩翰王國稟君之命移孝作忠生而顯榮歿有遺祉薰灼今昔在公一門越以其年十月四日葬我公於魏州貴鄉縣金堤鄉吳河原邇先太傅之塋禮也嗚呼公精彩朗徹志氣雄厲性通事表心達化權二十總戎三十作相俾魏博爲順本功以

之高奉家國於正初孝以之大忠孝斯立福壽攸歸何蒼生失望國棟斯折古今之恨可勝言哉公有子三人長曰孝和朝散大夫使持節澶州諸軍事澶州刺史兼御史中丞充本州防禦使少曰季直朝議郎殿中侍御史內供奉銀青光祿大夫檢校工部尚書兼魏州大都督府長史御史大夫充魏博相貝澶衛等六州節度管內支度營田觀察處置等使季安公之次子也十五授鉞爲唐名臣固河山襲爽之封奉貴主慈嚴之命光闡前烈其不朽與公左右王家底靜藩閫功勳大略書於惇史若乃垂休聲於開

國之地申罔極於元侯之恩刊勒豐碑光顯舊壤門人之事也追慕恩顧直而不文其辭曰

三光昏霾兩儀否閉爰資英傑用贊開濟天人合符斯人命世其一塞直盧龍山橫紫蒙元精委輸慶發於公其勳惟茂其德惟崇其二建中季年兩河難作淮沂怙亂燕趙濟惡洶洶鯨奔狺狺獸摶其三翠華順動關右塵飛戎輅載駕芭茅不歸且懷疑顧孰就是非其四時惟我公拔迹艱阻率彼叛徒悉爲王旅白日精貫丹誠自許其五婪婪燕寇嚚禍稱兵動搖東夏應援咸京旌旗蔽野獯虜連營其六公仗天威

修鄰叶志。忠見於時。泰生於否。十萬姦兇。一敗塗地。其七帝嘉殊績。乃授藩維。輯寧有土。惠訓成師。威令自肅。仁風載馳。其八乃作官師。真食茅土。窮寵極貴。封王尚主。恩光顯融。獨映今古。其九既司右揆。爰作上台。皇猷允穆。俗阜爰來。人望匪爾。天胡降災。其十冊贈司空。念深宸扆。道則致君。人而知予。帝命元侯。傳封四履。其十一高墳峩峩。先隴之旁。河掃通氣。沙麓連岡。歿而可作。公其不亡。其十二

李應

應貞元十一年進士。歷官戶部員外郎郎中。

對爲其師掃判

甲爲鄉學生。爲其師掃。或詰之失禮。訴云有近賓將至。

頽業就師。有大小之閒。函丈待扣。慎先後之傳。故得怡然有孚。相悅以解。甲強學自立。博習成性。摳衣以往。如趨闕里之前。請益而來。疑在舞雩之上。宜務知遠者而願學焉。仲尼先乎祖述。傳說念以終始。豈可異子皮之言淺者。何效師卜商之業末也。無如或屢聞長者之言。將習少儀之禮。心善魏勃。宜拘袂於席前。志異陳蕃。或洒掃於庭內。不議罪此。無施勞心。

對四品女樂判

乙有女樂一部。御史核之。云見任四品清官。仰處分。

禮不與奢。慎微以從事。用過於儉。在貴而能貧。乙也不愆其儀。匪解其位。詎聞不擊。不考同詩人之鼓鐘。而乃翕如純如。類文侯之冠冕。東山逸態。事比謝安。後庭曲施。意齊田蚡。法司所舉。允執厥中。儻人惟通班。列四備之嘉樂。國成有命。因五利以和戎。理宜捨之。以勸能者。

王播

播字明敭。其先太原人。父恕官揚州。遂家焉。貞元中進士舉賢良方正異等。憲宗朝累官禮部尚書。充劍南節度使。穆宗立。拜刑部尚書。進中書侍郎同中書門下平章事。出爲淮南節度使。敬宗朝加檢校司空。文宗朝加檢校司徒。拜尚書左僕射。復輔政。封太原郡公。太清宮使。大和四年卒。年七十二。贈太尉。謚曰敬。

請禁帶兵器牧放奏

諸縣皆有鎮軍。並隨逐水草。木放牛馬。賊徒因茲假託挾

帶軍器晨夕混雜善惡不分伏請從今日已後牧放之徒不得躬帶刀劍器杖等牧放仍請詔下後十日外有犯者百姓所在集衆決重杖二十屬軍者許臣擒捉牒送本鎮亦准例科決仍便解退其近城弋獵准前後敕並以禁斷公郡駙馬將軍子弟子鷹鷂准敕但許城南按放不得輒越諸界並請不得別持刀劍等所冀邦畿之內盜賊屏息居人行客晨夕獲安

定館驛就廳先後奏

准故事御史到館驛已處上廳中使後至即就別廳如中

使先至御史亦就別廳近日多不遵守中使或不諳往例貴欲逾越御史若不守故事俱失憲章喧競道途深乖事體伏請各令遵奉故事冀其守分

請放還配流人奏

天德軍五城及諸邊城配流人等臣竊見配流人每逢赦恩悉得歸還唯前件流人皆被本道重奏稱要防邊遂令歿身終無歸日臣又見比年邊城所配流者多是胥徒小吏或是鬭毆輕刑據罪可原在邊無益伏請自今已後流人及先流人等準長流格例滿六年後並許放還所以抵法者足以悛懲滿歲者絕其愁怨

分別配流人罪奏

準本年九月十七日敕自今已後兩京及關內河東河南河北淮南河東西等道州府犯罪繫囚除大逆及下手殺人外其餘應入死罪者委所任官長審量事狀但情非巨蠹並免死配流天德五城諸鎮臣謹言敕文除大逆下手殺人外餘入死罪科目至多若不舉其條流或慮中外處斷不一今請犯十惡及故殺鬭謀劫私鑄錢造僞并京兆界持杖強盜不論並依律文及前後格敕處分自餘死刑

即請準今敕減死配隸天德五城有妻者仍準式勒隨流人其父祖子孫欲隨去者任去

請令程异出巡江淮奏

伏以軍興之時在繫財賦國用之本出於江淮頃者劉晏掌領鹽鐵租庸每自巡按至於錢穀利病州縣否臧隨以上聞使得釐革臣緣在城務重不獲躬行伏望遣臣副使程异特以詔命出巡江淮其諸州府上供錢米如妄託水旱輒有破除伏請委程异一切勘責聞奏其度支戶部並臣當司合送上都行營錢物并令急切催促其遠年逋欠

亦委具可徵之數聞奏

請換貯東渭橋米石奏

東渭橋每年北倉收貯漕運糙米一十萬石以備水旱今累年計貯三十萬石請以今年所運者換之自是三歲一換率以爲常則所貯不陳而耗蠹不作

欽定全唐文卷六百十六

孟簡

簡字幾道德州平昌人舉進士登宏詞科元和中累官太子賓客分司東都長慶三年卒

白烏呈瑞賦

驗白烏之祥牒告皇家之寶祚蓋由天子張至仁本太素享宗廟而無爽薦孝敬而有度何常日浴氄皓體以來儀曾異火流奚丹羽之可慕凌翯翯之白烏類振振之翔鷺稟純德而自甄誠眾色之難汙觀其皎皎奇狀明明麗質

霜毳潔朗玉姿閑逸不愛其瑞嘉載飛之可瞻思效其祥見莫黑之如失寧爰企於往代可俯窺於今日原乎孝理通元格皇至虔惟烏感應其容昭宣抱正色而道洽從反哺而名全不然則有威鳳之可紀何白烏之是傳樂而有聲且不棲於楚幕潔而成質故自協於靈篇出林而日華亂動繞樹而月影相鮮嚮至化而遠集想皇風而戾焉眾而何爲悲子生之八九大而無慮笑水擊之三千爾其超遙高翥來不可遏見歸飛之薦臻誠愷悌之四達諒深仁之所化固至性之難奪若乃載鳴嗷嗷浮彩皓皓受西方

之精氣自洪爐而鎔造遐想其蒼赤呈祥豈與乎雪霜同縞且夫仰稻粱而自若彼徒籠夫倦鶴待馴狎而不還何必招於白鷴且養素而委質非取容而強顏故下臣賀瑞而歌曰素德式昭兮何曷奕元質從化兮爲潔白符仁孝兮叶徃冊見祥瑞兮流聖澤

批孔禺獻詩狀

薛陟不知典教豈辯賢良驅遣徒憑陵國士殊無畏憚輒恣威權翻成刺許之賓何異吠堯之犬然以久施公效尚息杖刑退補散將外鎮收管

建南鎮碣記

太山諫卿受氣端勁爲文雅拔由進士尉陽羨安定公愛其道直延爲從事是時鄙夫次受辟書故得與諫卿遊處最密常記其撰南鎮碣彩章輝煥物象飛動當貞元之丁丑也迨元和甲午簡自給事中蒙恩授浙東道都團練觀察處置使薦遊此地歲十八返矣尋奉御祝有事於鎮求當時之碣則未樹立因訪太山之故吏乃得舊本爰徵樂石磨琢鐫刻流芳自此諫卿永貞年爲讒賊所中謫居汀州今皇帝踐阼宰臣論其冤濫故福建廉使閻公得以上請復歷大理評事遽徵拜監察御史未經歲臺丞上薦不次遷侍御史以言語明切將酬相府且不入出爲巴州刺史持逸羣之才略瘳疲人之疾苦理行居最再移資州如邑之政今復爲洋州課績大著噫共戴華髮相逢幾時所不間者頃以至人寶相淨樂之法更説迭講次真空處入性海道動於世間而不世間故可記也十年十月十日建

裴垍

垍字宏中河東聞喜人第進士貞元中賢良極諫對策第一元和初爲翰林學士轉考功郎中知制誥累遷戶部侍

郎三年拜中書侍郎同中書門下平章事加集賢院大學士罷爲兵部尚書六年改太子賓客卒贈太子太傅

上德宗實錄表

臣聞格天周物之功繼統事難疑之績屬當興運則事顯一時貽之後來則名示百代是以舜謂盡善禹稱無間典謨斯在芳烈可徵雖垂訓必資於濬哲顧不朽亦賴之紀述伏以德宗皇帝臨御天下殆三十年躬勤庶政戡薙羣慝消復厄運大拯橫流貞元之後天下無事亭障寢柝梯航獻珍納蒸人於壽域兼前王之能事加以聖政多暇睿

文間作篆諸金石播於管絃扶持翼武之勳死節納忠之士亦猶星拱辰極雲從飛龍君臣協期事業光大宜當刋錄以垂無窮陛下掃清寰區恢復祖業執契求理思覿前鑒爰詔臣等俾加撰錄臣與修撰官祕書少監蔣武以去年八月論著絕筆勒成德宗實錄五十卷繕寫整飭今已就功臣等學愧前修職叨東觀雖談天測海未究其高深而褒善貶惡靡慚其良直徒極搜采尚懼闕遺臣屬有犬馬之疾未任躬自獻上伏以國之大典夙奉德音編簡旣終稽慢爲罪其實錄五帙五十卷幷目錄一卷謹隨表獻

上

汰僧道議

衣者蠶桑也食者耕農也男女者繼祖之重也而二教悉禁國家著令又從而助之是以夷狄不經法反制中夏禮義之俗也傳曰女子十四有爲人母之道四十九絕生育之理男子十六有爲人父之道六十四絕陽化之理臣請僧道士一切限年六十四以上尼女官四十九以上許終身在道餘悉還爲編人官爲計口授地收廢寺觀以爲廬舍

郭子儀傳論

汾陽事上誠蓋臨下寬厚每降城下邑所至之處必得士心前後遭罹倖臣程元振魚朝恩譖毀百端時方握強兵或方臨戎敵詔命徵之未嘗不即日應召故讒謗不能行代宗幸陝時令以數十騎覘賊及在涇陽又陷於胡虜重圍之中皆以身許國未嘗以危亡易慮亦遇天幸竟免患難田承嗣方跋扈魏州傲很無禮子儀嘗遣使至承嗣西望拜之指其膝謂使者曰茲膝不屈於人若干歲矣今爲公拜李靈曜據汴州公私財賦一皆遏絕獨子儀封幣經其境莫敢留之必持兵衞送其爲豺虎所服如此麾下老將若李懷光輩數十人皆王侯重貴子儀頤指進退如僕

隸焉幕府之盛近代無比始與李光弼齊名雖威略不逮而寬厚得人過之歲入官俸二十四萬貫私利不在焉其宅在親仁里居其里四分之一中通永巷家人三千相從出入者不知其居前後賜良田美器名園甲館聲色珍玩堆積羨溢不可勝紀代宗不名呼爲大臣天下以其身爲安危者殆二十年校中書令考二十有四權傾天下而朝不忌功蓋一代而主不疑侈窮人欲而君子不之罪富貴

壽考繁衍安泰哀榮終始人道之盛此無缺焉唯以讒愬誣奏判官戶部郎中張譚杖殺之物議爲薄

李逢吉

逢吉字虛舟隴西人第進士德宗朝以薦爲左拾遺元和中累遷中書舍人加朝議大夫門下侍郎同平章事罷爲劍南東川節度使穆宗立拜兵部尚書復知政事敬宗朝封涼國公兼右僕射出爲山南東道節度使徙宣武召拜左僕射兼守司徒大和九年卒年七十八贈太尉謚曰成

進善旌賦 以設之通衢俾人進善爲韻

皇唐之與伊唐也濬哲文思異代同時咸進善以欽若又建旌以求之不進善焉何以延側陋之士不彰別也何以嘉讜正之詞是宜式創宏模聿陳令典綴析羽以藻耀植修竿之偃蹇相其地以崇樹所宜因其人以康莊是踐卽之者有以翊聖聽之者於焉遷善忠謇之徒風馳雲趨畢效臣節同膺帝俞猶金礪而君臣合契類土圭而形影相符迥立岧亭而克同國柄直行勁挺而自陟天衢由是悉索草茅罔資介儐高懸垂逮下之德仰視知不言之信咸策足以員來思捐軀而自徇同於舞羽至誠之感必臻異彼弨弓非禮之招不進大哉求仁其必有因懿此標表本乎諮詢制其事者上惟允恭之帝集其下者衆皆可封之人是必隨謗木以用舍與諫鼓爲等倫若夫容衞繁多制度奇詭元蛇始務其厭勝翠鳳式崇乎侈靡熊虎之示勇則那日月之比崇徒爾寧有裨於啓沃且無取於率俾偉夫有臺有宮胡爲乎途中所以闢於聖聰使無不通爰樹爰揭豈惟乎人悅所以尊彼雋傑使皆就列然後朝廷邁德嗣於義軒得賢方於稷契躬好問之裕有知人之哲固以日奏於嘉言矧斯旌之攸設

文武大聖廣孝皇帝册文

維寶歷元年歲次乙巳四月甲戌朔二十日癸巳攝太尉銀青光祿大夫檢校右僕射兼太子少師上柱國天水郡開國公食邑二千戶臣趙宗儒及文武官六千五百四十一人等言臣聞自古王者之御極也必上奉乎天地丕承乎廟祧法天地所以宅八紘嚴宗祧所以垂萬葉非休聲震越不足以齊壽載非尊稱超卓不足以光祖宗則名實之際不可誣也肇自上古質文未具號兼三五事本羸劉其後正閏相承南北更王僉事因襲而罔圖旌別苟鴻猷

既洽藏數莫申貽諸裔昆靡所稱謂抑當時臣子之罪非所謂納君於善者皇唐列聖備有典常高宗而降代享丕號以至於元宗之治平肅宗之盪定德宗之烈文憲宗之戡翦先聖之克荷重熙累盛震邁古昔未有不由斯者已伏惟皇帝陛下濬哲自天寬仁在躬聖齡方富睿德咸稱行懋於朱邸聲飛於青宮始踐阼而虞舜之大孝聞焉既郊天而文王之小心著焉竭愛敬於西宗疑示儀刑於四國慎柬名傅優寵直言自嗣位已來百度維新九圍式敘邊烽罔不罷屬國罔不來靈化有肸蠁之助風雨無伏愆

之候至元至賾可勝道哉由是百辟羣司耆儒碩士文武臣庶緇黃幼艾殊形一心異聲同辭隳肝瀝膽元上嶽稱其誠至矣吾皇猶惕然三讓不得已而俞焉斯謙尊而光卑而不可踰者也夫經緯天地曰文則二儀交泰矣克定禍亂曰武則八蠻順軌矣格於上下非聖歟通乎神靈非孝歟臣等恭考庶言強名聖德不勝大願謹奉玉冊玉寶上尊號曰文武大聖廣孝皇帝伏惟陛下祇上帝之眷命荷累聖之儲休外順四夷內從百辟時承昌運昭受鴻名然後躬大易不息之義思禮經日新之旨鑒拜休之至誠考無過之格言以緝熙庶績重其文以斥去羣邪盛其武以目達四聰載大其聖以慎守九廟益廣其孝克儉克勤有初有終所疎者佞所近者忠畋遊必省獻替必從無忘我高祖太宗之丕烈以永家邦臣宗儒等誠歡誠懼頓首頓首謹上

折桂庵記

匡廬之秀粹於衆嶽五老之英奇於衆峯謂臯嵐卉木煙靄之性和而利福兹收居無鬱厲無翳物之害於物也大哉上上疑之清寧之境耶吾頃年奉家君牧九江得從白

鹿先生濬之遊觀焉志羨則詠真之鄰也有獅子峯下古傳謂幡竿源者其風清英泉石可依足以變昧職之歸真寧歟疑濬之導吾結隱室於是源而居誠以逃俗染溫智習飲超揚之味分浩然之氣也不得不為擇地而歸耶洎折桂上都選調分秩之後忘是境也嗚呼迅變十有三祀矣隱室有浮圖杜氏者守而燕葺焉杜氏泛道者之譽熙熙焉亦久矣家君之夙契者浮圖真士也吾今罪走虔疊道取湓城思隱室逍遙之風悒悒滴淚杜氏訪吾適喜色浮而恨痾釋半矣不復臯嵐之期誠快快乎隱室歸杜氏

人與地相符則無虛擲也得杜氏言曰僧之居儒之居名其異也今君子隱居易爲庵狀有年矣欲錫以名同日月數斯名無朽哉抑吾昔性識因地而清道業因室而精性清道精而名乃成本實無忌者吾門至行也室既爲庵宜以折桂爲名貞元辛巳歲六月十五日李逢吉述

石壁禪寺甘露義壇碑

唐有天下仁聖奕葉文武重光憲章於古損益以正革去雜霸煽揚淳風於二皇三代有全德於周公孔父無違命獨以空門金人之教清淨叶於天綱孝慈禪於人紀考之

經義則不悖施之帝典而可大式克惇尚許其踐修於是人知崇本家有清信空法洫於寰區真經侔於墳籍則道斯備矣凡彼列刹布於列郡而我三壇角於三都在西都曰靈感壇在東都曰會善壇在北都曰甘露壇洪惟適道之通軌歸心之真宅甘露壇在府之交城縣石壁寺清淨大苾蒭慎微稽謀之初欽若佛旨日將漸位地疑是緊禁戒惟厥授受必資壇場不嚴重何以肅凡心不精顧罔克迴聖鑒不宏闡曷足流大化不砥礪莫有就靈功且欲以齊二京之宏觀補是邦之闕典乃銳其戮力誓之以死斷

於高貲邸彼崇信入貨者波委就役者子來掘及九泉實以香土築之三層布以正礎殫山水之勝極土木之工功費鉅萬瓌奇莫二自貞元癸酉歲暨丁丑歲而能事畢是歲有事於靈壇凡數郡之內碩學舊德顓蒙之師大和會凡千里之外激節齋志去家之徒駿奔走自四月八日至二十四日而法會罷俾夫來者宿殖遽生聚舊汙闕清滌恆性鎮有守妄見寢不作至靈加之易外境汩之難精誠歆以交感凡聖忽其相接歡聲喜氣被於山谷休譽令儀播乎宇宙其大哉茲至道妙賾之無量無邊其魄疑見於

事者可略而紀昔應身示滅像教爰布輪既三轉趨之不一而闕別道俗攝持身口莫疾於尸羅近世之弊主者有經費求者必執贐既叨憒而有交利之患顧息惰而無與進之心則中途而北者十四五而大化斯蠹矧或師未善教而法禁廢弛事鮮成命而去取溷淆懿夫宏濟爲心周給於衆則人以勸廷辯其能詳定其要則事有倫五載而一會使人跂之也萬衆而無擇使人趨之也謂東漢感夢以還釋流傳授未有盛於此者故自興作每多符應巨功方半景甚清霽甘露垂珠於草樹者三日以旌美志緇素

同觀大衆日集時屬旱暵靈泉湧溜於山澗者數所以辦禮食賓主咸賴由是節度觀察使禮部尚書李公以文武中龢休勳懿行而志尚營道監軍使以勤敏寬仁長材曠度而性惟與善相與叶心同德表請錫名曰甘露無礙義壇且又降之素書用嘉褒美出其清俸以爲賜予斯足以駭見聞而洽謠誦矣夫宏道設教得其人而後行前志又云天時不如地利禪師本姓齊氏薊人也姜水舊族漁陽德門盼襲軒冕夙彰行義脫屣代祿奉身高讓初隸名本郡憫忠寺窮修多之藏究毘尼之學演律爲粤主傳戒爲

常師了法之無住遊方而至止因感父德先后聆神鍾疑勑仁祠之勣嘉道綽大士精修禪觀躋淨盼之風而峯巒崇邃林泉詭異據全晉之右壤面興王之舊京宜作聖域以嚴佛事亦既經始於焉肆勤綱維及寺之耆艾上首等率能奉法以慎身觀妙以成性用充佐佑誕臻厥成則又知清行勝概之若此雖欲勿烜爲宏圖而莫可已於是緇流俊賢搢紳諸儒洎清信士女百千人俱議欲刻石以存不朽弟子逢吉用六經之餘雅修無生而亦窺龍宮之祕故得以聖朝君臣之至化空門聖賢之妙道合而爲頌以簡於後其辭曰

釋氏之宗泊乎無爲生殖光大衆妙攸依道號無涯智不得知誕設炯戒揭其宏規亦既潤色爲之羽儀乃睠後賢異代如期持律之士若優波離能以厥躬爲衆元龜亮直端潔宜作之師在法末流典制寖隳忘味輟寢誓志興衰乃經斯壇究盡瑰奇赴者如市來其如歸靈泉川流膏露珠垂佛日在上赤乎增輝穆穆聖君唐虞同時端拱思道而人畢隨京邑有三壇乎如之越有大賢鎮安朔陲請錫嘉名用光於茲既賜予矣褒之以詞緬懷元猷祇率皇威

顯允都政真清道機萬有千年煇耀於斯

欽定全唐文卷六百十七

獨孤申叔

申叔字子重德宗時博學宏詞中第爲校書郎

資州獻白龜賦 以泰平將洽神物效靈爲韻

皇帝在位十五載西人獻異龜於王庭匪青黑以飾體特潔白而成形融彩可嘉且不囿於五色呈祥有異詎止齊乎四靈蓋以我皇行化無外止戈偃武人綏道泰升至德於元穹降殊祥於神蔡且夫龜者稟先知之異白者表司殺之方豈天意與咸於有截俾臣下受命而無將西土是

生實西方而主義被甲以至猶帶甲以來王不然何以蠖純容皎素甲皓霜華而浹洽炯玉質輝金精凝雪彩之清貞泳靈沼而冰靜息泰階之砥平足使孟津之鱗恥捷乎素鬣越裳之雉羞奮於翹英矧乎稟殊姿體異貌陋三足之爲美匪六眸以是狡其用也或協聖人之心其動也克符智者之樂然後知戲朝之虎不足徵銜鈎之狼不足神彼騶來思徒稱皎皎爾獸至止虛擅諄諄未若茲瑞德無與鄰應天之命昭王之仁非櫝中之毀棄不蓮上以因循將順乃元穹以呈其貺曷思乎綠水而返其身則彼寧王有遺元緒又安得而比倫嚮非我皇從道不咈必將混於介族詎得分爲理物宜乎冠異紀首靈篇且無使其湮鬱

御千里馬賦 以上之所班諸侯不貢爲韻

惟漢德之雍熙俾遐荒兮肅祗布澤所治致遠人之樂只任土必貢奉良馬以來思殊乎皎皎陋乃駃騠翼八鑾以御矣齊四牡以雜之由是朝發於窮邊夕獻於君所倏追風以掣電邈千里兮一舉仰騄驥之居周鄙驌驦之在楚故將進薦於象魏庶得超遙於苑圍帝曰斯馬爾其還與旅獒之訓今則皎如歸獸之義寧當忽諸矧乃乖乎法駕

而不合於乘輿且帝之御也厥儀惟舊帝之動也其道惟守驅千乘以啟前羅萬騎以居後分青旌兮在左揚素旆兮在右儼五路以居中矯六龍以齊首飾鑾是嚮將節乃疾徐次舍有期豈宜乎奔走蓋順之而可信違之而則不雖千里兮足珍於一人兮何有矧乃場苗既食馬政攸班間以赤兎兼之白騆叶圖之駒伏皁稱德之驥在閑足以驅馳於九域之內足以巡狩於六合之間宜乎旋爾故鄉歸於舊壤超乎半漢適彼蒼莽庶逐北風之思卻從東道之上俾得交頸嚙土翹足荒陬克全真性有歸羣休同越

地之放象似桃林之罷牛豈比騂騮卒見羈於造父寧同屈產終服御於晉侯是知漢文之德彌尊歸馬之猷克中示後之立國者盡規矩之以卻遠方之貢

處囊錐賦 以賢者處代必聞其人爲韻

囊之爲物也虛受而無遺錐之爲器也利用而攸資彼式處焉必將勁而出矣此乃柔止安得固而藏之遂得耀穎於紉縫之處呈銛於挫銳之時諒遏之兮不可非剛克兮何其炯炯乎從革之資纖纖乎徑寸之質露微鋩以外見透虛囊而首出方同人之處晦靜以求伸比達士之奮奇

物莫能屈既藏身於不固寧脫穎之無必觀其觸之必徹指之必穿方將動而愈出孰曰鑽之彌堅所以趙氏克明因之而興喻毛生不讓比之而自賢信立德而法矣誠有待而言焉且賢之在代也或默或語猶錐之在囊也或出或處囊雖固兮錐必自分代雖溷兮賢罔同羣豈比夫不銳者載繁載考而莫出不善者四十五十而無聞是以匪無思乎指地將有望於決雲吐穎呈鋒磨礪而自我投奇擢異提攜而在君嗟乎道之將行也必有用我者彼賢未達雖執鞭而尚從我道有庸寧補履而爲下向使無銛鍔之珍爲鉛刀之倫縮勁挺於囊橐受頑鈍於陶鈞復何異怳忽之內物鴟夷之中人君子曰是事也可以爲鑒戒可以明進退豈獨美於一時蓋垂規於百代

樂理心賦 以易直子諒油然而生爲韻

心爲靈府樂有正聲感通而調暢之理自得訢合而邪僻之慮不生翕如冥契混若化成孕和平於德宇保純粹於元精故先王立極受命制民作則修匏土革木之器備干戚羽旄之飾將以悅萬人康四國動蕩其心志推移於道德薰然而煦日以和悠爾而躋之壽域成文不亂知至樂

之有融從律弗奸見王道之甚直聲之所感性罔不悛致和易於無象禁奸邪於未然希夷自適鬱結攸宣苟斯須之不去何嗜欲之能遷況乎大樂同和至音交暢聽寂寞而何求視窅冥而無狀將欲革驕志以純仁化貪心爲貞諒在乎思不惑兮心不流安至樂兮優而柔順至性之蕩蕩符大道之油油純如皦如足養浩然之氣融融洩洩寧抱悁爾之憂是知以德音爲音則合於仁義以淫樂爲樂則比於慢易咸濩作而理亦隨之鄭衛興而時乃殆而信至化之所繫實和樂之攸資是以重華明兮簫韶若此獨

夫靡兮顛沛若彼忘味興嘆於宣尼觀風見稱於季子則知樂之爲用也不獨逞煩手讙俚耳正心術而導淳源非聽其鏗鏘而已

審樂知政賦 以同彼吳札觀樂於魯爲韻依次用

樂之爲樂也布五氣和八風政之爲大也包有截被無窮雖尋源泝異而致用是同故政行而樂作而樂在其中是以重華昭昭兮簫韶若此獨夫靡靡兮顛沛如彼鄭衛作而濮上慄焉絃歌聞而武城樂只故爲政之善否實由樂之張弛惟審樂之大義其梗概也如是若乃終始類四維

廣大象八區成質文於五色齊宥密於三無奏宮而君位斯合動商而臣道克符角之鳴人斯度矣徵之應事而形乎理方元氣政亦陰數彼師曠傾耳而在晉季札發跡而在吳惟樂之道也蓋精微於此乎不然何以深聽密察善惡凶札寂慮居安靜志遐觀故將亡之音哀以思至理之感柔而寬是故君子審音以知樂存亡必見乎未兆理亂亦在乎先覺其道亂也噍殺作而嘽慢興其世理也乘麒麟而棲鸑鷟則是政之所以樂亦依於苟聽五聲以悖矣諒八音而忽諸方今九功已成八佾斯舞鼓虙羲之琴瑟植虞舜之干羽故能仁洽道廣澤融德溥聽之忘味殊三月之在齊化之式臧寧一變而至魯客有作樂之賦者將含容於上古

服蒼玉賦 以天子之服從此方色爲韻

天配五色惟春也蒼然地孕萬物惟玉也堅焉玉可久持故君子比德於玉蒼實正色蓋聖人形象於天歲既陽止色其著矣東方木德之令蒼本靈威之紀順其色繫象服是宜飾其容信以蒼爲美晶熒兮其瑩如碧追琢兮其平如砥實同法服不敢違於先王有異象環獨見用於孔子

若乃太史告立春之期天子迎東郊之時映乎元冕節以采茨碧若生芻之色肅乎出藍之姿縈垂組而溫潤澤矣繫衝牙而左右流之質且異珪終乃磨之無玷色雖匪白誰謂涅而不緇故能間五玉先四服混元冕曜黃屋微白虹之皎潔對蒼龍以照燭豈非哲匠之所逢他山之所攻采此溫如之質擇其善者而從得佩之服之於此琢之磨之於彼齊蒼璧之獲薦異白玉之見毀色膺時用寧偉純漆之元彩非染成詎比奪朱之紫矧乎四氣莫先乎春陽五位莫首乎東方九有具瞻其尊也帝皇萬物咸覩其大

也穹蒼我乃應春氣之德順陽和之則爲帝者之行節候穹蒼之正色叢四美而具宣冠羣玉之攸克所以標嘉名於時令宜乎哉垂楷模之無極

張濛

濛贈太子少傅均子德宗朝爲中書舍人

登春臺賦

達萬類者莫尚於和氣鬱萬類者莫極於幽情故登臺而豁望得寓目於春榮高臨乎雙闕迴出乎重城洞千門而拂曙披九陌於初晴雲當軒而氣潤風溢檻而光清陰始

分而土膏起陽已動而泉脈生縹緲九層之端希微四達之眺春馭興而揺裔興韋春而窈窕鶬鶊來於東野鴻鴈去於南津變烟霞而改舊嘉草樹而含新思欣欣於麗景情鬱鬱於韶春雖懵陰陽之義且知天地之仁我國家道洽眾靈化涵諸夏吹律豈勞於鄒衍操音寧藉於子野德被荒遐而有截澤周品物而無假因壽域以同歸熙樂郊而獨寡是知氣之所感者情情之所和者氣氣苟達而內愜情必洽而外慾等彼純絲之濕若享太牢之味因在極於羨溢寧止臻於髣髴不然者太昊之令何榮老氏之言安貴而已也春臺高兮勢峩峩鶯亂囀兮傳伐柯聊登陟兮一過攬春心兮未和春臺曉兮光淡淡花競落兮如英莢遠憑臨兮一覽觸春心兮多感感因外而重遣和自中而再尋任三陽之榮悴齊萬化以浮沈風何知於虎嘯雲何識於龍吟猶春臺之蹈泰與聖政之同深

鎮國軍節度使李公功德頌并序

聖唐九葉皇帝平內盜攘外夷建中興永圖以崇王業乃命潼關鎮國軍節度使檢校尚書右僕射兼御史大夫華州刺史武康郡王李元諒整兵隴右分鎮京西朝野訢以

爲宜軍州翕而益重復我洮罕期在於茲且謂分星辰之精山河之靈或穆英明爲國而生者也於是行軍司馬御史中丞董叔經以州人感公救其塗炭荷公拯其瘥癘露表羣言贊於雲陛曰臣聞鼓天下之大節莫先於忠義御天下之大難莫出於才能奏勳庸播金石以爲天下表莫盛於碑版然則陛下宗臣元諒雄傑英勇沈斷明謀虎身之望夙成龍頷之封果及武齊七德而克用爲模文有九功而能舉爲法故炳燭方召粃稗韓彭桓桓然徇國之功皆可揭而昌言也昔陛下薄狩郊甸爰幸巴梁虵虺畜而

毒生豺狼飽而害作内奥宫闕黨與譸張何望之釁掘咸林敬釭窺覦蒲坂同逆相扇傾陷巨州元諒時以散員副戎關鎮無一壘之土無一旅之衆感憤而發招輯白徒斬賊使於潼津破賊將於敷谷乘勝連擊遂克城池閭閻載安室家相慶此其徇國之功一也勇夫重閉以備不虞創績壖隄是徵板幹環迴裹於修郭延袤載於通衢冀防馳突之鋒庶窒搜牢之掠四封輻輳不震不驚益兇豎東顧之憂壯義夫西討之勢此其徇國之功二也州之器備自昔其空乃剔鏤鼓爲兵撤氈影爲甲剡蒿揉爲弩截筩葦

爲排嚴約誓於五申肅部隊於三令勞逸斯共甘苦必分德以導其懷刑以齊其力義以啟其憤忠以發其誠由是士皆獨方樂公戰矣此其徇國之功三也籍馬蒐乘補卒濟師始編簿者二千終載書者一萬進次昭應稟命於副元帥之軍列屯興泰分廻於尚可孤之壘元兇恃衆犯我中營或靡旌而來或掉鞅而去因其去也霆激飆衝分翼夾馳邀覈其陣血鬬滻川之水屍膏灞岸之田狡勢迷窮不能復振此其徇國之功四也蒼茫御苑橫矗長雲摧百堵而洞開擁三軍而徑入姚令言望旗而潰張光晟棄甲而奔轂騎爭追若燎於藪賊泚憂迫躬率全軍驅其恂恂之徒揮我堂堂之衆一鼓而北竄死真寧氛祲廓而黃道清腥穢消而彤庭肅頓師章敬都邑晏如迎大駕復於咸秦還大兵散於陰晉此其徇國之功五也李懷光阻河拒命竊弄戈鋋北連絳臺南抵黃巷選朔方之健將保朝邑之離宮陛下特詔攻圍重鞠戎旅總於經略丕冒平涼或掎擊其救兵或邀絕其餫卒力殫命窘因乃求降未殲當道之豺且磔吠籬之犬此其徇國之功六也進屯河縣摟邏官橋雖竹纜已焚而水口將渡大憝知窘猶懷鬬心乘

時出奇幸於有勝遲明遇伏卒以無歸恚蹙窮城因絞中閤三條以謚三輔斯寧此其徇國之功七也戎羌不道傲擾西陲驟掠邠涇深入鹽夏狃其橫獷溽暑仍留苟不用權若何攘暴迺勵我鷹揚之旅乘其馬瘠之時張皇軍形緩俘令逸然後排烽結隊加竈翻營師未逾於洛源寇已還於河曲此其徇國之功八也婪婪蕃虜匿詐求和重違修好之言用許尋盟之約諸軍畢會是獨沈疑陳其不誠請以爲備且曰古者諸侯相見兵衛不撤警也今犬羊反覆未可以端拱待之乃距平涼二十里所柵爲壁塹爲壘

設晉師教前之伏修楚臣勁後之殿練銳三千涉涇式遏旣而升壇將歃果以惡來聲若河翻勢如山進望我旗鼓驚駘而還禦侮之道旣宏折衝之威亦著此其徇國之功九也良原縣閒在涇隴西壓窮邊罹彼煙塵翦除荊棘事未經啟密命興功遂發軫而遽行卽建標而特起恢其制度峻以規模役不二旬隱然嶽立乃修廬井乃闢田疇商旅載通流庸偕附烽堠交於塞表保障連於峽右雖周築虎牢漢憑馬邑式遏亂略曾何足云此其徇國之功十也朝廷所以降丕命策高勳重位以崇之豐爵以榮之歌鐘

以樂之邸宅以寧之自建中以來衛社稷之臣秉旄鉞之將除宰輔董戎外其孰能疇匹於此哉况明允褒賢勤於理要清恕以康黎獻簡恤以裕公私推信誠宏敬讓薄九賦勵三農抑浮窳之風興廉正之教一年而人知禁二年而人知惠三年而人知愛四年而人知誦夫然又安可使懋功昭德沈隱無聞者歟願聽華人篆之樂石制曰可於是耆壽茘非昇古沙門釋僧惠道士遊方外等千乃心萬乃口喜從所欲祈我筆端乃約奏章以纂成績公本姓安氏武威姑臧人蓋黃軒帝孫降居安息高陽王裔留宅姑臧僕射元魏之股肱武衛巨唐之牙爪世濟其貴公又昌明而弱歲羈孤感於知己某某之族從駱統之姓鎮潼關者五年矣旣申武節克建戎勳天子以敦淳可親誠明可信更名賜氏以昭實焉書所謂踐修厥猷靈承多寵者矣若夫校功王府謨德侯家雖馮異揚言巳傳徽於昔歲而吉甫作頌庶宏美於今辰詞曰

洸洸武庸兮有虔秉鉞卽戎臨敵兮原火烈烈隊如星兮陣如雲進如流兮止如截轉電激兮衝風發壞苑垣兮復宮闕旣東征兮又西伐鼙鼓雄兮才氣傑滌昏霾兮掃妖

孽河濆清兮渭源澈功旣成兮恩亦結倚鎭防兮賚金穴華山麗兮敷水潔惠汪濊兮威凜冽庶甿安兮羣盜絕舞稚童兮歌大耋城穿雲兮營偃月望麾幢兮想旌節樹豐碑兮頌英哲詞不媿兮勳不滅

段文昌

文昌字墨卿一字景初西河人元和中累轉祠部郎中知制誥穆宗立拜中書舍人進中書侍郎同中書門下平章事自表還政授劍南西川節度使敬宗立拜刑部尚書轉兵部判左丞事文宗朝遷御史大夫封安平郡公檢校右

僕射平章事充淮南節度使再徙鎮西川大和九年卒年六十三贈太尉

修仙都觀記

平都山最高頂卽漢時王陰二真人蟬蛻之所也峭壁千仞下臨湍波老柏萬株上插峯嶺靈花綵羽皆非圖志中所載者昏旦萬狀信非人境貞元十五年余西遊岷蜀停舟江岸振衣虔潔詣諸洞所石嵒靈竇蒼焉相次苔龕古書依稀可辨時與道侶數人坐於下須臾天籟不起萬竅風息山光耀於耳目煙霞拂於襟裾相顧神竦若在紫府

元圃矣羣於形役不得淹久瞻眺惆悵書名而去爾來已三十四年大和庚戌歲自淮南移鎮荊門有客由峽中來者皆言當時題紀文字猶在觀宇歲久臺殿荒毀不三數年必盡摧沒於巖壑矣乃捨一月秩俸俾令修葺子來同力浹旬報就去年冬十一月詔命換麾幢再領全蜀泝三峽歷舊遊依然境物重喜登覽聞泉聲而緩步愛松色而難別遂命筆硯志於巖谷時大和七年正月五日記

菩提寺置立記

蜀城正南當二江合流之上萬井聯甍之內獨有岡阜迴抱數里地形含秀而高坦木色貫時而鮮澤以氣象言之不有金刹梵宇孰能主其勝勢乎天寶末元宗巡狩此方崇護法教度僧建寺大啟休福至德二年長史盧公元裕奏置此寺以菩提爲號焉先是僧衆鄉黨耆舊相厥林野將興塔廟徘徊凝睇漠然無所乃諮於草堂寺無相大師以質之大師傳繼七祖於坐得三昧以不思議之知見破羣心之蒙惑遂指茲地宜開法門夫風行地上而萬竅自號大師一言而天心感悅故得廣輪棟宇版築垣墉翦榛莽以立宏規繚荒墟以羅物象大歷初節度使相國崔公

寧以此寺剏名修建未就乃迎彭州天飭山惠悟禪師以居焉禪師卽無相大師之升堂法子也覺照圓朗了於實際以方便說化導羣生俗流歸依其衆日倍經始之制於茲復興其後有信心居士薛藏尹偘者生於岷峨得其靈秀氣豪量濶宗敬二乘皆能以財發身悟愛爲妄捐捨寶貨同修梵場蚩蚩之徒隨我先倡方構雲起儼如天成觀乎崇殿巍巍殫於宏麗列柱屹立以壯趾攢櫨分形以扶栱豁紺宇而色明洞綺寮以霞散金碧絢煥逢倒景而共照珠鐸玲瓏無迴飆而獨響長廊之外江浦悠然高檻之

端雲峯對出有巖巒之松桂是人寰之林藪學無生者得自在攝威儀者無缺落住持之益其何博哉繇是言之非龍駕之巡幸無以建法幢懸雕牓非大師之言授無以識茲地占幽奇非居士之捨財無以集工輸成像設參會而來福祥冥感流慶昌運推乎無窮今皇帝纘八聖之耿光奉三無私以端拱則全蜀之保寧法輪之常運庸詎知其際邪徵其建立以來招化檀施者有若寺主惠巖姓張氏操行端明始終無替繇歷五紀成此茂功押寺臨壇大德元極德高宿殖振起律儀上座惠通識敏量寬通藝兼蘊

都維那行持典座行謙聰悟多聞探詳經論咸緇門挺秀戒行精嚴若衆流爲川羣材成廈喜日月之既就歎成功之莫紀年代悠緬易爲消失不立篆記將何以報衆士之有聞乎請余爲詞用述前迹銘曰

時久太平幽陵起兵騎入宮壼塵飛杳冥翠華西巡旋復天京崇演法梁爲濟羣生藹藹岡原於江之涘盤林走壑或隱或起建寺之辰經營於此誅茅破藪夷高堙埤云誰知之大師所指萬材既構百役齊功日就月將化爲蓮宮正殿渠渠觚稜倚空長廊複宇霞截雲重乃有二士迴向正法能成香刹標於濁劫瞻敬自生萬緣皆攝利益宏溥偉哉善業西南巨鎮地足寶坊形勝之中愛此清涼遠對前山終古蒼蒼貞珉既刻永播坤方

諸葛武侯廟古柏文

是草木有異於草木則靈武侯祠前柏壽千齡盤根擁門勢如龍形合碧太空散霧虛庭合抱在於旁枝駢梢葉之青青百尋及於半身蓄風雷之冥冥攢柯垂陰分翠間明忽如虬螭向空爭行上承翔雲孤鸞時鳴下蔭芳苔凡草不生古色天風蒼蒼泠泠曾到靈山老柏縱橫亦有大者

莫之與京於惟武侯佐蜀有程神其不昏表此爲禎斯廟斯柏實播芳馨

平淮西碑

夫五兵之設本以助文德而成教化故聖人不專任之其有桀驁暴邪干紀作孽道德不服則兵以威之文誥不諭則兵以靜之在禁暴除害而已自黃帝堯舜不能無誅至湯武受命武功寖盛其本之以仁義行之以弔伐惟帝與王率由茲道於戲創業之君勞而後定守文之主安而忘戰故三代之衰功在五伯末有中葉之後再安生靈前古

所無歸於聖代我唐運之興也高祖太宗以仁義之兵除
暴隋之亂戎功祖武百代丕承元宗嘗亦內翦奸邪外清
夷狄所以繼文之代協帝之明既而禍起於微亂生於理
由是髖髀之衆結固於兩河斤斧不用緜歷於五紀肅宗
代宗親翦大憝且務生育德宗順宗觀於天象察於人事
以理運未至沴氣猶凝運啟昇平以俟後聖惟我后握樞
出震端扆嚮明考上元之心思祖宗之意掃滌區宇光啟
帝圖不以萬乘爲尊四海爲富遵大禹櫛風之志有光武
乙夜之勤以爲景擒七國而漢民安成翦三監而周化洽

焉有患難未去而德教可興日者李琳恃近狄之國劉闢
憑坤維之險李錡保長江之衞從史資太行之阻四兇相
挺繼爲亂常三數年間蠹膏鈇鑕太尉茂昭以中山之地
盡室來朝司空宏正以全魏之邦舉宗向闕義風所激莫
不歸心况彭城從折簡之召橫海展執珪之覲向之談虜
號之存亡議輔車之形勢莫不刳心斷臂繼踵爲忠既而
麟見於巴賓之間河清於鄘衞之際固本根之貺昭聖祚
之符廓清寰海兆於此矣而長淮右地連山四起控扼吳
楚密邇轘轅有上帝濯龍之池同冀方多馬之國戈鋋雪

照駟駿雲屯二姓三兇憑阻作孽歲在甲午吳少誠積禍
而斃餘殃聚於逆嗣氛祲淮濱我后方弔人省寃壓災除
穢猶命使者持節往申寵賻以昭柔服之義示含宏之仁
元濟刲衆拒境滔天肆逆剽葉縣燒舞陽侵襄城伊洛之
間騷然震恐乃詢廷議咸願假以墨經授以兵符天子淵
默以思霆馳以斷獨發宸慮不詢衆謀漢宣從屯田之議
晉武決平吳之計至聖不惑羣疑自消於是會梟藻之師
得鷹揚之帥以忠武軍帥李光顏往者平朔邊靜庸蜀雙
矛電激孤劍飆馳亦猶馮異之總軍鋒子顏之將突騎才

氣雄武可掃欃槍總魏博河陽郃陽凡三軍自臨潁而前
以河陽軍帥烏重允當從史內誅邪謀外阻兵勢精誠奮
發密應王師故得虜魏豹於軍中縛呂布於麾下識慮中
正可革梟音益以汝海之地總朔方義成陝虢劍南西川
鳳翔延州寧慶凡七軍由襄陽而進宣武帥韓宏請以子
公武領精卒一萬二千騎集洄曲樂書作帥鉞爲戎右充
國討虜印統支軍是能從帥之命成父之志又以壽春守
李文通夙精戎韜累習軍旅明於守備可保金湯總宣武
淮南宣歙浙西徐泗凡五軍扼固始之險以鄂岳都團練

使李道古以先曹王皋有任城之武昔征兑渠嘗取安陸授以戎柄嗣其家聲乘五關之隘以唐鄧隨帥李愬溫敏能斷靜深有謀昔趙孟慕成季之勳復能霸晉亞夫紹絳侯之武亦克擒吳想其英嶶必有以似山南東道荆南凡兩軍自文成而東乃命御史中丞裴度布挾纊之恩奉如絲之命以諭羣帥以撫輿師且以古之會兵必謀元帥令歸於一勢不欲分命宣武軍帥韓宏爲諸道行營都統假陸遜之鉞拜韓信之壇指蹤書奇正之機發號申嚴凝之令然後有司馬之法成節制之師而寒暑再推賊巢未下

又命內掌樞密之臣梁守謙肅將天威盡護諸將懸白日於千里推赤心於萬人由是甘寧奮升城之勇君文勵擊郾之志焚上蔡以翦其翼拔郾城以扼其吭以軒后攻蚩尤之亂殷宗伐鬼方之罪周公誅淮夷之叛雖以聖討逆皆三年後定百辟之議且謂久勞將決其機以安海內復命丞相裴度擁淮蔡之節撫將帥之臣分鄧禹之麾旆盛竇憲之幕府四牡業業于藩于宣先是光顏重允公武戎旅同心壘垣齊列常蛇之勢首尾相從胡騎之雄紛紜縱擊逐餘孽如烏雀獵殘寇似狐狸干矛如林行次於洄曲丞相之來也羣帥之志氣逾勵統制之號令益明勢如雷霆功在漏刻賊乃悉其精騎以備洄曲之師唐隨帥李愬新總傷痍之軍稍勵奔北之氣城孤援絕地逼勢危而能養貔虎之威未嘗矍視屈鷙鳥之勢不使露形是以收文城柵而降吳秀琳下輿橋而擒李祐祐果敢多略衆以留之或謂蓄患不利吾軍愬誠明在躬秉信不撓爰命釋縛授之親兵祐感慨之心出於九死縱橫之計果效六奇粤十月既望陰凝雪飛天地盡閉愬乃遣其將史旻仇良輔留鎮文城備其侵軼命李祐領突騎三千以爲鄉導自領

中權三千與監軍使李誠義繼進又遣其將田進誠領馬步三千以殿其後郊雲晦冥寒可墮指一夕卷旆凌晨破關鋪敦淮濆仍執醜虜雖魏軍得田疇爲導潛出盧龍鄧艾得田章先登長驅緜竹用奇制勝與古爲儔四紀逋誅一朝蕩定攄宗廟之宿憤致黎庶之大安周漢以還莫斯爲盛帝命策勳進宏爲侍中光顏重允並爲司空愬爲左僕射帥山南東道公武加散騎常侍節制鄜坊丹延道古進御史大夫文通加散騎常侍王師獲金爵之賞環境蒙優復之恩掩骼埋胔除瑕宥罪躋羣生於壽域還比戶於

可封東西南北無思不服丞相旋請來朝後加金紫光祿大夫封晉國公乃眷淮濆烝人生殖俾擇循吏撫其疾傷以宣慰副使刑部侍郎馬總領淮蔡之任天子議功雲臺追美將帥俾刻金石以揚休勳而百辟僉謀羣帥克讓推義士之志敢貪天功徵賢臣之言實在君德於是搢紳之士暨侯服之臣上獻鴻名式昭徽冊然後光輝千古聲名百蠻詔命掌文之臣文昌勒銘淮浦庶乎閱周雅者美宣王之中興觀劒銘者戒蜀川之恃險銘曰

天有肅殺萬物以成雷風爲令霜霰爲刑君有武節四海以寧陳之原野阻以甲兵在昔聖主格寧邦國武以禁暴刑以助德牧除害馬農去蟊賊苟非戎功孰靜羣慝明明我后神算精微九重獨運千里不違宵衣旰食再安中寓始蕝朔漠旋梟蜀虜丹徒縱瀵白門縛布服茲四罪豈勞一旅淮夷怙亂四十餘年長蛇未蕝寰宇騷然逮於孽童逆志滔天懷柔匪及告諭罔悛帝念生人乃申薄伐飛將鷹揚前鋒電發齋壇命信靈旗指越我武惟揚祆氛未滅集於洄曲決戰摧兇豹略臨晉維留沓中桓桓裴帥奇謀成功浮罌暗渡東馬潛攻合以長圍絕其飛走布德滅妖升城獲醜商不易肆農安其畝洄曲殘兵投戈束手帝嘉羣帥賞不踰時晝社啟封珪組陸離洎於蠻貊服我英威刻之金石作戒淮夷

欽定全唐文卷六百十八

陸淳

淳本名質因避諱改名累官左司郎中順宗時徵爲太子侍讀貞元二十一年卒

祀武成王議

臣聞統天下者禮法也救天下者權數也拯難者常以權變禮以數易法有國者則尚德而賤數尊禮而晦權何者禮法行則民安其分務於修身權數騁則人思變常務於苟得安其分理之源也思變常亂之本也故救一時之弊者事不可貽於將來垂萬世之法者道不必行於當代竊以武成王殷臣也見紂之暴不能諫而佐武王以傾之於周則社稷之臣矣於殷謂之何哉且夫尊其道者必師其人必尚其行使天下之人入是廟也登是堂也稽其人可以思見師其道所由致法則俾夫立節死義之士安所措其心乎聖人所以尊堯舜賢夷齊不法桓文不贊伊呂先之以敬讓導之以禮樂蓋謂此也使武成之名與文宣爲偶權數之略與道德齊衡恐非不刊之典也臣愚爲宜罷上元追封立廟之制依貞觀於磻溪置祠令有司以時享奠斯得禮之正也

定祧獻懿二祖議

臣竊尋七年百寮所議雖有一十六狀總其歸趣三端而已于頎等一十四狀並云復太祖之位張薦狀則云並列昭穆而虛東向之位韋武狀則云當祫之歲獻祖居於東向行禘之祀太祖復延於西謹按禮經及先儒之說復太祖之位位既正矣義在不疑太祖之位既正獻懿二主當有所歸詳考十四狀其義有四一曰藏諸夾室二曰置之別廟三曰遷於園寢四曰祔於興聖藏諸夾室是無享獻之期異乎周人藏於二祧之義禮不可行也置之別廟始於魏明之說禮經實無其文晉義熙九年雖立此義已後亦無行者遷於園寢是亂宗廟之儀既無所憑殊乖禮志事不足徵也惟有祔於興聖之廟禘祫之歲乃一祭之庶乎亡於禮者之禮而得變之正也

删東皋子集序

淳聞於師曰秉仁義立好惡方之內者也等是非遺物我方之外者也冥內而游外聖人也聖人吾不得見之矣方內者時有焉其惟方外之徒莫得而測也豈踐迹之道易

忘言之理難邪將羣於人而內自得邪何乃莊叟之後緜歷千祀幾於是道者余得之王君焉心與物冥德不外蕩隨變而適卽分而安忘所居而迹不害教遺其累而道不絕俗故有陶公之去職言不怨時有阮氏之放情行不忤物曠哉淵乎眞可謂樂天之君子者矣生於隋季人莫之知故其遺文高跡不顯余每覽其集想見其人恨不同時得爲忘形之友故祛彼有爲之詞全其解懸之志庶乎死而可作無愧異代之知音爾其祖宗之由出處之行前序備矣此不復云

春秋集傳纂例序

啖子所撰統例三卷皆分别條疏通會其義趙子損益多所發揮今故纂而合之有辭義難解者亦隨加註釋兼備載經文於本條之內使學者以類求義昭然易知其三傳義例可取可舍啖趙俱已分析亦隨條編附以祛疑滯名春秋集傳纂例凡四十篇分爲十卷云

春秋例統序

啖先生諱助字叔佐關中人也聰悟簡淡博通深識天寶末客於江東因中原難興遂不還歸以文學入仕爲台州臨海尉復爲潤州丹陽主簿秩滿因家焉陋巷狹居晏如也始以上元辛丑歲集三傳釋春秋至大歷庚戌歲而畢趙子時宦於宣歙之使府因往還浙中途過丹陽乃詣室而訪之深話經意事多響合期反駕之日當更討論嗚呼仁不必壽是歲先生卽世時年四十有七是冬也趙子隨使府遷鎮於浙東淳痛師學之不彰乃與先生之子異躬自繕寫共載以詣趙子趙子因損益焉淳隨而纂會之至大歷乙卯歲而書成

春秋集傳微旨序

傳曰惟天爲大惟堯則之韶盡美矣又盡善也武盡美矣未盡善也又曰禹吾無間然矣推此而言宣尼之心堯舜之心也宣尼之道三王之道也故春秋之文通於禮經者(謂凡郊廟朝聘雩社婚姻之類是也)斯皆憲章周典可得而知矣其有事或反經而志協乎道(紀侯去其國之類是也)跡雖近義而意實蘊奸(楚子虔誘蔡侯般之類是也)或本正而末邪(楚殺徵舒入陳之類是也)或始非而終是(晉人納捷菑不克納之類是也)賢智莫能辯彝訓莫能及則表之聖心酌乎皇極是生人已來未有臻斯理也豈但撥亂反正使亂臣賊子知懼而已乎今故掇其微旨總爲三卷三傳舊

說亦備存之其義當否則以朱墨爲别其有與我同志思見唐虞之風者宜乎齊心極慮於此得端本清源之意而後周流乎二百四十二年褒貶之義使其道貫於靈府其理浹於事物則知比屋可封重譯而至其猶指諸掌爾宣尼曰如有用我者期月而已可也豈虛言哉豈虛言哉

任超

超建中四年官渝州刺史

靈龜王碑

余誠不才位忝州牧乾乂恭守五載臨茲前後三度見茲

石矣切覩前賢記錄明文咸曰此石出則年豐歲稔比亦未能記之昨爲去年季冬五度雪降三回盈尺實冀蒼生有豐稔之望今又河南河北有不匡之徒蟻聚蜂屯我本道節度使僕射李公奉詔發甲兵萬人從此而下遠伐不順有此事由因銘之記時唐建中四年歲次癸丑正月戊寅朔三日庚辰

薛勝

勝河東人贈刑部侍郎存誠父登進士第

孔子彈文王操賦（以審音知人前後一揆爲韻）

文王有聲惟聖能審初彈雅操知德音而有懷稍奏遺音覺儀刑之可稟黯然之狀已究鏘然之響可尋述而不作載好其音德必不孤諒前聖合於後聖道乃無二誠此心達於彼心其神也邂逅相遇其慮也罔或不欽則知奄四方而氣正加一絃而義深曲引烝哉調吟皇矣穆穆乎順帝之則洋洋乎令聞不已同聲相應雖千古而會徽音異日而論猶萬邦而聆遺美所以聖賢不遠古今一揆且將合於心豈獨盈乎耳既而温故知新若聖與仁千里同風自冥契於風韻千里一聖當間出於聖人玉指迴軫朱絃

應律運八風而吹萬迭五音而不一既而文德在茲以寧王道宥密斯操也必俟後賢吾無間然陟降因我而著昭穆因我而宣符盡徹之言無毫釐乖於是叶同音之理豈合度差於前是謂惟神所受繼聖之後自得於心匪傳於口稽帝謂之意勤止豈無非天縱之才生知何有無音不合無德不宜翼翼之心因心而會亹亹之善盡善而知師襄於是作而言曰予聖人也與文王而同規

拔河賦

皇帝大誇胡人以八方平泰百戲繁會令壯士千人分爲

二隊名拔河於內實耀武於外伊有司兮晝爾於麻宵爾於紉成巨索兮高輪囷大合拱兮長千尺爾其東西之首也派別脈分以挂人胷腋各引而向以牽乎強敵載立長旗居中作程苟過差於所誌知勝負之攸平於是勇士畢登嚚聲振騰大魁離立麾之以肱初拗怒而強項卒畏威而伏膺皆陳力而就列同拔茅之相仍瞋目贔屭壯心憑陵執金吾袒紫衣以親鼓伏柱史持白簡以鑒繩敗無隱惡強無蔽能咸若吞敵於胸中曾莫蔕芥又似拔山於肘後匪勞凌兢然後一鼓作氣再鼓作力三鼓兮其繩則直

小不東兮大不東允執厥中鼉鼓逢逢士力未窮身挺拔而不動衣廉襜以從風鬭甚城危急逾國蹙履陷地而滅趾汗流珠而可掬陰血作而顏若渥丹脹脈憤而體如癭木可以揮落日而橫天闕觸不周而動地軸孰云遇敵遷延相持蓄縮而已左兮莫往右兮莫來秦皇鞭石而東向屹不可推巨靈蹋山而西峙嶷乎難摧繩㩧撲而將斷猶匍匐而不迴大夫以上停眙而忘食將軍已下虓闞而成畱千人抃萬人哈呀奔走坌塵埃超拔山兮力不竭信大國之壯觀哉嗟夫虛聲奚爲決勝在場實勇奚爲交爭乃傷彼壯士之始至信其鋒之莫當洎標紛以校力突繩度而就強懦絕倒而臆仰壯乘勢而頭搶紛縱橫以披靡齊拔剌而陸梁天子啟玉齒以璀璨散金錢而瑩煌勝者皆曰予王之爪牙承王之寵光將曰拔百城以賈勇豈乃牽一隊而爲剛於是匈奴失筋再拜稱觴曰君雄若此臣國其亡

李季貞

季貞建中二年自節度判官除括州刺史

石門山記

混茫既分乾坤成列形下曰器禹別九州漢通百越茲山惟揚東甌之地也西走嶺嶠南（以後詞俱原闕）未詳遠近觀乎傑出氛霧勢凌霄漢峭斷穹壁呀開石門（闕）溪層巒萬仞瀑布千尺奔厓照日望爲晴虹觸石乘風散爲絕境天下之勝槩也雖呂梁懸水天台飛流方之標奇層巒蓄翠風木含韻陰鶴朝唳孤猿暝吟曜金碧於激潭散霞（闕）可勝言哉謝公詩云連岩覺路塞密竹使徑迷暝投雲（闕）雖立意可嘉而象物殊略若非陰陽偏顧造化有情則曷（闕）幽人肥遯之志梁（闕）余因守此藩行縣至（闕）遊憩永日修（闕）智

之所欲欲之不已則躁禍生焉棲隱者高情之所志闕歸焉寧將違樂趨禍以敗其身乎捨躁取靜以全其貞乎前哲儻有退有歸耕之田處有周急之資必當揖二疏高風追闕屑屑碌碌終勞形於世務耶聊勒石紀事以貽諸來者亦闕蓂道之不孤也

仙都山銘

元混播形厚載孕靈雄冠羣山孤高亭亭挺拔俊秀氛氳青冥嵐凝丹穴霞駮雲屏上摩九霄旁礙五星龍髯莫覩鳳管時聽降自穆武求之靡寧徒聞荒政曾不延齡物有

殊異昔人乃銘爰勒斯文緡雲之垧

房說

說建中朝官祠部左司員外郎

對徵什一稅判

長安縣徵什一稅百姓訴云取已過半人將不農縣官云恐國用不足

務農重穀徹田爲糧布教頒常示人以信不足於二且異魯侯捨而糴三非如漢吏兄決渠降雨神皋奧區既稱百二之雄何辭什一之稅殊大桀而小桀且如茨而如梁桪軸其空則我豈敢膏腴兼倍於爾何傷徒辞語以無稽須甘心而受謗抵欺赤縣曾是迷愚家財若不助邊軍實如何取給訴云過半誠爲罔上之人又曰不農恐涉要君之責截翕其舌無厚爾顏

沈封

封建中時進士

指佞草賦 以靈草無心有佞必指爲韻

伊嘉卉兮昔生軒庭蓋歷代而莫覩其狀至我后而方覩其形對右平與左墄間朱草與彤庭薰風晝灑湛露宵零

所以彰吾君之睿聖所以表吾君之德馨匪然何以於昭其異有赫厥靈根莖竦擢枝葉靜好惡夫佞允叶乎聖心作乎祥特異於靈草况今勤施五至克奉三無多忠良之士絕讒佞之夫非斯草之助化何以臻於此乎指佞之爲德也廣指佞之爲瑞也深逢聖斯生介一人之景福有佞必指俾百寮而革心故能殊眾芳之質標羣瑞之首彼獬豸之觸邪抵罪在法則嚴伊平露之傾葉知方於人何有孰若我應明聖指邪佞昔之輔德告軒后之功成今也呈祥贊吾君之理定一名屈軼千載挺出有佞則指孰云無

必豈比夫蓮蒲空扇於堯廚芝房徒歌於漢室哉足以彰致理薦嘉祉君子在位我則恭默以傾心佞人入朝我則無私以直指信可以美芳聲於雅頌垂不朽於國史

何諷

諷建中時人

夢渴賦

不宿食以晨飲困鍾盂以沈寢永春晝而高扃隨幅巾而横枕及乎酒適衷腸神游異方烟生喉舌惝然如狂爰瞰鼇以窺汲諒不任於呼吸俄據河而俯瀆乃器舟而杯斛

倒魚鼈之窟宅見蛟龍之委伏猶胃腸之不浹資宴飲而未足由是奔九江走五湖手不暇於斡運心不息於躊躇見波漸竭而百川如綫岸益高而底淤將枯腹慊爾而未覺肺燥然而不濡尋至大溟茫然連濤豈爾浩瀚而吾量不盈斟酌未幾倏見涯涘百靈稽首乞留濡滯吾腹未充豈汝爲意俄傾竭於浩渺奄滴瀝而無潰瑤宮貝闕盡列平地三山赤城可以步至鯤鯨喁喁相煦以呴大鵬驚攫巨鼇愕貽四顧燥涸悒然興情此情何奇非吾所知恨滄海之可罄不足充吾之所思周遭有截塊然㟐墺水府萬族咸呼帝閽帝且不聞吾欲未竭方將尋蟻蛭期耿恭問姜母以何在訪舒姑而欲從辨夸父於渭上弔相如於臨卭萬計已盡六腑如燼窗日斜照飛蚊遶鬢既驚既覺可嘆可笑飲不盡器枯腸已瘵搘頤沈吟其意逾深以吾此日之一夢見自古不足者之心

李直方

直方德宗朝官左司員外郎歷中書舍人試太常卿貞元二十一年自韶州刺史移贛州刺史遷司勳郎中

邠州節度使院壁記

自西漢始置幕府得巓辟士其聘舉之盛與公府署吏王國命官爲比於是有班固傅毅崔駰蔡邕陳琳阮瑀之徒出焉大抵多巡禦封略經參戎事居無恆處秩靡常品故命之曰賓國朝篤方岳之任慎求其佐頒以職貢爲之定制或辟自諸侯或降於朝廷皆命於天子其所司也調政教之和策軍算之祕出入聘覲應對賓客其立署也行有戎次處有公堂與方伯周旋彌縫潤色而已王畿之腋劃爲巨防外殿朝那作捍西疆中拱皇都以臨諸夏漆沮之仁既遠華夷之俗相猾非瓌材英傑莫典封守非莊明純

固莫參旽佐六年春皇帝勞韓侯牧圉之勤俾尹西夏申命御史中丞王君等九人爲之使介既而師貞於律農勸其功惠和威武澤浸火烈孟秋述職耀兵河塞亭障蕭條千里晏清然後用虎旗蛇矛定功於蒲入覲皇都增秩受賜旋師舊服勳明德舉非元臣雄略能賢嘉績蔑用濟此先是尚父郭公開府是邦搜賢勿貳俊乂咸集不十數年持樞衡治邦憲司誥命者咸布職於清朝今韓侯亦能詳延端士輔相威德是府將來宜爲俊賢之郊藪榮達之闔

閾衛多君予邠其有之夫敬其事則命始春秋之誼也是邦當徵號朔方而以名師建爲三郡肇基於我書事舉德宜始韓侯此記舊題於堂之北牖慮他日文字湮滅作者之文莫傳遂刻石以紀之

白蘋亭記

新作白蘋亭書時且志政也梁太守柳惲賦詩於始因以名州今邦伯李公成室於終兹用目亭度乎事則位均考乎地則境同合美配德古今相望亭之時義至矣吳江之南震澤之陰曰湖州幅員千里碁布九邑卞山屈盤而爲之鎮五谿叢流以導其氣其土沃其候清其人壽其風信實公之始至也用恭寬明恕以懷之敬事督罰以勸之賦令之先必度其物宜而咨於前訓故居者逸亡者旋或蹈境而留或聆聲而還提封之内無榛灌繩墨之下無姦傲既而外邑多林郡不能渫公命懸諸善價俾代常徭於是乎幽巖之巨木斯出積歲之逋租必入公家受其利山氓蒙其惠繇是白蘋之制經矣洲在郡城南東亂雲谿而即焉白沙如浮流波環之前有大野緜雲繚以萬峯後有名都壓水騈以千室邑居可望而喧埃不及空水交映而雲天在下造物之工若有私於是焉芰荻叢生鳧鶴朋游嘉

名雖曜清境或棄公於是相顯爽之宜立卑高之程據洲之陽揆日之正揭大亭一焉修廊雙注北距於雲浮軒轍流峩水亭二焉大可以施筵席小可以容宴豆凡棟宇之法輪奐之美銛刮窗石用成翬飛施宏壯而有度備彤紫而不踰内則庭除朗潔彌望鋪雲曲沼逶迤以中貫飛梁夭矯而對起紫桂翠篁辛荑木蘭碧枝丹實蛇走珠綴鮮飆暗起縈葉振蘂落英飄飄灑空浮水天目神池之上多不名之卉洞庭水府之下產怪狀之石嶙峋乎玉容葳蕤乎瑤芳衆榮偶植羅列布濩外則差以白蘋間之紅蕖川

與天遠百里如組邦君之來肅肅旆旌綵舟徐移魚躍鳥鳴亭成之日三吳之賢大夫集焉公用鼓鍾羽籥以樂之然後使臣之臨重客之來獲游是者悅乎有遺區之歎則爲邦之成績作亭之良規參合二美游揚四海坐馳而逝與廢置偕芻蘋之爲用風有季女之奠驪有放臣之望夫以澗谿之賤微而可充王公之殷薦是故君子重之今扶贊勝賞也如彼哲賢咏歎也如此則是亭憑眺之外又有傳經之道焉若乃乘農隙之暇時講武夫之羨功塵閭不煩財用不屈揚昔人之休烈垂不朽之遐觀咨其牣物之

智有以加人不如是烏能及此已卯歲冬十月予將浮淛河上會稽凌縉雲觀赤城道出公之仁宇目覽亭之崇構舉書其實合春秋傳信之懿後之人無視十洲孟浪之說而沒其誼云

祭權少監文

維年月日中散大夫試太常少卿上柱國李直方謹以清酌庶羞之奠敬祭於故三丈相公之靈天作雷雨山川出雲帝思理平英髦並生爰自弱歲植此休德宏重不器仁聲淵塞旋升外臺乃居察視輔人成化入爲右史文學澣博德度謙沖載領絲言粉澤天工詞簡理詰爍然昭融俾國家詔命上逾十代與周漢同風爰登禮曹實司選士人罕其再我三尊美雄文懿行善價端士禺卬周行鱗集麏至朝推厥德乃作天官庶職惟允九流序焉帝念儲皇輟居調護九法闕理乃遷兵部禮樂不綱斯爲奉常神人以和騫飛廟堂鼎飪三載萬方咸賴退爲宗伯碩望彌赫惟梁思理建節來莅教化惠和流庸洽至憶昔攸往火旗雷麾今也來思白馬龍輀哀笳凝咽以增感丹旐悠揚而獨飛嗚呼哀哉直方昔在南宮擢遷綸閣提攜推薦忘其菲

薄顧庸淺而難持竟鴻飛而終卻今佳城行啟哀輓徐吟跪靈筵而號慟淚橫墮而不禁伏惟尚饗

欽定全唐文卷六百十九

張正甫

正甫貞元二年進士官鄧州刺史歷同州轉蘇州元和八年遷湖南觀察使十三年除大理卿

衡州般若寺觀音大師碑銘并序

天寶三載觀音大師終於衡嶽春秋六十八僧臘四十八元和十八年故大弟子道一之門人曰惟寬懷暉感塵刦遽遷塔樹巳拱懼絕故老之口將貽後學之憂不若貽謀思揚祖德乃列景行託於廢文彊名無迹以慰乎罔極之

恩曰自騰蘭演教於此土也殆將千歲達摩傳心至六葉也分爲二宗不階初入頓入佛惠曹溪教旨於是乎傳宏而信之觀音其人也大師諱懷讓京兆杜氏其先因家安康卽爲郡人髫年俊發聰悟絕衆羣言所涉一覽無遺居常而未或好弄在醜而不可褻近嘗嘿觀止水因而顧影形儀禺若宛在鏡中三反厥像如初沛然而心乎獨得還步未輟聞於空中曰佛法津梁俟子而大既應付囑爾盍勉之乃深割愛緣亟從剃落以荆土律藏之徼密也大士智京在焉攝衣從之既進而儀法峻整冠於等輩以嵩嶽禪之泉海也長安長老在焉稽首咨之既授記而身心自在超出塵垢厭離文字思會宗元周法界以冥搜指曹溪而遐舉能大師方宏法施學者如歸涉其藩閫者十一二焉躋其室堂者又十一焉師以後學弱齡分爲末席虛中而若無所受善閉而惟恐有聞能公異焉置之座右會一音吹萬有衍方寸彌大千同焉而交暢異焉而胳合同授祕印目爲宗師乃陟武當窮棲十霜朅來衡嶽終焉是託惟般若聖槩有觀音道場宴居斯宇因以爲號或微言析理辯士順風而杜其口或杖屨將撰山靈借留而規於夢

達自梁益近從荆吳雲趨景附風動川至靈山聖會今古一時至矣哉未始聞也一公見性同德宏教鍾陵鬱爲名家再揚木鐸而施及寬暉繼傳心燈共鎮國土乃追琢琬琰揭於故山揚其耿光以示來刦其受法弟子亦序列於左式明我教之有開焉銘曰

不疾而速平平南宗窮行其教嶽嶽讓公秀發之英激於童齒出塵之像光於止水乃趣律會儀範孔修乃探密藏先覺同求曹溪實歸般若觀妙體是宗極湛乎反照一從委順六紀於茲教跡未衰靈峯歸而一公丕承峻其廓廡

寬暉繼起重規疊矩乃掃壓塔乃植豐碑率是教者兹焉有歸

代路中丞謝先人贈官表

臣某言伏奉某月日恩制追贈亡父先臣某司空積感昭靈肅膺嘉命捧戴綸旨哀號靡及追榮褒章沒世無覿先臣某策名昌運不待聖明錄功上台載彰忠烈陛下以臣兄應理行有聞擢居連率光賁重渥慶流三泉此皆陛下代天永錫論道成於故事俾臣兄弟移孝歸於盡忠悲喜交心拜舞以泣不勝感咽崩摧之至

劉全白

全白貞元六年官膳部員外郎出爲池州刺史十一年徙吳興還秘監致仕

唐故翰林學士李君碣記

君名白廣漢人性倜儻好縱橫術善賦詩才調逸邁往往興會屬詞恐古之善詩者亦不逮尤工古歌少任俠不事產業名聞京師天寶初元宗辟翰林待詔因爲和蕃書幷上宣唐鴻猷一篇上重之欲以綸誥之任委之爲同列者所謗詔令歸山遂浪跡天下以詩酒自適又志尚道術謂神仙可致不求小官以當世之務自負流離輜軻竟無所成名有一子名伯禽偶遊至此遂以疾終因葬於此文集亦無定卷家家有之代宗登極廣拔淹滯時君亦拜拾遺聞命之後君亦逝矣嗚呼與其才不與其命悲夫全白幼則以詩爲君所知及此投弔荒墳將毀追想音容悲不能止邑有賢宰顧公遊秦志好爲詩亦常慕效李君氣調因嗟盛才冥寞遂表墓式墳乃題貞石冀傳於往來也貞元六年四月七日記

崔漢衡

漢衡博陵人始爲費令滑州節度使令狐彰表掌書記大歷六年以檢校禮部員外郎充和蕃副使遷右司郎中改萬年令建中三年爲殿中少監兼御史大夫再充和蕃使改鴻臚卿轉祕書監俄拜兵部尚書東都淄青魏博賑給宣慰使明年爲幽州宣慰使貞元四年加檢校吏部尚書晉慈隰觀察使尋加都防禦使卒贈左僕射

蓮華峰銘

蓮華巍嵬竹箭喧豗浩浩今古憧憧往來

戎昱

曁德宗時人元和朝官朗州刺史

澧州新城頌并序

詩曰赳赳武夫公侯干城美賢人將帥折衝於未然也自周建五長秦制百郡地非城不安故分諸侯之符美專城之稱尚矣澧州荆之近庸國之南屏水陸吳楚風俗夷獠溪蠻好亂相寇仍梗澹津之墟尚在天門之壘可辨慮危杜漸非賢孰能古城之東垣不盈百仞地偏而僻署斜向日正而陰陽氣互遂使災沴屢降水旱更作乾元中盜不盈百卽州將失守間歲微盧軍潰卽郡人塗炭向使崇堵

可固廩藏是蓄何蕞爾之寇得殘生人乎前年春天子輟伊呂之佐而牧守澧公行不加帷布無恩之惠人和樂而不使公嘗曰一日必葺其墻宇而况於城池乎遂度木於山浮木於水選巧匠於退卒就畚夫於庸保人急於利役無勞焉因舊址而板築雲集創新規而雉堞霞映峭壁屹立修廊虹亘訟堂鈴閣從儉制焉不三四旬功乃就矣倚連岡以起伏面長江以演漾登覿則山川在目雄鎭則黔巫可扼澧人歌之曰可憐地上樓百姓不知修上有清使君下有清江流雖臧質石城之謠不是過也耳目風化得無頌乎

敧危江城榛蕪上平厥宇攺卜垣墉半傾肇自二紀凶渠再驚廩不我食人不我生大賢爲政革故鼎新畚走鍤舉榱衡忽陳俄聳雉堞如驅鬼神雖崇澧城不勞澧人南樓峩峩下壓澄清畫角曉吹啼鳥夜過浦珠自還野童自歌我公之祉如山如河

李寧

寧元和中官常侍

對不供祭用判

景奉使沈埋虞人不供其用

社稷五祀山川百靈有國有家是尊是奉偏羣神而致享理四時而不忒爰以使臣巡行郡縣職茲望秩之事崇是沈埋之禮或陳典法無替虔恭允徼福假靈沈璧埋幣罔不祇肅通乎至誠蘋藻方薦粢食不鑿禮官博士分典斯務庖人尸祝各守是司事或有違罪將何逭且我愛其禮闕供是其寘罰神歆其潔克誠可以享斯眷彼虞人掌茲山澤不守其祀自貽厥愆宜寘平刑以懲不恪

劉丹

丹貞元十年官郢州長史

西郭橋記

聖人肇始造舟後代相沿不易梁溠有服隨之說棧劍爲資蜀之要取諸大壯以濟不通於梯山之徒納職之命傳國之利厚家之貨不可斯須而廢其有不欺女信嫉惡蛟毒良以期徵於納履讓或伏身於見執發機雖異而致名之蹟同也夏禹疏洪水除其昏墊庖犧乘馬牛廣乎運載皆垂致遠之計將以貽厥後嗣國以人爲本民以食爲天行李滯塞何由遂於謀生哉以身觀身以國觀國自天子

至於庶人無有不因力制造取贍於民之業矣楚郢之境西浮漢江草刱之始東馳京鎮古風遺事有陽春白雪之美淒然不變中改溫中之邑仍角陵之井次易新陽之號立京山之稱會府無巨川之濟歸里及巾車之敝誓心無題柱之所攜手絕斂離之地冬涸則邱坎險塞夏漲則奔騰浩淼憧憧來往行人阻之我州尊滎陽鄭公權衡以心利劍在手辭北闕以作牧褰赤帷以御人必能剗剔奸邪懲革汚俗不然何以克成斯役以安疲庶京兆韋于屈爲宰服黃綬於鄂渚綰銅章於郢上下馬而黜吏破贍愛民而政聲盈耳先難後易靡不有初愬已檢躬終亦如始矧能貶食省用均賦守官捐不急之傜行以時之政木取於市百倍於市價庸於工畢樂於工可謂悅以使民民忘其勞也鑿堆補罅遷曲於直夷陵就谷奠礎於水平板幹法於砥礪具畚築削於高阜凭修闌而植髮運眼亘虬梁而晴虹可指然後施諸赭雘以縞粉飾樹華刹而表道刻堅珉以旌德不惟招徠負接土物抑乃光里閈壯郛郭使後躅動思賢之詠居人懷勿翦之感予名竊佐州承牒觀風兼以求瘼覩奇蹟而不刋不立孤爲寮而徒飲徒啄書之

於石以彰永好甲戌之歲建卯戊午之日且題且記告於守者

陸參

參吳郡人第進士貞元中官祠部員外郎

長城賦

干城絕長城列秦民竭秦君滅嗚呼悲夫可得而說原夫恣無道戮無辜帝語其眹亡秦者胡不可知也疑是匈奴於是先蒙恬次扶蘇帥兵伍役刑徒千里萬里兩驟而雲趨入胡之鄉卻胡之王北胡之黨削胡之疆然後自于洮

至於遼江漢湯湯將池焉而共浚太山巍巍將城焉而共
高欲限華夷決安危一世萬世有中原而稱大帝想其初
也闢遐荒窮下土極九泉而深望九霄而樹千夫力殫目
不暇睹有力如虎亦不暇努咫尺之間或什而伍离婁瞠
瞠亦不暇數人氣氲氲成一方之雲洒汗瀟瀟成半空之
雨駕肩而趨踵步而履紛紛囂囂如日中之市國不得而
寧役不得而停伊朝繼夕自昏達明時若炎風熾烈川原
盡竭枯肌外焚内火中竭是民咿咿憂秦未拔至若苦雪
初霽陰風雨霜凍髭折鬢冰寒夜腸是民惶惶憂秦未亡

民之既酷載僵載仆飢兮不粟寒兮不服病不暇休蟣不
暇沐基人之骸壓人之肉少者不遑老者不復秦民嗚嗚
向城而哭邊雲夜明列雲鏵也白日晝黑揚塵沙也築之
登登約之閣閣遠而聽也如長空散雹蟄蟄而征沓沓而
營遠而望也如大江流萍其呼號也怒風匉訇其鞭朴也
血流縱横地祇業業終朝忽蘁星辰悠悠畏相其接而况
於夷狄而况於臣妾其運輸也巷無居人田無稼民牛首
濈濈大車轔轔輪不暇徙蹄不暇奔其傷財也極民之賦
虐民之賂糊口而供赤立而赴餓殍塞路亦不我顧其民

呶呶面天而訴將以宏其基恢其堵盡韓齊之土固其壁
崇其飾竭億兆之力太華方城乃一拳之石既而岌業崢
嶸向秦而横如山之成如雲之平繚繞無際亘如長鯨豎
亥汲汲步不可及掩暎天漢勢不可算邱陵峩峩不及其
半影人沙磧勢侵西域殘陽不來未昏而夕其堅如金其
峻如林崇高不可以目辨遠大不可以數尋鳥飛不前其
歸翩翩雲不得施其陰緜緜風不得馳其聲喧喧下視關
塞蝸牛蟬聯回顧宮闕狀如微烟胡人駢連望之巍然如
登青天如臨深淵不敢久視鳧趨而旋嗟乎城即高大民

惟艱難聞之者攘臂而切齒覩之者涕泣而長嘆夫如是
刑不得不暴政不得不煩國不得不亂民不得不殘謂其
城可以固宗社謂其暴可以定人寰奈何敵不在遠憂不
在胡城未畢也而秦已無殊不知棄秦者身寇秦者臣喪
秦者嗣敵秦者民而怒秦者鬼神此可憂也而秦弗憂徒
欲竭生民壘胡塵萬里而塗炭十年而苦辛然且喪其民
亡厥身非城也去仁義積土石非城也是曰禍之門是曰
滅之根安得而爲防安得而稱長嗚呼謂險之可恃城之
可保則右彭蠡左洞庭不爲堯之征面伊闕背羊腸不爲

湯之亡是以處堯之宮行堯之風雖無是城也不可得而亂不可得而攻用秦之威布秦之非雖有是城也如藩垣之微如闤闠之卑無以防其患扞其師不然者秦無得而殃城無得而荒本以爲禦而反以爲亡者哉

姚庭筠

庭筠貞元九年官御史中丞

請奉行律令不得隨事輒奏疏

律令格式懸之象魏奉而行之事無不理比見諸司寮寀不能遵守章程事無大小皆悉聞奏臣聞爲君者任臣爲臣者奉法故云汝爲君目將司明也則知萬機務綜不可徧覽也所以設官分職者委任責成百工惟時以成垂拱之化比者或修一水窗或伐一枯木並皆上聞旒扆取斷宸衷豈代天理物至公之道也自今以後若緣軍國大事及牒式無文者任奏取進止自餘據章程合行者合令準法處分其有故生疑滯有致稽失者請令御史隨事糾彈

尹樞

樞貞元七年進士第一時年已七十餘

珠還合浦賦（以不貪爲寶神物自還爲韻）

驪龍之珠無脛而至駭浪浮彩長川再媚迥夜光之錯落反明月之瑰異非經漢女之懷寧泣鮫人之淚狀徵既往莫究奚自偶良吏兮斯來遇貪夫兮則闕想夫旋返之儀圓明可期輝如電轉爍若星馳光浦漵竄蛟螭映沙礫晃漣漪在暗而投誠則悲路人未鑒沈泉而隱亦常表帝者無爲欣出處兮據德幸浮沈兮中規是以特表殊姿潛懷有道中含逸彩上繫元造醜當時之饕餮應爲政之美好真列郡之尤祥實重泉之至寶於是煥清瀨輝淺灣奔璀璨走斕斑豈能與石前卻隨流往還泛漣波之下盈一水之間而已哉茲川兮始明老蚌兮勿剖瓴甋兮罷笑瓊瑰兮莫偶抱圓質而胥既揚眾彩而未久方載沈而載浮且曷瀦而曷不玉非寶泉戒貪實爲國之司南誠感神德緊物在爲政之不咈愚是以頌其寶而悅其人美斯政而感斯珍想沿洄於舊渚念涵泳於通津則知美政不遠嘉猷入神故中潛皎晶下沈奫淪轉則無類磨而不磷誠丹泉之莫擬諒赤水之非珍苟或疑此爲虛誕願徵之於水濱

華山仙掌賦（以化作有端遥存麗壯爲韻）

覽削成之峰見靈掌之狀拓跡崇岫據奇疊嶂迢亭上竦

赫奕東向高蹤可覩猶存二華之間纖指遙臨達蹠重霄之上爾其依峭壁據崇巒排物外撫雲端羽客遐指都人竦觀據開闢之殊致若騰陵而上干惟昔巨靈啟斯太華拓崇崇而喬嶽西摩決浩浩而洪流東下故能遵八川安萬化幹厚土存中夏姜嫄歆於帝武跡可相倫伯禹導於龍門功亦齊霸厥道可遵厥狀斯存仰推天漢遙臨國門蓮萼高生如將搴擷桂枝傍倚狀欲攀援試冥搜於元造諒遺跡於坤元若乃傍攀冥蒙上指寥落右倚岑嶺左臨絕壑紛詭狀之無朕諒神功之有作星壇未沒必俟於捧

持石鼓常鳴庸非其拊擊揖之永久斯爲不朽嗟列嶽之所無小終南之何有喻天地惟資於一物拯沈溺豈藉於煩手常抗跡於介石乃遺芳於崇阜依乎泬寥揭彼嶕嶢聳肸肸於千仞擢纖纖於九霄折若華於暮景捧麗日於晴朝既瞻眺之無斁望提攜之匪遙共仰瓌姿徒懷壯麗如排霧雾似拂昏曀遐窺巨跡猶存體物之辭迴瞰崇朝暫寫凌雲之勢

劉積中

積中貞元中進士

樂德教胄子賦 以育材訓人之本爲韻

惟天惠人惟王司牧必資立學以化被聚賢而政肅樂垂六德允接於生靈人抱七情於是乎修睦故命樂官宣樂德之旨教國子俾國人思服施行而萬邦作乂動蕩而羣生茂育原其詔司樂闢靈臺選國中之胄子集宇內之瓌林示中和於前俾行而不怠尊祇庸於次將守而不回實克孝而克友必無間而無猜緬蹟謨猷明徵義訓樂同和而會極綱有條而不紊中爲忠告俾邪者奉忠格之心和乃適正制剛者守調適之分非有象以外感乃無聲而潛

運祇敬不逾庸言是尊率威儀而允淑致言行之惟醇睦烝烝之孝誠全乎天性勗怡怡之友義原乎天倫設教之規爰立列樂之事方陳是將崇德教播成均議道自己建中於人夫就學必時爲樂在茲春誦夏弦順陽而樂功猶懋無虐無傲率下而樂德增丕所以舜命伯伯讓夔立之以四教道之以六詩然後樂制敦洽國經允釐通至性於倫理垂善教於師資慕其人則遐不謂矣仰其教則學以知之方今政舉道光文修武偃播崇德爲宣風之始訓國子爲化人之本忝承教之在躬庶聲名之不遠

徐至

至貞元中進士

樂德教胄子賦（以育才訓人之本爲韻依次用）

至哉樂爲德也保太和茂生育是以先王法之以成教樂正尊之以示睦將磨琢於仁義匪鏗鏘於匏竹洋洋乎節以惠和煦煦然致其恭肅其儀不忒故容止可觀其道既宏乃進退可復信月將而日就庶不謟而不瀆且有教無類道之原來廉讓之風斯扇愷弟之德不回趨隅以繼其志待問以成其才於以見易和之容參於前也中庸之德

夫何遠哉何必朱干玉戚一起一僨將以宮商克懸角徵滑運鳧趨碧沼皆籍籍於令名熏貫青衿各愔愔於淑問百行由是內融三德於焉成訓俾夫遷善者樂以陳修己者德以真樂者樂也可以樂其孝友德者得也可以得其忠臣昔后夔所以推其典樂虞舜所以稱其聖人豈不以人心感樂樂其有倫者哉今國家德教綏於九有禮樂達乎四維樸素遠符於軒氏和樂方軼於周詩多士濟濟百寮師師明誠之德可見中和之樂在茲自君臣達乎父子性成也何莫由之由之伊何行之非遠亦由端本去末化遐自闔然後外可以維城中可以補衮於與樂乎實教人之大本

皇甫威

威貞元中進士

迴文錦賦（以文思精絕古今傳賞爲韻）

彼美人兮懸隴雲念塞上之征客迴機中之錦文千里馳心十年誓志想關山之延夢託丹素而垂意札札鳴杼紛紛積翠梭曳緒而龍迴錦披雲而鳳至情生萬象功歸一致綠爲芳草怨王孫之不歸紅作仙花發美人之幽思懿

夫達其意者在乎誠爲其藝者貴乎精顧異物之可賞諒同心之所成離披而芳樹搖影煥爛而明霞近榮振素手以鳴機蘭閨霜集斂翠娥而績縷紗窗月生則知妙極十全才先一絕既以彰其意亦以表乎節類乎錦卓氏服以妍精言乎詩謝女慚乎清切稽六義而不忒方百花而迴別心惟念遠將績縷以同縈字是迴文與愁腸而共結威乎手發乎心銳精思而在今方之紈比之素積元功而冠古笑草露之輕薄勝林花之新吐宛矣麗矣錯金彩以成章寂兮寥兮零玉筋而如雨於是披閱風前光文爛然百

花互進五色相宣文彬彬而愴矣彩重重而恨焉匪類雕蟲工乎織豈徒悅目寄乎邊寫片心之贈遠代尺素之相傳一則託乎情一則存於想謂乎錦也可裁心乎足賞君乎君乎發緘封知精誠之不爽

鄭方

方貞元中官監察御史

樂德教胄子賦（以育材訓人之本爲韻依次用）

國有學家有塾播樂德之文采率胄子以化育始先激其清濁而後攻其節目鼓篋之士宣聲音以相和挾杖之時

俾心志而思服語於玆者執德不回道以樂者知陽必來盈耳之聲詎作理心之教有開實俎豆之聞矣寧鐘鼓而云哉動於外而暢於中使和其性進以德而舉以事各盡其才惟其斆學必有謨訓咸養以致和強學以待問觀德畢賢愚之貫序德同長幼之分豈不以樂之至也通乎神教之至也慎乎身惟彼樂之爲德是彰教之有倫不在匏竹設金石振乃貴於祇庸備孝友陳豈不念終始而典樂美教化於成均遂乃與誦諷觀屈伸斯可以移風易俗不止於温故知新保和於心暢五聲而授之有道將遜其業崇四術而宏之在人厥類可知允懷在玆諒審樂以知政由切問而近思初感至音聽角聲而惻隱變矣終懷雅性聞羽奏而寬大似之且被之以簫管加之以訓辭升學而在於春候合射而戒於秋時然則不教以中和不能知樂不教以博依不能安詩是以學者爲王化之端樂者繫國風之本故曰觀大學之道然後剛知困而滿知損

趙殷輅

殷輅貞元中進士

山雞舞鏡賦（以麗容可珍照之則舞爲韻）

雞開美錦鏡隱蟠龍雞則彪炳兮五雲之狀鏡則清澄兮止水之容是得比形鼓舞偶影相從蹴躍初臨向月輪而迴眄婉婉翩翻將顧映菱花而疊足重重質貌既異威儀可觀進退雅符於節奏曲折冥契於規矩投身宛轉若赴簫韶之音矯翼連軒似合桑林之舞形其動矣影亦隨之類壎篪之並得同律呂之相追故人之視焉知分形之有別禽之悅也謂一體之無疑不馳心於綠水自結念於丹墀豈比夫在仙都而思曉入雅頌而興詩者哉徒觀夫雞不倦臨鏡無疲照觀其形而屢舞謂其侶而相召寧知大

樂之同和自合無聲之要妙且鑒物兮在我故欲照兮無可無不可其稟氣也合德諒茲舞而有典兮有則儀日而鳴遇陰而息雖之在鏡類鸞翔之入雲空鏡之納雖若朝霞之映潭色原其始也徘徊山谷緜歷星辰每念栖於丹闕茲獲貢於虞人由是辭荒徼入函秦優游青禁顧盼紫宸則昔之在山也雖蘊姿而誰語今之舞鏡也方呈質以效珍孰與夫翻飛青崖之側昭彰幽洞之濱五德備兮其容不細衆彩煥兮厥狀逾麗幸朗鑒之斯臨莫獻奇於魏帝

欽定全唐文卷六百二十

韓伯庸

伯庸貞元中進士

幽蘭賦 以遠芳襲人終古無絕爲韻

陽和布氣兮動植齊光惟彼幽蘭兮偏含國香吐秀喬林之下盤根衆草之旁雖無人而見賞且得地而含芳於是嫩葉旁開浮香外襲既生成而有分何掇采之莫及入握稱美未遭時主之恩納佩爲華空載騷人之什光陰向晚歲月將終芬芳十步之內繁華九畹之中亂羣峰兮上下

雜百卉兮攢叢况荏苒於光陰將衰敗於秋風豈不以處地稍幽受氣仍别蕭艾之新苗漸長桃李之舊蹊將絕空牽戲蝶拂花蕊之翩翾未遇來人尋芳春而采折既生幽徑且任榮枯羃輕烟而惹翠帶淑氣而紛敷冀雨露之溥及何見知之久無及夫日往月來時占歲晚遇達人之回盼披荒榛而見取橫琴寫操夫子傳之而至今入夢爲徵燕姞聞之於前古生雖失處用乃有因枝條嫩而既麗光色發而猶新雖見辭於下土幸因遇於仁人則知夫生理未衰采掇何晚幽名得而不朽佳氣流而自遠既徵之而

見寄願移根於上苑

李公進

公進字德昇官右衛兵曹參軍

幽蘭賦 以遠芳襲人終古無絕爲韻

幽有寂兮蘭有香香者取其服媚寂者契其韜光是以綠葉紫莖偶貞士而必佩深林絕壑挺奇質而獨芳覩其異彩特秀結根自遠靡生於門寧滋於畹朝陽照而雜花不得間其榮光風轉兮眾草無以齊其偃杳杳深處芬芬絕倫保貞操以擅美發英華以藻春葉凝露以珠綴花含烟

而色新移於友也則斷金之利樹之庭也則如玉之珍豈比夫協夢呈祥表嘉名於鄭國循陔見采流雅詠於詩人而已哉蘭之幽兮芳可折幽無人兮芳不絕蘭之生兮美自豐生得地兮美無終故雖敗於涼飆諒有嘉於前古方比契於松筠詎齊名於蘅杜且夫麗白雪之綺靡被長坂之芬歟激餘芳以孤映極幽致而自殊則在握者何有居澤者何無蘭處幽而轉芳芳無遠而不襲賢尚晦而必著著何道而不入伊哲人之素履盍徵蘭以自執茍馨香之發聞越江山而采拾

郭炯

炯貞元中進士元和中出爲衡州刺史

西掖瑞柳賦 以應時呈祥聖德昭感爲韻

乾坤至誠草木無情神靈乘化而致理枯朽效祥而發生當聖澤未沾故兀然枯瘁及天光迴照遂藹爾敷榮因萬物以感遂與百祥而畢呈故得垂陰瑣闥之中固本鳳池之側始孤標而穎拔乍苒弱而條直長充西掖之佳翫迴奪東門之秀色芬敷自異永垂不朽之名變化無常用表好生之德懿其萎生漸蔚幹聳惟條拂瑞景而增麗裛祥

風而獨搖可以彰聖王之元感可以見昊天之孔昭舒卷以時陋梧桐之半死榮枯順理鄙松柏之後凋且春布發生之慶秋行肅殺之令於天地而不失其常在金木而各得其性眾皆畢出盡達我則向日而衰眾皆黃落萎腓我則感時而盛不然何以知至德之動天運神功而瑞聖者矣翠色牂牂異酒泉嘉柰之祥輕陰濇濇同鄗郡枯梓之感烟銷雨霽霏素雪於宸居日晏春深雜繁花於睿覽青翠葳蕤垂軒拂墀在日月偏臨之處當鴛鴦集苑之時至矣哉天降靈貺聖爲明證旣得地而不雜眾流常託根而

獨標美稱知是天聽自人而應者也

李復

復貞元中歷官嶺南道節度使

收復瓊州表

瓊州本隸廣府管內乾封中山洞草賊反叛都督李逸控馭失所遂致淪陷已經一百餘年臣差判官監察御史姜孟京崖州刺史張少逸等悉力致討累經苦戰方克舊城便令降人開薙荆榛建立城柵屯集官軍臣竊觀瓊州控壓賊洞若移鎮軍在此必冀永絕姦謀伏望升爲下都督

府仍如瓊崖振儋萬安等五州招討遊奕使其崖州使額請停之

周愿

愿汝南人元和中官兵部員外郎

牧守竟陵因遊西塔著三感說

古人之文有旌物而爲者歌功而爲者詭時而爲者感舊而爲者旌物諡也歌功形也詭時詐也感舊情也若乃折裂金石騷牢鬼神莫尚乎感也予所作者其感舊耶客曰何謂也愿與百越節度使扶風馬公曩時俱爲南海連率隴西李公復從事公詔移滑臺扶風公洎予又爲幕下賓從容兩地七改星火今扶風公勳庸滿世文翰飛走續鎮南海作民父母而愿才貌單薄亦爲刺史繇是二客雙鯉殷勤於楚越隴西短齡閲川而物故予感一也隴西先人諱齊物被大德嘗爲竟陵郡守公生於守之日故名復嗚呼愿以散拙忝公先人之州往爲子寮今刺父郡悲夫隴西也歌鍾爐滅於池館九原極零乎薤露其感二也愿頻歲與太子文學陸羽同佐公之幕兄呼之羽自傳竟陵人當時羽說竟陵風土之美無出吾國予今牧羽國憶羽之

言不誣矣扶風公又悉於羽者也代謂羽之出處無宗祊之籍始自赤子洎乎髫齔爲竟陵苾芻之所生活老奉其教如聲聞辟支以尊乎竺乾聖人也羽字鴻漸百氏之典學鋪在手掌天下賢士大夫半與之遊加以方口謇諤坐能譜謔世無奈何文行如輞所不至者貴位而已矣嗟我州之左有覆釜之地圓似頂狀中立塔廟篁大如臂碧籠遺影蓋鴻漸之本師像也悲歟似頂之地楚篁繞塔中之僧羽事之僧塔前之竹羽種之竹視天僧影泥破竹枝筠老而羽亦終予作楚牧因來頂中道場白日無羽香火

遐歎零落衣襟楚風其感三也是爲三感說七言詩以語陳事扶風公覽三感之說豈得不酸澀濕目以著詞致於塔下冠愿鄙章之首邪

崔行先

行先德宗時人

爲昭義王大夫謝賜改名表

臣某言中使第五守進至伏奉今月日制命授臣開府儀同三司潞州大都督府司馬知府事充昭義軍節度營田澤潞邢洺等州觀察留後兼賜名虔休雨露湛恩光臨非

次蚳蝝眇質負戴難勝臣某中謝臣出自行閒器識麤淺理兵從衆問陣無師一心守愚六藝皆闕自謂才無經濟智乏周防吐誠託人損己待物每日揣分有時撫膺徒生於此何以報主得免獲戾已足爲榮敢求聞達妄進階級豈意陛下顯元合德日月在躬夐開獨見之明特降發哀之詔拔自泥滓致於烟霄臣之榮幸孰與爲比伏以虔休之義恭諮有章簡自帝心納於臣口自訟增感以榮爲憂魄散心殞罔知所措況名器所慎春秋格言服之不稱詩人是刺雖欲勿議誰能捨諸曩日劉元佐之領浚郊李元諒之居關輔皆勳崇台袞業濟艱難方開加等之恩始受錫名之寵臣何爲者坐繼前人三省駑駘未展涓埃之效百身灰粉何酬天地之恩

爲王大夫謝中使招撫狀

臣某言頃者元誼等擅固城池有違詔命臣出師野次持守經年以水攻圍俟其離變誓殲兇叛以静方隅伏以陛下至德至仁好生惡殺恐失理死不忍誅夷特令中使就此招撫今洺州收復閭井獲安此皆天威光被神武底定顧惟愚陋戴荷鴻私不勝感戴踊躍之至

爲昭義李相公謝賜臘日口脂狀

右中使某至伏奉敕書墨詔緣大禮後慰問臣及將士官吏等又緣近臘日使賜臣前件藥物臣謬履鈞衡守茲戎鎭星霜屢改渥澤逾深內愧外慙不知所措文明啟運殷薦告成郊廟展嚴禋之儀蒸黎洽時雍之化大宥五刑之典廣霑萬物之恩自天有慶與人更始臣名器俱忝宸眷曲臨節近嘉平恩延寵錫香膏凝潤於寶器上藥祕重於仙方澤變衰顏不知老之將至光生憊質空驚疾乃有瘳祗奉舊章式披新歷想天長而地久看日往而月來

臘日謝賜口脂紅雪等狀

右中使某至伏奉手詔慰問臣及將士等又緣臘日賜臣口脂紅雪並新歷日等伏以蜡節嘉辰載於六籍皇恩隆洽賚及萬方金膏不祕於上清蘭澤遠傳於中禁加以元霜絳雪素能愈病析酲顧惟賤庸承此恩造隕越無地惶悚失圖縱知死所豈荅元造載頒新歷永傳億萬斯年欣奉明時獲辨七十二候

爲王大夫謝恩賜口脂歷日狀

右中使某至伏奉手詔慰撫臣及將士等又賜臘日口脂

并新歷日等伏以清祀嘉名載於前典實追歡之盛節亦和樂之良辰況天休光臨聖慈遐布顧臣賤陋竊奉明恩感戴周全不知所措蠲邪愈疾驗絳雪於仙方卻老駐顏覩瓊膏於寶器式頒聖歷仰贊皇猷永爲四海之尊更續千齡之壽臣不勝歡躍

謝恩賜春衣狀

右中使某至伏奉敕書手詔宣慰臣及將士等兼賜臣春衣等湛恩濡澤忽降轅門霧縠冰紈猥加介冑臣等謬膺委使徒展寸誠曾無逐獸之功每懼伐檀之刺捧受祇慄不知所裁仰戴恩光將何上荅彌憂不稱其服益用內愧於心

謝恩賜春衣狀

右中使某至伏奉敕書手詔宣慰臣及將吏等又賜前件春衣臣等駑駘賤品介冑匹夫未彰塵露之功猥及雲雷之澤喜抃兢惕悅然失圖捧戴恩私不知所據以御府紈素耀晴景於三春天宮蘭麝襲回風於十步豈土木之質被服所宜雖灰粉其身上荅何極

謝賜貞元寺額狀

右臣昨奏前件亭子及五龍院等伏望天恩賜額爲寺於當府抽有道行僧二十七人住持修理爲國崇福者伏奉敕旨允臣所奏賜額爲貞元寺者特沐殊私俯遂愚懇采寶歷之二字開浮域之一名演皇劫無窮之期示蒼生迴向之路莫大之福實在於斯且上黨古郡先皇舊藩星辰曾降於謳謠符瑞見存於圖牒昔爲磐石之地新作布金之園廣梵宇於域中資聖祚於天上闔境臣庶歡抃難勝臣忝列藩維戴荷何極

爲昭義李相公賀雲南蠻歸附狀

臣某言伏承雲南羣蠻率其類八國獻款歸附以某月日至於闕下臣伏惟皇帝陛下端拱九重高視千古聖謨廣運方昭不宰之功至德柔遠是有非常之慶不然者荒服蠻貊左衽鳥言文軌未通嗜慾有異不知父子之性獨識皇王之恩此皆天誘其衷神助其請歸我龍德革彼狼心豈假渡瀘之師俄同兩階之舞夏啓之征有扈高宗之伐鬼方書之載籍適足慚恥臣限以守職藩維典玆戎旅不獲隨列稱賀抃舞丹墀之至

奏差赴唐州行營軍馬狀

右伏奉今月日墨詔令選擇馬軍三百騎隨中使赴唐州臣當時已具聞奏訖臣所管士馬常經校試蓄銳斯久惟忠益彰常持報國之心盡秉懷恩之分忽奉詔命頓生光輝豈意宸私俯察誠願三軍抃舞闔境歡呼並喻以勳忠形於感激雖慚數寡不愧衆多蔚爲天討之師自假神威之福其器械軍容等並得鮮潔亦稍豐饒以今月十三日從鳳翔府隨中使進發訖臣職當護塞志切除奸不獲齒列諸軍身先士卒助銛鋒於破賊逆節斯摧俾寸燭以燎原焚枯可待臣無任憤悱踴躍之至

獨孤良弼

良弼貞元間進士官左司郎中

并州太原縣令路公神道碑

夫作德儲祉垂裕錫羨元運之符也以爵馭貴顯親昭孝國令之勸也然則道先於物者靈徵遠功備於人者恩典異參厥命數考其慶端至哉太原茂業斯在矣公諱太一陽平臨清人也其先帝嚳高辛氏孫曰元元有功於唐堯封路中侯建德賜氏公即其後襲興圖紀才不虛世迨於隋也曾祖裒位至上儀同三司大長秋令文皇之建極大

父文昇仕至左光祿大夫秦州刺史中宗之紹復烈考元哲官至并州榆次縣令惇愿淑亮異代同節公淵凝有志度合壽表心順性命體形格訓至道可鄰浮運可端造融理極得天地之全者也始年八歲丁尊夫人艱自然崩毀異日不食既孤無疑睦幼弟溫慈誘最息更氣時務於勸誡者每推於教本舉以誨人年十五讀老氏春秋精用所得不爲虛學以先蔭補太廟齋郎歷衞益齊三州司功參軍思其官會其要雖決恆務有宏大猷所去之邦服其理尋擢授并州太原縣令故相國河東公張嘉貞時典此郡

以公諫納今古風韻環朗嘗密謂所親曰雅道不隕今復見於斯人由是有要託始終不隔公禮之分矣其實爲邑之政潔其性源異氣齊和土壤可信出處語默無非教焉及秩滿送歸之日老幼畢至瞻望嗟涕如去其親嗚呼運及世期靈歸化本春秋五十七於歸途逆旅遘疾而終時開元五年八月十三日也夫人滎陽鄭氏始州臨津縣令方喬之女禮部侍郎温琦之妹清顯（闕）喬考明閨訓經理於內上則是宜故得叶議純賢誕昭後慶後公十載而沒以開元二十三年合祔於京兆府萬年縣少陵原從先塋

禮也有子四人長曰兼之撫州司法參軍次曰梁客蘇州海鹽縣令次曰羽客鄭州別駕咸該蘊器藝殂命下位季子兵部尚書冀國公贈尚書右僕射嗣恭啟應前休挺傑宏表苞合文武爲朝碩臣城朔方清嶺表乾綱立西北之柱坤位正東南之極夙敷惠術實德於人六專尚書再仗麾鉞於是建國命爵崇廟饗靈實應初始贈公同州刺史夫人滎陽郡太夫人今聖踐祚遷贈左散騎常侍幽祿之恩照融上徹貴寵之位歷乎兩朝宏密之行光宣二詔且夫體仁居貞含德自保大道之宗也福流來允克昌大業積善之應也貂冠具服位光近列揚名之義也籩豆有序饗獻以時罔極之尊也備茲懿典其可已焉建中三年夏五月孝孫前祕書省著作郎應洎令弟懷州刺史恕前祕書省校書郎憑天釁崩心血哀過性楚瘵匍匐旌樹先塋式遵無念用彰不朽以良弼冀公幕府之舊見託書詞敢存實錄之紀以成尊祖之業其詞曰

於惟太原貞表峩峩含爲淵鑒發爲中和大道有本至聖匪磨雖求其約竟獲其多齔歲執喪自然知毀友慈幼弟已外之已作則三語爲天百里雅器虛融時髦所趨名全

上德壽闕下寮後裔斯顯天監孔昭湛恩被壤宜運登朝一命五馬再榮八貂東南之原歷世封交重岡轉伏對闕蒼聳山色靡移松陰不動烈祖之碑孝孫所奉

竇克構

克構故懷澤縣主壻檢校右贊善大夫

請取前銜赴選奏

臣頃以國親超受寵祿及縣主薨逝臣官遂停臣陪位出身未授檢校官日自有本官伏乞宣付所司許取前銜婺州司戶參軍隨例詣選

劉宇

宇貞元中官侍御史

河東鹽池靈慶公神祠碑陰記

天作淵極神將宅焉神者何靈化之真宰者也夫神之俶落實曰鹽宗閭閻禱之不在祀典先皇朝有元老韓公滉之總邦賦以大鹹之功康濟是博上以供宗廟之費下以代田野之租升聞於天請加禮秩帝曰可於是册爲靈慶公俎豆之數視於淮濟享謁之期載在王府故及東都留守禮部尚書崔公縱頃知河中院以神之舊宮僻在幽阻

既崇其禮宜敞厥居是用遷置於斯乃飭殿堂開像設面齋淪之積水跨邐迤之重岡陰陰森森容衛畢備立卒走壁儼然如生雖水府靈居未之若也今職方郎中兼侍御史馮公輿纂其是職推置信讓無小無大報之以德頃以天久不雨慮失其歲職方於是齋心累辰親執牲皁將至誠之德告靈化之源嘗不朝而雨斯足如是者數四是則人有德於神神亦有德於人德交歸焉政是用長宜其建石表異徵文紀靈是以有太常博士崔君之頌也逮夫石自他山而至文自奉常而來知解縣池事府司直陸位事以道自集商以仁自來知安邑池大理評事韋縱財以清自豐吏以明自肅此二公者以爲職方之精意可達於鬼神如之何不奉矣乃相與就其磨礱覆以棟宇自朔及望揭焉而舉洪範曰潤下作鹹夫敘讚靈慶公陰濟之功亦所以表聖皇澤及於萬姓者也恐其頌或有闕乃命山客重紀於背陰貞元十三年七月二日記

姚絪

絪貞元二十年自水部員外郎除括州刺史元和元年徙湖州卒官

祭研射山神文

去秋徂冬旱既甚矣分遣官吏徧禱山川爰及春旦大降甘雨草木滋茂萌芽甲坼我來茲山躬修臣職敬陳報禮應顯靈德

元友諒

友諒河南人容管經略使結從子

汶川縣唐威戎軍製造天王殿記

至哉天王之盛德也若乃噓大海爲川陸扇須彌爲塵霧郎藥叉衆破修羅屬赫然天王示其威神也住水晶宮護

閻浮界那吒捧塔以前峙天女持花以凝睇示其威福也懸鹿轤劍秉黃金戟龍蛇鼓怒以騰目神鬼䀮盱而捧足示其威力也天寶中表其神靈衛我唐土化身於于闐之國摧鋒於百萬之醜使聖聰無敕敵之虞士馬絕奔騰之患示其變通也汶川古塞戎馬之境山雄玉壘軍壯威戎有護國精舍凝翠峰疊甘涼泉湧創立天王殿一座其初也故使惠澄討論之寺主智昕繕成之社衆精肅崇構之兩變星霜方盡其美我兵馬使賀若鎣雷霆在天威戰戎貊冠簡畾曜山川載清當其門闌布德之秋桃李成蹊之

日副使彭城劉公侖昌輔佐戎軍恆持妙略苜聞飛將今見輕車判官西河蘭公弁風流倩倩文質彬彬阮元瑜書記之能王仲宣從軍之樂汶川縣令太原王公炅水鏡臨人清風偃草邑稱三異名慎四知都虞候及諸大將等弓張秋月劍落繁霜爲蜀國之長城作轅門之巨塹社衆冉州守攝判官李建俌等風情廓落文武縱橫俱懷奉主之心共守安邊之術故能拔倫騰秀宏此聖猷曙起宵興率先勿替遂感祥光迭委靈氣薦臻十旬不愆貞質山立金冠照爛寶殿玲瓏山横棟宇之奇花綻霧嵐之異祐我皇也弧弓不能壯其威表其神也靈怪不能藏其用寺主智昕俗姓湯氏梵行沈密道容真清勾當僧惠則俗姓李氏潔白虛衷秋潭月照俱能輔贊其美宏闡法梁巍莪之勳萬古不革之道也詞吏仗命敢碑斯文

張貢然

貢然德宗時人

忠武將軍茹公神道碑

在昔帝軒之裔有控帶絕擁據羣雄殆於萬斯年得茹茹之部謂名王盛族大人鴻胄聯華魏室接慶齊庭鐘鼎焜耀於數朝土田陪敦於烈辟自拓跋宇文氏降爲著姓焉則公之先也公諱義忠本家雁門今爲雁門人矣祖惠隋

定州深澤縣丞父簡皇澤州永固府左果毅都尉莫不果行毓德修身踐言以北方之強爲南金之寶英風雋列海内知名公特稟元和偏鍾間秀瓌貌傑出雄鋩挺生幼則知書長遂多藝知人能事靡不盡善有識一見卽以遠大相期然而家傳崇榮業尚豪舉雖曰雅好博物終恥猶爲腐儒未嘗不一心殉邊百死許國與孫吳而暗合以驃衛爲已任關元中以良家子戰功居右補涇州四門府別將

策勳之授也久之秩滿六鈞伎癢七札賈餘歷試粉闈長驅金埒措杯入妙曾不出正相圃擇賢觀者如堵以武部試甲科改授河南府王屋府果毅加游擊將軍用絕倫也累遷汝州魯陽府折衝尋改號州金門府折衝驃增武功級敘忠武將軍夫其策名委質積行累功祿以實干職無越請雖晉用之有次亦周行而未高至於幕有急賢司有渴理乍資規畫爭請於宏羊或藉詞華競留於阮瑀豈直軍形地勢聚米成圖抑亦國要時須立談集事是亦爲政奚必褰帷之與綰墨歟但以公之德之才令聞令望執先

府君先夫人之喪也二連之孝聞與上交下交之契也三益之信著在師旅有不可犯之色於鄉黨則謙似不能言寬猛得其中卷舒合夫禮可謂古之文武不墜斌斌君子者矣擁旗旄享茅土亦銜內之事耳性頗樂道情兼慕閑每凝想於清高不致身於趨競僶俛芳歲蹉跎後時未展丹心徒嗟白髮命之不偶李廣寧遂於封侯生也有涯賈誼終傷於嘆鵩天寶元年蓋寢疾者浹日以六月十九日甍於京兆長安縣太和里之私第春秋八十嗚呼哀哉梁木壞乎將壇隳矣罷市無喻輟舂如何有才子三伯曰元顒皇易州遂城府左果毅仲曰元冕左羽林大將軍季曰元曜則今之驃騎大將軍行左羽林大將軍知軍事上柱國雁門郡王當斯時也靡不血泣無訴柴毀過人卽以其七年七月十六日葬於京兆長安縣永平鄉阿房殿之墟禮也先是夫人陳留郡君謝氏贈沂國太夫人語成圖史動合禮容德重陶親賢過孟母然而當年桂歇早歲蘭摧石窌之封徒高薤露之悲終積於戲大業之後景系之餘閭雖陵夷小不進用壽必福履大賢出焉故公以之陰騭於身善積於物河瀆爲之吐秀山嶽爲之降靈挺然鬱然

生夫驃騎矣皎若片玉粲如渾金明月照人干將立斷長才廣度茂績殊勳羽林應天上之星雁門封塞下之地公侯必復斯之謂歟若不然者則頃疑以凶釁夾鍾伯早世克家紹構子然一人而能敘終身之悲展罔極之痛二十年上有詔贈公爲汾州刺史拜冊於先塋斯亦可謂事親之禮終哀榮之道備矣且陵或變谷海有爲田滕槨未開防墓誰辨匪憑不朽之石曷傳無媿之詞爰訪墨卿以述

銘曰

秦殿南趾漢池東曲莽蒼開原蕭條古木吁嗟雁塞赫矣

雄族昔也擬金兹焉埋玉鏌鋣徒挂大屈終藏日色不暖風枝自傷萬事颯而烟盡片石歸而天長庶德祖之來思無慚黄絹幸仲宣之見背不墜餘芳